Die ideale Ergänzung zum Studienbuch

Freymann | Kröninger | Wendt
Landesrecht Saarland
Textsammlung

Nomos, 28. Auflage 2022, 941 Seiten, broschiert
ISBN 978-3-8487-7408-1
29,90 € inkl. MwSt.

Die Textsammlung umfasst die wichtigen Vorschriften des Verwaltungs- und Verfassungsrechts. Sie eignet sich für Studium und Praxis.

NomosStudienbuch

Prof. Dr. Christoph Gröpl
Universität des Saarlandes, Saarbrücken

Prof. Dr. Annette Guckelberger
Universität des Saarlandes, Saarbrücken

Jürgen Wohlfarth
Verwaltungsdezernent der Landeshauptstadt Saarbrücken a.D.

Landesrecht Saarland

Studienbuch

4. Auflage

Die Deutsche Nationalbibliothek verzeichnet diese Publikation in
der Deutschen Nationalbibliografie; detaillierte bibliografische
Daten sind im Internet über http://dnb.d-nb.de abrufbar.

ISBN 978-3-8487-6196-8 (Print)
ISBN 978-3-7489-0315-4 (ePDF)

4. Auflage 2023
© Nomos Verlagsgesellschaft, Baden-Baden 2023. Gesamtverantwortung für Druck und Herstellung bei der Nomos Verlagsgesellschaft mbH & Co. KG. Alle Rechte, auch die des Nachdrucks von Auszügen, der fotomechanischen Wiedergabe und der Übersetzung, vorbehalten.

Vorwort

Seit dem Erscheinen der 3. Auflage unseres Studienbuchs im Jahr 2017 sind nicht nur einige Jahre vergangen, sondern es haben sich auch wichtige rechtliche Neuerungen ergeben. Erwähnt sei hier nur das neue Saarländische Gesetz über die Verarbeitung personenbezogener Daten durch die Polizei vom 6.10.2020. Deshalb und wegen der weiterhin sehr freundlichen Aufnahme unseres Buches freuen wir uns, unseren Lesern mit der vorliegenden 4. Auflage eine grundlegende Überarbeitung vorstellen zu dürfen. Aus Platzgründen nicht mehr fortgeführt werden konnte das Kapitel Medienrecht, das allerdings ohnehin zunehmend durch bundeseinheitliche Vorschriften geprägt wird, etwa durch den Medienstaatsvertrag vom 14./28.4.2020.

Unsere Mitarbeiter haben uns einmal mehr sehr erfolgreich unterstützt: am Lehrstuhl Gröpl insb. die Damen Dipl.-Juristinnen *Jennifer Beck*, *Caroline Jung* und *Lea-Marie Müller*, am Lehrstuhl Guckelberger die Dipl.-Juristinnen *Anne Priebe*, *Katharina Weiß*, *Kerstin Wrobel* und *Ella Mitschang* sowie die Rechtsreferendarinnen *Alexandra Fiedler*, *Franziska Lind* und *Dr. Gina Starosta* sowie das restliche Lehrstuhlteam. Ihnen allen gilt unser herzlicher Dank. *Jürgen Wohlfarth* dankt Frau *Kerstin Engelhardt* für technische Ratschläge.

Auch weiterhin freuen wir uns über Ergänzungs- und Verbesserungsvorschläge, am besten per E-Mail an den Autor des jeweiligen Kapitels:

lehrstuhl@groepl.uni-saarland.de,
a.guckelberger@mx.uni-saarland.de oder
juergen.wohlfarth@saarbruecken.de.

Saarbrücken, im Oktober 2022

Christoph Gröpl   *Annette Guckelberger*   *Jürgen Wohlfarth*

Inhaltsübersicht

Vorwort		5
Abkürzungsverzeichnis		21
§ 1	Verfassungsrecht	25
§ 2	Allgemeines Verwaltungsrecht und Verwaltungsprozessrecht	104
§ 3	Kommunalrecht	179
§ 4	Polizeirecht	303
§ 5	Öffentliches Baurecht	434
Stichwortverzeichnis		533

Inhalt

Vorwort 5
Abkürzungsverzeichnis 21

§ 1 Verfassungsrecht 25
  I. Landes- und Verfassungsgeschichte 25
    1. Vorgeschichte und Entstehung des Saarlandes 25
    2. Entwicklung der Verfassung des Saarlandes 29
  II. Verfassungs- und Staatsgrundlagen 31
    1. Zwei Hauptteile der Verfassung des Saarlandes 31
      a) Staatsorganisationsrecht der SVerf 31
      b) Grundrechte der SVerf 32
    2. Saarland als Land der Bundesrepublik Deutschland 33
    3. Verhältnis von Bundes- und Landesrecht 34
      a) Kompetenzverteilung 34
      b) Homogenitätsgebot 35
      c) Vorrang von Bundesrecht gegenüber Landesrecht 36
    4. Verfassungsprinzipien 37
    5. Saarland und Europa 38
      a) Mitwirkung über den Bundesrat 38
      b) Ausschuss der Regionen; grenzüberschreitende
         Zusammenarbeit 39
    6. Finanzwesen 40
      a) Steuereinnahmen und Finanzausgleich 40
      b) Ausgabenlasten 42
      c) Haushaltshoheit – Staatsverschuldung – „Schuldenbremse" 43
      d) Finanzkontrolle 45
    7. Landesfarben und Landeswappen 45
  III. Staatsorganisation: Verfassungsorgane 46
    1. Verfassungsorgane und andere Staatsorgane im Überblick ... 46
    2. Landtag 46
      a) Funktionen 47
      b) Landtagswahlen und Wahlprüfung 48
      c) Parlamentarisches Binnenrecht: Landtagsgesetz und
         Geschäftsordnung 52
      d) Status der Landtagsabgeordneten 53
      e) Präsident, Präsidium 55
      f) Fraktionen 55
      g) Ausschüsse 56
      h) Auflösung des Landtags 58
    3. Landesregierung 58
      a) Konstituierung 58

b) Kompetenzen des Ministerpräsidenten	59
c) Kompetenzen der Landesminister und des Ministerrats	61
d) Vertrauensfrage und Misstrauensvotum	62
e) Ministeranklage	63
4. Verfassungsgerichtshof	63
a) Organisation	63
b) Prüfungsmaßstab	64
c) Verfahrensarten	64
IV. Staatsfunktionen	70
1. Gesetzgebung	70
a) Gesetzgebungskompetenzen des Landes	70
b) Gesetzgebung des Landtags	71
c) Volksgesetzgebung	74
d) Verfassungsänderungen	78
e) Rechtsverordnungen; Satzungen	79
2. Verwaltung	80
3. Rechtspflege	80
a) Rechtsprechung	80
b) Gerichtsbarkeit im Bundesstaat; Rechtsstellung der Richter	80
c) Organisation der Fachgerichtsbarkeiten im Saarland	81
V. Grundrechte	81
1. Besonderheiten der Verfassung des Saarlandes	81
2. Verhältnis von Bundes- und Landesgrundrechten	82
a) Geltung der saarländischen Grundrechte	82
b) Prüfungsgegenstand und Prüfungsmaßstab des SVerfGH	83
3. Grundrechte in der EMRK und in der Charta der Grundrechte der Europäischen Union	86
4. Grundrechte in der Verfassung des Saarlandes	87
a) Systematik; Abgrenzung zu den Staatszielbestimmungen	87
b) Grundrechtsberechtigung	89
c) Konkordanztabelle GG – SVerf	90
d) Einzelne Grundrechte	93
e) Grundpflichten	99
VI. Anhang: Klausurhinweise	100
§ 2 Allgemeines Verwaltungsrecht und Verwaltungsprozessrecht	**104**
I. Grundlagen	104
II. Gesetzesvollzug im Bundesstaat	104
1. Verbot der Mischverwaltung	105
2. Landesvollzug der Bundesgesetze: Landeseigenverwaltung und Landesverwaltung im Auftrag des Bundes	105
a) Organisationshoheit und Kostentragung	106

b) Einwirkungsmöglichkeiten des Bundes, insb. Rechts- und
   Fachaufsicht 108
3. Ausführung der Landesgesetze durch die Länder 109
III. Verwaltungsorganisation 110
   1. Organisatorischer Gesetzesvorbehalt 110
   2. Unmittelbare und mittelbare Landesverwaltung 111
      a) Unmittelbare Landesverwaltung 111
      b) Mittelbare Landesverwaltung 112
   3. Oberste Landesbehörden 113
   4. Landesämter 115
      a) Allgemeines 115
      b) Landesverwaltungsamt 116
   5. Untere Landesbehörden 119
      a) Allgemeine innere Verwaltung: Organleihe 119
      b) Finanzverwaltung 122
   6. Aufsicht und Weisungsbefugnisse 122
IV. Verwaltungsverfahren 126
   1. Allgemeines Verwaltungsverfahren 126
   2. Elektronische Verwaltung – Digitalisierung 127
      a) Elektronische Form 127
      b) Elektronische Kommunikation mit der Verwaltung 128
      c) Elektronischer Verwaltungs- und Rechtsverkehr
         („E-Government" und „E-Justice") 128
      d) Elektronische und automatisierte Verwaltungsakte 129
   3. Verwaltungszustellung 130
   4. Verwaltungsvollstreckung 132
      a) Rechtsgrundlagen 132
      b) Vollstreckungsfähigkeit 133
      c) Arten der Verwaltungsvollstreckung 133
      d) Verwaltungszwang 134
      e) Verwaltungsvollstreckung wegen Geldforderungen 138
      f) Rechtsschutz 141
   5. Verwaltungskosten 143
      a) Veranlassungsprinzip; Rechtsgrundlagen 143
      b) Verwaltungs- und Benutzungsgebühren; Auslagen 144
      c) Individuelle Zurechenbarkeit 145
      d) Verfahren; Rechtsschutz 146
      e) Kosten des Widerspruchsverfahrens 146
      f) Kosten der Verwaltungsvollstreckung 147
V. Informationsansprüche und Datenschutz (Überblick) 148
   1. Rechtliche Spannungslage 148
   2. Allgemeiner Informationszugangsanspruch 148
      a) Rechtsgrundlagen 148
      b) Anspruchsberechtigung und -verpflichtung; Konkurrenzen 149

c) Ausschlussgründe 150
d) Kosten; Rechtsschutz 151
3. Anspruch auf Verbraucherinformationen 152
4. Anspruch auf Umweltinformationen 153
5. Datenschutz 154
   a) Verfassungsrecht, unionales Primärrecht 154
   b) Datenschutz-Grundverordnung 155
   c) Bundesdatenschutzgesetz: Ergänzung der Datenschutz-Grundverordnung 155
   d) Ergänzungskompetenzen: Abgrenzung zwischen Bund und Ländern 156
   e) Saarländisches Datenschutzgesetz 157
   f) Zusammenspiel von DSGVO, BDSG und SDSG 158
6. Landesbeauftragter für Datenschutz und Informationsfreiheit 158
VI. Beamtenrecht (Überblick) 159
  1. Unterteilung des Rechts des öffentlichen Dienstes 159
  2. Beamten-Verfassungsrecht 160
  3. Kompetenzen im Bundesstaat 161
VII. Verwaltungsprozessrecht 162
  1. Kompetenzen und Rechtsgrundlagen 162
  2. Aufbau und Zuständigkeiten der saarländischen Verwaltungsgerichtsbarkeit 163
  3. Widerspruchsverfahren – Widerspruchsbescheid 163
   a) Allgemeines, insb. Einschränkungen der Statthaftigkeit 163
   b) Rechtsausschüsse: Struktur und Verfahren 165
   c) Rechtsausschüsse: sachliche Zuständigkeit 166
   d) Rechtsausschüsse: Prüfungsumfang 168
   e) Rechtsausschüsse: reformatio in peius? 168
  4. Aufsichtsklage 170
  5. Widerspruchs- und Klagebefugnis – Tierschutzverbandsklage 174
  6. Prozessführungsbefugnis und Prozessstandschaft 174
   a) Passive Prozessführungsbefugnis 174
   b) Passive Prozessstandschaft 175
VIII. Anhang: Klausurhinweise 177

§ 3 Kommunalrecht 179

I. Geschichtliche Entwicklung auf Gemeindeebene 179
  1. Kommunale Selbstorganisation und Herausbildung verschiedener Verfassungstypen 179
  2. Entwicklungen im Saarland 181
II. Erschließung des Themas 182
  1. Kommunalrecht und Kommunalpolitik 182

2. Wichtige Rechtsquellen des Kommunalrechtes im Überblick 183
   a) Verfassungsrecht 183
   b) Gesetze des Saarlandes 184
   c) Rechtsverordnungen 184
   d) Ortsrecht 185
3. Die Europäische Union als neue Dimension 185
4. Gemeindliche Organisationsformen im Saarland 186
5. Rechtsstellung der Gemeinde 187
   a) Gebietskörperschaft und juristische Person des öffentlichen Rechtes 187
   b) Namensrecht 188
   c) Wappen, Farben, Dienstsiegel 188
III. Grundlagen der kommunalen Selbstverwaltung 188
1. Begriff und Wesen kommunaler Selbstverwaltung 188
2. Gerichtlicher und prozeduraler Schutz 189
3. Allzuständigkeit (Universalität) und Autonomie 190
4. Gemeindliche Hoheitsrechte im Überblick 192
   a) Gebietshoheit 192
   b) Organisations- und Kooperationshoheit 192
   c) Personalhoheit 192
   d) Satzungshoheit 193
   e) Finanzhoheit 193
   f) Planungshoheit 193
   g) Daseinsvorsorge 193
IV. Aufgaben der Gemeinde 194
1. Selbstverwaltungsangelegenheiten 194
   a) Freiwillige Selbstverwaltungsangelegenheiten 194
   b) Pflichtige Selbstverwaltungsangelegenheiten 195
2. Auftragsangelegenheiten (Fremdverwaltung) 196
3. Organleihe 197
V. Die Satzungsbefugnis der Gemeinden 197
1. Regelmerkmale der Satzung 197
2. Besondere Satzungsermächtigungen 197
3. Formelle Aspekte 199
4. Fehlerfolgen 199
5. Prüf- und Verwerfungsrechte 199
6. Prüfungsschema 200
   a) Formelle Rechtmäßigkeit 200
   b) Materielle Rechtmäßigkeit 200
VI. Einwohner und Bürger 200
1. Einwohner 200
2. Bürger 200
3. Ehrenamtliche Tätigkeit 201

	4. Instrumente unmittelbarer Demokratie	201
	a) Unterrichtung der Einwohner und Einwohnerantrag	201
	b) Einwohnerfragestunde und Einwohnerbefragung	201
	c) Bürgerbegehren und Bürgerentscheid	202
VII.	Gemeinderat	203
	1. Bedeutung der Organstellung	203
	2. Zusammensetzung und Wahl des Gemeinderates	204
	3. Rechtsstellung der Ratsmitglieder	205
	a) Status und Pflichten	205
	b) Interessenwiderstreit und Mitwirkungsverbot	206
	c) Rechte der Ratsmitglieder	207
	4. Ratsfraktionen	208
	5. Zuständigkeit (Organkompetenz)	209
	6. Ratsausschüsse	210
	7. Die Ratssitzung als Entscheidungsverfahren	211
	a) Verfahrensmodalitäten	211
	b) Aufgaben des Vorsitzenden	212
	c) Geschäftsordnungsrecht	213
	d) Entscheidungsverfahren	213
	e) Niederschrift	214
	f) Auskunftsrechte	214
	g) Anhörungs- und Beteiligungsmöglichkeiten	214
VIII.	Bürgermeister und Beigeordnete	215
	1. Bürgermeister	215
	a) Rechtsstellung und Wahl	215
	b) Aufgabenkategorien (Organkompetenzen)	217
	2. Beigeordnete	221
	a) Ehren- und hauptamtliche Beigeordnete	221
	b) Funktionskreis	221
IX.	Kommunalverfassungsstreitverfahren	221
	1. Begriff	221
	2. Voraussetzungen und Kosten	222
X.	Integrationsbeirat	223
XI.	Orts- und Bezirksratsverfassung	224
	1. Entwicklung und Funktion	224
	2. Bildung des Ortsrates	224
	3. Aufgaben des Ortsrates	225
	a) Antrags- und Vorschlagsrecht	225
	b) Pflicht zur Abgabe einer Stellungnahme	225
	c) Anhörungsrecht	225
	d) Entscheidungskompetenz	227
	e) Rechtsvorschriften für den Ortsrat	229
	f) Aufgaben des Ortsvorstehers	230
	g) Bezirksverfassung der Landeshauptstadt Saarbrücken	230

XII. Gemeindewirtschaft ... 231
   1. Aspekte der kommunalen Finanzverfassung ... 231
      a) Bundesrecht ... 231
      b) Landesrecht ... 231
   2. Aspekte des kommunalen Haushaltsrechtes ... 242
      a) Allgemeine Haushaltsgrundsätze ... 242
      b) Haushaltssatzung ... 243
      c) Haushaltsplan ... 244
      d) Stellenplan ... 246
      e) Gemeindevermögen ... 247
      f) Gemeindekasse ... 249
   3. Vergabewesen ... 250
      a) Vergaberechtsquellen im Überblick ... 250
      b) Vergabe- und Vertragsordnungen ... 251
      c) Vergabe nach der KommHVO ... 252
      d) Vergabe nach dem GWB ... 252
XIII. Prüfungswesen ... 254
   1. Prüfung durch das Rechnungsprüfungsamt ... 254
   2. Prüfung durch das Landesverwaltungsamt ... 255
XIV. Verwaltungsmodernisierung ... 256
   1. Das Neue Steuerungsmodell ... 256
   2. Elektronische Verwaltungsabläufe ... 257
   3. Lebenslagen-Konzept der KGSt ... 258
   4. Formanpassung ... 259
   5. Einheitlicher Ansprechpartner ... 262
XV. Gemeindliche Einrichtungen ... 263
   1. Errichtung und Widmung ... 263
   2. Einzelfälle gemeindlicher Einrichtungen ... 264
   3. Wahlfreiheit der Organisation ... 265
   4. Anspruchsverpflichtung und Rechtsweg ... 267
   5. Nutzungsgrenzen ... 267
   6. Gewerberechtliche Zulassung ... 269
XVI. Wirtschaftliche Betätigung und privatrechtliche Beteiligung ... 271
   1. Rechtlicher Ausgangspunkt ... 271
   2. Unternehmenskategorien ... 271
      a) Nichtwirtschaftliche Unternehmen ... 271
      b) Wirtschaftliche Unternehmen ... 272
      c) Abwehransprüche gegen wirtschaftliche Betätigungen ... 276
   3. Organisationsformen des öffentlichen Rechts ... 278
   4. Organisationsformen des Privatrechts ... 279
      a) Allgemeine Handlungsvoraussetzungen ... 279
      b) Mehrheits- und mittelbare Beteiligungen ... 280
      c) Aktiengesellschaft und Gesellschaft mit beschränkter Haftung ... 280
      d) Holdinggesellschaft ... 281

5.	Vertretung der Gemeinde in Organen wirtschaftlicher Unternehmen	283
6.	Privatisierungsformen	285
XVII.	Kommunale Gemeinschaftsarbeit	286
1.	Zivilrecht, Arbeitsgemeinschaft und öffentlich-rechtliche Vereinbarung	286
2.	Zweckverband	286
3.	Gemeinschaftsarbeit und Vergaberecht	287
4.	Grenzüberschreitungen	288
XVIII.	Deliktsfähigkeit und Haftung der Gemeinde	288
1.	OWiG und StGB	288
2.	Zivilrechtliche Haftung und Amtshaftung	289
XIX.	Kommunalaufsicht	291
1.	Kommunalaufsicht als Rechtmäßigkeitskontrolle	291
2.	Handhabung und Handlungsmittel	291
XX.	Gemeindeverbände	294
1.	Selbstverwaltungsaufgaben der Landkreise	294
2.	Auftragsangelegenheiten der Landkreise	295
3.	Organe des Landkreises	296
4.	Aspekte der Finanzwirtschaft	297
5.	Regionalverband Saarbrücken	298
XXI.	Zusammenfassende Klausurhinweise	300
1.	Verbands- und Organzuständigkeit	300
2.	Gemeindlicher Rechtsschutz gegen Aufsichtsmaßnahmen	300
3.	Kommunalverfassungsstreitverfahren	301
4.	Überprüfung einer Satzung	301
5.	Rechtsstreitigkeiten gegen die Gemeinde	301

§ 4 Polizeirecht … 303

I.	Einführung	303
1.	Begriff des Polizei- und Ordnungsrechts	303
2.	Verteilung der Kompetenzen zwischen Bund und Ländern	305
II.	Organisation der Polizei und Verteilung der Zuständigkeiten	310
1.	Polizeiverwaltungsbehörden	310
2.	Vollzugspolizei	314
III.	Die Aufgaben der Polizei	316
1.	Abgrenzung präventives – repressives Handeln der Polizei	317
2.	Subsidiarität polizeilichen Handelns zum Schutz privater Rechte	319
3.	Vollzugshilfe	320
IV.	Polizeiliche Schutzgüter	321
1.	Öffentliche Sicherheit	321
2.	Öffentliche Ordnung	324

V.	Gefahr als Voraussetzung für das polizeiliche Handeln	326
	1. Allgemeine Aussagen zum Gefahrenbegriff	326
	2. Gefahrenvarianten	332
VI.	Die polizeirechtliche Verantwortlichkeit	336
	1. Verhaltensverantwortlichkeit	337
	a) Verursachungsbegriff	338
	b) Zusatzverantwortlichkeit für Minderjährige und Verrichtungsgehilfen	340
	2. Zustandsverantwortlichkeit	340
	a) Inhaber der tatsächlichen Gewalt	341
	b) Eigentümer oder sonstige Berechtigte	342
	c) Grenzen der Zustandsverantwortlichkeit	343
	3. Inanspruchnahme des Nichtstörers	343
	4. Anscheinsstörer	345
	5. Putativ- bzw. Scheinstörer	346
	6. Verantwortlichkeit von Hoheitsträgern	346
	7. Störerauswahl	347
VII.	Die Rechtsnachfolge in polizeiliche Pflichten	348
	1. Bei der Zustandshaftung	349
	2. Bei der Verhaltenshaftung	350
VIII.	Die polizeilichen Befugnisse	351
	1. Zu einzelnen Standardbefugnissen des SPolG	355
	a) Identitätsfeststellung und Prüfungen gem. §§ 9–10a SPolG	355
	b) Befragung und Vorladung (§ 11 SPolG)	362
	c) Platzverweisung, Wohnungsverweisung, Aufenthaltsverbot, Kontaktverbot, Aufenthaltsgebot (§ 12 SPolG)	363
	d) Gewahrsam (§ 13 SPolG)	367
	e) Durchsuchen und Untersuchen von Personen (§§ 17, 17a SPolG)	370
	f) Durchsuchen von Sachen und Wohnungen (§§ 18–20 SPolG)	372
	g) Sicherstellung von Sachen (§ 21 ff. SPolG)	375
	2. Befugnisse aus dem SPolDVG	379
	a) Besondere Formen der Erhebung personenbezogener Daten (§ 31 ff. SPolDVG)	380
	b) Offene Bild- und Tonaufzeichnungen (§ 32 SPolDVG)	383
	c) Maßnahmen nach §§ 33, 34 SPolDVG	390
	d) Befugnisse betreffend Telekommunikation (§ 35 ff. SPolDVG)	390
	e) Erhebung von Telekommunikationsdaten und Nutzungsdaten von Telemedien bei Dienstanbietern, Unterbrechung von Telekommunikationsverbindungen (§§ 36, 37 SPolDVG)	393
	f) Elektronische Aufenthaltsüberwachung (§ 38 SPolDVG)	393
	g) Anlassbezogene automatische Kennzeichenfahndung (§ 39 SPolDVG)	395
	3. Polizeiliche Generalklausel (§ 8 I SPolG)	396

IX. Ermessen und Verhältnismäßigkeit 399
X. Rechtsschutz im Zusammenhang mit polizeilichen Einzelmaßnahmen 401
XI. Polizeiverordnungen (§§ 59 ff. SPolG) 403
   1. Formelle Anforderungen 405
   2. Materielle Anforderungen 406
   3. Durchsetzung von Polizeiverordnungen sowie Rechtsschutz 409
XII. Der Verwaltungszwang (§§ 44 ff. SPolG) 410
   1. Gestrecktes Vollstreckungsverfahren 411
      a) Vollstreckungsfähiger Grundverwaltungsakt (§ 44 I SPolG) 411
      b) Zwangsmittel 412
      c) Vollstreckungsverfahren 414
   2. Der Sofortvollzug (§ 44 II SPolG) 417
   3. Zur Ausübung des unmittelbaren Zwangs einschließl. Schusswaffengebrauch 419
   4. Abschleppen von Fahrzeugen 420
XIII. Schadensausgleich und Kostenersatz 426
   1. Schadensausgleichs-, Erstattungs- und Ersatzansprüche 426
   2. Kosten der Gefahrenabwehr 429
XIV. Verhältnis zum Versammlungsrecht 431

§ 5 Öffentliches Baurecht 434

I. Zusammensetzung des Öffentlichen Baurechts 434
II. Rahmenbedingungen 436
III. Bauplanungsrecht 437
   1. Bauleitplanung 437
      a) Zweistufiges System der Bauleitplanung 438
      b) Das Verfahren der Bauleitplanung 443
      c) Materielle Anforderungen an Bauleitpläne, insb. Bebauungspläne 450
      d) Gerichtliche Kontrolle der gemeindlichen Abwägung 461
      e) Der fehlerhafte Bebauungsplan 461
      f) Die Sicherung der Bauleitplanung 466
   2. Bauplanungsrechtliche Zulässigkeit von Einzelvorhaben 468
      a) Vorhaben im Bereich eines qualifizierten Bebauungsplans 469
      b) Vorhaben im Bereich eines einfachen Bebauungsplans 472
      c) Ausnahmen und Befreiungen (§ 31 BauGB) 472
      d) Vorhaben im nicht (qualifiziert) beplanten Innenbereich (§ 34 BauGB) 474
      e) Zulässigkeit von Vorhaben im Außenbereich (§ 35 BauGB) 480
      f) Gemeindliches Einvernehmen 488

IV. Bauordnungsrecht 491
   1. Allgemeine Vorschriften 491
      a) Anwendungsbereich der LBO und Begriffsbestimmungen 491
      b) Baupolizeiliche Generalklausel und Verunstaltungsverbot 492
   2. Ausgewählte bauordnungsrechtliche Anforderungen 494
   3. Abweichungen 498
   4. Organisation der Bauaufsicht 499
   5. Baugenehmigung und Baugenehmigungsverfahren 500
      a) Genehmigungsbedürftigkeit des Bauvorhabens 501
      b) Die beiden Typen des Baugenehmigungsverfahrens 506
      c) Ablauf des Genehmigungsverfahrens im Überblick 512
      d) Die Baugenehmigung 514
      e) Bauvorbescheid und Teilbaugenehmigung 517
   6. Bauordnungsrechtliche Maßnahmen 519
      a) Einstellung von (Bau-)Arbeiten (§ 81 LBO) 521
      b) Beseitigungsanordnung (§ 82 I LBO) 522
      c) Nutzungsuntersagung (§ 82 II LBO) 526
      d) Rechtsschutz im Zusammenhang mit repressiven behördlichen Maßnahmen 528
V. Hinweise zum Rechtsschutz im Baurecht 528

Stichwortverzeichnis 533

Abkürzungsverzeichnis

abgedr.	abgedruckt
ABl. EG/EU	Amtsblatt der Europäischen Gemeinschaft/Union
AEUV	Vertrag über die Arbeitsweise der Europäischen Union (Lissabon)
AGG	Allgemeines Gleichbehandlungsgesetz
AGVwGO	Ausführungsgesetz zur Verwaltungsgerichtsordnung (Saarland)
Amtsbl.	Amtsblatt des Saarlandes (Teil I/II)
AS	Amtliche Sammlung von Entscheidungen der Oberverwaltungsgerichte Rheinland-Pfalz und Saarland mit Entscheidungen der Verfassungsgerichtshöfe beider Länder
Ast.	Antragsteller
BauNVO	Baunutzungsverodnung
BauR	Baurecht (Zeitschrift)
BayVBl.	Bayerische Verwaltungsblätter (Zeitschrift)
Bearb.	Bearbeiter, Bearbeitung
BeckRS	Beck-Rechtsprechung
Begr.	Begründer, Begründung
BND	Bundesnachrichtendienst
ber.	berichtigt
BestattG	Bestattungsgesetz (Saarland)
BVerfG	Bundesverfassungsgericht
BVerfGE	Entscheidungssammlung des Bundesverfassungsgerichts
BVerfG-K	Bundesverfassungsgericht (Kammerentscheidung)
BVerwGE	Entscheidungen des Bundesverwaltungsgerichts
CR	Computer und Recht (Zeitschrift)
DAR	Deutsches Autorecht (Zeitschrift)
DÖV	Die Öffentliche Verwaltung (Zeitschrift)
DST	Mitteilungen des Deutschen Städtetages
DVBl.	Deutsches Verwaltungsblatt (Zeitschrift)
DVP	Deutsche Verwaltungspraxis (Zeitschrift)
E	Entscheidung, Entwurf
EGMR	Europäischer Gerichtshof für Menschenrechte
EGV	Vertrag zur Gründung der Europäischen Gemeinschaft (ersetzt durch AEUV)
EMRK	(Europäische) Konvention zum Schutze der Menschenrechte und Grundfreiheiten
EurUP	Zeitschrift für Europäisches Umwelt- und Planungsrecht
EUV	Vertrag über die Europäische Union
EVS	Entsorgungsverband Saar
EVSG	Gesetz über den Entsorgungsverband Saar
EWS	Europäisches Wirtschafts- und Steuerrecht (Zeitschrift)
F.	Fall
FS	Festschrift
G	Gesetz
Gerichtsbesch.	Gerichtsbescheid
GewArch	Gewerbearchiv (Zeitschrift)
GRCh	Charta der Grundrechte der Europäischen Union
Hs.	Halbsatz
HStR	Handbuch des Staatsrechts der Bundesrepublik Deutschland, hrsgg. von Isensee/Kirchhof
iE	im Erscheinen
JA	Juristische Arbeitsblätter (Zeitschrift)
jM	juris Die Monatszeitschrift
JuS	Juristische Schulung (Zeitschrift)

Abkürzungsverzeichnis

JZ	JuristenZeitung
KAG	Kommunalabgabengesetz (Saarland)
KFAG	Kommunalfinanzausgleichsgesetz (Saarland)
KGG	Gesetz über die kommunale Gemeinschaftsarbeit (Saarland)
KGSt	Kommunale Gemeinschaftsstelle
KKZ	Kommunal-Kassen-Zeitschrift
KomLbG	Gesetz zur Kommunalisierung unterer Landesbehörden (Saarland)
KommHVO	Kommunalhaushaltsverordnung (Saarland)
KommJur	Kommunaljurist (Zeitschrift)
KStZ	Kommunale Steuer-Zeitschrift
KSVG	Kommunalselbstverwaltungsgesetz (Saarland)
KWG	Kommunalwahlgesetz (Saarland)
KWO	Kommunalwahlordnung (Saarland)
LaVA	Landesverwaltungsamt (Saarland)
LaVAG	Gesetz über die Errichtung des Landesverwaltungsamtes (Saarland)
LBO	Landesbauordnung (Saarland)
LKRZ	Zeitschrift für Landes- und Kommunalrecht Hessen/Rheinland-Pfalz/Saarland
LOG	Landesorganisationsgesetz (Saarland)
Ls.	Leitsatz
Lsbl.	Loseblattsammlung
LT-Drucks.	Drucksache(n) des Landtags des Saarlandes (Landtags-Drucksache[n])
LVerf	Landesverfassung (für Verfassungen anderer Bundesländer als des Saarlandes)
LVerfG	Landesverfassungsgericht
LVerfGE	Entscheidungen der Verfassungsgerichte der Länder Baden-Württemberg, Berlin, Brandenburg, Bremen, Hamburg, Hessen, Mecklenburg-Vorpommern, Niedersachsen, Saarland, Sachsen, Sachsen-Anhalt, Thüringen
LWG	Landtagswahlgesetz (Saarland)
LWO	Landeswahlordnung (Saarland)
MG	Meldegesetz (Saarland)
MstVO	Mittelstadtverordnung (Saarland)
NJW	Neue Juristische Wochenschrift
NordÖR	Zeitschrift für öffentliches Recht in Norddeutschland
NStZ-RR	Neue Zeitschrift für Strafrecht Rechtsprechungs-Report
NuR	Natur und Recht (Zeitschrift)
NVwZ(-RR)	Neue Zeitschrift für Verwaltungsrecht (Rechtsprechungs-Report)
NWVBl.	Nordrhein-Westfälische Verwaltungsblätter (Zeitschrift)
NZA	Neue Zeitschrift für Arbeitsrecht
ÖR Berl.	Öffentliches Recht Berlin
OVG	Oberverwaltungsgericht
PolR	Polizeirecht
POR	Polizei- und Ordnungsrecht
Quellen-TKÜ	Quellen-Telekommunikationsüberwachung
RDV	Recht der Datenverarbeitung (Zeitschrift)
SaarlAnwaltsbl.	Saarländisches Anwaltsblatt
SaarlGebG	Gesetz über die Erhebung von Verwaltungs- und Benutzungsgebühren im Saarland
SaarlStrG	Saarländisches Straßengesetz
SAWG	Saarländisches Abfallwirtschaftsgesetz
SBKG	Gesetz über den Brandschutz, die Technische Hilfe und den Katastrophenschutz im Saarland
SDSG	Saarländisches Datenschutzgesetz
SGMl	Gemeinsames Ministerialblatt Saarland
SKZ	Saarländische Kommunalzeitschrift

SMG	Saarländisches Mediengesetz
SNG	Saarländisches Naturschutzgesetz
SPersVG	Saarländisches Personalvertretungsgesetz
SPolDVG	Saarländisches Gesetz über die Verarbeitung personenbezogener Daten durch die Polizei
SPolG	Saarländisches Polizeigesetz
SRStZ	Saarländische Rechts- und Steuerzeitschrift (1950–1956)
StGH	Staatsgerichtshof
StRR	StrafRechtsReport
StudKGG	Studienkommentar zum Grundgesetz
SVerf	Verfassung des Saarlandes
SVerf-E	Verfassung des Saarlandes – Entwurf
SVerfGH	Verfassungsgerichtshof des Saarlandes
SVerfGHG	Gesetz über den Verfassungsgerichtshof des Saarlandes
SVwVfG	Saarländisches Verwaltungsverfahrensgesetz
SVwVG	Saarländisches Verwaltungsvollstreckungsgesetz
SVwVG-KostO	Kostenordnung zum Saarländischen Verwaltungsvollstreckungsgesetz
SVwZG	Saarländisches Verwaltungszustellungsgesetz
SWG	Saarländisches Wassergesetz
ThürVBl.	Thüringer Verwaltungsblätter (Zeitschrift)
TK	Telekommunikation
TVöD	Tarifvertrag für den öffentlichen Dienst (Bund und Kommunen)
üM	überwiegende Meinung
UPR	Umwelt- und Planungsrecht (Zeitschrift)
V	Verordnung (als Abkürzungsbestandteil der meisten Verordnungen des Bundes)
VBlBW	Verwaltungsblätter für Baden-Württemberg (Zeitschrift)
VerfGH	Verfassungsgerichtshof
Verw	Die Verwaltung (Zeitschrift)
VG	Verwaltungsgericht
VG d. Saarl.	Verwaltungsgericht des Saarlandes
VO	Verordnung
VR	Verwaltungsrundschau
VRR	Verkehrsrechtsreport
ZBR	Zeitschrift für Beamtenrecht
ZfBR	Zeitschrift für deutsches und internationales Bau- und Vergaberecht

Im Übrigen werden die in der saarländischen Rechtspraxis geläufigen Abkürzungen verwendet, vgl. *Freymann/Kröninger/Wendt*, Landesrecht Saarland (Nomos Gesetze), 28. Aufl. 2022. Zu weiteren Abkürzungen s. *Kirchner*, Abkürzungsverzeichnis der Rechtssprache, 10. Aufl. 2021.

§ 1 Verfassungsrecht

von *Christoph Gröpl*

Literatur:

Dreier (Hrsg.), Grundgesetz, Bd. 1, 3. Aufl. 2013, Bd. 2, 3. Aufl. 2015, Bd. 3, 3. Aufl. 2018, zit. nach Bearb.; *Dürig/Herzog/Scholz* (Begr.), Grundgesetz (Lsbl.), Stand Juli 2021, zit. nach Bearb.; *Gröpl*, Staatsrecht I, 13. Aufl. 2021; *Gröpl/Windthorst/von Coelln*, Studienkommentar zum GG (StudKGG), 5. Aufl. 2022, zit. nach Bearbeiter; *Jarass/Pieroth*, Grundgesetz, 16. Aufl. 2020, zit. nach Bearb.; *Sachs* (Hrsg.), Grundgesetz, 9. Aufl. 2021, zit. nach Bearb.; *Wendt/Rixecker* (Hrsg.), Verfassung des Saarlandes (SVerf), 2009, zit. nach Bearb.

I. Landes- und Verfassungsgeschichte

1. Vorgeschichte und Entstehung des Saarlandes

Als politische Einheit ist das Saarland jungen Datums, ein Kind ehemaligen französischen Strebens nach „Revanche" und „Sicherheit" (um zwei Schlagwörter überwundener Zeiten zu gebrauchen). Es entstand am 10.1.1920 als „Saar(becken)gebiet" aufgrund der Art. 45–50 des Friedensvertrags von Versailles:[1] Nach dessen Art. 45 musste Deutschland „*als Ersatz für die Zerstörung der Kohlegruben in Nordfrankreich und als Anzahlung auf die von Deutschland geschuldete völlige Wiedergutmachung der Kriegsschäden [...] das volle und unbeschränkte, völlig schulden- und lastenfreie Eigentum an den Kohlegruben im Saarbecken [...] mit dem ausschließlichen Ausbeutungsrecht*" an Frankreich abtreten. Verbunden damit verzichtete Deutschland gem. Art. 49 dieses Vertrags zwar nicht auf die Souveränität, aber auf die „*Regierung*" des Saarbeckengebiets, das treuhänderisch von einem Ausschuss des damaligen **Völkerbundes** (der Regierungskommission[2]) verwaltet wurde (sog. Völkerbundsmandat).[3] Mit Beginn der Völkerbundsverwaltung wurde das Saargebiet in das französische Zollsystem eingeordnet, im Juni 1923 zudem in das französische Währungssystem;[4] damit wie auch im Übrigen war es wirtschaftlich **von Frankreich abhängig**. Die **Grenzziehung** orientierte sich nicht an historischen Linien, sondern an den Wohnorten der Bergleute, die in den Kohlegruben der Region arbeiteten; sie entsprach nicht exakt dem Gebiet des heutigen Saarlandes.[5]

1

---

1 Vertragsunterzeichnung am 28.6.1919, deutsches ZustimmungsG vom 16.7.1919 (RGBl. S. 687), Vertrag in Kraft getreten am 10.1.1920. Die für das Saarland einschlägigen Art. 45–50 des Vertrags und die §§ 1–40 der Anlage zu Art. 50 werden auch als das *(Internationale, genauer: multilaterale) Saarstatut* bezeichnet. Zu unterscheiden davon ist das Saarstatut von 1954, s. → Rn. 10.
2 Die Regierungskommission übte die legislative und exekutiven Befugnisse im Saargebiet aus und bestand aus fünf Mitgliedern, die aber nicht demokratisch legitimiert waren. Als Volksvertretung bestand der „Landesrat", dessen Mitglieder zwar aus allgemeinen, gleichen, unmittelbaren und geheimen Wahlen hervorgingen, der aber nur beratende und begutachtende Funktion ausübte und daher nicht als Parlament qualifiziert werden kann.
3 Gem. § 23 I der Anlage zu den Art. 45–50 des Friedensvertrags von Versailles (Fn. 1) blieben die (deutschen) Gesetze und Verordnungen in Kraft, die am 11.11.1918 im sog. Saar(becken)gebiet galten.
4 Zum Zollsystem s. § 31 I 1 der Anlage zu den Art. 45–50 des Friedensvertrags von Versailles (Fn. 1). Zum Währungssystem s. § 1 der VO betr. die gesetzl. Währung im Saargebiet vom 18.5.1923 (Amtsbl. S. 114), in Kraft getreten am 1.6.1923.
5 Zu den Grenzlinien s. Art. 48 des Friedensvertrags von Versailles (Fn. 1). Im Gegensatz zum heutigen Saarland gehörten der südliche Hunsrück (Schwarzwälder Hochwald, insb. Gebiete um Wadern und Nonnweiler) und der nördliche Saargau zwischen Saar und Mosel (insb. das Gebiet um Perl) nicht zum Saargebiet. – Nach 1945 veränderte die französische Besatzungsmacht den Grenzverlauf erneut.

§ 1 Verfassungsrecht

2   Zuvor zerfiel das heutige Saarland in mehrere politische Einheiten im Heiligen Römischen Reich Deutscher Nation: Etwa auf dem Gebiet des derzeitigen Regionalverbands Saarbrücken und des Landkreises Neunkirchen bestand die Grafschaft Saarbrücken, die 1353/1381 durch Heirat und Erbfall an die Grafen von Nassau-Weilburg gekommen war (**Nassau-Saarbrücken**). Der Westteil des heutigen Saarlandes (die Gebiete westlich der Saar sowie zwischen Wallerfangen und Tholey) gehörte zum Herzogtum **Lothringen**, das 1766 an Frankreich fiel.[6] Der Nordteil (um Merzig, Wadern und St. Wendel) gehörte zum Erzstift und Kurfürstentum **Trier**, der Ostteil (um Homburg) zum Herzogtum **Pfalz-Zweibrücken**.[7]

3   Aufgrund seiner Lage links des Rheins litt auch das heutige Saarland unter der Expansionspolitik der französischen Könige, die den Rhein als „natürliche" Grenze Frankreichs forderten. In einem der von *Ludwig XIV.* angezettelten Kriege, dem Französisch-Niederländischen Krieg (1672–1679), wurde Alt-Saarbrücken 1677 durch französische Truppen fast vollständig niedergebrannt (ebenso zB auch St. Wendel). Durch seine „**Reunionspolitik**" verleibte *Ludwig XIV.* 1680 auch die Grafschaft Saarbrücken der **Saarprovinz** (frz. Province de la Sarre)[8] seinem Königreich ein,[9] musste diese Gebiete aber im Frieden von Rijswijk 1697 wieder zurückgeben.[10]

4   Rund 100 Jahre später, 1793, kehrten französische Truppen im Rahmen der **Koalitionskriege** zurück, aufgeladen diesmal durch die Ideen der Französischen Revolution,[11] die unter anderem zur Plünderung und vollständigen Zerstörung des Residenzschlosses Karlsberg bei Homburg (Saar) führten.[12] Nachdem die deutschen Großmächte Preußen und Österreich 1795 bzw. 1797[13] auf alle (Reichs-)Gebiete links des Rheins verzichtet hatten, wurde unter anderem das **Saardepartement** (frz. Département de la Sarre mit Verwaltungssitz in Trier [frz. Trèves]) errichtet, zunächst provisorisch, ab 1801[14] endgültig.[15]

---

6   Lothringen war bereits zwischen 1679 und 1697 französisch besetzt worden. In diese Zeit fällt die Gründung von Saarlouis (Sarre-Louis) durch *Ludwig XIV.* (1680), das als französische Exklave auch nach 1697 ununterbrochen bis 1815 zu Frankreich gehörte.
7   Diese vier ehem. Landesherrschaften werden im heutigen Wappen des Saarlandes versinnbildlicht.
8   Provinzhauptstadt war zunächst Pfalzburg (Phalsbourg), dann Homburg und schließlich Saarlouis.
9   Begründung der Annexion war die Tatsache, dass der deutsche Kaiser *Otto III.* das „castellum Sarabrucca" 999 dem Bistum Metz geschenkt hatte und die Grafen von Saarbrücken seither lehensrechtl. mit Metz verbunden waren. Metz aber war – nach fast 800-jähriger Zugehörigkeit zum Hl. Römischen Reich Deutscher Nation – 1552 von Frankreich erobert worden, was nach dem Dreißigjährigen Krieg 1648 im Westfälischen Frieden vom Deutschen Reich anerkannt wurde. „Reunion" bedeutete nach französischem Verständnis „Wiedervereinigung" von Reichsterritorien mit den ehem. Reichsgebieten, die 1552/1648 an Frankreich gefallen waren (vor allem die drei Bistümer Metz, Toul und Verdun – Trois-Evêchés).
10 S. *Aust/Herrmann/Quasten*, Das Werden des Saarlandes – 500 Jahre in Karten, 2008, S. 102 ff.
11 Ausführlich und überaus detailliert dazu *J. Schmitt*, Revolutionäre Saarregion 1789–1850, Gesammelte Aufsätze, 2005.
12 Das Schloss Karlsberg wurde als eines der ersten Schlösser im klassizistischen Stil 1776–1786 unter Herzog Karl II. August von Pfalz-Zweibrücken erbaut. Seine Zerstörung am 28.7.1793 kann als Sinnbild für die großen und nachhaltigen kulturellen Verluste im heutigen Saarland und in der Pfalz im 17. und 18. Jh. dienen.
13 Sonderfriede von Basel v. 5.4.1795 zwischen Frankreich und Preußen; Separatfriede von Campo Formio (bei Udine im Friaul/Italien) v. 17.10.1797 zwischen Frankreich und Österreich. Zum Friedensschluss zwischen Frankreich und dem Hl. Römischen Reich Deutscher Nation kam es wegen des Ausbruchs des Zweiten Koalitionskriegs nicht mehr.
14 Im Frieden von Lunéville (Lünstadt in Lothringen) v. 9.2.1801 zwischen Frankreich und Österreich (mit Wirkung für das Reich) wurde die Rheingrenze als französische Ostgrenze erstmals staats- und völkerrechtl. anerkannt.
15 Vgl. hierzu und zum Folgenden *Brosig*, in: Wendt/Rixecker, SVerf, Teil I, S. 4.

Nach den Niederlagen *Napoleons* kam aufgrund des Zweiten Pariser Friedens vom 20.11.1815 im Laufe des Jahrs 1816 ein Großteil des heutigen Saarlandes zum Königreich **Preußen** (Regierungsbezirk Trier), der kleinere Ostteil (in etwa der heutige Saarpfalz-Kreis) zum Königreich **Bayern** (bayerischer „Rheinkreis", Rheinpfalz).[16] Der Deutsch-Französische Krieg von 1870/1871 bereitete den Weg für die Gründung des (zweiten) Deutschen Reichs unter preußischer Ägide mit Wirkung zum 1./18.1.1871; die saarländischen Gebiete Preußens und Bayerns gehörten – wie auch das neu gegründete Reichsland Elsass-Lothringen – dazu.

Herausgelöst wurde das Saargebiet aus dem Reichsverband – wie oben (→ Rn. 1) erwähnt – aufgrund des Friedensvertrags von Versailles 1919/1920. Über ihr **politisches Schicksal** selbst bestimmen konnten die Menschen an der Saar erstmals durch zwei Volksabstimmungen in den Jahren 1935 und 1955 (→ Rn. 7 und 10). Diese beiden Akte gemeinsamer Willensbekundung scheinen einheitsbildend und identitätsstiftend geworden zu sein.

Die Folgen der ersten Volksabstimmung waren überaus zwiespältig: Am **13.1.1935** stimmten über 90 % der Wahlberechtigten für die Rückgliederung des Saargebiets an das Deutsche Reich – an ein Deutschland freilich, das bereits fest in nationalsozialistischer Hand war. Es ist offenbar auf eine Entscheidung *Hitlers* zurückzuführen, das Saargebiet zum 1.3.1935 nicht den (ohnehin schon „gleichgeschalteten"[17]) Ländern Preußen und Bayern zurückzugeben, sondern als eigenständiges „Reichsland" zu verwalten. In diesem Zusammenhang taucht die Bezeichnung „**Saarland**" zum ersten Mal auf.[18] Nach dem deutschen Überfall auf Frankreich im Zweiten Weltkrieg wurde der in Saarbrücken residierende Reichskommissar 1941 zum „Reichsstatthalter in der Westmark und Chef der Zivilverwaltung in Lothringen".[19]

Ende März 1945 besetzte die **US-Armee** nach schweren Bodenkämpfen das Saarland. Am 4.5.1945, noch vor der bedingungslosen Kapitulation der deutschen Wehrmacht, wurde ein „Regierungspräsidium Saar" mit Sitz in Saarbrücken errichtet,[20] das die Amerikaner am 10.7.1945 der neuen **französischen** Besatzungsmacht übergaben. Bereits am 31.7.1945 ordnete die französische Militärregierung die administrative Trennung des Saargebiets an.[21] Am 12.2.1946 soll Frankreich das Saarland aus seiner Besatzungszone in Deutschland ausgegliedert[22] und damit der Zuständigkeit des Alliierten Kontrollrates entzogen haben, am 9.10.1946 nahm die „Verwaltungskommission

---

16 Kleinere Teile des heutigen Saarlandes erhielten daneben das Großherzogtum Oldenburg (und zwar das Fürstentum Birkenfeld mit Gebieten im Nordsaarland, insb. der heutigen Gemeinde Nohfelden) und das Herzogtum Sachsen-Coburg-Gotha (das Fürstentum Lichtenberg mit der Stadt St. Wendel).
17 Grundlage war das sog. G über den Neuaufbau des Reichs v. 30.1.1934 (RGBl. I S. 75).
18 S. das G über die vorläufige Verwaltung des Saarlandes v. 30.1.1935 (RGBl. I S. 66).
19 Die „Westmark" bestand aus dem Saarland und dem bayer. Regierungsbezirk Pfalz. Zur staatsrechtl. Vereinigung dieser beiden Gebiete zu einem „Reichsgau Saar-Pfalz" kam es nicht mehr; vgl. *Gergen*, SKZ 2005, 211 (220 f.).
20 Einzelheiten bei *Meyer*, Entstehungsgeschichte der Saarländischen Staatskanzlei, in: ders. (Hrsg.), Die Staatskanzlei des Saarlandes, 2015, S. 10 ff.
21 Mitteilung der Militärregierung Saar gem. Bek. d. Regierungspräsidenten v. 31.7.1945 (Amtsbl. S. 5).
22 So jedenfalls die Verfassungskommission d. Saarl. (→ Rn. 12), Entsch. v. 8.6.1956, SRStZ 1955, 70 (73). Der genaue Zeitpunkt ist umstr., s. die Nachw. bei *Steinhauer*, Finanzverfassungen des Saarlandes in Umbruchzeiten, Diss. jur. 2022, insb. sub Kap. 1 C III.

Gröpl   27

für die Saar"[23] ihre Arbeit auf. Ziel Frankreichs war – erneut – die **Herauslösung des Saarlandes aus dem deutschen Staatsverband**, die Überführung der Kohlegruben in französisches Staatseigentum, die Eingliederung der Region in das französische Zoll-, Wirtschafts- und Währungsgebiet, die Stationierung französischer Truppen sowie die dauernde Verwaltungskontrolle Frankreichs. Die entsprechenden französischen Saar-Memoranden scheiterten jedoch wiederholt am Veto der Sowjetunion, so dass die Saarfrage völkerrechtlich in der Schwebe blieb.

9 Daher versuchte Frankreich einseitig, „faits accomplis" zu schaffen: Die am 15.12.1947 verabschiedete **Verfassung des Saarlandes (SVerf)**[24] musste nach „Richtlinien" der Besatzungsmacht erarbeitet werden. Demgemäß enthielt sie starke Vorrechte zugunsten Frankreichs,[25] vor allem gingen ihr nach Art. 63 iVm Art. 129 I SVerf aF verschiedene sog. Abmachungen vor.[26] Bereits zum 23.12.1946 hatte die französische Besatzungsmacht eine Grenze für den Personen- und Warenverkehr zum restlichen Deutschland errichtet[27] und am 20.11.1947 den französischen Franken (Franc) als offizielles Zahlungsmittel im Saarland eingeführt.[28] Zum 1.4.1948 erfolgte die Eingliederung des Saarlandes in das französische Zollgebiet (**Zollunion** mit Frankreich).[29] Überdies wurden eine eigenständige saarländische **Staatsangehörigkeit** („Sarrois") begründet[30] sowie eine Flagge und ein Landeswappen eingeführt,[31] die sich in ihrer blau-weiß-roten Farbgebung der französischen Trikolore anglichen.[32] Das Saarland war damit – wie zu Recht gesagt worden ist – ein französisches **Protektorat** (abhängiges Einflussgebiet), seine Verfassung war eine „**Protektoratsverfassung**".[33]

10 Die Separationspolitik Frankreichs stieß in der am 23.5.1949 gegründeten Bundesrepublik[34] auf Ablehnung; sie fand auch nicht die Zustimmung der Bevölkerungsmehrheit an der Saar. Von den 1946 im Saarland gegründeten Parteien wurden diejenigen, die sich für eine Rückgliederung nach Deutschland aussprachen, in ihrer Tätigkeit behindert und schließlich verboten. Indes suchte die Bundesregierung unter dem ersten Bundeskanzler *Konrad Adenauer* im Rahmen ihrer auf **Westintegration** ausgerichteten Außenpolitik die **Aussöhnung** mit Frankreich. So wurde am 23.10.1954 das Pariser Abkommen über das **Statut der Saar (Saarstatut)** geschlossen.[35] Anders als das Statut

---

23 VO Nr. 68 des Commandant en Chef en Allemagne v. 8.10.1946 (Amtsbl. S. 205); näher *Meyer* (Fn. 20), S. 12 ff.
24 Amtsbl. S. 1077, in Kraft getreten am 17.12.1947. Deren Art. 132 ist zu entnehmen, dass grds. alle bisherigen (deutschen) Gesetze und Verordnungen in Kraft blieben.
25 S. die Präambel sowie Art. 60, 61, 63 und 129 SVerf idF v. 15.12.1947, zT zitiert in → Rn. 13.
26 So die Abkommen (Konventionen) über Steuerwesen und Haushalt sowie über die Rechtspflege, die gem. Art. 129 I SVerf aF Bestandteil der SVerf waren. Näher hierzu *Steinhauer* (Fn. 22), insb. Kap. 3 A II.
27 Vfg. Nr. 191 v. 18.12.1946 (Amtsbl. d. frz. Oberkommandos in Dtld. S. 511).
28 Frz. G Nr. 47–2158 v. 15.11.1947 (Amtsbl. S. 585); saarl. G v. 15.11.1947 (Amtsbl. S. 904); Vfg. v. 19.11.1947 (Amtsbl. S. 913). – Bereits gem. Art. 2 der VO Nr. 94 des Frz. Oberbefehlshabers in Dtld. v. 7.6.1947 (Amtsbl. d. frz. Oberkommandos in Dtld. S. 781) war an die Stelle der Reichsmark die sog. Saarmark getreten.
29 Erlass v. 30.3.1948 (Amtsbl. S. 367); Bek. betr. die Zollgesetzgebung [ohne Verkü.-Datum] (Amtsbl. 1948 S. 369).
30 G v. 15.7.1948 (Amtsbl. S. 947); Ausführungsbestimmungen v. 30.9.1948 (Amtsbl. S. 1237). Hierzu *Martinek*, SaarAnwaltsbl. 2020, 14 ff.
31 G v. 16.6.1948 (Amtsbl. S. 726 – Flagge) und G v. 14.12.1948 (Amtsbl. S. 1549 – Wappen).
32 Zu Landesfarben und Landeswappen heute s. → Rn. 60.
33 So *Brosig*, in: Wendt/Rixecker, SVerf, Teil I, S. 25 ff.
34 Art. 145 II GG.
35 ZustimmungsG v. 24.3.1955 (BGBl. II S. 295), vgl. auch Bek. der Reg. d. Saarl. v. 15.7.1955 (Amtsbl. S. 1023).

von 1919/1920 (→ Rn. 1)³⁶ war es kein multilateraler, sondern ein bilateraler Vertrag zwischen Frankreich und der Bundesrepublik zur vorläufigen Regelung der Saarfrage.³⁷ Das Saarstatut sollte das Saarland im Rahmen der Westeuropäischen Union bis zu einem endgültigen Friedensvertrag „europäisieren"; vereinbarungsgemäß bedurfte es jedoch der Annahme durch die saarländische Bevölkerung in einer Volksabstimmung. Diese Abstimmung fand am **23.10.1955** statt; in ihr wurde das Saarstatut von gut zwei Dritteln der abgegebenen Stimmen abgelehnt.

Der eindeutige Ausgang dieser Volksabstimmung, wohl aber auch die zwischenzeitlich in Gang gekommene wirtschaftliche Integration Westeuropas³⁸ werden Frankreich dazu bewogen haben, seine Saarpolitik zu revidieren. Gegen wirtschaftliche Zugeständnisse³⁹ stimmte es im **Luxemburger Vertrag (Saarvertrag)** vom 27.10.1956 der Rückgabe des Saarlandes an Deutschland zu.⁴⁰ Durch das saarländische Gesetz vom 20.12.1956 wurden die separatistischen Bestimmungen der SVerf gestrichen.⁴¹ Am 14.12.1956 stimmte der Landtag der Beitrittserklärung des Saarlandes nach Art. 23 S. 2 GG aF zu,⁴² am **1.1.1957** wurde der **Beitritt zur Bundesrepublik** wirksam.⁴³ Auf wirtschaftlichem Gebiet erfolgte diese („kleine") Wiedervereinigung nach einer Übergangszeit zum 6.7.1959; bis dahin war der Franc offizielles Zahlungsmittel im Saarland.⁴⁴

11

2. Entwicklung der Verfassung des Saarlandes

Erarbeitet wurde die SVerf von einer 20-köpfigen **Verfassungskommission**, die auf Weisung des französischen Gouverneurs im Auftrag des französischen Außenministers⁴⁵ mit Rechtsanordnung vom 23.5.1947⁴⁶ einberufen wurde und mit Politikern der saarländischen Parteien besetzt war, die ganz überwiegend die französische Saarpolitik vertraten.⁴⁷ Der **Verfassungsentwurf** wurde am 20.9.1947 vorgelegt und am **15.12.1947** von der Gesetzgebenden Versammlung des Saarlandes als verfassungsge-

12

---

36 S. oben Fn. 1.
37 Dadurch blieb das Saarland völkerrechtl. weiterhin Bestandteil Deutschlands. Zur Grundgesetzkonformität des sog. Saarstatuts s. BVerfGE 4, 157 (157 ff.).
38 Insb. zum 23.7.1952 Inkrafttreten des Vertrags über die Gründung der Europäischen Gemeinschaft für Kohle und Stahl (Montanunion) v. 18.4.1951 (BGBl. 1952 II S. 447); zum 1.1.1958 Inkrafttreten der Römischen Verträge v. 25.3.1957 (BGBl. II S. 753) zur Gründung der Europäischen Wirtschaftsgemeinschaft (EWG) und der Europäischen Atomgemeinschaft (EAG/Euratom).
39 Insb. Schiffbarmachung der Mosel, Verpachtung der Warndtkohle.
40 ZustimmungsG v. 22.12.1956 (BGBl. II S. 1587); s. insb. Art. 1 I des Vertrags v. 27.10.1956.
41 Amtsbl. S. 1657.
42 Amtsbl. S. 1645.
43 S. dazu auch das Bundesgesetz über die Eingliederung des Saarlandes v. 23.12.1956 (BGBl. I S. 1011). Zwar wurde dieses G durch Art. 1 des Zweiten Justiz-RechtsbereinigungsG v. 23.11.2007 (BGBl. I S. 2614) aufgehoben, allerdings nur für die Zukunft (ex nunc). Dies bewirkte nicht die Wiederausgliederung des Saarlandes, da das G v. 23.12.1956 zu diesem Zeitpunkt vollständig vollzogen (erfüllt) und damit gegenstandslos war, vgl. BT-Drs. 16/5051, S. 29.
44 S. die Bek. v. 30.6.1959 (BGBl. II S. 401) und das Bundesgesetz zur Einführung von Bundesrecht im Saarland v. 30.6.1959 (BGBl. I S. 313), aufgeh. durch Art. 2 G v. 23.11.2007 (Fn. 43).
45 Beide Akte datieren vom 13.2.1947.
46 Amtsbl. S. 167.
47 Vgl. *Klement/Wendt*, in: Toscani/Theis (Hrsg.), 70 Jahre Verfassung des Saarlandes, 2017, S. 3 (4 ff.).

bendem Landtag⁴⁸ **beschlossen**. Am 17.12.1947 trat die SVerf in Kraft;⁴⁹ eine Volksabstimmung darüber fand nicht statt.

13 In ihrer ursprünglichen Fassung diente die SVerf der **Legitimation zur Verselbständigung des Saarlandes gegenüber Deutschland**. Demgemäß war das Saarland gem. Art. 60 SVerf aF „ein autonom, demokratisch und sozial geordnetes Land und wirtschaftlich an Frankreich angeschlossen". Nach Art. 63 SVerf aF waren „die aus dem Einbau der Saar in den französischen Wirtschaftsbereich und in das französische Zoll- und Währungssystem sich ergebenden Bindungen, gegenwärtige und zukünftige Abmachungen und die Regeln des Völkerrechts [...] Bestandteile des Landesrechts" und genossen „den Vorrang vor innerstaatlichem Recht". Gleichwohl stand die SVerf im Übrigen – entgegen dem Wunsch Frankreichs – in der **Tradition** der nach 1945 entstandenen **deutschen Landesverfassungen** mit parlamentarischem Regierungssystem.⁵⁰ Ebenso wie im später konzipierten GG stellten die Grundrechte den I. Hauptteil der SVerf dar.

14 Nach der **Volksabstimmung** vom 23.10.1955 (→ Rn. 10) wurde die SVerf durch Gesetz vom 20.12.1956 so geändert, dass der Homogenitätsklausel des Art. 28 GG (weitestgehend) Genüge getan (→ Rn. 35 ff.) und der **Beitritt zur Bundesrepublik** ermöglicht wurde.⁵¹ Nach Art. 60 I SVerf nF ist das Saarland „*eine freiheitliche Demokratie und ein sozialer Rechtsstaat in der Bundesrepublik Deutschland*". Auch die Symbolik wurde angepasst: Statt der von Frankreich beeinflussten Landesflagge (weißes Kreuz auf blau-rotem Grund)⁵² sind die Landesfarben gem. Art. 62 I SVerf nF seither (wie die der Bundesflagge)⁵³ schwarz-rot-gold.

15 Zu einer umfassenderen **Verfassungsreform** kam es **1979**.⁵⁴ Aufgrund der Empfehlungen der Enquêtekommission für Verfassungsfragen⁵⁵ wurden die Kontrollrechte des Landtags ebenso gestärkt wie die Statusrechte des einzelnen Abgeordneten. Zudem wurde die Zahl der Abgeordneten von 50 auf 51 erhöht, um Pattsituationen zu vermeiden. Die Amtszeit des Ministerpräsidenten wurde an die Legislaturperiode gekoppelt, Volksbegehren und Volksentscheid wurden eingeführt. In späteren Jahren erfolgten eher marginale, oft nur „kosmetische" Korrekturen; die **Verfassungsreform von 1999**⁵⁶ hatte als greifbares Ergebnis nur die Einführung des (relativen) Konnexitätsprinzips zugunsten der Kommunalfinanzierung.⁵⁷ Mit der **Verfassungsreform von 2013**⁵⁸ wurden die Hürden für Volksbegehren abgesenkt und die Möglichkeit von Volksinitiativen eingeführt (näher → Rn. 132 ff.). 2016 erhob der verfassungsändernde Gesetzgeber die sog. 5 %-Hürde für Landtagswahlen (→ Rn. 71) in Verfassungs-

---

48 Gewählt wurde die Gesetzgebende Versammlung aufgr. der VO v. 29.8.1947 (Amtsbl. S. 351) am 5.10.1947. S. auch Art. 131 SVerf aF und oben → Rn. 9.
49 S. Art. 133 SVerf.
50 So *Brosig*, in: Wendt/Rixecker, SVerf, Teil I, S. 21, 24.
51 Zur Zulässigkeit eines Austritts s. → Rn. 28.
52 Art. 61 I SVerf aF, s.oben Fn. 11.
53 Art. 22 II GG.
54 G v. 4.7.1979 (Amtsbl. S. 650). Vgl. dazu LT-Prot. Nr. 7/62 v. 13.6.1979, S. 3367 (3369 ff.), und Nr. 7/64 v. 4.7.1979, S. 3407 (3410 ff.).
55 LT-Drs. 7/1260.
56 G v. 25.8.1999 (Amtsbl. S. 1318).
57 Näher zum kommunalfinanzrechtl. Konnexitätsprinzip → § 2 Rn. 11; → § 3 Rn. 8, 21, 30, 115.
58 G v. 15.5.2013 (Amtsbl. I S. 178).

rang (Art. 66 I 3 SVerf) und verschärfte das kommunalfinanzrechtliche Konnexitätsprinzip zugunsten der saarländischen Städte, Gemeinden und Gemeindeverbände (Art. 120 SVerf, → § 2 Rn. 11 und → § 3 Rn. 115).[59]

II. Verfassungs- und Staatsgrundlagen

1. Zwei Hauptteile der Verfassung des Saarlandes

Die SVerf gliedert sich im Wesentlichen in zwei Hauptteile:[60]

16

I. Hauptteil: Art. 1–59a	II. Hauptteil: Art. 60–124
Grundrechte und Grundpflichten	Aufgaben und Aufbau des Staates

Dies entspricht nicht nur der Konzeption des – später entworfenen und verabschiedeten[61] – GG (Art. 1–19 und Art. 20–146), sondern auch der gängigen **dogmatischen** Unterteilung des Staatsrechts in **Grundrechte** und **Staatsorganisationsrecht**.

Zu beachten ist dabei, dass das Saarland nicht für sich allein steht, sondern ein Land der Bundesrepublik Deutschland bildet (→ Rn. 28). Aufgrund von deren **föderativer Struktur** wirkt das Bundesrecht in vielfacher Weise auf das Landes(verfassungs)recht ein (→ Rn. 30 ff.). Daher kommt den beiden Teilen des *landes*rechtlichen Staatsrechts – den Grundrechten und dem Staatsorganisationsrecht – in Theorie und Praxis eine stark **unterschiedliche Bedeutung** zu.

17

a) Staatsorganisationsrecht der SVerf

Das Staatsorganisationsrecht der SVerf (II. Hauptteil, Art. 60–124) ist – wie das Staatsorganisationsrecht der anderen Bundesländer auch – großenteils **unentbehrlich**. Es legt die Staatsform fest (Art. 60–62 SVerf), vor allem aber begründet es in den Art. 63 ff. SVerf die **obersten Staatsorgane**[62]

18

- Landtag (Art. 65–85 SVerf),
- Landesregierung (Art. 86–95 SVerf),
- Verfassungsgerichtshof (SVerfGH, Art. 96, 97 SVerf),

teilt ihnen **Kompetenzen** zu und grenzt ihre Wirkungsbereiche voneinander ab. *Kompetenz* meint – als ein Kernbegriff des öffentlichen Rechts – die Zuständigkeit für die Wahrnehmung einer bestimmten Staatsaufgabe, die erforderlichenfalls zugleich mit Befugnissen verbunden ist, in Rechte des Einzelnen einzugreifen (vgl. Art. 30 GG).

Im Zusammenhang damit werden wichtige **Staatsfunktionen** und **-institutionen** ausgestaltet, insb.

19

---

59 G v. 13.7.2016 (Amtsbl. I S. 710).
60 Der III. Hauptteil (Art. 129–133) enthält die üblichen Schluss- und Übergangsbestimmungen und ist insofern, anders als die Art. 116–146 GG, von zu vernachlässigender Bedeutung.
61 Die Annahme des GG wurde durch den Parlamentarischen Rat am 23.6.1949 festgestellt; es wurde am selben Tag verkündet und trat gem. Art. 145 II GG am 23.5.1949 um 24 Uhr in Kraft. Zur SVerf s. Rn. 12 aE.
62 Organ meint eine Institution, Behörde oder sonstige Stelle, die funktionell (nicht rechtl.) verselbständigt ist und eine bestimmte Aufgabe für ihren Träger (den Staat oder eine andere juristische Person) wahrnimmt.

- die Gesetzgebung (Art. 98–104 SVerf),
- die Verwaltung (Art. 112–116 SVerf) einschließlich der kommunalen Selbstverwaltung (Art. 117–124 SVerf),
- die Rechtspflege (Art. 109–111 SVerf) sowie
- die Haushaltsverfassung (Art. 105–108 SVerf).

20 Das saarländische Staatsorganisationsrecht wird zwar **vom GG** als Bundesverfassung beeinflusst, insb. durch die sog. Homogenitätsklauseln in Art. 28 GG (→ Rn. 35 ff.), daneben durch andere Bestimmungen des GG, die unmittelbar für die Länder und in den Ländern wirken (zB Art. 21,[63] 33–35, 97, 100–104, 104a–109). Im Übrigen aber ist es **elementarer Bestandteil saarländischer Staatlichkeit** und kann aus der Staatspraxis nicht hinweggedacht werden.

b) Grundrechte der SVerf

21 Anders verhält es sich mit dem I. Hauptteil der SVerf, den Grundrechten (und Grundpflichten). Um es pointiert zu formulieren: Für das Funktionieren des freiheitlichen und sozialen Rechtsstaats sind sie – wie die Grundrechtskataloge in den Verfassungen der anderen Bundesländer auch – im Grunde überflüssig. Diese harte Aussage beruht auf der **umfassenden Wirkung der Grundrechte des GG** sowie auf der **starken Stellung des BVerfG**:

22 - Gem. Art. 1 III GG **binden die Grundrechte des GG** alle deutschen Staatsgewalten als unmittelbar geltendes Recht. Bindungsadressaten sind damit selbstverständlich auch die **saarländischen Staatsorgane**, insb. der Landtag, die Landesregierung sowie alle Landesbehörden und Landesgerichte. Man spricht insofern von **Durchgriffswirkung** der Grundrechte des GG auf die Ebene der Länder.[64]

23 - Demgegenüber binden die **Grundrechte der SVerf** gem. deren Art. 21 S. 2 nur die **saarländische Staatsgewalt**;[65] sie gelten nach **Art. 142 GG** nur, soweit sie in Übereinstimmung mit den Grundrechten des GG Gewährleistungen enthalten (näher → Rn. 149 ff.).

24 - Verletzungen seiner durch das GG gewährleisteten Grundrechte kann nach Art. 93 I Nr. 4a GG jeder Grundrechtsberechtigte vor dem BVerfG geltend machen,[66] also auch jeder Saarländer. Es besteht **keine Subsidiarität** dieses Rechtswegs zugunsten der Landesverfassungsgerichtsbarkeit.[67]

25 - Die Entscheidungen des BVerfG binden nach § 31 I BVerfGG alle Verfassungsorgane, Behörden und Gerichte, insb. auch **die saarländischen Staatsorgane** (Landtag, Landesregierung, SVerfGH, Landesbehörden, Landesgerichte). Unter den Voraus-

---

63 Zu Art. 21 GG als Bestandteil des saarl. Verfassungsrechts s. SVerfGH, Urt. v. 8.7.2014, Lv 5/14 (www.verfassungsgerichtshof-saarland.de).
64 *Korioth*, in: Dürig/Herzog/Scholz, GG, Art. 142 Rn. 3.
65 Damit besteht für die saarl. Staatsgewalt eine *doppelte Grundrechtsbindung* (einerseits an die Grundrechte des GG, andererseits an der SVerf), s. *Guckelberger*, in: Wendt/Rixecker, SVerf, Art. 1 Rn. 3.
66 S. auch § 13 Nr. 8a, § 90 I BVerfGG. Voraussetzung ist freilich idR die vorherige Erschöpfung des Rechtswegs (Art. 94 II 2 GG, § 90 II BVerfGG).
67 Vgl. § 90 III BVerfGG; *Korioth*, in: Dürig/Herzog/Scholz, GG, Art. 142 Rn. 19. mwN Anders ist dies bei den sog. Kommunalverfassungsbeschwerden gem. Art. 93 I Nr. 4b GG, § 91 S. 2 BVerfGG.

II. Verfassungs- und Staatsgrundlagen

setzungen des § 31 II BVerfGG haben die Entscheidungen des BVerfG sogar die Kraft eines Bundesgesetzes, das dem saarländischen Recht vorgeht (→ Rn. 39 f.).

- Die Rechtsprechungsgewalt des BVerfG erfasst ohne Weiteres auch die Materien, die in der Gesetzgebungskompetenz der Länder liegen. Das BVerfG judiziert damit auch über **saarländische Landesgesetze**, insb. wenn diese gegen die Grundrechte des GG verstoßen. Damit kommt der Rspr. des BVerfG eine enorm **unitarisierende Wirkung** zu, die die Bundesstaatlichkeit vielfach überspielt.[68]   26

Was bleibt vor diesem Hintergrund von den Grundrechten der SVerf? Als „**Bausteine einer objektiven Wertordnung**"[69] entfalten sie eine dirigierende Wirkung für die Gesetzgebung des Landtags des Saarlandes, der neben den Grundrechten des GG auch die Eigenheiten der saarländischen Grundrechte zu beachten hat. Darüber hinaus **entlasten sie das BVerfG**,[70] indem mancher Verfassungsbeschwerdeführer bei Grundrechtsverletzungen durch die saarländische Staatsgewalt – nach Erschöpfung des Rechtswegs – den Gang zum SVerfGH bevorzugen mag (nicht aber muss). Gleichzeitig bilden die Grundrechte der SVerf eine „**Arbeitsbeschaffungsmaßnahme**" für die Richter des SVerfGH. Dieser darf (nur) Akte der saarländischen Staatsgewalt überprüfen, und zwar am Maßstab der SVerf. Gäbe es diese Grundrechte nicht, wäre die Verfassungsbeschwerde zum SVerfGH[71] nicht möglich.   27

2. Saarland als Land der Bundesrepublik Deutschland

Nach Satz 2 der Präambel des GG und Art. 60 I SVerf ist das Saarland ein Land der Bundesrepublik Deutschland. Als **Bundesstaat** (vgl. Art. 20 I GG) bezeichnet man einen Zusammenschluss mehrerer Gliedstaaten (Länder) zu einem Gesamtstaat (Bund). **Beiden** kommt dabei die Qualität von Staaten im Sinne des Staatsrechts zu, dh beide besitzen **originäre Hoheitsgewalt** über die Bevölkerung in ihrem Territorium – das ist der Unterschied zum sog. Einheitsstaat wie etwa Frankreich, dessen Regionen oder Provinzen nur abgeleitete Hoheitsgewalt zukommt.[72] Trotz seiner bundesstaatlichen Struktur geht die Verfassung namentlich in seiner Präambel und in Art. 20 II GG davon aus, dass Deutschland nicht von den Ländern, sondern vom „Deutschen Volk" konstituiert wurde und wird. Diese Entscheidung zugunsten eines einheitlichen Volkes als **Legitimationssubjekt** hat Konsequenzen für die Frage des **Austritts** eines Landes – etwa des Saarlandes – aus dem Bund. Ein solcher Akt wäre weder durch einseitige Erklärung des austrittswilligen Landes möglich noch durch Verfassungsänderung gem. Art. 79 GG (→ Rn. 29). Gangbar wäre allenfalls der Weg über eine neue Verfassung iSv Art. 146 GG.[73]   28

Die Bundesstaatlichkeit ist durch die sog. **Ewigkeitsklausel** des Art. 79 III GG garantiert: Danach kann die Gliederung des Bundes in Länder nicht, auch nicht durch Änderung der entsprechenden Vorschriften im GG, beseitigt werden. Gewährleistet ist   29

---

68 S. beispielhaft → Rn. 184 und 186; iÜ *Gröpl*, Staatsrecht I, Rn. 642.
69 So BVerfG zu den Grundrechten des GG, BVerfGE 7, 198 (205) – st. Rspr.
70 Näher → Rn. 160 aE.
71 Art. 97 Nr. 4 SVerf iVm § 9 Nr. 13, §§ 55 ff. SVerfGHG.
72 BVerfGE 60, 175 (207) – st. Rspr.; *Gröpl*, Staatsrecht I, Rn. 531 ff.
73 Zu dieser Thematik in Bezug auf den Freistaat Bayern *Lindner* BayVBl. 2014, 97 (100 ff.).

dadurch der Bestand des Bundes, nicht aber die Gliederung in die Länder, wie sie derzeit bestehen. Das heißt, dass für das Saarland – ebenso wenig wie für die anderen Bundesländer – **keine Bestandsgarantie** existiert. Vielmehr darf das Bundesgebiet nach Maßgabe von Art. 29 oder 118a GG neu gegliedert werden. Eine solche Maßnahme ist allerdings an sehr hohe Voraussetzungen geknüpft. Es sind nicht nur *die landsmannschaftliche Verbundenheit, die geschichtlichen und kulturellen Zusammenhänge, die wirtschaftliche Zweckmäßigkeit sowie die Erfordernisse der Raumplanung und Landesplanung zu berücksichtigen*; eine Neugliederung darf zudem grds. nur unter unmittelbarer **Beteiligung des Volkes** (dh der jeweils betroffenen Bevölkerungsteile) vorgenommen werden.[74]

3. Verhältnis von Bundes- und Landesrecht
a) Kompetenzverteilung

30 Aufgrund der bundesstaatlichen Teilidentität des Staatsgebietes jedes Gliedstaates mit dem Staatsgebiet des Gesamtstaates ergeben sich zwangsläufig föderative **Kollisionen**. Vorrangige Aufgabe des GG als Bundesverfassung ist es daher, die bundesstaatlichen Rechtsbeziehungen der Länder zum Bund auszugestalten und dabei insb. die staatlichen **Kompetenzen zu verteilen**. Das GG tut dies insb. in seinen Art. 30 ff., 70 ff., 83 ff. und 92 ff. Darin wird festgelegt, in welchen Bereichen welche Staatsgewalt zum Tragen kommt.

31 Systematischer Ausgangspunkt ist **Art. 30 GG**: Danach sind die Ausübung der staatlichen Befugnisse und die Erfüllung der staatlichen Aufgaben – zusammenfassend also: die Wahrnehmung der **staatlichen Kompetenzen** – grds. Sache der Länder. Dieser Grundsatz wird jedoch durch eine Vielzahl von Kompetenzzuweisungen an den Bund durchbrochen und insb. im Bereich der Gesetzgebung in sein Gegenteil verkehrt (näher → Rn. 46).

32 Diese **Kompetenzverteilung** spielt für das Verfassungsleben wie auch für die Verwaltungsbereiche der Länder eine **entscheidende Rolle**:[75] So darf etwa der Landtag des Saarlandes nur dann legislativ tätig werden, wenn für die jeweilige Materie eine Gesetzgebungskompetenz der Länder besteht (näher → Rn. 122 f.). Andererseits muss das Land nicht nur seine eigenen Gesetze, sondern gem. Art. 83 GG prinzipiell auch die Bundesgesetze vollziehen, und zwar grds. als eigene Angelegenheit (Art. 84 GG). Dies ist im modernen Staat auch deshalb von großer Bedeutung, weil die Länder nach Art. 104a I und V GG dann grds. auch die damit verbundenen **Finanzlasten** tragen.[76]

33 Die im GG vorgegebene Trennung der Gesetzgebungskompetenz von Bund und Ländern kann Probleme aufwerfen, wenn ein Regelungskomplex Bundes- und Landeskompetenzen berührt. Ein Beispiel hierfür sind Sperrbezirksverordnungen zur Eindämmung der Prostitution: Hier wäre für den Erlass der Ermächtigungsgrundlage der Bund zuständig, wenn die Materie dem repressiven Bereich (Strafrecht, Art. 74 I Nr. 1 GG) zuzuordnen wäre, hingegen das Land, wenn die Materie präventiver Natur wäre (Polizeiverordnun-

---

[74] Näher dazu *Gröpl*, Staatsrecht I, Rn. 548 ff.; s. auch *Erbguth* JZ 2011, 433 ff.
[75] Vgl. die Übersicht bei *Gröpl*, Staatsrecht I, Rn. 567.
[76] Ausnahmen bestehen insb. nach Art. 104a II–IV GG, näher unten → Rn. 52 ff. und *Gröpl*, Staatsrecht I, Rn. 738 ff.

II. Verfassungs- und Staatsgrundlagen

gen zur Gefahrenabwehr, Art. 70 GG). Das BVerfG hat die bundesgesetzliche – und damit auf das Strafrecht gestützte – Ermächtigungsgrundlage in Art. 297 EGStGB als verfassungskonform erachtet.[77] Im Übrigen verpflichtet das Rechtsstaatsprinzip die Gesetzgeber von Bund und Ländern, die von ihnen erlassenen Vorschriften in umstrittenen Fällen so aufeinander abzustimmen, dass gegenläufige, widersprüchliche und zu Rechtsunsicherheit führende Regelungen vermieden werden.[78]

Entlang den Kompetenzen für Gesetzgebung, Verwaltung und Rechtsprechung steht ein gesonderter Bereich, den das GG ausdrücklich regelt: die Kompetenz der **auswärtigen Angelegenheiten**. Hier genießt der Bund den Vorrang: Nach Art. 32 I GG ist die Pflege der Beziehungen zu auswärtigen Staaten Sache des Bundes; den Ländern werden in Art. 32 II und III GG nur schmale Anhörungs- und Abschlusskompetenzen zugestanden. Dieses Vorrangprinzip des Bundes gilt nach Art. 23 GG im Wesentlichen auch für EU-Angelegenheiten; hier wirken die Länder über den Bundesrat mit (Art. 23 II, IV–VII GG, näher hierzu → Rn. 46 f.). 34

Ob sich Bund und Länder innerhalb ihrer verfassungsrechtlichen Kompetenzen bewegen (Kompetenzkontrolle), **überprüft** nicht nur das **BVerfG**. Denn die Kompetenzverteilung im Bundesstaat ist nicht nur Bestandteil der Verfassung des Bundes (des GG), sondern auch aller Landesverfassungen. Für das Saarland ergibt sich das aus dem in Art. 60 I, Art. 61 II SVerf verankerten Rechtsstaatsprinzip. Mithin ist die bundesstaatliche Kompetenzkontrolle auch Sache des **SVerfGH**. Insb. im Rahmen einer Verfassungsbeschwerde (→ Rn. 119 f.) prüft der SVerfGH bei der Rechtfertigung eines Eingriffs in die allgemeine Handlungsfreiheit nach Art. 2 S. 1 SVerf durch ein saarländisches Landesgesetz, ob das Saarland dafür die Gesetzgebungskompetenz hatte und deshalb ein verfassungsgemäßes Gesetz vorliegt.[79] 34a

b) Homogenitätsgebot

Die **Verfassungsbereiche** von Bund und Ländern stehen grds. **selbständig nebeneinander**.[80] Auf dem Gebiet des Verfassungsrechts gibt es keinen Kompetenzvorrang des Bundes, der die Verfassungsgebung der Länder verdrängen könnte. Daraus folgt, dass die Gestaltung des Landesverfassungsrechts Sache des jeweiligen Landes ist (**Verfassungsautonomie**).[81] Sonst könnte es keine SVerf geben, Landtag, Landesregierung und andere Organe sowie Staatsfunktionen hingen gleichsam in der Luft. 35

Angesichts solcher getrennten Verfassungsräume besteht allerdings die Gefahr, dass Bund und Länder derart unterschiedliche verfassungsrechtliche Wege einschlagen, dass es auf Dauer zu einem Auseinanderbrechen des Bundesstaates käme. Daher legt Art. 28 GG Bund und Länder auf ein **Mindestmaß an verfassungsrechtlicher Einheitlichkeit** fest (**Homogenitätsgebot**). Entscheidend ist hier vor allem Art. 28 I GG, der die sog. **Normativbestimmungen** für das Verfassungsrecht der Länder enthält: Nach 36

---

77 BVerfG-K, NVwZ 2009, 905 ff.
78 BVerfGE 98, 106 (118).
79 SVerfGH, Beschl. v. 29.8.2016, Lv 3/15 Rn. 39 – juris – mit Verweis auf VerfGH Rh.-Pf., NVwZ 2001, 553 (554) mwN. Vgl. auch BayVerfGH, NJW 2020, 3429 (3431 f. Rn. 44 f., 50 f.) mwN.
80 BVerfGE 107, 1 (10) – st. Rspr.
81 BVerfGE 60, 175 (207); 96, 345 (368) – st. Rspr.

Satz 1 muss die verfassungsmäßige Ordnung in den Ländern den Grundsätzen des republikanischen, demokratischen und sozialen Rechtsstaates im Sinne des GG entsprechen. Von praktischer Bedeutung ist dabei, dass sich diese Normativbestimmungen nur an die Länder selbst richten,[82] nicht aber unmittelbar Rechte für den Einzelnen begründen. Über Art. 28 I GG hinaus ist – gleichsam als ungeschriebenes Auffanginstrumentarium – der Grundsatz der **Bundestreue** anerkannt, der für Bund und Länder die Pflicht zu bundesfreundlichem Verhalten statuiert.[83]

37 Innerhalb der so gesteckten Grenzen bleibt den Ländern – und damit auch dem Saarland – freilich gerade im Staatsorganisationsrecht ein nicht unerheblicher Gestaltungsspielraum, so etwa beim Wahlrecht (→ Rn. 67 ff.), bei plebiszitären Elementen (→ Rn. 132 ff.) oder auch beim Regierungssystem: Statt des parlamentarischen Regierungssystems (Wahl und Abwahl des Ministerpräsidenten durch den Landtag, → Rn. 93, 106 ff.) wären auch Formen eines präsidialen Regierungssystems denkbar, insb. die Wahl des Ministerpräsidenten unmittelbar durch das Volk.[84]

38 Auch im Übrigen wäre es ein Fehler zu glauben, dass das GG nur den Bund und dessen Organe berechtigt und verpflichtet. Vielmehr richtet sich – neben den Kompetenznormen[85] – eine Reihe weiterer wichtiger **Vorschriften des GG** gleichermaßen **an die Länder**, so insb. die Grundrechte (Art. 1 III GG),[86] Art. 33 GG (staatsbürgerliche Rechte), Art. 34 GG (Amtshaftung), Art. 35 GG (Rechts-, Amts- und Katastrophenhilfe) oder wichtige Vorschriften im Finanzwesen (Art. 104a–109 GG).[87] Als sog. Durchgriffsbestimmungen gelten diese Vorschriften – im Gegensatz zu den Normativbestimmungen – in den Ländern unmittelbar zugunsten des Einzelnen.

c) Vorrang von Bundesrecht gegenüber Landesrecht

39 Unterhalb des Verfassungsrechts, also auf einfachgesetzlicher Ebene, schließen es die **Kompetenzverteilungsregeln** der Art. 30 ff. und 70 ff. GG prinzipiell aus, dass es zu einer Kollision von Bundes- und Landesrecht kommt. Denn wenn ein Land auf einem Gebiet, das gem. Art. 71 ff. GG dem Bund zusteht, ein Gesetz erlässt, ist dieses Gesetz ohne Weiteres unwirksam (nichtig). Umgekehrt gilt Entsprechendes für ein Bundesgesetz, das in einem Bereich verabschiedet wird, in dem die Länder die Legislativkompetenz besitzen (Art. 70 GG).[88]

40 Angesichts dieser Kompetenzverteilungsnormen bleibt für die Kollisionsregel des **Art. 31 GG** wenig Raum:[89] Bundesrecht muss Landesrecht nur dann brechen (derogieren),[90] wenn Landesrecht nicht schon aus Kompetenzgründen unwirksam ist. Zu einer solchen Kollision von Bundes- und Landesrecht kann es im Verfassungsrecht kommen, da es hier

---

82 Zur Umsetzung dieser Verfassungsprinzipien im Saarland s. → Rn. 41 ff.
83 Näher dazu *Gröpl*, Staatsrecht I, Rn. 586 ff.
84 *Dreier*, in: Dreier, GG, Art. 28 Rn. 58 mwN.
85 Hierzu → Rn. 31 ff.
86 Näher hierzu unten → Rn. 149 ff.
87 Hierzu näher unten → Rn. 52 ff.
88 Vgl. die Übersicht bei *Gröpl*, Staatsrecht I, Rn. 141.
89 So die hM, etwa *Dreier*, in: Dreier, GG, Art. 31 Rn. 19 f., 23 ff. mwN.
90 Gemeint ist damit der Geltungsvorrang. „Gebrochenes" Landesrecht ist von Anfang an und für alle Fälle unwirksam (nichtig).

wegen der Verfassungsautonomie von Bund und Ländern keinen Kompetenzvorrang gibt (→ Rn. 35).[91] Aber auch im Landesverfassungsrecht führt ein Verstoß gegen die Homogenitätsklausel des Art. 28 GG bereits ipso iure zur Nichtigkeit (→ Rn. 36), ohne dass es eines Rückgriffs auf Art. 31 GG bedürfte. Art. 31 GG hat daher insoweit klarstellende Funktion; er etabliert die Normenhierarchie im deutschen Bundesstaat.

4. Verfassungsprinzipien

Die Staatsgrundlagen (Verfassungsprinzipien) des Saarlandes finden sich vor allem in den Art. 60 und 61 SVerf. Diese sog. Staatsfundamentalnormen entsprechen den Vorgaben von Art. 28 I 1 GG. Nach **Art. 60 I SVerf** ist das Saarland eine freiheitliche Demokratie und ein sozialer Rechtsstaat in der Bundesrepublik Deutschland. 41

a) Demokratie ist schlechthin die Idee für und der Anspruch an moderne Staatlichkeit.[92] Das **Demokratieprinzip** ist mithin die hervorstechende Strukturentscheidung auch des Saarlandes. Elementare Ausflüsse in der SVerf sind die Volkssouveränität (Art. 61 I 1 SVerf), demokratische Wahlen und Abstimmungen (Art. 63, 64 und Art. 99, 100 SVerf), Herrschaft auf Zeit (Art. 67 SVerf), Öffentlichkeit der Plenardebatten (Art. 72 SVerf) sowie das Mehrheitsprinzip (ua in Art. 74 II SVerf). 42

b) Anders als das GG gebraucht die SVerf den Begriff der **freiheitlichen Staatsform** in Art. 60 I SVerf: Hervorgehoben wird damit die offene Demokratie, in der das Gemeinwohl nicht fest vorgegeben, sondern nach dem Muster von „Versuch und Irrtum" erkundet und erstritten werden muss. Auch das Menschenbild der SVerf ist freiheitlich, geprägt von der Selbstbestimmung und Eigenverantwortlichkeit des Einzelnen (Art. 1 ff. SVerf) im Vorrang zu staatlichem Handeln (Prinzip der Subsidiarität). Drittens steht „freiheitlich" für einen Staat, der frei ist von monarchischer und diktatorischer Bevormundung. Insoweit entspricht dieses Adjektiv dem **republikanischen Prinzip** („Freistaat").[93] 43

c) Das **Rechtsstaatsprinzip** wird allgemein in Art. 60 I SVerf statuiert. Rechtsstaatlichkeit setzt sich aus mehreren Elementen zusammen,[94] die zum Teil gesondert in der SVerf garantiert werden. Zu nennen sind in erster Linie die Gewaltenteilung (Art. 61 I 2 SVerf), die Verfassungs- und Gesetzmäßigkeit staatlichen Handelns (Art. 61 II SVerf), insb. der Vorrang und der Vorbehalt des Gesetzes,[95] die Grundrechte (Art. 1 ff. SVerf) und die Bindung aller saarländischen Staatsgewalt daran (Art. 21 S. 2 SVerf) sowie die umfassende Rechtsschutzgarantie gegen die saarländische öffentliche Gewalt (Art. 20 SVerf). Ebenso dazu zählen die Ansprüche auf rechtliches Gehör[96] und auf ein 44

---

91 Zu einem Anwendungsfall s. → Rn. 45; aA *Huber*, in: Sachs, GG, Art. 31 Rn. 16, 22.
92 *Gröpl*, Staatsrecht I, Rn. 247.
93 *Gröpl*, in: Wendt/Rixecker, SVerf, Art. 60 Rn. 7 ff. mwN.
94 Näher dazu *Gröpl*, Staatsrecht I, Rn. 429 ff.
95 SVerfGH, AS 21, 278 (331); vgl. auch *Gröpl*, Staatsrecht I, Rn. 454 ff.
96 Vgl. Art. 103 I GG iVm Art. 1 III GG.

faires (Gerichts-)Verfahren,[97] die im Rechtsstaatsprinzip wurzeln und auch vor dem SVerfGH mit der Verfassungsbeschwerde geltend gemacht werden können.[98]

45 d) Das **Sozialstaatsprinzip** wird – im Unterschied zum GG – in der SVerf näher ausgestaltet, insb. in den Abschnitten „Ehe und Familie" (Art. 22 ff. SVerf) sowie „Wirtschafts- und Sozialordnung" (Art. 43 ff. SVerf). Dies darf nicht zu falschen Schlüssen verleiten: Denn ungleich stärker als andere Verfassungsprinzipien ist die Sozialstaatlichkeit angewiesen auf Ausgestaltung durch den Gesetzgeber. Zu beachten ist dabei aber, dass gerade im sozialen Bereich ganz überwiegend der **Bund die Gesetzgebungskompetenz** besitzt (insb. Art. 74 I Nr. 7, 12–16, 19a GG – zT freilich nur unter den Voraussetzungen des Art. 72 II GG) und davon zumeist umfassend und abschließend Gebrauch gemacht hat (Art. 72 I GG). Daraus folgt zweierlei: (1.) Landes*verfassungs*recht, das den Sozialgesetzen des Bundes und anderem Bundesrecht entgegensteht, ist nach Art. 31 GG ohne Weiteres nichtig.[99] (2.) Dem Landtag des Saarlandes bleibt wenig Spielraum für eine nennenswerte Sozialgestaltung. Und soweit er die Kompetenz besitzt, fehlt es an finanziellen Ressourcen (→ Rn. 53, 58).

5. Saarland und Europa

a) Mitwirkung über den Bundesrat

46 Art. 60 II SVerf verpflichtet das Saarland, im Prozess der **europäischen Einigung** eine **aktive Rolle** zu spielen (**Staatsziel**). Zu beachten ist dabei zweierlei:

47 a) Es ist eine Besonderheit des Rechts der EU, dass es als supranationales Recht zT unmittelbar in den Mitgliedstaaten gilt, ohne dass es eines nationalen Transformationsaktes bedürfte (**Durchgriffswirkung**).[100] Im Kollisionsfall geht EU-Recht allem nationalen Recht vor, also auch dem saarländischen Landesrecht (**Anwendungsvorrang**).[101]

48 b) Nach Art. 23 GG sind Unionsangelegenheiten prinzipiell **Sache des Bundes**.[102] Nach Art. 23 I 2 GG umfasst die Verbandskompetenz des Bundes auch die **Übertragung von Hoheitsrechten** auf die EU.[103] Dies gilt selbst dann, wenn es sich dabei um **Hoheitsrechte der Länder** (insb. im Bereich von deren Gesetzgebungszuständigkeiten)

---

97 Ausdr. normiert in Art. 6 I 1 EMRK, der in Deutschland im Hinblick auf Art. 59 II 1 GG im Rang eines einfachen Bundesgesetzes gilt (vgl. BGBl. 1952 II S. 685, 953; 1954 II S. 14; 2004 II S. 1054, s. BVerfGE 111, 307 [315 ff.]). Zum inhaltsgleichen Grundrecht auf ein faires, rechtsstaatliches Verfahren aus Art. 60 I SVerf s. SVerfGH, Urt. v. 8.7.2014, Lv 6/13; Beschl. v. 14.9.2015, Lv 5/15 (beide Entscheidungen unter www.verfassungsgerichtshof-saarland.de).
98 SVerfGH, Beschl. v. 26.6.2003, Lv 1/03, Ls. I und II A (www.verfassungsgerichtshof-saarland.de); näher dazu → Rn. 155 und 119.
99 Beachte: Landes*verfassungs*recht ist nicht schon aufgrund fehlender Kompetenz nichtig (→ Rn. 38 ff.), da das *Verfassungs*recht der Länder nicht unter die Kompetenzverteilungsnormen der Art. 70 ff. GG fällt.
100 Dies gilt jedenfalls für das sog. Primärrecht (EUV, AEUV) und im Bereich des sog. Sekundärrechts für Verordnungen und Entscheidungen (Art. 288 AEUV). Richtlinien bedürfen dagegen idR eines Umsetzungsaktes des jew. Mitgliedstaats. Näher *Gröpl*, Staatsrecht I, Rn. 852.
101 EuGH, Slg 1964, 1251 – Costa, st. Rspr.
102 Ebenso wie die auswärtigen Angelegenheiten insgesamt, s. → Rn. 34.
103 Zur Übertragung von Hoheitsrechten durch die Länder s. Art. 24 Ia GG und *Gröpl*, Staatsrecht I, Rn. 811.

handelt.[104] Für einen gewissen Ausgleich dieses Spannungsverhältnisses sorgen die Mitwirkungsrechte der Länder über den Bundesrat, namentlich nach Maßgabe von Art. 23 I 2, V 2 und VI GG.[105] Hinsichtlich der Organkompetenzen in Bund und Ländern ist zu beachten, dass der Prozess der europäischen Einigung nicht nur durch die Regierungen gesteuert wird, sondern maßgeblich auch durch die gesetzgebenden Körperschaften (Bundestag und Bundesrat, daneben auch die Landtage).[106]

Daraus ergibt sich, dass die **Länder** vor allem **über den Bundesrat** an der europäischen Einigung mitwirken, von dessen 69 Stimmen dem Saarland drei zukommen (Art. 51 II GG). Hierbei erlangt Art. 60 II 1 SVerf Bedeutung: Wegen Art. 51 I GG ist insb. die Landesregierung gehalten, durch ihr Abstimmungsverhalten im Bundesrat die **europäische Einigung zu fördern**. Im Übrigen verstärkt Art. 60 II 1 SVerf die Pflicht aller saarländischen Staatsgewalt zur Unionstreue (Art. 4 III EUV). 49

b) Ausschuss der Regionen; grenzüberschreitende Zusammenarbeit

Gem. Art. 60 II 1 F. 2 SVerf tritt das Saarland für die Beteiligung eigenständiger Regionen an der europäischen Willensbildung ein. Nach derzeitigem Integrationsstand ist dies nur im **Ausschuss der Regionen** (wozu auch die deutschen Bundesländer zählen) nach Maßgabe von Art. 300 I, III, IV, Art. 305 ff. AEUV möglich. Aufgrund seiner nur beratenden Funktion hat dieser Ausschuss allerdings nur beschränkten Einfluss.[107] 50

Für eine **grenzüberschreitende Zusammenarbeit** iVm Art. 60 II 2 SVerf kommen vor allem die benachbarte französische Region „Grand Est" und das Mosel-Departement in Betracht, daneben der Staat Luxemburg, der wegen seiner geringen Größe selbst keine regionale Unterteilung besitzt.[108] Einen Rechtsrahmen hierfür bietet der Europäische Verbund für Territoriale Zusammenarbeit **(EVTZ)**; solche Verbünde können auch grenzüberschreitend zwischen benachbarten Gemeinden und Gemeindeverbänden gegründet werden.[109] Zurzeit besteht erst ein EVTZ mit Beteiligung aus dem Saarland, nämlich der „Eurodistrict SaarMoselle", ein Zweckverband nach französischem Recht, der aus dem Regionalverband Saarbrücken und sieben französischen Gemeinde- und Stadtverbänden besteht. Eine Erweiterung der Mitglieder auf französischer wie auf deutscher Seite ist geplant.[110] 51

---

104 Ein Bsp. bildet das Rundfunkrecht, das gem. Art. 70 I GG in der Gesetzgebungskompetenz der Länder liegt (BVerfGE 12, 205 [225 ff.], st. Rspr.). Hier durfte der Bund auf EU-Ebene grds. dem Erlass der ehem. Fernseh-RL 98/552/EWG zustimmen, die als Sekundärrecht der EU auch dem Landesrecht vorging; vgl. BVerfGE 92, 203 (230 ff.).
105 *Gröpl*, Staatsrecht I, Rn. 858 ff.
106 Sog. Integrationsverantwortung, s. BVerfGE 123, 267 (351 ff.) – Lissabon-Urteil.
107 Näher *Gröpl*, in: Wendt/Rixecker, SVerf, Art. 60 Rn. 17 ff.
108 Als Chiffre besteht hier die Euro-Region „Saar-Lor-Lux", zu der – je nach Aktionsfeld – auch die rheinland-pfälzischen Gebiete Trier und Westpfalz sowie die Provinz Belgisch-Luxemburg treten.
109 S. hierzu die VO (EG) Nr. 1082/2006 v. 5.7.2006 (ABl. EU 210/19), geändert durch VO (EU) Nr. 1302/2013 v. 17.12.2013 (ABl. EU 347/303); *Krzymuski/Kubicki* NVwZ 2014, 1338; *Kment*, Verw 2012, 155; vgl. iÜ *Gröpl*, in: Wendt/Rixecker, SVerf, Art. 60 Rn. 21 ff.
110 S. *Geginat, Nau, Renaudie, Scheffzek, Roth, Schuh* und *Theis*, in: Cossalter (Hrsg.), Grenzüberschreitende Zusammenarbeit in der Großregion, 2016, S. 515 ff., 523 ff., 533 ff., 547 ff., 559 ff., 565 ff., 575 ff.

6. Finanzwesen

52 Staatliche Macht und politischer Gestaltungswille werden in heutiger Zeit nicht mehr in erster Linie durch Polizei und Militär ausgeübt, sondern durch Geld, sei es auf der Seite des Nehmens (in Form von Steuern und anderen Abgaben), sei es auf der Seite des Gebens (durch Subventionen und soziale Transferzahlungen). Politisch beabsichtigt sind damit eine Verhaltenslenkung der Bürger auf zahlreichen Gebieten des sozialen und privaten Lebens[111] sowie eine Einkommens- und Vermögensumverteilung. Von elementarer Bedeutung dafür, aber auch für die bloße Existenz eines jeden Gemeinwesens ist die Finanzverfassung. Zu verstehen sind darunter die verfassungsrechtlichen Vorschriften zur Finanzwirtschaft des Staates, dh insb. zu den öffentlichen Einnahmen und Ausgaben einschließlich der Staatsverschuldung. Die zentralen Regelungen dazu finden sich im GG (Art. 104a–109a)[112], das als bundesstaatliche Verfassung auch insoweit für die Länder von herausragender Wichtigkeit ist. Weitere für die Länder bedeutsame Finanzvorschriften finden sich in einfachen Bundesgesetzen, etwa im Maßstäbegesetz,[113] im Finanzausgleichsgesetz[114] oder im Gemeindefinanzreformgesetz,[115] für hochverschuldete Bundesländer wie das Saarland auch im Stabilitätsratsgesetz[116] und im Sanierungshilfengesetz.[117] Soweit diese bundesrechtlichen Vorgaben Spielraum belassen, dürfen die Länder und darf insb. das Saarland Regelungen erlassen, die dann zusätzlich von den Vorschriften der Landesverfassung (Art. 105–108, 120 SVerf) dirigiert werden.

a) Steuereinnahmen und Finanzausgleich

53 Die Bundesrepublik ist ein Steuerstaat, weil rund drei Viertel der Einnahmen von Bund und Ländern aus Steuern bestehen. Von diesen Steuern fließt nach Art. 106 II–IV GG ein Teil den Ländern zu (vor allem die Länderanteile der Einkommensteuer, der Körperschaftsteuer und der Umsatzsteuer, daneben die sog. Landessteuern, dh insb. die Erbschaftsteuer und die Grunderwerbsteuer).[118] Politisch besonders umstritten ist dabei die Verteilung des Umsatzsteueraufkommens zwischen Bund und Län-

---

111 Um nur *ein* Beispiel zu nennen: Das G zum Elterngeld und zur Elternzeit (Bundeselterngeld- und ElternzeitG – BEEG) v. 5.12.2006 (BGBl. I S. 2748) idF der Bek. v. 27.1.2015 (BGBl. I S. 33) mit spät. Änd. fördert den frühzeitigen Wiedereinstieg der Mutter in das Berufsleben und die unmittelbare Betreuung des Kindes auch durch den Vater (vgl. BT-Drs. 18/2583). Nur soweit Eltern diese politischen Wünsche befolgen, erhalten sie „ElterngeldPlus", „Partnermonate" und den „Partnerschaftsbonus" nach Maßgabe von § 4 I 2, III–V BEEG.
112 Hinzu treten die Vorgaben des Unionsrechts für die sog. Haushaltsdisziplin, insb. Art. 126 AEUV („Maastricht-Kriterien", „Stabilitätspakt").
113 G über verfassungskonkretisierende allg. Maßstäbe für die Verteilung des Umsatzsteueraufkommens, für den Finanzkraftausgleich sowie für die Gewährung von Bundesergänzungszuweisungen (MaßstäbeG – MaßstG) v. 9.9.2001 (BGBl. I S. 2302) mit spät. Änd.
114 G über den Finanzausgleich zwischen Bund und Ländern (FinanzausgleichsG – FAG) v. 20.12.2001 (BGBl. I S. 3955, 3956) mit spät. Änd.
115 G zur Neuordnung der Gemeindefinanzen (GemeindefinanzreformG) idF der Bek. v. 10.3.2009 (BGBl. I S. 502) mit spät. Änd.
116 G zur Errichtung eines Stabilitätsrates und zur Vermeidung von Haushaltsnotlagen (StabilitätsratsG – StabiRatG) v. 10.8.2009 (BGBl. I S. 2702) mit spät. Änd.; verfassungsrechtl. Grundlage: Art. 109a GG.
117 SanierungshilfenG (SanG), verkündet als Art. 5 des G v. 14.8.2017 (BGBl. I S. 3122, 3126) mit spät. Änd.; verfassungsrechtl. Grundlage: Art. 143d IV GG. Abgelöst wurden dadurch seit 2020 die Konsolidierungshilfen nach Art. 143d II, III GG iVm dem KonsolidierungshilfenG (KonsHilfG) v. 10.8.2009 (BGBl. I S. 2702, 2705) mit spät. Änd.
118 Daneben kennt das GG in Art. 106 VI auch sog. Gemeindesteuern (Grundsteuer und Gewerbesteuer); vgl. iÜ Art. 106 V und Va GG.

dern, das – anders als die Verteilung des Einkommensteuer- und Körperschaftsteueraufkommens – nicht durch das GG vorgegeben ist, sondern durch Bundesgesetz, das der Zustimmung des Bundesrates bedarf, festgesetzt wird (durch § 1 FAG[119]). Für die Länder von Bedeutung sind daneben die sog. Gemeindesteuern, dh die Gewerbe- und Grundsteuer (Realsteuern[120]), sowie die Gemeindeanteile an der Einkommensteuer und der Umsatzsteuer (Art. 106 V–VI GG). Allerdings haben die Länder so gut wie **keine Gestaltungsmacht über die Steuern**: Da der Bund nach Art. 105 II GG die konkurrierende Gesetzgebungskompetenz über die meisten Steuern hat, können die Länder ihre Steuereinnahmen autonom weder erhöhen noch senken, sondern sind von den politischen Vorgaben des Bundes und den Ausgestaltungen in den Steuergesetzen des Bundes abhängig.[121]

Die Verteilung der Steuereinnahmen unter den Ländern folgt nach Art. 107 I 1, 2 GG dem Prinzip der **örtlichen Vereinnahmung**: Die Landessteuern fließen grds. dem Land zu, dessen Finanzbehörde sie vereinnahmt hat. Damit schlägt die Verteilung der örtlichen Zuständigkeiten der Finanzämter, die steuererhebungstechnischen Gesichtspunkten folgt (§§ 17 ff. AO), auf die Einnahmesituation der Länder durch, was nicht immer sachgerecht ist. Weil das Steueraufkommen auch im Übrigen regional sehr unterschiedlich ist, differiert die Finanzkraft der einzelnen Bundesländer spürbar. Dem entgegen wirkt vor allem die Verteilung des **Umsatzsteueraufkommens**, die sich nicht nach der örtlichen Vereinnahmung, sondern nach der Einwohnerzahl richtet (Art. 107 I 4 GG). 54

Darüber hinaus enthält Art. 107 II GG den **bundesstaatlichen Finanzausgleich** ieS, der nicht mit dem kommunalen Finanzausgleich verwechselt werden darf, den das jeweilige Land mit und unter seinen Städten, Gemeinden und Gemeindeverbänden organisieren muss[122]. Als Ausprägung des „bündischen Einstehens füreinander"[123] besteht er aus zwei Stufen:[124] 54a

- Auf der ersten Stufe findet gem. Art. 107 II 1–4 GG der sog. **Finanzkraftausgleich** statt, der ab dem Jahr 2020 den ehemaligen Länderfinanzausgleich abgelöst hat.[125] Maßstab ist die Finanzkraft des jeweiligen Landes, dh grds. alle seine Einnahmen einschließlich der Finanzkraft und des Finanzbedarfs seiner Kommunen. Um diese Einnahmenvolumina vergleichbar zu machen, werden sie durch die Einwohnerzahl des jeweiligen Landes geteilt. Ausgeglichen wird die sich daraus ergebende unterschiedliche Finanzkraft durch Zu- und Abschläge bei der Verteilung der Länderanteile der Umsatzsteuer (§§ 5 ff. MaßstG, §§ 2, 4 ff. FAG). Ziel ist nach Art. 107 II 1 Hs. 1 GG ein **angemessener Ausgleich**, nicht die finanzielle Gleichstellung (Ergebnisgleichheit) der Länder. Daher darf die Leistungsfähigkeit der gebenden Länder

---

119 S. Fn. 114.
120 S. § 3 II der Abgabenordnung (AO).
121 Ausnahmen bilden (1) die Festlegung des Steuersatzes der Grunderwerbsteuer, s. Art. 105 IIa 2 GG und (2) ab 2025 die Regelungen zur Grundsteuer, s. Art. 105 II 1, Art. 72 III 1 Nr. 7, Art. 125b III GG. Näher zu alledem *Gröpl*, Staatsrecht I, Rn. 715 ff.
122 S. dazu → § 2 Rn. 42; § 3 Rn. 117 f. sowie Art. 106 VII GG, Art. 119 II, Art. 120 SVerf.
123 BVerfGE 86, 148 (214); *Gröpl*, Staatsrecht I, Rn. 730 ff.
124 Die normativen Einzelheiten dieses bundesstaatlichen Finanzausgleichs finden sich im MaßstäbeG und im FinanzausgleichsG, s. die Nachw. in Fn. 113 und 114.
125 Art. 143g GG, s. Art. 1 Nr. 5 und 11 des G zur Änd. des GG v. 13.7.2007 (BGBl. I S. 2347).

§ 1 Verfassungsrecht

nicht entscheidend geschwächt und die Länderfinanzen dürfen insgesamt nicht nivelliert werden (Schwächungs- und Nivellierungsverbot).

- Auf der zweiten Stufe lässt Art. 107 II 5 und 6 GG **Ergänzungszuweisungen** des Bundes (**Bundesergänzungszuweisungen – BEZ**) an solche Länder zu, deren Leistungsschwäche im Finanzkraftausgleich nicht beseitigt werden konnte. Maßgebend dafür ist nicht – wie auf der ersten Ausgleichsstufe – die unterschiedliche Finanzkraft der Länder, also ein bloßer Aufkommensvergleich, sondern die **Leistungsschwäche** eines Landes, dh ein besonders ungünstiges **Verhältnis** zwischen dessen Finanzaufkommen und dessen **Ausgabenlasten** (→ Rn. 55). Dabei muss der Bund das föderative Gebot der Gleichbehandlung aller Länder beachten und deren Finanzkraftreihenfolge einhalten (Gleichbehandlungsgebot und Nivellierungsverbot). Neben den allgemeinen BEZ (§§ 9, 10 MaßstG, § 11 II FAG) kann der Bund durch sog. Sonderbedarfs-BEZ bestimmte Sonderlasten einzelner Länder abfedern (zB strukturelle Arbeitslosigkeit oder Kosten der politischen Führung gem. § 12 MaßstG, § 11 III, IV FAG). Darüber hinaus darf der Bund seit 2020 gem. Art. 107 II 6 GG Gemeindesteuerkraftzuweisungen und Forschungsförderungs-Ergänzungszuweisungen leisten, ohne dabei durch das Nivellierungsverbot beschränkt zu sein (§ 11 MaßstG, § 11 V, VI FAG).

54b Das **Saarland** ist seit geraumer Zeit Empfängerland im Rahmen des bundesstaatlichen Finanzausgleichs und erhält darüber hinaus vom Bund Zuweisungen aufgrund anderer Ausgleichsmechanismen (→ Rn. 52, 55). Im Jahr 2021 erfolgten insb. die folgenden Zahlungen:

- erhöhte Umsatzsteueranteile im Rahmen des Finanzkraftausgleichs: rd. 514 Mio. Euro,
- allgemeine BEZ: rd. 232 Mio. Euro,
- Sonderbedarfs-BEZ: rd. 66 Mio. Euro,
- Gemeindesteuerkraftzuweisungen: rd. 19 Mio. Euro,
- Forschungsförderungs-Ergänzungszuweisungen: rd. 6 Mio. Euro,
- Sanierungshilfen: rd. 400 Mio. Euro.[126]

Die Summe allein dieser Posten belief sich im Haushaltsjahr 2021 auf rd. 1,24 Mrd. Euro. Im Vergleich dazu betrugen die Gesamteinnahmen des Saarlandes (ohne Krediteinnahmen) rund 4,90 Mrd. Euro.[127] Daraus folgt, dass sich das Saarland zu rund **einem Viertel aus bundesstaatlichen Zuweisungen** finanziert(e).

b) Ausgabenlasten

55 Nach Art. 104a I Hs. 1 GG tragen Bund und Länder gesondert die Ausgaben, die sich aus der Wahrnehmung ihrer Aufgaben ergeben. Umschrieben ist damit das sog. **bundesfinanzverfassungsrechtliche Konnexitätsprinzip**, das vom kommunalfinanzrechtlichen Konnexitätsprinzip des Art. 120 SVerf zu trennen ist, das seinerseits die Grundzüge der Kostenlastverteilung zwischen dem Saarland und seinen Kommunen bei Auftragsangelegenheiten regelt (→ § 2 Rn. 11, → § 3 Rn. 115). Zu den Ausgaben aus der

---

[126] § 1 II SanG (Fn. 117).
[127] Finanzierungssaldo laut Anlage zum HaushaltsG 2021/2022 v. 9.12.2020 (Amtsbl. I S. 1376, 1388).

Wahrnehmung der Aufgaben des Saarlandes gem. Art. 104a I Hs. 1 GG gehören nicht nur die Kosten, die die Ausführung der saarländischen Landesgesetze mit sich bringt, sondern wegen der Art. 83–85 GG (→ Rn. 32, 158) grds. auch die Kosten, die durch die Ausführung der Bundesgesetze durch das Saarland entstehen. Art. 104a I Hs. 2, II–IV, Art. 104b–104d sowie Art. 91a III und Art. 91b III GG machen davon allerdings wichtige Ausnahmen.[128] Trotz dieser Ausnahmeregelungen verbleiben vor allem die hohen Personalausgaben[129] gem. Art. 104a V 1 Hs. 1 GG stets beim Land.[130]

Als eines von vielen Beispielen hierfür mag die „Flüchtlingskrise" des Jahres 2015 dienen: Die Politik der damaligen Bundesregierung, Flüchtlinge an den Bundesgrenzen vorübergehend weder zu kontrollieren noch zu registrieren, führte zur Einreise von rund 890 000 Personen in kurzer Zeit, die auf die Länder und Kommunen verteilt wurden. Die zugrunde liegenden Bundesgesetze[131] wurden überwiegend von den Ländern ausgeführt. Deshalb hatten die Länder auch die daraus entstehenden Kosten zu tragen, die – abhängig von den Bemessungsfaktoren – auf 10 bis 20 Mrd. Euro p. a. beziffert wurden.[132]

c) Haushaltshoheit – Staatsverschuldung – „Schuldenbremse"

Die Koordination der öffentlichen Einnahmen und Ausgaben erfolgt durch den (Staats-)Haushalt, und zwar gesondert für Bund und Länder. Denn gem. Art. 109 I GG sind die Haushalte von Bund und Ländern grds. getrennt und voneinander unabhängig. Die vielfachen Finanzverflechtungen von Bund und Ländern bei Einnahmen und Ausgaben werden also im Haushaltsbereich nicht fortgeführt (**Haushaltsautonomie**). Die entsprechende Landeskompetenz wird von Art. 105 I SVerf aufgenommen: Danach sind alle Einnahmen und Ausgaben des Saarlandes in den (staatlichen) **Haushaltsplan** einzustellen, der jährlich im Voraus, zumindest aber alle zwei Jahre[133] vom Landtag durch das **Haushaltsgesetz** festgestellt wird (sog. parlamentarisches Budgetrecht).

56

Decken die laufenden Einnahmen (insb. aus Steuern) die Ausgaben nicht, sah die Haushaltspolitik in Deutschland jahrzehntelang kein Problem darin, den Fehlbedarf durch Krediteinnahmen in großem Umfang zu decken. Die verfassungsrechtlichen Hürden waren niedrig und wurden von der Verfassungsgerichtsbarkeit kaum kontrolliert:[134] Die Obergrenze für Einnahmen aus Krediten lag nach den Verfassungen des Bundes (Art. 115 I 2 GG aF) und der Länder (Art. 108 II 1 SVerf aF) grds. bei der

57

---

128 Näher *Gröpl*, Staatsrecht I, Rn. 744 f.
129 Allein die sog. Personalquote an den Ausgaben der Länder beträgt rund 40 %.
130 Die innerstaatliche Finanzlastverteilung bei Verletzung supranationaler oder völkerrechtl. Pflichten regelt seit 2006 Art. 104a VI GG. Prinzipiell verankert wurde darin das sog. Verursacherprinzip. Eine Spezialregelung bei Verletzungen der sog. Haushaltsdisziplin nach Art. 126 AEUV findet sich in Art. 109 V GG. Näher *Heun*, in: Dreier, GG, Art. 104a Rn. 41.
131 § 44 I, § 47 und § 53 AsylG: Schaffung und Unterhaltung von Aufnahmeeinrichtungen und Gemeinschaftsunterkünften durch die Länder (hierzu → § 2 Rn. 33); §§ 10 ff. des AsylbewerberleistungsG (AsylbLG): Erbringung von Leistungen an Asylbewerber ua durch die Länder.
132 Einen gewissen Ausgleich zugunsten der Länder bewirkte ua die Änderung des Anteils der Länder an der Umsatzsteuer im Bundesfinanzausgleich (Art. 106 III 3, IV 1 GG) gem. § 1 S. 5 FAG (Fn. 114) in der damaligen Fassung, s. Art. 8 des AsylverfahrensbeschleunigungsG v. 20.10.2015 (BGBl. I S. 1722, 1732). Vgl. auch → Rn. 53.
133 Vertiefend hierzu *Wendt*, in: Wendt/Rixecker, SVerf, Art. 105 Rn. 11.
134 Vgl. zuletzt BVerfGE 119, 96 (137 ff.) mit abw. Sondervoten (S. 155 ff. und S. 174 ff.).

Summe der veranschlagten Investitionsausgaben (sog. **Kredit-Investitions-Junktim**). Bei sog. Störungslagen konnte diese Grenze aber überschritten werden; im Saarland erfolgte dies häufig unter Berufung auf die **Haushaltsnotlage** (Art. 108 II 2 SVerf aF).[135] So hat die **Verschuldung** gerade des Saarlandes und seiner Kommunen ein solches Ausmaß angenommen, dass sie die politische Handlungsfähigkeit und damit letztlich die Selbständigkeit des Landes ernsthaft gefährdet.[136]

58 Der hohen Staatsverschuldung nicht nur des Saarlandes, sondern aller Gebietskörperschaften in Deutschland, versucht die sog. **Schuldenbremse** entgegenzuwirken – ein Ergebnis der sog. Föderalismusreform II:[137] Art. 109 III GG schränkt die **Haushaltsautonomie** spürbar ein.[138] Danach sind die Haushalte der Länder ohne Einnahmen aus Krediten auszugleichen (Gebot des **strukturellen Haushaltsausgleichs**, Art. 109 III 1 und 5 GG);[139] Konjunkturabschwünge dürfen indes durch sog. **Konjunkturkredite** abgemildert werden, sofern diese im Aufschwung „symmetrisch" zurückgeführt werden (Art. 109 III 2 F. 1 GG).[140] Ausnahmsweise darf bei **Naturkatastrophen** und **außergewöhnlichen Notsituationen** eine Nettoneuverschuldung stattfinden (Art. 109 III 2 F. 2 GG – sog. Notlagenkredite). Hiervon haben Bund und Länder einschl. des Saarlandes seit Beginn der Covid-19-Krise umfangreich Gebrauch gemacht. Zwei verfassungsrechtlich bedenkliche Tendenzen sind dabei zu beobachten: Zum einen wird die Krise als Gelegenheit benutzt, um mit Notlagenkrediten Ausgaben zu finanzieren, die mit der Notlage nicht in hinreichendem Veranlassungszusammenhang stehen, die also ohne die Krise auch angefallen wären. Zum anderen versucht die Haushaltspolitik, gleichsam in schlechten Zeiten für gute Zeiten vorzusorgen, indem zur Bekämpfung der Notlage mehr Kredite bewilligt oder aufgenommen und die überflüssigen Kreditmittel sodann in „**Sondervermögen**" für gute Zeiten „aufgespart" werden, in denen die „Schuldenbremse" keine Krediteinnahmen erlaubt.[141]

58a Das Saarland hat die bundesrechtlichen Vorgaben der „Schuldenbremse" **nicht in der SVerf**, sondern **nur einfachgesetzlich** umgesetzt,[142] und zwar insb. im Haushaltsstabili-

---

135 Einzelheiten bei *Wendt*, in: Wendt/Rixecker, SVerf, Art. 108 Rn. 14 ff.; s. auch SVerfGH, AS 11, 164 (170).
136 Im Jahr 2021 belief sich die Verschuldung allein des Saarlandes bei rd. 15 Mrd. Euro (= ca. 15 000 Euro je Einwohner); sie lag damit fast dreimal so hoch wie der Jahreshaushalt 2021 (rd. 5 Mrd. Euro). Die Nettokreditermächtigung des Saarlandes betrug allein im Jahr 2021 85 Mio. Euro zuzüglich 409 Mio. Euro für das Covid-19-Sondervermögen. Insgesamt wurden damit fast 10 % des saarl. Haushalts 2021 kreditfinanziert. – Bedrohlich ist die zusätzliche Verschuldung der sog. Städte und Gemeinden, also aus Krediten zur Liquiditätssicherung (ehem. Kassenkredite, § 94 KSVG); die Landeshauptstadt Saarbrücken ist im Verhältnis zu ihren Einwohnern deutschlandweit eine der am höchsten verschuldeten Großstädte. S. hierzu auch Fn. 139.
137 S. das G z. Änd. des GG v. 29.7.2009 (BGBl. I S. 2248). Zu den Auswirkungen für das Saarland s. *Gröpl* LKRZ 2010, 401 ff.
138 Kritisch dazu *Fassbender* NVwZ 2009, 737 ff.; *Kemmler* DÖV 2009, 549 ff. Zur „Schuldenbremse" in Hessen, Rheinland-Pfalz und im Saarland s. *Gröpl* LKRZ 2010, 401 ff.
139 Verfassungsrechtl. sehr problematisch ist es, wenn das Land (Liquiditäts-)Kredite seiner Kommunen übernimmt und über Jahrzehnte tilgt (so über 45 Jahre gem. § 3 V des G über den Saarlandpakt als Art. 1 des G v. 30.10.2019, Amtsbl. I S. 1033). Wirtschaftlich kommt diese Schuldenübernahme einer Nettoneuverschuldung des Landes gleich, da dem Land in Gestalt eines „Sondervermögens" neue Schulden entstehen und der Landeshaushalt langfristig mit der Entschuldung der Kommunen belastet wird (Art. 3 § 4 des G v. 30.10.2019).
140 Hierzu die sal. VO zum Verfahren der Konjunkturbereinigung im Rahmen der landeseigenen Schuldenbremse v. 12.2.2020 (Amtsbl. I S. 198 und – versehentlich ? – erneut verkündet S. 254).
141 Zur Verfassungswidrigkeit solcher Maßnahmen in Hessen s. HessStGH, NVwZ 2022, 147 ff.; zurückhaltender für Rheinland-Pfalz VerfGH Rh.-Pf., Urt. v. 1.4.2022, VGH N 7/21 – juris.
142 Entgegen der Empfehlung des Rechnungshofs des Saarlandes (→ Rn. 59), Jahresbericht 2015, S. 99.

sierungsgesetz (HStabG).[143] Von Verfassungs wegen ist es fragwürdig, die für die Haushaltspraxis gerade im Saarland zentralen Bestimmungen zu den Kreditobergrenzen in ein einfachgesetzliches Schattendasein zu verabschieden, zumal das HStabG durch jedes Haushaltsgesetz als lex specialis und lex posterior verdrängt werden kann. Dahinter mag die politische Hoffnung gestanden haben, dem SVerfGH auf diese Weise den **Prüfungsmaßstab** namentlich für abstrakte Normenkontrollen nach Art. 97 Nr. 2 SVerf (→ Rn. 114 ff.) vorzuenthalten und Haushaltsgesetze so der **verfassungsgerichtlichen Kontrolle** gänzlich entwinden zu können. Dass sich der SVerfGH darauf einlassen wird, steht nicht zu erwarten, da er in ähnlichen Fällen Vorschriften des GG zu „**Bestandteilen**" der SVerf erklärt hat (→ Rn. 110a). Abgesehen davon unterliegen saarländische Haushaltsgesetze der abstrakten Normenkontrolle des BVerfG (Art. 93 I Nr. 2 GG) am Maßstab von Art. 109 III GG, der nun „ungeschützt" durch saarländisches Verfassungsrecht unmittelbar durchschlägt.

Europarechtlich untermauert wird die „Schuldenbremse" des Art. 109 III GG zum einen durch die unionsrechtliche Verpflichtung zur Vermeidung übermäßiger Defizite der EU-Mitgliedstaaten nach Art. 126 AEUV (sog. **Maastricht-Kriterien**),[144] zum anderen durch den Vertrag zur Stabilität, Koordinierung und Steuerung in der Wirtschafts- und Währungsunion (SKS-Vertrag, sog. **Fiskalpakt**), einem völkerrechtlichen Vertrag außerhalb des Unionsrechts, dem Bundestag und Bundesrat mit verfassungsändernder Mehrheit (Art. 23 I 3 GG analog iVm Art. 79 II GG) zugestimmt haben; das zugrunde liegende Vertragsgesetz[145] hat das BVerfG im Jahr 2014 für verfassungsgemäß erklärt.[146] Art. 3 des Fiskalpakts verpflichtet die Bundesrepublik Deutschland auch völkerrechtlich zur Beibehaltung der Schuldenbremse. Die entsprechenden Verpflichtungen beziehen sich nicht nur auf den Bund, sondern auch auf die Länder und anderen juristischen Personen des öffentlichen Rechts. 58b

d) Finanzkontrolle

Nach Art. 106 II 1 SVerf hat das **Finanzministerium** für die Landesregierung für jedes Haushaltsjahr Rechnung zu legen. Aufgrund seiner unmittelbaren demokratischen Legitimation muss der **Landtag** darüber entscheiden, ob er der Landesregierung **Entlastung** für ihre Haushaltsführung erteilt (Art. 106 I SVerf). Zur Unterstützung des Landtags besteht der **Rechnungshof** des Saarlandes (Art. 106 II 3, 4, III SVerf), der darüber hinaus ganz allgemein für die Finanzkontrolle des Landes zuständig ist.[147] 59

7. Landesfarben und Landeswappen

Art. 62 SVerf trifft Bestimmungen für die Landesfarben und das Landeswappen des Saarlandes. Durch diese Landessymbole soll die Möglichkeit einer **Identifikation** mit 60

---

143 Art. 3 des G zur Umsetzung der grundgesetzl. Schuldenbremse und zur Haushaltsstabilisierung vom 10.4.2019 (Amtsbl. I S. 446). S. zudem die VO zum Verfahren der Konjunkturbereinigung im Rahmen der landeseigenen Schuldenbremse v. 12.2.2020 (Amtsbl. I S. 198 und – offenbar weitgehend wiederholend – S. 254).
144 Darauf nimmt Art. 109 II und V GG Bezug.
145 G v. 13.9.2012 (BGBl. II S. 1006).
146 BVerfGE 135, 317 (432 f.); zum Verfahren des vorläufigen Rechtsschutzes BVerfGE 132, 195 (278 ff.).
147 S. dazu das G über den Rechnungshof idF der Bek. v. 7.6.1983 (Amtsbl. S. 386) mit spät. Änd. und *Wendt*, in: Wendt/Rixecker, SVerf, Art. 106 Rn. 3 ff.

Gröpl

den Grundwerten des Staates (Art. 1 ff. und Art. 60, 61 SVerf) und einer individuellen und kollektiven Integration geschaffen werden. Als Landesfarben des Saarlandes legt Art. 62 I SVerf **Schwarz-Rot-Gold** fest;[148] insoweit besteht kein Unterschied zu den Farben der Bundesflagge (Art. 22 II GG). Eine Abgrenzung ergibt sich aus dem Landeswappen, dessen Festlegung Art. 62 II SVerf jedoch dem Landtag durch Landesgesetz überantwortet.[149] Danach soll das Wappen des Saarlandes in seinen vier Feldern an die **historisch prägenden Territorien** erinnern, nämlich an Nassau-Saarbrücken, Kurtrier, Lothringen und Pfalz-Zweibrücken (→ Rn. 2).

III. Staatsorganisation: Verfassungsorgane

1. Verfassungsorgane und andere Staatsorgane im Überblick

61 Da dem Saarland – ebenso wie dem Bund und den anderen Ländern – Staatsqualität zukommt,[150] bedarf es **oberster Staatsorgane (Verfassungsorgane)**, die von der SVerf in der Überschrift zum 3. Abschnitt des II. Hauptteils als „Organe des Volkswillens" bezeichnet werden. Entsprechend der horizontalen Gewaltenteilung gliedern sie sich in:

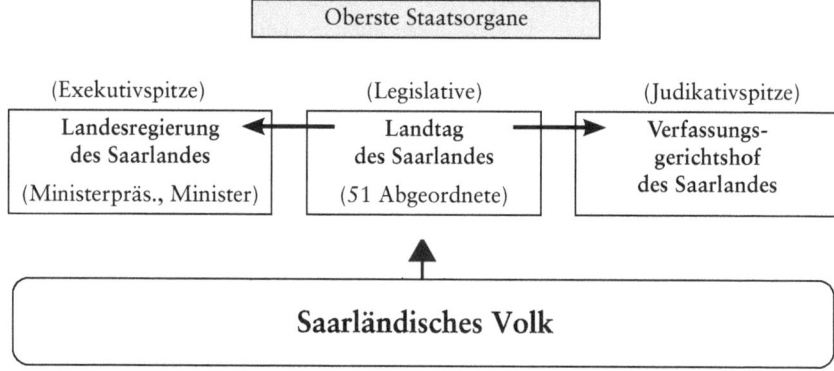

62 Die Exekutive und die Judikative des Saarlandes erschöpfen sich nicht in den hier dargestellten obersten Staatsorganen. Nachgeordnet sind eine Vielzahl von **Landesbehörden** (→ § 2 Rn. 26 ff.) und **Landesgerichten** (→ Rn. 145). Der Landtag ist nicht das einzige an der Gesetzgebung beteiligte Organ im Saarland. Vielmehr wirkt die Landesregierung in verfassungsrechtlich genau bestimmten Bereichen mit (insb. bei der Einbringung von Gesetzen gem. Art. 98 SVerf oder bei der Ausfertigung und Verkündung von Gesetzen nach Art. 102 SVerf, → Rn. 99, 130).

2. Landtag

63 Der Landtag des Saarlandes ist gem. Art. 65 I SVerf als unmittelbar gewählte Vertretung des Volkes das oberste Organ demokratischer Willensbildung des Landes. Er besteht gem. Art. 66 I 1 SVerf aus 51 Abgeordneten und tagt in einem Gebäude in der

---

148 Zu Landesfarben und -wappen während des frz. „Protektorats" 1948–1956 s. → Rn. 9.
149 S. G v. 7.11.2001 (Amtsbl. S. 566).
150 S. oben → Rn. 28.

heutigen Franz-Josef-Röder-Straße, das 1865/1866 für die Saarbrücker Casino-Gesellschaft errichtet wurde.

a) Funktionen

Der Landtag hat drei Hauptfunktionen, die in der SVerf benannt werden: (1.) Er übt für das Saarland die gesetzgebende Gewalt aus (**Gesetzgebungsfunktion**, Art. 65 II SVerf), soweit nicht das Volk selbst nach Art. 100 SVerf durch Volksentscheid beschließt. (2.) Darüber hinaus kommt ihm die **Kreations-** oder **Herrschaftsbestellungsfunktion** zu, indem er den Ministerpräsidenten (Art. 87 I 1 SVerf) und die Mitglieder des SVerfGH (Art. 96 I 2 SVerf) wählt sowie der Ernennung und Entlassung der Minister zustimmt (Art. 87 I 2 SVerf). (3.) Zudem hat der Landtag die Aufgabe, die vollziehende Gewalt (Landesregierung, Landesbehörden) zu kontrollieren (**Kontrollfunktion**). Andere Funktionen finden sich in der SVerf im jeweiligen Sachzusammenhang. 64

Wichtige Funktionen des Landtags	SVerf
Beratung und Beschlussfassung über Landesgesetze (→ Rn. 122 ff.)	Art. 65 II, Art. 70 I, Art. 77 I, Art. 74
Feststellung des Haushaltsplans durch Gesetz (→ Rn. 56 f.)	Art. 105 I 3, Art. 108 I
Wahl des Ministerpräsidenten (→ Rn. 93)	Art. 87 I 1
Wahl der Mitglieder des SVerfGH (→ Rn. 110)	Art. 96 I 1
Zustimmung zur Ernennung und Entlassung von Ministern	Art. 87 I 2
Kontrolle der saarländischen Exekutive	Art. 65 III
▪ Zitier- und Interpellationsrecht	Art. 79
▪ Untersuchungsrecht (→ Rn. 89 ff.)	Art. 76 I
▪ Vertrauensfrage; Misstrauensvotum (→ Rn. 106)	Art. 88
Abgeordneten- und Ministeranklage (→ Rn. 80, 108)	Art. 85, 94

65

Der Landtag ist ein Kollegialorgan. Für seine Meinungsbildung und seine Willenskundgabe ist ein **Beschluss** erforderlich. Dies ist die Äußerungsform, in der Sachentscheidungen getroffen werden (Personalentscheidungen erfolgen durch Wahlen). Voraussetzung für einen Beschluss ist (1.) die Beschlussfähigkeit und (2.) die Beschlussfassung. Beides wird in Art. 74 SVerf bestimmt (beachte den Unterschied zum GG, das für den Bundestag in Art. 42 II nur die Beschlussfassung vorgibt und die Regelung der Beschlussfähigkeit der Geschäftsordnung vorbehält – Art. 40 I 2 GG, § 45 GO BT): 66

▪ **Beschlussfähig** ist der Landtag nach Art. 74 I SVerf, wenn mehr als die Hälfte seiner Mitglieder im Sitzungssaal *anwesend* ist, also mindestens 26 Abgeordnete (→ Rn. 63). Eine entsprechende – und daher überflüssige – Regelung enthält § 39 LtG. Wegen Art. 74 I SVerf ist die Beschlussfähigkeit vor jeder Abstimmung vom Sitzungsleiter (Landtagspräsidenten oder Stellvertreter, § 27 I GO LT) positiv festzustellen. Dem wird § 47 GO LT nicht gerecht, soweit er diese Feststellung nur auf

Zweifel aus dem Plenum hin einfordert. § 47 GO LT ist daher verfassungskonform auszulegen.[151]

- Die **Beschlussfassung** erfolgt nach Maßgabe der Regelungen der §§ 42, 43 LtG. Nach Art. 74 II 1 Hs. 1 SVerf kommt ein Beschluss im Prinzip mit der (einfachen) Mehrheit der *abgegebenen* Stimmen zustande (sog. einfache Abstimmungsmehrheit). Ausnahmen sind für den jeweiligen Sachbereich in der SVerf bestimmt, etwa in Art. 69 F. 1 und in Art. 101 I 2 (Zwei-Drittel-Mitgliedermehrheit, dh mindestens 34 Stimmen) oder in Art. 88 II 3 SVerf (einfache Mitgliedermehrheit, also mindestens 26 Stimmen).

b) Landtagswahlen und Wahlprüfung

67 Nach Art. 67 I 1 SVerf wird der Landtag (genauer gesagt: seine Mitglieder, also die Abgeordneten) auf **fünf Jahre** gewählt. Die Legislaturperiode ist damit ein Jahr länger als die des Deutschen Bundestags.[152]

68 Für die Wahlen in den Ländern stellt Art. 28 I 2 GG eine sog. Normativbestimmung auf (→ Rn. 36): Die Volksvertreter müssen aus allgemeinen, unmittelbaren, freien, gleichen und geheimen Wahlen hervorgehen. Diese **Wahlrechtsgrundsätze** setzt Art. 63 I SVerf in Landesverfassungsrecht um. Sie entsprechen denen für die Wahlen zum Bundestag (Art. 38 I 1 GG) und stellen wichtige Ausprägungen des Demokratieprinzips dar.[153]

69 Das **aktive Wahlrecht** (die Wahlberechtigung) besitzen nach Art. 64 S. 1 SVerf alle Deutschen,[154] die das 18. Lebensjahr vollendet haben, im Saarland ihren Wohnsitz haben und nicht vom Stimmrecht ausgeschlossen sind (→ Rn. 194a). Das **passive Wahlrecht** (die Wählbarkeit) zum Landtag folgt aus Art. 66 II 2 SVerf, der mit der „Stimmberechtigung" an Art. 64 S. 1 SVerf anknüpft.[155]

69a Die **Wahlrechtsgleichheit** aus Art. 63 I SVerf verbürgt die Garantie, dass alle Wahlberechtigten ihr Wahlrecht in formal gleicher Weise ausüben können. Sie ist im Sinne einer strengen und formalen Gleichheit zu verstehen.[156] Dies bedeutet allerdings nicht, dass jegliche Differenzierung von Verfassungs wegen untersagt wäre: Zur Rechtfertigung von Eingriffen erforderlich sind daher besondere, sachlich legitimierte, zwingende Gründe.[157] Die verfassungsgerichtliche Überprüfung dieser Rechtfertigungsgründe orientiert sich an besonders strengen Maßstäben.[158]

Ebenso verhält es sich mit der **Chancengleichheit der Parteien**, die sich jedoch nicht unmittelbar aus der SVerf ergibt. Hergeleitet wird sie aus der Wahlrechtsgleichheit in Art. 63 I SVerf, dem Demokratieprinzip gem. Art. 60 I SVerf, dem allgemeinen Gleichheitssatz nach Art. 12 I und III SVerf und der Parteienfreiheit in Art. 21 I 2 GG.[159]

---

151 *Catrein/Flasche*, in: Wendt/Rixecker, SVerf, Art. 74 Rn. 3.
152 Vgl. Art. 39 I 1 GG (vier Jahre).
153 *Jarass*, in: Jarass/Pieroth, GG, Art. 38 Rn. 3; zu den Wahlrechtsgrundsätzen im Einzelnen *Gröpl*, Staatsrecht I, Rn. 354 ff.
154 Zum Begriff des Deutschen s. Art. 116 I GG.
155 Konkretisierung in § 11 LWG (Fn. 163).
156 So die st. Rspr., ua BVerfGE 120, 82 (102); 129, 300 (317) zur grundgesetzl. Gewährleistung des Art. 38 I 1 GG.
157 BVerfGE 129, 300 (320) mwN.
158 St. Rspr. seit BVerfGE 1, 208 (249).
159 SVerfGH, Urt. v. 16.4.2013, Lv 15/11, NVwZ-RR 2013, 537 (538).

Dieser „Parteienartikel" steht zwar im GG und wäre eigentlich kein Prüfungsmaßstab des SVerfGH (→ Rn. 110a, 156); der SVerfGH sieht ihn aber mit der hM als Teil auch des (ungeschriebenen) saarländischen Verfassungsrechts an.[160] Ein Eingriff in den Schutzbereich dieses Rechts kann unter ähnlichen Voraussetzungen wie eine Beschränkung der Wahlrechtsgleichheit gerechtfertigt werden.[161] Differenzierungen sind hier im Hinblick auf die politische Bedeutung der jeweiligen Partei zulässig („abgestufte Chancengleichheit").[162]

70 Für die Landtagswahlen gelten gem. Art. 66 I 2 SVerf die Grundsätze eines **Verhältniswahlrechts**. Weitere Vorgaben zum Wahlsystem enthält die SVerf nicht (ebenso wenig Art. 38 GG für die Bundestagswahlen). Damit ist die Ausgestaltung dem Landesgesetzgeber anvertraut, der auf dieser Grundlage das Landtagswahlgesetz (LWG)[163] verabschiedet hat. Aufgrund von § 51 LWG hat das Innenministerium zudem die Landeswahlordnung (LWO) erlassen.[164] Nach diesen Rechtsgrundlagen enthält das Wahlsystem zum Landtag – im Gegensatz zum personalisierten Verhältniswahlrecht auf Bundesebene – weder Elemente einer Personenwahl noch eines Mehrheitswahlrechts; LWG und LWO etablieren vielmehr ein *reines* Verhältniswahlrecht: Jeder Wähler hat nur *eine* Stimme, mit der er sich für die **Vorschlagsliste** einer Partei oder Wählergruppe zu entscheiden hat (vgl. § 31 I 2 LWG).

71 Für die Verteilung der Landtagssitze auf die Kandidaten der verschiedenen Vorschlagslisten nach dem Verhältnis der abgegebenen gültigen Stimmen bedarf es einer arithmetischen Methode. Hierfür bestimmt § 38 II und III LWG – anders als § 6 II BWahlG für die Bundestagswahlen[165] – das Höchstzahlverfahren nach d'**Hondt**. Zu beachten ist, dass dabei wegen § 38 I LWG nur solche Parteien oder Wählergruppen berücksichtigt werden, die mindestens 5 % aller abgegebenen und gültigen Stimmen erhalten haben. Diese sog. **5 %-Sperrklausel** soll der Parteienzersplitterung im Landtag vorbeugen und für stabile Mehrheitsverhältnisse sorgen; sie dient daher der Funktionsfähigkeit des Parlaments.[166] Im Gefolge der Rechtsprechung des BVerfG zur Verfassungswidrigkeit der 5 %-Sperrklausel bei Wahlen zum Europäischen Parlament[167] und zu den kommunalen Vertretungsorganen[168] hat es vor dem SVerfGH zahlreiche Verfahren gegen die 5 %-Sperrklausel für die Wahlen zum Landtag des Saarlandes gem. § 38 I LWG gegeben.[169] Wohl

---

160 SVerfGH, Urt. v. 8.7.2014, Lv 5/14 (www.verfassungsgerichtshof-saarland.de). – Eine andere dogmatische Lösung wäre, Art. 21 GG als Durchgriffsbestimmung zu qualifizieren (vgl. → Rn. 37); dann aber wäre die Vorschrift als Prüfungsmaßstab für den SVerfGH sehr problematisch.
161 BVerfGE 51, 222 (236); 95, 408 (417); 129, 300 (320).
162 St. Rspr. seit BVerfGE 14, 121 (137).
163 LWG idF der Bek. v. 2.3.2021 (Amtsbl. S. 654).
164 LWO idF der Bek. v. 19.4.2021 (Amtsbl. S. 1239).
165 Dort gilt seit 2009 das sog. Divisorverfahren nach Sainte-Laguë/Schepers, vgl. *Gröpl*, Staatsrecht I, Rn. 959 ff.
166 Vgl. hierzu SVerfGH, LKRZ 2011, 473 f.; 2012, 209; SVerfGH, Urt. v. 18.3.2013, Lv 12/12. 5 %-Sperrklauseln bestehen auch für die Wahlen zum Bundestag und zu den Parlamenten der anderen Bundesländer. Verbunden damit sind gewisse verfassungsrechtl. Probleme, vgl. *Gröpl*, Staatsrecht I, Rn. 962 ff.
167 BVerfGE 129, 300 (316 ff.); zur Verfassungswidrigkeit der 3 %-Sperrklausel bei Europawahlen BVerfGE 135, 259 (280 ff.).
168 BVerfGE 120, 82 (101 ff.). In diesem Fall entschied das BVerfG – nach damaliger Rechtslage – als LVerfG für Schleswig-Holstein, s. Art. 99 F. 1 GG.
169 SVerfGH, Urt. v. 31.1.2011, Lv 13/10; Urt. v. 29.9.2011, Lv 4/11; Urt. v. 22.3.2012, Lv 3/12; Beschl. v. 26.6.2012, Lv 5/12; Beschl. v. 21.12.2012, Lv 13/12; Urt. v. 18.3.2013, Lv 12/12; Beschl. v. 7.4.2014, Lv 18/13; Beschl. v. 7.4.2014, Lv 19/13 (alle abrufbar unter www.verfassungsgerichtshof-saarland.de).

auch deshalb hat der verfassungsändernde Gesetzgeber diese Sperrklausel im Jahr 2016 in Art. 66 I 3 SVerf festgeschrieben;[170] damit sollte diese Bestimmung der Justiziabilität durch den SVerfGH offenbar grds. entzogen werden. Diese nun verfassungskräftige 5 %-Sperrklausel gilt jedoch nur für die Wahlen zum Landtag, nicht für die Wahlen zu den kommunalen Volksvertretungen im Saarland (Gemeinderäte, Kreistage, Regionalversammlung), da eine Beeinträchtigung von deren Funktionsfähigkeit auch beim Einzug kleinerer Parteien nicht zu befürchten ist.[171]

72 Gem. § 1 II LWG werden von den 51 Abgeordneten des Landtags 41 nach Kreiswahlvorschlägen und zehn nach Landeswahlvorschlägen gewählt (§§ 15 ff. LWG). Für die Kreiswahlvorschläge untergliedert sich das **Wahlgebiet** nach § 3 II LWG in **drei Wahlkreise**, für die die Parteien Kreiswahlvorschläge (Kreislisten) einreichen dürfen (§§ 15, 16 III 2 LWG):

- den Wahlkreis Saarbrücken (bestehend aus dem Gebiet des Regionalverbandes Saarbrücken),
- den Wahlkreis Neunkirchen (bestehend aus den Gebieten der Landkreise St. Wendel und Neunkirchen sowie des Saarpfalz-Kreises),
- den Wahlkreis Saarlouis (bestehend aus den Gebieten der Landkreise Saarlouis und Merzig-Wadern).[172]

Anders als beim personalisierten Verhältniswahlrecht auf Bundesebene (§§ 1 ff. BWahlG) hat jeder Wähler nur eine Stimme (**Einstimmenwahlrecht**, → Rn. 70). Aufgrund des damit zusammenhängenden reinen Verhältniswahlrechts haben die Wahlkreise für den Wähler nur eine untergeordnete Bedeutung. Sie spielen nur bei der (örtlichen) Mandatsverteilung *innerhalb* der Parteien eine Rolle.

73 Wegen der eigentümlichen Kombination von Kreiswahlvorschlägen und Landeswahlvorschlägen empfiehlt sich für die genaue Ermittlung der Mandatsverteilung ein Vorgehen in *drei* Schritten:

- Der *erste* Schritt entscheidet über die **Mehrheitsverhältnisse** im Landtag. Nach § 38 II LWG werden dabei die 51 Sitze den einzelnen Parteien und Wählergruppen nach dem d'Hondt'schen Höchstzahlverfahren zugewiesen. Dabei wird die Summe aller auf Landesebene für jede Partei abgegebenen Stimmen jeweils gesondert durch 1 geteilt, anschließend jeweils durch 2, dann jeweils durch 3, 4, 5 usw Alle sich daraus ergebenden Ergebnisse (Quotienten) werden nach ihrer Größe untereinander aufgelistet, wobei jeder Quotient einer Partei zugewiesen bleibt. Die 51 höchsten Quotienten entsprechen den 51 Sitzen im Landtag.[173] Dieses Verfahren begünstigt tendenziell größere Parteien, da die Nachkommazahlen der Quotienten nicht berücksichtigt werden, die bei den kleineren Parteien aufgrund von deren ge-

---

170 G v. 13.7.2016 (Amtsbl. I S. 710).
171 Für die Kommunalwahlen wurde die 5 %-Sperrklausel im Saarland – wie schon zuvor in anderen Bundesländern – infolge des Urt. des BVerfG v. 13.2.2008 (Fn. 168) durch G v. 20.8.2008 (Amtsbl. S. 1835) abgeschafft. S. auch → § 3 Rn. 53.
172 Die Wahlkreise Neunkirchen und Saarlouis entsprechen also nicht den Landkreisen, sondern umfassen jeweils mehrere Landkreise. Die Wahlkreise stimmen auch nicht mit den Bundestagswahlkreisen – im Saarland gem. der Anlage zu § 2 II BWahlG derzeit vier – überein.
173 Vgl. *Gröpl*, Staatsrecht I, Rn. 958.

ringeren Stimmanteilen höher liegen. Welche Kandidaten innerhalb einer Partei die Mandate erhalten, steht damit noch nicht fest.

Beispiel:
Ermittlung der Gesamtsitzzahlen für die einzelnen Parteien und Wählergruppen, zB 19 Sitze für Partei A, 17 für Partei B, 9 für Partei C und 6 für Partei D.

- Der *zweite Schritt* befasst sich mit den **Kreiswahlvorschlägen** und bezweckt eine gewisse „Regionalisierung": Nach § 38 III Nr. 1 LWG werden 41 der 51 Landtagssitze auf die Kandidaten der Kreiswahlvorschläge verteilt, und zwar unter erneuter Anwendung des Höchstzahlverfahrens nach d'Hondt. Dabei werden nicht wie im ersten Schritt die Gesamtstimmenzahlen der Parteien einander gegenübergestellt, sondern die Stimmen, die in den Wahlkreisen für die jeweilige Partei abgegeben wurden. Dies hat zur Folge, dass aus Wahlkreisen, in denen überproportional viele Stimmen für eine Partei abgegeben wurden, entsprechend mehr Kandidaten in den Landtag einziehen.

Beispiel:

	Stimmen	: 1	: 2	: 3	: 4	: 5	: 6	: 7
Partei A								
Wahlkreis Saarbrücken	48 226	48 226 (4)	24 113 (12)	16 075,3 (23)	12 056,5 (31)	9 645,2	8 037,6	6 889,4
Wahlkreis Saarlouis	53 652	53 652 (3)	26 826 (10)	17 884 (20)	13 413 (29)	10 730,4 (38)	8 942	7 664,5
Wahlkreis Neunkirchen	67 739	67 739 (1)	33 869,5 (7)	22 579,6 (14)	16 934,7 (21)	13 547,8 (28)	11 289,8 (34)	9 667 (41)
Partei B								
Wahlkreis Saarbrücken	43 526	43 526 (6)	21 763 (17)	14 508,6 (26)	10 881,5 (37)	8 705,2	7 254,3	6 218
Wahlkreis Saarlouis	44 379	44 379 (5)	22 189,5 (15)	14 793 (25)	11 094,7 (35)	8 875,8	7 396,5	6 339,9
Wahlkreis Neunkirchen	59 265	59 265 (2)	29 632,5 (8)	19 755 (19)	14 816,2 (24)	11 853 (32)	9 877,5 (40)	8 466,4
Partei C								
Wahlkreis Saarbrücken	26 725	26 725 (11)	13 362,5 (30)	8 908,3	6 681,2	5 345	4 454,1	3 817,8
Wahlkreis Saarlouis	22 044	22 044 (16)	11 022 (36)	7 348	5 511	4 408,8	3 674	3 149,1
Wahlkreis Neunkirchen	28 843	28 843 (9)	14 421,5 (27)	9 614,3	7 210,7	5 768,6	4 807,1	4 120,4
Partei D								
Wahlkreis Saarbrücken	20 162	20 162 (18)	10 081 (39)	6 720,6	5 040,5	4 032,4	3 360,3	2 880,2
Wahlkreis Saarlouis	16 587	16 587 (22)	8 293,5	5 529	4 146,7	3 317,4	2 764,5	2 369,5
Wahlkreis Neunkirchen	23 159	23 159 (13)	11 579,5 (33)	7 719,6	5 789,5	4 631,8	3 859,8	3 308,4

Die Zahlen in Klammern geben die 41 höchsten ermittelten Höchstzahlen an. Diese entsprechen den im zweiten Schritt zu verteilenden Landtagssitzen.

- Im *dritten Schritt* werden die verbleibenden zehn Sitze gem. § 38 III Nr. 2 LWG mit Kandidaten aus den **Landeswahlvorschlägen** besetzt. Dabei erhält jede Partei so viele zusätzliche Mandate, bis die Gesamtsitzzahl erreicht ist, die für die Partei im ersten Schritt ermittelt wurde. Das heißt: Mit den Landeswahlvorschlägen wird bis zur Gesamtmandatszahl „aufgefüllt".

   Beispiel:
   Partei A hat im ersten Schritt insgesamt 19 Sitze errungen; im zweiten Schritt wurden für sie 16 ermittelt. Daher erhält sie im dritten Schritt noch drei weitere Sitze. Entsprechend erhalten die Parteien B und C jeweils noch drei Sitze, Partei D erhält noch einen Sitz.

74 Werden bei den Wahlen Unregelmäßigkeiten oder sonstige Mängel behauptet, können nicht die Gerichte angerufen werden. Denn dann bestünde die Gefahr, dass der einheitliche Wahlakt durch eine Vielzahl unterschiedlicher Rechtsbehelfe und ggf. unterschiedlicher Entscheidungen beeinträchtigt würde. Stattdessen sieht die SVerf das **Wahlprüfungsverfahren** vor, das sich in zwei Stufen unterteilen lässt:

Die erste Stufe der **Wahlprüfung** obliegt gem. Art. 75 I 1 SVerf dem Landtag selbst, der dazu in jeder Legislaturperiode einen Ausschuss einsetzt (idR den Ausschuss für Justiz, Verfassungs- und Rechtsfragen sowie Wahlprüfung). Anfechtungsberechtigt sind der Landeswahlleiter und jeder Wahlberechtigte. Die Anfechtung hat nach § 46 II LWG Erfolg, soweit (1.) Verstöße gegen **wesentliche Wahlvorschriften** vorliegen und (2.) die **Möglichkeit** besteht, dass durch den Verstoß die **Sitzverteilung im Landtag** beeinflusst worden ist. Die Einzelheiten, insb. das Verfahren der Wahlprüfung vor dem Landtag, sind im Gesetz über die Überprüfung der Wahlen zum Landtag des Saarlandes (Saarländisches Wahlprüfungsgesetz – SWahlPrG) geregelt.[174]

75 Gegen die Entscheidung des Landtags besteht – als zweite Stufe – nach Art. 75 II SVerf die Möglichkeit der Anfechtung vor dem SVerfGH (Art. 97 Nr. 4 iVm Art. 75 II SVerf, § 9 Nr. 4, § 38 SVerfGHG[175]). Dieser kann – anders als der Landtag auf der ersten Stufe der Wahlprüfung – auch die Verfassungsmäßigkeit der gesetzlichen Vorschriften über die Landtagswahl mit der Verfassung des Saarlandes überprüfen.[176]

c) Parlamentarisches Binnenrecht: Landtagsgesetz und Geschäftsordnung

76 Das saarländische Parlamentsrecht ist nicht ausschließlich in der SVerf (Art. 65–85) geregelt. Art. 70 I SVerf gibt dem Landtag auf, seine inneren Angelegenheiten durch Gesetz und Geschäftsordnung zu regeln. Von dieser Kompetenz hat der Landtag in Form des **Gesetzes über den Landtag des Saarlandes** (LtG)[177] und der **Geschäftsordnung des Saarländischen Landtages** (GO LT)[178] Gebrauch gemacht. Die Regelung parlamentarischen Binnenrechts (auch) durch Gesetz – eben durch das LtG – stellt eine

---

174 G v. 25.8.2010 (Amtsbl. I S. 1336).
175 Siehe SVerfGH, LKRZ 2011, 473 f.
176 Die Entscheidung kann nach dem 2014 eingefügten § 38 III VerfGHG ohne mündliche Verhandlung ergehen.
177 LtG v. 20.6.1973 (Amtsbl. S. 517) mit spät. Änd. Die z. T. neue Paragrafenzählung (§§ 2–57) beruht auf der Änderung durch Art. 1 Nr. 6 des G v. 15.6.2016 (Amtsbl. I S. 571).
178 Vom 20.6.1973 (Amtsbl. S. 529) mit spät. Änd. Die GO LT gilt nur für die Dauer der jeweiligen Legislaturperiode (Art. 67 SVerf). Sie wird vom neu konstituierten Landtag idR in seiner ersten Sitzung für die jeweilige Wahlperiode übernommen und gilt damit fort, solange und soweit sie nicht durch Beschluss geändert wird, vgl. iÜ *Catrein/Flasche*, in: Wendt/Rixecker, SVerf, 2009, Art. 70 Rn. 4; für den Deutschen Bundestag *Gröpl*, in: Gröpl/Windthorst/von Coelln, StudKGG, Art. 40 Rn. 13.

saarländische Besonderheit dar, die nicht unproblematisch ist: Nach dem Gewaltenteilungsgrundsatz (Art. 61 I 2 SVerf, → Rn. 44) kommt dem Parlament bei der Regelung seiner Binnenangelegenheiten Autonomie zu (**Parlamentsautonomie**). Dies ist bei einer Geschäftsordnung gewährleistet, weil sie vom Landtag autonom – außerhalb des Gesetzgebungsverfahrens – beschlossen wird und weil von ihr im Einzelfall abgewichen werden darf[179] (**Geschäftsordnungsautonomie**). Anders ist das beim Landtagsgesetz, für dessen Zustandekommen die Mitwirkung der Landesregierung erforderlich ist (Art. 98, 102 SVerf, → Rn. 99, 105, 130 f.). Aus der Rspr. des BVerfG zur ähnlichen Situation des Deutschen Bundestages lässt sich ableiten, dass die parlamentarische Geschäftsordnungsautonomie durch eine gesetzliche Regelung jedenfalls dann nicht in verfassungsrechtlich relevanter Weise eingeschränkt wird, wenn (1.) der Regierung dadurch keine ins Gewicht fallenden Einwirkungsmöglichkeiten auf das Verfahren und die Willensbildung des Parlaments eröffnet werden, (2.) der Kern der Geschäftsordnungsautonomie unberührt bleibt und (3.) gewichtige sachliche Gründe für die Wahl der Gesetzesform sprechen.[180] Im Saarland sind zu diesen Fragen – soweit ersichtlich – bislang keine Konfliktfälle aufgetreten.[181]

Zu beachten ist, dass **Verstöße gegen das LtG oder gegen die GO LT** isoliert vor dem SVerfGH nicht gerügt werden können.[182] Denn **Prüfungsmaßstab des SVerfGH** ist nur die SVerf. Missachtungen des LtG oder der GO LT wirken sich daher nur aus, wenn dadurch *zugleich* eine Vorschrift der SVerf verletzt wird, es sich also bei der verletzten Vorschrift um eine **Konkretisierung der Verfassung** handelt.[183] Um ein wichtiges Beispiel zu nennen: Wird im Gesetzgebungsverfahren gegen eine Vorschrift der GO LT verstoßen, ist das daraus resultierende Gesetz *nur* dann verfassungswidrig und unwirksam, wenn der Verstoß *auch* eine *Verfassungs*verletzung darstellt (zB von Art. 74 oder 98 SVerf).[184] Ein Verstoß gegen reine **Organisationsvorschriften** im LtG oder in der GO LT führt daher nicht zur Verfassungswidrigkeit der erlassenen Norm. 77

d) Status der Landtagsabgeordneten

Gem. Art. 66 II 1 SVerf sind die Mitglieder des Landtags (die Abgeordneten) nur ihrem Gewissen unterworfen und an Aufträge und Weisungen nicht gebunden. Damit konstituiert die SVerf – wie Art. 38 I 2 GG für die Mitglieder des Bundestages – das **freie Mandat**. Diese besondere Rechtsstellung (Status) umfasst die sachliche und persönliche Unabhängigkeit der Volksvertreter; gepaart ist das freie Mandat daher mit hoher persönlicher Verantwortung und mit einer gewissen demokratischen Vorbildfunktion.[185] Art. 66 II 1 SVerf ist die verfassungsrechtliche Grundnorm für eine Reihe 78

---

179 Erforderlich zur „Durchbrechung" der GO LT ist ein Beschluss des Landtags, der mit Zweidrittelmehrheit der anwesenden Abgeordneten gefasst wird. Geregelt ist das eigentümlicherweise nicht in der GO LT selbst, sondern in § 57 I LtG.
180 Vgl. hierzu *Glauben* DÖV 2021, 915 ff.
181 *Catrein/Flasche*, in: Wendt/Rixecker, SVerf, Art. 70 Rn. 3, gehen aufgrund der ausdrücklichen Normierung in Art. 70 I SVerf von der Verfassungsmäßigkeit des LtG aus. Entscheidend ist demgegenüber Art. 28 I 1 GG (→ Rn. 36). Vgl. BVerfGE 70, 324 (360 f.); BVerfGE 130, 318 (348 ff.); *Magiera*, in: Sachs, GG, Art. 40 Rn. 24.
182 Etwa im Rahmen eines Organstreit- oder Normenkontrollverfahrens (→ Rn. 113 f.).
183 SVerfGH, Urt. v. 12.12.2005, Lv 4/05, Rn. 16 – juris – mwN.
184 *Gröpl*, in: Wendt/Rixecker, SVerf, Art. 98 Rn. 12.
185 Vgl. *Gröpl*, Staatsrecht I, Rn. 281 ff.

wichtiger **organschaftlicher Rechte**[186] des einzelnen Landtagsabgeordneten; aus ihr fließen die **Abgeordnetengleichheit**[187], Beteiligungs-, Informations- und Initiativrechte im Parlament sowie das **Recht zur Fraktionsbildung**.[188]

78a

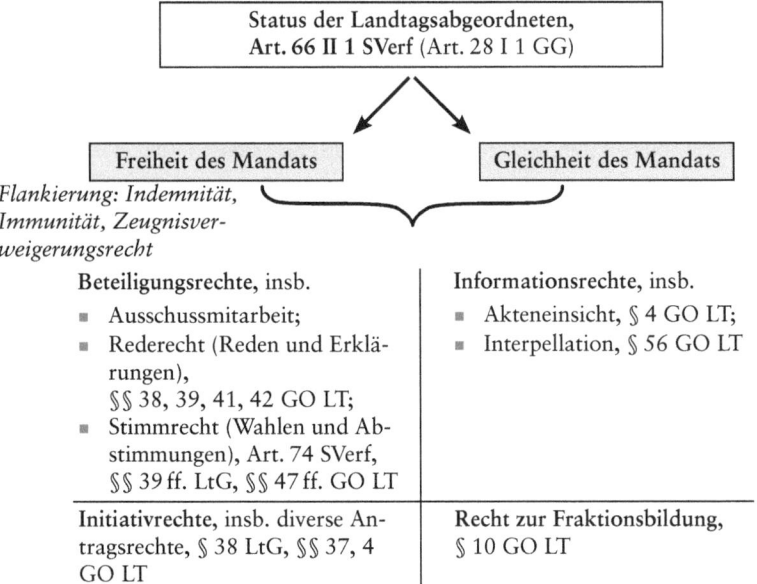

79 Das freie Mandat wird flankiert durch die in Art. 81 ff. SVerf festgeschriebenen Regelungen zu **Indemnität, Immunität** und **Zeugnisverweigerungsrecht** der Abgeordneten. Die Vorschriften decken sich weitgehend mit den entsprechenden Vorschriften für Bundestagsabgeordnete in Art. 46 und 47 GG; es gibt diesbzgl. nur wenige – und in der Praxis unbedeutende – Besonderheiten. Zu beachten ist jedoch, dass die **Indemnität** für Mitglieder des Bundestages nach Art. 46 I 1 GG nur für Äußerungen *im Bundestag oder in einem seiner Ausschüsse* gewährleistet wird. Demgegenüber erstreckt Art. 81 I SVerf die Indemnität auf alle Äußerungen **in Ausübung des Mandats**; Beispiele hierfür nennt Art. 81 II SVerf. Nicht dazu gehören Äußerungen außerhalb der Parlamentsarbeit, zB auf Wahlveranstaltungen.[189] Denn Sinn und Zweck von Art. 81 SVerf legen es nahe, die Vorschrift auf Äußerungen im parlamentarischen Tätigkeitskreis zu begrenzen.[190]

80 Art. 85 SVerf ermöglicht die **Anklage gegen** einen **Abgeordneten**, der seinen herausgehobenen Status (→ Rn. 78) „*in gewinnsüchtiger Weise [...] missbraucht*" oder gegen

---

186 Organschaftliche Rechte sind Rechtspositionen, die einem Organ, Unterorgan oder Organteil (wie dem Abgeordneten) nicht – wie subjektive Rechte etwa die Grundrechte – als Person (Mensch) zustehen, sondern nur wegen und in seiner Eigenschaft als Organ(-teil). Sie können nicht durch eine herkömmliche Klage, sondern idR nur im Wege des Organstreitverfahrens (→ Rn. 113) geltend gemacht werden.
187 SVerfGH, LKRZ 2008, 96 (98 ff.); vgl. auch BVerfGE 112, 118 (133 ff.).
188 Vgl. zum Bundesrecht BVerfGE 130, 318 (342).
189 Vgl. auch zur Thematik der Indemnität BGH, NJW 1982, 2246 ff.
190 So auch *Zeyer/Grethel*, in: Wendt/Rixecker, SVerf, Art. 81 Rn. 4.

Geheimhaltungsvorschriften verstößt. Eine solche Sanktionierung schwerwiegender Pflichtverletzungen stellt eine Ausnahme zur grundsätzlichen Unentziehbarkeit des Mandats dar; auf Bundesebene ist sie nicht vorgesehen. Die Anklage muss von zwei Dritteln der Landtagsabgeordneten gebilligt werden (Art. 85 II SVerf) und wird vom Landtagspräsidenten (→ Rn. 82) beim SVerfGH erhoben (§ 9 Nr. 2, § 28 III SVerfGHG). Nach Art. 85 III SVerf kann der SVerfGH auf Verlust des Mandats erkennen.[191] Bislang hat es keinen Fall einer Abgeordnetenanklage gegeben.

Die SVerf enthält – im Gegensatz zu Art. 48 III 1 GG – keine Regelungen zur „Entschädigung" der Landtagsabgeordneten. Jedoch fordert der Status des Abgeordneten im verfassungsrechtlichen Gefüge (→ Rn. 78) auch im Saarland eine „Alimentation" durch sog. Diäten, die dem Abgeordneten – auch nach Beendigung des Mandats – eine ihm der Bedeutung des Amtes angemessene Lebensführung gestattet.[192] Das Gesetz über die Rechtsverhältnisse der Mitglieder des Landtags des Saarlandes (Abgeordnetengesetz – AbgG SL)[193] regelt in §§ 5 ff. unter anderem eine einkommensteuerpflichtige (Grund-)Entschädigung, eine steuerfreie pauschale Aufwandsentschädigung sowie – großzügig bemessene – Versorgungsleistungen.[194] 81

e) Präsident, Präsidium

Die Geschäfte des Landtags führt nach Art. 71 I 1 SVerf der (Landtags-)Präsident. Er wird dabei durch das (Landtags-)Präsidium unterstützt, dem gem. § 2 LtG – neben dem Präsidenten – noch zwei Vizepräsidenten und fünf Schriftführer angehören.[195] Nach Art. 70 II SVerf, § 6 LtG werden die Mitglieder des Präsidiums vom Landtag für die Dauer einer gesamten Wahlperiode unter Berücksichtigung der Fraktionen gewählt.[196] Die Begründung und Abgrenzung der Aufgaben von Präsidenten und Präsidium ergeben sich aus Art. 71 SVerf sowie aus §§ 4, 5, 7–9 LtG. Der Präsident vertritt den Landtag nach außen (Art. 71 I 4 SVerf) und übt das Hausrecht sowie die Polizeigewalt im Landtag aus (Art. 71 II 1 SVerf). Er leitet die Plenarsitzungen (§ 7 I 2 Hs. 1 LtG) und ist Chef der Landtagsverwaltung (insb. für Personal- und Haushaltsangelegenheiten, Art. 71 I 2–4 SVerf, § 7 II LtG).[197] In seiner Amtsführung ist der Landtagspräsident zur Unparteilichkeit verpflichtet (vgl. § 7 I 2 LtG). 82

f) Fraktionen

Ebenso wenig wie im GG werden in der SVerf Funktion und Status der Fraktionen geregelt; ihre Existenz wird jedoch in verschiedenen Bestimmungen **vorausgesetzt** (zB in Art. 70 II, Art. 77 I 2 SVerf). Das Recht von Abgeordneten, sich in Fraktionen zusam- 83

---

191 Nach *Zeyer/Grethel*, in: Wendt/Rixecker, SVerf, Art. 85 Rn. 7, soll der Mandatsverlust mangels weiterer Sanktionsmöglichkeiten die *Regelfolge* eines festgestellten Mandatsmissbrauchs sein.
192 BVerfGE 40, 296 (311 ff.), explizit zur Entschädigung der Abgeordneten des Landtags des Saarlandes. Die Entschädigung der Abgeordneten ist freilich keine Alimentation im beamtenrechtl. Sinne (vgl. hierzu Art. 33 V GG, der im Saarland unmittelbar wirkt, und BVerfGE 107, 218 [237]).
193 AbgG SL v. 4.7.1979 (Amtsbl. S. 656) mit spät. Änd.
194 Steuerbarkeit gem. § 2 I 1 Nr. 7, § 22 Nr. 4 EStG, Steuerfreiheit gem. § 3 Nr. 12 EStG. Vgl. dazu BFH, BStBl. 2008 II S. 928.
195 Zum erweiterten Präsidium s. § 5 II, III LtG. Die Anzahl der gem. § 6 S. 1 LtG zu wählenden Schriftführer wurde durch G v. 9.5.2012 (Amtsbl. I S. 152) von ursprünglich drei auf fünf erhöht.
196 Zur Zulässigkeit einer vorzeitigen Abwahl s. SVerfGH, LKRZ 2008, 96 ff. – Spaniol.
197 Das Landtagspräsidium hat gem. § 4 S. 1 LtG gegenüber dem Präsidenten eine Art Auffangkompetenz.

menzuschließen, ist **Ausfluss des freien Mandats** (→ Rn. 78). Nach § 1 II des Fraktionsrechtsstellungsgesetzes (FraktG)[198] sind dazu 5 % der Mitglieder des Landtags (→ Rn. 63) erforderlich, also (aufgerundet) **drei Landtagsabgeordnete**.[199] Zur Erfüllung ihrer Aufgaben (§ 3 FraktG) erhalten die Landtagsfraktionen nach § 5 FraktG *staatliche* Geld- und Sachleistungen, die jedoch nicht für die Parteiarbeit verwendet werden dürfen (§ 5 V FraktG).

84 Politisch betrachtet spiegeln die Fraktionen die Parteienlandschaft im saarländischen Parlament wider. Sie dienen vor allem der Effizienz der Abgeordnetentätigkeit (Entlastung durch Arbeitsteilung) sowie der Koordinierung des Gesetzgebungsverfahrens und damit der **Funktionsfähigkeit der Parlamentsarbeit**. Rechtlich ergibt sich die Bedeutung der Fraktionen insb. aus § 1 III FraktG iVm der GO LT. Danach sind einzelne parlamentarische Mitwirkungsrechte den Fraktionen vorbehalten (etwa die Stellung Großer Anfragen, die Beantragung Aktueller Aussprachen oder der Misstrauensantrag gegen die Landesregierung).[200]

85 Daraus ergibt sich die Frage nach der **Rechtsstellung fraktionsloser Abgeordneter**. Wegen der Abgeordnetengleichheit muss sichergestellt werden, dass auch fraktionslose Abgeordnete prinzipiell mit gleichen Rechten und Pflichten an der Parlamentsarbeit teilhaben können (→ Rn. 78).[201] Daher ist ihnen in den Plenarsitzungen grds. das Rederecht einzuräumen, ebenso ein Stimm- und Teilnahmerecht in einem Ausschuss des Landtags.[202]

g) Ausschüsse

86 Nach Art. 77 I 1 SVerf bildet der Landtag nach Bedarf Ausschüsse. Die Ausschüsse sind die eigentlichen „**Arbeitseinheiten**" des Parlaments; in ihnen werden Gesetzesvorlagen diskutiert sowie andere Beratungen und Beschlüsse des Plenums vorbereitet. Die Zusammensetzung der Ausschüsse richtet sich nach der Stärke der Fraktionen im Landtag (Art. 77 I 2 SVerf; § 10 III GO LT); diese haben nach § 12 II, III GO LT das Recht der Benennung der Ausschussmitglieder. Weitere Regelungen zu Funktion und Aufgaben der Ausschüsse finden sich in §§ 10 ff. LtG sowie in §§ 11 ff. GO LT.

87 Als **ständige** Ausschüsse **verfassungsrechtlich garantiert** sind der Ausschuss für Eingaben, (Petitionsausschuss, Art. 78 SVerf)[203] sowie – vielleicht als Überbleibsel aus der Vergangenheit des Saarlandes als bedeutender Bergbaustandort – der Ausschuss für Grubensicherheit (Art. 80 SVerf). Weitere ständige Ausschüsse sind **einfachgesetzlich** in den §§ 35–37 LtG vorgegeben. Daneben bildet der Landtag kraft seiner Organisations- und

---

198 FraktG v. 13.11.1996 (Amtsbl. S. 1402, ber. 1997 S. 605) mit spät. Änd. – Abk. nicht amtlich.
199 Die Mindestzahl wurde durch Art. 1 Nr. 1 des G v. 19.1.2022 (Amtsbl. I S. 534) mit Wirkung ab der 17. Wahlperiode (25.4.2022) von zwei auf drei erhöht. S. iÜ § 10 GO LT.
200 S. § 57 I 1, § 59 I 1 GO LT, Art. 88 II SVerf (dazu → Rn. 106 f.).
201 Vgl. BVerfGE 80, 188 (218 ff.).
202 Nach SVerfGH, LKRZ 2008, 96 ff., folgt daraus jedoch nicht das Recht auf Berücksichtigung im Landtagspräsidium (→ Rn. 82).
203 Art. 78 SVerf zieht die deutsche Bezeichnung „Ausschuss für Eingaben" der Bezeichnung „Petitionsausschuss" vor. – Zum Petitionsrecht und -verfahren s. → Rn. 188a sowie *Guckelberger/Geber/Zott* LKRZ 2012, 125 (128 f.).

Geschäftsordnungsautonomie (Parlamentsautonomie, → Rn. 76) **weitere**, nicht minder bedeutsame Ausschüsse. Einzelheiten hierzu sind in den §§ 11 ff. GO LT) festgelegt.[204]

Als nichtständige Ausschüsse sehen Art. 77 II und Art. 79 SVerf Enquêtekommissionen und Untersuchungsausschüsse vor. **Enquêtekommissionen** nehmen in der Systematik der Ausschüsse eine Sonderfunktion ein: Sie dienen nicht der parlamentarischen Kontrolle. Außerdem können ihnen nicht nur Abgeordnete angehören, sondern auch externe Mitglieder, zB Sachverständige. Enquêtekommissionen sollen gebildet werden zur Vorbereitung weitreichender Zukunftsentscheidungen; ihre Einberufung und Zusammensetzung liegt in der freien Entscheidung des Landtags.[205]

88

Art. 79 SVerf verankert das – vor allem politisch – bedeutsame Institut der parlamentarischen **Untersuchungsausschüsse** in der SVerf, das in den §§ 11–32 LtG näher ausgestaltet wird. Untersuchungsausschüsse dienen vor allem der Kontrolle der Landesregierung durch die Opposition: Denn ihre Einsetzung muss bereits auf Antrag eines Viertels der gesetzlichen Mitgliederzahl des Landtags erfolgen (Art. 79 I iVm Art. 66 I 1 SVerf, § 12 II LtG). Damit ist das Untersuchungsrecht ein **klassisches Instrument der parlamentarischen Minderheit**. Taugliche **Untersuchungsgegenstände** sind insb. Vorgänge im Verantwortungsbereich von Regierung, Verwaltung und Justiz; darüber hinaus aber auch andere politisch relevante Vorgänge des öffentlichen Lebens. Hierfür stehen dem Untersuchungsausschuss nach Art. 79 IV SVerf insb. die Befugnisse der StPO zur Verfügung.[206] Das Untersuchungsrecht endet allerdings an den bundesstaatlichen und organschaftlichen Zuständigkeitsgrenzen: Zulässig sind demnach nur Untersuchungsthemen, die sich auf die föderativen Kompetenzen des Saarlandes beschränken (→ Rn. 30 ff.) und die die horizontale Gewaltenteilung unberührt lassen, also insb. nicht den Initiativ-, Beratungs- und Handlungsbereich der Landesregierung ausforschen.[207] Die Tätigkeit des Untersuchungsausschusses ist auf den vom Landtag festgelegten Untersuchungsauftrag beschränkt.[208]

89

Für **Streitigkeiten** über die *verfassungs*rechtliche Stellung und Funktion der Untersuchungsausschüsse (zB Fragen der Einsetzung und des Untersuchungsauftrages) ist der SVerfGH zuständig.[209] Im Übrigen ist der *Verwaltungs*rechtsweg eröffnet (§ 40 I 1 VwGO), etwa gegen Beschlüsse eines Untersuchungsausschusses selbst und bei Maßnahmen im Zusammenhang mit der Aufklärung eines Sachverhaltes.[210] Der Untersuchungsausschuss wird insofern wie

90

---

204 S. hierzu die Übersicht auf der Internetseite des Landtags des Saarlandes auf www.landtag-saar.de/landtag/ausschuesse/ (Abruf v. 12.5.2022).
205 Enquêtekommissionen werden insb. zur Diskussion über und zur Vorbereitung von Verfassungsreformen eingesetzt, so etwa in der 7. und 11. Legislaturperiode (vgl. LT-Drs. 7/1260 und 7/2207, 11/2043).
206 Vgl. SVerfGH, Urt. v. 31.8.2010, Lv 8/10 e. A. – juris.
207 OVG d. Saarl., AS 21, 372 (373) mwN; vgl. BVerfGE 67, 100 (139); 77, 1 (44); *Gröpl*, Staatsrecht I, Rn. 1012 ff.; *Zeyer/Grethel*, in: Wendt/Rixecker, SVerf, Art. 79 Rn. 3.
208 Vgl. SVerfGH, Urt. v. 28.3.2011, Lv 15/10 – juris; s. auch *Gröpl*, Staatsrecht I, Rn. 1008 ff.
209 Organstreitigkeit gem. Art. 97 Nr. 1 SVerf, § 9 Nr. 5, §§ 39 ff. SVerfGHG, s. Rn. 113; s. auch SVerfGH (Fn. 208).
210 Vgl. SVerfGH (Fn. 208). Beachte aber die Sonderzuständigkeit des Amtsgerichts nach § 29 iVm § 24 II–IV oder § 28 III LtG. Der Gerichtsstand bestimmt sich in sinngemäßer Anwendung der §§ 7 ff. StPO, so dass in aller Regel das Amtsgericht Saarbrücken zuständig ist.

eine Behörde tätig.[211] Anders als nach Art. 44 IV 1 GG[212] sind die **Beschlüsse** der Untersuchungsausschüsse im Saarland **umfassend justiziabel**.

h) Auflösung des Landtags

91 Anders als der Bundestag[213] hat der Landtag des Saarlandes nach Art. 69 F. 1 SVerf das Recht zur **Selbstauflösung**. Damit kann er vor Ablauf der Legislaturperiode (Art. 67 SVerf) zu einem ihm genehmen Zeitpunkt Neuwahlen erreichen.[214] Erforderlich dazu ist allerdings eine Zustimmung von zwei Dritteln seiner Mitglieder (Art. 66 I 1 SVerf). Abgesehen davon ist der Landtag nach Art. 69 F. 2 SVerf aufgelöst, ohne dass es eines Auflösungsbeschlusses bedarf, wenn er nach einem erfolgreichen Misstrauensantrag (Art. 88 II SVerf, → Rn. 108 f.) nicht innerhalb von vier Wochen einen neuen Ministerpräsidenten wählt (Art. 87 I 1 SVerf). Ergänzend hierzu tritt gem. Art. 87 IV SVerf ein dritter Fall der Auflösung des Landtags hinzu, wenn sich der Landtag in anderen Situationen innerhalb von drei Monaten nicht auf die Wahl eines Ministerpräsidenten einigen kann.

3. Landesregierung

92 Der Landesregierung des Saarlandes obliegt – zusammen mit der regierungsstützenden Mehrheit im Landtag – die **Staatsleitung**. Sie steht an der Spitze der vollziehenden Gewalt (Exekutive). Nach Art. 86 SVerf setzt sie sich zusammen aus dem Ministerpräsidenten, den Ministern und einzelnen Staatssekretären als weiteren Mitgliedern (→ Rn. 95); sie ist also ein **Kollegialorgan**.

a) Konstituierung

93 Nach Art. 87 I 1 SVerf wird der **Ministerpräsident** vom Landtag gewählt. Der Ministerpräsident braucht nicht Mitglied des Landtags zu sein – ebenso wenig wie der Bundeskanzler Mitglied des Bundestages sein muss. Die Wahl des Ministerpräsidenten kann, muss aber nicht geheim stattfinden (§ 41 I LtG).[215] Erforderlich hierfür ist nicht – wie sonst nach Art. 74 II SVerf der Regelfall – nur die Mehrheit der abgegebenen Stimmen (relative Mehrheit), sondern die Mehrheit der gesetzlichen Mitgliederzahl (*absolute Mehrheit*).[216] Notwendig sind daher wegen Art. 66 I 1 SVerf mindestens 26 Stimmen. Kommt die Wahl nicht zustande, finden Wiederholungen statt; nach drei Monaten erfolgloser Wahlen ist der Landtag aufgelöst (Art. 87 IV SVerf, → Rn. 91).

94 Nach seiner Wahl ernennt der Ministerpräsident gem. Art. 87 I 2 SVerf insb. die **Minister** und legt nach Art. 91 I 2 SVerf deren Geschäftsbereiche (Ressorts) fest (→ § 2 Rn. 26 f.). Diese Kompetenzen des Ministerpräsidenten zur Ressortorganisation und Ministerauswahl wird als **Kabinettsbildungsrecht** bezeichnet. Für die Ernennung der Landesminister ist die **Zustimmung** des Landtags erforderlich; insofern besteht ein Unterschied zur

---

211 OVG d. Saarl., Beschl. v. 5.11.2002 – 1 W 29/02, Ls. 3.
212 Vgl. hierzu *Morlok,* in: Dreier, GG, Art. 44 Rn. 57 ff.
213 Vgl. BVerfGE 114, 121 (152 ff.); *Gröpl,* Staatsrecht I, Rn. 927, 1283.
214 So hat sich der LT etwa am 26.1.2012 auf Antrag der CDU- und SPD-Fraktionen aufgelöst; s. LT-Drs. 14/685.
215 Näher *Stelkens,* in: Wendt/Rixecker, Art. 87 Rn. 6 mwN.
216 Vgl. die sog. Kanzlermehrheit nach Art. 63 II 1 iVm Art. 121 GG, § 1 I 1 BWahlG.

Ernennung der Bundesminister.[217] Der Zustimmungsbeschluss ist keine Wahl und damit in keinem Fall geheim (→ Rn. 93). Zu seinem Zustandekommen reicht die Mehrheit der abgegebenen Stimmen (Art. 74 II 1 Hs. 1 SVerf). Die Anzahl der Minister (und damit der Geschäftsbereiche) ist in der SVerf ebenso wenig festgelegt wie im GG.[218] Der Ministerpräsident und die Minister sind keine Beamten, sondern stehen zum Saarland in einem öffentlich-rechtlichen Dienstverhältnis eigener Art; ihre Rechte und Pflichten ergeben sich in erster Linie aus dem **Saarländischen Ministergesetz**.[219]

Staatssekretäre sind dem Ministerpräsidenten oder einem Minister zugeordnet. In einem Ministerium fungieren sie als ständige **Vertreter** des Ministers.[220] Die Staatskanzlei wird von einem Staatssekretär geleitet (→ Rn. 102). In der saarländischen Staatspraxis gehören die Staatssekretäre überwiegend nicht der Landesregierung an; indes können einzelne Staatssekretäre aufgrund von Art. 86, 87 I 2, 3 SVerf mit Zustimmung des Landtags zu Mitgliedern der Landesregierung ernannt werden.[221] Dies hat ua zur Folge, dass diese Staatssekretäre im Bundesrat ihre Stimme für das Saarland abgeben können (Art. 51 GG).[222] 95

Die saarländischen Staatssekretäre werden idR auf Lebenszeit **verbeamtet** (Besoldungsgruppe B 8 oder B 9).[223] Nach § 51 I SBG[224] sind sie **politische Beamte** und können gem. § 52 SBG jederzeit in den einstweiligen Ruhestand versetzt werden. Anders als insb. im Bund fehlt im Saarland die zweite Kategorie der Staatssekretäre, nämlich die Parlamentarischen Staatssekretäre, die als Abgeordnete eine vermittelnde Funktion zwischen Regierung und Parlament wahrnehmen.[225]

Gem. Art. 90 II SVerf gibt sich die Landesregierung eine **Geschäftsordnung** (GO Reg).[226] Diese Kompetenz ist Ausdruck der Autonomie der Landesregierung in ihren organinternen Angelegenheiten. Geregelt ist darin vor allem der „Geschäftsgang" im Kabinett (Ministerrat), dh die Angelegenheiten, über die der Ministerrat entscheidet, und das Verfahren, wie Beschlüsse des Ministerrates zustande kommen (→ Rn. 104 f.). 96

b) Kompetenzen des Ministerpräsidenten

Das Amt des **Ministerpräsidenten**[227] vereinigt in sich die meisten der Organkompetenzen, die auf Bundesebene dem Bundeskanzler einerseits und dem Bundespräsidenten andererseits zustehen: Nach Art. 91 I 1 SVerf besitzt der Ministerpräsident zunächst – wie der Bundeskanzler gem. Art. 65 S. 1 GG – die **Richtlinienkompetenz**, dh er gibt 97

---

217 Gem. Art. 64 I GG hat der Bundespräsident die Minister zu ernennen, die ihm vom Bundeskanzler vorgeschlagen werden; eine Mitwirkung des Bundestages findet insoweit nicht statt.
218 Zu den Ministerien (Geschäftsbereichen) im Saarland s. → § 2 Rn. 27.
219 G über die Rechtsverhältnisse der Mitglieder der Landesregierung (Saarl. MinisterG) v. 17.7.1963 (Amtsbl. S. 435) mit spät. Änd., s. insb. → § 1 Rn. 94; *Stelkens*, in: Wendt/Rixecker, SVerf, Art. 86 Rn. 14 f.
220 S. dazu § 4 III GO Reg.
221 S. hierzu die Formulierung von Art. 86 SVerf, in der vor dem Wort „Staatssekretären" der bestimmte Artikel „den" fehlt (vgl. „den Ministern").
222 In dieser Funktion vertreten die Staatssekretäre den Ministerpräsidenten oder einen Minister in dessen Funktion als *Regierungsmitglied*.
223 Anlage I des Saarl. BesoldungsG (SBesG), s. hierzu → § 2 Rn. 147.
224 Zum SBG s. → § 2 Rn. 147.
225 Vgl. auf Bundesebene § 1 ParlStG v. 24.7.1974 (BGBl. I S. 1538) mit spät. Änd.
226 GO Reg v. 15.2.2005 (Amtsbl. S. 504), zuletzt geändert am 26.4.2022 (Amtsbl. I S. 732).
227 Überblick über die Ministerpräsidenten des Saarlandes bei *Meyer* (Fn. 20), S. 143 ff.

die grundlegenden Ziele der Regierungspolitik vor. Des Weiteren ist der Ministerpräsident nach Art. 90 I SVerf Vorsitzender des Ministerrats und leitet dessen Geschäfte (**Geschäftsleitungskompetenz**).[228]

98 Vergleichbar mit dem Bundespräsidenten auf Bundesebene **vertritt** der Ministerpräsident gem. Art. 95 I SVerf das Saarland **nach außen**. Diese Organkompetenz umfasst nicht nur das rechtliche, sondern auch das politische Handeln des Saarlandes gegenüber anderen Staaten, gegenüber dem Bund und den Ländern sowie gegenüber Privaten; darin kommt die „**Staatsoberhauptfunktion**" des Ministerpräsidenten zum Ausdruck.[229] Zu beachten ist allerdings zweierlei:

- Art. 95 I SVerf betrifft nur die „**Außenvertretungsmacht**", **nicht** die **staatsinterne Willensbildung**, an der nicht selten andere Staatsorgane maßgeblich zu beteiligen sind, etwa gem. Art. 95 II SVerf der Landtag vor dem Abschluss von bundesstaatlichen und völkerrechtlichen Staatsverträgen.[230]
- Art. 95 I SVerf wird durch zahlreiche **Sondervorschriften verdrängt**, insb. durch Art. 51 und 52 GG beim Abstimmungsverhalten des Saarlandes im Bundesrat,[231] aber auch durch die speziellen Zuständigkeitsbestimmungen des Verwaltungsrechts, soweit der Gesetzesvollzug den jeweiligen (Landes-)Behörden obliegt. Ist nach der SVerf die Landesregierung zuständig, erfordert dies idR einen Beschluss des Ministerrates (→ Rn. 104 f., 116).

99 Abgesehen davon obliegt dem Ministerpräsidenten nach Art. 102 S. 1 und 3 SVerf (zusammen mit den zuständigen oder – bei verfassungsändernden Gesetzen – mit allen Ministern)[232] die **Ausfertigung** und **Verkündung** der vom Landtag beschlossenen **Gesetze** in Teil I des Amtsblattes des Saarlandes.[233] Ausfertigung bedeutet Herstellung der Urschrift des Gesetzestextes durch Unterzeichnung der Gesetzesurkunde.

100 Ungeklärt ist, ob und inwieweit dem Ministerpräsidenten (ggf. zusammen mit den Ministern) dabei ein **Prüfungsrecht** (und – bejahendenfalls – ein Ausfertigungsverweigerungsrecht) zusteht.

- Der Wortlaut von Art. 102 S. 1 SVerf („*die im verfassungsmäßigen Verfahren beschlossenen Gesetze*") legt jedenfalls ein **formelles** Prüfungsrecht nahe, das sich auf die Gesetzgebungskompetenz des Saarlandes (Art. 70 GG, → Rn. 124 f.) und das verfassungsgemäße Verfahren (→ Rn. 129 ff.) erstreckt.

101 - Fraglich ist, ob sich das Prüfungsrecht auch auf **materielle** Gesichtspunkte erstreckt, also insb. auf die Vereinbarkeit des Gesetzes mit den saarländischen Grundrechten

---

228 § 1 II 1, 2 GO Reg; vgl. für den Bundeskanzler Art. 65 S. 4 GG iVm §§ 2, 6 GO BReg.
229 *Stelkens*, in: Wendt/Rixecker, SVerf, Art. 95 Rn. 3.
230 S. dazu auch § 8 I lit. h und § 13 GO Reg. Zur bundesstaatlichen Zuständigkeit (Verbandskompetenz) der Länder im völkerrechtl. Bereich s. Art. 32 III GG.
231 S. BVerfGE 106, 310 (334 f.), und § 14 GO Reg.
232 Bundesgesetze werden dem. Art. 82 I 1 GG vom Bundespräsidenten ausgefertigt und vom Bundeskanzler sowie den zuständigen Bundesministern gegengezeichnet (Art. 58 S. 1 GG, § 29 I GO BReg).
233 Abk.: Amtsbl. I. Seit dem 31.7.2009 werden die saarl. Parlamentsgesetze RechtsVO sowie alle übrigen in § 3 II AmtsblG aufgeführten Vorschriften in Teil I des Amtsblattes (Amtsbl. I) veröffentlicht; in Teil II des Amtsblattes finden sich die nicht in § 3 II AmtsblG genannten Veröffentlichungen, s. das G über das Amtsblatt des Saarlandes (AmtsblG) v. 11.2.2009 (Amtsbl. S. 1215) mit spät. Änd. und www.amtsblatt.saarland. de und www.amtsblatt.uni-saarland.de; s. auch → Rn. 130. Bis 30.7.2009 war auf diese Zweiteilung verzichtet worden.

(→ Rn. 147 ff.) und den Verfassungsprinzipien (→ Rn. 41 ff.).[234] Anders als der Bundespräsident können der Ministerpräsident und die zuständigen Minister nicht als „pouvoir neutre" qualifiziert werden, sondern stehen selbst mitten im politischen Geschehen, sind insb. selbst gesetzesinitiativberechtigt. Zudem werden sie in aller Regel von der Mehrheit der Landtagsabgeordneten gestützt (Art. 87 I SVerf). Vor diesem Hintergrund käme es einem widersprüchlichen Verhalten gleich, wenn die Landesregierung etwa zunächst eine Gesetzesvorlage einbrächte, diese dann von der Regierungsfraktion (Regierungskoalition) beschlossen, danach aber nicht ausgefertigt würde. Daher ist ein materielles Prüfungsrecht nur in der Situation einer Minderheitsregierung zuzubilligen. Zuständig für die Entscheidung über die Verfassungsmäßigkeit von Gesetzen ist im Übrigen in erster Linie der SVerfGH im Rahmen der Normenkontrollverfahren nach Art. 97 Nr. 2 und 3 SVerf.[235]

Der Ministerpräsident wird bei der Erfüllung seiner vielfältigen Aufgaben gem. § 2 GO Reg durch die **Staatskanzlei** des Saarlandes unterstützt, die vom Chef der Staatskanzlei geleitet wird.[236] Der Chef der Staatskanzlei ist von seiner Stellung her Minister oder Staatssekretär. Als Staatssekretär kann er nach Art. 86, 87 I 2 SVerf zum „weiteren Mitglied der Landesregierung" ernannt werden (→ Rn. 95). **102**

c) Kompetenzen der Landesminister und des Ministerrats

Die **Minister** üben die Geschäfte in den ihnen vom Ministerpräsidenten übertragenen Geschäftsbereichen gem. Art. 91 II SVerf selbständig und unter eigener Verantwortung aus (**Ressortprinzip**). Zu dieser Ressortautonomie gehört auch die Organisationsgewalt, insb. in Personal- und Haushaltsfragen.[237] Die Grenze bildet die Richtlinienkompetenz des Ministerpräsidenten (→ Rn. 97). **103**

Die Landesregierung handelt nicht nur durch ihre Organteile (Ministerpräsident und Minister), sondern auch als Kollegium. Hier tritt sie regelmäßig als **Ministerrat** (Kabinett) zusammen, dessen Vorsitz beim Ministerpräsidenten liegt (Art. 90 I SVerf). Zuständig ist der Ministerrat, wenn die SVerf die „Landesregierung" anspricht,[238] im Übrigen, wenn Gesetze oder die GO Reg dies vorsehen (s. insb. § 8 GO Reg). Entscheidungen des Ministerrats fallen in Form von **Beschlüssen**; dazu ist eine Stimmenmehrheit der anwesenden Regierungsmitglieder erforderlich (näher § 7 IV GO Reg). Bei ihrer Stimmabgabe im Ministerrat sind die Staatssekretäre (→ Rn. 95) – ausnahmsweise – nicht an Weisungen gebunden (Art. 91 III SVerf).[239] **104**

---

234 Nicht eindeutig in diesem Zusammenhang auch § 11 VI 2 GO Reg.
235 *Gröpl*, in: Wendt/Rixecker, SVerf, Art. 102 Rn. 6; ähnlich *Blome/Grosse-Wilde* DÖV 2009, 615 ff.
236 Ausführl. zur Staatskanzlei *Meyer*, Aufgabenbereiche und Funktionen der Staatskanzlei, in: Meyer (Fn. 20), S. 124 ff.
237 Zur Funktion der Ministerien als oberste Landesbehörden → § 2 Rn. 26.
238 Etwa in Art. 92 S. 1, Art. 98 oder Art. 112 S. 2 SVerf.
239 Da die saarl. Staatssekretäre verbeamtet sind (→ Rn. 95), unterliegen sie sonst gem. § 35 S. 2 BeamtStG (dazu → § 2 Rn. 146) den Weisungen ihres Ministers; s. *Stelkens*, in: Wendt/Rixecker, SVerf, Art. 86 Rn. 16.
– Die Minister sind keine Beamten (→ Rn. 94) und innerhalb der RL des Ministerpräsidenten gem. Art. 91 I, II SVerf selbständig.

105	Kompetenzen der Landesregierung (Ministerrat)
	Gesetzesinitiativrecht, Art. 98 SVerf
	▪ Entscheidung über die Zulässigkeit und das Zustandekommen von Volksbegehren, Art. 99 III SVerf; ▪ Stellungnahme zum Volksgesetzentwurf, Art. 100 II SVerf (→ Rn. 132 ff.)
	Erlass von Rechtsverordnungen, Art. 80 I 1 GG, Art. 104 SVerf, § 8 I lit. b GO Reg
	Erlass von Verwaltungsvorschriften, § 8 I lit. b GO Reg[240]
	Einrichtung der Landesbehörden, Art. 112 S. 2 F. 1 SVerf[241]
	Ernennung und Entlassung der Landesbeamten und -richter, Art. 92 SVerf[242]
	Mitwirkung im Bundesrat, Art. 50, 51 GG, § 8 I lit. c, § 14 GO Reg
	Öffentlichkeitsarbeit als Element der Staatsleitung[243]
	▪ Zutritts- und Rederecht zu den Sitzungen des Landtags und seinen Ausschüssen, Art. 76 II SVerf; ▪ Information des Landtags, Art. 76 I, Art. 95 II 2 SVerf, §§ 56, 58–60 GO LT, § 16 GO Reg
	Sonstige Angelegenheiten von Bedeutung, insb. im Personal- und Liegenschaftsbereich, § 8 I lit. d, e, II GO Reg

d) Vertrauensfrage und Misstrauensvotum

106 In der parlamentarischen Demokratie bedarf die Regierung grds. der Unterstützung und des Vertrauens der Parlamentsmehrheit; Art. 88 I 1 SVerf betont dies ausdrücklich. Nach Art. 88 I 2, II SVerf kann der Landtag der Landesregierung auf zweierlei Art das Vertrauen entziehen:

- **Scheitern der Vertrauensfrage** (Art. 88 II 1 F. 1, S. 2 F. 1 SVerf): Der Landtag kann einen durch die gesamte Landesregierung eingebrachten Antrag, ihr das Vertrauen auszusprechen, ablehnen.
- **Misstrauensvotum** (Art. 88 II 1 F. 2, S. 2 F. 2 SVerf): Der Landtag kann (auf Antrag einer Fraktion) selbst die Initiative ergreifen und ausdrücklich das Misstrauen erklären. Hierbei bestehen zwei wichtige Unterschiede im Vergleich zu Art. 67 GG: Zum einen kann der Misstrauensantrag auch isoliert gegen einzelne Regierungsmitglieder (insb. Minister) gestellt werden.[244] Zum anderen bedarf es nicht zu-

---

240 Zum Erlass von Verwaltungsvorschriften ist jedoch grds. der jew. Minister berechtigt; dies folgt aus seiner sachlichen Ressortleitungskompetenz gem. Art. 91 II SVerf, s. *Stelkens*, in: Wendt/Rixecker, SVerf, Art. 91 Rn. 13.
241 Die Organisation der allg. Staatsverwaltung und die Regelungen der Zuständigkeiten erfolgen aber nach Art. 112 S. 1 SVerf durch Gesetz. Anders als nach dem GG steht die Verwaltungsorganisation damit unter institutionellem Gesetzesvorbehalt. Vgl. → § 2 Rn. 16 ff. und *Böhmer*, in: Wendt/Rixecker, SVerf, Art. 112 Rn. 2.
242 Anders Art. 60 I GG, wonach grds. der Bundespräsident für Ernennungen zuständig ist. – In beiden Fällen kann die Ernennungs- und Entlassungsbefugnis freilich auf „andere Stellen" iSv Art. 92 S. 2 SVerf (Minister, Behördenleiter ua) übertragen werden, s. § 18 GO Reg.
243 Vgl. BVerfGE 105, 252 (268 ff.); 105, 279 (301 ff.).
244 Demgegenüber beendet ein erfolgreiches Misstrauensvotum gegen den Ministerpräsidenten gem. Art. 87 III 2 SVerf zugleich das Amt aller anderen Mitglieder der Landesregierung.

III. Staatsorganisation: Verfassungsorgane

gleich der Wahl eines neuen Ministerpräsidenten oder Ministers; zulässig und wirksam ist also auch ein „destruktives" Misstrauensvotum.

In beiden Fällen bedarf der Beschluss zur Entziehung des Vertrauens der **absoluten Mehrheit** (Art. 88 II 3 iVm Art. 66 I 1 SVerf: 26 Abgeordnete). Art. 88 II S. 4, 5 SVerf stellt im Verfahren zur Vertrauensentziehung weitere „psychologische Hürden"[245] auf. So ist eine Aussprache erforderlich, gewisse Fristen bis zur Abstimmung müssen beachtet werden und die Abstimmung erfolgt namentlich (vgl. § 51 GO LT). Im Übrigen sind Vertrauensfrage und Misstrauensvotum im **Zusammenspiel mit Art. 69 F. 2 SVerf** zu sehen: Gelingt es nicht innerhalb von vier Wochen, eine neue Landesregierung zu bilden, die das Vertrauen des Landtags genießt, ist der Landtag aufgelöst. Anschließend müssen gem. Art. 67 I 4 SVerf innerhalb von 60 Tagen **Neuwahlen** stattfinden. 107

e) Ministeranklage

Nach Art. 94 SVerf ist der Landtag zur sog. **Ministeranklage** berechtigt, die sich gegen jedes Mitglied der Landesregierung (also auch gegen den Ministerpräsidenten oder einen Staatssekretär, → Rn. 95) richten kann. Der entsprechende Antrag muss nach Art. 94 II SVerf von mindestens einem Drittel der Abgeordneten gestellt werden (Art. 66 I 1 SVerf: 17 Abgeordnete) und bedarf der Zustimmung von zwei Dritteln der Mitglieder des Landtags (34 Abgeordnete). Zuständig für die Entscheidung ist der SVerfGH (Art. 97 Nr. 4, Art. 94 I SVerf, § 9 Nr. 1, §§ 28 ff. SVerfGHG). Die Anklage hat nur Erfolg, wenn und soweit das Regierungsmitglied **vorsätzlich** die **Verfassung** oder ein **Gesetz verletzt** hat. In Folge kann der SVerfGH nach Art. 94 I 2 SVerf auf Verlust des Amtes erkennen.[246] Aufgrund der hohen formellen und materiellen Hürden gab es bislang noch keinen Fall einer Ministeranklage. 108

4. Verfassungsgerichtshof

a) Organisation

Der **Verfassungsgerichtshof des Saarlandes (SVerfGH)** mit Sitz in Alt-Saarbrücken (beim Saarländischen OLG in der Franz-Josef-Röder-Straße) ist Ausdruck der Eigenständigkeit des Saarlandes im Rahmen des föderativen Systems der Bundesrepublik Deutschland und Konsequenz der grundsätzlichen Verfassungsautonomie der Länder (→ Rn. 35).[247] Verfassungsrechtlich ist er vor allem in den Art. 96 und 97 SVerf verankert.[248] Einfachgesetzliche Grundlage ist das **Gesetz über den Verfassungsgerichtshof (SVerfGHG)**.[249] 109

Der SVerfGH besteht aus **acht Mitgliedern** (Richtern), die **vom Landtag** mit Zweidrittelmehrheit **gewählt** werden (Art. 96 I 1, 2, Art. 66 I 1 SVerf).[250] Die Amtszeit der Richter beträgt sechs Jahre (§ 2 I 3 SVerfGHG); Wiederwahl – auch mehrfache – ist 110

---

245 *Stelkens*, in: Wendt/Rixecker, SVerf, Art. 88 Rn. 15.
246 Zum ähnlichen Fall der Abgeordnetenanklage (Art. 85 SVerf) s. → Rn. 80 mwN.
247 S. auch *Hermanns*, in: Wendt/Rixecker, SVerf, Art. 96 Rn. 1.
248 Daneben aber etwa auch in Art. 75 II, Art. 85, 94, 99 III 2, Art. 101 III, Art. 123 SVerf. S. zudem Art. 93 I Nr. 4b Hs. 2, Art. 100 I 1 F. 1 GG.
249 SVerfGHG idF d. Bek. v. 6.2.2001 (Amtsbl. S. 582) mit spät. Änd.
250 Die Voraussetzungen für die Ernennung und die Zusammensetzung ergeben sich aus § 2 SVerfGHG.

Gröpl 63

möglich. An der Spitze des SVerfGH steht der **Präsident**, der nach § 8 SVerfGHG die Verwaltungsgeschäfte des SVerfGH führt und ihn nach außen vertritt.

b) Prüfungsmaßstab

110a Wie sein Name schon verrät, ist **Prüfungsmaßstab** des SVerfGH grundsätzlich nur die SVerf, nicht aber das GG (→ Rn. 156). Das heißt, dass ein Antragsteller oder Beschwerdeführer mit der Behauptung, ein Gesetz oder anderer Akt der öffentlichen Gewalt verstoße gegen Vorschriften des GG, vor dem SVerfGH nicht gehört wird (damit muss er vor das BVerfG ziehen). Allerdings zaubert der SVerfGH bei Gelegenheit zusätzliche Prüfungsmaßstäbe aus dem Zylinder. Dazu verwendet er das Argument, bestimmte Vorschriften des GG seien – ungeschriebener – „**Bestandteil**" der SVerf, so insb. die Vorschriften über die Gesetzgebungskompetenzen (Art. 70 ff. GG ua) oder der „Parteienartikel" 21 GG. Dieser „Bestandteilsnormen-Kniff" ermöglicht es dem SVerfGH, saarländische Gesetze auf ihre formelle Verfassungsmäßigkeit (Gesetzgebungskompetenz) zu untersuchen (→ Rn. 122 f.), desgleichen Verletzungen der Freiheit und Chancengleichheit politischer Parteien im Saarland (→ Rn. 69a). Konsequenterweise muss dies auch für die „Schuldenbremse" in Art. 109 III GG gelten, die als Durchgriffsnorm ausdrücklich die Länder zur Einhaltung von Verschuldungsobergrenzen verpflichtet und deren Umsetzung in saarländisches Verfassungsrecht sich der Landtag des Saarlandes verweigert hat (→ Rn. 58 f.).

c) Verfahrensarten

111 Die **Zuständigkeiten** des SVerfGH ergeben sich aus Art. 97 SVerf und § 9 SVerfGHG. Die dort aufgeführten Verfahrensarten entsprechen – grob gesagt – denjenigen, für die auf Bundesebene das BVerfG zuständig ist:

112

I. Kontradiktorische Verfahren
▪ Organstreit (Verfassungsstreitigkeit ieS), Art. 97 Nr. 1 SVerf, § 9 Nr. 5 SVerfGHG;   ▪ Abgeordneten-/Ministeranklage, Art. 85 I, Art. 94 I SVerf, § 9 Nr. 1–3 SVerfGHG
II. Objektive Rechtsbeanstandungsverfahren (Normprüfung)
▪ abstrakte Normenkontrolle, Art. 97 Nr. 2 SVerf, § 9 Nr. 6 SVerfGHG;   ▪ konkrete Normenkontrolle, Art. 97 Nr. 3 SVerf iVm Art. 100 I GG, § 9 Nr. 7 SVerfGHG;   ▪ Normenkontrolle bei Verfassungsänderungen, Art. 101 III SVerf, § 9 Nr. 8 SVerfGHG;   ▪ Kommunalverfassungsbeschwerde, Art. 123 SVerf, § 9 Nr. 13 SVerfGHG

III. Sonstige Verfahren

- Individualverfassungsbeschwerde, Art. 97 Nr. 4 SVerf iVm § 9 Nr. 13 SVerfGHG;
- Wahl- und Mandatsprüfung, Art. 75 II SVerf, § 9 Nr. 4 SVerfGHG;
- Streitigkeiten i. R.d. Volksgesetzgebung, Art. 99 III SVerf, § 9 Nr. 9–11 SVerfGHG;
- Sozialisierungsverfahren, Art. 52 SVerf, § 9 Nr. 12 SVerfGHG
- Verzögerungsbeschwerde, § 9 Nr. 14 SVerfGHG

aa) **Organstreitverfahren:** Das Organstreitverfahren stellt in Deutschland – historisch betrachtet – den „klassischen" Verfassungsprozess dar. Es dient nach Art. 97 Nr. 1 SVerf, § 9 Nr. 5, §§ 39 ff. SVerfGHG der Feststellung von Rechten und Pflichten von **Verfassungsorganen.**[251] Diese obersten Landesorgane, Organteile oder Unterorgane streiten dabei untereinander gerade um ihre Stellung als Organe nach Maßgabe der SVerf; es geht also um **organschaftliche,** nicht aber um subjektive Rechte.[252] 113

Die Möglichkeit zur Einleitung eines Organstreitverfahrens besteht wegen der Staatsqualität von Bund und Ländern (→ Rn. 28) nicht nur im Saarland, sondern auch im Bund und in den anderen Bundesländern. Im Vergleich zum Organstreitverfahren vor dem BVerfG (Art. 93 I Nr. 1 GG iVm § 13 Nr. 5, §§ 63 ff. BVerfGG) ist zu beachten, dass die Antragsfrist im Saarland statt sechs lediglich drei Monate beträgt (§ 40 III SVerfGHG – § 64 III BVerfGG). Außerdem ist noch ungeklärt, ob vor dem SVerfGH ein *einzelner* Abgeordneter die Verletzung von Rechten des Landtags im Wege der Prozessstandschaft geltend machen kann. Vor dem BVerfG ist das unzulässig, da § 64 I F. 2 BVerfGG zwar grds. die Prozessstandschaft erlaubt („das Organ, dem er angehört"), der einzelne Bundestagsabgeordnete aber in § 63 BVerfGG nicht genannt ist.[253] Im SVerfGHG weist § 40 I F. 2 zwar einen vergleichbaren Wortlaut auf, nicht aber die entsprechende Vorschrift des § 39. Dieser verweist auf § 9 Nr. 5 SVerfGHG, der den einzelnen Landtagsabgeordneten als „anderen Beteiligten" umfasst. Wegen dieses Unterschieds sollte im Saarland der einzelne Abgeordnete Prozessstandschafter für den Landtag sein können.[254] Der SVerfGH hat diese Frage bisher ausdrücklich offengelassen.[255]

---

251 Organstreitigkeiten zwischen anderen als Verfassungsorganen, also zB zwischen kommunalen Organen (Bürgermeister, Gemeinderat ua), stellen keine verfassungsrechtl. Streitigkeit dar und sind deshalb nach § 40 I 1 VwGO den Verwaltungsgerichten zugewiesen, vgl. → § 3 Rn. 89 ff.
252 Def. des organschaftlichen Rechts in Fn. 186.
253 BVerfGE 123, 267 (337); *Gröpl,* Staatsrecht I, Rn. 1513.
254 *Hermanns,* in: Wendt/Rixecker, SVerf, Art. 97 Rn. 10.
255 SVerfGH, NVwZ-RR 2006, 665 (666).

§ 1 Verfassungsrecht

113a

Organstreitverfahren, Art. 97 Nr. 1 SVerf, § 9 Nr. 5, §§ 39 ff. SVerfGHG	
Statthaftigkeit	Streit über den Umfang von Rechten und Pflichten eines obersten Landesorgans ua nach der SVerf
Ast. und Agg. (Beteiligungsfähigkeit), §§ 39, 9 Nr. 5	• oberste Landesorgane, insb. Landtag, Landesregierung; • in der SVerf, GO LT oder GO Reg „mit eigener Zuständigkeit" ausgestattete Beteiligte, zB Ministerpräsident, Minister, Landtagspräsident, Abgeordnete, Fraktionen, wegen Art. 21 GG auch politische Parteien[256]
Verfahrensfähigkeit	der Landtag wird durch den Landtagspräsidenten vertreten (Art. 71 I 1 SVerf, § 7 I LtG), die Landesregierung durch den Ministerpräsidenten (Art. 90 I SVerf, § 1 II 1, 2 GO Reg); andere Beteiligte werden durch ihre gesetzlichen Vertreter vertreten, die ihrerseits verfahrensfähig sein müssen
Postulationsfähigkeit, § 15 I	Vertretung durch Rechtsanwalt oder Rechtsprofessor einer deutschen Universität
Antragsgegenstand, § 40 I	rechtserhebliche Maßnahme oder Unterlassung (zB Geschäftsordnungsvorschrift, Beschluss des Landtags, Entscheidung des Landtagspräsidenten, Antwort auf parlamentarische Anfrage)
Antragsbefugnis, § 40 I	plausible Geltendmachung des Ast., dass er oder das Organ, dem er angehört, durch eine Maßnahme oder Unterlassung des Antragsgegners in seinem ihm durch die Verfassung übertragenen Rechten und Pflichten verletzt oder unmittelbar gefährdet ist: • Verletzung einfachen Rechts genügt nicht, auch nicht Verletzung von Vorschriften des LtG (nur dann Antragsbefugnis gegeben, wenn *zugleich* organschaftl. Rechte aus der SVerf betroffen)[257] Prozessstandschaft zulässig: einzelner Abgeordneter kann Verletzung von Rechten des Landtags geltend machen
Antragsgegner, § 39	anderes oberstes Landesorgan oder anderer Beteiligter iSv § 9 Nr. 5
Antragsfrist, § 40 III	binnen drei Monaten, nachdem Maßnahme oder Unterlassung bekannt wurde
Form, § 16 I, § 40 II	Schriftform; Begründung, insb. genaue Bezeichnung der als verletzt gerügten Vorschrift aus der SVerf
Entscheidung, § 42	Feststellung, ob beanstandete Maßnahme oder Unterlassung des Antragsgegners gegen eine Vorschrift der Verfassung verstößt

(Paragrafenzitate sind solche des SVerfGHG)

---

256 SVerfGH, LVerfGE 8, 257 (261).
257 S. *Hermanns*, in: Wendt/Rixecker, SVerf, Art. 97 Rn. 5.

bb) Abstrakte Normenkontrolle

Fall:
Der Ministerpräsident des Saarlandes strengt vor dem SVerfGH ein abstraktes Normenkontrollverfahren an, da er der Auffassung ist, eine landesrechtliche Bestimmung verstoße gegen die SVerf.

Anders als der Organstreit stellt die abstrakte (wie auch die konkrete) Normenkontrolle ein **objektives Rechtsbeanstandungsverfahren** dar. Das heißt, dass es keinen Antragsgegner gibt[258] und dass die als verfassungswidrig gerügte Norm unabhängig von einer individuellen Betroffenheit des Antragstellers auf ihre objektive Verfassungsmäßigkeit hin überprüft wird. Die abstrakte Normenkontrolle nach Art. 97 Nr. 2 SVerf iVm § 9 Nr. 6, §§ 43 ff. SVerfGHG ist ein Instrument, das der im Landtag politisch unterlegenen **Opposition** die Gelegenheit eröffnet, verfassungsrechtlich gegen ein Gesetz vorzugehen. Während vor dem BVerfG seit dem 4.12.2009[259] ein Viertel der Mitglieder des Bundestages als Antragsteller auftreten können (Art. 93 I Nr. 2 GG, § 76 I BVerfGG), ist vor dem SVerfGH gem. Art. 97 Nr. 2 SVerf, § 43 I SVerfGHG nach wie vor **ein Drittel der Landtagsabgeordneten** erforderlich.

Abstrakte Normenkontrolle, Art. 97 Nr. 2 SVerf iVm § 9 Nr. 6, §§ 43 ff. SVerfGHG	
Statthaftigkeit	Prüfung (Kontrolle) der Vereinbarkeit von Landesrecht mit der SVerf
Antragsberechtigung, § 43 I	Landesregierung oder mindestens ein Drittel der gesetzlichen Mitgliederzahl des Landtags (Art. 66 I 1 SVerf: 17 Abgeordnete)
Verfahrensfähigkeit	→ Rn. 113a
Postulationsfähigkeit, § 15 I	→ Rn. 113a
Antragsgegenstand, § 43 I	formelle Landesgesetze, Vorschriften der GO LT und der GO Reg, Landes-Rechtsverordnungen, Satzungen des Landesrechts, auch solche der landesunmittelbaren juristischen Personen des öffentlichen Rechts (insb. der Gemeinden und Landkreise)
Antragsgrund, § 43 II in verfassungskonformer Auslegung	Meinungsverschiedenheiten oder Zweifel über die Vereinbarkeit von Landesrecht mit der SVerf. Eine *Überzeugung* des Ast. von der Verfassungswidrigkeit der Norm ist nicht erforderlich; § 43 II Nr. 1 wird insoweit durch Art. 97 Nr. 2 SVerf korrigiert[260]
Form, § 16 I	Schriftform; Begründung
Prüfungsumfang	umfassende Prüfung am Maßstab der SVerf ohne Beschränkung auf die erhobenen Rügen

---

258 Allerdings sind der Landtag und die Landesregierung nach § 44 SVerfGHG äußerungsberechtigt.
259 G zur Änderung des GG v. 1.12.2009 (BGBl. I S. 3822).
260 SVerfGH, Beschl. v. 13.3.2006, Lv 2/05 (www.verfassungsgerichtshof-saarland.de).

Abstrakte Normenkontrolle, Art. 97 Nr. 2 SVerf iVm § 9 Nr. 6, §§ 43 ff. SVerfGHG	
Entscheidung, §§ 45, 46, § 10 II	Feststellung mit Gesetzeskraft über die Gültigkeit, Nichtigkeit, Teilnichtigkeit oder bloße Unvereinbarkeit der angegriffenen Norm mit der SVerf

(Paragrafenzitate sind solche des SVerfGHG)

116 **Lösungsvorschlag zu Fall Rn. 114:**
Der Antrag des Ministerpräsidenten ist unzulässig. Antragsberechtigt ist nach § 43 I F. 1 SVerfGHG die Landesregierung. Ihr gehören nach Art. 86 SVerf neben dem Ministerpräsidenten weitere Mitglieder an. Demgegenüber kann sich der Ministerpräsident weder auf seine Richtlinienkompetenz (Art. 91 I 1 SVerf) noch auf seine Außenvertretungsmacht (Art. 95 I SVerf) berufen. Erforderlich wäre ein Beschluss des Ministerrats gewesen (→ Rn. 104).[261]

117 cc) **Konkrete Normenkontrolle:** Die konkrete Normenkontrolle nach Art. 97 Nr. 3 SVerf iVm Art. 100 I GG, § 9 Nr. 7, §§ 47 f. SVerfGHG dient der Überprüfung der Verfassungsmäßigkeit von Landesrecht in einem **konkreten Rechtsstreit** vor einem Fachgericht (→ Rn. 145). Das Fachgericht setzt das bei ihm anhängige Verfahren (sog. Ausgangsverfahren) aus und legt die Gültigkeitsfrage dem SVerfGH vor. Verfahrensrechtliche Hürde ist dabei idR die **Entscheidungserheblichkeit**, m. a.W. die Frage, ob es im Ausgangsverfahren vor dem Fachgericht überhaupt auf die Gültigkeit der vorgelegten Norm ankommt. Dies hat das Fachgericht minutiös darzulegen; anderenfalls ist seine Vorlage unzulässig. Dasselbe gilt, wenn das Fachgericht nicht genau seine **Überzeugung** dartut, dass und warum es die vorlegte Norm für unvereinbar mit der SVerf hält.

118

Konkrete Normenkontrolle, Art. 97 Nr. 3 SVerf iVm Art. 100 I GG, § 9 Nr. 7, §§ 47 f. SVerfGHG	
Statthaftigkeit	Prüfung der Vereinbarkeit von formellen Landesgesetzen mit der SVerf auf Vorlage eines Richters
Vorlageberechtigung, § 47 I	jedes Gericht (Einzelrichter, Kammer, Senat; nicht Rechtspfleger oÄ)
Vorlagegegenstand, § 47 I, II	▪ nur *formelle* Landesgesetze,[262] insb. nicht Rechtsverordnungen oder Satzungen, ▪ nur *nachkonstitutionelle* Landesgesetze[263]
Vorlageanlass, § 47 I–III	Entscheidungserheblichkeit des Landesgesetzes im konkreten Rechtsstreit; Rüge eines Prozessbeteiligten irrelevant
Form, § 16 I, § 47 II	Schriftform; genaue Darlegung der Entscheidungserheblichkeit und der verletzten Verfassungsnorm
Prüfungsumfang	umfassende Prüfung anhand der SVerf

---

261 *Hermanns*, in: Wendt/Rixecker, Art. 97 Rn. 20.
262 BVerfGE 1, 184 (195 ff.), maßgeblich wegen des Verweises von Art. 97 Nr. 3 SVerf auf Art. 100 I GG.
263 Also nur Landesgesetze, die nach dem Inkrafttreten der SVerf am 15.12.1947 verabschiedet oder bestätigt wurden, s. SVerfGH, Urt. v. 13.2.1964, Lv 1/63.

III. Staatsorganisation: Verfassungsorgane

Konkrete Normenkontrolle, Art. 97 Nr. 3 SVerf iVm Art. 100 I GG, § 9 Nr. 7, §§ 47 f. SVerfGHG	
Entscheidung, § 48 iVm §§ 45, 46, § 10 II	Feststellung mit Gesetzeskraft über die Gültigkeit, Nichtigkeit, Teilnichtigkeit oder bloße Unvereinbarkeit der angegriffenen Norm mit der SVerf

(Paragrafenzitate sind solche des SVerfGHG)

dd) Verfassungsbeschwerde: Die Verfassungsbeschwerde zum SVerfGH wird – anders als die zum BVerfG gem. Art. 93 I Nr. 4a GG – nicht durch die SVerf garantiert, sondern lediglich einfachgesetzlich durch § 9 Nr. 13, §§ 55 ff. SVerfGHG eröffnet.[264] Bis 25.1.2001 war sie zudem unzulässig, wenn wegen derselben Verletzung Verfassungsbeschwerde zum BVerfG erhoben werden konnte (Subsidiarität).[265]

119

120

Verfassungsbeschwerde, Art. 97 Nr. 4 SVerf iVm § 9 Nr. 13, §§ 55 ff. SVerfGHG	
Statthaftigkeit	Prüfung der Vereinbarkeit eines Aktes der saarländischen öffentlichen Gewalt mit Grundrechten oder sonstigen verfassungsmäßigen Rechten der SVerf
Beschwerdeberechtigung (-fähigkeit), § 55 I	jedermann, dh alle natürlichen Personen und juristische Personen des Privatrechts, soweit sie Träger von Grundrechten der SVerf sein können
Verfahrensfähigkeit	Grundrechtsmündigkeit und Handlungsfähigkeit
Postulationsfähigkeit, § 15 I, § 56 I 1	Vertretung durch Rechtsanwalt oder Rechtsprofessor einer deutschen Universität
Beschwerdegegenstand, § 55 I	Akte der saarländischen öffentlichen Gewalt (Legislative, Exekutive, Judikative)
Beschwerdebefugnis, § 55 I	▪ substantiierte Behauptung, durch die saarländische öffentliche Gewalt in einem Grundrecht oder sonstigen verfassungsmäßigen Recht verletzt zu sein, das die SVerf gewährleistet (→ Rn. 109, 156); ▪ Betroffenheit selbst, gegenwärtig und unmittelbar (Beschwer)[266]
Beschwerdefrist, § 56	▪ bei Einzelakten (insb. Urteilen): ein Monat; ▪ bei Rechtsnormen: ein Jahr
Form, § 16 I, § 57	Schriftform; genaue Bezeichnung des verletzten Rechts und des Aktes der saarländischen öffentlichen Gewalt

---

[264] Die Abschaffung der saarl. Verfassungsbeschwerde durch Landesgesetz würde weder gegen das GG noch gegen die SVerf verstoßen, näher dazu *Gröpl* LKRZ 2015, 211 ff. und 257 ff.
[265] Art. 1 Nr. 6 des G v. 8.11.2000 (Amtsbl. 2001 S. 94) hob die Subsidiaritätsklausel des § 55 III SVerfGHG aF auf. Zum Wortlaut s. § 49 III VGHG v. 17.7.1958 (Amtsbl. S. 735) in der urspr. Paragrafenzählung.
[266] Hierzu SVerfGHG, Beschl. v. 7.4.2014, Lv 10/13 (www.verfassungsgerichtshof-saarland.de).

Verfassungsbeschwerde, Art. 97 Nr. 4 SVerf iVm § 9 Nr. 13, §§ 55 ff. SVerfGHG	
Rechtswegerschöpfung, § 55 III 1, und Subsidiarität	Ausschöpfung aller Rechtsbehelfe, insb. Widerspruch, Einspruch, Berufung, Revision, Beschwerde, auch Anhörungsrüge[267] (soweit keine Ausnahme, § 55 III 2 SVerfGHG)[268]
Entscheidung bei Stattgabe, § 61	▪ Feststellung, welches Grundrecht oder verfassungsmäßige Recht durch welche Handlung oder Unterlassung verletzt wurde; ▪ bei Urteilsverfassungsbeschwerde: Aufhebung der Gerichtsentscheidung; ggf. Feststellung der Nichtigkeit der zugrundeliegenden Rechtsvorschrift; ▪ bei Rechtssatzverfassungsbeschwerde: Feststellung der Nichtigkeit der Rechtsvorschrift

(Paragrafenzitate sind solche des SVerfGHG)

121 **ee) Sonstige praxisrelevante Verfahren:** Von den sonstigen Verfahren sind die folgenden erwähnenswert:

- Verfassungsbeschwerden von Gemeinden (einschl. Städten) und Gemeindeverbänden (Landkreisen, Regionalverband Saarbrücken), die geltend machen, durch ein Landesgesetz in ihrem Selbstverwaltungsrecht nach Art. 117–119 SVerf verletzt zu sein (**Kommunalverfassungsbeschwerden** nach Art. 97 Nr. 4 iVm Art. 123 SVerf, § 9 Nr. 13, § 55 II, §§ 56 ff. SVerfGHG). Angesichts der chronischen wie notorischen Finanzknappheit des Saarlandes (→ Rn. 57 f.) sind hier die Vorschriften zur Finanzausstattung der Kommunen in Art. 119 II und Art. 120 SVerf von besonderer Relevanz.[269]
- Anfechtungen von Entscheidungen der Landesregierung, in denen die Zulässigkeit eines **Volksbegehrens** abgelehnt wird (Art. 97 Nr. 4 iVm Art. 99 III 2 SVerf, § 9 Nr. 9, § 50 SVerfGHG). Dies hat vor allem wegen des früher vorhandenen sog. Finanztabus in Art. 99 I 3 SVerf Bedeutung erlangt (→ Rn. 134c).

IV. Staatsfunktionen

1. Gesetzgebung

a) Gesetzgebungskompetenzen des Landes

122 Gem. Art. 70 I GG haben die Länder das **Recht der Gesetzgebung**, soweit das GG nicht dem Bund Gesetzgebungsbefugnisse verleiht.[270] Die entsprechenden Kompetenzen des Bundes über die ausschließliche und konkurrierende Gesetzgebung befinden sich hauptsächlich in den Art. 71–74 GG. Wiewohl sich die Regelungen zur Verteilung

---

267 § 321a ZPO u.dgl.
268 Die Verfassungsbeschwerde zum SVerfGH ist wegen Subsidiarität insb. unzulässig, wenn nach Erschöpfung des Rechtsweges im vorläufigen Rechtsschutz die Durchführung eines Verfahrens vor dem Fachgericht in der Hauptsache geeignet ist, einer grundrechtl. Beschwer abzuhelfen, SVerfGH, Beschl. v. 8.1.2015, Lv 2/14 (www.verfassungsgerichtshof-saarland.de). Zur Subsidiarität gegenüber einer Dienstaufsichts-Einstellungsbeschwerde SVerfGH, Beschl. v. 7.4.2014, Lv 4/14 (www.verfassungsgerichtshof-saarland.de).
269 Dazu → § 3 Rn. 22, 115 ff.
270 Damit wird an die allg. Ausgangsvermutung zugunsten der Länder angeknüpft, die sich in Art. 30 GG findet, s. *Gröpl*, Staatsrecht I, Rn. 1074.

der Gesetzgebungskompetenzen nur im Text des GG finden, sind sie auch – ungeschriebener – **Bestandteil der Verfassungen der Länder**.[271] Dieser Prüfungsmaßstab (→ Rn. 110a, 156) ermöglicht dem SVerfGH die Kontrolle, ob und inwieweit dem Landtag des Saarlandes die Gesetzgebungskompetenz für ein saarländisches Gesetz zukommt und dieses daher formell verfassungsmäßig ist (s. bereits → Rn. 34a).

Aufgrund der reichhaltigen Kataloge in Art. 73 und 74 GG liegt in der deutschen Staatspraxis das **Schwergewicht beim Bund**; den Ländern verbleiben nur wenige Bereiche zur gesetzlichen Gestaltung. Daran hat die Föderalismusreform zum 1.9.2006[272] nicht viel geändert – trotz der zum Teil sehr öffentlichkeitswirksamen neuen Landeskompetenzen zum Ladenschluss, zum Nichtraucherschutz in Gaststätten und zu den Spielhallen.[273] Neben dem Landesverfassungsrecht und dem allgemeinen Verwaltungsrecht lassen sich die „Gesetzgebungsreservate" der Länder mit der (sehr groben) Faustformel „P-K-K" zusammenfassen (für Polizei, Kultur – einschl. Bildung – und Kommunales). 123

b) Gesetzgebung des Landtags

Die Gesetzgebung im Saarland obliegt nach Art. 65 II 1 SVerf grds. dem Landtag, nach Maßgabe der Art. 99 und 100 SVerf ausnahmsweise dem Volk. Dies schließt den Erlass von Rechtsverordnungen durch die Exekutive nach Maßgabe von Art. 80 GG oder Art. 104 SVerf nicht aus. Produkt des Gesetzgebungsverfahrens im Landtag und durch das Volk sind die **formellen Landesgesetze**. Zum parlamentarischen Gesetzgebungsverfahren finden sich in der SVerf nur wenige Bestimmungen, etwa in Art. 98 und 102. Näher geregelt wird das Verfahren – mit Rücksicht auf die Parlamentsautonomie, die deutscher Verfassungstradition entspricht – in den §§ 33 ff. GO LT und in den §§ 38 ff. LtG (→ Rn. 76 f.). 124

Gesetzesinitiativen können nach Art. 98 SVerf, § 38 I LtG durch die Landesregierung,[274] von (schon) einem Mitglied des Landtags oder durch eine Fraktion gestartet werden. Dies geschieht dadurch, dass eine **Gesetzesvorlage** (Gesetzentwurf mit Begründung) in den Landtag eingebracht, als Landtags-Drucksache[275] an die Abgeordneten verteilt und sodann vom Landtagspräsidenten zur Beratung auf die Tagesordnung gesetzt wird; die formalen Anforderungen enthalten § 38 III–V LtG und § 30 I GO LT. 125

Nach der in § 33 I, III GO LT festgeschriebenen Frist findet die **Erste Lesung** der Gesetzesvorlage statt. Diese erste Beratung im Plenum umfasst nach §§ 32 ff. GO LT die mündliche Erläuterung des Einbringers, die mündliche Aussprache und die anschließende Abstimmung. Wird die Vorlage abgelehnt, ist das Gesetz bereits in diesem Sta- 126

---

271 SVerfGH, Beschl. v. 29.8.2016, Lv 3/14, Rn. 39 – juris.
272 G zur Änd. des GG v. 28.8.2006 (BGBl. I S. 2034).
273 S. das saarl. LadenöffnungsG (LÖG Saarland) v. 15.11.2006 (Amtsbl. S. 1974) m. spät. Änd., das saarl. NichtraucherschutzG idF v. 14.1.2009 (Amtsbl. S. 396) und das Saarl. SpielhallenG (SSpielhG) v. 20.6.2012 (Amtsbl. I S. 156, 171). – Zudem haben die Länder seit 2006 die Gesetzgebungskompetenz für den Strafvollzug (Saarl. StrafvollzugsG – SLStVollzG v. 24.4.2013, Amtsbl. I S. 116) und für das Versammlungsrecht ist der Saarland noch nicht tätig geworden (s. daher Art. 125a I GG).
274 S. hierzu § 11 GO Reg.
275 S. § 31 GO LT.

dium gescheitert. Wird die Vorlage angenommen, beschließt das Plenum in der Regel gem. § 35 I GO LT die Überweisung in den zuständigen Ausschuss,[276] wo der Gesetzentwurf von spezialisierten Abgeordneten – ggf. auch mit externen Experten – eingehend geprüft wird. Insb. dort besteht die Möglichkeit, die Gesetzesvorlagen abzuändern (§ 37 GO LT).

127 Nach Abschluss der Ausschussberatungen findet im Plenum die **Zweite Lesung** statt. Sie beginnt mit den Ausführungen des Berichterstatters aus dem Ausschuss; es folgen die allgemeine Aussprache und die Abstimmung über die Gesetzesvorlage. Bei Annahme durch das Plenum ist das Gesetz endgültig beschlossen. Die Beschlussfassung im Plenum erfüllt die Repräsentationsfunktion des Parlaments, da alle seine Mitglieder daran mitwirken können. Eine Beschlussfassung durch einen parlamentarischen Ausschuss würde dem nicht genügen.[277]

128 Eine **Dritte Lesung** findet gemäß § 32 I GO LT grds. nicht statt, es sei denn, sie wird von einer Fraktion oder von mindestens fünf Abgeordneten beantragt (§ 36 GO LT) oder es handelt sich um ein verfassungsänderndes Gesetz (§ 43 I 1 LtG). In diesen Fällen entscheidet – ggf. nach abermaliger Verweisung in den zuständigen Ausschuss (§ 35 I GO LT) – die Abstimmung im Anschluss an die dritte Lesung über Annahme oder Scheitern der Gesetzesvorlage. Damit unterscheidet sich das parlamentarische Gesetzgebungsverfahren im Saarland von dem im Bund, wo nach § 78 I 1 F. 1 GO BT stets drei Lesungen notwendig sind.[278]

129 Erforderlich für den Beschluss eines Gesetzes sind gem. Art. 74 I SVerf die Beschlussfähigkeit (→ Rn. 66) sowie nach Art. 74 II 1 F. 1 SVerf grds. die Beschlussfassung mit der Mehrheit der abgegebenen Stimmen (**einfache Mehrheit**). Anders für verfassungsändernde Gesetze: Hier ist eine Mehrheit von zwei Dritteln der gesetzlichen Zahl der Mitglieder des Landtags notwendig (Art. 101 I 2 iVm Art. 66 I 1 SVerf – **qualifizierte Mehrheit**).

130 Das Gesetzgebungsverfahren wird abgeschlossen mit der **Ausfertigung** (Unterzeichnung der Gesetzesurkunde, → Rn. 99 ff.) und der **Verkündung** des Gesetzes in Teil I des Amtsblattes des Saarlandes (Amtsbl. I) nach Maßgabe von Art. 102 SVerf.[279] Mit dem Tag nach der Verkündung tritt das Gesetz gem. Art. 103 SVerf in Kraft, soweit im Gesetz nichts anderes bestimmt wird.[280]

130a Ein in jüngerer Vergangenheit häufiger zu beobachtendes Phänomen ist die zunehmende Befristung von Gesetzen.[281] Hierdurch soll offenbar zunächst in einer Art „Testphase" die Praktikabilität neuer Gesetze überprüft werden. Außerdem könnte

---

276 Anderenfalls folgen nach Maßgabe von § 33 II, III GO LT die Zweite und ggf. die Dritte Lesung.
277 Gröpl, Staatsrecht I, Rn. 924.
278 Oftmals finden – im Saarland wie auf Bundesebene – die Zweite und Dritte Lesung an einem Tag hintereinander statt. Dies verstößt nicht gegen die verfassungsmäßigen Rechte der Opposition, s. SVerfGH, DÖV 2006, 428 ff.
279 S. hierzu die Nachw. in Fn. 233.
280 Saarl. Landesgesetze tragen als Datum den Tag ihres Beschlusses im LT – anders als Bundesgesetze, deren Datum sich nach dem Tag ihrer Ausfertigung durch den Bundespräsidenten (Art. 82 I 1 GG) richtet; s. § 1 I 2 AmtsblG (Fn. 233). – Zum Außerkrafttreten von saarl. Gesetzen und ihrer Verlängerung s. etwa das G v. 26.10.2010 (Amtsbl. I S. 1406).
281 S. hierzu das G v. 19.9.2012 (Amtsbl. I S. 418).

der Normenkorpus durch das „automatische" Außerkrafttreten sozusagen entschlackt werden. Diese Hoffnungen scheinen sich nicht erfüllt zu haben – im Gegenteil: Gerade Befristungen zentraler Gesetze (wie etwa des SPolG) tragen maßgeblich zu Rechtsunsicherheit und weiterer Unübersichtlichkeit der Rechtslage bei. Wenig hilfreich ist in diesem Zusammenhang auch die Verlängerung von Befristungen „im Paket".[282] In jüngerer Zeit ist das Saarland dazu übergegangen, befristete Gesetze wieder zu entfristen, was zu begrüßen ist.[283]

Ein weiteres Desiderat ist eine gewisse Vereinheitlichung der Bezeichnung, Titel und Abkürzungen saarländischer Gesetze: So sollte der Gesetzgeber insb. eine einheitliche Bezeichnung der Landesherkunft („Saarländisch", „saarländisch" oder „des Saarlandes") im Gesetzestitel wählen und sich zudem entscheiden, welche Abkürzung er dafür propagiert: „SPolG", „SaarlStrG", „AG GlüStV-Saar",[284] „KonnexAG SL"[285] – bei nicht wenigen Gesetzen fehlt die Landesbezeichnung ganz, s. etwa „LBO".[286]

130b

---

282 S. das G v. 26.10.2010 (Amtsbl. I S. 1406).
283 S. hierzu das G v. 13.10.2015 (Amtsbl. I S. 790) sowie das G v. 1.12.2015 (Amtsbl. I S. 913).
284 Saarl. G zur Ausführung des Staatsvertrages zum Glücksspielwesen in Deutschland v. 20.6.2012 (Amtsbl. I S. 156).
285 G zur Regelung eines Kostenfolgeabschätzungs- und eines Beteiligungsverfahrens gemäß Artikel 120 der Verfassung des Saarlandes (KonnexitätsausführungsG Saarland – KonnexAG SL) v. 9.11.2016 (Amtsbl. I S. 1058); s. →§ 2 Rn. 11.
286 Zu weiteren Varianten → Fn. 273.

131 Gesetzgebungsverfahren im Landtag

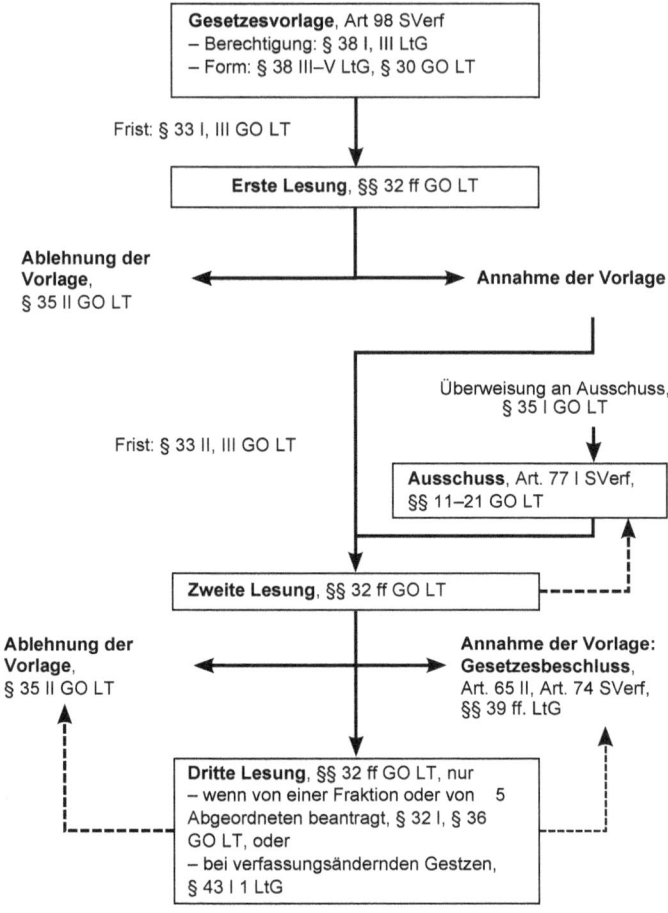

c) Volksgesetzgebung

132 Fall „Rettet die Zwergschulen":

Aufgrund eines starken Rückgangs der Schülerzahlen beschließt der Landtag des Saarlandes mit der Mehrheit der abgegebenen Stimmen ein Gesetz zur Grundschulstrukturreform. Dieses führt zu einer absehbaren Schließung zahlreicher Grundschulen mit nur geringer Schülerzahl („Zwergschulen"). In Teilen der Bevölkerung wächst der Widerstand gegen dieses Gesetz und es gründet sich die Bürgerbewegung „Kurze Beine, kurze Wege". Die Bürgerbewegung reicht bei der Landesregierung einen begründeten und ausformulierten Gesetzentwurf sowie den Antrag auf Zulassung eines Volksbegehrens ein, der von über 5 000 Stimmberechtigten unterzeichnet ist. Die Landesregierung lehnt den Antrag mit Hinweis auf das sog. Finanztabu der SVerf ab, weil die Beibehaltung der „Zwergschulen" zu Mehrausgaben im Landeshaushalt führe (Lehrerbesoldung, Sachaufwand). Das Bürgerbegehren erwägt hiergegen Rechtsschutz vor dem SVerfGH zu suchen. Wie wären dessen Erfolgsaussichten?

Art. 99 und 100 SVerf sehen eine Gesetzgebung unmittelbar durch das Volk vor; sie werden durch das saarländische Volksabstimmungsgesetz (VAbstG)[287] näher ausgeführt. Nach einem erfolgreichen **Volksbegehren** kann durch **Volksentscheid** ein Gesetz beschlossen werden.[288] Ein solches „Volksgesetz" entspricht in seiner **Rechtsqualität** einem vom Landtag beschlossenen Gesetz. Das heißt jedoch auch, dass ein „Volksgesetz" – wie ein „Landtagsgesetz" – vom Landtag jederzeit abgeändert werden darf.[289] 133

Die **Volksgesetzgebung** besteht aus zwei Stufen, nämlich aus dem Volksbegehren und dem Volksentscheid, die sich ihrerseits wieder untergliedern lassen: 134

- Die erste „Hürde" für das Volksbegehren ist dessen Zulässigkeit, über die die Landesregierung nach Art. 99 III 1 SVerf entscheidet (Zulassung): In diesem Rahmen prüft die Landesregierung die Voraussetzungen für die Zulässigkeit des Volksbegehrens, die sich aus formellen (Art. 99 II 1 und 2 SVerf) und materiellen (Art. 99 I SVerf) Kriterien zusammensetzen. Sind diese Kriterien erfüllt, findet das Volksbegehren statt. Nach Art. 99 II 3 SVerf hat es Erfolg, wenn es innerhalb von drei Monaten von mindestens sieben Prozent der Stimmberechtigten unterstützt wird. Die Stimmberechtigung ergibt sich aus Art. 64 S. 1 SVerf (vgl. zur identischen Wahlberechtigung → Rn. 69).[290]
- Ist das Volksbegehren erfolgreich, kann es sich der Landtag zu eigen machen und ein entsprechendes Parlamentsgesetz verabschieden, dann wird der Volksentscheid hinfällig. Anderenfalls findet ein Volksentscheid statt, zu dem die Landesregierung gem. Art. 100 II 1 SVerf ihre Stellungnahme abgeben muss. Überdies kann die Landesregierung „in Konkurrenz" zum „Volksentwurf" einen eigenen Gesetzentwurf zusätzlich zur Abstimmung stellen. Der Volksentscheid ist nach Art. 100 III SVerf erfolgreich, wenn der „Volksentwurf" mit der Mehrheit der abgegebenen Stimmen beschlossen wird. Dies könnte zum Extremfall führen, dass nur drei Personen abstimmen, dann wäre das „Volksgesetz" mit zwei Stimmen beschlossen. Um dies zu vermeiden, fordert Art. 100 III Hs. 2 SVerf die Zustimmung mindestens eines Viertels der Stimmberechtigten, derzeit also von etwa 187 000 Personen.[291]

Die Vorgaben der Art. 99 und 100 SVerf beruhen auf der Verfassungsänderung vom 15.5.2013,[292] mit der die ehemals hohen Hürden für die Volksgesetzgebung (→ Rn. 134c) abgeschwächt wurden. Dennoch gab es seitdem im Saarland kein erfolgreiches Volksbegehren und dementsprechend noch keinen Volksentscheid.

Durch Volksbegehren und Volksentscheid kann seit 2013 auch die SVerf geändert werden.[293] Allerdings sieht Art. 101 I 3 SVerf dafür höhere Mindestzahlen (Quoren) 134a

---

287 G v. 16.6.1982 (Amtsbl. S. 649) idF der Bek. vom 2.6.2014 (Amtsbl. I S. 270) mit spät. Änd.; Abk. „VAbstG" nicht amtlich.
288 Abzugrenzen davon ist das sog. *Referendum*, dh eine Volksabstimmung über ein *zuvor* vom Parlament beschlossenes Gesetz.
289 BayVerfGH, BayVBl. 1994, 203 (206); 2000, 397 (398); HbgVerfGH, NVwZ 2005, 685 (Ls. 4); SVerfGH, NVwZ 1988, 245 (Ls. 8). Die Lit. ist vereinzelt aA, gefordert werden zT gewisse Sperrfristen, s. *Dietlein/Hellermann*, Öff. Recht in Nordrhein-Westfalen, 9. Aufl. 2022, § 1 Rn. 167.
290 Zur Landtagswahl vom 27.3.2022 waren 746 307 Personen wahlberechtigt (und damit stimmberechtigt).
291 S. Fn. 290.
292 G v. 15.5.2013 (Amtsbl. I S. 178), in Kraft getreten am 12.7.2013.
293 Zuvor war das nach Art. 100 IV SVerf aF ausgeschlossen.

vor, und zwar eine Beteiligung von mindestens der Hälfte der Stimmberechtigten (derzeit also ca. 373 000) und die Zustimmung von mindestens zwei Dritteln der Abstimmenden.

134b Die Möglichkeit, Volksbegehren zu initiieren, wird sachlich nach wie vor durch zwei Punkte beschränkt: Gem. Art. 99 I 2 SVerf muss das Land für die jeweilige Materie gesetzgebungsbefugt sein, was sich nach den Art. 70 ff. GG richtet (→ Rn. 30 ff.). Politisch bedeutender – und umstrittener – ist Art. 99 I 3 SVerf: Nicht zugänglich sind der Volksgesetzgebung danach Gesetze über

- den Landeshaushalt (Art. 105 I 3 SVerf, → Rn. 56),
- Abgaben (Steuern,[294] Gebühren und Beiträge,[295] Sonderabgaben[296] ua),
- Besoldung (der Beamten und Richter, → § 2 Rn. 139 ff.),
- Entgelts- und Entschädigungszahlungen, dh zB privatrechtliche Ansprüche oder Benutzungsgebühren,
- Staatsleistungen. § 5 I Nr. 2 S. 2 VAbstG konkretisiert diesen Verfassungsbegriff als solche Hilfen und Zuwendungen, die unmittelbare staatliche Geldleistungen gegenüber Gruppen oder Individuen beinhalten. Gemeint sein dürften damit vor allem Subventionen (Wirtschaftsförderungen) und soziale Transferleistungen (im Saarland etwa die Blindheitshilfe[297]).

134c Weitere Beschränkungen und Maßgaben enthält Art. 99 I 4–7 SVerf für **finanzwirksame Gesetzentwürfe**, dh für Entwürfe, die entweder die Ausgaben des Saarlandes erhöhen oder seine Einnahmen verringern.[298] Diese Beschränkungen sind politisch umstritten: Bis zur Reform des Art. 99 SVerf im Jahr 2013 herrschte für Volksbegehren im Saarland ein sog. **Finanztabu**, wonach finanzwirksame Gesetze schlechthin unzulässig waren. Die Verfassungsänderung von 2013 ermöglicht nun in bestimmten Grenzen finanzwirksame Volksgesetzentwürfe. Rechtfertigen lassen sich diese Restriktionen mit der Erwägung, dass Volksbegehren häufig durch „aktive Minderheiten" initiiert werden, die Gruppeninteressen durchzusetzen versuchen und das Gesamtgleichgewicht der Landesfinanzen (des Haushalts) weniger im Blick haben.

134d Als weiteres Element direkter Demokratie wurde durch die Verfassungsänderung 2013 in Art. 98a SVerf die Möglichkeit einer **Volksinitiative** eingeführt. Der Unterschied zur Volksgesetzgebung besteht darin, dass nicht der Erlass eines Gesetzes erstrebt wird, sondern lediglich eine Befassung des Landtags mit einem bestimmten Thema erreicht werden soll. Damit weist die Volksinitiative starke Ähnlichkeiten mit einer Petition[299] auf. Erforderlich für eine erfolgreiche Volksinitiative sind nach Art. 98a S. 2 SVerf die Unterschriften von mindestens 5 000 Einwohnern des Saarlandes, die zum Zeitpunkt der Unterzeichnung mindestens 16 Jahre alt sein müssen.[300]

---

[294] S. hierzu die Legaldefinition in § 3 I der Abgabenordnung (AO).
[295] Legaldefinitionen in § 4 II und § 8 II 1 des saarl. KAG.
[296] Hierzu *Gröpl*, Staatsrecht I, Rn. 712 ff.
[297] S. hierzu das G v. 2.7.1962 idF d. Bek. v. 19.12.1995 (Amtsbl. 1996 S. 58) m. spät. Änd.
[298] SVerfGH, Urt. v. 23.1.2006, Lv 3/05 Rn. 68 (Zusammenlegung von Grundschulen).
[299] Zum Petitionsausschuss vgl. Art. 78 SVerf, zum Petitionsrecht vgl. Art. 17 GG.
[300] Vgl. hierzu auch G v. 15.5.2013 zur Änderung des Volksabstimmungsrechts (Amtsbl. I S. 186).

IV. Staatsfunktionen

Übersicht zur Volksgesetzgebung im Saarland

I.	Volksbegehren, Art. 99 SVerf
	1. **Zulassung** des Volksbegehrens a) Formelle Voraussetzungen: – ausgearbeiteter und begründeter Gesetzentwurf (Art. 99 II 1) – Zulassungsantrag von mind. 5 000 Stimmberechtigten (Art. 99 II 2) b) Materielle Voraussetzungen (Zulässigkeit) – Landesgesetzgebungskompetenz (Art. 99 I 2) – Erlass, Änderung oder Aufhebung eines Landesgesetzes im formellen Sinn (Art. 99 I 1) – keine Überschreitung der Finanzgrenzen des Art. 99 I 3–5 c) Entscheidung über Zulassung: LReg (Art. 99 III 1) d) gegen Ablehnung zulässig: Antrag auf Entscheidung des VerfGH (Art. 99 III 2 iVm § 9 Nr. 9, § 50 SVerfGHG)
	2. **Zustandekommen** des Volksbegehrens a) Unterstützung von 7 % der Stimmberechtigten (Art. 99 II 3) anschl. Zuleitung von LReg an LT (Art. 99 IV) b) Entscheidung über Zustandekommen: LReg (Art. 99 III 1) c) gegen Ablehnung zulässig: Antrag auf Entscheidung des SVerfGH (Art. 99 III 2; § 9 Nr. 9, § 51 SVerfGHG)
II.	Volksentscheid, Art. 100 SVerf
	1. **Abwendungsmöglichkeit** des Volksentscheids: Beschluss des Entwurfs des Volksbegehrens durch LT als Parlamentsgesetz (Frist: 2 Monate, Art. 100 I 1) – anderenfalls:
	2. **Herbeiführung** des Volksentscheids (Frist: 2 Monate, Art. 100 I 1) – Stellungnahme der Landesregierung zum Gesetzentwurf (Art. 100 II 1) – ggf. konkurrierender Gesetzentwurf des Landtags (Art. 100 II 2)
	3. **Abstimmung** über den Gesetzentwurf Beschluss des Gesetzes bei Zustimmung von mehr als der Hälfte der abgegebenen Stimmen und mindestens einem Viertel (25 %) der Stimmberechtigten (= doppeltes Zustimmungsquorum; in jedem Fall mindestens ca. 187 000 Ja-Stimmen erforderlich); bei Verfassungsänderungen erhöhte Anforderungen: Beteiligungsquorum bei der Hälfte der Stimmberechtigten (mindestens ca. 373 000 Stimmen) und Zustimmungsquorum von zwei Dritteln der Abstimmenden (bei 373 000 Abstimmenden mindestens ca. 248 769 Stimmen; Zustimmungsquorum erhöht sich mit dem Beteiligungsquorum) Bei **Streitigkeiten**: Rechtsbehelf zum SVerfGH, Art. 97 Nr. 4 iVm § 9 Nr. 10, 11, §§ 52, 53 SVerfGHG

136 **Lösungsvorschlag zu Fall Rn. 132**
(angelehnt an SVerfGH, Urt. v. 23.1.2006, Lv 3/05):
Der Rechtsbehelf zum SVerfGH wäre zulässig, da gegen die Ablehnung der Zulassung eines Volksbegehrens gem. Art. 99 III 2 SVerf iVm § 9 Nr. 9, § 50 SVerfGHG der SVerfGH angerufen werden kann.

Begründet wäre der Rechtsbehelf, soweit der Gesetzentwurf nicht gegen die Finanzbeschränkungen für Volksbegehren verstößt. Nach Art. 99 I 3 SVerf sind Volksgesetze über den Landeshaushalt, über Abgaben, Besoldung, Entgelts- und Entschädigungszahlungen sowie Staatsleistungen ausgeschlossen. Diese Materien werden von dem vorliegenden Gesetzentwurf nicht berührt, da als Staatsleistungen nur solche Leistungen angesehen werden, die auf unmittelbare staatliche Geldleistungen gegenüber Gruppen oder Individuen abzielen. Allerdings ist der Gesetzentwurf in anderer Weise dauerhaft finanzwirksam (Lehrerbesoldung, Gebäudeunterhalt ua), weshalb Art. 99 I 5 SVerf zu beachten ist. Danach wäre das Volksbegehren nur zuzulassen, wenn der damit verbundene Finanzaufwand in den ersten vier Jahren insgesamt 0,5 % des Landeshaushaltsplans nicht übersteigt (bei einem Volumen des Haushaltsplans 2016 iHv rund 4 Mrd. Euro entspräche dies einer Höchstsumme von ca. 20 Mio. Euro, dh durchschnittlich rund 5 Mio. Euro in jedem der ersten vier Jahre). Außerdem müsste der Gesetzentwurf nach Art. 99 I 6, 7 und Art. 100 II 1 SVerf mit einem konkreten und begründeten Kostendeckungsvorschlag versehen sein, dh substantiiert angeben, wie die Mehrkosten durch anderweitige Haushaltseinsparungen oder Mehreinnahmen finanziert werden können. Sind diese Voraussetzungen erfüllt, ist der Rechtsbehelf zum SVerfGH begründet.

d) Verfassungsänderungen

137 Besondere Vorschriften bestehen für Verfassungsänderungen:

- Art. 101 I 1 SVerf fordert zunächst, dass die SVerf nur **durch Gesetz** geändert werden darf und dass jede Änderung in der **Verfassungsurkunde** selbst dokumentiert werden muss, und zwar durch Wortlautänderung, -streichung oder -ergänzung (Gebote der Nämlichkeit, Urkundlichkeit und Einsehbarkeit). Ausgeschlossen werden damit insb. Verfassungsdurchbrechungen, also Abweichungen von der Verfassung aufgrund eines schlichten Parlamentsbeschlusses oder durch einfaches Gesetz.
- Art. 101 I 2 SVerf fordert für ein verfassungsänderndes Gesetz eine qualifizierte **Mehrheit von zwei Dritteln** der Mitglieder des Landtags (Art. 66 I 1 SVerf: Zustimmung von mindestens 34 Abgeordneten). Nicht erforderlich ist nach der SVerf die anschließende „Billigung" von solchen verfassungsändernden Landtagsgesetzen durch Volksentscheid, also im Wege des Verfassungsreferendums.[301]
- Allerdings kann die SVerf außer vom Landtag auch **durch Volksentscheid** geändert werden (→ Rn. 134a). Dazu bedarf es nach Art. 101 I 3 SVerf im Volksentscheid einer Zweidrittel-Mehrheit bei der Abstimmung (Zustimmungsquorum), an der sich mindestens die Hälfte der Stimmberechtigten beteiligt haben muss (Beteiligungsquorum, derzeit ca. 400 000 Stimmen). Nicht durch Volksentscheid geändert werden dürfen gem. Art. 101 I 4 SVerf die verfassungsrechtlichen Bestimmungen zum Gesetzgebungsverfahren, insb. zur Volksgesetzgebung selbst.
- **Inhaltliche Schranken** für Verfassungsänderungen stellt Art. 101 II SVerf auf. In Umsetzung des Homogenitätsgebotes des Art. 28 I 1 GG (→ Rn. 35 f.) dürfen verfassungsändernde Gesetze den *Grundsätzen* des **demokratischen** und **sozialen**

---

301 Anders zB Art. 75 II 2 BayVerf, wonach verfassungsändernde Gesetze nach ihrem Beschluss im Landtag dem Volk zur Entscheidung vorgelegt werden müssen.

Rechtsstaates nicht widersprechen.[302] Zudem ist Art. 21 S. 1 SVerf zu beachten, wonach die **Grundrechte** ihrem **Wesen** nach unabänderlich sind. Schließlich sind Art. 21 S. 1 und Art. 101 II SVerf selbst von jeder Änderung ausgeschlossen.[303] Ob ein verfassungsänderndes Gesetz die Grenzen des Art. 101 II SVerf beachtet, entscheidet auf Antrag der SVerfGH (Art. 101 III SVerf, § 9 Nr. 8, § 49 SVerfGHG).

e) Rechtsverordnungen; Satzungen

Rechtsnormen, also abstrakt-generelle Rechtsvorschriften mit Außenwirkung, können nicht nur in der Form eines Parlaments- oder Volksgesetzes geschaffen werden, sondern auch in Form einer Rechtsverordnung. Deren Besonderheit liegt darin, dass sie nicht vom Parlament oder vom Volk, sondern **von der Exekutive** erlassen wird. Saarländische Rechtsverordnungen können auf zwei verschiedenen verfassungsrechtlichen Grundlagen beruhen: 138

- Nach **Art. 80 I 1 GG** kann auch die Landesregierung ermächtigt werden, Rechtsverordnungen zu erlassen. Ermächtigungsgrundlage ist in diesem Fall stets ein formelles **Bundesgesetz**.[304]
- Beruht die Ermächtigung auf einem formellen **Landesgesetz**, ist **Art. 104 SVerf** einschlägig.

Beide Verfassungsnormen gleichen sich in ihrem Zweck und zT auch in ihrem Wortlaut; ihren Kern bilden Art. 80 I 2 GG und Art. 104 I 2 SVerf: Stets bedarf es einer formellgesetzlichen Grundlage, die **Inhalt, Zweck** und **Ausmaß** der Ermächtigung zum Verordnungserlass hinreichend bestimmt.[305] Unterschiede bestehen hinsichtlich der Ermächtigungsadressaten (Delegatare): 139

- Art. 80 I 1 GG nennt – neben der Bundesregierung und den Bundesministern – nur die Landesregierung. Allerdings darf die Verordnungsermächtigung nach Maßgabe von Art. 80 I 4 GG weiterübertragen werden, etwa von der Landesregierung auf einen Landesminister (sog. **Subdelegation**).
- Art. 104 SVerf benennt demgegenüber keine Ermächtigungsadressaten; der Landtag hat insofern ein Auswahlermessen: In Betracht kommen in erster Linie die Landesregierung, der Ministerpräsident oder einzelne Landesminister(ien).[306] Daneben kann die Ermächtigung jedoch auch anderen Staatsbehörden erteilt werden, insb. den Polizeiverwaltungsbehörden zum Erlass von **Polizeiverordnungen** (§§ 59 ff. SPolG).[307] Aus föderativen Gründen unzulässig wäre indes die Ermächtigung eines Bundesorgans durch Landesgesetz.

(unbesetzt) 140

---

302 Nicht ausdrücklich in Art. 101 II SVerf aufgeführt ist das republikanische Prinzip (→ Rn. 43). Seine unabänderliche Geltung auch im Saarland ergibt sich indes aus vorrangigem Bundesrecht (Art. 28 I 1, Art. 79 III iVm Art. 20 I GG).
303 Vgl. BVerfGE 84, 90 (120).
304 Vgl. die Übersicht bei *Gröpl*, Staatsrecht I, Rn. 1215.
305 Näher dazu *Gröpl*, Staatsrecht I, Rn. 1198 ff.
306 Innerorganschaftlich ist gem. § 8 I lit. b F. 1, § 12 GO Reg der Ministerrat zuständig (→ Rn. 104 f.).
307 Näher → § 4 Rn. 166 ff.

141 Eine weitere Rechtsquelle für Rechtsnormen sind **Satzungen**. Diese Rechtssatzform dient typischerweise den vom Staat verselbständigten juristischen Personen des öffentlichen Rechts zur Regelung ihrer **Selbstverwaltungsangelegenheiten**. Besonders ausbildungs- und praxisrelevant sind kommunale Satzungen (§ 12 KSVG).[308] Auf Satzungen sind Art. 80 GG und Art. 104 SVerf weder unmittelbar noch analog anwendbar; es gelten vielmehr eigenständige Maßstäbe und Grenzen.[309]

2. Verwaltung

142 Die Verwaltung ist Teil der Exekutive, der nicht zur Regierung (Staatsleitung, → Rn. 92) zählt. Verwaltung dient vor allem der **Verwirklichung der Staatsaufgaben im Einzelfall**, häufig durch den Vollzug der einschlägigen Gesetze. Die Verwaltung im Saarland ist Gegenstand des zweiten Kapitels dieses Lehrbuchs (§ 2).

3. Rechtspflege

a) Rechtsprechung

143 Nach Art. 92 Hs. 1 GG, Art. 109 I SVerf ist die rechtsprechende Gewalt ausschließlich den Richtern anvertraut, die dazu in Gerichten tätig werden (**Richtervorbehalt**). Rechtsprechung ist die letztverbindliche und letztverantwortliche Wahrung des Rechts in einem besonderen, gesetzlich geordneten, grds. öffentlichen Verfahren durch eine unabhängige (richterliche) Instanz in Form einer verbindlichen, verselbständigten Entscheidung allein am Maßstab von Gesetz und Recht.[310] Der Begriff der **Rechtspflege** reicht weiter als der der Rechtsprechung: Darunter fallen verwaltende Tätigkeiten, die typischerweise aus traditionellen Gründen von den Gerichten wahrgenommen werden, etwa die Führung der Grundbücher durch die Grundbuchämter bei den Amtsgerichten,[311] die Referendarausbildung u. v. a. m.

b) Gerichtsbarkeit im Bundesstaat; Rechtsstellung der Richter

144 Ebenso wie die beiden anderen Staatsgewalten ist auch die Rechtsprechung nach der föderativen Ordnung der Bundesrepublik Deutschland zwischen Bund und Ländern aufgeteilt. Mit Rücksicht auf Art. 30, 92 Hs. 2 GG darf der **Bund** nur die Gerichte unterhalten, die ihm durch das GG erlaubt sind (Art. 93–96 GG); im Übrigen erfolgt die Rechtsprechung durch Gerichte der Länder (Landesverfassungsgerichte und andere **Landesgerichte**). Die Rechtsstellung der Richter wird verfassungsrechtlich durch **Art. 97 und 98 GG** für Bund und Länder einheitlich vorgegeben; insoweit kommt den Art. 110 und 111 SVerf nur deklaratorische Bedeutung zu.

---

308 S. auch §§ 147, 199 Nr. 3 KSVG.
309 Näher → § 3 Rn. 38 ff.
310 Vgl. BVerfGE 103, 111 (138).
311 § 1 I 1 der Grundbuchordnung (GBO).

c) Organisation der Fachgerichtsbarkeiten im Saarland

Ordentliche Gerichtsbarkeit	Arbeitsgerichtsbarkeit	Verwaltungsgerichtsbarkeit	Sozialgerichtsbarkeit	Finanzgerichtsbarkeit
BGH (Karlsruhe)	*BAG (Erfurt)*	*BVerwG (Leipzig)*	*BSG (Kassel)*	*BFH (München)*
Saarländisches OLG (Saarbrücken)	LAG Saarland (Saarbrücken)	OVG des Saarlandes (Saarlouis)	LSG für das Saarland (Saarbrücken)	FG des Saarlandes (Saarbrücken)
LG Saarbrücken (Saarbrücken)	---	VG des Saarlandes (Saarlouis)	SG für das Saarland (Saarbrücken)	---
AG (Homburg, Lebach, Merzig, Neunkirchen, Ottweiler, Saarbrücken, Saarlouis, St. Ingbert, St. Wendel, Völklingen)³¹²	ArbG Saarland (Saarbrücken)	---	---	---

145

Abkürzungen: AG: Amtsgerichte; ArbG: Arbeitsgerichte; BAG: Bundesarbeitsgericht; BFH: Bundesfinanzhof; BGH: Bundesgerichtshof; BSG: Bundessozialgericht; BVerwG: Bundesverwaltungsgericht; FG: Finanzgericht; LAG: Landesarbeitsgericht; LG: Landgericht, LSG: Landessozialgericht; OLG: Oberlandesgericht; OVG: Oberverwaltungsgericht; SG: Sozialgericht; VG: Verwaltungsgericht.
Wünschenswert wäre in diesem Zusammenhang eine gesetzgeberische Bereinigung der uneinheitlichen Bezeichnungen der saarländischen Gerichte: vgl. zB Verwaltungsgericht *des Saarlandes*, aber Landesarbeitsgericht *Saarland* und Landessozialgericht *für das Saarland*.
Die kursiv gesetzten obersten Gerichtshöfe des Bundes (Art. 95 GG) gehören nicht zur Gerichtsbarkeit des Saarlandes.

(unbesetzt) 146

V. Grundrechte

1. Besonderheiten der Verfassung des Saarlandes

In systematischer Hinsicht stehen die saarländischen Grundrechte – wie auch die Bundesgrundrechte im GG – an der Spitze der SVerf vor dem staatsorganisationsrechtlichen Teil (Art. 1 ff.). Diese Umgruppierung erfolgte in Abkehr von der gegenteiligen

147

---

312 Durch das GerichtsstrukturreformG v. 30.11.2016 (Amtsbl. 2017 I S. 79) mit spät. Änd. wurden zum 1.1.2018 zahlreiche Zuständigkeiten bei bestimmten Amtsgerichten gebündelt, vgl. auch LT-Drs. 15/1882 v. 5.7.2016.

Systematik der Weimarer Reichsverfassung (WRV) von 1919.[313] Damit wird die zentrale Bedeutung des **Grundrechtsträgers Mensch** im verfassten Staat hervorgehoben.[314]

148 Im Gegensatz zu mancher anderen Landesverfassung stellt die SVerf eine sog. **Vollverfassung** dar, die einen eigenständigen und reich ausgestalteten Grundrechtsteil enthält.[315] Insb. enthält die SVerf keinen Verweis auf die Grundrechte des GG (Rezeptionsanordnung).[316]

2. Verhältnis von Bundes- und Landesgrundrechten

a) Geltung der saarländischen Grundrechte

149 In der Verfassungswirklichkeit sind die von der SVerf gewährleisteten Grundrechte von verhältnismäßig **geringer Relevanz**. Der Grund hierfür liegt in der sog. **Durchgriffswirkung** der Grundrechte des GG (Bundesgrundrechte), die auch für die Bewohner des Saarlandes gelten und gem. Art. 1 III GG auch die saarländische Staatsgewalt unmittelbar binden (→ Rn. 22 f.). Als Konsequenz wirkt die **Rechtsprechung des BVerfG** direkt auf die saarländische Verfassungs- und Rechtsordnung ein (→ Rn. 24 ff.).

150 Inwieweit können die saarländischen Grundrechte vor diesem Hintergrund überhaupt noch eine Rolle spielen? Entscheidend für die Beantwortung dieser Frage ist das **Verhältnis der Landesgrundrechte zu den Bundesgrundrechten**, bei dem vieles umstritten ist.

- Der *erste Streitpunkt* besteht dazu, ob die Gesetzgebungskompetenzen zu beachten sind. Hier besteht weitgehende Einigkeit darüber, dass die Art. 70 ff. GG im Verhältnis von Bundes- und Landes*verfassungs*recht nicht gelten.[317] Anders als bei sonstigem Recht stellt sich die (Vor-)Frage der Kompetenz (→ Rn. 30 ff.) damit nicht. Folglich haben die Verfassungsgeber der Länder die uneingeschränkte **Kompetenz zur Kodifizierung von Landesgrundrechten.**

151 Erlauben die bundesstaatlichen Kompetenzvorgaben den Ländern daher, Grundrechte in ihren Verfassungen kodifizieren, treten diese in Konkurrenz zu den Grundrechten des GG, wenn dieselben Lebenssachverhalte (Gegenstände) geregelt werden. Dies ist angesichts der Freiheits- und Gleichheitsgewährleistungen weitgehend der Fall. Deshalb kommt Art. 31 GG als Kollisionsnorm ins Spiel, wonach Bundesrecht Landesrecht „bricht", dh verdrängt und zu dessen Ungültigkeit führt.

- Der *zweite Streitpunkt* herrscht vor diesem Hintergrund zu der Frage, wann Landesrecht nach Art. 31 GG durch Bundesrecht gebrochen wird. Eine Mindermeinung nimmt diese Verdrängungswirkung mit guten Argumenten bereits an, wenn derselbe Gegenstand normiert wird – gleichviel, ob sich Bundes- und Landesrecht widersprechen. Damit wären Landesgrundrechte auch dann ungültig, wenn sie die

---

[313] *Brosig*, Die Verfassung des Saarlandes, S. 127. Der Grundrechtekatalog der WRV begann in deren zweiten Hauptteil mit Art. 109.
[314] *Guckelberger*, in: Wendt/Rixecker, SVerf, Art. 1 Rn. 1.
[315] *Guckelberger*, in: Wendt/Rixecker, SVerf, Art. 1 Rn. 1.
[316] So aber Art. 2 I Verf Bad.-Württ., Art. 3 II 1 NdsVerf, Art. 4 I Verf NRW.
[317] *Kment*, in: Jarass/Pieroth, GG, Art. 70 Rn. 4a mwN auch zu aA.

gleichen Gewährleistungen enthielten wie Bundesgrundrechte, dh zu übereinstimmenden **Rechtsfolgen** führten.[318] Die hM verlangt für die Derogationsfolge des Art. 31 GG indessen eine **Kollision** von Bundes- und Landesrecht. Danach würde ein Landesgrundrecht nur verdrängt, soweit es bei seiner Anwendung zu **anderen Rechtsfolgen** führt als ein Bundesgrundrecht.[319]

Dieser Meinungsstreit hat Auswirkungen auf die Bedeutung von **Art. 142 GG**. Unstreitig ist jedenfalls, dass diese Vorschrift dem Art. 31 GG im Grundrechtebereich vorgeht („ungeachtet"): **Landesverfassungsrechtliche** Bestimmungen **bleiben in Kraft**, soweit sie in Übereinstimmung mit den Art. 1–18 GG Grundrechte gewährleisten. Nach der soeben zitierten Mindermeinung enthält Art. 142 GG eine rechtsbegründende (konstitutive) **Ausnahme** von Art. 31 GG; nach der hM **bestätigt** Art. 142 GG lediglich rechtsverkündend (deklaratorisch) das, was bereits nach Art. 31 GG gilt: Mit dem GG – und mit dem übrigen Bundesrecht[320] – übereinstimmende Landesgrundrechte bleiben in Kraft.

152

Damit ist zu klären, was unter „Übereinstimmung" iSv Art. 142 GG zu verstehen ist, wann also Inhaltsgleichheit von Grundrechten vorliegt.

153

- Dies stellt den *dritten (möglichen) Streitpunkt* dar.[321] Die mittlerweile ganz hM vertritt hier eine sehr großzügige Auslegung: „Übereinstimmung" ist nicht nur bei Schutzidentität der Grundrechte gegeben, sondern darüber hinaus bei einem gegenüber dem GG weitergehenden, ja sogar bei geringerem Schutz durch die Landesgrundrechte.[322] Denn weniger weitreichende Landesgrundrechte verfolgten nicht den Zweck, großzügigere Gewährleistungen durch das GG auszuschließen.[323] Damit ist inhaltliche Übereinstimmung nach hM lediglich dann nicht gegeben, wenn unvereinbare Normbefehle vorliegen, wenn der Normadressat also nicht beiden Normbefehlen genügen kann.[324] Nur dann wird das entsprechende Landesgrundrecht nach Art. 31 GG gebrochen.

Fazit: Nach der jeweils herrschenden Auslegung von Art. 31 und 142 GG bleiben die **Landesgrundrechte weitgehend in Kraft**. Etwas anderes – ihre Nichtigkeit – gilt nur, wenn sie den Grundrechten des GG in ihren Normbefehlen widersprechen.

154

b) Prüfungsgegenstand und Prüfungsmaßstab des SVerfGH

Fall:

155

A behauptet, gegen B einen Werklohnanspruch (§ 631 I BGB) in Höhe von 150 Euro zu haben. B verweigert die Zahlung. A erwirkt einen Mahnbescheid, wogegen B Widerspruch erhebt (§§ 692, 694 ZPO). Nach Antrag auf Durchführung des streitigen Verfahrens begründet A seine Forderung unter Bezugnahme auf eine dem B erteilte Rechnung (§§ 696, 697 ZPO). Das Amtsgericht Saar-

---

318 Vgl. *Huber*, in: Sachs, GG, Art. 142 Rn. 4; *Korioth*, in: Dürig/Herzog/Scholz, GG, Art. 142 Rn. 15.
319 BVerfGE 36, 342 (363); 96, 345 (364); SVerfGH, NVwZ 1983, 604 ff.; *Jarass*, in: Jarass/Pieroth, GG, Art. 31 Rn. 4 mwN; *von Coelln*, in: Gröpl/Windthorst/von Coelln, StudKGG, Art. 31 Rn. 5.
320 Vgl. *von Coelln*, in: Gröpl/Windthorst/von Coelln, StudKGG, Art. 142 Rn. 4.
321 Ausführl. Darstellung bei *Korioth*, in: Dürig/Herzog/Scholz, GG, Art. 142 Rn. 13 ff. mwN.
322 BVerfGE 96, 345 (365); *Jarass*, in: Jarass/Pieroth, GG, Art. 142 Rn. 4 mwN; vgl. *von Coelln*, in: Gröpl/Windthorst/von Coelln, StudKGG, Art. 142 Rn. 3; Nachw. auf die aA bei *Korioth*, in: Dürig/Herzog/Scholz, GG, Art. 142 Rn. 14 S. 13 Fn. 2 (Stand der Bearb. Okt. 2008).
323 *Jarass*, in: Jarass/Pieroth, GG, Art. 142 Rn. 4.
324 Im Grunde kommt dies bereits in der hM zum *zweiten* hier genannten Streitpunkt zum Ausdruck, wenn dort auf divergierende Rechtsfolgen abgestellt wird (→ Rn. 152).

§ 1 Verfassungsrecht

louis verfügt gem. § 276 ZPO das schriftliche Vorverfahren unter Hinweis auf § 495a ZPO (Verfahren nach billigem Ermessen). B erwidert auf die Klage, er habe dem A keinen Auftrag erteilt. Diese Klageerwiderung wird dem Prozessbevollmächtigten des A zugesandt und es wird ihm Gelegenheit zur Stellungnahme binnen drei Wochen gegeben. Eine Stellungnahme erfolgt nicht. Daraufhin weist das Amtsgericht die Klage ab, weil A keinen Beweis für die bestrittene Auftragserteilung seitens des B angeboten habe. A sieht sich durch das Urteil des Amtsgerichts in seinem Recht auf rechtliches Gehör verletzt und erhebt Verfassungsbeschwerde zum SVerfGH. Wie sind die Erfolgsaussichten?

156 Neben der Geltung der Landesgrundrechte sind zwei Koordinaten für die Gerichtsbarkeit des SVerfGH von entscheidender Bedeutung: *erstens* der Prüfungsgegenstand und *zweitens* der Prüfungsmaßstab:

- **Prüfungsgegenstand** sind die Handlungen (und Unterlassungen), die Anlass des konkreten Rechtsstreits bilden. Hier ist der SVerfGH aus bundesstaatlichen Gründen auf Akte der **saarländischen öffentlichen Gewalt** beschränkt.[325] *Keinen* Prüfungsgegenstand bilden also insb. *Bundes*gesetze, Verwaltungsakte und andere Maßnahmen von *Bundes*behörden sowie Urteile und andere Entscheidungen von *Bundes*gerichten.
- **Prüfungsmaßstab** sind die Normen, anhand deren das Gericht die ihm vorgelegten Rechtsstreitigkeiten beurteilen und entscheiden darf. Für den SVerfGH ergibt sich der Prüfungsmaßstab – faustformelartig – bereits aus seiner Bezeichnung: Es sind die Vorschriften der **SVerf**. Grds. kein Prüfungsmaßstab sind die Normen des GG (zu wichtigen Ausnahmen → Rn. 110a). Daher kann ein Beschwerdeführer mit der Verfassungsbeschwerde zum SVerfGH nur die Verletzung von Grundrechten geltend machen, die ihm die SVerf gewährleistet; mit der Berufung auf Grundrechte des GG ist er bereits nicht beschwerdebefugt.[326]

157 Vergleich der Prüfungskompetenzen BVerfG – SVerfGH

	BVerfG	SVerfGH
Prüfungsgegenstand	Akte aller deutschen Staatsgewalten	nur Akte der saarländischen öffentlichen Gewalt
Prüfungsmaßstab	GG, insb. Art. 1–19	SVerf, insb. Art. 1–21

158 Die Gerichtsbarkeit des SVerfGH wirft so lange keine Probleme auf, wie er Akte der saarländischen öffentlichen Gewalt als Prüfungsgegenstand hat, also saarländische Gesetze oder Entscheidungen saarländischer Behörden oder Gerichte, die ausschließlich auf saarländischem Landesrecht beruhen. Diffizil wird es, wenn die saarländische öffentliche Gewalt **Bundesrecht anwendet**, das nach den Grundsätzen der Normenhierarchie im Rang **über dem saarländischen Recht**, auch über der SVerf steht. Solche Fälle sind äußerst zahlreich, denn zum einen werden die Bundesgesetze nach Art. 83 GG grds. von den Ländern ausgeführt (→ Rn. 32 f.). Zum anderen gehören wegen Art. 74 I Nr. 1 GG gerade das Privatrecht (BGB, HGB uam) und das Strafrecht (StGB) zum Bundesrecht und werden von den Gerichten der Länder (→ Rn. 145) in bundes-

---

325 Ausdrücklich formuliert ist dies für die Verfassungsbeschwerde in § 55 I SVerfGHG.
326 S. im Einzelnen SVerfGH, Beschl. v. 29.8.2016, Lv 3/15 (www.verfassungsgerichtshof-saarland.de).

rechtlich geregelten Verfahren (ZPO, StPO ua) angewendet (vgl. den Fall zu → Rn. 155). Darf der SVerfGH seine Gerichtsbarkeit am Prüfungsmaßstab der saarländischen Grundrechte hier überhaupt ausüben?

Das BVerfG hat diese Frage bejaht, soweit 159
- es um die Anwendung von **Verfahrensrecht des Bundes** (ZPO, StPO ua) als Prüfungsgegenstand gehe,
- der Rechtsweg erschöpft sei und dabei **kein Bundesgericht** über den Streitfall entschieden habe[327] und
- das **Landesgrundrecht** als Prüfungsmaßstab **inhaltsgleich** mit einem Grundrecht des GG sei (→ Rn. 152 f.).[328]

Liegen diese Voraussetzungen *nicht* vor, ist die Landesverfassungsbeschwerde schon unzulässig (nicht nur unbegründet).[329]

Sind diese Voraussetzungen hingegen gegeben, darf der SVerfGH Entscheidungen 160
saarländischer Gerichte, die sich auf Bundes-Verfahrensrecht stützen, am Maßstab der Grundrechte der SVerf kontrollieren. Die Eröffnung dieser Prüfungskompetenz dient der **Entlastung des BVerfG**.[330] Mit Blick auf Art. 142 GG muss dabei sichergestellt sein, dass die saarländischen Grundrechte in **Übereinstimmung mit den Grundrechten des GG** ausgelegt werden (→ Rn. 153). Dies wird durch die Verpflichtung zur **Divergenzvorlage** nach Art. 100 III F. 1 GG erreicht: Will der SVerfGH von der Rechtsprechung des BVerfG abweichen, hat er das BVerfG gleichsam „um Erlaubnis zu bitten".[331] Dies bedeutet, dass der SVerfGH wie auch die anderen Landesverfassungsgerichte in ihrer Rechtsprechung zu den landesverfassungsrechtlichen Grundrechten die Judikatur des BVerfG zum jeweils inhaltsgleichen Bundesgrundrecht nachvollziehen.[332]

Rügt der Beschwerdeführer in einer Verfassungsbeschwerde vor dem SVerfGH, dass 161
ein saarländisches Gericht *nicht* bei der Anwendung von Bundes-Verfahrensrecht, sondern bei der Anwendung von **materiellem Bundesrecht** (BGB, HGB uam) gegen ein Grundrecht der SVerf verstoßen habe, beschränkt sich die Prüfung des SVerfGH darauf, ob das Landesgericht willkürlich iSd Art. 12 I SVerf gehandelt hat. Willkür kann nur dann festgestellt werden, wenn sich das Landesgericht „von objektiv sachfremden Erwägungen hat leiten lassen und sich dadurch außerhalb jeder Rechtsanwendung gestellt, also in Wahrheit seiner Entscheidung gar kein Bundesrecht zugrunde gelegt hat". Die Entscheidung darf unter keinem rechtlichen Gesichtspunkt rechtlich vertretbar sein, sie muss schlechthin unhaltbar, offensichtlich sachwidrig, eindeutig unangemessen sein.[333]

---

327 In Betracht kommen daher nur die Fälle, in denen ein Landesgericht die letzte Instanz bildet, also insb. in bürgerlichen Rechtsstreitigkeiten und Strafsachen, die bei den Amtsgerichten beginnen: § 23 iVm § 72 I GVG (Landgericht) und §§ 24–26 GVG iVm § 74 III und § 121 I GVG (Oberlandesgericht).
328 BVerfGE 96, 345 (363 ff.).
329 Der SVerfGH hat sich dem angeschlossen, s. Urt. v. 5.6.2003, Lv 7/02; Beschl. v. 19.3.2004, Lv 7/03 (beide unter www.verfassungsgerichtshof-saarland.de).
330 *Wieland*, in: Dreier, GG, Art. 100 Rn. 43.
331 BVerfGE 96, 345 (375); vgl. *Dederer*, in: Dürig/Herzog/Scholz, GG, Art. 100 Rn. 349 ff.
332 *Sacksofsky*, in: Hermes/Reimer, Landesrecht Hessen, 10. Aufl. 2021, § 2 Rn. 47 f.
333 So die st. Rspr. des BayVerfGH, vgl. BayVBl. 2008, 721 f., und NJW 2008, 3770 f. – Der SVerfGH hat sich zu dieser Frage, soweit ersichtlich, noch nicht geäußert.

162 Prüfungskompetenz des SVerfGH

Prüfungsgegenstand	Prüfungsmaßstab		
	Grundrechte der SVerf, soweit Übereinstimmung mit Art. 1–18 GG	Grundrechte der SVerf, soweit *keine* Übereinstimmung mit Art. 1–18 GG	Grundrechte des GG (isoliert)
Akt der saarl. öffentlichen Gewalt, insb. Ausführung von Landesrecht	(+)	(–)	(–)
Akt der saarl. öffentlichen Gewalt in Ausführung von Bundesrecht	(+)	(–)	(–)
Akt der öffentlichen Gewalt des Bundes	Verfassungsbeschwerde zum SVerfGH unzulässig		

163 **Lösungsvorschlag zu Fall Rn. 155**
(angelehnt an SVerfGH, Beschl. v. 26.6.2003, Lv 1/03):
Die Verfassungsbeschwerde des A müsste zulässig sein. Die Zuständigkeit des SVerfGH ist gegeben, A ist beschwerdeberechtigt (Art. 97 Nr. 4 SVerf, § 9 Nr. 13, § 55 I SVerfGHG, → Rn. 120). A ist beschwerdebefugt, wenn er substantiiert eine Verletzung eines Grundrechts dartut. Art. 103 I GG kann nicht Prüfungsmaßstab des SVerfGH sein. In der SVerf ist der Anspruch auf rechtliches Gehör zwar nicht ausdrücklich genannt, er folgt aber aus dem in Art. 60 I SVerf verbürgten Rechtsstaatsprinzip (→ Rn. 44). Fraglich ist jedoch, ob ein tauglicher Beschwerdegegenstand vorliegt, da das Urteil des AG Saarlouis auf der Anwendung bundesrechtlicher Verfahrensnormen, insb. des § 495a ZPO, beruht. Das (ungeschriebene) Landesgrundrecht auf rechtliches Gehör kann Prüfungsmaßstab sein, wenn es nach § 55 III 1 SVerfGHG gültig ist. Dies ist der Fall, weil es mit Art. 103 I GG inhaltsgleich ist, dh nicht zu einer divergierenden Rechtsfolge führt (→ Rn. 152 f.). Allerdings hat A den Rechtsweg nicht iSv § 55 III 1 SVerfGHG erschöpft, weil er keine Anhörungsrüge gem. § 321a ZPO beim AG Saarlouis eingelegt hat. – Im Übrigen wäre die Verfassungsbeschwerde auch unbegründet, weil in das Recht auf rechtliches Gehör nicht eingegriffen wurde: Ein gerichtlicher Hinweis in einem Zivilrechtsstreit darauf, dass der Kläger seine Klage durch ein Beweisangebot schlüssig zu machen hat, ist von Verfassung wegen nicht erforderlich. Dies gilt insb. dann, wenn – wie hier – der Kläger anwaltlich vertreten ist.

3. Grundrechte in der EMRK und in der Charta der Grundrechte der Europäischen Union

163a Neben den Grundrechtsgewährleistungen des GG und der SVerf sind die beiden „europäischen Grundrechtskataloge" zu beachten:

- Die Charta der Grundrechte der Europäischen Union (GRCh) entfaltet sich, wie der Name bereits sagt, nur im Rechtsraum der EU; gem. Art. 6 I Hs. 2 EUV hat sie den Rang von unionalem Primärrecht. Nach Art. 51 I 1 GRCh bindet sie in erster Linie die Organe, Einrichtungen und sonstigen Stellen der EU. Für die EU-Mitgliedstaaten und damit auch für das Saarland, seine Kommunen und seine anderen juristischen Personen des öffentlichen Rechts (Universität des Saarlandes u. v. a. m.) gilt die GRCh nach dieser Vorschrift ausschließlich bei der Durchführung des Unionsrechts, dh wenn zB eine saarländische Behörde eine EU-Verordnung ausführt oder wenn der Landtag des Saarlandes eine Richtlinie in saarländisches Recht umsetzt. Daneben behalten die Grundrechte des GG und der SVerf ihre Wirksamkeit, werden aber von den deutschen Verfassungsgerichten nicht mehr als Prüfungsmaßstab herangezogen.[334] Soweit die Mitgliedstaaten kein Unionsrecht durchführen, gilt die GRCh für sie nicht.[335]

- Die (europäische) Konvention zum Schutz der Menschenrechte und Grundfreiheiten (EMRK) ist kein „Produkt" der EU und gilt daher nicht nur dort, sondern auch in zahlreichen anderen europäischen Staaten (Russland, Türkei ua). In Deutschland wurde sie als völkerrechtlicher Vertrag nach Maßgabe von Art. 59 II 1 GG umgesetzt und hat deshalb lediglich den Rang eines einfachen Bundesgesetzes. Allerdings muss ihr bei der Anwendung und Auslegung des nationalen Rechts Geltung verschafft werden.[336] Gleichwohl kann sich der Einzelne weder vor dem BVerfG noch vor dem SVerfGH unmittelbar auf die Rechte der EMRK berufen, da diese nicht zu deren Prüfungsmaßstäben gehören. Jedoch müssen die Gewährleistungsinhalte der EMRK von allen deutschen Gerichten, also auch vom SVerfGH und den anderen saarländischen Gerichten, bei der Auslegung und Anwendung der Grundrechte der SVerf, beachtet werden.

4. Grundrechte in der Verfassung des Saarlandes
a) Systematik; Abgrenzung zu den Staatszielbestimmungen

Der erste Hauptteil der SVerf (Art. 1–59a) ist überschrieben mit „Grundrechte und Grundpflichten". Dieser „Grundrechtsteil" (im weiteren Sinne) ist weit umfangreicher als der des GG. Er ist untergliedert in sechs Abschnitte:

„Grundrechtsteil" der SVerf		
1. Abschnitt	Art. 1–21	Grundrechte der Einzelpersonen = Kern der grundrechtlichen Gewährleistungen, Verbürgung der klassischen liberalen Grundrechte[337]
2. Abschnitt	Art. 22–25	Ehe-, kinder- und familienbezogene Grundrechte
3. Abschnitt	Art. 26–34a	Erziehung, Unterricht, Kultur, Sport
4. Abschnitt	Art. 35–42	Kirchen und Religionsgemeinschaften
5. Abschnitt	Art. 43–59	Wirtschafts- und Sozialordnung
6. Abschnitt	Art. 59a	Schutz der natürlichen Lebensgrundlagen und der Tiere

---

334 S. hierzu BVerfGE 102, 147 (161 ff.) – Bananenmarktordnung; *Herdegen*, Europarecht, 23. Aufl. 2021, § 10 Rn. 19 ff.
335 S. im Einzelnen BVerfGE 140, 317 (334 ff.); 133, 277 (313 ff. Rn. 88 ff.) – Antiterrordatei – in Abgrenzung zu EuGH, NJW 2013, 1415 ff. (Rn. 16 ff.) – Åkerberg Fransson; eingehender *Herdegen*, Europarecht, 23. Aufl. 2021, § 8 Rn. 43 ff.
336 BVerfGE 111, 307 (328 f.) – Görgülü; vgl. auch SVerfGH, Urt. v. 18.3.2013, Lv 12/12 (www.verfassungsgerichtshof-saarland.de).
337 *Brosig*, Die Verfassung des Saarlandes, S. 131.

165 Wichtig für das differenzierende Verständnis dieses Normenkomplexes ist die Unterscheidung zwischen Grundrechten und Staatszielbestimmungen:
- **Grundrechte** sind die durch die Verfassung garantierten wesentlichen Rechte des Einzelnen (oder bestimmter Personenzusammenschlüsse) gegenüber dem Staat, „klassischerweise" formuliert als Abwehransprüche, zT auch als Schutz- und Teilhabeansprüche (subjektiv-öffentliche Rechte). Gem. **Art. 21 S. 2 SVerf** binden sie die saarländische Staatsgewalt.[338]
- **Staatszielbestimmungen** (auch Programmnormen genannt) sind dagegen – wie die Bezeichnung schon verrät – Ausdruck der Ziele, deren Erreichung sich der Staat verfassungsrechtlich vorgibt. Sie haben objektiv-rechtlichen, also *ausschließlich verpflichtenden* Charakter. Es fehlt ihnen die subjektiv-rechtliche Entsprechung, dh individuelle Ansprüche können aus ihnen nicht hergeleitet werden.

166 Die **Unterscheidung** erfolgt anhand des Berechtigungscharakters der jeweiligen Norm.[339] Lässt sich unmittelbar aus dem Verfassungstext oder aber durch Auslegung ein – erforderlichenfalls einklagbares – subjektives Recht (**Anspruch**)[340] gewinnen, handelt es sich um ein Grundrecht. Anderenfalls liegt eine Staatszielbestimmung (Programmnorm) vor.

167 In diesem Sinne müssen die „**sozialen Grundrechte**", die sich insb. in den Art. 43 ff. SVerf finden, zumeist als Programmnormen verstanden werden, zumal sie sich gegen abweichendes Bundesrecht ohnehin nicht durchsetzen könnten (→ Rn. 38 ff.). Hervorstechendes Beispiel hierfür ist das in Art. 45 S. 2 SVerf niedergeschriebene **Recht auf Arbeit**. Wer sollte einen solchen Anspruch erfüllen? Für die privaten Arbeitgeber würde er das Ende der Berufs- und Gewerbefreiheit (Art. 12 I GG, Art. 44 S. 1 SVerf) bedeuten, für den Staat den Einstieg in die sozialistische Planwirtschaft, die ihrerseits das individuelle Recht der freien Berufswahl (Art. 12 I GG) nicht kennt, sondern Arbeit nach (vermeintlichem) Bedarf zuweist. All dies wäre der freiheitlichen demokratischen Grundordnung des GG fremd.[341] Richtig verstanden folgt aus Art. 45 S. 2 SVerf die ständige Aufgabe des Saarlandes, die Rahmenbedingungen für Wirtschaftswachstum und damit für die Entstehung und Erhaltung von Arbeitsplätzen zu schaffen.[342]

168 Abgesehen davon erweist sich die SVerf **reich an weiteren Staatszielbestimmungen**: Zu nennen sind etwa der Kinder- und Jugendschutz (Art. 25 I SVerf), der Ausbau von Hochschulen (Art. 33 I SVerf), die Kulturförderung und der Denkmalschutz (Art. 34 SVerf) sowie die Sportförderung (Art. 34a SVerf) und der Umwelt- und Tierschutz (Art. 59a SVerf). So honorig diese Staatsziele sind, so sehr stellt sich die Frage, ob die SVerf damit nicht überfrachtet wird. Zwar können solche Programmnormen *juristisch* **Abwägungsgesichtspunkte** für den Gesetzgeber sowie **Auslegungs- und Ermessenskriterien** für Verwaltung und Rechtsprechung darstellen.[343] *Politisch* steht ihre Implementierung aber im Verdacht, als eine Art Tätigkeitsnachweis und als Ausdruck des

---

338 Diese einschränkende Auslegung ergibt sich aus der bundesstaatlichen Normenhierarchie, vgl. Rn. 40.
339 *Sacksofsky*, in: Hermes/Reimer, Landesrecht Hessen, 10. Aufl. 2021, § 2 Rn. 20.
340 Zur zivilrechtl. Definition des Anspruchs vgl. § 194 I BGB.
341 Vgl. auch *Elicker*, in: Wendt/Rixecker, SVerf, Art. 45 Rn. 3 ff.
342 Vgl. BVerfGE 100, 271 (284): Die Bekämpfung der Massenarbeitslosigkeit hat Verfassungsrang.
343 Vgl. ua *Dreier*, in: Dreier, GG, Vorb. Rn. 67.

guten Willens auf Gebieten missbraucht zu werden, auf denen die Abgeordneten durch Fachgesetz nicht handeln wollten oder konnten. Um ihre normative Kraft zu behalten, sollten sich Verfassungen darauf beschränken, die unabdingbaren Kernnormen der individuellen Grundfreiheiten und des Staatsaufbaus festzuschreiben; als „Märchenbücher unerfüllter Träume" zeitigen sie eher kontraproduktive Wirkung (→ Rn. 191). Um politische Ziele in die Wirklichkeit umzusetzen, bedarf es konkreter Fachgesetze, nicht aber verfassungsrechtlicher Programmnormen.

b) Grundrechtsberechtigung

Grundrechtsträger der Grundrechte der SVerf ist grds. „jeder Mensch" bzw. „jedermann". Bisweilen sind die Grundrechte jedoch Deutschen im Sinne von Art. 116 I GG vorbehalten (zB Art. 6, 7 und 9 SVerf). Damit stellt sich – parallel zur Diskussion bezüglich der **Deutschengrundrechte** des GG – die Frage, inwiefern auch EU-Ausländer in den persönlichen Schutzbereich der betreffenden Landesgrundrechte einzubeziehen sind. Bejaht wird dies zT im Hinblick auf das allgemeine Diskriminierungsverbot in Art. 18 I AEUV.[344] Dies führt zur Grundrechtsberechtigung von **EU-Ausländern** insb. bei Landesgrundrechten, die eine grenzüberschreitende Dimension aufweisen (etwa die Freiheit gem. Art. 7 I SVerf, Gesellschaften zu gründen und zu betreiben). Nach der gegenteiligen Auffassung lässt sich die Diskriminierung der EU-Ausländer durch Anwendung der allgemeinen Handlungsfreiheit gem. Art. 2 S. 1 SVerf im Sinne der Deutschen-Grundrechte vermeiden.[345]

169

Die SVerf lässt es ihrem Textbefund nach offen, ob sich auch **Personenvereinigungen** oder **andere juristische Personen** auf Grundrechte berufen können; eine dem Art. 19 III GG entsprechende Norm fehlt. In einzelnen Normen (zB Art. 28, 29 I 3 SVerf) wird die Grundrechtsträgerschaft freilich ausdrücklich vorausgesetzt oder sie ergibt sich mehr oder weniger zwingend aus dem Gewährleistungsgehalt (so für Vereine und Gesellschaften iSv Art. 7 SVerf).[346] Im Übrigen dürfte auch für das saarländische Verfassungsrecht anerkannt sein, dass sich juristische Personen und nichtrechtsfähige Personenvereinigungen[347] auf ein Grundrecht berufen können, soweit dieses seinem **Wesen nach** auf sie **anwendbar** ist.[348] Die Frage ist jeweils gesondert für das in Rede stehende Grundrecht und die betreffende Personenvereinigung zu prüfen.

170

Die Anwendbarkeit der Grundrechte auf juristische Personen und nicht rechtsfähige Personenvereinigungen des **Privatrechts** steht weitestgehend außer Streit, soweit ein Grundrecht nicht – ausnahmsweise – an Eigenschaften, Äußerungsformen oder Beziehungen anknüpft, die nur natürlichen Personen wesenseigen sind.[349] Danach können

171

---

344 *Rixecker*, in: Wendt/Rixecker, SVerf, Art. 21 Rn. 9; vgl. zum Streitstand *Jarass*, in: Jarass/Pieroth, GG, Art. 19 Rn. 12. Zur Grundrechtsfähigkeit ausländischer juristischer Personen mit Sitz in einem EU-Mitgliedstaat s. BVerfGE 129, 78 ff.
345 Vgl. Art. 2 I GG, dazu *Bauer/Kahl* JZ 1995, 1077 (1083).
346 Zu Art. 9 GG vgl. *Jarass*, in: Jarass/Pieroth, GG, Art. 9 Rn. 11, Art. 19 Rn. 15 ff.; *von Coelln*, in: Gröpl/Windthorst/von Coelln, StudKGG, Art. 9 Rn. 6.
347 Entscheidend ist, ob ein hinreichender Organisationsgrad besteht, der der Personenvereinigung die Fähigkeit zur einheitlichen Willensbildung ermöglicht. Für die oHG, die KG, die GbR, die Stiftung des priv. Rechts, die Erbengemeinschaft u.dgl. ist dies zu bejahen (str. für Bürgerinitiativen).
348 SVerfGH, LKRZ 2009, 55 (56); *Rixecker*, in: Wendt/Rixecker, SVerf, Art. 21 Rn. 10: Fähigkeit zur eigenständigen Ausübung eines Grundrechts.
349 Vgl. BVerfGE 95, 220 (242).

sich juristische Personen insb. auf die Eigentumsgarantie (Art. 18 I SVerf) sowie auf die Vertrags- und Gewerbefreiheit (Art. 44 S. 1 SVerf) berufen.[350] Ausländischen juristischen Personen des Privatrechts war die Berufung auf materielle Grundrechte des GG nach dem Wortlaut von Art. 19 III GG versagt. Mit Rücksicht auf das Diskriminierungsverbot des Art. 18 I AEUV („Inländergleichbehandlung") und den Anwendungsvorrang des EU-Rechts (→ Rn. 47) hat das BVerfG den Anwendungsbereich des Art. 19 III GG jedoch auf juristische Personen des Privatrechts erweitert, wenn diese (1.) ihren Sitz in der EU haben, (2.) in einem Bereich aktiv sind, der unionsrechtlich geprägt ist (Harmonisierung durch EU-Verordnungen oder -Richtlinien), und (3.) in Deutschland tätig sind.[351] Diese Rspr. wird auf das saarländische Verfassungsrecht zu übertragen sein, so dass sich solche juristischen Personen aus EU-Mitgliedstaaten unter den gleichen Voraussetzungen, obwohl keine dem Art. 19 III GG entsprechende Normierung in der SVerf existiert, auf deren Grundrechte berufen können.[352]

172 Juristische Personen des öffentlichen Rechts (Körperschaften, Anstalten, Stiftungen) sind – wie nach dem GG – auch im Rahmen der Verfassung des Saarlandes prinzipiell nicht grundrechtsfähig, denn sie befinden sich „im Lager des Staates" und nicht in einer „grundrechtstypischen Gefährdungslage".[353] Gleiches gilt für ausländische juristische Personen des öffentlichen Rechts. Ausnahmen bilden im Saarland

- der Saarländische Rundfunk (SR), soweit er grundrechtlich geschützten Lebensbereichen unmittelbar zuzuordnen ist,[354]
- die Universität des Saarlandes und die anderen saarländischen Hochschulen, soweit sie mit dem Recht der Selbstverwaltung nach Art. 33 II 1 SVerf ausgestattet sind, sowie
- die Kirchen, denen die Art. 35 ff. SVerf besondere Rechtspositionen einräumen.

Nicht grundrechtsfähig sind hingegen Gemeinden und Gemeindeverbände, auch nicht hinsichtlich ihres privatrechtlichen Eigentums.[355]

c) Konkordanztabelle GG – SVerf

173 Auffälligere Abweichungen der SVerf vom GG sind kursiv gesetzt.

Art. des GG	Inhalt	Art. der SVerf
1 I	Menschenwürde	1 S. 1, 2
1 III	Grundrechtsbindung aller staatlichen Gewalt	21 S. 2
2 I	allgemeine Handlungsfreiheit	2 S. 1, 3
2 II 1 F. 1, S. 3	Leben	1 S. 2

---

350 *Rixecker*, in: Wendt/Rixecker, SVerf, Art. 21 Rn. 10.
351 BVerfGE 129, 78 (94 ff.).
352 Vgl. auch *Rixecker*, in: Wendt/Rixecker, SVerf, Art. 21 Rn. 10.
353 Vgl. BVerfGE 45, 63 (79); s. auch BVerfGE 61, 82 (202).
354 Grundrechtsfähig ist der Saarl. Rundfunk jedenfalls hins. Art. 5 I, Art. 17 und 20 SVerf, vgl. BVerfGE 31, 314 (321 f.); 107, 299 (310 f.).
355 Vgl. BVerfGE 61, 82 (101); sehr wohl berufen können sich die Kommunen allerdings auf ihr Selbstverwaltungsrecht (Art. 117 ff. SVerf), s. → § 3 Rn. 22.

V. Grundrechte

Art. des GG	Inhalt	Art. der SVerf
2 II 1 F. 2, S. 3	*körperliche Unversehrtheit*	---
2 II 2, 3, 104	persönliche Bewegungsfreiheit	3, 13
2 I/1 I	allgemeines Persönlichkeitsrecht	2 S. 1 iVm 1
(2 I/1 I)	*Datenschutz*	2 S. 2
3 I	allgemeiner Gleichheitssatz	12 I
3 II	Gleichberechtigung von Mann und Frau	12 II
3 III	besondere Diskriminierungsverbote	12 III, IV
4 I, II	Glaubens-, Religions-, Weltanschauungsfreiheit	4 I, 35 I
4 III	*Kriegsdienstverweigerung*	---
5 I, II	Meinungsfreiheit; Verbot der Vorzensur; *Informations-, Presse-, Rundfunk-, Filmfreiheit in der SVerf nicht ausdrücklich genannt*	5 I, III, IV
5 III	Kunst- und Wissenschaftsfreiheit	5 II, 33 II
6	Ehe und Familie	22–25
7	Schule	26–30
8	Versammlungsfreiheit	6
9 I, II	Vereinigungsfreiheit	7, 8
9 III	Koalitionsfreiheit	56–59
10	Brief-, Post- und Fernmeldegeheimnis	17
11	Freizügigkeit	9 I
(2 I)	*Auswanderungsfreiheit*	9 II
12 I	Berufsfreiheit – Vertrags- und Gewerbefreiheit	44
---	*Recht auf Arbeit*	45 S. 2
12 II, III	*Freiheit von Arbeitszwang und Zwangsarbeit*	---
12a	Wehr- und Ersatzdienstpflicht	(19 II)
---	*Verpflichtung zu Ehrenämtern[356] und zur Nothilfe*	19 I
---	*Verpflichtung zur Leistung persönlicher Dienste*	19 II
13	Unverletzlichkeit der Wohnung	16
14	Garantie von Eigentum und Erbrecht; Enteignung	18, 51
15	Sozialisierung – *laut SVerf entschädigungslos*	52
16 I	*Ausbürgerung*	---
16 II	Auslieferung	11 I, III
16a	Asylrecht	11 II, III
17	Petitionsrecht	20

---

[356] Hierzu → § 3 Rn. 47.

§ 1 Verfassungsrecht

Art. des GG	Inhalt	Art. der SVerf
17a	*Grundrechtsbeschränkung bei Wehr- u. Ersatzdienst*	---
18	Grundrechtsverwirkung	10[357]
19 I	*Verbot von Einzelfallgesetzen; Zitiergebot*	---
19 II	Wesensgehaltsgarantie	21 S. 1
19 III	*Grundrechtsberechtigung juristischer Personen* (→ Rn. 171 f.)	---
19 IV	Rechtsweggarantie	20
33 I, II	*gemeinsames Indigenat; Bestenauslese*	---
33 III	Verbot der religiösen Diskriminierung	4 II
38 I 1, 38 II	Wahlrechtsgrundsätze, aktives und passives Wahlrecht	63 I, 64, 66 II 2
101 I 2	gesetzlicher Richter	14 I
103 I	*rechtliches Gehör*	---
103 II	strafrechtliches Bestimmtheitsgebot; strafrechtliches Rückwirkungsverbot	--- 15
103 III	*Mehrfachbestrafungsverbot*	---
104	Garantien bei Freiheitsbeschränkungen	13
---	*Unschuldsvermutung*	14 II
---	*Rechtsbeistandsgarantie*	14 III

174 Einige Grundrechte der SVerf weisen insb. in ihren Schutzbereichen **Besonderheiten** im Vergleich zu den Bundesgrundrechten auf, wenn auch zT nur in Nuancen. Häufig kommt diesen Unterschieden in der Verfassungswirklichkeit mit Rücksicht auf die Stellung der Landesgrundrechte nur sehr geringe Relevanz zu.[358] Im Übrigen darf die Tatsache, dass die SVerf einige im GG ausdrücklich normierte Grundrechte **nicht nennt**, nicht zu dem Schluss verleiten, dass sie diese auch **nicht kennt**. Qua Auslegung „zaubert" der SVerfGH munter ungeschriebene Grundrechte insb. aus den Verfassungsprinzipien (→ Rn. 44 ff.) hervor.[359] Ähnliches gilt auch für den umgekehrten Fall: Soweit das GG ein Grundrecht nicht nennt, wird es vom BVerfG häufig durch Auslegung gewonnen und konkretisiert;[360] im Übrigen dient die allgemeine Handlungsfreiheit als Auffanggrundrecht.

---

357 Im Gegensatz zu Art. 18 GG normiert Art. 10 SVerf die Grundrechtsverwirkung auch für die Kunstfreiheit. Aufgrund Art. 142 GG darf diese nicht mit dem GG übereinstimmende Bestimmung jedoch nicht greifen, s. *Guckelberger*, in: Wendt/Rixecker, SVerf, Art. 10 Rn. 2.
358 S. oben → Rn. 21 ff.
359 S. etwa → Rn. 163, 188 (rechtl. Gehör; Mehrfachbestrafungsverbot), → Rn. 180 (körperliche Unversehrtheit), → Rn. 181 (Berufsfreiheit), → Rn. 182 (allg. Persönlichkeitsrecht), → Rn. 185 (Informationsfreiheit), → Rn. 188a (Petitionsrecht).
360 So insb. das allg. Persönlichkeitsrecht und in seinem Rahmen das Recht auf informationelle Selbstbestimmung, aus dem seinerseits das Recht auf Datenschutz gewonnen wird, Nachw. dazu in Fn. 376.

d) Einzelne Grundrechte

Fall: 175

Aufgrund des Gesetzes v. 30.6.1951[361] wurde im Saarland die Arbeitskammer des Saarlandes als Körperschaft des öffentlichen Rechts errichtet. Pflichtmitglieder sind alle im Saarland beschäftigten Arbeitnehmer. Nach § 2 I 1 des Gesetzes v. 8.4.1992[362] hat die Arbeitskammer die Aufgabe, die allgemeinen wirtschaftlichen, ökologischen, sozialen und kulturellen Interessen der Arbeitnehmer wahrzunehmen und die auf die Hebung der wirtschaftlichen, ökologischen, sozialen und kulturellen Lage der Arbeitnehmer abzielenden Bestrebungen zu fördern. In diesem Sinne berät die Arbeitskammer ihre Mitglieder sowie Gewerkschaften und Betriebsräte ua in arbeitsrechtlichen Fragen, ist Ansprechpartnerin der Politik und führt Seminare für ihre Mitglieder durch. Daneben gab sie auch eine Studie zur Schulstruktur und Bildung im Saarland in Auftrag. Nach § 15 des Gesetzes v. 8.4.1992 finanziert sich die Arbeitskammer durch Beiträge ihrer Mitglieder. Dagegen beschwert sich der Industriearbeiter S, für den ein Mitgliedsbeitrag von monatlich 0,15 % seines Bruttoarbeitsentgeltes an die Arbeitskammer abgeführt wird. S fühlt sich in seiner Berufs- und Vereinigungsfreiheit verletzt, zumal er die Leistungen der Arbeitskammer nicht in Anspruch nehme. Krass rechtswidrig sei, dass die Arbeitskammer mit „seinen" Beiträgen Bildungsstudien in Auftrag gebe, was nicht in ihrem Aufgabenbereich liege. Außerdem reichten die Gewerkschaften für die Interessensvertretung der Arbeitnehmer aus. S möchte daher aus der Arbeitskammer austreten, jedenfalls aber keine Beiträge zahlen müssen. Nachdem S erfolglos den Rechtsweg vor den saarländischen Verwaltungsgerichten durchlaufen hat, erhebt er Verfassungsbeschwerde zum SVerfGH. Mit Erfolg?

aa) **Menschenwürde, Leben und Freiheit:** Nach Art. 1 S. 1 SVerf hat jeder Mensch das Recht, als Einzelperson geachtet zu werden. Ähnlich wie Art. 1 I GG steht diese Gewährleistung am Kopf des Grundrechtsteils, ja sogar der gesamten Verfassung und führt als **fundamentale Wertentscheidung** die herausgehobene Stellung des Einzelnen vor Augen. Während bei Art. 1 I GG streitig ist, ob die Menschenwürde ein eigenständiges Grundrecht darstellt oder „nur" die wichtigste Wertentscheidung des GG,[363] ist Art. 1 S. 1 SVerf eindeutig als selbständiges Grundrecht zu qualifizieren. Dies ergibt sich insb. aus dem Wortlaut der Vorschrift: Ausdrücklich wird das *Recht* begründet, **als Einzelperson geachtet** zu werden. 176

Art. 1 S. 1 SVerf bestimmt damit die Achtung der „einmaligen Personalität" des Menschen.[364] Sein **Schutzbereich** entspricht in systematischem Zusammenhang mit Art. 1 S. 2 SVerf der Garantie der Menschenwürde des Art. 1 I GG. Somit ist auch bei der Prüfung eines etwaigen Eingriffs in das Grundrecht des Art. 1 S. 1 SVerf die sog. Objektformel heranzuziehen, deren sich auch das BVerfG bedient.[365] 177

Im Verhältnis zu den folgenden, **spezielleren Landesgrundrechten** tritt das Recht auf Achtung als Einzelperson zurück. Als absolute Eingriffsgrenze gelangt Art. 1 SVerf zur Anwendung, wenn und soweit die anderen Grundrechte keinen hinreichenden Schutz vor schweren Eingriffen bieten.[366] Im Übrigen ist – vergleichbar mit der Dogmatik zu 178

---

361 Amtsbl. S. 980.
362 G über die Arbeitskammer des Saarlandes v. 8.4.1992 (Amtsbl. S. 590, ber. S. 627 und 858) mit spät. Änd.
363 Vgl. zu diesem in der praktischen Bedeutung wenig entscheidenden Streit: *Jarass*, in: Jarass/Pieroth, GG, Art. 1 Rn. 2 f.
364 LT-Drs. 7/2207, S. 8.
365 Vgl. etwa BVerfGE 9, 89 (95); 87, 209 (228); s. auch *Kingreen/Poscher*, Grundrechte Staatsrecht II, Rn. 490 ff.
366 *Guckelberger*, in: Wendt/Rixecker, SVerf, Art. 1 Rn. 14.

Art. 1 I GG – bei der Auslegung und Anwendung der spezielleren Grundrechte stets der Kerngehalt von Art. 1 S. 1 SVerf zu beachten.

179 Streitig ist, ob der Achtungsanspruch des Art. 1 S. 1 SVerf unmittelbar auch gegen (private) Dritte wirkt. Gleichläufig zur Diskussion auf GG-Ebene ist die **unmittelbare Drittwirkung** der Grundrechte abzulehnen. Dies ergibt sich insb. aus Art. 21 S. 2 SVerf, wonach die Grundrechte Gesetzgeber, Richter und Verwaltung binden, also „nur" die Staatsgewalten. Unter *diesem* Aspekt ist der Landtag des Saarlandes freilich dazu aufgerufen, im Rahmen seiner Kompetenzen durch Landesgesetz eine „Gemeinschaftsordnung" herzustellen (vgl. Art. 1 S. 2 SVerf), die die Menschenwürde des Einzelnen gegenüber Beeinträchtigungen durch Dritte schützt (**Schutzanspruch**).

180 Neben der Achtung der Menschenwürde garantiert Art. 1 S. 2 SVerf das Recht auf **Leben** und das Recht auf **Freiheit**. Die letztgenannte Gewährleistung bereitet systematische Schwierigkeiten:

- Die **persönliche (körperliche) Bewegungsfreiheit** wird von den Art. 3 und 13 SVerf aufgenommen; davon wird die Freiheit iSv Art. 1 S. 2 SVerf konsumiert.[367]
- Abzugrenzen davon ist die **allgemeine Handlungsfreiheit**. Eine Regelung dazu findet sich in Art. 2 S. 1 SVerf; auch insoweit tritt Art. 1 S. 2 SVerf vollständig zurück. Begreift man die allgemeine Handlungsfreiheit in Art. 2 S. 1 SVerf (wie Art. 2 I GG) als Auffanggrundrecht, bleibt für die Freiheitsgewährleistung in Art. 1 S. 2 F. 2 SVerf kein Raum.[368]
- Allenfalls iVm dem Lebensrecht mag die Freiheitsgewährleistung in Art. 1 S. 2 SVerf eine Funktion erlangen: Denn bei Gegenüberstellung mit Art. 2 II GG springt ins Auge, dass eine Garantie der **körperlichen Unversehrtheit** fehlt. Dieses Grundrecht kann sich – gleichsam implicite – aus einer Zusammenschau mit dem Lebensrecht in Art. 1 S. 2 SVerf ergeben. Anderer Ansicht ist freilich der SVerfGH, der hier Art. 2 S. 1 SVerf anwendet, also die allgemeine Handlungsfreiheit, da die SVerf eine Gewährleistung der körperlichen Unversehrtheit nicht kenne.[369]

181 bb) **Allgemeine Handlungsfreiheit; wirtschaftliche Freiheiten; Auswanderungsfreiheit:** Norminhalt und Normumfang der **allgemeinen Handlungsfreiheit** in Art. 2 S. 1 SVerf dürften im Wesentlichen der Dogmatik zu Art. 2 I GG entsprechen, auch wenn der Gesetzesvorbehalt in Art. 2 S. 1 Hs. 2 SVerf seinem Wortlaut nach anders ausgestaltet ist.[370] Auf folgende Unterschiede ist indes aufmerksam zu machen:

- Eine umfassende Gewährleistung der **Berufsfreiheit** findet sich in der SVerf – anders als in Art. 12 I GG – nicht. Sehr wohl aber schützt die SVerf die **Vertrags-** und **Gewerbefreiheit** in ihrem Art. 44 S. 1.[371] Garantielücken sind daher nur bei beruflichen Tätigkeiten denkbar, für die Verträge keine oder eine stark untergeordnete

---

367 *Rixecker*, in: Wendt/Rixecker, SVerf, Art. 3 Rn. 1. Im GG ergibt sich diese Abgrenzung aus Art. 2 II 2 iVm Art. 104 in Kontrast zu Art. 2 I.
368 Nach *Guckelberger*, in: Wendt/Rixecker, SVerf, Art. 1 Rn. 19 und Art. 2 Rn. 1, soll Art. 1 S. 2 SVerf Auffanggrundrecht auch zur allg. Handlungsfreiheit sein.
369 SVerfGH, Beschl. v. 19.3.2004, Lv 6/03 – juris.
370 Der Gesetzesvorbehalt in Art. 2 S. 3 SVerf bezieht sich offenbar nur auf Satz 2, denn er wurde zusammen mit diesem in die SVerf eingefügt (Nachw. in Fn. 375).
371 Zur Gewerbefreiheit s. auch SVerfGH, LKRZ 2009, 55 (56).

Rolle spielen. Insoweit greift dann die allgemeine Handlungsfreiheit nach Art. 2 S. 1 SVerf.³⁷² Mitzulesen sind in diesem Zusammenhang die Regelungen zur **Wirtschafts- und Sozialordnung** in den Art. 43–59 SVerf; im Kollisionsfall werden sie allerdings durch Bundesrecht derogiert (Art. 31, 142 GG).

- Wegen der ausdrücklichen Gewährleistung der **Vertragsfreiheit** in Art. 44 S. 1 F. 1 SVerf muss (und darf) bei landesverfassungsrechtlichen Sachverhalten nicht auf Art. 2 S. 1 SVerf zurückgegriffen werden.
- Ebenso verhält es sich mit der **Auswanderungsfreiheit**: Das GG verbürgt sie im Rahmen der allgemeinen Handlungsfreiheit,³⁷³ die SVerf kennt in Art. 9 II eine Spezialbestimmung.

Im Normtext der SVerf fehlt – ebenso wie in dem des GG – die Gewährleistung des **allgemeinen Persönlichkeitsrechts**; auf beiden Verfassungsebenen gilt es jedoch als unbenanntes Freiheitsrecht (abgeleitet aus Art. 2 iVm Art. 1 SVerf).³⁷⁴ Anders als im GG wurde in Art. 2 S. 2 und 3 SVerf jedoch ausdrücklich der **Datenschutz** aufgenommen und als Grundrecht ausgestaltet³⁷⁵ – während im GG der Datenschutz als Bestandteil des Grundrechts auf informationelle Selbstbestimmung aus dem allgemeinen Persönlichkeitsrecht abgeleitet wird.³⁷⁶ Danach hat jeder hat das Recht, grds. selbst darüber zu entscheiden, wann, wem und inwieweit er persönliche Lebenssachverhalte offenbart.³⁷⁷

182

cc) **Gleichheitsgrundrechte, Diskriminierungsverbote:** Der **allgemeine Gleichheitssatz** in Art. 12 I SVerf entspricht **wörtlich** dem Art. 3 I GG; ebenso verhält es sich (bis auf redaktionelle Unterschiede) mit der Gleichberechtigung von Mann und Frau sowie mit den besonderen Diskriminierungsverboten (Art. 12 II–IV SVerf,³⁷⁸ Art. 3 II, III GG). Sonderwege der Rspr. des SVerfGH sind nicht ersichtlich;³⁷⁹ damit herrscht Gleichklang zwischen der bundes- und der landesverfassungsrechtlichen Rechtslage.

183

dd) „Politische" Grundrechte: Art. 5 I SVerf gewährleistet die **Meinungsfreiheit**. Dabei wird ausdrücklich das Recht der freien Äußerung durch Wort, Schrift, Druck, Bild oder in sonstiger Weise bestimmt. Daraus folgt eine umfassende Kommunikationsfreiheit, welche insb. die spezifischen Meinungsäußerungen im Rahmen von **Presse, Rundfunk und Film** umfasst.³⁸⁰ Abzuwarten bleibt, ob der SVerfGH die Gelegenheit erhält, sich mit der umfangreichen Rspr. des BVerfG zur Rundfunkfreiheit aus Art. 5 I 2 F. 2 GG auseinanderzusetzen und zu entscheiden, ob auch Art. 5 I SVerf nur eine

184

---

372 SVerfGH, Beschl. v. 19.3.2004, Lv 4/03 (www.verfassungsgerichtshof-saarland.de), *Guckelberger*, in: Wendt/Rixecker, SVerf, Art. 2 Rn. 2.
373 BVerfGE 6, 32 ff.
374 Vgl. SVerfGH, Beschl. v. 27.5.2002, Lv 2/02 e. A.
375 G v. 25.1.1985 (Amtsbl. S. 105).
376 Vgl. BVerfGE 65, 1 (42 ff.) – st. Rspr.
377 SVerfGH, Beschl. v. 19.3.2004, Lv 4/03. Vgl. zum saarl. Grundrecht auf Datenschutz auch Beschl. v. 18.12.2015, Lv 4/15; Beschl. v. 14.7.2016, Lv 1/16 (alle Entscheidungen unter: www.verfassungsgerichtshof-saarland.de).
378 S. das G zur Änderung der SVerf v. 13.4.2011 (Amtsbl. I S. 210).
379 S. etwa SVerfGH, LKRZ 2009, 55 (57 f.).
380 Hierzu *Dörr*, in: Wendt/Rixecker, SVerf, Art. 5 Rn. 8, auch im Verhältnis zu Art. 10 EMRK (Nachw. in Fn. 97).

vorrangig „dienende Funktion" zukommt.[381] Soweit sich Presse, Rundfunk und Film in Bereichen betätigen, die über die Meinungsäußerung hinausreichen, erweist sich hingegen das Auffanggrundrecht aus Art. 2 S. 1 SVerf einschlägig.

185 Die **Informationsfreiheit**, also die Freiheit, sich aus allgemein zugänglichen Quellen ungehindert zu unterrichten, wird durch die SVerf nicht ausdrücklich gewährleistet. In Betracht kommt, diese Freiheit gleichfalls in Art. 5 SVerf hineinzulesen, sozusagen als denknotwendige Voraussetzung zur geschützten Meinungsbildung.[382] Alternativ lässt sich insoweit auf das Auffanggrundrecht aus Art. 2 S. 1 SVerf zurückgreifen.[383]

186 Die **Versammlungsfreiheit** wird durch Art. 6 SVerf gewährleistet. Schutzbereich und Beschränkungsmöglichkeiten dürften denen des Art. 8 GG entsprechen. Zu beachten ist in diesem Zusammenhang, dass durch die „Föderalismusreform I" die **Gesetzgebungskompetenz** auf die Länder übertragen wurde.[384] Bislang hat der Landtag des Saarlandes aber davon noch keinen Gebrauch gemacht; daher gilt das Versammlungsgesetz des Bundes nach Art. 125a I GG vorläufig fort.[385] Viel eigenständiger Gestaltungsspielraum dürfte dem Landesgesetzgeber indes nicht verbleiben: Denn die Rspr. des BVerfG hat hier detaillierte Vorgaben gemacht,[386] die selbstverständlich auch der Landtag zu beachten hat.[387]

187 Weitgehend gleich mit Art. 9 GG läuft auch die Garantie der **Vereinigungsfreiheit** in Art. 7 und 8 SVerf.[388] Zur Koalitions- und Tarifautonomie sowie zum Streikrecht finden sich ausführliche Ergänzungen in den Art. 56–59 SVerf; es fehlt indes ein „Parteienartikel", wie ihn das GG in Art. 21 kennt.

188 **ee) Justizgrundrechte, Petitionsrecht:** Die sog. Justizgrundrechte der SVerf weichen von denen des GG ab – allerdings nur in ihrem **Textbefund**. Insb. den Anspruch auf rechtliches Gehör (Art. 103 I GG) und das Mehrfachbestrafungsverbot (Art. 103 III GG) nennt die SVerf nicht ausdrücklich. Anders als das GG enthält die SVerf indessen explizit die **Unschuldsvermutung** (Art. 14 II SVerf) und die **Rechtsbeistandsgarantie** (Art. 14 III SVerf).[389] In der Praxis werden die jeweiligen Textlücken freilich idR durch Verfassungsauslegung gefüllt, so dass sich die Gewährleistungsbereiche von GG und SVerf nicht merklich unterscheiden.[390]

188a Das Recht, sich mit Bitten und Beschwerden an die Volksvertretung zu wenden (Eingabe- oder Petitionsrecht), wird in Art. 20 SVerf nur angedeutet („Beschwerdeweg").

---

381 BVerfGE 83, 238 (295, 315); 87, 181 (197); 119, 181 (214) – sehr str., aA insb. NdsStGH, DVBl. 2005, 1515 (1518) mwN.
382 So *Dörr*, in: Wendt/Rixecker, SVerf, Art. 5 Rn. 7.
383 So für Art. 110 BayVerf *Kempen*, in: Becker/Heckmann/Kempen/Manssen, Öffentliches Recht in Bayern, 8. Aufl. 2022, 1. Teil Rn. 260.
384 Durch Streichung der entsprechenden Passage in Art. 74 I Nr. 3 GG; s. das G zur Änderung des GG v. 28.8.2006 (BGBl. I S. 2034).
385 VersammlungsG idF v. 15.11.1978 (BGBl. I S. 1789) mit spät. Änd. Zu Art. 125a GG *Kirchhoff* NVwZ 2009, 754 ff.; zum VersG → § 4 Rn. 223.
386 Insb. BVerfGE 69, 315 ff.; 73, 206 ff.; 92, 1 ff.; 104, 92 ff.; 110, 77 ff.; 111, 147 ff.
387 S. → Rn. 26 und *Wohlfarth*, in: Wendt/Rixecker, SVerf, Art. 6 Rn. 1.
388 Vgl. *Wohlfarth*, in: Wendt/Rixecker, SVerf, Art. 7 Rn. 1 ff.
389 S. dazu auch Art. 6 II und III lit. c EMRK (Nachw. in Fn. 97).
390 S. etwa → Rn. 163; zur Unschuldsvermutung BVerfGE 74, 358 (370 f.), zur Rechtsbeistandsgarantie BVerfGE 39, 156 (163).

Wegen des Ausschlusses von „Bitten" und des Erfordernisses einer Rechtsverletzung ist die Vorschrift im Übrigen enger gefasst als Art. 17 GG.[391] Isoliert betrachtet würde dies mit Blick auf Art. 142 GG Probleme aufwerfen (→ Rn. 151 ff.). Gestützt wird das Petitionsrecht im Saarland jedoch auch auf Art. 78 I SVerf, der ein solches Recht zwar nicht begründet, aber wohl voraussetzt.[392] Zulässig ist eine Petition (Eingabe), soweit sie die Gesetzgebungs- oder Verwaltungskompetenz des Saarlandes betrifft (→ Rn. 30 ff.). An eine besondere Form ist die Petition – anders als nach Art. 17 GG („schriftlich") – nicht gebunden. Die Entscheidung über eine zulässige Petition obliegt dem Ausschuss für Eingaben (→ Rn. 87) als beschließendem Ausschuss (Art. 78 I Hs. 1 SVerf). Zu deren Erarbeitung stehen diesem Ausschuss Ermittlungsbefugnisse zur Seite (Art. 78 II SVerf, § 34 LtG). Näheres regeln die §§ 22–25 GO LT.

ff) Garantie von Eigentum und Erbrecht, Enteignung, Sozialisierung: Das Eigentum wird durch Art. 18 I SVerf garantiert, das Erbrecht durch Art. 18 II SVerf. Breiten Raum nehmen die Regelungen über die Enteignung und Sozialisierung ein, die systematisch allerdings von Art. 18 SVerf abgekoppelt sind: Während die **Eigentumsbindungen** (Art. 51 I SVerf) und die **Enteignungsmöglichkeiten** weitgehend (Art. 51 II SVerf) konform mit Art. 14 III GG gehen, stellen Vorschriften zur **Sozialisierung** ein Kuriosum dar. Art. 52 I SVerf verpflichtet verfassungsunmittelbar zur Vergesellschaftung bestimmter „Schlüsselunternehmungen", Art. 52 II SVerf ermächtigt zur Sozialisierung oder Staatsregie von „Großunternehmen" – stets *ohne Entschädigung*. Allein schon deshalb widerspricht Art. 52 SVerf dem Art. 15 GG; er ist daher **grundgesetzwidrig** und gem. Art. 142, 31 GG nichtig.[393] 189

Lösungsvorschlag zu Fall Rn. 175: 190
Die Zulässigkeit der Verfassungsbeschwerde nach Art. 97 Nr. 4 SVerf iVm § 9 Nr. 13, §§ 55 ff. SVerfGHG wirft keine Probleme auf.[394] Begründet ist die Verfassungsbeschwerde, soweit S durch die letztinstanzliche Entscheidung der Verwaltungsgerichtsbarkeit[395] in einem seiner Landesgrundrechte verletzt ist.
In Betracht kommt dabei die Berufsfreiheit. Ausdrücklich genannt ist dieses Grundrecht in der SVerf nicht. In wichtigen Teilen abgedeckt wird diese Lücke indes durch die Gewährleistung der Vertrags- und Gewerbefreiheit in Art. 44 S. 1 SVerf. Die Gewerbefreiheit schützt indes nur die selbständige Berufstätigkeit, nicht die der Arbeitnehmer.[396] Auch die Vertragsfreiheit wird durch die Beitragszahlungspflicht gegenüber der Arbeitskammer, die kraft Gesetzes entsteht, nicht berührt. Heranzuziehen ist daher die allgemeine Handlungsfreiheit nach Art. 2 S. 1 SVerf. Zu beachten ist dabei jedoch im Hinblick auf Art. 142, 31 GG, dass Art. 2 S. 1 SVerf insoweit in Übereinstimmung mit Art. 12 I GG auszulegen und anzuwenden ist. Der Schutzbereich der Berufsfreiheit ist denkbar weit; durch Zahlungspflichten im Zusammenhang mit einer beruflichen Beschäftigung wird er berührt. Besondere Anforderungen bestehen jedoch hinsichtlich des Eingriffs in die Berufsfreiheit: Er muss entweder einen unmittelbaren Berufsbezug oder zumindest objektiv berufsregelnde Tendenz aufweisen.[397] Nicht der Fall ist dies bei der Auferlegung öffentlich-rechtli-

---

391 *Rixecker*, in: Wendt/Rixecker, SVerf, Art. 20 Rn. 1 ff.
392 Hierzu und zum Folgenden *Guckelberger/Geber/Zott* LKRZ 2012, 125 (128) mwN.
393 *Gröpl* LKRZ 2009, 1 ff. mwN.
394 Vgl. dazu → Rn. 119.
395 Im vorliegenden Fall ist die Revision zum BVerwG nach § 137 I VwGO nicht gegeben, weil ausschließlich Landesrecht in Streit steht.
396 Vgl. insoweit die Definition des Gewerbes in § 15 II 1 EStG, die insoweit zu verallgemeinern ist.
397 Vgl. nur BVerfGE 111, 191 (213).

cher Zahlungspflichten, vor allem dann, wenn diese – wie hier – einen eher geringfügigen Umfang haben. Damit ist Art. 2 S. 1 SVerf unter dem Gesichtspunkt der Berufsfreiheit nicht verletzt.

S fühlt sich auch in seiner Vereinigungsfreiheit nach Art. 7 SVerf verletzt. In der Tat schützt dieses Grundrecht in seiner negativen Dimension auch davor, einer Vereinigung beitreten zu müssen. Nicht dem Schutzbereich unterfallen allerdings nach hM öffentlich-rechtliche Körperschaften, also auch nicht die Arbeitskammer. Denn insb. „Zwangszusammenschlüsse" erfüllen öffentlich-rechtliche Aufgaben, die der Staat auch unmittelbar erledigen könnte, ohne dass Art. 7 I SVerf daran etwas ändern könnte.[398] Wenn aus der Vereinigungsfreiheit ferner kein subjektives Recht auf Gründung einer öffentlich-rechtlichen Vereinigung hergeleitet werden kann, dann besteht umgekehrt auch kein Recht darauf, einer solchen Vereinigung fernzubleiben. Mithin ist Art. 7 I SVerf vorliegend nicht verletzt.

Zu prüfen bleibt die allgemeine Handlungsfreiheit. Art. 2 S. 1 SVerf wird durch die Zwangsmitgliedschaft und die Beitragspflicht beeinträchtigt. Dieser Eingriff ist nur gerechtfertigt, wenn die Arbeitskammer legitime öffentliche Aufgaben erfüllt und sowohl Zwangsmitgliedschaft als auch Beitragspflicht zur Erfüllung dieser Aufgaben geeignet, erforderlich und angemessen sind. Eine legitime öffentliche Aufgabe der Arbeitskammer dürfte in der Vertretung der Arbeitnehmerinteressen liegen. Der Erforderlichkeit von Zwangsmitgliedschaft und Beitragspflicht könnte jedoch entgegenstehen, dass die Arbeitnehmervertretung originäre und verfassungsgemäße Aufgabe der Gewerkschaften ist. Allerdings ist zu beachten, dass Art. 59 I SVerf die Arbeitskammer ausdrücklich voraussetzt; daraus mag sich eine Zwangsmitgliedschaft rechtfertigen lassen. Ob das auch für die Beitragspflicht gilt, ist fraglich. Erforderlichkeit und Angemessenheit des Zwangsbeitrags könnten allerdings gerade noch zu bejahen sein, weil (und solange) dessen Höhe sehr gering ist (str.). Nicht mehr vertretbar ist jedoch, wenn sich die Arbeitskammer Aufgaben annimmt, die über den Kern ihrer eigentlichen Funktion hinausreichen, hier etwa die Studie zur Schulstruktur und zur Bildung im Saarland. Solche allgemeinpolitischen und wissenschaftlichen Tätigkeiten sind der Arbeitskammer versagt; sie verletzen die Mitglieder in deren allgemeiner Handlungsfreiheit.[399] Insoweit ist die Verfassungsbeschwerde des S begründet und hat Aussicht auf Erfolg.

(Abgesehen davon dürfte es dem Landtag von Verfassungs wegen unbenommen sein, Zwangsmitgliedschaft und Pflichtbeiträge gesetzlich abzuschaffen.)

191 gg) **Ehe und Familie; Schule und Erziehung; Religion:** Die Art. 22–25 SVerf treffen Bestimmungen zum Schutz und zur Förderung von **Ehe und Familie**, die zum großen Teil den Grundrechten in Art. 6 GG entsprechen. Durch Verfassungsänderung im Jahr 2007[400] hat der Landtag in einem neuen Art. 24a SVerf zudem sog. **Kinderrechte** eingefügt und durch Art. 25 SVerf entsprechende Sicherungspflichten für Staat und Kommunen festgeschrieben. Der Effekt dieser Verfassungsänderung ist freilich äußerst gering, da die neu eingefügten Regelungen bereits seit geraumer Zeit als – vorrangiges – Bundesrecht bestehen.[401] So stellt diese Verfassungsänderung ein Beispiel für einen im Wesentlichen deklaratorischen und damit symbolischen Akt dar. Derartige Maßnahmen überfrachten die SVerf ohne Not und tragen zu einer „*Verfassungsgeschwätzigkeit*" bei (→ Rn. 168).[402]

192 Die Art. 26–30 SVerf befassen sich – ähnlich wie Art. 7 GG – mit **Erziehung** und **Unterricht**. Art. 27 III SVerf schreibt seit 1.8.2012 Gemeinschaftsschulen und Gymnasien

---

398 Unmittelbar zur Arbeitskammer BVerfGE 38, 281 (297); iÜ *Jarass*, in: Jarass/Pieroth, GG, Art. 9 Rn. 7 mwN.
399 Vgl. *Elicker*, in: Wendt/Rixecker, SVerf, Art. 59 Rn. 2 ff.
400 G v. 4.7.2007 (Amtsbl. S. 1798).
401 S. neben Art. 1 I und Art. 2 I GG insb. § 1 I, §§ 3, 4, 69, 74 und 82 SGB VIII sowie § 1626 II 1 und § 1631 II BGB.
402 Hierzu ausführlich *G. Kirchhof* ZRP 2007, 149 ff.; aA *Völker*, in: Wendt/Rixecker, SVerf, Art. 24a Rn. 2 ff.

als allgemeinbildende Schulen fest, an denen die allgemeine Hochschulreife (Abitur) erworben werden kann.[403] Durch Art. 27 I und Art. 28 SVerf wird **Privatschulen** Verfassungsrang eingeräumt. Nach Art. 26 I 2 SVerf können im Prinzip die Eltern über Bildung und Erziehung ihrer Kinder bestimmen (vgl. Art. 6 II 1 GG). Insb. können sie gem. Art. 29 II 1 SVerf die Teilnahme ihrer Kinder am **Religionsunterricht** ablehnen (vgl. Art. 7 II GG).

Umhegt und unterfangen wird dieser Regelungskomplex durch Vorschriften, die auf die **christliche**, vor allem **katholische Prägung** des Saarlandes zurückzuführen sind. So wird das Erziehungsrecht der Eltern gem. Art. 26 I 2 SVerf durch das *christliche Sittengesetz* beschränkt. Nach Art. 27 IV 2 SVerf sind die Schüler in den öffentlichen Schulen *auf der Grundlage christlicher Bildungs- und Kulturwerte* zu unterrichten und zu erziehen. Art. 30 SVerf ergänzt ganz allgemein, dass die Jugend (unter anderem) *im Geiste der christlichen Nächstenliebe* zu erziehen ist. Ableiten lässt sich daraus – in gewisser Abweichung zum GG – eine **weltanschaulich-christliche Tendenz** der SVerf, die freilich durch das Toleranzgebot insb. in Art. 27 IV 2 SVerf, aber auch durch die **Gewissens-** und **Religionsfreiheiten** der Art. 4 und 35 I SVerf ergänzt und abgefedert wird.

193

hh) Rechte der Kirchen und der Religionsgemeinschaften: Das saarländische **Staatskirchenrecht** findet sich in den Art. 35–42 SVerf; es füllt den Rahmen von Art. 140 GG iVm Art. 136–139, 141 WRV aus. Von praktischer Relevanz sind die saarländischen Bestimmungen insofern, als das Staatskirchenrecht nach der bundesstaatlichen Gewaltenteilung des GG in die Gesetzgebungs- und Verwaltungskompetenz der Länder fällt.[404] Die SVerf räumt den Kirchen – wie auch der Religion – einen höheren Stellenwert ein als das GG; daher ist der SVerf eine „kirchenfreundliche Ausrichtung" attestiert worden.[405]

194

ii) **Wahlrechtsgrundsätze als grundrechtsgleiche Rechte:** Das subjektive Wahlrecht, das in Art. 63 und 64 SVerf festgeschrieben ist, stellt ein grundrechtsgleiches Recht des Wahlberechtigten dar.[406] Er kann eine Verletzung dieser Rechtsposition daher mit der Verfassungsbeschwerde vor dem SVerfGH rügen (→ Rn. 119 f.).[407]

194a

e) Grundpflichten

Neben Grundrechten konstituiert die SVerf auch „Grundpflichten":[408]

195

- Wie Art. 6 II 1 GG überträgt Art. 24 I 1 SVerf den Eltern neben dem Recht auch die **Pflicht zur Erziehung** ihrer Kinder, und zwar *vorrangig* vor dem Staat oder Dritten.

---

403 G zur Änderung der SVerf v. 15.6.2011 (Amtsbl. I S. 236).
404 S. *Ehlers*, in: Sachs, GG, Art. 140 Rn. 4 ff.; Art. 140 GG iVm Art. 137 VIII WRV.
405 *Elicker*, in: Wendt/Rixecker, SVerf, vor Art. 35 Rn. 4.
406 *Rixecker*, in Wendt/Rixecker, SVerf, Art. 21 Rn. 3.
407 Vgl. zum Bundesrecht *Gröpl*, Staatsrecht I, Rn. 353.
408 Vgl. *Kingreen/Poscher*, Grundrechte, Staatsrecht II, Rn. 275 mwN.

- Nach Art. 51 I SVerf verpflichtet das Eigentum *gegenüber dem Volk* (sog. **Sozialbindung**, vgl. Art. 14 II GG).
- Nach Art. 19 I SVerf hat jeder die Pflicht zur Übernahme von **Ehrenämtern** und zur **Nothilfe**.

Alle diese Pflichten bedürfen jedoch der Ausformung **durch Gesetz** (Art. 19 I SVerf betont dies ausdrücklich); sie sind daher weitgehend deklaratorischer Natur. So treffen etwa § 24 II 1 und § 25 KSVG für kommunale Ehrenämter die einschlägigen Bestimmungen,[409] die Unterlassung der Nothilfe ist bereits kraft Bundesrechts strafbewehrt (§ 323c StGB). Die Sozialbindung des Eigentums erweist sich in zahllosen zivil- und öffentlich-rechtlichen Vorschriften zumeist bundesrechtlicher Provenienz;[410] die Kindererziehung wird in den §§ 1626 ff. BGB ausgestaltet.

VI. Anhang: Klausurhinweise

196 Klausuren aus dem Verfassungsrecht lassen sich nach den „klassischen" Verfahrensarten vor den Verfassungsgerichten systematisieren. Die einschlägige Norm der SVerf – Art. 97 – nennt deren drei: den **Organstreit** (Nr. 1), die **abstrakte Normenkontrolle** (Nr. 2) und die **konkrete Normenkontrolle** (Nr. 3). Hinzu tritt die **Landesverfassungsbeschwerde** (Art. 97 Nr. 4 SVerf iVm § 9 Nr. 13, §§ 55 ff. SVerfGHG).

197 Die **Zulässigkeitsvoraussetzungen** dieser Verfahrensarten sind oben (→ Rn. 111 ff.) ausführlich dargestellt. Sie sollten in der Klausur unbedingt beherrscht und, soweit unproblematisch, nur kurz erörtert werden. Bedauerlich ist nämlich, dass selbst in Examensklausuren immer wieder einzelne Prüfungspunkte vergessen oder durcheinandergebracht werden, vor allem etwa die Antrags- bzw. Beschwerdeberechtigung, der Antrags- bzw. Beschwerdegegenstand und die Antrags- bzw. Beschwerdebefugnis, aber auch die Verfahrensfähigkeit und die Postulationsfähigkeit.

198 Bitte beachten Sie, dass die Verfahren vor den Verfassungsgerichten **nicht** als **Klagen** bezeichnet werden. Denn eine Norm wie etwa § 253 ZPO oder § 81 VwGO gibt es in den Verfassungsgerichtsgesetzen nicht. § 16 I 1 SVerfGHG spricht insb. von **Anträgen** oder (Verfassungs-)**Beschwerden**. Sprechen oder schreiben Sie daher im Verfassungsprozessrecht nicht von Kläger, Klagebefugnis, Klagefrist und Klageberechtigung (oder gar von Beteiligungsfähigkeit). In aller Regel „unter dem Strich" landen Klausuren, die nicht nur die Terminologie mit dem *Verwaltungsprozessrecht* verwechseln, sondern auch den Aufbau und daher als Obersatz etwa ganz nach dem (*hier* grob falschen) Vorbild von § 113 I 1 VwGO formulieren: „*Die Verfassungsbeschwerde ist begründet, wenn der Akt der öffentlichen Gewalt rechtswidrig ist und den Kläger in seinen Rechten verletzt.*" Nicht erkannt wird dabei nämlich vor allem, dass ein Verfassungsgericht *nicht* die *Recht*mäßigkeit, sondern nur die **Verfassungs**mäßigkeit bestimmter Hoheitsakte prüft: Prüfungsmaßstab ist (nur) das Verfassungsrecht, nicht das einfache Gesetzesrecht; hierfür sind die Fachgerichte zuständig.

---

[409] S. ergänzend Art. 49 SVerf. – Vgl. für das Amt des Beisitzers in Rechtsausschüssen § 10 II AGVwGO (näher dazu → § 2 Rn. 155 ff.), für das Schöffenamt §§ 31 ff. GVG.
[410] Um nur ein Beispiel zu nennen: §§ 549 ff. BGB (soziales Mietrecht); vgl. auch BVerfGE 89, 1 ff.

Bei der **Verfassungsbeschwerde** enthält die SVerf zur **Beschwerdeberechtigung** juristischer Personen keine Vorschrift; der SVerfGH bestimmt sie nach den zu Art. 19 III GG entwickelten Maßstäben.[411] Der **Beschwerdegegenstand** der Verfassungsbeschwerde zum SVerfGH ist nach § 55 I SVerfGHG auf Akte der *saarländischen* öffentlichen Gewalt (Legislative, Exekutive, Judikative) beschränkt.

199

- **Rechtssatzverfassungsbeschwerden** zum SVerfGH können sich deshalb nur gegen *saarländische* Rechtsvorschriften richten. Bei ihnen ist die Prüfung der **Beschwerdebefugnis** (als besonderes Rechtsschutzbedürfnis) über den Wortlaut von § 55 I und § 57 SVerfGHG hinaus (wie bei § 90 I, § 92 BVerfGG) „anzureichern": Der Beschwerdeführer hat nicht nur eine Verletzung zumindest eines seiner Grundrechte aus der SVerf substantiiert darzulegen, sondern auch seine **Beschwer** (svw. Beeinträchtigung): Das sind seine Selbstbetroffenheit, seine gegenwärtige Betroffenheit und seine unmittelbare Betroffenheit durch die angegriffene Rechtsvorschrift. Entbehrlich ist dagegen bei Parlamentsgesetzen die Prüfung der Rechtswegerschöpfung (§ 55 III SVerfGHG), da dagegen kein Rechtsweg eröffnet ist (anders bei untergesetzlichen Rechtsvorschriften iSv § 47 VwGO, § 18 AGVwGO).
- Wegen des Erfordernisses der Rechtswegerschöpfung (§ 55 III 1 SVerfGHG) ist Beschwerdegegenstand zumeist eine nicht mehr mit Rechtsmitteln anfechtbare Gerichtsentscheidung (sog. **Urteilsverfassungsbeschwerde**). Zu beachten ist insoweit, dass sich die Gerichtsbarkeit des SVerfGH nur auf unanfechtbare Entscheidungen *saarländischer* Gerichte erstreckt (→ Rn. 156); anderenfalls ist das BVerfG zuständig.

Die Verfassungsbeschwerde zum BVerfG und zum SVerfGH stehen **nebeneinander**, nicht aber in einem „Instanzenverhältnis" (§ 90 III BVerfGG). Entsprechend parallel laufen die jeweiligen Fristen ab (§ 93 BVerfGG, § 56 SVerfGHG).[412] Daraus folgt: Gegen die Verwerfung oder Zurückweisung der Verfassungsbeschwerde durch den SVerfGH ist die Verfassungsbeschwerde zum BVerfG unzulässig.

In der Begründetheit von Verfassungsbeschwerden steht die Verletzung von Grundrechten zur Debatte. Bei Freiheitsgrundrechten ist daher der **dreistufige Prüfungsaufbau** zu befolgen (Schutzbereich – Eingriff – Rechtfertigung), bei Gleichheitsgrundrechten der **zweistufige Prüfungsaufbau** (Ungleichbehandlung von wesentlich Gleichem – Rechtfertigung).[413] Davon zu unterscheiden ist der leistungsrechtliche Gehalt von Grundrechten: Hier ist zu prüfen, ob dem Beschwerdeführer ein grundrechtlicher Anspruch auf ein positives Tun des Staates zusteht (zB aus Art. 1 S. 1, 2, Art. 22, 23 S. 1, Art. 24 II 1 SVerf). Eine besondere Schwierigkeit stellt der Fall dar, dass der Staat grundrechtliche Schutzpflichten verletzt. Hier besteht ein Leistungsanspruch des Einzelnen nur in extremen Ausnahmesituationen, nämlich dann, wenn (1.) der Schutzbe-

200

---

411 SVerfGH, Beschl. v. 28.10.2020, Lv 22/20, Rn. 78 – juris – mwN; *Rixecker*, in: Wendt/Rixecker, SVerf, Art. 21 Rn. 10.
412 Um in solchen Fällen der „doppelten Verfassungsbeschwerde" voneinander abweichende Entscheidungen des BVerfG und des SVerfGH zu vermeiden, hat der SVerfGH das bei ihm rechtshängige Verfahren nach § 61 IV SVerfGHG bis zu einer Entscheidung des BVerfG auszusetzen.
413 Vgl. bzgl. der Freiheitsgrundrechte *Schmidt*, Grundrechte, 26. Aufl. 2021, Rn. 112 ff., bzgl. der Gleichheitsgrundrechte ebd., Rn. 325 ff.

reich eines Grundrechts berührt ist, (2.) eine Schutzpflicht besteht, dh wenn das Unterlassen staatlichen Handelns einem Eingriff gleichkommt, und (3.) wenn der Staat durch sein Unterlassen gegen das Untermaßverbot verstößt.[414]

201 Bei **Urteilsverfassungsbeschwerden** ist darauf zu achten, dass Verfassungsgerichte keine „Superrevisionsinstanzen" sind und deshalb nur die *Verletzung spezifischen Verfassungsrechts* prüfen. Dies sollte in der Klausur an passender Stelle (je nach Sachverhalt entweder bereits im Rahmen des Schutzbereichs, ansonsten am besten bei den sog. Schranken-Schranken) erwähnt werden: „Die Feststellung und Würdigung des Sachverhalts, die Auslegung des einfachen Rechts und dessen Anwendung auf den Sachverhalt ist Sache der Fachgerichte. Der SVerfGH prüft (wie das BVerfG) idR nur Auslegungsfehler, die auf einer **grds. unrichtigen Anschauung von der Bedeutung eines Grundrechts**, insb. vom Umfang seines Schutzbereichs, beruhen und in ihrer materiellen Bedeutung für den konkreten Rechtsfall von einigem Gewicht sind."[415]

202 Grundlage des **Organstreits** sind organschaftliche Rechte[416] von Verfassungsorganen oder anderen Beteiligten iSv Art. 97 Nr. 1 SVerf (vgl. § 39 SVerfGHG). Daher kann es hier also nicht um Grundrechte gehen, weil diese grds. jedermann zustehen. Typisch für den Organstreit sind Anträge von einzelnen **Abgeordneten** des Landtags wegen Verletzung ihres freien Mandats aus Art. 66 II 1 SVerf oder ihrer Rechtspositionen aus Art. 81–83 SVerf, desgleichen Anträge von (Minderheits-)**Fraktionen** wegen Verletzung von §§ 10, 13, 18 V, §§ 36, 39 I GO LT uam.

203 Die **abstrakte Normenkontrolle** richtet sich gegen Landesrecht, häufig gegen formelle Landesgesetze (→ Rn. 124). Hierbei ist in der Begründetheit die formelle und sodann die materielle Verfassungsmäßigkeit des Gesetzes zu prüfen. In Klausuren werden dabei gerne Probleme der **formellen Verfassungsmäßigkeit** eingebaut (Gesetzgebungskompetenz, → Rn. 122 f. – Gesetzgebungsverfahren einschl. der Förmlichkeiten, → Rn. 124 ff.). Hierbei ist zu beachten, dass Verstöße gegen die GO LT allein nicht zur Verfassungswidrigkeit eines Gesetzes führen (→ Rn. 77).

204 Die **konkrete Normenkontrolle** richtet sich, wie bereits aus Art. 97 Nr. 3 SVerf zu entnehmen ist, nach Art. 100 I GG und gleicht daher in ihren Zulässigkeitsvoraussetzungen dem entsprechenden Verfahren vor dem BVerfG. Bitte beachten Sie jedoch, dass Prüfungsgegenstand nur formelle Gesetze des **Landes** (→ Rn. 124) sein können und dass als Prüfungsmaßstab grds. nur die **SVerf** in Betracht kommt, nicht aber das GG (zu Ausnahmen → Rn. 110a, 122).

205 Auch in **verwaltungsrechtlichen Klausuren** können Grundrechte eine wichtige Rolle spielen, zB in der Klagebefugnis (§ 42 II VwGO), der Rechtsverletzung (§ 113 I 1 VwGO) oder bei der Abwägung der widerstreitenden Interessen der Beteiligten innerhalb der Verhältnismäßigkeit des Ermessens (§ 114 S. 1 VwGO). Wenn und soweit eine saarländische Behörde, Kommune oÄ handelt, sind dabei die Landes- und Bun-

---

414 Hierzu ua *Guckelberger,* in: Wendt/Rixecker, SVerf, Art. 1 Rn. 18; *Ipsen,* Staatsrecht II, 24. Aufl. 2021, Rn. 101 ff.; *Schmidt,* Grundrechte, 26. Aufl. 2021, Rn. 301 ff.
415 Vgl. BVerfGE 18, 85 (92 f.) – sog. Heck'sche Formel (st. Rspr.).
416 Def. in Fn. 186.

desgrundrechte nebeneinander anwendbar. Mit der Erörterung der saarländischen Grundrechte in solchen Klausuren ist aber dann Zurückhaltung geboten, wenn diese einen identischen Schutzbereich mit den Grundrechten des GG aufweisen und der Sachverhalt nicht explizit auf das saarländische Verfassungsrecht verweist. Hier genügt dann ein kurzer Verweis auf das ebenfalls anzuwendende saarländische Grundrecht.

§ 2 Allgemeines Verwaltungsrecht und Verwaltungsprozessrecht

von *Christoph Gröpl*

Literatur:

Erbguth/Guckelberger, Allgemeines Verwaltungsrecht, 10. Aufl. 2020; *Eyermann*, VwGO, 15. Aufl. 2019, zit. nach Bearb.; *Gröpl*, Staatsrecht I, 13. Aufl. 2021; *Hufen*, Verwaltungsprozessrecht, 12. Aufl. 2021; *Kopp/Schenke*, VwGO, 27. Aufl. 2021; *Maurer/Waldhoff*, Allgemeines Verwaltungsrecht, 20. Aufl. 2020; *Siegel*, Allgemeines Verwaltungsrecht, 14. Aufl. 2022; *Stelkens/Bonk/Sachs* (Hrsg.), VwVfG, 9. Aufl. 2018, zit. nach Bearb.; *Wendt/Rixecker* (Hrsg.), Verfassung des Saarlandes (SVerf), 2009, zit. nach Bearb.

I. Grundlagen

1 Gegenstand dieses Kapitels soll **nicht** das Allgemeine Verwaltungsrecht oder das Verwaltungsprozessrecht in seiner ganzen **Breite und Fülle** sein. Das würde nicht nur den Rahmen des vorliegenden Sammelwerkes sprengen, sondern ist in einem Lehrbuch zum Landesrecht auch nicht erforderlich. Denn das Verwaltungsprozessrecht ist in der Verwaltungsgerichtsordnung (VwGO) weitestgehend bundeseinheitlich kodifiziert (→ Rn. 148 ff.). Das Allgemeine Verwaltungsrecht liegt zwar in der Gesetzgebungskompetenz der Länder (Art. 70 I GG), ist aber in Bund und Ländern durch im Wesentlichen gleichlautende, zumindest aber gleichläufige Gesetze (insb. die Verwaltungsverfahrensgesetze – VwVfG) oder „gemeindeutsche" Rechtsinstitute zu einem großen Teil „unitarisiert". Länderübergreifend besteht zu diesen Rechtsgebieten eine Reihe guter Lehrbücher. Sinn des folgenden Kapitels ist es daher, vor allem die **Besonderheiten des Verwaltungsrechts im Saarland** aufzuzeigen.

2 Das **Verwaltungsrecht** ist der Inbegriff der Rechtssätze, die sich in spezifischer Weise an die Verwaltung richten, insb. hinsichtlich ihrer Organisation, ihres Verfahrens sowie ihrer Aufgaben und Befugnisse. Davon zieht das **Allgemeine Verwaltungsrecht** diejenigen Begriffe, Grundsätze, Rechtsinstitute und Regelungen „vor die Klammer", die grds. für alle Bereiche des Verwaltungsrechts gelten. Das **Besondere Verwaltungsrecht** regelt demgegenüber Spezialbereiche, bestimmte Sparten der Verwaltungstätigkeit;[1] die für die juristische Ausbildung relevantesten werden in den folgenden Kapiteln dieses Lehrbuchs dargestellt (Kommunalrecht, Polizeirecht, öffentliches Baurecht).

II. Gesetzesvollzug im Bundesstaat

3 Eine der wesentlichen Funktionen der Verwaltung ist die **Ausführung der Verwaltungsgesetze** (sog. **gesetzesakzessorische Verwaltung**). Der sog. gesetzesfreien Verwaltung, dh derjenigen Verwaltungstätigkeit, für die keine *besonderen* Gesetze als konkreter Handlungs- und Rechtfertigungsmaßstab gelten, kommt im demokratischen Rechtsstaat dagegen eine vergleichsweise geringe Bedeutung zu.[2]

---

[1] *Maurer/Waldhoff*, Allg. Verwaltungsrecht, § 3 Rn. 1 ff.
[2] Vgl. *Gröpl*, Staatsrecht I, Rn. 1243 ff.

II. Gesetzesvollzug im Bundesstaat

1. Verbot der Mischverwaltung

Im föderativen Aufbau der Bundesrepublik Deutschland bestehen **zwei staatliche Ebenen**, nämlich der Bund und die Länder. Beide Ebenen besitzen **originäre Staatsgewalt**,[3] beide Ebenen sind daher im Prinzip auch berechtigt, verwaltend – insb. gesetzesvollziehend – tätig zu werden. Das deutsche Bundesstaatsrecht postuliert hier ein striktes **Entweder- oder**: Zuständig für eine bestimmte Verwaltungsaufgabe ist grds. entweder der Bund oder es sind die Länder. Eine Mischverwaltung schließt das GG aus.[4]

Daraus erhebt sich die Frage, welche Ebene in der Bundesrepublik welche Gesetze vollzieht. Auf den ersten Blick einleuchtend wäre die Lösung, dass jede Ebene ihre eigenen Gesetze ausführt, also der Bund die Bundesgesetze durch Bundesbehörden, die Länder ihre jeweiligen Landesgesetze durch ihre Landesbehörden. Dies ist indes nicht die Antwort des GG: Nach seinem **Art. 83 Hs. 1 vollziehen** grds. die Länder die Bundesgesetze, und zwar im Prinzip als eigene Angelegenheit (Landeseigenverwaltung), seltener im Auftrag des Bundes (Bundesauftragsverwaltung). Diese – überraschende – Regel stellt eine spezifische Ausprägung der **vertikalen Gewaltenteilung** und zugleich Gewaltenverschränkung zwischen Bund und Ländern dar. Grob gesagt bedeutet das, dass die Länder die Ausführung des jeweiligen Bundesgesetzes zu ihrer eigenen Sache machen müssen, dass sie dafür also die Verantwortung tragen. Nur **ausnahmsweise** führt der **Bund** seine Gesetze **selbst** aus, dh durch eigene Behörden oder durch bundesunmittelbare juristische Personen des öffentlichen Rechts. Wann und unter welchen Voraussetzungen das der Fall ist, ergibt sich aus den Art. 86 ff. GG.

Ausführung der Bundesgesetze

durch die Länder		durch den Bund
als eigene Angelegenheit (Landeseigenverwaltung), Art. 83, 84 GG	im Auftrag des Bundes (Landesverwaltung im Bundesauftag), Art. 85 GG	Bundes(eigen)verwaltung, Art. 87 ff. iVm Art. 86 GG

2. Landesvollzug der Bundesgesetze: Landeseigenverwaltung und Landesverwaltung im Auftrag des Bundes

Führen die Länder die Bundesgesetze aus, so tun sie dies nach Art. 83 Hs. 1 GG idR *als eigene Angelegenheit* (sog. **Landeseigenverwaltung**). An diese Verfassungsentscheidung knüpft **Art. 84 GG** an, indem er die Modalitäten der Landeseigenverwaltung ausformuliert. In wenigen Fällen, die sich aus dem GG abschließend ergeben,[5] führen die Länder die Bundesgesetze nicht als eigene Angelegenheit aus, sondern *im Auftrag des Bundes* (sog. **Landesverwaltung im Bundesauftrag** nach **Art. 85 GG**). Die stattdessen häufig verwendete Bezeichnung Bundesauftragsverwaltung darf nicht darüber hin-

---

3 *Gröpl*, Staatsrecht I, Rn. 531 ff., 1342 ff.
4 Vgl. BVerfGE 63, 1 (37 ff.); 119, 331 (364 f.).
5 Insb. Art. 87c GG (Atomverwaltung), Art. 90 II GG (Verwaltung der Bundesfernstraßen), Art. 108 III GG (Verwaltung der Bundes- und Gemeinschaftssteuern) und Art. 104a III 2 GG (Ausführung der überwiegend vom Bund finanzierten GeldleistungsG).

wegtäuschen, dass dieser Typus eine besondere Art der Ausführung der Bundesgesetze *durch die Länder*, also *Landes-*, nicht Bundesverwaltung darstellt.

a) Organisationshoheit und Kostentragung

8 Gemeinsam ist der Landeseigenverwaltung und der Landesverwaltung im Bundesauftrag, dass grds. den Ländern die **Organisationshoheit** zusteht. Sie sind nach Art. 84 I oder Art. 85 I GG berechtigt und verpflichtet, die erforderlichen **Behörden** einzurichten und das **Verwaltungsverfahren** zu regeln.[6] Nach Maßgabe des jeweiligen Landesrechts können die Behörden in den **Städten, Gemeinden** oder **Gemeindeverbänden** (dh bei den Landkreisen und beim Regionalverband Saarbrücken) eingerichtet werden; die Kommunen erfüllen die jeweiligen Aufgaben als Auftragsangelegenheit.[7] Im Saarland ist hierzu nach Art. 120 S. 1 Hs. 1 SVerf ein Landesgesetz erforderlich; häufig dient in diesem Zusammenhang § 5 III LOG (→ Rn. 19) als Rechtsgrundlage. Demgegenüber ist es dem *Bundes*gesetzgeber seit der Föderalismusreform von 2006[8] durch Art. 84 I 7 und Art. 85 I 2 GG verboten, die Kommunen unmittelbar für die Ausführung von Bundesgesetzen für zuständig zu erklären – und mit den damit verbundenen Verwaltungsausgaben zu belasten. Dies hatte zuvor in der Praxis zu viel Streit geführt.[9]

Beispiele für bundesgesetzlich begründete Aufgaben, deren Erfüllung das Saarland aufgrund seiner Organisationshoheit auf seine Kommunen übertragen hat, sind

- die Ausführung des Bundesmeldegesetzes[10] sowie des Passgesetzes und des Personalausweisgesetzes[11] durch die Gemeinden,
- die Ausführung des Straßenverkehrsgesetzes und der darauf beruhenden Rechtsverordnungen (Straßenverkehrs-Ordnung, Straßenverkehrs-Zulassungs-Ordnung, Fahrerlaubnis-Verordnung) durch die Landkreise, den Regionalverband Saarbrücken und die Landeshauptstadt Saarbrücken.[12]

Um dem Bürger die Lösung der mitunter verzwickten Zuständigkeitsfragen zu erleichtern, fassen die Kommunen ihre Melde-, Zulassungs-, Fahrerlaubnis- und zT Straßenverkehrsstellen häufig als Serviceeinheiten in „Bürgerämtern", „Bürgerbüros" oÄ zusammen. Zu beachten ist jedoch, dass verwaltungsrechtlich zuständige Behörde auch insoweit der Landrat, der Regionalverbandsdirektor, der Oberbürgermeister oder der Bürgermeister ist und bleibt (→ Rn. 24).

---

[6] Dass das Verwaltungsverfahren in Art. 85 I GG keine ausdrückliche Erwähnung findet, wird als Redaktionsversehen gedeutet, vgl. BVerfGE 26, 338 (385). – Zu Einflussrechten des Bundes auf die Regelung des Verwaltungsverfahrens s. Art. 84 I 5, 6 GG.
[7] Hierzu näher → § 3 Rn. 36.
[8] G zur Änd. des GG v. 28.8.2006 (BGBl. I S. 2034). S. auch die Übergangsregelung des Art. 125a I 1 GG.
[9] Die Entscheidung, ob ein *Bundes*gesetz durch Behörden der unmittelbaren Landesverwaltung (dh durch Staatsbehörden) oder durch die Kommunen (Kommunalbehörden) ausgeführt wird, obliegt seitdem ausschließlich den *Ländern*, s. *Hermes*, in: Dreier, GG, Bd. 3, 3. Aufl. 2015, Art. 84 Rn. 72.
[10] S. Saarl. G zur Ausführung des BundesmeldeG v. 13.10.2015 (Amtsbl. I S. 712).
[11] S. § 5 III LOG iVm der saarl. VO über Zuständigkeiten nach dem PassG und dem PersonalausweisG v. 2.11.2010 (Amtsbl. I S. 1387) mit spät. Änd.
[12] S. das saarl. StraßenverkehrszuständigkeitsG (StVZustG) v. 13.6.2001 (Amtsbl. S. 1430) mit spät. Änd.: Zulassungs- und Fahrerlaubnisbehörden sind nach § 1 StVZustG die Landkreise und die Landeshauptstadt Saarbrücken; Straßenverkehrsbehörden sind nach § 7 I StVZustG die Landkreise, der Regionalverband Saarbrücken und die Landeshauptstadt Saarbrücken.

Eng verbunden mit der Organisationshoheit ist die für die Praxis überaus relevante Frage, wer die mit der Ausführung eines Bundesgesetzes verbundenen **Kosten** trägt. Die Lösung ist mehrschichtig, weil hier zwei voneinander zu trennende öffentlich-rechtliche Finanzbeziehungen angesprochen werden: zum einen das Finanzverhältnis zwischen Bund und Ländern, zum anderen das Finanzverhältnis zwischen dem jeweiligen Land und seinen Kommunen (→ Rn. 11). Grundnorm für die Finanzbeziehung zwischen Bund und Ländern ist Art. 104a I Hs. 1 GG. Nach dem dort verankerten **bundesfinanzverfassungsrechtlichen Konnexitätsprinzip** muss diejenige bundesstaatliche Ebene die Ausgaben tragen, die die kostenverursachende Aufgabe zu erfüllen hat.[13] Daraus folgt, dass beim Landesvollzug von Bundesgesetzen mit Rücksicht auf Art. 83, 84 GG grds. die Landeshaushalte mit den Kosten belastet werden. Uneingeschränkt gilt dies jedenfalls für die **Verwaltungsausgaben**, also für die Personalkosten und für die sächlichen Verwaltungsausgaben,[14] wie Art. 104a V 1 GG klarstellt. Durchbrochen wird das Konnexitätsprinzip zT bei den sog. **Zweckausgaben**, also insb. den sozialen Transferzahlungen (zB BAföG, Wohngeld, Sozialhilfe) oder den Subventionen. Hier kann sich der Bund gem. Art. 104a III GG an den Kosten beteiligen; im Fall der Bundesauftragsverwaltung trägt er nach Art. 104a II GG die gesamten Zweckausgaben.[15] In jedem Fall bedarf ein Bundesgesetz, das für die Länder mit Zweckausgaben verbunden ist, der **Zustimmung des Bundesrates** (Art. 104a IV GG).

9

Grundlagen der bundesstaatlichen Finanzlastverteilung

10

Grundsätze, Art. 104a I Hs. 1 GG	Ausnahmen, Art. 104a I Hs. 2 GG
1. Verbot der Mischfinanzierung: Bund finanziert Bundesaufgaben Länder finanzieren ihre jeweiligen Landesaufgaben 2. (Aufgaben-)Konnexität: Ausgabenverantwortung folgt der Aufgabenverantwortung, dh der Verwaltungskompetenz (Art. 83 ff. GG), Art. 104a V 1 Hs. 1 GG: Ausgabenlast umfasst insb. Verwaltungsausgaben	1. Bundesauftragsverwaltung, Art. 104a II GG: Bund trägt Zweckausgaben 2. Leistungsgesetze: fakultative Mischfinanzierung, Art. 104a III GG Pflichtleistungen ggü. Dritten zulasten der Länder: Zustimmung des Bundesrates, Art. 104a IV GG 3. weitere Ausnahmen in Art. 104a VI, Art. 104b, 104c, 104d, Art. 91a III, Art. 91b III, Art. 106 VIII, Art. 120 I 4 GG ua

Das Finanzierungsverhältnis zwischen dem jeweiligen Land und seinen Kommunen ist nicht bundesstaatlicher Art, da die Kommunen *insoweit* als Teil der Länder gelten (→ § 3 Rn. 115 ff.). Mit Rücksicht auf die Garantie der kommunalen Selbstverwaltung (Art. 28 II GG, Art. 117 ff. SVerf) sind die Kommunen jedoch nicht Teil der un-

11

---

13 Näher *Gröpl*, Staatsrecht I, Rn. 738 ff.
14 Bspw. die Anschaffung und Unterhaltung von Grundstücken und Gebäuden, Fahrzeugen, Büroausstattung einschl. EDV uam.
15 Bsp. dafür: Leistungen nach dem BundesausbildungsförderungsG (§§ 39, 56 BAföG) oder dem WohngeldG (§ 34 WoGG).

mittelbaren Landesverwaltung, sie sind also keine Landes- oder Staatsbehörden (→ Rn. 24). Daraus folgt, dass auch die Finanzbeziehungen zwischen dem Land und seinen Kommunen verfassungsrechtlich dirigiert sind und einfachgesetzlich geregelt werden müssen. Nach dem 2016 neu gefassten[16] **Art. 120 S. 1 SVerf** darf das Saarland seinen Gemeinden und Gemeindeverbänden Auftragsangelegenheiten nur übertragen, wenn der Landtag in dem jeweiligen Übertragungsgesetz gleichzeitig Bestimmungen über die Deckung der Kosten trifft. Die nachfolgenden Sätze der Vorschrift konkretisieren den Anspruch der betroffenen Kommunen zu einem Anspruch gegenüber dem Land auf (pauschalierten) finanziellen Ausgleich der notwendigen Aufwendungen. Dies wird als striktes **kommunalfinanzrechtliches Konnexitätsprinzip**[17] bezeichnet,[18] das in einfachen Gesetzen konkretisiert wird.[19]

b) Einwirkungsmöglichkeiten des Bundes, insb. Rechts- und Fachaufsicht

12 Trotz der Hoheit der Länder bei der Landeseigenverwaltung und der Landesverwaltung im Bundesauftrag behält das GG dem **Bund** bestimmte **Einwirkungsmöglichkeiten** vor: Zum einen kann die Bundesregierung in beiden Verwaltungstypen allgemeine **Verwaltungsvorschriften** erlassen – freilich nur mit Zustimmung des Bundesrates (Art. 84 II, Art. 85 II 1 GG).[20] Zum anderen steht die Ausführung der Gesetze unter der Aufsicht des Bundes. Hier besteht der grundlegende Unterschied zwischen Landeseigenverwaltung und Landesverwaltung im Bundesauftrag:

- Nach Art. 84 III GG übt die Bundesregierung bei der **Landeseigenverwaltung** die Aufsicht darüber aus, dass die Länder die Bundesgesetze dem geltenden Recht gemäß ausführen; erforderlichenfalls kann sie nach Art. 84 IV GG die sog. Mängelrüge erheben.[21] Die Bundesaufsicht beschränkt sich aber auf die *Recht*mäßigkeit des Gesetzesvollzugs (**Rechtsaufsicht**).[22] Eröffnet das Gesetz den Landesbehörden Ermessensspielräume (§ 40 VwVfG), darf sich der Bund insoweit nicht einmischen.[23]
- Bei der **Landesverwaltung im Bundesauftrag** ist dies anders: Nach Art. 85 IV GG erstreckt sich die Bundesaufsicht über die Rechtmäßigkeit hinaus auf die *Zweck*mäßigkeit des Gesetzesvollzugs (**Fachaufsicht**). In diesem Zusammenhang kann das zuständige Bundesministerium den Ländern gem. Art. 85 III GG **Weisungen**[24] für den Gesetzesvollzug erteilen. In der Praxis sind dazu gerade bei der Aus-

---

16 G v. 13.7.2016 (Amtsbl. I S. 710).
17 S. → § 1 Rn. 15 und → § 3 Rn. 115. – Davon zu unterscheiden ist das (bundes-)finanzverfassungsrechtl. Konnexitätsprinzip des Art. 104a I und V 1 GG, s. → Rn. 9.
18 LT-Drs. 15/1537, S. 1. Zum Konnexitätsprinzip im Ländervergleich *Leisner-Egensperger* NVwZ 2021, 1487 ff. – Zur Entschuldung der Kommunen durch das Saarland s. → § 1 Rn. 58, zur Möglichkeit ihrer Entschuldung durch den Bund *Mehde* DÖV 2020, 131 ff.
19 S. § 5 III, § 6 III, § 143 I, § 144 II, § 197 I und § 198 III KSVG nF sowie das G zur Regelung eines Kostenfolgeabschätzungs- und eines Beteiligungsverfahrens gemäß Artikel 120 der Verfassung des Saarlandes (KonnexitätsausführungsG Saarland – KonnexAG SL) v. 9.11.2016 (Amtsbl. I S. 1058).
20 Verwaltungsvorschriften sind Rechtssätze des Innenrechts, dh sie wirken nur behördenintern. Der Bürger kann sich nicht auf sie berufen; auch für die Gerichte sind sie grds. unverbindlich; vgl. *Bull/Mehde*, AVwR/VwL, Rn. 390.
21 Anschließend kann in dieser Angelegenheit der Bundesrat angerufen werden (Art. 84 IV 1 Hs. 2 GG), bei Erfolglosigkeit das BVerfG (Art. 84 IV 2 iVm Art. 93 I Nr. 3 GG).
22 Vgl. unten → Rn. 50.
23 Die Ausnahmevorschrift des Art. 84 V GG spielt in der Praxis kaum eine Rolle.
24 Hierzu unten → Rn. 49.

führung des Atomgesetzes zahlreiche Streitfälle entstanden.[25] Bei alledem verbleibt die Zuständigkeit, nach außen gegenüber dem Bürger zu handeln, bei den Landesbehörden (sog. Wahrnehmungskompetenz). Der Bund agiert im staatlichen Innenverhältnis gegenüber dem jeweiligen Land, wenn und soweit ihm dies notwendig erscheint ([Reserve-]Sachkompetenz).

Landeseigenverwaltung und Landesverwaltung im Bundesauftrag   13

Landeseigenverwaltung, Art. 84 GG	Landesverwaltung im Bundesauftrag, Art. 85 GG
Regelfall der Ausführung der Bundesgesetze, Art. 83 Hs. 1 GG	Ausnahme: Katalogtatbestände (Art. 87c, 90 III, Art. 104a III 2, Art. 108 III ua GG)
Organisationshoheit des jeweiligen Landes, Art. 84 I, Art. 85 I GG	
Recht der Bundesregierung zum Erlass allgemeiner Verwaltungsvorschriften mit Zustimmung des Bundesrates, Art. 84 II, Art. 85 II 1 GG	
▪ reine **Rechtsaufsicht** der Bundesregierung, Art. 84 III GG ▪ bei Rechtsverstößen, Art. 84 IV GG: Mängelrüge, Beschluss des Bundesrates, ggf. Anrufung des BVerfG ▪ **Einzelweisungen** nur in gesetzlich bestimmten Ausnahmefällen, Art. 84 V GG	▪ **Rechts-** *und* **Fachaufsicht** der Bundesregierung, Art. 85 IV GG ▪ **Weisungsbefugnis** des zuständigen Bundesministeriums, Art. 85 III GG; Wahrnehmungskompetenz bei den Ländern, Sachkompetenz nur, solange der Bund davon keinen Gebrauch macht
Kostentragung grds. durch die Länder, Art. 104a I Hs. 1 GG (Ausnahme: Art. 104a III GG)	Tragung der Zweckausgaben durch den Bund, Art. 104a II GG

3. Ausführung der Landesgesetze durch die Länder

Die Art. 83 ff. GG regeln die Verwaltungskompetenzen für die Ausführung der *Bundes*gesetze. Nicht geregelt wird dort die Ausführung der Landesgesetze. Hier verbleibt es daher beim bundesstaatlichen **Grundprinzip des Art. 30 Hs. 1 GG**, wonach die Ausübung der staatlichen Befugnisse und die Erfüllung der staatlichen Aufgaben Sache der Länder ist. Daraus folgt, dass die **Landesgesetze von Landesbehörden ausgeführt** werden, dh genauer: die Gesetze eines bestimmten Bundeslandes werden von den Behörden ebendieses Landes ausgeführt.   14

Der **Bund** ist von der Einflussnahme auf die Ausführung der Landesgesetze ausgeschlossen, dh er darf keine Verwaltungsvorschriften erlassen, keine Aufsicht ausüben und den Landesbehörden keine Weisungen erteilen.   15

---

25 S. nur BVerfGE 81, 310 ff.; 84, 25 ff.; 100, 249 ff.; 104, 249 ff.

III. Verwaltungsorganisation

1. Organisatorischer Gesetzesvorbehalt

16 Die Zuständigkeit der Verwaltung zur Ausführung der Gesetze (gesetzesakzessorische Verwaltung) und das Recht zu „gesetzesfreiem" Handeln unter Beachtung des Vorrangs und des Vorbehalts des Gesetzes (nicht-gesetzesakzessorische Verwaltung, → Rn. 3) ergeben sich aus der **Funktion der Verwaltung**. Die SVerf setzt dies in ihrem Art. 61 voraus, wenn sie dort von der *vollziehenden Gewalt* spricht. Einer darüber hinausgehenden allgemeinen Ermächtigung unmittelbar durch die Verfassung zum Gesetzesvollzug bedarf es nicht.

17 Nicht beantwortet ist damit indes die Frage, unter welchen Voraussetzungen die Verwaltung für ihre Tätigkeit einer **formell-gesetzlichen Grundlage** bedarf. Unstreitig ist ein Parlamentsgesetz zur Legitimation von Eingriffen in Freiheit und Eigentum des Einzelnen sowie zur Regelung sonstiger „wesentlicher" Angelegenheiten vonnöten; dies folgt aus dem Demokratie- und Rechtsstaatsprinzip (demokratisch-rechtsstaatlicher Vorbehalt des Gesetzes, vgl. Art. 60 I, Art. 61 SVerf).[26] Weniger einheitlich ist die Verfassungslage für Bund und Länder bei der Frage, ob und inwieweit auch zur Organisation der Verwaltung Parlamentsgesetze notwendig sind. Im Saarland gibt **Art. 112 SVerf** darauf eine differenzierte Antwort:

- Satz 1 statuiert einen **organisatorischen (institutionellen) Gesetzesvorbehalt**, soweit die Organisation der allgemeinen Staatsverwaltung und die Regelung der Zuständigkeiten betroffen sind. Dazu gehören insb. die räumliche Gliederung des Landes, die Errichtung, Änderung oder Auflösung von Behörden sowie die Zuweisung bestimmter Aufgaben an die Behörden.[27] Art. 112 S. 1 SVerf erfordert demnach jeweils eine Regelung durch **Parlamentsgesetz**.
- **Nicht** dem organisatorischen Gesetzesvorbehalt unterfällt nach Art. 112 S. 2 SVerf die **Einrichtung** der Behörden im Einzelnen; dies ist Sache der Landesregierung und der dazu ermächtigten Minister. Gemeint sind damit insb. die Bestimmung des Behördensitzes und die Errichtung von Außenstellen, die Regelung der Behördenstruktur und die interne Geschäftsverteilung sowie die Ausstattung mit Personal- und Sachmitteln.[28] Diese Fragen werden grds. durch **Verwaltungsvorschriften**[29] (Organisationserlasse, Geschäftsordnungen u.dgl.) der Landesregierung und der von ihr dazu ermächtigten Ministerien geregelt. So verhält es sich nach § 14 LOG auch für Einrichtungen des Landes.[30]

18 Zwei Bereiche sind vom organisatorischen Gesetzesvorbehalt nach Art. 112 S. 1 SVerf **ausgenommen**, dürfen also nicht durch Landtagsgesetz geregelt werden:

---

26 Zum Parlamentsvorbehalt s. *Gröpl*, Staatsrecht I, Rn. 454 ff., 460 ff.
27 Vgl. *Böhmer*, in: Wendt/Rixecker, SVerf, Art. 112 Rn. 12.
28 *Böhmer*, in: Wendt/Rixecker, SVerf, Art. 112 Rn. 17, der jedoch zu Recht auf den Haushaltsvorbehalt nach Art. 105 I SVerf hinweist.
29 Näher dazu → Fn. 20.
30 S. etwa das Landesinstitut für präventives Handeln (LPH): Organisationserlass v. 9.12.2008 (Amtsbl. S. 2158).

- zum einen die **Geschäftsverteilung** auf der Ebene der **Landesregierung**; hier ist Art. 91 I 2 SVerf lex specialis;[31]
- zum anderen der Kernbereich der **kommunalen Selbstverwaltung**;[32] Vorrang haben insoweit Art. 117 III und Art. 118 SVerf.[33]

In Befolgung des organisatorischen Gesetzesvorbehalts des Art. 112 S. 1 SVerf ist als allgemeines Gesetz das **Landesorganisationsgesetz (LOG)** erlassen worden.[34] Wichtige weitere Gesetze sind das **Kommunalselbstverwaltungsgesetz (KSVG)** sowie das **Gesetz zur Kommunalisierung unterer Landesbehörden (KomLbG)**. Daneben bestehen zahlreiche Sondervorschriften, etwa die §§ 57 ff. der Landesbauordnung (LBO) und die §§ 75 ff. des Saarländischen Polizeigesetzes (SPolG). Problematisch ist dabei, ob § 82 II SPolG dem organisatorischen Gesetzesvorbehalt genügt: Denn damit „ermächtigt" der Landtag das Innenministerium, die Aufgabenverteilung und Gliederung der Vollzugspolizei durch Verwaltungsvorschrift zu regeln. Hier sind mit guten Gründen Bedenken dagegen angemeldet worden, dass es sich dabei nur um die Einrichtung von Behörden im Einzelnen iSv Art. 112 S. 2 SVerf handelt.[35]

19

2. Unmittelbare und mittelbare Landesverwaltung

Im Rahmen der **Verwaltungsorganisation** ist – im Saarland ebenso wie im Bund und in den anderen deutschen Flächenländern – zwischen *unmittelbarer* und *mittelbarer* Verwaltung zu unterscheiden.

20

a) Unmittelbare Landesverwaltung

Die *unmittelbare* Landesverwaltung erfolgt durch landeseigene Behörden, m. a.W. durch Behörden des Saarlandes.

21

- **Verwaltungsträger** (Rechtsträger) ist in diesen Fällen das **Saarland** als Staat im Sinne des Bundesstaatsrechts[36] und damit zugleich als juristische Person des öffentlichen Rechts in Form einer Gebietskörperschaft. Das heißt, das Saarland ist Zuordnungssubjekt von verwaltungsrechtlichen Rechten und Pflichten. Als juristische Person des öffentlichen Rechts ist das Saarland indessen weder willensbildungs- noch handlungsfähig; dazu benötigt es Organe.
- **Organ** ist jede Institution, Behörde oder sonstige Stelle, die innerhalb des jeweiligen Rechtsträgers funktionell *(nicht aber rechtlich)* verselbständigt sowie unabhängig vom Wechsel ihrer Amtsinhaber (Organwalter) ist und die eine bestimmte Aufgabe für ihren Träger (hier für das Saarland) wahrnimmt.[37] Wegen der Unabhängigkeit vom Amtsinhaber besitzt ein Organ kein natürliches Geschlecht, sondern nur ein grammatikalisches Genus.[38] Dies verkennt die sprachliche „Organdoppe-

---

31 Hierzu → § 1 Rn. 94.
32 Vgl. BVerfGE 119, 331 (362 ff.) mwN.
33 Sehr wohl gilt der org. Gesetzesvorbehalt des Art. 112 S. 1 SVerf indes für die Auftragsangelegenheiten der Kommunen.
34 Die Erstfassung reicht bis in das Jahr 1950 zurück, als das Saarland noch französisches Protektorat war (→ § 1 Rn. 9): G über die allg. Landesverwaltung des Saarlandes v. 13.7.1950 (Amtsbl. S. 796).
35 Eingehend *Haus*, in: Haus/Wohlfarth, Allg. Polizei- und Ordnungsrecht, 1997, Rn. 44.
36 Dazu → § 1 Rn. 28.
37 Vgl. *Gröpl*, Staatsrecht I, Rn. 87 f., 891.
38 *Welsch* LKRZ 2011, 446 (448).

lung" des vermeintlichen „Gender Mainstreaming" in sog. modernen Gesetzen, was zudem das Leseverstehen nicht unerheblich beeinträchtigt (vgl. nur § 59 KSVG).

- Behörden sind spezifische Organe eines Rechtsträgers, die aufgrund des Organisationsrechts (→ Rn. 17 f.) dazu berufen sind, im eigenen Namen mit Außenvertretungsmacht und Außenwirkung Verwaltungsaufgaben für ihren Träger wahrzunehmen (vgl. § 1 II SVwVfG).[39] Als Behörden des Saarlandes fungieren die landeseigenen Behörden (Synonyma: Landesbehörden, staatliche Verwaltungsbehörden).[40] Es versteht sich von selbst, dass Untergliederungen von Behörden (Dezernate, Abteilungen, Referate u.dgl.) gerade keine Behördeneigenschaft besitzen.

22 In den größeren deutschen Flächenländern ist die unmittelbare Landesverwaltung **dreistufig** aufgebaut (oberste Landesbehörde – Landesmittelbehörde – untere Landesbehörde).[41] Nicht so im Saarland: Aufgrund der geringen territorialen Größe fehlen hier die Landesmittelbehörden; die unmittelbare Landesverwaltung ist also grds. **zweistufig** aufgebaut.[42]

b) Mittelbare Landesverwaltung

23 Demgegenüber wird die *mittelbare* Landesverwaltung durch vom Saarland **verselbständigte juristische Personen des öffentlichen Rechts** wahrgenommen. Dies sind entweder

- **Körperschaften** (insb. die Städte, Gemeinden und Landkreise sowie der Regionalverband Saarbrücken, aber zB auch die Deutsche Rentenversicherung Saarland und die Universität des Saarlandes),
- selbständige **Anstalten** (wie zB der Saarländische Rundfunk, das Universitätsklinikum des Saarlandes oder die Sparkassen) oder
- **Stiftungen** (etwa die Stiftung Saarländischer Kulturbesitz).[43]

Solche juristischen Personen der mittelbaren Landesverwaltung sind **rechtsfähig**, sie sind also – insoweit wie das Saarland – selbst Verwaltungsträger (Rechtsträger) und haben ihre eigenen Organe und Behörden.

24 **Organe** der Gemeinden sind der Gemeinde- bzw. Stadtrat und der (Ober-)Bürgermeister (§ 29 KSVG), Organe der Landkreise sind der Kreistag, der Kreisausschuss und der Landrat (§ 155 KSVG), Organe des Regionalverbandes sind die Regionalversammlung, der Regionalverbandsausschuss, der Kooperationsrat und der Regionalverbandsdirektor (§ 204 KSVG).[44] Von diesen Organen besitzen nur diejenigen zugleich **Behördeneigenschaft**, die im eigenen Namen mit Außenvertretungsmacht und Außenwirkung Verwaltungsaufgaben für ihren Träger wahrnehmen. Das sind für die Ge-

---

39 Zur Differenzierung zwischen Behörde im verwaltungsorganisationsrechtl. und verwaltungsverfahrensrechtl. Sinn s. *Schmitz*, in: Stelkens/Bonk/Sachs, VwVfG, § 1 Rn. 230 ff. § 1 II SVwVfG meint die Behörde im verwaltungsverfahrensrechtl. Sinn.
40 *Welsch* LKRZ 2011, 446 ff. mwN.
41 *Siegel*, Allg. Verwaltungsrecht, Rn. 133 ff.
42 Einzige Landesmittelbehörde ist gem. § 6 II LOG das Oberbergamt des Saarlandes, s. Fn. 97. Die Errichtung weiterer Landesmittelbehörden durch G wäre jedoch zulässig, vgl. § 6 III LOG.
43 Vgl. *Siegel*, Allg. Verwaltungsrecht, Rn. 139 ff.
44 Näher dazu → § 3 Rn. 52, 224, 229.

meinden nur die (Ober-)Bürgermeister, da nur sie gem. § 59 I KSVG die Gemeinde nach außen vertreten können und sie es sind, die nach § 59 II 2 F. 2 KSVG die Beschlüsse des Gemeinde- bzw. Stadtrats ausführen.[45] Entsprechendes gilt für den Landrat und den Regionalverbandsdirektor (§ 178 I, II 2 F. 2, § 213 I, II 2 F. 2 KSVG; zur fehlerhaften „Organdoppelung" → Rn. 21). Weder Organe noch Behörden sind die Dezernate, Abteilungen, Referate, Ämter u.dgl. auf kommunaler Ebene. Verwaltungsorganisatorisch gehören sie zur Behörde (Ober-)Bürgermeister, Landrat oder Regionalverbandsdirektor.[46]

Organisationsformen mittelbarer Landesverwaltung 25

Körperschaft	mitgliedschaftlich verfasste, aber unabhängig vom Willen der Mitglieder bestehende Organisation	
	Unterarten	bestimmend für die Mitgliedschaft
	1. Gebietskörperschaft	Wohnsitz/Geschäftssitz zB Gemeinden, Landkreise
	2. Personalkörperschaft	individuelle Eigenschaften (Beruf u.dgl.), zB Rechtsanwaltskammern, Universitäten
	3. Realkörperschaft	Eigentum oder Besitz der Mitglieder zB Industrie- und Handelskammer (Mitglieder = Besitzer wirtschaftlicher Unternehmen)
	4. Verbandskörperschaft	Mitglieder nur juristische Personen, zB kommunale Zweckverbände
Anstalt	mit Personal- und Sachmitteln ausgestattete Organisation ohne Mitglieder, aber mit Benutzern, zB Saarländischer Rundfunk, Sparkassen	
	Unterscheide: nichtrechtsfähige Anstalten = nur organisatorisch selbständig, Teil eines anderen Verwaltungsträgers, zB Schulen	
Stiftung	rechtlich verselbständigte, zweckgebundene Vermögensbestände ohne Mitglieder oder Nutzer, aber mit Nutznießern, zB Stiftung Saarländischer Kulturbesitz	

3. Oberste Landesbehörden

Nach § 3 LOG sind **oberste Landesbehörden** im Saarland die Landesregierung, der Ministerpräsident sowie die Ministerien. 26

- Die **Landesregierung** des Saarlandes steht an der Spitze der vollziehenden Gewalt (Exekutive). Nach Art. 86 SVerf setzt sie sich zusammen aus dem Ministerpräsidenten, den Ministern und ggf. einzelnen Staatssekretären als weiteren Mitgliedern; sie ist damit ein Kollegialorgan (→ § 1 Rn. 92 ff.).
- Zu den Aufgaben des **Ministerpräsidenten** gehören laut Art. 90 I SVerf die Führung des Vorsitzes in der Landesregierung und die Leitung ihrer Geschäfte. Der Minis-

---

45 S. *Welsch* LKRZ 2011, 446 (448 f.).
46 *Welsch* LKRZ 2011, 446 (447).

terpräsident bestimmt gem. Art. 91 I 1 SVerf die Richtlinien der Politik und ist damit die zentrale politische Figur des Landes (→ § 1 Rn. 97 ff.).
- Die **Ministerien** werden gem. Art. 91 II SVerf von den Ministern[47] geleitet (→ § 1 Rn. 103). Sie bilden die Schnittstellen zwischen Regierung (Gubernative) und Verwaltung (Administrative). Nach § 4 I LOG sind sie für ihre jeweiligen **Geschäftsbereiche** (Ressorts) die zuständigen obersten Landesbehörden. Der Zuschnitt der einzelnen Ressorts obliegt gem. Art. 91 I 2 SVerf dem Ministerpräsidenten und ist wegen wechselnder politischer Vorgaben häufig Änderungen unterworfen.

Daneben bestimmen spezialgesetzliche Vorschriften weitere oberste Landesbehörden: Gem. § 52 I 1 LtG ist die Landtagsverwaltung oberste Landesbehörde,[48] gem. § 1 I 2 des saarländischen Rechnungshofgesetzes (RHG)[49] der Rechnungshof des Saarlandes.

27

Oberste Landesbehörden des Saarlandes[50] (Stand 31.5.2022)
Landesregierung
Ministerpräsident[51] (Gem. § 2 GO Reg[52] wird der Ministerpräsident bei der Erfüllung seiner Aufgaben durch die Staatskanzlei des Saarlandes unterstützt.)
Ministerium für Wirtschaft, Innovation, Digitales und Energie
Ministerium der Finanzen und für Wissenschaft
Ministerium für Inneres, Bauen und Sport
Ministerium für Arbeit, Soziales, Frauen und Gesundheit
Ministerium für Bildung und Kultur
Ministerium für Umwelt, Klima, Mobilität, Agrar[53] und Verbraucherschutz
Ministerium der Justiz[54]
Landtagsverwaltung
Rechnungshof des Saarlandes

---

47 S. die Bek. betr. Neubildung der Regierung des Saarlandes v. 26.4.2022 (Amtsbl. I S. 725) und die Bek. der Geschäftsbereiche der obersten Landesbehörden v. 15.6.2022 (Amtsbl. I S. 892).
48 Aufgrund seines § 1 II Nr. 1 gilt das LOG ua nicht für die Landtagsverwaltung, womit § 3 LOG auch nicht die obersten Landesbehörden abschließend aufzählt.
49 G über den Rechnungshof des Saarlandes idF der Bek. v. 7.6.1983 (Amtsbl. S. 386) m. spät. Änd.; s. im Übrigen § 1 II Nr. 2 LOG.
50 Bek. der Geschäftsbereiche der obersten Landesbehörden v. 31.5.2022 (Amtsbl. I S. 892).
51 S. § 3 LOG. Die Befugnisse der obersten Dienstbehörde für den Geschäftsbereich des Ministerpräsidenten nimmt der Chef der Staatskanzlei wahr, s. § 5 der VO zur Übertragung beamtenrechtl. und richterrechtl. Zuständigkeiten v. 15.10.1980 (Amtsbl. S. 957) mit spät. Änd. – Zur Stellung des Chefs der Staatskanzlei → § 1 Rn. 102.
52 Geschäftsordnung der Regierung des Saarlandes (GO Reg) v. 15.2.2005 (Amtsbl. S. 504) mit spät. Änd., s. → § 1 Rn. 96.
53 „Agrar" ist im Deutschen kein selbständiges Hauptwort, sondern lediglich eine Worterweiterung, die dem Wortstamm vorangestellt wird (z. B. Agrarsubventionen). Sprachlich korrekt und zugleich allgemeinverständlicher hätte es daher „Landwirtschaft" heißen müssen.
54 Mit Stand vom 26.4.2022 ist die Ministerin der Justiz zugleich Ministerin für Umwelt, Klima, Agrar (Fn. 53) und Verbraucherschutz, s. die Bek. betr. Neubildung der Regierung des Saarlandes v. 26.4.2022 (Amtsbl. I S. 725).

III. Verwaltungsorganisation

4. Landesämter
a) Allgemeines

Landesämter sind nach § 7 I LOG die einer obersten Landesbehörde (idR einem Ministerium) unmittelbar nachgeordneten Behörden. Ihre Besonderheiten liegen darin, dass ihr **Zuständigkeitsbereich das ganze Saarland umfasst** und ihnen keine weiteren Landesbehörden nachgeordnet sind. Wegen des organisatorischen Gesetzesvorbehalts des Art. 112 S. 1 SVerf (→ Rn. 17) können Landesämter nur durch Gesetz oder aufgrund eines Gesetzes errichtet werden (§ 7 III 1 LOG). Ihre Auflösung, Eingliederung oder die Übertragung von Aufgaben kann durch Rechtsverordnung erfolgen, allerdings nur nach Maßgabe von § 7 III 2 und 3 LOG, der insoweit als Ermächtigungsgrundlage iSv Art. 104 I SVerf dient.[55]

28

Landesämter des Saarlandes[56]	wesentliche Aufgaben
Landesamt für Umwelt- und Arbeitsschutz (LUA) in Saarbrücken-St. Arnual	Gewährleistung des Arbeitsschutzes, des technischen Verbraucherschutzes und des Umweltschutzes, insb. untere Naturschutzbehörde, untere Wasserschutzbehörde und untere Bodenschutzbehörde
Landesamt für Vermessung, Geoinformation und Landentwicklung (LVGL)[57] in Saarbrücken-Burbach	Führung des Liegenschaftskatasters, Katastervermessung, Geodatenzentrum, Kartographie, Flurbereinigung und Landentwicklung, Zentrale Geschäftsstelle der Gutachterausschüsse (ZGGA)
Landesbetrieb für Straßenbau (LfS) in Neunkirchen	Planung und Bau von Straßen; Sanierung von Straßen und Bauwerken; Winterdienst
Landesamt für Zentrale Dienste (LZD) in Alt-Saarbrücken	▪ Landesstatistik (Statistisches Amt); ▪ Zentrale Besoldungs- und Versorgungsstelle, Zentrale Beihilfestelle (ZBS); ▪ Landeshauptkasse (LHK); ▪ Zentrale und Innere Dienste
Landesamt für Soziales (LAS) in Saarbrücken-Burbach	Aufgaben des Landes bei der Ausbildung, Prüfung und Berufsausübung der Gesundheitsberufe sowie die sozialen Aufgaben des Landes (zB Schwerbehindertenrecht, soziale Entschädigung, überörtliche Sozialhilfe)

29

---

55 Allg. hierzu → § 1 Rn. 138 ff.
56 Das ehem. Landesamt für Verfassungsschutz (LfV) wurde zum 15.6.2018 in das saarl. Ministerium für Inneres, Bauen und Sport eingegliedert (G v. 18.4.2018, Amtsbl. I S. 332).
57 Fälschlicherweise listet § 7 II LOG die Behörde noch unter ihrer ehem. Bezeichnung „Landesamt für Kataster-, Vermessungs- und Kartenwesen" auf.

§ 2 Allgemeines Verwaltungsrecht und Verwaltungsprozessrecht

Landesämter des Saarlandes	wesentliche Aufgaben
Landesamt für Verbraucherschutz (LAV)[58] in Saarbrücken-Burbach	Verbraucher- und Tierschutz, insb. untere Lebensmittelüberwachungsbehörde (ULB) und untere Veterinärbehörde (UVB)
Landesverwaltungsamt (LaVA) in St. Ingbert	▪ Kommunalaufsicht (Kommunalaufsichtsbehörde – KAB); Standesamtaufsicht; Glücksspielaufsicht; ▪ Ausländer- und Asylrecht (Zentrale Ausländerbehörde – ZAB); ▪ Verfolgung und Ahndung aller Verkehrsordnungswidrigkeiten (Zentrale Bußgeldbehörde – ZBB); ▪ Staatliche Hochbaubehörde (SHB)
Landesamt für IT-Dienstleistungen (IT-Dienstleistungszentrum – IT-DLZ) in Saarbrücken-St. Arnual	▪ Datenverarbeitung (früher: Zentrale Datenverarbeitungsstelle – ZDV beim LZD); ▪ IT-Sicherheit; Betrieb der IT-Infrastruktur
Landesdenkmalamt in Schiffweiler	▪ Boden- und Baudenkmalschutz, -pflege und -förderung; ▪ Altertümersammlung

b) Landesverwaltungsamt

30 Ausbildungsrelevanz besitzt vor allem das Landesverwaltungsamt (LaVA) mit Sitz in St. Ingbert. Es wurde zum 1.1.2008 zur Bündelung von Zuständigkeiten gebildet, wird von einem Direktor geleitet und steht unter der Dienst- und Fachaufsicht des Innenministeriums.[59] Rechtsgrundlage ist mit Rücksicht auf Art. 112 S. 1 SVerf das Gesetz über die Errichtung des Landesverwaltungsamtes (LaVAG).[60] Dem LaVA wurden **wichtige Aufgaben** übertragen, die bis dahin die Landkreise oder der ehem. Stadtverband Saarbrücken als Auftragsangelegenheiten erledigten („**Hochzonung**" bzw. „**Verstaatlichung**" von Aufgaben).[61] Dazu gehören – neben Ausländer- und Flüchtlingsfragen sowie der Standesamtsaufsicht – vor allem die Bußgeldangelegenheiten in Straßenverkehrssachen und die Kommunalaufsicht. Daneben überwacht das LaVA das gewerbliche Glücksspielrecht.[62]

31 aa) **Kommunalaufsicht:** Die staatliche Aufsicht über die Gemeinden und Gemeindeverbände (**Kommunalaufsicht**) oblag bis zum 31.12.2007 nach § 128 I, § 193 I, § 218 I

---

58 In § 7 II LOG lautet die Bezeichnung der Behörde unrichtigerweise noch „Landesamt für Gesundheit und Verbraucherschutz".
59 S. §§ 1–3 LaVAG. Für die Verfolgung und Ahndung von Ordnungswidrigkeiten liegt die Fachaufsicht gem. § 3 II LaVAG derzeit beim Ministerium für Wirtschaft, Innovatives, Digitales und Energie.
60 Art. 3 des VerwaltungsstrukturreformG (VSRG) v. 21.11.2007 (Amtsbl. S. 2393, 2398).
61 Vgl. LT-Drs. 13/1403, S. 86, 90.
62 Erteilung und Widerruf von Erlaubnissen, vgl. insb. §§ 4, 9, 13, und 14 AG GlüStV-Saar, verkündet als Art. 3 des G v. 20.6.2012 (Amtsbl. I S. 156) mit spät. Änd.

III. Verwaltungsorganisation

KSVG aF entweder den Landräten bzw. dem ehem. Stadtverbandspräsidenten als unteren staatlichen Verwaltungsbehörden[63] oder (für die Landkreise, den ehem. Stadtverband Saarbrücken sowie für die Landeshauptstadt Saarbrücken und die Mittelstädte) unmittelbar dem Innenministerium. Seither ist die Aufsicht über alle saarländischen Kommunen – Städte, Gemeinden, Landkreise und Regionalverband Saarbrücken – beim LaVA in dessen Abteilung 1 **zentralisiert** (§ 128 I, § 193 I, § 218 I KSVG nF).[64] Dies verspricht eine Objektivierung und Rationalisierung dieses für politische Einflussnahme nicht unanfälligen Bereichs.

Gem. § 2 II 1 LaVAG fungiert das LaVA in den in dieser Vorschrift aufgelisteten Fällen auch als **Widerspruchsbehörde** iSv § 73 I 2 Nr. 2 VwGO.[65] Dies gilt jedoch **nicht** für Widersprüche, die von den Kommunen gegen kommunalaufsichtliche Verwaltungsakte des LaVA erhoben werden. In diesen Fällen ist gem. § 136 S. 2 iVm § 128 II 1 KSVG[66] das **Innenministerium** die zuständige Widerspruchsbehörde, da das LaVA gem. § 7 I LOG eine dem Innenministerium unmittelbar nachgeordnete Behörde ist (→ Rn. 150 ff., 159). 32

bb) **Zentrale Ausländerbehörde**: Die Abteilung 2 des LaVA ist für das Saarland die Zentrale Ausländerbehörde (ZAB).[67] Soweit das LaVA dabei Bundesrecht ausführt (insb. die aufenthalts- und passrechtlichen Maßnahmen und Entscheidungen gem. § 71 I des Aufenthaltsgesetzes – AufenthG),[68] ist Rechtsgrundlage für die Zuständigkeit § 5 III 1 LOG iVm § 1 I der Saarl. Aufenthaltsverordnung (SAufenthVO)[69] (zu den verfassungsrechtlichen Grundlagen → Rn. 5 ff.). Abzugrenzen ist dabei von den Zuständigkeiten des Bundes, dem für pass- und visarechtliche Angelegenheiten *im Ausland* in Art. 86 und Art. 87 I 1 Hs. 1 GG mit dem Auswärtigen Dienst eine spezielle Verwaltungskompetenz eingeräumt wird.[70] Daher ist das LaVA als ZAB vor allem zuständig für Entscheidungen über Aufenthalts- bzw. Niederlassungserlaubnisse oder über die Arbeitsaufnahme in Deutschland, wenn sich der antragstellende Ausländer **im Saarland** befindet.[71] Nicht in die Zuständigkeit der ZAB fällt das Asylverfahren nach §§ 23 ff. des Asylgesetzes (AsylG).[72] Hierfür hat der Bund mit dem **Bundesamt für Migration und Flüchtlinge** (BAMF) auf der Grundlage von Art. 87 III 1 F. 1 GG[73] 33

---

63 S. Art. 1 § 1 I Nr. 1 KomLbG aF.
64 Näheres zur Kommunalaufsicht bei → § 3 Rn. 218 ff.
65 § 2 II 1 LaVAG bildet insofern eine Ausnahmevorschrift zur saarl. Grundsatznorm des § 8 I Nr. 4 Hs. 1 AGVwGO und stellt damit die Regelzuständigkeit des § 73 I 2 Nr. 2 VwGO wieder her. Näher zu § 8 AGVwGO unten → Rn. 159.
66 § 136 S. 2 KSVG dürfte als lex specialis zu § 8 I Nr. 4 Hs. 1 AGVwGO zu qualifizieren sein. Beide Vorschriften widersprechen § 73 I 2 Nr. 2 VwGO, wonach das LaVA selbst über Widersprüche gegen von ihm erlassene Verwaltungsakte zu entscheiden hätte. Allerdings enthält § 185 II VwGO eine Öffnungsklausel, die auch für das Saarland von § 73 I 2 Nr. 2 VwGO abweichende Regelungen (eben § 136 S. 2 KSVG und § 8 I Nr. 4 AGVwGO) zulässt.
67 Standorte befinden sich derzeit in Lebach und in Saarbrücken.
68 G über den Aufenthalt, die Erwerbstätigkeit und die Integration von Ausländern im Bundesgebiet (AufenthG) v. 30.7.2004 (BGBl. I S. 1950) idF der Bek. v. 25.2.2008 (BGBl. I S. 162) mit spät. Änd.
69 Saarl. AufenthaltsVO (SAufenthVO – Abk. nicht amtl.) v. 24.10.2000 (Amtsbl. S. 1870) mit spät. Änd.
70 Vgl. § 71 II AufenthG; näher *Dietz*, Ausländer- und Asylrecht, 2021, Rn. 102.
71 §§ 7, 9, 18 ff. AufenthG.
72 AsylG idF der Bek. v. 2.9.2008 (BGBl. I S. 1798) mit spät. Änd.
73 Die für Art. 87 III 1 GG erforderliche Gesetzgebungskompetenz des Bundes ergibt sich für Asylsachen aus Art. 74 I Nr. 4 und Art. 16a II 2, III 1 GG.

eine eigenständige Bundesoberbehörde errichtet, deren gesetzliche Zuständigkeit sich aus § 5 I AsylG ergibt. Sitz des BAMF ist Nürnberg; nach § 5 III AsylG bestehen jedoch zahlreiche Außenstellen, unter anderem in Lebach. Dort betreibt das Saarland ergänzend seine **Zentrale Aufnahmeeinrichtung für Asylbewerber**,[74] zu deren Einrichtung es nach § 44 I AsylG verpflichtet ist. Zuständig ist auch insoweit gem. § 2 SAufenthVO das LaVA. Davon zu unterscheiden sind die Zuständigkeiten für die Verfolgung von **Ordnungswidrigkeiten** nach dem AufenthG und dem AsylG:[75] Sie liegt im Saarland gem. § 1 II SAufenthVO grds. bei den Landkreisen, dem Regionalverband Saarbrücken und der Landeshauptstadt Saarbrücken. Hiervon ausgenommen sind Ordnungswidrigkeiten wegen illegaler Beschäftigung von Ausländern: Diese werden nach § 36 I Nr. 1 OWiG iVm § 98 II, III Nr. 1, § 71a I AufenthG im Saarland durch das Hauptzollamt Saarbrücken verfolgt.

34 cc) **Zentrale Bußgeldbehörde:** Das Verfahren zur Verfolgung und Ahndung von Ordnungswidrigkeiten ist – materiell betrachtet – ein **Verwaltungsverfahren**, da es von Verwaltungsbehörden betrieben wird. Weil es sich dabei aber um hoheitliche Sanktionierung von Rechtsverstößen handelt, enthält es Anleihen aus dem Strafverfahrensrecht.[76] Anwendbar sind nicht die Verwaltungsverfahrensgesetze,[77] sondern die §§ 35 ff. OWiG[78] (**Bußgeldverfahren**). Auch geht der Rechtsweg nicht zu den Verwaltungsgerichten, sondern zu den ordentlichen Gerichten.[79] Demgemäß findet gegen Bußgeldbescheide auch nicht der Widerspruch nach §§ 68 ff. VwGO statt, sondern der **Einspruch** nach §§ 67 ff. OWiG.[80]

34a Seit 1.1.2008 ist das LaVA (Abteilung 3) für das Saarland gem. § 2 I 1 Nr. 6 LaVAG und § 2 I StVZustG[81] **Zentrale Bußgeldbehörde** (ZBB) für **Verkehrsordnungswidrigkeiten** nach dem Straßenverkehrsgesetz.[82] In diesem Bereich werden alle Bußgeldbescheide (§§ 65 f. OWiG) von ihm erlassen und vollstreckt. Dies ist von finanzieller Brisanz, weil Straßenverkehrsordnungswidrigkeiten „Massenverstöße" darstellen und die **Einnahmen aus Geldbußen** beträchtlich sind. Wem diese Einnahmen zufließen, bestimmt § 90 II OWiG, allerdings nur im Verhältnis zwischen Bund und Ländern. Die Regelung der Einnahmeverteilung innerhalb eines Landes obliegt der Landesgesetzgebung: Nach Art. 6a I 1 KomLbG stand das Aufkommen aus rechtskräftigen Bußgeldbescheiden den Kommunen zu, die diese Bescheide erlassen hatten. Seit 1.1.2008 müssen die Kommunen die Bearbeitung von Verkehrsordnungswidrigkeiten indessen vor Erlass des Bußgeldbescheids – und damit vor Festsetzung eines Bußgeldes – an das LaVA abgeben, das auch die Geldbußen für den Staat (das Saarland) vereinnahmt.

---

[74] Zur Kurzbezeichnung „Aufnahmeeinrichtung" s. § 5 III AsylG. Im Saarland ist auch die Bezeichnung Landesaufnahmestelle (LASt) gebräuchlich.
[75] Zudem auch nach dem G über die allg. Freizügigkeit von Unionsbürgern (FreizügigkeitsG/EU) v. 30.7.2004 (BGBl. I S. 1950, 1986) mit spät. Änd.
[76] S. nur § 46 I OWiG (Fn. 78).
[77] S. § 2 II Nr. 2 SVwVfG.
[78] G über Ordnungswidrigkeiten (OWiG) idF der Bek. v. 19.2.1987 (BGBl. I S. 602) mit spät. Änd.
[79] §§ 68 ff. OWiG.
[80] Zur Vollstreckung von Bußgeldbescheiden s. → Rn. 63. Gegen Verwaltungsakte in der Verwaltungsvollstreckung ist der Widerspruch statthaft (s. → Rn. 92 ff.); hierauf bezieht sich § 2 II 1 iVm 1 Nr. 6 LaVAG.
[81] Nachw. in Fn. 12.
[82] S. §§ 24, 24a und 24c iVm § 26 StVG und § 36 I Nr. 1 OWiG.

Durch die „Hochzonung" dieser Zuständigkeit erleiden die Kommunen daher Einnahmeausfälle. Einen gewissen Ausgleich schafft § 2 II StVZustG, wonach die jeweilige Ortspolizeibehörde oder der jeweilige Gemeindeverband (Landkreis, Regionalverband) Fallkostenpauschalen als Ersatz für ihren Personal- und Sachaufwand bei der Bearbeitung von Verkehrsordnungswidrigkeiten erhalten. Alles beim Alten blieb jedoch bei den **Verwarnungsgeldern** („Strafzetteln"), zu denen auch die Ahndung von geringeren Geschwindigkeitsüberschreitungen im Straßenverkehr gehört:[83] Soweit diese Sanktionen von den Kommunen verhängt werden, fließt ihr Aufkommen gem. Art. 6a I 2 KomLbG weiterhin den jeweiligen Kommunen zu.[84] Diese Einnahmequelle scheint für nicht wenige Städte und Gemeinden sehr lukrativ zu sein, wie die auch im Saarland wachsende Zahl gemeindlicher „Radarpanzer" vermuten lässt. Verfassungsrechtlich wirft dies Probleme auf, da die Erzielung von Einnahmen nicht der primäre Zweck öffentlicher Sanktionen sein darf.[85]

dd) **Staatliche Hochbaubehörde:** Seit dem 1.8.2017 ist die Abteilung 4 als Staatliche Hochbaubehörde (SHB) für die Durchführung der ihr im Auftrag des Saarlandes und des Bundes übertragenen Bauaufgaben verantwortlich. Diese Zuständigkeit erstreckt sich namentlich auf baufachliche Bauherrenaufgaben sowie auf die Leitung, Steuerung, Planung und Ausführung von Baumaßnahmen. Für die Liegenschaften des Bundes im Saarland (zB Gebäude des Zolls) übernimmt die SHB zudem die Durchführung der Bauunterhaltung. Für die Vergabe von Bauaufträgen besteht in der SHB eine Bauvergabestelle. 34b

5. Untere Landesbehörden

Nach § 8 I Nr. 2 LOG[86] sind **untere Landesbehörden** die Behörden, die unmittelbar einer obersten Landesbehörde nachgeordnet und **nur für einen Teil des Landes zuständig sind.** 35

a) Allgemeine innere Verwaltung: Organleihe

Für die allgemeine innere Verwaltung stellt sich die Frage, welche Behörden der Staat (das Saarland) auf der örtlichen Ebene unterhalten will. Hierbei ist zu beachten, dass auf dieser Ebene bereits die Verwaltungen der Städte und Gemeinden sowie der Landkreise und des Regionalverbands Saarbrücken bestehen, also die **Kommunalverwaltungen** in Form der *mittelbaren* Landesverwaltung (→ Rn. 23). Wollte das Land daneben eigene *staatliche* Behörden für die *unmittelbare* Landesverwaltung errichten, führte dies zu unnötigen **Doppelstrukturen** und damit zu einer Aufblähung des öffentlichen Sektors. Daher greift man zu einem verwaltungsorganisatorischen „Trick" (übrigens nicht nur im Saarland und nicht erst in jüngerer Zeit):[87] Das Land verzichtet auf eigene staatliche Behörden; stattdessen *„leiht"* es sich von den Kommunen (insb. von 36

---

83 S. §§ 56 ff. OWiG.
84 Vor diesem Hintergrund ist die – rechtl. fragwürdige – Praxis zu beobachten, dass die Kommunen Verwarnungsgelder bei Nichtzahlung gesondert anmahnen. Damit versuchen sie, den finanziellen Verlust zu vermeiden, der daraus entsteht, dass das Verfahren zum Erlass eines Bußgeldbescheids an das LaVA abgegeben werden muss (vgl. § 56 II, IV OWiG).
85 LG Aachen NJWE-VHR 1997, 23 (24); LG Konstanz NJW 1997, 467.
86 § 8 I Nr. 1 LOG findet nur bei der Bergverwaltung Anwendung, s. Fn. 97.
87 Vgl. *Unruh*, in: Mann/Püttner (Hrsg.), HdB d. komm. Wissenschaft und Praxis, Bd. 1, 3. Aufl. 2007, S. 60 (6 ff.) mwN. Danach gehen in Preußen die Anfänge in das 17. Jh. zurück.

den Landkreisen und dem Regionalverband) ein Organ aus, das dann zur **Erfüllung rein staatlicher Aufgaben** als Staatsorgan und Staatsbehörde tätig wird (**Organleihe**).[88] Betroffen sind die kommunalen Hauptverwaltungsbeamten, also die Landräte, der Regionalverbandsdirektor und die (Ober-)Bürgermeister.[89] Diese handeln dabei *nicht* – wie sonst üblich – im Namen der jeweiligen Kommune als deren Behörde (§ 59 I, § 178 I, § 213 I KSVG, → Rn. 24), sondern als **untere staatliche Verwaltungsbehörde** unmittelbar für den Staat (für das Saarland). Gesetzlich begründet wird diese Organleihe in **Art. 1 § 1 KomLbG**, an die die §§ 8 ff. LOG anknüpfen.

37 Aus Art. 1 § 1 KomLbG ergibt sich auch, welche staatlichen Aufgaben von diesen Organen als untere staatliche Verwaltungsbehörde wahrgenommen werden. Bis Ende 1996 gehörten dazu zahlreiche Zuständigkeiten der inneren Verwaltung (insoweit sprach man kurz von der „landrätlichen Verwaltung"). Zum 1.1.1997 wurden diese Funktionen indes „**kommunalisiert**", dh als **Auftragsangelegenheiten** auf die Kommunen übertragen (§§ 6, 144, 198 KSVG). Darin bestand der Hauptzweck des KomLbG (s. dessen Art. 1 § 2).[90] Ein ausbildungsrelevantes Beispiel ist die untere Bauaufsicht: Bis 31.12.1996 wurde sie von den Landräten und dem ehem. Stadtverbandspräsidenten in Organleihe für das Saarland als untere staatliche Verwaltungsbehörde wahrgenommen, seither von den Landkreisen und dem Regionalverband Saarbrücken als Auftragsangelegenheit (§ 58 I 2 LBO).

38 Die **einzige** nennenswerte **Aufgabe**, die derzeit noch in Organleihe erledigt wird, ist die Verwaltungspolizei nach Art. 1 § 1 I und III KomLbG. Danach sind die Landräte, der Regionalverbandsdirektor sowie der Oberbürgermeister der Landeshauptstadt Saarbrücken **staatliche Kreispolizeibehörden** (§ 75 II Nr. 2, § 76 II SPolG).[91]

39 Sehr zweifelhaft ist, ob die **Ortspolizeibehörden** gem. § 75 II Nr. 3 iVm § 76 III SPolG ebenfalls untere staatliche Verwaltungsbehörden sind (→ § 4 Rn. 14). Hier stellt sich die Frage, ob die Bürgermeister der Städte und Gemeinden insoweit als Organe des Saarlandes (staatliche Organe) handeln (**Organleihe**) oder aber – wie das gem. § 59 I KSVG in aller Regel der Fall ist – für die Kommune (hier in Erfüllung einer Auftragsangelegenheit).

- **Gegen** eine Organleihe spricht ein Vergleich mit der kreispolizeilichen Aufgabe der Landräte: Diese werden insoweit sowohl in Art. 1 § 1 I KomLbG als auch in § 76 II Nr. 1 SPolG ausdrücklich als untere staatliche Verwaltungsbehörden bezeichnet. Für die Bürgermeister fehlt ein entsprechender Zusatz in § 76 III SPolG.[92]

---

88 Vgl. BVerwGE 24, 225 (232 f.).
89 Zu deren Organstellung in der jeweiligen Kommune s. § 29 I, §§ 155 und 204 KSVG; näher § 3 Rn. 52.
90 Näher zu den Motiven des Gesetzgebers LT-Drs. 11/851, S. 1 ff.; s. im Übrigen *Gröpl* LKRZ 2007, 329 (331 ff.). – Die „Kommunalisierung" der Landesverwaltung wurde durch das VerwaltungsstrukturreformG v. 21.11.2007 (Amtsbl. S. 2393) zT revidiert, indem einige kommunale Auftragsangelegenheiten zum Land „hochgezont" wurden etwa Aufgaben der unteren Wasser- und Bodenschutzbehörden, die seit 1.1.2008 durch das Landesamt für Umwelt und Arbeitsschutz wahrgenommen werden (§ 102 II Nr. 1 des Saarl. WasserG, § 14 II Nr. 2 des Saarl. BodenschutzG).
91 S. auch *Welsch* LKRZ 2011, 446 (448).
92 Zum Streitstand *Gröpl* LKRZ 2007, 329 (332 f.). – Nicht genannt werden die Bürgermeister als untere Landesbehörden zudem in den §§ 8 ff. LOG, wobei fraglich ist, ob dieses Gesetz wegen seines § 1 II Nr. 5 überhaupt für die Polizeiverwaltungsbehörden gilt.

- Die wohl hM scheint die Organleihe zu **bejahen**, weil die Aufgabe der Gefahrenabwehr nicht den *Gemeinden* durch förmliches Gesetz als Auftragsangelegenheit übertragen wurde (vgl. Art. 120 I 1 SVerf), sondern vielmehr den *Bürgermeistern* (§ 75 II Nr. 3, § 76 III SPolG).[93] Im Übrigen stehen die Ortspolizeibehörden – wie die anderen allgemeinen Polizeiverwaltungsbehörden auch – gem. § 77 I iVm § 76 SPolG unter der *Dienst*aufsicht des Innenministeriums. Bei Auftragsangelegenheiten gibt es dagegen keine Dienstaufsicht (→ Rn. 48). Auch der Gesetzgeber ging offensichtlich von einer Organleihe aus.[94]

In der **Klausur** und in anderen Prüfungen sind bei hinreichender Begründung *beide* Ansichten vertretbar. Zu beachten ist dabei die Frage der **passiven Prozessführungsbefugnis** (ausführlich → Rn. 169 ff.): Wird eine Organleihe angenommen, ist Rechtsträger des Bürgermeisters als Behörde das Saarland. Folglich müssen allgemeine Leistungs- und allgemeine Feststellungsklagen gegen das Saarland gerichtet werden (nicht aber Anfechtungs- und Verpflichtungsklagen, → Rn. 171). Wird eine Organleihe hingegen verneint, ist bei allgemeinen Leistungs- und allgemeinen Feststellungsklagen die jeweilige Gemeinde passiv prozessführungsbefugt (→ Rn. 174).

Abgesehen davon existieren **Spezialfälle der Organleihe**: Nach § 5 II 1 LWG[95] werden die saarländischen Bürgermeister bei den Wahlen zum Landtag als staatliche Gemeindewahlleiter tätig.

Differenzierte Funktionen der kommunalen Hauptverwaltungsbeamten

Landräte, Regionalverbandsdirektor, Oberbürgermeister von Saarbrücken		
Kommunale Aufgaben		**Staatliche Aufgabe**
Selbstverwaltungs-angelegenheiten, §§ 5, 143, 197 KSVG	Auftragsangelegenheiten, §§ 6, 9 I, §§ 144, 198 KSVG	Kreispolizei, § 76 II SPolG
Rechtsaufsicht, § 127 I, §§ 128 ff., §§ 192, 217 KSVG	Fachaufsicht § 128 II, §§ 192, 217 KSVG	Fach- und Dienstaufsicht, §§ 77, 78 SPolG
Handeln als Organ und im Namen der Kommune, § 29 I/§ 59 I, §§ 155/178 I, §§ 204/213 I KSVG (Landeshauptstadt Saarbrücken: § 9 I KSVG)		Handeln als Organ und im Namen des Saarlandes, Art. 1 § 1 KomLbG
Finanzierung: Art. 119 II SVerf	Finanzierung: Art. 120 S. 2–5 SVerf	Finanzierung: § 9 II, III LOG

Der praktische Unterschied zwischen kommunalen und staatlichen Aufgaben auf der Ebene der Kommunen liegt darin, dass bei Wahrnehmung staatlicher Aufgaben in Organleihe **erweiterte Aufsichtsmöglichkeiten** bestehen: Zur Fachaufsicht tritt die Dienstaufsicht hinzu (§§ 77, 78 SPolG, s. auch → Rn. 46 ff.). Außerdem ist die **Finanzierung** der Verwaltungsausgaben verschieden geregelt:

---

93 → § 3 Rn. 37; *Haus/Wohlfarth*, Allg. Polizei- und Ordnungsrecht, 1997, Rn. 38.
94 LT-Drs. 9/9129, S. 61, und LT-Drs. 11/2043, S. 63 Rn. 147.
95 LandtagswahlG (LWG) idF der Bek. v. 2.3.2021 (Amtsbl. S. 654) mit spät. Änd.

- Bei der Erfüllung *kommunaler* Aufgaben trägt grds. die jeweilige Kommune die Verwaltungs- und die Zweckausgaben (→ Rn. 9).
  - Bei der Finanzierung der Selbstverwaltungsangelegenheiten muss das Saarland seinen Kommunen allerdings im Rahmen des kommunalen Finanzausgleichs eine Finanzausstattung gewährleisten, die ihnen eine angemessene Aufgabenerfüllung ermöglicht.
  - Bei der Finanzierung der Auftragsangelegenheiten muss das Saarland seinen Kommunen nach Art. 120 S. 2–5 SVerf einen finanziellen Ausgleich für die entstehenden notwendigen, durchschnittlichen Aufwendungen schaffen.
- Demgegenüber handelt es sich bei der Wahrnehmung der Aufgaben der unteren *staatlichen* Verwaltungsbehörde um Angelegenheiten, die konsequenterweise der Staat, dh das Saarland, zu finanzieren hat. Allerdings müssen die Kommunen insoweit gem. § 9 II, III LOG die Dienstkräfte und Einrichtungen zur Verfügung stellen, dh sie tragen die Verwaltungsausgaben, nicht aber die Zweckausgaben.[96] Jedoch gilt für den praktisch einzig relevanten Bereich der Polizeiverwaltungsbehörden die Sondervorschrift des § 79 I 1 SPolG.

b) Finanzverwaltung

43 Neben den unteren Landesbehörden der allgemeinen inneren Verwaltung gibt es nach § 8 II 1 LOG noch **besondere** untere Landesbehörden: die Finanzämter des Saarlandes.[97]

44 Die **Finanzämter** sind als örtliche Landesbehörden durch Bundesrecht zwingend vorgeschrieben (§ 2 I Nr. 4, § 17 des Finanzverwaltungsgesetzes – FVG).[98] Sie sind gem. § 17 II FVG für die Verwaltung der Steuern mit Ausnahme der Zölle, der bundesgesetzlich geregelten Verbrauchsteuern, der Kfz-Steuer sowie der Versicherung- und Feuerschutzsteuer zuständig.[99] Im Saarland unterstehen sie unmittelbar dem Ministerium der Finanzen.

45 (*unbesetzt*)

6. Aufsicht und Weisungsbefugnisse

46 Nach § 11 LOG unterstehen die Landesbehörden der **Dienstaufsicht** und der **Fachaufsicht** der jeweils übergeordneten Landesbehörden. Dieses verwaltungstypische **Hierarchieverhältnis** ist keineswegs ein Überbleibsel aus monarchischen Tagen, sondern notwendige Voraussetzung für die **repräsentativ-demokratische Legitimation** der Staatsverwaltung: Die Ausübung der Staatsgewalt muss sich gem. Art. 61 I SVerf auf den Willen des Staatsvolkes zurückführen lassen. In diesem Sinne ist zu fordern, dass – ne-

---

[96] Wobei die Zweckausgaben im Rahmen der Tätigkeit als Kreispolizeibehörde keine nennenswerte Höhe erreichen dürften.
[97] Zu erwähnen wäre noch die Bergverwaltung als einzige Verwaltung im Saarland, die (noch) **dreistufig** aufgebaut ist: Örtliche Behörde ist das Bergamt Saarbrücken, Landesmittelbehörde das Oberbergamt des Saarlandes, jew. mit Sitz in Schiffweiler, oberste Landesbehörde das für Wirtschaft zuständige Ministerium.
[98] FVG idF der Bek. v. 4.4.2006 (BGBl. I S. 846) mit spät. Änd. Die verfassungsrechtl. Rechtfertigung gründet sich auf Art. 108 II und V 2 GG.
[99] Die Verwaltung der Erbschaft- und Schenkungsteuer für saarl. Fälle (§ 35 ErbStG) hat seit dem 1.1.2015 im Wege der Organleihe das rheinland-pfälzische Finanzamt Kusel-Landstuhl übernommen. Rechtsgrundlage ist § 17 IV FVG (Fn. 98) iVm dem Staatsvertrag v. 23./24.9.2014 (saarl. ZustimmungsG v. 2.12.2014, Amtsbl. I S. 1473).

III. Verwaltungsorganisation

ben der sachlich-inhaltlichen Legitimation durch bereichsspezifische Fachgesetze – in personell-organisatorischer Hinsicht zwischen dem Volk und den Staatsbehörden eine „Legitimationskette" besteht.[100] Geknüpft wird diese Kette ausgehend vom Staatsvolk über den unmittelbar von ihm gewählten Landtag (Art. 65 I, Art. 66 SVerf) und die vom Landtag bestellte Landesregierung (Art. 87 I SVerf) hin zu der jeweiligen Landesbehörde. Die Ernennung der Beamten durch die Landesregierung (Art. 92 SVerf) reicht für das geforderte Legitimationsniveau nicht aus; hinzutreten müssen die spezifischen Institute der **Aufsicht** und der **Weisungsbefugnisse**, die gem. Art. 91 II SVerf vom jeweils zuständigen Minister für seinen Geschäftsbereich wahrgenommen werden. Wer demgegenüber unter Berufung auf die „Demokratisierung der Verwaltung" die Beseitigung von Aufsicht und Weisungsbefugnissen fordert, der hat das Wesen der repräsentativen Demokratie nicht verstanden und erweist der Volksherrschaft (Art. 61 I SVerf) einen Bärendienst.[101]

Repräsentativ-demokratische Legitimation der Verwaltung 47

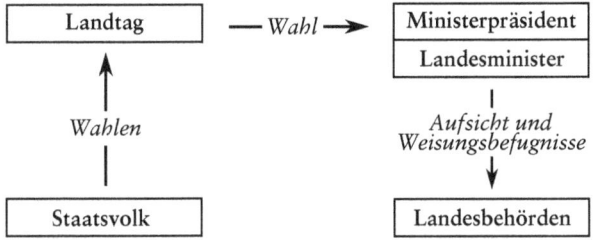

Die **Dienstaufsicht** umfasst die Aufsicht über **Personal** und **Organisation** (Dienstbetrieb). Nach § 12 I LOG erstreckt sie sich auf den Aufbau, die innere Ordnung, die allgemeine Geschäftsführung und die Personalangelegenheiten der Behörden. Sondervorschriften bilden die §§ 77, 78 SPolG. 48

Die **Fachaufsicht** bezieht sich demgegenüber nicht auf Personal und Organisation, sondern auf die **Sache selbst**, dh auf die Aufgabenerfüllung. Davon umfasst wird nach § 13 I LOG nicht nur die *Rechtmäßigkeit*, sondern *auch* die *Zweckmäßigkeit* der Aufgabenwahrnehmung. Diese Unterscheidung ist wichtig: 49

- Die Kontrolle der **Rechtmäßigkeit** umfasst nur die Frage, ob bei der Verwaltungstätigkeit, insb. bei der Ausführung der Gesetze, gegen das **geltende Recht** verstoßen wird. Sie entspricht in etwa der Rechtskontrolle der Verwaltungsgerichte (§ 113 I, V VwGO); Ermessen darf also nur auf Rechtsfehler nachgeprüft werden (§ 114 VwGO).
- Die Kontrolle der **Zweckmäßigkeit** geht darüber hinaus und erfasst auch die Ausübung des **Ermessens**. Das heißt: Die vorgesetzte Behörde (die Fachaufsichtsbehörde) darf ihr Ermessen – ihre Zweckmäßigkeitserwägungen – an die Stelle der nach-

---

100 Vgl. BVerfGE 83, 60 (71 ff.).
101 Vgl. auch *Gröpl*, Staatsrecht I, Rn. 273.

geordneten Behörde setzen. Ein Ermessensreservat wie bei § 114 VwGO besteht gerade nicht.

Typisches, aber nicht einziges Instrument der Fachaufsicht ist die **Weisung**. Sie ist für die zivile Verwaltung das, was der Befehl beim Militär ist, also die verbindliche Anordnung, eine bestimmte Handlung vorzunehmen oder zu unterlassen. Im Übrigen haben die Fachaufsichtsbehörden gem. § 13 III LOG die Befugnis zu umfassender Information und zum Selbsteintritt.

50 Ist die Aufsicht des Staates hingegen auf die Rechtmäßigkeit der Aufgabenwahrnehmung beschränkt, spricht man von **Rechtsaufsicht**. Dies kommt in der *unmittelbaren* Staatsverwaltung aus legitimatorischen Gründen (→ Rn. 46) nur in sehr *seltenen*, jeweils einzeln rechtfertigungsbedürftigen Fallkonstellationen vor, etwa in weisungsfreien Bereichen wie Prüfungsangelegenheiten oder in Teilen des Medienrechts.[102] Demgegenüber ist die Beschränkung auf die Rechtsaufsicht ein Kennzeichen der **Selbstverwaltung** durch vom Staat verselbständigte **Körperschaften**, Anstalten und Stiftungen des öffentlichen Rechts. Paradebeispiel hierfür sind die **Gemeinden** und **Gemeindeverbände** (Landkreise, Regionalverband Saarbrücken) – allerdings nur in Selbstverwaltungsangelegenheiten, nicht in Auftragsangelegenheiten.[103] Die Beschränkung auf die Rechtsaufsicht ist hier sogar verfassungsrechtlich verbürgt (Art. 122 S. 2 SVerf). Für andere juristische Personen des öffentlichen Landesrechts gelten die §§ 20 und 21 LOG und die bereichsspezifischen Sondervorschriften, etwa für die Universität des Saarlandes und die anderen saarländischen Hochschulen die §§ 85 und 86 SHSG.[104] Die **Instrumente der Rechtsaufsicht** sind vor allem die Information, die Beanstandung und die Ersatzvornahme. Geregelt werden sie in den §§ 129 ff. KSVG; andere Vorschriften verweisen hierauf (insb. § 20 I 2 und § 21 LOG).

51 Staatsaufsicht

unmittelbare Landesverwaltung		mittelbare Landesverwaltung	
Dienstaufsicht	Fachaufsicht	Fachaufsicht *in Auftragsangelegenheiten*	Rechtsaufsicht *in Selbstverwaltungsangelegenheiten*
Kontrolle von Personal und Organisation	Kontrolle der Rechtmäßigkeit und Zweckmäßigkeit	Kontrolle der Rechtmäßigkeit und Zweckmäßigkeit	Beschränkung der Kontrolle auf die Rechtmäßigkeit

---

102 Bspw. § 15 LOG iVm § 4 IV des saarl. JuristenausbildungsG (JAG); § 104 VIII 1 des Staatsvertrages zur Modernisierung der Medienordnung in Deutschland (Medienstaatsvertrag – MStV); § 14 VII 1 des Jugendmedienschutz-Staatsvertrages (JMStV); § 19 IV des JugendschutzG (JuSchG) des Bundes.
103 S. § 127 I sowie §§ 192 und 217 KSVG. Vgl. demgegenüber § 127 II KSVG und § 17 LOG.
104 Saarl. HochschulG (SHSG) v. 30.11.2016 (Amtsbl. I S. 1080) mit spät. Änd.

III. Verwaltungsorganisation

§ 12 II und § 13 II LOG bestimmen allgemein, welche **Behörden** die Dienst- und Fachaufsicht führen. In aller Regel sind das die übergeordneten Behörden des jeweiligen Geschäftsbereichs (Ressorts). Oberste Aufsichtsbehörde ist das jeweilige Ministerium.[105] 52

Gegenstück zur Dienst- und Fachaufsicht ist die **Weisungsgebundenheit** der im öffentlichen Dienst Beschäftigten. Für die Beamten folgt sie als „Gehorsamspflicht" aus dem öffentlich-rechtlichen Dienst- und Treueverhältnis,[106] für Arbeitnehmer im öffentlichen Dienst ist sie kraft des allgemeinen arbeitsrechtlichen Direktionsrechts Bestandteil des Arbeitsverhältnisses.[107] 53

Unmittelbare Landesverwaltung des Saarlandes 54

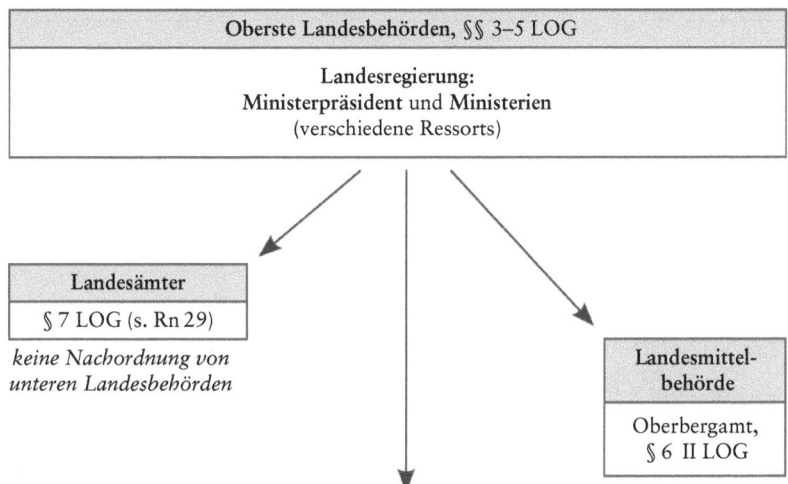

---

105 Für den Geschäftsbereich der obersten Landesbehörde „Ministerpräsident und Staatskanzlei" wurden die Befugnisse der obersten Dienstbehörde durch VO zur Übertragung beamtenrechtl. Zuständigkeiten v. 15.10.1980 (Amtsbl. S. 957) m. spät. Änd. auf den Chef der Staatskanzlei übertragen.
106 Art. 33 V GG, Art. 114 SVerf, insb. § 35 I 2 des BeamtenstatusG (Nachw. in Fn. 287).
107 S. § 106 der Gewerbeordnung (GewO) idF ab 1.1.2003 aufgr. des G v. 24.8.2002 (BGBl. I S. 3412).

IV. Verwaltungsverfahren

1. Allgemeines Verwaltungsverfahren

55 Verwaltungsverfahren ist der **Weg, auf dem die Verwaltung ihre Rechtsakte und andere „Erzeugnisse"** herstellt.[108] Aufgrund der bundesstaatlichen Verteilung der Gesetzgebungskompetenzen hat das Saarland gem. Art. 70 I GG ein eigenständiges Verwaltungsverfahrensgesetz erlassen, das **Saarländische Verwaltungsverfahrensgesetz (SVwVfG)**.[109] Es weist dieselbe Paragrafennummerierung auf wie das Verwaltungsverfahrensgesetz des Bundes (VwVfG) und hat sogar weitgehend den gleichen Wortlaut. Ausbildungsrelevant ist vor allem der leicht unterschiedliche Standort der **Definition der Behörde** (§ 1 IV im VwVfG des Bundes, § 1 II im SVwVfG).

56

Verwaltungsverfahren			
Verwaltungsverfahren iSv § 9 SVwVfG: nur behördliche Tätigkeit im Zusammenhang mit ▪ Erlass eines **VA** oder ▪ Abschluss eines **Verwaltungsvertrags**			**nicht vom SVwVfG umfasst:** Verfahren bei ▪ Rechtsverordnungen, Art. 104 SVerf,[110] ▪ Satzungen, § 12 KSVG (→ § 3 Rn. 38 ff.), ▪ Realakten und ▪ privatrechtlichem Handeln; anwendbar aber: §§ 4–8, 81–93 SVwVfG
Verfahrensarten			
nicht-förmliches = einfaches VwVf, §§ 9–62 SVwVfG	förmliches VwVf, §§ 63–71 SVwVfG	PlanfeststellungsVf, §§ 72–78 SVwVfG	
Sondervorschriften, insb. ▪ Verfahren über eine einheitliche Stelle, §§ 71a–71e SVwVfG; ▪ Verwaltungszustellung (SVwZG); ▪ Verwaltungsvollstreckung (SVwVG); ▪ Rechtsbehelfsverfahren (§§ 68–73 VwGO, §§ 79, 80 SVwVfG)			

57 Gem. seinem § 1 I findet das SVwVfG grds. **Anwendung auf** die öffentlich-rechtliche Verwaltungstätigkeit der Behörden **des Landes, der Gemeinden und Gemeindeverbände** sowie der **juristischen Personen des öffentlichen Rechts**, die der **Aufsicht des Landes** unterstehen.[111] Das VwVfG des Bundes gilt gem. seinem § 1 III insoweit nicht.

---

108 Die große Bedeutung des Verwaltungsverfahrens im Rechtsstaat wird unterstrichen vom „Recht auf eine gute Verwaltung" in Art. 41 der Charta der Grundrechte der EU v. 7.12.2000 (ABl. EU 364/1) mit spät. Änd.
109 SVwVfG v. 15.12.1976 (Amtsbl. S. 1151) mit spät. Änd.
110 Für RVO der Landesregierung oder eines Landesministeriums sieht die GO Reg in § 12 I iVm § 11 I–III GO Reg eigene Verfahrensregelungen vor, vgl. im Übrigen → § 1 Rn. 138 ff. Das Verfahren für PolizeiVO zur Gefahrenabwehr ist in den §§ 59–67 SPolG näher geregelt, s. → § 4 Rn. 166 ff.
111 Vom Anwendungsbereich ausgenommen sind nach § 2 I SVwVfG die Tätigkeiten der Religionsgemeinschaften und des SR. Außerdem gilt das SVwVfG gem. seinem § 2 II insb. *nicht* für Verfahren, die von den saarl. Finanzämtern (→ Rn. 44) nach der Abgabenordnung oder von den Behörden im Saarland (insb. von den Kommunen und dem LAS, → Rn. 29) nach dem Sozialgesetzbuch durchzuführen sind.

IV. Verwaltungsverfahren

Anwendbarkeit der Verwaltungsverfahrensgesetze

§ 1 I Nr. 1 VwVfG des Bundes		§ 1 I SVwVfG	
staatliche Verwaltungsbehörden des Bundes (Bundesbehörden)	bundesunmittelbare juristische Personen des öffentlichen Rechts	staatliche Verwaltungsbehörden des Saarlandes (Landesbehörden)	juristische Personen des öffentlichen Rechts unter der Aufsicht des Saarlandes

Bei Änderungen des Verwaltungsverfahrensrechts ist der **Bund** idR **flinker als die Länder**: So ergänzte das (Bundes-)Gesetz vom 25.7.2013[112] den § 3a II VwVfG des Bundes, indem dort zusätzliche Möglichkeiten geschaffen wurden, die Schriftform (§ 126 BGB) durch die elektronische Form zu ersetzen (sogl. → Rn. 58a). Kurz zuvor war die Pflicht zur **Rechtsbehelfsbelehrung** bei schriftlichen und elektronischen Verwaltungsakten von § 59 VwGO in den § 37 VI VwVfG des Bundes „verschoben" worden.[113] Das Saarland nahm die entsprechenden Änderungen in seinem SVwVfG erst rund ein Jahr später zum 1.8.2014 vor.[114] 58

2. Elektronische Verwaltung – Digitalisierung

Die Digitalisierung – dh die elektronische Kommunikation aufgrund der allgemeinen Verbreitung von Tischcomputern (PCs), Notebooks, Tablets und Smartphones in den mittleren und jüngeren Generationen, die mannigfaltige Vernetzung durch das Internet insb. über WLAN und mobilen Datenaustausch sowie die flächendeckende Ausstattung von Behörden, Gerichten und Unternehmen mit IT-Anlagen – erfordert die Regelung der damit einhergehenden Rechtsfragen auch für das Verwaltungsrecht. 58a

a) Elektronische Form

Zur Förderung des elektronischen Rechtsverkehrs wurden in den Jahren 2013 und 2014 vor allem § 3a VwVfG des Bundes und entsprechend im Saarland auch § 3a SVwVfG angepasst:[115] Die entscheidende Neuerung bestand darin, dass eine durch Rechtsvorschrift angeordnete **Schriftform** (dh die eigenhändige Namensunterschrift entsprechend § 126 I BGB) durch die **elektronische Form** ersetzt werden kann (§ 3a II 1 SVwVfG). Das Problem liegt dabei jedoch darin, dass die elektronische Form für den Bürger hohe technische Hürden aufstellt: Verlangt werden entweder eine **qualifizierte elektronische Signatur** (qeS)[116] oder andere sichere Identitätsnachweise nach dem De-Mail-Gesetz, dem Personalausweisgesetz oder dem eID-Karte-Gesetz (Einzel- 58b

---

112 Art. 3 Nr. 1 des (Bundes-)G zur Förderung der elektronischen Verwaltung sowie zur Änderung weiterer Vorschriften (E-Government-G – EGovG) v. 25.7.2013 (BGBl. I S. 2749).
113 Art. 1 Nr. 5 lit. b des (Bundes-)G zur Verbesserung der Öffentlichkeitsbeteiligung und Vereinheitlichung von Planfeststellungsverfahren (PlVereinhG) v. 31.5.2013 (BGBl. I S. 1388).
114 Art. 1 Nr. 2 und Nr. 6 lit. c des saarl. G zur Änderung verwaltungsverfahrensrechtl. Vorschriften v. 25.6.2014 (Amtsbl. I S. 306).
115 S. die Nachw. in Fn. 112 und 114.
116 S. hierzu die sog. eIDAS-VO (EU) 910/2014 v. 23.7.2014 (ABl. EU 257/73).

heiten dazu in § 3a II 2, 4 und 5 SVwVfG).[117] Im Verwaltungsalltag wurden diese Anforderungen bis heute nicht angenommen.

b) Elektronische Kommunikation mit der Verwaltung

58c Als Reaktion auf die fehlende Bereitschaft zur Verwendung qualifizierter elektronischer Signaturen und vor dem Hintergrund des Online-Zugangsgesetzes des Bundes[118] hat der Landtag des Saarlandes Ende 2021 das **Saarländische Digitalisierungsgesetz (SDigG)**[119] verabschiedet. Dieses Gesetz ermöglicht in zahlreichen Fällen statt einer schriftlichen Verfahrensabwicklung eine **einfache elektronische Kommunikation**, typischerweise durch herkömmliche E-Mails, ggf. mit Anhängen.[120] Erreicht wird dies dadurch, dass bestimmte Anträge oder Anzeigen, Niederschriften, sonstige Dokumentationen, Einberufungen von Gremien, aber auch gewisse Bescheide (Verwaltungsakte) nicht schriftlich, sondern wahlweise **elektronisch** vorgenommen werden dürfen. „Elektronisch" bedeutet dabei nicht eine Ersetzung der Schriftform, sondern einen Verzicht darauf. Die Anforderung „elektronisch" ist daher von der „elektronischen Form" in § 3a II 1 SVwVfG abzugrenzen. Gesetzessystemisch wurden diese Erleichterungen freilich **nicht** „vor die Klammer gezogen", also etwa im SVwVfG oder im E-GovG SL rechtsgebietsübergreifend geregelt, sondern durch Änderung von 992 (!) Regelungen in 270 (!) saarländischen Gesetzen und Rechtsverordnungen. Das bedeutet: Ob eine einfache elektronische Kommunikation zulässig ist, ergibt sich aus der betreffenden Vorschrift des jeweiligen Fachgebiets.

c) Elektronischer Verwaltungs- und Rechtsverkehr („E-Government" und „E-Justice")

58d Mit Wirkung vom 1.8.2013 hat der Bund das **E-Government-Gesetz (EGovG)** erlassen[121], das gem. seinem § 1 I für die Behörden des Bundes gilt. Es findet nach seinem § 1 II aber auch auf die Verwaltungstätigkeit der Behörden der **Länder** Anwendung, soweit sie **Bundesrecht** ausführen, also insb. in der sog. Landes*eigen*verwaltung nach Art. 83, 84 GG (→ Rn. 5 ff.). Insoweit kann das EGovG des Bundes nicht durch ein EGovG des jeweiligen Landes ersetzt werden.[122] Allerdings setzt das EGovG dabei nur bundeseinheitliche Grundstandards.[123] In zahlreichen anderen Vorschriften spricht es ausschließlich Bundesbehörden an,[124] so dass *insoweit* doch Regelungsspielräume für die Länder entstehen.

Mit dem üblichen Zeitabstand (→ Rn. 58) hat der Landtag mit Wirkung vom 15.12.2017 auch für das **Saarland** ein E-Government-Gesetz (E-GovG SL) beschlos-

---

117 S. Art. 1 Nr. 2 des saarl. G zur Änderung verwaltungsverfahrensrechtl. Vorschriften v. 26.8.2020 (Amtsbl. I S. 1058), in Kraft getreten am 6.11.2020. Vgl. hierzu auch die VO zur Übertragung von Aufgaben an die eGo-Service-Saar GmbH v. 11.12.2019 (Amtsbl. I S. 124).
118 G zur Verbesserung des Onlinezugangs zu Verwaltungsleistungen (OnlinezugangsG – OZG) v. 14.8.2017 (BGBl. I S. 3122, 3138) mit spät. Änd.
119 Langtitel: G zur Förderung der Digitalisierung durch Abbau von Formerfordernissen im Landesrecht des Saarlandes v. 8.12.2021 (Amtsbl. I S. 2629), in Kraft getreten am 17.12.2021.
120 LT-Drs. 16/1806, S. 155 ff.
121 Art. 1 des G v. 25.7.2013 (Fn. 112) mit spät. Änd. – Zum Begriff E-Government *Guckelberger*, Öffentl. Verwaltung im Zeitalter der Digitalisierung, 2019, S. 25 ff.
122 Im Bereich des allg. Verwaltungsverfahrensrechts ist dies anders, vgl. § 1 III VwVfG des Bundes (→ Rn. 57). Vgl. auch LT-Drs. 16/63, S. 19 f.
123 So insb. in § 2 I, § 3 I, II, § 4 I, §§ 5, 12 I, §§ 13 und 15 EGovG des Bundes.
124 So zB in § 2 II, III, § 3 IIa, § 4 II, §§ 6, 7, 8, 9, 9a, 9b, 9c EGovG des Bundes.

sen,[125] das in seinem § 1 II–VI allerdings zahlreiche Bereichsausnahmen enthält (keine Geltung insb. für den SR, die Krankenhäuser, die Schulen, die Sparkassen, die Strafverfolgung, die Finanzverwaltung, die Gerichts- und Justizverwaltung). Damit gilt das E-GovG SL für die Ausführung von Landesgesetzen (Landesverwaltung, → Rn. 14 f.) und darüber hinaus für die Ausführung von Bundesgesetzen durch saarländische Behörden (Landes*eigen*verwaltung), wenn das EGovG des Bundes keine einheitlichen Regelungen vorgibt.

Das E-GovG SL orientiert sich grds. an den Regelungen des EGovG des Bundes. Folgende Rechtsvorschriften sind hervorzuheben: 58e

- Jede Behörde ist zur Einrichtung eines Zugangs zur **Übermittlung elektronischer Dokumente** verpflichtet (§ 2 I EGovG des Bundes und § 3 I E-GovG SL).
- Jede Behörde muss im Internet **Informationen** über ihre Aufgaben, ihre Anschrift, ihre Geschäftszeiten sowie postalische, telefonische und elektronische Erreichbarkeiten zur Verfügung stellen (§ 3 I EGovG des Bundes und § 2 I E-GovG SL). Erforderliche **Formulare** sollen bereitgestellt werden (§ 3 II, § 13 EGovG des Bundes und § 2 II, § 9 E-GovG SL).
- In elektronischen Verwaltungsverfahren dürfen die Beteiligten die vorzulegenden **Nachweise** grds. elektronisch einreichen (§ 5 I 1 Hs. 1 EGovG und § 6 I 1 Hs. 1 E-GovG SL).
- Behörden sollen ihre **Akten elektronisch** führen (§§ 6, 7 EGovG und § 5 I 1, § 7 E-GovG SL ab dem 1.1.2025).
- Die **Akteneinsicht** (insb. nach § 29 III SVwVfG) *kann* elektronisch gewährt werden (§ 8 Nr. 2–4 EGovG und § 8 S. 1 Nr. 2–4 E-GovG SL).

Bei den saarländischen **Gerichten und Staatsanwaltschaften** (Staatsanwaltschaft Saarbrücken und Generalstaatsanwaltschaft) ist der elektronische Rechtsverkehr ist seit dem 1.1.2018 eröffnet.[126] Seitdem sind dort **elektronische Gerichts- und Verwaltungspostfächer** (EGVP) eingerichtet, über die elektronische Dokumente rechtswirksam eingereicht werden können. Eine Ausnahme bildeten Bußgeldverfahren, für die die Einreichung elektronischer Dokumente erst ab dem 1.1.2020 zugelassen wurde.[127] 58f

d) Elektronische und automatisierte Verwaltungsakte

Die Digitalisierung der Verwaltung erfasst auch deren traditionelles Instrument, den Verwaltungsakt. Auf Bundesebene wurden hier zum 1.1.2017 mit § 35a VwVfG wich- 58g

---

125 Art. 1 des G zur Förderung der elektronischen Verwaltung im Saarland [...] v. 15.12.2017 (Amtsbl. I S. 1007).
126 Grundlagen bilden das mittlerweile außer Kraft getretene (Bundes-)G zur Förderung des elektronischen Rechtsverkehrs mit den Gerichten (E-Justice-G – Kurztitel nicht amtlich) v. 10.10.2013 (BGBl. I S. 3786), das (Bundes-)G zur Einführung der elektronischen Akte in der Justiz [...] v. 5.7.2017 (BGBl. I S. 2208), das saarl. G über den Einsatz der Informationstechnik bei den Gerichten und Staatsanwaltschaften [...] v. 8.3.2021 (Amtsbl. I S. 737) sowie die saarl. VO v. 20.4.2021 (Amtsbl. I S. 1236). Zur Umsetzung in der Praxis *Radke* jM 2019, 272 ff.
127 S. die saarl. VO v. 1.12.2017 (Amtsbl. I S. 1015).

tige Weichenstellungen vorgenommen.[128] Das Saarland reagierte erst rund vier Jahre später, nämlich zum 6.11.2020.[129]

Zu unterscheiden sind in diesem Zusammenhang[130]

einerseits bzgl. des Inhalts

- der **vollständig automatisierte Erlass eines Verwaltungsakts** nach § 35a VwVfG/SVwVfG, bei dem die *Sachentscheidung* nicht mehr durch einen Menschen, sondern durch ein IT-Programm (Algorithmus) getroffen wird. Zulässig ist der vollautomatisierte Verwaltungsakt nach § 35a VwVfG/SVwVfG nur, wenn der zuständigen Behörde weder ein Beurteilungsspielraum[131] noch ein Ermessen (§ 40 VwVfG/SVwVfG) eingeräumt ist. Die Form ist demgegenüber unerheblich: Ein solcher Verwaltungsakt kann elektronisch, aber auch schriftlich (auf Papier) erlassen werden;

andererseits hinsichtlich der Form

- der **elektronisch erlassene (elektronische) Verwaltungsakt** gem. § 37 II 1 F. 2 VwVfG/SVwVfG, bei dem das für den Rechtsverkehr maßgebliche Originaldokument nicht auf Papier verkörpert, sondern nur auf einem Datenträger (Festplatte, virtuelles Laufwerk oÄ) gespeichert ist;
- der **elektronisch übermittelte Verwaltungsakt** gem. § 41 II 2 VwVfG/SVwVfG, bei dem das Originaldokument (das sich in einer Datei, aber auch auf Papier befinden kann) elektronisch versendet wird, etwa per Telefax oder als gescanntes Dokument per E-Mail;
- der **elektronisch abgerufene Verwaltungsakt** nach § 41 IIa VwVfG/SVwVfG, der dem Adressaten nicht mehr gem. § 41 II VwVfG übermittelt wird, sondern von diesem über das Internet abgerufen (dort also gleichsam „abgeholt") wird. Diese Möglichkeit besteht nur bei elektronisch erlassenen Verwaltungsakten (§ 37 II 1 F. 2 VwVfG/SVwVfG);
- der **elektronisch zugestellte Verwaltungsakt** nach § 1 SVwZG (sogl. → Rn. 59 ff.) iVm § 5 V VwZG mit einer qualifizierten elektronischen Signatur (qeS, → Rn. 58b). Dies setzt ein elektronisches Dokument, dh einen elektronisch erlassenen Verwaltungsakt (§ 37 II 1 F. 2 VwVfG/SVwVfG), voraus.

3. Verwaltungszustellung

59 Verwaltungszustellung ist die **Bekanntgabe** eines schriftlichen oder elektronischen Dokumentes einer Behörde gegenüber dem Bürger **in einer bestimmten, beurkundeten Form** (daher häufig als förmliche Zustellung bezeichnet).[132] Auch für die Verwaltungszustellung hat das Saarland kompetenzgemäß[133] ein Landesgesetz erlassen: das

---

128 Art. 20 und 23 I 1 des G zur Modernisierung des Besteuerungsverfahrens v. 18.7.2016 (BGBl. I S. 1679). Vgl. in diesem Rahmen auch § 24 I 3 und § 41 IIa VwVfG des Bundes nF. Vgl. *Guckelberger* DÖV 2021, 566 (568 ff.); *dies.* (Fn. 121), S. 364 ff.
129 Art. 1 des G zur Änderung verwaltungsverfahrensrechtl. Vorschriften v. 26.8.2020 (Amtsbl. I S. 1058), in Kraft getreten am 6.11.2020.
130 Näher *Schmitz/Prell* NVwZ 2016, 1273 (1274) mwN.
131 Etwa bei Prüfungsentscheidungen oder bei beamtenrechtl. Beurteilungsentscheidungen.
132 Vgl. § 2 I VwZG (Fn. 136).
133 Art. 70 I GG.

Saarländische Verwaltungszustellungsgesetz (SVwZG).[134] Es gilt für die Zustellung der Landesbehörden, der Gemeinden und Gemeindeverbände sowie der sonstigen Körperschaften, Anstalten und Stiftungen des öffentlichen Rechts, die der Aufsicht des Landes unterstehen.[135] Keine Anwendung findet es jedoch insb. bei der Zustellung von Widerspruchsbescheiden durch Landesbehörden, da sich diese Zustellung nach Bundesrecht (§ 73 III 2 VwGO) richtet.

Das SVwZG ist nur ein **Rumpfgesetz**; es verweist in seinem § 1 zur Gänze auf das Verwaltungszustellungsgesetz des Bundes (VwZG),[136] und zwar in dessen *jeweils geltender Fassung*. Dabei handelt es sich um eine sog. dynamische Verweisung, die nicht unproblematisch ist, da der Landtag des Saarlandes damit ohne Weiteres künftige Änderungen des VwZG des Bundes in Landesrecht inkorporiert, ohne sie einer eigenen legislatorischen Prüfung unterzogen zu haben. Dies erscheint vor dem Hintergrund der Rechtsstaatlichkeit, der Demokratie und der bundesstaatlichen Kompetenzverteilung (Art. 60 I SVerf) nur so lange und so weit zulässig, wie das VwZG des Bundes *keine wesentlichen* Änderungen erfährt.[137] Anderenfalls müsste der Landtag darüber entscheiden, ob er die Generalverweisung in § 1 SVwZG aufrechterhält.

Gem. § 1 SVwZG iVm § 1 II VwZG erfolgt eine **Zustellung nur**, wenn dies durch Rechtsvorschrift oder durch behördliche Anordnung **bestimmt** ist (etwa gem. § 19 V SVwVG). Anderenfalls werden insb. Verwaltungsakte lediglich *bekanntgegeben*, und zwar in schriftlicher, elektronischer, mündlicher oder anderer Form (§ 37 II–V, § 41 SVwVfG). 60

Zustellungsarten nach dem VwZG 61

Zustellung	Norm
durch die Post mit Postzustellungsurkunde (PZU)	§ 1 SVwZG iVm § 3 VwZG
durch die Post mittels Einschreibens (Zustellungsfiktion nach drei Tagen, § 4 II 2 VwZG)	§ 1 SVwZG iVm § 4 VwZG
durch die Behörde gegen Empfangsbekenntnis	§ 1 SVwZG iVm § 5 I–III VwZG
mittels elektronischer Zustellung	§ 1 SVwZG iVm § 5 IV–VII VwZG
Öffentliche Zustellung	§ 1 SVwZG iVm § 10 VwZG
gemeinsame Vorschriften (Zustellung an gesetzliche Vertreter und Bevollmächtigte; Heilung von Zustellungsmängeln; Zustellung im Ausland)	§ 1 SVwZG iVm §§ 6–9 VwZG

---

134 SVwZG v. 13.12.2005 (Amtsbl. 2006 S. 214).
135 Die saarl. Gerichte stellen hingegen nach Maßgabe der §§ 166–190 ZPO zu, vgl. auch § 56 II VwGO, § 37 I StPO ua.
136 VwZG v. 12.8.2005 (BGBl. I S. 2354).
137 Vgl. SVerfGH, Beschl. v. 22.4.2022, Lv 1/21, sub C II 2; BVerfGE 78, 32 (36); 120, 274 (316 ff.) – Die Gesetzesvorlage der Landesregierung greift diese Problematik erstaunlicherweise nicht auf, s. LT-Drs. 13/652.

Wegen ihrer einfachen Handhabung besonders praxisrelevant ist die förmliche Zustellung mittels Postzustellungsurkunde durch **Einlegen (Einwurf) in den Briefkasten** nach § 3 II 1 VwZG iVm § 180 ZPO.[138] Hier kann das Schriftstück in einen zur Wohnung oder zum Geschäftsraum gehörenden Briefkasten des Adressaten eingelegt werden. Mit der Einlegung gilt das Schriftstück als zugestellt (**Zustellungsfiktion**); ob der Adressat den Inhalt des Schriftstücks zur Kenntnis nimmt, ist deshalb unerheblich.

4. Verwaltungsvollstreckung

62 Definiert wird die Verwaltungsvollstreckung als die **Durchsetzung öffentlich-rechtlicher Verpflichtungen mit Zwang** in einem verwaltungseigenen, also nicht gerichtlichen Verfahren.[139] Das heißt, dass die Verwaltung ihre Ansprüche gegenüber dem Bürger aufgrund ihrer Hoheitsgewalt grds. selbst durchsetzen darf (**Grundsatz der Selbstvollstreckung**) und nicht, wie der Bürger, auf die Hilfe der Gerichte angewiesen ist. Sinn und Zweck der Verwaltungsvollstreckung ist es, dafür zu sorgen, dass ein Verwaltungsakt oder eine andere öffentlich-rechtliche Verpflichtung vom Adressaten tatsächlich befolgt wird.

a) Rechtsgrundlagen

63 Für die Bundesverwaltung ist die Verwaltungsvollstreckung im Verwaltungs-Vollstreckungsgesetz des Bundes (VwVG) und im Gesetz über den unmittelbaren Zwang bei Ausübung öffentlicher Gewalt durch Vollzugsbeamte des Bundes (UZwG) geregelt.[140] Werden hingegen Verwaltungsakte, privatrechtliche Geldforderungen u.dgl. von Behörden des Saarlandes,[141] seiner Gemeinden und Gemeindeverbände und sonstigen juristischen Personen des öffentlichen Rechts unter der Aufsicht des Saarlandes vollstreckt, richtet sich die Vollstreckung grds. nach dem **Saarländischen Verwaltungsvollstreckungsgesetz** (SVwVG).[142] Dies gilt prinzipiell auch für die Vollstreckung von Bußgeldbescheiden im Ordnungswidrigkeitenverfahren.[143] Wiewohl das Vollstreckungsrecht auf Bundes- und Landesebene ähnliche Strukturen und Institute aufweist, ist es nicht in gleicher Weise „harmonisiert" wie das Verwaltungsverfahrensrecht in den Verwaltungsverfahrensgesetzen. Daher lohnen sich etwas breitere Ausführungen zur saarländischen Rechtslage.

---

138 S. hierzu ergänzend die ZustellungsvordruckVO (ZustVV) v. 12.2.2002 (BGBl. I S. 671, 1019) mit spät. Änd., auf die § 3 II 3 VwZG verweist.
139 Vgl. *Maurer/Waldhoff*, Allg. Verwaltungsrecht, § 20 Rn. 1.
140 VwVG v. 27.4.1953 (BGBl. I S. 157) mit spät. Änd.; UZwG v. 10.3.1961 (BGBl. I S. 165) mit spät. Änd. Für die Vollstreckung wegen Geldforderungen verweist das VwVG in seinem § 5 I weitgehend auf Vorschriften der AO (Fn. 144), vgl. sogl. → Rn. 64.
141 Demgegenüber vollstrecken die Staatsanwaltschaften und die Gerichte Geldstrafen, Ordnungs- und Zwangsgelder, Gerichtskosten ua nach der Justizbeitreibungsordnung v. 11.3.1937 (RGBl. I S. 298) mit spät. Änd., vgl. deren § 1 und § 459 StPO.
142 SVwVG v. 27.3.1974 (Amtsbl. S. 430) mit spät. Änd. – Im Jahr 2014 unternahm die Landesregierung einen Anlauf zur grundlegenden Novellierung des SVwVG (LT-Drs. 15/1025 v. 5.8.2014, LT-Plen.-Prot. 15/29 v. 24.9.2014, S. 2330 f.), der allerdings nach der 1. Lesung im Landtag wegen offener politischer Fragen nicht weiterverfolgt wurde.
143 S. § 90 I letzter Teilsatz OWiG; zudem gelten hier ergänzend und zT verdrängend die Spezialvorschriften der §§ 91 ff. OWiG.

IV. Verwaltungsverfahren

Zwei praxisrelevante Bereiche folgen weder dem VwVG noch dem SVwVG, sondern Spezialvorschriften: **64**

- Die Vollstreckungstätigkeit der (saarländischen) **Finanzämter** und der anderen Finanzbehörden richtet sich nach der **Abgabenordnung** (AO),[144] insb. nach deren Sechsten Teil (§§ 249–346). Dort ist aus naheliegenden Gründen vor allem die Vollstreckung wegen *Geldforderungen* (Steuerschulden, vgl. § 37 AO) ausführlich geregelt (§§ 259–327 AO).[145]
- Die Vollstreckung von Verwaltungsakten der saarländischen **Polizei** folgt den §§ 44–58 SPolG. Anders als in der Finanzverwaltung geht es hier nicht um die Vollstreckung wegen Geldforderungen,[146] sondern um die Durchsetzung anderer Handlungen, Duldungen oder Unterlassungen *(Polizeizwang)*. Relevant ist hier insb. die Ausübung von **unmittelbarem Zwang** (§§ 49, 51–58 SPolG), zumal die Vollzugspolizei die „klassische" Behörde zur Anwendung des unmittelbaren Zwangs ist und anderen Behörden entsprechende Hilfe (**Vollzugshilfe,** § 1 IV, §§ 41–43 SPolG) leistet.[147]

b) Vollstreckungsfähigkeit

Grundlage der Verwaltungsvollstreckung sind idR **Verwaltungsakte** (§ 35 SVwVfG).[148] **65**
Vollstreckungsfähig sind jedoch nicht alle Verwaltungsakte, sondern nur solche, die ein Gebot oder ein Verbot enthalten (**befehlende Verwaltungsakte**). Nicht vollstreckt werden können demnach feststellende Verwaltungsakte (zB Feststellung, dass eine bestimmte Prüfung bestanden wurde),[149] nicht vollstreckt zu werden brauchen rechtsgestaltende Verwaltungsakte (zB Entlassung aus dem Beamtenverhältnis).[150]

Ein Verwaltungsakt ist des Weiteren nur vollstreckungsfähig, wenn er rechtlich existent, dh **wirksam** ist (§ 43 SVwVfG). Dazu muss er ordnungsgemäß bekanntgegeben sein (§ 41 SVwVfG) und darf nicht aufgehoben worden sein oder sich nicht sonst erledigt haben. Vor allem aber darf er **nicht nichtig** sein, also nicht an den in § 44 I und II SVwVfG genannten schweren Rechtsfehlern leiden. Die Rechtmäßigkeit im Übrigen ist indes idR *keine* Vollstreckungsvoraussetzung (→ Rn. 74, 87.) **66**

c) Arten der Verwaltungsvollstreckung

Bei der Verwaltungsvollstreckung ist eine grundlegende Weichenstellung zu beachten: die Differenzierung zwischen der öffentlich-rechtlichen Verpflichtung, die vollstreckt werden soll. Es besteht ein kategorialer Unterschied zwischen der **Vollstreckung wegen Geldforderungen** und der Erzwingung von anderen Handlungen, Duldungen oder Un- **67**

---

144 AO idF der Bek. v. 1.10.2002 (BGBl. I S. 3866, ber. 2003 I S. 61) mit spät. Änd.
145 Aber auch für die Vollstreckung wegen anderer Leistungen als Geldforderungen hält die AO Regelungen bereit (§§ 328–335).
146 Geldforderungen der Polizei (zB Kostenbescheide, § 90 SPolG) werden gem. § 1 III 2 SVwVG nach den Vorschriften des SVwVG vollstreckt.
147 S. → § 4 Rn. 30 f.
148 Erweiterungen bestehen für die Verwaltungsvollstreckung wegen Geldforderungen (Beitreibung), s. → Rn. 83.
149 Bspw. § 2 II, § 6a II, § 14 V des saarl. JuristenausbildungsG (JAG).
150 S. § 23 des BeamtenstatusG (BeamtStG, Fn. 287).

Gröpl

terlassungen (**Verwaltungszwang**). Beide Bereiche folgen verschiedenen Rechtsgrundlagen und haben unterschiedliche Voraussetzungen.

68 Arten der Verwaltungsvollstreckung

Beitreibung	Verwaltungszwang
Vollstreckung wegen **Geldforderungen**	Erzwingung von **anderen** Handlungen, Duldungen, Unterlassungen
§§ 29–72 und §§ 73–76 SVwVG in diesem Rahmen zahlreiche Verweise auf Vorschriften der ZPO (in § 23 IV 2, § 28 III 1, § 32 IV 2, 5, § 35 S. 2, § 38 I 1, II, § 39, § 45 V, § 50 S. 1, § 55 IV 3, § 63 III, § 66, 67, 68 VII, § 71 II, III, § 75 III SVwZG)	§§ 13–28 SVwVG
Grundlage: idR Leistungsbescheid (→ Rn. 83)	Grundlage: anderer befehlender Verwaltungsakt
Allgemeine Vorschriften: §§ 1–12 SVwVG	

d) Verwaltungszwang

69 **aa) Abgrenzung zwischen SVwVG und SPolG**

Fall:
Die Verkehrspolizeiinspektion (Vollzugspolizei, §§ 82 ff. SPolG) lässt einen Pkw abschleppen. Dieser stand am Straßenrand auf einer mit einem absoluten Halteverbotsschild (§ 12 I Nr. 6 lit. a, § 41 II Nr. 8 Zeichen 283 StVO) versehenen Fläche und behinderte akut den Straßenverkehr. Das Verkehrszeichen war von der Landeshauptstadt Saarbrücken ordnungsgemäß aufgestellt worden. Welche Rechtsgrundlage besteht für die Abschleppmaßnahme? Inwiefern kann man die Zuständigkeit der Vollzugspolizei bejahen?

70 Sowohl das SVwVG als auch das SPolG enthalten Vorschriften zur Erzwingung von Handlungen, Duldungen und Unterlassungen außerhalb des Bereichs der Vollstreckung von Geldforderungen (Verwaltungszwang), nämlich die §§ 13–28 SVwVG und die §§ 44–58 SPolG. Ob der Verwaltungszwang im jeweiligen Fall nach dem SVwVG oder nach dem SPolG erfolgt, richtet sich nach **§ 1 III 1 SVwVG**. Danach bleiben die Vorschriften des SPolG zur Durchsetzung polizeilicher Verfügungen mit Zwangsmitteln „unberührt", dh das SPolG geht dem SVwVG in seinem Anwendungsbereich grds. vor. Die Vollstreckung von Verwaltungsakten der Polizei, mit denen eine Geldleistung gefordert wird, richtet sich gem. § 1 III 2 SVwVG jedoch nach den Vorschriften des SVwVG.

71 **Lösungsvorschlag zu Fall Rn. 69:**
Für die Vollstreckung von Verwaltungsakten (§ 35 SVwVfG) ist nach § 14 SVwVG bzw. § 44 III SPolG grds. die Behörde zuständig, die den zu vollstreckenden Verwaltungsakt erlassen hat.[151] Danach wäre die Polizei für die Vollstreckung zuständig und die §§ 44 ff. SPolG kämen zur An-

---

151 Vorliegend handelt es sich nicht um die Vollstreckung von Geldforderungen, sondern um die Durchsetzung einer Handlung. Daher finden grds. die §§ 13–28 SVwVG, nicht aber die §§ 29–72 SVwVG Anwendung.

wendung, wenn es sich bei dem Verkehrsschild um eine Polizeiverfügung iSd § 1 III 1 SVwVG, § 44 I SPolG handelte. Polizeiverfügungen sind Verwaltungsakte, die aufgrund der §§ 8 ff. SPolG ergehen. Das Verkehrszeichen stellt eine Allgemeinverfügung iSv § 35 S. 2 SVwVfG dar. Aufgestellt wurde es von der Landeshauptstadt Saarbrücken, die als untere Straßenverkehrsbehörde dafür gem. § 44 I 1, § 45 IV Hs. 1 StVO iVm § 6 I StVZustG[152] zuständig war. Insoweit liegt kein Polizeiverwaltungsakt vor. Folglich wäre die Landeshauptstadt Saarbrücken als Straßenverkehrsbehörde gem. § 14 SVwVG auch für die Vollstreckung zuständig; die anzuwendenden vollstreckungsrechtlichen Normen ergäben sich aus dem SVwVG. Allerdings stellt das verbotswidrige Parken einen Verstoß gegen die Rechtsordnung dar (§ 41 II Nr. 8 StVO – Zeichen Nr. 283) und beeinträchtigt damit die öffentliche Sicherheit. Wegen der akuten Verkehrsbehinderung liegt auch eine konkrete Gefahr im Sinne einer Störung vor, deren Abwehr durch die Straßenverkehrsbehörde nicht rechtzeitig möglich erscheint. Daher ist für die Verkehrspolizeiinspektion als Teil der Vollzugspolizei der Aufgabenbereich über die Eilzuständigkeit nach § 1 II iVm § 85 II 1 SPolG eröffnet.[153] Befugnisnorm für die Anordnung, den Pkw zu entfernen, ist nicht § 21 Nr. 1 SPolG (Sicherstellung), da keine Verwahrung des Pkw (§ 22 SPolG) intendiert wird. Als einschlägig erweist sich aber die Generalbefugnis des § 8 I SPolG. Diese Wegfahr-Anordnung wird sodann im Wege der Ersatzvornahme nach § 44 I, § 45 I Nr. 1, § 46 SPolG vollstreckt.[154]

bb) Gestrecktes Verfahren und Sofortvollzug: Wie nach dem SPolG, so kann der Verwaltungszwang auch nach dem SVwVG auf zwei unterschiedlichen Vollstreckungsgrundlagen beruhen und sich sodann an verschiedenen Verfahrensvoraussetzungen ausrichten: 72

- Das sog. **gestreckte Zwangsverfahren** nach § 18 I SVwVG erfordert einen vollstreckbaren und vollziehbaren **(Grund-)Verwaltungsakt** sowie eine **Androhung** der Vollstreckung (§§ 19, 22b SVwVG) und ggf. eine Festsetzung des Zwangsmittels.
- Gem. § 18 II SVwVG ist die Vollstreckung in einem abgekürzten Verfahren, dem sog. **Sofortvollzug**, zulässig. Hierbei wird auf den *Grundverwaltungsakt* sowie auf die *Androhung* des Verwaltungszwangs verzichtet (§ 19 I 1 Hs. 2, § 22b I 2 SVwVG).[155] Voraussetzung ist jedoch, dass der Sofortvollzug zur Abwendung einer unmittelbar drohenden Gefahr[156] notwendig ist. Zwangsmittel (→ Rn. 75 ff.) des Sofortvollzugs sind vor diesem Hintergrund die Ersatzvornahme oder der unmittelbare Zwang; die Festsetzung eines Zwangsgeldes (§ 20 SVwVG) scheidet aus.

Der – auch prüfungsrelevante – **wesentliche Unterschied** zwischen den beiden Vollstreckungsvarianten besteht in Bezug auf den Grundverwaltungsakt: 73

- Im sog. gestreckten Verfahren muss er erlassen worden, braucht aber *nicht* rechtmäßig zu sein. Seine Vollstreckbarkeit (Unanfechtbarkeit oder Vollziehbarkeit gem. § 18 I SVwVG) reicht aus.[157]
- Demgegenüber ist beim Sofortvollzug ein Grundverwaltungsakt gerade nicht erlassen worden, wird aber gleichsam als *Fiktion* zugrunde gelegt. Denn nach § 18 II SVwVG muss die Behörde beim Sofortvollzug **im Rahmen ihrer gesetzlichen Befugnisse** handeln. Das ist nur dann der Fall, wenn ein – *fiktiver* – Grundverwaltungs-

---

152 S. Fn. 12.
153 Demgegenüber deckt die Zuständigkeit zur Verkehrsüberwachung nach § 85 I 2 SPolG – jedenfalls nach Auffassung der Praxis – nicht das Abschleppen von Pkw.
154 S. hierzu auch → § 4 Rn. 204 ff.
155 AA *Bull/Mehde*, AVwR/VwL, Rn. 980: Der Grund-VA fehle nicht, sondern werde gleichzeitig mit der Vollziehung erlassen, uU durch konkludentes Handeln.
156 § 44 II SPolG fordert eine gegenwärtige Gefahr. Die Anforderungen an die Gefahrenlage sind aber trotz unterschiedlicher Begrifflichkeiten zwischen SVwVG und SPolG deckungsgleich.
157 Zugrunde liegt das vollstreckungsrechtl. Trennungsprinzip, s. *Bull/Mehde*, AVwR/VwL, Rn. 979.

akt rechtmäßig hätte erlassen werden dürfen. Mit anderen Worten ist hier im Rahmen einer Inzidentprüfung zu untersuchen, ob der fiktive Grundverwaltungsakt formell und materiell rechtmäßig wäre. Ist der Grundverwaltungsakt rechtswidrig, so bewirkt das aufgrund des verwaltungsvollstreckungsrechtlichen **Konnexitätsprinzips** im Sofortvollzug[158] die Rechtswidrigkeit der Verwaltungsvollstreckung.

74 Gestrecktes Zwangsverfahren und Sofortvollzug im Vergleich

Gestrecktes Verfahren, § 18 I SVwVG	Sofortvollzug, § 18 II SVwVG
Grund-VA ■ vollstreckungsfähig (→ Rn. 66.), insb. nicht nichtig iSv § 44 I, II SVwVfG (Rechtmäßigkeit iÜ unerheblich) und ■ vollstreckbar unanfechtbar (§§ 70, 74 I VwGO) oder sofort vollziehbar (§ 80 II VwGO)	Grund-VA *nicht vorhanden*; stattdessen: ■ unmittelbar drohende Gefahr und ■ Rechtmäßigkeit eines *fiktiven* Grund-VA, Inzidentprüfung: ■ formelle Rechtmäßigkeit ■ materielle Rechtmäßigkeit
Androhung, §§ 19, 22b SVwVG (Festsetzung nur i. R.v. § 20 II 1 SVwVG)	*keine* Androhung, § 19 I 1 Hs. 2, § 22b I 2 SVwVG
Anwendung, §§ 20 ff. SVwVG	*sofortige* Anwendung, §§ 21 ff. SVwVG

75 cc) **Zwangsmittel:** Zulässige Zwangsmittel sind gem. § 13 I 2 Nr. 1–4 SVwVG Zwangsgeld (§ 20 SVwVG), Ersatzvornahme (§ 21 SVwVG), unmittelbarer Zwang (§ 22 SVwVG) und Erzwingungshaft (§ 28 SVwVG). Bei der Auswahl des Zwangsmittels ist der Grundsatz der Verhältnismäßigkeit besonders zu beachten (§ 13 II SVwVG).[159]

76 ■ Das Zwangsmittel des **Zwangsgeldes** iSd § 20 SVwVG kommt vor allem bei *unvertretbaren* Handlungen, Duldungen oder Unterlassungen in Betracht. Unvertretbarkeit idS ist gegeben, wenn eine Handlung, Duldung oder Unterlassung nur von dem Adressaten des Verwaltungsakts vorgenommen werden kann. Ein Zwangsgeld kann aber auch bei einer vertretbaren Handlung festgesetzt werden, etwa dann, wenn es dem Pflichtigen nicht zumutbar ist, die Kosten einer Ersatzvornahme zu tragen.[160] Das Zwangsgeld ist keine Strafe, sondern ein Beugemittel; daher darf es wiederholt eingesetzt und gesteigert werden. Das Zwangsgeld kann durch einen Leistungsbescheid nach § 29 I SVwVG von der Behörde, die den Leistungsbescheid erlassen hat, vollstreckt werden.

77 ■ Wird eine *vertretbare* Handlung nicht oder nicht rechtzeitig vorgenommen, kann die Vollstreckungsbehörde (§§ 2, 14 SVwVG, → Rn. 89) die Handlung im Rahmen einer **Ersatzvornahme** nach § 21 SVwVG selbst vornehmen oder durch einen Dritten vornehmen lassen (zB Abriss eines Schwarzbaus, Abschleppen eines Kfz). Der

---
158 Vgl. *Geier* BayVBl. 2004, 389 ff. mwN.
159 Zu den praxisrelevanten Problemfällen der Zwangsmittel vgl. *Weber* DVBl. 2012, 1130.
160 *Erbguth/Guckelberger*, Allg. Verwaltungsrecht, § 19 Rn. 8; *Maurer/Waldhoff*, Allg. Verwaltungsrecht, § 20 Rn. 15.

Pflichtige muss die Ersatzvornahme dulden. Im Rahmen der Fremdvornahme wird der Dritte als Verwaltungshelfer im Auftrag der Behörde aufgrund eines privatrechtlichen Vertrages tätig.[161] Der Vergütungsanspruch des Verwaltungshelfers richtet sich gegen die Behörde. Diese kann aber gegenüber dem Pflichtigen nach § 21 iVm §§ 77, 78 SVwVG, § 1 SVwVG-KostO[162] einen **Kostenersatzanspruch** geltend machen. Dieser Anspruch wird durch Verwaltungsakt festgestellt und vollstreckt.[163]

- Die Anwendung **unmittelbaren Zwangs** ist gem. § 22 I 1 SVwVG zulässig, wenn Ersatzvornahme oder Zwangsgeld *nicht in Betracht kommen, keinen Erfolg versprechen* oder *unzweckmäßig* sind. Unmittelbarer Zwang kann durch die Einwirkung auf Personen oder Sachen durch körperliche Gewalt, Hilfsmittel der körperlichen Gewalt oder durch Waffengebrauch ausgeübt werden (s. §§ 22a, 22c-25 SVwVG).[164] Zu beachten ist die Subsidiarität insb. gegenüber dem SPolG (§ 22 II SVwVG). Die **Kosten** des unmittelbaren Zwangs könnten im Saarland nach §§ 77, 78 I, II Nr. 1 SVwVG geltend gemacht werden. Die SVwVG-KostO sieht jedoch einen solchen Kostentatbestand – anders als § 49 VII SPolG für den polizeilichen Verwaltungszwang – nicht vor.[165] 78

- **Erzwingungshaft** nach § 28 SVwVG ist *nur subsidiär* zulässig, wenn ein anderes Zwangsmittel erfolglos geblieben ist und dessen Wiederholung oder die Anwendung eines anderen Zwangsmittels keinen Erfolg verspricht.[166] Die Erzwingungshaft kann gem. § 28 II 1 SVwVG nur durch das Verwaltungsgericht angeordnet werden[167] und darf sechs Wochen nicht überschreiten (§ 28 II 2 SVwVG). 79

dd) **Androhung, Festsetzung und Anwendung:** Nach § 19 I SVwVG ist das jeweilige Zwangsmittel grds. vor seiner Anwendung schriftlich und unter Fristsetzung **anzudrohen**. Eine Ausnahme gilt für den sog. Sofortvollzug (§ 19 I 1 Hs. 2 SVwVG). Nach wohl hM stellt die Androhung einen selbständigen Verwaltungsakt dar.[168] Sie erfolgt zumeist zusammen mit dem zu vollstreckenden Verwaltungsakt (Grundverwaltungsakt, vgl. § 19 II SVwVG). Sie muss hinreichend **bestimmt** sein (§ 19 III SVwVG) und dem Pflichtigen (§ 15 SVwVG) **zugestellt** werden (§ 19 V SVwVG). Für den unmittelbaren Zwang gilt § 22b SVwVG. 80

Die gesonderte **Festsetzung** des Zwangsmittels ist nur bei der Verhängung eines **Zwangsgeldes** nach § 20 II 1 SVwVG vorgesehen. Sie stellt einen gesonderten Verwaltungsakt dar[169] und erfolgt idR zusammen mit der Androhung beim Erlass des Grundverwaltungsaktes. Andere Zwangsmittel brauchen – anders als auf Bundesebe- 81

---

161 *Erbguth/Guckelberger*, Allg. Verwaltungsrecht, § 19 Rn. 6; *Maurer/Waldhoff*, Allg. Verwaltungsrecht, § 20 Rn. 13.
162 Kostenordnung zum SVwVG (SVwVG-KostO – Abk. nicht amtl.) v. 2.3.2021 (Amtsbl. I S. 2157).
163 OVG d. Saarl., NVwZ 2009, 602 (603).
164 *Erbguth/Guckelberger*, Allg. Verwaltungsrecht, § 19 Rn. 9; *Maurer/Waldhoff*, Allg. Verwaltungsrecht, § 20 Rn. 17.
165 S. Fn. 162.
166 Andere VerwaltungsvollstreckungsG kennen stattdessen das Instrument der „Ersatzzwangshaft", das allerdings – anders als bei § 28 SVwVG – nur dann zur Anwendung kommen darf, wenn das Zwangsgeld uneinbringlich ist (zB § 48 SPolG, § 16 VwVG).
167 S. Art. 104 II 1 GG, Art. 13 SVerf.
168 S. dazu → Rn. 93.
169 OVG Rh.-Pf., NVwZ 1986, 762.

ne nach § 14 VwVG – nicht gesondert festgesetzt zu werden.[170] Nach der Androhung und etwaigen Festsetzung kommt das Zwangsmittel in einem letzten Schritt zur **Anwendung**; erforderlichenfalls wird dabei unmittelbarer Zwang ausgeübt.[171]

82 Verwaltungszwang nach SVwG und SPolG im Vergleich

Regelungsgegenstand	SVwVG	SPolG
Gestrecktes Verfahren (Vollstreckbarkeit)	§ 18 I	§ 44 I
Sofortvollzug	§ 18 II	§ 44 II
Verhältnismäßigkeit i.Allg.	§ 13 II, IV	§ 2
Androhung	§§ 19, 22b	§ 45 II, §§ 50, 54

Zwangsmittel
  Zwangsgeld
  Ersatzvornahme
  unmittelbarer Zwang
  Erzwingungshaft/
  Ersatzzwangshaft
	§ 13 I
	§ 20
	§ 21
	§§ 22 ff.
	§ 28
		§ 45 I
		§ 47
		§ 46
		§§ 49, 51 ff.
		§ 48

Vollstreckungsbehörde	§§ 2, 14	§ 44 III

e) Verwaltungsvollstreckung wegen Geldforderungen

83 **aa) Vollstreckungsfähigkeit**: Die Verwaltungsvollstreckung wegen Geldforderungen – die Beitreibung – folgt anderen Regeln als der Verwaltungszwang (dazu → Rn. 69 ff.). Hier wie dort ist jedoch grds. ein **vollstreckungsfähiger**, dh ein befehlender **Verwaltungsakt** (→ Rn. 65) erforderlich. Als Voraussetzung für die Beitreibung enthält dieser Verwaltungsakt das Gebot, einen bestimmten Geldbetrag zu entrichten. Nach der Legaldefinition des § 29 I SVwVG wird er als **Leistungsbescheid** bezeichnet und hat – insoweit ähnlich einem gerichtlichen Urteil[172] – die Funktion eines Vollstreckungstitels.[173] Neben der Vollstreckung von Leistungsbescheiden findet das SVwVG nach Maßgabe seines § 1 II Nr. 1 und seines § 74[174] auch auf **privatrechtliche Geldforderungen** der Behörden des Landes und seiner juristischen Personen des öffentlichen Rechts Anwendung.

84 **bb) Vollstreckbarkeit**: Nach § 30 I Nr. 1 SVwVG darf die Vollstreckung erst beginnen, wenn der Leistungsbescheid entweder unanfechtbar geworden ist oder Rechtsbehelfe gegen ihn keine aufschiebende Wirkung haben. Umschrieben wird damit die **Vollstreckbarkeit**.

---

170 S. OVG d. Saarl., NVwZ 2009, 602 (603 f.), auch zum einzuhaltenden Verfahren. Trotzdem wird eine Festsetzung zT für zulässig erachtet, vgl. *Maurer/Waldhoff*, Allg. Verwaltungsrecht, § 20 Rn. 22.
171 Zum Rechtscharakter der Anwendung von Zwangsmitteln s. → Rn. 96.
172 Vgl. § 704 ZPO.
173 Einem Leistungsbescheid gleich gestellt sind die in § 30 II SVwVG genannten Institute (Selbstberechnungserklärung, Beitragsnachweis) sowie die Unterwerfung unter die sofortige Vollstreckung i. R.d. öffentl.-rechtl. Vertrags nach § 61 SVwVfG.
174 S. hierzu VO über die Vollstreckung privatrechtl. Geldforderungen nach dem SVwVG, verkündet als Art. 1 der VO v. 2.3.2021 (Amtsbl. I S. 2155).

IV. Verwaltungsverfahren

- **Unanfechtbar** ist der Leistungsbescheid, wenn er formell bestandskräftig ist, wenn er also mit ordentlichen Rechtsbehelfen (Widerspruch gem. §§ 68 ff. VwGO oder Anfechtungsklage nach § 42 I F. 1 VwGO) nicht mehr angefochten und in diesem Rahmen nicht mehr aufgehoben werden kann (§§ 72, 73, 113 I 1 VwGO). Damit liegt Unanfechtbarkeit idR vor, wenn die Rechtsbehelfs- oder Rechtsmittelfristen (§ 70 I, § 74 I, § 124a II 1, § 133 II 1 VwGO) ungenutzt abgelaufen sind oder wenn ein von vornherein unanfechtbares Endurteil (§ 144 I, II VwGO) vorliegt.[175]

- Die Verwaltungsvollstreckung kann jedoch beginnen, obwohl der Leistungsbescheid noch nicht unanfechtbar geworden ist, wenn Widerspruch und Anfechtungsklage dagegen **keine aufschiebende Wirkung** haben (**Vollziehbarkeit**).[176] 85

Dies ist nach § 80 II 1 Nr. 1 VwGO der Fall bei der Anforderung von öffentlichen Abgaben und Kosten. Als Ausnahme zum Grundsatz der aufschiebenden Wirkung (§ 80 I VwGO) ist diese Vorschrift eng auszulegen:

(1) **Abgaben** sind öffentlich-rechtliche Geldforderungen zur Deckung des Finanzbedarfs des Staates oder anderer juristischer Personen des öffentlichen Rechts, insb. Steuern, Beiträge und Gebühren.[177]

(2) Unter **Kosten** fallen solche Gebühren und Auslagen, die wegen der Durchführung eines Verwaltungsverfahrens auferlegt werden, *nicht* aber die Kosten der Ersatzvornahme (§ 21 iVm §§ 77, 78 SVwVG).[178]

(3) **Zwangsgelder** (§ 20 SVwVG) sind zwar keine Abgaben oder Kosten in diesem Sinne; sie sind aber wegen § 80 II 2 VwGO iVm § 20 S. 1 AGVwGO sofort vollstreckbar.

Bei anderen Leistungsbescheiden, also solchen, die nicht kraft Gesetzes sofort vollziehbar sind, kann die Behörde die sofortige Vollziehbarkeit nach § 80 II 1 Nr. 4, III VwGO besonders anordnen (sog. **Vollziehungsanordnung**).

Entfällt die aufschiebende Wirkung eines Leistungsbescheids wegen der soeben genannten Gründe, kann der Betroffene die Vollstreckung verhindern, wenn er bei der Behörde nach § 80 IV VwGO die **Aussetzung der Vollziehung** (im Fachjargon: „AdV") oder beim zuständigen Verwaltungsgericht nach § 80 V VwGO die Anordnung bzw. Wiederherstellung der aufschiebenden Wirkung beantragt. Zu beachten ist in diesem Zusammenhang § 80 VI VwGO, wonach der Antrag beim Verwaltungsgericht grds. **subsidiär** zum Antrag bei der Behörde ist.

Neben der Unanfechtbarkeit oder der Vollziehbarkeit bestehen keine weiteren Anforderungen an den Leistungsbescheid: Er muss insb. **nicht rechtmäßig** sein! Darin besteht ein wesentlicher Unterschied zum Sofortvollzug im Verwaltungszwang (→ Rn. 74): *Auch rechtswidrige* Leistungsbescheide können Grundlage einer Vollstreckungsmaßnahme sein; die bloße Rechtswidrigkeit stellt also kein Vollstreckungshin- 86

---

175 Unanfechtbare Endurteile liegen auch vor, wenn ein Rechtsmittel nicht zugelassen wurde und der Antrag auf Zulassung oder die Nichtzulassungsbeschwerde erfolglos bleibt, s. §§ 124, 124a V 4, §§ 132, 133 V 3 VwGO.
176 Unterscheide den Begriff der Vollziehbarkeit von dem des Sofortvollzugs (→ Rn. 72 f.).
177 OVG Rh.-Pf., NVwZ 1987, 64. Zu den Legaldefinitionen s. § 3 I AO, § 8 II und § 4 II des saarl. KommunalabgabenG (KAG).
178 *Kopp/Schenke*, VwGO, § 80 Rn. 63 mwN; *Hoppe*, in: Eyermann, VwGO, § 80 Rn. 31 f. mwN.

dernis dar. Denn es obliegt dem Adressaten, gegen einen rechtswidrigen Leistungsbescheid mit dem zulässigen Rechtsbehelf vorzugehen und dessen Aufhebung zu beantragen. Voraussetzung für den Leistungsbescheid ist freilich, dass er überhaupt **wirksam** geworden und nicht etwa nichtig ist (§ 43 SVwVfG). Das heißt, er darf nicht in schwerwiegender Weise iSv § 44 I oder II SVwVfG rechtswidrig sein.

87 cc) **Fälligkeit:** Neben der Vollstreckungsfähigkeit und der Vollstreckbarkeit ist für Leistungsbescheide gem. § 30 I Nr. 2 SVwVG Voraussetzung, dass die Geldleistung fällig ist. Der Zeitpunkt der Fälligkeit liegt idR nach der Entstehung der Leistungspflicht, nach der Festsetzung der Leistungspflicht durch Leistungsbescheid und nach der Bekanntgabe des Leistungsbescheids (§ 41 SVwVfG); er bezeichnet den Tag, ab dem der Pflichtige (§ 32 SVwVG) den **Anspruch erfüllen**, also **zahlen muss**.[179]

88 dd) **Mahnung und Ablauf der Zahlungsfrist:** Weitere Vollstreckungsvoraussetzung für Leistungsbescheide nach § 30 I Nr. 3 iVm § 31 I SVwVG ist eine Mahnung. Dies ist die **bereichsspezifische Form der Vollstreckungsandrohung** (→ Rn. 72, 80). Anders als die Androhung beim Verwaltungszwang muss die Mahnung nicht förmlich zugestellt werden (§ 31 I im Vgl. zu § 19 V SVwVG). In den Fällen des § 31 II und III SVwVG ist eine Mahnung nicht erforderlich. Letzte Voraussetzung für die Beitreibung ist, dass der Zahlungspflichtige (§ 32 SVwVG) die Zahlungsfrist iSv § 30 I Nr. 4 SVwVG hat verstreichen lassen.

89 ee) **Vollstreckungsbehörde und Vollstreckungsverfahren:** Vollstreckungsbehörde iSv § 2 SVwVG ist nach § 29 I SVwVG grds. die Behörde, die den zu vollstreckenden Verwaltungsakt erlassen hat (Ausgangsbehörde). Dieses Prinzip wird durch zahlreiche Ausnahmen in den Folgeabsätzen durchbrochen, namentlich soweit die Ausgangsbehörden nicht über eine Vollstreckungsstelle oder Vollstreckungsbeamte (§ 4 SVwVG) verfügen:[180]

- So bedienen sich insb. die saarländischen Ministerien und Landesämter (→ Rn. 28 ff.) nach § 29 II SVwVG grds. der **Finanzämter**, die nach Maßgabe der Vorschriften der Abgabenordnung handeln (→ Rn. 64).[181]
- Geldforderungen der unteren Landesbehörden oder von juristischen Personen des öffentlichen Rechts der mittelbaren Landesverwaltung (→ Rn. 23) vollstrecken nach § 29 III SVwVG grds. die **Gemeindekassen** (§ 97 KSVG), die insoweit als Teile der Behörde (Ober-)Bürgermeister handeln (→ Rn. 24).[182]
- Soweit eine Gemeinde keine Vollstreckungsaufgaben erfüllen möchte, kann sie diese auf Grundlage einer öffentlich-rechtlichen Vereinbarung nach § 29 IIIa SVwVG[183] entweder auf „ihren" **Gemeindeverband** (Landkreis oder Regionalverband) oder aber auf das **Landesverwaltungsamt** als „Dienstleister" übertragen.

---

179 S. hierzu § 13 SaarlGebG (Fn. 195).
180 Eine Vollstreckungsstelle besteht insb. im Landesverwaltungsamt (→ Rn. 30 ff.).
181 Nach dem Entwurf eines G zur Novellierung des SVwVG sollte die Zuständigkeit der saarl. Finanzämter auf das LaVA (→ Rn. 30 ff.) übertragen werden (§ 35 II SVwVG-E, LT-Drs. 15/1025). Näher zu diesem Gesetzentwurf Fn. 142.
182 *Welsch* LKRZ 2011, 446 (448 f.). Vgl. auch die AufwandserstattungsVO zum SVwVG, verkündet als Art. 1 der VO v. 2.3.2021 (Amtsbl. I S. 2157), in Kraft getreten am 24.9.2021.
183 IdF v. Art. 1 Nr. 5 des G v. 16.6.2021 (Amtsbl. I S. 2140), in Kraft getreten erst am 24.9.2021.

- Ebenfalls aufgrund öffentlich-rechtlicher Vereinbarungen darf das **Landesverwaltungsamt** nach § 29 IIIa SVwVG auch für andere juristische Personen der mittelbaren Landesverwaltung (→ Rn. 23) landesweit Geldforderungen vollstrecken.
- Schließlich kann die Vollstreckung bestimmter öffentlich-rechtlicher Geldforderungen nach § 29 IV SVwVG durch Rechtsverordnung einer **anderen Behörde** übertragen werden.

Das weitere Verfahren der Beitreibung richtet sich nach den §§ 34–76 SVwVG. Von seiner Struktur her zeigt es Ähnlichkeiten mit den **zivilprozessualen Vorschriften** zur Vollstreckung wegen Geldforderungen (§§ 803–882a ZPO).[184] Eine gesonderte Anhörung des Zahlungspflichtigen ist wegen § 28 II Nr. 5 SVwVfG entbehrlich. 90

Vollstreckung von Geldforderungen (Beitreibung) nach dem SVwVG 91

I. **Materielle Voraussetzungen, §§ 30, 31 SVwVG**
1. Vollstreckungsfähigkeit – wirksamer Leistungsbescheid iSv § 29 I SVwVG oder – Surrogate, § 30 II, III, § 74 SVwVG 2. Vollstreckbarkeit, § 30 I Nr. 1 SVwVG – Unanfechtbarkeit oder – sofortige Vollziehbarkeit (beachte insb. § 80 II Nr. 1 VwGO) 3. Fälligkeit, § 30 I Nr. 2 SVwVG 4. Mahnung, § 30 I Nr. 3, § 31 SVwVG (kein VA) 5. Ablauf der **Zahlungsfrist**, § 30 I Nr. 4 SVwVG
II. **Zuständigkeit**
1. Sachlich: Vollstreckungsbehörde, §§ 2, 29 SVwVG 2. Funktional: Vollstreckungsbeamte, § 4 SVwVG (Vollstreckungshilfe: § 3 SVwVG)
III. **Verfahren**
§§ 34–76 SVwVG

f) Rechtsschutz

Wegen des Gebots des umfassenden Rechtsschutzes gegen Akte der Exekutive (Art. 19 IV GG, Art. 20 SVerf) muss es auch gegen Maßnahmen der Verwaltungsvollstreckung Rechtsbehelfe geben. Sie sind vom **Rechtsschutz** gegen die **Grundverfügung** (den zu vollstreckenden Verwaltungsakt) streng **zu unterscheiden**. Zwei miteinander zusammenhängende Grundsätze des Vollstreckungsrechts sind hierbei zu verinnerlichen: 92

- Die Rechtswidrigkeit des zu vollstreckenden Hoheitsaktes (des Grundverwaltungsaktes, zB des Leistungsbescheids) kann **nur mit Rechtsbehelfen** gegen diesen zugrunde liegenden Akt gerügt werden, **nicht aber mit Rechtsbehelfen im Rahmen des Vollstreckungsverfahrens**. Anders gewendet: Sind Rechtsmittel gegen Vollstre-

---

[184] § 36 SVwVG idF des Entwurfs eines Gesetzes zur Novellierung des SVwVG (Fn. 142) wollte hier einen „Paradigmenwechsel" einführen: Über einen Globalverweis auf das VwVG des Bundes (und damit auf dessen § 5 I) sollten statt der Vollstreckungsvorschriften der ZPO die als effektiver erachteten Vorschriften der Abgabenordnung (AO – Fn. 144) zur Anwendung gelangen (LT-Drs. 15/1025, S. 2).

ckungsmaßnahmen gegeben, kann mit ihnen nur die Rechtswidrigkeit der Vollstreckung, nicht aber die Rechtswidrigkeit der Grundverfügung angegriffen werden.
- Nach der **Bestandskraft** des Grundverwaltungsaktes ist die Vollstreckung zulässig, auch wenn dieser Grundverwaltungsakt rechtswidrig ist.[185]

93 Im Übrigen ist bei den Rechtsbehelfen in der Verwaltungsvollstreckung nach dem Angriffsgegenstand zu differenzieren:

- Für Rechtsbehelfe gegen die **Androhung** steht auf Bundesebene eine eigenständige Regelung bereit (§ 18 I VwVG), nicht aber im SVwVG. Insoweit ist für die Wahl des Rechtsbehelfs entscheidend, ob die Androhung (§§ 19, 22b SVwVG) einen **Verwaltungsakt** iSd § 35 SVwVfG darstellt. Umstritten ist dabei, ob eine Regelung vorliegt: Einerseits wird vertreten, die Androhung formuliere lediglich die Warnung, dass mit der Vollstreckung zu rechnen sei. Ein darüber hinausgehender eigenständiger Regelungsgehalt soll fehlen. Nach hM enthält die Androhung ein eigenständiges Duldungsgebot und weist damit Regelungscharakter auf.[186] Für die Praxis empfiehlt sich, von einem eigenständigen Verwaltungsakt auszugehen und daher fristgerecht anzufechten (§§ 70, 74 I VwGO), um eine etwaige Bestandskraft der Androhung zu verhindern.

94 - **Keinen** Verwaltungsakt stellt indes die **Mahnung** im Rahmen der Beitreibung von Geldforderungen dar (§ 30 I Nr. 3, § 31 SVwVG) dar. Dagegen kann daher nicht isoliert vorgegangen werden.[187]

95 - Die **Festsetzung** eines Zwangsmittels enthält dessen Anordnung und regelt die Art und Weise der Ausführung (→ Rn. 81). Daher stellt sie einen anfechtbaren Verwaltungsakt dar.[188]

96 - Die **Anwendung** eines Zwangsmittels im Rahmen des Verwaltungszwangs ist grds. kein Verwaltungsakt, denn es fehlt ihr ein eigenständiger Regelungsgehalt. Die Zwangsmittelanwendung erschöpft sich in der tatsächlichen Ausführung und ist deshalb nach hM als Realakt anzusehen, der mit der allgemeinen Leistungsklage oder Feststellungsklage angegriffen werden kann.[189] **Anderes** gilt nach zT vertretener Ansicht für den **Sofortvollzug** (→ Rn. 72 ff.): Denn hier fehlen sowohl die Grundverfügung als auch die Androhung (§ 18 II, § 19 I 1 Hs. 2 SVwVG); der gesamte Regelungsgehalt erschöpft sich im Vollstreckungsakt, der insoweit als ein Verwaltungsakt zu qualifizieren sei.[190] Dagegen spricht indessen, dass im Sofortvollzug – ebenso wie in anderen Vollstreckungsmaßnahmen – keine Regelung iSv § 35 S. 1 SVwVfG erblickt werden kann. Gegen die Annahme eines Verwaltungs-

---

185 Zur Kostentragungspflicht bei einem rechtswidrigen Grundverwaltungsakt vgl. OVG d. Saarl., NVwZ 2009, 602 (603); VGH Bad.-Württ., DVBl. 1987, 153 ff.
186 BVerwG, NVwZ 1998, 393, ebd.; *Stelkens*, in: Stelkens/Bonk/Sachs, VwVfG, § 35 Rn. 85.
187 Vgl. OVG Rh.-Pf., NJW 1982, 2276 (2277).
188 *Erbguth/Guckelberger*, Allg. Verwaltungsrecht, § 19 Rn. 15; *Maurer/Waldhoff*, Allg. Verwaltungsrecht, § 20 Rn. 24.
189 *Troidl*, in: Engelhardt/App/Schlatmann, VwVG/VwZG, VwVG § 3 Rn. 9 f.; *Erbguth/Guckelberger*, Allg. Verwaltungsrecht, § 19 Rn. 16; *Maurer/Waldhoff*, Allg. Verwaltungsrecht, § 20 Rn. 24.
190 Vgl. zB BayVGH, BayVBl 1997, 634, allerdings zum Institut der unmittelbaren Ausführung, das im saarl. Landesrecht nicht vorgesehen ist. Anders die mittlerweile wohl überwiegende Rspr., vgl. OVG NRW, NVwZ-RR 2000, 429 ff.

aktes lässt sich zudem anführen, dass beim Sofortvollzug ein Adressat nicht greifbar ist. Dann aber sei eine Bekanntgabe gem. § 41 SVwVfG nicht möglich, womit auch eine Wirksamkeit nach § 43 I SVwVfG nicht in Betracht komme. In der Klausur sind bei hinreichender Begründung beide Ansichten gleichwertig vertretbar. Zu beachten sind die unterschiedlichen Klagearten (Widerspruch und Anfechtungsklage oder erweiterte Fortsetzungsfeststellungsklage einerseits, allg. Leistungsklage oder allg. Feststellungsklage andererseits). Die Rspr. stellt hierfür im Weiteren jedoch in der Sache ähnliche Voraussetzungen auf.[191]

Differenziert fällt – abgesehen davon – die Betrachtung bei der Beitreibung von Geldforderungen aus: Hier kann es durchaus Vollstreckungsmaßnahmen mit Regelungswirkung nach außen geben, so insb. die Pfändung (§§ 41, 56 ff. SVwVG). Demgemäß sind dagegen auch Widerspruch und Anfechtungsklage statthaft.[192]

Bei alledem ist im Saarland stets die Norm des § 20 S. 1 AGVwGO zu beachten, die auf § 80 II 1 Nr. 3 und II 2 VwGO beruht: Danach haben Rechtsbehelfe in der Verwaltungsvollstreckung **keine aufschiebende Wirkung** nach § 80 I VwGO. Das heißt, dass Vollstreckungsmaßnahmen sofort vollziehbar sind; die aufschiebende Wirkung kann nur über § 20 S. 2 AGVwGO iVm § 80 IV, V, VII und VIII VwGO angeordnet oder wiederhergestellt werden. 97

Rechtsschutz in der Verwaltungsvollstreckung 98

Grundverfügung	Androhung	Festsetzung	Anwendung
Widerspruch/ Anfechtungsklage	Widerspruch/ Anfechtungsklage (str.); anders: **Mahnung** gem. § 31 I SVwVG	(nur gem. § 20 II SVwVG) Widerspruch/ Anfechtungsklage	allg. Leistungs- oder Feststellungsklage; Ausn.: Sofortvollzug (str.), Pfändung u.dgl.: Widerspruch/ Anfechtungsklage
aufschiebende Wirkung (§ 80 I VwGO), soweit kein Fall des § 80 II VwGO	keine aufschiebende Wirkung, § 80 II 1 Nr. 3 VwGO iVm § 20 S. 1 AGVwGO; aber § 20 S. 2 AGVwGO iVm § 80 IV, V, VII, VIII VwGO zulässig		

5. Verwaltungskosten
a) Veranlassungsprinzip; Rechtsgrundlagen

Das Tätigwerden der **Verwaltung kostet Geld**; die Personal- und Sachkosten (Verwaltungsausgaben, → Rn. 9 f.) sind durch den jeweiligen Verwaltungsträger (Bund, Saarland, Kommune ua) zu bestreiten. Finanziert wird das in erster Linie über **Steuereinnahmen**, die von der Allgemeinheit der Bürger nach Maßgabe der jeweiligen wirtschaftlichen 99

---

191 *Kopp/Ramsauer*, VwVfG, § 35 Rn. 117 mit Verw. auf BVerwGE 109, 203 (207 ff.).
192 BVerwGE 54, 314 (316).

Leistungsfähigkeit aufgebracht werden.[193] Steuerpflichtig ist bei Erfüllung eines Steuertatbestands jedermann, unabhängig davon, ob er eine bestimmte Verwaltungshandlung veranlasst hat oder ob ihm eine bestimmte Verwaltungsleistung zugutekommt (vgl. § 3 I AO). Überlegungen der Gerechtigkeit legen jedoch nahe, denjenigen, der eine Verwaltungsleistung verursacht, an den daraus entstehenden Kosten in angemessenem Umfang besonders zu beteiligen (kostenrechtliches **Veranlassungsprinzip**).

100 Wie in anderen Bereichen des Allgemeinen Verwaltungsrechts, so ist auch im Verwaltungskostenrecht die Gesetzgebungskompetenz geteilt (Art. 70 GG): Der Bund hat für seinen Bereich das **Bundesgebührengesetz (BGebG)**[194] erlassen, das Saarland das **Gesetz über die Erhebung von Verwaltungs- und Benutzungsgebühren im Saarland (SaarlGebG)**.[195] Darüber hinaus bestehen sowohl auf Bundes- als auch auf Landesebene zahlreiche Sondervorschriften; für die saarländischen Kommunen gilt insb. das **Kommunalabgabengesetz (KAG)**,[196] auf dessen Grundlage kommunale Gebührensatzungen erlassen werden können (§ 2 KAG).[197] Bundes- und Landesgebührenrecht weichen begrifflich und inhaltlich zum Teil voneinander ab. Dargestellt werden können hier nur die Grundzüge des saarländischen Landesrechts.

b) Verwaltungs- und Benutzungsgebühren; Auslagen

101 Verwaltungskosten unterteilen sich in Gebühren und Auslagen.

- **Gebühr** ist eine Geldleistung, die als **Gegenleistung** für eine **bestimmte Inanspruchnahme der Verwaltung** gegenüber dem erhoben wird, auf dessen Veranlassung oder in dessen Interesse die Inanspruchnahme erfolgt.[198]
- Besondere **Auslagen** (Postzustellungs-, Telekommunikationsentgelte ua) werden zusätzlich zur Gebühr erhoben, allgemeine Auslagen sind mit der jeweiligen Gebühr abgegolten (§§ 2, 12 III SaarlGebG).

102 Damit ist das zentrale Element der Kosten die Gebühr. Hier lässt sich weiter unterscheiden:

- **Verwaltungsgebühren** sind kraft öffentlichen Rechts geforderte Entgelte für die Vornahme vom **Amtshandlungen** (§ 1 I 1 Nr. 1, S. 2–4 SaarlGebG, § 5 KAG). Gebührenpflichtig kann eine Amtshandlung auch dann sein, wenn sie zum Nachteil des Gebührenschuldners ausfällt, etwa die Ablehnung des Antrags auf Erlass einer Baugenehmigung (§ 73 LBO).[199] Allerdings ist als allgemeiner rechtsstaatlicher Grundsatz zu beachten, dass Gebühren **nicht** so hoch sein dürfen, dass sie von einer Beantragung einer Amtshandlung **abschrecken**. Bisweilen sind Amtshandlungen sogar **gebührenfrei** (§§ 3, 4 SaarlGebG).

---

[193] Das steuerrechtl. Leistungsfähigkeitsprinzip wird als spezifisches Differenzierungskriterium in st. Rspr. aus Art. 3 I GG abgeleitet, s. nur BVerfGE 116, 164 (180) mwN.
[194] Das BGebG v. 7.8.2013 (BGBl. I S. 3154) löst das bis zum 15.8.2013 geltende VwKostG v. 23.7.1970 (BGBl. I S. 821) ab; instruktiv dazu *Schlabach* NVwZ 2013, 1443.
[195] SaarlGebG v. 24.6.1964 (Amtsbl. S. 629) mit spät. Änd.
[196] KAG idF der Bek. v. 29.5.1998 (Amtsbl. S. 691) mit spät. Änd. Dabei verweist § 5 IV KAG in weitem Umfang auf das SaarlGebG (Fn. 195).
[197] Zum KAG s. → § 3 Rn. 120 ff.
[198] *Wolff/Bachof/Stober/Kluth*, Verwaltungsrecht I, 13. Aufl. 2019, § 42 Rn. 31. Vgl. auch Legaldefinition in § 4 II KAG.
[199] Beachte aber § 9 I SaarlGebG. – Näher zur Baugenehmigung → § 5 Rn. 126 ff.

IV. Verwaltungsverfahren

▪ **Benutzungsgebühren** sind kraft öffentlichen Rechts geforderte Entgelte für die Benutzung einer öffentlichen Einrichtung, zB für die Müllabfuhr oder die Abwasserbeseitigung (§ 1 I 1 Nr. 2 SaarlGebG, § 6 KAG).

Die Höhe der Gebühren bemisst sich insb. nach dem **Verwaltungsaufwand** und den **Unterhaltungskosten**, in zweiter Linie nach dem **objektiven Wert** der Leistung (§ 6 III, § 7 II SaarlGebG). Hierzu erlassen die Landesregierung und die zuständigen Ministerien nach Maßgabe von §§ 5, 6 SaarlGebG Allgemeine und Besondere **Gebührenverzeichnisse** als Rechtsverordnungen.[200]

c) Individuelle Zurechenbarkeit

Als Ausfluss des kostenrechtlichen Veranlassungsprinzips (→ Rn. 99) ist dabei vor allem zu beachten, dass Gebühren nur erhoben werden dürfen, wenn der Anlass für die Verwaltungsleistung einer bestimmten Person **individuell zurechenbar** ist (vgl. § 6 I SaarlGebG);[201] anderenfalls entfiele die Rechtfertigung für deren finanzielle Belastung. In der Konsequenz dessen formuliert § 12 I SaarlGebG entsprechende Tatbestände zur Bestimmung des jeweiligen **Kostenschuldners**.

Aus dem Veranlassungsprinzip folgt eine wichtige rechtsstaatliche Konsequenz: Individuell zurechenbar ist eine Amtshandlung dem Kostenschuldner nur, soweit sie rechtmäßig ist. Nur dann dürfen für die Amtshandlung auch Kosten erhoben werden (kostenrechtliches **Konnexitätsprinzip**).[202] Für die Klausur bedeutet das, dass im Rahmen der Rechtmäßigkeitsprüfung eines Kostenbescheids die **Rechtmäßigkeit** der zugrunde liegenden Amtshandlung (meist des zugrunde liegenden Verwaltungsakts) untersucht werden muss (**Inzidentprüfung, „Schachtelprüfung"**).

Rechtmäßigkeit eines Kostenbescheids

I. Rechtsgrundlage
§§ 1 ff. SaarlGebG iVm Spezialvorschrift
II. Formelle Rechtmäßigkeit
1. Zuständige Behörde: § 10 SaarlGebG 2. Verfahren: §§ 9, 10, 28 SVwVfG 3. Form: § 13 IV SaarlGebG, § 37 III, § 39 SVwVfG
III. Materielle Rechtmäßigkeit
1. Kostenfähigkeit (Kostengrund/Kostenart): Gebühren und Auslagen, §§ 1 ff. SaarlGebG iVm dem jew. Gebührenverzeichnis 2. Kostenschuldner, § 12 I, II, § 6 I SaarlGebG: Veranlassungsprinzip
Vor.: **Rechtmäßigkeit der Amtshandlung**, für die Kosten erhoben werden ⇨ *Inzidentprüfung* der Amtshandlung, typischerw. des zugrunde liegenden VA

---

200 Zur RechtsVO s. Art. 104 SVerf und → § 1 Rn. 138 ff.
201 Vgl. BVerfGE 50, 217 (226); 108, 1 (13 f.).
202 S. OVG d. Saarl., NVwZ 2009, 602 (603). Dies ist ein bedeutender Unterschied zur Verwaltungsvollstreckung, für die die Rechtmäßigkeit des zu vollstreckenden Verwaltungsakts grds. nicht erforderlich ist, s. → Rn. 73 f. und 86.

3. Nichterhebung von Kosten, insb. Gebührenfreiheit: §§ 3, 4, 9 I 2 SaarlGebG
4. Kostenhöhe: § 6 II–IV, §§ 7, 8 SaarlGebG iVm dem jew. Gebührenverzeichnis
5. Entstehung und Fälligkeit des Kostenanspruchs: § 13 SaarlGebG
6. keine Verjährung (Erlöschen des Kostenanspruchs): § 19 SaarlGebG

Kommunale Verwaltungskosten: Verweisung in § 5 IV KAG auf das SaarlGebG

d) Verfahren; Rechtsschutz

107 Auch das Verfahren zur Erhebung von Kosten ist im SaarlGebG skizziert, insb. für Amtshandlungen: Aus § 10 und § 13 IV 2 SaarlGebG ergibt sich, dass die Kosten von der Behörde festgesetzt werden, die die Amtshandlung vornimmt. Dies erfolgt häufig in Verbindung mit dem zugrunde liegenden Verwaltungsakt. Die **Kostenfestsetzung** stellt ihrerseits selbst einen Verwaltungsakt iSv § 35 S. 1 SVwVfG dar, der allerdings formlos bekanntgegeben werden darf (§ 37 II 1 SVwVfG iVm § 13 IV 1 SaarlGebG). Auf Verlangen muss er nach § 13 IV 2 SaarlGebG jedoch schriftlich als **Kostenbescheid** (**Gebührenbescheid**) ergehen.

108 Für den Rechtsschutz gegen Kostenbescheide gelten die allgemeinen Regeln: Statthaft sind grds. **Widerspruch** und **Anfechtungsklage** (§§ 68, 42 I F. 1 VwGO). Diese Rechtsbehelfe haben wegen § 80 II 1 Nr. 1 VwGO keine aufschiebende Wirkung.[203] Werden die Kosten vom Schuldner nicht entrichtet, können sie im Wege der **Verwaltungsvollstreckung** beigetrieben werden (→ Rn. 83 ff.); der Kostenbescheid ist Leistungsbescheid gem. § 29 I, § 30 SVwVG.

e) Kosten des Widerspruchsverfahrens

108a Das Widerspruchsverfahren nach der VwGO ist zulasten des Unterliegenden[204] kostenpflichtig.[205] Die Rechtsgrundlagen hierfür sind bedauerlicherweise nicht im Zusammenhang geregelt, sondern finden sich verstreut in verschiedenen Gesetzen. Ausgangspunkt ist im Saarland § 9a SaarlGebG. Danach erhebt die Widerspruchsbehörde eine **Widerspruchsgebühr** nach Maßgabe von § 9a I 1, § 21 II SaarlGebG iVm den zugehörigen Richtlinien.[206] Zudem hat der Unterliegende zu erstatten

- gem. § 9a I 3 iVm § 2 II SaarlGebG die besonderen **Auslagen** der Widerspruchsbehörde und
- nach § 80 I, II SVwVfG die zur zweckentsprechenden Rechtsverfolgung und Rechtsverteidigung notwendigen **Aufwendungen** des Obsiegenden.

Wer die Kosten des konkreten Widerspruchsverfahrens trägt, entscheidet die Widerspruchsbehörde (→ Rn. 155) gem. § 73 III 3 VwGO im Widerspruchsbescheid als **Kosten(grund)entscheidung**. Im Anschluss daran setzt die Widerspruchsbehörde nach § 80 III SVwVfG auf entsprechenden Antrag die Kosten fest; dieser **Kostenfestsetzungsbescheid** ist seinerseits Verwaltungsakt iSv § 35 S. 1 SVwVfG, der mit Wider-

---

203 Zu den Kosten der Ersatzvornahmen (§ 21 SVwVG) s. o. → Rn. 77.
204 Grds.: Hat der Widerspruch Erfolg, trägt der Rechtsträger der Ausgangsbehörde (§ 70 I VwGO) die Kosten. Hat der Widerspruch keinen Erfolg, trägt prinzipiell der Widerspruchsführer die Kosten. Einzelheiten in § 9a II–IV SaarlGebG und § 80 I SVwVfG.
205 Anders das Einspruchsverfahren in Steuersachen (arg. e contrario § 366 AO; BT-Drs. 7/4292, 8 f.).
206 Richtlinien über die Festsetzung der Gebühren im Widerspruchsverfahren gem. § 9a SaarlGebG v. 30.1.2002 (SGMBl S. 3).

spruch angefochten und vollstreckt werden kann (→ Rn. 62 ff.). Wegen § 80 II 1 Nr. 1 VwGO hat der Widerspruch gegen einen Kostenfestsetzungsbescheid keine aufschiebende Wirkung.

f) Kosten der Verwaltungsvollstreckung

Auch die **Verwaltungsvollstreckung** (→ Rn. 62 ff.) ist ihrerseits **kostenpflichtig** (§ 77 SVwVG). Für die Ersatzvornahme wird dies speziell in § 21 SVwVG bestimmt. Kostenschuldner ist grds. der Pflichtige iSv § 15 SVwVG, Kostengläubiger die Vollstreckungsbehörde (§ 77 II, III SVwVG). § 77 IV und § 78 SVwVG ermächtigen zum Erlass einer Kostenordnung in Form der Rechtsverordnung.[207] Zu beachten ist, dass Widerspruch und Anfechtungsklage gegen den jeweiligen Kostenbescheid grds. aufschiebende Wirkung haben: Zum einen greift § 20 S. 1 AGVwGO nicht, da davon nur Maßnahmen *in* der Verwaltungsvollstreckung umfasst werden; zum anderen findet § 80 II 1 Nr. 1 VwGO keine Anwendung.[208]

109

Spezielles gilt für den **Polizeizwang** nach den §§ 44 ff. SPolG. Er ist – wie auch andere polizeiliche Maßnahmen – nach § 90 I SPolG kostenpflichtig (→ § 4 Rn. 220 ff.). Föderative Unterschiede bestehen bei der Vollstreckung durch **unmittelbaren Zwang**, die in manchen Bundesländern kostenfrei ist.[209] Das Saarland hat die Kostenpflicht dieser Maßnahmen jedoch in § 49 VII SPolG ausdrücklich angeordnet.

110

Eine besondere „Denksportaufgabe" bildet die Kombination des verwaltungsvollstreckungsrechtlichen und des kostenrechtlichen Konnexitätsprinzips. Zur Wiederholung:

111

- Die Rechtmäßigkeit eines Verwaltungsakts ist grds. nicht Voraussetzung für seine Vollstreckung (→ Rn. 73).
- Sehr wohl aber ist die Rechtmäßigkeit eines Verwaltungsakts Voraussetzung für die daran anknüpfende Kostenpflicht (→ Rn. 105).

So kann ein rechtswidriger, aber bestandskräftiger oder sofort vollziehbarer Verwaltungsakt nach § 18 I und § 30 I SVwVG rechtmäßig vollstreckt werden. Aus dieser Rechtmäßigkeit des Vollstreckungsaktes folgt dann grds. die Rechtmäßigkeit der Kostenerhebung. Davon ist aus rechtsstaatlichen Gesichtspunkten eine **Ausnahme zu machen**, und zwar dann, wenn der vollstreckte Grundverwaltungsakt noch nicht bestandskräftig, also sofort vollziehbar war. In einem solchen Fall ist der Pflichtige (§§ 15, 32 SVwVG) nur bei durchgehend rechtmäßigem Handeln zur Kostentragung verpflichtet.[210] Wird ein **rechtswidriger** und noch **nicht bestandskräftiger Grundverwaltungsakt** vollstreckt, ist diese Vollstreckung zwar als solche rechtmäßig, nicht aber die Heranziehung des Pflichtigen zu den **Vollstreckungskosten**; diese treffen den Verwaltungsträger. War der Grundverwaltungsakt indessen bereits unanfechtbar, kommt es in kostenrechtlicher Hinsicht nicht auf seine Rechtmäßigkeit an; kostenpflichtig ist der Pflichtige.

---

207 Kostenordnung zum SVwVG (SVwVG-KostO – Abk. nicht amtl.) v. 2.3.2021 (Amtsbl. I S. 2157).
208 S. hierzu → Rn. 85.
209 Beispielsweise hat der Störer in NRW mangels einschlägiger Kostentragungsnorm die Kosten des gegen ihn gerichteten unmittelbaren Zwangs durch die Polizei nicht zu leisten.
210 Vgl. VGH Bad.-Württ., DVBl. 1987, 153.

V. Informationsansprüche und Datenschutz (Überblick)

1. Rechtliche Spannungslage

112 **Fall:**
Das Landesamt für Verbraucherschutz als zuständige untere Lebensmittelüberwachungsbehörde (→ Rn. 29) deckt in einer Großbäckerei desolate hygienische Zustände auf. Daraufhin leitet unter anderem auch die Staatsanwaltschaft Saarbrücken ein Ermittlungsverfahren gegen den Inhaber ein. Unterdessen begehrt der Bürger B vom Landesamt Auskunft über die Firma der Großbäckerei. Dies verweigert das Landesamt. Zu Recht?

113 Eine wichtige Rolle in der Gesetzgebung spielt gerade in Zeiten des Internets der Umgang mit **Informationen** (svw. Nachrichten, Mitteilungen, Auskünfte, allg.: Wissen über Sachverhalte). Häufig sind dabei zwei **widerstreitende Interessen** miteinander zu vereinbaren:

- einerseits der Wunsch des Auskunftssuchenden, rechtliche, politische, wirtschaftliche, soziale und kulturelle Informationen zu erhalten,
- andererseits das Bestreben des Einzelnen, selbstbestimmt über die Offenbarung von Informationen über die eigene Person zu entscheiden.

114 **Zum Fall Rn. 112:**
Der Verbraucher (hier der B) und die Medien sind an Informationen über die hygienischen Zustände der Großbäckerei interessiert; der Inhaber möchte negative Informationen, insb. die Identifizierung seiner Person und seines Betriebs, hingegen unterbinden. Beide Positionen sind grundrechtlich aufgeladen, soweit staatliches Handeln ins Spiel kommt: Für die Freigabe der Information sprechen die Presse- und Rundfunkfreiheit (Art. 5 I 2 GG, Art. 5 I SVerf) sowie der Schutz der körperlichen Unversehrtheit (Art. 2 II GG, Art. 1 S. 2 SVerf),[211] für ihre Geheimhaltung streiten die Berufsfreiheit (Art. 12 I GG, Art. 44 S. 1 SVerf) sowie das Recht auf informationelle Selbstbestimmung (Art. 2 I iVm Art. 1 I GG, Art. 2 S. 2 SVerf).

115 Es ist Aufgabe der Gesetzgeber von Bund und Ländern, diese Spannungslage auszugleichen. Zu beachten ist dabei, dass es einen verfassungsrechtlichen, dh unmittelbar den Grundrechten entspringenden Anspruch auf Information durch den Staat nicht gibt. Insb. Art. 5 I 1 F. 2 GG gewährleistet nur das Recht, sich aus *allgemein zugänglichen* Quellen zu unterrichten, nicht aber das Recht, dass der Staat eine Informationsquelle eröffnet.[212]

2. Allgemeiner Informationszugangsanspruch

a) Rechtsgrundlagen

116 Im Bereich des allgemeinen Rechts auf Information gegenüber dem Staat sind die Gesetzgebungskompetenzen zwischen Bund und Ländern geteilt.[213] Für den Bereich seiner Verwaltung hat der **Bund** das **Informationsfreiheitsgesetz** (IFG) erlassen.[214] Das Saarland hat in Bezug auf seine unmittelbare und mittelbare Verwaltung nachgezogen

---

211 Zur Herleitung des Grundrechts auf körperliche Unversehrtheit s. → § 1 Rn. 180.
212 BVerfGE 103, 44 (59 f.); 119, 309 (319).
213 Die Landeskompetenz ergibt sich aus Art. 70 I GG, die des Bundes aus der Annexkompetenz zur Regelung des Verwaltungsverfahrens für die Bundesbehörden, vgl. *Schoch*, IFG, 2. Aufl. 2016; OVG NRW, GewArch 2007, 113 ff.
214 IFG v. 5.9.2005 (BGBl. I S. 2722) mit spät. Änd. – Die Bezeichnung des G lehnt sich an den US-amerikanischen *Freedom of Information Act (FOIA)* v. 4.7.1966 (5 U.S.C. Section 552) an.

mit dem **Saarländischen Informationsfreiheitsgesetz (SIFG)**.[215] Ähnlich wie das SVw-ZG ist auch das SIFG ein „Rumpfgesetz", das in seinem § 1 – dynamisch[216] – auf die wesentlichen Vorschriften des IFG des Bundes verweist. Ziel der Gesetze ist die Schaffung einer **transparenten Verwaltung**, was insb. durch verbesserte Einsichtsmöglichkeiten in Verwaltungsdokumente ermöglicht werden soll. Nach § 1 SIFG iVm § 1 I IFG hat jeder einen **Anspruch auf Zugang zu amtlichen Informationen**, ohne ein berechtigtes Interesse nachweisen zu müssen.

Damit wird der überkommene verwaltungsrechtliche Grundsatz, dass der Einzelne zur Einsichtnahme in amtliche Unterlagen ein **berechtigtes Interesse** nachweisen muss (§ 29 I 1 SVwVfG) umgekehrt: Nach dem SIFG muss nunmehr die Verwaltung begründen, warum sie den Informationszugang verwehrt. Dadurch soll die kritische Beteiligung des mündigen Bürgers an der Entwicklung des Gemeinwesens gefördert werden. 117

b) Anspruchsberechtigung und -verpflichtung; Konkurrenzen

Nach § 1 S. 1 SIFG hat grds. „jeder" einen **Anspruch auf Zugang zu amtlichen Informationen**. Anspruchsberechtigt sind demnach alle deutschen und ausländischen natürlichen und juristischen **Personen des Privatrechts**, nicht aber nicht-rechtsfähige Personenvereinigungen.[217] Im Umkehrschluss zu § 1 S. 2 SIFG ergibt sich, dass juristische Personen des öffentlichen Rechts grds. keinen Informationszugangsanspruch haben; die Ausnahme in diesem Satz gilt nur für juristische Personen des öffentlichen Rechts, soweit sie Grundrechtsträger sind.[218] Demgemäß haben zB auch Mitglieder von Kommunalorganen (Gemeinderäte, Kreistage) in ihrer amtlichen Eigenschaft keinen Informationszugangsanspruch nach § 1 S. 1 SIFG gegenüber der jeweiligen Kommune; Abhilfe schafft hier allerdings das Auskunftsrecht nach § 37 KSVG. 118

Als **Adressaten** des Anspruchs nennt § 1 S. 1 und 3 SIFG die **Behörden** des Landes und der Kommunen, deren sonstige Organe und Einrichtungen sowie den Saarländischen Rundfunk (SR), soweit diese öffentlich-rechtliche Verwaltungsaufgaben wahrnehmen.[219] **Nicht** anspruchsverpflichtet sind damit der Landtag bei seiner legislativen Funktion sowie die saarländischen Gerichte im Rahmen ihrer Rechtsprechung.[220] Auch für den Landtag und die Gerichte ist das SIFG somit nur einschlägig, soweit sie über ihre Kernaufgaben hinaus bzw. anlässlich ihrer Aufgabenerfüllung öffentlich-rechtliche Verwaltungsaufgaben wahrnehmen.[221] Wegen § 1 S. 4 SIFG unterliegen 119

---

215 SIFG v. 12.7.2006 (Amtsbl. S. 1624) mit spät. Änd. S. dazu *Schoch* NJW 2009, 2987 ff.
216 Zur damit verbundenen Problematik s. → Rn. 59.
217 So etwa bei Bürgerinitiativen. Unbenommen bleibt der individuelle Anspruch eines jeden Mitglieds der Bürgerinitiative auf Informationszugang, vgl. BT-Drs. 15/4493, S. 7. – Anderes gilt nach der Rechtslage einiger anderer Länder, vgl. § 9 AIG Bbg und § 2 I 1 LTranspG RLP.
218 Näher *Guckelberger* LKRZ 2007, 125 (127).
219 Mit der Einbeziehung des SR geht § 1 S. 3 SIFG über die Vorgaben der RL 2003/98/EG v. 17.11.2003 hinaus, die öffentl.-rechtl. Rundfunkanstalten vom Anwendungsbereich ausnimmt.
220 Einen gewissen Ausgleich schaffen die verschiedenen Vorschriften über die Öffentlichkeit etwa Art. 72 SVerf oder §§ 169 ff. GVG, sowie bereichsspezifische Akteneinsichtsrechte (zB § 299 ZPO, § 100 VwGO, §§ 147, 475 StPO).
221 *Guckelberger* LKRZ 2007, 125 (127).

insb. Universitäten und Schulen im Bereich von Forschung und Lehre sowie in Prüfungsangelegenheiten nicht dem SIFG.[222]

120 Die Datenschutz-Grundverordnung der EU (DSGVO, → Rn. 133) enthält in ihrem Art. 15 einen höherrangigen und iÜ speziellen datenschutzrechtlichen Auskunftsanspruch des Betroffenen. Andere Rechtsvorschriften über den Zugang zu amtlichen Informationen verdrängen als leges speciales die Regelungen des SIFG (§ 1 S. 1 SIFG iVm § 1 III IFG) nur, wenn und soweit sie einen mit § 1 I IFG identischen sachlichen Regelungsgehalt aufweisen und als abschließende Regelung zu verstehen sind. Eine solche verdrängende Spezialität kommt nur dort in Betracht, wo zwei Rechtsnormen denselben Sachverhalt regeln, mithin die gleichen gesetzgeberischen Anliegen verfolgen und identische Zielgruppen im Blick haben.[223] In diesem Sinne finden sich im Saarland **speziellere Informationsansprüche** insb. in § 5 SMG und § 11 SPolDVG. Demgegenüber stehen das **Akteneinsichtsrecht** nach § 29 I 1 SVwVfG und der Informationszugangsanspruch nach § 1 SIFG gleichrangig nebeneinander. Dieses Akteneinsichtsrecht bleibt jedoch hinter § 1 SIFG zurück: Es steht nicht jedermann, sondern nur den **Beteiligten** eines Verwaltungsverfahrens (§ 13 SVwVfG)[224] zur Geltendmachung oder Verteidigung ihrer rechtlichen Interessen zu. Zudem kann die Behörde nach § 29 II SVwVfG die Akteneinsicht insb. verweigern, wenn sonst die ordnungsgemäße Erfüllung ihrer Aufgaben beeinträchtigt würde oder wenn berechtigte Interessen Dritter entgegenstehen. Nicht verdrängt wird § 1 S. 1 SIFG iVm § 1 I IFG zudem durch die besonderen Auskunftsansprüche in § 37 I 2 und 3 KSVG.[225]

c) Ausschlussgründe

121 Der Informationszugangsanspruch ist nicht grenzenlos. § 1 S. 1 SIFG iVm §§ 3–6 IFG enthalten gewichtige Ausnahmenvorschriften, die jedoch eng auszulegen sind.[226] Im Streitfall wird darüber im sog. In-camera-Verfahren gem. § 99 II VwGO entschieden.[227]

- Nach § 1 S. 1 SIFG iVm § 3 IFG besteht ein **Informationsausschluss** zum **Schutz besonderer öffentlicher Belange**. Dies ist insb. dann der Fall, wenn sich die Information auf internationale Beziehungen, auf die innere oder äußere Sicherheit oder auf Kontroll- oder Aufsichtsaufgaben der Finanz-, Wettbewerbs- und Regulierungsbehörden bezieht. Der Anspruch ist weiter ausgeschlossen, wenn die Informationspreisgabe **Auswirkungen auf laufende Gerichtsverfahren** haben kann.
- Die Beschränkung des Informationszugangsanspruchs nach § 1 S. 1 SIFG iVm § 4 IFG **schützt** (ähnlich wie § 29 II SVwVfG) die Effektivität der Verwaltung bei der Erfüllung ihrer Aufgaben.

---

222 S. aber zB §§ 15 und 41 der saarl. Ausbildungsordnung für Juristen (JAO).
223 OVG d. Saarl., Urt. v. 11.6.2018, 2 A 452/17, Rn. 29 – juris.
224 *Nicht*beteiligte, die ein berechtigtes Interesse geltend machen, haben in erweiternder Anwendung des § 29 SVwVfG einen Anspruch auf *ermessensfehlerfreie Entscheidung* der Behörde, ob Akteneinsicht gewährt wird; vgl. BVerwGE 67, 300 (304 f.).
225 OVG d. Saarl., Urt. v. 11.6.2018, 2 A 452/17, Rn. 27 ff. – juris.
226 BT-Drs. 15/4493, S. 9.
227 Krit. *Schroeter* NVwZ 2011, 457 (458 ff.).

V. Informationsansprüche und Datenschutz (Überblick)

- § 1 S. 1 SIFG iVm § 5 IFG versucht einen Ausgleich zwischen dem Informationsinteresse des einen und dem **Datenschutzinteresse** des anderen Bürgers. Die Regelung ist Spezialvorschrift zu § 16 SDSG, der die Übermittlung personenbezogener Daten an Personen oder Stellen außerhalb des öffentlichen Bereichs normiert.[228] Vorrangig sind auch das Steuer- und das Sozialgeheimnis (§ 30 AO, § 35 SGB I).[229] Zugang zu personenbezogenen Daten darf nur erfolgen, wenn im Rahmen einer **Abwägung** das Informationsinteresse des Antragstellers das Geheimhaltungsinteresse des Dritten überwiegt.[230]

- Ohne **Abwägung** ist der Anspruch auf Informationszugang nach § 1 S. 1 SIFG iVm § 6 IFG ausgeschlossen, wenn der Schutz des geistigen Eigentums (zB des Urheberrechts) entgegensteht. Betriebs- oder Geschäftsgeheimnisse dürfen nur mit Einwilligung des Betroffenen offenbart werden.[231]

- Einen etwas versteckten Ausschlussgrund statuiert schließlich § 1 S. 1 SIFG iVm § 9 III IFG: Danach kann der Antrag auf Informationszugang abgelehnt werden, wenn der Antragsteller bereits über die begehrten **Informationen verfügt** oder sich diese in zumutbarer Weise aus allgemein zugänglichen Quellen (etwa aus den Medien, insb. aus dem Internet) beschaffen kann.

122

d) Kosten; Rechtsschutz

Auf Bundesebene werden für *einfache* Auskünfte gem. § 10 I 2 IFG keine Kosten erhoben. Diese Differenzierung kennt das saarländische Landesrecht nicht: Hier werden gem. § 9 SIFG iVm dem SaarlGebG nach Nr. 455 GebVerz[232] Gebühren und Auslagen in Höhe von 15 bis 500 Euro erhoben. Auch die Ablehnung eines Informationsantrags ist nach § 5 SIFG iVm § 9 I 1 SaarlGebG grds. kostenpflichtig.

123

Wird der Antrag auf Informationszugang abgelehnt, kann der Antragsteller nach § 1 S. 1 SIFG iVm § 9 IV IFG **Widerspruch** und **Verpflichtungsklage** in Form der Versagungsgegenklage erheben.[233] Damit hat der Gesetzgeber zugleich klargestellt, dass die ablehnende Behördenentscheidung einen Verwaltungsakt (§ 35 S. 1 SVwVfG) darstellt. Als formlosen Rechtsbehelf sieht § 4 I SIFG zudem die Anrufung des **Landesbeauftragten für** (Datenschutz und) **Informationsfreiheit** vor.[234] Dieser kann die Behörde unter anderem zur Stellungnahme auffordern, sie dadurch zum Informationszugang bewegen oder die Angelegenheit in seinem Tätigkeitsbericht veröffentlichen (vgl. § 4 III SIFG iVm §§ 27–29 SDSG). Ein Informationszugang kann auf diesem Wege allerdings nicht erzwungen werden.[235]

124

---

228 LT-Drs. 13/758, S. 14.
229 Erstes Buch des Sozialgesetzbuches v. 11.12.1975 (BGBl. I S. 3015) mit spät. Änd.; Nachw. zur AO in Fn. 144.
230 *Guckelberger* LKRZ 2007, 125 (128).
231 Hierzu *Kugelmann* NJW 2005, 3609 (3612).
232 Allg. Gebührenverzeichnis v. 29.2.1984 (Amtsbl. S. 381) m. spät. Änd.
233 §§ 68 ff., § 42 I F. 2 VwGO; vgl. auch *Kugelmann* NJW 2005, 3609 (3613).
234 Näher → Rn. 138.
235 *Guckelberger* LKRZ 2007, 125 (130).

3. Anspruch auf Verbraucherinformationen

125 Bundeseinheitlich geltende Spezialvorschriften enthält das **Verbraucherinformationsgesetz (VIG)**.[236] Durch sie soll den speziellen Erfordernissen des Lebens- und Futtermittelrechts sowie der Praxis der Lebensmittelkontrolleure Rechnung getragen werden.[237] § 2 VIG gewährt jedem Bürger[238] einen Anspruch auf freien Zugang zu allen Daten insb. über **Verstöße** gegen das **Lebensmittel- und Futtermittelgesetzbuch (LFGB)**[239] sowie den zugehörigen Rechtsverordnungen und Rechtsakten der EU. Der Anspruchsteller muss – wie bei anderen Informationsfreiheitsgesetzen auch – kein besonderes Interesse geltend machen und auch nicht selbst betroffen sein. Bei entgegenstehenden öffentlichen oder privaten Belangen ist der Informationsanspruch gem. § 3 VIG ausgeschlossen oder beschränkt; eine generelle Abwägungsklausel besteht nicht.[240] In seinem Anwendungsbereich **verdrängt** das VIG das **SIFG** (vgl. dessen § 1 S. 1 iVm § 1 III IFG, → Rn. 120).

126 **Lösungsvorschlag zu Fall Rn. 112:**

Das Landesamt darf die Auskunft verweigern, soweit B keinen Auskunftsanspruch hat. Dafür kommen indes mehrere Anspruchsgrundlagen in Betracht:
- Nach § 40 Ia Nr. 3 LFGB muss das Landesamt die Öffentlichkeit unverzüglich insb. unter Nennung des Lebensmittelunternehmens informieren, unter dessen Firma das Lebensmittel hergestellt und in den Verkehr gelangt ist, wenn der hinreichend begründete Verdacht besteht, dass gegen Vorschriften im Anwendungsbereich des LFGB, die der Einhaltung hygienischer Anforderungen dienen, in nicht nur unerheblichem Ausmaß verstoßen worden ist und die Verhängung eines Bußgeldes von mindestens dreihundertfünfzig Euro zu erwarten ist. Dies ist hier angesichts der „desolaten" hygienischen Zustände zu bejahen: Die staatsanwaltschaftlichen Ermittlungen lassen nicht nur ein Bußgeld, sondern auch eine strafrechtliche Verurteilung zu einer Geldstrafe erwarten (vgl. § 21 OWiG). Ob mit dieser Informationspflicht des Landesamts zugleich ein Auskunftsanspruch des B korrespondiert, ist str. Der Wortlaut des § 40 Ia LFBG („Öffentlichkeit"), die Systematik sowie Sinn und Zweck sprechen eher dagegen. Denn § 40 LFBG ist eine gefahrenabwehrrechtliche Befugnisnorm, ohne zugleich ein subjektiv-öffentliches Recht zu begründen[241] (aA vertr.).
- Ein Auskunftsanspruch des B kommt zudem gem. § 2 I S. 1 Nr. 1 lit. a VIG in Betracht. Der Anspruch besteht jedoch gem. § 3 S. 1 Nr. 1 lit. b Hs. 2 iVm S. 3 Nr. 1 VIG nicht während eines laufenden strafrechtlichen Ermittlungsverfahrens, soweit und solange hierdurch der mit dem Verfahren verfolgte Untersuchungszweck gefährdet wird. Vorliegend hat die Staatsanwaltschaft Saarbrücken gegen den Inhaber der Großbäckerei ein strafrechtliches Ermittlungsverfahren eingeleitet (§§ 152, 160 StPO). Das Landesamt darf die Auskunft im Benehmen mit der Staatsanwaltschaft nur erteilen, wenn durch die Offenbarung der Firma (§§ 17 ff. HGB) die Ermittlung, ob sich der Inhaber strafbar gemacht hat, nicht gefährdet wird.
- Einen Auskunftsanspruch aus § 1 S. 1 SIFG iVm § 1 I IFG hat B nicht. Denn gem. § 1 III IFG wird dieses Gesetz hier von dem spezielleren VIG verdrängt.

---

236 Amtl. Langfassung: G zur Verbesserung der gesundheitsbezogenen Verbraucherinformation idF der Bek. v. 17.10.2012 (BGBl. I S. 2166) mit spät. Änd.
237 BT-Drs. 16/5405, S. 2.
238 Eine teleologische Beschränkung des Anspruchs auf Verbraucher hat das BVerwG, NJW 2020, 1155 (→ Rn. 14 ff.), abgelehnt. S. dort (→ Rn. 36 f.) auch zur Verfassungsmäßigkeit von § 2 I 1 Nr. 1 VIG.
239 LFGB idF der Bek. v. 15.9.2021 (BGBl. I S. 4253, ber. 2022 I S. 28) mit spät. Änd.
240 Eine Abwägung ist allerdings zum Teil ausdrücklich vorgeschrieben etwa gem. § 3 S. 1 Nr. 1 lit. b Hs. 2 oder S. 2 Fall 2 VIG. Vgl. auch BVerwG, NJW 2020, 1155 (→ Rn. 51).
241 Vgl. zu § 40 LFGB *Rathke*, in: Zipfel/Rathke (Hrsg.), Lebensmittelrecht, Loseblatt (Stand: 180. EL Juli 2021), § 40 Rn. 4. Zur Abgrenzung der Befugnis aus § 6 I 3 VIZ *Schoch* NJW 2012, 2844 (2847).

4. Anspruch auf Umweltinformationen

Die gesetzliche Regelung des Umweltinformationsanspruchs beruht zT auf unionsrechtlichen Vorgaben.[242] Auch hier bestehen mit Rücksicht auf die bundesstaatliche Gewaltenteilung mehrere Anspruchsgrundlagen: Für den Bereich des Bundes gilt das **Umweltinformationsgesetz (UIG)**,[243] für den Bereich des Saarlandes das **Saarländische Umweltinformationsgesetz (SUIG)**.[244] Ihr Zweck liegt in der Verbesserung des Umweltschutzes durch eine wirksamere Beteiligung der Öffentlichkeit an umweltbezogenen Entscheidungen. Um dem Bürger einen in der Sache möglichst gleichartigen Umweltinformationsanspruch zu gewährleisten, hat sich der saarländische Gesetzgeber beim Erlass des SUIG am UIG des Bundes orientiert. Anders als beim SIFG begnügte er sich jedoch nicht mit einem „Rumpfgesetz" und einer dynamischen Verweisung (→ Rn. 116), sondern verabschiedete eine **Vollkodifikation**.[245]

127

Nach § 3 I SUIG hat jede Person einen **Anspruch** auf Zugang zu Umweltinformationen, **ohne** einen **Grund** dafür **angeben zu müssen**. Informationspflichtige Stellen sind gem. § 1 II, § 2 I SUIG alle **Verwaltungsbehörden** des Landes, der Kommunen und anderer der Landesaufsicht unterstehender juristischen Personen des öffentlichen Rechts, darüber hinaus auch die **Landesregierung** (dh auch die Ministerien, vgl. Art. 86 SVerf) und Privatpersonen als Beliehene. Nicht informationspflichtig sind Organe der Rechtsetzung und Rechtsprechung. Unter **Umweltinformationen** versteht § 2 III SUIG alle Daten über den Zustand der Umwelt (Luft, Atmosphäre, Wasser, Boden, Landschaft und natürliche Lebensräume), über Abfälle und Emissionen, die sich nachteilig auf den Zustand der Umwelt auswirken können, und über sonstige nachteilige Tätigkeiten. Zu diesen Daten gehören auch Umweltschutzmaßnahmen iSd § 2 III Nr. 3 lit. b SUIG, Berichte über die Umsetzung des Umweltrechts, wirtschaftliche Analysen zu umweltbezogenen Maßnahmen und Informationen über die Lebensbedingungen der Menschen.[246]

128

Die **Ablehnung** des Antrags kann gem. § 5 I SUIG nur unter den Voraussetzungen der §§ 8, 9 SUIG erfolgen. Die Gründe gleichen denen der §§ 3–6 IFG (→ Rn. 121 f.), desgleichen die Kostenpflicht gem. § 11 SUIG (→ Rn. 123)[247] und Rechtsschutzmöglichkeiten (§ 6 SUIG, → Rn. 124).

129

Umweltinformationen werden nicht nur auf Antrag gewährt: Zur Aufgabe der informationspflichtigen Stellen gehört es nach § 10 SUIG auch, von sich aus (spontan) die **Öffentlichkeit zu unterrichten**. In gesteigertem Maß gilt dies bei einer unmittelbaren Bedrohung der menschlichen Gesundheit oder der Umwelt (§ 10 V SUIG). Im Gegensatz zu § 11 UIG des Bundes *verzichtet* das SUIG aber darauf, die informationspflich-

130

---

242 RL 2003/4/EG v. 28.1.2003 (ABl. EG L Nr. 41 S. 26–32).
243 UIG idF der Bek. v. 27.10.2014 (BGBl. I S. 1643) mit spät. Änd.
244 SUIG v. 12.9.2007 (Amtsbl. S. 2026) mit spät. Änd.
245 Die Gründe hierfür werden nicht genannt, ggf. liegen sie in den stärkeren Abweichungen des SUIG vom UIG, vgl. LT-Drs. 13/1321, S. 19 ff.
246 Zu den Tatbestandsmerkmalen „Umweltinformation" und „jede Person" s. BVerwGE 130, 223 (227 ff., 231 ff.).
247 Keine Kosten erhoben werden nach § 11 SUIG jedoch für mündliche oder einfache schriftliche Auskünfte, die Einsichtnahme in Umweltinformationen vor Ort bei der informationspflichtigen Stelle ua.

tigen Stellen auf Landesebene zur Anfertigung eines **Umweltzustandsberichts** zu verpflichten.[248]

131 Vergleich zwischen SIFG/IFG und SUIG

Regelungsgegenstand	SIFG	SUIG
Informationsanspruch	§ 1 S. 1 SIFG iVm § 1 I IFG	§ 3 I 1 SUIG
Ablehnungsgründe: ■ Schutz öffentlicher Belange ■ Schutz privater Belange	§ 1 S. 1 SIFG iVm §§ 3, 4 IFG; § 2 SIFG § 1 S. 1 SIFG iVm §§ 5, 6 IFG	§ 8 SUIG § 9 SUIG
Antrag und Verfahren	§ 1 S. 1 SIFG iVm § 7 IFG	§ 4 SUIG
Rechtsbehelfsbelehrung	§ 3 SIFG	§ 5 IV SUIG
Kostenpflicht	§ 5 SIFG	§ 11 SUIG
Rechtsschutz	§ 1 S. 1 SIFG iVm § 9 IV IFG	§ 6 SUIG

5. Datenschutz

a) Verfassungsrecht, unionales Primärrecht

132 Strukturell in **Widerstreit** zu den verschiedenen Informationsansprüchen des Bürgers steht dessen Recht auf **informationelle Selbstbestimmung**, das das BVerfG als Bestandteil des allgemeinen Persönlichkeitsrechts (Art. 2 I iVm Art. 1 I GG) entwickelt hat.[249] Danach ist es dem Einzelnen vorbehalten, grds. selbst darüber zu entscheiden, ob, inwieweit und unter welchen Umständen er seine persönlichen Daten zur Verwendung durch Dritte preisgibt. Dieses Recht kann nach der Rspr. des BVerfG nur durch **bereichsspezifische Parlamentsgesetze** beschränkt werden, die den Anforderungen der Normenklarheit und Bestimmtheit sowie der Verhältnismäßigkeit genügen[250] „Bereichsspezifisch" bedeutet, dass ein allgemeines Datenschutzgesetz nicht genügt, schon gar nicht eine datenschutzrechtliche Generalklausel genügt, sondern dass der Gesetzgeber für jedes Sachgebiet gesondert detailgenaue Regelungen schaffen muss. Diese Anforderung hat in den vergangenen Jahrzehnten zu einer explosionsartigen Vermehrung der Rechtsvorschriften und zu einem vielschichtigen, komplizierten Verhältnis von allgemeinen und besonderen Datenschutzvorschriften geführt.

132a Mit dem Recht auf informationelle Selbstbestimmung korrespondiert ein **Anspruch** gegenüber dem Staat, **Datenschutz** zu gewährleisten. Im **Saarland** wurde dieser Anspruch bereits 1985 mit Art. 2 S. 2 ausdrücklich in die SVerf aufgenommen.[251] Mit dem Inkrafttreten des Vertrags von Lissabon und der damit verbundenen Rechtsverbindlichkeit der EU-Grundrechtecharta zum 1.12.2009 wurde der Datenschutz auch im **Primärrecht der EU** fest verankert, allerdings überflüssiger- wie auch unsystematischerweise mehrfach in Art. 7 und 8 EU-GRCh sowie in Art. 16 I AEUV.[252]

---

248 Ein solcher Bericht ist nach der EG-RL (Fn. 242) nicht erforderlich; vgl. LT-Drs. 13/1321, S. 21.
249 St. Rspr. seit BVerfGE 65, 1 (42 ff.).
250 Grundlegend BVerfGE 65, 1 (46).
251 G v. 25.1.1985 (Amtsbl. S. 105).
252 Hierzu *Kühling/Klar/Sackmann*, Datenschutzrecht, 5. Aufl. 2021, Rn. 44, 50.

b) Datenschutz-Grundverordnung

Seit dem 25.5.2018 ist das Datenschutzrecht in den Mitgliedstaaten der EU zu beträchtlichen Teilen vereinheitlicht. Der maßgebliche Sekundärrechtsakt ist vor allem die **Datenschutz-Grundverordnung (DSGVO)**,[253] primärrechtliche Ermächtigungsgrundlage hierfür Art. 16 II AEUV. Im Unterschied zur vormaligen EU-Datenschutzrichtlinie von 1995 (**DSRL**)[254] gilt die DSGVO gem. Art. 288 II AEUV unmittelbar in allen Mitgliedstaaten der EU. Dies soll auch für die Verordnung über Privatsphäre und elektronische Kommunikation (sog. ePrivacy-Verordnung) gelten, die bei Redaktionsschluss beraten, aber noch nicht verabschiedet war.[255] Anders als vielleicht auf den ersten Blick zu vermuten, stellt die DSGVO **kein abschließendes** Regelungswerk dar, und zwar aus zwei Gründen:

- Nicht in den Anwendungsbereich der DSGVO fallen gem. ihrem Art. 2 II lit. d insb. die **Gefahrenabwehr** (Polizei) und **Strafverfolgung** (Staatsanwaltschaften, Polizei ua). Hier findet stattdessen die Datenschutz-Richtlinie (EU) 2016/680 für den Polizei- und Justizbereich Anwendung (**DSRL-PJ**),[256] die wegen ihres Rechtscharakters (Art. 288 III AEUV) der Umsetzung durch mitgliedstaatliches Recht bedarf.
- Aber auch in ihrem Anwendungsbereich enthält die DSGVO zahlreiche **Öffnungsklauseln**[257] und Ausnahmevorbehalte,[258] die der Ergänzung durch mitgliedstaatliches (nationales) Recht bedürfen.

133

c) Bundesdatenschutzgesetz: Ergänzung der Datenschutz-Grundverordnung

Wegen ihres weitreichenden und unmittelbaren Regelungsanspruchs hat die DSGVO in weiten Teilen die früheren Regelungen des **Bundesdatenschutzgesetzes (BDSG)**[259] abgelöst. Dieses Gesetz wurde zum 25.5.2018, dem Tag des Wirksamwerdens der DSGVO (→ Rn. 133), zwar unter altbekanntem Namen, aber mit völlig geänderter Funktion (im Wesentlichen nur noch Ausfüllung der DSGVO) und in anderer Form neu verkündet.[260]

133a

Das **Zusammenspiel** von DSGVO einerseits und BDSG oder anderem mitgliedstaatlichen Recht andererseits lässt sich **beispielhaft** an der zentralen Norm der DSGVO, den Kernzulässigkeitstatbeständen des Art. 6, erläutern: Der **erste Zugriff** der juristischen Prüfung (auch in Klausur und Hausarbeit) gilt Art. 6 DSGVO und der Frage, wann und inwieweit eine Datenverarbeitung rechtmäßig (zulässig) ist. Dazu muss zumindest

---

253 VO (EU) 2016/679 v. 27.4.2016 (ABl. EU 119/1).
254 RL 95/46/EG v. 24.10.1995 (ABl. EG 281/31); umgesetzt durch das G zur Änderung des BDSG und anderer G v. 22.5.2001 (BGBl. I S. 904).
255 Ersetzt werden soll dadurch vor allem die Datenschutz-RL 2002/58/EG für elektronische Kommunikation (EDSRL) v. 12.7.2002 (ABl. EG 201/37) mit spät. Änd.
256 Der sehr sperrige amtliche Titel lautet auszugsweise: RL (EU) 2016/680 [...] v. 27.4.2016 zum Schutz natürlicher Personen bei der Verarbeitung personenbezogener Daten durch die zuständigen Behörden zum Zwecke der Verhütung, Ermittlung, Aufdeckung oder Verfolgung von Straftaten oder der Strafvollstreckung [...] (ABl. EU 119/89), verabschiedet zusammen mit der DSGVO als „Datenschutzpaket".
257 Siehe zB Art. 6 II, III 1 lit. b, Art. 8 I UAbs 2, Art. 9 II–IV, Art. 10, 23, 85 ff. DSGVO, vgl. *Kühling/Martini* EuZW 2016, 448 (449): insges. 45 Öffnungsklauseln; *Wolff* BayVBl. 2017, 797 (798).
258 Siehe zB Art. 9 II, Art. 14 V, Art. 17 III, Art. 22 II DSGVO.
259 Erste Fassung des BDSG v. 27.1.1977 (BGBl. I S. 201), in Kraft getreten am 1.1.1978.
260 Art. 1 des Datenschutz-Anpassungs- und -UmsetzungsG EU v. 30.6.2017 (BGBl. I S. 2097) mit spät. Änd. Vgl. *Kühling/Klar/Sackmann*, Datenschutzrecht, 5. Aufl. 2021, Rn. 210; *Greve* NVwZ 2017, 737 ff.

einer der in Abs. 1 S. 1 der Vorschrift genannten und in Buchstaben gegliederten Tatbestände erfüllt sein.[261] Art. 6 DSGVO ist jedoch mehrfach auf **Ergänzung** durch nationales Recht angelegt:

- Art. 6 I 1 lit. c DSGVO erlaubt die Datenverarbeitung zur Erfüllung einer rechtlichen Verpflichtung. Solche Rechtsverpflichtungen ergeben sich häufig aus nationalem Recht.
- Art. 6 I 1 lit. e DSGVO lässt die Datenverarbeitung zu, die in Wahrnehmung einer öffentlichen Aufgabe oder in Ausübung öffentlicher Gewalt erfolgt. Ob dies vorliegt, bestimmt sich ganz überwiegend nach mitgliedstaatlichem Recht.

Den Rahmen zur Ausfüllung dieser mitgliedstaatlichen Regelungsbefugnisse steckt Art. 6 II und III DSGVO ab. So muss der Blick des Rechtsanwenders beständig zwischen der DSGVO und dem BDSG, einer anderen mitgliedstaatlichen Rechtsvorschrift oder aber bereichsspezifischem Unionsrecht **hin- und herwandern**.

d) Ergänzungskompetenzen: Abgrenzung zwischen Bund und Ländern

134 Fordert oder erlaubt die DSGVO eine **mitgliedstaatliche Regelung**, führt die Prüfung zu einer zweiten Gabelung: Wegen des bundesstaatlichen Aufbaus und der daraus folgenden vertikalen (föderativen) Gewaltenteilung ist zu entscheiden, ob der Bund oder die Länder für die ergänzenden mitgliedstaatlichen Regelungen zuständig sind. Das richtet sich nach den **Gesetzgebungsbefugnissen** der Art. 70 ff. GG uam (→ § 1 Rn. 30 ff.). Ist diese Frage geklärt, muss – sozusagen in einer dritten Wegscheide – geprüft werden, ob die Vorschriften der allgemeinen Datenschutzgesetze oder ob spezielle Normen in Sondergesetzen zur Anwendung gelangen.

Eine spezifische Legislativkompetenz für den Datenschutz enthält das GG nicht. Stattdessen lässt sich sagen:

- Der **Bund** hat die Gesetzgebungskompetenz für die Ausfüllung der DSGVO im gesamten Privatrechtsverkehr (Art. 74 I Nr. 1 und 11 GG: bürgerliches Recht und Recht der Wirtschaft),[262] im Sozialrecht (Art. 74 I Nr. 7 und 12 GG), im Steuerrecht (Art. 108 V GG) und in allen anderen seiner Gesetzgebung unterliegenden Gebieten, etwa dem Post- und Telekommunikationsrecht (Art. 73 I Nr. 7 GG). Für den Datenschutz bei den Bundesbehörden und den bundesunmittelbaren juristischen Personen des öffentlichen Rechts (Art. 86 ff. GG)[263] besteht eine Annexkompetenz zum Verwaltungsverfahren.[264]
- Die **Länder** (dh das jeweilige Land für seinen Bereich) haben nach Art. 70 I Hs. 1 GG grds. die Gesetzgebungskompetenz für die Ausfüllung der DSGVO bei Tätigwerden ihrer Behörden (insb. Polizeibehörden, → § 4 Rn. 12 ff.) und der ihrer Auf-

---

261 Das dabei wohl häufigste Tor zur Zulässigkeit ist die Einwilligung der betroffenen Person in Art. 6 I 1 lit. a DSGVO, die in Art. 7 und 8 DSGVO näher ausgeformt wird.
262 Keine Anwendung findet die DSGVO gem. ihrem Art. 2 II lit. c bei der Datenverarbeitung durch Private für persönliche und familiäre Tätigkeiten (sog. Haushaltsausnahme).
263 Näher *Gröpl*, Staatsrecht I, Rn. 1371 ff.
264 *Kühling/Klar/Sackmann*, Datenschutzrecht, 5. Aufl. 2021, Rn. 58 ff. Den Kompetenztitel für das Verwaltungsverfahren selbst bildet – je nach vertretener Ansicht – die jeweilige Sachmaterie, Art. 86 GG oder wiederum eine Annexkompetenz. Allg. zur Annexkompetenz *Gröpl*, Staatsrecht I, Rn. 1100.

sicht unterstehenden juristischen Personen des öffentlichen Rechts (Kommunen,[265] Universitäten, Rundfunkanstalten, Krankenhäuser usw).[266] Umstritten ist die Materie des Presserechts.[267]

e) Saarländisches Datenschutzgesetz

In das beschriebene datenschutzrechtliche Regelungsgeflecht einzuordnen ist das Saarländische Datenschutzgesetz (SDSG),[268] das – wie das BDSG – mit dem Wirksamwerden der DSVGO zum 25.5.2018 einen tiefgreifenden Funktionswandel erfuhr und daher grundlegend novelliert werden musste.[269] Seither beschränkt sich seine Aufgabe auf die Ergänzung der DSGVO, soweit der Landesgesetzgeber dazu befugt ist (§§ 1, 2 SDSG, → Rn. 133d). Entsprechende Anwendung findet das SDSG gem. seinem § 3 I auf Gebieten, in denen die DSGVO nicht greift (insb. Gefahrenabwehr und Strafverfolgung, → Rn. 133). 135

Anders als das BDSG nimmt sich das SDSG trotz des Vorrangs der DSGVO die „Freiheit" heraus, **allgemeine Regelungen** wiederholend zu normieren,[270] so namentlich zur 135a

- grundsätzlichen Zulässigkeit (Rechtmäßigkeit) der Verarbeitung personenbezogener Daten (§ 4 SDSG zu Art. 6 I 1 lit. e und III 1 DSGVO),
- Erhebung personenbezogener Daten bei Dritten und Pflichten diesen gegenüber (§ 5 SDSG zu Art. 6 II und III DSVGO),
- Verantwortung bei der Übermittlung personenbezogener Daten (§ 6 SDSG zu Art. 4 Nr. 7, Art. 5 II, Art. 6 II und III DSVGO),
- Zweckbindung und Zweckänderung bei der Verarbeitung personenbezogener Daten (§ 7 SDSG zu Art. 6 IV und Art. 23 I DSGVO),
- Verarbeitung besonderer Kategorien personenbezogener Daten (§ 8 SDSG zu Art. 9 DSGVO),
- Verarbeitung personenbezogener Daten zu Zwecken der parlamentarischen Kontrolle (§ 9 SDSG zu Art. 6 I 1 lit. e, II, III und Art. 9 II lit. g DSGVO),
- Beschränkung der Rechte betroffener Personen (§§ 10–12 SDSG zu Art. 23 I DSGVO),
- Umschreibung des Datengeheimnisses, das Angehörigen des öffentlichen Dienstes jede *unbefugte* Datenverarbeitung untersagt (§ 13 SDSG zu Art. 32 IV DSGVO),
- Datenschutzfolgenabschätzung (§ 14 SDSG zu Art. 35 und 36 DSGVO) sowie
- Freigabe und Einsicht in das Verzeichnis der Verarbeitungstätigkeiten (§ 15 SDSG zu Art. 6 II und III DSVGO),

---

265 Zum Datenschutz in der Gemeinde s. *Wohlfarth/Eiermann/Schaust*, Datenschutz in der Gemeinde, 2. Aufl. 2016, Rn. 12 ff.
266 S. hierzu die Anpassung saarl. Rechtsvorschriften an die DSGVO durch G v. 22.8.2018 (Amtsbl. I S. 674).
267 Vgl. Art. 85 II DSGVO und § 11 SMG; näher *Wolff* BayVBl. 2017, 797 (800 f.).
268 Saarl. DatenschutzG v. 16.5.2018 (Amtsbl. I S. 254) mit spät. Änd. Abgelöst wurde dadurch das Saarl. G zum Schutz personenbezogener Daten idF der Bek. v. 28.1.2008 (Amtsbl. S. 293) mit spät. Änd. – Das erste allg. saarl. DSchG datierte vom 17.5.1978 (Amtsbl. S. 581).
269 LT-Drs. 16/279, S. 1.
270 Durch eine Normwiederholung dürfen VO-Vorschriften nicht verschleiert werden, vgl. EuGH, Rs. C-34/73, Variola, Rn. 9 ff.; relativierend EuGH, EuZW 2018, 735 (737 Rn. 28 f.) mit Anm. *Gundel* EuZW 2018 (740). Zu diesem Problem auch *Wolff* BayVBl. 2017, 797 (798).

- besonders sensiblen Verarbeitung von Beschäftigtendaten (§ 22 SDSG zu Art. 88 DSGVO),
- Videoüberwachung (§ 25 SDSG zu Art. 6 I 1 lit. c und 3, II, III DSGVO),

Zu beachten ist, dass diese landesrechtlichen Vorschriften ganz überwiegend nur für die Datenverarbeitung durch **saarländische Behörden und andere öffentliche Stellen im Saarland** (§ 2 I SDSG) gelten. Für Bundesbehörden und der Aufsicht des Bundes unterstehende Stellen gilt hingegen das BDSG (s. dessen §§ 1 ff. und §§ 22 ff.)

f) **Zusammenspiel von DSGVO, BDSG und SDSG**[271]

136

Ebene	allg. Datenschutzrecht	bereichsspezifisches Datenschutzrecht	
EU	DSGVO	DSRL-PJ	EDSRL (geplant: ePrivacy-VO)
Bund	BDSG (1. und 2. Teil)	BDSG (1. und 3. Teil)	TKG/TTDSG[272]
Saarland	SDSG	PolDVG (→ § 4 Rn. 133 ff.) uam[273]	

6. Landesbeauftragter für Datenschutz und Informationsfreiheit

137 Die DSGVO befasst sich in ihren Art. 51–54 mit der **Aufsicht** bei der Verarbeitung personenbezogener Daten. Die EU-Mitgliedstaaten werden verpflichtet, Aufsichtsbehörden für die Überwachung der Anwendung der DSGVO einzurichten.[274] Mit Rücksicht auf den bundesstaatlichen Aufbau Deutschlands bestehen solche Aufsichtsbehörden im Bund und in jedem Land. Im Saarland ist dies der **Landesbeauftragte für Datenschutz**, dessen Rechtsgrundlagen sich seit 25.5.2018 in den §§ 16–21 SDSG finden. Gem. § 4 II SIFG (→ Rn. 138) nimmt der Landesbeauftragte für Datenschutz zugleich die Aufgabe des Landesbeauftragten für Informationsfreiheit wahr und führt daher die Bezeichnung **Landesbeauftragter für Datenschutz und Informationsfreiheit** (LfDI).[275]

Der LfDI wird gem. § 17 I 2 SDSG vom Landtag für einen Zeitraum von sechs Jahren gewählt und vom Landtagspräsidenten in ein Beamtenverhältnis auf Zeit berufen. Um die **Unabhängigkeit** des LfDI nach Maßgabe von Art. 52 DSGVO sicherzustellen, ist der LfDI von der Landesverwaltung völlig getrennt, untersteht also nicht der Landesregierung,[276] sondern ist nach § 16 I 2 SDSG dem Amt des **Präsidenten des Landtags**

---

271 Vgl. *Kühling/Klar/Sackmann*, Datenschutzrecht, 5. Aufl. 2021, Rn. 218.
272 TKG = TelekommunikationsG (Art. 1 des G v. 23.6.2021, BGBl. I S. 1858); TTDSG = Telekommunikation-Telemedien-Datenschutz-G (Art. 1 des G v. 23.6.2021, BGBl. I S. 1982).
273 Bspw. Saarl. JustizvollzugsdatenschutzG v. 4.12.2019 (Amtsbl. 2020 I S. 79); zu weiteren Vorschriften s. das saarl. G zur Anpassung des bereichsspezifischen Datenschutzrechts an die VO (EU) 2016/679 v. 22.8.2018 (Amtsbl. I S. 674).
274 Indem Art. 51 I und III DSGVO in einem Mitgliedstaat mehrere Aufsichtsbehörden zulässt, nimmt das Unionsrecht Rücksicht auf das Mehrebenensystem in Bundesstaaten.
275 Ist dieses Amt mit einer Frau besetzt, wird selbstverständlich die weibliche Form geführt. Die Verwendung des generischen Maskulinums hier wie auch an anderen Stellen dieses Studienbuchs bezeichnet nach korrekter grammatikalischer Anschauung abstrakt die geschlechtlich „unmarkierte" Form und bezieht sich mithin von vornherein sowie gleichberechtigend auf alle Geschlechter.
276 Vgl. allg. §§ 3, 5 I und §§ 11 ff. LOG (→ Rn. 46).

des Saarlandes „angegliedert".[277] Bei der Erfüllung seiner Aufgaben ist der LfDI gem. § 16 IV SDSG nicht an Weisungen gebunden. Gem. § 16 I 3 SDSG leitet der LfDI das Unabhängige Datenschutzzentrum Saarland (UDZ) als „seine" Behörde.

Dem LfDI und seiner Behörde UDZ obliegen drei Aufgabenspektren: 138
- Gem. Art. 51 und 57 DSGVO iVm § 16 I 1 Nr. 1 und § 19 SDSG überwacht er die Einhaltung der Vorschriften des **Datenschutzes** durch saarländische öffentliche Stellen im Sinne von § 2 I SDSG. Dies gilt wegen § 16 II iVm § 3 SDSG auch, soweit die DSGVO keine Anwendung findet (→ Rn. 135).
- Nach Art. 51 und 57 DSGVO iVm § 16 I 1 Nr. 2 und § 19 SDSG sowie § 40 BDSG ist er für die Überwachung des Datenschutzes bei den **nicht-öffentlichen Stellen** zuständig, also insb. bei den im Saarland ansässigen Wirtschaftsunternehmen.
- Darüber hinaus kontrolliert er, ob die Behörden im Saarland die Vorschriften über die **Informationsfreiheit** befolgen (§ 4 II, III SIFG). Dazu steht dem Bürger ein eigenes Anrufungsrecht zu (§ 4 I SIFG, → Rn. 124).

Nach Art. 59 DSGVO iVm § 19 III SDSG erstellt der LfDI jährlich einen Tätigkeitsbericht. Zur Erfüllung seiner Aufgaben stehen dem LfDI und seiner Behörde UDZ die **Befugnisse** des Art. 58 DSGVO und ergänzend des § 20 II SDSG zur Verfügung (insb. Recht zu Untersuchungen, Genehmigungen und Beanstandungen).

Für Streitigkeiten mit dem LfDI ordnet § 26 SDSG iVm § 20 BDSG die Eröffnung des **Verwaltungsrechtswegs** (§ 40 I VwGO) an. Hierfür enthält § 20 II–VI BDSG Modifikationen der VwGO. Zu beachten ist, dass § 26 SDSG nicht auf § 20 VII BDSG verweist; damit darf der LfDI gegenüber Behörden oder deren Rechtsträgern auch sofortige Vollziehungen nach § 80 II 1 Nr. 4 VwGO besonders anordnen.

VI. Beamtenrecht (Überblick)

1. Unterteilung des Rechts des öffentlichen Dienstes

Das Recht des öffentlichen Dienstes befasst sich mit dem Personal des Staates und 139 seiner Untergliederungen. Es zerfällt in zwei Bereiche: in das Recht des öffentlichen Dienstes ieS und iwS Ersteres ist es eine Materie des Besonderen Verwaltungsrechts, weist jedoch vergleichbare Verzahnungen zwischen Bundes- und Landesrecht auf wie die Sachgebiete des Allgemeinen Verwaltungsrechts.

---

277 Ob diese „Angliederung" an den Landtag als Legislativorgan im rechtsstaatlichen System des GG zur Sicherung der Unabhängigkeit erforderlich war, ist fraglich; sie dürfte der Idee nach eher dem verfassungsrechtl. anders gelagerten US-amerikanischen System entlehnt worden sein.

140 Untergliederung des Rechts des öffentlichen Dienstes

Recht des öffentlichen Dienstes ieS = „Staatsdienerrecht", Beamtenrecht iwS	Recht des öffentlichen Dienstes iwS
öffentlich-rechtliches Dienst- und Treueverhältnis	privatrechtlich geregelte Arbeitsverhältnisse, §§ 611 ff. BGB iVm Tarifverträgen (TVöD, TV-L)
Recht der Berufsbeamten und Berufsrichter, zT auch der Berufssoldaten	Recht der Arbeitnehmer (Beschäftigten) im öffentlichen Dienst

141 Das Recht des öffentlichen Dienstes iwS folgt den **arbeitsrechtlichen Vorschriften**, die weitestgehend durch Bundesrecht geregelt[278] und durch die Rechtsprechung des Bundesarbeitsgerichts (BAG) bestimmt sind. Ergänzend bestehen unterschiedliche **Tarifverträge**: Für die Beschäftigten des Bundes und der saarländischen Kommunen der Tarifvertrag für den öffentlichen Dienst (**TVöD**), für die Beschäftigten der saarländischen Behörden und anderen juristischen Personen des öffentlichen Rechts der Tarifvertrag für den öffentlichen Dienst der Länder (**TV-L**).[279] Genuines Landesrecht ist insoweit nicht angesprochen.

2. Beamten-Verfassungsrecht

142 Im Gegensatz zum Privatrecht des öffentlichen Dienstes ist das Beamtenrecht iwS[280] **öffentliches Recht** und zu einem gewichtigen Teil auch Landesrecht. Auf *verfassungsrechtlicher* Ebene wird es vor allem durch **Art. 33 GG** dirigiert, der unmittelbar für Bund und Länder gilt. Die entsprechenden Vorschriften in der SVerf, Art. 114–116, gelten zwar in den Grenzen des Art. 31 GG daneben fort,[281] bringen jedoch keine neuen Aspekte und erlangen deshalb keine eigenständige Bedeutung.[282] Oberstes Ziel des Beamten-Verfassungsrechts ist es, dem demokratischen und sozialen Rechtsstaat eine **stabile, gesetzestreue Verwaltung und Rechtsprechung** zu sichern.[283] Vor diesem Hintergrund sind insb. die hergebrachten Grundsätze des Berufsbeamtentums iSv Art. 33 V GG kein Selbstzweck, schon gar keine „Privilegien", sondern Mittel zur Gewährleistung der freiheitlichen demokratischen Grundordnung.

---

278 Die Gesetzgebungskompetenz folgt aus Art. 74 I Nr. 1 und Nr. 12 GG.
279 Daneben gilt der TV-L für alle Bundesländer, die sich zur Tarifgemeinschaft deutscher Länder (TdL) zusammengeschlossen haben. Dies sind zzt. alle Länder mit Ausnahme von Hessen. Dort gilt der Tarifvertrag für den öffentl. Dienst des Landes Hessen (TV-H).
280 Unter das Beamtenrecht iwS fällt auch das Richterdienstrecht sowie – auf Bundesebene – das Recht der Berufssoldaten.
281 Der Grund liegt darin, dass sich Bund und Länder grds. in getrennten Verfassungsräumen befinden, s. → § 1 Rn. 36 und 40 mwN.
282 Insb. die Gewährleistungen des Art. 115 SVerf werden bereits durch vorrangiges Bundesrecht (BeamtStG, s. Fn. 287) garantiert.
283 Vgl. BVerfGE 99, 300 (315).

VI. Beamtenrecht (Überblick)

Zentrale Elemente der institutionellen Garantie des Berufsbeamtentums 143

Art. 33 II GG: Prinzip der Bestenauslese (grundrechtsgleiches Recht iSv Art. 93 I Nr. 4a GG) Ernennung, Beförderung und Aufstieg nur nach Maßgabe von Eignung, Befähigung und fachlicher Leistung – Ausschluss der Ämterpatronage
Art. 33 IV GG: sog. Funktionsvorbehalt für Beamte (rein objektiver Gehalt, *kein* grundrechtsgleiches Recht)   ▪ Ausübung hoheitsrechtlicher Befugnisse: Eingriffsverwaltung (unstr.), Leistungsverwaltung (iErg sehr str.); nicht: Fiskalverwaltung   ▪ als ständige Aufgabe = nicht nur vorübergehend   ▪ in der Regel = Abweichungen in begründeten Ausnahmefällen zulässig
Art. 33 V GG: hergebrachte Grundsätze des Berufsbeamtentums (grundrechtsgleiches Recht iSv Art. 93 I Nr. 4a GG; zugleich aber auch Rechtfertigung für Grundrechtsbeschränkungen)   ▪ Bindung auf Lebenszeit (§ 4 I BeamtStG)   ▪ Hauptberuflichkeit (§ 34 S. 1 BeamtStG)   ▪ Gesetzesunterworfenheit; einseitige, nicht vertragliche Begründung von Rechten und Pflichten (zB §§ 8 ff., §§ 22 ff. BeamtStG)   ▪ Korrespondenz von   – Treuepflicht des Beamten (§§ 33 ff. BeamtStG) und   – Fürsorgepflicht des Dienstherrn (§ 45 BeamtStG)
▪ Alimentation (amtsangemessene Besoldung und Versorgung) → kein Vergütungs-/Entgeltcharakter   ▪ Laufbahnen und Laufbahngruppen (Landesrecht)   ▪ Bestenauslese (Art. 33 II GG, § 9 BeamtStG)   ▪ Streikverbot (Art. 115 V SVerf)   ▪ Personalvertretung (§ 51 BeamtStG) ua.

3. Kompetenzen im Bundesstaat

Mit der **Föderalismusreform I** von 2006[284] wurde die bis dahin in Art. 75 I 1 Nr. 1 144 GG aF vorhandene Rahmengesetzgebungskompetenz des Bundes für das Beamtenrecht aufgegeben, desgleichen auch die konkurrierende Gesetzgebungskompetenz des Bundes nach Art. 74a GG aF für die Bereiche der Besoldung und Versorgung.[285] Seither sind die Art. 71 iVm 73 I Nr. 8, Art. 72 I iVm Art. 74 I Nr. 27 und Art. 70 I GG maßgeblich.

---

284 G z. Änd. des GG v. 28.8.2006 (BGBl. I S. 2034).
285 Insb. das BeamtenrechtsrahmenG (BRRG), das BundesbesoldungsG (BBesG) und das BeamtenversorgungsG (BeamtVG) gelten gem. Art. 125a GG nur so lange und so weit fort, wie die Länder keine neuen Regelungen treffen.

145 Verteilung der Gesetzgebungskompetenzen im Beamtenrecht

Beamtenarten		GG-Norm	Kompetenz	Gesetz
Beamte des Bundes und der bundesunmittelbaren juristischen Personen des öffentlichen Rechts		Art. 73 I Nr. 8, Art. 71	ausschließliche Bundeskompetenz	BBG, BBesG, BeamtVG
Landesbeamte, Kommunalbeamte, Beamte der anderen landesunmittelbaren juristischen Personen des öffentlichen Rechts	Statusrechte und -pflichten	Art. 74 I Nr. 27, II, Art. 72 I	konkurrierende Bundeskompetenz (Kernkompetenz)	BeamtStG
	insb. Laufbahnen, Besoldung, Versorgung	Art. 70 I	Landeskompetenz	SBG, SBesG, SBeamtVG ua.

146 Für die Beamten im Bereich des Bundes gilt ausschließlich Bundesrecht, insb. das **Bundesbeamtengesetz (BBG)**.[286] Bundesrechtliche Regelungen bestehen darüber hinaus auch für die Beamten im Bereich der Länder, allerdings nur in Bezug auf die **Statusrechte** und **Statuspflichten** der Landesbeamten (Art. 74 I Nr. 27 GG). Darunter fallen zB die Arten der Beamtenverhältnisse, ihre Begründung und Beendigung, die länderübergreifende Abordnung und Versetzung sowie die grundlegenden Rechte und Pflichten der Beamten. Hierzu ist das **Beamtenstatusgesetz (BeamtStG)**[287] erlassen worden, das gewisse einheitliche Grundstandards in den Ländern sichern soll.

147 Die Bundesländer, so auch das Saarland, haben ihre Beamtengesetze an das BeamtStG angepasst. In diesem Zuge wurden auch das **Saarländische Beamtengesetz (SBG)**[288] und die **Saarländische Laufbahnverordnung (SLVO)**[289] entsprechend novelliert bzw. vollständig überarbeitet. Seit 1.1.2022 verfügt das Saarland auch über Vollregelungen des Besoldungs- und Versorgungsrechts im **Saarländischen Besoldungsgesetz (SBesG)** und im **Saarländischen Beamtenversorgungsgesetz (SBeamtVG)**.[290]

VII. Verwaltungsprozessrecht

1. Kompetenzen und Rechtsgrundlagen

148 Das Verwaltungsprozessrecht fällt – wie auch das übrige Gerichtsverfassungs- und Gerichtsverfahrensrecht – nach Art. 72 I iVm Art. 74 I Nr. 1 GG in den Bereich der konkurrierenden **Gesetzgebungskompetenz des Bundes** (sog. Kernkompetenz). Die Länder sind nur insoweit zum Erlass von Gesetzen befugt, als der Bundesgesetzgeber keine Regelungen getroffen hat. Mit der **Verwaltungsgerichtsordnung (VwGO)**[291] hat der Bund das verwaltungsgerichtliche Verfahren im Wesentlichen vorgegeben. An einigen Stellen wurden dem Landesgesetzgeber jedoch Spielräume zu abweichenden oder

---

[286] BBG v. 5.2.2009 (BGBl. I S. 160) mit spät. Änd.
[287] BeamtStG v. 17.6.2008 (BGBl. I S. 1010) mit spät. Änd.
[288] SBG als Art. 1 des G v. 11.3.2009 (Amtsbl. S. 514) mit spät. Änd. Hierzu *Hoffmann/Schuhn* LKRZ 2009, 126 ff.
[289] SLVO v. 27.9.2011 (Amtsbl. I S. 312) mit spät. Änd.
[290] Verkündet als Art. 1 und 2 des G v. 13.10.2021 (Amtsbl. I S. 2547).
[291] VwGO idF der Bek. v. 19.3.1991 (BGBl. I S. 686) mit spät. Änd.

ergänzenden Regelungen eingeräumt. In diese Bresche springt das **Saarländische Ausführungsgesetz zur Verwaltungsgerichtsordnung (AGVwGO)**.[292] In ihm finden sich außer Verfahrensvorschriften auch Regelungen zum Aufbau und zur Organisation der Verwaltungsgerichtsbarkeit im Saarland.

2. Aufbau und Zuständigkeiten der saarländischen Verwaltungsgerichtsbarkeit

Nach § 1 I, II AGVwGO wird die allgemeine Verwaltungsgerichtsbarkeit[293] durch das **Verwaltungsgericht des Saarlandes** und das **Oberverwaltungsgericht des Saarlandes** ausgeübt; beide haben ihren Sitz gem. § 1 III AGVwGO in Saarlouis.[294] Die örtliche Zuständigkeit beider Gerichte erstreckt sich nach § 52 VwGO iVm § 1 I AGVwGO auf das gesamte Landesgebiet. Sachlich zuständig ist nach § 45 VwGO in erstinstanzlichen Verfahren grds. das VG. Über die Rechtsmittel der Berufung sowie der Beschwerde gegen Entscheidungen des VG nach § 46 VwGO, in Normenkontrollverfahren nach § 47 VwGO iVm § 18 AGVwGO und in den sonstigen Verfahren des § 48 VwGO entscheidet das OVG. Zu beachten ist, dass sich die Revisionskompetenz des BVerwG nach Maßgabe von § 137 I VwGO auf Bundesrecht und auf das SVwVfG beschränkt. Mit anderen Worten entscheidet das OVG des Saarlandes über saarländisches Landesrecht (zB über das KSVG, das SPolG und die LBO) **letztinstanzlich** (irreversibel). 149

3. Widerspruchsverfahren – Widerspruchsbescheid
a) Allgemeines, insb. Einschränkungen der Statthaftigkeit

Nach § 68 I 1 VwGO sind vor Erhebung der Anfechtungsklage (§ 42 I F. 1 VwGO) die Rechtmäßigkeit und die Zweckmäßigkeit von Verwaltungsakten in einem Vorverfahren, dem sog. **Widerspruchsverfahren**, nachzuprüfen. Gleiches gilt gem. § 68 II VwGO für die Verpflichtungsklage in Form der Versagungsgegenklage (§ 42 I F. 1 Unterfall 1 VwGO). Damit sind diese verwaltungsgerichtlichen Klagen grds. unzulässig, wenn der Widerspruch nicht oder nicht ordnungsgemäß eingelegt und das Widerspruchsverfahren nicht erfolglos durchlaufen wurde. Der **Begriff des Verwaltungsaktes** in den §§ 42, 68, 70, 71, 74, 113 VwGO ua ist prozess- und damit bundesrechtlicher Natur (→ Rn. 148). Nach hM muss er daher unter Rückgriff auf § 35 VwVfG des Bundes (→ Rn. 55) ausgelegt werden, auch wenn im Einzelfall ein Verwaltungsakt angegriffen wird, der von einer Landesbehörde erlassen worden ist.[295] 150

Ein Widerspruchsverfahren findet gem. § 68 I 2 VwGO insb. dann **nicht statt**, wenn dies durch Bundes- oder Landesgesetz bestimmt ist; in diesem Fall ist unmittelbar Klage geboten. Manche Bundesländer haben von dieser Ermächtigung Gebrauch gemacht 151

---

292 AGVwGO v. 5.7.1960 (Amtsbl. S. 558) mit spät. Änd.
293 Übersicht über die Fachgerichtsbarkeiten im Saarland s. → § 1 Rn. 145.
294 Amtl. sind gem. § 1 II AGVwGO die Bezeichnungen VG des Saarlandes und OVG des Saarlandes (abgek. ggf. VG/OVG d. Saarl.), *unrichtig* daher die von den Zeitschriften des Verlags *C.H.Beck* verwendeten Idiome VG *Saarlouis* und OVG *Saarlouis*.
295 BVerwG, NJW 2012, 2901 (2902); *Kopp/Schenke*, VwGO, Anh. § 42 Rn. 2 mwN, auch zu der aA, die bei Landes-VAen das SVwVfG heranzieht. Eine dritte Meinung befürwortet eine autonom prozessrechtl. Auslegung der §§ 42 und 68 VwGO ohne Rückgriff auf die VwVfGe. Im Erg. bestehen freilich keine Unterschiede, so dass die Frage eher akademischer Natur ist.

und das Widerspruchsverfahren weitgehend ausgeschlossen.[296] Ganz anders das Saarland: Hier wurde das Widerspruchsverfahren nur in wenigen Fällen abbedungen, so etwa gegen Entscheidungen in **Vermessungsangelegenheiten** (§ 2 V SVermKatG[297]) gegen Verwaltungsakte des **LfDI** (§ 26 SDSG iVm § 20 VI BDSG) und gegen Verwaltungsakte im **Glücksspielrecht** (§ 1 IV 1 AG GlüStV-Saar[298]) und **Spielhallenrecht** (§ 9 III 1 SSpielhG[299]), ferner nach § 70 SVwVfG im **förmlichen Verwaltungsverfahren** (§§ 63 ff. SVwVfG) sowie im **Planfeststellungsverfahren** gem. § 74 I 2 SVwVfG (iVm § 70 SVwVfG) und § 74 VI 3 SVwVfG.

152 Form und Frist für die Erhebung des Widerspruchs sind in § 70 VwGO bestimmt.[300] Ein alter – im Ergebnis aber bedeutungsloser – Streit herrscht über die **Berechnung der einmonatigen Widerspruchsfrist**. Sein Anlass liegt darin, dass § 70 II VwGO nur auf §§ 58 und 60 I–IV VwGO verweist, nicht aber auf § 57 II VwGO. Damit ist der unmittelbare Weg über § 222 I ZPO zu den §§ 187 ff. BGB versperrt. Nach der „verwaltungsprozessualen Lösung" wird § 57 II VwGO gleichwohl angewendet; als überzeugendes Argument dient die „Scharniernorm" des § 79 Hs. 1 SVwVfG, aus der sich ergibt, dass die Vorschriften der VwGO Vorrang vor denen des SVwVfG genießen. Demgegenüber findet die „verwaltungsverfahrensrechtliche Lösung" den Weg zu den §§ 187 ff. BGB über § 79 Hs. 2 und § 31 I SVwVfG.[301]

153 Gem. § 70 II iVm § 58 I **VwGO** beginnt die einmonatige Widerspruchsfrist indes nur zu laufen, wenn eine Rechtsbehelfsbelehrung – formgerecht und inhaltlich richtig – erteilt wurde. Anderenfalls läuft die Frist nicht ab und der Verwaltungsakt kann nach § 58 II 1 VwGO erst nach einem Jahr (Hs. 1) oder gar nicht (Hs. 2) in formelle Bestandskraft erwachsen. Um diese Verzögerung und die damit verbundene Rechtsunsicherheit zu vermeiden, verpflichtet § 37 VI **VwVfG** des Bundes die Behörden der unmittelbaren und mittelbaren **Bundes**verwaltung, schriftlichen oder elektronischen Verwaltungsakten, die der Anfechtung unterliegen, eine **Rechtsbehelfsbelehrung** beizufügen.[302] Eine vergleichbare Verpflichtung der Behörden der unmittelbaren und mittelbaren Landesverwaltung liegt in der Regelungskompetenz der Länder (Art. 30, 70

---

296 Insb. Bayern (Art. 15 BayAGVwGO), Niedersachsen (§ 80 NdsJustizG – NJG) und Nordrhein-Westfalen (§ 110 JustizG NRW). Vgl. auch BayVerfGH, BayVBl. 2009, 109 ff.
297 Saarl. Vermessungs- und KatasterG v. 16.10.1997 (Amtsbl. S. 1130) mit spät. Änd.
298 Saarl. G zur Ausführung des Staatsvertrages zum Glücksspielwesen in Deutschland v. 20.6.2012 (Amtsbl. I S. 156, 157) mit Rückausnahmen in § 1 IV 2.
299 Saarl. SpielhallenG v. 20.6.2012 (Amtsbl. I S. 156, 171).
300 Für die elektronische Erhebung des Widerspruchs bedarf es nach § 79 Hs. 2 iVm § 3a II SVwVfG grds. einer qualifizierten Signatur oder anderer sicherer Identitätsnachweise (→ Rn. 58b). – Zur elektronischen Kommunikation mit den Gerichten s. → Rn. 58f.
301 Ersterenfalls findet § 222 II ZPO Anwendung, letzterenfalls § 31 III SVwVfG; § 193 BGB wird in beiden Fällen verdrängt. Ungenau insoweit *Hufen*, VwPR, § 6 Rn. 28; *Wolff/Decker*, Studienkomm. z. VwGO/ VwVfG, 4. Aufl. 2021, § 70 Rn. 8 f.
302 Bis zum 6.6.2013 ergab sich diese Belehrungspflicht für Bundesbehörden aus § 59 VwGO, der mit Inkrafttreten von § 37 VI VwVfG aufgehoben wurde, vgl. Art. 2 des (Bundes-)G v. 31.5.2013 (BGBl. I S. 1388).

GG): Zum 1.8.2014[303] wurde in § 37 VI SVwVfG eine mit § 37 VI VwVfG des Bundes wortgleiche Vorschrift eingefügt.[304]

Nach Erhebung des Widerspruchs (§ 69 VwGO) befasst sich gem. § 72 iVm § 70 I 1 VwGO zunächst die Behörde, die den Verwaltungsakt erlassen hat (Ausgangsbehörde), erneut mit der Angelegenheit. Sofern sie dem Widerspruch nicht abhilft, legt sie die Sache der Widerspruchsbehörde vor, die gem. § 73 I 1 VwGO einen **Widerspruchsbescheid** erlässt. Darin wird der Widerspruch entweder (als unzulässig oder unbegründet) zurückgewiesen oder aber der angegriffene Verwaltungsakt wird aufgehoben.[305] Zur damit gem. § 73 III 3 VwGO zu verbindenden Entscheidung über die Kosten des Widerspruchsverfahrens → Rn. 108a.

154

b) Rechtsausschüsse: Struktur und Verfahren

Für den Erlass des Widerspruchsbescheids ist gem. § 73 I 2 Nr. 1 F. 1 VwGO grds. die nächsthöhere Behörde zuständig (**Widerspruchsbehörde**). § 73 I 3, II und § 185 II VwGO ermöglichen jedoch Abweichungen durch Landesrecht. Vor allem auf § 73 II VwGO gründet sich eine **Besonderheit**, die das Saarland nur mit Rheinland-Pfalz teilt: die Bildung von **Rechtsausschüssen** nach Maßgabe der §§ 7 ff. AGVwGO. So besteht in jedem saarländischen Landkreis ein Kreisrechtsausschuss, im Regionalverband Saarbrücken der Rechtsausschuss für den Regionalverband sowie in der Landeshauptstadt Saarbrücken der Stadtrechtsausschuss. Die Rechtsausschüsse sind damit *kommunale*, nicht aber staatliche Einrichtungen.[306] Nach saarländischem Verwaltungsgewohnheitsrecht[307] stehen sie außerhalb der hierarchischen Verwaltungsstrukturen, stellen davon „entkoppelte" und **weisungsunabhängige Gremien** dar.[308] Gleichwohl sind die Rechtsausschüsse nicht Teil der rechtsprechenden Gewalt, sondern bleiben Teil der inneren Verwaltung.[309] In der historischen Perspektive fallen gewisse Ähnlichkeiten zu den Rekurskommissionen im 19. Jh. auf.[310]

155

Um eine hohe **Entscheidungsrichtigkeit** zu gewährleisten, sind die Rechtsausschüsse nach § 7 II AGVwGO mit einem **Vorsitzenden** und **zwei Beisitzern** besetzt, denen gleiches Stimmgewicht zukommt. Den Vorsitz führt nach § 9 S. 1 AGVwGO der Landrat im Kreisrechtsausschuss des jeweiligen Landkreises, der Regionalverbandsdirektor im Rechtsausschuss für den Regionalverband und der Oberbürgermeister im Stadtrechtsausschuss Saarbrücken. In der Praxis lassen sich diese „politischen" Vorsitzenden je-

156

---

303 S. hierzu Fn. 114.
304 Es bestehen jedoch weiterhin Sonderregelungen: so insb. § 69 II 4, § 74 IV 2 und V 2 SVwVfG, § 3 SIFG, § 5 IV SUIG. Ferner gelten auch für saarl. Behörden die spezifischen Rechtsbehelfsbelehrungspflichten kraft Bundesrechts etwa § 73 III 1 VwGO für Widerspruchsbescheide, § 36 SGB X und § 85 III 4 SGG für die Behörden der Sozialverwaltung sowie § 157 I 3 und § 366 AO für die Finanzbehörden.
305 Dazu und zu weiteren Entscheidungsmöglichkeiten *Hufen*, VwPR, § 9 Rn. 6 ff.
306 Dies wird durch § 17 II AGVwGO bestätigt, vgl. dazu → Rn. 166 ff.
307 Allg. zum Verwaltungsgewohnheitsrecht *Maurer/Waldhoff*, Allg. Verwaltungsrecht, § 4 Rn. 29 ff. – Das rh.-pf. Recht hat die Weisungsfreiheit ausdrücklich festgeschrieben, vgl. § 7 I 2 Hs. 2 AGVwGO Rh.-Pf. und OVG Rh.-Pf., AS 4, 269 (271); 8, 216 (218).
308 *Guckelberger/Heimpel* LKRZ 2009, 246 (247).
309 So für die saarl. Rechtsausschüsse ausdrücklich BVerfGE 20, 238 (252).
310 Vor der Errichtung einer unabhängigen Verwaltungsgerichtsbarkeit in den deutschen Staaten in der zweiten Hälfte des 19. Jh. war der verwaltungsinterne Rekurs zu vorgesetzten Behörden der einzige Rechtsbehelf in öffentl.-rechtl. Streitigkeiten, näher *Sydow/Neidhardt*, Verwaltungsinterner Rechtsschutz, 2007, S. 23, 29 f.

doch in aller Regel gem. § 9 S. 2 AGVwGO durch einen Beauftragten, der die Befähigung zum Richteramt besitzt (also „Volljurist" ist), vertreten. Die Beisitzer sind ehrenamtlich tätig (§ 10 II AGVwGO iVm § 24 II–§ 28 KSVG). Die §§ 11–15 AGVwGO enthalten hierzu eingehende Vorschriften, um insb. die **Unparteilichkeit** der Beisitzer zu gewährleisten (s. die Unvereinbarkeit mit anderen Ämtern gem. § 11 AGVwGO).[311]

157 Die Entscheidungen des Rechtsausschusses ergehen nach einem **justizförmigen Verfahren**, dh gem. § 16 I 1, II AGVwGO idR aufgrund einer *mündlichen* und *öffentlichen* Verhandlung.[312] Hierin liegt ein wesentlicher Unterschied zum Verfahren bei den herkömmlichen Widerspruchsbehörden. Die **Befriedungsquote** soll daher – so ist aus der Praxis zu hören – signifikant höher sein: Zahlreiche Widersprüche würden sich nach der mündlichen Verhandlung durch Rücknahme oder in anderer Weise erledigen;[313] eines Widerspruchsbescheids bedarf es in solchen Fällen nicht. Beklagt wird dagegen die spürbare längere Verfahrensdauer.[314] Allerdings kann auch ohne mündliche Verhandlung entschieden werden: entweder wenn alle Beteiligten ausdrücklich darauf verzichten (§ 16 I 1 Hs. 2 AGVwGO) oder unter den Voraussetzungen, unter denen nach § 84 I VwGO ein Gerichtsbescheid ergehen könnte (§ 16 I 2 AGVwGO).[315]

c) Rechtsausschüsse: sachliche Zuständigkeit

158 Die sachliche Zuständigkeit der Rechtsausschüsse wird in § 8 I AGVwGO eingehend festgelegt.

AGVwGO	Gegenstand des Widerspruchs	Widerspruchsbehörde
§ 8 I Nr. 1	VA der Landeshauptstadt Saarbrücken oder einer unteren Landesbehörde oder einer Körperschaft, Anstalt oder Stiftung des öffentlichen Rechts, deren örtlicher Zuständigkeitsbereich über das Gebiet der Landeshauptstadt nicht hinausgeht	Stadtrechtsausschuss der Landeshauptstadt Saarbrücken
§ 8 I Nr. 2	VA einer kreisangehörigen Gemeinde (auch der Kreis- und Mittelstädte), des Landkreises oder einer unteren Landesbehörde […], deren örtlicher Zuständigkeitsbereich über das Gebiet eines Landkreises nicht hinausgeht	Kreisrechtsausschuss des jew. Landkreises (Merzig-Wadern, Neunkirchen, Saarlouis, Saarpfalz-Kreis, St. Wendel)

---

311 Siehe zum Ganzen *Guckelberger/Heimpel* LKRZ 2009, 246 (247).
312 Ausnahmen zur Öffentlichkeit ergeben sich aus § 16 II 2 AGVwGO iVm § 172 GVG. – Beratung und Abstimmung hingegen erfolgen unter Ausschluss der Öffentlichkeit (arg. § 16 III, IV AGVwGO).
313 Die Rücknahme ist im G (mit Ausnahme von § 80 I 5 SVwVfG) nicht ausdrücklich geregelt; zu ihren Voraussetzungen und Rechtsfolgen s. *Kopp/Schenke*, VwGO, § 69 Rn. 8 ff. mwN.
314 S. *Guckelberger/Heimpel* LKRZ 2009, 246 (249).
315 Die Kosten des Widerspruchsverfahrens bestimmen sich nach § 73 III 3 VwGO, § 80 SVwVfG und § 9a SaarlGebG, s. → Rn. 108a.

AGVwGO	Gegenstand des Widerspruchs	Widerspruchsbehörde
§ 8 I Nr. 3	VA einer regionalverbandsangehörigen Gemeinde, des Regionalverbandes oder einer unteren Landesbehörde [...], deren örtlicher Zuständigkeitsbereich über das Gebiet des Regionalverbandes nicht hinausgeht	Rechtsausschuss für den Regionalverband Saarbrücken

Anmerkung:

- zu § 7 I und § 8 I Nr. 1 lit. a AGVwGO: Derzeit existieren im Saarland keine kreisfreien Städte;
- zu § 8 I Nr. 1 lit. b, Nr. 2 lit. c und Nr. 3 lit. c AGVwGO: Von Relevanz als Verwaltungsakte
  - einer unteren Landesbehörde sind die Maßnahmen der Kreispolizeibehörde (Art. 1 § 1 I KomLbG, § 75 II Nr. 2, § 76 II SPolG, → Rn. 38) sowie der Ortspolizeibehörde (falls auch in diesem Fall eine Organleihe angenommen wird, näher dazu → Rn. 39),
  - einer Körperschaft sind die Anordnungen eines kommunalen Zweckverbandes (§ 2 I, § 3 KGG).[316]

Es wäre verfehlt zu glauben, dass es im Saarland keine **Widerspruchsbehörden her**- 159 **kömmlichen Zuschnitts** gibt. Dies folgt aus § 7 I AGVwGO, der die Zuständigkeit der Rechtsausschüsse auf die Fälle des § 8 I Nr. 1–3 AGVwGO beschränkt. In diesem Zusammenhang ist § 8 I Nr. 4 Hs. 1 AGVwGO zu beachten. Danach ist Widerspruchsbehörde die zuständige oberste Landesbehörde (also idR das jeweilige Landesministerium), wenn sich der Widerspruch gegen einen Verwaltungsakt einer dieser Behörde unmittelbar nachgeordneten Behörde richtet. Anwendungsfeld hierfür sind die Widersprüche gegen Verwaltungsakte der saarländischen **Landesämter** (→ Rn. 28 f.)[317] sowie des saarländischen **Landespolizeipräsidiums** (einschl. der Polizeidirektionen und -inspektionen, → § 4 Rn. 18). Die entsprechenden Widerspruchsbescheide müsste nach § 73 I 2 Nr. 2 VwGO eigentlich das jeweilige Landesamt oder das Landespolizeipräsidium selbst erlassen. Davon durfte das Saarland jedoch in § 8 I Nr. 4 Hs. 1 AGVwGO abweichen; die maßgebliche bundesrechtliche Öffnungsklausel findet sich in § 185 II VwGO. Deshalb ist zuständige **Widerspruchsbehörde** bei Widersprüchen gegen Verwaltungsakte eines **Landesamtes** das aufsichtsführende **Landesministerium** und bei Widersprüchen gegen Verwaltungsakte des **Landespolizeipräsidiums** das Ministerium für Inneres, Bauen und Sport.[318]

---

316 Hierzu → § 3 Rn. 211.
317 Zu beachten sind allerdings die Spezialvorschriften im Kommunalaufsichtsrecht gem. § 136 S. 2 iVm § 128 II 1 KSVG; s. dazu auch → Rn. 32 und → § 3 Rn. 234.
318 Etwas anderes gilt indes in den Fällen des § 2 II 1 LaVAG: Danach entscheidet das Landesverwaltungsamt als Widerspruchsbehörde insb. über von ihm erlassene Verwaltungsakte in Ausländer- und Flüchtlingsangelegenheiten.

d) Rechtsausschüsse: Prüfungsumfang

160 Wegen des Devolutiveffekts[319] des Widerspruchsverfahrens besitzen die Rechtsausschüsse als Widerspruchsbehörden grds. dieselbe Prüfungskompetenz wie die Ausgangsbehörden: Nach § 68 I 1 VwGO kontrollieren sie sowohl Recht- als auch Zweckmäßigkeit[320] des Ausgangsverwaltungsaktes. Sie fungieren dabei einerseits als zusätzliche Rechtsschutzinstanz des Bürgers, andererseits dienen sie der **Selbstkontrolle der Verwaltung** und der Entlastung der Verwaltungsgerichte.

161 Abweichend davon bestimmt § 8 II AGVwGO Ausnahmen, dh Fallgruppen, in denen sich der Prüfungsumfang der Rechtsausschüsse auf die **Rechtmäßigkeit** des angefochtenen Verwaltungsaktes beschränkt. Hauptanwendungsgebiet ist die Erfüllung der Aufgaben der (kommunalen) Selbstverwaltung (§§ 5, 143, 197 KSVG). Hier soll sich der jeweilige Rechtsausschuss nicht in die ureigenen Angelegenheiten der betreffenden Selbstverwaltungskörperschaft einmischen. § 8 II AGVwGO findet sein Pendant in der Rücknahme der staatlichen Kontrolle auf die Rechtsaufsicht (→ Rn. 50 f.) und wahrt so die verfassungsrechtliche **Garantie der kommunalen Selbstverwaltung** (Art. 28 II GG, Art. 117, 118 SVerf).[321]

e) Rechtsausschüsse: reformatio in peius?

162 Umstritten ist die Frage, ob die Rechtsausschüsse zur Verböserung – zur reformatio in peius – befugt sind. Um eine solche Verböserung handelt es sich, wenn der Widerspruchsbescheid (§ 73 VwGO) den Widerspruchführer schlechter stellt als der von ihm angegriffene, ursprüngliche Verwaltungsakt. Für das verwaltungs*gerichtliche* Verfahren schließt § 88 **VwGO** die reformatio in peius aus;[322] daran kann das europäische Unionsrecht nichts ändern.[323] Eine entsprechende Vorschrift fehlt in der VwGO für das Widerspruchsverfahren; insoweit kommt es auf das einschlägige Spezialrecht des Bundes oder des jeweiligen Landes an.[324]

- Sofern es sich bei der Widerspruchsbehörde um die nächsthöhere Behörde iSd § 73 I 2 Nr. 1 VwGO handelt, geht die wohl hM davon aus, dass eine Verböserung zulässig sei – jedenfalls soweit sie über ein Selbsteintrittsrecht verfügt oder Fachaufsichtsbehörde ist (s. hierzu § 13 LOG, § 77 II, III, § 78 II SPolG).[325] Begründet wird dies unter anderem mit dem Argument, dass die Widerspruchsbehörde die **volle Sachherrschaft über das Verfahren** habe und dadurch auch eine Rechtmäßigkeits- und Zweckmäßigkeitskontrolle über die nachgeordnete Verwaltung ausübe. Abgesehen davon wird die reformatio in peius auch bejaht in Fällen der **Identität von Ausgangs- und Widerspruchsbehörde** (insb. gem. § 73 I 2 Nr. 2 und 3 VwGO).[326]

---

319 Dazu *Hufen*, VwPR, § 8 Rn. 4 mwN; speziell *Guckelberger/Heimpel* LKRZ 2009, 246 mwN.
320 Zur Abgrenzung von Recht- und Zweckmäßigkeit s. → Rn. 49.
321 Hierzu → § 3 Rn. 21, 218.
322 Eine Verböserung würde nämlich über das Klagebegehren hinausgehen, vgl. *Hufen*, VwPR, § 35 Rn. 25.
323 So EuGH, DVBl. 2009, 108 ff.; vertiefend *Lindner* DVBl. 2009, 224 ff.
324 BVerwGE 14, 175 (178); 51, 310 (314); 115, 259 (265).
325 Zu Fachaufsicht und Selbsteintritt s. → Rn. 49; vgl. iÜ *Schenke*, VwPR, Rn. 746 ff.; *Würtenberger*, VwPR, 4. Aufl. 2019, Rn. 436, jew. mwN.
326 Hamb. OVG, NordÖR 2005, 121 ff. mwN.

- Die Gegenauffassung propagiert eine analoge Anwendung des § 88 VwGO; eine Schlechterstellung sei auch im Rahmen des Widerspruchsverfahrens mit dem Vertrauensschutz unvereinbar.[327] Dies überzeugt jedoch deshalb nicht ganz, weil der Widerspruchsführer durch die Erhebung des Widerspruchs selbst sein Vertrauen in den Fortbestand des Ausgangsverwaltungsaktes zur Disposition stellt und insoweit nicht schutzwürdig erscheint.

Noch weniger geklärt ist die Frage, ob eine Verböserung zulässig ist, wenn über den Widerspruch nicht die übergeordnete Verwaltungsbehörde entscheidet, sondern ein weisungsfreier **Rechtsausschuss**. Für **Rheinland-Pfalz** hat das dortige **OVG** die **reformatio in peius abgelehnt**.[328] Dies liege in erster Linie an dem Wesensunterschied von Rechtsausschüssen und Verwaltungsbehörden: Rechtsausschüsse stellten lediglich eine Rechtsschutzinstanz für den Bürger dar und dienten gerade nicht der Schaffung rechtmäßiger Verhältnisse. Im Übrigen seien die Rechtsausschüsse unabhängig und gerade nicht in die Verwaltungshierarchie eingegliedert. 163

Die Rechtsprechung des OVG Rheinland-Pfalz kann für das **Saarland** indes keine Bindungswirkung entfalten. Das OVG des Saarlandes hat die Frage – soweit ersichtlich – noch nicht entschieden. Das VG des Saarlandes bejaht die Zulässigkeit einer Verböserung;[329] die **Verwaltungspraxis** der saarländischen Rechtsausschüsse praktiziert sie. Allein aus der Unabhängigkeit der Rechtsausschüsse folgt jedenfalls nicht zwingend, dass deren Kontrollbefugnisse eingeschränkt wären oder sie nur zugunsten des Bürgers tätig werden dürften.[330] Maßgeblich ist *mE* das Kriterium der **Gesetzmäßigkeit** des Verwaltungshandelns als Ausfluss des Rechtsstaatsprinzips (Art. 20 III GG; Art. 60 I, Art. 61 II SVerf):[331] 164

- Ist der Ausgangsverwaltungsakt rechtmäßig, sollte er von einem Rechtsausschuss nicht allein aus Zweckmäßigkeitserwägungen verbösert werden dürfen.[332]
- Erweist sich der Ausgangsverwaltungsakt indes als rechtswidrig und eröffnet die reformatio in peius den einzigen Weg, um rechtmäßige Zustände herzustellen, stehen einer Verböserung keine durchgreifenden Argumente entgegen, wenn dem Widerspruchsführer die Möglichkeit eingeräumt wird, seinen Widerspruch zurückzunehmen (sogl. → Rn. 165).

Soweit eine reformatio in peius zulässig ist, sind folgende Punkte zu beachten: 165

Rechtsgrundlage für die Verböserung sind wegen des Devolutiveffekts des § 73 I 2 VwGO die Normen, aufgrund deren der Ausgangsverwaltungsakt ergangen ist.[333]

---

327 *Hufen*, VwPR, § 9 Rn. 15 ff. mit Überblick über den Streitstand.
328 OVG Rh.-Pf., DÖV 2004, 889 f.; ebenso *Geis*, in: Sodan/Ziekow, VwGO, § 68 Rn. 229.
329 VG d. Saarl., Urt. v. 3.6.2009, 5 K 333/07. Allerdings wird die Zulässigkeit der Verböserung im Streitfall auf das – zweifelhafte – Argument gestützt, dass der Landrat als Ausgangsbehörde identisch mit dem Kreisrechtsausschuss als Widerspruchsbehörde sei, offenbar weil er diesem gem. § 9 S. 1 F. 1 AGVwGO vorsitzt. Im Berufungsverfahren hat das OVG d. Saarl. diese Frage offen gelassen (LKRZ 2010, 144 [146]).
330 Ähnlich auch *Jutzi* LKRZ 2008, 212 ff.; *Schröder* NVwZ 2005, 1029 ff.; ausf. *Guckelberger/Heimpel* LKRZ 2009, 246 (247 f.); *Ecker* VerwArch 113 (2022), 24 (43 f.).
331 Dazu → § 1 Rn. 44.
332 Dies gilt freilich nur für den Fall, dass der Prüfungsumfang des Rechtsausschusses nicht ohnehin auf die Rechtmäßigkeitskontrolle beschränkt ist (→ Rn. 161).
333 BVerwG, NVwZ 1987, 215 f.

Nicht heranzuziehen sind dagegen die §§ 48, 49 SVwVfG. Denn diese Vorschriften über die Rücknahme und den Widerruf von Verwaltungsakten bestehen neben dem Widerspruchsverfahren (arg. § 50 SVwVfG). Als Ermessensnormen passen sie zudem nicht auf das Widerspruchsverfahren.

Vor Erlass eines verbösernden Widerspruchsbescheids ist der Widerspruchsführer nach § 71 VwGO **anzuhören**, um so Gelegenheit zu erhalten, seinen Widerspruch zurückzunehmen.[334] Im Verfahren vor den Rechtsausschüssen findet diese Anhörung grds. im Rahmen der mündlichen Verhandlung gem. § 16 I 1 Hs. 1 AGVwGO statt. Wird der Widerspruch zurückgenommen, entfällt nach § 73 I VwGO die Grundlage für einen Widerspruchsbescheid; eine Verböserung ist dann *insoweit* erst recht ausgeschlossen. Möchte die Verwaltung den Ausgangsverwaltungsakt gleichwohl aufheben oder ändern, bleibt ihr nur der Weg über die Rücknahme oder den Widerruf gem. §§ 48 ff. SVwVfG oÄ.

Gegen einen verbösernden Widerspruchsbescheid stehen grds. zwei Klagewege offen: (1.) Wenn sich der Widerspruchsführer mit dem Ausgangsverwaltungsakt abfindet, kann er isoliert nur den verbösernden Teil des Widerspruchsbescheids angreifen (in der Praxis oft eine Kostenmehrfestsetzung). Dann handelt es sich um eine Teilanfechtung nach § 79 II 1 VwGO. Ein erneutes Vorverfahren findet in diesem Fall wegen § 68 I 2 Nr. 2 VwGO nicht statt. Passiv prozessführungsbefugt (→ Rn. 169 ff.) ist nach § 78 II iVm § 78 I Nr. 2 die Widerspruchsbehörde, im Saarland also nach § 19 II iVm §§ 7 f. AGVwGO der jeweilige Rechtsausschuss.[335] (2.) Alternativ bleibt es dem Widerspruchsführer unbenommen, den ursprünglichen Bescheid in der Gestalt des verbösernden Widerspruchsbescheids gem. § 79 I Nr. 1 VwGO als Ganzes anzufechten. Passiv prozessführungsbefugt ist dann nach § 78 I Nr. 2 VwGO iVm § 19 II AGVwGO die Ausgangsbehörde.[336]

4. Aufsichtsklage

166 Die Tatsache, dass die Rechtsausschüsse weisungsunabhängige Gremien mit eigener Entscheidungskompetenz sind (→ Rn. 155), bedarf der Kompensation. Anderenfalls könnten sie sich als Teile der Verwaltung verselbständigen und dadurch der demokratischen Kontrolle entgehen (→ Rn. 46). Daher normiert § 17 AGVwGO die **Aufsichtsklage** als Sonderform der Anfechtungsklage.[337] Dadurch wird dem fachlich **zuständigen Minister** eine **Kontroll- und Interventionsmöglichkeit** für den Fall eingeräumt, dass er der Meinung ist, der Widerspruchsbescheid des Rechtsausschusses sei *rechtswidrig*; die bloße Zweckwidrigkeit genügt nicht.[338] Die Funktion der Aufsichtsklage besteht daher in erster Linie in der **Wahrung der Gesetzmäßigkeit der Verwaltung** (Art. 20 III GG, Art. 61 II SVerf). Die Aufsichtsklage ist eine *objektive* Beanstandungs-

---

334 BVerwG, NVwZ 1999, 1218 (1219). Zu den Kosten bei Widerspruchsrücknahme s. → Rn. 108a sowie insb. § 9a IV SaarlGebG und § 80 I 5 SVwVfG.
335 *Kopp/Schenke*, VwGO, § 78 Rn. 13.
336 *Kopp/Schenke*, VwGO, § 78 Rn. 13.
337 BVerfGE 20, 238 (254 f.); vgl. auch BVerfGE 21, 106 (116) zur sog. Beanstandungsklage nach rh.-pf. Recht.
338 S. *Guckelberger/Heimpel* LKRZ 2009, 246 (248); *Guckelberger/Heimpel* LKRZ 2012, 6 ff.

klage; sie ist also nicht auf die Durchsetzung individueller Ansprüche gerichtet, sondern auf die Wahrung der Gesetzmäßigkeit der Verwaltung. In der Praxis wird die Aufsichtsklage selten erhoben, was auf die korrekte Arbeit der Rechtsausschüsse hindeutet.[339]

Die Aufsichtsklage ist gem. § 17 I AGVwGO **binnen eines Monats** nach der Zustellung des Widerspruchsbescheids (§ 16 V AGVwGO, § 73 III 2 VwGO) beim VG des Saarlandes zu erheben.[340] Zuvor bedarf es *nicht* der – erneuten – Durchführung eines Widerspruchsverfahrens. Dies ergibt sich aus dem Wortlaut des § 17 AGVwGO, der ausdrücklich *die Klageerhebung* des zuständigen Ministeriums binnen eines Monats nach Zustellung des Widerspruchsbescheids normiert. Das ist eine das Vorverfahren abbedingende gesetzliche Bestimmung iSv § 68 I 2 Teilsatz 1 VwGO. Anders als die Beanstandungsklage in Rheinland-Pfalz ist die Aufsichtsklage im Saarland nicht nur gegen stattgebende Widersprüche zulässig; Voraussetzung ist vielmehr (nur), dass der Minister geltend macht, der Widerspruchsbescheid sei in irgendeiner Weise rechtswidrig.[341] Dies ist auch bei Widerspruchsbescheiden möglich, die den Widerspruch zurückweisen. **167**

Das OVG des Saarlandes fordert für die *Zulässigkeit* der Aufsichtsklage jedoch die **materielle Rechtswidrigkeit** des Widerspruchsbescheids; die isolierte Rüge eines bloßen „verfahrensrechtlichen Fehlers" im Widerspruchsverfahren führe nicht zum Erfolg (gemeint sind damit offenbar formelle Fehler aller Art, also auch Zuständigkeits- und Formfehler).[342] Soweit ersichtlich noch nicht geklärt ist, ob die Aufsichtsklage zulässig (statthaft) und begründet ist, wenn die Widerspruchsbehörde einen unzulässigen, dh vor allem verfristeten Widerspruch nicht zurückgewiesen, sondern stattdessen in der Sache entschieden hat. Die zugrunde liegende Frage, ob und inwieweit der Widerspruchsbehörde eine Befugnis zusteht, sich in solchen Fällen über die Bestandskraft des Ausgangsverwaltungsaktes hinwegzusetzen, ist sehr umstritten.[343] In diesem Zusammenhang sprechen gute Gründe dafür, dem Minister die Möglichkeit einer Aufsichtsklage zu gewähren.

Passiv prozessführungsbefugt ist gem. § 17 II AGVwGO die Kommune, deren Rechtsausschuss den Widerspruchsbescheid erlassen hat (§ 7 I AGVwGO).[344] Die **Prüfung der Aufsichtsklage** lehnt sich im Wesentlichen an die der „normalen" Anfechtungsklage an, die isoliert gegen einen Widerspruchsbescheid erhoben wird. Sie enthält damit ebenfalls die „Verschachtelung".[345]

---

339 Vgl. für die entspr. Beanstandungsklage in Rh.-Pf. *Kintz* LKRZ 2009, 5 (10).
340 Dort wird sie von derjenigen Kammer bearbeitet, die für die materiellrechtliche Entscheidung zuständig ist; eine eigenständige Spezialzuständigkeit einer bestimmten Kammer gibt es nicht.
341 Einer individuellen Rechtsverletzung bedarf es also nicht, s. BVerfGE 20, 238 (254 f.).
342 OVG d. Saarl., Beschl. v. 24.11.2000, Az. 3 R 229/00, Rn. 22 ff. – juris; relativierend aber wohl Urt. v. 1.8.2008, Az. 3 A 16/08, Rn. 102 – juris; s. auch *Kintz* LKRZ 2009, 5 (10).
343 Dafür: st. Rspr., dagegen hL, zum Streitstand s. nur *Schenke*, VwPR, 17. Aufl. 2021, Rn. 735 ff.; *Hufen*, VwPR, 12. Aufl. 2021, § 6 Rn. 32.
344 Damit stellt § 17 II AGVwGO eine Ausnahmeregelung zu § 19 II AGVwGO dar (dazu → Rn. 169 ff.).
345 Vgl. *Guckelberger/Heimpel* LKRZ 2012, 6 (7 ff.).

168 Prüfungsschema einer Aufsichtsklage gem. § 17 AGVwGO

I. Zulässigkeit	
1. Eröffnung des Verwaltungsrechtswegs[346]	§ 40 I 1 VwGO (nicht § 40 I 2 VwGO, da § 17 I AGVwGO keinen Rechtsweg an ein anderes Gericht bestimmt)
2. Statthafte Klageart	§ 42 I F. 1 VwGO iVm § 17 I AGVwGO: Aufsichtsklage (= Sonderfall der **Anfechtungsklage**): der Minister muss die Aufhebung des Widerspruchsbescheids (eines Verwaltungsaktes) begehren
	Aufsichtsklage unstatthaft, soweit der Minister die Aufhebung wegen eines Zuständigkeits-, Verfahrens- oder Formfehlers im Widerspruchsverfahren begehrt (so OVG d. Saarl.): erforderlichenfalls hier Inzidentprüfung der formellen Rechtmäßigkeit des Widerspruchsverfahrens (s. unten II 1)
3. Klagebefugnis	§ 42 II Hs. 1 VwGO iVm **§ 17 I AGVwGO**: statt einer Verletzung subjektiver Rechte muss der Minister geltend machen, der Widerspruchsbescheid sei objektiv materiell rechtswidrig (formelle Rechtswidrigkeit allein nicht ausreichend)
4. Vorverfahren	nicht erforderlich, § 68 I 2 Teils. 1 VwGO iVm § 17 I AGVwGO
5. Ordnungsmäßigkeit der Klageerhebung	a) § 74 I 1 VwGO iVm § 17 I, § 16 V AGVwGO: **1 Monat** nach Zustellung des Widerspruchsbescheids b) § 81 I, § 82 I 1 VwGO: Schriftform
6. Passive Prozessführungsbefugnis	§ 78 II, I Nr. 1 VwGO, § 17 II AGVwGO: **Gebietskörperschaft** (Landkreis, Regionalverband oder Landeshauptstadt), deren Rechtsausschuss den Widerspruchsbescheid erlassen hat
7. Beteiligungsfähigkeit	a) fachlich zuständiger **Minister** (als Behörde), § 61 Nr. 3 VwGO iVm § 17 I AGVwGO; b) verklagte Gebietskörperschaft, § 61 Nr. 1 F. 2 VwGO
8. Prozessfähigkeit	a) fachlich zuständiger Minister (als gesetzlicher Vertreter), § 62 III VwGO iVm § 5 I 1 LOG; b) Landrat, Regionalverbandsdirektor oder Oberbürgermeister, § 62 III VwGO iVm § 59 I, § 178 I, § 213 I KSVG

---

[346] Mit Rücksicht auf § 173 S. 1 VwGO iVm § 17a II–IV GVG kann die Eröffnung des Rechtswegs auch vor der Zulässigkeit („vorab") geprüft werden.

II. Begründetheit	
Obersatz, § 115, § 113 I 1 VwGO iVm § 17 I AGVwGO: Aufsichtsklage begründet, *soweit* der Widerspruchsbescheid rechtswidrig ist. (Eine Verletzung des Klägers in eigenen Rechten darf wegen § 42 II Hs. 1 VwGO iVm § 17 I AGVwGO nicht geprüft werden.)	
1.	**Formelle Rechtswidrigkeit des Widerspruchsbescheids** a) Zuständigkeit der Widerspruchsbehörde, § 73 I 2, II VwGO iVm § 7 I, § 8 I AGVwGO; Voraussetzung (str.): zulässiger, insb. fristgerecht erhobener Widerspruch (sonst beschränkt sich die Zuständigkeit der Widerspruchsbehörde auf die Zurückweisung des Widerspruchs als unzulässig) – Statthaftigkeit, § 68 I 1 VwGO – Widerspruchsbefugnis, § 42 II VwGO analog – Form und Frist, § 70 VwGO b) Widerspruchsverfahren und Form des Widerspruchsbescheids (§§ 71, 73 III VwGO, § 79 SVwVfG): Fehler nur beachtlich, soweit Widerspruchsbescheid darauf beruht, dh soweit nicht auszuschließen ist, dass der Verfahrens- oder Formfehler zu einer inhaltlich falschen (= materiell rechtswidrigen) Entscheidung geführt hat
2.	**Materielle Rechtswidrigkeit des Widerspruchsbescheids** a) Formelle Rechtmäßigkeit/Rechtswidrigkeit des Ausgangsverwaltungsaktes – Sachliche und örtliche Zuständigkeit der Ausgangsbehörde – Verfahren vor der Ausgangsbehörde, insb. § 28 SVwVfG – Form des Ausgangsverwaltungsaktes, insb. § 37 II–V, § 39 SVwVfG b) Materielle Rechtmäßigkeit/Rechtswidrigkeit des Ausgangsverwaltungsaktes – fehlende oder falsche Rechtsgrundlage – Tatbestandsvoraussetzungen, insb. Auslegung unbestimmter Rechtsbegriffe – Rechtsfolgen, insb. Ermessenskontrolle: keine Beschränkung der Ermessenskontrolle der Widerspruchsbehörde ggü. der Ausgangsbehörde, § 68 I 1 VwGO (Ausnahme: § 8 II AGVwGO); aber Beschränkung der Ermessenskontrolle des VG gegenüber der Widerspruchsbehörde, §§ 115, 114 S. 1 VwGO
Ergebnis: ▪ falls Aufsichtsklage zulässig und begründet: Aufhebung des Widerspruchsbescheids, falls unzulässig oder unbegründet: Abweisung der Klage.	

5. Widerspruchs- und Klagebefugnis – Tierschutzverbandsklage

168a Seit 2013 ermöglicht § 1 I 1 des saarländischen Tierschutzverbandsklagegesetzes (TS-VKG)[347] anerkannten Tierschutzverbänden (§ 3 TSVKG) verwaltungsgerichtliche Rechtsbehelfe in altruistischer Sache: Werden die dort bestimmten Verstöße gegen tierschutzrelevante Vorschriften behauptet, muss der Tierschutzverband bei Widerspruch und Klage *nicht* geltend machen, in *eigenen* Rechten verletzt zu sein. Damit hat der saarländische Gesetzgeber von der Option des § 42 II Hs. 1 VwGO Gebrauch gemacht, das Erfordernis der Widerspruchs- und Klagebefugnis durch speziellere Voraussetzungen wie insb. die Berührung des Verbands in seinem satzungsgemäßen Aufgabenbereich zu ersetzen (§ 1 II TSVKG). Auf der anderen Seite enthalten § 1 IV TSVKG eine besondere einjährige Ausschlussfrist, § 1 III TSVKG eine materielle Präklusion[348] und § 1 I 2 TSVKG bei der Genehmigung von Tierversuchen die Beschränkung der Klageart auf die (allgemeine) Feststellungsklage (§ 43 I VwGO).[349] Damit wird die Anfechtung der Genehmigung von Tierversuchen – mit aufschiebender Wirkung nach § 80 I VwGO und kassatorischer Wirkung gem. § 113 I 1 VwGO – ausgeschlossen.

6. Prozessführungsbefugnis und Prozessstandschaft

169 Der letzte hier zu behandelnde Problemkomplex betrifft § 78 VwGO. Er wirft im Wesentlichen zwei Fragen auf, die in der Prüfungs- und Gerichtspraxis der Bundesländer verschieden gelöst werden:

- zum einen die Frage des Regelungsinhalts der Norm (passive Prozessführungsbefugnis oder Passivlegitimation),
- zum anderen die Frage, ob im Saarland § 78 I Nr. 1 oder Nr. 2 VwGO anzuwenden ist (Rechtsträger- oder Behördenprinzip/Prozessstandschaft).

a) Passive Prozessführungsbefugnis

170 § 78 VwGO bestimmt, gegen wen eine Anfechtungs- oder Verpflichtungsklage zu richten ist,[350] mit anderen Worten: wer berechtigt ist, das verwaltungsgerichtliche Verfahren als Beklagter zu führen (daher passive Prozessführungsbefugnis). Ob diese Frage im Rahmen der Zulässigkeits- oder der Begründetheitsprüfung aufgeworfen werden muss, ist nach wie vor umstritten.[351] Einige Stimmen vertreten die Auffassung, die Feststellung des richtigen Klagegegners sei als sog. Passivlegitimation eine Frage des materiellen Rechts und müsse demzufolge bei der Untersuchung der Begründetheit der

---

347 G v. 26.6.2013 (Amtsbl. I S. 268), in Kraft getreten am 23.8.2013.
348 Allg. zur materiellen Präklusion *Wahl/Schütz*, in: Schoch/Schneider, VwGO, 41. EL Juli 2021, § 42 Rn. 107.
349 Zum Erfordernis der Klagebefugnis bei der allg. Feststellungsklage s. BVerwGE 99, 64 (66); OVG d. Saarl., NJW 2003, 768 ff. Mit der Festlegung der Klageart wird die gesonderte Prüfung der Subsidiarität des § 43 II 1 VwGO hinfällig. Ob diese Modifikation mit der Kompetenz des Bundes für das (Verwaltungs-)Prozessrecht nach Art. 74 I Nr. 1, Art. 72 I GG in Einklang steht, ist nicht gesichert. Vgl. aber ohne dies anzuzweifeln LT-Drs. 15/385.
350 Dass § 78 VwGO nur für „Verwaltungsaktklagen" gilt, ergibt sich aus seiner Stellung im 8. Abschnitt der VwGO (s. dessen Überschrift).
351 *Hufen*, VwPR, § 12 Rn. 29 ff.

Klage (als erster Punkt) angegangen werden.³⁵² Demgegenüber geht die inzwischen wohl hM³⁵³ davon aus, dass § 78 VwGO die verfahrensrechtliche Frage der „passiven Prozessführungsbefugnis" regele.³⁵⁴ Dem ist im Hinblick auf die beschränkte Gesetzgebungskompetenz des Bundes für das Prozessrecht (Art. 72 I, Art. 74 I Nr. 1 GG) zuzustimmen: § 78 VwGO normiert eine **Sachentscheidungsvoraussetzung**; bei der Wahl des falschen Beklagten ist die Klage demnach bereits unzulässig.

b) Passive Prozessstandschaft

Nach § 78 I Nr. 1 VwGO ist die Anfechtungs- oder Verpflichtungsklage grds. gegen den Bund, das Land oder die Körperschaft (oder die rechtsfähige Anstalt oder Stiftung) zu richten, deren Behörde den streitgegenständlichen Verwaltungsakt erlassen, abgelehnt oder unterlassen hat. Dahinter steht das sog. **Rechtsträgerprinzip**, nach dem als Beklagter nur in Betracht kommt, wer selbständig Träger von subjektiven Rechten und Pflichten sein kann. Dies sind nach deutschem Recht grds. nur natürliche oder juristische Personen (also insb. der Bund, ein Land, eine Stadt oder Gemeinde, ein Landkreis usw.), nicht aber Behörden als Organe von juristischen Personen des öffentlichen Rechts.³⁵⁵

171

Wohl aus Gründen gewisser (preußischer) Verwaltungs(gerichts)traditionen³⁵⁶ wurde § 78 I VwGO jedoch schon in der ursprünglichen Fassung vom 21.1.1960³⁵⁷ mit einer Nr. 2 versehen: Sofern das Landesrecht dies bestimmt, muss die Klage gegen die Behörde selbst gerichtet werden, die den Verwaltungsakt erlassen oder unterlassen hat (sog. **Behördenprinzip**).³⁵⁸ Da eine Behörde nicht selbständig Trägerin von Rechten und Pflichten sein kann, begründet § 78 I Nr. 2 VwGO eine besondere (Quasi-)**Prozessstandschaft** passiver Art,³⁵⁹ dh die Befugnis, im verwaltungsgerichtlichen Verfahren im eigenen Namen (also im Namen der Behörde) eine fremde Rechtsstellung (nämlich die Rechtsstellung des jeweiligen Rechtsträgers) zu verteidigen.

172

Demgegenüber verleiht § 78 I Nr. 2 VwGO der Behörde *nicht* auch die *aktive* Prozessführungsbefugnis, so dass diese nicht als Klägerin in eigenem Namen fremde Rechte

172a

---

352 *Happ*, in: Eyermann, § 78 Rn. 1; *Schmitt Glaeser/Horn*, VwPR, 15. Aufl. 2000, Rn. 238; ehedem auch BVerwG, NVwZ-RR 1990, 44.
353 So etwa *Hufen*, VwPR, § 12 Rn. 29 f.; *Jestaedt* NWVBl 1989, 47 ff.; *Kopp/Schenke*, VwGO, § 78 Rn. 1; *Welsch* LKRZ 2011, 446 (447); eingehend *Fischer*, Die verwaltungsprozessuale Klage im Kraftfeld zwischen materiellem Recht und Prozessrecht, 2011, S. 307 ff.
354 Für die Klausur folgt daraus eine wichtige Erkenntnis: Die Bezeichnungen „(richtiger) Klagegegner" und „Antragsgegner" dürfen weder nach der herrschenden noch nach der Mindermeinung in der Zulässigkeitsprüfung verwendet werden.
355 Soweit besondere Rechtsvorschriften Behörden in bestimmten gerichtlichen Verfahren ausnahmsweise Partei- oder Beteiligtenfähigkeit einräumen, können sich diese insoweit – quasi akzessorisch – auch auf die Verfahrensgrundrechte von Art. 101 I 2 und Art. 103 I GG berufen, obwohl sie keine juristischen Personen iSv Art. 19 III GG sind; näher BVerfGE 138, 64 (83 f.), zu § 222 I 2 BauGB.
356 Näher *Desens* NVwZ 2013, 471 (ebd.).
357 BGBl. I S. 17 (26).
358 Im Finanzprozess gilt dies übrigens gem. § 63 der Finanzgerichtsordnung (FGO) ausnahmslos. Dies hat dort eine – gewisse – Berechtigung, weil die Finanzämter insb. mit der Einkommen-, Körperschaft- und Umsatzsteuer im Bundesauftrag (Art. 108 III GG) Steuern verwalten, deren Aufkommen neben dem Trägerland des jeweiligen Finanzamtes vor allem dem Bund zusteht (Art. 106 III GG).
359 Um eine bloße *Quasi*-Prozessstandschaft handelt es sich – genau genommen – deshalb, weil die zu verklagende Behörde kein selbständiges, von ihrem Rechtsträger zu unterscheidendes Rechtssubjekt ist, sondern ein Organ ihres Rechtsträgers, dh der juristischen Person des öffentl. Rechts, für die sie handelt.

(nämlich die ihres Rechtsträgers) geltend machen kann.[360] Dies ist folgerichtig, weil eine Behörde grds. nicht auf den Klageweg angewiesen ist, soweit sie hoheitlich tätig wird und sich ihre „Titel" aufgrund einer öffentlich-rechtlichen Befugnisnorm durch Erlass eines Verwaltungsakts (§ 35 VwVfG) beschaffen und daraus vollstrecken kann (→ Rn. 62 ff.).[361]

173 Das Behördenprinzip findet indessen nur Anwendung, *sofern* das Landesrecht dies bestimmt. Bedauerlicherweise ist das im **Saarland** (immer noch) der Fall: Nach **§ 19 II AGVwGO** sind Anfechtungs- und Verpflichtungsklagen gegen die *Behörde* zu richten, die den angefochtenen Verwaltungsakt erlassen oder den beantragten Verwaltungsakt unterlassen hat. In der Konsequenz erklärt § 19 I AGVwGO Behörden für beteiligungsfähig iSv § 61 Nr. 3 VwGO. Zu beachten ist jedoch, dass sich § 78 VwGO im 8. Abschnitt der VwGO befindet („Besondere Vorschriften für **Anfechtungs-** und **Verpflichtungsklagen**"). Damit kommt es zur Prozessstandschaft *nur* bei

- Anfechtungsklagen,
- Verpflichtungsklagen (Versagungsgegenklagen und Untätigkeitsklagen),
- (erweiterten) Fortsetzungsfeststellungsklagen, da diese sich im Wesentlichen an Anfechtungs- und Verpflichtungsklagen anlehnen,[362]

und im einstweiligen Rechtsschutzverfahren gem. §§ 80, 123 VwGO, soweit es sich auf Anfechtungs- oder Verpflichtungsklagen bezieht (zum Begriff der Behörde → Rn. 21, s. auch → Rn. 24 ff.).

174 Bei **allen übrigen Klage- und Antragsarten** (insb. bei der allgemeinen Leistungsklage und bei der allgemeinen Feststellungsklage gem. § 43 VwGO) gilt – idR als ungeschriebener Grundsatz – das **Rechtsträgerprinzip**. Ein „Wahlrecht" zwischen Rechtsträger- und Behördenprinzip besteht nicht.[363] Für den verwaltungsgerichtlichen Normenkontrollantrag wird das Rechtsträgerprinzip durch die Spezialvorschrift des § 47 II 2 VwGO bundeseinheitlich vorgegeben.

175 Vor diesem Hintergrund wird deutlich, dass § 19 AGVwGO – gerade in der Ausbildung – zu einer **unnötigen Verkomplizierung** beiträgt. Das Argument, die Behördenbezeichnung sei für den rechtsunkundigen Bürger mit Blick auf § 82 I 1 VwGO leichter zu handhaben, trägt nicht. Denn mit Rücksicht auf § 78 I Nr. 1 Hs. 2 VwGO genügt in der Praxis selbstverständlich die Angabe der Behörde, so dass dem Bürger aus einer falschen Benennung insoweit keinerlei Nachteile entstehen.[364] So bleibt zu hoffen, dass der saarländische Gesetzgeber § 19 AGVwGO baldmöglichst aufhebt. Dafür spricht auch, dass selbst das Land Nordrhein-Westfalen, an dessen Rechtsstrukturen

---

360 VG d. Saarl., LKRZ 2015, 330 (331).
361 Ausnahmen gelten im Bereich des öffentl.-rechtl. Vertrags (§§ 54 ff. SVwVfG) und in Rechtsbeziehungen mit anderen öffentl.-rechtl. Rechtsträgern, vgl. VG d. Saarl. (Fn. 360).
362 *Schenke*, VwPR, Rn. 600.
363 So auch *Welsch* LKRZ 2011, 446 (447).
364 Vgl. *Kopp/Schenke*, VwGO, § 78 Rn. 16.

sich das Saarland gerne orientiert, als bisheriges „Flaggschiff" des Behördenprinzips aus besserer Überzeugung zum Rechtsträgerprinzip übergegangen ist.³⁶⁵

VIII. Anhang: Klausurhinweise

Da die Gesetzgebungskompetenz für den Verwaltungsprozess gem. Art. 74 I Nr. 1 GG beim Bund liegt (→ Rn. 148), richten sich Klausuren zum saarländischen Verwaltungsrecht in ihrer **Zulässigkeit** nach der **VwGO**. Die dort bekannten Klagearten mit ihren Sachentscheidungsvoraussetzungen müssen also auch in Klausuren beherrscht werden, die ihren materiellen Aufhänger im Landesrecht haben. Das „Salz in der Suppe" sind freilich die (überschaubar wenigen) **Besonderheiten**, welche die **AGVwGO** statuiert, insb. die passive Prozessführungsbefugnis iVm der Prozessstandschaft (§ 78 I Nr. 2 VwGO iVm § 19 II AGVwGO, → Rn. 169 ff.), die Beteiligungsfähigkeit (§ 61 Nr. 3 VwGO iVm § 19 I AGVwGO) oder die Aufsichtsklage (§ 17 AGVwGO). **176**

Landesrechtlich interessanter sind Klausuren zum **Widerspruchsverfahren**, das im Saarland – anders als in manchen anderen Bundesländern – bislang nur in Randbereichen abgeschafft worden ist (→ Rn. 151 f.). Denn nach §§ 7 ff. AGVwGO entscheiden in vielen Fällen die **Rechtsausschüsse** als Widerspruchsbehörden (→ Rn. 155 ff.). Es ist freilich gar nicht so einfach, hier Probleme in eine Klausur einzubauen, da für die Zulässigkeit eines Widerspruchs dessen ordnungsgemäße (form- und fristgerechte) Erhebung nach §§ 69, 70 VwGO ausreicht. Insoweit bieten sich Zusatzfragen an (etwa: „*Welche Widerspruchsbehörde ist zuständig?*" oder „*Darf die Widerspruchsbehörde den angefochtenen Verwaltungsakt verbösern?*"). **177**

Abgesehen davon ist die Kenntnis der Grundstrukturen des saarländischen **Verwaltungsorganisationsrechts** für die Prüfung der sachlichen Zuständigkeit im Rahmen der Begründetheit notwendig. Hierzu lassen sich freilich auch Fragen in der mündlichen Prüfung stellen. Denn das Verwaltungsorganisationsrecht gehört zum allgemeinen Verwaltungsrecht und ist damit in seinen Grundzügen Prüfungsgegenstand des Examens.³⁶⁶ Im **allgemeinen Verwaltungs(verfahrens)recht** weist das SVwVfG keine wesentlichen Besonderheiten gegenüber dem VwVfG des Bundes auf. Für die beliebten Klausurprobleme zur Anhörung (§ 28 SVwVfG) sowie zur Rücknahme und zum Widerruf von Verwaltungsakten (§§ 48 ff. SVwVfG) kann daher auf die Lehrbücher zum allgemeinen Verwaltungsrecht verwiesen werden, desgleichen für die bisweilen geprüften Probleme des Staatshaftungsrechts. **178**

Auch im **Verwaltungsvollstreckungsrecht** (SVwVG) und im **Verwaltungskostenrecht** (SaarlGebG) dürfen Grundkenntnisse verlangt werden. Klausuren dazu können im Assessorexamen auftauchen, ab und an auch im Referendarexamen. Hier wie dort besonders anspruchsvoll sind „*Schachtelklausuren*", die ihren Aufhänger in der Anfechtung eines Kostenbescheids haben (→ Rn. 104 ff.). Das **Beamtenrecht** (Recht des öf- **179**

---

365 S. das G über die Justiz im Land Nordrhein-Westfalen (JustG NRW) v. 26.1.2010 (GV. NRW. S. 30), dessen Art. 2 Nr. 28 mit dem AGVwGO NRW auch dessen § 5 II aufhob. Für eine bundeseinheitliche Abschaffung des Behördenprinzips *Desens* NVwZ 2013, 471 (474).
366 § 8 II Nr. 5 lit. c JAG iVm § 5 I Nr. 3, § 10 JAO; § 27 II 1 JAG iVm §§ 33, 36 JAO.

fentlichen Dienstes ieS) muss in seinen Grundzügen in der zweiten Staatsprüfung beherrscht werden.[367]

180 Prüfungsrelevant im Rahmen des **besonderen Verwaltungsrechts** sind das Polizei- und Ordnungsrecht, das Kommunalrecht, das Wirtschaftsverwaltungsrecht sowie die Grundzüge des Baurechts (s. dazu die §§ 3 bis 5 dieses Lehrbuchs).[368] Eines oder mehrere dieser Fächer bilden nicht selten den **Schwerpunkt** verwaltungsrechtlicher Klausuren.

---

367 § 27 II 2 JAG.
368 § 8 II Nr. 5 lit. d JAG.

§ 3 Kommunalrecht

von *Jürgen Wohlfarth*

Literatur:

Allgemeine Literatur: *Becker/Meyer*, Der Zugang zu öffentlichen Einrichtungen, Jura 2021, 1450; *Burgi*, Kommunalrecht (KommR), 6. Aufl. 2019; *Engels/Krausnick*, Kommunalrecht, 2. Aufl. 2020; *Brüning*, Aktuelle Entwicklungslinien des Kommunalverfassungsrechts, KommJur 2018, 365; *Geis*, Kommunalrecht (KommR), 5. Aufl. 2020; *Gern/Brüning*, Deutsches Kommunalrecht (KommR), 4. Aufl. 2016; *Gönnenwein*, Gemeinderecht (GdeR), 1963; *Henneke/Pünder/Waldhoff* (Hrsg.), Recht der Kommunalfinanzen, 2006 (zit. nach Bearb.); *Heusch/Dickten*, Neue Rechtsprechung zum Kommunalrecht, NVwZ 2018, 1353 und NVwZ 2019, 1238, *Lange*, Kommunalrecht (KommR), 2. Aufl. 2019; *Mann*, Teil 1: Kommunalrecht, in: *Tettinger/Erbguth/Mann*, Besonderes Verwaltungsrecht, 13. Aufl. 2020; *Mann/Püttner* (Hrsg.), Handbuch der kommunalen Wissenschaft und Praxis, Bd. 1, 3. Aufl. 2007; *Schmidt*, Kommunalrecht (KommR), 2. Aufl. 2014; *Voßkuhle/Kaufhold*, Grundwissen – Öffentliches Recht: Die verfassungsrechtliche Garantie der kommunalen Selbstverwaltung, JuS 2017, 728; *Wohlfarth/Eiermann/Schaust*, Datenschutz in der Gemeinde, 2. Aufl. 2016; *Zilkens/Gollan* (Hrsg.), Datenschutz in der Kommunalverwaltung, 5. Aufl. 2019.

Landesrechtliche Literatur: *Henn/Köth*, Kommunalrecht des Saarlandes (KommR), 1967; *Jennewein*, Das saarländische Kreisrecht, 1969; *Lehné/Weirich*, Saarländisches Kommunalrecht (KommR), 4. Aufl. 2019; *Nüßgen*, Die Aufgaben von Integrationsbeiräten nach dem saarländischen Kommunalrecht, VerwArch 109 (2018), 402; *Marsch/Wohlfarth* (Hrsg.) Landesdatenschutzgesetz Saarland, 2022; *Meyer*, Saarländisches Kommunalverfassungsrecht, 2017; *Wendt/Rixecker* (Hrsg.), Komm. z. SVerf, 2009 (zit. nach Bearb.); *Wohlfarth*, Kommunalrecht für das Saarland (KommR), 3. Aufl. 2003.

I. Geschichtliche Entwicklung auf Gemeindeebene

1. Kommunale Selbstorganisation und Herausbildung verschiedener Verfassungstypen

Rund um den Erdball sind **Dorf** und **Stadt** auf unterschiedlichem zivilisatorischem Niveau die klassischen Erscheinungsformen menschlicher Siedlungsgemeinschaft. Nach der Familie ist das Dorf die nächstgrößere soziale Gemeinschaft mit einem Bestand an **Menschen, Grund-** und **Sachvermögen** sowie verbindlichen **Verhaltensnormen**. Es ist die naturgeschichtliche Urform des Zusammenlebens außerhalb des Familienverbandes schlechthin.[1]

Genossenschaftliche Elemente prägten die Merkmale der **mittelalterlichen Stadt**. Örtliche Keimzelle war typischerweise eine schutzbietende Burg. In den **fürstlichen Territorialstaaten**[2] entwickelten sich eigene Stadtrechte oder wurden durch Privilegien verliehen. Die wirtschaftlichen Folgen des Dreißigjährigen Krieges bereiteten dem prosperierenden Aufstreben der Städte ein Ende. Der Zugriff der Landesfürsten auf die Ortsebene wuchs und degradierte ihre Gemeinwesen zu staatlichen Satelliten. Als Ausgangspunkt moderner Selbstverwaltung gilt die im preußischen Staat vom **Reichsfreiherrn Carl vom und zum Stein** geschaffene Städteordnung vom 19.11.1808.[3] Das

---

1 *Gönnenwein*, GdeR, S. 10.
2 *Gönnenwein*, GdeR, S. 327.
3 Abgedr. bei *Wohlfarth*, KommR, S. 27.

§ 3 Kommunalrecht

Reformwerk verschaffte den Ortsansässigen (den Gemeindebürgern) ein fast gleiches, standesunabhängiges Wahlrecht. Der Wirkungskreis der Städte war im Grundsatz universal ausgelegt. Teil dieser Konzeption war auch die **Dezentralisierung von Staatsaufgaben**.

3 Ein wichtiges Anliegen im 19. Jahrhundert war infolge des stärker werdenden Liberalismus die Schaffung von **Abwehrrechten des Individuums gegenüber dem Staat**. In dieser Phase wurden die Gemeinden nicht als Teile des Staates verstanden, sondern als selbstständige Gemeinwesen der Bürgerschaft mit eigenem Grundrechtsanspruch. Die **Weimarer Reichsverfassung** vom 11.8.1919[4] verlieh den Gemeinden und Gemeindeverbänden (den Landkreisen ua) das **Recht der Selbstverwaltung** „innerhalb der Schranken der Gesetze". Die **Nationalsozialisten** führten nach der Machtergreifung durch Reichsgesetz ein einheitliches Kommunalrecht für das damalige Reichsgebiet ein (die Deutsche Gemeindeordnung – DGO – vom 30.1.1935[5]). Faktisch wurden die Gemeinden als Dienststellen der Reichsverwaltung und damit letzten Endes der NSDAP begriffen. Die Bürgermeister wurden durch den Innenminister nach Rücksprache mit den Funktionsträgern der NSDAP ernannt. Nach dem **Ende des Zweiten Weltkrieges** gaben sich die zum Teil neu gebildeten **Bundesländer eigene Gemeindeordnungen**. Noch vor der Wiedervereinigung hatte die **Volkskammer der DDR** ein „Gesetz über die Selbstverwaltung der Gemeinden und Landkreise in der DDR (Kommunalverfassung)"[6] beschlossen.[7] Das mit dem Einigungsvertrag als Bundesrecht fortgeltende Gesetz übertrug den Landtagen der neuen Länder die weitere Ausformung des Kommunalrechtes.

4 Bei der Einordnung der vorgefundenen **Kommunalverfassungstypen**[8] kann auf die **Anzahl der erstzuständigen Organe** abgestellt werden. In der Praxis sind die **monistischen, dualistischen** und **trialistischen Systeme** miteinander verlappt. Das überwiegend anzutreffende **dualistische Modell** verteilt die **Letztentscheidungsrechte** auf Verwaltungsspitze (**Bürgermeister**) und Vertretungskörperschaft (**Rat**). Eine andere Einteilung prüft den Schwerpunkt an organschaftlicher Aufgabenerledigungskompetenz. Anzutreffen sind im Wesentlichen die **unechte Magistratsverfassung**, die **Norddeutsche** sowie die **Süddeutsche Ratsverfassung** und ferner die **Bürgermeisterverfassung**. In der (Rheinischen) Bürgermeisterverfassung stehen sich hauptamtlicher Bürgermeister und Rat **gleichgewichtig** gegenüber. Der Bürgermeister leitet die Verwaltung und ist Vorsitzender des Rates ohne Stimmrecht. Merkmal dieser Verfassung ist die Wahl des Bürgermeisters (nur) durch den Rat. Seit der Einführung der Direktwahl der Bürgermeister und Landräte im Saarland erscheint die **Saarländische Kommunalverfassung** als **Mischform** zwischen **Bürgermeister- und Süddeutscher Ratsverfassung**.

---

4 Verfassung des Deutschen Reiches v. 11.8.1919 (RGBl. S. 1383).
5 RGBl. 1935 I S. 49.
6 G v. 17.5.1990 (DDR-GBl. S. 255).
7 Vgl. *Roggemann*, Kommunalrecht der DDR, 1987; *Bretzinger*, Die Kommunalverfassung der DDR, 1994, S. 48 ff.
8 *Schmidt-Jortzig* DÖV 1987, 281 ff.

2. Entwicklungen im Saarland

Bei den historisch nachvollziehbaren **Stadtgründungen**[9] taucht das **dualistische System der Bürgermeisterverfassung** bereits auf. Beispiele für **Freiheitsbriefe** liefern Blieskastel (1286), Homburg (1330 und 1558), Saarbrücken (1321), St. Wendel, Merzig (1332) und Ottweiler (1550). Das Gebiet des heutigen Saarlandes wurde nach der Besetzung der linksrheinischen Gebiete in den Revolutionskriegen ab 1793 nach **französischen Verwaltungskategorien** verwaltet.[10]

Auch in den später bayerisch bzw. preußisch gewordenen Teilen des Saarlandes waren immer noch Elemente der französischen Mairie-Verfassung enthalten. Der Deutschen Gemeindeordnung, die mit der Angliederung des Saargebietes zum 1.3.1935[11] in Kraft trat, folgte nach dem Ende des Zweiten Weltkrieges ein am französischen Code des Communes orientiertes Übergangsrecht bis zum 1.9.1951. Die zu diesem Zeitpunkt in Kraft tretende **Gemeindeordnung und Kreisordnung**[12] wurden zum 1.3.1964 durch das **Kommunalselbstverwaltungsgesetz (KSVG)** abgelöst.[13]

Das Gesetz zur **Neugliederung** der Gemeinden und Landkreise des Saarlandes (Neugliederungsgesetz – NGG) vom 19.12.1973[14] war das kommunalverfassungsrechtlich und regionalpolitisch **bedeutendste Reformvorhaben**[15] nach dem Zweiten Weltkrieg. Zum 1.1.1974 löste es von den seinerzeit bestehenden 345 Gemeinden insgesamt 341 auf und bildete 50 neu. Die Anzahl der Landkreise verringerte sich von sieben auf fünf. Die Neugliederung wurde vor allem von folgenden **konzeptionellen Elementen** getragen: Landkreise mit ca. acht bis 15 Gemeinden und einer Regeleinwohnerzahl von 150 000; Gemeinden mit mindestens 8 000 Einwohnern in ländlichen und 15 000 Einwohnern in Ballungsgebieten; wenigstens 20 hauptamtlich Beschäftigte bei einer Verwaltung; Entfernung zwischen Ortsrand und Verwaltungssitz ca. 10 km. Auf dieser Basis gibt es derzeit im **Saarland 52 Gemeinden**.[16]

Die Weiterentwicklung des gemeindlichen Innenrechtes sowie vertiefende Demokratiebestrebungen waren Motive für Änderungsgesetze ab 1978. Die **Direktwahl von Bürgermeistern und Landräten** wurde 1994 verwirklicht.[17] Ein Jahr später wurden die Unionsbürger den deutschen Staatsangehörigen auf kommunaler Ebene gleichgestellt (§ 18 II 1 KSVG).[18] Seit 1996 sind Bestellung und Funktionskreis kommunaler Frauenbeauftragter (§ 79a KSVG) geregelt.[19] Im gleichen Jahr übertrug der Landesgesetz-

---

9 *Ennen*, Die Organisation der Selbstverwaltung in den Saarstädten vom ausgehenden Mittelalter bis zur Französischen Revolution, 1933; *Tiné*, Die Entwicklung der Selbstverwaltung im Saargebiet seit 1918, 1934.
10 S. dazu → § 1 Rn. 3 ff.
11 S. → § 1 Rn. 7.
12 Gemeindeordnung (GO) v. 10.7.1951 (Amtsbl. S. 995); Kreisordnung (KrO) v. 10.7.1951 (Amtsbl. S. 1014).
13 Urspr. Titel: G über die Selbstverwaltung der Gemeinden, Ämter und Landkreise v. 15.1.1964 (Amtsbl. S. 123). Darin wurden die Gemeindeordnung, die Amtsordnung und die Landkreisordnung mit jeweils bei § 1 beginnenden Paragrafen neu durchgezählt.
14 NGG v. 19.12.1973 (Amtsbl. S. 852) mit spät. Änd.
15 *Lehné*, in: 10 Jahre Fachhochschule für Verwaltung 1981–1991, 1991.
16 Vgl. zu stadtgeschichtlichen Entwicklungen im Saarland: *Kirchmeier* NVwZ 2002, 439 ff.; *Neumann*, SKZ 2002, 2 ff.; *Wittenbrock*, Geschichte der Stadt Saarbrücken in zwei Bänden, 1999.
17 G v. 11.5.1994 (Amtsbl. S. 818).
18 Art. 2 des G v. 27.9.1995 (Amtsbl. S. 990).
19 Art. 3 des G v. 24.4.1996 (Amtsbl. S. 623).

geber durch **Gesetz zur Kommunalisierung unterer Landesbehörden (KomLbG)**[20] den Gemeindeverbänden (Landkreisen) und Gemeinden staatliche Aufgaben, die bis dahin im Wege der Organleihe wahrgenommen worden waren (→ Rn. 37), zur eigenständigen Erledigung als Auftragsangelegenheiten (→ Rn. 36). Schwerpunkte einer Gesetzesnovelle im Jahre 1997 waren die Einführung neuer **Instrumente unmittelbarer Demokratie** mit Bürgerbegehren und Bürgerentscheid (§ 21a KSVG).[21] Durch Änderung der Landesverfassung wurde im Jahre 1999 ein relatives **Konnexitätsprinzip** eingeführt (Art. 120 I SVerf aF – → Rn. 115).[22] Breit diskutierte und mit Gutachten unterlegte Überlegungen zu einer Funktionalreform mit Wirkungen auf den Zuschnitt der Gemeindeverbände waren politisch nicht durchsetzbar. Das am 1.1.2008 in Kraft getretene **Verwaltungsstrukturreformgesetz (VSRG)**[23] erbrachte im Wesentlichen **Hochzonungen staatlicher Aufgaben** auf Stellen des Landes sowie eine Umfirmierung und Umgestaltung des früheren Stadtverbandes Saarbrücken in „Regionalverband".

8a In jüngster Zeit wurde das KSVG einige Male geändert. Durch das Gesetz Nr. 1997 zur Änderung des KSVG v. 24.6.2020[24] wurde vor dem Hintergrund der Coronapandemie ua eine Regelung zur Erhaltung kommunaler Entscheidungsfähigkeit in außerordentlichen Notlagen (§ 51a KSVG) eingefügt. Durch das Gesetz Nr. 2014 zur Änderung kommunal- und dienstrechtlicher Vorschriften vom Dezember 2020[25] wurden verschiedene Regelungen mit Rücksicht auf aktuelle Entwicklungen und Bedarfe der kommunalen Praxis geändert.[26] Wie auch in anderen Bereichen soll auf kommunaler Ebene die Energiewende stärker vorangetrieben werden, wozu konkurrenzfähige Stadt- und Gemeindewerke sowie regionale Energieunternehmen einen wichtigen Beitrag leisten. Um dies zu ermöglichen, wurden 2021 die Vorschriften zur wirtschaftlichen Betätigung (§§ 108 ff. KSVG) neu gefasst.[27] Ziel war es, die Betätigung der Kommunen rechtlich zu erleichtern, Belange der mittelständischen regionalen Unternehmen sowie die voranschreitende Digitalisierung zu berücksichtigen. Wichtig ist hierbei die Neuerung, dass nun jede Form der wirtschaftlichen Betätigung unter § 108 KSVG fällt. Eine Verlagerung vom Unternehmens- auf den Handlungsbezug ist somit die Folge (→ Rn. 189 ff.). Im Hinblick auf die leistungsgebundenen Unternehmen der Trinkwasser-, Strom-, Gas- und Wärmeversorgung sowie für den Betrieb von Telekommunikationsnetzen wurden Sonderregelungen geschaffen (→ Rn. 189).

II. Erschließung des Themas

1. Kommunalrecht und Kommunalpolitik

9 Ein in sich abgeschlossenes und als **Ganzheit** kodifiziertes Rechtsgebiet Kommunalrecht gibt es **nicht**. Mit ihm lassen sich verschiedene Themen assoziieren. Im Schwer-

---

20 KomLbG v. 27.11.1996 (Amtsbl. S. 1313), abgedr. in der Textslg. Landesrecht Saarland, 27. Aufl. 2021, unter Nr. 31.
21 G v. 23.4.1997 (Amtsbl. S. 538).
22 G v. 25.8.1999 (Amtsbl. S. 1318).
23 VSRG v. 21.11.2007 (Amtsbl. S. 2393) mit spät. Änd.
24 Amtsbl. I S. 776.
25 Amtsbl. I S. 1341.
26 LT-Drucks. 16/1389.
27 LT-Drucks. 16/1715.

punkt geht es um die **Aufgabenstellung** der Gemeinden und Gemeindeverbände innerhalb des föderal angelegten Staatsaufbaus. Daran lässt sich eine Betrachtung der Rechte und Pflichten der **Einwohner** und **Bürger** anschließen. Ein dritter Aspekt gilt dem Aufbau und Ablauf **gemeindlicher Organisation** unter Darstellung arbeitsteiliger Pflichten und Rechte der **Organe** und **Mandatsträger** im Innenverhältnis. Kommunalrecht ist **öffentliches Recht** und gilt als Sparte des Besonderen Verwaltungsrechtes.

Idealtypisch liefert das Kommunalrecht für die **Kommunalpolitik**[28] den rechtlichen Rahmen. In der Praxis wirkt die Politik in alle gemeindlich wahrgenommenen Aufgaben hinein. Dabei ist die **Regionalisierung** ein schwieriges Problem. Denn trotz lokaler Besonderheiten werden örtliche Parteigruppierungen ein Mindestmaß an Gleichklang mit ihren Landes- und Bundesverbänden suchen. 10

2. Wichtige Rechtsquellen des Kommunalrechtes im Überblick

a) Verfassungsrecht

Die Gemeinde ist die kleinste Einheit innerhalb des staatlichen Sektors. Aus staatsrechtlicher Sicht ist der Staatsaufbau der Bundesrepublik zweigliedrig; Gemeinden sind danach **Teile der Länder**.[29] Dagegen ist der Aufbau der Verwaltung mit den Elementen Bund/Land/Gemeinde dreistufig organisiert, da die Gemeinden vom jeweiligen Land verselbständigte juristische Personen des öffentlichen Rechts darstellen (→ Rn. 18), die freilich der Aufsicht des Landes unterliegen (→ Rn. 12). Die **Gesetzgebungszuständigkeit** für das Kommunalrecht liegt bei den **Ländern** (Art. 70 I GG). Allerdings wirken viele Bundesgesetze und Rechtsverordnungen des Bundes in die Rechtssphäre der Gemeinden hinein und bestimmen deren rechtliche Realität in Teilbereichen. Überdies trifft das GG in einigen Artikeln gemeinderechtliche Kernaussagen, die von den zuständigen Landesgesetzgebern konkretisiert wurden. **Fundamentale Bedeutung** für die Gemeinden und Gemeindeverbände hat **Art. 28 GG**, insb. dessen Abs. 1 S. 2–4 und Abs. 2. Darin gibt der Bund eine **Gewährleistung** für die Strukturen der Gemeinde- und Kreisvertretung, die kommunale Selbstverwaltung einschließlich der finanziellen Eigenverantwortung. Durch das in **Art. 84 I 7 GG** enthaltene Verbot, durch Bundesgesetz Aufgaben auf Gemeinden und Gemeindeverbände zu übertragen (Stichwort: Durchgriffsverbot), wird die Selbstverwaltungsgarantie aus Art. 28 II GG näher ausgestaltet.[30] Diesem **wehrfähigen Recht** auf kommunale Selbstverwaltung wird die sog. **Kommunalverfassungsbeschwerde** in Art. 93 I Nr. 4b GG zugeordnet (→ Rn. 22). 11

Die Verfassung des Saarlandes (SVerf)[31] enthält in den Art. 117 ff. Bestimmungen über die kommunale Selbstverwaltung. **Finanzhoheit**, Finanzausstattungsgarantie und Finanzausgleich sind in Art. 119 SVerf verankert. Die **Übertragungsmöglichkeit** staatli- 12

---

28 *Nassmacher/Nassmacher*, Kommunalpolitik in Deutschland, 2. Aufl. 2007; *Kost/Wehling*, Kommunalpolitik in den deutschen Ländern, 2. Aufl. 2009.
29 BVerfGE 119, 331, 364; 137, 147 Rn. 89; 150, 1, 93 Rn. 184. Näher *Gröpl*, Staatsrecht I, 13. Aufl. 2021, Rn. 531 ff., 646 ff. Deutlich wird die Zweigliedrigkeit zB in Art. 106 IX GG zum Ausdruck gebracht.
30 BVerfGE 155, 310, 335 Rn. 59 ff.
31 Vgl. *Brosig*, Die Verfassung des Saarlandes – Entstehung und Entwicklung, 2001; *Grupp*, in: Wendt/Rixecker, SVerf, Komm. der Art. 117 ff.

cher Aufgaben auf Gemeinden und Gemeindeverbände einschließlich der zu treffenden **Kostenregelung** ist Gegenstand des Art. 120 SVerf. Die **Staatsaufsicht** – in Selbstverwaltungsangelegenheiten als bloße Rechtsaufsicht (→ Rn. 218 ff.) – regelt Art. 122 SVerf. Art. 123 SVerf gibt den Gemeinden und Gemeindeverbänden eine **Verfassungsbeschwerde** zum Saarländischen Verfassungsgerichtshof (SVerfGH). Der 1999 in die Verfassung aufgenommene Art. 124 SVerf räumt den kommunalen Spitzenverbänden[32] ein **Anhörrecht** („soll") bei Fragen ein, die die Gemeinden und Gemeindeverbände unmittelbar berühren. Das Saarland unterstützt **grenzüberschreitende Beziehungen** zwischen benachbarten Gebietskörperschaften und Einrichtungen (Art. 60 II SVerf).[33] Die Gemeinden und Gemeindeverbände achten und sichern **Kinderrechte** und schaffen die dazu erforderlichen Einrichtungen (Art. 25 I SVerf).

b) Gesetze des Saarlandes

13 Die wichtigste Rechtsquelle unterhalb der Verfassung ist das dreiteilige **Kommunalselbstverwaltungsgesetz** (KSVG)[34] mit den Abschnitten **Gemeindeordnung, Landkreisordnung** und **Regionalverbandsordnung** des Regionalverbandes Saarbrücken. Weitere Vorschriften von hoher Bedeutung enthält das **Kommunalwahlgesetz** (KWG).[35] In den Finanzbereich fallen das **Kommunalfinanzausgleichsgesetz** (KFAG),[36] das **Kommunalabgabengesetz** (KAG).[37] Die interkommunale Zusammenarbeit regelt das Gesetz über **kommunale Gemeinschaftsarbeit** (KGG).[38] Zumindest eine gewisse historische Rolle spielt noch das **Neugliederungsgesetz** vom 19.12.1973.[39] Von hoher kompetenzrechtlicher Relevanz sind das Gesetz zur **Kommunalisierung unterer Landesbehörden** vom 27.11.1996[40] sowie das Gesetz zur **Reform der saarländischen Verwaltungsstrukturen** vom 21.11.2007.[41] Neben diesen typischen kommunalrechtlichen Gesetzen sind die Gemeinden vielfach durch „Fachgesetze" betroffen, die sie im Auftrag des Landes auszuführen haben.

c) Rechtsverordnungen

14 Für das Kommunalrecht wichtige Rechtsverordnungen sind insb. die **Kommunalwahlordnung** (KWO),[42] des Weiteren die **Eigenbetriebsverordnung** (EigVO),[43] die **Stellenobergrenzenverordnung für den kommunalen Bereich** (StellobVO),[44] die **Bekanntma-**

---

32 Kommunale Spitzenverbände im Saarland sind der Saarl. Städte- und Gemeindetag (SSGT) sowie der Landkreistag Saarland.
33 Näher *Gröpl*, in: Wendt/Rixecker, SVerf, Art. 60 Rn. 21 ff.
34 Derzeit idF der Bek. v. 27.6.1997 (Amtsbl. S. 682) mit spät. Änd., abgedr. in der Textslg. Landesrecht Saarland, 27. Aufl. 2021, unter Nr. 30.
35 KWG idF der Bek. v. 22.1.2019 (Amtsbl. S. 127) mit spät. Änd.
36 KFAG v. 12.7.1983 (Amtsbl. S. 462) mit spät. Änd., abgedr. in der Textslg. Landesrecht Saarland, 27. Aufl. 2021, unter Nr. 35.
37 KAG idF der Bek. v. 29.5.1998 (Amtsbl. I S. 691) mit spät. Änd., abgedr. in der Textslg. Landesrecht Saarland, 27. Aufl. 2021, unter Nr. 34.
38 Derzeit idF der Bek. v. 27.6.1997 (Amtsbl. S. 723) mit spät. Änd., abgedr. in der Textslg. Landesrecht Saarland, 27. Aufl. 2021, unter Nr. 32.
39 Nachw. in Fn. 14.
40 Nachw. in Fn. 20.
41 Nachw. in Fn. 23.
42 KWO idF der Bek. v. 12.2.2019 (Amtsbl. S. 171s) mit spät. Änd.
43 EigVO idF der Bek. v. 29.11.2010 (Amtsbl. S. 1426) mit spät. Änd., abgedr. in der Textslg. Landesrecht Saarland, 27. Aufl. 2021, unter Nr. 33.
44 VO v. 25.1.2008 (Amtsbl. S. 202) mit spät. Änd.

chungsverordnung (BekVO),[45] die **Kommunalbesoldungsverordnung**,[46] die **Mittelstadtverordnung (MstVO)**[47] und die **Kommunalhaushaltsverordnung (KommHVO)**.[48] Ermächtigungsgrundlagen dafür finden sich vor allem, aber nicht nur in § 222 KSVG.[49]

d) Ortsrecht

Auf Ortsebene können die Gemeinden als exekutiver Normgeber fungieren. Im Selbstverwaltungsbereich und mit besonderer gesetzlicher Ermächtigung in Auftragsangelegenheiten werden **Satzungen** als ortsbezogene Gesetze im nur-materiellen Sinn erlassen (§ 12 I KSVG).[50] Besondere Satzungsermächtigungen finden sich zB auch im Abfallwirtschafts-, Bauplanungs- und Naturschutzrecht. Eine generelle Ermächtigung zum Erlass von **Rechtsverordnungen** durch die Gemeinden besteht im Saarland nicht.[51] Jedoch können die **Bürgermeister** als Ortspolizeibehörden und die Landräte als Kreispolizeibehörden **Polizeiverordnungen** erlassen (§ 76 III, § 59 I und II SPolG). Örtliche **Parkgebührenordnungen**[52] gründen sich auf § 6a VI StVG, § 13 StVO. Das Saarland hat hierzu seine Rechtsverordnungsermächtigung[53] auf die Gemeinden übertragen. 15

3. Die Europäische Union als neue Dimension

Mehr als die Hälfte deutscher Rechtssetzung ist mittlerweile europarechtlich veranlasst oder beeinflusst. Zu unterscheiden ist zwischen **primärem** und **sekundärem Unionsrecht**. Das **primäre Europarecht** ergibt sich vor allem aus den zwischen den Mitgliedsstaaten abgeschlossenen Verträgen (EUV, AEUV, GRCh). Die Organe der EU erlassen **sekundäres Unionsrecht** durch Verordnungen, Richtlinien und Entscheidungen (s. Art. 288 AEUV). Im Kollisionsfall zwischen europäischem und nationalem Recht gilt nach allgemeiner Ansicht ein **Anwendungsvorrang** zugunsten des **Unionsrechts**.[54] Aus deutscher Sicht kann die EU allerdings nicht über identitätsstiftende Verfassungsprinzipen disponieren. Die kommunalen Gebietskörperschaften sind im **Ausschuss der Regionen (AdR)** der EU vertreten (Art. 305 AEUV). Durch den Vertrag von Lissabon wurde die **kommunale Selbstverwaltung** erstmals im Primärrecht verankert (Art. 4 II EUV). Die regionale und lokale Ebene ist ausdrücklich in das von der EU zu beachtende **Subsidiaritätsprinzip** einbezogen (Art. 5 III EUV). Dem Ausschuss der Regionen ist ein **Klagerecht** vor dem Europäischen Gerichtshof bei Verstößen gegen das Subsidiaritätsprinzip eingeräumt (Art. 8 des Protokolls über die Anwendung der Grundsätze der Subsidiarität und der Verhältnismäßigkeit; vgl. auch Art. 263 III AEUV). 16

---

45 VO v. 15.10.1981 (Amtsbl. S. 828) mit spät. Änd.
46 VO v. 15.11.1978 (Amtsbl. S. 965) mit spät. Änd.
47 MstVO (Akb. nicht amtlich) v. 6.4.1992 (Amtsbl. S. 511) mit spät. Änd., abgedr. in der Textslg. Landesrecht Saarland, 27. Aufl. 2021, unter Nr. 30a.
48 KommHVO v. 10.10.2006 (Amtsbl. S. 1842) mit spät. Änd.; dazu auch → Rn. 140.
49 Zum Erfordernis einer Ermächtigungsgrundlage für RechtsVO s. → § 1 Rn. 138 ff.
50 S.a. → Rn. 38.
51 S. aber Art. 104 SVerf, s. hierzu → § 1 Rn. 138 ff.
52 Zu Parkbewirtschaftungskonzepten: *Wohlfarth* DÖV 1993, 902 ff.; zum Handy-Parken: *Wohlfarth* NJW 2005, 2645 ff.
53 VO über Parkgebühren (PGebVO) v. 4.11.1991 (Amtsbl. S. 1179); vgl. Art. 80 I 4 GG.
54 EuGH, Urt. v. 18.1.2022 – C-261/20, Rn. 25 ff. – juris; s.a. BVerfGE 142, 123, 197 ff. Hierzu *Gröpl*, Staatsrecht I, 13. Aufl. 2021, Rn. 852 ff.; s. → § 1 Rn. 47.

4. Gemeindliche Organisationsformen im Saarland

17 Von den 52 saarländischen Gemeinden dürfen sich 17 **Stadt** nennen (§ 2 II KSVG). Diese Bezeichnung besagt allerdings nichts über den konkreten Aufgabenkreis. Hierzu ist wie folgt zu differenzieren:

- **Saarbrücken** ist die **Landeshauptstadt** und trägt auch diese Bezeichnung (§ 2 IV KSVG). Nach § 9 I KSVG erfüllt die Landeshauptstadt neben ihren gemeindlichen Aufgaben für ihr Gebiet auch die den Landkreisen übertragenen Aufgaben (§§ 143, 144 KSVG), obwohl sie nicht kreisfrei ist, sondern dem Regionalverband Saarbrücken eingegliedert ist (§ 4 II KSVG).
- **Kreisfreie Städte** sind keinem Landkreis eingegliedert (§ 4 IV KSVG) und nehmen daher in ihrem Gebiet die Aufgaben der Landkreise wahr (§ 8 KSVG). Allerdings gibt es im Saarland gegenwärtig keine kreisfreien Städte.
- **Kreisstädte** sind Sitz der Landkreisverwaltung (§ 2 III KSVG): Homburg (Saar), Merzig, Neunkirchen, Saarlouis und St. Wendel. Dessen ungeachtet sind sie nicht kreisfrei, sondern gehören dem jeweiligen Landkreis an (§ 4 I KSVG) und sind daher – anders als die Landeshauptstadt und kreisfreie Städte – nicht mit Kreisaufgaben betraut. Eine Ausnahme bilden die Aufgaben der unteren Bauaufsichtsbehörde, die gem. § 58 II LBO durch die Zuständigkeitsverordnung zur Landesbauordnung (ZustV-LBO)[55] den Kreisstädten Homburg, Neunkirchen, Saarlouis, nicht aber Merzig und St. Wendel, übertragen worden sind.
- **Mittelstädte** sind derzeit St. Ingbert und Völklingen.[56] St. Ingbert gehört dem Saarpfalz-Kreis an, Völklingen dem Regionalverband Saarbrücken. Diese Städte sind aber keine Kreisstädte und daher nicht Sitz der Kreisverwaltung (§ 2 III KSVG). Anders als Kreisstädte nehmen sie neben ihren gemeindlichen Aufgaben diejenigen Auftragsangelegenheiten des Landkreises wahr, die ihnen nach § 7 KSVG durch die Mittelstadtverordnung (MstVO)[57] sowie durch die ZustV-LBO übertragen worden sind.
- Daneben haben nach § 2 II KSVG derzeit die folgenden Gemeinden das Recht, sich Stadt zu nennen: Bexbach, Blieskastel, Dillingen (Saar), Friedrichsthal, Lebach, Ottweiler, Püttlingen, Sulzbach (Saar) und Wadern. Diese Städte sind kreisangehörig und haben auch im Übrigen den Aufgabenkreis herkömmlicher Gemeinden.

Von den Gemeinden (und Städten) zu unterscheiden sind die **Gemeindeverbände**.[58] „Klassische" Gemeindeverbände sind die **Landkreise**. Wie die Gemeinden sind auch sie Gebietskörperschaften (§ 140 I KSVG). Anders als diese Bezeichnung zunächst vermuten lassen mag, sind ihre Mitglieder nicht die in ihrem Gebiet liegenden Gemeinden, sondern die in ihrem Gebiet lebenden Einwohner (§§ 151 ff. KSVG). Sie nehmen **überörtliche** Funktionen wahr (§ 143 KSVG). Verfassungsrechtlich wird ihre Existenz durch Art. 28 I 2, II 2 GG, Art. 118 SVerf garantiert; insb. ihr Aufgabenumfang ist

---

55 Vom 23.6.2008 (Amtsbl. S. 1149) mit spät. Änd., s.a. → § 3 Rn. 115.
56 Siehe bzgl. Völklingen: VO über die Verleihung der Rechtsstellung einer Mittelstadt an die Stadt Völklingen v. 26.10.1965 (Amtsbl. S. 861), bzgl. St. Ingbert VO über die Verleihung der Rechtsstellung einer Mittelstadt an die Stadt St. Ingbert v. 5.3.1974 (Amtsbl. S. 302).
57 Siehe oben Fn. 47.
58 Zum Begriff des Gemeindeverbands (im echten und unechten Sinne) *Gröpl* LKRZ 2007, 86, 88.

aber nicht im selben Maße geschützt wie der der Gemeinden. Die Namen der fünf **Landkreise im Saarland** lauten: Neunkirchen (Verwaltungsgebäude in Ottweiler), Merzig-Wadern (Sitz in Merzig), Saarlouis, Saar-Pfalz-Kreis (Sitz in Homburg) und St. Wendel. Gemeindeverband und Gebietskörperschaft soll auch der **Regionalverband Saarbrücken** sein.[59] Er ist ein der funktionsgerechten Ordnung, Entwicklung und Kooperation im **Stadtumlandbereich** dienender Verband der benachbarten Gemeinden des Großraumes Saarbrücken (§ 194 I KSVG). Ihm gehören an: Saarbrücken, Völklingen, Friedrichsthal, Püttlingen, Sulzbach, Großrosseln, Heusweiler, Kleinblittersdorf, Quierschied und Riegelsberg. Städte, Gemeinden, Landkreise und der Regionalverband Saarbrücken werden unter dem Obergriff „Kommune" zusammengefasst. Abgesehen davon gibt es vielfältige **rechtlich selbstständige Zweckverbände** (§ 10 KSVG iVm §§ 2 ff. KGG) in den Feldern der Abfallwirtschaft, überörtlichen Entwässerung, Lebensrettung und im Sparkassenbereich. Anders als die Landkreise und der Regionalverband Saarbrücken sind diese Zweckverbände „echte" Gemeindeverbände, da ihre Mitglieder die beteiligten Gemeinden und Landkreise sind (§ 2 I KGG). Allerdings unterfallen sie nicht dem verfassungsrechtlichen Begriff des Gemeindeverbandes iSv Art. 28 II 2 GG, Art. 118 SVerf und werden folglich durch diese Normen auch nicht geschützt.

5. Rechtsstellung der Gemeinde
a) Gebietskörperschaft und Juristische Person des öffentlichen Rechtes

Die Gemeinde ist juristische Person des öffentlichen Rechts, deren Herrschaftsgewalt sich auf ein bestimmtes Territorium bezieht; daher ist sie eine **Gebietskörperschaft** (§ 1 II KSVG – vgl. → Rn. 26).[60] Als juristische Person ist sie eigenständige Trägerin von Rechten und Pflichten und somit rechtsfähig. Daher muss sie, um nach außen (insb. gegenüber dem Bürger) Rechtshandlungen vornehmen zu können, vertreten werden. Diese gesetzliche **Vertretung** erfolgt grds. durch den **Bürgermeister**, im Verhinderungsfall durch die Beigeordneten (→ Rn. 85 ff.) in der festgesetzten Reihenfolge (§ 59 I, § 63 I KSVG). Entsprechend ihrer Rechtsfähigkeit ist die Gemeinde im Zivilprozess parteifähig (§ 50 ZPO) und im Verwaltungsrechtsstreit beteiligungsfähig (§ 61 Nr. 1 F. 2 VwGO). Im Prozess vertreten wird die Gemeinde durch den Bürgermeister, der seinerseits prozessfähig ist (§ 51 I, § 52 ZPO; § 62 I Nr. 1 VwGO, jeweils iVm § 59 I KSVG). Etwas anderes gilt bei Anfechtungs- und Verpflichtungsklagen, die nach § 78 Abs. 1 Nr. 2 VwGO iVm § 19 II AGVwGO nicht gegen die Gemeinde, sondern gegen die Behörde zu richten sind, die den Verwaltungsakt erlassen oder unterlassen hat. Behörde idS ist der **Bürgermeister**, der in diesem Rahmen gem. § 61 Nr. 3 VwGO, § 19 I AGVwGO auch beteiligungsfähig ist.[61] In Verfahren vor dem BVerfG benötigen Mitarbeiter des Rechtsamtes zur Vertretung ihrer Stadt eine besondere Vollmacht als

18

---

59 Näher dazu in → Rn. 228 f.
60 Zur Einordnung der Gebietskörperschaft s. → § 2 Rn. 24 f., zur juristischen Person *Gröpl*, Staatsrecht I, 13. Aufl. 2021, Rn. 84 ff.
61 S. hierzu → § 2 Rn. 172.

Beistand (§ 22 I 4 BVerfGG).[62] Auseinandersetzungen im **gemeindlichen Innenbereich** werden im **Kommunalverfassungsstreitverfahren**[63] ausgetragen (→ Rn. 89 ff.).

b) Namensrecht

19 Nach § 2 I KSVG führen die Gemeinden ihren bisherigen Namen. Dieser Name ist aus **§ 12 BGB** – zumindest über eine analoge Anwendung im öffentlichen Recht – zivilrechtlich geschützt und verfassungsrechtlich über Art. 28 II 1 GG gewährleistet.[64] Bestandteile des Namens sind auch **amtliche Zusätze** wie zB Sulzbach/Saar. Eine werbliche oder sonstige **missbräuchliche Verwendung** führt zu Beseitigungs- und Unterlassungsansprüchen aus § 12 BGB.[65] Die Verwendung des Gemeindenamens durch Dritte im Internet ist häufig eine Namensrechtsverletzung.[66]

c) Wappen, Farben, Dienstsiegel

20 Wappen und Farben verkörpern in ähnlicher Weise wie der Gemeindename den **geschichtlichen Hintergrund** sowie die Eigenständigkeit der Gemeinden. Das Recht zum Führen dieser Wappen und Farben aus § 3 I 1 KSVG ist **wie das Namensrecht** gegen Eingriffe Dritter geschützt (§ 12 BGB).[67] Die gemeindlichen Dienstsiegel enthalten das Gemeindewappen mit dem Gemeindenamen. Der Gebrauch des **Dienstsiegels** ist **Wirksamkeitsvoraussetzung** bei wichtigen Verpflichtungserklärungen des § 62 I 2 KSVG.

III. Grundlagen der kommunalen Selbstverwaltung

1. Begriff und Wesen kommunaler Selbstverwaltung

21 Selbstverwaltung steht für Autonomie und erscheint als Gegenstück zur Fremdbestimmung. Grundlegende kommunale Anliegen müssen durch **demokratisch bestellte Gemeindeorgane** entschieden werden (vgl. Art. 28 I 2–4 GG, Art. 121 SVerf). Dies ist auch ein Beitrag zur **Dekonzentration** von Staatsmacht. Die verfassungsrechtliche Absicherung der kommunalen Selbstverwaltung (Art. 28 II GG, Art. 117, 118 SVerf) ist objektiv-rechtlich eine **institutionelle Garantie**:[68] Sie verpflichtet Bund und Länder zur Existenzerhaltung und -sicherung kommunaler Selbstverwaltung in den Organisationsformen als Gebietskörperschaften. Eine **Status-quo-Garantie** einer Einzelgemeinde gibt es jedoch **nicht**.[69] Die Institutionsgarantie setzt einen sinnvollen gemeindlichen Aufgabenbestand voraus. Die Verfassungsmäßigkeit der **Hochzonung** von Aufgaben auf andere Hoheitsträger (insb. auf den Staat) muss im **Einzelfall** durch Auslegung ermittelt werden (→ Rn. 24). In einem untrennbaren Sachzusammenhang zu der Selbst-

---

[62] BVerfG, NVwZ-RR 2013, 249, 249.
[63] OVG d. Saarl., NVwZ 1990, 174 ff. = SKZ 1989, 282 ff.
[64] S. BVerfG, NVwZ 1982, 367; OLG Düsseldorf, NJW-RR 2003, 1687.
[65] BGH, NJW 1963, 2267 ff.; BVerwGE 44, 352 f.; *Kleine/Voss*, Der zivilrechtl. Namensschutz der Gemeinden, 2007.
[66] *Ernst* VR 2003, 120 ff.; *Holznagel/Hartmann* NVwZ 2012, 665 ff.; BGH, NJW 2012, 2279; BGH, NJW 2012, 2034; OVG NRW, NVwZ-RR 2015, 906; LG Berlin, Urt. v. 6.2.2020 – 16 O 330/18 – juris.
[67] *Lehné/Kohler*, Wappen des Saarlandes, 1981; zu unbefugtem Wappengebrauch: BGH, NJW-RR 2002, 1401 ff.
[68] BVerfG, NJW 2021, 1665, 1669 Rn. 40.
[69] BVerfGE 23, 353, 367; SVerfGH, DVBl. 1984, 325 ff.; zu Verfahren und Maßstäben bei kommunalen Gebietsreformen: VerfGH Sachs-Anh., NVwZ-RR 2014, 289 ff.; VerfGH Rh.-Pf., NVwZ-RR 2015, 761 ff.; *Meyer* NVwZ 2013, 1177 ff.; *Waldhoff* JuS 2014, 862 ff.

verwaltungsgarantie stehen die finanzausstattungsrechtlichen Verfassungsbestimmungen einschließlich des inzwischen strikt ausgeprägten **Konnexitätsprinzips** (Art. 28 II 3 GG; Art. 119 II, Art. 120 SVerf).[70] Die Vertretungskörperschaften in den Gemeinden und Gemeindeverbänden werden demokratisch nach den Grundsätzen eines **Verhältniswahlrechtes** gewählt (Art. 28 I 2 GG, Art. 121 SVerf). Wie man daran erkennen kann, wird das Art. 28 II 1 GG zugrunde liegende Bild der Selbstverwaltung durch das Prinzip der Partizipation geprägt. Mit der kommunalen Selbstverwaltung wird die Aktivierung der Beteiligten für die eigenverantwortliche Wahrnehmung der Angelegenheiten der örtlichen Gemeinschaft bezweckt.[71] Die Staatsaufsicht beschränkt sich in Selbstverwaltungsangelegenheiten auf eine **Rechtmäßigkeitskontrolle** (Art. 122 SVerf).

2. Gerichtlicher und prozeduraler Schutz

Die Garantie der kommunalen Selbstverwaltung ist zwar **kein Grundrecht**. Zur Verteidigung ihrer subjektiv-rechtlichen Ausprägungen können die Gemeinden aber eine besondere Art der **Verfassungsbeschwerde** erheben, die sog. Kommunalverfassungsbeschwerde (Art. 97 Nr. 4 iVm Art. 123 SVerf; § 9 Nr. 13, § 55 II SVerfGHG; Art. 93 I Nr. 4b GG tritt grds. subsidiär dahinter zurück,[72] vgl. § 91 S. 2 BVerfGG) (→ § 1 Rn. 121). Demgegenüber ist das Eigentum der Gemeinde nicht durch Art. 14 GG oder Art. 18 I SVerf, sondern – in zivilrechtlichen Angelegenheiten – nur durch das allgemeine Privatrecht geschützt (§§ 903, 823, 1004 BGB).[73] Als Teil der öffentlichen Gewalt können sich Gemeinden auch nicht auf die Rechtsschutzgarantie des Art. 19 IV GG und des Art. 20 SVerf berufen.[74] Schließlich sind Gemeinden auch für den allgemeinen Gleichheitssatz in Art. 3 I GG, Art. 12 I SVerf nicht beschwerdefähig;[75] vor staatlicher Willkür werden sie jedoch durch das Rechtsstaatsprinzip geschützt, das im Rahmen von Art. 28 II GG zu beachten ist.[76] 28 II GG wird ein **Gebot interkommunaler Gleichbehandlung** entnommen. Danach müssen Bundes- und Landesgesetzgeber Begünstigungen und Vorteile nach einheitlichen, sachlich vertretbaren Maßstäben auf die Kommunen verteilen. Die Modalitäten des Verteilsystems müssen dermaßen ausgestaltet sein, dass willkürliche Ergebnisse vermieden werden.[77]

Die institutionelle Garantie kommunaler Selbstverwaltung verpflichtet Bund und Länder zur **Rücksichtnahme** auf Belange der Gemeinden und Gemeindeverbände.[78] Die Ministerien des Bundes gewähren durch Geschäftsordnung den **kommunalen Spitzenverbänden** – zB dem Deutschen Städtetag und dem Deutschen Landkreistag – eine Beteiligung an der Erstellung von Gesetzes- und Verordnungsentwürfen sowie vor dem Erlass von Verwaltungsvorschriften. Nach Art. 124 SVerf sollen im Saarland die kom-

---

70 G v. 13.7.2016 (Amtsbl. I S. 710); vgl. → Rn. 115.
71 BVerfGE 147, 185, 222 Rn. 77.
72 Ausnahmsweise etwas anderes gilt, wenn die landesverfassungsrechtliche Garantie hinter dem Gewährleistungsniveau des Art. 28 II GG zurückbleibt, BVerfGE 147, 185, 212 Rn. 50.
73 BGH, NVwZ 1986, 689 ff.
74 Vgl. SächsVerfGH, NVwZ 2009, 44 f.
75 BVerfG-K, NVwZ 2005, 82 f.; 2007, 1420 f.
76 BVerfGE 56, 298, 313; 76, 107, 119.
77 BVerfGE 150, 1, 104 Rn. 213 ff.
78 BVerfGE 56, 298, 319.

munalen Spitzenverbände bei unmittelbaren Betroffenheiten der Gemeinden und Gemeindeverbände angehört werden.

3. Allzuständigkeit (Universalität) und Autonomie

24 Die Selbstverwaltungsgarantie von Art. 28 II 2 GG und Art. 117 SVerf gibt den Gemeinden das Recht zur Regelung **aller Angelegenheiten der örtlichen Gemeinschaft** in eigener Verantwortung.[79] Umschrieben wird damit die Verbandskompetenz – dh die Zuständigkeit der gemeindlichen Ebene[80] – in Abgrenzung zum Staat. Die Selbstverwaltungsgarantie besteht aber, wie es in Art. 28 II 1 GG und Art. 117 II, III SVerf heißt, nur **im Rahmen der Gesetze**, durch die den Gemeinden Aufgaben entzogen werden können, indem entsprechende staatliche Zuständigkeiten begründet werden (sog. Hochzonung von Aufgaben).[81] Um die Gemeinden dagegen zu schützen, hat das BVerfG aus der Selbstverwaltungsgarantie zwei Felder herausgearbeitet: den Kernbereich und einen darüber hinausgehenden Schutzbereich.[82] Der **Kernbereich** der Selbstverwaltungsgarantie entspricht deren **Wesensgehalt**. Er darf nicht ausgehöhlt werden und umfasst die Befugnis der Gemeinden, sich aller Angelegenheiten der örtlichen Gemeinschaft, die nicht durch Gesetz bereits anderen Trägern öffentlicher Verwaltung übertragen sind, ohne Kompetenztitel eigenverantwortlich anzunehmen („Universalität" oder „Allzuständigkeit" des gemeindlichen Wirkungskreises und Eigenverantwortlichkeit).[83] Der Kernbereich ist jedenfalls verletzt, wenn den Gemeinden durch Gesetz so viele Zuständigkeiten entzogen würden, dass der ihnen verbleibende Aufgabenbestand einer Betätigung ihrer Selbstverwaltung keinen hinreichenden Raum mehr lässt.[84] Art. 28 II 1 GG und Art. 117 SVerf beschränken den Gestaltungsspielraum des (aufgabenentziehenden) Gesetzgebers aber über diesen Kernbereich hinaus: Es statuiert ein **materielles Aufgabenverteilungsprinzip** iSe Vermutung zugunsten der gemeindlichen gegenüber der staatlichen Zuständigkeit, die der Gesetzgeber stets zu berücksichtigen hat (= prinzipieller Vorrang der Gemeindeebene).[85] Unter Berufung auf dieses Aufgabenverteilungsprinzip können sich die Gemeinden auch gegen die „Hochzonung" von Zuständigkeiten auf die Ebene der **Landkreise** (→ Rn. 221 ff.) zur Wehr setzen. Ein **Aufgabenentzug** unterliegt strengen Rechtfertigungsanordnungen. Wird nicht der unantastbare Kernbereich der Selbstverwaltung tangiert, unterliegen Eingriffe in den durch Art. 28 II 1 GG geschützten Aufgabenbestand den Anforderungen des Verhältnismäßigkeitsgrundsatzes als Ausprägung des Rechtsstaatsprinzips.[86] Beispielsweise ist die Verlagerung der Hausabfallentsorgung von einer Gemeinde zu einem Landkreis nur zulässig, wenn die ordnungsgemäße Erfüllung dieser Aufgabe **anders nicht sicherzustellen wäre**.[87] Sofern die Leistungsfähigkeit und Verwaltungskraft einer

---

[79] Vgl. § 1 I KSVG.
[80] Vgl. *Gröpl*, Staatsrecht I, 13. Aufl. 2021, Rn. 96.
[81] Gleichsam in anderer Richtung kann den Gemeinden durch Landesgesetz die Erfüllung einzelner Aufgaben zur Pflicht gemacht werden, soweit Regelungen zur Kostentragung getroffen werden (§ 5 III KSVG).
[82] Hierzu und zum Folgenden insb. BVerfGE 79, 127, 146 ff.
[83] BVerfGE 147, 185, 215 Rn. 59, 70 ff.
[84] S.a. BVerfGE 147, 185, 227 Rn. 88.
[85] BVerfGE 147, 185, 226 Rn. 85.
[86] BVerfGE 147, 185, 223 Rn. 79 ff.
[87] BVerfGE 79, 127, 153.

Gemeinde nicht für die Wahrnehmung einer kommunalen Aufgabe ausreichen, gewährleistet Art. 28 II 1 GG den Gemeinden das Recht zu deren Erfüllung in kommunaler Zusammenarbeit, bevor der Staat sie an sich ziehen darf. Lediglich wenn sich auch auf diese Weise die Erfüllung kommunaler Aufgaben nicht sicherstellen lässt, darf eine Hochzonung der jeweiligen Aufgabe auf die Landkreisebene erfolgen.[88]

Doch was sind Angelegenheiten der örtlichen Gemeinschaft? Nach stRspr des BVerfG handelt es sich dabei um „solche Aufgaben, die das **Zusammenleben und -wohnen der Menschen vor Ort** betreffen oder einen **spezifischen Bezug darauf** haben"[89]. Eine Angelegenheit kann sich **spezifisch** auf die Lebensinteressen einer örtlichen Raumgemeinschaft auswirken; dies ist der Fall des **Wirkungsbezuges**. Denkbar ist sodann ein wechselseitiger **Organisationsbezug** der Gemeindeverwaltung bei Kooperationen mit anderen – privaten oder öffentlichen – Stellen zur administrativen Verbesserung der Dienstleistungsqualität.[90] **Beispiele**: Eine Gemeinde baut einen Sportplatz (Herkunfts- und Wirkungsbezug). Die Luftverkehrsbehörde hört die Anliegergemeinde bei der Erweiterung des Flughafens an (Wirkungsbezug). Zwei Gemeinden teilen sich einen Förster zur Betreuung des jeweiligen Gemeindewaldes (Organisationsbezug). Der zuständigkeitserhebliche **Ortsbezug** muss immer **spezifisch** sein.[91] Die Gemeinde hat kein allgemein-politisches Mandat.[92] Es bedarf also stets einer spezifischen Ortsbezogenheit der von der Gemeinde wahrgenommenen Angelegenheit.[93] Daran fehlt es aber, wenn eine Gemeinde die Bewilligung einer finanziellen Zuwendung zur Förderung von E-Mobilität in der Stadt von der Abgabe einer Schutzerklärung abhängig macht, dass die Person keine Inhalte und Methoden einer religiösen Sekte unterstützt.[94] Entgegen weitverbreiteter Praxis[95] sind Stellungnahmen kommunaler Gremien zu den atlantischen EU-Freihandelsabkommen **TTIP**[96] und **CETA**[97] unzulässig.[98] Kein Ortsbezug iSd § 1 I KSVG liegt bei überörtlichen Aufgaben (§ 140 I KSVG) sowie bei Fremdverwaltungsangelegenheiten (Auftragsangelegenheiten, Art. 120 SVerf, § 6 KSVG) vor. Einwohnerinteressen ohne Bezug zu einer kommunalen Rechtsposition kann die Gemeinde – zB in einem Rechtsstreit gegen einen Planfeststellungsbeschluss – nicht geltend machen.[99]

24a

Abgesehen von der Allzuständigkeit weisen Art. 28 II 1 GG und Art. 117 III SVerf ein weiteres Garantiemerkmal auf: das **Recht zur Regelung in eigener Verantwortung**. Diese **Autonomie** meint eine Sachbehandlung in Steuerungsabsicht mit einem **Letztentscheidungsrecht**. Hauptsächliches Merkmal der Eigenverantwortlichkeit ist die Freiheit von Weisungen und die Reduzierung der Kommunalaufsicht auf eine reine

25

---

88 BVerfGE 147, 185, 226 Rn. 86.
89 BVerfGE 147, 185, 220 Rn. 70; BVerwG BeckRS 2022, 16988 Rn. 14.
90 *Schmidt-Jortzig* DÖV 1989, 142, 148; *Wohlfarth* VR 1989, 308 ff.
91 BVerfGE 8, 122, 134; 79, 127, 151.
92 BVerwG BeckRS 2022, 16988 Rn. 14.
93 BVerwG BeckRS 2022, 16988 Rn. 14.
94 BVerwG BeckRS 2022, 16988 Rn. 14.
95 Der Spiegel 21/2016, S. 37.
96 Transatlantic Trade and Investment Partnership.
97 Comprehensive Economic and Trade Agreement.
98 *Scheidler* VR 2015, 369; Wissenschaftliche Dienste des Deutschen Bundestages, WD3–3000–035/15 v. 11.2.2015, S. 5.
99 BVerwG, NVwZ 2016, 1734; BVerwG, NVwZ 2019, 1594.

Rechtskontrolle in Selbstverwaltungsangelegenheiten (Art. 122 S. 2 SVerf; § 127 I KSVG).

4. Gemeindliche Hoheitsrechte im Überblick
a) Gebietshoheit

26 Die Gemeinde als Gebietskörperschaft verfügt über ein Gebiet, das die zu ihr gehörenden Grundstücke bilden (§ 1 II, § 13 I KSVG). Aus Gründen des öffentlichen Wohles können Gebietsgrenzen geändert, Gemeinden aufgelöst und neue gebildet werden (§ 14 I KSVG). Grenzänderungen gegen den Willen einer Gemeinde bedürfen einer Rechtsverordnung der Landesregierung. Die beteiligten Gemeinden sind vorher zu hören (§ 15 III KSVG).

b) Organisations- und Kooperationshoheit

27 Zur Selbstorganisationsfähigkeit[100] gehört das Recht, im Rahmen des geltenden Rechtes Aufbau und Ablauf der inneren Organisation festzulegen. Aufgrund seiner Leitungsbefugnis aus § 59 II 1 KSVG organisiert der **Bürgermeister** die Verwaltung, verteilt die Geschäfte und setzt die Bediensteten auf den einzelnen Dienstposten ein.[101] Der **Gemeinderat** gibt sich eine **Geschäftsordnung**, setzt Ausschüsse ein, teilt das Gemeindegebiet in Bezirke ein und entscheidet über Ausgründungen sowie Organisationsprivatisierungen (§§ 39, 48, 70, 108 ff. KSVG). Auch die Entscheidung über kommunale Gemeinschaftsarbeit (§ 10 KSVG) ist innerorganisatorisch eine Ratsangelegenheit (§ 35 S. 1 Nr. 26 KSVG).

c) Personalhoheit

28 Die Gemeinde hat **Dienstherrnfähigkeit** (§ 2 Nr. 1 BeamtStG[102]) und die Verpflichtung, erforderliches und **geeignetes Personal** auszuwählen, einzustellen und zu entlassen (§ 78 KSVG).[103] Dabei ist der **Stellenplan** als Bestandteil des Haushaltsplanes einzuhalten (§ 79 I, § 85 II KSVG). Die Personalhoheit ist durch das **öffentliche Dienstrecht** durch bundes- und landesgesetzliche Vorgaben stark eingeschränkt, insb. durch das Beamtenstatusgesetz (BeamtStG), das Allgemeine Gleichbehandlungsgesetz (AGG), das Saarl. Beamtengesetz (SBG) und das Saarl. Personalvertretungsgesetz (SPersVG), aber auch durch den Tarifvertrag für den öffentlichen Dienst (TVöD). Bei der Personalgewinnung erfordert das Gebot der Bestenauslese (Art. 33 II GG) im Regelfall eine Ausschreibung unter Beachtung von Bewerbungsverfahrensansprüchen sowie eine Dokumentation der Auswahlentscheidung. Einstellung und Entlassung leitender Bediensteter sind dem Rat im Wahlverfahren vorbehalten (§ 35 Nr. 11, § 45 VI KSVG).

---

100 *Schmidt-Jortzig*, Kommunale Organisationshoheit, 1979; *Erichsen/Weiß*, Kommunale Selbstverwaltung und staatliche Organisationsvorgaben, 1995; BVerfGE 91, 228 ff.
101 OVG d. Saarl., AS 13, 284 ff.
102 S. dazu → § 2 Rn. 146.
103 BVerfGE 17, 172, 182.

d) Satzungshoheit

29 Im Selbstverwaltungs- und mit besonderer gesetzlicher Ermächtigung im Fremdverwaltungsbereich darf die Gemeinde Satzungen erlassen (§ 12 I KSVG).[104] Meistens handelt es sich um Regelwerke zur Benutzung gemeindlicher Einrichtungen. **Besondere Satzungsermächtigungen** finden sich in anderen Rechtsgebieten (zB § 2 KAG, § 10 BauGB, § 7 des Saarl. Abfallwirtschaftsgesetzes – SAWG).

e) Finanzhoheit

30 Die Gemeinden regeln ihre Finanzwirtschaft in eigener Verantwortung (Art. 28 II 3 Hs. 1 GG) und dürfen **Kommunalabgaben** erheben (Art. 119 I SVerf, § 11 I KSVG, § 1 I KAG). Im Wesentlichen sind Kommunalabgaben **Kommunalsteuern, Kommunalgebühren** und **Kommunalbeiträge**. Sie dürfen nur aufgrund einer **Satzung** erhoben werden (§ 2 I 1 KAG). Soweit die eigenen Einnahmen nicht ausreichen, sichert das Saarland den Gemeinden die zur Aufgabenerledigung erforderlichen Mittel im Rahmen des **kommunalen Finanzausgleiches** (§ 11 II KSVG, §§ 1 ff. KFAG). Die Gewährleistung der Finanzhoheit mit der Bereitstellung einer angemessenen Finanzausstattung[105] (Art. 119 II SVerf) ist durch die **extrem schwierige Haushaltslage des Saarlandes** begrenzt.[106] Bei der Übertragung staatlicher Auftragsangelegenheiten oder pflichtiger Selbstverwaltungsangelegenheiten in früherer Trägerschaft des Saarlandes muss eine Regelung über die **Deckung der Kosten** getroffen werden (Art. 120 SVerf). Damit ist mittlerweile ein **striktes Konnexitätsprinzip** zum Ausdruck gebracht (→ Rn. 115).[107]

f) Planungshoheit

31 Hauptanliegen der gemeindlichen Planungshoheit ist die **räumliche Nutzung des Gemeindegebietes** durch Verplanung des Bodens einschließlich der infrastrukturellen Begleitmaßnahmen. Die Aufstellung von **Bauleitplänen** ist Recht und Pflicht der Gemeinden (§ 1 III, § 2 I BauGB).[108] Bauleitpläne sind der **Flächennutzungsplan** als vorbereitender und der **Bebauungsplan** als verbindlicher Bauleitplan (§ 1 II BauGB).[109] Der Bebauungsplan ist Satzung (§ 10 I BauGB), der Flächennutzungsplan ist ein Planungsinstrument eigener Art.[110]

g) Daseinsvorsorge

32 Die Breite aufgreifbarer Maßnahmen und Einrichtungen folgt bereits aus dem **Prinzip der Allzuständigkeit** (§ 5 I und II KSVG). Traditionell liegen die Schwerpunkte **freiwilliger** Daseinsvorsorge im **Kultur-, Freizeit-, Sport-** und **Sozialbereich**. Teils pflichtig, teils freiwillig sind Leistungen **der örtlichen Ver- und Entsorgung**. Die Wahrung von

---

104 S.a. → Rn. 15 und → Rn. 38.
105 *Christmann* DÖV 2000, 315 ff.; *Wieland* DVBl. 2000, 1310 ff.; *Wendt/Elicker* DÖV 2001, 762 ff.; *Schoch*, Verfassungsrechtl. Schutz der kommunalen Finanzautonomie, 1997; *ders.*, SKZ 1997, 243 ff.; OVG d. Saarl., Beschl. v. 23.3.1999, 3 Q 9/99, SKZ 1999, 284; SVerfGH, NVwZ-RR 1995, 153 f.
106 Vgl. BVerfGE 86, 148, 149 f.
107 G v. 13.7.2016 (Amtsbl. I S. 710); zum früheren relativen Konnexitätsprinzip: *Mandelartz/Neumeyer* SKZ 2000, 162 ff; zu Reichweite und Durchsetzbarkeit: NWVerfGH, NVwZ 2017, 780 ff.; *Lange* NVwZ 2017, 771 ff.
108 S. → § 5 Rn. 8, 21.
109 S. → § 5 Rn. 10 ff.
110 BVerwGE 68, 311, 313 f.

Umweltbelangen ist eine Querschnittsaufgabe[111] mit Schwerpunkt in der Steuerung erneuerbarer Energien[112] im örtlichen Siedlungsbereich. Die nur in einem Kernbereich geschützte Daseinsvorsorge gerät in ihrer konkreten Ausgestaltung zusehends unter gemeinschaftsrechtliche Einflüsse (Art. 14 AEUV).

IV. Aufgaben der Gemeinde

1. Selbstverwaltungsangelegenheiten

33 Das von den Gemeinden wahrgenommene Aufgabenspektrum ist dualistisch. Die eine Seite bilden die Selbstverwaltungsangelegenheiten, die andere die Auftragsangelegenheiten. Die in § 1 I und § 5 KSVG beschriebenen Selbstverwaltungsangelegenheiten **wurzeln in der örtlichen Gemeinschaft** oder üben einen **spezifischen Bezug** auf sie aus.[113] Der konkrete örtliche Gemeinschaftsbezug fehlt bei Bundes-, Landes- und Kreisangelegenheiten. Selbstverwaltungsangelegenheiten zeichnen sich dadurch aus, dass sie von der Gemeinde in eigener Verantwortung wahrgenommen werden (→ Rn. 21). Nur auf sie erstreckt sich der Schutz durch Art. 28 II GG und Art. 117–119 SVerf.

a) Freiwillige Selbstverwaltungsangelegenheiten

34 Freiwillige Selbstverwaltungsangelegenheiten sind – wie sich aus dem Wortsinn des Adjektivs bereits ergibt – solche, die die Gemeinden wahrnehmen können, aber nicht müssen. Den Gemeinden steht im Selbstverwaltungsbereich ein uneingeschränktes **Aufgabenfindungsrecht** zu, solange und soweit der Gesetzgeber eine Angelegenheit nicht einem **anderen Träger öffentlicher Verwaltung** zur Erledigung zugewiesen hat.[114] Das Aufgreifen einer neuen Aufgabe iSd § 5 I KSVG ist eine dem **Rat vorbehaltene Aufgabe** (§ 35 S. 1 Nr. 27 KSVG). Die Hauptmenge an freiwilligen Selbstverwaltungsangelegenheiten wird im Bereich der **Daseinsvorsorge** (→ Rn. 32) erledigt. Häufig geht es um die **Schaffung gemeindlicher Einrichtungen** in den Sparten Soziales, Kultur, Sport, Freizeit und kommunale Infrastruktur. Hinzu kommen interkommunale Kontakte, die **Wirtschaftsförderung** sowie die **Unterstützung lokaler Vereine** und Gruppierungen. Die Gemeinden dürfen mit benachbarten kommunalen Gebietskörperschaften **grenzüberschreitend zusammenarbeiten** und sich auch an internationalen Städtepartnerschaften beteiligen (§ 5 II KSVG). Ein Recht auf „kommunale Außenpolitik" besteht aber nicht.[115] Dem Aufgabenfindungsrecht im freiwilligen Bereich entspricht die Befugnis zur ersatzlosen Beendigung einmal aufgegriffener Betätigungen. Entgegen der Ansicht des BVerwG[116] besteht dieser Grundsatz auch bei einem „traditionsmäßig bedeutsamen Weihnachtsmarkt".[117] Die kostenlose Verteilung einer Rathauszeitung in

---

111 G zur Förderung des Klimaschutzes bei der Entwicklung in den Städten und Gemeinden v. 22.7.2011 (BGBl. I S. 1509); dazu *Kopf* LKRZ 2012, 261 ff.
112 *Faßbender* NuR 2009, 618 ff.; zu Solarkatastern: *Wohlfarth* LKRZ 2012, 11 ff.
113 BVerfGE 8, 122 f.; 79, 127, 151.
114 BVerfGE 79, 127, 146.
115 BVerwGE 87, 237, 240; *Heberlein*, Kommunale Außenpolitik als Rechtsproblem 1989; *Gern* NVwZ 1991, 1147 f.; vgl. *Kästner* NVwZ 1992, 9, 11 ff.; *Wohlfarth*, in: FS 25 Jahre Fachhochschule für Verwaltung des Saarlandes, 2007, S. 133; *Wohlfarth* LKRZ 2009, 321 ff.; vgl. auch → Rn. 24.
116 BVerwG, NVwZ 2009, 1305 ff., auch unter Hinweis auf *Gröpl* GewArch 1995, 367 ff.
117 Kritisch zur Entscheidung des BVerwG: *Ehlers* DVBl. 2009, 1456; *Schoch* DVBl. 2009, 1553; *Stein* DVBl. 2010, 563.

presseähnlicher Aufmachung kann je nach Ausgestaltung gegen das Gebot der Staatsferne (Art. 5 I 1, 2 GG) verstoßen und wettbewerbswidrig sein (§ 3a UWG – „Crailsheim").[118]

b) Pflichtige Selbstverwaltungsangelegenheiten

Bei durch Gesetz übertragenen pflichtigen Selbstverwaltungsangelegenheiten kann die Gemeinde nur über die Art und Weise – das Wie – der Erledigung befinden. Die Verankerung solcher Pflichtaufgaben durch Fachgesetz muss auch Bestimmungen über die **Deckung der Kosten** treffen (Art. 120 SVerf, § 5 III KSVG – → Rn. 115). Wichtige Beispiele für pflichtige Selbstverwaltungsangelegenheiten sind die **Schulträgerschaft** für Grundschulen (§ 38 I SchoG) und die **Straßenbaulast** für Gemeindestraßen (§§ 50, 9 I des Saarl. Straßengesetzes – SaarlStrG). Pflichtig ist die **Aufstellung der Bauleitpläne** (§ 1 I, III, § 2 I BauGB). Der Gemeindewald ist zu erhalten und zu pflegen (§§ 8, 11 I LWaldG). Die Gemeinden sind **Friedhofsträger** und haben notwendige Bestattungseinrichtungen vorzuhalten (§ 2 I, §§ 3, 10 I BestattG[119]). Umstritten ist das Ziel der Bekämpfung **ausbeuterischer Kinderarbeit** durch Beschaffungsdirektiven von Grabsteinen auf kommunalen Friedhöfen (§ 8 IV BestattG).[120] Die Pflicht zur **Beseitigung des Abwassers** ist auf die Gemeinden und den Entsorgungsverband Saar (EVS)[121] aufgeteilt (§ 50 I, § 50 a SWG). Träger der **Abfallentsorgung** sind nach Maßgabe des § 5 SAWG ebenfalls die Gemeinden und der Entsorgungsverband Saar (EVS): In erster Linie geht es hier um das **Einsammeln** und **Befördern des Hausabfalles** (§ 5 IV SAWG). Ein umfassendes Benutzungsregime enthalten die Abfallwirtschaftssatzungen. Beispiele: Abfuhrtermine der Entleerung, Einsatz eines Vor- und Nachkommandos, Befüllen der Gefäße, Abfallüberlassung durch Abholung oder ausnahmsweise durch Verbringung zu Sammelpunkten. Für die Gemeinden ergeben sich Beseitigungspflichten von Erdmassen und Bauschutt sowie Kompostierungsaufgaben aus § 5 II SAWG. Die Verwertung von Bioabfällen ist eine Aufgabe der örtlichen Abfallentsorgung, während die Errichtung und der Betrieb von Bioabfallbehandlungsanlagen überörtlichen Charakter haben und in die Kompetenz des EVS fallen.[122] Aus der Hausabfallentsorgung herausgenommen sind die Gegenstände des Verpackungsgesetzes mit Pflichten zur Sammlung, Rücknahme und Verwertung.[123] **Altkleider** können abhängig von ihrem Zustand Abfälle oder Wertstoffe sein.[124] Im Fall der Abfalleigenschaft sind sie dem öffentlich-rechtlichen Entsorger zu überlassen. Gewerbliche und gemeinnützige Sammlungen bleiben im Rahmen des § 17 II 1 Nr. 3, 4 KrWG zulässig.[125] Das KrWG vermittelt dem öffentlich-rechtlichen Entsorgungsträger keinen Anspruch ge-

---

118 BGH, NJW 2019, 763 ff.; dazu: *Alexander* NJW 2019, 770; *Kohn* NVwZ 2019, 1178 ff.
119 BestattungsG v. 22.1.2021 (Amtsbl. S. 992) mit spät. Änd.
120 Ablehnend BVerwG, NVwZ 2014, 527 ff.; vgl. auch Anm. 128.
121 Der EVS ist gem. § 1 des G über den EVS (EVSG) v. 26.11.1997 (Amtsbl. S. 1352) mit spät. Änd. als Zweckverband eine Körperschaft des öffentl. Rechts, dem die saarl. Gemeinden angehören.
122 S. § 2 II 1 Nr. 4 EVSG (Fn. 124); OVG d. Saarl., Urt. v. 30.9.2008, 1 A 2/08, AS 28, 101 ff. = SKZ 2009, 10 ff.
123 VerpackungsG v. 5.7.2017 (BGBl. I S. 2234) mit spät. Änd.; dazu *Würtenberg* NJW 2018, 3614; *Wiemers* GewArch 2019, 1.
124 BVerwGE 134, 154.
125 BremOVG NVwZ-RR 2014, 841; VGH Bad.-Württ., NVwZ-RR 2014, 385; OVG d. Saarl., NVwZ-RR 2015, 101; BVerwG, Urt. v. 30.6.2016 – 7 C 4.15.

gen die zuständige Abfallbehörde (§ 18 V KrWG) auf Untersagung.[126] Auf Straßen aufgestellte Sammelbehälter bedürfen einer gebührenpflichtigen **Sondernutzungserlaubnis** durch die Gemeinde (§ 18 I SaarlStrG).[127] **Illegal lagernde Abfälle** auf der Allgemeinheit frei zugänglichen Grundstücken sammelt die Gemeinde ein und dient sie dem EVS an. Die Verpflichtung besteht auch für Abfälle in Wäldern und der freien Landschaft (§ 10 I, II SAWG). Kraftfahrzeuge und Anhänger **ohne gültige Kennzeichen** werden entsprechend abgeschleppt und verschrottet (§ 20 III KrwG; § 10 I 3 SAWG).

2. Auftragsangelegenheiten (Fremdverwaltung)

36 Auftragsangelegenheiten sind streng von den Selbstverwaltungsangelegenheiten zu unterscheiden. Art. 28 II GG und Art. 117 III SVerf gelten hier nicht: Anders als bei Selbstverwaltungsangelegenheiten besitzt die Gemeinde bei den Auftragsangelegenheiten keine Autonomie, sondern muss bestimmte **Landes-** und **Bundesgesetze** (gleichsam „im Landesauftrag") ausführen (Art. 120 S. 1 SVerf; Art. 83 ff. GG, § 6 I KSVG).[128] Da die Gemeinde hier ursprünglich staatliche Aufgaben wahrnimmt, spricht man von sog. **Fremdverwaltung**. Dieses Aufgabenspektrum ist nicht zu unterschätzen: In den Gemeinden hat es einen Anteil von zwei Dritteln der Gesamttätigkeit.[129] Die Auftragsverwaltung wird vom Land mit Rücksicht auf Art. 120 SVerf in den Grenzen des KFAG finanziert (→ Rn. 115). Das Saarland als „Auftraggeber" hat – darin liegt der wesentliche Unterschied zu den Selbstverwaltungsangelegenheiten – ein fachliches **Weisungsrecht**, das allerdings nicht überschießend in die Personal- und Organisationshoheit der Gemeinde eingreifen darf (§ 6 I KSVG, § 17 LOG).[130] Sachgerechte **Einzelweisungen** werden **nicht als Verwaltungsakte** begriffen und unterliegen daher nicht der Anfechtung.[131] In Auftragsangelegenheiten hat der **Bürgermeister** eine fast umfassende und ausschließliche **Innenkompetenz** (Organkompetenz, § 59 IV KSVG). Bedeutende **Materien der Auftragsverwaltung** sind das Melderecht, das Personalausweis- und Passrecht, das Personenstandsrecht, das Straßenverkehrsrecht, das Gewerbe- und Gaststättenrecht, das Bauordnungsrecht,[132] das Naturschutzrecht, das Jagdrecht, das Waffenrecht und das Brandschutzrecht. Von folgenschwerer organisatorischer und finanzieller Bedeutung ist die Pflicht der Gemeinden zur **Aufnahme** der vom Saarland zugewiesenen **Ausländer** (§ 1 I saarl. LandesaufnahmeG). Die zuständigen Behörden zur Ausführung der Corona-Rechtsverordnungen des Landes (VO-CP) sind nach sachlicher Betroffenheit die Gesundheitsämter der Landkreise und des Regionalverbandes sowie die Bürgermeister als Ortspolizeibehörden.[133]

---

126 BVerwG, NVwZ 2019, 163.
127 VG d. Saarl., DV 2014, 290; VGH Bad.-Württ., NVwZ-RR 2014, 507; OVG NRW, NVwZ-RR 2015, 830.
128 Seit der Föderalismusreform I von 2006 (G v. 28.8.2006, BGBl. I S. 2034) darf der Bund keine Aufgaben mehr unmittelbar auf die Gemeinden übertragen, s. Art. 84 I 7 und Art. 85 I 2 GG. Dazu: *Kallerhoff* DVBl. 2011, 6 ff.
129 *Schmidt-Jortzig* DÖV 1993, 973 ff.; *Zacharias* DÖV 2000, 56 ff.
130 ThürVerfGH, DVBl. 2005, 443 ff. = SKZ 2005, 56 ff.
131 Str., relativierend: *Geis*, KommR, § 26 Rn. 4 ff.; *Scholz*, Der Rechtsschutz der Gemeinden gegen fachaufsichtliche Weisungen, 2002.
132 S. → § 5 Rn. 125.
133 VO über die Zuständigkeiten nach dem IfSG v. 12.9.2016 (Amtsbl. I S. 856) mit spät. Änd.

3. Organleihe

Die zur **Auftragsverwaltung** gehörenden Aufgaben werden von der Gemeinde als **Gebietskörperschaft** erledigt. Demgegenüber verbleibt bei der Organleihe die jeweilige Aufgabe beim Staat (Saarland), der sich zu deren Vollzug jedoch des **Bürgermeisters** als **Verpflichtungsadressaten** bedient (§ 8 II 2 LOG).[134] Auch insoweit lässt sich von einer Art der Fremdverwaltung sprechen, die allerdings nicht der Gemeinde zugerechnet, sondern nur von deren Organ Bürgermeister erledigt wird. Hauptanwendungsfall ist die Tätigkeit des Bürgermeisters als **Ortspolizeibehörde** (§ 76 III SPolG).[135] In vielen Gemeinden ist auf ihren Antrag die Befugnis zur **Überwachung** von Teilen des ruhenden und fließenden Straßenverkehrs auf die Ortspolizei[136] heruntergezont (§§ 85 I, 80 IV SPolG). Diese darf dann Ordnungswidrigkeiten erforschen und Verwarngeldangebote unterbreiten (§ 56 OWiG). Da der Bürgermeister in Polizeiangelegenheiten als Organ des Staates tätig wird, ist in Prozessen grds. das Saarland zu verklagen. Etwas anderes gilt gem. § 78 I Nr. 2 VwGO iVm § 19 II AGVwGO für Anfechtungs- und Verpflichtungsklagen, die nach dem sog. Behördenprinzip gegen den Bürgermeister zu richten sind.[137]

37

V. Die Satzungsbefugnis der Gemeinden

1. Regelmerkmale der Satzung

Satzungen sind Rechtsvorschriften, die von einer dem Staat eingeordneten juristischen Person des öffentlichen Rechts im Rahmen der ihr gesetzlich verliehenen Autonomie mit Wirksamkeit für die ihr angehörigen und unterworfenen Personen erlassen werden.[138] Die Satzung ist **Gesetz im (nur-)materiellen Sinn**. Die allgemeine Satzungsbefugnis in Selbstverwaltungsangelegenheiten folgt aus Art. 28 II GG, Art. 117 III, Art. 118 SVerf iVm § 12 I KSVG. **Intern** ist ausschließlich der **Rat** zuständig (§ 35 S. 1 Nr. 12 KSVG – sog. Organkompetenz[139]). Die Satzung erstreckt sich sachlich und personell auf die Ortsebene (zB Benutzer einer gemeindlichen Einrichtung). Verstöße gegen Satzungsbestimmungen können unter den Voraussetzungen des § 12 III KSVG als **Ordnungswidrigkeiten** verfolgt werden.

38

2. Besondere Satzungsermächtigungen

Die allgemeine Satzungsbefugnis des § 12 KSVG lässt **keine grundrechtsrelevanten Eingriffe** von Erheblichkeit zu.[140] Ge- und Verbote in Satzungen treffen in ihrem Anwendungsbereich auf Gegenrechte aus Art. 2 I GG. Zur Verwirklichung des Satzungszweckes ist dies unvermeidbar und steht der materiellen Wirksamkeit einer Satzung nicht entgegen. Zur Legitimation spezifischer Grundrechtseingriffe sind allerdings

39

---

134 Näher dazu → § 2 Rn. 36 ff.; kritisch *Gröpl* LKRZ 2007, 329 ff.
135 S. → § 2 Rn. 39, → § 4 Rn. 14.
136 Zum Unterschied zwischen orts- und vollzugspolizeilichen Zuständigkeiten: *Wohlfarth*, SKZ 2011, 257; vgl. auch → § 4 Rn. 12 ff.
137 Näher → § 2 Rn. 168 ff.
138 Vgl. BVerfGE 33, 125, 156.
139 Zum Begriff *Gröpl*, Staatsrecht I, 13. Aufl. 2021, Rn. 96.
140 OVG d. Saarl., Beschl. v. 11.4.1996, 1 W 27/95, AS 25, 337 ff. = SKZ 1997, 131 ff.; vgl. auch OVG Rh.-Pf., LKRZ 2009, 37 f.; BVerwG, NVwZ 2014, 527.

(landesrechtliche) Fachgesetze erforderlich, die **besonders Satzungsermächtigungen** enthalten. Dies sind zB im Bereich der **Abfallentsorgung** § 7 I SAWG und im **Naturschutzrecht** § 39 I NSG. Der „normale" Anschluss- und Benutzungszwang für die der Ver- und Entsorgung dienenden Einrichtungen ist noch im KSVG geregelt (§ 22 I KSVG). **Sondernutzungssatzungen** für Gemeindestraßen können erleichternde Abweichungen von den §§ 18 und 20 SaarlStrG gewähren (§ 52 SaarlStrG). Fast alle **Planungsinstitute** nach dem BauGB bedürfen der Umsetzung durch kommunale Satzung (§ 10 I, § 12, § 16 I, § 34 IV–VI, § 35 VI BauGB uam). Die Erhebung von **Kommunalabgaben** ist nur durch Satzung zulässig (§ 1 I, § 2 I KAG). Die **Brandschutzsatzung** nach § 10 I SBKG[141] muss sich an einer Mustersatzung orientieren.[142] Grundrechtsberührende Satzungsbestimmungen betreffen meistens das **Eigentum** (Art. 14 GG, Art. 18 I SVerf), die **Berufsfreiheit** (Art. 12 I GG, Art. 44 S. 1 SVerf), die **allgemeine Handlungsfreiheit** (Art. 2 I GG, Art. 2 S. 1 SVerf) und den **Gleichheitsgrundsatz** (Art. 3 I GG, Art. 12 I SVerf). Ein Rechtsgüterkonflikt[143] muss im Einzelfall anhand eines konkreten Sachverhaltes geprüft und entschieden werden. Beispielsweise müssen bei Fragen der **Gräbergestaltung auf Friedhöfen**[144] Friedhofszweck, Verhältnismäßigkeitsprinzip und Willkürverbot am Maßstab des Art. 2 I GG gemessen werden.[145] Durch Satzung kann ein **Bündnis für Investition und Dienstleistung**[146] zur Verbesserung der Standortqualität von Stadtquartieren eingerichtet werden (§§ 3 ff. BIDG[147]). Die Inbesitznahme von Straßenteilen durch **Trinkergruppen**[148] kann durch straßenrechtliche Satzung als nicht genehmigungsfähige Sondernutzung verboten werden.[149] Der **Bürgermeister als Ortspolizeibehörde** darf abhängig vom Vorliegen einer abstrakten oder konkreten Polizeigefahr die öffentliche Sicherheit oder Ordnung störende Verhaltensweisen durch **Polizeiverordnung** (§ 75 II Nr. 3, § 59 I, § 60 SPolG) oder zeitlich und örtlich befristet durch **Allgemeinverfügung** (§ 8 I SPolG) untersagen.[150] Polizeirechtliche Instrumente mit ihrer Beschränkung auf Gefahrenabwehr sind nicht das richtige Regelungsregime für die Nutzung von Gemeindeeinrichtungen einschließlich öffentlicher Grünanlagen. Hier handelt die Gemeinde durch Benutzungssatzung.[151]

---

141 G über den Brandschutz, die Technische Hilfe und den Katastrophenschutz im Saarland (SBKG) v. 29.11.2006 (Amtsbl. S. 2207) mit spät. Änd.
142 S. Bek. v. 29.1.2008 (Amtsbl. S. 364).
143 Beispielhaft: VGH Bad.-Württ., NuR 2004, 668 ff.; BayVerfGH, NVwZ-RR 2005, 757 ff.; BVerwGE 125, 68 ff.; OVG Sachs.-Anh., NVwZ-RR 2008, 810 ff.
144 *Gaedke*, HdB des Friedhofs- u. Bestattungsrechtes, 13. Aufl. 2022, Kap. 12 Rn. 1 ff.; *Lambrecht* LKRZ 2011, 441 ff.
145 VGH Bad.-Württ., VBlBW 2003, 65 ff., sowie VBlBW 2007, 353 ff.; BVerwG, NJW 2004, 2844 ff.; die Herkunft von Grabsteinen mit Blick auf ausbeuterische Kinderarbeit spielt keine Rolle: OVG Rh.-Pf., NVwZ-RR 2009, 394 ff.; vgl. dazu § 8 IV BestattG sowie BayVerfGH, NVwZ-RR 2012, 50 (52) und *Kaltenborn/Reit* NVwZ 2012, 925 ff.; BVerwG, NVwZ 2014, 527, 528 ff. (Eingriff nicht gerechtfertigt.)
146 *Lackner* DVBl. 2011, 1520 ff; *Hirschfelder*, SKZ 2018, 35.
147 G zur Schaffung von Bündnissen für Investition und Dienstleistung (BIGD) v. 18.1.2017 (Amtsbl. S. 308) mit spät. Änd.
148 Zu Maßnahmen gegen Alkoholmissbrauch auf der Ortsebene: *Wohlfarth* LKRZ 2009, 47 ff.; *Ruder* KommJur 2009, 46 ff.; zu Alkoholverboten durch PolizeiVO: *Faßbender* NVwZ 2009, 563 ff.; *Hecker* NVwZ 2009, 1016 ff.; *Hebeler/Schäfer* DVBl. 2009, 1424 ff.; *Albrecht* Die Polizei 2011, 117 ff. sowie VR 2012, 41 ff.; OLG Hamm, NVwZ 2010, 1319 ff.; VGH Bad.-Württ., NVwZ-RR 2010, 55 ff.; OVG Sachs-Anh, DVP 2011, 211 ff.; *Kremer* JuS 2012, 431 ff.
149 *Wohlfarth* BayVBl. 1997, 420 ff.; *Götz* NVwZ 1998, 679 ff.; einschränkend: Saarl. OLG, NJW 1998, 251 f.
150 Näher zu PolizeiVO § 4 Rn. 166 ff.
151 *Lenski* JuS 2012, 984 ff.; *Berger* NVwZ 2013, 1593 ff.; VGH Bad.-Württ., NVwZ-RR 2012, 939 ff.

3. Formelle Aspekte

Einige Arten von Satzungen bedürfen der Genehmigung, so insb. die **kreditbezogenen** **40** Teile der Haushaltssatzung (§ 86 III, § 92 II KSVG), die **Zweckverbandssatzung** (§ 7 I KGG) sowie **bestimmte Bebauungspläne** (§ 10 II BauGB[152]). Genehmigung sowie ihre Versagung sind angreifbare Verwaltungsakte. Bei einer **Genehmigung unter einer Maßgabe** muss der Rat die Satzung entsprechend abändern. Andernfalls ist die Genehmigung nicht erteilt. Die vom Rat beschlossene Satzung[153] wird durch den Bürgermeister unterzeichnet und damit **ausgefertigt**. Anschließend erfolgt die **Bekanntmachung** in dem von der Gemeinde durch Satzung bestimmten Medium (§ 12 IV KSVG, § 1 II BekVO). Eine Satzung tritt am Tag nach der Bekanntmachung in Kraft, wenn kein anderer Zeitpunkt bestimmt ist (§ 12 V KSVG).

4. Fehlerfolgen

Satzungen mit Verfahrens- und Formfehlern sind rechtswidrig und **zumindest schwebend unwirksam**.[154] Solche **Mängel heilt** § 12 VI KSVG bei Vorliegen der jeweiligen **41** Tatbestandsvoraussetzungen. Vor allem geht es um Fehler bei der Einberufung und Festsetzung der Tagesordnung, Beschlussfähigkeit, Öffentlichkeit (§§ 41 ff. KSVG), Mitwirkung des Orts- oder Bezirksrates (§ 73 II KSVG) sowie um Fälle der Nichtbeachtung eines Mitwirkungsverbotes (§ 27 KSVG). **Nicht heilbar** sind Verstöße gegen ausschließliche Zuständigkeiten, **Ausfertigungsmängel**[155], Verletzungen von Genehmigungs- und Bekanntmachungspflichten. Eine Heilung tritt auch nicht ein, wenn der Bürgermeister dem Beschluss des Rates **widersprochen** hat (§ 60 KSVG) oder eine **Beanstandung** durch die **Kommunalaufsichtsbehörde** erfolgt ist (§ 130 KSVG). Dem steht eine schriftliche Rüge eines Dritten unter Bezeichnung des Verfahrens- oder Formmangels gleich (§ 12 VI 2 Nr. 2 KSVG). **Materielle Rechtsfehler** bei der Satzungsgebung sind **nicht heilbar**. Rechtsfolge ist die **Nichtigkeit**, gegebenenfalls eine Teilnichtigkeit der Satzung.[156] Sondervorschriften gelten für Satzungen nach dem BauGB, insb. für Bebauungspläne (§§ 214 f. BauGB).[157]

5. Prüf- und Verwerfungsrechte

Die nach § 7 AGVwGO im Saarland gebildeten **Rechtsausschüsse**[158] haben hinsichtlich der von ihnen als rechtswidrig erachteten Satzungen **keine Normverwerfungskompetenz**.[159] Die Feststellung der Nichtigkeit einer Satzungsregelung in einem Anfechtungs- oder Verpflichtungsprozess entfaltet Rechtswirkungen nur für den **konkreten Rechtsstreit** und seine Beteiligten. Allein das OVG kann in einem **Normenkontrollver- 42**

---

152 Genehmigungsbehörde ist insoweit die oberste Bauaufsichtsbehörde (§ 58 II 1 LBO).
153 Zum Verfahren s. → Rn. 65 ff.
154 *Ossenbühl* NJW 1986, 2805 ff.
155 *Ziegler* DVBl. 2010, 291 ff.; VG d. Saarl., BauR 2010, 662 f. = SKZ 2010, 33 ff.; OVG d. Saarl., Urt. v. 17.3.2011 – 2 C 509/09, AS 40, 29 ff. = SKZ 2011, 115 ff. sowie LKRZ 2011, 75 ff.
156 BVerwGE 82, 225 ff. = DVBl. 1989, 1103 f. Zur fehlerhaften Ausfertigung eines Bebauungsplanes: *Ziegler* DVBl. 2006, 1356 ff.; OVG d. Saarl., Urt. v. 22.11.2007, 2 N 7/06, Baurechtssammlung (BRS) 71 Nr. 37 (2007) = SKZ 2008, 34 ff.
157 Hierzu ausführlich → § 5 Rn. 21 ff., 55 ff.
158 S. → § 2 Rn. 155 ff.
159 OVG d. Saarl., NVwZ 1990, 172 ff. = SKZ 1989, 277 ff.; DÖV 1992, 673 f.

fahren eine Satzung mit **Allgemeinverbindlichkeit** für nichtig erklären (§ 47 V 2 VwGO). Den Weg der abstrakten Normenkontrolle darf sogar der Bürgermeister in Bezug auf eine Satzung der eigenen Gemeinde wählen.[160]

6. Prüfungsschema
a) Formelle Rechtmäßigkeit

43
- Örtliche und sachliche Zuständigkeit der Gemeinde (Verbandskompetenz); §§ 1, 5, 6 KSVG
- Zuständigkeit des Rates, § 35 S. 1 Nr. 12 KSVG
- Einhaltung der Verfahrensvorschriften
- Einberufung und Tagesordnung, § 41 KSVG
- Beschlussfähigkeit des Rates, § 44 KSVG
- Korrekte Beschlussfassung, § 45 KSVG
- Kein Verstoß gegen Mitwirkungsverbote, §§ 30, 27 KSVG
- Ausfertigung der originären Satzungsurkunde durch den Bürgermeister
- Genehmigung der Kommunalaufsicht, soweit erforderlich, § 12 II KSVG
- Einhaltung der Bekanntmachungsvorschriften, §§ 1 ff. BekVO
- Inkrafttreten, § 12 V KSVG
- Heilung von Verfahrens- oder Formfehlern, § 12 VI KSVG

b) Materielle Rechtmäßigkeit

44
- Vorliegen einer rechtmäßigen Ermächtigung, §§ 12, 22 KSVG
- Satzungsbestimmungen sind vom Umfang der Ermächtigung gedeckt
- Kein Verstoß gegen Landes- oder Bundesrecht

VI. Einwohner und Bürger
1. Einwohner

45 Der in der Gemeinde **wohnende Mensch** ist **Einwohner** (§ 18 I KSVG). Man kann in mehreren Gemeinden Einwohner sein. Anknüpfungspunkt für das Wohnen ist die Einwohnermeldedatei. Die **Hauptwohnung** als überwiegend genutztes Domizil hat eine rechtliche Relevanz – zB im **Wahlrecht** sowie bei der Besteuerung von **Zweitwohnungen**. Infolge der Föderalismusreform I von 2006 hat ein als MeldFortG beschlossenes **Bundesmeldegesetz**[161] (BMG) das MRRG sowie die Meldegesetze der Länder abgelöst. Für diese bleiben aber Regelungsbefugnisse zur Erhebung weiterer Daten und Hinweise (§ 55 BMG).[162]

2. Bürger

46 Der Bürger ist auch Einwohner; der Einwohner im rechtlichen Sinne aber kein Bürger. Der Bürger ist **Deutscher** nach Art. 116 GG bzw. **Unionsbürger** nach Art. 20 I AEUV. Er hat das **18. Lebensjahr** vollendet und wohnt mit Hauptwohnung wenigstens drei

---

160 OVG d. Saarl., Beschl. v. 28.5.2001 – 1 N 1/98, AS 29, 175 ff. = SKZ 2001, 162 ff.
161 BMG v. 3.5.2013 (BGBl. I S. 1084) mit spät. Änd.; dazu: *Abel* RDV 2013, 179; *Zilkens* RDV 2013, 280.
162 S. Art. 73 I Nr. 3, Art. 125a III GG. Nachw. zur Föderalismusreform I in Fn. 132.

Monate in der Gemeinde. Die Bürgereigenschaft ist Voraussetzung für das **aktive** und **passive Wahlrecht** (§ 18 II KSVG, §§ 13 I, II, 16 I KWG; §§ 20 ff. BMG). Die Verarbeitung personenbezogener Daten von Unionsbürgern im **Ausländerzentralregister** zu statistischen Zwecken ist nach Ansicht des EuGH nicht erforderlich.[163]

3. Ehrenamtliche Tätigkeit

Das Ehrenamt spielt auf kommunaler Ebene eine nicht unbedeutende Rolle. Ehrenamtlich tätig sind insb. die **Mitglieder des Gemeinderates** sowie der Orts- und Bezirksräte (§ 30 I 1, § 72 IV 1 KSVG). Andere Felder ergeben sich aus **Fachgesetzen**: Wahlvorstände und Beisitzer der Wahlausschüsse (§ 11 KWG, § 17 LWG); Naturschutzbeauftragte (§ 38 SNG); Mitgliedschaft in der Freiwilligen Feuerwehr (§ 11 VI SBKG). Das ehrenamtlicher Tätigkeit zugrunde liegende Rechtsverhältnis ist ein **öffentlich-rechtlicher Status eigener Art**. Eine ehrenamtliche Tätigkeit kann nur aus wichtigem Grund abgelehnt werden (§ 25 I KSVG). Ehrenamtlich Tätige unterliegen einer **Treuepflicht** und einem **Mitwirkungsverbot** im Fall eines Interessenwiderstreites (§§ 26, 27 KSVG). Gegen die Gemeinde haben sie einen Anspruch auf Ersatz ihrer baren Auslagen und des Verdienstausfalles (§ 28 I KSVG). Auf diese Bestimmungen **verweist der Gesetzgeber** im Zusammenhang mit der Rechtsstellung der **Mitglieder des Gemeinderates**, der Orts- und Bezirksräte sowie des Integrationsbeirates (§ 30 I, § 72 IV, § 50 II KSVG).

47

4. Instrumente unmittelbarer Demokratie

a) Unterrichtung der Einwohner und Einwohnerantrag

Der Bürgermeister soll die Einwohner über **wichtige Gemeindeangelegenheiten** in geeigneter Form unterrichten (§ 20 I KSVG). Im Alltag geschieht dies über ständige Öffentlichkeits- und Pressearbeit.[164] Bei Projekten mit vielen Betroffenheiten und räumlichen oder strukturellen Folgewirkungen können – gebietsbeschränkte – **Einwohnerversammlungen** durchgeführt werden (zB bei der Einrichtung von Fußgängerzonen). Mit dem **Einwohnerantrag** aus § 21 KSVG können mindestens 5 % der Einwohner ab 16 Jahren beantragen, dass der Bürgermeister einen mit Begründung versehenen Antrag dem **Rat zur Beratung und Entscheidung** vorlegt. Über die Zulässigkeit entscheidet der Bürgermeister durch angreifbaren Verwaltungsakt. Der Antrag muss innerhalb von drei Monaten durch den Rat oder einen beauftragten Ausschuss mit Anhörmöglichkeit der Antragsteller behandelt werden (§ 21 III KSVG). Die Sachentscheidung ist öffentlich bekanntzumachen.

48

b) Einwohnerfragestunde und Einwohnerbefragung

Bei **öffentlichen Ratssitzungen** können auf der Grundlage einer **Satzung** (→ Rn. 38 ff.) Einwohner, Grundeigentümer und Gewerbetreibende (§ 19 II KSVG) **Fragen** aus dem Bereich der **kommunalen Selbstverwaltung** stellen sowie Anregungen und Vorschläge unterbreiten (§ 20a KSVG). Die Vorschrift gilt **nicht** für sonstige kommunale Gremien

49

---

163 EuGH, NVwZ 2009, 379 ff. = RDV 2009, 65 ff.
164 *Bauschinger* BayVBl. 1992, 488 ff.; *Grandjean* DST 1997, 26; *Knemeyer* BayVBl. 1998, 33 ff.

und gibt auch kein Frage- bzw. Initiativrecht in Bezug auf Fremdverwaltungsangelegenheiten.

50 Nach Maßgabe einer **Satzung** (→ Rn. 38 ff.) kann der Rat eine **Einwohnerbefragung** zu wichtigen Angelegenheiten beschließen. Wichtig sind in aller Regel vom Gemeinderat selbst zu entscheidende Sachgegenstände (§§ 34, 35 KSVG). Ziel der Befragung auf **freiwilliger Basis** ist die Berücksichtigung der Meinung der Mehrheit der Einwohner (die ihre Stimme abgegeben haben).[165] Vor der in anonymisierter Form durchzuführenden Befragung müssen die von den **Gemeindeorganen** (§ 29 KSVG) **vertretenen Auffassungen** in der Form einer öffentlichen Bekanntmachung dargelegt werden. Diese Regelung ist abschließend. Der Aufwand einer Einwohnerbefragung ist nicht unbeträchtlich. Die faktisch-politische Bindungswirkung des Befragungsergebnisses[166] rückt diese Form der Bürgerbeteiligung inhaltlich in die Nähe eines Bürgerentscheides.

c) Bürgerbegehren und Bürgerentscheid

51 Durch einen **Bürgerentscheid** wird eine **Ratsangelegenheit** der Gemeinde mittels **Urabstimmung** der Kommunalwahlberechtigten einer Regelung zugeführt (§ 21a KSVG; §§ 85 ff. KWG; §§ 117 ff. KWO). Das **Bürgerbegehren** ist das dazu **vorgeschaltete Antragsverfahren**. Zu unterscheiden davon sind das Volksbegehren und der Volksentscheid, die auf Landesebene durchgeführt werden können.[167] Unionsbürger sind zur Teilnahme an Bürgerbegehren/-entscheiden berechtigt.[168] Gem. § 21a I 2 KSVG kann auch der Rat selbst die Durchführung des Bürgerentscheides beschließen. Er darf mit **erledigender Wirkung** einem zulässigen Bürgerbegehren entsprechen (§ 21a I, V KSVG). Das schriftlich bei der Gemeinde einzureichende Bürgerbegehren muss die gesetzlich vorgeschriebene Mindestzahl von **Unterstützungsunterschriften** der Wahlberechtigten ausweisen (§ 21a III KSVG). Das Ziel des Bürgerbegehrens ist in die Form einer mit **Ja** oder **Nein** zu beantwortenden **Frage** zu kleiden. Es muss eine **Begründung** und einen nach den gesetzlichen Bestimmungen durchführbaren Vorschlag für die **Kostendeckung** der begehrten Maßnahme enthalten. Schließlich sind bis zu **drei Personen** zu benennen, die das Bürgerbegehren vertreten (§ 21a II KSVG).[169] Ein sich **gegen** eine bereits vom Rat getroffene Entscheidung richtendes Bürgerbegehren muss innerhalb einer **Ausschlussfrist** von **zwei Monaten** nach der Beschlussfassung eingereicht sein. **Bürgerentscheidfähig** sind nur **Ratsangelegenheiten** im Selbstverwaltungsbereich. Ein aus zehn Punkten bestehender **Negativkatalog** enthält eine Vielzahl von Ausschlussgründen in Angelegenheiten der Organisations-, Personal-, Finanzhoheit, Rechnungsprüfung, in Planfeststellungs- und Bauleitplanverfahren mit eigener Öffentlichkeitsbeteiligung sowie ua auch in Rechtsbehelfsverfahren (§ 21a IV KSVG). Bürgerbegehren sind keine Instrumente zur Vermeidung unerwünschter Planungen in der Gemeinde. Insoweit sind die Betroffenen auf die spezifischen Beteiligungsrechte in Plan-

---

[165] Vgl. saarl. Ministerium des Innern, Kommissionsbericht, 1994, 86.
[166] Bekannter Fall im Saarland: Die Befragung in der Gemeinde Marpingen zur Entwicklung des Dorfes zu einem Wallfahrtsort im Oktober 1999.
[167] S. hierzu → § 1 Rn. 132 ff.
[168] BVerfG, NVwZ-RR 2016, 521, 523 ff.
[169] Zur rechtl. Stellung von Vertrauenspersonen eines Bürgerbegehrens: BVerfG, NVwZ 2019, 642 ff.; *Roth* NVwZ 2019, 1419 ff.

verfahren angewiesen.[170] Gemeindeorgane unterliegen im Zusammenhang mit der Durchführung eines Bürgerbegehrens/Bürgerentscheids keinem **Neutralitätsgebot** wie bei Wahlen.[171] Die **Zulässigkeitsfeststellung** des Bürgerbegehrens obliegt dem **Rat** (§ 21a V KSVG). Die im Bürgerentscheid zur Abstimmung gestellte Frage bedarf eines **Zustimmungsquorums** von mindestens 30 % der Stimmberechtigten (§ 21a VI KSVG). Bisher gab es im Saarland nur wenige Bürgerbegehren.[172] Eine hohe Hürde ist die Darlegung eines **durchführbaren Kostendeckungsvorschlages**. Nach der Rechtsprechung des OVG des Saarlandes müssen die **Kosten der Maßnahme selbst** transparent und vertretbar sowie die zu ihrer **Deckung vorgesehenen Mittel** angegeben und beziffert werden.[173] Das Bürgerbegehren hat ein Endziel und keine Zwischenlösung zu verfolgen.[174] Es muss auf eine Entscheidung anstelle des Gemeinderates gerichtet sein.[175] Umstritten ist die richtige Klageart gegen eine **Zurückweisungsentscheidung** des Bürgerbegehrens durch den Rat.[176] Die saarländische Verwaltungsrechtsprechung wendet die Grundsätze des **Kommunalverfassungsstreitverfahrens** (→ Rn. 89 ff.) an[177] und kommt somit zur Statthaftigkeit einer Feststellungsklage. Nur ausnahmsweise kann ein Bürgerbegehren im Wege vorläufigen Rechtsschutzes zugelassen werden.[178] Der Herbeiführung unionsrechtlicher Akte dient die Figur einer europäischen Bürgerinitiative.[179] Sie basiert auf der Unionsbürgerschaft als ihrem personalen Baustein. Näheres regeln die Bürgerinitiative-VO[180] (Art. 11 IV EUV, 24 I AEUV) und ein gleichnamiges Bundesgesetz vom 7.3.2012 (EBlG)[181].

VII. Gemeinderat

1. Bedeutung der Organstellung

Organe der Gemeinde sind der **Bürgermeister** und der **Gemeinderat**, der in den Städten die Bezeichnung Stadtrat führt (§ 29 I, II KSVG).[182] Der Rat stellt die Volksvertretung auf kommunaler Ebene iSv Art. 28 I 2 GG, Art. 121 SVerf dar.[183] Die Mitglieder des Rates sind **Organteile**.[184] Zwischen den Organen Bürgermeister und Rat gilt das Prinzip der **Funktionstrennung**: Beide Organe stehen sich **rechtlich gleichgewichtig** mit

52

---

170 VG Kassel, LKRZ 2013, 203 ff.
171 OVG NRW, NVwZ-RR 2013, 814, 815.
172 Zur Entwicklung der Rechtsprechung bundesweit: *Schoch* NVwZ 2014, 1473 ff.
173 OVG d. Saarl., Beschl. v. 17.1.2005 – 3 Q 34/04, AS 32, 106 ff. = SKZ 2005, 288; BayVGH, DVBl. 2012, 698 ff.
174 OVG d. Saarl., LKRZ 2008, 356 = SKZ 2008, 192 ff.
175 OVG d. Saarl., LKRZ 2011, 318 f. = SKZ 2011, 212 ff.
176 *Wohlfarth* SKZ 1998, 22 ff.
177 VG d. Saarl., Urt. v. 24.3.2004 – 11 K 93/02, SKZ 2004, 110 ff.; OVG d. Saarl., LKRZ 2008, 356 = SKZ 2008, 192 ff.; anders dagegen: VGH Bad.-Württ., NVwZ-RR 1994, 110 f.; OVG NRW, NVwZ-RR 2003, 448 ff.; BayVGH, BayVBl. 2008, 241 ff.; VG Gießen, LKRZ 2008, 459 ff.
178 HessVGH, NVwZ-RR 2009, 440 ff.; VGH Bad.-Württ., DVBl. 2010, 1440 ff.; BayVGH, DVBl. 2011, 208.
179 Vgl. *Guckelberger* DÖV 2010, 745 ff.; *Tiedemann* NVwZ 2012, 80 ff.
180 VO (EU) Nr. 2019/788 ABl. EU Nr. L 130 v. 17.5.2019, S. 55 mit spät. Änd.
181 BGBl. 2012 I S. 446.
182 Zum Begriff des Organs s. → § 2 Rn. 22.
183 *Nüßgen* VerwArch 109 (2018), S. 402, 406.
184 Die Bezeichnung „Organträger" in § 20 KSVG ist unglücklich gewählt, da Träger eines Organs herkömmlich die juristische Person ist. Die Menschen, die das Amt eines Organs wahrnehmen, heißen demgegenüber Organwalter, vgl. *Gröpl*, Staatsrecht I, 13. Aufl. 2021, Rn. 895. Im Übrigen kann die Bezeichnung „Organträger" zu Verwechslungen mit der steuerrechtl. Organschaft führen (§§ 14 ff. KStG).

voneinander abgegrenzten Aufgaben gegenüber (§§ 34 ff.; §§ 59 ff. KSVG).[185] Rechtliche Konflikte zwischen Bürgermeister und Rat können im **Kommunalverfassungsstreitverfahren** ausgetragen werden (→ Rn. 89 ff.).

2. Zusammensetzung und Wahl des Gemeinderates

53 Der Rat wird alle **fünf Jahre** von den wahlberechtigten Bürgern in allgemeiner, gleicher, geheimer, unmittelbarer und freier Wahl gewählt (§ 32 I, § 31 I, § 18 II KSVG; Art. 22 I AEUV). Die Wählbarkeit baut auf der Wahlberechtigung auf, erfordert aber ein Wohnen in der Gemeinde von sechs Monaten. Nach **Abschaffung der Sperrklausel** (5 %-Hürde)[186] hat jede Stimme den gleichen Zähl- und Erfolgswert. Die Zahl der Mitglieder des Rates bestimmt sich nach der Einwohnerzahl und den Festlegungen hierzu in § 32 II KSVG. Durch Satzung kann die Zahl der Mitglieder des Rates auf die nächstniedrigere Gemeindegrößenklasse abgesenkt werden. Zum Erreichen einfacher oder absoluter Mehrheiten sind die Mitgliederzahlen ungerade und durch drei teilbar. Wahlvorschläge können von Parteien und Wählergruppen aufgestellt werden. Das Erfordernis von **Unterstützungsunterschriften** kleiner Gruppierungen in § 22 II KWG ist verfassungsrechtlich vertretbar.[187] Kumulieren und Panaschieren von Stimmen ist – anders als in manchen anderen Bundesländern – nicht möglich. Stimmzettel müssen neutral gestaltet sein und dürfen keine **Angaben zu Geschlechterparität** enthalten.[188] Die Wahl ist eine **Verhältniswahl** unter Anwendung des Höchstzahlverfahrens nach d'Hondt. In der heißen Wahlkampfphase – sechs Wochen vor dem Wahltermin – müssen die Gemeinden auf öffentlichen Straßen, Wegen und Plätzen Wahlsichtwerbung durch gebührenfreie Sondernutzungserlaubnisse zulassen (§ 18 SaarlStrG).[189]

54 In der Wahlberechtigung, aber auch in der Wählbarkeit gibt es gesetzliche Beschränkungen (§§ 13, 16 KWG). Der frühere Wahlrechtsausschluss betreuter bzw. schuldunfähiger Personen war verfassungswidrig (§ 14 Nr. 2, 3 KWG aF).[190] Unvereinbar mit einem Mandat im Gemeinderat ist insb. die Wahrnehmung eines Amtes als Beamter oder Arbeitnehmer in der Gemeinde (§ 17 I KWG). Nach wie vor wählbar sind jedoch Arbeitnehmer, die überwiegend körperliche Arbeit verrichten.[191] Die Amtszeit der Mitglieder des Rates von fünf Jahren kann nicht über **verabredete Rotationen** modifiziert werden.[192] Die Feststellung über den Verlust der Wählbarkeit und das Ausschei-

---

185 OVG d. Saarl., Beschl. v. 26.7.1982 – 3 W 1882/82, AS 13, 284 ff.; SKZ 1982, 271, 272.; *Nüßgen* VerwArch 109 (2018), S. 402, 405.
186 Siehe § 41 I KWG idF bis zum 25.9.2008. Zur Verfassungsmäßigkeit der Drei-Prozent-Sperrklausel für die Wahl zu den Bezirksversammlungen in Hamburg: HmbVerfG, NVwZ 2016, 381 ff.; zur unzulässigen Ausweitung des Wahlrechtes für die Landesebene auf Unionsbürger: StGH Bremen, NVwZ-RR 2014, 497 ff.
187 OVG d. Saarl., NVwZ-RR 1996, 589 ff.; zur Verfassungsmäßigkeit des § 38 I Nr. 2 WahlG: SVerfGH, BeckRS 2012, 53076; zur unzulässiger Wahlwerbung durch Öffentlichkeitsarbeit einer Landesregierung im Vorfeld der LT-Wahl: SVerfGH, LKRZ 2010, 376 ff.
188 VerfGH Rh.-Pf., LKRZ 2014, 235 ff.; *Laubinger* NVwZ 2014, 121 ff.; *Lange* LKRZ 2014, 221 ff.; BayVerfGH, NVwZ-RR 2018, 457.
189 OVG d. Saarl., LKRZ 2009, 313 ff. = SKZ 2009, 138.
190 BVerfG, NVwZ-RR 2019, 705 ff.
191 BVerwGE 117, 11 ff. = NVwZ 2003, 90 ff.; *Frey/Hardt* VR 2006, 365 ff.; VG Gießen, LKRZ 2012, 277 f.
192 Vgl. NdsStGH, DÖV 1985, 676 ff.

den trifft der Gemeinderat (§§ 30 IV, § 35 Nr. 4 KSVG) durch Beschluss. Diese Entscheidung wird nicht als Verwaltungsakt verstanden.[193]

Das Wahlanfechtungsverfahren des § 47 KWG ist auf Verstöße gegen **wesentliche Wahlvorschriften** mit der Möglichkeit der Auswirkung auf die Sitzverteilung beschränkt. Anfechtungen finden nur noch im Umfang ihrer Begründung durch die Kommunalaufsicht statt (§ 48 I KWG). Melderechtliche Bekanntmachungspflichten aus § 17 BMG haben keine Wesentlichkeit iSd § 47 KWG.[194] Einstweiliger Rechtsschutz im Vorfeld einer Kommunalwahl ist nur bei schweren offensichtlichen Fehlern mit der Prognose einer späteren Ungültigkeit der Wahl statthaft.[195] Unrichtige und erst recht manipulative amtliche Äußerungen eines Bürgermeisters im zeitlichen und sachlichen Zusammenhang mit einer Kommunalwahl riskieren die Wirksamkeit der Wahl.[196] Auch **Wahlempfehlungen** von Ortsvorstehern in amtlicher Funktion führen selbst nach einer kommunalaufsichtlichen Beanstandung zur Ungültigkeit der Wahl.[197] Scheinkandidaturen kommunaler Wahlbeamter um Mandate in Vertretungskörperschaften bezwecken eine verfassungswidrige Wählertäuschung[198] und sollten deshalb beanstandet werden. 55

3. Rechtsstellung der Ratsmitglieder
a) Status und Pflichten

Infolge ihrer Ehrenamtlichkeit (→ Rn. 47) sind die Mitglieder des Gemeinderates keine Amtsträger iSd § 11 I Nr. 2 lit. b StGB;[199] § 7 Nr. 2 der Abgabenordnung (AO). Sie haben die **Amtspflicht zum gesetzmäßigen Verhalten** und sind **Beamte im haftungsrechtlichen Sinne** (Art. 34 GG, § 839 BGB).[200] Eine Innenhaftung von Ratsmitgliedern (dh gegenüber der Gemeinde) wegen rechtswidriger Ratsbeschlüsse besteht im Saarland nicht. Der Rat ist Verwaltungsorgan und kein Parlament (§ 29 I KSVG). Die Mitglieder des Rates üben ein **freies Mandat** aus, das sich idealtypisch nur am Gemeinwohl orientiert (§ 30 I KSVG).[201] **Imperatives Mandat** und **starrer Fraktionszwang** (→ Rn. 61) sind unzulässig. Die Ratsmitglieder haben ihre Beratungs- und Entscheidungspflichten gewissenhaft ohne Zubilligung eines Politik- oder Laienbonus zu erfüllen.[202] Der Empfang von Schmiergeldzahlungen durch kommunale Mandatsträger ist gem. § 108e StGB – nicht aber gem. §§ 331 ff. StGB – strafbar.[203] Der Rat beschließt in formell vom Bürgermeister einberufenen Sitzungen (§§ 38, 41 I KSVG). Seine Mitglieder trifft eine Teilnahmepflicht (§ 33 I KSVG). Durch Geschäftsordnung kann ein wiederholtes Fernbleiben ohne genügende Entschuldigung mit einem Ordnungsgeld bis zur dreifachen Höhe der monatlichen Aufwandsentschädigung belegt werden (§ 33 I 2 56

---

193 OVG d. Saarl., NVwZ 1984, 56 f. = SKZ 1983, 17; OVG NRW, NVwZ-RR 2009, 495.
194 OVG d. Saarl., LKRZ 2008, 223 ff. = SKZ 2008, 114 ff.
195 OVG Rh.-Pf., LKRZ 2014, 324 f.
196 BVerwG, NVwZ 2012, 1117 ff.
197 VG Koblenz, LKRZ 2013, 386 ff.
198 *Lange* DÖV 2018, 457 ff.; *Schaaf* DVP 2020, 135 ff.
199 BGH, NJW 2006, 2050 ff.; *Meyer* LKRZ 2015, 137 ff.
200 BGH, NJW 1990, 1038 ff.
201 *Schuppert* GewArch 2004, 441 ff.; *v. Arnim* ZRP 2002, 223 ff.
202 BGH, NVwZ 1986, 504 ff.
203 BGH, NJW 2006, 2050 ff.; zu dem Problem: *Nolte* DVBl. 2005, 870 ff.; *Feinendegen* NJW 2006, 2014 ff.

KSVG). Das Vertretungsverbot untersagt Ratsmitgliedern ein rechtliches Handeln namens und im Auftrag anderer gegen die Gemeinde (§ 30 I, § 26 II KSVG).[204] Die als Ordnungswidrigkeit bewehrte **Verschwiegenheitspflicht** schützt in erster Linie den **Verlauf nichtöffentlicher Sitzungen** (§ 26 III, § 30 I, § 40 I KSVG) und das Grundrecht auf informationelle Selbstbestimmung.[205] Im Rahmen seiner Weisungsfreiheit ist der Rat Verantwortlicher für seine Datenverarbeitung (Art. 4 Nr. 7 DSGVO).[206] Der personenbezogene Datentransfer zwischen den Gemeindeorganen ist legitimierungspflichtige Verarbeitung (Art. 4 Nr. 2, Art. 6 I lit. e, III lit. b DSGVO).[207]

b) Interessenwiderstreit und Mitwirkungsverbot

57 Im Fall eines **Interessenwiderstreites** darf ein Ratsmitglied nach § 30 I, § 27 KSVG weder mitberaten noch mitentscheiden. Diese Befangenheitsregelung greift schon bei dem potenziellen Eintritt eines **unmittelbaren Vorteils oder Nachteils** materieller oder ideeller Art.[208] Die Unmittelbarkeit erfordert einen direkten Ursachenzusammenhang zwischen Ratsentscheidung und Vorteils- bzw. Nachteilsverwirklichung ohne unterbrechendes Ereignis. Der Interessenwiderstreit ist die Folge eines **individuellen Sonderinteresses** im Gegensatz zu der Gemeinwohlorientierung (§ 30 I KSVG).

58 Bezugssubjekte des Vor- bzw. Nachteils sind ua das Ratsmitglied selbst, seine Angehörigen, sein Arbeitgeber bei einer Sachnähe zu dem Tätigkeitsfeld des Ratsmitgliedes, eine juristische Person oder Vereinigung, deren Organ das Ratsmitglied angehört (§ 27 I Nr. 1–3, II Nr. 1–3 KSVG). Die Erstattung eines **Privatgutachtens** oder Vergleichbares führt ebenfalls zur Befangenheit (§ 27 II Nr. 4 KSVG). Dagegen darf ein Ratsmitglied bei (Kommunal-)Unternehmensangelegenheiten mitwirken, auch wenn es beispielsweise dort im Aufsichtsrat tätig ist (§ 27 II Nr. 3 KSVG). Bei der Aufstellung eines **Bebauungsplanes**[209] besteht ein Mitwirkungsverbot für Ratsmitglieder, die Grundeigentum oder Besitz innerhalb oder angrenzend außerhalb des Plangebietes haben.[210] Demgegenüber schlägt die Mitwirkung befangener **Ortsratsmitglieder** (§§ 71 ff. KSVG) bei der Anhörung in einem Planverfahren (§ 73 II 2 Nr. 2 KSVG) **nicht** auf die Rechtmäßigkeit des vom Rat gefassten Satzungsbeschlusses durch.[211] Überwiegend körperlich tätige Beschäftigte – früher: Arbeiter der Gemeinde – können in einen Interessenwiderstreit geraten, wenn Maßnahmen sich auf ihren Arbeitsplatz auswirken können.[212] Trotz Tatbestandserfüllung hebt § 27 III KSVG das Mitwirkungsverbot bei der **Berührung bestimmter Kollektivinteressen** auf. Die Zugehörigkeit zu Berufs- oder

---

204 *Schoch*, Das kommunale Vertretungsverbot,1981; OVG d. Saarl., Beschl. v. 23.8.1996 – 1 Y 22/96, AS 25, 363 ff. = SKZ 1997, 58 ff.
205 BVerfGE 65, 1, 42 ff. = NJW 1984, 419 ff. und NJW 1988, 961 f.
206 Zum SDSG s.a. → § 2 Rn. 132 ff.: Marsch/Wohlfarth (Hrsg.), SDSG, 2022.
207 *Wohlfarth* RDV 1994, 59 ff.; zum Datenschutz in der Kommunalverwaltung: Zilkens/Gollan (Hrsg.), Datenschutz in der Kommunalverwaltung, 5. Aufl. 2019; *Wohlfarth/Eiermann/Schaust*, Datenschutz in der Gemeinde, 2. Aufl. 2016; *Wohlfarth* KommP spezial 4/2013, 18.
208 *Hassel* DVBl. 1988, 711 ff.; *Hager* VBlBW 1994, 264 ff.; *Schwerdtner* VBlBW 1999, 81 ff.; *Schäfer* VBlBW 2003, 271 ff.; *Röhl* Jura 2006, 725 ff.
209 S. → § 5 Rn. 21 ff.
210 OVG Rh.-Pf., NVwZ-RR 2004, 134 f.; BVerwGE 110, 36; OVG d. Saarl., Urt. v. 29.3.2012 – 2 C 252/10, BRS 79 Nr. 56 (2012) = SKZ 2012, 113; OVG Rh.-Pf. DVBl. 2011, 696.
211 OVG d. Saarl., Urt. v. 30.8.2001 – 2 N 1/00, AS 29, 285 ff. = SKZ 2002, 198 ff.
212 OVG NRW, DST 1987, 343; VG Gießen, NVwZ-RR 2007, 704 f.; VG Freiburg, VBlBW 1999, 474 ff.

Bevölkerungsgruppen steht der Mandatsausübung nicht entgegen (**Beispiele:** Anlieger einer Straße,[213] Gaststättenbetreiber einer Gemeinde, Schuldner von Kommunalabgaben). Bei **Wahlen in unbesoldete Stellen** aus der Mitte des Gemeinderates dürfen sich Ratsmitglieder nach § 27 III Nr. 2 KSVG selbst vorschlagen und wählen (**Beispiele:** Ortsvorsteher, § 75 I KSVG; Vertreter in wirtschaftlichen Unternehmen, § 114 II KSVG). Für einen Vereinsfunktionär als Ratsmitglied wird streitig diskutiert, ob mit der **Vereinsförderung** ein Gruppen- oder Einzelinteresse verfolgt wird.[214] Im Streitfall über das Vorliegen eines Interessenwiderstreites entscheidet der Rat ohne Beteiligung des Betroffenen (§ 27 IV KSVG). Zu Unrecht ausgeschlossene Mitglieder können sich durch einen Feststellungsantrag im **Kommunalverfassungsstreitverfahren** wehren (→ Rn. 89 ff.).[215] Die unberechtigte Mitwirkung befangener Organträger verletzt dagegen keine subjektiven Rechte anderer Ratsmitglieder oder Fraktionen (→ Rn. 61).[216] In **öffentlicher Sitzung** begeben sich befangene Ratsmitglieder in den **Zuhörerraum**. Bei **nichtöffentlichen Sitzungen** verlassen sie den Raum. Verstöße gegen das Mitwirkungsverbot führen ohne **Rücksicht auf Abstimmungsergebnisse** zur Unwirksamkeit der getroffenen Entscheidungen (§ 27 VI KSVG). Der eingeschränkten Heilungsmöglichkeit dieser Bestimmung gehen bereichsspezifische Regelungen bei kommunalen Satzungen (§ 12 VI KSVG) und Bauleitplänen (§§ 214, 215 BauGB) vor.[217]

c) Rechte der Ratsmitglieder

Der Rat setzt einen monatlichen Grundbetrag in angemessener Höhe für „**bare Auslagen**" der Ratsmitglieder fest. Sie kompensieren den typischen finanziellen Mehraufwand für Fahrten, Verpflegung, Kommunikation, Ortsbesichtigungen und angemessene Bekleidung (§ 51 I KSVG). Kostenerstattungsansprüche für anwaltliche Beratung bestehen nicht.[218] Für die Teilnahme an Sitzungen des Rates und seiner Ausschüsse werden **Sitzungsgelder** gewährt. Beide Entschädigungen können **pauschaliert** gezahlt werden. Ferner wird Ratsmitgliedern ein **Verdienstausfall** in nachgewiesener Höhe erstattet.[219] Bei Sitzungen außerhalb der Kernarbeitszeit der Betroffenen besteht dagegen kein Anspruch.[220] Beschäftigten im öffentlichen Dienst wird Urlaub unter Fortzahlung der Bezüge gewährt. Mit der Führung des Haushaltes betraute und deshalb an einer Verdienstmöglichkeit gehinderte Personen erhalten einen vom Rat festzusetzenden Stundensatz (§ 51 III KSVG). Notwendige Kosten für die Betreuung von Kindern bzw. pflegebedürftigen Angehörigen werden mit Begrenzungsmöglichkeit auf Antrag gegen Nachweis erstattet (§ 51 IV KSVG). Die Entschädigungsregelung des § 51

59

---

213 Nach zweifelhafter Ansicht des VG Neustadt (NVwZ-RR 2011, 704) sollen bei Erteilung eines gemeindlichen Einvernehmens bei der Anordnung einer Tempo-30-Zone gemäß § 45 I c 1 StVO die Straßenanlieger ein individuelles Sonderinteresse verfolgen.
214 HessVGH, NVwZ-RR 1995, 689 f.; VG Freiburg, VBlBW 1999, 474 ff.; VG Frankfurt, NVwZ-RR 2002, 868 f.; *Schmitz* VR 1997, 58 f.; *Schäfer* VBlBW 2003, 271 ff.
215 HessVGH, NVwZ-RR 2014, 563.
216 OVG NRW, DVBl. 2007, 454; NdsOVG, NVwZ-RR 2014, 977.
217 S. dazu → § 5 Rn. 28.
218 HessVGH, LKRZ 2015, 520 f.
219 VG Frankfurt, NVwZ-RR 2009, 736; VG Gießen DVP 2011, 127.
220 OVG NRW, DVP 2012, 83.

KSVG ist abschließend.[221] Abweichungen durch Satzungsregelungen sind nicht gangbar.[222] Die fehlende Kostenerstattung für Fraktionssitzungen ist rechtmäßig.

60 Die öffentlich-rechtlichen, organschaftlichen[223] **Mitgliedschaftsrechte** der einzelnen **Ratsmitglieder** sind zu unterscheiden von den durch **Mehrheitsbeschluss** wahrzunehmenden **Organrechten des Rates** und **Gruppenrechten der Ratsfraktionen**. Verletzungen von Mitgliedschaftsrechten sind die hauptsächlichen Anwendungsfälle für das **Kommunalverfassungsstreitverfahren** (→ Rn. 89 ff.). Wichtige Mitgliedschaftsrechte[224] sind ua das Teilnahmerecht an den Sitzungen des Rates und seiner Ausschüsse (§ 33 I, § 48 II, III KSVG), das Rede-, Antrags- und Stimmrecht (§ 33 I, §§ 45, 46 KSVG), das Protokollaufnahmerecht (§ 47 III KSVG), der Unterrichtungsanspruch gegenüber dem Bürgermeister[225] in Angelegenheiten des Rates, der Ausschüsse und des Orts-/Bezirksrates verbunden mit einem Akteneinsichtsrecht nach Maßgabe des § 37 I KSVG sowie ein Mitwirkungsrecht in den Ausschüssen des Rates (§ 48 KSVG). Hinzu kommt eine **Mitwirkung bei Gruppenansprüchen** auf Einberufung und Festsetzung der Tagesordnung des Rates (§ 41 I KSVG).

4. Ratsfraktionen

61 Gemeinderatsfraktionen leisten als **rechtlich unselbstständige Teile des Rates** eine parteipolitisch motivierte, in der Sache aber unverzichtbare Gruppenarbeit. § 30 V KSVG gestattet nur den Zusammenschluss von Ratsmitgliedern **derselben Partei** oder politischen Gruppierung mit im Wesentlichen **gleicher politischer Zielsetzung**.[226] Fraktionen haben unter den Voraussetzungen des § 41 I KSVG das **Recht auf Einberufung des Rates** und auf **Aufnahme von Tagesordnungspunkten** in Ratsangelegenheiten. Die Antragsbefugnis schließt ein Recht zur kurzen mündlichen Erläuterung ein.[227] Die **Mindestfraktionsstärke** beträgt zwingend und abschließend **zwei Mitglieder** (§ 30 V 2 KSVG). Eine solche gesetzliche Regelung verletzt keine Mitgliedschaftsrechte der Mandatsträger.[228] Näheres regelt die Geschäftsordnung des Rates (§ 39 KSVG). Die einzelnen Fraktionen geben sich durch Beschluss eine eigene Geschäftsordnung. Wegen Verstoßes gegen die Freiheit des Mandates (→ Rn. 56) wäre ein starrer **Fraktionszwang** unzulässig. Die **Fraktionsdisziplin** ist aber eine feste Spielregel. Ein Fraktionsausschluss wegen unabgestimmten und ständig abweichenden Stimmverhaltens ist als letztes Mittel möglich. Darüber entscheidet nach Anhörung des Betroffenen die Fraktion in einem förmlichen Verfahren durch Beschluss. Dagegen kann der Betroffene durch Feststellungsantrag im **Kommunalverfassungsstreitverfahren** vorgehen (→

---

221 OVG NRW, NVwZ-RR 2004, 674 ff.
222 HessVGH, LKRZ 2010, 380 ff.
223 Zum Begriff des organschaftlichen Rechts s. Fn. 336; *Kimm* DVBl. 2011, 734 ff.
224 OVG d. Saarl., NVwZ 1987, 914 ff. = SKZ 1986, 87 ff.
225 *Herbert* DVP 2011, 9 ff.; NdsOVG, DVBl. 2009, 920 ff.; OVG Rh.-Pf., LKRZ 2010, 340 ff.; OVG Sachs.-Anh., NVwZ-RR 2010, 123, 124 f.; OVG NRW, NVwZ-RR 2010, 650 f.; VG Frankfurt, NVwZ-RR 2010, 701; OVG Rh.-Pf., LKRZ 2012, 24 ff.
226 BVerfG-K, NVwZ-RR 2005, 494 f.; OVG NRW, DVBl. 2005, 651 f.
227 OVG NRW, DÖV 1989, 595 f.
228 BVerfG, NVwZ-RR 2012, 2 f.

Rn. 89 ff.).[229] Prinzipiell wird die Fraktionsarbeit durch die Gemeinde finanziert. Über Zuwendungen entscheidet der Rat nach pflichtgemäßem Ermessen. Dabei ist eine Staffelung nach Mitgliederzahlen zulässig.[230] Der Verteilungsmaßstab hat sich am allgemeinen Gleichheitsgrundsatz des Art. 3 I GG und nicht am formalisierten Gleichheitsprinzip des Art. 28 I 2 GG zu messen.[231] Ein Ausschluss „verfassungsfeindlicher" Fraktionen von Zuwendungen ist unzulässig.[232] Raum- und Sachausstattungsansprüche bestehen ebenfalls nur im Rahmen abgestufter Gleichbehandlung.[233] **Einzelmandatsträger** müssen im Vergleich zu Fraktionen eine gewisse Ungleichbehandlung hinnehmen.[234] Für sie kann, muss aber nicht ein Pauschalbetrag zur Deckung des Sachkosten- und Kommunikationsaufwandes durch den Rat festgelegt werden.[235] Das **Recht der Fraktionen zur Selbstdarstellung** begrenzt sich auf inhaltliche Fragen der Gruppenarbeit. Ein – dennoch vielfach wahrgenommenes – allgemeinpolitisches Mandat besteht nicht. Das **Hausrecht in Fraktionsräumen** steht dem Bürgermeister zu.[236] Fraktionssitzungen sind nicht öffentlich. Die **Beschäftigung von Fraktionsmitarbeitern** außerhalb des Stellenplanes und ihre Finanzierung aus dem Zuwendungsetat sind kritisch zu sehen, in Großstädten aber unbeanstandete Praxis.[237] Aufgrund Gewohnheitsrechtes ist die Annahme einer Teilrechtsfähigkeit zur Vornahme der mit der Fraktionsarbeit verbundenen Rechtshandlungen vertretbar.[238] Für Verbindlichkeiten von Fraktionen haftet die Gemeinde weder während noch nach der Wahlperiode.[239] Fraktionsgelder dürfen nicht für Wahlwerbung oder Parteiaufgaben missbraucht werden.[240] Rechenschaftsberichte der Fraktionen sind Dritten zur Einsichtnahme zugänglich (§ 1 SIFG, § 1 I IFG).[241] Fraktionen haben im Kommunalverfassungsstreitverfahren (→ Rn. 89 ff.) nur klagefähige Rechte in **eigenen**, nie aber in Rats- oder Bürgermeisterangelegenheiten.[242] Nach Ablauf der Wahlperiode kann eine erloschene Fraktion im Streit um ihre Abwicklung Beteiligte eines Verwaltungsstreitverfahrens sein.[243]

5. Zuständigkeit (Organkompetenz)

Der **Gemeinderat** entscheidet in den **wichtigsten Selbstverwaltungsangelegenheiten** (→ Rn. 33 ff.): Die Vorbehaltsaufgaben des § 35 KSVG sind zwingend und abschließend von ihm selbst zu regeln. Dazu gehören ua Beschlüsse über die Einstellung und Entlas-

---

229 HessVGH, DÖV 1992, 835 f., sowie NVwZ 1999, 1369 ff.; OVG d. Saarl., NVwZ-RR 1996, 462 ff. = SKZ 1996, 19 ff.; VG Koblenz, DVP 2003, 330 ff.; VG Regensburg, DVP 2005, 478; VG Wiesbaden, LKRZ 2007, 481 f.; OVG d. Saarl., Urt. v. 20.4.2012 – 4 B 105/12, SKZ 2012, 134 ff. sowie NVwZ-RR 2012, 613 ff.
230 OVG d. Saarl., Urt. v. 1.2.1996 – 1 R 2/93, AS 25, 317 ff. = SKZ 1996, 162 ff.; HessVGH, NVwZ-RR 1999, 188 f.; OVG NRW, NVwZ-RR 2003, 376 ff.; Nds OVG, DVBl. 2009, 917.
231 BVerwG, NVwZ 2013, 442.
232 HessVGH, NVwZ 2017, 886; BVerwG, NVwZ 2018, 1613.
233 OVG NRW, DVP 2011, 480; VG Düsseldorf NVwZ-RR 2012, 364; BayVGH, DVP 2012, 215.
234 OVG d. Saarl., LKRZ 2015, 103 f.
235 OVG NRW, NVwZ-RR 2010, 534; OVG d. Saarl., Urt. v. 17.9.2015 – 2 C 29/15 = SKZ 2016, 64.
236 OVG NRW, DVBl. 1991, 495 ff.
237 *Rothe*, Die Fraktion in den kommunalen Vertretungskörperschaften, 1989; *Meyer* VBlBW 1994, 337 ff.
238 *Lange*, KommunalR, 2. Aufl. 2019, Teil 2, Kap. 6 Rn. 26.
239 Nds. OVG, DVBl. 2009, 917.
240 BVerfGE 20, 56 ff. = DÖV 1966, 563; VG Berlin, NVwZ 2005, 1101 ff.; zur Untreue (§ 266 StGB) durch eine LT-Fraktion: BGH, NJW 2015, 1618.
241 OVG d. Saarl., Urt. v. 11.6.2018 – 11072 – juris.
242 OVG d. Saarl., NVwZ-RR 1995, 319 f.
243 OVG Rh.-Pf., NVwZ-RR 2021, 498, 499 f.

sung leitender Beschäftigter (Nr. 11), über Satzungen (Nr. 12), die Festsetzung öffentlicher Abgaben und privatrechtlicher Entgelte (Nr. 14), die Errichtung öffentlicher Einrichtungen, wirtschaftlicher Unternehmen und die Gründung von Gesellschaften (Nr. 19) sowie die Übernahme neuer Aufgaben (Nr. 27). **Sonstige Selbstverwaltungsangelegenheiten** in der Innenzuständigkeit (Organkompetenz) des Rates (§ 34 KSVG) darf der Rat per Geschäftsordnung (§ 39 KSVG), Hauptsatzung (§ 12 KSVG) oder Einzelakt (Beschluss) an den Bürgermeister, einen Fachausschuss, Orts- bzw. Bezirksrat **delegieren**. Dazu gehören auch status- und eingruppierungsrelevante Personalangelegenheiten unterhalb der Leitungsebene (§ 59 V 2 KSVG). Im Fremdverwaltungsbereich (→ Rn. 36) hat der Rat prinzipiell **keine Entscheidungszuständigkeiten** (§§ 6, 59 IV KSVG). Auch im Übrigen besitzt der Rat **keine Allzuständigkeit**, die dem Bürgermeister zB in § 59 KSVG zugewiesenen Funktionen an sich zu ziehen.

6. Ratsausschüsse

63 Der Rat darf aus seiner Mitte **vorberatende** und mit Ausnahme der Vorbehaltsaufgaben des § 35 KSVG **beschließende Ausschüsse** bilden. **Pflichtige Ausschüsse** sind der Finanz-, Personal-, Natur- und Umweltschutz- sowie Rechnungsprüfungsausschuss. **Keine** Ratsausschüsse sind nach Sondergesetzen gebildete Gremien wie zB der Gemeindewahlausschuss (§ 8 KWG), Gutachterausschuss (§ 192 BauGB) sowie die Kreisrechtsausschüsse (§ 7 AGVwGO). **Anzahl** der Ausschüsse und **Mitgliederzahl** legt der Rat durch **Beschluss** für eine Wahlperiode fest.[244]

64 Der Ratsausschuss ist ein **verkleinertes Abbild des Rates**. Die darin vertretenen Parteien und Gruppierungen werden bei der Besetzung **nach ihrer Stärke** berücksichtigt.[245] Die Ausgrenzung einer Fraktion (→ Rn. 61) ist unzulässig.[246] Es besteht aber kein Anspruch einer kleinen Fraktion auf ein Mandat in jedem Ausschuss.[247] Durch Ratsbeschluss werden die Sitze in den Ausschüssen nach der Mitgliederanzahl im Rat den Fraktionen/Gruppierungen auf der Grundlage des Höchstzahlverfahrens nach d'Hondt zugeteilt. Bei gleichen Höchstzahlen entscheidet das Los. Die anschließende Personalisierung nehmen die Fraktionen/Wählergruppen durch einfache Personenbenennung aus ihrer Mitte vor (§ 48 II 2, 4 KSVG). Durchmischungen sind auch dann unzulässig, wenn eine durch Koalitionsvertrag verabredete ständige Zusammenarbeit vorliegt.[248] Besetzungsrelevante Änderungen im Stärkeverhältnis während der Wahlperiode führen zu einer Neubildung der Ausschüsse (§ 48 II 7 KSVG). Ein Ausschussmitglied darf sich durch jedes Ratsmitglied vertreten lassen (§ 48 II 5 KSVG). **Ratsmitglieder** können **ohne Stimmrecht** an Ausschusssitzungen teilnehmen. Die weitergehende Verleihung von Rederechten durch Geschäftsordnung wäre rechtswidrig.[249] Erfolglose Fraktionen dürfen sich durch ein Mitglied mit Rede- und Antragsrecht in Aus-

---

244 Zu Einzelfragen: *Nospers*, SKZ 2009, 184; *Jeromin* LKRZ 2012, 481 ff.; *Jovitz* LKRZ 2015, 500 ff.
245 BVerwGE 90, 104; BayVGH, NVwZ-RR 2004, 602 ff.; OVG NRW, DVBl. 2005, 987 f.; OVG d. Saarl., NVwZ-RR 2007, 409. Ausschüsse als verkleinertes Abbild des Gemeinderates, *Nüßgen* VerwArch 109 (2018), S. 402, 407.
246 VG Gießen, LKRZ 2008, 68 f.
247 OVG Rh.-Pf., LKRZ 2013, 288 f.; VerfGH Rh.-Pf., NVwZ-RR 2014, 668, 669 f.
248 BVerwGE 119, 305 ff.; Bestätigung und Weiterführung durch BVerwG, LKRZ 2010, 225 ff.
249 VG Leipzig, BeckRS 2013, 47112.

schüssen vertreten lassen (§ 48 III KSVG). **Beschließende Ausschüsse** tagen **öffentlich**, **vorberatende Ausschüsse** dagegen zwingend **nichtöffentlich** (§ 48 V KSVG). In den Ausschüssen führt der Bürgermeister mit Delegationsmöglichkeit den Vorsitz (§ 48 IV KSVG). Die Verfahrensvorschriften für den Rat gelten vergleichbar für die Ausschüsse (§ 48 VI KSVG). Schwere Verfahrensfehler in einem beratenden Ausschuss infizieren bei **Fortwirkung** die nachfolgende Ratsentscheidung und machen sie unwirksam.[250]

7. Die Ratssitzung als Entscheidungsverfahren

a) Verfahrensmodalitäten

Der Rat wird vom **Bürgermeister** schriftlich – bei Zugangseröffnung der Empfänger auch elektronisch – unter Mitteilung der Tagesordnung einberufen. Die Gegenstände der Tagesordnung müssen – unter Beachtung des Datenschutzes – so konkret wie möglich bezeichnet werden. Zur Sitzungsvorbereitung übersandte Beschlussvorlagen sind Arbeitsmittel der Verwaltung. Eine Veröffentlichung von Ratsunterlagen durch Fraktionen oder einzelne Mandatsträger ist unzulässig.[251] Zeit, Ort und Tagesordnung der Sitzung sind **öffentlich bekanntzumachen**. Bekanntmachungsfehler bewirken die Unwirksamkeit der gefassten Beschlüsse.[252] Die Einberufungsfrist beträgt mindestens drei Tage. In dringenden Fällen kann sie auf einen Tag verkürzt werden (§ 41 III KSVG). Im Rahmen des § 41 I KSVG haben zB Ratsfraktionen (→ Rn. 61) Einberufungs- und Tagesordnungsgestaltungsrechte. Verhandlungsgegenstände, die **nicht zu den Aufgaben des Rates** gehören, darf der Bürgermeister nicht in die Tagesordnung aufnehmen (§ 41 I 2 KSVG).[253] Im Fall bereits zuvor beratener Verhandlungsgegenstände gilt eine Sperrfrist von drei Monaten. Bis zur Feststellung der Tagesordnung kann der Bürgermeister eigene Verhandlungsgegenstände jederzeit ohne Begründung zurückziehen. Beschlussfassungen unter **Allgemeintiteln** wie Verschiedenes, Mitteilungen oder Anfragen sind **unzulässig**. Über unvorhergesehene und **keinen Aufschub duldende Angelegenheiten** darf der Rat mit Zustimmung einer Mehrheit von zwei Dritteln der gesetzlichen Zahl der Mitglieder **beraten** und anschließend durch einfachen Mehrheitsbeschluss **entscheiden** (§ 41 V, § 45 I KSVG).

65

Die **Beschlussfähigkeit** des Rates erfordert eine ordnungsgemäße Einberufung sowie eine Anwesenheit von mehr als der Hälfte der gesetzlichen Mitgliederzahl **bei jeder Einzelentscheidung** (§ 44 I, § 41 I KSVG). Auch ein mutwilliger Mitgliederauszug aus politischen Gründen ist erheblich. Einberufungs- und Beschlussfähigkeitsmängel führen zur Nichtigkeit[254] der getroffenen Entscheidungen, sofern das Gesetz bei bestimmten Konstellationen keine besonderen Regelungen trifft (§ 44 I, III, § 41 IV KSVG). Im unmittelbaren Sitzungsbereich dürfen sich keine mandatsfremden Personen aufhalten.[255]

66

---

250 BVerwGE 79, 200 ff. = NVwZ 1988, 916 ff.
251 SächsOVG, NVwZ-RR 2016, 834 f.; SächsOVG, BeckRS 2019, 29550.
252 OVG d. Saarl., SKZ 2018, 73.
253 VGH Bad.-Württ., NVwZ 1984, 659 ff.; *Meyer* LKRZ 2008, 172 ff.
254 VGH Bad.-Württ., NVwZ-RR 1989, 153 ff.
255 OVG NRW, BeckRS 2014, 59605.

67 Nur das **öffentliche Wohl** oder **berechtigte Interessen Einzelner** können die Behandlung eines Verhandlungsgegenstandes in nichtöffentlicher Sitzung rechtfertigen (§ 40 I KSVG). Das öffentliche Wohl kann sich aus Vertraulichkeitsgeboten des Bundes, Landes oder der Gemeinde – zB zur Vermeidung von Bodenspekulationen – ergeben. Berechtigte Interessen Einzelner folgen zB aus Personalangelegenheiten, Rechtsstreitigkeiten, Grundstücksverkäufen mit Bewerberauswahl, der Niederschlagung von Forderungen sowie bei Entscheidungen über nach Vergaberecht geheim zu haltenden Angeboten. Die Vorschriften sind zwingend, so dass auch Betroffene sie nicht wirksam abbedingen können.[256] In nicht eindeutigen Fällen hat der Rat einen Beurteilungsspielraum.[257] Verstöße gegen § 40 I KSVG führen zur **Unwirksamkeit der gefassten Beschlüsse**. Missachtungen der Bestimmung geben aber weder Fraktionen (→ Rn. 61) noch einzelnen Ratsmitgliedern klagefähige Rechte.[258] In ihrer Zweckrichtung ist die Öffentlichkeit des § 40 KSVG eine Saal- und keine Medienöffentlichkeit. Ton- und Bildaufzeichnungen durch Presse, Rundfunk und Medien bewirken faktisch eine Verhaltensbeeinflussung der Mandatsträger und tangieren ihre Mitgliedschaftsrechte.[259] Presse- und Rundfunkfreiheit (Art. 5 I 2 GG) geben den Medien keinen gebundenen Rechtsanspruch auf Ton- und Filmaufnahmen während öffentlicher Sitzungen. Allerdings kann die Gemeinde durch Geschäftsordnung – auch für Selbstübertragungen – Ausnahmen zulassen. Jedes Mitglied kann der Aufzeichnung und Veröffentlichung eigener Beiträge widersprechen (§ 40 I 2, 3, 4 KSVG).[260] Zur Erhaltung kommunaler Entscheidungsfähigkeit in außerordentlichen Notlagen wie zB Pandemien können mit Zustimmung von zwei Dritteln der gesetzlichen Mitgliederzahl des Gemeinderates Ratssitzungen als Videokonferenzen bei zeitgleicher Übertragung von Ton und Bild in einen öffentlichen Raum stattfinden (§ 51a I, VI KSVG).[261] Bei unüberwindbaren Schwierigkeiten entscheidet ein zu bildender Notausschuss (Abs. 5).

b) Aufgaben des Vorsitzenden

68 Geborener Vorsitzender des Rates ist der **Bürgermeister** (§ 42 I 1 KSVG). Allerdings hat er **kein Stimmrecht** (§ 42 I 2 KSVG). Nur im Fall seiner **Verhinderung** aus rechtlichen oder tatsächlichen Gründen vertreten ihn die **Beigeordneten** (→ Rn. 85 ff.) in der durch den Rat festgesetzten **Reihenfolge** der Vertretungsbefugnis (§ 63 I KSVG). Der Bürgermeister übt die Verhandlungsleitung dadurch aus, dass er den Beratungs- und Entscheidungsprozess unparteiisch steuert.[262] Zu seiner Ordnungsgewalt gehört die

---

256 OVG Rh.-Pf., DVBl. 1987, 147 f; zur Behandlung von Grundstücksangelegenheiten *Schmitz* JuS 2017, 31 ff.; *Katz* NVwZ 2020, 1076 ff.
257 BayVGH, NVwZ-RR 2015, 627 ff.
258 *Bauer/Krause* JuS 1996, 512 ff.; *Suslin* NVwZ 2020, 200 ff.; VGH Bad.-Württ., NVwZ-RR 1992, 373 f.; VG Gießen, NVwZ-RR 2006, 277 f.; aA OVG NRW, DÖV 2001, 916 ff.; HessVGH, LKRZ 2009, 22 ff.; HessVGH, NVwZ-RR 2019, 875 ff.
259 BVerwGE 85, 283 ff. = NJW 1991, 118 f.; *Wohlfarth* RDV 1994, 59 ff.
260 OVG d. Saarl., LKRZ 2010, 433 ff.; SKZ 2010, 199; *Wohlfarth* LKRZ 2011, 130; anders dagegen VG d. Saarl., LKRZ 2011, 221 ff. = SKZ 2011, 107; prinzipiell für eine Saalöffentlichkeit bei Fehlen einer anderweitigen Regelung (§ 52 III HessGO): VG Kassel, LKRZ 2012, 212; HessVGH, LKRZ 2014, 22; vgl. auch *Krebs* LKRZ 2014, 138; *Cancik* NdsVBl. 2015, 11; zu Internetübertragungen: *Wacker/Supper* RDV 2013, 147.
261 G v. 24.6.2020 (Amtsbl. I S. 776); *Gourdet/Heger* NVwZ 2021, 360, 363 f., *Wacker* NVwZ 2020, 922, 925, zu alternativen Beschlussformen in kommunalen Vertretungsorganen.
262 HessVGH, DVBl. 2000, 1715 f.

Abwehr organisatorischer Störungen wie Lärm, Kälte, Dunkelheit, Tabakqualm,[263] gegebenenfalls auch die Entfernung eines Kreuzes aus dem Sitzungssaal.[264] Zu dieser Befugnis gehören auch die Anordnung und Durchsetzung hygienerechtlicher Maßnahmen wie das Tragen von Mund-Nase-Bedeckungen – auch ohne Geschäftsordnungsregelung durch den Gemeinderat.[265] Anlässe für Maßnahmen gegen grobe Ungebühr sind häufig das Befestigen oder Hochhalten von Plakaten während der Sitzung durch Ratsmitglieder.[266] Ein förmlicher Ordnungsruf (§ 43 II KSVG) greift in das Statusrecht des Ratsmitgliedes ein und kann im Wege des **Kommunalverfassungsstreitverfahrens** angegriffen werden (→ Rn. 89 ff.).[267] Anlassbezogene **Kontrollen von Zuhörern** sowie Verweisungen aus dem Sitzungssaal und Hausverbote gegenüber Störern sind angreifbare Verwaltungsakte.[268]

c) Geschäftsordnungsrecht

Mit der Mehrheit der Zahl der gesetzlichen Mitglieder muss der **Rat** eine **Geschäftsordnung** beschließen (§§ 39, 35 S. 1 Nr. 13 KSVG). Als Vorschrift des **Innenrechtes** berechtigt und verpflichtet sie überwiegend die Ratsmitglieder, punktuell aber auch den Bürgermeister, nicht jedoch die Gemeindeeinwohner. Sie formt die Mitgliedschaftsrechte der Ratsmitglieder näher aus, darf sie aber materiell nicht beschneiden. **Redezeitbegrenzungen** durch Geschäftsordnung sind prinzipiell zulässig.[269] Verletzungen der Geschäftsordnung mit Eingriffen in die Mitgliedschaftsrechte bewirken die Rechtswidrigkeit der gefassten Beschlüsse. Die Geschäftsordnung kann im Wege der **Normenkontrolle** angefochten werden (§ 47 I Nr. 2 VwGO, § 18 AGVwGO).[270]

69

d) Entscheidungsverfahren

Im Regelfall beschließt der Rat in **offener Abstimmung** mit einfacher Stimmenmehrheit. Bei der Berechnung dieser Mehrheit zählen Stimmenthaltungen und ungültige Stimmen nicht mit (§ 45 I, II und VII KSVG). Die Einstimmigkeit besteht nur aus Ja-Stimmen. Auf Antrag eines Drittels der anwesenden Mitglieder des Rates muss **namentlich** oder **geheim** abgestimmt werden (§ 45 II, III, V KSVG). Sowohl die geheime Abstimmung als auch die Personalauswahl in den vom Gesetz geforderten Angelegenheiten erfolgt im **schriftlichen Wahlverfahren** (§ 46 I KSVG). Verstöße gegen die Bestimmungen über das Beschluss- oder Wahlverfahren führen zur **Unwirksamkeit** der getroffenen Entscheidungen. Das **Wahlgeheimnis** wird durch einseitige oder verabre-

70

---

263 Zum Nichtraucherschutz im Saarland ua: *Wohlfarth* LKRZ 2008, 281 ff.
264 VG Darmstadt, NJW 2003, 455 f.; HessVGH, NJW 2006, 1227 f.
265 VG d. Saarl., BeckRS 2020, 31626, zustimmend *Wilrich* NVwZ 2021, 131 ff.; aA OVG d. Saarl., NVwZ 2021, 176 ff.
266 BVerwG, DVBl. 1988, 792 f.
267 OVG Rh.-Pf., DÖV 1996, 474 f.
268 VG Gießen, DVP 2005, 306 f.; VG Arnsberg, DVP 2007, 523.
269 Vgl. zum Parlamentsrecht BVerfGE 80, 188 ff. = DVBl. 1989, 820 ff.; VGH Bad.-Württ., NVwZ-RR 1994, 229 f.
270 BVerwG, NVwZ 1988, 1119 f.; VGH Bad.-Württ., VBlBW 2003, 119 ff.; OVG d. Saarl., Beschl. v. 21.2.1996 – 1 N 6/95, SKZ 1996, 289.

dete Kennzeichnungen der Wahlzettel verletzt.[271] Unschädlich ist dagegen die Benutzung eines anderen als des in der Wahlkabine ausgelegten Stiftes.[272]

e) Niederschrift

71 Über den **wesentlichen Inhalt** der Verhandlungen des Gemeinderates ist eine Niederschrift zu fertigen. Die Führung der Niederschrift erfolgt in der Praxis durch einen Bediensteten der Gemeinde (§ 47 I, II KSVG). Ohne besonderen Grund kann jedes Ratsmitglied verlangen, dass seine Auffassung und seine Anträge in die Niederschrift aufgenommen werden (§ 47 III KSVG). Nur bei Gefahr einer Sinnverfälschung besteht die Pflicht zu einer wörtlichen Wiedergabe.[273] Streitigkeiten um Protokollierungsansprüche der Ratsmitglieder können im **Kommunalverfassungsstreitverfahren** ausgetragen werden (→ Rn. 89 ff.). Mit dem Einverständnis aller Ratsmitglieder kann die Niederschrift – gegebenenfalls in redigierter Fassung – in das **Internet** gestellt werden. Damit ist sie einem unüberschaubaren Personenkreis weltweit ohne Löschungs- oder Rückholmöglichkeit trotz der Gegenprinzipien aus Art. 44, 45 DSGVO zugänglich. Protokolle nichtöffentlicher Sitzungen fallen aus dem Anwendungsbereich des Informationsfreiheitsrechtes heraus und bleiben unzugänglich.[274]

f) Auskunftsrechte

72 In **Angelegenheiten des Rates** sowie der Orts- und Bezirksräte hat der Gemeinderat als Organ gegen den Bürgermeister ein **Kontroll- und Auskunftsrecht** (§ 37 I KSVG).[275] Weitergehend kann dazu ein **Akteneinsichtsrecht** verlangt bzw. beschlossen werden (§ 37 I 3 KSVG). Jedes einzelne Ratsmitglied hat gegenüber dem Bürgermeister Unterrichtungsansprüche in den der Beschlussfassung des Rates, seiner Ausschüsse oder der Ortsräte unterliegenden Angelegenheiten. Personenbezogene Daten erhält der Rat nur im **erforderlichen** Umfang (§ 37 II KSVG).[276] Der sachliche und gegenständliche Anwendungsbereich des § 37 KSVG schließt die ausschließlich dem Bürgermeister obliegenden Aufgaben aus. Der Bürgermeister darf aber nach seinem Ermessen in solchen Einzelfällen informieren.

g) Anhörungs- und Beteiligungsmöglichkeiten

73 Auf Beschluss des Rates können **Sachverständige** zu Sitzungen des Rates und seiner Ausschüsse hinzugezogen werden. Zu bestimmten Beratungsgegenständen dürfen auch **Personen** oder Personengruppen **angehört** werden (§ 49 I, III KSVG). Diese Personenkreise haben kein demokratisch legitimiertes Mandat, keine Mitgliedschafts-

---

271 VGH Bad.-Württ., DÖV 1993, 1096 ff.; OVG d. Saarl., Urt. v. 16.12.1993 – 1 R 50/92, SKZ 1995, 43 ff.; VG Aachen NVwZ-RR 1996, 414 ff.
272 VG Kassel, LKRZ 2007, 239.
273 OVG d. Saarl., Urt. v. 8.11.1978 – III R 101/78, SKZ 1979, 75 ff.
274 VGH Bad.-Württ., BeckRS 2020, 2371.
275 *Herbert* DVP 2011, 9; NdsOVG, DVBl. 2009, 920; OVG Rh.-Pf., LKRZ 2010, 340; OVG SachsAnh., NVwZ-RR 2010, 123; OVG NRW, NVwZ-RR 2010, 650; VG Frankfurt, NVwZ-RR 2010, 701; OVG Rh.-Pf., LKRZ 2012, 24; OVG Rh.-Pf., LKRZ 2013, 513; VG Gießen, LKRZ 2014, 295; SächsOVG, NVwZ-RR 2016, 193.
276 *Sausen* SKZ 1988, 78 ff.; *Ehlers/Heydemann* DVBl. 1990, 1 ff.; *Zilkens* DVBl. 1998, 164 ff.; *Zilkens/Elschner* DVBl. 2002, 163 ff.; *Petri* NVwZ 2005, 399 ff.; *Wohlfarth/Eiermann/Schaust*, Datenschutz in der Gemeinde, 2. Aufl. 2016, Rn. 77. Zur Auskunft bei Ausgründungen: Nds OVG, DVBl. 2009, 920; OVG NRW, NVwZ-RR 2013, 730 f.

rechte und üben kein Ehrenamt aus. Eine ständige Gremienausweitung durch Dritte wäre unzulässig.[277] Die Anhörung von Personen (§ 49 III KSVG) darf nicht zur Einbeziehung in die Sachdebatten führen.[278] Eingeschränkte Teilnahmerechte an Ratssitzungen hat der **Personalratsvorsitzende** mit einer Redebefugnis in bestimmten Angelegenheiten (§ 87 V SPersVG).

Die Gemeinden können bei Planungen und Vorhaben, die die Interessen von Kindern und Jugendlichen berühren, diese in angemessener Weise beteiligen (§ 49a I KSVG). Die **Kinderbeteiligung** geschieht über interne oder externe Sachwalter. Für Jugendliche dürfen Gremien wie **Jugendräte** durch Satzung eingerichtet werden. Das Jugendgremium operiert öffentlich-rechtlich als Untergliederung der Gemeinde. Vergleichbar wurde die gesetzliche Absicherung der bereits vielerorts eingerichteten **Seniorenbeiräte** geregelt (§ 50a I KSVG). Die Wahrung der Interessen behinderter Menschen erfolgt durch **Behindertenbeauftragte** mit spezifischen Teilhaberechten am Ratsgeschehen (§ 22 SaarlBGG; § 50a II KSVG). Die **UN-Behindertenkonvention**[279] ist ein völkerrechtliches Abkommen im Rang eines Bundesgesetzes (Art. 59 II GG). Träger öffentlicher Gewalt sind zur Gleichstellung, Barrierefreiheit und zur Bereitstellung von Informationen in verständlicher Form und ggf. unter Verwendung Leichter Sprache verpflichtet (§§ 7 ff. BGG). 74

Die organisatorische Anbindung von **kriminalpräventiven Räten**,[280] **Beiräten**[281] und **Kommissionen** ist durch die Organisationshoheit des Rates gedeckt.[282] Die Gemeinde darf auf solche Gesprächskreise **keine Aufgaben** übertragen. Ratsbeschlüsse sind pflichtig vom Bürgermeister auszuführen (§ 59 II KSVG). In Fällen ohne Umsetzungsnotwendigkeit erfolgt die Bekanntgabe eines Beschlusses durch die Mitteilung des Abstimmungsergebnisses durch den Bürgermeister.[283] 75

VIII. Bürgermeister und Beigeordnete

1. Bürgermeister

a) Rechtsstellung und Wahl

Neben dem Rat ist der **Bürgermeister** das zweite (Haupt-)Organ der Gemeinde. Er ist der Hauptverwaltungsbeamte der Gemeinde mit gesetzlich zugewiesenen, weisungsfreien und unentziehbaren Aufgaben (§ 29 I KSVG).[284] In Städten mit mehr als 30 000 Einwohnern führt er die Amtsbezeichnung Oberbürgermeister (§ 29 III KSVG). Der Bürgermeister ist gem. § 30 II 1 KSVG **Beamter auf Zeit** und wird nach § 31 II, § 56 I KSVG im Regelfall direkt für zehn Jahre zeitgleich mit dem Gemeinderat gewählt. Da- 76

---

277 *Wohlfarth* SKZ 1993, 26 ff.
278 *Wohlfarth* VR 1983, 181 ff.; *Herbert* NVwZ 1995, 1056 ff.
279 BGBl. 2008 II S. 1419.
280 *Trenczek/Pfeiffer*, Kommunale Kriminalprävention – Paradigmenwechsel und Wiederentdeckung alter Weisheiten, 1996; *Seitz/Pohl* in: Ministerium des Innern Saarland, Regionale Analyse zu Kriminalität und Sicherheitsgefühl sowie zu Kriminalität als Belastungsfaktor für Gewerbebetriebe in den Kreisstädten Saarlouis und Neunkirchen sowie in der Gemeinde Freisen, 1997. Die Geschäftsstelle der Beiräte zur Kriminalitätsverhütung ist seit 2009 das Landesinstitut für präventives Handeln (LPH).
281 *Nüßgen* VerwArch 109 (2018), S. 402, 417 ff.
282 *Gern* VBlBW 1993, 127 ff.; *Herbert* NVwZ 1995, 1056 ff.; *Berning* DVP 2015, 59.
283 VG Frankfurt, NVwZ-RR 2008, 416 f.
284 OVG d. Saarl., AS 13, 284 ff.

mit ist er hauptamtlicher kommunaler Wahlbeamter (§ 120 SBG). Das Prinzip der Bestenauslese (Art. 33 II GG, § 9 BeamtStG)[285] wird gem. § 6 Hs. 2 BeamtStG, § 119 I 1 Hs. 2 SBG durch § 54 KSVG modifiziert. In Gemeinden mit mehr als 20 000 Einwohnern muss der Bürgermeister – ersatzweise ein hauptamtlicher Beigeordneter oder ein anderer leitender Beamter der Gemeinde – die Befähigung zum höheren Verwaltungsdienst oder zum Richteramt[286] haben (§ 54 III KSVG). Daneben bleibt es bei den **formalen Wählbarkeitsvoraussetzungen** des § 54 I KSVG: deutsche Staatsangehörigkeit (Art. 116 GG) oder Unionsbürgerschaft (Art. 20 I AEUV), Vollendung des 25. Lebensjahres am Tag der Wahl, Wählbarkeit zum Deutschen Bundestag oder zum Europäischen Parlament. Die Höchstaltersgrenze ist verfassungsgemäß.[287] Die Stelle des Bürgermeisters ist spätestens drei Monate vor der Wahl **öffentlich auszuschreiben** (§ 55 KSVG). Grds. gelten im Bürgermeister-Wahlkampf die Grundsätze der Sachlichkeit und Neutralität.[288] Der kandidierende Amtsinhaber darf in privater Eigenschaft seine Amtsbezeichnung verwenden.[289] **Wahlkampfspenden an Bürgermeister** ohne Zusammenhang mit konkreten Projekten oder Dienstleistungen sind zulässig.[290] Ein erfolgreicher Kandidat benötigt zu seiner Wahl mehr als die Hälfte der abgegebenen gültigen Stimmen. Andernfalls gehen die beiden Bewerber mit den meisten Stimmen in eine Stichwahl (§ 72 II KWG). Hohe Wahlkosten und niedrige Wahlbeteiligungen nähren Bestrebungen nach ihrer Abschaffung.[291] Die **Bürgermeisterwahl** kann – auch durch jeden Mitbewerber – nach Maßgabe des § 47 KWG beim Landesverwaltungsamt als Kommunalaufsichtsbehörde (→ Rn. 218) **angefochten** werden. Das Verfahren beschränkt sich auf die **Verletzung wesentlicher Wahlvorschriften** mit der Möglichkeit der Auswirkung auf das Wahlergebnis. Bei Verstößen gegen das Bekanntmachungserfordernis vor der Übermittlung von Meldedaten an Parteien (§ 17 BMG) ist dies nicht der Fall.[292] Trotz eines **Wahlprüfungsverfahrens** hat der gewählte Bürgermeister einen Anspruch auf Ernennung und Amtseinführung.[293] Der Bürgermeister kann voraussetzungslos[294] und ohne Begründung[295] durch die Wahlberechtigten **abgewählt** werden. Die Hürden des vom Rat einzuleitenden Abwahlverfahrens sind hoch und formalistisch (§ 58 I, II KSVG). Die Abberufung durch Wahlakt wird **nicht als Verwaltungsakt** verstanden, so dass der Abgewählte Rechtsschutz über eine Feststellungsklage[296] suchen muss. Nach Einleitung des Abwahlverfahrens gilt der Verzicht auf eine Durch-

---

285 *Wohlfarth* SKZ 1995, 50 ff.; s.a. → § 2 Rn. 143.
286 S. dazu §§ 5 ff. DRiG.
287 BVerfG-K, NVwZ 1997, 1207 f.; VerfGH Rh.-Pf., LKRZ 2007, 16 ff.; generell zu Altersgrenzen im öffentl. Dienst: EuGH, NVwZ 2011, 1249; OVG d. Saarl., Beschl. v. 28.4.2011 – 1 B 250/11, SKZ 2011, 216 (nur Leitsatz).
288 BVerwGE 104, 323 ff. = DVBl. 1997, 1276 ff.; OVG MV, NVwZ-RR 2010, 778.
289 Zu dem Fragenkreis: *Rauber* NJW 2003, 3609 ff.; *Schmehl* KommJur 2006, 321 ff.; *Oebbecke* NVwZ 2007, 30 ff.; BVerwGE 24, 315 ff.; 118, 101 ff.; BayVGH, NVwZ-RR 2004, 440 ff.; HessVGH, NVwZ 2006, 610 ff.; VG Weimar, ThürVBl. 2008, 203 ff.; NdsOVG, Urt. v. 26.3.2008 – 10 LC 203/07, NdsVBl. 2008, 207 ff. = SKZ 2008, 287 ff.
290 *Drysch* SKZ 2004, 104 ff.; *Saliger/Sinner* NJW 2005, 1073 ff.; BGH, NJW 2004, 3569 ff. (Fall Kremendahl).
291 VerfGH NRW, NVwZ 2009, 1096; *Krüper* DÖV 2009, 758; *Groß* LKRZ 2010, 93 ff.
292 OVG d. Saarl., LKRZ 2008, 223 ff. = SKZ 2008, 114 ff.
293 HessVGH, NVwZ-RR 2015, 542.
294 BVerwGE 81, 318 ff. = DVBl. 1989, 775 ff.
295 OVG NRW, NVwZ-RR 1995, 591 f.; SächsOVG, DVBl. 2011, 717 (nur Leitsatz).
296 HessVGH, DVBl. 1989, 934 f.; VG Frankfurt, NVwZ 2006, 720 ff.

führung durch den Bürgermeister als Abwahl (§ 58 IV KSVG). Mit der Begründung eines Vertrauensverlustes kann der Bürgermeister mit Zustimmung von zwei Dritteln der gesetzlichen Mitgliederzahl des Rates seine Versetzung in den Ruhestand beantragen (§ 58a KSVG).

b) Aufgabenkategorien (Organkompetenzen)

aa) **Gesetzlicher Vertreter und Leiter der Verwaltung:** Der Bürgermeister als Organ der Gemeinde ist nach außen unbeschränkt und nicht beschränkbar **gesetzlicher Vertreter der Gemeinde** (§§ 29, 59 I KSVG). Außer bei Geschäften der laufenden Verwaltung (§ 59 III 1 F. 1 KSVG) muss der Bürgermeister **Verpflichtungs- und Verzichtserklärungen** für die Gemeinde in Schriftform, handschriftlich unterzeichnet und unter Beifügung der Amtszeichnung und des Siegels abgeben (§ 62 I KSVG). Verstöße dagegen machen Verträge bis zur Genehmigung in der korrekten Form **schwebend unwirksam**.[297] Verträge ohne Dienstsiegel sind im Regelfall wirksam.[298] **Formfrei** sind hingegen Verwaltungsakte (§ 35 SVwVfG), Kündigungen, Rücktrittserklärungen, Anfechtungen, Einwilligungen und Wissensbekundungen. Bei der **Wissenszurechnung** innerhalb einer Gemeinde kommt es auf Kenntnis der intern zuständigen Organisationseinheit an.[299] (Politische) Äußerungen und Aufrufe des Bürgermeisters in der Öffentlichkeit unterliegen **dem Gebot der Neutralität**[300] und der Sachlichkeit[301]. Sie sind Gemeindehandeln und dürfen die Verbandskompetenz nicht überschreiten (§ 5 I, II KSVG). Adressatin für ein Unterlassungsbegehren wäre die Gemeinde.[302]

77

Zur **Leitungsbefugnis des Bürgermeisters** (§ 59 II 1 KSVG) gehört unverzichtbar das Recht, die Verwaltung in **Aufbau** und **Ablauf zu organisieren**, die Geschäfte zu verteilen und die **Bediensteten** auf den einzelnen **Dienstposten** einzusetzen.[303] In aller Regel ist die Gemeindeverwaltung nach folgenden **Sparten** aufgebaut: Organisation und Personal, Finanzen, Recht und Ordnung, Schule und Kultur, Soziales, Bauverwaltung, Öffentliche Einrichtungen, Wirtschaft und Verkehr. Die **größten Verwaltungseinheiten** heißen **Dezernate** oder Fachbereiche mit verschiedenen **Fachämtern**, die sich in **Abteilungen** und weiter in **Sachgebiete** untergliedern. Der Bürgermeister ist **Dienstvorgesetzter** und **oberste Dienstbehörde** der Gemeindebediensteten (§ 59 V KSVG). Personalvertretungsrechtlich ist oberste Dienstbehörde aber der Gemeinderat (§ 73 VIII SPersVG). Zur Leitungsbefugnis des Bürgermeisters gehört auch die **Umsetzung** als Zuweisung eines anderen Amtes im konkret-funktionellen Sinn **ohne Statusände-**

78

---

297 OVG d. Saarl., Beschl. v. 9.2.1998 – 1 W 29/97, SKZ 1998, 151 ff.; BGH, NJW 2001, 2626 ff.; OLG Rostock, NVwZ-RR 2002, 526 ff.; *Kohler-Gehrig* VBlBW 1996, 441 ff.; *Ludwig/Lange* NVwZ 1999, 136 ff.; *Stelkens* VerwArch 94 (2003), 48 ff.
298 Saarl. OLG, DVP 2012, 85.
299 BGHZ 117, 104 ff.; BGH, NJW 2000, 1411 ff.; LG Heidelberg, NVwZ-RR 2004, 554 ff.; *Aden* NJW 1999, 3098 f.
300 HessVGH, NVwZ-RR 2013, 815, OVG d. Saarl., Beschl. v. 24.2.2014 – 2 B 24/14; VG Düsseldorf, BeckRS 2015, 40408; OVG NRW, BeckRS 2015, 40521; HessVGH, NVwZ-RR 2015, 508 ff.; OVG Rh.-Pf., LKRZ 2015 ff., 424, *Barczak* NVwZ 2015, 1014 ff.; *Bätge* JuS 2014, 535 ff.
301 BVerwG, NVwZ 2018, 433 ff. („Lichter aus!" – Aufruf des früheren Düsseldorfer OB Thomas Geisel); dazu: *Ferreaux* NVwZ 2017, 1259 ff.
302 OVG NRW, NVwZ-RR 2006, 273 f.
303 OVG d. Saarl., AS 13, 284 ff.

rung.³⁰⁴ Im Fremdverwaltungsbereich ist der Bürgermeister (und sein Apparat) der alleinige Akteur (§ 6 I, § 59 IV KSVG; § 76 II SPolG).³⁰⁵ Abgesehen davon führt der Bürgermeister gesetzesunmittelbar und unentziehbar die **Geschäfte der laufenden Verwaltung** (§ 59 III 1 KSVG). Dies sind **ausschließlich Selbstverwaltungsangelegenheiten** von nicht grundsätzlicher Bedeutung. Sie dürfen **keine größere Tragweite** für den Gemeindehaushalt haben und müssen **wiederkehrend** vorkommen („Routinesachen").³⁰⁶ Entscheidend ist die jeweilige Größe, Verwaltungs- und Finanzkraft einer Gemeinde. Beim Abschluss von Verträgen kommt es hierbei auf Laufzeit und jährliche Belastung an. Der Vollzug (nicht aber der Erlass³⁰⁷) kommunaler Satzungen ist immer ein Geschäft laufender Verwaltung. Der Bürgermeister ist auch zuständig für **Auskünfte** gegenüber Presse und Rundfunk (§ 60 SBG). Korrespondierend haben die Medien einen Informationsanspruch (§ 5 I SMG).³⁰⁸ Bei schwebenden Verfahren kann dieser Anspruch eingeschränkt sein (§ 5 II Nr. 1 SMG). Auch privatrechtlich selbstständige **Kommunalunternehmen** werden überwiegend medienrechtlich als „Behörden" iSv § 5 I SMG angesehen und unterliegen damit einer **unmittelbaren Auskunftspflicht**.³⁰⁹ Völlig **unabhängig** davon bestehen Auskunftsansprüche nach dem **SUIG** und **SIFG**.³¹⁰

79 bb) **Funktionen mit Wirkung auf den Rat**: Die **Funktionstrennung** zwischen den Gemeindeorganen Rat und Bürgermeister (→ Rn. 52) ist nur an wenigen Stellen durchbrochen: Der Bürgermeister hat die **Vorsitzfunktion im Rat**. Er bereitet die Beschlüsse vor³¹¹ und führt sie aus (§ 29 I, § 42 I, § 59 II 2 KSVG). Aus der **Mediatstellung** der Verwaltung läuft jeder Kontakt zwischen Rat und Verwaltung über den Bürgermeister. Anstelle des Rates ist der Bürgermeister zu dringenden, aus Gründen des Gemeinwohls keinen Aufschub duldenden Maßnahmen berechtigt (§ 61 I 1 KSVG). Hierbei handelt es sich um eine Notfall- und Katastrophenregelung.³¹² Diese **Eilentscheidungszuständigkeit** des Bürgermeisters kann der Rat im **Kommunalverfassungsstreitverfahren** überprüfen lassen (→ Rn. 89 ff.).³¹³ Fraktionen (→ Rn. 61) und einzelne Ratsmitglieder haben dagegen insoweit keine klagefähigen organschaftlichen Rechte. Als „interne Rechtsaufsicht" ist der Bürgermeister zum **Widerspruch** bei allen rechtswidrigen Gremienentscheidungen in jeder Form verpflichtet (§ 60 I KSVG).³¹⁴ Nach erfolgtem Widerspruch hat der Rat die Möglichkeit der Selbstkorrektur und richtigen

---

304 VG d. Saarl., Urt. v. 18.11.2005 – 11 K 163/05, SKZ 2005, 303 ff.
305 S. dazu die Übersicht in → § 2 Rn. 41.
306 BGH, NVwZ-RR 1997, 725 ff.
307 Organkompetent für den Erlass von Satzungen (→ Rn. 38 ff.) ist gem. § 34 S. 1, § 35 S. 1 Nr. 12 KSVG der Gemeinderat (→ Rn. 62).
308 Zu den Grundlagen des Auskunftsanspruchs der Presse: *Groß* VR 2008, 192 ff.
309 OVG d. Saarl., AS 27, 182 ff. = RDV 1998, 218 f.; BGH, NJW 2005, 1720 f.; *Köhler* NJW 2005, 2337 ff.
310 S. → § 2 Rn. 116 ff. Zum UIG: *Röger* NuR 1995, 175 ff.; *Theuer* NVwZ 1996, 326 ff.; *Berg* GewArch 1996, 177 ff.; *Müller/Heuer* NVwZ 1997, 330 ff.; *Schwab/Ketsch* RDV 1998, 160 ff.; *Spanke*, SKZ 1998, 162 ff.; zum (S)IFG: *Zilkens* RDV 2002, 300 ff.; *Stollmann* NWVBl. 2002, 216 ff.; *Meier* VR 2005, 13 ff.; *Guckelberger* LKRZ 2007, 125 ff.; *Weber* NVwZ 2008, 1284 ff.; *Tolkmitt* LKRZ 2009, 166 ff.; OVG NRW, NVwZ-RR 2003, 800 ff.; sowie NVwZ 2008, 193 ff.; VG Berlin NVwZ 2009, 856 f.; dazu: *Hartleb* NVwZ 2009, 825 ff.; zu Gesetzeskonkurrenzen: OVG NRW, NVwZ 2012, 902 ff.; *Schnabel* NVwZ 2012, 854 ff.; zu Einzelbeispielen aus dem kommunalen Bereich: *Wohlfarth* LKRZ 2013, 494 ff.
311 OVG Rh.-Pf., NVwZ-RR 2011, 31 ff.
312 OVG d. Saarl., NVwZ-RR 2008, 487.
313 OVG d. Saarl., Beschl. v. 25.10.1993 – 1 R 39/91, SKZ 1994, 86 ff.
314 Dieser Widerspruch hat nichts mit dem Rechtsbehelf Widerspruch gem. §§ 68 ff. VwGO zu tun (s. dazu → § 2 Rn. 150 ff.).

Zweitentscheidung. Bleibt es bei der nach Auffassung des Bürgermeisters rechtswidrigen Beschlusslage, hat er die **Entscheidung der Kommunalaufsicht** einzuholen. Bei einem geringeren Grad an Gewissheit über die Rechtswidrigkeit eines Beschlusses muss der Bürgermeister die Angelegenheit der Kommunalaufsicht (dem Landesverwaltungsamt, → Rn. 218) vorlegen. Widerspruch und Vorlage haben **aufschiebende Wirkung** (§ 60 III KSVG). Über die Anfechtung einer die Gemeinde belastenden Entscheidung der Kommunalaufsicht (§ 136 KSVG) entscheidet im Innenverhältnis (Organkompetenz) der Gemeinderat gem. § 34 S. 1, § 35 S. 1 Nr. 28 KSVG, wenn dieser Angelegenheit erhebliche Bedeutung zukommt, sonst der Bürgermeister. Im Außenverhältnis kann freilich nur die Gemeinde als juristische Person klagen (nach erfolgloser Durchführung eines Widerspruchsverfahrens); dabei wird sie vom Bürgermeister gesetzlich vertreten (§ 59 I KSVG).[315] **Rügerechte** in Bezug auf Fraktionen oder einzelne Ratsmitglieder haben weder Rat noch Bürgermeister[316] – auch nicht umgekehrt. Für die Klage eines Ratsmitgliedes gegen den Bürgermeister auf Widerruf ehrverletzender Behauptungen ist der Verwaltungsrechtsweg eröffnet (§ 40 I 1 VwGO; § 1004 BGB analog).[317]

cc) Frauenbeauftragte: Gemeinden mit mehr als 20 000 Einwohnern müssen **hauptamtliche Frauenbeauftragte** bestellen (§ 79a I KSVG). Diese Verpflichtung ist mit der verfassungsrechtlich durch Art. 28 II GG garantierten Organisationshoheit vereinbar.[318] Die geforderte Hauptamtlichkeit schließt nebenamtliche und ehrenamtliche Funktionswahrnehmungen aus. Möglich bleibt aber die Übertragung zusätzlicher anderer Aufgaben. Für die Auswahlentscheidung im Rahmen der **Bestellung** der kommunalen Frauenbeauftragten hat der Gesetzgeber keine spezifische Organkompetenzregelung getroffen. Somit gelten die allgemeinen Vorschriften (§ 59 II, V; § 35 S. 1 Nr. 11 KSVG). Der Vollzug der Bestellungsentscheidung, dh der **Bestellungsakt ieS**, ist – gerade bei einer statusneutralen Umsetzung – unentziehbare **Bürgermeisterangelegenheit** (§ 59 II KSVG).[319] Saarländische Gemeinden bis zu 20 000 Einwohnern müssen das LGG ohne pflichtige Personalisierung vollziehen. 80

Die **kommunale Frauenbeauftragte** setzt innerhalb der Dienststelle das Programm des LGG unabhängig, weisungsfrei und mit notwendiger Ausstattung um. Nicht rechtzeitige Beteiligungen führen zu einem Widerspruchsrecht, das eine erneute Sachentscheidung veranlasst (§ 24 II–IV LGG).[320] Am Maßstab des § 29 KSVG räumt § 79a KSVG der kommunalen Frauenbeauftragten systemwidrig **organähnliche Rechte in der Ratsarbeit** ein. Dazu gehören Teilnahmerechte an Gremiensitzungen, Vorlageneinsichtsrechte, Tagesordnungsgestaltungsrechte sowie eingeschränkte, aber durch Beschluss ausweitbare Rederechte. Auch in der Vertretungskörperschaft unterlassene Beteiligun- 81

---

315 Das Behördenprinzip des § 78 I Nr. 2 VwGO iVm § 19 I AGVwGO (s. dazu → § 2 Rn. 168 ff.) gilt hier nicht, da die Anfechtungsklage nicht gegen die Gemeinde gerichtet wird, sondern von der Gemeinde erhoben wird. Vgl. im Übrigen OVG d. Saarl., Urt. v. 7.11.1994 – 1 R 24/94, SKZ 1995, 42.
316 VG Sigmaringen, NVwZ-RR 2005, 428 f.; VG Kassel, LKRZ 2012, 105 ff.; anders für Kreistagsmitglieder: SächsOVG, NVwZ-RR 2014, 66 ff.
317 HessVGH, LKRZ 2012, 410 f.
318 BVerfGE 91, 228 ff. = DVBl. 1995, 290 ff.; NdsStGH, DÖV 1996, 657 ff.
319 VG d. Saarl., Urt. v. 18.11.2005 – 11 K 163/05, SKZ 2005, 303 ff.
320 Dieser Widerspruch wirkt verwaltungsintern; die §§ 68 ff. VwGO sind streng davon zu unterscheiden.

gen führen zur Aussetzung und Nachholung der Maßnahme (§ 79a IV–VI KSVG). Umstritten ist, ob solche **Rechtspositionen** ähnlich wie im Kommunalverfassungsstreitverfahren **gerichtlich** geltend gemacht werden können.[321] Jedenfalls ist die vom Gesetzgeber erwartete **externe Tätigkeit** der Frauenbeauftragten (§ 79a III KSVG) **Gemeindehandeln**. Frauenspezifische Vorhaben müssen sich daher auf der kommunalen Ebene bewegen, dh im Selbst- und Fremdverwaltungsbereich (→ Rn. 33 ff., 36) liegen. Wie die Gemeinde selbst hat die Frauenbeauftragte **kein allgemein-politisches Mandat**. Sie genießt allerdings Privilegien durch die Befugnis zur selbstständigen Öffentlichkeitsarbeit und Außendarstellung (§ 79a II, III KSVG).

82 In diesem Zusammenhang ist auf das Landesgleichstellungsgesetz (LGG) hinzuweisen, das gem. dessen § 2 I auch für die Gemeinden und Gemeindeverbände gilt. Bei privatrechtlichen Mehrheitsbeteiligungen soll darauf hingewirkt werden, dass die Grundzüge des Gesetzes auch in den Gesellschaften beachtet werden (§ 2a I 1 LGG). Jede Dienststelle hat für einen Zeitraum von drei Jahren einen **Frauenförderplan** vorzulegen. Er wird vom Bürgermeister in Kraft gesetzt (§ 7 I, § 8 I LGG). Eine **Quotierung** nach Geschlechtern in Gremien sieht § 29 LGG vor. Nach ihrem Wortlaut erfasst die Vorschrift auch Ratsausschüsse, Aufsichtsräte und Beiräte. Rein tatsächlich verstößt sie gegen die Gepflogenheiten des parteipolitischen Proporzes. Im Wahlverfahren nach § 46 I KSVG ist sie ob der geheimen Abstimmung unanwendbar. Die Regelungen zu Vorstellungsgesprächen und Auswahlentscheidungen (§§ 11 ff. LGG) werden insgesamt kritisch gesehen.[322]

83 Die Beseitigung von Ungleichheiten und die Förderung der Gleichstellung von Männern und Frauen sind auch in Art. 8 AEUV als **Hinwirkungsauftrag der EU** formuliert. Entscheidungen sollen hinsichtlich ihrer Auswirkungen für Männer und Frauen spezifisch analysiert werden. Dieser Gedanke der „**Geschlechtergerechtigkeit**" wird verbreiteter, aber nicht verständlicher als „Gender Mainstreaming" apostrophiert.

84 dd) **Datenschutzbeauftragter:** Nach Art. 37 I lit. a DSGVO benennen Behörden einen Datenschutzbeauftragten. Stattdessen sind auch eine externe Beauftragung sowie die personelle Versorgung mehrerer öffentlicher Stellen gemeinsam (Art. 37 III DSGVO) möglich. Kern der Rechtsstellung des Datenschutzbeauftragten ist seine Unabhängigkeit mit folgenden Ausprägungen: Weisungsfreiheit, Unterstützungspflicht, Benachteiligungs- und Abberufungsschutz (Art. 38, 39 DSGVO). Er ist dem Leiter der Dienststelle unmittelbar unterstellt und hat ein direktes Vortragsrecht. In der Hierarchie hat er keine Weisungsrechte – weder nach oben noch nach unten. Die Unterstützungspflicht enthält einen Anspruch auf Ausstattung mit Personal und Sachmitteln im Rahmen der Angemessenheit.

---

[321] OVG d. Saarl., NVwZ 2004, 247 f. mit verneinender Begründung auf der Grundlage der Mitwirkungsrechte des LGG; ebenso: VGH Bad.-Württ., NVwZ-RR 2005, 266 ff.; dagegen: VG Frankfurt DVBl. 1999, 941; nach § 14a BremLGG ist in dem dort gesetzl. ausgeformten Organstreit eine Feststellungsklage statthaft (BVerwGE 136, 263).
[322] *Knapp* SKZ 1996, 218 ff.; *Mohr*, in: Friese, Verwaltungsgerichtsbarkeit im Saarland, 2002, S. 211; OVG d. Saarl., NVwZ-RR 2000, 31 ff.

ee) **Sonstige Beauftragte:** Weitere in den Kommunalverwaltungen anzutreffende Beauftragte (zB für Senioren, Migranten, Europa, Energie, Fahrradfahrer) unterstützen die jeweilige **Fachebene** ohne den Hintergrund eines gesetzlich umschriebenen Tätigkeitsfeldes. Stichwörter zur Rolle des **Behindertenbeauftragten** liefert § 19 des Saarl. Behindertengleichstellungsgesetzes – SBGG (→ Rn. 74).

2. Beigeordnete
a) Ehren- und hauptamtliche Beigeordnete

Die Gemeinden haben einen oder zwei Beigeordnete. Durch Ratsbeschluss kann die Zahl der Beigeordneten abhängig von der Größenklasse der Gemeinden bis auf sieben erhöht werden (§ 64 KSVG). Die Beigeordneten stellen die **Verhinderungsvertretung** des Bürgermeisters sicher und leisten einen Beitrag zur **arbeitsteiligen Verwaltung.** Sie sind entweder ehren- oder hauptamtlich tätig (§§ 65, 68 KSVG). 85

Die ehrenamtlichen Beigeordneten werden **aus der Mitte** des neu konstituierten Gemeinderates für die **Dauer der Wahlperiode** gewählt. Dabei ist die Reihenfolge der Vertretungsbefugnis festzusetzen (§ 63 I, § 65 I 2 KSVG). Der erste Stellvertreter des Bürgermeisters führt die Bezeichnung Erster Beigeordneter, in Städten mit mehr als 30 000 Einwohnern Bürgermeister (§ 63 I 2 KSVG). Der Rat kann ehrenamtliche Beigeordnete abwählen (§ 65 III KSVG). 86

Ihre **Berufsmäßigkeit** unterscheidet die **hauptamtlichen** von den ehrenamtlichen Beigeordneten. Sie werden vom Rat als **Beamte auf Zeit** für zehn Jahre gewählt (§ 30 II, § 31 II, § 68 KSVG). Damit sind sie hauptamtliche kommunale Wahlbeamte (§ 120 SBG). Im Rat haben sie wie der Bürgermeister **kein Stimmrecht.** Eignungsvoraussetzung ist mindestens die **Befähigung für den gehobenen Dienst** in der allgemeinen Verwaltung bzw. entsprechende Erfahrungen durch verantwortliche Tätigkeiten in Verwaltung oder Wirtschaft (§ 54 II KSVG). Im Konkurrentenstreit um die Stellenbesetzung beschränkt sich der gerichtliche Prüfungsumfang auf die Einhaltung des Anforderungsprofiles und die Vertretbarkeit der Auswahlentscheidung.[323] Auch die hauptamtlichen Beigeordneten können vom Rat ohne Gründe[324] in einem formal komplizierten Verfahren abgewählt werden (§ 68a KSVG). 87

b) Funktionskreis

Die Idee arbeitsteiliger Verwaltung verwirklicht sich in der **Übertragung** bestimmter **Geschäftszweige** zur Erledigung an ehrenamtliche und/oder hauptamtliche Beigeordnete (§ 63 III KSVG). Bürgermeister und Rat müssen sich darüber **einigen.** Die übertragenen Geschäftszweige sind **nicht weisungsfest.** 88

IX. Kommunalverfassungsstreitverfahren
1. Begriff

Das Kommunalverfassungsstreitverfahren ist begrifflich eine verwaltungsrechtliche Streitigkeit zwischen Organen, Organteilen und sonstigen Gliederungen kommunaler 89

---
323 OVG Greifswald, NVwZ-RR 2015, 708 f.
324 BVerwGE 81, 318 ff. = DVBl. 1989, 775 ff.; OVG NRW, NVwZ-RR 1995, 591 f.

Gebietskörperschaften zur Klärung möglicher Entscheidungs-, Beteiligungs- und Mitgliedschaftsrechte. Der Streit zwischen Organen ist **interorganschaftlich** (zB Rat gegen Bürgermeister), der Konflikt innerhalb eines Organes ist **organintern** (zB Minderheit gegen Mehrheit des Rates).[325] Die Besonderheit dieser prozessualen Kategorie besteht darin, dass dabei nicht um subjektive Rechte, sondern um organschaftliche Rechtspositionen (Innenrechtspositionen) gestritten wird.[326] Obwohl sich die Bezeichnung „Kommunalverfassungsstreitigkeit" fest etabliert hat, handelt es sich dabei nicht um öffentlich-rechtliche Streitigkeiten verfassungsrechtlicher Art, sondern um verwaltungsrechtliche Streitigkeiten iSv § 40 I VwGO, da Streitgrundlage verwaltungsrechtliche Normen (insb. des KSVG) sind.

2. Voraussetzungen und Kosten

90 Die **fehlende Außenwirkung** von Gremienbeschlüssen und ähnlichen gemeindeinternen Entscheidungen lässt deren Qualifizierung als Verwaltungsakte (§ 35 SVwVfG) und damit auch die Anfechtungs- und Verpflichtungsklagen als denkbare Klagearten einschließlich der Erforderlichkeit eines Vorverfahrens entfallen (§ 42 I, § 68 I VwGO). Je nach Klageziel muss auf die allgemeine **Leistungsklage** oder die allgemeine **Feststellungsklage** zurückgegriffen werden. Mit der Leistungsklage wird die Vornahme oder Unterlassung einer Handlung verlangt (zB die Aufnahme eines Verhandlungsgegenstandes in die Tagesordnung). Das Begehren nach Nichtausführung eines Gremienbeschlusses lässt sich mit einem Unterlassungsantrag verfolgen.[327] Dagegen werden materielle und formelle **Kompetenzkonflikte** – auch nach sachlicher Erledigung – über die allgemeine **Feststellungsklage** (§ 43 VwGO) ausgetragen. § 42 II VwGO gilt für diese Klagearten entsprechend.[328] Der Kläger kann zwar nicht die Verletzung eines **subjektiven öffentlichen Rechtes** behaupten, da es im Kommunalverfassungsstreit um organschaftliche Rechte des öffentlichen Rechts geht, also in erster Linie um Mitgliedschaftsrechte der Ratsmitglieder sowie um Gestaltungsrechte der Fraktionen (→ Rn. 61).[329] Darauf wird § 42 II VwGO aber analog angewendet. Das **Feststellungsinteresse** gem. § 43 I VwGO ergibt sich aus einem Rehabilitationsverlangen oder einer Wiederholungsgefahr. Die Inhaber von Innenrechtspositionen können taugliche Beteiligte eines verwaltungsrechtlichen Prozessrechtsverhältnisses sein (§ 61 Nr. 2 VwGO analog). Klagen sind nicht gegen die Gemeinde, sondern gegen den **jeweiligen intrapersonalen Funktionsträger** zu richten, gegenüber dem die mit der Klage beanspruchte Innenrechtsposition bestehen soll (Rat, Bürgermeister, Ratsmitglied).[330] Im Streit mit dem Bürgermeister muss der Rat einen **Beauftragten** bestellen (§ 36 I KSVG). Klage-

---

325 *Schoch* JuS 1987, 783 ff.; *Ehlers* NVwZ 1990, 105 ff.; *Rausch* JZ 1994, 696 ff.; *Herbert* DÖV 1994, 108 ff.; *Ehlers* Jura 2001, 415 ff.; *Meister* JA 2004, 414 ff.; *Franz* Jura 2005, 156 ff.
326 Organschaftliche Rechte sind Rechtspositionen, die einem Organ, Unterorgan oder Organteil (wie dem Abgeordneten) nicht – wie subjektive Rechte etwa die Grundrechte – als Person (Mensch) zustehen, sondern nur wegen und in seiner Eigenschaft als Organ(-teil).
327 OVG NRW, DVBl. 1993, 216.
328 Für die allg. Feststellungsklage ist dies freilich umstr., vgl. *Hufen*, Verwaltungsprozessrecht, 12. Aufl. 2021, § 18 Rn. 17 mwN.
329 OVG d. Saarl., Beschl. v. 26.7.1982 – 3 W 1882/82, SKZ 1982, 271, 272; OVG d. Saarl., Beschl. v. 25.10.1993 – 1 R 39/91, SKZ 1994, 86 ff.
330 OVG NRW, NVwZ 1990, 188 ff.

fristen für das Kommunalverfassungsstreitverfahren bestehen **nicht**, sehr wohl aber ist die Verwirkung denkbar.

In der Begründetheitsstation prüft das Verwaltungsgericht einen Vornahme-, Unterlassungs- oder **Feststellungsanspruch** in **objektiver** und **subjektiver** Hinsicht; § 113 I 1 VwGO ist mangels Anfechtungsklage nicht anzuwenden. Zwar ergeht die **Kostenentscheidung** des Verwaltungsgerichtes nach den §§ 154 ff. VwGO; außer bei Mutwillen wird der gesamte Verfahrensaufwand aber aus dem **gemeindlichen Haushalt** finanziert.[331] Über den Anspruch eines Organes oder Organteiles auf Kostenerstattung entscheidet der Rat durch Beschluss und nicht der Bürgermeister durch Verwaltungsakt.[332] 91

X. Integrationsbeirat

Durch einfaches Gesetz darf **Angehörigen aus Staaten außerhalb der EU** das aktive oder passive Wahlrecht für Kommunalwahlen **nicht** eingeräumt werden.[333] Kompensierend können Ausländer- und Integrationsbeiräte[334] gebildet werden, die einen Beitrag zur Mitgestaltung unterhalb der Ebene des Wahlrechtes leisten. Der Integrationsbeirat besteht gem. § 50 I 2 KSVG zu zwei Dritteln aus **Nichtdeutschen**, zu einem Drittel aus hinzugewählten Mitgliedern des **Gemeinderates**. Die nichtdeutschen Mitglieder des Integrationsbeirates werden nach Grundsätzen des Kommunalwahlrechtes auf der Basis einer Satzung durch die ausländische Ortsbevölkerung **direkt gewählt**. Die Bestimmung der Mitglieder des Rates erfolgt im Wege der **Einigung** oder aufgrund eines **Wahlverfahrens** (§ 50 II, § 48 II KSVG). Auch die direkt gewählten Beiratsmitglieder haben wie ehrenamtliche Ratsmitglieder einen **öffentlich-rechtlichen Status** mit Entschädigungsansprüchen (§ 50 I, II, § 51 I KSVG). 92

Die Zuständigkeit des Integrationsbeirates beschränkt sich auf **Selbstverwaltungsangelegenheiten** (→ Rn. 33 ff.), die die **Belange der nichtdeutschen Ortsbevölkerung** berühren.[335] Potenzielle **Betätigungsfelder** sind die Verwaltungsbereiche Schule und Kultur, Sport, Freizeit, Bauleitplanung und Verkehr. Neben dem Befassungsrecht des Integrationsbeirates besteht ein konkretes **Antragsrecht** gegenüber dem **Gemeinderat** auf Beratung und **Entscheidung** (§ 50 IV 2 KSVG). Der Bürgermeister hat einen solchen Initiativantrag auf die Tagesordnung des Rates zu setzen. Nach § 50 III KSVG wählt der Integrationsbeirat aus seinen Reihen einen **Sprecher** und einen oder mehrere Stellvertreter. Der Sprecher leitet die Sitzungen des Integrationsbeirates. Er hat ein **Teilnahme- und Rederecht an Rats- und Ausschusssitzungen**, in denen ein Initiativantrag des Integrationsbeirates behandelt wird. Der Arbeitsablauf des Beirates lässt sich durch eine eigene Geschäftsordnung steuern. Eigene **Entscheidungskompetenzen** einschließlich ei- 93

---

331 OVG d. Saarl., NVwZ 1982, 140 f.; aA VG Würzburg, NVwZ-RR 1997, 487 ff.; OVG d. Saarl., NVwZ-RR 2019, 239 f.
332 OVG NRW, DVBl. 2009, 862 (nur Leitsatz).
333 BVerfGE 83, 37, 50.
334 Zum Versuch der Begriffsbestimmung „Integration", *Nüßgen* VerwArch 109 (2018), S. 402, 413 ff.
335 *Nüßgen* VerwArch 109 (2018), S. 402, 416.

nes Haushaltsrechts hat der Integrationsbeirat nicht.[336] Der Integrationsbeirat hat nicht das Recht zur Bildung von Ausschüssen.

XI. Orts- und Bezirksratsverfassung

1. Entwicklung und Funktion

94 Anfang der Siebzigerjahre des vergangenen Jahrhunderts entstanden in den Ländern zur Förderung der Eigenverantwortlichkeit und **bürgernahen Gestaltung von Ortspolitik** ähnlich konzipierte Ortsratsverfassungen. Der saarländische Gesetzgeber hatte durch die Gebietsreform im Jahre 1974 (→ Rn. 7) die aufgelösten Gemeinden mit mehr als 200 Einwohnern für die Dauer von fünf Jahren zu Gemeindebezirken erklärt. Nach Ablauf dieser Periode wurde die Unterteilung des Gemeindegebietes in das **Ermessen der jeweiligen Kommune** gestellt. Von dieser Option machten damals 44 der vorhandenen 50 saarländischen Gemeinden Gebrauch. Danach erhielten auch die durch die Gebietsreform nicht betroffenen Gemeinden die Möglichkeit zur Einführung von Bezirken. Im Saarland sind in insgesamt 45 Gemeinden 316 Stadt- und Gemeindebezirke gebildet. Besonderheiten gelten für die **Landeshauptstadt Saarbrücken**: Als einzige Stadt im Saarland mit mehr als 100 000 Einwohnern verfügt sie über **echte Stadtbezirke** und hatte noch bis vor kurzem einen **Stadtbezirk mit eigener Bezirksverwaltung**, nämlich **Dudweiler** (§ 77 I, II 3 KSVG – → Rn. 112).

95 Die räumliche Aufteilung einer Gemeinde in verschiedene Bezirke soll die kommunale Selbstverwaltung fördern. Die Identität gewachsener Siedlungsstrukturen lässt sich durch eine eigene demokratisch legitimierte Orts- oder Bezirksvertretung entwickeln und stärken. Ihr werden ausschließlich in **Selbstverwaltungsangelegenheiten** (→ Rn. 33 ff.) für den Bezirk abgestuft **Antrags-, Anhör- und Entscheidungsrechte** zugestanden. Die Orts- und Bezirksratsverfassung erhöht den Aufwand an Sach- und Personalkosten. Die Entscheidungsprozesse in notwendigen Beteiligungsfällen werden in der Gemeinde verlangsamt. Die Einteilung des Gemeindegebietes in – zumindest zwei Bezirke – erfolgt nach pflichtgemäßem Ermessen durch kommunale Satzung (→ Rn. 38 ff.); organkompetent ist der Gemeinderat (§ 35 S. 1 Nr. 7, § 70 I KSVG). Ein Bezirk muss mehr als 200 Einwohner haben. Bei der Einteilung soll im Rahmen der Gemeindeentwicklung den Besonderheiten der engeren örtlichen Gemeinschaft Rechnung getragen werden. Beurteilungsmaßstäbe sind **Namen, Siedlungsstruktur, geschichtliche und kulturelle Zusammenhänge**. Bereits eingerichtete Bezirke dürfen spätestens ein Jahr vor ihrem Ablauf mit Wirksamkeit zum Ende der Amtszeit des Rates geändert oder aufgehoben werden (§ 70 II KSVG). Der mit der Gebietskörperschaft teilidentische **Gemeindebezirk** ist rechtlich eine **unselbstständige Verwaltungsuntergliederung**.

2. Bildung des Ortsrates

96 Für jeden Gemeindebezirk muss ein **Ortsrat** gebildet werden (§ 71 I 1 KSVG). Die Anzahl der Mitglieder der Ortsräte wird durch **Satzung** festgelegt. Sie hängt von der Ein-

---

[336] StGH Bremen, DÖV 1992, 164 ff.; *Wohlfarth* VR 1990, 306 ff.; *Hoffmann* ZAR 2002, 63 ff.; StGH Bremen, NVwZ-RR 2014, 497, 499 ff.

wohnerzahl der Bezirke ab und beträgt zwischen sieben und 21. Der Ortsrat besteht aus den von den im Gemeindebezirk wohnhaften Bürgern direkt gewählten Mitgliedern (§ 71 I 2 KSVG). Die Wahl des Ortsrates findet zeitgleich mit der **Wahl des Gemeinderates** statt. Wahlanfechtungsrechte haben die Gemeinde und jedes einzelne Ortsratsmitglied, nicht aber der Ortsrat selbst.[337] Die **Amtszeit** des Ortsrates beträgt **fünf Jahre**. Der Ortsrat ist **kein Gemeindeorgan** (vgl. § 29 KSVG). Im Rahmen seiner Entscheidungsrechte hat er aber einen organähnlichen Status (§ 73 III KSVG).[338] Die Rechtsstellung der **ehrenamtlich tätigen** Ortsratsmitglieder ähnelt ganz wesentlich der der Gemeinderatsmitglieder (§ 72 IV – § 30 I KSVG).

3. Aufgaben des Ortsrates

a) Antrags- und Vorschlagsrecht

Der Ortsrat hat in Selbstverwaltungsangelegenheiten (→ Rn. 33 ff.) des Gemeindebezirkes ein umfassendes Antrags- und Vorschlagsrecht. Solche Initiativen werden durch **Beschluss** ausgedrückt und über den Bürgermeister dem **Rat** oder **Fachausschuss** zur Beratung vorgelegt. Anschließend ist der Ortsrat über das **Beratungsergebnis** zu unterrichten (§ 73 I KSVG). Dabei läuft die Kommunikation wechselseitig über Bürgermeister und Ortsvorsteher. Mit Rede- und Auskunftsrecht darf der **Ortsvorsteher** die Vorschläge des Ortsrates in den **Gremien** vertreten (§ 75 III KSVG). Für die Entsendung zusätzlicher Berichterstatter aus den Reihen des Ortsrates ist sachlich und rechtlich kein Raum.[339] Äußerungen des Ortsvorstehers ersetzen keine notwendigen Beschlüsse des Ortsrates.[340] Das Vorschlagsrecht des Ortsrates beschränkt sich auf Angelegenheiten des eigenen Bezirkes.[341] Vom Wortlaut her könnte es sich auch auf Geschäfte laufender Verwaltung und damit exklusive Bürgermeisterangelegenheiten erstrecken (§ 73 I 1, § 59 III KSVG). Ausgeschlossen sind staatliche Auftragsangelegenheiten (§ 6 I, § 59 IV KSVG). Der Bürgermeister kann das Schicksal der an ihn gerichteten Vorschläge des Ortsrates in den regelmäßig durchzuführenden **Ortsvorsteherkonferenzen** erörtern (§ 75 V KSVG).

97

b) Pflicht zur Abgabe einer Stellungnahme

Außerhalb sonstiger Beteiligungsmodalitäten soll der Ortsrat einzelfallbezogen auf **Aufforderung Stellungnahmen** abgeben (§ 73 II 3 KSVG). Die vom Gemeinderat, einem Ausschuss oder von dem Bürgermeister vorgelegten Fragen müssen noch einen Bezug zu dem Gemeindebezirk aufweisen. Der Ortsrat kann, muss aber keine Stellungnahme abgeben.

98

c) Anhörungsrecht

Ein **Anhörungsrecht** gegenüber dem **Gemeinderat** und den **beschließenden Ausschüssen** hat der Ortsrat bei allen **wichtigen**, den Gemeindebezirk betreffenden Angelegenheiten. Dieses Recht entfällt nur bei dringenden Angelegenheiten (§ 73 II 2, § 41 V

99

---

337 OVG d. Saarl., DÖV 1987, 444 ff. = SKZ 1986, 285.
338 Zur Rechtsprechung der Saarl. Verwaltungsgerichtsbarkeit zu der Orts- und Bezirksratsverfassung: *Birkenheier*, in: Friese, Verwaltungsgerichtsbarkeit im Saarland, 2002, S. 149.
339 *Wohlfarth* SKZ 1993, 26 ff.
340 VG d. Saarl., LKRZ 2008, 183 f.
341 OVG d. Saarl., Beschl. v. 28.1.1999 – 1 W 13/98, AS 28, 1 ff. = SKZ 2000, 192 ff.

KSVG). Es besteht nicht bei Aufgaben des Bürgermeisters, also diesem durch Gesetz oder Delegation zugewiesenen Selbstverwaltungs- und Fremdverwaltungsangelegenheiten (→ Rn. 77 ff.). Die Wichtigkeit der Angelegenheit bestimmt sich aus der sachlich-räumlichen Perspektive des Gemeindebezirkes. Dieser unbestimmte Rechtsbegriff ist verwaltungsgerichtlich voll überprüfbar. Nicht abschließend hat der Gesetzgeber als wichtig anerkannt (§ 73 II 2 KSVG):

- Planung von Investitionsvorhaben im Gemeindebezirk (Nr. 1);
- Aufstellung, Änderung und Aufhebung des Flächennutzungsplanes sowie von Satzungen nach dem BauGB, soweit sie sich auf den Gemeindebezirk beziehen (Nr. 2);
- Aufstellung des Haushaltsplanes, soweit es sich um Ansätze für den Gemeindebezirk handelt (Nr. 3);
- Planung, Errichtung, Übernahme, wesentliche Änderungen und Aufhebungen von öffentlichen Einrichtungen im Gemeindebezirk (Nr. 4);
- Ausbau und Umbau von Straßen, Wegen und Plätzen im Gemeindebezirk (Nr. 5);
- Veräußerung, Vermietung und Verpachtung von Grundvermögen der Gemeinde im Gemeindebezirk (Nr. 6);
- Änderung der Grenzen des Gemeindebezirkes (Nr. 7);
- Wahl, Benennung oder Vorschlag der für den Gemeindebezirk zuständigen ehrenamtlich tätigen Personen, soweit der Ortsrat nicht selbst entscheiden darf (Nr. 8).

100 Bei Grenzüberschreitungen von Anhörobjekten sind unter Umständen mehrere Ortsräte anzuhören (Beispiel: eine auszubauende Straße durchquert zwei Bezirke;. wirken sich allgemeine Satzungen schwerpunktmäßig auf einen Bezirk aus, wird nur dessen Ortsrat angehört). Im Verfahren zur Aufstellung von Bauleitplänen (Flächennutzungsplan, Bebauungsplan[342]) ist der Ortsrat jeweils vor den notwendigen Einzelbeschlüssen des Rates anzuhören. Die Herstellung des Einvernehmens durch die Gemeinde nach § 36 BauGB[343] kann im Einzelfall – vorhabenbezogen – eine anhörungspflichtige wichtige Angelegenheit für den Ortsrat sein.[344] Der Ortsrat fasst das Ergebnis seiner Anhörung in einem Beschluss zusammen (§ 74 Nr. 10, § 45 KSVG). Er kann ausdrücklich oder konkludent auf eine Beschlussempfehlung verzichten. Eine Funktionsübertragung auf den Ortsvorsteher ist unzulässig.[345] Das Ergebnis der Anhörung ist dem Rat oder dem beschließenden Ausschuss so rechtzeitig vorzulegen, dass eine Einbeziehung in die Letztentscheidung möglich ist. Die Stellungnahme des Ortsrates sollte auch schon dem vorberatenden Fachausschuss vorliegen. Rechtlich zwingend ist dies aber nicht. Verletzungen des Anhörungsrechtes sind nicht heilbar. Sie führen zur Unwirksamkeit der getroffenen Entscheidungen.[346] Das Anhörungsrecht des Ortsrates beschränkt sich auf Angelegenheiten seines eigenen Bezirkes.[347] Im Kommunalverfassungsstreit (→ Rn. 89 ff.) ist der Ortsrat beteiligungsfähig (§ 61 Nr. 2 VwGO analog) und wird durch den Ortsvorsteher vertreten (§ 62 I Nr. 1 VwGO). Eine entsprechende

---

342 Hierzu näher → § 5 Rn. 10 ff.
343 S. → § 5 Rn. 104 ff.
344 VG d. Saarl., LKRZ 2008, 183 f.
345 VG d. Saarl., Gerichtsbescheid v. 19.1.2010 – 11 K 121/08, SKZ 2010, 30 ff.
346 OVG d. Saarl., Beschl. v. 21.8.1996 – 2 N 1/96, AS 25, 359 ff. = SKZ 1997, 82 ff.; HessVGH, NJW 1978, 907 f.; VG d. Saarl., Gerichtsbescheid v. 19.1.2010 – 11 K 121/08, SKZ 2010, 30, 31.
347 OVG d. Saarl., Beschl. v. 28.1.1999 – 1 W 13/98, AS 28, 1 ff. = SKZ 2000, 192 ff.

Klage ist begründet, soweit der Ortsrat durch den Gemeinderatsbeschluss in eigenen, sich aus seiner organähnlichen Stellung ergebenden Rechtspositionen verletzt ist.[348]

d) Entscheidungskompetenz

Zur Unterstreichung der Bezirksqualität gibt der Gesetzgeber dem Ortsrat einzelne ausschließliche Entscheidungsbefugnisse (§ 73 III KSVG). Eine sachliche Eingrenzung folgt aus dem Erfordernis der durch den Rat für den Bezirk bereitgestellten und im Haushaltsplan (→ Rn. 140 ff.) **ausgewiesenen Mittel**. Der Ortsrat hat in keinem Fall Entscheidungsrechte in Exklusivangelegenheiten des Rates und des Bürgermeisters (§§ 35, 59 III KSVG). Nach § 73 III KSVG muss der Ortsrat über folgende Angelegenheiten **entscheiden**: 101

- Unterhaltung, Ausstattung und Benutzung der im Gemeindebezirk gelegenen öffentlichen Einrichtungen, deren Bedeutung über den Gemeindebezirk nicht hinausgeht (Ausnahme: Schulen; Nr. 1);
- Festlegung der **Reihenfolge der Arbeiten** zum Um- und Ausbau sowie zur Unterhaltung und Instandsetzung von Straßen, Wegen und Plätzen, deren Bedeutung über den Gemeindebezirk nicht hinausgeht, einschließlich der Beleuchtungseinrichtungen (Nr. 2);
- **Pflege des Ortsbildes** sowie Unterhaltung und Ausgestaltung der örtlichen Park- und Grünanlagen, deren Bedeutung nicht wesentlich über den Gemeindebezirk hinausgeht (Nr. 3);
- **Förderung von Vereinen**, Verbänden und sonstigen Vereinigungen im Gemeindebezirk (Nr. 4);
- Förderung und Durchführung von Veranstaltungen der Heimatpflege und des Brauchtums im Gemeindebezirk (Nr. 5);
- Pflege vorhandener Patenschaften und Partnerschaften (Nr. 6);
- Durchführung von Gemeinschaftsveranstaltungen auf Gemeindebezirksebene (Nr. 7);
- Teilnahme an Dorfverschönerungswettbewerben (Nr. 8);
- **Benennung von Straßen**, Wegen und Plätzen im Gemeindebezirk mit der Maßgabe, dass **Doppelbenennungen** innerhalb der Gemeinde unzulässig sind (Nr. 9);
- Wahl, Benennung oder Vorschlag von ehrenamtlich tätigen Personen, soweit sich deren Ehrenamt auf den Gemeindebezirk beschränkt und der Gemeinde diese Rechte zustehen (Nr. 10).

Über die Finanzierung dieser Aufgaben entscheidet der Ortsrat abschließend. Zuvor hat der Rat im Haushaltsplan entsprechende **Ansätze gemeindebezirksbezogen** auszuweisen (§ 73 V KSVG).[349] 102

Ein zentrales Auslegungsproblem ist die **Bedeutungsermittlung von öffentlichen Einrichtungen für den Gemeindebezirk**. Bei einer bezirksübergreifenden oder gar überregionalen Ausstrahlung springt das Entscheidungsrecht auf den **Rat** über (§ 34 S. 1 103

---

348 OVG d. Saarl., Beschl. v. 7.4.1981 – 3 W 1731/81, SKZ 1981, 128 ff.; VG d. Saarl., LKRZ 2008, 183 f.
349 Ausgaben sind gegenseitig deckungsfähig (§ 18 I, II KommHVO, vgl. auch § 73 III 2 KSVG), dh wenn der für einen bestimmten Zweck vorgesehene Haushaltstitel („Topf") erschöpft ist, können Haushaltsmittel aus anderen „Töpfen" verwendet werden.

KSVG). **Beispiel:** Die Gestaltung einer als Bundesgartenschau dienenden Parkanlage ist keine Bezirks-, sondern Ratsangelegenheit. Solche **Abgrenzungsprobleme** darf der Rat durch **allgemeine Richtlinien** klären (§ 73 III 4, 5 KSVG). Sie werden durch Beschluss erlassen und haben den Charakter von Verwaltungsvorschriften.[350] Praktische Bedeutung erhalten sie im Zusammenhang mit der **Vereinsförderung.** Umfang und Inhalt der gesetzlichen Entscheidungsbefugnisse des Ortsrates lassen sich im Einzelfall durch Ratsbeschluss mit einer Mehrheit von zwei Dritteln der gesetzlichen Mitgliederzahl des Gemeinderates **abweichend** regeln. Diese Abweichungen können einschränkend oder ausweitend wirken. Der Gemeinderat darf dem Ortsrat auch bezirksbezogene Aufgaben generell durch Satzung oder im Einzelfall durch Beschluss zur Entscheidung übertragen (§§ 34, 73 IV KSVG). Bei einer **pflichtwidrigen Säumnis** des Ortsrates in Entscheidungsangelegenheiten kann der Bürgermeister unter Fristsetzung die notwendige Veranlassung anordnen. Nach erfolglosem Fristablauf entscheidet dann der Rat anstelle des Ortsrates (§ 73 VI KSVG).

104 In der Praxis kommt es immer wieder zu **Meinungsverschiedenheiten** über die Reichweite des Begriffes „**Pflege des Ortsbildes**" (§ 73 III Nr. 3 KSVG). Ortsbild ist die Ansicht eines Ortsteiles von außen oder von innen. Dazu gehören Straßen und Plätze, aber auch Fassaden. Zum Ortsbild zählen auch Stadtsilhouetten, der Blick von einem Turm oder einer Anhöhe mit Ensemblewirkung. Die Pflege dieses Ortsbildes erfasst in erster Linie **prägende Bestandteile.** Mit dem Ziel planerischer und gestalterischer Steuerung entscheiden in der Praxis Ortsräte[351] auch über die Festlegung von Standorten für Wertstoff- und Altkleidercontainer.

105 Der **Rat** hat ein **allgemeines Namensrecht** zB für Gebäude und Einrichtungen (§ 35 S. 1 Nr. 1 KSVG). Hingegen ist die **Straßenbenennung** Sache des **Ortsrates** mit der Maßgabe, dass Doppelbenennungen innerhalb der Gemeinde unzulässig sind (§ 73 III Nr. 9 KSVG). Die Pflicht zur Bereinigung der Straßennamen entfällt nicht durch die gegenwärtige Kleinräumigkeit von Postleitzahlen. Die Straßen(um)benennung ist ein rechtsgestaltender adressatloser dinglicher **Verwaltungsakt** in Gestalt einer **Allgemeinverfügung** nach § 35 S. 2 SVwVfG. Letzten Endes folgt die Befugnis zur Straßenbenennung aus der Verbandskompetenz der Gemeinde (§ 1 I, § 5 I KSVG). Die **Bekanntgabe** richtet sich nach § 41 III SVwVfG. **Eigentümer** und **Mieter** sind durch Straßenbenennungen **betroffen.** Richtigerweise erfolgt die Straßenbenennung ausschließlich im öffentlichen Interesse.[352] Überwiegend nimmt die Rechtsprechung dennoch ein subjektives Recht der Anlieger auf **ermessensfehlerfreie Entscheidung** an.[353] Eigentümer an Straßen müssen ihr Grundstück mit der von der Gemeinde festgesetzten **Hausnummer** versehen (§ 126 III 1 BauGB). Konkretisierungen finden sich auch aus Gründen der

---

[350] Verwaltungsvorschriften sind Rechtssätze des Innenrechts, dh sie wirken nur gemeindeintern. Der Bürger kann sich nicht auf sie berufen; auch für die Gerichte sind sie grds. unverbindlich. Vgl. → § 2 Rn. 12 ff.; *Gröpl*, Staatsrecht I, 13. Aufl. 2021, Rn. 1186.
[351] OVG d. Saarl., NVwZ-RR 2018, 381 ff.
[352] BayVGH, NVwZ-RR 2010, 630 (nur Leitsatz); früher schon: NVwZ-RR 2002, 705 f.; SächsOVG, Beschl. v. 13.3.2012 – 4 A 687/11; BayVerfGH, NVwZ-RR 2013, 1 ff.; OVG d. Saarl., NVwZ-RR 2019, 701 f.
[353] OVG d. Saarl., AS 14, 176 ff.; VGH Bad.-Württ., NVwZ 1992, 196 ff.; OVG Berlin, LKV 1994, 298 ff.; OVG NRW, NVwZ-RR 2008, 487 f.

Gefahrenabwehr in **Polizeiverordnungen** der Ortspolizeibehörden.[354] Die **Zuteilung einer Hausnummer** ist Verwaltungsakt (§ 35 S. 1 SVwVfG) und daher mit Widerspruch und Anfechtungsklage angreifbar (§§ 68 ff., § 42 I F. 1 VwGO).[355]

e) Rechtsvorschriften für den Ortsrat

Das Verfahren im Ortsrat und der Status seiner Mitglieder entsprechen in den meisten Punkten dem für den **Gemeinderat geltenden Recht** (§ 74 KSVG). Aus dem Verweisungskatalog des § 74 KSVG sind folgende Bestimmungen erwähnenswert: Einwohnerfragestunde (§ 20a KSVG), Fraktionen (§ 30 V KSVG), Pflichten (§ 33 I, II KSVG), Sitzungszwang (§ 38 KSVG), Hinzuziehung von Personen zu den Sitzungen (§ 49 III, IV KSVG).

106

Der Ortsrat muss sich durch Beschluss eine eigene **Geschäftsordnung** geben (§ 74 Nr. 5 KSVG). Die Geschäftsordnung des Ortsrates darf nicht in fremde Funktionskreise eingreifen. Sie kann nicht regeln, wie der Gemeinderat empfehlende Ortsratsbeschlüsse weiterbehandelt. Sitzungen des Ortsrates finden prinzipiell **öffentlich** statt (§ 74 Nr. 6 KSVG). Rat, Fachausschuss oder Bürgermeister dürfen gegenüber dem Ortsrat eine Angelegenheit als „vertraulich" bezeichnen. Dann ist sie unter Ausschluss der Öffentlichkeit zu behandeln (§ 74 Nr. 6 KSVG). An diesen Vertraulichkeitsvermerk ist der Ortsrat auch bei gegenteiliger Ansicht gebunden.

107

Das Mitwirkungsverbot im Fall eines Interessenwiderstreites gilt auch für den Ortsrat (§ 72 IV 1 und 4, § 27 I KSVG). **Verfahrensfehler im Ortsrat** führen **nicht** ohne Weiteres zur Unwirksamkeit späterer Ratsentscheidungen.[356]

108

Die **Vorsitzfunktion** im Ortsrat hat der **Ortsvorsteher** (§ 74 Nr. 8 KSVG). Er lädt zu den Sitzungen des Ortsrates ein. Aber auch der Bürgermeister kann unter Angabe der Verhandlungsgegenstände eine Einberufung des Ortsrates verlangen (§ 74 Nr. 7 lit. a KSVG). Der Bürgermeister und alle Ratsmitglieder haben ein **Teilnahmerecht** an öffentlichen und nichtöffentlichen Sitzungen des Ortsrates (§ 74 Nr. 7 lit. a, b KSVG). Dem Bürgermeister ist auf Verlangen das Wort zu erteilen. Ratsmitglieder haben weder Mitberatungs- noch Rederechte. Das Widerspruchs- und Vorlagerecht bei rechtswidrigen Beschlüssen des Ortsrates steht **nur** dem **Bürgermeister**, nicht dem Ortsvorsteher zu (§ 74 Nr. 17 KSVG). Ausschüsse darf der Ortsrat nicht bilden. Im Bedarfsfall kann er Personen oder Personengruppen zu einzelnen Verhandlungsgegenständen hinzuziehen (§ 74 Nr. 13 KSVG). Grundbetrag, Sitzungsgeld oder Pauschalbetrag für die Ortsratsmitglieder werden vom **Gemeinderat** und nicht dem Ortsrat festgesetzt (§ 74 Nr. 14 KSVG). Im sachlichen Anwendungsbereich des **Eigenbetriebsrechtes** bestehen **keine Letztentscheidungsrechte der Ortsräte**. Jedoch ist die Ausgründung einer Verwaltungseinheit in der Regel anhörpflichtig (§ 73 II KSVG). Ein Anhörrecht besteht

109

---

354 Zu PolizeiVO s. → § 4 Rn. 166 ff.
355 VG Oldenburg, DVP 2005, 217 f.; zu Rechten der Grundstückseigentümer bei der Zuteilung von Hausnummern durch die Gemeinde: BayVGH, NVwZ-RR 2012, 210 ff., sowie NVwZ-RR 2002, 705 f.; OVG NRW, NVwZ-RR 2012, 541 f.
356 OVG d. Saarl., Urt. v. 30.8.2001 – 2 N 1/00, AS 29, 285 ff.; SKZ 2002, 198.

auch dann, wenn der Gemeinderat bei einem **Eigenbetrieb** Wirtschaftspläne mit **Ansätzen für einen Ortsbezirk** aufstellt.[357]

f) Aufgaben des Ortsvorstehers

110 In seiner ersten vom Bürgermeister einzuberufenden Sitzung wählt der Ortsrat **aus seiner Mitte** für die Dauer seiner Amtszeit einen Vorsitzenden, der **Ortsvorsteher** genannt wird, und dessen Stellvertreter (§ 75 I, II KSVG). Der Ortsvorsteher ist Ehrenbeamter, nicht aber sein Stellvertreter. Maßgeblich für seine Rechtsstellung sind die § 30 III, § 31 III KSVG (§ 75 II 2 KSVG). Im Ortsrat nimmt der Ortsvorsteher die Aufgaben des Vorsitzenden **in gleicher Weise wie der Bürgermeister** im Rat wahr (§ 75 II KSVG). Gegenüber der Gemeinde vertritt er unter Orientierung an den Beschlüssen des Ortsrates die **Belange des Bezirkes**. An den Sitzungen des Rates und seiner Ausschüsse darf er teilnehmen. In den Bezirk betreffenden Angelegenheiten ist ihm auf Verlangen Wort und Auskunft zu erteilen (§ 75 III KSVG). Dem Ortsvorsteher obliegt auch die repräsentative Vertretung des Gemeindebezirkes, die keine Rechtsvertretung ist (§ 75 IV KSVG). Vor allem der Einheitlichkeit der Gesamtgemeinde dienen pflichtige **Ortsvorsteherkonferenzen**. Der Bürgermeister hat sie regelmäßig zu terminieren, um mit den Ortsvorstehern wichtige Angelegenheiten der Gemeinde und ihrer Bezirke zu erörtern (§ 75 V KSVG). Der Ortsvorsteher darf Anträge entgegennehmen sowie **amtliche Beglaubigungen und Lebensbescheinigungen** ausstellen. Einzelne Rats- und Bürgermeisterangelegenheiten können auf ihn durch Satzung bzw. Einzelakt des Bürgermeisters übertragen werden (§ 75 IV 2, 3 KSVG).

111 Der Bürgermeister darf für einen oder mehrere Bezirke **Verwaltungsaußenstellen** einrichten. Die Übertragung von Aufgaben bedarf nach erfolgter Anhörung des Ortsrates der Zustimmung des Gemeinderates (§ 76 I KSVG). Zur Übertragung eignen sich vor allem Dienstleistungen mit hohen Fallzahlen nach rechtlich feststehenden Kriterien, beispielsweise Angelegenheiten des Bürgeramtes. Der nicht mit dem Ortsvorsteher zu verwechselnde **Verwaltungsstellenleiter** ist **Bediensteter der Gemeinde**. Er wird vom Bürgermeister bestellt und abberufen. An Ortsratssitzungen nimmt er mit beratender Stimme teil und unterstützt den Ortsvorsteher bei dessen Aufgaben.

g) Bezirksverfassung der Landeshauptstadt Saarbrücken

112 Die **Stadtbezirksverfassung** des § 77 KSVG bezieht sich nur auf Städte mit mehr als 100 000 Einwohnern und gilt daher nur in der **Landeshauptstadt Saarbrücken**. Dort heißen die Bezirke **Stadtbezirke**, die Ortsräte **Bezirksräte** und die Ortsvorsteher **Bezirksbürgermeister**. Durch Satzung sind in Saarbrücken **vier Stadtbezirke** mit der Bezeichnung Mitte, Dudweiler, West und Halberg gebildet. Früher gab es im Stadtbezirk Dudweiler eine eigene Bezirksverwaltung mit einem hauptamtlichen Bezirksbürgermeister.[358] Mit Ausnahme des Stadtbezirkes Mitte, der von der Rathausverwaltung mitbedient wird, gibt es in den anderen Bezirken **Verwaltungsaußenstellen** (§ 76 I KSVG). Die Bezirksbürgermeister werden jeweils für die **Dauer der Amtszeit ihres Bezirksrates** von diesem aus seiner Mitte gewählt (§ 77 II KSVG).

---

357 *Wohlfarth* SKZ 1999, 58 ff.
358 Neufassung der Satzung über die Bezirksräte der Landeshauptstadt Saarbrücken vom 7.5.2013.

XII. Gemeindewirtschaft

1. Aspekte der kommunalen Finanzverfassung

a) Bundesrecht

Die verfassungsrechtlich garantierte Selbstverwaltung (→ Rn. 21 ff.) gewährleistet den Gemeinden eine **eigene Finanzausstattung** (Einnahmen) mit grundsätzlicher Selbstbestimmung der Ausgaben.[359] Zu den Grundlagen der finanziellen Eigenverantwortung gehört eine den Gemeinden mit **Hebesatzrecht** zustehende **wirtschaftskraftbezogene Steuerquelle**. Das ist derzeit die Gewerbesteuer (Art. 106 VI GG; → Rn. 119). 113

Daneben partizipieren die Gemeinden mit einem **Anteil an der Einkommenssteuer** (Art. 106 V GG). Er beträgt 15 % der Gesamtmasse (§§ 1 ff. GFRG[360]). Dieser Einkommensteueranteil stellt für die Gemeinden eine der **wichtigsten Finanzquellen** dar. Zudem erhalten die Gemeinden einen Anteil an dem Aufkommen der **Umsatzsteuer** (Art. 106 Va GG). Er wird von den Ländern auf der Grundlage eines orts- und wirtschaftsbezogenen Schlüssels an die Gemeinden weitergeleitet. Die Beteiligung am Umsatzsteueraufkommen beträgt 2,2 % (§ 1 FAG,[361] s. auch § 5a GFRG). 114

Die eigenverantwortliche Einnahmen- und Ausgabenwirtschaft der Gemeinden besteht nur im Rahmen der Gesetze (Art. 28 II 1, 3 GG, Art. 119 I SVerf). Das bedeutet insb., dass die Gemeinden gesetzlich vorgeschriebene Leistungen erbringen müssen und ihre Ausgaben insoweit fremdbestimmt sind. Schwere finanzielle Bürden werden den Gemeinden dabei durch die Verpflichtung auferlegt, Bundesgesetze auszuführen und die damit verbundenen Ausgabelasten (insb. im sozialen Bereich) zu tragen. Seit der Föderalismusreform von 2006 schützt Art. 84 I 7 GG die Gemeinden davor, dazu unmittelbar durch Bundesgesetz verpflichtet zu werden. Wegen der Übergangsvorschrift des Art. 125a I 1 GG gelten die bis dahin erlassenen **bundesrechtlichen Aufgabenzuweisungen** fort. In diesem Rahmen darf der Bund das darauf Bezug nehmende materielle Recht aufgrund seiner Gesetzgebungskompetenz (zB gem. Art. 72, 74 I Nr. 7 GG) weiterhin ändern und beispielsweise Sozialleistungen erhöhen, auch wenn das Mehrbelastungen für die Gemeinde- und Gemeindeverbände mit sich bringt.[362] Auch insoweit eröffnet Art. 28 II GG **kein effektives Abwehrrecht** gegen die Auferlegung kostenträchtiger Aufgaben im Rahmen *bestehender* Ermächtigungen.[363] 114a

b) Landesrecht

aa) Verfassungsrechtliche Grundlagen: Die kommunale Finanzverfassung im Saarland beruht auf den Art. 119 und 120 SVerf, einfachgesetzlich ergänzt durch § 11 KSVG und die Bestimmungen des KFAG (→ Rn. 13). Für freiwillige Selbstverwaltungsangelegenheiten (§ 5 KSVG, → Rn. 34) sollten auch in Zeiten knapper Ressourcen **wenig-** 115

---

359 BVerfGE 26, 228, 244.
360 G zur Neuordnung der Gemeindefinanzen (GemeindefinanzreformG) idF der Bek. v. 10.3.2009 (BGBl. I S. 502) mit spät. Änd.
361 Finanzausgleichsgesetz v. 20.12.2001 (BGBl. I S. 3955, 3956) mit spät. Änd.
362 *Macht/Scharrer* DVBl. 2008, 1150 ff.
363 BVerfG-K, DÖV 1987, 341 f.

stens 5 % der zur Verfügung stehenden Finanzmittel verausgabt werden können.[364] Davon zu unterscheiden ist die Finanzierung der Auftragsangelegenheiten (§ 6 KSVG, → Rn. 36) gem. Art. 120 SVerf: Wenn das Land seinen Gemeinden durch förmliches Landesgesetz[365] die Erfüllung öffentlicher Aufgaben überträgt (als Auftragsangelegenheiten) oder zur Pflicht macht (als pflichtige Selbstverwaltungsangelegenheiten), muss es dabei gleichzeitig Bestimmungen über die **Deckung der Kosten** treffen (Satz 1). Dies gilt auch dann, wenn Aufgabenübertragung auf Antrag einer Gemeinde erfolgt.[366] Eine Aufgabenübertragung liegt auch vor, wenn die landesrechtliche Norm an die Stelle einer bundesgesetzlichen Zuständigkeitsbestimmung tritt und deren Regelungsgehalt wiederholt.[367] Seit 2016[368] gilt dabei als Neuerung Art. 120 S. 2 SVerf, und zwar sowohl für Auftrags- als auch für pflichtige Selbstverwaltungsaufgaben: Im Fall wesentlicher Mehrbelastungen der Gemeinden muss das Land einen finanziellen Ausgleich schaffen. Zwischen einer kostenträchtigen Aufgabenübertragung oder -erweiterung und deren Finanzierung durch das Land besteht mithin eine zwingende verfassungsrechtliche Verknüpfung (Konnex), die als **striktes Konnexitätsprinzip** bezeichnet wird. Die dazu in Art. 120 S. 2–5 SVerf getroffenen Maßgaben werden durch das saarländische **Konnexitätsausführungsgesetz** (KonnexAG SL)[369] konkretisiert, etwa bzgl. der Schwelle einer wesentlichen Mehrbelastung,[370] der Kostenfolgeabschätzung und des Verfahrens zur Beteiligung der **kommunalen Spitzenverbände** (→ Rn. 12). Der präferierte Weg eines pauschalierten Belastungsausgleichs (Art. 120 S. 3 SVerf, § 4 I 1 KonnexAG SL) dürfte über **Schlüsselzuweisungen** innerhalb des kommunalen Finanzausgleichs erfolgen (→ Rn. 118). Zu beachten ist, dass Art. 120 SVerf keiner Gemeinde einen unmittelbaren oder gesonderten Kostenerstattungsanspruch gegen das Saarland eröffnet. Er stellt vielmehr lediglich ein objektiv-rechtliches Gebot für den Landesgesetzgeber dar.[371]

116 Die seit 2008 einander abwechselnden Wirtschafts-, Finanz-, Währungs-, Flüchtlings- und Gesundheitskrisen haben bei regionalen Unterschieden die Verschuldung der Gemeinden gesteigert. Nach einem vom saarländischen Innenministerium 2015 eingehol-

---

364 *Schoch/Wieland,* Finanzierungsverantwortung für gesetzgeberisch veranlasste kommunale Aufgaben, 1995; *Schoch,* Verfassungsrechtl. Schutz der kommunalen Finanzautonomie, 1997.
365 Als Instrument zur Aufgabenübertragung kommt also nur den Landtag erlassenes G in Betracht, nicht aber eine RVO. Zur Unterscheidung s. → § 1 Rn. 124 ff. und 138 ff.
366 SVerfGH, LKRZ 2013, 527 (527).
367 VerfGH NRW, NVwZ-RR 2011, 41 ff.; dazu: *Henneke* DVBl. 2011, 125 ff.
368 G v. 13.7.2016 (Amtsbl. I S. 710).
369 G zur Regelung eines Kostenfolgeabschätzungs- und eines Beteiligungsverfahrens gemäß Artikel 120 der Verfassung des Saarlandes (KonnexitätsausführungsG Saarland – KonnexAG SL) v. 9.11.2016 (Amtsbl. I S. 1058) mit spät. Änd.
370 § 2 V KonnexAG SL: 0,25 Euro pro Einwohner bzw. 250 000 Euro landesweit. In die Kostenfolgebetrachtung einbezogen werden Zweck-, Sach-, Personal- und Investitionsaufwendungen. Damit im Zusammenhang generierte Einnahmen sind in Abzug zu bringen, vgl. § 3 KonnexAG SL.
371 *Mandelartz/Neumeyer* SKZ 2000, 162 ff.; *Grupp,* in: Wendt/Rixecker, SVerf, Art. 120 Rn. 6; vgl. auch oben → Rn. 8, 21, 30 und → § 1 Rn. 15 sowie § 2 Rn. 11. Allg. *Mückl,* in: Henneke/Pünder/Waldhoff, Recht der Kommunalfinanzen, § 3 Rn. 1 ff.; zur Ersetzung einer bundesrechtl. Norm durch vergleichbares Landesrecht: VerfGH NRW, NVwZ-RR 2011, 41 ff.; dazu: *Henneke* DVBl. 2011, 125 ff.; zur Frage der Konnexität bei der Umsetzung von EU-RL: *Zieglmeier* NVwZ 2009, 1455 ff.; *Engelken* NVwZ 2010, 618 ff; zu Reichweite und Durchsetzbarkeit des Konnexitätsprinzips: NWVerfGH, NVwZ 2017, 780 ff.; *Lange* NVwZ 2017, 771 ff.

ten Gutachten zur Finanzlage saarländischer Kommunen[372] besteht eine aus sozialökonomischen, haushaltsrechtlichen und politikspezifischen Gründen[373] herrührende strukturelle Finanzlücke (Unterfinanzierung) in Höhe von seinerzeit 160 Mio. Euro pro Jahr. Mit einem vorgeschlagenen Maßnahmenbündel soll bis 2024 ein Lückenschluss erreicht sein. Die auch für die Länder ab 2020 geltende **Schuldenbremse**[374] (Art. 109 III GG) es schließt auch für das Saarland aus, seinen Haushalt über Krediteinnahmen zu finanzieren (§ 1 → Rn. 58 ff.). Gleichwohl entstanden im politischen Kontext dazu wegen der **chronischen Unterfinanzierung der Gemeinden** Forderungen der kommunalen Spitzenverbände nach (einem oder mehreren) **Entschuldungsfonds** der Länder. Damit gemeint sind in erster Linie Programme zur Tilgung kommunaler Kredite zur Liquiditätssicherung (§ 94 KSVG). Sie sollen sich zu gleichen Teilen aus dem Landeshaushalt und dem kommunalen Finanzausgleich speisen. Im Gegenzug wird von den Gemeinden eine Erhöhung ihrer Einnahmen (insb. aus der Gewerbe- und Grundsteuer) erwartet. Im Saarland treffen kommunale Finanznot und extreme Leistungsschwäche des Landes[375] aufeinander. Damit sind die faktischen Grenzen des möglichen Rechtsschutzes der Kommunen erreicht.[376] Dessen ungeachtet soll die durch Art. 28 II GG gebotene finanzielle Finanzausstattung der Kommunen nach Ansicht des BVerwG von der Haushaltsnotlage eines Landes unabhängig sein.[377] So stellt das Saarland seinen Gemeinden seit 2013 Landesmittel in Höhe von jährlich 17 Mio. Euro im Sondervermögen kommunaler Entschuldungsfonds (KELF) zur Verfügung.[378] Zum Empfängerkreis gehören zur Haushaltssanierung verpflichtete Kommunen mit Sanierungsauflagen. Die Gelder müssen zur zusätzlichen Kredittilgung verwendet werden.

bb) **Kommunaler Finanzausgleich:** Die Funktion des **kommunalen Finanzausgleichs** (Art. 106 VII 1 GG)[379] liegt in der Gewährleistung einer finanziellen Mindestausstattung, um eine ähnliche Leistungsfähigkeit der Gemeinden untereinander und damit **vergleichbare Lebensbedingungen** sicherzustellen.[380] Er verpflichtet zu angemessener Annäherung, nicht zu schematischer Ergebnisgleichheit. Denn autonom zu verantwortende Unterschiede in Bedarf und Finanzkraft dürfen nicht pauschal eingeebnet werden. Der Finanzausgleich wird damit insgesamt vom **Zielkonflikt** zwischen natürlicher

117

---

372 *Junkernheinrich,* Finanzen der saarl. Gemeinden und Gemeindeverbände – Probleme, Ursachen, Lösungsansätze, 2015.
373 Zu Ursachen kommunaler Haushaltsdefizite: *Hausmann* DVP 2016, 179; zur Problematik von Kassenkrediten *Gröpl* in: Heinemann/Feld/Geys/Gröpl/Hauptmeier/Kalb, Der kommunale Kassenkredit zwischen Liquiditätssicherung und Missbrauchsgefahr, 2009, S. 21 (46 ff.).
374 Zur Schuldenbremse: *Gröpl* LKRZ 2010, 401 ff.; *Fassbender* NVwZ 2009, 737 ff.
375 So bereits 1992 BVerfGE 86, 148, 258 ff. – 3. Länderfinanzausgleichsurteil.
376 *Schoch,* SKZ 1997, 243 ff.; vgl. auch zu dem Problem: *Hoppe* DVBl. 1992, 117 ff.; *Birk/Inhester* DVBl. 1993, 1281 ff.; *Henneke* DVBl. 1998, 1158 ff.; *Faber* DVBl. 2005, 933 ff.; *Dombert* DVBl. 2006, 1136 ff.
377 BVerwG, NVwZ 2013, 1078 ff. (Malbergweich); so auch *Lange,* verfassungsrechtliche Grundlagen der Finanzierung der Kommunen in NRW – Gutachten im Auftrag der kommunalen Spitzenverbände NRW, 2016, S. 74.
378 G über die Konsolidierungshilfen aus dem Sondervermögen „Kommunaler Entlastungsfonds" ab dem Jahr 2015 v. 13.10.2015 (Amtsbl. I S. 852) mit spät. Änd.; G über den Saarlandpakt v. 30.10.2019 (Amtsbl. I S. 1033) mit spät. Änd.
379 Zum bundesstaatlichen Finanzausgleich s. → § 1 Rn. 54 und *Gröpl,* Staatsrecht I, 13. Aufl. 2021, Rn. 730 ff.
380 Allg. zum kommunalen Finanzausgleich *Henneke,* in: Henneke/Pünder/Waldhoff, Recht der Kommunalfinanzen, § 25 Rn. 1 ff.

Verschiedenheit und solidargemeinschaftlicher Annäherung beherrscht.[381] Erster Betrachtungspunkt des Finanzausgleiches ist eine **Aufgabenanalyse** der einzelnen Gebietskörperschaften. Denn es geht um die Verteilung öffentlicher Einnahmen nach den Erfordernissen der zugewiesenen Aufgaben. Finanzbedarf und Finanzkraft zur Aufgabenerfüllung auf allen Ebenen sollen weitgehend in Übereinstimmung gebracht werden. Der **vertikale Finanzausgleich** findet zwischen der Landesseite und den **kommunalen „Bänken"** durch Aufstockung der Kommunalfinanzmasse statt. Denn die originäre kommunale Finanzausstattung[382] ist strukturell unzureichend und auf eine Auffüllung durch staatliche Transferleistungen (Zuweisungen und Zuschüsse) angewiesen. Dagegen betrifft der **horizontale Finanzausgleich** das Verhältnis zwischen den Gemeinden und Gemeindeverbänden untereinander. Von der zu finanzierenden angemessenen Aufgabenerfüllung (Art. 119 II SVerf) gehen verschiedene Bezüge aus: Der Gesetzgeber findet die Gebietskörperschaften in ihren geografischen, wirtschaftlichen und soziologischen Besonderheiten vor. Die Gestaltung des örtlichen Raumes ist auch das **Ergebnis lokaler Politik**. Der Finanzausgleich darf die identitätsbildenden Merkmale der Gebietskörperschaften weder ignorieren noch nivellierend einebnen. Im Übrigen treffen den Gesetzgeber die allgemeinen staatlichen Handlungsgebote wie **Verhältnismäßigkeit**, **Willkürverbot** und Beachtung des Grundsatzes der **Systemgerechtigkeit**.

118 Im Rahmen des Finanzausgleiches[383] kommt ein Teil der dem Saarland zustehenden Steuern zur Verteilung (Art. 106 VII 2 GG, § 6 II Nr. 1 KFAG). Die Finanzausgleichsmasse wird in den Haushaltsplan des Landes[384] eingestellt und prozentual für **Schlüsselzuweisungen** an die Gemeinden und Gemeindeverbände, den Investitions- und Ausgleichsstock verbraucht (§§ 7a ff., §§ 14 ff. KFAG). Zwischen kommunalen Gebietskörperschaften kann es zu **Umlagen** und zu einem **Lastenausgleich** kommen. So erheben die **Gemeindeverbände** von den kreisangehörigen Gemeinden die Kreisumlage (§ 18 KFAG). Entsprechendes gilt für den Regionalverband Saarbrücken (Regionalverbandsumlage). Sonstige Umlage- und Kostenausgleichsregelungen betreffen Anteile an Fördermitteln für Krankenhäuser (§ 17 KFAG). Die Finanzprobleme der Gemeinden beruhen maßgeblich auf einer signifikant hohen (Sozial-)Kostenbelastung aus staatlich zugewiesenen Aufgaben – auch in der Mitverantwortung der Länder. Im Rahmen des kommunalen Finanzausgleiches ist dies bei der Festsetzung der Finanzausgleichsmasse und der Schlüsselzuweisungen[385] angemessen zu berücksichtigen.[386] Die Einbringung kommunaler Altschulden in einen Finanzierungsfonds des Bundes nach Überlegungen der Kommission „Gleichwertige Lebensverhältnisse" bei einer Berücksichtigung des Saarlandes mit 2 Mrd. Euro ist politisch und verfassungsrechtlich umstritten. Die Her-

---

381 *Kese* VR 1994, 17 ff.
382 Gemeint sind die Finanzmittel, die sich die Kommunen selbst durch Steuern, Gebühren, Beiträge, zivilrechtl. Entgelte und andere eigenständige Quellen beschaffen können. S. dazu sogl. → Rn. 119 ff.
383 Zum bundesstaatlichen Finanzausgleich in Darstellung und rechtspolitischer Diskussion: *Rauber* KStZ 2012, 201; *Kempny* DVP 2014, 493; *Schenke* NJW 2014, 2542; *Kempny/Reimer*, Gutachten D, 70. DJT 2014.
384 Zum Haushaltsplan des Saarlandes s. → § 1 Rn. 56 f.
385 Zu Schlüsselzuweisungen: *Erps* VR 2009, 325 ff.
386 VerfGH Rh.-Pf., LKRZ 2012, 136 ff. (Klage des Landkreises Neuwied gegen das Land Rheinland-Pfalz).

stellung gleichwertiger Lebensverhältnisse im Bundesgebiet (vgl. Art. 72 II GG) wird überwiegend nicht als Staatszielbestimmung verstanden.[387]

cc) **Kommunale Steuern:** Die **Steuer** ist eine dem Einzelnen hoheitlich auferlegte Geldleistungspflicht (**Abgabe**), die keine Gegenleistung für eine besondere Leistung des Staates oder der Kommune ist (§ 3 I AO[388]), der also **kein Leistungsaustausch** zugrunde liegt. Sie ist damit ein „Geldbeschaffungsakt" des öffentlichen Gemeinwesens. Nicht nur der Staat (Bund und Länder), sondern auch die Gemeinden sind steuererhebungsberechtigt; sie haben die ausschließliche Ertragshoheit über die **Grundsteuer** und die **Gewerbesteuer** (Art. 106 VI GG). Die Grundsteuer belastet das Grundeigentum in der Gemeinde, darf allerdings auf die Nutzungsberechtigten (Mieter) abgewälzt werden.[389] Im Zuge der Änderung der Bemessung der Grundsteuer aufgrund der Verfassungswidrigkeit der früheren Einheitsbewertung[390] erhielt der Bund die Kompetenz zur konkurrierenden Gesetzgebung mit Abweichungsmöglichkeiten der Länder ab dem 1.1.2025 (Art. 105 II, Art. 72 III 1 Nr. 7 GG). Die Bewertung bebauter Grundstücke erfolgt nach dem Ertragswert- oder Sachwertverfahrens mit typisierenden Vereinfachungen für Massenverfahren (§ 13 GrStG[391] iVm §§ 218 ff., §§ 250 ff. BewG[392]).

Die **Gewerbesteuer** betrifft stehende Gewerbe und Reisegewerbe unter Ausschluss der Land- und Forstwirtschaft sowie der Freiberufler (§§ 1 ff., 35a GewStG[393]).[394] Bemessungsgrundlage ist der Gewerbeertrag (§ 7 GewStG).[395] Die Gewerbesteuer wird nach § 16 I GewStG aufgrund des Steuermessbetrages mit einem **Hebesatz** festgesetzt und erhoben, der von der **Gemeinde** zu bestimmen ist. Er beträgt mindestens 200 %,[396] wenn die Gemeinde nicht einen höheren Satz vorsieht (§ 16 IV 2 GewStG), was jedoch in aller Regel der Fall ist.[397] Eine Gemeinde darf nicht aus wirtschaftspolitischen Gründen von der Erhebung der Gewerbesteuer absehen.[398]

Bei der Ausübung des **Hebesatzbestimmungsrechtes** für die Gewerbe- und die Grundsteuer haben die Gemeinden einen weiten kommunalpolitischen Entscheidungsspielraum.[399] Der Grundsatz der nur subsidiären **Finanzmittelbewirtschaftung** aus Steuern (§ 83 II Nr. 2 KSVG) ist von Steuerschuldnern nicht einklagbar.[400] Das Besteuerungsverfahren bei der Grund- und Gewerbesteuer erfolgt in Zusammenarbeit zwischen dem Saarland und der jeweiligen Gemeinde. So ist die Ermittlung und Festsetzung der

---

387 Vgl. den Überblick bei *Schüppli* ZUR 2020, 67.
388 Abgabenordnung i.d.F. der Bek. v. 1.10.2002 (BGBl. I S. 3866; 2003 I S. 61) mit spät. Änd.
389 Ausführlich *Eisele*, in: Henneke/Pünder/Waldhoff, Recht der Kommunalfinanzen, § 10 Rn. 1 ff.
390 BVerfG, NVwZ 2018, 795 ff.
391 Grundsteuergesetz v. 7.8.1973 (BGBl. I S. 965) mit spät. Änd.
392 Bewertungsgesetz i.d.F. der Bek. v. 1.2.1991 (BGBl. I S. 230) mit spät. Änd.
393 Gewerbesteuergesetz i.d.F. der Bek. v. 15.10.2002 (BGBl. I S. 4167) mit spät. Änd.
394 Land- und Forstwirtschaft sowie die freien Berufe werden bereits gesetzl. aus dem Typusbegriff des Gewerbes ausgeschlossen, s. § 15 II 1 des EinkommensteuerG (EStG), der gem. § 2 I 2 GewStG auch für die Gewerbesteuer gilt.
395 Ausführlich zur GewSt: *Heine*, in: Henneke/Pünder/Waldhoff, Recht der Kommunalfinanzen, § 8 Rn. 1 ff.
396 Zur Verfassungsmäßigkeit: BVerfG, NVwZ 2010, 895 ff.
397 So beträgt etwa der Hebesatz der Landeshauptstadt Saarbrücken 490 % (Stand August 2016). Der Durchschnittshebesatz der Gewerbesteuer liegt im Saarland bei 426 % und damit über dem Durchschnitt.
398 BVerwG, KStZ 2009, 16 ff.
399 HessVGH, KStZ 2014, 28; VG Gießen, LKRZ 2015, 389 f.
400 HessVGH, KStZ 2014, 199.

Steuermessbeträge (§ 13 GrStG, § 11 GewStG) Sache der staatlichen Finanzämter; die Rechtsbehelfe dagegen richten sich nach der Abgabenordnung (§§ 347 ff. AO) und Finanzgerichtsordnung (§§ 33, 40 ff. FGO). Die **Hebesätze** sind Bestandteile der kommunalen **Haushaltssatzung** (§ 84 II 1 Nr. 4 KSVG, → Rn. 138 f.); die Grund- und Gewerbesteuerbescheide werden von der jeweiligen Gemeinde erlassen. Dagegen sind Widerspruch und Anfechtungsklage nach den §§ 68 ff., 42 I F. 1 VwGO statthaft.

120 Die **örtlichen Verbrauch- und Aufwandsteuern**[401] stehen den Gemeinden oder nach Maßgabe der Landesgesetzgebung den Gemeindeverbänden zu (Art. 105 IIa 1, Art. 106 VI 1 Hs. 2 GG).[402] Sie belasten gemäß ihrer Bezeichnung die Leistungsfähigkeit des Einzelnen, soweit sie sich im örtlichen (Güter-)Verbrauch und Aufwand (Luxus) zeigt. Unterhalb der Verfassungsebene geben entweder das **KAG** (→ Rn. 13) oder **spezielle Landessteuergesetze** die notwendigen Rechtsgrundlagen ab. Nach dem Außerkrafttreten des saarländischen Vergnügungssteuergesetzes[403] zum 31.12.2020 darf die Besteuerung gewerblicher Vergnügungsveranstaltungen nur noch auf kommunale Steuersatzungen gestützt werden. Dabei ist eine **Erdrosselungswirkung** verboten, dh die Steuer darf sich wirtschaftlich nicht verbotsähnlich auswirken.[404] Eine erhöhte Besteuerung von Automaten mit Gewaltspielen ist zulässig.[405] Aufbauend auf den formell-gesetzlichen Grundlagen beschließen die Gemeinden und Gemeindeverbände die erforderlichen **Steuersatzungen** (§ 2 KAG, → Rn. 38 ff.). Die Besteuerung desselben Gegenstandes durch kreisangehörige Gemeinden und den Gemeindeverband ist unzulässig (§ 3 I 2 KAG); das Gleiche gilt im Verhältnis zum Saarland und zum Bund (§ 3 II KAG). **Jagdsteuer** und **Schankerlaubnissteuer** können nur von **Gemeindeverbänden** erhoben werden (§ 3 IV KAG).

121 Eine **Hundesteuer** müssen die saarländischen Gemeinden erheben (§ 3 III KAG). Diese Steuer dient dem ordnungspolitischen Ziel einer Eindämmung der Hundehaltung und ist keine „Hundekotbeseitigungsgebühr".[406] Eine Hundesteuererhöhung kann bereits durch die bezweckte Steigerung des Steueraufkommens gerechtfertigt sein.[407] Regelmäßig werden durch die Hundesteuersatzung im öffentlichen Interesse gehaltene Hunde von der Steuer befreit. Keine Bedenken bestehen gegen eine **Höherbesteuerung von gefährlichen Hunden**.[408] In Schadensfällen im Zusammenhang mit dem Halten und Führen von Hunden darf das kommunale Steueramt (Kämmerei) Auskunft über Namen und Anschrift des Hundehalters an Behörden und Schadensbeteiligte geben (§ 12 I Nr. 1 lit. c/bb KAG).

---

401 Näher *Waldhoff*, in: Henneke/Pünder/Waldhoff, Recht der Kommunalfinanzen, § 13 Rn. 1 ff.; *Wienbracke* KStZ 2013, 41.
402 Zu beachten ist das Verbot der Gleichartigkeit mit bundesgesetzl. geregelten Steuern in Art. 105 IIa 1 Hs. 2 GG.
403 S. § 22 VgnStG idF von Art. 1 des G v. 21.1.2015 (Amtsbl. I S. 210).
404 BVerfGE 38, 61, 80.
405 BVerwGE 110, 237 ff. = DÖV 2000, 550 ff.
406 *Kasper* KStZ 2007, 1 ff.; BVerwG, NVwZ 2013, 1426, 1427.
407 OVG Rh.-Pf., NVwZ-RR 2013, 898 ff.
408 BVerwG, NVwZ-RR 2002, 140 f.; 2002, 140 f.; BVerwG, NVwZ 2015, 992 ff. (ein 26-facher Steuersatz hat erdrosselnde Wirkung).

Die Interpretation des § 3 I, II KAG lässt auch im Saarland auf ein **Steuerfindungs-** 122
recht[409] der Kommunen schließen. Damit besteht die Möglichkeit zu zusätzlicher Einnahmebeschaffung, auch wenn der Steuerertrag oft nur Bagatellcharakter hat. Die vorgeschriebene Örtlichkeit solcher Steuern muss sich auf die **Belegenheit einer Sache** oder einen **(Verbrauchs-)Vorgang im Gemeindegebiet** beziehen.[410] Vielerorts in Gemeinden umgesetzt oder im Gespräch sind die Besteuerung einer Schankwirtschaft als Schankerlaubnissteuer,[411] die Besteuerung der entgeltlichen Abgabe von Getränken im Gemeindegebiet zum Verzehr an Ort und Stelle,[412] die Besteuerung von Wohnwagen, Wasserfahrzeugen, Mobilfunktelefongeräten, Reitpferden[413] und Wettbüros.[414] Die über ein Jahrzehnt lang streitig diskutierte **Verpackungsteuer** betraf Einwegverpackungen für Speisen und Getränke zum Verzehr an Ort und Stelle. Nach Ansicht des BVerfG kollidiert eine solche örtliche Aufwandsteuer mit der Gesetzgebung des Bundes auf dem Gebiet des Kreislauf- und Abfallwirtschaftsgesetzes.[415] Die Besteuerung von **Erotikmessen** und Sexdarbietungen lässt sich nicht unter die Steuertatbestände des (im Saarland ohnehin aufgehobenen) Vergnügungsteuergesetzes subsumieren.[416] **Zweitwohnungen** im Gemeindegebiet dürfen prinzipiell mit einer Zweitwohnungsteuer belastet werden. Eine Ausnahme gilt allerdings für Erwerbszweitwohnungen durch Verheiratete, weil dadurch die Ehe diskriminiert und gegen Art. 6 I GG verstoßen wird.[417] Im Übrigen muss der Steuerpflichtige nicht über eine Erstwohnung mit einer rechtlich abgesicherten Nutzung verfügen.[418] Eine Anknüpfung an die melderechtlichen Eintragungen ist zulässig. Die **Steuer auf entgeltliche Übernachtungen** in Beherbergungsbetrieben („Kulturförderabgabe", „Bettensteuer") hat anderswo[419] erste juristische Hürden genommen. Nach Ansicht des BVerwG[420] sind berufsbedingte Übernachtungen kein steuerbarer Aufwand. Die Vereinbarkeit der Bettensteuer mit dem GG hat das BVerfG festgestellt.[421] Eine Trennung zwischen privaten und berufsbedingten Übernachtungen ist verfassungsrechtlich nicht geboten. Bei nicht ausreichender Leistungsfähigkeit im Einzelfall kann die Steuerschuld gem. § 12 I Nr. 5 lit. a KAG iVm § 227 AO erlassen werden.[422]

dd) **Kommunale Gebühren:** Im Gegensatz zur Steuer (→ Rn. 119) setzt die **Gebühr** 123
eine besondere **Gegenleistung** der Gemeinde an den Bürger voraus (§ 4 II KAG).[423]

---

409 BayVerfGH, DÖV 1989, 306 ff.; *Meier* KStZ 2018, 10.
410 BVerfG-K, NVwZ 1990, 356 f.
411 BVerwG, NVwZ-RR 1996, 525 ff.
412 BVerfGE 40, 52, 54.
413 *Meier* KStZ 2010, 221 ff.; BVerwG, LKRZ 2015, 458 ff.
414 *Meier* KStZ 2014, 141; VGH Bad.-Württ., Urt. v. 28.1.2016 – 2 S 1019/15 (ablehnend); OVG NRW, Urt. v. 13.4.2016 – 14 A 1599/15 (statthaft).
415 BVerfGE 98, 106, 118 ff. = NJW 1998, 2341 ff.
416 HessVGH, NVwZ-RR 1997, 116 ff.; vgl. → Rn. 120.
417 BVerfGE 114, 316, 333 ff. = NJW 2005, 3556 ff.
418 BVerwG, KStZ 2009, 16 ff.
419 OVG Rh.-Pf., LKRZ 2011, 299; ThürOVG, DVBl. 2011, 1366; VGH Bad.-Württ., KStZ 2015, 235.
420 BVerwG, Urt. v. 11.7.2012 – 9 CN 1.11 und 2.11; vgl. auch BayVGH, KStZ 2012, 130 ff. sowie *Heine* KStZ 2012, 125 ff; *Steinrücken/Raabe* KStZ 2019, 25.
421 BVerfG, Beschl. v. 22.3.2022 – 1 BvR 2868/15 – juris.
422 Vgl. auch OVG NRW, NVwZ-RR 2007, 271 f.; *Meier/Juhre* KStZ 2005, 167 ff.
423 Näher zur kommunalen Gebühr *Kaufmann*, in: Henneke/Pünder/Waldhoff, Recht der Kommunalfinanzen, § 15 Rn. 1 ff.

Kommunale Gebühren werden aufgrund von Satzung als **Verwaltungs-** oder **Benutzungsgebühren** erhoben (§§ 5, 6 KAG). Die **Verwaltungsgebühr** ist das Entgelt für die Vornahme einer Amtshandlung durch die Gemeinde in Selbstverwaltungsangelegenheit (zB die Gebühr für die Erteilung einer Sondernutzungserlaubnis gem. § 18 SaarlStrG). Davon zu unterscheiden sind die von den Gemeinden oder Gemeindeverbänden erhobenen Verwaltungsgebühren in **Auftragsangelegenheiten** nach dem Saarl. Gebührengesetz (SaarlGebG, zB die Gebühr für die Erteilung einer Baugenehmigung).[424]

124 Die kommunale **Benutzungsgebühr** wird bei der Inanspruchnahme einer **öffentlichen Einrichtung** (→ Rn. 179 ff.) erhoben, sofern kein privatrechtliches Entgelt gefordert wird (§ 6 I, II KAG). Das veranschlagte Gebührenaufkommen soll die voraussichtlichen Kosten der öffentlichen Einrichtung in der Regel decken. Die **Kosten** sind nach **betriebswirtschaftlichen Grundsätzen** zu ermitteln. Die Gebühr ist nach Art und Umfang der Benutzung zu bemessen (**Wirklichkeitsmaßstab**). Ist dies schwierig oder wirtschaftlich nicht vertretbar, kann ein **Wahrscheinlichkeitsmaßstab** gewählt werden. Dieser darf nicht in einem offensichtlichen Missverhältnis zu der Benutzung stehen (§ 6 II, III KAG). Bei der Hausabfallentsorgung ist ein zulässiger Wahrscheinlichkeitsmaßstab[425] die Kombination aus bereitgestellten Gefäßen und Zahl der monatlichen Abfuhren. Die Abwasserbeseitigungsgebühr wird nach dem bezogenen Frischwasser bemessen.[426]

125 **Kalkulationsfehler** bewirken die Rechtswidrigkeit der Gebühr. Hingegen sind einzelne unbeabsichtigte Überdeckungen bei iÜ korrekter Gebührenbedarfsermittlung unschädlich.[427] Ein besonderes Problem stellt sich, wenn Gebühren bestimmte Verhaltensweisen auslösen sollen (**Verhaltenssteuerung** durch Gebührengestaltung). Generell ist das nicht unzulässig, bedarf aber einer rechtlichen und sachlichen Legitimation. Insb. muss der allgemeine Gleichheitssatz (Art. 3 I GG, Art. 12 I SVerf) beachtet werden. Angemessene **sozial abgestufte Gebühren** lassen sich durch das Sozialstaatsprinzip (Art. 20 I GG, Art. 60 I SVerf) rechtfertigen.[428] So dürfen Kindergartengebühren einkommensabhängig gestaffelt werden.[429] Streitig ist indes die Belegung auswärtiger Kinder mit erhöhten Gebührensätzen.[430] Haushaltsrechtlich problematisch sind sog. Nulltarife in Kindergärten,[431] soweit sie nicht ausdrücklich gesetzlich erlaubt werden. Ebenfalls problematisch ist eine **Gebührendifferenzierung** bei der Benutzung einer gemeindlichen Musikschule nach Einwohnern und Auswärtigen.[432] Eine Eintrittsermäßigung für Einheimische in einem überregional ausgerichteten Freizeitbad diskriminiert auswärtige Besucher, da diese in ihrem Anspruch auf Gleichberechtigung aus Art. 3 I GG verletzt werden.[433] Eine Gebührenerhebung für die Aufbewahrung von

---

424 Ausführlich dazu → § 2 Rn. 100 ff.
425 BVerwG, NVwZ 1994, 900 f.
426 BVerwGE 26, 317 ff.
427 OVG Schleswig-Holstein, NVwZ-RR 1994, 464 f.
428 *Gern* DVBl. 1984, 1164 ff., und NVwZ 1995, 1145 ff.; *Schumacher* Rechtsfragen der sozialen Bemessung von kommunalen Gebühren, 2003.
429 BVerfGE 97, 332, 347 ff. = NJW 1998, 2128 ff.
430 *Grande/Kühl* KStZ 2005, 21 ff.
431 *Gern/Wössner* VBlBW 1997, 246 ff.
432 *Gern* VBlBW 1996, 201 f.; VGH Bad.-Württ., NVwZ 1997, 620 ff.
433 BVerfG, BeckRS 2016, 50169.

Fundsachen ist rechtmäßig,[434] ebenso „Entgelte" (Gebühren) für die Benutzung einer Obdachlosenunterkunft.[435] Die Erhebung einer **Niederschlagswassergebühr** als Teil der Abwassergebühr ist nach saarländischem Landesrecht zulässig (§ 6 KAG, § 50a IV SWG).[436] Für ihre Bemessung ist die Größe der bebauten und versiegelten, an die öffentliche Abwasseranlage angeschlossenen Fläche der am besten geeignete Maßstab. Unzulässig als Maßstab ist hingegen der Frischwasserbezug für die einheitliche Erhebung von Abwassergebühren (Schmutz- und Niederschlagswasser). Die **Abfallentsorgungsgebühren** haben sich an den tatsächlich anfallenden Abfallmengen zu orientieren und sind nach § 8 SAWG zu kalkulieren. Eine getrennte Abfallentsorgung schließt eine Einheitsgebühr aus.[437] Auch die **Eigenkompostierer** sind an den Vorhaltekosten der Abfallentsorgungseinrichtung zu beteiligen.[438] Die Hausabfallentsorgungsgebühr muss bei witterungsbedingten verspäteten Leerungen nicht ermäßigt werden.[439] Der gebührenrechtliche Nebenzweck eines Anreizes zur Abfallvermeidung (§ 8 III SAWG) ist mit Bundesrecht vereinbar.[440] Das SAWG verlangt neuerdings ausdrücklich ein Entsorgungssystem mit Anreizen zur Reduzierung des Abfallaufkommens (§ 5 I 2 SAWG). Eingeführt sind die Verwiegung des Restabfalles und/oder die Identifizierung des Abfallgefäßes durch einen nutzerbezogenen Chip (Identsystem). Die Kosten der **Einschaltung privater Verwaltungshelfer** bei der faktischen Erledigung einer kostenrechnenden Einrichtung gehören im Rahmen der Angemessenheit als Fremdleistungen in die Gebührenbedarfsermittlung[441] (Beispiel: die Gemeinde lässt Straßenteile durch die Kehrmaschine eines privaten Unternehmers reinigen). Die Leerung von **Straßenabfalleimern** liegt zwar im öffentlichen Interesse und ist daher grds. aus Steuern zu finanzieren; ein bestimmter Anteil darf jedoch als Gebühr umgelegt werden.[442]

Benutzungsgebühren für öffentliche Einrichtungen sind grds. **kostendeckend** zu erheben (§ 6 I KAG). Die Praxis ergibt allerdings ein anderes Bild: Durchweg kommt es zu Unterdeckungen und damit zur „**Quersubventionierung**" aus allgemeinen Steuermitteln. Signifikant ist dies im **Kulturbereich**, wegen des Handlungsauftrages aus § 5 II 1 Hs. 1 KSVG aber überwiegend akzeptiert und sogar erwartet. Aber selbst in den durchstrukturierten Sektoren **Abwasserbeseitigung** und **Abfallentsorgung** wird oft noch nicht einmal ein Kostendeckungsgrad von 90 % erreicht. Wegen des Wahrscheinlichkeitsmaßstabes berechtigen im gebührenrechtlichen Schuldverhältnis nur erhebliche Leistungsdefizite zu einer Gebührenermäßigung oder zum Wegfall der Gebühr (wochenlanger Ausfall der Straßenreinigung wegen Defektes der Kehrmaschine).[443]

126

---

434 VGH Bad.-Württ., NJW 2008, 2871 f.
435 VGH Bad.-Württ., NVwZ-RR 1997, 123 f.
436 OVG d. Saarl., LKRZ 2007, 386 ff. = SKZ 2008, 99 ff.
437 OVG NRW, NVwZ-RR 1998, 775 ff.; HessVGH, KStZ 2006, 51 ff.
438 OVG NRW, KStZ 2003, 13 ff.; OVG d. Saarl., Beschl. v. 20.6.2016 – 2 A 122/16 = SKZ 2016, 133.
439 VG Neustadt/Weinstr., LKRZ 2014, 387 f.
440 BVerwG, DVBl. 1998, 1224 f.
441 *Quaas* NVwZ 2002, 144 ff.; *Wiesemann* KStZ 2007, 121 ff.; OVG NRW, KStZ 2008, 175 ff.; VGH Bad.-Württ., DVBl. 2010, 1583 (nur Leitsatz).
442 HessVGH, LKRZ 2015, 149 ff.
443 VG Gelsenkirchen, KStZ 2011, 98 ff.; OVG Rh.-Pf., LKRZ 2011, 237; NdsOVG, DVP 2011, 391.

127 **ee) Kommunale Beiträge:** Nach Maßgabe des § 8 KAG können Gemeinden und Gemeindeverbände Beiträge erheben.[444] Dies sind Geldleistungen, die zum Ersatz des **Aufwandes** für die Herstellung, Anschaffung, Erweiterung, Verbesserung oder Erneuerung der öffentlichen Einrichtungen (→ Rn. 179 ff.) von den Grundstückseigentümern oder Erbbauberechtigten erhoben werden. Diesen muss die öffentliche Einrichtung einen **wirtschaftlichen Vorteil** bringen (§ 8 II KAG). Vorteilhaft ist bereits die bloße **Anschlussmöglichkeit** (Beispiel: der Anschluss eines noch unbebauten Grundstücks an eine Ver- oder Entsorgungseinrichtung erhöht den objektiven Gebrauchswert des Grundbesitzes und macht ihn beitragspflichtig).[445] Anwendungsschwerpunkte sind das Straßenbau- und Anschlussbeitragsrecht sowie – als Sonderrecht – das Erschließungsbeitragsrecht nach den §§ 123 ff. BauGB.[446] Dabei hat die Gemeinde mindestens 10 % des beitragsfähigen Erschließungsaufwandes zu tragen (§ 129 I 3 BauGB). Dieser Verpflichtung kann sie sich nicht durch Vergabe der Erschließung an eine kommunale Eigengesellschaft entziehen.[447]

128 Grundlage für die Beitragsermittlung ist der Aufwand der Gemeinde (§ 8 II, IV, V KAG – Kostendeckungsprinzip). Maßstab für die Bemessung des individuellen Beitrags ist der jeweilige Vorteil (Vorteilsprinzip). Der Aufwand ist nach den **tatsächlichen Kosten** oder nach **Einheitssätzen** zu ermitteln. Den Einheitssätzen sind die der Gemeinde für gleichartige Einrichtungen üblicherweise durchschnittlich entstehenden Kosten zugrunde zu legen (§ 8 IV KAG). Im Wege der **Kostenspaltung** können Beiträge für den Grunderwerb, die Freilegung und für Teile der öffentlichen Einrichtung selbstständig erhoben werden (§ 8 III KAG). Bei der Versorgung oder der Abwasserbeseitigung dienenden **leitungsgebundenen Einrichtungen** kann der durchschnittliche Aufwand für die gesamte Einrichtung veranschlagt und zugrunde gelegt werden. Für selbstständig in Anspruch genommene Abschnitte einer Einrichtung ist aufwandsbezogen eine Abschnittsbildung möglich (§ 8 V KAG). Eine Typisierung ist zulässig.[448] **Abzugsposten** sind Zuwendungen Dritter und besondere **Vorteile der Allgemeinheit** (§ 8 VI KAG).

129 Die **Beitragspflicht** entsteht mit der **endgültigen Herstellung**, bei der Kostenspaltung (§ 8 III KAG) mit der Beendigung der Teilmaßnahme, im Fall der Abschnittsbildung (§ 8 V KAG) mit der endgültigen Herstellung des Abschnitts,[449] bei leitungsgebundenen Einrichtungen mit dem Grundstücksanschluss, frühestens jedoch mit dem Inkrafttreten der Satzung (§ 8 VII KAG). Es können angemessene **Vorauszahlungen** verlangt werden, sobald mit der Durchführung einer beitragspflichtigen Maßnahme begonnen wurde (§ 8 IX KAG). Der Beitrag ruht als **öffentliche Last** auf dem Grundstück oder Erbbaurecht (§ 8 XII KAG).

---

444 Ausführlich zu kommunalen Beiträgen *Arndt*, in: Henneke/Pünder/Waldhoff, Recht der Kommunalfinanzen, § 16 Rn. 1 ff.
445 BVerwG, DÖV 1984, 111 f.
446 Für das Erschließungsbeitragsrecht hat der Bund seit 1994 keine Gesetzgebungskompetenz mehr (s. Art. 74 I Nr. 18 GG idF des G v. 27.10.1994, BGBl. I S. 3146). Die §§ 127 ff. BauGB gelten gem. Art. 125a I GG als Bundesrecht fort und können durch Landesrecht ersetzt werden.
447 BVerwG, DVBl. 2011, 630.
448 BVerwG, NVwZ 1984, 380 f.
449 Zur Belastungsklarheit und Vorhersehbarkeit im Beitragsrecht: *Freichel*, SKZ 2015, 54.

ff) **Keine klassischen Kommunalabgaben** sind der besondere Wegebeitrag nach § 9 KAG, der Erstattungsbetrag für Haus- oder Grundstücksanschlüsse an Versorgungs- und Entsorgungsanlagen (§ 10 I KAG), die Kurabgabe und der Kurbeitrag (§ 11 KAG), die Tourismusabgabe und der Tourismusbeitrag (§ 11a KAG) sowie der Ablösebetrag für eine bauordnungsrechtlich bestehende Stellplatzpflicht (§ 47 III LBO). 130

gg) **Rangverhältnis und Rechtsschutz:** Die Abgabenerhebung der Gemeinde folgt den Prinzipien des § 83 KSVG. Da Abgabenpflichten in die allgemeine Handlungsfreiheit (Art. 2 I GG, Art. 2 S. 1 SVerf), zT auch in die Eigentumsgarantie (Art. 14 I, II GG, Art. 18 I SVerf) eingreifen, gilt insb. der Vorbehalt des (förmlichen) Gesetzes.[450] Soweit **vertretbar** und **geboten**, werden erbrachte Leistungen aus **Entgelten** und nur **subsidiär aus Steuermitteln** finanziert (§ 83 II KSVG). Dieses Rangverhältnis ist allerdings nur objektives Recht und vermittelt den Abgabenschuldnern keine klagefähigen (subjektiven) Rechte.[451] Die Erhebung von **Straßenausbaubeiträgen** aufgrund einer entsprechenden Satzung ist wegen § 83 II 2 KSVG keine vorrangige Finanzierungspflicht. 131

Kommunalabgaben werden aufgrund der vom Gemeinderat beschlossenen **Satzung** (→ Rn. 41) durch Verwaltungsakt (**Abgabenbescheid**) erhoben. Die Vorschriften des SVwVfG werden aufgrund von § 12 I KAG in weitem Umfang durch die entsprechenden Vorschriften der Abgabenordnung verdrängt.[452] Festsetzung und Erhebung von Abgaben können durch Satzung auf eine beauftragte Stelle außerhalb der Verwaltung ausgelagert werden (§ 2 III 1 KAG). Beispiel: Die Berechnung und der Einzug der Abwasser- oder Entwässerungsgebühr erfolgt nicht durch die Gemeinde, sondern durch die Stadtwerke GmbH als **Verwaltungshelfer**;[453] datenschutzrechtlich handelt es sich um Auftragsverarbeitung (Art. 4 Nr. 8, Art. 28 III DSGVO). Allerdings bleibt der Verwaltungsrechtsweg eröffnet (§ 40 I 1 VwGO),[454] dh gegen Abgabenbescheide sind Widerspruch und Anfechtungsklage statthaft (§§ 68 ff., § 42 I VwGO).[455] Wegen § 80 II 1 Nr. 1 VwGO tritt allerdings **keine aufschiebende Wirkung** ein.[456] **Vorläufiger Rechtsschutz** kann nur durch einen Antrag auf Aussetzung der sofortigen Vollziehung bei der Gemeinde beantragt werden (§ 80 IV VwGO). Nach Erfolglosigkeit ist dann ein Antrag auf Anordnung der aufschiebenden Wirkung beim Verwaltungsgericht des Saarlandes statthaft (§ 80 V, VI VwGO). 132

In abgabenrechtlichen Streitigkeiten ist das „**Nachschieben**" einer gültigen Abgabensatzung im Verwaltungsstreitverfahren von praktischer Relevanz. Hebt beispielsweise das Verwaltungsgericht im Rahmen der Inzidentkontrolle einen Abgabenbescheid (§ 118, § 155 I AO) wegen eines Fehlers der zugrunde liegenden Satzung (→ Rn. 41) auf, kann die Gemeinde noch im Berufungsverfahren vor dem Oberverwaltungsgericht eine ordnungsgemäß beschlossene **fehlerfreie Satzung** vorlegen, die sogar mit 133

---

450 Dazu *Gröpl*, Staatsrecht I, Rn. 454 ff.
451 BayVGH, NVwZ-RR 2008, 53 f.; HessVGH, KStZ 2014, 199.
452 S. insb. § 12 I Nr. 3 lit. b KAG iVm §§ 118–133 AO.
453 OVG NRW, GemHH 1983, 113; VG d. Saarl. LKRZ 2013, 461.
454 Nicht gegeben ist der Finanzrechtsweg, da die Kommunalabgaben nicht durch Bundes- oder Landesfinanzbehörden, sondern durch die Kommunen verwaltet werden, vgl. § 40 I 1 Hs. 2 VwGO, § 33 I Nr. 1, 2 der Finanzgerichtsordnung (FGO).
455 S. *Arndt*, in: Henneke/Pünder/Waldhoff, Recht der Kommunalfinanzen, § 20 Rn. 1 ff.
456 S. → § 2 Rn. 85.

Rückwirkung ausgestattet sein darf. Auf diese Weise erhält der angefochtene Verwaltungsakt eine wirksame Rechtsgrundlage, die Klage wird abgewiesen.[457] Unzulässig ist es hingegen, wenn die Abgabenveranlagung nachträglich auf einen anderen Sachverhalt gestützt wird.[458]

2. Aspekte des kommunalen Haushaltsrechtes
a) Allgemeine Haushaltsgrundsätze

134 Haushaltswirtschaftliche Grundsätze für die Kommunen enthält Art. 119 I 1 SVerf, mittelbar auch Art. 109 GG (zur „Schuldenbremse" s. → Rn. 116). Danach haben Bund und Länder bei ihrer Haushaltswirtschaft den **Erfordernissen des gesamtwirtschaftlichen Gleichgewichts** Rechnung zu tragen (Art. 109 II GG). Über § 16 iVm § 1 S. 1 StabG[459] richtet sich dieser Auftrag auch an die Gemeinden und Gemeindeverbände. Das KSVG greift ihn – deklaratorisch – in seinem § 82 I 2 auf. Dieses Gebot verlangt, dass das Wirtschaftsverhalten im Rahmen der marktwirtschaftlichen Ordnung gleichzeitig zur Stabilität des Preisniveaus, zu einem hohen Beschäftigungsstand und außenwirtschaftlichen Gleichgewicht bei stetigem und angemessenem Wirtschaftswachstum beitragen soll (§ 1 S. 2 StabG). Das gesamtstaatliche Anliegen einer **konjunkturgerechten Haushaltswirtschaft** führte in den letzten drei Jahrzehnten des vergangenen Jahrhunderts zu einem deutlichen Annäherungsprozess im Haushaltsrecht des Bundes, der Länder und der Gemeinden.[460]

135 Die kommunale Haushaltswirtschaft muss die **Stetigkeit der Aufgabenerfüllung** als Leitziel im Auge behalten (§ 82 I 1 KSVG). Die Haushaltswirtschaft soll die bestmögliche Erfüllung der pflichtigen und freiwilligen Aufgaben sichern. Orientierungspunkte bei der Haushaltsplanung sind die **Leistungsfähigkeit** und der **Bedarf der Gemeinde**. Die Haushaltswirtschaft ist **sparsam** und **wirtschaftlich** zu führen (§ 82 II KSVG). Sparsamkeit ist das Gegenteil von Verschwendung. Wirtschaftlichkeit gebietet Zielerreichung mit den geringstmöglichen Mitteln oder Mittelausnutzung zum größtmöglichen Nutzen (**Minimal- und Maximalprinzip**).[461]

136 Der Haushalt muss in **jedem Haushaltsjahr** in Planung und Rechnung **ausgeglichen** sein (§ 82 III KSVG). Er ist ausgeglichen, wenn der Gesamtbetrag der Erträge die Höhe des Gesamtbetrages der Aufwendungen wenigstens erreicht.[462] Alternativ darf der Fehlbedarf im Ergebnishaushalt und der Fehlbetrag in der Ergebnisrechnung durch Inanspruchnahme der Ausgleichsrücklage gedeckt werden. Die Gemeinde darf sich – grundsätzlich – nicht überschulden (§ 82 VIII KSVG); ihre Zahlungsfähigkeit (Liquidität) ist sicherzustellen (§ 82 VII KSVG). Zur Sicherung dauerhafter Leistungsfähigkeit muss die Gemeinde unter den Voraussetzungen des § 82a I KSVG einen durch die

---

457 BVerwGE 67, 129 ff.; *Weber* VBlBW 1998, 415 ff.
458 ThürOVG, KStZ 2008, 96 ff.
459 G zur Förderung der Stabilität und des Wachstums der Wirtschaft v. 8.7.1969 (BGBl. I S. 582) mit spät. Änd.
460 *Gröpl*, Haushaltsrecht und Reform, 2001, S. 38 ff.; *Waldhoff*, in: Henneke/Pünder/Waldhoff, § 2 Rn. 18 ff.
461 Vgl. zu diesen Grundsätzen im staatlichen Haushaltsbereich *Gröpl*, in: Isensee/Kirchhof, HStR V, 2007, § 121 Rn. 1 ff.
462 Zu Kennzahlen mit der Verschuldensfähigkeit von Gebietskörperschaften: *Mühlenkamp/Magin*, GHH 2010, 8 ff.; *Budäus/Hilgers* DST 2010, 22 ff.

Kommunalaufsichtsbehörde genehmigungsbedürftigen **Haushaltssanierungsplan** aufstellen. Die Verbindlichkeit der genannten Vorschriften wird allerdings durch § 10 des Saarlandpaktgesetzes[463] (SLP) aufgehoben, der bestimmt, dass § 82 III, V–VIII und § 82a KSVG bis zum Haushaltsjahr 2064 keine Anwendung finden. Grund für dieses Gesetz ist die Bedrohung kommunaler Handlungsfähigkeit durch Liquiditätskredite (§ 94 KSVG) im Umfang von ca. 2 Mrd. Euro. Davon übernimmt das Saarland 1 Mrd. Euro und plant, die übernommenen Kredite der teilnehmenden Gemeinden und Gemeindeverbände innerhalb von 45 Jahren zu tilgen.

Verstöße des Gemeinderats gegen haushaltsrechtliche Pflichten der Gemeinde können einen Widerspruch des Bürgermeisters veranlassen (§ 60 I KSVG; → Rn. 79).[464] Dagegen darf die Kommunalaufsicht der Gemeinde in einem Beanstandungsverfahren nicht eine bestimmte Maßnahme alternativlos vorschreiben.[465] Von einigen Gemeinden praktizierte **Bürgerhaushalte**[466] eröffnen über Internetportale Vorschlags- und Kommentierungsmöglichkeiten zu einzelnen Haushaltspositionen ohne Rechtsgrundlage und Umsetzungsansprüche.

Die Pflicht zur Finanzmittelbeschaffung verpflichtet die Gemeinde im Rahmen der Vertretbarkeit und Gebotenheit auf **besondere Entgelte** für erbrachte Leistungen und nur im Übrigen auf Steuern zurückzugreifen (Grundsatz der Subsidiarität; § 83 II KSVG). Dieses Prinzip verschafft Steuerpflichtigen allerdings keine klagefähigen Rechte (→ Rn. 131). Die Entgelte für erbrachte Leistungen können öffentlich-rechtlich (Gebühren, Beiträge – → Rn. 123 ff.) oder privatrechtlich (Miete, „Eintrittsgeld" ua) sein. Eine **Kreditaufnahme** durch die Gemeinde ist nur für **Investitionen** und zur Liquiditätssicherung bis zu einem in der Haushaltssatzung festgesetzten Höchstbetrag zulässig (§ 83 III, § 94 I KSVG). Eine spezifische gesetzliche Regelung zur Einwerbung und Annahme von Spenden, Sponsorleistungen, Zuwendungen und mäzenatischen Schenkungen besteht gegenwärtig im Saarland nicht.[467] Somit muss auf § 5 II KSVG zurückgegriffen werden.

137

b) Haushaltssatzung

Für **jedes Haushaltsjahr** hat die Gemeinde eine **Haushaltssatzung** zu erlassen (Jährlichkeitsprinzip), die folgende Festsetzungen enthält (§ 84 I, II KSVG):

138

- **Haushaltsplan** (→ Rn. 140) unter Angabe des Gesamtbetrages der **Erträge** und **Aufwendungen** des Ergebnishaushaltes sowie deren Saldo, der Einzahlungen und Auszahlungen aus Investitionstätigkeit und der Einzahlungen und Auszahlungen aus Finanzierungstätigkeit des Finanzhaushaltes sowie jeweils deren Saldo, der vorgesehenen Kreditaufnahmen für Investitionen (**Kreditermächtigung**), der vorgesehenen Ermächtigungen zum Eingehen von Verpflichtungen, die künftige Haushaltsjahre mit Auszahlungen für Investitionen und Investitionsförderungsmaßnahmen belasten (**Verpflichtungsermächtigung**),

---

463 G über den Saarlandpakt v. 30.10.2019 (Amtsbl. I S. 1033) mit spät. Änd.
464 VG Gießen, LKRZ 2013, 383 ff.
465 BVerwG, NVwZ 2016, 72 ff.; dazu: *Waldhoff* JuS 2016, 478 ff.
466 *Hellermann* DVBl. 2011, 1195 ff.
467 Zur Regelung in § 94 III GO Rh.-Pf.: *Glauben* LKRZ 2009, 81 ff.

- der Inanspruchnahme der Ausgleichsrücklage und der Verringerung der allgemeinen Rücklage,
- des **Höchstbetrages der Kredite zur Liquiditätssicherung**,
- der **Steuersätze** (→ Rn. 119).

139 Die Haushaltssatzung ist eine pflichtige Satzung (→ Rn. 38 ff.) und entspricht auf staatlicher Ebene dem Haushaltsgesetz. Sie ist in öffentlicher Sitzung des Rates zu beschließen und anschließend der Kommunalaufsichtsbehörde (dem Landesverwaltungsamt, → Rn. 218) vorzulegen (§ 86 I, II KSVG). Genehmigungsbedürftig sind die Kreditaufnahmen sowie die **Verpflichtungsermächtigungen** (§ 91 IV, § 92 II KSVG).

c) Haushaltsplan

140 Der **Haushaltsplan** ist die Grundlage für die Haushaltswirtschaft der Gemeinde (§ 85 III 1 KSVG). Er enthält alle im Haushaltsjahr für die Erfüllung der Aufgaben der Gemeinde voraussichtlich anfallenden **Erträge** und **Einzahlungen**, **Aufwendungen** und **Auszahlungen** sowie die notwendigen **Verpflichtungsermächtigungen** (§ 91 KSVG). Dieses System beruht auf der zum 1.1.2007 in Kraft getretenen Reformgesetzgebung zum kommunalen Haushaltsrecht (Kommunalhaushaltsreform 2006), das vom bisherigen Geldverbrauchskonzept der Kameralistik (Betrachtung der Einnahmen und Ausgaben) abweicht. Das Reformkonzept[468] integriert den Verbrauch nicht monetärer Ressourcen; seine Rechengrößen sind daher Erträge und Aufwendungen. Dadurch werden in jedem Haushaltsjahr der Zuwachs und der Verzehr aller Vermögenswerte sichtbar. Am deutlichsten ist dies an den zu den Aufwendungen gehörenden Abschreibungen von Vermögensgegenständen zu sehen.[469] Die **Steuerung** des Haushaltes erfolgt über **Produkte** und nach Möglichkeit **messbare Ziele**. Zum Ende eines Kalenderjahres wird ein **Jahresabschluss** aufgestellt (§ 99 KSVG). Mit der Kommunalhaushaltsreform von 2006 wurde auch die auf Einnahmen und Ausgaben beschränkte kameralistische Buchführung abgelöst und durch das System der doppelten Buchführung (**Doppik**) ersetzt, die im kaufmännischen Bereich schon seit Jahrhunderten gilt. Diese Bezeichnung beruht darauf, dass jeder Geschäftsvorfall zwei Buchungskonten berührt; es erfolgen also **zwei wertgleiche Buchungen**, die eine auf der Soll-Seite eines Kontos, die andere auf der Haben-Seite eines anderen Kontos.[470]

141 Der Haushaltsplan ist in einen **Ergebnishaushalt** und einen **Finanzhaushalt** sowie in **Teilhaushalte** zu gliedern (§ 85 I, II KSVG).[471] Weitere Bestandteile des Haushaltsplans sind ein etwaiger **Haushaltssanierungsplan** (§ 82 a KSVG) und der **Stellenplan** (§ 79 KSVG – → Rn. 150 f.). Wichtige Ausformungen und Konkretisierungen dazu liefert die **Kommunalhaushaltsverordnung** (KommHVO) vom 10.10.2006.[472]

Der Ergebnishaushalt (§ 2 KommHVO) entspricht zwar in etlichen Punkten dem früheren Verwaltungshaushalt. Allerdings kommt es nicht allein auf die Kassenwirksam-

---

468 *Nospers*, SKZ 2006, 282 ff.; *Obermann*, SKZ 2006, 290 ff.; *Cavelius*, SKZ 2006, 298 ff.
469 S. insb. § 35 I KommHVO.
470 Ausführlich dazu *Gröpl*, Haushaltsrecht und Reform, 2001, S. 382 ff.; *Edler/Körner* DST 2010, 30 ff.
471 Das frühere System der Verwaltungskameralistik mit der Trennung von Verwaltungshaushalt (für die konsumtiven Ausgaben) und Vermögenshaushalt (für die investiven Ausgaben) besteht seit 2007 nicht mehr.
472 Amtsbl. S. 1842 mit spät. Änd.; Ermächtigungsgrundlage in § 222 I Nr. 3–14 KSVG.

keit in dem betreffenden Haushaltsjahr an. Zu den **Aufwendungen** gehören zB auch **Abschreibungen** und Rückstellungen für ungewisse Verbindlichkeiten, neuerdings nicht mehr für **Pensionsverpflichtungen** (§ 36 I, § 32 I, II KommHVO). Die Ergebnisrechnung entspricht der kaufmännischen Gewinn- und Verlustrechnung. Darin werden die Gesamtbeträge der Erträge und Aufwendungen saldiert. So ergibt sich am Ende eines Haushaltsjahres ein **Fehlbetrag** oder ein **Überschuss**.[473]

Der **Finanzhaushalt** (§ 3 KommHVO) erfasst alle Ein- und Auszahlungen und damit alle kassenwirksamen Vorgänge. Über den Finanzhaushalt wird auch die **Durchführung der Investitionen** abgewickelt. Daher ist der Finanzhaushalt mit dem bisherigen Vermögenshaushalt vergleichbar. Das Ergebnis der Finanzrechnung beim Jahresabschluss stellt den Liquiditätssaldo dar. Der Haushaltsplan sieht auch eine Planung von Teilbereichen zur besseren Übersichtlichkeit und Steuerung vor: Die **Teilhaushalte** können entweder nach **Produktbereichen** oder **Organisationseinheiten** gegliedert werden (§ 4 I KommHVO). Sie setzen sich jeweils aus einem Teilergebnishaushalt und einem Teilfinanzhaushalt zusammen.

Ansprüche Dritter begründet er jedoch nicht (§ 85 III 3 KSVG); selbst ein im Haushaltsplan ausgebrachter Titel für eine bestimmte Subvention verschafft dem Begünstigten keinen Rechtsanspruch auf Auszahlung.[474] Bei Erschöpfung eines Haushaltstitels muss die Gemeinde im pflichtigen Leistungsbereich gegebenenfalls **außer- oder überplanmäßige Mittel** bereitstellen (§ 89 KSVG – → Rn. 148). 142

Für die gemeindliche Aufgabenerfüllung sind produktorientierte Ziele unter Berücksichtigung des einsetzbaren Ressourcenaufkommens und des voraussichtlichen Ressourcenverbrauchs festzulegen. Dabei sind **Kennzahlen zur Zielerreichung**[475] zu bestimmen. Diese Ziele und Kennzahlen sind zur Grundlage der Gestaltung der Planung, Steuerung und Erfolgskontrolle des jährlichen Haushaltes zu machen (§ 11 KommHVO). 143

Verwaltungsprodukte sind entweder Leistungen an interne Organisationseinheiten oder an Dritte in den Außenrechtskreis. Auf eine Entgeltlichkeit kommt es nicht an. Produktbeschreibungen müssen alle zur Steuerung erforderlichen Informationen enthalten und werden heute nicht mehr kleinteilig erstellt (zB Produkt „Rechtsberatung"). **Ziele** sind künftige Zustände. Sie müssen spezifisch, messbar, aktiv beeinflussbar, realistisch terminiert und nachvollziehbar sein (zB Senkung der Durchschnittsdauer der Bearbeitung einer Kfz-Zulassung um 10 min pro Fall). Die Zielerreichung kann über **Zielvereinbarungen** verabredet werden. Als **häufige Kennzahlen** zur Qualität kommunaler Leistungen kommen in Betracht: Schnelligkeit der Bearbeitungszeiten, Erreichbarkeit über Öffnungszeiten, Rechtssicherheit über die Anzahl eingelegter Widersprüche, Kundenzufriedenheit nach Befragungen, Beschwerdemanagement nach Reaktionszeiten, Rechtzeitigkeit über Warte- und sonstige Reaktionszeiten. 144

---

473 Das G Nr. 1598 über das Neue Kommunale Rechnungswesen v. 12.7.2006 (Amtsbl. S. 1614) wurde nach zeitlicher Erledigung der meisten seiner Vorschriften durch Art. 6 des G Nr. 2014 v. 8./9.12.2020 (Amtsbl. I S. 1341) aufhoben.
474 S. entsprechend § 79 III 1 KSVG.
475 *Klieve/Knirsch* VR 2010, 217 ff.

145 Zur Unterstützung der Verwaltungssteuerung und für die Beurteilung der Wirtschaftlichkeit und Leistungsfähigkeit bei der Aufgabenerfüllung soll die Gemeinde nach ihren örtlichen Bedürfnissen eine **Kosten- und Leistungsrechnung** führen (§ 13 KommHVO).

146 Die Gemeinde hat ihrer Haushaltswirtschaft eine **fünfjährige Ergebnis- und Finanzplanung** zugrundezulegen und in den Haushaltsplan einzubeziehen. Das erste Planungsjahr ist das laufende Haushaltsjahr (§ 90 I KSVG). Die **Verpflichtungsermächtigungen** (§ 91 I KSVG) beschränken sich auf **Investitionen** und Investitionsförderungsmaßnahmen. In der Regel dürfen sie nur zulasten der dem Haushaltsjahr folgenden drei Jahre veranschlagt werden, wenn die Finanzierung im Rahmen der mittelfristigen Finanzplanung gesichert erscheint (§ 91 II KSVG).

147 Wird die Haushaltssatzung nicht rechtzeitig beschlossen, gelten Grundsätze **vorläufiger Haushaltsführung** (§ 88 I KSVG). Auszahlungen dürfen nur geleistet bzw. Aufwendungen nur entstehen, wenn dazu eine **rechtliche Verpflichtung** besteht oder **notwendige Aufgaben unaufschiebbar weitergeführt** werden müssen. Schon begonnene Investitionsmaßnahmen dürfen fortgesetzt werden. Realsteuern werden nach den Sätzen des Vorjahres erhoben. Ganz verboten sind freiwillige Ausgaben.

148 Bei Unabweisbarkeit und Deckungsgewährleistung sind **überplanmäßige und außerplanmäßige Aufwendungen und Auszahlungen** aus Investitionstätigkeit zulässig (§ 89 I KSVG). Bei überplanmäßigen Aufwendungen und Auszahlungen werden die im Haushaltsplan veranschlagten Beträge überschritten (§ 52 Nr. 28 KommHVO). Demgegenüber sind bei außerplanmäßigen Aufwendungen und Auszahlungen überhaupt keine Mittel für den betreffenden Zweck eingestellt. Aufwendungen und Auszahlungen nach § 89 I KSVG sind dem Rat zur Kenntnis zu geben, im Fall der Erheblichkeit muss der Rat vorher zustimmen. Verstöße gegen das Zustimmungserfordernis kann der **Rat als Organ im Kommunalverfassungsstreitverfahren** geltend machen (→ Rn. 89 ff.), nicht aber eine Fraktion oder ein einzelnes Ratsmitglied.[476]

149 Unerwarteten Finanzlücken muss die Gemeinde mit einem **Nachtragshaushalt** begegnen (§ 87 I KSVG). Auch dieser wird nach den allgemeinen Vorschriften als Satzung beschlossen. In den Fällen des § 87 II KSVG muss die Gemeinde unverzüglich eine Nachtragssatzung erlassen: bei Entstehen eines erheblichen Fehlbetrages, bei bisher nicht veranschlagten Baumaßnahmen oder Investitionsförderungsmaßnahmen oder Ausweitungen des Stellenplanes. Bei wirtschaftlicher Gebotenheit darf die Gemeinde **Kredite zur Liquiditätssicherung** mit Laufzeiten über das Haushaltsjahr hinaus aufnehmen (§ 94 II KSVG).

d) Stellenplan

150 Die Gemeinde muss die zur ordnungsgemäßen Erfüllung ihrer Aufgaben **erforderlichen geeigneten Bediensteten** einstellen (§ 78 KSVG). Dieses **Prinzip der Selbsterledigung** begrenzt in Quantität und Qualität materielle Privatisierungen. Die Planstellen der Bediensteten sind nach Zahl, Art und Bewertung im **Stellenplan** zusammenge-

---

[476] OVG d. Saarl., Beschl. v. 25.10.1993 – 1 R 39/91, SKZ 1994, 86 f.

führt. Ihre **Bewertung** richtet sich nach den Merkmalen, die sich aus Inhalt, Umfang und Bedeutung des mit der Stelle verbundenen und durch den Organisations- und Geschäftsverteilungsplan festgelegten Aufgabengebietes ergeben (§ 79 I KSVG, § 5 KommHVO).

Der Stellenplan ist nicht personen-, sondern **funktionsbezogen**. Ansprüche können aus ihm nicht hergeleitet werden (§ 79 III 1 KSVG). **Personalausgaben** dürfen nur geleistet werden, soweit gesetzliche Vorschriften, Arbeits- und Tarifverträge hierzu verpflichten oder ausdrücklich ermächtigen (§ 80 II KSVG). Im Stellenplan erscheinen nicht nur vorübergehend **Beschäftigte** (§ 5 I KommHVO). Dazu zählen nicht die für die Dauer einer Wahlperiode beschäftigten Mitarbeiter von Ratsfraktionen. Von einem bestimmten Zeitpunkt an **nicht mehr benötigte Stellen** sind als künftig wegfallend („kw") zu bezeichnen. Bei Bewertungsänderungen werden Stellen als künftig umzuwandeln („ku") vermerkt (§ 5 IV KommHVO). Im Fall eines dienstlichen Bedürfnisses dürfen die im Stellenplan ausgewiesenen Stellen auch mit Bediensteten einer niedrigeren Besoldungs- bzw. Vergütungsgruppe besetzt werden (§ 5 V, VI KommHVO).

151

e) Gemeindevermögen

Die Vermögenskategorien des kommunalen Haushaltsrechts erfassen das **Anlage-, Finanz-, Sonder- und Treuhandvermögen**. Einzelheiten ergeben sich aus § 42 KommHVO sowie aus §§ 102, 103 KSVG. Der praktisch wichtigste Fall eines Sondervermögens ist der des **Eigenbetriebs** bzw. sonstiger Unternehmen ohne eigene Rechtspersönlichkeit mit Sonderrechnung (§ 102 I Nr. 3, § 109 I KSVG; §§ 1 ff. EigVO). Zum Schluss eines jeden Haushaltsjahres hat die Gemeinde sämtliche Vermögensgegenstände, Schulden und Rechnungsabgrenzungsposten in einer **Inventur** anzugeben (§ 96 I KSVG). Vermögensgegenstände soll die Gemeinde nur erwerben, soweit dies zur Erfüllung ihrer Aufgaben in absehbarer Zeit erforderlich ist (§ 95 I KSVG). Unzulässig sind damit **Spekulationskäufe** mit dem Ziel späterer Gewinnerzielung. Zulässig ist aber eine vernünftige **Vorratspolitik** vor allem an Grundstücken. Die Veräußerung von Gemeindegrundstücken insb. an **Bauwillige** erfolgt zivilrechtlich durch Verkauf, Auflassung sowie Grundbucheintragung (§§ 433 ff. iVm § 311b I, §§ 873 ff., §§ 925 ff. BGB) und führt im Streitfall wegen des fiskalischen Hintergrundes zu einer Zuständigkeit der Zivilgerichte (§ 13 GVG). Viele Kommunen führen vor dem Bauplatzverkauf ein vergabeähnliches Auswahlverfahren durch. Die Entscheidungskriterien sind in erster Linie an § 5 II KSVG orientiert. Eine derartige öffentlich-rechtliche Zwecksetzung macht eine Vergabeentscheidung nur vor dem **Verwaltungsgericht** angreifbar (§ 40 I 1 VwGO).[477] Die Vermögensgegenstände sind pfleglich und wirtschaftlich zu verwalten und ordnungsgemäß nachzuweisen (§ 95 II KSVG). Nicht mehr benötigte Vermögensgegenstände dürfen in der Regel nur zu ihrem vollen Wert veräußert werden. Verstöße gegen diese Vorschrift dürften allerdings im Außenverhältnis **nicht** zur Nichtigkeit ei-

152

---

477 VGH Bad.-Württ., NVwZ-RR 2000, 814 f.; DÖV 2000, 824 f.; OVG NRW, NJW 2001, 698 ff.; OVG Rh.-Pf., LKRZ 2010, 396; kritisch zur Bevorzugung Einheimischer: *Portz*, SKZ 2008, 2 ff.; OVG d. Saarl., NVwZ-RR 2012, 749 (nur Leitsatz) = BeckRS 2012, 52425; VGH Bad.-Württ., NVwZ-RR 2014, 278 f.

nes abgeschlossenen zivilrechtlichen Vertrages führen (§ 134 BGB).[478] Vermögensverwaltende Tätigkeiten mit Leistungen gegen Entgelt außerhalb des Hoheitsbereiches sind ab 2017 umsatzsteuerbar.[479] Die **Übernahme fremder Risiken** ist prinzipiell keine Gemeindeangelegenheit (§§ 1, 5 II KSVG). Schon aus diesem Grund darf die Gemeinde keine **Sicherheiten zugunsten Dritter** bestellen (§ 93 I KSVG). Bürgschaften und Verpflichtungen aus Gewährverträgen müssen Teil oder Annex einer gemeindlichen Aufgabe sein. Hier ist eine Genehmigung der Kommunalaufsicht außer bei Geschäften der laufenden Verwaltung erforderlich (§ 93 II KSVG). Bei wirtschaftlich ähnlichen Rechtsgeschäften müssen diese Voraussetzungen ebenfalls vorliegen (§ 93 III KSVG). Die Abgabe einer **Patronatserklärung** mit bürgschaftsähnlichem Inhalt ist Ratsangelegenheit (§ 35 S. 1 Nr. 23 KSVG) und bedarf der Genehmigung der Kommunalaufsicht (§ 93 II KSVG).[480] Bei Geldanlagen der Gemeinde ist auf eine ausreichende Sicherheit zu achten. Sie sollen einen angemessenen Ertrag erbringen (§ 95 II 2 KSVG). Zum Zweck der Entschuldung darf die Gemeinde ihren gesamten **Wohnungsbestand** veräußern. Eine Ausnahme wäre nur dann gegeben, wenn die Versorgung der Einwohner mit Wohnraum durch die Privatwirtschaft nicht gesichert ist.[481]

153 In Zeiten knapper finanzieller Mittel suchen die kommunalen Gebietskörperschaften und ihre Beteiligungsunternehmen nach **alternativen Finanzierungsmöglichkeiten** für **Investitionen**. Klassische zivilrechtliche Handlungsmittel sind Kredite, Bürgschaften und Leasingverträge. Bei Großprojekten wie zB Freizeitparks kann auch eine Finanzierung über einen Fonds in der Rechtsform einer GmbH & Co. KG erfolgen. Unter der Bezeichnung **Leasing** werden unterschiedliche Vertragsarten zusammengefasst. Die Bestandteile reichen von reinen Mietverträgen bis zu kaufähnlichen Geschäften. Eine grenzüberschreitende Sonderfinanzierung in der Regel mit in den USA ansässigen Partnern wird unter dem Stichwort **US-Cross-Boarder-Leasing-Transaktion** diskutiert.[482] Nach solchen Konzepten verkauft die Kommune einen Sachgegenstand, den sie unmittelbar wieder zurückmietet („sale-and-lease-back"). Die Kommune erhält die geschuldeten Mietraten in Form einer Vorauszahlung. Dieser Vertrag wird um Provisions- und Transaktionskosten vermindert und ergibt den erstrebten **Barwertvorteil**. Dieser beträgt ca. 3–4 % des Gesamtvolumens der Transaktion. Der Schwerpunkt des kaum erprobten und nicht transparenten Modells liegt im Zivil- und Steuerrecht. Hinzu kommen ungeklärte Fragen des Vergabe- und Kommunalabgabenrechtes mit Blick auf die Kalkulation von Benutzungsgebühren. Solche Finanzierungsformen wären jedenfalls vom Rat zu beauftragen und als **kreditähnliche Geschäfte** von der Kommunalaufsicht zu genehmigen (§ 93 III KSVG). An der Grenze zur Spekulation liegen die Derivatgeschäfte (Swaps). Mit ihnen werden hohe Zinssätze gegen niedrige, feste ge-

---

478 Vom Einzelfall abhängig und streitig: BayObLG, NVwZ-RR 1996, 342 f.; BGH, NJW 2013, 3779, 3780 f.; *Böhm/Stepputat* DÖV 2009, 984, 986 ff.; *Lange*, KommR, S. 1106.
479 § 2 b UStG idF des SteueränderungsG 2015; zur Umsatzbesteuerung der öffentl. Hand: *Westermann/Maier* KStZ 2013, 81.
480 Vgl. OLG Dresden, NVwZ 2001, 836 ff.; BGH, NJW 2010, 3442 ff; *Lange* BB 2010, 2720; *Maier-Reimer/Etzbach* NJW 2011, 1010 ff.
481 *Gern* NVwZ 2007, 12 ff.
482 *Kuchler* KStZ 2003, 61 ff.; *Pegatzky* NJW 2004, 324 ff.; *Prahl* KStZ 2004, 146 ff.; VG Gelsenkirchen, DVP 2005, 218.

gen variable ausgetauscht.[483] Bei grober Verletzung des Grundsatzes der Sparsamkeit und Wirtschaftlichkeit kommunaler Haushaltsführung (§ 82 II KSVG) kann ein Immobilien-Leasingvertrag sittenwidrig sein (§ 138 BGB).[484] Die Auslagerung von Gemeindevermögen in örtliche **Stiftungen** ist nur zulässig, wenn der Stiftungszweck auf andere Weise nicht erreicht werden kann (§ 107 IV KSVG). Es müssen also nennenswerte **Zustiftungen** zu erwarten sein. Damit geht es um ein spezielles Finanzierungssystem einer kommunalen Aufgabe. Beispiel: Einbringung von Schulgebäuden in eine Stiftung, die verwaltet und investiert.[485]

f) Gemeindekasse

Die Gemeindekasse mit einem Kassenverwalter und einem Stellvertreter an der Spitze erledigt alle **Kassengeschäfte** der Gemeinde (§ 97 I KSVG). Einzelheiten regelt § 20 KommHVO. Die Gemeinde darf ihre Kassengeschäfte auch von einer Stelle **außerhalb der Verwaltung** abwickeln lassen – womöglich im Rahmen kommunaler Gemeinschaftsarbeit (§ 98 I KSVG, § 17 KGG). Zu den Kassengeschäften nach § 20 I KommHVO gehören auch die Verwahrung von Wertgegenständen, die **Beitreibung von Forderungen** nach dem SVwVG,[486] die Festsetzung, Stundung, Niederschlagung und der Erlass (§ 25 KommHVO) von Mahngebühren (§ 5 SVwVG-KostO[487]), der Vollstreckungskosten (Gebühren und Auslagen, §§ 77 f. SVwVG) und Nebenforderungen (Zinsen und Säumniszuschläge, § 12 I Nr. 5 lit. b KAG iVm §§ 233 ff. AO). Die Kasse ist verwaltungsorganisatorisch dem Bürgermeister zugeordnet; sie besitzt keine eigene Behördenqualität.[488] Die Auszahlungs-, Buchungs-, Einlieferungs- und Auslieferungsgeschäfte bedürfen jeweils einer – verwaltungsinternen – **Einzelanordnung**, zu der der Bürgermeister ermächtigt. Die Kassenbediensteten selbst sind nie anordnungsbefugt (§ 20 VI KommHVO). Aufgrund einer Verordnung[489] können auch bestimmte **privatrechtliche Geldforderungen** unmittelbar nach dem SVwVG vollstreckt werden.[490] Die Vollstreckung als **hoheitliche Aufgabe** kann **nicht** privatisiert werden (Art. 33 IV GG[491]). Zulässig ist aber die Beauftragung privater Inkassounternehmen mit **unselbstständigen Hilfstätigkeiten**.[492] Außerdem darf die Gemeinde die Vollstreckung eigener und fremder Geldforderungen durch öffentlich-rechtliche Vereinbarung auf den Gemeindeverband oder das landesweit zur Vollstreckung befugte Landesverwaltungsamt übertragen (§ 29 IIIa SVwVG).

---

483 Morlin NVwZ 2007, 1159 ff.; Lammers NVwZ 2012, 12 (12); Weck/Schick NVwZ 2012, 18 ff.
484 BGH, NVwZ-RR 2007, 47 ff.; Weck/Schick NVwZ 2012 2012, 18, 20; VGH, NJW 2015, 2248, 2255.
485 Zu kommunaler Stiftungstätigkeit: OVG NRW, DÖV 2013, 358; Werner NVwZ 2013, 1521; Schlüter/Krüger DVBl. 2003, 830.
486 S. hierzu → § 2 Rn. 62 ff.
487 Kostenordnung zum SVwVG (Abk. „SVwVG-KostO" nicht amtlich) v. 3.8.1974 (Amtsbl. S. 738) mit spät. Änd.
488 OVG NRW, NVwZ 1986, 761 f.
489 VO über die Vollstreckung privatrechtl. Geldforderungen nach dem SVwVG v. 2.3.2021 (Amtsbl. S. 2155).
490 Sauthoff DÖV 1989, 1 ff.
491 Vgl. → § 2 Rn. 143; Gröpl, Staatsrecht I, 13. Aufl. 2021, Rn. 1386 ff.
492 Abel/Karpenstein RDV 2005, 157 ff.; Ruhland KKZ 2/2005, 21 ff.; ders. KKZ 3/2005, 43 ff.; Hagemann KKZ 4/2006, 69 ff.; Wohlfarth SKZ 2006, 174 ff.; Gern DÖV 2009, 269, 274 ff.

3. Vergabewesen
a) Vergaberechtsquellen im Überblick

155 In Deutschland vergeben derzeit etwa 35 000 öffentliche Auftraggeber (Bund, Länder, Gemeinden ua) Aufträge in der Größenordnung von 7 % des Brutto-Inlandsprodukts. Das staatliche Reglementierungsinteresse an diesem immensen Markt- und Wirtschaftspotenzial ist einer der Gründe für das Vergaberecht. Weitere Zwecke sind die Garantie eines freien Wettbewerbes einerseits und mittelbar dadurch die **Erzielung einer sparsamen Haushaltsführung** der öffentlichen Hände andererseits.

156 Mit der Modernisierung des Vergaberechtes 2016 hat dieses Rechtsgebiet eine völlig neue Struktur erhalten. Das bis dahin gültige Kaskadenprinzip, bestehend aus dem Vierten Teil des Gesetzes gegen Wettbewerbsbeschränkungen (§§ 97 ff. GWB), der Vergabeverordnung (VgV) und verschiedenen Vergabe- und Vertragsordnungen (zB VOL, VOF), wurde aufgegeben. Oberhalb der EU-Schwellenwerte nach § 106 I, II GWB gelten nur noch das **Vergaberechtsmodernisierungsgesetz** (VergRModG)[493] und die **Vergaberechtsmodernisierungsverordnung** (VergRModVO)[494]. Das VergRModG erweitert den vierten Teil des GWB (§§ 97 ff.) mit neuen Regelungen und nimmt Teile der bisherigen **Vergabe- und Vertragsordnung für Leistungen** Teil A (VOL/A) sowie der Vergabe- und Vertragsordnung für freiberufliche Leistungen (VOF) auf. Die Vergaberechtsmodernisierungsverordnung fasst als Mantelverordnung in Ergänzung zum GWB verschiedene Verordnungen zusammen: Die Vergabeverordnung (VgV) mit den klassischen Verfahrensbestimmungen, die **Konzessionsvergabeverordnung** (KonzVgV) mit Regelungen zur Vergabe von Bau- und Dienstleistungskonzessionen sowie eine **Vergabestatistikverordnung** (VergStatVO) zur statistischen Erfassung von Aufträgen und Konzessionen. Die Schwellenwerte als Voraussetzung für die Anwendung dieser Rechtsquellen lauten: ab dem 1.1.2022 5,382 Mio. Euro im Baubereich ohne Umsatzsteuer; 215 000 Euro bei Liefer- und Dienstleistungsaufträgen; 431.000 Euro bei Dienst- und Lieferaufträgen von Sektorenauftraggebern; 5,382 Mio. Euro bei Konzessionsverträgen. Im Baubereich gilt wie bisher das das Kaskadenprinzip mit GWB, VgV und Vergabe- und Vertragsordnung für Bauleistungen Teil A (VOB/A) Ausgabe 2019.[495] Eine haushaltsrechtliche Verfahrensordnung für die Vergabe öffentlicher Liefer- und Dienstleistungsaufträge unterhalb der EU-Schwellenwerte stellt die **Unterschwellenvergabeordnung** (UVgO), Ausgabe 2017, dar.[496] Regelungen zur Vergabe von Architekten- und Ingenieurleistungen sowie zum Procedere bei Wettbewerben in den Bereichen Bauplanung und Städtebau finden sich in §§ 69 ff. VgV. Erwähnenswert sind noch das bundesrechtliche Wettbewerbsregistergesetz v. 18.7.2017[497] und das saarländische Tariftreue- und Fairer-Lohn-Gesetz v. 8.12.2021.[498]

---

[493] G zur Modernisierung des Vergaberechts (BGBl. I 2016 S. 203).
[494] VO zur Modernisierung des Vergaberechts (BGBl. I 2016 S. 624) mit spät. Änd.
[495] BAnz AT v. 19.1.2016 B 3; BAnz AT v. 19.2.2019 B 2.
[496] BAnz AT v. 7.2.2017 B 1.
[497] G zur Einrichtung und zum Betrieb eines Registers zum Schutz des Wettbewerbs um öffentliche Aufträge und Konzessionen – WRegG (BGBl. I S. 2739).
[498] G über die Sicherung von Sozialstandards, Tariftreue und fairen Löhnen bei der Vergabe öffentlicher Aufträge im Saarland – STFLG (Amtsbl. S. 2688).

b) Vergabe- und Vertragsordnungen

Die haushaltsrechtlichen Vergabe- und Vertragsordnungen – früher: Verdingungsordnungen VOB, VOL, VOF – stellen ein ausgefeiltes Regelungssystem des Wirtschaftsverkehrs dar. Weil sie in privaten Gremien – den Verdingungsausschüssen – erarbeitet und verabschiedet werden, sind sie unter Demokratie- und Rechtsstaatsaspekten bedenklich. Die **Teile A** betreffen in erster Linie das **zivilrechtliche Ausschreibungsverfahren** bis zum Vertragsschluss. Sie bestimmen das für die Gemeinde einzuhaltende Procedere (§ 82 II KSVG, § 24 KommHVO).[499] Vertragsbestandteil werden sie allerdings nicht. Daher begründen sie auch keine Primäransprüche; denkbar sind mittelbar Rechtswirkungen wie Ansprüche aus Verschulden bei Vertragsschluss (§ 311 II, § 241 III evtl. iVm § 1004 II BGB).[500] Die **Vergabegrundsätze** in den Regelwerken ähneln sich: Regelprinzip ist die **öffentliche Ausschreibung**. Sie bedeutet eine öffentliche Aufforderung an eine unbeschränkte Zahl von Unternehmern zur Einreichung von Angeboten in Gestalt vorformulierter umfassender Leistungsbeschreibungen. **Beschränkte Ausschreibung** und **freihändige Vergabe** sind nur zulässig, wenn Eigenart der Leistung oder besondere Umstände eine Abweichung rechtfertigen (**Beispiel**: nachweisbar kleiner Spezialistenanbieterkreis). Die Vergabe erfolgt an fachkundige, leistungsfähige und zuverlässige Unternehmer im **Wettbewerb ohne Diskriminierung** zu **angemessenen Preisen**. Das Vergabeverfahren steht unter Angebots-, Zuschlags- und Bindefristen. Über Eröffnungstermine ist eine Niederschrift zu fertigen. Nachverhandlungen mit dem Ziel der Änderung der Angebote sind nicht statthaft. Bei der Bewertung der Angebote soll der Zuschlag auf das Angebot erteilt werden, das unter den verschiedensten Gesichtspunkten als das **annehmbarste** erscheint. Der niedrigste Angebotspreis allein ist nicht entscheidend. Die **Teile B** behandeln anschließend die **weitere Vertragsabwicklung** und **Gewährleistung**. Sie werden nur durch **ausdrückliche Einbeziehung** Bestandteil des privaten Bau- oder Leistungsvertrages zwischen der Gemeinde und einem Anbieter. Die darin enthaltenen Vorschriften ersetzen und ergänzen in ihrem Geltungsbereich das Vertragsrecht des BGB (insb. die §§ 631 ff.). Bei der Vereinbarung der VOB/B als Ganzes greift die Inhaltskontrolle des § 307 BGB nicht.[501]

Durch Erlass[502] gibt der Minister für Inneres, Bauen und Sport den Gebietskörperschaften, ihren Eigenbetrieben und den Zweckverbänden die anzuwendenden Vergabegrundsätze bekannt. Momentan sind dies Abschnitte der VOB/A, die VOB/B (Ausgabe 2016) und § 50 UVgO für die Vergabe freiberuflicher Leistungen. Im Übrigen wird die Anwendung der UVgO nur empfohlen. Die Honorarordnung für Architekten und Ingenieure (**HOAI**)[503] liegt auf einer anderen Ebene. Nach Wegfall des verbindlichen Preisrechtes enthält sie nur noch Orientierungswerte für angemessene Honorare (§ 1 I 2, § 2a I 1 HOAI 2021).[504]

---

499 BVerwG, DST 1989, 599.
500 Saarl. OLG, NZBau 2012, 654 ff.
501 BGH, NJW 1983, 816, 818.
502 Vergabeerlass v. 22.4.2022 auf der Grundlage des § 222 I Nr. 9 KSVG iVm § 24 II KommHVO.
503 VO über die Honorare für Architekten- und Ingenieurleistungen v. 10.7.2013 (BGBl. I S. 2276) mit spät. Änd.
504 BGH, NJW 1997, 2180 ff.; BGH, NJW-RR 2004, 233 f.; EuGH, NJW 2019, 2529 ff.

c) Vergabe nach der KommHVO

159 Vergaben unterhalb der Schwellenwerte werden haushaltsrechtlich auf der Grundlage des § 24 I KommHVO abgewickelt.[505] Die UVgO bleibt bei der Vergabe öffentlicher Liefer- und Dienstleistungsaufträge eine Option. Es gelten die schon beschriebenen Vergabegrundsätze: Öffentliche Ausschreibung (Regel), beschränkte Ausschreibung (umständehalber) und freihändige Vergabe (absolute Ausnahme). Gegenwärtig besteht kein Vergaberechtsschutz unterhalb der Schwellenwerte des GWB.[506] Nach einer Mitteilung der Europäischen Kommission vom 23.6.2006[507] müssen bei Aufträgen unterhalb der Schwellenwerte mit Binnenmarktrelevanz die Grundsätze der Transparenz, Nichtdiskriminierung und Gleichbehandlung beachtet werden.[508] Eine gegen § 24 I KommHVO verstoßende Vergabe eines Auftrages ohne vorherige öffentliche Ausschreibung führt nicht zur Nichtigkeit des abgeschlossenen Vertrages.[509] Vergabe- und Vertragsordnungen sind keine Schutzgesetze iSd § 823 II BGB.

d) Vergabe nach dem GWB

160 Das Erreichen der Auftragsschwellenwerte aus § 106 I, II GWB (→ Rn. 156) führt zur Anwendung der §§ 97 ff. GWB. Diese Pflicht gilt zunächst für Gemeinden und Gemeindeverbände als Gebietskörperschaften (§ 99 Nr. 1 GWB).

Der **Kreis der öffentlichen Auftraggeber** geht über öffentlich-rechtliche Organisationsformen hinaus. Erfasst sind auch privatrechtlich organisierte Ausgründungen, Sektorenunternehmer zB auf dem Gebiet der Trinkwasser-, Energieversorgung oder des Verkehrs sowie Erbringer einer mit über 50 % subventionierten Dienstleistung oder Baumaßnahme (§ 99 Nr. 2 ff. GWB).

Öffentliche Aufträge sind **entgeltliche Verträge** zwischen öffentlichen Auftraggebern über die Beschaffung von Leistungen, die Lieferung von Waren, die Ausführung von Bauleistungen oder die Erbringung von Dienstleistungen (§ 103 I GWB). Die Entgeltlichkeit fehlt bei Sponsoring, Schenkung und Leihe. Bauaufträge sind auch Verträge, die Bauleistungen durch Dritte gemäß den vom Auftraggeber genannten Erfordernissen beinhalten. Sie können auch Planungsleistungen mit umfassen. Ausdehnungen des Vergaberechtes auf **Immobiliengeschäfte** und **städtebauliche Verträge**[510] ist der Gesetzgeber durch Gesetzeskorrekturen begegnet (§ 103 GWB).[511] Neu aufgenommen in das Vergaberecht wurden **Konzessionen** als entgeltliche Verträge (§ 105 I GWB). Bei dem Konstrukt einer **Bau-** bzw. **Dienstleistungskonzession** geht ua das Betriebsrisiko für die Nutzung des Bauwerkes bzw. der Verwertung der Dienstleistung auf den Konzessionsnehmer über. Beispiele: Suche nach einem Parkhausbetreiber, Stadtmöblierer, Marktveranstalter. Berechnung des Vertragswertes und der Laufzeit folgen aus der

---

505 Näher *Henneke/Ruge* VBlBW 2009, 241 ff.
506 BVerfGE 116, 135 ff.; vereinzelt werden Unterlassungsansprüche aus § 311 II, § 241 III iVm § 1004 II BGB angenommen: OLG Jena, Urt. v. 8.12.2008 – 9 U 431/08; OLG d. Saarl., NZBau 2012, 654 ff.
507 ABl. EG v. 1.8.2006, Nr. C 179/2, S. 2 ff.
508 Information d. Dt. Städtetages v. 18.3.2008 (74.0835 D).
509 VGH Bad.-Württ., UPR 1997, 255 f.
510 OLG Düsseldorf, NZBau 2007, 530 ff.; *Burgi* NVwZ 2008, 929 ff.; *Kühling* NVwZ 2010, 1257 ff.
511 *Pietzcker* NVwZ 2007, 1225 ff.; *Ziekow* DVBl. 2008, 137 ff.; *Siegel* DVBl. 2008, 1486 ff.; *Portz* SKZ 2008, 238 ff. S. das G v. 1.9.2005 (BGBl. I S. 2676) und das G v. 20.4.2009 (BGBl. I S. 790).

KonzVGV (§§ 2, 3). Die Vergabe ist immer ein **Beschaffungsakt**. Von Gesetzes wegen **vergaberechtsfrei** sind Beauftragungen einer **Eigengesellschaft** durch die sie beherrschende Kommune (§ 108 I GWB). Dann muss die betraute Gesellschaft 80 % des Umsatzes mit ihrem Eigner machen und diesen ähnlich wie eine eigene Dienststelle kontrollieren. Für **interkommunale Kooperationen** (§ 17 I KGG) besteht ebenfalls mit Einschränkungen eine horizontale Vergaberechtsfreiheit (§ 108 VI GWB). Die Zusammenarbeit der beteiligten öffentlichen Auftraggeber muss der Erreichung **gemeinsamer Ziele im öffentlichen Interesse** dienen. Dem Leistungsaustausch muss ein konzeptionelles Modell für die gemeinsam wahrgenommene Gemeinwohlaufgabe zugrunde liegen.[512]

Die Vergabe von öffentlichen Aufträgen nach dem GWB erfolgt in **offenen Verfahren**, in **nicht offenen Verfahren**, in **Verhandlungsverfahren**, im **wettbewerblichen Dialog** oder in der **Innovationspartnerschaft** (§ 119 I GWB). Öffentliche Auftraggeber haben die Wahl zwischen dem offenen und nicht offenen Verfahren mit einem vorgeschalteten **Teilnahmewettbewerb** (§ 119 II GWB). Die **Kommunikation** von und mit den Bietern erfolgt künftig **elektronisch** (§ 97 V GWB). Die Neufassung des GWB hat die Anforderungen an die **Eignung** der Bewerber mit Rechtspflichten und Möglichkeiten zum Ausschluss aus dem Vergabeverfahren präzisiert (§§ 122 ff. GWB). Der **Zuschlag** fällt auf das **wirtschaftlichste Angebot**. Dieses bestimmt sich nach dem besten Preis-Leistungs-Verhältnis (§ 127 I GWB). Wesentliche Änderungen eines öffentlichen Auftrages während der Vertragslaufzeit erfordern ein neues Vergabeverfahren (§ 132 I 1 GWB). Unternehmen haben einen Anspruch auf Einhaltung des Vergabeverfahrens (§ 97 VI GWB). Vielerlei Konkretisierungen enthält die VgV. Von Bedeutung sind Bestimmungen zur Schätzung des Auftragswertes (§ 3), zu Anforderungen an die **elektronische Kommunikation** (§§ 9 ff.), zu den Verfahrensarten (§§ 14 ff.), zur Bietereignung (§§ 42 ff.) und zum Vergabevermerk (§ 8). Der Auftraggeber muss die erfolglos gebliebenen Bieter schriftlich spätestens 14 Tage vor dem Vertragsabschluss detailliert unterrichten. Frühestens 15 Kalendertage danach darf der Vertrag abgeschlossen werden (§ 134 I, II GWB). Auch die **de-facto-Vergabe** führt zur Unwirksamkeit (§ 135 I Nr. 2 GWB). Unterlegene Bieter können die **Vergabekammern des Saarlandes**, die im Wirtschaftsministerium angesiedelt sind, mit aufschiebender Wirkung anrufen (§§ 160; 169 I GWB). Im Wesentlichen beschränkt sich die Überprüfung der Vergabekammer auf den von den Beteiligten vorgebrachten Stoff (§ 161 II GWB). Die Vergabekammer erforscht diesen Sachverhalt von Amts wegen und entscheidet durch **Verwaltungsakt** (§ 163 I 1, § 168 III 1 GWB; § 35 S. 1 SVwVfG). Gegen Entscheidungen der Vergabekammer ist die **sofortige Beschwerde** binnen einer Notfrist von zwei Wochen zum Saarländischen Oberlandesgericht zulässig (§ 171 I, III GWB). Gegenüber der Entscheidung der Vergabekammer hat die sofortige Beschwerde aufschiebende Wirkung (§ 173 I GWB). Bestandskräftige Entscheidungen im Nachprüfungsverfahren binden die Zivilgerichte in Schadensersatzprozessen.

---

512 EuGH, NZBau 2020, 457 ff. (Remondis); *Gerlach* NVwZ 2020, 1574 ff.

162 Der Eigenbedarfsdeckung von Gemeinden dienen **Einkaufsgemeinschaften** zur Erzielung von Preisvorteilen durch die **gebündelte Beschaffung von Sachen** im Verwaltungsgebrauch (zB Feuerwehrausrüstungen).[513]

XIII. Prüfungswesen

1. Prüfung durch das Rechnungsprüfungsamt

163 Wie Bund und Land unterliegen auch die Gemeinden einer Finanzkontrolle. Zählen sie mehr als 25 000 Einwohner, müssen sie gem. § 119 S. 1 KSVG ein **Rechnungsprüfungsamt** einrichten (interne Finanzkontrolle). Andere Gemeinden dürfen dies, wenn ein Bedürfnis besteht und die Kosten in einem angemessenen Verhältnis zum Umfang der Verwaltung stehen (§ 119 S. 2 KSVG). Ähnlich der Praxis in einigen anderen Bundesländern können sich kleinere Gemeinden durch **öffentlich-rechtliche Vereinbarung** des Rechnungsprüfungsamtes des zuständigen **Landkreises** (§ 190 KSVG) bedienen. Die von den Bundes- und Landesrechnungshöfen bekannte **Unabhängigkeit** (zB § 4 RHG[514]) besteht auch zugunsten des Rechnungsprüfungsamtes: Es ist bei der Durchführung von Prüfungsaufgaben sachlich unabhängig und an Weisungen nicht gebunden. Es untersteht im Übrigen unmittelbar dem Bürgermeister (§ 120 I KSVG). Der Leiter des Rechnungsprüfungsamtes muss Beamter auf Lebenszeit sein (§ 120 II 1 KSVG) und wird vom **Rat** bestellt bzw. abberufen (§ 35 S. 1 Nr. 24 KSVG). Der Gesetzgeber sieht ähnlich wie bei dem Kassenleiter (§ 97 IV KSVG) bestimmte Verwandtschafts- und Verschwägerungsverbote vor (§ 120 II 2 KSVG). Leiter und Prüfer des Rechnungsprüfungsamtes dürfen Zahlungen weder anordnen noch ausführen (§ 120 III KSVG). Richtigerweise ist die **Abberufung** des Leiters des Rechnungsprüfungsamtes als Maßnahme im Innenrechtskreis **kein Verwaltungsakt**.[515]

164 Das Rechnungsprüfungsamt hat folgende **Pflichtaufgaben** (§ 121 KSVG): die Prüfung der Jahresrechnung, die laufende Überwachung der Kassen der Gemeinde, ihrer Eigenbetriebe und sonstigen Unternehmen ohne eigene Rechtspersönlichkeit mit Sonderrechnung sowie die sonstigen regelmäßigen und unvermuteten Kassen- und Vorratsprüfungen und die **Prüfung von Vergaben** (§ 24 I KommHVO, s. → Rn. 155 ff.). Prüfungsmaßstab ist gem. § 121 I KSVG die **Ordnungs-** und **Rechtmäßigkeit** (arg. § 121 II Nr. 2 KSVG). Die Betrachtung der Jahresrechnung sowie die Vorprüfungen bei der Ausführung von Teilen eines Haushaltsplanes für Bund oder Saarland erfolgen idR retrospektiv (§§ 122, 121 I KSVG). In Gemeinden mit einem Rechnungsprüfungsamt wird diesem durch den Bürgermeister die **Jahresrechnung** zugeleitet (§ 122 I 1 KSVG). Das Rechnungsprüfungsamt prüft sie mit allen Unterlagen dahin, ob der Haushaltsplan eingehalten ist, die einzelnen Rechnungsbeträge sachlich und rechnerisch in vorschriftsmäßiger Weise begründet und belegt sind, bei den Einnahmen und Ausgaben nach den geltenden Vorschriften verfahren worden ist und die Bestandsverzeichnisse über das Gemeindevermögen richtig geführt sind. Dabei hat das Rech-

---

513 *Meißner* SKZ 2003, 182 ff.; BGH, NVwZ 2003, 1012 ff.; zum umgekehrten Fall eines Kartells auf der Bieterseite: *Portz* SKZ 2011, 78 ff.
514 Gesetz über den Rechnungshof des Saarlandes v. 15.12.1971 i.d.F. der Bek. v. 7.6.1983 (Amtsbl. S. 386) mit spät. Änd.
515 OVG d. Saarl., Beschl. v. 3.12.1999 – 1 W 7/99, AS 28, 101 ff. = SKZ 2001, 78 ff.

nungsprüfungsamt das Recht zur Überprüfung aller Unterlagen (§ 122 I 3 KSVG). Im Anschluss daran teilt das Rechnungsprüfungsamt das Prüfergebnis mit entsprechenden Prüfbemerkungen dem Bürgermeister mit (§ 122 II 2 KSVG). Dieser äußert sich dazu und legt den Bericht über den **Rechnungsprüfungsausschuss** dem **Rat** vor. Der Rat beschließt über die geprüfte Jahresrechnung und die **Entlastung des Bürgermeisters** (§ 122 II, § 101 II und III KSVG). Neben den Pflichtaufgaben kann der Bürgermeister dem Rechnungsprüfungsamt zusätzliche Aufgaben wie zB die Prüfung der Verwaltung auf **Zweckmäßigkeit und Wirtschaftlichkeit** übertragen (§ 121 II Nr. 2 iVm § 82 II KSVG). Weitere – nicht abschließende – Betätigungsfelder sind Prüfaufgaben im Bereich der wirtschaftlichen Betätigung und privatrechtlichen Beteiligung (§ 121 II Nr. 1 KSVG), der Automation im Gebiet der Haushaltswirtschaft und der Prüfung von Zahlungsanordnungen vor ihrer Zuleitung an die Kasse (§ 121 I Nr. 5 und 6 KSVG).

2. Prüfung durch das Landesverwaltungsamt

Die nach § 123 I KSVG vorgeschriebene **überörtliche Prüfung** obliegt für alle Gemeinden dem **Landesverwaltungsamt** (§ 123 IV KSVG).[516] Durch Änderung des § 123 KSVG[517] wurde die vorher bestehende Verzahnung von Prüfung und Aufsicht aufgehoben. Im Vordergrund stehen seither die **Unabhängigkeit und Weisungsfreiheit** der überörtlichen Prüfung als wirksames Instrument der **Finanzkontrolle** (§ 123 V KSVG); zudem haben Wirtschaftlichkeits- und Organisationsprüfungen (§ 123 III KSVG) eine Aufwertung erfahren. Prüfungsgegenstände sind neben der Gemeindeverwaltung ieS die **Sonder- und Treuhandvermögen** sowie die **Beteiligungsverwaltung**, Prüfungsmaßstäbe die Rechtmäßigkeit und die Wirtschaftlichkeit. Die **Rechtmäßigkeitsprüfung** erstreckt sich auf die Einhaltung der Gesetze und die Beachtung ergangener Weisungen in Auftragsangelegenheiten (§ 123 II iVm § 6 I KSVG). Der Prüfungskomplex **Wirtschaftlichkeit** und **Organisation** der Gemeinde kann in ein Spannungsverhältnis mit der Organisationshoheit treten, die durch die gemeindliche Selbstverwaltungsgarantie (→ Rn. 21 ff.) geschützt ist; die Prüfung erfolgt daher idR auf vergleichender Grundlage (§ 123 III KSVG). Bestandteil dieses Prüfprogramms sind die **Finanzmittelbeschaffung**, die Stellenbewertung, der Umfang freiwilliger Leistungen sowie Empfehlungen für die künftige Haushaltswirtschaft. Für die Dauer der Prüfung erteilt der Bürgermeister dem Landesverwaltungsamt die notwendigen Auskünfte und stellt erforderliche Akten und Verwaltungsunterlagen zur Verfügung (§ 123 VI KSVG). Das Prüfungsergebnis wird in Form eines **Prüfberichtes** der Gemeinde, den gegebenenfalls betroffenen **Fachaufsichtsbehörden** und dem **Rechnungshof**[518] mitgeteilt (§ 123 VII KSVG). Der Prüfbericht ist informatorischer Natur; ihm kommt daher keine besondere Rechtsqualität zu. Kommunal- und Fachaufsicht können ihn allerdings zum Anlass für ein Einschreiten nehmen (§ 123 VIII KSVG).

165

---

516 Näher zum LaVA § 2 Rn. 30 ff.
517 G Nr. 1897 zur Fortentwicklung der kommunalhaushaltsrechtl. Vorschriften vom 13.7.2016 (Amtsbl. I S. 711).
518 Nach § 91 der Landeshaushaltsordnung des Saarlandes (LHO) ist der Rechnungshof des Saarlandes befugt, die haushaltsmäßige Abwicklung von Teilen des Landeshaushaltsplanes durch die Gemeinden oder die bestimmungsmäßige VerwaltungsG von Zuwendungen des Landes durch die Gemeinden bei den Gemeinden zu prüfen.

166 Bei einer **wirtschaftlichen Betätigung** der Gemeinde in privater Rechtsform (→ Rn. 187 ff.) sind die §§ 53 und 54 HGrG[519] zu beachten. Danach müssen der Gemeinde (dh regelmäßig deren Rechnungsprüfungsamt) sowie dem Landesverwaltungsamt (§ 123 I 2 KSVG) durch den Gesellschaftsvertrag Prüfrechte eingeräumt werden.

XIV. Verwaltungsmodernisierung

1. Das Neue Steuerungsmodell

167 Nach einem Mitte der achtziger Jahre in der Stadt Unna (Nordrhein-Westfalen) verbreiteten **Bürgeramtsmodell** und Denkanstößen aus dem **niederländischen** Tilburg hat die kommunale Finanznot die Innovations- und Experimentierbereitschaft in einem bisher nicht gekannten Maß gefördert. In den als „Neuen Steuerungsmodellen" (NSM) charakterisierten Strategien[520] befinden sich zahlreiche Ansätze zur Umwandlung der „Städte" in leistungsfähige **kundenorientierte Dienstleistungsunternehmen**. Ein Reformschwerpunkt ist die Umstellung des Haushalts- und Rechnungswesens mit dem Ziel besserer Transparenz und Kostenkontrolle. **Handlungs- und Ressourcenverantwortung** sollen **dezentral** zusammengeführt werden. Das Personal soll quantitativ verringert, qualitativ gestärkt werden. Aufgabe einer gezielten Beteiligungspolitik ist der Ausgleich von Nachteilen aus der Ausgliederung städtischer Organisationseinheiten. Mit dem **Neuen Steuerungsmodell** gießt die **Kommunale Gemeinschaftsstelle** (KGSt)[521] die Reformdiskussion in einen recht konkreten Handlungsvorschlag. Kernelemente sind eine neue **Aufbauorganisation** der Verwaltung nach **Sparten**, eine veränderte Managementkonzeption und Führungsphilosophie, ein an den **Ergebnissen** orientiertes Planungs- und Berichtswesen („Outputorientierung"). Die betriebswirtschaftlichen Gesichtspunkte in der Verwaltungssteuerung sollen stärker betont werden. Ein wesentlicher Schritt zur Kundenorientierung ist die Einführung von **Produktbeschreibungen** und einer **Verwaltungskostenrechnung**.[522] Über besondere Indikatoren wird der Anspruch einer realistischen **Qualitätsmessung** erhoben. Produktbeschreibungen und Kostenrechnungen sind wiederum Voraussetzungen für eine **Budgetierung der Fachbereiche**. Führungskräfte und Kommunalpolitik werden frühzeitig in die Reorganisationsprozesse eingebunden. Auf allen Ebenen der politischen und fachlichen Verwaltung soll der Grundsatz des **Kontraktmanagements** iSe konkreten Leistungs- und Nachweisabsprache eingeführt werden. Die **Politik** soll sich auf die **Grundsatzangelegenheiten** beschränken. Als geschlossenes Gesamtkonzept ist das Neue Steuerungsmodell selten umgesetzt. **Teilimplementierungen** betreffen die Budgetierung des Haushaltes, die Bildung von Fachbereichen und Verantwortungszentren sowie die Kosten- und Leistungsrechnung. Das durch Landesgesetz vom 12.7.2006[523]

---

519 Haushaltsgrundsätzegesetz v. 19.8.1969 (BGBl. I S. 1273) mit spät. Änd.
520 S. zum Neuen Steuerungsmodell *Shirvani* DVBl. 2009, 29 ff.
521 KGSt, Bericht Nr. 19/1992: Wege zum Dienstleistungsunternehmen Kommunalverwaltung – Fallstudie Tilburg; Bericht Nr. 5/1993, Das Neue Steuerungsmodell (SKZ 1993, 242 ff.); Bericht Nr. 6/1993, Budgetierung – Ein neues Verfahren der Steuerung kommunaler Haushalte; Bericht Nr. 10/1995, Das Neue Steuerungsmodell, Erste Zwischenbilanz; Thesen des Deutschen Städtetages zur Verwaltungsmodernisierung DST 1994, 825; zur Sicherstellung des Datenschutzes im Neuen Steuerungsmodell: *Wohlfarth/Ellinghaus* RDV 1996, 236 ff.
522 Vgl. *Pünder*, Haushaltsrecht im Umbruch, 2003, S. 322 ff.
523 Amtsbl. S. 1614.

eingeführte **Neue Kommunale Rechnungswesen** wurde nach zeitlicher Erledigung 2020 wieder aufgehoben.[524] Die Umstellung auf die doppelte Buchführung ist zum 1.1.2010 erfolgt.[525]

2. Elektronische Verwaltungsabläufe

Interne elektronische Verwaltungsabläufe dienen der Abwicklung von Geschäftsprozessen idealtypisch ohne Medienbruch. Erfasst sind alle Phasen des Verwaltungshandelns: Antrag, interne und externe Beteiligung, Akteneinsicht, Verwaltungsentscheidung, etwaige Rechtsverfahren und Archivierung. Der Eintritt in das elektronische Zeitalter ist Anlass für eine sinnvolle Verfahrensoptimierung (§ 16 EGovG SL), etwa um Verfahren schneller abzuwickeln, Ressourcen besser einzusetzen, Bürokratie abzubauen und ein Mehr an Bürgerfreundlichkeit zu erzielen, indem die Beteiligten Informationen zum Verfahrensstand elektronisch abrufen können.[526]

168

Der Einsatz elektronischer Verwaltung im **gemeindlichen Innenverhältnis** erstreckt sich vor allem auf ortsrechtliche Vorschriften, Dienstanweisungen, Formulare, Fortbildungsangebote, Organisationspläne und Erreichbarkeitsdaten von Dienststellen. Insb. seit der Coronapandemie findet vermehrt die **häusliche Telearbeit** als Auslagerungsfall eines Arbeitsplatzes (§ 2 VII ArbStättV) statt. Der Datenverkehr zwischen der Organisationseinheit und dem Inhaber des Telearbeitsplatzes läuft verschlüsselt über ein Datennetz. Die nähere rechtliche Ausgestaltung erfolgt durch **Dienstvereinbarung** mit dem Personalrat, Dienstanweisung des Bürgermeisters und bei Tarifpersonal über eine Nebenabrede im Arbeitsvertrag. Die Abwicklung der **Dienstpost** läuft innerhalb der Gemeindeverwaltung auch heute schon in nicht unbescheidenen Anteilen über elektronische Medien. Auch die Organisation des elektronischen Postverkehrs – einschließlich der Frage einer privaten Mitbenutzung – sollte durch **Dienstvereinbarung** mit dem Personalrat und zusätzlich durch Dienstanweisung des Bürgermeisters geregelt werden. Im Vordergrund der **Internet-Nutzung** stehen dienstliche Informationsbeschaffung, Selbstdarstellung und Kommunikation – überwiegend rechtlich unverbindlich. Es ist umstritten[527], ob die **Freigabe** des Internets am Arbeitsplatz für eine eingeschränkte Privatnutzung den Dienstherrn zum **Anbieter von Telemedien iSd § 3 II Nr. 2 TDSG** macht. Von den Nutzern wird oft individualrechtlich eine schriftliche Einwilligung in anlassbezogene Protokollierungen und **Kontrollen der Internetaktivitäten** verlangt. Im Übrigen sind Handlungsmittel wiederum die **Dienstvereinbarung** zwischen Dienstherrn und Personalrat sowie Dienstanweisungen des Bürgermeisters.[528]

169

---

524 Aufgehoben durch Art. 6 des G v. 8./9.12.2020 (Amtsbl. I S. 1341 ff.).
525 S. das G v. 14.5.2008 (Amtsbl. S. 1166), das § 1 II des G v. 12.7.2006 geändert hat.
526 S.a. LT-Drucks. 16/1806, S. 153.
527 Zu diesem Streit, s. *Klachin/Rauer* BB 2022, 1588, 1589 f.; *Rossow* DuD 2022, 93 ff.
528 Zur Privatnutzung des Internets generell: *Müller* RDV 1998, 205 ff.; *Post-Ortmann* RDV 1999, 102 ff.; *Gramlich* RDV 2001, 123 ff.; *Schaar*, Datenschutz im Internet, 2002, Rn. 761; *Ernst* NZA 2002, 585 ff.; *Dickmann* NZA 2003, 1009 ff.; *Elschner* Rechtsfragen der Internet- und E-Mail-Nutzung am Arbeitsplatz, Diss. 2004; LAG Berlin-Brandenburg NZA-RR 2011, 342 ff.; dazu: *Fülbier/Splittgerber* NJW 2012, 1995 ff.

3. Lebenslagen-Konzept der KGSt

170 Fehlendes Wissen oder Unsicherheit der Einwohner über staatliche Zuständigkeiten einschließlich der behördeninternen Aufbau- und Ablauforganisation machen die Einrichtung einer **zentralen Anlauf- und Kontaktstelle** plausibel. In der Gemeindeverwaltung wird diese Funktion durchweg den zu **Bürgerämtern**[529] aufgewerteten früheren Einwohnermeldeämtern zugesprochen. In Großstädten erfolgt auf der Bezirksebene eine weitere Dezentralisierung über Bürgerläden und Bürgerbüros. Daneben entstehen **Parallelkonzepte** für die technischen Rathäuser mit Schwerpunkten in der Bau- und Umweltverwaltung. Ähnliche Projekte sind die Sozialbürgerhäuser mit der Zusammenfassung von Sozial- und Jugendverwaltung unter einem Dach. Schließlich bieten sich auch **umfassende Kundenzentren** des „Konzerns Stadt" unter Einbeziehung der Kulturverwaltung sowie der Verkehrs- und Versorgungsbetriebe an. Außerdem verpflichtet § 2 EGovG SL jede Behörde dazu, Informationen über ihre Aufgaben und Verfahren in allgemein verständlicher Sprache über öffentlich zugängliche Netze zur Verfügung zu stellen.

171 Mit dem **technischen Reformpotenzial** der elektronischen Verwaltung stellen KGSt[530] und Deutscher Städtetag[531] die **nachfrageorientierte Verwaltungsorganisation** als eine der Grundaussagen im „Neuen Steuerungsmodell"[532] erneut in den Mittelpunkt der Modernisierungsstrategien. Das Projekt „Lebenslagen" untersucht die Zweckmäßigkeit der Verwaltungsorganisation aus **Bürger- und Kundensicht**. Diese Betrachtungsweise greift die Bürgeramtsidee auf und weitet sie deutlich aus. Denn nach den getroffenen Annahmen laufen die durch Gesetz oder Rechtsverordnung begründeten exklusiven Zuständigkeiten des Staates zur Aufgabenwahrnehmung an den Sacherledigungsinteressen der Menschen vorbei. Schlagwort ist die **Verwaltungsdienstleistung aus einer Hand**. Im Kern besagt das „Lebenslagen-Konzept" Folgendes: Lebenslagen wie Umzug, Einleben in neuer Umgebung, Familiengründung, Leben mit Kindern in einer Stadt, Erwachsenwerden, Hausbau, Ausbildung und Studium bilden aus der Sicht der Nutzer eine Einheit. Ein elektronischer Bürgerdienst soll in dieser Lebenslage die erforderlichen Dienstleistungen „One stop" ohne „Ämterrallye" präsentieren.[533] **Verwaltungsdienstleistung aus einer Hand** bedeutet also die Bündelung verschiedener Leistungen aus unterschiedlichen Teilprodukten. Ein derartiges „virtuelles Geschäft" kann nur mit den Nutzungsmöglichkeiten modernster Informations- und Kommunikationstechnik herbeigeführt werden. Die Integration anderer Verwaltungsträger, aber auch privater Einrichtungen wäre zunächst einmal ein aufwändiger Organisationsprozess. Denn die Behörden des Bundes, der Länder und der Gemeinden müssten in **Netzwerken** kooperieren. Nach dem Konzept wären zusätzlich private Einrichtungen und Subjekte mittelbarer Staatsverwaltung einzubeziehen wie zB Post, sonstige Telekom-

---

529 Stadt Unna, Forschungsprojekt „Einsatz der Informationstechnik in einem kommunalen Bürgeramt" der GMB, 1986.
530 KGSt-Bericht 5/2002, Lebenslagen: Verwaltungsorganisation aus Bürger- und Kundensicht; vgl. auch *Gorrissen*, KGSt-Info 9/2002, 69.
531 Der Städtetag, E-Government in den Städten, Teil II, Leitfaden, Juni 2002, S. 4.
532 KGSt-Bericht Nr. 5/1993, Das Neue Steuerungsmodell; Bericht Nr. 10/1995, Das Neue Steuerungsmodell, Erste Zwischenbilanz.
533 Der Städtetag, E-Government in den Städten, Teil I, Positionspapier, Juni 2002, 3.

munikationsanbieter, Ver- und Entsorger, Rentenversicherungsträger, Krankenkassen uÄ. Nach den Vorstellungen der Reformer soll der **Bürgerkontakt** über jedes zulässige Medium an ein **Vordergrundbüro** gerichtet werden. Die von dem Verwaltungskunden dann im Detail nicht wahrnehmbare **Produktion** und Leistungsbündelung erledigt dagegen das **Hintergrundbüro**.

Das „Lebenslagen-Konzept" kann als Vision interessante Impulse vermitteln. Aktuell stößt es auf erhebliche **rechtliche Gegengründe**. Die gesetzlich verliehenen Zuständigkeiten für die Erledigung von Aufgaben mit ihren Letztentscheidungsbefugnissen können nicht über Kooperationsvereinbarungen abgeändert oder übertragen werden. Der Bündelung von Leistungen verschiedener Verwaltungsträger durch eine Stelle kann daher nur eine Vermittlungs- und Botenfunktion zukommen. Abgesehen davon trifft die gewünschte Vernetzung von Datenbeständen behördenintern auf den Grundsatz der funktionsbezogenen informationellen Gewaltenteilung.[534] Der **aufgabenorientierte Stellenbegriff** und das Prinzip der **Zweckbindung** von **Daten** führen zu Abschottungstendenzen und Verarbeitungsrestriktionen. 172

4. Formanpassung

Zwar ist die nach außen wirkende **Verwaltungstätigkeit** prinzipiell **formfrei** (§ 37 II 1 SVwVfG), sofern spezialgesetzlich keine besonderen Formerfordernisse vorgesehen sind (§ 57 SVwVfG für den öffentlich-rechtlichen Vertrag). Zur Dokumentation und aus Gründen der Vollständigkeit werden viele Verwaltungsverfahren papierschriftlich und mit zunehmender Verbreitung elektronischer Akten samt IT-Kompetenzen auch elektronisch abgewickelt. Das Signaturgesetz (SigG)[535], die dieses ablösende eIDAS-Verordnung sowie das Vertrauensdienstegesetz (VDG) haben mit der Formanpassung im Verfahrensrecht[536] Rahmenbedingungen für das **elektronische Dokument** und die **elektronische Unterschrift** geschaffen.[537] Als Regelgrundsatz gilt dies für alle in den Anwendungsbereich des SVwVfG fallenden Vorschriften, sofern nicht fachgesetzliche Spezialbestimmungen vorgehen. In den Gemeinden und Gemeindeverbänden liegt der Schwerpunkt der Anwendungsrelevanz bei den §§ 3a, 37 SVwVfG, § 36a SGB I, § 33 II SGB X. Wie man an der Stellung des § 3a SVwVfG gut sehen kann, gilt die Zulassung des elektronischen Dokumentes nicht nur für die auf den Erlass eines Verwaltungsakts oder den Abschluss eines öffentlich-rechtlichen Vertrages gerichtete, sondern auch die sonstige öffentlich-rechtliche Verwaltungstätigkeit. Sofern, wie etwa bei der Zusicherung in § 38 I SVwVfG, durch Rechtsvorschrift die Schriftform angeordnet wurde, kann diese nach § 3a II 2 SVwVfG durch ein elektronisches Dokument mit einer **qualifizierten elektronischen Signatur** ersetzt werden. Nach Art. 3 Nr. 12 eIDAS- 173

---

534 BVerfG, NJW 1988, 959, 961.
535 G über Rahmenbedingungen für elektronsiche Signaturen – SigG v. 16.5.2001 (BGBl. I S. 876) mit spät. Änd.
536 S. das 3. VwVfG-ÄndG v. 21.8.2002 (BGBl. I S. 3322).
537 Zur Formanpassung im öffentl. Recht: *Schily* NVwZ 2000, 883 ff.; *Roßnagel* DÖV 2001, 221 ff.; *Rosenbach* DVBl. 2001, 332 ff.; *Schlatmann* DVBl. 2002, 105 ff.; *Schmitz/Schlatmann* NVwZ 2002, 128 ff.; *Roßnagel* NJW 2003, 469 ff.; *Schliesky* NVwZ 2003, 1322 ff.; *Rosenbach*, in: Zilkens, Datenschutz in der Kommune – Materialien des Deutschen Instituts für Urbanistik, 2003, S. 130 ff.; *Wohlfarth*, in: Zilkens, ebd., S. 50 ff.; *Skrobotz* VR 2003, 397 ff.

Verordnung handelt es sich bei einer qualifizierten elektronischen Signatur um eine fortgeschrittene elektronische Signatur, die von einer qualifizierten elektronischen Signaturerstellungseinheit erstellt wurde und auf einem qualifizierten Zertifikat für elektronische Signaturen beruht.[538] Die Schriftform kann auch durch unmittelbare Abgabe der Erklärung in ein von der Behörde bereitgestelltes elektronisches Formular bei Verwendung eines sicheren Identitätsnachweises erfolgen. Sichere Identitätsnachweise sind der **elektronische Personalausweis** und der **elektronische Aufenthaltstitel** (§ 18 PAuswG; § 78 V AufenthG) sowie die eID-Karte nach § 12 eID-Karte-Gesetz. Alternativ kann die Behörde bei elektronischen Verwaltungsakten oder sonstigen elektronischen Dokumenten die Versandart des § 5 V des **De-Mail-Gesetzes** wählen (§ 3a II 3 Nr. 3 SVwVfG). Angesichts der hohen Hürden für die Ersetzung der Schrift- durch die elektronische Form wurden durch das SDigG[539] in zahlreichen Rechtsvorschriften Schriftformerfordernisse aufgehoben, da dann per einfacher E-Mail kommuniziert werden kann.[540]

174 Die Zulässigkeit der Übermittlung elektronischer Dokumente hängt vom Ob und Wie der **Zugangseröffnung** des jeweiligen Empfängers ab (§ 3a I SVwVfG).[541] Soweit es keine abweichende gesetzliche Regelung gibt, beruht die elektronische Kommunikation auf dem Prinzip der Freiwilligkeit.[542] Schon der Begriff des Zuganges setzt das Vorhandensein der notwendigen technischen Infrastruktur voraus. Diese muss darüber hinaus für die Übermittlung elektronischer Dokumente „eröffnet", dh gewidmet sein. Die Widmung kann ausdrücklich oder konkludent erfolgen. Sie erfordert verschiedene Angaben zur technischen Durchführung einer elektronischen Kommunikation: Elektronisches Postfach, Verfahren, Handlungsformen, Datei-, Signaturformate uÄ. Maßgebend ist im Zweifel die Verkehrsanschauung. Während bislang angenommen wird, dass beim Bürger aus der bloßen Angabe der E-Mail-Adresse im Briefkopf noch nicht auf seinen Willen zur Eröffnung eines Zugangs für den elektronischen Rechtsverkehr geschlossen werden kann, wird bei Behörden oder einer geschäftlichen Nutzung der elektronischen Medien bereits dann von einer derartigen Widmung ausgegangen, wenn sie auf ihrer Homepage oder im Briefverkehr eine E-Mail-Adresse verwenden und keinen gegenteiligen Willen zum Ausdruck bringen.[543] Zur Forcierung der elektronischen Verwaltung hat der Bund das **Gesetz zur Förderung der elektronischen Verwaltung**, kurz EGovG, v. 25.7.2013 erlassen.[544] Das EGovG[545] regelt Querschnittsfragen öffentlich-rechtlicher Verwaltungstätigkeit mithilfe von Informations- und Kommunikationstechnik. Erneut geht es um das Ziel einer **medienbruchfreien Kommuni-**

---

538 Näher dazu BVerwG, Beschl. v. 25.11.2021 – 1 WB 27/21, Rn. 20 – juris.
539 Gesetz Nr. 2050 zur Förderung der Digitalisierung durch Abbau von Formerfordernissen im Landesrecht des Saarlandes (Saarländisches Digitalisierungsgesetz – SDigG) v. 8.12.2021 (Amtsbl. I v. 16.12.2021, S. 2629 ff.).
540 Näher dazu LT-Drucks. 16/1806, S. 153 ff.
541 Vgl. Der Städtetag, Eröffnung des Zugangs für die elektronische Kommunikation, Teil I u. Teil II, 2003; *Skrobotz* VR 2003, 397 ff.
542 S.a. LT-Drucks. 16/1806, S. 2.
543 *Guckelberger* VerwArch 97 (2006), 62 (67 f.) mwN.
544 BGBl. I S. 2749 mit spät. Änd.
545 Zum EGovG: *Roßnagel* NJW 2013, 2710 ff.; *Ramsauer/Frische* NVwZ 2013, 1505 ff.; *Thoma* KommP spezial 2013, 182; *Wohlfarth* KommP spezial 2013, 190.

kation zwischen Verwaltung, Wirtschaft und Bürgern. Dazu werden Pflichten der Verwaltung begründet und zusätzliche Ersatzmöglichkeiten für die Papierschriftform eingeführt. Es geht um Vorgänge mit Innen- und/oder Außenwirkung. Vom Anwendungsbereich des Gesetzes nicht erfasst ist das **fiskalische Behördenhandeln** (zB Abschluss zivilrechtlicher Verträge). Das Gesetz gilt für **Gemeinden** und Gemeindeverbände, wenn und soweit sie **Bundesrecht** ausführen (§ 1 II EGovG). In erster Linie finden die § 2 I, §§ 3, 4, 5, 12, 13, 14 und 15 EGovG bei der Ausführung von Bundesrecht im kommunalen Bereich Anwendung. So musste ab dem 01.07.2014 jede Behörde neben den bisherigen Zugängen auch einen solchen für die Übermittlung elektronischer Dokumente eröffnen (§ 2 I EGovG). Diese Zugangseröffnung kann durch die Bereitstellung eines **elektronischen Postfaches** oder eine taugliche **Portallösung** erfolgen. Die Behörde muss in der Lage sein, **qualifiziert signierte Dokumente** zu empfangen und zu prüfen. Verpflichtend ist auch die Teilnahme an mindestens einem im **elektronischen Geschäftsverkehr** üblichen und hinreichend sicheren **Zahlungsverfahren** (§ 4 EGovG). Die in einem elektronischen Verwaltungsverfahren vorzulegenden **Nachweise** können auch elektronisch eingereicht werden (§ 5 I EGovG). Datenbestände der Verwaltung sollen über öffentlich zugängliche Netze in **maschinenlesbaren Formaten** verwendet werden (§ 12 I EGovG). Bezweckt wird damit das automatisierte Auslesen und Verarbeiten von Daten. Schließlich dürfen auch **amtliche Mitteilungs- oder Verkündungsblätter** elektronisch ausgegeben werden (§ 15 I EGovG). Nach § 70 I 1 VwGO kann gegen einen Verwaltungsakt **Widerspruch** nicht nur in schriftlicher Form und zur Niederschrift zur Behörde eingelegt werden, sondern auch elektronisch nach § 3a II VwVfG. Ohne Eröffnung eines elektronischen Zugangs zur Verwaltung würde die Möglichkeit zur elektronischen Einlegung eines Widerspruchs allerdings unter Beachtung der einschränkenden Anforderungen an den Schriftformersatz leerlaufen.[546] Nach der BVerwG-Rechtsprechung braucht in der Rechtsbehelfsbelehrung nicht auf die Form des Widerspruchs hingewiesen werden, da die Form nicht zu den in § 58 I VwGO erwähnten Kriterien gehört. Sollte die Verwaltung dennoch derartige Hinweise geben, muss sie darauf achten, dass diese nicht irreführend sind und aus diesem Grund den Lauf einer einjährigen Rechtsbehelfsfrist nach § 58 II VwGO auslösen.[547] Mit Einführung der qualifizierten elektronischen Signatur in einer Behörde können die Bediensteten im Rahmen des Organisationsermessens des Dienstherrn zur Beantragung und Nutzung einer **Signaturkarte** verpflichtet werden.[548]

Das E-GovG SL orientiert sich an dem gleichnamigen Bundesgesetz mit Regelungspunkten wie Angebot der Verwaltungsleistungen über ein Verwaltungsportal nach dem OZG, Verankerung der De-Mail als Zugangskanal, Identitätsnachweis durch den elektronischen Personalausweis oder elektronischen Aufenthaltstitel, elektronische Aktenführung[549] spätestens ab dem 1.1.2025 und Ersetzen der papierschriftlichen

175

---

546 Allerdings bezogen auf die Erhebung der Klage BVerwGE 171, 194, 200 Rn. 28 ff.
547 OVG LSA, NVwZ 2016, 1032.
548 BayVGH, NVwZ-RR 2016, 189 ff.
549 Zur elektronischen Aktenführung: *Gola* RDV 2008, 135; *Meier* VR 2010, 114; VG Wiesbaden, NJW 2014, 2060.

Materialien durch Einlesen.[550] Zunächst war die Digitalisierung von Akten bereichsspezifisch in einem überschaubaren Rahmen meistens nur als Option geregelt. Beispiele: **Personalakte** (§ 102 I SBG) oder **Bußgeldakte** (§ 110b OWiG). Schon seit 2005 ist die **elektronische Zustellung**[551] eines elektronischen Dokumentes möglich, falls der Empfänger hierfür einen Zugang eröffnet hat (§ 1 SVwZG iVm § 5 IV–VI VwZG). Die Einberufung des Gemeinderates kann mittlerweile auch einfach elektronisch erfolgen. Auch hier muss der Empfänger einen Zugang eröffnet haben (§ 41 III I KSVG). Im **Vergaberecht** ist die elektronische Kommunikation nach § 97 V GWB iVm § 9 VgV der Normalfall. Die heutige Verwendung des Begriffes der **Digitalisierung** betrifft Prozessvernetzungen nach innen und Angebote von Online-Verwaltungsdiensten nach außen. Eine weitere Entwicklungsstufe ist der Einsatz **Künstlicher Intelligenz** zB bei der Feststellung von Zuständigkeiten und der Zuordnung eingehender Post. Bund und Länder – damit auch ihre Gemeinden – müssen bis Ende 2022 den Zugang zu Verwaltungsdienstleistungen in einem Portalverbund barriere- und medienbruchfrei sicherstellen (§§ 1 ff. OZG).

5. Einheitlicher Ansprechpartner

176 Die Europäische Dienstleistungsrichtlinie 2006/123/EG (DLRL)[552] bezweckt einen Rechtsrahmen für die Niederlassungsfreiheit und den freien Dienstleistungsverkehr zwischen den Mitgliedsstaaten. Erreicht werden sollen mit der DLRL die **Vereinfachung von Verwaltungsverfahren** sowie der **Abbau von Hindernissen für Dienstleistungsunternehmen**. Die DLRL umfasst gegen Entgelt erbrachte Dienstleistungen mit wenigen Ausnahmen wie die öffentliche Sicherheit und Ordnung, die öffentliche Gesundheit und den Umweltschutz. Grds. fallen auch Leistungen der Daseinsvorsorge darunter – mit Ausnahme der nichtwirtschaftlichen Dienstleistungen von allgemeinem Interesse (Art. 14 AEUV). Wichtige Bestimmungen der DLRL für die Kommunen sind:

- die Einrichtung eines „**Einheitlichen Ansprechpartners**" (EA) als Lotse und Vermittler sowie Verfahrenskoordinator bei allen Verwaltungsverfahren;
- die elektronische Verfahrensabwicklung;
- die Benennung einer **Genehmigungsfrist** iVm einer Genehmigungsfiktion;
- die Einführung umfangreicher Informationsrechte;
- die **Normenprüfung** einschließlich einer Berichterstattung im Hinblick auf diskriminierende Faktoren.[553]

177 Die DLRL modifiziert nicht das nationale Organisationsrecht, sondern findet es vor. Der EA ist daher lediglich Informationsmittler und Koordinator. Die DLRL musste

---

550 Zur rechtl. Bedeutung eingelesener Dokumente: *Roßnagel/Wilke* NJW 2006, 2145 ff.; *Roßnagel/Nebel* NJW 2014, 886 ff.
551 Zum SVwZG s. → § 2 Rn. 59; zu Einzelfragen der Zugangseröffnung, elektronischen Bekanntgabe und Zustellung: *Boehme-Neßler* NVwZ 2007, 650 ff.; *Weidemann/Barthel* DVP 2010, 486 ff.; *Binder* NVwZ 2016, 342 ff.; zur Justiz im digitalen Zeitalter: *Jandt* NJW 2015, 1205 ff.; *Bernhardt* NJW 2015, 2775 ff.; *Sorge/Krüger* NJW 2015, 2764 ff.
552 ABl. EU 2006 Nr. L 376 S. 36 ff.
553 Zu verschiedenen Einzelaspekten: *Schliesky* LKV 2005, 89 ff.; *Windoffer* NVwZ 2007, 495 ff.; *Knopp* LKRZ 2007, 251 ff.; *Palige* GewArch 2007, 273 ff.; *Dürr* GewArch 2008, 25 ff.; *Rost* RDV 2008, 231 ff.; *Ziekow* WiVerw 2008, 176 ff.; *Eisenmenger* NVwZ 2008, 1191 ff.; *Asghari/Pautsch* DVP 2008, 489 ff.; *Schmitz/Prell* NVwZ 2009, 1 ff.; *Schulz* DVBl. 2009, 12 ff.; *Bernhardt* GewArch 2009, 10 ff.

von den Ländern umgesetzt werden. Im Saarland[554] sind Träger des EA die Industrie- und Handelskammer, Handwerkskammer, Ingenieurkammer, Architektenkammer, Steuerberaterkammer, Rechtsanwaltskammer und Tierärztekammer. Diese bilden eine einheitliche Stelle und handeln durch eine gemeinsam errichtete und betriebene Geschäftsstelle. Zur weiteren Umsetzung der DLRL wurde mit §§ 71a–71e SVwVfG ein spezieller Abschnitt zum **Verfahren über eine einheitliche Stelle** in das Verwaltungsverfahrensrecht aufgenommen.[555] Soweit durch Rechtsvorschrift auf diese Verfahrensart verwiesen wird, ist das Verfahren **auf Verlangen zwingend in elektronischer Form** abzuwickeln (§ 71e S. 1 SVwVfG). Die Genehmigungsfiktion ist in § 42a SVwVfG geregelt. Diese Rechtsfigur kommt aber nur zur Anwendung, wenn dies im Fachrecht angeordnet wird, zB in § 64 III 5 LBO. Mangels abweichender Regelung beträgt die Entscheidungsfrist drei Monate (§ 42a II 1 SVwVfG). Die Pflicht zur **Normenprüfung** hinsichtlich des sachlichen Anwendungsbereiches der DLRL betrifft im Gemeindebereich **Satzungen** und **Polizeiverordnungen**. Im statistischen Schnitt hat jede Gemeinde ca. 20 Satzungen. Keine Richtlinienrelevanz haben innerorganisatorische Rechtsquellen wie Hauptsatzungen oder Satzungen über die Errichtung von Eigenbetrieben. Diskriminierungsrelevante Tatbestände finden sich allenfalls in Bebauungsplänen mit der Zulassung von Bauprodukten sowie in Satzungen über den Zugang zu öffentlichen Einrichtungen (Friedhof, Markt). Für die Normenprüfung ist jede einzelne Gebietskörperschaft zuständig.

Inhaltlich verknüpft mit der Idee des EA ist das Projekt einer **einheitlichen Behördenrufnummer**. Unter der Telefonnummer 115 können inzwischen in der Landeshauptstadt Saarbrücken, im Saarpfalzkreis, im Landkreis Merzig-Wadern sowie einer Reihe weiterer Gemeinden unabhängig von Zuständigkeiten Auskünfte zu Dienstleistungsangeboten erfragt werden (zB Öffnungszeiten, Antragsvoraussetzungen für Verwaltungsverfahren). Dieser sog. D115-Verbund wurde von Bund, Ländern und Gemeinden gemeinsam entwickelt. Er konzentriert sich in seinen telefonischen Dienstleistungszentren auf die am häufigsten nachgefragten Leistungen der Kommunen. Langfristig soll ein Großteil der eingehenden Anrufe ohne Weitervermittlung im Erstkontakt abschließend erledigt werden. Ohne eigens dafür geschaffene Rechtsgrundlage operiert D115 als **schlicht-hoheitliche Vermittlungstätigkeit** der beteiligten Behörden. 178

XV. Gemeindliche Einrichtungen

1. Errichtung und Widmung

Im Rahmen der **Daseinsvorsorge** investieren die Gemeinden in öffentliche Einrichtungen und tragen den Betriebs- und Unterhaltungsaufwand. Dem durch Gemeindelasten beschwerten örtlichen Personenkreis wird als Teilkompensation ein **bevorzugtes Benutzungsrecht** dieser Einrichtungen eingeräumt. Gem. § 19 I KSVG sind die **Einwohner der Gemeinde** (s. § 18 I KSVG) im Rahmen der bestehenden Vorschriften **berech-** 179

---

554 *Hunsicker* SKZ 2008, 310, 311.
555 G v. 10.2.2010 (Amtsbl. I S. 23); zu Umsetzungsfragen: *Hunsicker* SKZ 2008, 310 ff.; *Schliesky* DVP 2010, 266 ff.; *Frölich/Carra* LKRZ 2010, 252 ff.; *Sicko* LKRZ 2010, 331 ff.

tigt, öffentliche Einrichtungen der Gemeinde zu benutzen. Prinzipiell besteht dieser Anspruch gem. § 19 III KSVG auch für **juristische Personen und nicht rechtsfähige Personenvereinigungen**, wenn sie ihren Sitz im Gemeindegebiet haben.[556] Eine Einrichtung erfordert organisatorisch einen Sachgegenstand von gewisser Stetigkeit. Für eine öffentliche Einrichtung ist kennzeichnend, dass eine Gemeinde eine in ihren Wirkungskreis fallende Aufgabe dadurch erfüllt, dass eine **sachliche, personelle oder organisatorische Einheit** zur Benutzung zur Verfügung stellt.[557] Ohne Relevanz ist, ob die Benutzung der Einrichtung öffentlich-rechtlich oder privatrechtlich geregelt ist, oder ob die Einrichtung von der Gemeinde verselbständigt durch eine juristische Person des Privatrechts betrieben wird. Auch in der letzten Konstellation ist eine öffentliche Einrichtung gegeben, wenn die Kommune durch Ausübungs- und Weisungsrechte die Zweckbindung der Einrichtung durchsetzen kann.[558] Unerlässliche Voraussetzung für eine öffentliche Einrichtung ist deren **Widmung** für einen bestimmten Zweck.[559] Für die Widmung wird in aller Regel keine bestimmte Form vorgeschrieben. Sie kann daher durch kommunale Satzung, Erklärung des Bürgermeisters oder konkludent im Wege faktischer Indienststellung, zB durch die Bereitstellung eines Schwimmbades zur Benutzung, erfolgen.[560] Im Einzelfall kann es sich bei der Widmung um einen dinglichen Verwaltungsakt handeln. Entsprechendes gilt für die Entwidmung als actus contrarius.[561] Nach all dem ist also unter einer öffentlichen Einrichtung eine **Zusammenfassung von Personen- und Sachmitteln** zu verstehen, die im öffentlichen Interesse unterhalten und durch einen **gemeindlichen Widmungsakt** der Benutzung durch Gemeindeangehörige zugänglich gemacht wird.[562] Im gemeindlichen Innenverhältnis sind Errichtung, Übernahme und Erweiterung – und selbstverständlich Schließung – derartiger Einrichtungen **vorbehaltene Ratsangelegenheiten** (§ 35 S. 1 Nr. 19 KSVG). Bei öffentlichen Einrichtungen im Gemeindebezirk ist zuvor der Orts-/Bezirksrat anzuhören (§ 73 II 1 Nr. 4 KSVG). Individualansprüche auf Begründung oder Unterlassung öffentlicher Einrichtungen bestehen nicht.[563]

2. Einzelfälle gemeindlicher Einrichtungen

180 Keine öffentlichen Einrichtungen sind ausschließlich dem **verwaltungsinternen Gebrauch** dienende Nutzungsgegenstände (Rathaus, Fuhrpark, Friedhofsgärtnerei). Rathausfestsaal, Rathausbalkon und Rathausflure können bei stetiger Fremdüberlassung den Charakter öffentlicher Einrichtungen erlangen.[564] Wegen ihrer gleichberechtigten und zulassungsfreien Nutzung für jedermann werden **Gemeindestraßen** nicht zu den

---

556 S. dazu OVG d. Saarl., Beschl. v. 9.2.2009 – 11 L 54/09 – juris.
557 NdsOVG, Beschl. v. 27.5.2022 – 10 ME 71/22, Rn. 13 – juris.
558 NdsOVG, Beschl. v. 27.5.2022 – 10 ME 71/22, Rn. 16 – juris.
559 Dazu, dass die Beschränkung des Widmungsumfangs einer kommunalen öffentlichen Einrichtung, die deren Nutzung allein aufgrund der Befassung mit einem bestimmten Thema ausschließt, gegen die Meinungsfreiheit aus Art. 5 I 1 GG verstößt, BVerwG, GewArch 2022, 236 f.
560 NdsOVG, Beschl. v. 27.5.2022 – 10 ME 71/22, Rn. 14 – juris; VGH Bad.-Württ., Beschl. v. 17.8.2021 – 2 S 2909/20, Rn. 61 – juris; s.a. *Spitzlei* JA 2020, 372.
561 HessVGH, NVwZ 1989, 779, 780.
562 *Burgi*, KommR, § 16 Rn. 5; *Geis*, KommR, § 10 Rn. 12; *Schoch* NVwZ 2016, 257, 259 ff.; *Haurand* DVP 2016, 381.
563 HessVGH, NJW 1979, 886, 887; VGH Bad.-Württ., NVwZ-RR 1990, 502 f.
564 OVG NRW, DVBl. 1971, 218.

öffentlichen Einrichtungen gezählt. Volksfeste,[565] Messen, Ausstellungen und **Märkte** können gewerberechtlich festgesetzt werden (§ 69 GewO). Da § 70 Abs. 1 GewO an jedermann einen Teilnahmeanspruch verleiht, verdrängt nach wohl hM diese Vorschrift den Zugangsanspruch zu gemeindlichen Einrichtungen,[566] nach aA sollen die Vorschriften dagegen wegen unterschiedlicher Regelungsgegenstände nebeneinander anwendbar sein.[567] Hier muss zwischen der **gemeindlichen Veranstaltungs-** und der **(staatlichen) gewerberechtlichen Festsetzungskompetenz** unterschieden werden.[568]

Gemeindliche Einrichtungen sind bei entsprechender **Widmung im Einzelfall**:   181

- **Schule und Kultur:** Theater, Museum, Schule, Bibliothek, Internet-Café.
- **Sport und Freizeit:** Veranstaltungsörtlichkeiten wie Hallen, Festwiesen, Grillplätze, Zirkusplätze, Schwimm- und Hallenbäder, die kommunale Sauna,[569] Sporteinrichtungen aller Sparten einschließlich Skateboardanlagen,[570] Parks, Stadtkino, Zoo.
- **Ver- und Entsorgung:** Entwässerungs-, Versorgungs-, Entsorgungs- und Verkehrseinrichtungen, Großmarkt, Schlachthof.
- **Soziales:** Krankenhaus, Jugendheim, Kinderbetreuungseinrichtungen, Altenbegegnungsstätte, Friedhof, Asylbewerberheim, Leichenhalle.[571]
- **Informationsdienste:** Städtische Informationsbroschüre in Bezug auf ihren Werbeteil,[572] Internetangebote und Querverweise („Links"),[573] **offenes Gemeinde-WLAN**[574], Gemeindliche Amtsblätter,[575] Plakatanschlagtafeln aufgrund von Werbenutzungsverträgen.[576] **Werbenutzungsverträge** zwischen der Gemeinde und Plakatanschlagunternehmen sind **öffentlich-rechtlich**, wenn sie generalisierbare **Teile der Sondernutzungserlaubnisse** enthalten.[577]

3. Wahlfreiheit der Organisation

Nach dem Grundsatz der **Formenfreiheit**[578] kann die Gemeinde bei Vorliegen der spe-   182
zifischen Voraussetzungen folgende **Organisationsformen** für ihre gemeindlichen Einrichtungen wählen: den unselbstständigen Regiebetrieb (zB Badeanstalt), das (nicht)wirtschaftliche Unternehmen oder das sonstige Unternehmen ohne eigene Rechtspersönlichkeit mit Sonderrechnung (§§ 108 ff. KSVG; zB Wasserwerk, Rechenzentrum), die gemeindeeigene oder beauftragte **Kapitalgesellschaft** (GmbH, GmbH & Co. KG, AG). Einrichtungen mit nur geringem Aufwand werden ohne zusätzliche organisatorische Vorkehrungen durch bestehende Verwaltungseinheiten miterledigt (zB

---

565 BayVGH, NVwZ-RR 1988, 71 ff.
566 *Spitzlei* JA 2020, 372, 374; OVG Lüneburg, GewArch 2005, 258.
567 *Pielow*, in: BeckOK GewO, § 70 Rn. 61.1.
568 *Wirth*, Marktverkehr, Marktfestsetzung, Marktfreiheit, 1985, S. 55; OVG d. Saarl., GewArch 1992, 236 f. = SKZ 1992, 16 ff.
569 OVG NRW, NVwZ 1986, 1045 ff.
570 *Wohlfarth* SKZ 1992, 70 ff.
571 ThürOVG, GewArch 1998, 26.
572 VG Minden, NJW 1992, 523 f.
573 *Frey* DÖV 2005, 411 ff.; *Frevert/Wagner* NVwZ 2011, 76 ff.
574 *Wohlfarth*, SKZ 2016, 128; zur Störerhaftung: *Borges* NJW 2014, 2305; *Obergfell* NJW 2016, 910; *Spindler* NJW 2016, 2449; BGH, NJW 2016, 942, 950 ff.); EuGH, Urt. v. 15.9.2016 – C-484/14.
575 *Spanke* SKZ 2009, 7.
576 VGH Bad.-Württ., ESVGH 23, 26, 27.
577 *Wohlfarth* NVwZ 1997, 749, 750; BremOLG, NVwZ-RR 2015, 878.
578 *Hauser*, Die Wahl der Organisationsform kommunaler Einrichtungen, 1987; *Ehlers* DÖV 1986, 897 ff.

Internetangebote). Soll die Einrichtung dem öffentlichen Recht unterstellt werden, beschließen die Gemeinden oftmals entsprechende **Benutzungssatzungen** (§ 12 KSVG). Bei einer öffentlich-rechtlich betriebenen Einrichtung ergeht die Entscheidung über das „Ob" der Zulassung durch Verwaltungsakt (§ 35 SVwVfG). Hinsichtlich des „Wie" der Benutzung steht es dem hoheitlichen Träger der Einrichtung frei, ob er das Benutzungsverhältnis öffentlich-rechtlich oder privatrechtlich ausgestaltet.[579] Bei der Wahl der Privatrechtsform wird ein **zivilrechtlicher Vertrag** abgeschlossen, der in Form von Allgemeinen Geschäftsbedingungen (AGB) die Benutzungsordnung in das Rechtsgeschäft einbezieht (§ 305 BGB). Ein privatrechtlich organisierter Einrichtungsträger – zB die gemeindliche Betriebsgesellschaft mbH – agiert auf der Grundlage des Privatrechts. Es gelten **Verwaltungsprivatrecht** sowie die **Grundrechte**.[580]

183 **Rechtsansprüche** auf die Benutzung gemeindlicher Einrichtungen haben die Einwohner, die örtlichen juristischen Personen und Personenvereinigungen (§ 19 I, III KSVG). Damit können sich auch Parteigliederungen, die ihren Sitz im Gemeindegebiet haben, auf den Zulassungsanspruch zu öffentlichen Einrichtungen im Umfang der Widmung berufen.[581] Nicht in der Gemeinde wohnende Grundbesitzer und Gewerbetreibende werden hinsichtlich der sie betreffenden Einrichtungen den Einwohnern gleichgestellt (§ 19 II KSVG). Grds. keine Nutzungsrechte, sondern **Nutzungsmöglichkeiten** haben Auswärtige. Das BVerfG hat entschieden, dass die Gemeinden ihre Einwohner beim Zugang zu einer öffentlichen Einrichtung durchaus bevorzugen dürfen, sofern sich eine solche Ungleichbehandlung aus mit dem Wohnort untrennbar zusammenhängenden Gründen sachlich rechtfertigen lässt. Bei einem auf Überregionalität angelegten Vermarktungskonzept der Einrichtung – man denke etwa an ein Spaßbad – ohne besonderen Bezug zur örtlichen Gemeinschaft müssen dagegen auch Nichteinwohner aus Gründen des Art. 3 I GG nach denselben Grundsätzen wie die Gemeindeeinwohner Zugang zur öffentlichen Einrichtung erhalten.[582] **Benutzungspflichten** bestehen nach Anordnung eines Anschluss- und Benutzungszwangs (zB § 22 KSVG). Einige wichtige bundesrechtliche Spezialvorschriften verdrängen § 19 I KSVG. Nach § 70 I GewO[583] haben die zu dem Teilnehmerkreis einer **festgesetzten Veranstaltung** gehörenden Gewerbetreibenden eine Zugangsberechtigung. Stellt eine Gemeinde eine öffentliche Einrichtung infolge einer entsprechenden, auch konkludenten Widmung politischen Parteien für die Durchführung zur Verfügung, kommt infolgedessen der Gleichbehandlungsanspruch aus § 5 I 1 PartG iVm Art. 21 GG zur Anwendung.[584] Die Nutzung einer öffentlichen Einrichtung darf deshalb nicht nur den im Gemeinderat vertretenen Parteien und Gruppierungen zur Verfügung gestellt werden.[585] Energieversorgungsunternehmen haben eine allgemeine Anschluss- und Grundversor-

---

579 S. dazu näher BVerwG, NVwZ 2005, 1072 (1073); VGH Bad.-Württ., VBlBW 2009, 233; *Sodan/Ziekow*, Grundkurs Öffentl. Recht, 9. Aufl. 2020, § 67 Rn. 20.
580 BVerfGE 7, 198, 205 f.; BGH, NJW 2006, 1054 f.; VGH Bad.-Württ., VBlBW 2009, 233, 234.
581 VG d. Saarl., Beschl. v. 9.2.2009, Az. 11 L 54/09.
582 BVerfG NJW 2016, 3153, 3155 f.
583 S. Fn. 596.
584 NdsOVG, Beschl. v. 27.5.2022 – 10 ME 71/22, Rn. 16 – juris; OVG NRW, NJW 2021, 3673, 3674 Rn. 5.
585 BayVGH, NVwZ-RR 2019, 191.

gungspflicht (§§ 18, 36 des Energiewirtschaftsgesetzes – EnWG). Die Verkehrsbetriebe trifft eine Beförderungspflicht (§ 22 des Personenbeförderungsgesetzes – PBefG).

4. Anspruchsverpflichtung und Rechtsweg

Schuldnerin des öffentlich-rechtlichen Zulassungsanspruches aus § 19 KSVG ist immer die **Gemeinde**. Unabhängig von der konkreten Ausgestaltung des Nutzungsverhältnisses ist der gegen die Gemeinde gerichtete, auf Sonderrecht basierende Anspruch hinsichtlich des „Ob" der Zulassung zur öffentlichen Einrichtung im nach § 40 I 1 VwGO eröffneten Verwaltungsrechtsweg[586] durch Verpflichtungsklage (§ 42 I F. 2 VwGO) geltend zu machen. Befindet sich die Einrichtung dagegen **in privater Trägerschaft**, kann gegen die GmbH oder AG selbst nicht vor den Verwaltungsgerichten geklagt werden. Geht der Einzelne jedoch gegen die Gemeinde vor, richtet sich der aus § 19 KSVG folgende Zulassungsanspruch in dieser Konstellation nicht unmittelbar auf Erlass eines zulassenden Verwaltungsakts, sondern darauf, dass die Gemeinde von ihren Einwirkungsmöglichkeiten auf den privaten Träger, also die AG oder GmbH, Gebrauch machen soll.[587] Der Zulassungsanspruch ist dann mit der **allgemeinen Leistungsklage** verfolgbar.[588] Bei der Veranstaltung von **Parteitagen** in gemeindlichen Einrichtungen können Probleme entstehen. § 5 PartG verpflichtet zur Gleichbehandlung, nicht zur Zulassung. Bei einem von einem Ortsverband einer Partei ausgerichteten Bundesparteitag ist der **örtliche Bezug fraglich**.[589] Bundes- und Landesparteien sind den juristischen Personen gleichgestellt und daher nach § 61 Nr. 1 VwGO beteiligtenfähig (§ 3 PartG). Ortsvereine müssen sich daher auf § 61 Nr. 2 VwGO als Personenvereinigungen berufen.[590]

184

5. Nutzungsgrenzen

Bei Streitigkeiten **aus** dem Benutzungsverhältnis ist auf die Rechtsform der Einrichtung abzustellen. Nach der **Zweistufentheorie** ist das „Ob" der Benutzung gemeinde- und damit öffentlich-rechtlich, wohingegen das „Wie" auch privatrechtlich ausgestaltet sein kann. Der Zulassungsanspruch gilt nur für Einwohner, ihnen gleichgestellte Personen und Personenvereinigungen (§ 19 I, III KSVG). Der Zugang juristischer Personen und nicht rechtsfähiger Personenvereinigungen verlangt, dass diese ihren **Sitz im Gemeindegebiet** haben und dort auch der **räumliche Schwerpunkt** ihrer Tätigkeit liegt (Sitztheorie).[591] Neben dem sich aus Satzung, Allgemeinen Geschäftsbedingungen oder konkludent ergebenden **Nutzungszweck** der Einrichtung ist die **Erschöpfung vorhandener Kapazität** der wichtigste Ausschließungsgrund. Die Konkurrenz gleichwertiger Ansprüche klärt sich nach dem Ancienitätsprinzip der Antragsstellung. Die Festlegung von **Vergabekriterien** im gemeindlichen Innenverhältnis ist **Ratsangelegenheit** (§ 35 S. 1 Nr. 19 KSVG). Die Zulassungsentscheidung trifft der Bürgermeister (§ 59 III

185

---

586 BVerwG, NJW 1990, 134, 135; OVG d. Saarl., Beschl. v. 18.3.2018 – 2 E 120/18, Rn. 4 – juris.
587 BVerwG, NVwZ 1991, 59; BVerwG, Urt. v. 20.1.2022 – 8 C 35/20, Rn. 14 juris; OVG Berlin, NVwZ-RR 1993, 319 f.; VGH Bad.-Württ., VBlBW 2009, 233.
588 *Burgi*, KommR, § 16 Rn. 38 f.; VG Arnsberg, DVP 2008, 212.
589 VGH Bad.-Württ., NVwZ-RR 1988, 43 ff.
590 S. dazu auch VGH Bad.-Württ., VBlBW 2009, 233, 234 f.
591 VGH Bad.-Württ., NVwZ-RR 1989, 135 ff.

KSVG). Bei der Zulassung von Sportvereinen für die Nutzung eines Hallenbades ist das sonst taugliche Kriterium „bekannt und bewährt" sachfremd.[592] Der Anspruch aus § 19 I KSVG besteht nur „im Rahmen der bestehenden Rechtsvorschriften". Daher ist die Überlassung insbesondere bei der Verletzung von Strafvorschriften ausgeschlossen, wofür es jedoch der Feststellung entsprechender Tatsachen bedarf.[593] Die Gefahr von Beschädigungen der Einrichtung durch gewalttätige Gegendemonstrationen berechtigt nur dann zur Versagung der Nutzung der Einrichtung, wenn aufgrund konkreter Anhaltspunkte eine Störung der öffentlichen Sicherheit oder Ordnung mit an Sicherheit grenzender Wahrscheinlichkeit zu erwarten ist und es keine anderen Möglichkeiten zur Gefahrenabwehr gibt (= Voraussetzungen des polizeilichen Notstands).[594] Problematisch wegen der Versammlungsfreiheit (Art. 8 I GG) ist die Benutzungseinschränkung auf Zusammenkünfte mit rechtmäßigen Zielsetzungen. Gemeindeeinrichtungen durften für **Boykottaufrufe** gegen die Volkszählung verweigert werden.[595] Bei der Vergabe einer Einrichtung an kommerzielle Veranstalter ist die Gemeinde dem Grundsatz der **Wettbewerbsneutralität** verpflichtet.[596] Die **widmungsfremde Überlassung** von Schulhallen zu Übernachtungszwecken bei großen Veranstaltungen kann generell abgelehnt werden.[597] Auftrittverbote für **Wildtiere** in Zirkusvorstellungen auf gemeindlichen Veranstaltungsplätzen verletzen die Freiheit der Berufsausübung der Zirkusunternehmer.[598] Die Ablehnung eines reisenden Zirkusunternehmens mit einer Erlaubnis nach § 11 I 1 Nr. 8d TierSchG lässt sich mit dem Vorrang von § 11 TierSchG sowie des Gesetzesvorbehalts nicht vereinbaren.[599] Eine Vergabeentscheidung darf nicht vom Widerruf oder der Verpflichtung zur Unterlassung einer politischen Äußerung abhängig gemacht werden.[600] Bei schadensgeneigten Veranstaltungen kann die Gemeinde die Zulassung daran knüpfen, dass der Veranstalter die **Haftung für Schäden** am Gebäude und Inventar übernimmt.[601] **Festveranstaltungen** – zB das Oktoberfest in München und das **Saarspektakel** in Saarbrücken – können außerhalb einer gewerberechtlichen Festsetzung als Gemeindeeinrichtungen durchgeführt werden (Art. 21 I BayGO bzw. § 19 I KSVG). Bezweckt wird mit diesem kommunalrechtlichen Modell auch die Förderung heimischer Produkte sowie der örtlichen Gewerbetreibenden (§ 19 II KSVG)[602]. Auswärtige Beschicker haben keinen Anspruch auf Zulassung, sondern nur eine Teilnahmemöglichkeit bei vorhandener Kapazität. Auch **nicht verbotene Außenseiterparteien** haben einen Anspruch auf Gleichbehand-

---

[592] BayVGH, BayVBl. 1997, 694, 695.
[593] OVG d. Saarl., Beschl. v. 5.4.2018 – 2 B 136/18, Rn. 7 – juris.
[594] *Meyer* Jura 2021, 1450; s.a. BayVGH, BayVBl. 1988, 497, 498.
[595] VGH Bad.-Württ., NJW 1987, 2698, 2699; BayVGH, BayVBl. 1987, 403; kein Ablehnungsgrund sind Zusammenkünfte im Rahmen der BDS-Kampagne gegen Israel („Boycott, Divestment, Sanction"): BayVGH, BeckRS 2020, 32734; vgl. auch *Heusch/Dickten* NVwZ 2020, 358 ff.
[596] HessVGH, NJW 1987, 145, 147.
[597] VGH Bad.-Württ., DÖV 1989, 30, 31.
[598] VG Chemnitz, Beschl. v. 30.7.2008 – 1 L 206/08, Rn. 22 – juris; VG Darmstadt, LKRZ 2013, 289.
[599] OVG Lüneburg, NVwZ 2017, 729 f.
[600] VGH Bad.-Württ., NVwZ 1990, 93, 94.
[601] VGH Bad.-Württ., DÖV 1990, 792 f.
[602] BayVGH, NVwZ-RR 1999, 574 f.; *Spannowsky* GewArch 1995, 265; *Kniesel* GewArch 2013, 270; *Windoffer* GewArch 2013, 265.

lung bei der Überlassung gemeindeeigener Hallen (§ 5 PartG).[603] Einer nicht verbotenen Partei[604] darf nicht durch Auflage (§ 36 SVwVfG) ein Werbeverbot für die beabsichtigte Veranstaltung aufgegeben werden.[605] Da die Entscheidung über die Verfassungswidrigkeit und Auflösung einer Partei dem BVerfG obliegt (Stichwort: „Parteienprivileg"), ist es dem Gemeinderat oder Bürgermeister verwehrt, den Zugang einer Partei zu einer öffentlichen Einrichtung wegen ihrer Verfassungswidrigkeit abzulehnen.[606] Kreisangehörige Gemeinden können im Auftrag des örtlichen Trägers der Jugendhilfe **Kindertageseinrichtungen** betreiben.[607] Bei Kindern zwischen dem ersten und dritten Lebensjahr besteht ein bereichsspezifischer Anspruch auf einen **Betreuungsplatz** (§ 24 II 1 SGB VIII).[608] Im Fall eines gescheiterten Zuteilungsantrages gibt die Rechtsprechung[609] einen Aufwendungsersatzanspruch für die Mehrkosten bspw. einer anderen Unterbringung (§ 36a III 1 SGB VIII analog). Außerdem steht den Eltern ein Amtshaftungsanspruch auch in Bezug auf den ihnen entstandenen Verdienstausfallschaden zu.[610] Die Benachteiligung auswärtiger Besucher eines überregional ausgerichteten Freizeitbades durch eine diskriminierende Preisgestaltung ist mit Art. 3 I GG unvereinbar.[611] Burkini- und Neoprenbadebekleidung muss gleichbehandelt werden.[612]

6. Gewerberechtliche Zulassung

Vor allem bei Volksfesten und Märkten[613] jeder Art ist die Gemeinde oft **Veranstalterin** (§ 5 II KSVG) und **gewerberechtliche Festsetzungsbehörde** (§ 69 GewO[614]). Die Festsetzung verpflichtet zur Durchführung und legt die Veranstaltung nach Gegenstand, Dauer, Öffnungszeiten und Örtlichkeit fest (§ 69 I, II GewO). Es muss eine **Vielzahl von Anbietern** vertreten sein – etwa ein Dutzend oder mehr. Entsprechend der Geltung der GewO geht es um **gewerbliche** und nicht private Anbieter. Die Zulassung privater Anbieter auf festgesetzten Märkten ist aber dennoch möglich. Gewerberechtliche Verpflichtungen gelten dann aber nicht für die Privaten. Die Gemeinde darf auch außerhalb der GewO **Privatmärkte** durchführen. Dann entfallen allerdings die

---

603 VGH Bad.-Württ., DÖV 1994, 569 f.; NdsOVG, NVwZ-RR 2007, 363; OVG d. Saarl., Beschl. v. 18.2.2009 – 3 B 33/09, NVwZ-RR 2009, 533 ff. = SKZ 2009, 70 f.; NdsOVG, DVBl. 2011, 717 (nur Leitsatz); VG Neustadt, LKRZ 2012, 36; zur Überlassung eines Sitzungssaales im Rathaus während der Wahlkampfzeiten: VG Düsseldorf, JuS 2009, 856; zur Festsaalnutzung eines Einzelmandatsträgers: OVG d. Saarl., LKRZ 2015, 103; SVerfGH, NVwZ-RR 2016, 641 ff.; zur Chancengleichheit von Parteien: OVG SachsAnh., BeckRS 2018, 25151; VG Münster, BeckRS 2020, 18438; BVerfG, BeckRS 2019, 5260.
604 Zur Überlassung von Räumen an Parteien oder politische Gruppierungen: *Vollmer* DVBl. 1981, 1087 ff.; *Gassner* VerwArch 85 (1994), 533 ff.; *März* BayVBl. 1992, 97 ff.; *Brand* BayVBl. 2001, 104 ff., *Waldhoff* JuS 2012, 383 ff.; OVG SachsAnh., DVP 2012, 127; BayVGH, NJW 2012, 1095 f.
605 VGH Bad.-Württ., DÖV 1990, 792 f.
606 OVG d. Saarl., NVwZ-RR 2009, 533, 534; s.a. VGH Bad.-Württ., VBlBW 2009, 233, 235; vgl. auch NdsOVG, DVBl. 2011, 717 (nur Leitsatz); OVG Sachs.-Anh., NVwZ-RR 2011, 150.
607 BayVGH, NJW 2013, 249.
608 *Rixen* NJW 2012, 2839.
609 BVerwG, NJW 2014, 1256; BayVGH, Urt. v. 22.7.2016 – 12 BV 15.719 – juris (Kosten für „Luxus-Kita"); OVG NRW, Urt. v. 2.6.2022 – 12 A 3520/19, Rn. 62 – juris; *Schübel/Pfister* NJW 2014, 1216; SächsOVG, NVwZ-RR 2021, 588.
610 BGH, DVBl. 2017, 58, 61 Rn. 33 ff.
611 BVerfG, NJW 2016, 3153.
612 OVG Rh.-Pf., NVwZ 2020, 170.
613 Zu aktuellen Entwicklungen beim Wochenmarkt (§ 67 GewO): *Schwarz* GewArch 2015, 289.
614 S. dazu und zum Folgenden die Bem. in Fn. 599.

gewerberechtlichen Marktprivilegien.[615] Eine „**Selbstfestsetzung**" einer Gemeinde zu ihren Gunsten ist trotz Fehlens eines Außenverhältnisses wegen der gewerberechtlichen Folgen für den Anbieterkreis ein **Verwaltungsakt** (§ 35 S. 1 SVwVfG).[616] Jeder dem Teilnehmerkreis der festgesetzten Veranstaltung angehörender Anbieter ist zur Teilnahme an der Veranstaltung berechtigt. Der Veranstalter kann – vor allem bei einem **Nachfrageüberhang** – den Zugang beschränken (§ 70 I, II, III GewO). Die Auswahl muss dabei auf der Grundlage transparenter und nachvollziehbarer Kriterien erfolgen. Im Falle öffentlich bekannt gemachter Ausschreibungsbedingungen ergibt sich daraus für die Bewerber aufgrund der Selbstbindung ein Anspruch auf Gleichbehandlung und Einhaltung der verlautbarten Bedingungen.[617] Materielle Auswahlkriterien sind meistens **Bekanntheit, Bewährung** in der Vergangenheit – diese Vergabepraxis ist aber nur zulässig, wenn noch Raum für die Zulassung **neuer Bewerber** bleibt –[618] sowie die **Attraktivität** der Leistungen oder Waren des Bewerbers.[619] Bei der Gewichtung einzelner Merkmale im Rahmen einer Auswahlentscheidung besteht ein nur beschränkt überprüfbarer Spielraum.[620] Die Auswahlentscheidungen sind auch im Rotationsverfahren[621] sowie durch Los möglich.[622] Bei Gemeindeveranstaltungen sind die Auswahlkriterien vom **Rat** festzulegen (§ 35 Nr. 19 KSVG).[623] Auswahlentscheidungen dürfen weder auf Verwaltungshelfer noch gemischt-besetzte Kommissionen übertragen werden.[624] Entgegen BVerwG[625] kann selbst ein traditioneller (Weihnachts-)Markt aufgegeben oder privatisiert werden.[626] Ein Weiterbetrieb lässt sich durch die Vergabe einer **Dienstleistungskonzession** ermöglichen (§ 105 I Nr. 2 GWB).[627] Keine Dienstleistungskonzessionen sind die Marktfestsetzung selbst (§ 69 I GewO)[628] sowie die Zulassung der Beschicker zu Volksfesten und Märkten. Zum Schutz vor **Geräuschimmissionen** durch (gemeindliche) **Volksfeste** hat das Saarland Rechtsverordnungen erlassen.[629]

---

615 HessVGH, NVwZ-RR 2005, 425, 426.
616 HessVGH, NVwZ-RR 2003, 345 f.; *Steinweg* GewArch 2004, 101, 102.
617 OVG NRW, Urt. v. 19.9.2019 – 4 A 2129, Rn. 65, 99 – juris.
618 BayVGH, NVwZ-RR 2003, 837; VG Gießen, GewArch 2005, 340, 341; OVG Rh.-Pf., LKRZ 2008, 477; zur Konkurrentenverdrängungsklage: NdsOVG, NVwZ-RR 2012, 594.
619 *Schalt* GewArch 2002, 137; *Heitsch* GewArch 2004, 225, 228; *Braun* NVwZ 2009, 747; *Donhauser* NVwZ 2010, 931.
620 BayVGH, NVwZ-RR 2015, 929; OVG Bremen, NVwZ-RR 2019, 1041; OVG Bremen, NVwZ-RR 2019, 555.
621 VG Lüneburg, NVwZ-RR 2004, 256, 257.
622 BVerwG, NVwZ-RR 2006, 786; NdsOVG, NVwZ-RR 2006, 177, 178.
623 BayVGH, NVwZ-RR 2003, 771, 772; VG Oldenburg, NVwZ-RR 2005, 128; OVG d. Saarl., NVwZ-RR 2010, 972.
624 BayVGH, NVwZ-RR 2004, 599, 600; VG Stuttgart, NVwZ 2007, 614 f.; VG Stuttgart, GewArch 2008, 302.
625 BVerwG, NVwZ 2009, 1305 (Offenbacher Weihnachtsmarkt).
626 Streitig: *Gröpl* GewArch 1995, 367; *Schoch* DVBl. 2009, 1533; *Katz* NVwZ 2010, 405; *Kahl/Weißenberger* LKRZ 2010, 81; *Windoffer* GewArch 2013, 265.
627 *Donhauser* NVwZ 2010, 931; VG Köln, NVwZ-RR 2009, 327; VG Hmb., GewArch 2013, 121.
628 OVG SachsAnh, NVwZ-RR 2017, 100.
629 VO zum Schutz vor Geräuschimmissionen durch Musikdarbietungen bei Volksfesten v. 10.6.2003 (Amtsbl. S. 1642); dazu: *Kiefer* LKRZ 2008, 410 ff.; vgl. auch die VO zum Schutz vor Geräuschimmissionen durch Außengastronomie v. 16.8.2011 (Amtsbl. S. 277) mit spät. Änd.

XVI. Wirtschaftliche Betätigung und privatrechtliche Beteiligung

1. Rechtlicher Ausgangspunkt

Zur gemeindlichen Selbstverwaltungsgarantie gehören das Recht und die Pflicht zur **Daseinsvorsorge** (Art. 28 II GG, Art. 117 III SVerf). Sie konkretisiert sich ua in der Schaffung **gemeindlicher Einrichtungen** (§ 19 KSVG). Handlungsmittel einer gemeindlichen Einrichtung ist heute oft ein **gemeindliches Unternehmen**. Die Begriffe Einrichtung und Unternehmen überschneiden sich. Ein Unternehmen ist wie eine öffentliche Einrichtung nur eine organisatorisch verfestigte Sacheinheit. Seine wirtschaftliche Betätigung zielt bei unmittelbarer oder wenigstens mittelbarer **öffentlicher Zweckverfolgung** auf die Herstellung, Verteilung von Waren sowie die Erbringung von Dienstleistungen. In Anbetracht des **Anwendungsvorrangs des Unionsrechts**[630] bestimmt dieses in Teilbereichen die Rechtsstellung öffentlicher Unternehmen.[631] Relevanz haben vor allem die Art. 14, 106, 107 ff., 345 AEUV. Art. 14 AEUV spricht **Dienste von allgemeinem wirtschaftlichen Interesse** an. Es geht um die Erbringung hochwertiger Dienste zu erschwinglichen Preisen. Auf **nichtwirtschaftliche Tätigkeiten** findet das Regime der Wettbewerbsregeln keine Anwendung. Dazu gehören nicht marktgängige Leistungen vor allem im Sozial- und Kulturbereich. Die finanzielle Unterstützung kommunaler Unternehmen durch die Trägergemeinde kann als **Beihilfe** (Art. 107 I AEUV)[632] bewertet werden. Zweifelsfragen sind über einen **Privatinvestortest**[633] zu klären. Zu prognostizieren ist, ob ein privater Investor von vergleichbarer Größe unter den gleichen Umständen sich wie die öffentliche Hand verhalten hätte. Eine unangemessene Begünstigung liegt nicht vor, wenn ein Kommunalunternehmen zur Erfüllung einer Gemeinwohlaufgabe im Wege eines öffentlichen Vergabeverfahrens betraut oder die Ausgleichshöhe in einer Vergleichsmarktanalyse ermittelt wurde. **Kommunalunternehmen** sind ungeachtet ihrer Rechtsform ab Erreichen der vergaberechtlich vorgegebenen Schwellenwerte **öffentliche Auftraggeber** (§ 99 Nr. 2; § 106 I, II GWB). Die Beauftragung von **Eigengesellschaften** mit einer Schwerpunkttätigkeit für die Gemeinde ist unter den Voraussetzungen des § 108 I GWB **vergaberechtsfrei**.[634] Das Recht der wirtschaftlichen Betätigung und privatrechtlichen Beteiligung ist in den §§ 108 ff. KSVG geregelt. Bei der Anzahl von 52 Gemeinden im Saarland ist die Menge der gegründeten Kommunalunternehmen beachtlich.

187

2. Unternehmenskategorien

a) Nichtwirtschaftliche Unternehmen

Per definitionem hat der Gesetzgeber die folgenden der **Daseinsvorsorge** zuzuordnenden Tätigkeiten als **nichtwirtschaftliche Betätigungen** erklärt und somit von den An-

188

---

630 Dazu *Gröpl*, Staatsrecht I, 13. Aufl. 2021, Rn. 855, 136.
631 S. dazu näher *Breuer* EurUP 2008, 258 ff.
632 *Elicker*, SKZ 2011, 2 ff.; auch zur „Betrauung" von Unternehmen mit der Wahrnehmung definierter Dienstleistungen von allg. wirtschaftlichen Interesse (Art. 106 II AEUV); zur Beihilfenrelevanz haushaltsrechtl. Billigkeitsmaßnahmen: *Reimer* NVwZ 2011, 263 ff. Im Anwendungsbereich der „De-minimis-VO" entfällt eine Notierungspflicht (VO 1998/2006 der Kommission vom 15.12.2006, Amtsbl. EU Nr. L379/5 vom 28.12.2006); zu Beispielen: *Sonder*, KommJuR 2013, 121; *Bulla* GewArch 2015, 247.
633 EuGH, NVwZ 2003, 461 ff.
634 S. zu den sog. Inhouse-Geschäften OLG Düsseldorf, Beschl. v. 27.5.2020 – VII-Verg 2/19, Rn. 2 – juris; zur Inhouse-Fähigkeit bei interkommunalen IT-Dienstleistern *Ahlers/Böhme* NZBau 2021, 433.

forderungen des § 108 KSVG ausgenommen: für Zwecke der Bildung und Erziehung, des Gesundheitsschutzes, des Sozialwesens, der Kultur, des Sports, der Erholung und Freizeitgestaltung, der Abfall- und Abwasserbeseitigung und des Umweltschutzes (§ 108 II Nr. 1 KSVG). Solche Betätigungen sind in der Tendenz defizitär und eignen sich selten für unternehmerisches Engagement. Die Gesetzesfiktion hat zwei Bedeutungen. Derartige Betätigungen sind **kommunalwirtschaftlich zulässig**. In ihrer Erscheinungsform bleiben sie der Verbandskompetenz unterworfen (§ 1 KSVG). Sie müssen das Lokalitätsprinzip und seine relative Öffnung im Rahmen der Kooperationshoheit (§ 10 KSVG) respektieren. Schließlich muss die Finanz- und Verwaltungskraft der Gemeinde die gewählte Dimension der Betätigung rechtfertigen. Als Bauträger tätige Gemeindeunternehmen operieren nur dann nichtwirtschaftlich, wenn die Art der Bebauung tatsächlich Zwecken der Daseinsvorsorge dient.[635] Auch die **fiktiv nichtwirtschaftliche Betätigung** lässt sich in der **Rechtsform der Kapitalgesellschaft** organisieren (§ 110 I KSVG). Von besonderen Zulassungsvoraussetzungen sind auch die **ausschließlich** der **Eigenbedarfsdeckung** dienenden Hilfsbetriebe kommunaler Körperschaften befreit (§ 108 II Nr. 2 KSVG). Ein Marktauftritt findet nicht statt. Solche **Hilfseinrichtungen** sind: Friedhofsgärtnerei, Schreinerei, Schlosserei, Kantine, Rathausdruckerei, gemeindlicher Fuhrpark.

b) Wirtschaftliche Unternehmen

189 Nach § 108 I 1 KSVG darf sich die Gemeinde nur unter den dort genannten Voraussetzungen wirtschaftlich betätigen. Indem die Terminologie des § 108 I 1 KSVG nunmehr auf die Betätigung und nicht mehr auf das Unternehmen abstellt, soll klargestellt werden, dass grundsätzlich jedes wirtschaftliche Tätigwerden unabhängig von der Rechtsform, der Organisationsstruktur oder vom Umfang der Betätigung an den Zulässigkeitsvoraussetzungen des § 108 KSVG zu messen ist.[636] Gem. § 108 I 3 KSVG gehört zur wirtschaftlichen Betätigung auch die Errichtung, Übernahme oder Erweiterung eines **wirtschaftlichen Unternehmens** sowie die Beteiligung und die Erweiterung der Beteiligung daran. Solche Unternehmen sind also den einschränkenden Zulässigkeitsvoraussetzungen des § 108 I KSVG unterworfen. **Wirtschaftlich** sind alle Betätigungen, die nicht ausdrücklich durch § 108 II Nr. 1 und 2 KSVG privilegiert sind und die auch von einem Privaten mit Gewinnerzielungsabsicht verfolgt werden könnten.[637] Zentrales Tatbestandsmerkmal zur Rechtfertigung eines solchen gemeindlichen wirtschaftlichen Unternehmens ist der **öffentliche Zweck** (§ 108 I 1 Nr. 1 KSVG). Dieser Begriff wird weit verstanden und umgreift nach herkömmlicher Ansicht jedweden im Aufgabenbereich der Gemeinde liegenden Gemeinwohlbelang. Dies ist insb. der Fall, wenn er sich aus einer pflichtigen oder freiwilligen **Gemeindeaufgabe** ergibt (§§ 1 ff., § 5 KSVG).[638] Nach § 108 I 4 KSVG entsprechen Tätigkeiten, mit denen die Gemeinde an dem vom Wettbewerb beherrschten Wirtschaftsleben teilnimmt, um aus-

---

635 VGH Bad.-Württ., NVwZ-RR 2013, 328; dazu *Lange* NVwZ 2014, 616; *Schulz/Fischer* GewArch 2014, 1.
636 LT-Drucks. 16/1715, S. 8.
637 S. die Legaldefinition in § 107 Abs. 1 S. 3 GemO NW; *Pünder/Dittmar*, Jura 2005, 760, 763.
638 OVG NRW, NVwZ 2008, 1031, 1035; *Stober* BB 1989, 716, 721; *Boysen* VR 1996, 73, 76; *Otting* DVBl. 1997, 1258 f.; *Schönershofen/Binder-Falcke* VR 1997, 109, 111; *Ehlers* DVBl. 1998, 497, 498 f.; *Hösch* DÖV 2000, 393, 400; *Schink* NVwZ 2002, 129, 132 f.; *Püttner* SKZ 2003, 9, 10 f.

schließlich Gewinn zu erzielen, keinem öffentlichen Zweck.[639] Für die leitungsgebundene Trinkwasser-, Strom-, Gas- und Wärmeversorgung fingiert § 108a I KSVG den öffentlichen Zweck. Wie sich aus dem Vergleich zu § 108a II KSVG ergibt, ist bei diesen Betätigungen die Subsidiaritätsklausel nicht zu prüfen und ausweislich der Materialien entfällt „die bisher bestehende drittschützende Wirkung des § 108 KSVG"[640]. Einrichtung und Betrieb von Telekommunikationsnetzen nebst Infrastruktur sind gleichfalls durch einen öffentlichen Zweck gerechtfertigt. In diesem Fall gilt eine abgewandelte Subsidiarität: diese Aufgabe darf nicht ebenso gut und wirtschaftlich durch einen Dritten erfüllt werden (§ 108a II 2 KSVG). Laut den Materialien wird auch insoweit an der strikten Subsidiarität und damit der drittschützenden Wirkung der Norm, die für die Klagebefugnis Privater zentral ist, beibehalten, „allerdings nur für den Fall, dass kein Privater tatsächlich tätig wird"[641]. Nach § 116 S. 2 KSVG sollen wirtschaftliche Unternehmen aber einen **Gewinn für den Haushalt** abwerfen, soweit dadurch die Erfüllung des öffentlichen Zwecks nicht beeinträchtigt wird. Der gemeindliche Errichtungsakt ist eine Zweckmäßigkeitsentscheidung mit Beurteilungsspielraum.[642]

Nach Art und Umfang muss die wirtschaftliche Betätigung in einem **angemessenen Verhältnis** zu der **Leistungsfähigkeit** der Gemeinde und zum voraussichtlichen **Bedarf** stehen (§ 108 I 1 Nr. 2 KSVG). Lokal nicht zu bewältigende Aufgaben sind entweder zu unterlassen oder durch Gemeindeverbände bzw. in kommunaler Gemeinschaftsarbeit wahrzunehmen. Das weitere Merkmal der **Schrankentrias** ist von großer Wichtigkeit. Der öffentliche Zweck darf **nicht ebenso gut** und **wirtschaftlich** durch einen **privaten Dritten** erfüllt werden oder erfüllt werden können (§ 108 I 1 Nr. 3 KSVG). Damit kommt eine **echte Subsidiaritätsklausel** zugunsten privater Anbieter zum Ausdruck.[643] Der Prognoseentscheidung des Rates (§ 35 S. 1 Nr. 19 KSVG) über eine wirtschaftliche Betätigung muss eine **Marktanalyse** zu Chancen und Risiken sowie Auswirkungen auf das **Handwerk** und die **mittelständische Wirtschaft** samt einer Darstellung zur Befähigung nach § 108 I 2 KSVG vorausgehen (§ 108 IV 1 KSVG). Den Kammern der gewerblichen Wirtschaft und der freien Berufe sowie der Arbeitskammer ist zuvor Gelegenheit zu einer Stellungnahme zu geben (§ 108 IV KSVG). Die Änderung des kommunalen Wirtschaftsrechts zum 12.3.2004 sah einen **Bestandsschutz für bestehende Unternehmen und Beteiligungen** vor (Art. 6 I des Gesetzes v. 8.10.2003[644]). Auf Antrag einer Gemeinde kann das Ministerium für Inneres, Bau und Sport im Einvernehmen mit dem Ministerium für Wirtschaft, Arbeit, Energie und Verkehr [jetzt: Ministerium für Wirtschaft, Innovation, Digitales und Energie] aus Gründen überwiegenden öffentlichen Interesses **Befreiung** von den Voraussetzungen des § 108 I–V

190

---

639 VerfGH Rh.-Pf., DVBl. 2000, 992, 994 f.; OVG NRW, NVwZ 2003, 1520, 1523; aA *Britz* NVwZ 2001, 380, 382.
640 LT-Drucks. 16/1715, S. 10.
641 LT-Drucks. 16/1715, S. 10.
642 BVerwGE 39, 329, 334; s. näher zum Beurteilungsspielraum OVG NRW, NVwZ 2008, 1031, 1035.
643 *Nospers*, SKZ 2005, 3; kritisch zu solcher Wettbewerbsbeschränkung: *Reck* DVBl. 2009, 1546 ff.; *Püttner* DVBl. 2010, 1189 ff.
644 Amtsbl. 2004, S. 594.

KSVG erteilen (§ 118 IV KSVG). Anlass dieser Gesetzesänderung[645] war das Projekt einer Seefischzucht auf einem stillgelegten Kokereigelände in Völklingen.[646] Ein festgestellter öffentlicher Zweck rechtfertigt auch mit der **Haupttätigkeit des Unternehmens verbundene Tätigkeiten**, die üblicherweise im Wettbewerb zusammen mit der Haupttätigkeit erbracht werden (§ 108 III 1 KSVG). In Anlehnung an die Subsidiaritätsklausel des § 108 I Nr. 3 KSVG sollen auch solche Tätigkeiten an private Dritte vergeben werden (§ 108 III 3 KSVG). Die Bestimmung erlaubt in liberalisierten Bereichen der Daseinsvorsorge entsprechend der **Kundenerwartung Verbund- und Paketlösungen.**

191 Es besteht eine Sachnähe zu Betätigungen unter den Stichworten **Randnutzung, Annextätigkeit und Gewinnmitnahme.**[647] Randnutzungen liegen nicht mehr vor, wenn zu ihrer Erledigung eigenes Personal mit einer zusätzlichen Sachausstattung erforderlich ist.[648] Im Gegensatz dazu ist die Auslastung vorhandener Kapazitäten im Regelfall eine Annextätigkeit. Für solche oft auch als Nebentätigkeiten bezeichneten Betätigungen, die über die verbundenen Tätigkeiten hinausgehen, wurde nunmehr in § 108 III 3 KSVG eine eigenständige Regelung aufgenommen:[649] Sonstige untergeordnete Tätigkeiten, die infolge einer zulässigen Haupttätigkeit wahrgenommen werden, sind nur zulässig zur vorübergehenden Auslastung vorhandener freier Kapazitäten, solange diese nicht an den Bedarf angepasst werden können, zur Verwertung vorhandener Kenntnisse und Fertigkeiten und zur Vermarktung von Nebenprodukten. Durch die Beschränkung auf „vorhandene Kapazitäten" wird ein Aufbau neuer Kapazitäten ausgeschlossen.[650] Häufig geht es um **folgende Geschäftsfelder:** Fahrzeugwerkstätten, Druckereien, Datenverarbeitung, Gebäudereinigung, Abfallwirtschaft. Die wirtschaftliche **Vermögensverwaltung** und Nutzungsüberlassung ist richtigerweise **keine wirtschaftliche Betätigung** (§ 95 II KSVG – **Beispiel:** Vermietung und Verpachtung gemeindlicher Immobilien, Bewirtschaftung eigener Parkhäuser, Abschluss von Werbenutzungsverträgen). Kommunale Wohnungsunternehmen sind vor allem dann zulässig, wenn für die im sozialen Wohnungsbau begünstigten Bevölkerungskreise Versorgungslücken bestehen.[651] Kontrovers diskutiert wird der Verkauf von vorgeprägten **Kennzeichen für Kraftfahrzeuge** in Zulassungsstellen. Das Meinungsspektrum reicht von zulässiger Annexkompetenz bis zur Ausnutzung amtlicher Autorität.[652] Ein **marktbeherrschender Vermieter** muss die Räumlichkeiten ausschreiben und darf nicht für einen längeren Zeitraum als fünf Jahre vermieten.[653] Bei der Anfertigung kostenloser Passfotos handelt die Gemeinde als Pass- bzw. Personalausweisbehörde im Rahmen eines Verwaltungsverfahrens und damit außerhalb des Wirtschaftsrechtes.[654] Schließlich darf die

---

645 G v. 1.10.2008 (Amtsbl. S. 1903); VerfGH d. Saarl., LKRZ 2010, 192; § 118 II KSVG greift nicht in den Rechtskreis eines Konkurrenzunternehmens ein.
646 Bericht der Financial Times Deutschland vom 16.4.2008.
647 S. *Geis*, KommR, § 12 Rn. 76 mwN (Begriffe iErg str.).
648 S.a. VerfGH Rh.-Pf., DVBl. 2000, 992, 995.
649 LT-Drucks. 16/1715, S. 9.
650 LT-Drucks. 16/1715, S. 9.
651 BGH, NJW 2003, 752, 753 f.; *Reinhard* DÖV 1990, 500, 505; VGH Bad.-Württ., NVwZ-RR 2013, 328.
652 BGH, NJW 2003, 752; HessVGH, NVwZ 2003, 238; OVG NRW, NVwZ-RR 2005, 198 f.; VGH Bad.-Württ., NVwZ-RR 2006, 714, 715 ff.; BGH, NJW 2006, 1979 ff.
653 BGH, NJW 2003, 2684.
654 VG Münster NVwZ 2015, 1399.

Gemeinde rechtlich unselbständige Einrichtungen als **Betriebe gewerblicher Art** (BgA) führen. Sie bezwecken eine nachhaltige wirtschaftliche Betätigung mit dem Ziel der Einnahmenerzielung außerhalb von Land- und Forstwirtschaft (§ 4 I 1, § 1 I Nr. 6 KStG). Hoheitliche Aufgaben fallen nicht darunter.

Unter bestimmten Voraussetzungen darf die Gemeinde mit ihren Unternehmen auch **außerhalb des Gemeindegebietes** tätig werden (§ 108 V KSVG).[655] Dann müssen die allgemeinen Voraussetzungen für eine wirtschaftliche Beteiligung vorliegen (§ 108 I KSVG). Die betroffene Gebietskörperschaft darf der Betätigung nicht aus **berechtigten Interessen widersprechen**. Bei gesetzlich liberalisierten Tätigkeiten müssten sich solche Interessen aus dem hierfür maßgeblichen Fachrecht ergeben. Ein aktuelles Beispiel für wirtschaftliche Betätigungen außerhalb des Gemeindegebietes ist der Betrieb von **Windparkanlagen**.[656] Er ist zulässig im Rahmen der Daseinsvorsorge zur Sicherstellung der Stromversorgung vor Ort.[657] Bei der Energieversorgung und anderen Sparten der Daseinsvorsorge ist ein Trend zur **Rekommunalisierung** sichtbar: ausgelagerte Versorgungsbereiche kehren in die kommunale Hoheit zurück.[658] Diese Rückholung mit dem Ziel der Selbsterledigung ist keine Vergabe iSd GWB. Bei Eingriffen durch **gebietsfremde Betätigungen** ohne Rechtfertigung hat die betroffene Gemeinde einen öffentlich-rechtlichen Unterlassungsanspruch aus Art. 28 II GG.[659]

192

Nicht abschließend geklärt ist der **Grundrechtsschutz** von Beteiligungsgesellschaften der Gemeinden, dh **gemischt-wirtschaftlichen Unternehmen**, an denen neben der Gemeinde Private beteiligt sind. Das BVerfG hat bei einem Anteil einer Gebietskörperschaft von 72 % eine Grundrechtsfähigkeit des Unternehmens verneint.[660] Entscheidend ist der beherrschende Einfluss der öffentlichen Hand.[661] Die Vorschriften über die Zulässigkeit wirtschaftlicher Betätigung wollen die Gemeinde vor finanziellen Risiken bewahren und sind daher im **öffentlichen Interesse** erlassen. § 108 I Nr. 2 KSVG hat eindeutig nur die Interessen der Gemeinde im Blick. Umstritten ist, ob die Zweck- und Relationsklausel der Schrankentrias für die wirtschaftliche Betätigung der Kommunen drittschützenden Charakter hat. Selbst bei bestehenden Subsidiaritätsklauseln wurden überwiegend **klagefähige Abwehrrechte privater Konkurrenten** verneint.[662] Reformdiskussionen um das Gemeindewirtschaftsrecht belebten die Diskussion um einen etwaigen drittschützenden Charakter der Zulässigkeitskriterien.[663] Nach Ansicht des OVG Nordrhein-Westfalen haben Verletzungen der öffentlichen Zweckbe-

193

---

655 *Brüning* DVBl. 2004, 1451 ff.; *Guckelberger* BayVBl 2006, 293 ff.; *Scharpf* NVwZ 2005, 148 ff.; *Knauff* VR 2005, 145, 148; *Jarass* DVBl. 2006, 1 ff.; *Austermann* VR 2008, 224; OVG Rh.-Pf., GewArch 2006, 288, 289; OVG NRW, NVwZ 2008, 1031 ff.
656 OVG SchlH, NordÖR 2013, 528; dazu: *Brüning* NVwZ 2015, 689.
657 OVG Sachs-Anh., NVwZ 2015, 1231.
658 *Leisner-Egensperger* NVwZ 2013, 1110.
659 *Bickenbach* LKRZ 2007, 335, 339.
660 BVerfG-K, NJW 1990, 1783 = JZ 1990, 335, 336.
661 BVerfG, NVwZ 2009, 1282.
662 HessVGH, GewArch 2004, 483, 484.
663 *Schink* NVwZ 2002, 129, 138; *Faber* DVBl. 2003, 761 ff.; *Faßbender* DÖV 2005, 89 ff.; *Jarass* DVBl. 2006, 1; VerfGH Rh.-Pf., DVBl. 2000, 992, 995; *Mann* DVBl. 2009, 817 ff.; *Jungkamp* NVwZ 2010, 546 ff.; *Brüning* NVwZ 2012, 671 ff.

stimmung für die örtlichen Wirtschaftsteilnehmer drittschützenden Charakter.[664] Das OVG des Saarlandes musste zu dieser Frage bislang nicht abschließend Stellung beziehen. Es deutet jedoch an, dass § 108 I 1 Nr. 3 KSVG hinsichtlich der Subsidiaritätsklausel möglicherweise drittschützend sein **könnte**. Denn die gesetzlichen Zulässigkeitsgrenzen zur wirtschaftlichen Betätigung von Kommunen würden nicht nur, wie früher zum Teil vertreten wurde, dem Selbstschutz der Gemeinden dienen. Vielmehr würden sie auch einen Ausgleich zwischen der verfassungsrechtlichen Gewährleistung kommunaler wirtschaftlicher Betätigung in Art. 28 II GG und den Grundrechten privater Anbieter, insbesondere der Berufsfreiheit, schaffen.[665] Möchte ein privater Konkurrent gegen die wirtschaftliche Betätigung einer Kommune vorgehen, kann er vor dem Verwaltungsgericht eine allgemeine Leistungsklage auf Unterlassung der Betätigung bzw. auf Einwirkung auf ihr privates Unternehmen mit der Folge der Einstellung der Tätigkeit geltend machen.[666] In den Materialien zur jüngsten KSVG-Novelle wird indirekt im Kontext der Sonderregelung des § 108 III KSVG von der drittschützenden Wirkung der Subsidiaritätsklausel ausgegangen.[667] Die drittschützenden Betätigungsgrenzen werden im verwaltungsgerichtlichen Verfahren – im Gegensatz zum Nachprüfungsverfahren des GWB (→ Rn. 161) – uneingeschränkt überprüft.[668]

c) Abwehransprüche gegen wirtschaftliche Betätigungen

194 aa) **Kommunalrecht:** Unabhängig von der gewählten Rechtsform ist die wirtschaftliche Betätigung der Gemeinde im Verhältnis zu privaten Wettbewerbern **grundrechtsgebundene Ausübung von Staatsgewalt** (Art. 1 III GG). Die Gründung einer juristischen Person des Privatrechts bei der Organisationsprivatisierung ist kein Ausdruck von Privatautonomie, sondern lediglich die Ausübung des staatlichen Organisationsrechts. Die Wirtschaftsunternehmen der Gemeinde sind **nicht grundrechtsfähig**.[669]

195 bb) **Grundrechte:** Die **Belegung von Marktanteilen** durch die Gemeinde berührt das **Grundrecht der Berufsfreiheit privater Wettbewerber** (Art. 12 I GG). Die Verfassungsnorm schützt grds. **nicht vor Konkurrenz** – auch nicht vor dem Wettbewerb der öffentlichen Hand.[670] Zu einem marktkonformen Wirtschaftsverhalten sind die Gemeinden durch den Gesetzgeber ermächtigt (§ 108 I KSVG). Die Errichtung eines Monopols oder die Verdrängung von Wettbewerbern sind damit aber nicht abgedeckt.[671] Der Schutzbereich des Art. 12 I GG setzt eine Betroffenheit der Berufsfreiheit voraus. Ein **Eingriff** läge nach der Rspr. nur vor, wenn die Gemeinde die wirtschaftliche Betätigung des Grundrechtsinhabers **schlechterdings unmöglich** machen würde.[672] Die Lit. ist bei der Annahme eines Grundrechtseingriffs vielfach großzügiger und prüft dann,

---

664 OVG NRW, NVwZ 2003, 1520 ff.; NVwZ 2008, 1031, 1032; dazu: *Antweiler* NVwZ 2003, 1466, 1467 f.; VGH Bad.-Württ. NVwZ-RR 2006, 714, 715.
665 OVG d. Saarl., LKRZ 2008, 477.
666 *Pünder/Dittmar* Jura 2005, 760, 764 f.
667 LT-Drucks. 16/1715, S. 10.
668 OVG NRW, DVBl. 2008, 919; vgl. auch OVG Rh.-Pf., LKRZ 2007, 22; OVG Sachs.-Anh., NVwZ-RR 2009, 347; NdsOVG, NVwZ 2009, 258; dazu: *Roling* NVwZ 2009, 226 ff.
669 BVerfGE 45, 63, 74; 61, 82, 100 f.; *Pünder/Dittmar* Jura 2005, 760, 762.
670 BVerwGE 39, 329, 336.
671 BVerwGE 17, 306, 311.
672 *Pieroth/Hartmann* DVBl. 2002, 421 (422).

ob dieser entsprechend den verfassungsrechtlichen Vorgaben gerechtfertigt ist.[673] Die Abwehr kommunaler Wettbewerbsteilnahme aus Art. 14 I GG kann nur auf eine behauptete rechtswidrige Eigentumsverletzung gestützt werden. Der Eigentumsschutz des Art. 14 GG erfasst nicht die äußeren Bedingungen einer Betätigung, die Chancen oder bloßen Erwerbsaussichten. Die Grundrechtsvorschrift schützt das **Erworbene, nicht den Erwerb**. Die Erhaltung eines bestehenden Geschäftsumfangs und die Sicherung weiterer Erwerbsmöglichkeiten lassen sich aus Art. 14 GG nicht herleiten.[674] Das Recht auf Beachtung der **Chancengleichheit im Wettbewerb** ergibt sich aus Art. 2 I GG.[675] In dieses Recht öffentlich bestellter Vermessungsingenieure wird zB durch eine gesetzlich nicht veranlasste Vermessungstätigkeit der Gemeinde eingegriffen.[676]

cc) **Wirtschaftsrecht:** Das Gesetz gegen den unlauteren Wettbewerb (UWG) als Teil des Privatrechts vermittelt Unterlassungs-, Beseitigungs- und Schadensersatzansprüche bei unlauteren **Wettbewerbshandlungen** (§§ 3, 8, 9 UWG). Nach § 2 I Nr. 3 UWG ist „Mitbewerber" iSd Gesetzes jeder Unternehmer, der mit einem oder mehreren Unternehmen als Anbieter oder Nachfrager von Waren oder Dienstleistungen in einem konkreten **Wettbewerbsverhältnis** steht. Ein Wettbewerbsverhältnis setzt sinngemäß voraus, dass sich **zwei Anbieter** mit dem **gleichen** bzw. gleichartigen **Angebot** an den **gleichen Abnehmerkreis** wenden.[677] Früher **untersagten** einige Entscheidungen von Oberlandesgerichten den betroffenen Gemeinden **folgende Tätigkeiten**: die Zuschussgewährung beim Kauf einer wassersparenden Waschmaschine bei einem ortsansässigen Händler[678] sowie das Angebot gärtnerischer Leistungen an Dritte durch einen gemeindlichen Eigenbetrieb (**Gelsengrün**).[679] Verboten wurde die Erteilung von **Nachhilfeunterricht** gegen Entgelt durch eine gemeindliche Volkshochschule.[680] Eine Wende in dieser Rechtsprechung brachte eine Entscheidung des BGH[681] bei der wettbewerbsrechtlichen Beurteilung von **Elektroarbeiten** durch eine Eigengesellschaft der Landeshauptstadt München. Danach bezwecken die Schranken für die erwerbswirtschaftliche Betätigung der Kommunen nicht die Kontrolle der Lauterkeit des Marktverhaltens.[682] Das UWG kann sich nicht auf das „Ob", sondern nur auf das „Wie" der wirtschaftlichen Betätigung erstrecken. Dies zeigt sich insbesondere an § 4 Nr. 11 UWG. Danach handelt nur derjenige unlauter, der Vorschriften verletzt, die auch dazu bestimmt sind, im Interesse der Marktteilnehmer das **Marktverhalten** zu regeln. Der Gesetzgeber hat Marktzutrittsregelungen hinsichtlich des „Ob" der wirtschaftlichen Betätigung, wie sie in § 108 KSVG normiert sind, bewusst nicht in diese Norm aufgenommen. Selbst rechtswidrige Überschreitungen der gemeinderechtlichen Kompetenznormen (§ 108 I KSVG) sind im Regelfall nicht wettbewerbswidrig. Von Wettbewerbsrelevanz ist in erster Linie **fiskalisch motiviertes Handeln**. Die Beurteilung wettbe-

196

---

673 S. dazu *Wendt*, in: GS für Peter J. Tettinger, 2007, S. 335 ff.
674 BVerfGE 38, 61, 102; *Kluth*, Grenzen kommunaler Wettbewerbsteilnahme, 1988.
675 BVerwGE 60, 154, 159 ff.
676 VG Hannover NVwZ-RR 2006, 352 f.
677 BGHZ 82, 375, 382.
678 OLG Frankfurt NJW 1997, 2391 f.
679 OLG Hamm DVBl. 1998, 792; dazu: *Tettinger* NJW 1998, 3473 ff.
680 OLG Düsseldorf NWVBl. 1997, 353.
681 BGH, NVwZ 2002, 1141 ff.
682 BGH, NVwZ 2002, 1141, 1142.

werbsrechtlicher Staatstätigkeit ist durch die **Zivilgerichtsbarkeit** geprägt (§ 17 II GVG).[683] Die öffentliche Hand unterliegt als Marktteilnehmerin den gleichen Regeln wie die Mitbewerber in der privaten Wirtschaft.[684] Nicht wettbewerbswidrig ist die Zusammenarbeit eines Straßenverkehrsamtes mit einem gemeindewirtschaftlichen Unternehmen bei der Altautoverwertung.[685] Eine Gemeinde darf auch ihren gewerblichen Bestattungsdienst im Friedhofsgebäude auf dem Gelände des Friedhofes unterbringen.[686] Nach Ansicht des BGH sind die Bestimmungen über die wirtschaftliche Betätigung der Gemeinden **keine Schutzgesetze** iSd § 823 II BGB.[687] Einkaufsgemeinschaften mehrerer Gemeinden zur Erzielung von Preisvorteilen durch die gebündelte Beschaffung von Sachen im Verwaltungsgebrauch (zB Feuerwehrausrüstungen) dürfen den Wettbewerb nicht kartellähnlich stören.[688] Schließlich unterliegt die Kommunalwirtschaft den Behinderungs- und Diskriminierungsverboten der §§ 19 ff. GWB.

3. Organisationsformen des öffentlichen Rechts

197 **Rechtlich unselbständige Betriebsformen des öffentlichen Rechts** sind der **Regiebetrieb** und der **Eigenbetrieb**. Der Regiebetrieb ist eine schlichte Organisationseinheit der Gemeindeverwaltung zur Eigenbedarfsdeckung. Strukturell und funktionell ist er kein wirtschaftliches Unternehmen. Er kann unter vollständiger und mit Zustimmung der Kommunalaufsicht unter teilweiser Anwendung der für Eigenbetriebe geltenden Vorschriften über die Wirtschaftsführung und das Rechnungswesen geführt werden (§ 109 IV KSVG). Organisatorisch und finanzwirtschaftlich selbstständig, rechtlich dagegen **unselbstständig** ist der **Eigenbetrieb**. Er ist gem. § 109 I KSVG nach der Eigenbetriebsverordnung (EigVO)[689] und der pflichtig durch den Rat zu erlassenden Betriebssatzung zu führen. Der Bürgermeister ist gesetzlicher Vertreter der Gemeinde in Angelegenheiten des Eigenbetriebes, die der Beschlussfassung des Rates unterliegen. Im Übrigen ist dies die mit der **selbstständigen** Leitung des Eigenbetriebes beauftragte **Werkleitung** (§ 3 I, § 6 I EigVO). Sie wird vom Rat gewählt, sofern sie nicht ausnahmsweise aus dem Bürgermeister oder einem Beigeordneten besteht (§ 6 II 1 EigVO). Die Werkleitung erledigt die **laufende Betriebsführung** und tritt insoweit an die Stelle des Verwaltungsapparates. Gegenüber dem Bürgermeister ist sie für die wirtschaftliche Führung des Betriebes verantwortlich. Dies steht der Zulässigkeit von Einzelanweisungen entgegen.[690] Die Aufgabe der Werkleitung kann für einen Beamten der Gemeinde eine zulässige Nebentätigkeit sein.[691] Die Werkleitung ist in Angelegen-

---

683 *Brohm* NJW 1994, 281, 287; *Schliesky* DÖV 1994, 114, 116; *Scharpf* GewArch 2004, 317 f.; *Althammer/Zieglmeier* DVBl. 2006, 810, 816 f.; *Mann* NVwZ 2010, 857 ff.
684 *Ernst* VR 2007, 1; zum Preismissbrauch bei Wasserlieferungen durch ein Gemeindeunternehmen: BGH, NJW 2010, 2573; *Säcker* NJW 2012, 1105; zur Auskunftsverpflichtung öffentl.-rechtl. Unternehmen nach § 59 GWB: BGH, NJW 2012, 1150; *Breder* NVwZ 2012, 940.
685 BGH, NVwZ 2003, 246, 248.
686 BGH, DVBl. 2006, 116, 117; vgl. auch OLG Frankfurt NVwZ-RR 2008, 559, 560.
687 BGH, UPR 1998, 343, 345; NVwZ 2003, 246, 247.
688 BGH, NVwZ 2003, 1012 (1014); *Meißner*, SKZ 2003, 182 ff.; zum umgekehrten Fall eines Feuerwehrkartells auf der Bieterseite: *Portz*, SKZ 2011, 78 ff.
689 EigVO idF der Bek. v. 29.11.2010 (Amtsbl. S. 1426) mit spät. Änd., abgedr. in der Textslg. Landesrecht Saarland, 27. Aufl. 2021, unter Nr. 33.
690 *Püttner* DST 1989, 803, 804 f.; VG Gießen, NVwZ-RR 1994, 173, 174.
691 VGH Bad.-Württ., DÖV 1995, 118, 119 f.; HessVGH, NVwZ-RR 1996, 338, 339.

heiten des Betriebes **Behörde** (§ 1 II SVwVfG) und in öffentlich-rechtlichen Streitigkeiten richtige **Klagegegnerin** bei **Anfechtungs- und Verpflichtungsklagen** (§ 78 I Nr. 2 VwGO iVm § 19 II AGVwGO). Dienstvorgesetzter bleibt der Bürgermeister. **Grundsatzangelegenheiten** des Eigenbetriebes beschließt der **Gemeinderat** (§ 4 EigVO). Dieser überträgt in der Regel einen Teil der Ratsangelegenheiten auf den **Werksausschuss**, der auch die Ratsbeschlüsse vorbereitet (§ 5 II EigVO). Eigenbetriebe werden finanzwirtschaftlich als **Sondervermögen** geführt (§ 7 I EigVO). Der Leistungsaustausch zwischen Gemeinde und Eigenbetrieb ist angemessen zu vergüten (§ 8 II EigVO). Der geschlossene Kreis von Akteuren bringt in Eigenbetriebsangelegenheiten **Entscheidungsrechte** der Orts- und Bezirksräte zum Erlöschen (§ 73 III KSVG).[692] Beispiele für Eigenbetriebe sind insb. Stadtwerke (Gas-, Elektrizitäts- und Wasserwerk), Rechenzentren, Entwässerungs- und Friedhofsbetriebe, Zoos oder Jugendhilfezentren.

Selbstständige juristische Personen des öffentlichen Rechts sind die rechtsfähige **Anstalt** und der im Gesetz über die kommunale Gemeinschaftsarbeit[693] näher ausgestaltete **Zweckverband** (§ 2 I, § 3 I, § 8 I KGG). Mit Ausnahme des Sonderfalls der **Sparkassen** (§ 108 VII 2 KSVG[694]) stellt der saarländische Gesetzgeber **keine Errichtungsermächtigung** für rechtsfähige Anstalten durch Gemeinden zur Verfügung.

4. Organisationsformen des Privatrechts

a) Allgemeine Handlungsvoraussetzungen

Das Recht zur Beteiligung an Unternehmen in **privater Rechtsform** ist in § 110 I KSVG geregelt. Der Akt der Beteiligung umfasst alle in diesem Zusammenhang denkbaren Handlungsvarianten einschließlich der Umwandlungstatbestände des Umwandlungsgesetzes (UmwG). Erstes Zulässigkeitskriterium für eine privatrechtliche Beteiligung ist ein **wichtiges Interesse** der Gemeinde (§ 110 I Nr. 1 KSVG). Ausreichend ist dabei eine beabsichtigte Verbesserung der gemeindlichen Aufgabenerfüllung.[695] Auch hier hat die Gemeinde – im Innenverhältnis der Rat (§ 35 S. 1 Nr. 20 KSVG) – einen gerichtlich nur eingeschränkt überprüfbaren **Beurteilungsspielraum**. Haftung und Einzahlungsverpflichtung der Gemeinde müssen auf einen ihrer Leistungsfähigkeit angemessenen Betrag **begrenzt** sein (§ 110 I Nr. 2 KSVG). **Zulässig** sind demnach nur: die Aktiengesellschaft, die GmbH, die GmbH & Co. KG, die Genossenschaft mit beschränkter Nachschusspflicht und der rechtsfähige Verein. Die Gemeinde muss einen **angemessenen Einfluss**, insbesondere in einem **Überwachungsorgan** wie beispielsweise dem **Aufsichtsrat**, erhalten (§ 110 I Nr. 3 KSVG). Durch diese Anforderung wird dem Demokratiegebot des Art. 28 II GG Rechnung getragen, um die Erfüllung öffentlicher Zwecke durch das privatrechtliche Unternehmen sicherzustellen.[696] Jahresabschluss und Lagebericht müssen entsprechend den Vorschriften des **Dritten Buches des Han-**

---

692 *Wohlfarth* SKZ 1999, 58, 62.
693 Amtsbl. 1997 S. 723 mit spät. Änd.
694 Saarl. SparkassenG (SSpG) idF der Bek. v. 22.4.2009 (Amtsbl. S. 662) mit spät. Änd.
695 OVG NRW, DÖV 1986, 339, 341.
696 OVG d. Saarl., Urt. v. 25.5.2009 – 1 A 325/08, Rn. 207 – juris, wonach aber nicht erforderlich ist, dass die Gemeinde in dem Organ über eine qualifizierte Mehrheit verfügt.

delsgesetzbuches (HGB)⁶⁹⁷ für große Kapitalgesellschaften aufgestellt und geprüft werden (§ 110 I Nr. 4 KSVG). Dies führt zu einer umfassenden Verweisung auf die §§ 264 ff. HGB. Die kommunalen Beteiligungsunternehmen – die Eigengesellschaften und die gemischt-wirtschaftlichen Unternehmen – müssen daher größenunabhängig ua eine **Bilanz mit Gewinn- und Verlustrechnung** aufstellen (§§ 266 ff., 275 ff. HGB).

b) Mehrheits- und mittelbare Beteiligungen

200 Die **Mehrheitsbeteiligung der Gemeinde** an einem Unternehmen in privater Rechtsform ist nur auf der Grundlage des § 111 I KSVG zulässig. § 111 I Nr. 1–4 KSVG enthalten Anforderungen, die der Gesellschaftsvertrag oder die Satzung erfüllen müssen.⁶⁹⁸ Bei der Ermittlung der Mehrheit werden sämtliche Anteile etwaig beteiligter Gemeinden, Gemeindeverbände und Zweckverbände einschließlich deren Mehrheitsgesellschaften in privater Rechtsform zusammengezählt (§ 111 II KSVG). Den Anforderungskatalog des Gesetzes soll die Gebietskörperschaft auch bei einer Minderheitsbeteiligung im Auge behalten. Gegenüber den fremden Mehrheitsgesellschaftern hat sie bei entsprechender interessenbestimmter Erforderlichkeit auf eine Umsetzung hinzuwirken (§ 111 III KSVG). Im Gesellschaftsvertrag müssen **Prüfrechte** nach § 53 I, § 54 HGrG zugunsten der **Gemeinde** und des **Landesverwaltungsamtes** verankert werden (§ 111 I Nr. 4 KSVG – → Rn. 166). Beide Prüfinstanzen können somit unmittelbar im Unternehmen recherchieren. § 53 HGrG erweitert die handelsrechtliche Abschlussprüfung um verschiedene Gesichtspunkte, vor allem die **Ordnungsmäßigkeit der Geschäftsführung**. Dazu gehören die innere Organisation, das Planungswesen, ein Risikofrüherkennungssystem, eine interne Revision sowie die Berichterstattung an die Überwachungsorgane. § 54 I HGrG befasst sich mit der Zulässigkeit des Betätigungsrahmens der Gemeinde in ihren Unternehmen.⁶⁹⁹

201 Die Beteiligungspolitik der von der Gebietskörperschaft gegründeten **Eigengesellschaft** ist für die Gemeinde nur noch **mittelbar** (Beispiel: die Stadtwerke GmbH erwirbt einen Anteil an der Wasser-GmbH). Der Gefahr einer unkontrollierten Zellteilung gemeindlicher Unternehmen begegnet der Gesetzgeber mit einer prinzipiellen **Gleichstellung von unmittelbarer und mittelbarer Beteiligung** (§ 112 I KSVG). Gesellschaftsrechtliche Änderungen müssen auf einen **Zustimmungsakt des Gemeinderates** zurückgehen (§ 35 S. 1 Nr. 20 KSVG). Bei der mittelbaren **Mehrheitsbeteiligung** auf beiden Seiten muss der aus §§ 110, 111 KSVG zusammengesetzte Tatbestand in Ganzheit vorliegen. Bei der **Minderbeteiligung** eines mehrheitlich beherrschten gemeindeunmittelbaren Unternehmens reichen die Grundvoraussetzungen des § 110 I KSVG aus.

c) Aktiengesellschaft und Gesellschaft mit beschränkter Haftung

202 Die **Haftungsbeschränkung** als Gründungsvoraussetzung des § 110 I Nr. 2 KSVG reduziert die Rechtsformwahl in der Praxis meist auf zwei Modelle: die **Aktiengesellschaft (AG)** und die **Gesellschaft mit beschränkter Haftung (GmbH)**. Bei den hier interessierenden **Eigengesellschaften** ist die Gemeinde jeweils Alleinaktionärin oder allei-

---

697 Dieses Buch des HGB wurde insb. durch das BilanzrechtsmodernisierungsG v. 25.5.2009 (BGBl. I S. 1102) umfassend reformiert.
698 OVG d. Saarl., Urt. v. 25.5.2009 – 1 A 325/08, Rn. 208 – juris.
699 *Will* DÖV 2002, 319 ff.

XVI. Wirtschaftliche Betätigung und privatrechtliche Beteiligung

nige Gesellschafterin. Bei der **AG** sind Geschäftsführung und Vertretungsmacht Angelegenheit des **Vorstandes** (§§ 76 ff. des Aktiengesetzes – AktG). Die Bestellung des Vorstandes ist Sache des ihn **überwachenden Aufsichtsrates** (§§ 84 ff., § 111 AktG). Der Aufsichtsrat wiederum wird durch die **Hauptversammlung** (§§ 118 ff. AktG) gewählt, soweit die Mitglieder nicht in den Aufsichtsrat entsandt werden oder der Aufsichtsrat nicht nach dem Mitbestimmungsgesetz, dem Mitbestimmungsergänzungsgesetz, dem Drittbeteiligungsgesetz oder dem Gesetz über die Mitbestimmung der Arbeitnehmer bei einer grenzüberschreitenden Beteiligung zu wählen ist (§ 101 I AktG). Die **Entsendungsrechte** können höchstens für **ein Drittel** der sich aus dem Gesetz oder der Satzung ergebenden Zahl der Aufsichtsratsmitglieder eingeräumt werden (§ 101 II 4 AktG). Die Arbeitnehmervertretung hat ein Drittel der Sitze. Nach den üblicherweise abgeschlossenen Gesellschaftsverträgen bedürfen **wichtige Personalentscheidungen** und **Geschäfte von herausragender Bedeutung** der Zustimmung des Aufsichtsrates. Mit der Pflicht zur Überwachung der Geschäftsführung korrespondiert eine Berichterstattungspflicht des Vorstandes (§ 90 AktG). Die Weisungsfreiheit der Organe macht die AG steuerungsfeindlich. Ähnlich ist das technische Grundkonzept der **GmbH**. Geschäftsführung und Vertretung der Gesellschaft erfolgen durch die **Geschäftsführer** (§§ 6, 35 I des Gesetzes betreffend die Gesellschaften mit beschränkter Haftung – GmbHG[700]). Ein Aufsichtsrat ist bei Gesellschaften mit mehr als 500 Arbeitnehmern zu bilden (§ 52 GmbHG iVm § 1 I Nr. 3 DrittelbG). Er besteht dann zu einem Drittel aus Vertretern der Arbeitnehmer (§ 4 I DrittelbG).[701] Ansonsten ist zwar nicht gesellschafts-, aber **gemeinderechtlich ein Aufsichtsrat** oder entsprechendes Überwachungsorgan erforderlich (§ 110 I Nr. 3 KSVG). Die Funktion der Hauptversammlung übernimmt im GmbHG die **Gesellschafterversammlung** (§§ 48 ff. GmbHG). Das Recht der GmbH ist **überwiegend dispositiv** und erlaubt erhebliche Bindungen der Geschäftsführung im Innenverhältnis.[702] In der Praxis wird die AG vorwiegend in größeren Kommunen für größer dimensionierte Unternehmen gewählt. Demgegenüber stellt die GmbH eine geeignete Gesellschaftsform für kleinere und mittlere Unternehmen dar. Die privaten Unternehmensformen sind nicht nur rechtlich, organisatorisch und finanzwirtschaftlich von der Kommune verselbständigt. Sie sind auch von den Bindungen des öffentlichen Dienstes, zB Besoldungs-/Vergütungs- und Personalvertretungsregelungen befreit. Soweit kein Fall der Beleihung vorliegt, können die privatrechtlich organisierten Unternehmen keine Verwaltungsakte erlassen.

d) Holdinggesellschaft

Auch der steuergünstigen **Saldierung von Gewinnen und Verlusten** dient die Zusammenführung von **profitablen und defizitären Betrieben** in einer Holdinggesellschaft. Zu diesem Zweck gründet die Gemeinde eine die Schachtelbeteiligungen haltende GmbH. Diese wird jeweils Alleinaktionärin einer ertragreichen und einer verlustbringenden Aktiengesellschaft. Zum Ausgleich der Nachteile einer solchen bloß mittelbaren Beteiligung werden die Tochtergesellschaften durch **Beherrschungsvertrag** an das

---

700 Das GmbHG wurde durch das G v. 23.10.2008 (BGBl. I S. 2026) umfassend modernisiert.
701 Näher dazu *Jaeger*, in: Ziemons/Jager/Pöschke, Beck-Ok GmbHG, § 52 Rn. 20.
702 Hierzu und zum Folgenden *Ziekow*, Öffentl. Wirtschaftsrecht, 5. Aufl. 2020, § 7 Rn. 14.

gemeindeunmittelbare Unternehmen gebunden (§ 308 AktG). Bislang sind in größeren Städten die aus dem **Energiegeschäft** der Stadtwerke erwirtschafteten Gewinne dem kommunalen **öffentlichen Personennahverkehr** zugutegekommen. Ein sog. **Querverbund**[703] mit seinen betriebswirtschaftlichen, ökologischen und finanzwirtschaftlichen Synergieeffekten ist historisch gewachsen. Gemeinschaftsrechtlich stellt sich die Frage nach seiner **Vereinbarkeit mit dem Beihilfenrecht** (Art. 107, 106 II AEUV). Die Begründung einer steuerrechtlichen Organschaft zwischen verschiedenen kommunalen Betrieben in der Rechtsform einer GmbH als Organträgerin ist nach Ansicht des BFH grds. **nicht als missbräuchliche Gestaltung iSd § 42 I AO** anzusehen.[704] Allerdings wurde zB das Unterhalten eines dauerdefizitären Bäderbetriebes ohne Verlustausgleich und ohne angemessenen Gewinnaufschlag durch die Gesellschafterin als Fall **verdeckter Gewinnausschüttung** (§ 8 III 2 des Körperschaftsteuergesetzes – KStG) angesehen.[705] Diese für die Gemeinden nachteilige Rspr. wurde zum 1.1.2009 durch Änderung des KStG beseitigt (s. die Anforderungen an den Querverbund in § 4 Abs. 6 KStG).[706] Bei uneinheitlicher Anwendungspraxis der Länderfinanzverwaltungen soll der Querverbund als Steuerbegünstigung Beiträge zur Finanzierung kommunaler Daseinsvorsorge in den Sparten ÖPNV, Bäder, Kindergärten und Kultur leisten.

204 Hohe Bedeutung für **kommunale Energieversorgungsunternehmen** hat das Energiewirtschaftsgesetz (EnWG). Es dient der Versorgung der Allgemeinheit mit **Elektrizität, Gas und Wasserstoff**, die zunehmend auf erneuerbaren Energien beruht (§ 1 I EnWG). Der frühere Gebietsschutz für Monopolversorger ist abgeschafft. Der Bau paralleler und zusätzlicher Leitungen durch Dritte ist möglich. Hinzu kommt eine Durchleitungsverpflichtung für die Betreiber von Versorgungsnetzen. Die **Gemeinden** haben ihre öffentlichen **Verkehrswege** für die Verlegung und den Betrieb von Leitungen zur unmittelbaren Versorgung von Letztverbrauchern im Gemeindegebiet **diskriminierungsfrei** durch Vertrag zur Verfügung zu stellen (§ 46 I 1 EnWG). Die Entflechtung von **Energieversorgung** und **Netzbetrieb** soll den Wettbewerb weiter verstärken (§ 7 I EnWG).[707] Im Saarland ist der Öffentliche Personennahverkehr (ÖPNV) grds. Aufgabe der **Landkreise** und des **Regionalverbandes Saarbrücken** (§ 5 II ÖPNVG). Die Aufgabenträgerschaft kann auf kreisangehörige Gemeinden und Zweckverbände übertragen werden. Am 3.12.2009 trat die VO (EG) Nr. 1370/07[708] in Kraft, die unmittelbare Wirkung entfaltet (Art. 288 II AEUV). Das Nebeneinander von eigen- und gemeinwirtschaftlichen Verkehrsleistungen besteht weiter.[709] Die Vergabe von Dienstleistungsaufträgen erfolgt grundsätzlich im Wettbewerb (Art. 5 II, III VO). Eine Direkt-

---

703 Zu aktuellen Entwicklungen: *Bittscheidt/Westermann/Zemke* KStZ 2014, 26; *Koenig/Busch* GewArch 2015, 181. Sowie zur aktuellen Diskussion *Alpha*, NVwZ 2021, 598; *Weber/Jürschik*, EuZW 2020, 233.
704 BFH, BStBl. II 2007, 961 ff. = NVwZ-RR 2008, 570 ff.
705 S. BFH, DStR 2019, 2296, 2299 Rn. 36.
706 Durch Art. 3 des JahressteuerG 2009 v. 19.12.2008 (BGBl. I S. 2794) wurde § 8 KStG durch die Absätze 7–10 ergänzt; dazu *Westermann/Prechtl* KStZ 2010, 149 ff.
707 *Büdenbender* DVBl. 2001, 952, 966; *Becker/Faber* NVwZ 2002, 156, 159; *Wessel* NVwZ 2002, 1083, 1084; *Kühling/el-Barudi* DVBl. 2005, 1470, 1471; *Scholtka* NJW 2005, 2421, 2425; *Kühne/Brodowski* NVwZ 2005, 849 ff.; *Stumpf/Gabler* NJW 2005, 3174 ff.; *Will* DVBl. 2006, 1278, 1279.
708 Amtsbl. EU 2007 Nr. L 315, 1; dazu: *Roling* DVBl. 2010, 1213 ff.
709 § 8a iVm § 8b PBefG normieren ein Vergaberechtsregime für gemeinwirtschaftliche Verkehre, für eigenwirtschaftliche Verkehre iSd § 8 IV PBefG sind diese Vorschriften nicht anwendbar, s. *Fehling*, in: Heinze/Fehling/Fiedler, PBefG, 2. Aufl. 2014, § 8a Rn. 2.

vergabe an Verkehrsunternehmen der öffentlichen Hand ist nach den In-House-Kriterien des § 108 I GWB zulässig.

5. Vertretung der Gemeinde in Organen wirtschaftlicher Unternehmen

Der Bürgermeister vertritt unentziehbar die Gemeinde in den unterschiedlichen **Gesellschaftsorganen** wie Gesellschafterversammlung, Aufsichtsrat oder Beirat (§ 114 I KSVG). Diese unselbstständige und daher nicht umsatzsteuerpflichtige Tätigkeit gehört zum Hauptamt[710] mit der Folge einer Abführungspflicht gezahlter Vergütungen an die Gemeinde (§ 94 SBG).[711] Die Vertretungsregelungen des KSVG erstrecken sich nicht in das Gesellschaftsrecht.[712] Ein ständiger **besonderer Vertreter des Bürgermeisters** – zB ein leitender Beamter der Gemeinde – kann nur mit **Zustimmung des Rates** mit Bindung an die Weisungen des Bürgermeisters **bestellt** werden (§ 114 I 3 KSVG). Die weitere Personalisierung der Gesellschaftsorgane nimmt der Gemeinderat im Rahmen des § 114 II KSVG vor. Die personelle Binnenstruktur ist mit Ausnahme der Position des Bürgermeisters rechtlich nicht vorgegeben. Den Organen können theoretisch auch nicht gemeindliche Vertreter angehören. Geborene Mitgliedschaften für sachkundige Gemeindebedienstete sind zulässig und in der Sache besonders effektiv.[713] Auch das Demokratieprinzip vermittelt **keine proporzgenaue Zuteilung** von Aufsichtsratsmandaten an **Ratsfraktionen** durch gesellschaftsrechtliche Gestaltung.[714] Soweit gesellschaftsrechtlich keine Regelung getroffen ist, hat der Rat ein Entsendungsrecht nach Maßgabe des § 114 II KSVG. Entweder ergeht ein **einstimmiger Beschluss** oder die weiteren Vertreter der Gemeinde werden aufgrund von **Wahlvorschlägen** nach den Grundsätzen der Verhältniswahl unter Bindung an die Wahlvorschläge gewählt. Das Wahlergebnis ist dabei nach dem Höchstzahlverfahren von d'Hondt festzustellen (§ 114 II 2, 3 KSVG). Diese Bestimmung gilt nicht bei der schlichten **Unterbreitung eines Wahlvorschlages** gegenüber der entsendenden Haupt- oder Gesellschafterversammlung. Zur Wahrnehmung dieses Vorschlagsrechts genügt ein Beschluss mit einfacher Mehrheit (§ 45 I KSVG).[715] Nach Meinung der saarl. Verwaltungsgerichte lässt sich dem KSVG keine Regelung des Inhalts entnehmen, dass das Recht zur widerruflichen Bestellung von Gemeindevertretern in Organen von Unternehmen in einer Rechtsform des privaten Rechts nur einmal zu Beginn der jeweiligen Amtsperiode des Rates ausgeübt werden kann.[716] Ein Procedere für die **Einwirkungspflicht** der Gemeinde (Ingerenz) sieht § 115 I KSVG vor. Alle Organvertreter einschließlich des Bürgermeisters trifft eine **Berichtspflicht** aus den Gesellschaftsorganen gegenüber der Gemeinde in allen **wichtigen Angelegenheiten des Unternehmens**. Unabhängig davon kann der **Gemeinderat** durch Beschluss oder auf Antrag von mindestens einem Viertel der gesetzlichen Mitgliederzahl seinerseits von den Organvertretern **Auskunft** verlangen. Sie erstreckt sich unterschiedslos auf **alle Angelegenheiten**. Aus dem Wirkungs-

205

---

710 BVerwG, NVwZ-RR 2011, 739.
711 OVG d. Saarl., Urt. v. 28.11.1996 – 1 R 2/95, AS 26, 276 ff. = SKZ 1997, 33; BVerwG, DVBl. 1998, 1077.
712 Püttner DVBl. 1986, 748, 751.
713 OVG d. Saarl., Urt. v. 17.4.1997 – 1 R 1/95, AS 26, 61 ff. = SKZ 1997, 177, 178.
714 OVG d. Saarl., Urt. v. 16.12.1993 – 1 R 50/92, SKZ 1994, 107.
715 OVG d. Saarl., Urt. v. 17.4.1997 – 1 R 1/95, SKZ 1997, 177, 179.
716 OVG d. Saarl., NVwZ-RR 2007, 409 (nur Leitsatz).

kreis der Organvertreter heraus sind dies aber nur die in den **Überwachungsorganen behandelten Tagesordnungspunkte**. Dieser Informationstransfer steht unter dem Vorbehalt einer gesellschaftsrechtlichen und datenschutzrechtlichen Zulässigkeit. Aktienrechtlich unterliegen die Aufsichtsratsmitglieder hinsichtlich der **ihrer Gebietskörperschaft zu erstattenden Berichte keiner Verschwiegenheitspflicht** (§§ 93, 116, 394 AktG). Über § 52 I GmbHG ist diese Rechtslage bei der GmbH mit dem gleichen Resultat gestaltbar.

206 Bei der Beurteilung von **Weisungsrechten des Rates**[717] gegenüber den **Gemeindevertretern in Unternehmensorganen** ist zwischen dem Gemeinde- und Gesellschaftsrecht zu unterscheiden (Art. 31 GG). Im Rahmen des § 114 IV KSVG ist der Rat durch Beschluss weisungsberechtigt. In Haupt- und Gesellschafterversammlungen ist dies unproblematisch. Denn Gesellschafter sind die Gemeinden, die als juristische Personen durch ihre Organvertreter handeln. **Vorstand** und **Aufsichtsrat** von Aktiengesellschaften sind prinzipiell **weisungsfrei** (§§ 76, 101 I, II, § 111 VI AktG). Ausnahmsweise können im Rahmen eines **Beherrschungsvertrages** in einem Konzern dem **Vorstand einer AG** durch eine **Holdinggesellschaft Weisungen** erteilt werden (§ 308 I AktG). Bei der **GmbH** mit nur fakultativem Aufsichtsrat lassen sich durch den Gesellschaftsvertrag im Innenverhältnis vielfältige Zustimmungsvorbehalte und Weisungsgebundenheiten einbauen (zB § 37 GmbHG).[718] Allerdings darf das Gesellschaftsrecht nicht modifiziert werden.[719] Die gesellschaftsrechtliche Verpflichtung auf das **Wohl der Gesellschaft** begrenzt die Weisungsgebundenheit der Vertreter im Aufsichtsrat.[720] Aufgrund ihrer widerruflichen Bestellung können Aufsichtsratsmitglieder durch **Beschluss abberufen** werden (§ 114 II, § 45 I KSVG).[721] Richtigerweise sind Aufsichtsratssitzungen der GmbH nicht öffentlich.[722] Teilnahmerechte Dritter – zB von Ratsmitgliedern – können nicht wirksam begründet werden.[723] Die Wahrnehmung von Mitgliedschaftsrechten der Gemeinde in gesellschaftsrechtlichen Aufsichtsgremien kann zu Schadensersatzansprüchen führen (§§ 116, 93 V AktG). Die Aufsichtsratsmitglieder haften dann persönlich als Gesamtschuldner. Außer im Fall von Vorsatz oder grober Fahrlässigkeit besteht **gegenüber der Gemeinde** ein **Ausgleichsanspruch** (§ 114 V KSVG).[724]

207 Der internen und externen Unterrichtung dient ein von der Gemeinde jährlich zu erstellender **Beteiligungsbericht** (§ 115 II KSVG). Die denkbaren Einzelakte gemeindlichen Wirtschaftsverhaltens sind zur Durchführung einer **Rechtmäßigkeitskontrolle** gegenüber der Kommunalaufsicht **anzeigepflichtig** (§ 118 I KSVG, s. aber die Ausnahme in Absatz 2 in Bezug auf gewisse Beteiligungen).

---

717 HessVGH, BeckRS 2009, 34996; SächsOVG, BeckRS 2012, 58602; *Meyer* LKRZ 2014, 349.
718 BGHZ 31, 259, 277 f.; BVerwG, NJW 2011, 3735 sowie NVwZ 2012, 115; zu Ingerenzrechten in der Wirtschaftskrise: *Leisner* GewArch 2009, 337.
719 *Engellandt* DÖV 1996, 71; HessVGH, NVwZ-RR 2012, 566.
720 OVG NRW, NVwZ 2007, 60; BGHZ 36, 296, 304; vgl. auch: *Altmeppen* NJW 2003, 2561 ff.; *Grünebaum* VR 2004, 55; *Ries/Garbers* KommJuR 2004, 407, 410; *Strobel* DVBl. 2005, 77 ff.; *Keller/Paetzelt* Komm-JuR 2005, 451, 452.
721 OVG NRW, NVwZ 2003, 494 f.; vgl. aber auch OVG NRW, DVBl. 1990, 834, 835.
722 Rechtsgedanke des § 109 AktG; dagegen: *Meiski* NVwZ 2007, 1355 ff.; *Burgi* NVwZ 2014, 609 (auch zu vorberatenden Ratssitzungen).
723 OVG NRW, ZKF 1996, 208.
724 *Wohlfarth* SKZ 1990, 2, 6 f.; *Meyer* LKRZ 2014, 270.

6. Privatisierungsformen

Zur Typologie der Privatisierung[725] gehören **formelle, funktionale** und **materielle Erscheinungsformen**. Die sog. formelle Privatisierung oder auch **Organisationsprivatisierung** ist nur ein **Rechtsformwechsel**. Die Gemeinde erledigt dann ihre Aufgaben in der Rechtsform der **GmbH** oder **AG**. Die Aufgabe und ihre Vollziehung verbleiben im Konzern Stadt.[726] Bei der **funktionalen** Privatisierung werden **Dritte** in den Vollzug einer Gemeindeaufgabe eingeschaltet. Der beauftragte Dritte erledigt weisungsabhängig als **Verwaltungshelfer ohne hoheitliche Befugnisse** die Erfüllung. Beispiele: § 5 V SAWG; § 50a I SWG. Zwischen dem Dritten und dem Verwaltungskunden gibt es keine Rechtsbeziehungen. Die **materielle Privatisierung** ist die **ersatzlose Aufgabe** einer freiwilligen Selbstverwaltungsangelegenheit oder eine **Funktionsübertragung** auf einen Privaten, auf den sowohl die Leistungserstellung als auch die Verantwortung für die Aufgabe übergehen[727] (**Beispiele**: Privatisierung eines Volksfestes oder Weihnachtsmarktes).[728] Im gemeindlichen Innenverhältnis ist dazu eine **Ratsentscheidung** erforderlich (§ 35 S. 1 Nr. 19 KSVG). Die Wahl der Rechtsform zur Leistungserbringung hat auch umsatzsteuerrechtliche Bedeutung.[729] Juristische Personen des öffentlichen Rechtes sind bei Ausübung hoheitlicher Gewalt ohne die Folge größerer Wettbewerbsverzerrungen nicht umsatzsteuerpflichtig (§ 2b I UStG). Dagegen sind auf privatrechtlicher Grundlage erbrachte Leistungen steuerbar. Hiervon gibt es Ausnahmen zB für näher bezeichnete Grundstücksgeschäfte sowie für Umsätze aus kultureller Betätigung und der Kinderbetreuung (§ 4 UStG). Das Gesetz zur Beschleunigung der Umsetzung von **Öffentlich Privaten Partnerschaften** und zur Verbesserung gesetzlicher Rahmenbedingungen für Öffentlich Private Partnerschaften vom 1.9.2005[730] regelt die Zusammenarbeit von öffentlicher Hand und Privaten vor allem zum Zweck von Finanzierung, Bau, Renovierung, Betrieb oder Unterhaltung einer Infrastruktur. Ein diesem Geist entsprechendes Handlungsmodell ist das **gemischt-wirtschaftliche Unternehmen** (§§ 111 ff. KSVG). Außerhalb des freiwilligen Aufgabenbereiches bleibt die Gemeinde bei Privatisierungen in der **Gewährleistungsverantwortung**. In § 78 KSVG kommt mit einer aufgabenbezogenen Einstellungspflicht geeigneten Personals ein **Prinzip der Selbsterledigung** zum Ausdruck. Die in § 108 VI KSVG vorgesehene Prüfpflicht in regelmäßigen Zeitabständen zur materiellen Privatisierung ihrer wirtschaftlichen Betätigung dürfte mit Art. 28 II GG nicht vereinbar sein.[731]

---

725 *Burgi*, Beilage zu NJW Heft 21/2008, 17 ff.; *Stober* NJW 2008, 2301 ff.; *Sellmann* NVwZ 2008, 817 ff.; *Gersdorf* JZ 2008, 831 ff.
726 S.a. *Ziekow*, Öffentl. Wirtschaftsrecht, 5. Aufl. 2020, § 8 Rn. 3.
727 S.a. *Ziekow*, Öffentl. Wirtschaftsrecht, 5. Aufl. 2020, § 8 Rn. 9.
728 VG Freiburg, NVwZ-RR 2002, 139 f.; HessVGH, DVBl. 2008, 804 f.; anders wenig überzeugend BVerwG, NVwZ 2009, 1305 („Offenbacher Weihnachtsmarkt"); dazu: *Ehlers* DVBl. 2009, 1456; *Schoch* DVBl. 2009, 1533; *Stein* DVBl. 2010, 563; früher schon: *Gröpl* GewArch 1995, 367. Dazu, dass keine Pflicht zur Entprivatisierung des Saarbrücker Christkindel-Markts besteht, weil diese Veranstaltung seit jeher von einem privaten Verein veranstaltet wird, OVG d. Saarl., Beschl. v. 16.11.2018 – 2 B 312/18, Rn. 10 – juris.
729 *Gehm* KStZ 2018, 201; *Meffert* KStZ 2020, 6.
730 BGBl. I S. 2676; vgl. *Schenke/Klimpel* DVBl. 2006, 1492 ff.; *Müller/Brauser-Jung* NVwZ 2007, 884 ff.; *Reuter/Polley* NVwZ 2007, 1345 ff.; vgl. auch die Regelungen zum wettbewerblichen Dialog und zur Innovationspartnerschaft in § 119 I, VI, VII GWB.
731 DJT 2008, Beschluss Nr. IV 12 b der Abt. Öffentl. Recht; DVBl. 2008, 1490.

XVII. Kommunale Gemeinschaftsarbeit

1. Zivilrecht, Arbeitsgemeinschaft und öffentlich-rechtliche Vereinbarung

209 Pflichtige oder freiwillige Aufgaben im Rahmen der Verbandskompetenz können mehrere Kommunen gemeinsam in **privater Rechtsform** erledigen (§ 1 II KGG).[732] Öffentlich-rechtliche Formen der Zusammenarbeit bieten die **Arbeitsgemeinschaft**, die **öffentlich-rechtliche Vereinbarung** und der **Zweckverband** (§ 10 KSVG, § 1 I KGG). Die Teilnehmer der **Arbeitsgemeinschaft** beraten Angelegenheiten, die sie gemeinsam betreffen, um die Tätigkeiten der Beteiligten im Interesse einer möglichst wirtschaftlichen und zweckmäßigen Erfüllung der einzelnen Aufgaben aufeinander abzustimmen. Aufgaben und Zuständigkeiten werden nicht übertragen (§ 21 III KGG). Der Abstimmungsprozess wird auf der Grundlage einer getroffenen Vereinbarung abgewickelt (§ 21 KGG – **Beispiel:** Arbeitsgemeinschaft der Ortspolizeibehörden des Saarlandes).

210 Gemeinden, Gemeindeverbände und Zweckverbände können vereinbaren, dass eine dieser Körperschaften bestimmte **Aufgaben für alle Beteiligten** wahrnimmt. Der Gesetzgeber gibt die Option, dass die **Zuständigkeit punktuell übertragen** wird (Delegation) oder nur die **faktische Aufgabenerfüllung** durch ein Mitglied geschieht (Mandat). Wegen dieser Wirkungen des § 17 I KGG ist die Vereinbarung **nicht ein schlichter öffentlich-rechtlicher Vertrag** nach §§ 54 ff. SVwVfG, sondern ein durch die Aufsichtsbehörde zu genehmigendes und öffentlich bekannt zu machendes Regelwerk (s. näher § 18 KGG). Die Vereinbarung ist zeitlich zu befristen und angemessen zu entschädigen (§ 17 II, III KGG). In der Folge einer Entscheidung des BFH[733] wurde die **Umsatzbesteuerung** der öffentlichen Hand neu geordnet (§ 2b UStG idF des Steueränderungsgesetzes 2015). Interkommunale Kooperationen zwischen zwei juristischen Personen des öffentlichen Rechtes sind nicht umsatzsteuerbar bei Vorliegen folgender Regelbeispiele: die Leistungen müssen auf langfristigen öffentlich-rechtlichen Vereinbarungen beruhen und dem Erhalt der öffentlichen Infrastruktur dienen. Sie dürfen ausschließlich gegen Kostenerstattung erbracht werden (§ 2b III UStG, → Rn. 152).[734]

2. Zweckverband

211 In einem Zweckverband dürfen sich Gemeinden und Gemeindeverbände zur Durchführung ihrer Aufgaben **zusammenschließen**. Nach Maßgabe des § 2 II, III KGG können auch sonstige öffentliche und private Stellen Mitglieder eines **freiwilligen Zweckverbandes** sein. Errichtungsvoraussetzungen sind die Vereinbarung der Verbandssatzung, die Genehmigung durch die Aufsichtsbehörde und die öffentliche Bekanntmachung. Der Zweckverband ist eine **Körperschaft des öffentlichen Rechts** (§ 3 I KGG), der die ihm nach Maßgabe der Verbandssatzung übertragenen Aufgaben übernimmt (§ 4 I KGG). Die Zweckverbandsmitglieder sind auf eine innerorganschaftliche Mitwirkung beschränkt. Aufgabenbezogen hat der Zweckverband die Rechte aus dem KSVG mit Ausnahme kommunaler Steuern. Die Verbandsmitglieder können ihren **Organen** in der Verbandsversammlung **Weisungen** erteilen (§ 13 III KGG; § 114 IV

---

732 Das KGG ist abgedr. in der Textslg. Landesrecht Saarland, 27. Aufl. 2021, unter Nr. 32.
733 BFH, NVwZ-RR 2012, 252.
734 *Gehm* KStZ 2018, 201; *Heffert* KStZ 2020, 6; *Rauber* NVwZ 2021, 1197.

KSVG). Bei Zweckverbänden mit **unterschiedlicher Stimmkraft** der Mitglieder kann die Stimmabgabe in der Verbandsversammlung nur einheitlich erfolgen (§ 13a I KGG). Soweit eine Weisung vorliegt, finden entgegen § 46 I KSVG Wahlen systemwidrig in offener Abstimmung statt (§ 13a II KGG). Zur Erfüllung pflichtiger Selbstverwaltungsaufgaben und staatlicher Auftragsangelegenheiten kann die Aufsichtsbehörde die Bildung eines **Pflichtverbandes** anordnen (§ 12 II KGG). Charakteristisch für den Zweckverband ist seine organisatorische, finanzwirtschaftliche und rechtliche **Selbständigkeit**. Er kann eigenes Personal beschäftigen und handelt durch Organe (Vorsteher, evtl. Geschäftsführer, Verbandsversammlung; § 13 KGG). Der Austritt von Mitgliedern richtet sich nach der Satzung oder muss auf einen wichtigen Grund zurückgeführt werden.[735] Wichtige **Anwendungsfälle** für Zweckverbände sind: Versorgung, Entsorgung, Entwässerung, öffentlicher Personennahverkehr, Notfallrettung, Informationstechnologie, Sparkassen.

3. Gemeinschaftsarbeit und Vergaberecht

Umfassend und kontrovers wird das Verhältnis der interkommunalen Zusammenarbeit zum Vergaberecht (→ Rn. 155) diskutiert.[736] Nach einer Auffassung[737] ist die kommunale Gemeinschaftsarbeit eine Aufgabenwahrnehmung in einem **gesetzlich vorgegebenen verwaltungsorganisatorischen Rahmen**. Es handelt sich nicht um eine „Bestellung bei der Gesellschaft (Wirtschaft)" und damit um keine „Beschaffung am Markt". Dagegen gehen einige Vergabesenate der Oberlandesgerichte von einer Geltung des Vergaberechts zumindest bei **mandatierenden Vereinbarungen** aus.[738] Mit der Modernisierung des Vergaberechtes 2016 wurde in § 108 IV GWB erstmals eine gesetzliche Regelung geschaffen. Eine **Vergaberechtsfreiheit** setzt voraus: Der öffentliche Auftraggeber muss gemeinsam mit anderen öffentlichen Auftraggebern über eine juristische Person eine ähnliche Kontrolle ausüben wie jeder öffentliche Auftraggeber über seine eigenen Dienststellen (**Kontrollkriterium**). Ferner müssen mehr als 80 % der Tätigkeit der juristischen Person der Ausführung von Aufgaben dienen, mit denen sie von den öffentlichen Auftraggebern oder einer anderen von diesen Auftraggebern kontrollierten juristischen Person betraut wurden (**Wesentlichkeitskriterium**). Die Vertragspartner dürfen mithin weniger als 20 % der Kooperationstätigkeit am Markt erbringen. Schließlich darf an der juristischen Person **keine private Beteiligung** bestehen.[739] Die vertragliche Übernahme einer **Hoheitstätigkeit** hat keine Marktrelevanz und müsste verfahrensfrei sein. Dagegen basiert ein reiner Austausch Dienstleistung gegen Geld auf keinem kooperativen Konzept und gleicht einer Vergabe. Eine gemeinsam wahrgenommene **Gemeinwohlaufgabe** fällt unter die Vergaberechtsfreiheit und unterliegt keiner Umsatzsteuerpflicht (§ 2b III UStG; → Rn. 210).[740]

212

---

[735] VGH Bad.-Württ., NVwZ-RR 1990, 215; *Oppenländer/Dolde* DVBl. 1995, 637; *Dietlein* LKV 1999, 41.
[736] Aktuell dazu *Knauff* NZBau 2022, 261 ff.
[737] *Portz*, SKZ 2005, 8; *Burgi* Der Landkreis 2005, 468 (470); *Schröder* NVwZ 2005, 25; *Kersting/Siems* DVBl. 2005, 477 ff.; *Kasper* VR 2006, 9 (15).
[738] OLG Düsseldorf NVwZ 2004, 1022 ff.; OLG Frankfurt NZBau 2004, 692, 695 f.; OLG Naumburg DVBl. 2006, 121 ff.
[739] OLG Düsseldorf, Beschl. v. 4.3.2020 – Verg 10/18, Rn. 73 – juris; s.a. *Gerlach* VerwArch 112 (2021), 64 ff.
[740] Vertiefend *Rauber* NVwZ 2021, 1197 ff.

4. Grenzüberschreitungen

213 Bürgerreisen, Kulturpflege, Sportbegegnungen und Verwaltungsvergleiche sind beispielsweise die Zwecke meistens nicht formalisierter **Städtepartnerschaften** (§ 5 II KSVG).[741] Ebenfalls eine **Beziehungsgegenseitigkeit** verlangt das neue Handlungsfeld **kommunaler Entwicklungszusammenarbeit**. Die grenznahe Kooperation[742] mit Gebietskörperschaften anderer europäischer Regionen hat Verfassungsrang (Art. 60 II SVerf[743]). Zur Ermöglichung der Übertragung von Hoheitsrechten wurde 1996 auf der Grundlage des Art. 24 Ia GG ein Staatsvertrag über die grenzüberschreitende Zusammenarbeit zwischen Gebietskörperschaften und örtlichen öffentlichen Stellen abgeschlossen (**Karlsruher Übereinkommen**).[744] Nach Art. 2 I des Übereinkommens sind die Bundesländer Baden-Württemberg, Rheinland-Pfalz und das Saarland zwar Adressaten, nicht aber Parteien des Vertragswerkes. Es findet Anwendung auf die Gemeinden und Gemeindeverbände[745] und es enthält Bestimmungen über **Kooperationsvereinbarungen** (Art. 3–7) und **Einrichtungen der grenzüberschreitenden Zusammenarbeit** (Art. 8–15). Die innerstaatlichen Zuständigkeiten und Befugnisse der an der grenzüberschreitenden Zusammenarbeit beteiligten Gebietskörperschaften werden vorausgesetzt, nicht aber durch das Abkommen begründet. Ein wesentliches Ziel des Karlsruher Abkommens ist die Schaffung **grenzüberschreitender örtlicher Zweckverbände**. Weitere erwähnenswerte **grenzüberschreitende Projekte** sind die 1997 von 28 Gemeinden diesseits und jenseits der Grenze gegründete privatrechtliche **Verein Zukunft/Avenir Saar-Moselle**; das Netzwerk **Quattro-Pole** mit den Städten Luxemburg, Metz, Trier und Saarbrücken, die Gründung des **Eurodistriktes Saar-Moselle** als Europäischer Verbund für territoriale Zusammenarbeit (EVTZ)[746] sowie die **Konzeption „Das blaue Band"** für eine Neuorientierung der grenzüberschreitenden Agglomeration.

XVIII. Deliktsfähigkeit und Haftung der Gemeinde

1. OWiG und StGB

214 Das Strafrecht kennt nur eine **Strafbarkeit natürlicher Personen**. Gelegentlich wird – wenig überzeugend – eine Deliktsfähigkeit juristischer Personen des öffentlichen Rechts nach § 30 I OWiG behauptet.[747] Vor allem für **Amtsträger der Umweltverwaltung** (§ 11 I Nr. 2 StGB) besteht eine Verantwortlichkeit wegen der Straftatbestände der §§ 324 ff. StGB. Ungeachtet von Differenzierungen im Einzelnen können sich Bedienstete dadurch strafbar machen, dass sie rechtswidrige Erlaubnisse erteilen, fehlerhafte nicht beseitigen oder gegen rechtswidrige Umweltbelastungen durch Dritte nicht

---

741 *Wohlfarth* VR 1988, 229, 230; *Schmidt-Jortzig* DÖV 1989, 142, 149; *Heberlein* DÖV 1990, 374, 380.
742 *Wohlfarth* NVwZ 1994, 1072 ff.; *Wohlfarth* LKRZ 2009, 321; zur deutsch-französischen Zusammenarbeit *Guckelberger/Dilek* DÖV 2016, 1 ff.
743 Hierzu *Gröpl*, in: Wendt/Rixecker, SVerf, Art. 60 Rn. 21 ff.
744 Übereinkommen v. 23.6.1996, umgesetzt durch G v. 23.6.1997 (BGBl. I S. 1159). S.a. *Gröpl*, in: Wendt/Rixecker, SVerf, Art. 60 Rn. 24.
745 *Mandelartz* NVwZ 1995, 1190; *Brandt* DVBl. 1995, 779; *Halmes* DÖV 1996, 929, 933; *Heberlein* BayVBl. 1997, 737, 738.
746 Hierzu *Gröpl*, in: Wendt/Rixecker, SVerf, Art. 60 Rn. 27 f.; *Krzymuski/Kubicki* NVwZ 2014, 1338.
747 Zum Streitstand *Rogall*, in: Karlsruher Kommentar, OWiG, 5. Aufl. 2018, § 30 Rn. 34 ff. Ablehnend: *Wohlfarth* NJW 1980, 2237 ff.

einschreiten. In Kurzfassung fallen hier die Begriffe **Betreiberverantwortung**, **Überwacher- bzw. Beschützergarant** (§ 13 StGB). Die Strafbarkeit setzt eine **Rechtswidrigkeit** des öffentlich-rechtlichen Handelns oder Unterlassens voraus und führt insoweit zu einer **Verwaltungsakzessorietät des Strafrechts**.[748] Der Bürgermeister, aber auch die Ratsmitglieder können sich wegen **fahrlässiger Tötung** (§ 222 StGB) strafbar machen, wenn zB notwendige Sicherungsmaßnahmen um einen tiefen Marktbrunnen aus stadtgestalterischen Gründen entfernt werden und daraufhin ein Mensch ertrinkt.[749]

Die vorsätzliche „Verschwendung" von Haushaltsmitteln kann eine **Untreue** sein (§ 266 StGB).[750] Die Annahme eines Vorteiles bei einer rechtswidrigen Gegenseitigkeit zwischen Vorteil und Dienstausübung (**Unrechtsvereinbarung**) führt zur Anwendung des **Korruptionsstrafrechts** (§§ 331 ff. StGB). Zur Verfügung gestellter Repräsentationsaufwand (Tribünenplätze, Ehrenkarten, Bewirtungen) ist sozialadäquat und bleibt straffrei. Das Einwerben von Wahlkampfspenden durch Amtsträger ohne Einflussnahme des Gebers auf ein konkretes Projekt ist ebenfalls nicht strafbar.[751] Der Tatbestand der Bestechlichkeit und Bestechung von Mandatsträgern gilt auch für Mitglieder kommunaler Vertretungskörperschaften (§ 108e III Nr. 1 StGB).[752] Ermittlungen der Staatsanwaltschaft auf der Grundlage der §§ 161 ff. StPO können weder beamten- noch datenschutzrechtlich abgewehrt werden.[753]

215

2. Zivilrechtliche Haftung und Amtshaftung

Für **unerlaubte Handlungen** ihrer Organe und Verrichtungsgehilfen auf zivilrechtlichem Gebiet haftet die Gemeinde zivilrechtlich (§§ 823 ff., §§ 31, 89, § 831 BGB). Das Handlungsgeschehen muss sich noch als amtliches darstellen und grds. dem originären oder übertragenen Aufgabenrahmen unterfallen. Bei einer Schadensverursachung durch den Verrichtungsgehilfen kann bei sorgfältiger Auswahl eine Entlastung mit der Folge eintreten, dass nur der Beauftragte haftet (§ 831 I BGB). Der „klassische" Haftungsfall im gemeindlichen Verantwortungsbereich beruht auf einer **Verletzung der Verkehrssicherungspflicht**. Diese ist immer **privatrechtlich**.[754] Ausnahmsweise kann sie eine Amtspflichtverletzung nach Art. 34 GG, § 839 BGB darstellen (→ Rn. 217). Dann muss eine Gesetzes- oder Satzungsnorm die verletzte Verhaltensvorschrift dem **hoheitlichen Bereich** zuordnen. Dies ist der Fall bei den Pflichten über den Bau, die Unterhaltung und **Überwachung von Straßen** (§ 9 IIIa SaarlStrG).[755] Ein weiterer Anwendungsfall ist die Unterhaltungspflicht der Gewässer (§ 55 I SWG). Verstö-

216

---

748 BGH, NJW 1992, 3247 ff.; BGH, NJW 1994, 670 ff.; BVerfG, NJW 1995, 186, 187.
749 Sog. Paderborner Brunnenfall: *Dabringhausen*, Der Gemeindehaushalt 1992, 268 ff.; *Schmeken*, Städte- und Gemeindebund 1990, 215 ff. Zur fahrlässigen Tötung durch Unterlassung s. AG Schwalmstadt, Urt. v. 20.2.2020 – 43 Ds - 2 Js 12490/16 - juris.
750 BGH, NStZ-RR 2005, 83 ff.; dazu: *Kiethe* NStZ 2005, 529, 530 ff.
751 BGH, NJW 2004, 3569; BGH, NJW 2007, 3446 (Fall Kremendahl).
752 BGH, NJW 2006, 2050, 2052.
753 *Wohlfarth* RDV 1994, 59, 65 f.
754 Zur Haftung für eine nicht standsichere Geländeabsicherung auf einem Premiumwanderweg OLG Saarbrücken, Urt. v. 30.11.2017 – 4 U 19/17, Rn. 29 ff. - juris.
755 Zu Kontrollintervallen bei innerörtlichen Straßen: OLG Saarbrücken, NJW 2017, 2689. Zu Unfallschäden infolge nicht ordnungsgemäß befestigter Verkehrsschilder durch Verwaltungshelfer: BGH, NVwZ-RR 2019, 830.

ße gegen die allgemeine Verkehrssicherungspflicht[756] von gemeindlichen Einrichtungen und Anlagen beurteilen sich sonst regelmäßig nach den §§ 823 ff. BGB unter dem Vorwurf des **Unterlassens gebotener Sicherungsmaßnahmen** (Beispiele: Spielplätze, Sportanlagen, Freizeiteinrichtungen, gemeindeeigene Großveranstaltungen[757]). Für waldtypische Gefahren besteht auch angesichts allgemeiner Betretungsrechte (§ 25 SaarlWaldG) keine Verkehrssicherungspflicht.[758] Von der Gemeinde beauftragte Architekten, Handwerker und Unternehmer sind wegen ihrer **Selbstständigkeit** und **Weisungsunabhängigkeit keine Verrichtungsgehilfen.**

217 Die **Amtshaftung**[759] aus Art. 34 GG, § 839 BGB erfasst öffentlich-rechtliches Tun oder Unterlassen. Der Amtsträger muss eine gegenüber einem Dritten bestehende Amtspflicht rechtswidrig und schuldhaft verletzen. Ein leidiges Problem für die Gemeinden ist die **winterliche Streupflicht.** Innerhalb geschlossener Ortschaften besteht sie nur an gefährlichen und verkehrswichtigen Stellen[760] unter Einschluss der Haltestellen des ÖPNV.[761] Ein einklagbarer Anspruch der Straßenbenutzer auf ordnungsgemäße Erfüllung des Winterdienstes besteht nicht.[762] Die **Delegation der Streupflicht** auf einen privaten Unternehmer macht diesen deliktisch verantwortlich. Allerdings bleibt bei der Gemeinde eine Kontroll- und Überwachungspflicht.[763] Eine Gemeinde, die den Winterdienst durch Satzung auf die Anlieger übertragen hat, kann bei Verletzung der Verkehrssicherungspflicht nicht auf Schadensersatz in Anspruch genommen werden.[764] Da nach § 36 II 3 BauGB die nach Landesrecht zuständige Behörde ein rechtswidrig versagtes Einvernehmen der Gemeinde im bauaufsichtlichen Verfahren ersetzen kann (s. § 72 LBO), stellt sich der BGH auf den Standpunkt, dass kein Grund mehr für die Annahme einer haftungsbegründenden drittgerichteten Amtspflicht der Gemeinde besteht.[765] Die Haftung aus Art. 34 GG, § 839 BGB kann ohne besondere gesetzliche Grundlage nicht durch eine gemeindliche Satzung beschränkt werden.[766] Auch Ratsmitglieder sind Beamte im haftungsrechtlichen Sinne.[767] Die Amtshaftung trifft immer die **Anstellungskörperschaft.** Regressmöglichkeiten gegen Ratsmitglieder bestehen im Saarland nicht. Der Dienstherr kann gegen Beamte nur bei Vorsatz oder grober Fahrlässigkeit Rückgriff nehmen (§ 48 BeamtStG).

---

756 Zu praxisrelevanten Anforderungen: *Mergner/Matz* NJW 2014, 186.
757 BGH, NJW 2001, 2020; *Haurand* DVP 2011, 442 ff.; *Wohlfarth* SKZ 2011, 257 ff.
758 BGH, NJW 2013, 48; *Duhme* NJW 2013, 17.
759 Zur Rechtsprechung des BGH im Überblick: *Schlick* NJW 2013, 3349.
760 Saarl. OLG, Urt. v. 23.12.03 – 4 U 156/03, SKZ 2005, 61; *Rinne* NVwZ 2003, 9, 10; s.a. BGH, DAR 2016, 83; (10); zur Verkehrssicherungspflicht bei Straßenschäden durch Frost: OLG Oldenburg NVwZ-RR 2011, 993; zur Winterdienstpflicht der Gemeinden auf Ortsdurchfahrten von Bundes- und Landesstraßen im Saarland: VG d. Saarl., LKRZ 2012, 36 f. = SKZ 2012, 18 ff.; OVG d. Saarl., Urt. v. 25.2.2013 – 1 A 6/13 = SKZ 2013, 84; Saarl. OLG, NVwZ-RR 2012, 833; *Klein/Glas* ZfS 2014, 424.
761 BGH, NJW 2014, 3580.
762 VG Aachen, ZfS 2011, 238 ff.
763 BGH, NJW 2008, 1440 ff. = ZfS 2008, 439 f.
764 OLG Dresden, DVP 2012, 85.
765 BGH, NVwZ 2022, 179, 181 mwN. BGH umfassend zu Staatshaftung und Baurecht: *de Witt/Krohn,* in: Hoppenberg/de Witt, Hb. d. öffentl. Baurechts, Kap. M 2011, 1 ff. und *Guckelberger*, Allgemeines Verwaltungsrecht, 11. Aufl. 2022, § 37 Rn. 12.
766 BGH, NVwZ 2008, 238, 239.
767 BGH, NVwZ 1986, 504, 505.

XIX. Kommunalaufsicht

1. Kommunalaufsicht als Rechtmäßigkeitskontrolle

Aus verfassungsrechtlicher Sicht wird durch die **Kommunalaufsicht** sichergestellt, dass sich die Gemeinden und Gemeindeverbände bei der Wahrnehmung des Selbstverwaltungsrechts „im Rahmen der Gesetze" bewegen. Sie stellt das notwendige Korrelat zu der den Gemeinden eingeräumten Befugnis zur Wahrnehmung öffentlicher Aufgaben dar.[768] Aus verfassungsrechtlichen Gründen (Art. 122 S. 2 SVerf) ist die Kommunalaufsicht über die Gemeinden und Gemeindeverbände eine ausschließliche **Rechtmäßigkeitskontrolle** und keine Einmischungsaufsicht[769] (§ 127 I KSVG). Bei Ermessensentscheidungen darf die Aufsichtsbehörde deshalb nur eine Überprüfung auf etwaige, zu einer Rechtswidrigkeit führende Ermessensfehler vornehmen.[770] Das Gegenteil einer Rechtsaufsicht ist die Fachaufsicht.[771] Sie besteht als zusätzliche **Zweckmäßigkeitskontrolle** im staatlichen Fremdverwaltungsbereich, also bei Auftragsangelegenheiten und Maßnahmen der Organleihe (§ 6 I, § 127 II KSVG; §§ 13, 17 LOG). Fachaufsichtsbehörden sind die Dienststellen des § 13 LOG. Fachaufsichtliche **Weisungen** sind wegen fehlender Außenwirkung **keine Verwaltungsakte** (§ 35 S. 1 SVwVfG). Eine Ausnahme besteht nur dann, wenn sie sich überschießend als Eingriff in die Personal- oder Organisationshoheit der Gemeinde auswirken.[772] **Kommunalaufsichtsbehörde** über die Gebietskörperschaften ist das **Landesverwaltungsamt** (§ 128 I, § 193 I, § 218 I KSVG) Oberste Kommunalaufsicht ist das Ministerium für Inneres [Bauen] und Sport (§ 128 II, § 193 II; § 218 II KSVG). Nach § 127 I 2 KSVG ist die Aufsicht so zu handhaben, dass die Entschluss- und Verantwortungsfreudigkeit der Gemeinde gefördert und nicht beeinträchtigt wird. Die gemeindliche Entschlussfreudigkeit stellt jedoch keinen Grund dar, offensichtlich rechtswidrige, sich lediglich zum Vorteil einiger weniger und zwangsläufig zum Nachteil der Allgemeinheit auswirkende Beschlüsse mit erheblicher finanzieller Tragweite hinzunehmen.[773]

2. Handhabung und Handlungsmittel

Die Aufsicht hat eine Kontroll- und Korrektur-, aber auch eine Hilfe- und Förderfunktion. Der Einsatz der aufsichtsrechtlichen Handlungsmittel in den §§ 129 ff. KSVG steht unter einem **Ermessensvorbehalt**. Damit ist eher ein Auswahl- als ein Entschließungsermessen gemeint. Denn wegen des Grundsatzes der **Gesetzmäßigkeit der Verwaltung** ist die Kommunalaufsicht bei rechtswidrigen Zuständen außerhalb von Bagatellgrenzen zu Eingriffen verpflichtet (sog. intendiertes Ermessen).[774] Eine aufsichtsrechtliche Reaktion mit der Chance einer Selbstkorrektur durch die Gemeinde hat Vorrang vor repressiven Anordnungen. Die Gemeinden sollen die Kommunalauf-

---

[768] NdsOVG, NVwZ-RR 2008, 127, 128; VG Gießen, NWVBl. 2008, 192, 193.
[769] BVerfGE 78, 331.
[770] *Geis*, KommR, § 24 Rn. 12; s.a. → § 2 Rn. 50.
[771] S.a. → § 2 Rn. 49.
[772] *Groß* DVBl. 2002, 793, 797; *Scholz*, Der Rechtsschutz der Gemeinden gegen fachaufsichtliche Weisungen, 2002.
[773] OVG d. Saarl., AS 23, 313, 315.
[774] OVG d. Saarl., AS 23, 313 f.; 28, 1, 6; 29, 303, 312; NdsOVG, NVwZ-RR 2008, 127,128. Zum Sinn und Zweck der Aufsicht VG d. Saarl., Beschl. v. 17.2.2022 – 3 L 173/22, Rn. 48 – juris.

sicht über besonders wichtige oder besonders schwierige Angelegenheiten unterrichten (§ 129 II KSVG). Ihrerseits hat die Kommunalaufsicht eine uneingeschränkte jederzeitige **Informationsbefugnis** über alle Angelegenheiten der Gemeinde (§ 129 I KSVG). Sachlich und rechtlich erfordert dies einen **konkreten Anlass**.[775] Das **Beanstandungsrecht** des § 130 KSVG ist das mildeste Mittel in der Palette der zur Verfügung stehenden Eingriffsmöglichkeiten. Es greift nur bei gemeindlichen Beschlüssen, die das geltende Recht verletzen. Daran fehlt es bei Maßnahmen, die lediglich Verwaltungsvorschriften widersprechen.[776] Rechtswidrige Entscheidungen der Gremien aller Art sowie Einzelanordnungen des Bürgermeisters können mit **aufschiebender Wirkung** (§ 130 S. 2 KSVG) beanstandet werden. Damit ist das Verlangen verbunden, diese Entscheidungen und gegebenenfalls Ausführungshandlungen rückgängig zu machen. Eine Untätigkeit der Gemeinde trotz Beanstandung leitet die Handlungsverantwortung auf die Kommunalaufsicht über. Sie kann nun **selbst** die rechtswidrigen Beschlüsse und Anordnungen **aufheben**. Ausführungsakte muss dann die Gemeinde rückgängig machen (§ 131 I KSVG). Ähnliches gilt im Fall pflichtwidrigen Unterlassens. Die Kommunalaufsicht **ordnet** innerhalb einer Frist die gebotenen **Maßnahmen an** (§ 132 KSVG). Die Kommunalaufsicht hebt auch auf, wenn sie einem Widerspruch des Bürgermeisters nach § 60 I 1 KSVG folgt, nachdem der Rat bei seinem bisherigen Beschluss verblieben ist (§ 131 II KSVG). Eine weitere Untätigkeit der Gemeinde verschafft der Kommunalaufsicht ein **Selbsteintrittsrecht** zur Wahrnehmung der notwendigen Schritte, indem sie die erforderlichen Maßnahmen an Stelle der Gemeinde selbst durchführt oder die Durchführung auf einen Dritten überträgt. Die Gemeinde trägt in diesem Fall die Kosten (§ 133 KSVG). Noch weitergehender ist die Bestellung eines Beauftragten („**Staatskommissar**") zur Sicherung des geordneten Ganges der Gemeindeverwaltung. Im Rahmen seines Auftrages ersetzt er das zuständige Gemeindeorgan und nimmt alle oder einzelne Gemeindeaufgaben bei Kostentragung durch die Kommune wahr (§ 134 I 1 KSVG). Die Bestellung für ein Organteil ist unzulässig.[777] Noch drastischer und im Saarland noch nie vorgekommen ist die Möglichkeit der **Auflösung des Gemeinderates** (§ 53 II KSVG).

220 Der **fehlende Haushaltsausgleich** einer Gemeinde rechtfertigt nicht die Beanstandung einer rechtmäßig ausgewiesenen Planstelle.[778] Die Kommunalaufsicht darf keine Hebesätze für die Grundsteuer,[779] wohl aber den Erlass einer Straßenbeitragssatzung bei einem defizitären Haushalt anordnen.[780] Haushaltswidrige Senkungen der Realsteuerhebesätze muss sie beanstanden.[781] Zur Herbeiführung eines Haushaltsausgleiches ist das alternativlose Vorschreiben einer bestimmten Maßnahme mit Art. 28 II GG unvereinbar.[782] Die gemeindliche Planungspflicht aus § 1 III BauGB darf mit Mitteln der

---

775 OVG Rh.-Pf., AS 14, 376; eingehender *Gröpl/Sonntag* LKRZ 2009, 326 ff.
776 OVG Rh.-Pf., DVP 2008, 159.
777 OVG d. Saarl., DÖV 1967, 794 f.
778 OVG Rh.-Pf., LKRZ 2007, 354 f.
779 VG Köln, NVwZ 2005, 1341, 1342 f.; VG Kassel, LKRZ 2012, 194 zur (unzulässigen) Anweisung an einen Gemeindeverband, die Kreisumlage zu erhöhen.
780 VG Gießen, KStZ 2012, 16; BVerwG, NVwZ 2019, 1528.
781 OVG NRW, DVBl. 2009, 1181; OVG Schleswig, NVwZ-RR 2011, 917 (nur Leitsatz); BVerwG, NVwZ 2011, 424.
782 BVerwG, NVwZ 2016, 72; dazu: *Waldhoff* JuS 2016, 478.

Kommunalaufsicht durchgesetzt werden.[783] Zur Realisierung vermeintlicher Zahlungsansprüche darf das Land nicht zu Mitteln der Kommunalaufsicht greifen. Die Kommunalaufsicht hat selbst dann Ermessenserwägungen anzustellen, wenn Anordnungen durch ein Ministerium getroffen wurden.[784] Ein **Rechtsanspruch auf Einschreiten** der Kommunalaufsicht besteht weder zugunsten eines Bürgers noch eines Ortsvereins einer politischen Partei,[785] denn die Kommunalaufsicht sichert nur das allgemeine staatliche Interesse an einer gesetzmäßigen Verwaltung im gemeindlichen Bereich.[786] **Entscheidungen der Kommunalaufsicht** nach den §§ 130 ff. KSVG sind angreifbare **Verwaltungsakte** (§ 35 SVwVfG). Sie sind in Schriftform zu begründen und mit einer Rechtsmittelbelehrung **der Gemeinde** – nicht einem Organ – zuzustellen (§ 135 KSVG). Innerhalb eines Monats nach Zustellung kann die Gemeinde Widerspruch beim Landesverwaltungsamt einlegen. Den Widerspruchsbescheid erlässt das Ministerium für Inneres [, Bauen] und Sport (§ 136 KSVG). Belastende Verwaltungsakte können bei Vorliegen der Voraussetzungen beim Verwaltungsgericht angefochten werden (§ 42 Abs. 1 Alt. 1 VwGO). Dazu ist innerorganisatorisch ein **Klageauftrag** durch den **Gemeinderat** notwendig (§ 35 S. 1 Nr. 28 KSVG). Der Bürgermeister selbst hat keine klagefähigen Rechte, wohl aber ein Ratsmitglied, wenn dessen Mitgliedschaftsrecht durch eine kommunalaufsichtsbehördliche Verfügung beeinträchtigt wird.[787] Vor den Zivilgerichten verfolgbare **bürgerlich-rechtliche Verpflichtungen der Gemeinde** sind gegenständlich repressiven Maßnahmen der Kommunalaufsicht entzogen (§ 137 II KSVG). Die Bestimmung lässt sich nicht mit vagen Hinweisen auf Haushaltsgrundsätze (§ 82 KSVG) ausweiten. Im Bereich **wirtschaftlicher Betätigung** (§§ 108 ff. KSVG) kann die Kommunalaufsicht rechtswidrigen Zuständen abhelfen, indem sie mit ihrem Einwirkungsinstrumentarium die **Ingerenzpflichten** der Gemeinde gegenüber ihren Beteiligungen reklamiert.[788] **Andere Behörden und Stellen** als die Kommunalaufsicht sind zu Eingriffen in die Gemeindeverwaltung nach den §§ 129 ff. KSVG **nicht befugt** (§ 137 I KSVG). Daher müssten **Untersuchungsausschüsse des Landtages** im kommunalen Wirkungskreis der Gemeinden in Selbstverwaltungsangelegenheiten grds. unzulässig sein.[789] Jedoch sind sie nach Ansicht des OVG des Saarlandes[790] insoweit rechtmäßig, als kommunales Verhalten der Rechtsaufsicht des Landes unterliegt. Trotz einer greifbaren Tatbestandswirkung soll die **Beanstandung der Landesdatenschutzbeauftragten** gegenüber einer Gemeinde kein Verwaltungsakt sein.[791] Ein Insolvenzverfahren über das Gemeindevermögen findet nicht statt (§ 138 II KSVG). Die Einleitung der Zwangsvollstreckung der Gemeinde wegen einer Geldforderung ist von einer Zulassungsverfügung der Kommunalaufsicht abhängig

---

783 BVerwG, DVBl. 2004, 239, 246.
784 VG Gelsenkirchen, DVBl. 2007, 1507, 1509.
785 BVerwG, DÖV 1972, 723 (nur Leitsatz); OVG Rh.-Pf., DVBl. 1986, 152; VG d. Saarl., LKRZ 2015, 193.
786 VG d. Saarl., Beschl. v. 17.2.2022 – 3 L 173/22, Rn. 48 – juris. BVerwG, DÖV 1972, 723 (nur Leitsatz); OVG Rh.-Pf., DVBl. 1986, 152; VG d. Saarl., LKRZ 2015, 193.
787 VG d. Saarl., Beschl. v. 10.07.1984 – 3 K 114/81, SKZ 1984, 185; OVG NRW, NVwZ-RR 2004, 674, 675.
788 S.a. ThürOVG, DVP 2008, 126.
789 *Wohlfarth*, SKZ 1989, 218, 220 ff.; zu Untersuchungsausschüssen generell: VerfG Bbg RDV 1997, 126; VGH Bad.-Württ., NVwZ-RR 2016, 304; HmbVerfG, NVwZ 2016, 61.
790 OVG d. Saarl., NVwZ 1987, 612, 613.
791 BVerwG, DÖV 1992, 536; SächsOVG, NVwZ-RR 2011, 980 ff.; VGH Bad.-Württ., Urt. v. 4.2.2020 – 10 S 1082/19, Rn. 20 – juris.

(§ 138 I KSVG). Eine Besonderheit betrifft die rechtswidrige Versagung des **gemeindlichen Einvernehmens** bei der Entscheidung über bestimmte Bauvorhaben des Innen- und Außenbereiches durch die Untere Bauaufsicht (§ 36 I BauGB, § 72 I LBO). Das fehlende Einvernehmen[792] wird durch die (Bau-)Genehmigung oder den Widerspruchsbescheid ersetzt. Die §§ 130–133, 137 I KSVG gelten nicht (§ 72 II LBO). Ein Widerspruch des Bürgermeisters gegen den Versagungsbeschluss (§ 60 I KSVG) macht daher keinen Sinn.

XX. Gemeindeverbände

1. Selbstverwaltungsaufgaben der Landkreise

221 Die Landkreise sind Gemeindeverbände iSv Art. 28 II 2 GG, Art. 118 SVerf. Sie sind, wie die Gemeinden auch, **rechtsfähige Gebietskörperschaften des öffentlichen Rechts**. Ihre Mitglieder sind – anders als der Begriff Gemeindeverband vermuten lässt[793] – nicht die Gemeinden, sondern die Einwohner ihres Territoriums (vgl. §§ 151 ff. KSVG). Mit dem Gebiet des Landkreises deckt sich der Bezirk des **Landrats als unterer staatlicher Verwaltungsbehörde** (§ 140 I KSVG; § 8 II, § 9 LOG – Organleihe, → Rn. 37), was jedoch nur noch für die Kreispolizei von Bedeutung ist.[794] Derzeit sind im Saarland folgende Landkreise und Kreisverwaltungssitze eingerichtet: St. Wendel (Sitz: St. Wendel), Saar-Pfalz-Kreis (Sitz: Homburg/Saar), Saarlouis (Sitz: Saarlouis), Merzig-Wadern (Sitz: Merzig) sowie Neunkirchen (Sitz: Neunkirchen mit Verwaltungsgebäude in Ottweiler). Ähnlich wie die Gemeinden haben auch die Gemeindeverbände einen besonderen verfassungsrechtlichen Rang (Art. 28 II 2 GG; Art. 118 SVerf). Sie werden als besondere Rechtssubjekte garantiert, ohne dass Bestandssicherungen bzw. Ausgestaltungswünsche eines konkreten Landkreises bestehen. Im Unterschied zu den Gemeinden sichert Art. 28 II 2 GG den Kreisen aber keinen bestimmten Aufgabenbereich, sondern überantwortet diesen dem Gesetzgeber.[795] Aus der Sicht des BVerfG[796] gibt es vom **Ansatz her nur örtliche Aufgaben**. Ist eine einzelne Gemeinde von ihrer Verwaltungs- und Finanzkraft überfordert, kann sie eine Kooperationsform mit anderen Kommunen nach dem KGG suchen. Dennoch ist die **Hochzonung von örtlichen Aufgaben auf Kreise** nicht generell ausgeschlossen. Es bedarf im Einzelfall eines die Zuständigkeit übertragenden Gesetzes, das nach Durchführung einer Güterabwägung sich auf **triftige Gründe des Gemeinwohles** stützen muss.[797] Die Bildung von Regionalkreisen in der räumlichen Ausdehnung von Regierungsbezirken dürfte das Wesen der Kreisverfassung überspannen.[798] Vom KSVG werden die Aufgaben der

---

792 Zur Bedeutung des gemeindlichen Einvernehmens: BVerwG, NVwZ 2008, 1347 ff.; OVG d. Saarl., NVwZ-RR 2006, 678 ff.; HessVGH, NVwZ-RR 2009, 750; BayVGH, NVwZ-RR 2011, 169 ff.; *Dippel* NVwZ 2011, 769 ff.; zur Ersetzung des gemeindlichen Einvernehmens: HessVGH, LKRZ 2011, 17 ff.; OVG d. Saarl., Beschl. v. 25.3.2011 – 2 B 100/11, SKZ 2011, 168 ff.; *Bitz* SKZ 2011, 147 ff.; OVG d. Saarl., Beschl. v. 7.2.2012 – 2 B 422/11, SKZ 2012, 65; zur Amtshaftung: BGH, NVwZ 2011, 249 ff.; *Schlarmann/Krappel* NVwZ 2011, 215 ff.; zur „Übersicherung" der Planungshoheit: *Schoch* NVwZ 2012, 777 ff.
793 Zum Begriff des Gemeindeverbands (im echten und unechten Sinne) *Gröpl* LKRZ 2007, 86, 88.
794 → § 2 Rn. 38.
795 BVerfGE 119, 331, 352 f.; BVerwG, Beschl. v. 3.3.2009 – 4 B 59/08 – juris.
796 BVerfGE 79, 127, 146 ff.
797 BVerfGE 147, 185, 223 Rn. 79 ff.
798 LVerfG Meckl.-Vorp., DVBl. 2007, 1102, 1106; dazu: *Meyer* NVwZ 2007, 1024 ff.; *Stüer* DVBl. 2007, 1267 ff.; *Erbguth* DÖV 2008, 152; *Bull* DVBl. 2008, 1; *Katz/Ritgen* DVBl. 2008, 1525 ff.

Landkreise als **überörtlich** und in ihrer Bedeutung auf das **Kreisgebiet beschränkt** beschrieben (§ 140 II KSVG). Es sind dies entweder **freiwillig** übernommene oder durch Gesetz **pflichtig** bestehende **Selbstverwaltungsaufgaben** (§ 143 I, II KSVG). Die materiellen Kreisaufgaben sind zum Teil historisch gewachsen. Im sachlichen Zuschnitt, den Auswirkungen oder dem Anspruch an Erfüllungsqualität werden solche Aufgaben am besten von einem größeren Verband erledigt.[799] Pflichtige Selbstverwaltungsangelegenheiten mit **Innenwirkung** dienen der Funktionsfähigkeit der Kreisverwaltung wie Organisation, Personal- und Haushaltswirtschaft, Vermögensverwaltung und wirtschaftliche Betätigung. Aufgabenfelder mit **Außenwirkung** sind beispielsweise: Bau und Unterhaltung der Kreisstraßen, Sicherstellung des ÖPNV, Abfallentsorgung, Versorgung mit Wasser und Energie, Förderung der Wirtschaft, Tourismus, weiterführende und berufsbildende Schulen, Altenheime, Jugendhilfeeinrichtungen, Erwachsenenbildung. Ihre Ausgleichs- und Ergänzungsfunktion können die Landkreise nur in Zusammenarbeit mit einzelnen oder mehreren kreisangehörigen Gemeinden wahrnehmen. Eine Unterstützung durch andere Personen des öffentlichen Rechts oder des Privatrechts ist zulässig (§ 143 III KSVG). Die **Ausgleichsfunktion** berechtigt zu administrativen oder finanziellen Hilfen an kreisangehörige Gemeinden.[800] Dazu kann auch die Rechtsberatung kreisangehöriger Gemeinden durch den Landkreis gehören.[801] Bei mangelnder Leistungsfähigkeit einzelner Gemeinden können örtliche Angelegenheiten vom Landkreis zur Sicherung eines einheitlichen Leistungsniveaus im Wege einer Ergänzungsaufgabe wahrgenommen werden. Der **Schwerpunkt pflichtiger Kreisaufgaben** liegt heute in der Schul-, Sozial- und Jugendverwaltung (§ 38 II SchOG; § 1 I AG SGB XII; § 1 I, § 2 II, III AG KJHG). Anstelle der Bundesagentur für Arbeit können auch zugelassene Träger („**Optionskommunen**")[802] näher bestimmte Leistungen im Rahmen der Grundsicherung für Arbeitsuchende erfüllen (§ 16a I SGB II).[803] Gemeinsame Einrichtungen[804] (Art. 91 e I GG) führen die sprachlich nicht überzeugende Bezeichnung **Job-Center** (§ 6d SGB II).

2. Auftragsangelegenheiten der Landkreise

Den Kreisen als Gebietskörperschaften können durch Gesetz **staatliche Aufgaben** als **Auftragsangelegenheiten** nach Weisung der zuständigen Behörden übertragen werden (§ 144 I, II KSVG). Zu diesem **Aufgabenkatalog** gehören ua Funktionen aus folgenden **Rechtsgebieten**: Brandschutz, Gesundheitsdienst, Veterinärwesen, Lebensmittelüberwachung, Infektionsschutz, Schulpsychologischer Dienst, Unterhaltssicherung, Rettungsdienst. Die Auftragsangelegenheiten erledigt der **Landrat ohne Gremienbeteiligung** (§ 178 III KSVG). Ausgaben und Einnahmen in Auftragsangelegenheiten sind Sa-

222

---

799 *Schmidt-Jortzig* DÖV 1993, 973, 980; *Schoch* DVBl. 1995, 1047 ff.; OVG d. Saarl., Urt. v. 19.12.2001 – 9 R 5/00, SKZ 2002, 54, 63 f.
800 BVerwGE 101, 99 ff. = DVBl. 1996, 1062, 1063 f.; OVG d. Saarl., Urt. v. 19.12.2001 – 9 R 5/00, SKZ 2002, 54, 63 ff.
801 BGH, NJW 2000, 2277, 2278.
802 Zum Verhältnis zwischen Art. 91e III GG und Art. 28 II GG: BVerfGE 137, 108.
803 Zur Neuorganisation im Saarland: *Hunsicker* SKZ 2009, 295 ff.; zu Finanzbeziehungen zwischen Bund und Kommunen: *Mayen* NVwZ 2011, 584 ff.
804 Zur unzulässigen Mischverwaltung: BVerfGE 119, 331 ff., und die Ergänzung des GG durch ÄnderungsG v. 21.07.2010 (BGBl. I S. 944).

che des jeweiligen Landkreises (§ 1 I, II KFAG). – Im von den Auftragsangelegenheiten zu unterscheidenden Wege der **Organleihe** (→ Rn. 37) erfüllt der Landrat die Aufgaben der **Kreispolizeibehörde** (§ 1 I KomLbG, § 76 II Nr. 1 SPolG).

223 Bei jedem Gemeindeverband – sowie in der Landeshauptstadt Saarbrücken – ist für verwaltungsgerichtliche Vorverfahren ein **Kreisrechtsausschuss** gebildet (§ 7 I AGVwGO). Solche Rechtsausschüsse entscheiden in der Besetzung eines Vorsitzenden mit der Befähigung zum Richteramt oder zum höheren Verwaltungsdienst sowie zwei Beisitzern (§ 7 II, §§ 9 ff. AGVwGO). Im Fall der Nichtabhilfe kommt es zu einer öffentlichen mündlichen Verhandlung, sofern nicht alle Beteiligten auf diese ausdrücklich verzichten (§ 16 I, II AGVwGO). In kommunalen **Selbstverwaltungsangelegenheiten** beschränkt sich die Nachprüfung im Widerspruchsverfahren auf die **Rechtmäßigkeit** des Verwaltungsaktes (§ 8 II AGVwGO). Die in staatlicher Auftragsverwaltung tätigen Rechtsausschüsse können in den Kernbestand kommunaler Selbstverwaltung nicht wirksam eingreifen und haben daher **keine Befugnis zur Verwerfung** einer für rechtswidrig erachteten **kommunalen Satzung**. Gegen einen Widerspruchsbescheid des Rechtsausschusses kann der zuständige Minister **Aufsichtsklage**[805] als eine **Sonderform der Anfechtungsklage** beim Verwaltungsgericht einlegen (§ 17 I AGVwGO). Anstelle der Klagebefugnis ist geltend zu machen, dass der Widerspruchsbescheid objektiv materiell rechtswidrig ist.[806] Dagegen hat die Gebietskörperschaft gegen Entscheidungen der Rechtsausschüsse keine klagefähigen Rechte.[807] Ein Rechtsausschuss ist, was aber nicht ganz unumstritten ist, zu einer „**Verböserung**" der Ausgangsentscheidung berechtigt.[808] Zu einer isolierten Rücknahme des Widerspruchsbescheides ist die Ausgangsbehörde nicht befugt.[809] Die Gebühren im Widerspruchsverfahren bestimmen sich nach § 9a SaarlGebG.[810]

3. Organe des Landkreises

224 Organe des Landkreises sind der **Kreistag**, der **Kreisausschuss** und der **Landrat** (§ 155 KSVG).

225 Der **Kreistag** besteht aus den von den Bürgern der kreisangehörigen Gemeinden in allgemeiner, gleicher, geheimer, unmittelbarer und freier Wahl gewählten Mitgliedern (§ 156 I KSVG), ist aber ein Verwaltungsorgan.[811] Die Zahl der Kreistagsmitglieder richtet sich nach der Einwohnergrößenklasse der Kreise und reicht von 27 bis 45 Personen (§ 156 II KSVG). Die **Amtszeit** des Kreistages beträgt **fünf Jahre** (§ 158 I 1 KSVG). Der Kreistag beschließt über alle Selbstverwaltungsangelegenheiten des Landkreises, für die seine ausschließliche Zuständigkeit gesetzlich bestimmt ist oder für die

---

805 *Guckelberger/Heimpel* LKRZ 2012, 6 ff.
806 VG d. Saarl., Gerichtsbescheid v. 21.7.2016 – 3 K 604/15, Rn. 19 – juris.
807 OVG d. Saarl., NVwZ 1990, 174, 175.
808 *Meister* JA 2002, 567; *Schröder* NVwZ 2005, 1029, 1030; *Jutzi* LKRZ 2008, 212, 213 f.; anders: OVG Rh.-Pf., NVwZ-RR 2004, 723.
809 BVerwG, NVwZ 2002, 1252, 1253.
810 S. zu den Rechtsausschüssen auch unter → § 2 Rn. 155 ff.; *Guckelberger/Heimpel* LKRZ 2009, 246.
811 *Waldhoff* JuS 2021, 807; s.a. OVG d. Saarl., NVwZ-RR 2021, 118, 119 Rn. 10, wonach dieser kraft seines Selbstorganisationsrechts Infektionsschutzregelungen zum Tragen von Masken während der Sitzung erlassen kann.

er sich die Entscheidung ausdrücklich vorbehalten hat (§ 159 I KSVG). Die dem Kreistag vorbehaltenen Aufgaben in § 160 KSVG entsprechen überwiegend dem Katalog des für den Gemeinderat geltenden § 35 KSVG. Auch für das Verfahren im Kreistag sind die Vorschriften der Gemeindeordnung entsprechend anwendbar (§ 171 KSVG): Die Mitglieder des Kreistages sind ehrenamtlich tätig. Den **Vorsitz** im Kreistag führt der **nicht stimmberechtigte Landrat**. Einberufung und Ablauf der Sitzungen ähneln dem Verfahrensgang im Gemeinderat. Die Sitzungen der aus der Mitte des Kreistages gebildeten **Ausschüsse** sind wegen Fehlens eines Letztentscheidungsrechts immer nichtöffentlich (§ 172 II 1 KSVG).

Ein weiteres **selbstständiges Organ** des Landkreises ist der **Kreisausschuss** (§ 174 KSVG). Er ist nicht zu verwechseln mit den Kreistagsausschüssen (§ 172 KSVG), die Organteil des Kreistages sind und dessen Beschlüsse vorberaten. Der historisch gewachsene Kreisausschuss besteht aus einem Drittel der gesetzlichen Mitgliederzahl des Kreistages (§ 174 I 1 KSVG). Die Mitglieder werden vom Kreistag aus seiner Mitte nach den Grundsätzen des § 48 II KSVG berufen (§ 174 I 2, 3 KSVG). Im Gegensatz zu dem Kreistagsausschuss **entscheidet** der Kreisausschuss über Selbstverwaltungsangelegenheiten, für die der Kreistag nicht ausschließlich zuständig ist oder für die er sich die Entscheidung ausdrücklich vorbehalten hat (§ 175 II KSVG). Er bereitet alle Kreistagsangelegenheiten vor. Jedoch kann der Kreistag auch ohne Vorberatung entscheiden oder diese einem Kreistagsausschuss übertragen (§ 175 IV KSVG). Daneben hat der Kreisausschuss in dringenden Fällen, die aus Gründen des Gemeinwohles keinen Aufschub dulden, ein **Eilentscheidungsrecht** anstelle des Kreistages. Dieser kann die Entscheidung aufheben, wenn nicht schon Rechte Dritter entstanden sind (§ 175 III KSVG). Der Kreisausschuss verhandelt und beschließt prinzipiell in öffentlichen Sitzungen (§ 176 I KSVG). Hingegen sind vorbereitende Sitzungen nichtöffentlich. Der Landrat führt ohne eigenes Stimmrecht den Vorsitz im Kreisausschuss (§ 176 II KSVG). Das Verfahren im Übrigen entspricht dem des Kreistages (§ 176 III KSVG). Gegenüber Dritten kann er nach § 171 Nr. 8 iVm § 43 I KSVG das Hausrecht ausüben.[812] Der **Landrat** ist wie der Bürgermeister **kommunaler Wahlbeamter** auf Zeit und wird direkt für die Dauer von zehn Jahren gewählt (§ 177 I KSVG, § 120 SBG). Die Eignungs- und Befähigungsvoraussetzungen für den Landrat gleichen denen des Bürgermeisters (→ Rn. 76). § 177 III KSVG verweist daher auf die § 30 II, §§ 54 ff. KSVG.

4. Aspekte der Finanzwirtschaft

Die Landkreise regeln ihre Finanzwirtschaft in eigener Verantwortung. Sie haben das Recht zur Erhebung von Steuern, sonstigen Abgaben und Umlagen nach Maßgabe der Gesetze (§ 146 I KSVG). Die Gemeindeverbände dürfen die **Jagd- und Schankerlaubnissteuer** erheben (§ 3 I KAG) und sind am Aufkommen nach dem Grunderwerbssteuerverteilungsgesetz beteiligt. Subsidiär sichert das Saarland den Kreisen die zur Aufgabenwahrnehmung erforderlichen Mittel im Rahmen des kommunalen Finanzausgleiches durch **Schlüsselzuweisungen, Zweckzuweisungen** und einem Anteil an der Feuer-

---

812 OVG d. Saarl., NVwZ-RR 2021, 118, 119 Rn. 9.

schutzsteuer (§ 146 II KSVG; §§ 14 ff. KFAG, § 48 SBKG). Die Erhebung einer **Kreisumlage** von den ihnen angehörenden Gemeinden ist für die Kreise eine **wichtige Finanzierungsquelle** (§ 146 I KSVG; § 4 II, § 18 KFAG). Die Umlage wird vom Kreistag unter Beachtung der Grundsätze des § 189a KSVG in der Haushaltssatzung festgesetzt[813] und durch Verwaltungsakt gegenüber den Gemeinden angefordert (§ 160 Nr. 12 KSVG, § 18 III KFAG, § 35 SVwVfG). Vor Festlegung der Höhe des Umlagesatzes muss der Finanzbedarf der umlagepflichtigen Gemeinden ermittelt, fortlaufend beobachtet und offengelegt werden. Eine förmliche Anhörung der umlagepflichtigen Gemeinden ist nach Ansicht des BVerwG verfassungsrechtlich nicht geboten.[814] Aus Art. 28 II 1 GG ergibt sich für die Erhebung von Kreisumlagen eine absolute, den Kernbereich der Selbstverwaltungsgarantie schützende Grenze in Gestalt des Verbots eines Unterschreitens einer finanziellen Mindestausstattung der Gemeinden, wobei allein eine aktuell defizitäre Haushaltsstruktur noch nicht die Annahme einer solchen Unterschreitung rechtfertigt.[815] Die Umlage ist eine **öffentliche Abgabe**, so dass ein eingelegter Widerspruch keine aufschiebende Wirkung hat (§ 80 II 1 Nr. 1 VwGO). In die Umlage darf nur ein **Aufwand für echte und rechtmäßig wahrgenommene Kreisaufgaben** eingestellt werden. Kompetenzüberschreitungen müssen die kreisangehörigen Gemeinden nicht mitfinanzieren.[816]

5. Regionalverband Saarbrücken

228 Der Regionalverband Saarbrücken wurde aus dem früheren **Stadtverband**[817] durch das Verwaltungsstrukturreformgesetz vom 21.11.2007[818] entwickelt. Nach dem Willen des Gesetzgebers soll er Gemeindeverband und Gebietskörperschaft mit in Organisation und Aufgabenstellung **landkreisähnlichen Merkmalen** sein.[819] Der Regionalverband Saarbrücken ist ein der funktionsgerechten Ordnung, Entwicklung und Kooperation des **Stadtumlandbereiches** dienender Verband der benachbarten Gemeinden des Großraumes Saarbrücken (§ 194 I KSVG). Ihm gehören die Landeshauptstadt Saarbrücken, die Städte Friedrichsthal, Püttlingen, Sulzbach und Völklingen sowie die Gemeinden Großrosseln, Heusweiler, Kleinblittersdorf, Quierschied und Riegelsberg an (§ 51 I NGG, → Rn. 7). Dies bedeutet zugleich, dass insb. die Landeshauptstadt Saarbrücken keine kreisfreie Stadt iSv § 4 IV KSVG ist. Für die Rechtsstellung des Regio-

---

813 OVG d. Saarl., Urt. v. 12.11.2019 – 2 A 159/18, Rn. 52 – juris.
814 BVerwG, NVwZ 2019, 1279; OVG d. Saarl., DVBl. 2020, 381, 385, allerdings wurde im Saarland im Jahre 1983 eine Kooperationsvereinbarung zwischen dem Landkreistag und dem SSGT zur Aufbereitung des Tatsachenmaterials geschlossen. BVerwG, NVwZ 2019, 1279.
815 OVG d. Saarl., DVBl. 2020, 381, 385.
816 Zu Fragen der Kreisumlage: OVG d. Saarl., Urt. v. 29.8.2001 – 9 R 2/00, AS 29, 255 ff. = SKZ 2001, 250; OVG d. Saarl., Urt. v. 19.12.2001 – 9 R 5/00, SKZ 2002, 54 ff.; OVG NRW, DVBl. 2005, 652; BayVGH, NVwZ-RR 2006, 350; OVG Rh.-Pf., LKRZ 2011, 262, sowie 2011, 336; BayVGH, BayVBl 2011, 632; Nds. OVG, NVwZ-RR 2018, 446; BayVGH, KStZ 2019, 131; HessStGH, NVwZ 2019, 1036; OVG d. Saarl., NVwZ-RR 2020, 323; *Tysker* KommJuR 2009, 408 sowie 458 ff.; *Wohlfarth* LKRZ 2010, 206 ff; *Meyer* NVwZ 2019, 1254.
817 *Walker*, Das Jahrhundertwerk, 1982; *Groß*, Die Reform des Stadtverbandes Saarbrücken, 2008, S. 119 ff.
818 Amtsbl. S. 2393 mit spät. Änd.; eingehend zum Regionalverband: *Hesse*, Überprüfung der kommunalen Verwaltungsstrukturen im Saarland, 2004; *Hunsicker*, Der Landkreis 2004, S. 322 ff.; *Jochum* DÖV 2005, 632 ff.; *Gröpl/Groß* LKRZ 2007, 86 ff.; *Priebs/Schwarz* DÖV 2008, 45 ff.
819 LT-Drucks. 13/1403, S. 80. Zu Recht kritisch *Groß*, Die Reform des Stadtverbandes Saarbrücken, 2008, S. 196 ff. – Zum Rechtscharakter des ehem. Stadtverbands: BVerfGE 77, 288, 302 = SKZ 1988, 73, 75.

nalverbandes gelten bis auf einige Ausnahmen durchweg die Vorschriften, die für Landkreise maßgeblich sind (§ 199 KSVG). Der Regionalverband erfüllt in seinem Gebiet alle pflichtigen landkreistypischen Selbstverwaltungsaufgaben (§ 197 I KSVG). Hinzu kommen die freiwillig übernommenen überörtlichen Selbstverwaltungsangelegenheiten des § 197 II KSVG. Der Regionalverband ist zB örtlicher Träger der **Sozialhilfe** und Träger eines **Jugendamtes** (§ 1 I AGSGB XII, § 1 II AG KJHG). Er unterhält die kreistypischen allgemeinen und berufsbildenden Schulen. In seiner Trägerschaft steht die größte Volkshochschule des Saarlandes. Er hat die Kulturhoheit über das Saarbrücker Schloss, hält Beteiligungen an gemischt-wirtschaftlichen Unternehmen, Krankenhäusern, Zweckverbänden und engagiert sich in der grenzüberschreitenden Zusammenarbeit. Der Regionalverband hat die **Befugnisse eines Planungsverbandes** nach § 205 VI BauGB und nimmt die überörtlichen Interessen seines Gebietes gegenüber anderen Planungsträgern wahr (§ 197 III 2 KSVG). Innerorganisatorisch entscheidet der **Kooperationsrat** über die **Flächennutzungsplanung** nach dem BauGB sowie die **Landschaftsplanung** nach dem SNG, dem Gesetz zum Schutz der Natur und Heimat im Saarland (§ 211a I 1 Nr. 1 KSVG). Der Kooperationsrat hat ferner Aufgaben in den Feldern der Wirtschaftsförderung des ÖPNV (derzeit auf einen Zweckverband übertragen) sowie in der Koordination von Freizeit-, Sport- und Erholungsmaßnahmen. Der Regionalverband erfüllt auch die den **Landkreisen** übertragenen staatlichen **Auftragsangelegenheiten** (§ 198 I KSVG). Solche Tätigkeiten erstrecken sich jedoch **nicht** auf das Gebiet der Landeshauptstadt Saarbrücken sowie nach Maßgabe der Mittelstadtverordnung[820] auf die Mittelstadt Völklingen (§ 8 II, § 9 III LOG; §§ 7, 9 KSVG).

Organe des Regionalverbandes sind die **Regionalversammlung**, der **Regionalverbandsausschuss**, der **Kooperationsrat** und der **Regionalverbandsdirektor** (§ 204 KSVG). Die durch Urwahl zustande gekommene Regionalversammlung hat 45 Mitglieder. Aus ihrer Mitte wird der Regionalverbandsausschuss mit 15 Personen besetzt (§§ 205, 210 I KSVG). Der Kooperationsrat ist die eigentliche Besonderheit des Regionalverbands: Er besteht aus den **Bürgermeistern** der regionalverbandsangehörigen Städte und Gemeinden (§ 211 I KSVG). Jede Gemeinde entsendet in diesen einen weiteren Vertreter aus der Mitte des Gemeinderates. Darüber hinaus stehen ihr für je 40 000 Einwohner zwei weitere Vertreter zu. Der Bürgermeister ist an **Weisungen** seines Rates gebunden (§ 211 I 3 iVm § 114 KSVG). Damit ist der Kooperationsrat eine Art „quasiföderatives Organ", dessen Mitglieder entgegen Art. 28 I 2 GG, Art. 121 SVerf nicht unmittelbar demokratisch legitimiert sind.[821] Den Vorsitz im Kooperationsrat führt der **Regionalverbandsdirektor ohne Stimmrecht** (§ 211 II KSVG). Die Ausführung der Beschlüsse des Kooperationsrates obliegt dem Regionalverbandsdirektor und unter seiner Leitung der Regionalverbandsverwaltung. Zwar wird dies in § 213 II 2 KSVG nicht vorgegeben; dabei dürfte es sich indes um ein redaktionelles Versehen des Gesetzgebers

229

---

820 MstVO ((Fn. 47).
821 Eingehend *Groß*, Die Reform des Stadtverbandes Saarbrücken, 2008, S. 189 ff., 203 ff.

handeln.[822] Der Regionalverbandsdirektor wird wie ein Landrat direkt als Beamter auf Zeit für zehn Jahre gewählt (§ 212 I, § 177 III iVm § 31 II KSVG).

XXI. Zusammenfassende Klausurhinweise

1. Verbands- und Organzuständigkeit

230 Viele Klausuren befassen sich mit der Zuständigkeit der Gemeinde und der innerorganisatorischen Entscheidungsbefugnis. Die äußere Gemeindezuständigkeit ist die **Verbandskompetenz**. Das Vorliegen einer Selbstverwaltungsangelegenheit ist in erster Linie am Maßstab der § 1 I, § 5 KSVG zu prüfen. Die Angelegenheit der örtlichen Gemeinschaft im Rahmen der Gesetze setzt einen spezifischen Herkunfts- oder Wirkungsbezug voraus. Nur die positive Feststellung der Verbandszuständigkeit führt in einem weiteren Prüfungsschritt zu der Frage der **inneren Organzuständigkeit**. In Betracht kommen in der dualistischen saarländischen Gemeindeverfassung (§ 29 KSVG) entweder der **Gemeinderat** oder der **Bürgermeister**, ausnahmsweise und eher selten der Orts- bzw. Bezirksrat (§ 73 III KSVG); → Rn. 102.

231 Die **zentralen Ratszuständigkeiten** folgen aus §§ 35, 34 KSVG (→ Rn. 63). Die wichtigste Norm zur Ermittlung der Innenkompetenz des **Bürgermeisters** ist § 59 KSVG (→ Rn. 78 f.).

232 Die staatlichen **Auftragsangelegenheiten** werden der Gemeinde durch Gesetz übertragen (§ 6 KSVG). Im Innenverhältnis handelt allein der **Bürgermeister** ohne Gremienbeteiligung (§ 59 IV KSVG), → Rn. 37.

2. Gemeindlicher Rechtsschutz gegen Aufsichtsmaßnahmen

233 **Fachaufsichtliche Weisungen** nach § 6 KSVG werden dem **staatlichen Innenbereich** zugewiesen und gelten wegen Fehlens einer Außenwirkung gegenüber der Gemeinde nicht als Verwaltungsakte. Die Anfechtungsklage nach § 42 I Alt. 1 VwGO ist daher nicht statthaft. Dies gilt nur dann nicht, wenn solche Maßnahmen überschießend zB die Organisations- und Personalhoheit der Gemeinde verletzen (→ Rn. 37, 28 f.).

234 In Klausuren geht es meistens um **Maßnahmen der Rechtsaufsicht** durch das Landesverwaltungsamt als Kommunalaufsichtsbehörde (§ 128 I KSVG). Die gesetzlichen Interventionsmöglichkeiten sind abgestuft und reichen von der **Beanstandung** bis zur Bestellung eines Beauftragten (§§ 130 ff. KSVG). Die kommunalaufsichtlichen Entscheidungen sind mit einer Rechtsmittelbelehrung zu versehen und zuzustellen (§ 135 KSVG). Die Gemeinde kann dagegen **Widerspruch** einlegen. Das Ministerium für Inneres [, Bauen] und Sport erlässt den Widerspruchsbescheid (§ 136 KSVG). Dagegen ist die **Anfechtungsklage** (§ 42 I Alt. 1 VwGO) statthaft. Bei Streitigkeiten von erheblicher Bedeutung muss der Klageauftrag durch den Gemeinderat erfolgen (§ 35 S. 1 Nr. 28 KSVG).

235 Das gleiche Verfahren gilt auch bei Entscheidungen der Kommunalaufsicht nach einem **Widerspruch des Bürgermeisters** gegen rechtswidrige Ratsbeschlüsse (§ 60

---

[822] Groß, Die Reform des Stadtverbandes Saarbrücken, 2008, S. 195; Klausur hierzu: Gröpl LKRZ 2009, 336 ff.

KSVG). Dem Bürgermeister als Innenorgan stehen gegen die Entschließungen der Kommunalaufsicht **keine** klagefähigen Rechte zu (→ Rn. 80).

3. Kommunalverfassungsstreitverfahren

Das Kommunalverfassungsstreitverfahren betrifft Rechtsstreitigkeiten zwischen den gleichberechtigten **Gemeindeorganen** (§ 29 KSVG) sowie **innerhalb von Organteilen.** Deshalb wird auch von einem Organstreitverfahren gesprochen. Die Fragestellungen dieses Verfahrens ergeben sich aus der nur für Außenrechtsstreitigkeiten konzipierten VwGO. **Beteiligtenfähig** sind die jeweils streitenden Organe bzw. Organteile. Wegen fehlender Außenwirkung von gemeindeinternen Entscheidungen muss je nach Klageziel auf die **allgemeine Leistungsklage** oder die **Feststellungsklage** (§ 43 VwGO) zurückgegriffen werden. Die Klagebefugnis analog § 42 II VwGO folgt aus der **möglichen Verletzung eines organschaftlichen Rechts** (organschaftliche Befugnisse, Mitgliedschaftsrechte der Organträger). Nicht ausreichend ist der Wunsch nach einer objektiven Rechtmäßigkeitskontrolle. Fristen bestehen nicht. Die Verfahrenskosten gehen immer zulasten des gemeindlichen Haushaltes (→ Rn. 90 ff.).

236

4. Überprüfung einer Satzung

Die allgemeine Satzungsbefugnis der Gemeinden in § 12 KSVG rechtfertigt **keine** Eingriffe in Grundrechte. Im Abfall-, Naturschutz-, Straßen-, Bau-, Kommunalabgabenrecht gibt es daher **besondere Satzungsermächtigungen.** Formelle Satzungsfehler sind heilbar, materielle dagegen nicht. Die **Kreisrechtsausschüsse** haben im Widerspruchsverfahren **keine Satzungsverwerfungskompetenz.** Die Feststellung der Nichtigkeit einer Satzungsregelung in einem **Anfechtungs-** oder **Verpflichtungsprozess** entfaltet Rechtswirkungen nur für den **konkreten Rechtsstreit** und seine Beteiligten. Allein das Oberverwaltungsgericht kann in einem **Normenkontrollverfahren** eine Satzung mit **Allgemeinverbindlichkeit** für nichtig erklären (§ 47 V 2 VwGO – vgl. das Prüfungsschema → Rn. 44).

237

5. Rechtsstreitigkeiten gegen die Gemeinde

Der Rechtsweg im Schnittstellenbereich zwischen Zivil- und Kommunalrecht muss durch eine Gegenüberstellung der § 13 GVG, § 40 I VwGO sowie die Ermittlung und Zuordnung der **streitentscheidenden Norm** geklärt werden. **Behörden**[823] sind im Saarland beteiligtenfähig (§ 61 Nr. 3 VwGO iVm § 19 I AGVwGO). Anfechtungs- und Verpflichtungsklagen (§ 42 I VwGO) sind daher gegen die Behörde und nicht den Rechtsträger zu richten (§ 78 I Nr. 2 VwGO iVm § 19 II AGVwGO). Leistungs- und Feststellungsklagen sind demgegenüber gegen die Gebietskörperschaft als juristische Person zu richten.[824] Gegen **Abgabenbescheide** nach dem KAG sind Widerspruch und Anfechtungsklage statthaft. Wegen § 80 II 1 Nr. 1 VwGO tritt allerdings **keine aufschiebende Wirkung** ein. Vorläufiger Rechtsschutz kann nur durch einen Antrag auf Aussetzung der sofortigen Vollziehung bei der Gemeinde beantragt werden (§ 80 IV

238

---

823 Zum Behördenprinzip im Saarland: *Welsch* LKRZ 2011, 446 ff.; zu fälligen Aufräumarbeiten im Saarl. LOG: *Gröpl* LKRZ 2007, 329 ff.
824 → § 2 Rn. 168 ff.

VwGO). Nach Erfolglosigkeit ist dann ein **Antrag auf Anordnung der aufschiebenden Wirkung** beim Verwaltungsgericht statthaft (§ 80 V, VI VwGO – → Rn. 133).

239 Rechtsansprüche auf die Benutzung **gemeindlicher Einrichtungen** haben die Einwohner, die örtlichen juristischen Personen und Personenvereinigungen (§ 19 I, III KSVG). Schuldnerin des öffentlich-rechtlichen Zulassungsanspruchs ist immer die Gemeinde. Nach der **Zweistufentheorie** ist die Entscheidung über das „**Ob**" der Benutzung öffentlich-rechtlich, das „**Wie**" der Benutzung kann privat- oder öffentlich-rechtlich ausgestaltet werden. Auch wenn die Gemeinde ihre Einrichtung durch eine **kommunale Betriebsgesellschaft** betreibt, ist die **Verpflichtungsklage** auf Zulassung gegen die Gemeinde zu richten. Die allgemeine **Leistungsklage** kommt dagegen zur Anwendung, wenn die Einrichtung – auch materiell – durch einen **Privaten** betrieben wird und die Gemeinde auf diesen einwirken soll (→ Rn. 185 ff.). Die **gewerberechtliche Zulassung** zB zu Volksfesten und Märkten bestimmt sich nach § 70 GewO (→ Rn. 188).

§ 4 Polizeirecht

von *Annette Guckelberger*

Literatur:

Allgemeine Literatur: *Götz/Geis*, Allgemeines Polizei- und Ordnungsrecht, 17. Aufl. 2022; *Gusy*, Polizei- und Ordnungsrecht, 10. Aufl. 2017; *Becker/Heckmann/Kempen/Manssen*, Öffentliches Recht in Bayern (ÖR Bay), 8. Aufl. 2022; *Kingreen/Poscher*, Polizei- und Ordnungsrecht (POR), 11. Aufl. 2020; *Kugelmann*, Polizei- und Ordnungsrecht (POR), 2. Aufl. 2011; *Lisken/Denninger*, Handbuch des Polizeirechts (Hdb. d. PolR), 7. Aufl. 2021; *Pewestorf/Söllner/Tölle*, Praxishandbuch Polizei- und Ordnungsrecht, 3. Aufl. 2022; *Pünder*, in: Ehlers/Fehling/ders., Besonderes Verwaltungsrecht, Bd. 3 (VwR BT), 4. Aufl. 2021, § 69; *Schenke*, Polizei- und Ordnungsrecht (POR), 11. Aufl. 2021; *W.-R. Schenke/P. Schenke*, in: Steiner/Brinktrine, Besonderes Verwaltungsrecht, 9. Aufl. 2018, § 2 Polizei- und Ordnungsrecht; *Siegel*, in: ders./Waldhoff, Öffentliches Recht in Berlin (ÖR Berl.), 3. Aufl. 2020; *Thiel*, Polizei- und Ordnungsrecht (POR), 4. Aufl. 2020.

Landesrechtliche Literatur: *Grupp/Stelkens*, Stadtrundgang zum Polizei- und Ordnungsrecht (Saarheim), abrufbar über http://www.saarheim.de (Saarheim); *Guckelberger*, Die präventivpolizeiliche elektronische Aufenthaltsüberwachung, DVBl. 2017, 1121 ff.; *dies.*, Der präventivpolizeiliche Gewahrsam, Jura 2015, 926 ff.; *Guckelberger/Gard*, Polizeiliche Wohnungsverweisung bei freiwilligem Verlassen der Wohnung durch das Opfer, NJW 2014, 2822 ff.; *Guckelberger/Hero*, Das Gesetz zur Erhöhung der inneren Sicherheit im Saarland, LKRZ 2008, 161 ff., 206 ff.; *Guckelberger/Kollmann*, Das saarländische Polizeirechtsänderungsgesetz, LKRZ 2015, 267 ff., 315 ff.; *Haus/Wohlfarth*, Allgemeines Polizei- und Ordnungsrecht (POR), 1997; *Kiefer*, Vertiefungskurs Verwaltungsrecht – Saarland, 2011; *Mandelartz/Sauer/Strube*, Saarländisches Polizeigesetz (SPolG), 2002; *Schmidt*, Polizeiliche Videoüberwachung durch den Einsatz von Bodycams (Bodycam), 2018; *Wohlfarth*, Rechtliche und tatsächliche Aspekte der Videoüberwachung im öffentlichen Raum, LKRZ 2007, 54 ff.; *ders.*, Bemühungen zur Regulierung der Prostitution, LKRZ 2014, 393 ff.; *ders.*, Rechtliche Aspekte der beabsichtigten Verwendung von Körperkameras durch die saarländische Polizei, LKRZ 2015, 437 ff.; *ders.*, Straßen- und polizeirechtliche Maßnahmen gegen Bettelbanden, LKRZ 2015, 85 ff.; *Zenner*, Das Gesetz zur Neuregelung der polizeilichen Datenverarbeitung im Saarland, SRZ 2021, 81 ff.; *Zott/Geber*, Rote Karte für Jedermann? – Die Frage nach dem Adressaten der polizeilichen Spezialbefugnis des Platzverweises, JA 2014, 328 ff.

I. Einführung

1. Begriff des Polizei- und Ordnungsrechts

Das Polizei- und Ordnungsrecht bildet eine Materie des besonderen Verwaltungsrechts, welche die öffentlich-rechtlichen Vorschriften zur **Abwehr von Gefahren für die öffentl. Sicherheit und Ordnung** zum Gegenstand hat. Seit dem berühmten Kreuzberg-Urteil des Preußischen OVG vom 14.6.1882[1] hat sich in Deutschland die Erkenntnis durchgesetzt, dass die Polizei nicht für die gesamte gute Ordnung einschließlich der Wohlfahrtspflege zuständig ist, sondern nur für das Aktionsfeld der Gefahrenabwehr. Dementsprechend obliegt der Polizei nach § 1 II SPolG die Aufgabe, Gefahren für die öffentl. Sicherheit oder Ordnung abzuwehren. Die Gefahrenabwehr ist regelmäßig dem Bereich der **Eingriffsverwaltung** zuzuordnen.[2]

1

---

1 S. den Abdruck des Kreuzbergurteils in DVBl. 1985, 216 ff.
2 *Siegel*, ÖR Berl., § 3 Rn. 1.

2 In Deutschland wird der **Begriff** der „Polizei" in dreierlei Weise verwendet. Bei dem sog. **materiellen Polizeibegriff** wird allein auf die *Inhalte und Zwecke der Maßnahme*, nämlich die Abwehr von Gefahren für die öffentl. Sicherheit und Ordnung, abgestellt, unabhängig davon, welche Behörde konkret handelt.[3] Polizeiliche Maßnahmen können Anordnungen mit Regelungswirkung (Verwaltungsakte gem. § 35 SVwVfG), Realakte oder andere Handlungen sein. Polizeiverwaltungsakte werden traditionell häufig als Verfügungen bezeichnet.[4] Mit der **Polizei im institutionellen Sinne** sind alle Behörden und Dienststellen gemeint, die der *Organisation der „Polizei"* zugeordnet werden. Nach § 1 I SPolG sind „Polizei" die Polizei*verwaltungs*behörden und die *Vollzugs*polizei. Die Mehrzahl der Bundesländer hat sich anders als das Saarland dafür entschieden, die Ausübung der polizeilichen Gewalt auf zwei voneinander organisatorisch unabhängige Behörden zu verteilen (sog. *Trennsystem*). Sie beschränken den Begriff der Polizei auf den Polizeivollzugsdienst, dem die Wahrnehmung vollzugspolizeilicher Aufgaben vor Ort obliegt, wie die Verhütung und Aufklärung von Straftaten und die Bekämpfung unmittelbar bevorstehender Gefahren. Daneben gibt es die Ordnungsbehörden, welche die bürokratisch-verwaltungsmäßigen Aufgaben der Gefahrenabwehr sozusagen „vom Schreibtisch" aus erfüllen. Diese organisatorische Trennung schlägt sich z.B. in Nordrhein-Westfalen bei den gesetzlichen Eingriffsbefugnissen nieder. Rechtsgrundlage für das Handeln der Ordnungsbehörden ist das OrdnungsbehördenG, für das Polizeihandeln dagegen das PolizeiG. Da im **Saarland** der Polizeibegriff weiter gefasst ist, gelten das Saarl. Polizeigesetz (SPolG) ebenso wie das Saarl. Gesetz über die Verarbeitung personenbezogener Daten durch die Polizei (SPolDVG) **für die Polizeiverwaltungsbehörden und die Vollzugspolizei** gleichermaßen. Allerdings ist bei der Gesetzesanwendung sorgfältig darauf zu achten, welche der Polizeibehörden von den einschlägigen Polizeirechtsnormen adressiert wird. Bspw. wendet sich die Befugnisnorm des § 10 SPolG zur Vornahme erkennungsdienstlicher Maßnahmen nur an die Vollzugspolizei. Gleiches gilt für die Befugnis nach § 18 II SPolDVG im Vergleich zu derjenigen aus § 18 I SPolDVG. An diesen institutionellen Polizeibegriff knüpft der **formelle Polizeibegriff** an. Unter dem Polizeirecht im formellen Sinne versteht man das gesamte von den (Vollzugs-)Polizeibehörden zu beachtende Recht.[5] Dazu gehören, wie man an § 85 I 2 SPolG gut erkennen kann, neben der Gefahrenabwehr i.S.d. Gesetzes auch die Verkehrsüberwachung sowie die Erforschung und Verfolgung von Straftaten und Ordnungswidrigkeiten.

---

3 OVG d. Saarl., ZfWG 2014, 101, 110.
4 So auch in der Definition des Verwaltungsaktes, § 35 S. 1 SVwVfG.
5 OVG d. Saarl., Urt. v. 26.11.2013 – 3 A 106/12, Rn. 155 – juris.

I. Einführung

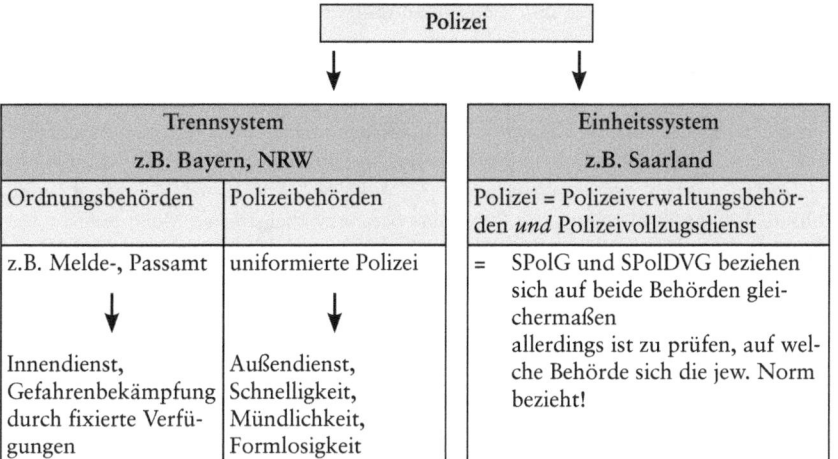

2. Verteilung der Kompetenzen zwischen Bund und Ländern

Die Gefahrenabwehr gehört zu den **Kernaufgaben des Staates**.[6] Nach der Grundsatzregelung des Art. 70 I GG fällt das Polizeirecht in die **Gesetzgebungskompetenz der Länder**, weshalb alle sechzehn Bundesländer entsprechende Gesetze erlassen haben. Art. 73, 74 GG räumen dem Bund **nur partiell**, für bestimmte, dem materiellen Polizeibegriff unterfallende Gebiete die Gesetzgebungsbefugnis ein.[7] Soweit der Bund das Recht zur Gesetzgebung auf einem bestimmten Gebiet hat, steht ihm auch die Annexkompetenz zum Erlass der dieses Lebensgebiet betreffenden spezialpolizeilichen Vorschriften zu.[8] Nach dem BVerfG darf der Bund wegen des engen Zusammenhangs zwischen technischem Übermittlungsvorgang und den dabei anfallenden Daten aufgrund von Art. 73 I Nr. 7 GG Regelungen zur Gewährleistung der möglichen Datensicherheit und normklaren Begrenzung der Zwecke der möglichen Datenverwendung erlassen.[9]

So kann der Bund aufgrund seiner **ausschließlichen Gesetzgebungskompetenz** für auswärtige Angelegenheiten in Art. 73 I Nr. 1 GG die auf die Auslandsaufklärung und Information der Bundesregierung gerichtete Tätigkeit des Bundesnachrichtendienstes regeln.[10] Seiner ausschließlichen Gesetzgebungskompetenz unterfallen des Weiteren die Bundespolizei [früher: Zoll- und Grenzschutz] (Art. 73 I Nr. 5 GG), der Luftverkehr (Art. 73 I Nr. 6 GG),[11] die Bahnpolizei nach Maßgabe des Art. 73 I Nr. 6a GG, das Waffen- und Sprengstoffrecht (Art. 73 I Nr. 12 GG) sowie die Abwehr von Gefahren des

---

6 *Siegel*, ÖR Berl., § 3 Rn. 4.
7 BVerfGE 155, 119, 172 Rn. 109.
8 BVerfGE 8, 143, 147 f.
9 BVerfGE 125, 260, 346; dazu, dass Regelungen zum Datenabruf unter Inpflichtnahme Privater nicht auf eine solche Kompetenz abgestützt werden können BVerfGE 155, 119, 172 Rn. 108.
10 BVerfGE 133, 277, 319 f. Rn. 100 ff. Dazu, dass die Aufgaben und Befugnisse des BND eine außen- und sicherheitspolitische Bedeutung haben müssen und ihm auch die Früherkennung von aus dem Ausland drohenden Gefahren anvertraut werden darf BVerfGE 154, 152, 233 f. Rn. 127 f., näher zum Wesen der Auslandsaufklärung und dem grds. Fehlen operativer Befugnisse des BND bei Rn. 106 ff., 149, 165.
11 BVerfGE 115, 118, 141.

internationalen Terrorismus durch das Bundeskriminalpolizeiamt in Fällen, in denen eine länderübergreifende Gefahr vorliegt, die Zuständigkeit einer Landespolizeibehörde nicht erkennbar ist oder die oberste Landesbehörde um eine Übernahme ersucht (Art. 73 I Nr. 9a GG). Durch das *Gesetz zur Abwehr von Gefahren des internationalen Terrorismus durch das Bundeskriminalamt*[12] hat das BKA erstmals für die Terrorismusbekämpfung die Aufgabe der Gefahrenabwehr sowie entsprechende Befugnisse eingeräumt bekommen. Neben der Generalklausel (§ 5 I BKAG) enthält das Gesetz mehrere polizeiliche Standardbefugnisse, z.B. zu den erkennungsdienstlichen Maßnahmen (§ 43 BKAG), zur Rasterfahndung (§ 48 BKAG) oder Platzverweisung (§ 54 BKAG). Schließlich ist der Bund u.a. für die Einrichtung des BKA sowie die Zusammenarbeit des Bundes und der Länder in der Kriminalpolizei und zum Verfassungsschutz regelungsbefugt (Art. 73 I Nr. 10 GG). Um eine effektive Zusammenarbeit der verschiedenen Sicherheitsbehörden über die föderalen Kompetenzgrenzen hinaus zu ermöglichen, darf diese neben der Strafverfolgung auch die Gefahrenabwehr umfassen.[13]

6   Das BVerfG hob in seiner Entscheidung zur gemeinsamen Antiterrordatei hervor, dass personenbezogene Daten aufgrund der den verschiedenen Sicherheitsbehörden eingeräumten Datenerhebungs- und -verwendungsbefugnisse nicht umfassend und frei ausgetauscht werden könnten. Vielmehr können nachträgliche Zweckänderungen einmal erhobener Daten nur durch die Gemeinwohlbelange gerechtfertigt werden, welche gegenüber grundrechtlichen Interessen überwiegen. Weil den **Nachrichtendiensten** die Aufklärung bereits im Vorfeld von Gefährdungslagen obliegt, sind ihre Befugnisse zur Datensammlung weder hinsichtlich konkreter Tätigkeitsfelder spezifisch ausdefiniert noch hinsichtlich der Mittel detailscharf ausgestaltet.[14] Vergleichbar verhält es sich bei den **Verfassungsschutzbehörden**, denen nach geltendem Recht spezifische Aufgaben der Beobachtung und Vorfeldaufklärung obliegen. Da sie im Unterschied zu den Polizeibehörden über **keine operativen Anschlussbefugnisse** verfügen, ist es grds. gerechtfertigt, ihre Überwachungsbefugnisse an modifizierte Eingriffsschwellen zu binden, jedoch unterliegt die Übermittlung daraus erlangter personenbezogener Daten und Informationen strengen Voraussetzungen.[15]

7   Zu den Aufgaben der **Polizei- und Sicherheitsbehörden** gehören dagegen die Verhütung, Verhinderung und Verfolgung von Straftaten sowie die Abwehr von Gefahren. Sie zeichnen sich durch eine operative Verantwortung aus und ihre Befugnisse können ggf. zwangsweise gegenüber dem Einzelnen durchgesetzt werden. Mithin sind ihre Aufgaben **gesetzlich differenziert umgrenzt** und sie verfügen über ein **materiell wie verfahrensrechtlich vielfältig abgestuftes Arsenal von Handlungsbefugnissen**. „Unbeschadet gewisser Aufgaben auch dieser Behörden schon im Vorfeld von Gefahren sind ihnen **Befugnisse gegenüber Einzelnen grundsätzlich nur aus konkretem Anlass** verliehen."[16] Im Bereich der ausschließlichen Gesetzgebung sind die Länder nach Art. 71 GG nur regelungsbefugt, wenn und soweit sie hierzu in einem Bundesgesetz ausdrück-

---

12 BGBl. I 2008 S. 3083; 2009 I S. 1226; s.a. BVerfGE 141, 220 ff.
13 BVerfGE 133, 277, 318 Rn. 98; 154, 152, 233 Rn. 126.
14 BVerfGE 133, 277, 325 f. Rn. 117.
15 BVerfG, Urt. v. 26.4.2022 – 1 BvR 1619/17, Rn. 153 ff. – juris.
16 BVerfGE 133, 277, 327 Rn. 120; s.a. BVerfG, Urt. v. 26.4.2022 – 1 BvR 1619/17, Rn. 158 ff. – juris.

lich ermächtigt werden. Art. 29 III BayPAG a.F., wonach die Polizei bei der Wahrnehmung grenzpolizeilicher Aufgaben diejenigen Befugnisse hat, die hierzu durch Bundesrecht speziell einer mit Grenzkontrollen beauftragten Behörde eingeräumt werden, wurde daher wegen Verletzung der ausschließlichen Gesetzgebungskompetenz des Bundes aus Art. 73 I Nr. 5 GG vom BayVerfGH für verfassungswidrig erachtet. „Unberührt von der Sperrwirkung bleibt [lediglich] die Befugnis der Länder, polizeiliche Regelungen zu erlassen, die – wie z.B. Regelungen zur Schleierfahndung – allg. der Gefahrenabwehr in grenznah gelegenen Gebieten und nicht speziell dem Schutz der Grenze dienen."[17]

Im Bereich der **konkurrierenden Gesetzgebungskompetenz** ist der Bund u.a. für das Gewerberecht als Teil des Wirtschaftsverwaltungsrechts (Art. 74 I Nr. 11 GG) oder das Seuchenrecht (Art. 74 I Nr. 19 GG) zuständig. Seit der Föderalismusreform im Jahre 2006 ist nicht mehr der Bund, sondern sind die Länder für das Versammlungsrecht gesetzgebungsbefugt. Dem Bund steht gem. **Art. 74 I Nr. 1 GG** die konkurrierende Gesetzgebungskompetenz auf dem Gebiet des Strafrechts und des gerichtlichen Verfahrens zu, worauf insb. die StPO und das OWiG beruhen. Wird die Polizei **repressiv zur Aufklärung einer bereits begangenen Straftat** tätig, um den Straftäter einer Verurteilung zuzuführen, kann sie ihr Handeln **nicht auf das SPolG oder SPolDVG stützen**, denn dann nimmt sie strafprozessuale Aufgaben wahr. Demgegenüber sind die **Länder** für die **Gefahrenabwehr** zuständig, welche **präventiv-objektiv** unmittelbar auf den Schutz der Integrität der Rechtsordnung samt der durch sie geschützten Rechtsgüter ausgerichtet ist, und auch die **Verhinderung von Straftaten** umfasst. Die Gesetzgebungskompetenz der **Länder** gilt auch für die sog. **Gefahrenvorsorge**, um erst später entstehenden Gefahren schon im Vorfeld aktiv zu begegnen, wozu als Unterfall die Verhütung von noch nicht konkret drohenden Straftaten, also die sog. Straftatenverhütung, gehört.[18] Unter derartigen Gegebenheiten möchte der Landesgesetzgeber mit seinen polizeilichen Regelungen **verhindern, dass es überhaupt erst zum Schadenseintritt bzw. zur Rechtsgutsgefährdung kommt**.[19] Umstritten ist die Zuordnung von **Vorsorgemaßnahmen zur Ermöglichung oder Erleichterung der späteren Verfolgung von Straftaten**, sog. **Strafverfolgungsvorsorge**. Als Beispiel dafür sei genannt, dass ein genetischer Fingerabdruck im Voraus gespeichert wird, um später die Beweisführung in einem möglichen Strafverfahren zu erleichtern. Während im Schrifttum teils vertreten wird, dass die Gesetzgebungskompetenz des Bundes für das Strafrecht erst bei Vorliegen eines Anfangsverdachts einer Straftat einsetzt und daher die Länder regelungsbefugt seien,[20] bezieht sich Art. 74 I Nr. 1 GG nach dem BVerfG auch auf die *Strafverfolgungsvorsorge*. Diesem Kompetenztitel lasse sich nach seinem Wortlaut keine Einschränkung dahin gehend entnehmen, dass Maßnahmen zur Sicherung von Beweismitteln für ein künftiges Strafverfahren davon nicht erfasst sein sollen.[21] In zeitlicher Hinsicht erfolge die Strafverfolgungsvorsorge zwar präventiv, „betrifft aber gegen-

---

17 BayVerfGH, NJW 2020, 3429, 3434 Rn. 78; s.a. *Waldhoff* JuS 2021, 286 ff.
18 BVerfGE 150, 244, 272 ff. Rn. 63 ff.
19 BVerfGE 113, 348, 369; BVerwGE 141, 329, 335 Rn. 29.
20 *Gärditz*, Strafprozess und Prävention, 2003, S. 328, 331, 359, 429.
21 BVerfGE 113, 348, 370 f.; 150, 244, 274 Rn. 68.

§ 4 Polizeirecht

ständlich das repressiv ausgerichtete Strafverfahren".[22] Nur sofern der Bund von seiner Kompetenz keinen abschließenden Gebrauch gemacht hat (Art. 72 I GG), darf der Landesgesetzgeber auch insoweit Regelungen erlassen.[23] Welchem Bereich eine Vorschrift zuzuordnen ist, bestimmt sich nach deren Zielsetzung aus objektiver Sicht.[24] In seiner Entscheidung zum automatisierten Kfz-Kennzeichenabgleich räumte des BVerfG ein, dass Gefahrenabwehr und Strafverfolgung nahe beieinanderliegen. Die Regelungsbefugnisse von Bund und Ländern könnten sich sogar überschneiden. Auch könnte eine Vorschrift sozusagen **doppelfunktional** der Gefahrenabwehr und Strafverfolgung bzw. der Gefahren- und Strafverfolgungsvorsorge dienen. In einem solchen Falle ist für die Bestimmung der Kompetenzgrundlage der Schwerpunkt des verfolgten Zwecks ausschlaggebend.[25] Sofern ein solcher jedoch nicht eindeutig ausgemacht werden kann, kommt dem Gesetzgeber nach dem BVerfG ein Entscheidungsspielraum bei der Zuordnung zu, so dass entsprechende Befugnisse auf Bundes- und auf Landesebene geregelt werden können.[26]

9 Der Vollzug der Landesgesetze und nach Art. 83 ff. GG grds. auch der Bundesgesetze obliegt den Landesbehörden. Vollziehen saarl. Behörden Bundes- oder Landesgesetze, findet, soweit nicht ausnahmsweise spezialgesetzliche Verfahrensvorgaben bestehen, das Saarl. Verwaltungsverfahrensgesetz (SVwVfG) Anwendung (→ § 2 Rn. 3 ff.). Eine bedeutsame Ausnahme bilden die Verwaltungskompetenzen des Bundes, wie sie sich insb. aus Art. 87 I 2 GG ergeben. So können durch Bundesgesetz Bundesgrenzschutzbehörden, Zentralstellen für das polizeiliche Auskunfts- und Nachrichtenwesen, für die Kriminalpolizei und zur Sammlung von Unterlagen für Zwecke des Verfassungsschutzes eingerichtet werden. Nach Art. 35 II, III GG kann ein Land zur Aufrechterhaltung und Wiederherstellung der öffentl. Sicherheit oder Ordnung in Fällen von besonderer Bedeutung Kräfte und Einrichtungen des Bundesgrenzschutzes zur Unterstützung seiner Polizei anfordern. Zur Hilfe bei einer Naturkatastrophe oder bei einem besonders schweren Unglücksfall kann das Land auch Polizeikräfte anderer Länder und Streitkräfte anfordern. Mit Beschl. v. 3.7.2012 hat das Plenum des BVerfG zur Ermöglichung einer effektiven Gefahrenabwehr entschieden, dass in Fällen des Art. 35 II 2 und III GG die Bundeswehr auch mit militärischen Mitteln eingesetzt werden kann.[27] Dies setzt die **strikte Beachtung des Verhältnismäßigkeitsgrundsatzes** sowie das Vorliegen von „Ereignisse[n] von katastrophischer Dimension" voraus.[28] Aus Art. 87a IV GG folgt mittelbar, dass solche nur in ungewöhnlichen Ausnahmesituationen in Betracht kommen. Auch ist es organisatorisch schwierig, die an bestimmten Orten stationierte Bundeswehr zeitnah an anderen Orten zum Einsatz zu bringen. In den vom Verfassungsrecht vorgegebenen engen Grenzen kann deshalb auch die Bundeswehr die Polizei bei einem Terroranschlag

---

22 BVerfGE 150, 244, 274 Rn. 68.
23 Dazu auch SVerfGH, Beschl. v. 22.4.2022 – Lv 1/21, unter C II und darlegend, dass vorbeugende Bekämpfung von Straftaten in § 35 Abs. 1 S. 1 Nr. 2 SPolDVG im Sinne von Verhütung von Straftaten und nicht als Strafverfolgungsvorsorge zu verstehen ist.
24 BVerfG, NJW 2021, 1377, 1381 Rn. 106; BVerfGE 150, 244, 273 Rn. 66.
25 BVerfGE 150, 244, 275 Rn. 72.
26 BVerfGE 150, 244, 275 Rn. 71 f.
27 BVerfGE 132, 1, insb. 16 ff., mit Sondervotum *Gaier*, S. 24 ff.; s.a. BVerfGE 133, 241, 265.
28 BVerfGE 132, 1, 17 Rn. 43.

unterstützen. Allein der Umstand, dass ein Land mit seiner Polizei eine Gefahrensituation nicht zu beherrschen vermag, begründet keinen besonders schweren Unglücksfall. Auch reichen sich aus einer demonstrierenden Menschenmenge ergebende Gefahren nicht zum Einsatz der Streitkräfte aus.[29] In Fällen des überregionalen Katastrophennotstands nach Art. 35 III GG ist ein Beschluss der Bundesregierung als Kollegialorgan (Art. 62 GG) erforderlich. Für einen weitergehenden Einsatz der Bundeswehr im Inland müsste das Grundgesetz geändert werden (s. Art. 79 GG).[30]

Polizeiliche Maßnahmen greifen oftmals in **Grundrechte** ein. Da auch das Polizeirecht, wie die Richtlinie (EU) 2016/680 zum Schutz natürlicher Personen bei der Verarbeitung personenbezogener Daten durch die zuständigen Behörden zum Zwecke der Verhütung, Ermittlung, Aufdeckung oder Verfolgung von Straftaten oder der Strafvollstreckung[31] zeigt, unionsrechtlich beeinflusst wird, stellt sich vermehrt die Frage, welche Folgen sich daraus für die heranzuziehenden Grundrechte ergeben. Seit den Entscheidungen des BVerfG zum Recht auf Vergessen I und II[32] vertritt dieses, dass vollständig durch Unionsrecht determinierte Akte der deutschen öffentl. Gewalt nur noch am Maßstab der Unionsgrundrechte zu messen sind. Ob eine Rechtsfrage vollständig unionsrechtlich determiniert ist, lässt sich nicht allein aus der gewählten Handlungsform ableiten. Ausschlaggebend ist vielmehr die Ausgestaltung der im konkreten Fall anzuwendenden Vorschriften in ihrem jew. Kontext.[33] Auch Verordnungen i.S.d. Art. 288 II AEUV können durch Öffnungsklauseln den nationalen Stellen Gestaltungsspielräume einräumen. Umgekehrt ist es auch möglich, dass Richtlinien i.S.d. Art. 288 III AEUV zwingende abschließende Vorgaben enthalten. In aller Regel werden sich die innerstaatlichen Polizeirechtsvorschriften im nicht voll vereinheitlichten Bereich bewegen. Infolgedessen bleiben weiterhin die nationalen Grundrechte neben den Unionsgrundrechten maßgeblich.[34] Da Art. 1 III Richtlinie (EU) 2016/680 nur Mindestanforderungen statuiert, zog der SVerfGH zur Prüfung der Verfassungsmäßigkeit des § 35 SPolDVG die Grundrechte der SVerf heran.[35] Rechtsvorschriften ohne jegliche unionsrechtliche Determinierung sind selbstverständlich nur am Maßstab der Grundrechte des Grundgesetzes und bei Maßnahmen der Landesbehörden auch der Grundrechte der SVerf zu messen.

Für grundrechtseingreifende polizeiliche Maßnahmen ist die Bestimmung der „richtigen" Befugnis bzw. Ermächtigungsgrundlage in Prüfungsarbeiten entscheidend.[36] Da der Bund auf die ihm im Grundgesetz zugewiesenen Tätigkeitsfelder beschränkt ist, kommt den Ländern im Bereich des Polizeirechts nach wie vor große Bedeutung zu. Das Gefahrenabwehrrecht lässt sich wiederum in die Kategorien „besonderes" und „allgemeines" Polizeirecht unterteilen. Das **besondere Gefahrenabwehrrecht** umfasst die

---

29 BVerfGE 132, 1, 18, Rn. 46; BVerfG, JuS 2015, 598 ff. und JuS 2018, 434 ff.
30 BVerfGE 126, 55, 73; BVerfGE 132, 1, 37 f. Rn. 88.
31 ABl. EU 2016 Nr. L 119, S. 89 ff.
32 BVerfGE 152, 152 ff. (Recht auf Vergessen I); 152, 216 ff. (Recht auf Vergessen II); s.a. BVerfG, NVwZ 2021, 1211 ff.
33 BVerfGE 152, 216, 246 f. Rn. 78.
34 Vgl. BVerfGE 154, 152, 214 f. Rn. 84; 152, 152, 169 f. Rn. 42 ff.
35 Auch SVerfGH, Beschl. v. 22.4.2022 – Lv 1/21, vor A I.
36 *Siegel*, ÖR Berl., § 3 Rn. 10.

Abwehr von Gefahren aus einzelnen besonderen Lebensbereichen. So findet sich etwa in § 28 I 1 IfSG eine das allg. Polizeirecht verdrängende Ermächtigungsgrundlage. Ferner gehören etwa einzelne Normen der LBO mit gefahrenabwehrender Zielsetzung zum besonderen Polizeirecht (→ § 5 Rn. 3, 121, 159). Das **allg. Polizeirecht** umschreibt dagegen dasjenige Polizeirecht, für welches kein spezielles, nur bestimmte Lebensbereiche erfassendes Regelungswerk besteht. Der Fokus der nachfolgenden Darstellung liegt auf dem **landesrechtlichen Gefahrenabwehrrecht**. Seit 1989 bis zum 31.12.2020 war das Polizeirecht im Saarland in einem einzigen Gesetz, dem **SPolG**, zusammengefasst. Während die Mehrzahl der Bundesländer bis heute die Vorschriften zur Verarbeitung personenbezogener Daten in das jew. Polizeigesetz integriert hat, hat der saarl. Landesgesetzgeber sich dazu entschlossen, diese Materie in ein eigenständiges Gesetz auszulagern. Zur Umsetzung der Richtlinie (EU) 2016/680, aber auch zur Anpassung des Landesrechts an die vom BVerfG in seinem BKA-Urteil vom 20.4.2016 entwickelten Maßstäbe, ebenso wie zur Einführung neuer Instrumente als Reaktion auf den islamistischen Terrorismus,[37] wurde das **SPolDVG** erlassen.[38] Es gilt gem. § 1 I SPolDVG für die Polizei i.S.d. § 1 I SPolG bei der Verarbeitung personenbezogener Daten zum Zweck der Verhütung von Straftaten oder Ordnungswidrigkeiten, einschließlich des Schutzes vor und der Abwehr von Gefahren für die öffentl. Sicherheit oder Ordnung (§ 1 I SPolDVG). Durch die Überführung von Vorschriften mit Bezug zu personenbezogenen Daten aus dem SPolG in das SPolDVG wurde das SPolG „schmaler", denn die §§ 26–40 SPolG sind nunmehr unbesetzt. Allerdings wurden nicht alle Vorschriften aus dem SPolG hinsichtlich der Verarbeitung personenbezogener Daten in das neue Gesetz überführt. Wie § 1 II SPolDVG klarstellend verdeutlicht, gehen die im SPolG verbliebenen, beispielhaft aufgezählten Befugnisse mit einer Verarbeitung personenbezogener Daten dem SPolDVG vor.[39] Durch diese Aufteilung des allg. Polizeirechts auf zwei Gesetze wird die Rechtslage leider komplizierter. Nicht nur für die Bürger, sondern auch für die Rechtsanwender wird die Erschließung der Rechtslage schwieriger.[40]

II. Organisation der Polizei und Verteilung der Zuständigkeiten

12 Unter Polizei i.S.d. SPolG versteht man die **Polizei**verwaltungs**behörden** (z.B. Ordnungsämter der Gemeinden) und die **Vollzugs**polizei (Schlagwort: „uniformierte Polizei", vgl. §§ 123–130 des Saarl. BeamtenG, s. hierzu → § 2 Rn. 146 f.), § 1 I SPolG. Das SPolDVG bezieht sich ebenfalls auf die Polizei i.S.d. § 1 I SPolG, s. § 1 I SPolDVG, adressiert aber in manchen Vorschriften nur die Vollzugspolizei.

1. Polizeiverwaltungsbehörden

13 Die Polizeiverwaltungsbehörden gliedern sich nach § 75 I SPolG in die *allg. Polizeiverwaltungsbehörden* und die *Sonderpolizeibehörden*. **Allg. Polizeiverwaltungsbehörden** sind die Landespolizeibehörden (Ministerien), die Kreispolizeibehörden (Landräte,

---

37 LT-Drucks. 16/1180, S. 58; s.a. *Zenner* SRZ 2021, 81 ff.
38 Amtsbl. 2020 S. 1133 ff.
39 LT-Drucks. 16/1180, S. 62.
40 *Zöller*, Schriftliche Stellungnahme zum Gesetzentwurf der Regierung des Saarlandes „Gesetz zur Neuregelung der polizeilichen Datenverarbeitung im Saarland" (LT-Drucks. 16/1180) im Rahmen der Anhörung des Ausschusses für Inneres und Sport am 28. Mai 2020, S. 2.

Regionalverbandsdirektor und Oberbürgermeister Saarbrücken) sowie die Ortspolizeibehörden (Bürgermeister), s. §§ 75 II, 76 SPolG. Die **Sonderpolizeibehörden** stehen dagegen **außerhalb** der allg. Polizeiverwaltungsbehörden und nehmen bestimmte, ihnen zugewiesene polizeiliche Aufgaben wahr. Insoweit ergibt sich ihre Organisation und Zuständigkeit aus dem jew. Spezialgesetz (§ 75 III SPolG). Eine Identität von allg. Polizeiverwaltungsbehörde und Sonderpolizei ist somit nicht möglich.[41] Da in den vergangenen Jahren viele der Sonderordnungsbehörden in die allg. Verwaltung eingegliedert wurden, gibt es nur noch wenige Sonderpolizeibehörden. Zu nennen sind etwa das Oberbergamt des Saarlandes und das Bergamt Saarbrücken (§ 6 II, § 8 II LOG), wenn sie bei der Abwehr von Gefahren des Bergbaus nach §§ 69 ff. BBergG tätig werden. Die Sonderpolizeibehörden wenden die für sie geltenden Sondergesetze an. Nur soweit diese Gesetze keine erschöpfende Regelung treffen, findet gem. § 8 II 2 SPolG das allg. Polizeirecht Anwendung.[42] Bei den Bediensteten in den Polizei*verwaltungs*behörden handelt es sich um Verwaltungsmitarbeiter mit Kenntnissen und Erfahrungen im allg. Verwaltungsdienst. Sie dürfen keine Waffen tragen und treten im Innendienst in Alltagskleidung auf. Streifendienst vollziehen sie meistens in dunkelblauer Dienstkleidung mit der Aufschrift „Verwaltungspolizei" oder „Ortspolizei", wofür es aber keine spezifische rechtliche Vorgabe gibt. Der nicht mit der Vollzugspolizei zu verwechselnde Außendienst der Ortspolizei arbeitet teils in Schichten zwischen 6:30 und 19 Uhr, die anderen Mitarbeiter arbeiten dagegen in der Regel nur zu den Büroarbeitszeiten. Wochenend- und Nachtdienste für den Außendienst sind nicht die Regel, sondern bedürfen der anlassbezogenen Anordnung im Einzelfall.[43]

Nach § 80 I SPolG besitzen die allg. Polizeiverwaltungsbehörden eine **sachliche Generalzuständigkeit** für die Gefahrenabwehr, soweit durch Rechtsvorschriften nichts anderes bestimmt ist.[44] § 80 II SPolG regelt sodann die **instanzielle Zuständigkeit** innerhalb der allg. Polizeiverwaltungsbehörden. Soweit keine abweichende Normierung besteht, sind die Ortspolizeibehörden sachlich zuständig. Da die **Ortspolizeibehörden die Bürgermeister** sind (§ 76 III SPolG), kommt diesen bei der Gefahrenabwehr geradezu eine zentrale Bedeutung zu. Es gibt dabei unterschiedliche Ansichten, in welcher Eigenschaft der Bürgermeister bei der Gefahrenabwehr tätig wird. Vereinzelt wird aus einem systematischen Vergleich des § 76 III mit § 76 II Nr. 1 SPolG entnommen, dass die in Absatz 3 erwähnten Bürgermeister als Ortspolizeibehörden aufgrund des fehlenden Zusatzes „als untere staatliche Verwaltungsbehörde" ihre polizeilichen Aufgaben als **kommunale Organe** für ihre Gemeinden als Auftragsangelegenheiten wahrnehmen.[45] Richtigerweise ist jedoch die in § 76 III SPolG angeordnete Zuständigkeit des Bürgermeisters als Ortspolizeibehörde als ein Fall der **Organleihe** anzusehen, so dass er seine gefahrenabwehrrechtlichen Aufgaben nicht als kommunales, sondern als

14

---

41 S. eingehend *Haus/Wohlfarth*, POR, Rn. 40 ff.
42 LT-Drucks. 9/1929, S. 60.
43 Instruktiv zum Unterschied Polizeiverwaltungsbehörde und Vollzugspolizei *Wohlfarth*, SKZ 2011, 257, 260.
44 S. zum Vorrang der unteren Wasserbehörden als Sonderpolizeibehörden OVG d. Saarl., Beschl. v. 11.2.2003 – 9 W 1/03 – juris.
45 So *Gröpl*, LKRZ 2007, 329, 332 f.

staatliches Organ erfüllt und insoweit als untere Landesbehörde tätig wird.[46] Diese Meinung kann sich vor allem auf die Gesetzesmaterialien und die gesetzliche Ausgestaltung der Aufsicht in § 77 SPolG stützen.[47]

15 Um für eine effektive Gefahrenabwehr zu sorgen, wenn die sachlich zuständige Polizeibehörde nicht (rechtzeitig) handeln kann, ordnet § 80 III 1 SPolG an, dass bei Gefahr im Verzug (zur Definition → Rn. 57) oder in den gesetzlich geregelten Fällen jede Polizeiverwaltungsbehörde in ihrem Bezirk die Aufgaben einer anderen Polizeiverwaltungsbehörde wahrnehmen kann. Bei Gefahr im Verzug ist es also möglich, dass die Ortspolizeibehörde die Befugnisse der Kreispolizeibehörde wahrnimmt oder umgekehrt. Dabei ist sie jedoch auf den örtlichen Zuständigkeitsbereich der eingreifenden Behörde beschränkt.[48] Da der Erlass von Polizeiverordnungen (s. § 59 II SPolG) stets einen größeren Zeitraum beansprucht, können solche nicht als unaufschiebbare Maßnahmen nach dieser Zuständigkeitsnorm erlassen werden.[49] Örtlich zuständig ist nach § 81 I SPolG diejenige Behörde, in deren Bezirk die Aufgabe wahrzunehmen ist. Kommt es zu einem Beißvorfall durch einen Hund in der benachbarten Gemeinde, darf auch die Polizeibehörde die entsprechenden gefahrenabwehrrechtlichen Anordnungen erlassen, in deren Bezirk der fragliche Hund ansässig ist und sein Halter lebt.[50] Zur lückenlosen Gefahrenabwehr kann die eingreifende Polizeibehörde auch in den benachbarten Bezirken die „notwendigen" unaufschiebbaren Maßnahmen treffen, wenn die Mitwirkung der benachbarten Polizeibehörden nicht ohne Verzögerung zu erreichen ist, § 81 II SPolG.

16 Durch das Deregulierungsgesetz vom 31.3.2004 (Amtsbl. 2004 S. 1037 ff.) wurde § 80 SPolG ein vierter Absatz hinzugefügt. Danach kann das Ministerium für Inneres und Sport in Ergänzung der originären vollzugspolizeilichen Überwachung den Ortspolizeibehörden **auf ihren Antrag** die Befugnis übertragen, die Verkehrsüberwachung innerhalb geschlossener Ortschaften im Bereich des ruhenden Verkehrs (Halt- und Parkverstöße) und des fließenden Verkehrs (Überschreitung zulässiger Höchstgeschwindigkeiten und der Nichtbefolgung von Lichtzeichenanlagen gem. § 37 StVO) wahrzunehmen. In diesen Fällen kann die Ortspolizeibehörde Ordnungswidrigkeiten erforschen und Verwarnungen nach § 56 OWiG aussprechen, nicht jedoch Bußgeldbescheide erlassen. Bei Nichtzahlung eines Verwarnungsgelds oder Vorliegen einer bedeutenden, im Bußgeldverfahren zu ahndenden Ordnungswidrigkeit muss die Ortspolizeibehörde nach Abschluss ihrer Ermittlungen das Verfahren daher an die Zentrale Bußgeldstelle zur weiteren Bearbeitung abgeben.[51] Auf gemeinsamen Antrag mehrerer Ortspolizeibehörden hin kann das Ministerium einer Ortspolizeibehörde die Befugnis zur Verkehrsüberwachung übertragen; Satz 2 gilt entsprechend. Die Einzelheiten wer-

---

46 *Haus/Wohlfarth*, POR, Rn. 38; *Mandelartz/Sauer/Strube* SPolG, § 76 Rn. 8; *Wohlfarth*, SKZ 2011, 257, 259; → § 2 Rn 39.
47 LT-Drucks. 9/1929, S. 61: „Die betreffenden kommunalen Organwalter (Bürgermeister) sind in die staatliche Organisation eingegliedert (Institutionsleihe); sie fungieren bei der Wahrnehmung polizeilicher Aufgaben als „Staatsorgane", die von den sonstigen Kommunalorganen unabhängig sind."
48 LT-Drucks. 9/1929, S. 64.
49 LT-Drucks. 9/1929, S. 64.
50 VG d. Saarl., Beschl. v. 4.8.2016 – 6 L 725/16, Rn. 6 – juris.
51 OLG Saarbrücken, VRS 139, 152, 153 f.

den in dem Erlass über die Wahrnehmung der Verkehrsüberwachung durch Ortspolizeibehörden gem. § 80 IV SPolG vom 2.1.2012 geregelt. Nach diesem ist wegen der hoheitlichen Natur der auszuübenden Tätigkeiten eine Übertragung der Verkehrsüberwachung auf Privatunternehmen nicht möglich.[52] Lediglich in engen Grenzen können Private als Verwaltungshelfer im Rahmen der Arbeitsüberlassung eingesetzt werden, insb. wenn sie unter ständiger Aufsicht eines entsprechend ausgebildeten Bediensteten der Ortspolizeibehörde stehen. Die Verkehrsüberwachungen der Ortspolizeibehörden dürfen grds. nur auf Innerortsstraßen erfolgen. „Eine Bevorzugung von Kontrollörtlichkeiten mit zwar hoher Verstoßhäufigkeit, aber erkennbar geringem Konflikt- und Unfallrisiko, steht nicht mit dem Wesen und den Zielen der Verkehrsüberwachung in Einklang."[53] Zudem „sollen" von den Ortspolizeibehörden ausgewählte Örtlichkeiten in den Medien angekündigt werden. Die Bediensteten der Ortspolizeibehörde verfügen über **keine Anhaltebefugnis**. Die bei Feststellung und Verfolgung von Geschwindigkeitsüberschreitungen bestehende **Opportunitätstoleranz** beträgt bei Geschwindigkeitsbeschränkungen bis einschließl. 50 km/h grds. 5 km/h und über 50 km/h 10 % der auf dem beschränkenden Verkehrszeichen angezeigten zulässigen Höchstgeschwindigkeit. Nach § 79 I 2 SPolG müssen die Bediensteten einen behördlichen Ausweis mit sich führen und ihn bei der Ausübung ihrer Tätigkeit auf Verlangen vorzeigen. Dies gilt nach dem Erlass auch für eingesetzte Verwaltungshelfer. „Zur Vermeidung von Missverständnissen und um möglichen Konfliktsituationen vorzubeugen, sind im Rahmen von Verkehrsüberwachungsmaßnahmen Uniformen bzw. uniformähnliche Kleidungsstücke zu tragen, die die Funktion der mit der Überwachungsmaßnahme betrauten Personen zweifelsfrei erkennen lassen."[54]

§§ 77, 78 SPolG regeln die **Ausübung der Aufsicht**. Nach § 77 I SPolG übt das *Ministerium für Inneres und Sport* [heute: für Inneres, Bauen und Sport] die **Dienstaufsicht** über alle nachgeordneten allg. Polizeiverwaltungsbehörden aus. Dahinter steht der Gedanke, dass die Wahrnehmung aller polizeilichen Aufgaben eine Angelegenheit des Landes ist und das staatliche Interesse auf eine möglichst wirksame, nach einheitlichen Gesichtspunkten erfolgende Gefahrenabwehr gerichtet ist. Allerdings erstreckt sich diese Aufsicht nur auf die „Einrichtung und Geschäftsführung" der genannten Behörden und betrifft somit nicht Maßnahmen innerhalb der beamtenrechtlichen Sphäre.[55] Nach § 77 II SPolG obliegt jedem *Ministerium* innerhalb seines Geschäftsbereichs die **Fachaufsicht**, d.h. die Aufsicht über die *Recht- und Zweckmäßigkeit* der Wahrnehmung der polizeilichen Aufgaben durch die nachgeordneten allg. Polizeiverwaltungsbehörden. Die Kreispolizeibehörden führen die Dienst- und Fachaufsicht über die ihnen nachgeordneten Behörden (§ 77 III SPolG). Die Aufsichtsbehörde kann Auskünfte, Berichte, die Vorlage von Akten und sonstigen Unterlagen fordern und Prüfungen anordnen sowie im Rahmen ihrer Zuständigkeit Weisungen erteilen, § 78 I SPolG. Ihrer Rechtsnatur nach stellen derartige Weisungen innerbehördliche Anord-

17

---

52 S. zur Gesetzwidrigkeit des Einsatzes von privaten Dienstleistern zur Überwachung des ruhenden Verkehrs auch OLG Frankfurt, NVwZ 2020, 573, 574 ff.
53 Nr. 3 der Verwaltungsvorschrift.
54 Nr. 7 der Verwaltungsvorschrift.
55 LT-Drucks. 9/1929, S. 61.

nungen dar.[56] § 78 II SPolG eröffnet der Aufsichtsbehörde ausnahmsweise beschränkt auf die Ausübung der Fachaufsicht ein **Selbsteintrittsrecht**: Bei Nichtbefolgung einer Weisung oder bei Gefahr im Verzug „kann" die Aufsichtsbehörde die Angelegenheit an sich ziehen. Hat die **Landesbeauftragte für Datenschutz** Verstöße der allg. Polizeiverwaltungsbehörden bei der Aufgabenwahrnehmung festgestellt und beanstandet, kann sie gem. § 6 II 1 SPolDVG geeignete Maßnahmen anordnen. Gleichzeitig hat sie aufgrund § 6 II 4 Nr. 2 SPolDVG bei derartigen Verstößen die in § 77 II SPolG genannten zuständigen Ministerien in ihrer Eigenschaft als Fachaufsichtsbehörden zu unterrichten. Letztere gehören zum antragsberechtigten Personenkreis hinsichtlich der Verfolgung von Ordnungswidrigkeiten und Straftaten i.S.v. § 65 I–III SPolG (§ 65 IV 2 Nr. 5 SPolDVG).

2. Vollzugspolizei

18 Die Vollzugspolizei umfasst die **Polizeivollzugsbehörden** und die Einrichtungen der **Vollzugspolizei** (§ 82 I SPolG).[57] Gem. § 82 II SPolG werden die Aufgabenverteilung und die Gliederung der Polizeivollzugsbehörden und Einrichtungen der Vollzugspolizei durch das Ministerium für Inneres [, Bauen] und Sport geregelt. Maßgeblich ist die **Verwaltungsvorschrift über Organisation und Aufgaben des Landespolizeipräsidiums**, die zuletzt mit Wirkung zum 1.9.2020 geändert wurde.[58] Nach dieser ist das Landespolizeipräsidium (LPP) mit Sitz in Saarbrücken für das gesamte Saarland zuständig. Es besteht aus der **Leitung** sowie den **Direktionen** LPP 1 Gefahrenabwehr/Einsatz, LPP 2 Kriminalitätsbekämpfung/Landeskriminalamt, LPP 3 Personal/Recht und LPP 4 Zentrale polizeiliche Dienste. Die **Polizeiinspektionen** Saarbrücken-Stadt, Saarbrücken-Burbach, Völklingen, Sulzbach, Saarlouis, Lebach, Merzig, Nordsaarland, St. Wendel, Neunkirchen, Homburg und St. Ingbert sind unmittelbar an die Direktionen LPP 1–4 angebunden. Bei diesem **Mehr-Linien-Prinzip** werden die Steuerungs- und Entscheidungskompetenzen nur einmal abgebildet. Die Mehrfachunterstellung indiziert das Prinzip des kürzesten Weges sowie qualifizierte und schnelle Leitungsentscheidungen.[59] Polizeiinspektionen sind **Polizeireviere** und/oder **Polizeiposten** angegliedert, welche zusammen die Präsenz der Vollzugspolizei in der Fläche gewährleisten sollen.[60] Die Polizeiposten sind dabei nur bedarfsorientiert zu bestimmten Sprechzeiten, also nicht rund um die Uhr, besetzt.[61] Gem. § 83 SPolG übt das Ministerium für Inneres [, Bauen] und Sport die Dienst- und Fachaufsicht über die Polizeivollzugsbehörden aus. Im Falle von Verstößen bei der Verarbeitung personenbezogener Daten informiert die insoweit mit Aufsichtsbefugnissen ausgestattete Landesbeauftragte für Datenschutz zugleich das Ministerium für Inneres (§ 6 II 4 Nr. 1 SPolDVG). Letzteres gehört nach § 65 IV 2 Nr. 4 SPolDVG zu den antragsberechtigten Personen für die Verfolgung der Straftaten und Ordnungswidrigkeiten i.S.d. § 65 I–III SPolDVG.

---

56 LT-Drucks. 9/1929, S. 62.
57 Die Unterscheidung zwischen „Behörden" und „Einrichtungen" geht auf §§ 1, 14 LOG zurück.
58 Amtsbl. 2020 S. 1060 f.
59 Abschlussbericht Projektgruppe „Polizei 2020" vom 1.7.2011, S. 68.
60 *Rachor/Roggan*, in: Lisken/Denninger, Hdb. d. PolR, Kap. C Rn. 49.
61 *Rachor/Roggan*, in: Lisken/Denninger, Hdb. d. PolR, Kap. C Rn. 49.

Angesichts der sich verschärfenden Sicherheitslage wird die Vollzugspolizei seit dem Frühjahr 2016 durch einen **Polizeilichen Ordnungsdienst** (POD) unterstützt, der sich aus **Hilfspolizeibeamtinnen und -beamten** i.S.d. **§ 84 II SPolG** zusammensetzt. Der Begriff der „Hilfspolizeibeamten" ist insoweit irreführend, als es sich bei diesen Personen um keine Beamten handelt.[62] Des Weiteren unterscheiden sie sich von den herkömmlichen Vollzugsbeamten durch eine weitaus kürzere Ausbildung; sie haben nur einen dreimonatigen Qualifizierungslehrgang absolviert.[63] Die Hilfspolizeibeamten müssen förmlich bestellt werden. Der POD soll die Vollzugspolizei vor allem bei Objektschutz- und Wachaufgaben entlasten, sowie bei der Verkehrsüberwachung und bei Abschiebungen unterstützen.[64] Im Rahmen der ihnen übertragenen Aufgaben haben die Hilfspolizisten die **Befugnisse von Polizeivollzugsbeamten**. Allerdings dürfen sie nur Fesseln und Reizstoffe zur Eigensicherung mit sich führen und verwenden (§ 84 II 2 i.V.m. § 49 VI 2 SPolG). 19

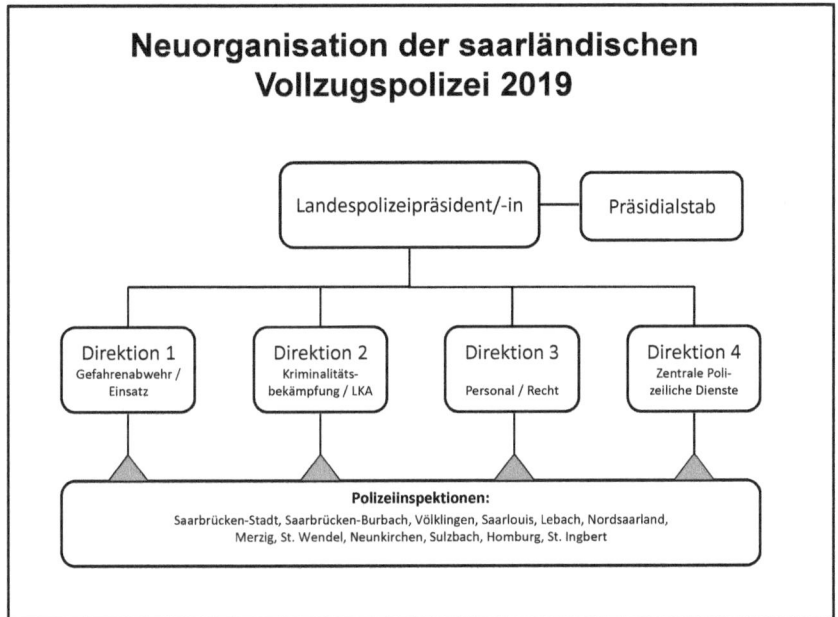

§ 85 SPolG regelt die **sachliche Zuständigkeit** der Polizeivollzugsbehörden. Sie haben die Aufgaben zu erfüllen, die durch Gesetz oder Rechtsverordnung der Vollzugspolizei übertragen sind. § 85 I 2 SPolG begründet keine neuen Zuständigkeiten, sondern verweist insoweit auf die gefahrenabwehrenden Vorschriften nach dem SPolG, die Verkehrsüberwachung (vgl. § 36 V, § 44 II StVO) sowie die Erforschung und Verfolgung 20

---

62 LT-Drucks. 9/1929, S. 67.
63 Zu Letzterem Pressemitteilung DPolG Saar, abrufbar unter https://www.dpolg-saar.de/aktuelles/news/dpolg-begruesst-die-entlastung-der-polizei-und-weist-aber-auf-enges-einsatzgebiet-der-pod-kraefte-hin/ <19.5.2022>.
64 LT-Drucks. 15/1734, S. 7.

von Ordnungswidrigkeiten (§ 53 I OWiG, § 26 I StVG) und Straftaten (z.B. § 163 StPO). Im zuletzt genannten Fall werden die Polizeibeamten als Ermittlungspersonen der Staatsanwaltschaft (§ 152 GVG) tätig.

21 Angesichts der sich aus § 80 I SPolG ergebenden Primärzuständigkeit der Polizeiverwaltungsbehörden ist die Vollzugspolizei für die Gefahrenabwehr nur zuständig, soweit die Abwehr einer Gefahr durch eine andere Behörde[65] nicht oder nicht rechtzeitig möglich erscheint (§ 85 II 1 SPolG). Wie an dem Merkmal „erscheinen" deutlich wird, kommt dem Polizeivollzugsdienst in Bezug auf die zeitliche Dringlichkeit ein Einschätzungsspielraum zu.[66] Ob die Voraussetzungen für ein Handeln des Polizeivollzugsdienstes gegeben sind, richtet sich nach der Einschätzung eines die Situation kraft seines Erfahrungswissens verständig würdigenden Polizeibeamten im Zeitpunkt des Erlasses der Maßnahme (= ex ante-Sicht).[67] Nicht möglich ist die Gefahrenabwehr für die Polizeiverwaltungsbehörde, wenn ihr die erforderlichen Befugnisse, die persönlichen, sachlichen oder organisatorischen Mittel fehlen. Nicht rechtzeitig möglich ist die Abwehr der Gefahr für sie, wenn sie zwar über die tatsächlichen Voraussetzungen für die Gefahrenabwehr verfügt, der Einsatz ihrer Mittel aber zu spät käme,[68] z.B. wenn eine hilflose Person nachts aufgefunden wird oder ein sofortiges Handeln im Zusammenhang mit einer Schlägerei geboten ist. Obwohl die Polizeivollzugsbeamten im gesamten Landesgebiet Amtshandlungen vornehmen dürfen, leisten sie ihren Dienst i.d.R. innerhalb des Dienstbezirks, dem sie zugeteilt sind (§ 86 SPolG).

22

Polizeibehörden	
Polizeiverwaltungsbehörden §§ 75 ff. SPolG	Vollzugspolizei §§ 82 ff. SPolG
↓ ↓	= Polizeivollzugsbeh. und Einrichtungen der Vollzugspolizei § 82 SPolG
Allg. Polizeiverwaltungsbeh. Sonderpolizeibeh. ■ Landespolizeibeh. ■ § 75 III SPolG ■ Kreispolizeibeh. ■ Ortspolizeibeh. = Bürgermeister § 76 III SPolG	
Zuständigkeit	Zuständigkeit
■ sachliche § 80 SPolG ■ örtliche § 81 SPolG	■ sachliche § 85 SPolG ■ örtliche § 86 SPolG

III. Die Aufgaben der Polizei

23 Wie § 1 II SPolG zeigt, ist die zentrale Aufgabe der Polizei die Abwehr von Gefahren für die öffentl. Sicherheit und Ordnung. Es handelt sich dabei um eine Aufgabenzu-

---

65 Die Zuständigkeit der anderen Behörde kann sich sowohl aus § 80 I als auch aus § 80 III SPolG ergeben.
66 *Haus/Wohlfarth*, POR, Rn. 166.
67 *Haus/Wohlfarth*, POR, Rn. 166; *Pünder*, VwR BT, § 69 Rn. 98 f.
68 *Haus/Wohlfarth*, POR, Rn. 166; *Mandelartz/Sauer/Strube* SPolG, § 85 Rn. 8.

weisungsnorm, die der Polizei lediglich das Recht verleiht, in ihrem Zuständigkeitsbereich alle Handlungen vorzunehmen, für welche keine besondere gesetzliche Ermächtigung notwendig ist (z.B. für Streifenfahrten). **Für Eingriffe in die Rechtssphäre des Einzelnen**, insb. in seine Freiheits- und Vermögensrechte, ist eine bloße Aufgabenzuweisungsnorm unzureichend. Nach dem Grundsatz des Vorbehalts des Gesetzes bedürfen die Behörden hierfür einer **zusätzlichen Befugnis**.[69] Derartige Befugnisse finden sich in den §§ 8 ff. SPolG und auch in den §§ 18 ff., 28 ff. SPolDVG im Hinblick auf die Verarbeitung personenbezogener Daten.

Dass § 1 II SPolG nur eine **Aufgabennorm** ist, ergibt sich bereits aus seiner Formulierung („hat die Aufgabe"). Im Jahr 2000 hat der Landesgesetzgeber den Schutz der „öffentlichen Ordnung" wieder als Tätigkeitsfeld der Polizei ausgewiesen, damit sie auf Entwicklungen reagieren kann, die durch gesetzliche Regelungslücken nicht erfasst werden.[70] Die der Polizei in § 1 II SPolG zugewiesene **Gefahrenabwehr** ist **präventiver Natur**. Die Polizei soll drohenden Schädigungen der dort genannten Schutzgüter entgegenwirken. Dieses präventive Tätigkeitsfeld der Polizei ist auch eröffnet, wenn es ihr darum geht, eine Straftat oder Ordnungswidrigkeit zu verhüten und es somit gar nicht erst zum Schadenseintritt kommen zu lassen.[71] Auch im Anwendungsbereich des § 1 I SPolDVG wird neben dem Schutz vor auch an die „Abwehr von Gefahren für die öffentliche Sicherheit oder Ordnung" angeknüpft. Da nicht nur von Abwehr, sondern auch vom Schutz vor Gefahren die Rede ist, wird deutlich, dass dessen Befugnisse teils bereits im Vorfeld von Gefahren einsetzen. 24

1. Abgrenzung präventives – repressives Handeln der Polizei

Die Abgrenzung der präventiven Gefahrenabwehr von der repressiven Verfolgung von Straftaten und Ordnungswidrigkeiten durch Polizeivollzugsbeamte ist besonders praxis- und auch prüfungsrelevant.[72] Gem. § 163 I 1 StPO haben die Beamten des Polizeidienstes Straftaten und nach § 53 I 1 OWiG nach ihrem pflichtgemäßen Ermessen Ordnungswidrigkeiten zu erforschen. Je nachdem, ob die Polizei präventiv oder repressiv tätig wird, richten sich ihre **Eingriffsbefugnisse** nach unterschiedlichen Gesetzen. Observiert die Polizei den B, um ihn als Täter eines Banküberfalls zu überführen, ist ihr Handeln **repressiver Natur** und kann deshalb nicht auf die Polizeirechtsvorschriften gestützt werden, sondern richtet sich nach der StPO. Während das präventive Handeln der Polizei nach dem SPolG und auch SPolDVG grds. im Ermessen der Polizei steht (**Opportunitätsprinzip**), kommt im repressiven Bereich, jedoch begrenzt auf die Verfolgung von Straftaten (s. § 53 I 1 OWiG), das Legalitätsprinzip zur Anwendung (= grundsätzliche Pflicht zur Verfolgung von Straftaten).[73] Schließlich entscheiden über Rechtsbehelfe gegen polizeiliche Gefahrenabwehrmaßnahmen grds. die Verwaltungsgerichte nach den §§ 40 ff. VwGO. Für die Überprüfung von Maßnahmen im Rahmen der Strafverfolgung sind die ordentlichen Gerichte zuständig. Bei derarti- 25

---

69 LT-Drucks. 9/1929, S. 8.
70 LT-Drucks. 12/149, S. 1.
71 LT-Drucks. 9/1929, S. 2; *Schoch* Jura 2006, 664, 665.
72 S. dazu *Danne* JuS 2018, 434 ff.
73 *Siegel*, ÖR Berl., § 3 Rn. 44.

gen repressiven Maßnahmen wird der Rechtsweg über § 98 II 2 StPO (oftmals auch analog) sowie sehr häufig nach §§ 23 ff. EGGVG zur ordentlichen Gerichtsbarkeit eröffnet.

26 Probleme bereitet sowohl bei der Bestimmung des Rechtswegs als auch bei der Ermittlung der einschlägigen Ermächtigungsgrundlage (SPolG/SPolDVG – StPO) die Beurteilung solcher polizeilicher Tätigkeiten, bei denen die polizeiliche Maßnahme einen Lebenssachverhalt betrifft, der zugleich an eine Gefahrenlage und den Verdacht einer Straftat anknüpft, z.b. wenn B auch observiert wird, um die Begehung eines weiteren Banküberfalls zu verhindern. Derartige Maßnahmen, die sich nicht ohne Weiteres nur als Maßnahmen der Gefahrenabwehr oder nur als Maßnahmen der Strafverfolgung einordnen lassen, werden als **doppelfunktionale Maßnahmen der Polizei** bezeichnet.[74] Liegt ein ganzes Bündel von Maßnahmen vor, z.B. im Zusammenhang mit einer Razzia, ist zunächst zu klären, ob eine Trennung der einzelnen Maßnahmen möglich ist und sich diese gesondert jew. als präventiv oder repressiv einstufen lassen.[75] Ist dies nicht möglich, dann bestimmt die ganz ü.M. den einzuschlagenden Rechtsweg anhand des **Schwerpunkts** der doppelfunktionalen Maßnahme.[76] Liegt dieser auf der Gefahrenabwehr, sind daher, sofern keine abweichende Regelung getroffen wird, die Verwaltungsgerichte um Rechtsschutz zu ersuchen. Dabei ist bis heute nicht abschließend geklärt, welcher Aspekt bei der Schwerpunktbestimmung ausschlaggebend sein soll – die subjektive Zielrichtung des handelnden Polizeibeamten bei Vornahme der Handlung,[77] die Betrachtung des Geschehens vom Standpunkt eines objektiven Beobachters aus[78] oder die Perspektive des Betroffenen selbst. Gegen eine ausschließlich subjektive Betrachtung spricht, dass dann die jew. Person über das maßgebliche Recht disponieren könnte.[79] Regelmäßig stellen die Verwaltungsgerichte für die Abgrenzung darauf ab, wie sich der konkrete Sachverhalt für einen „verständigen Bürger" in der Lage des Betroffenen bei einer natürlichen Betrachtungsweise darstellt.[80] Um die Abgrenzungsprobleme abzumildern, wird mancherorts generell und andernorts für den Fall von Zweifeln ein Wahlrecht hinsichtlich des Rechtswegs angenommen.[81] Das von dem Betroffenen zuerst angerufene Gericht muss dann den Rechtsstreit unter allen in Betracht kommenden rechtlichen Gesichtspunkten entscheiden (§ 17 II 1 GVG). Jedenfalls ein generelles Wahlrecht lässt sich aber nur schwer mit den zwingenden gesetzlichen Regelungen in §§ 17–17b GVG in Einklang bringen.[82] Streitig ist, ob die Beamten des Polizeidienstes bei solchen doppelfunktionalen Maßnahmen nur die Befugnis anzuwenden haben, aus welcher sich der Schwerpunkt ihres Handelns ergibt, oder beide Befugnisnormen heranzuziehen hat. Gegen die gleichzeitige Anwendbarkeit zweier Rechtsregime auf ein und dieselbe Maßnahme lässt sich vorbringen, dass sich

---

74 Z.B. OVG Bautzen, Beschl. v. 23.12.2021 – 6 A 680/19, Rn. 11 – juris.
75 So auch *Kugelmann*, POR, 1. Kap. Rn. 61; *Pünder*, VwR BT, § 69 Rn. 66.
76 OVG NRW, NWVBl. 2012, 364 f.; OVG Nds., NVwZ-RR 2014, 327 f.
77 Ablehnend *Schenke*, POR, Rn. 476.
78 VGH Bad.-Württ., NVwZ-RR 2005, 540.
79 Für eine Objektivierung auch *Sodan/Ziekow*, Grundkurs Öff. Recht, 9. Aufl. 2020, § 94 Rn. 8.
80 OVG Bautzen, Beschl. v. 23.12.2021 – 6 A 680/19, Rn. 12 – juris.
81 *Sodan*, in: ders./Ziekow, VwGO, 5. Aufl. 2018, § 40 Rn. 618; s.a. OVG NRW, NWVBl. 2012, 364 f.; NVwZ-RR 2014, 863, 864; OVG Nds., NVwZ-RR 2014, 327, 328.
82 OVG Bautzen, Beschl. v. 23.12.2021 – 6 A 680/19, Rn. 12 – juris.

dies in Situationen, in denen ein schnelles Handeln unerlässlich ist, hemmend auf die Polizeitätigkeit auswirkt, weil die erweiterte Prüfung mehr Zeit in Anspruch nimmt und die Aufspaltung einer Maßnahme in zwei Akte künstlich sei.[83] Andere bejahen dagegen die Abstützung der Maßnahme auf beide Rechtsregime, weil andernfalls die Anforderungen des „verdrängten" Bereichs relativiert werden könnten.[84] Das Meinungsspektrum ist in dieser Hinsicht äußerst vielfältig. Nach Meinung des 2. Strafsenats des BGH gibt es weder einen allg. Vorrang der StPO gegenüber dem Gefahrenabwehrrecht noch umgekehrt, sondern bleiben in solchen Gemengelagen strafprozessuale und gefahrenabwehrrechtliche Maßnahmen nebeneinander anwendbar.[85]

Sehr umstritten ist auch, welcher Rechtsweg zu beschreiten ist, wenn sich ein Betroffener gegen die Anfertigung von Lichtbildern und Fingerabdrücken wehren will, die nicht zur Durchführung des Strafverfahrens nach § 81b Alt. 1 StPO, sondern für die Zwecke des Erkennungsdienstes erfolgt (§ 81b Alt. 2 StPO). Das BVerwG hat sich auf den Standpunkt gestellt, dass es sich bei der Ermächtigung des § 81b Alt. 2 StPO nicht um eine Regelung im Bereich der Strafverfolgung, sondern um eine Ermächtigung zu Maßnahmen der **Strafverfolgungsvorsorge** handele. Die damit dem Bund zustehende Gesetzgebungskompetenz (→ Rn. 8) präjudiziert aber nicht die Bestimmung des Rechtswegs sowie die Auslegung des § 23 I 1 EGGVG. Da die i.R.v. § 81b Alt. 2 StPO durchgeführten Maßnahmen außerhalb konkreter Strafverfahren erfolgen, seien die §§ 23 ff. EGGVG nicht einschlägig mit der Folge, dass der Rechtsweg zu den Verwaltungsgerichten eröffnet sei.[86]

27

Aufgaben der Polizei	
Gefahrenabwehr	Strafverfolgung
präventiv	repressiv
Rechtsschutz vor VG, § 40 I VwGO	Rechtsschutz vor ordentl. Gerichten, § 23 EGGVG
Doppelfunktion = sowohl als auch ü.M. Schwerpunkt des Handelns	

28

2. Subsidiarität polizeilichen Handelns zum Schutz privater Rechte

Nach § 1 III SPolG obliegt der Polizei der **Schutz privater Rechte** nach diesem Gesetz nur ausnahmsweise, wenn gerichtlicher Rechtsschutz nicht rechtzeitig zu erlangen ist und ohne polizeiliche Hilfe die Rechtsverwirklichung vereitelt oder wesentlich erschwert würde. Man denke etwa daran, dass eine Klage gegen einen Privaten mangels Kenntnis der Person oder ihrer Anschrift nicht erhoben oder zugestellt werden kann.[87] Anhand § 1 III SPolG wird deutlich, dass der Schutz privater Rechte zu den polizeilichen Aufgaben gehört. Es handelt sich dabei aber **nur um eine subsidiäre Zuständig-**

29

---

83 *Pünder*, VwR BT, § 69 Rn. 67.
84 *Siegel*, ÖR Berl., § 3 Rn. 46.
85 BGH, NStR-RR 2018, 146, 147; s.a. BGH, Urt. v. 10.6.2021 – 5 StR 377/20 – juris; NStZ-RR 2021, 226, 227.
86 BVerwG, NVwZ-RR 2011, 710 f.
87 OVG NRW, NVwZ-RR 2014, 748, 750.

keit. Denn die Schlichtung von privaten Streitigkeiten zwischen den Bürgern, z.B. in einer Mietangelegenheit, obliegt primär den ordentlichen Gerichten, die auch vorläufigen Rechtsschutz nach §§ 916 ff. ZPO vermitteln.[88] Unter **privaten Rechten** versteht man solche Rechtspositionen, die ihre Grundlage ausschließlich in der Privatrechtsordnung (BGB, HGB usw.) haben, wie Eigentum, Besitz, vertragliche Ansprüche oder Forderungen aus unerlaubter Handlung.[89] Werden die privaten Rechte zugleich durch öffentlich-rechtliche Vorschriften, insb. Strafandrohungen, geschützt, gelten die einschränkenden Anforderungen des § 1 III SPolG nicht.[90] Da § 1 III SPolG an den Musterentwurf eines einheitlichen Polizeigesetzes angelehnt wurde und anders als z.B. in Baden-Württemberg kein Antragserfordernis vorsieht, kann die Polizei bei Vorliegen der einengenden Voraussetzungen zum Schutz der privaten Rechte auch ohne Antrag tätig werden, sofern der Schutz nicht gegen den Willen des Berechtigten geschieht.[91] Die subsidiäre Zuständigkeit der Polizei deckt grds. nur vorläufige Maßnahmen zur Sicherung der gefährdeten privaten Rechte.[92]

3. Vollzugshilfe

30 Zu den Aufgaben der **Vollzugspolizei** gehört es auch, dass sie anderen Behörden Vollzugshilfe leistet (§ 1 IV SPolG). Nach § 41 I SPolG leistet die Vollzugspolizei auf **Ersuchen anderer Behörden** Vollzugshilfe, wenn **unmittelbarer Zwang** anzuwenden ist und **die anderen Behörden nicht über die hierzu erforderlichen Dienstkräfte verfügen oder ihre Maßnahmen nicht auf andere Weise selbst durchsetzen** können. So kann etwa ein Bürgermeister, der randalierende Zuhörer während einer Gemeinderatssitzung des Raumes verwiesen hat, im Falle der Nichtbefolgung seiner Anordnung die Vollzugspolizei darum ersuchen, die betreffenden Personen unter Anwendung von Polizeigriffen aus dem Raum zu entfernen. Zur Entlastung der Vollzugspolizei von polizeifremden Aufgaben wurde die Vollzugshilfe bewusst auf die *Anwendung unmittelbaren Zwangs* be- und somit von der in § 41 III SPolG geregelten Amtshilfe abgegrenzt, unter die alle übrigen Ersuchen um Unterstützung fallen. Für das Ersuchen um Amtshilfe bleibt es bei den allg. Regeln (§§ 4 ff. SVwVfG). Nur soweit die §§ 41 ff. SPolG für die Vollzugshilfe keine Regelung enthalten, werden die Grundsätze über die Amtshilfe, z.B. hinsichtlich der Kostenregelung in § 8 SVwVfG, auf die Vollzugshilfe entsprechend angewendet (§ 41 II 2 SPolG).

31 Die Vollzugshilfe begehrende Behörde muss ihr Ersuchen **schriftlich oder elektronisch unter Angabe von Grund und Rechtsgrundlage der Maßnahme** stellen (§ 42 I SPolG). Dadurch sollen voreilige und unbegründete Ersuche vermieden werden. Die einfache

---

[88] VG d. Saarl., ZfS 2000, 275, 276. Daneben können die Vorschriften über die Selbsthilfe (§§ 229, 230 BGB) relevant werden. S.a. OVG NRW, NVwZ-RR 2014, 748, 750.
[89] VGH Bad.-Württ., NJW 2011, 2532, 2535; VG Karlsruhe, Urt. v. 17.5.2010 – 9 K 1513/08 – juris; *Ruder/Pöltl*, PolR BW, § 3 Rn. 80.
[90] OVG d. Saarl., NJW 1994, 878, 879; VG d. Saarl., ZfS 2000, 275, 276. Dazu, dass dies auch bei Ordnungswidrigkeitentatbeständen der Fall ist, VG Freiburg, Urt. v. 10.10.2018 – 4 K 805/16, Rn. 23 – juris.
[91] *Heise/Riegel*, Musterentwurf eines einheitlichen Polizeigesetzes, 2. Aufl. 1978, S. 28.
[92] OLG Bremen, NstE Nr. 26 zu § 240 StGB; für ein ungeschriebenes Antragserfordernis *Haus/Wohlfarth*, POR, Rn. 189. Nach VG Karlsruhe, Urt. v. 17.5.2010 – 9 K 1513/08 – juris, soll das Antragserfordernis einen aufgedrängten Schutz privater Rechte verhindern.

Wiederholung des Gesetzestextes genügt dem Begründungserfordernis nicht.[93] Aus praktischen Gründen kann das Ersuchen in Eilfällen formlos gestellt werden. Auf Verlangen ist es unverzüglich schriftlich oder elektronisch zu bestätigen (§ 42 II 2 SPolG). Gem. § 41 II 1 SPolG ist die **Vollzugspolizei nur für die Art und Weise der Durchführung des unmittelbaren Zwangs** verantwortlich. Sie hat also lediglich den Aspekt des Einsatzes des unmittelbaren Zwangs zu prüfen, der sich nach dem für sie maßgeblichen Recht richtet. Die Vollzugspolizei befasst sich demnach nicht mit der Frage, ob die rechtlichen und tatsächlichen Voraussetzungen der von der ersuchenden Behörde beabsichtigten Maßnahme vorliegen.[94] § 43 SPolG enthält eine Spezialregelung für die Vollzugshilfe bei Freiheitsentziehung.

IV. Polizeiliche Schutzgüter

Das Wissen um die polizeilichen Schutzgüter gehört zum unerlässlichen Grundwissen für Prüfungsarbeiten. Sowohl die Aufgabenzuweisung des § 1 II SPolG als auch die polizeiliche Generalklausel in § 8 I SPolG ordnen übereinstimmend an, dass Gefahren für die „öffentliche Sicherheit oder Ordnung" abzuwenden sind. Die öffentl. Sicherheit bzw. Ordnung stellen somit die polizeilichen Schutzgüter dar. Auch bei der Festlegung des Anwendungsbereichs des SPolDVG wird in § 1 I SPolDVG u.a. die „Abwehr von Gefahren für die öffentl. Sicherheit oder Ordnung" genannt und in einigen SPolDVG-Befugnissen das Schutzgut der öffentl. Sicherheit erwähnt (§ 32 I 2 Nr. 2, II 1 Nr. 1, § 36 II 1 SPolDVG).

32

Polizeiliche Schutzgüter	
Öffentliche Sicherheit	Öffentliche Ordnung
▪ Unversehrtheit der geschriebenen Rechtsordnung ▪ individuelle Rechtsgüter und Rechte des Einzelnen ▪ Einrichtungen und Veranstaltungen des Staates	= *ungeschriebene* Regeln für das Verhalten des Einzelnen in der Öffentlichkeit, die nach herrschender und mit dem Wertgehalt des GG zu vereinbarender Anschauung unerlässl. Voraussetzung für ein geordnetes Zusammenleben sind.

33

1. Öffentliche Sicherheit

Der Begriff der „öffentlichen Sicherheit" wird weder im SPolG noch im SPolDVG legaldefiniert. Es handelt sich bei diesem Tatbestandsmerkmal um einen **unbestimmten Rechtsbegriff**, dessen Auslegung durch die Behörden aus Rechtsschutzgründen (Art. 19 IV GG) von den Gerichten **voll überprüfbar** ist. Nach st. Rspr. umfasst die „öffentliche Sicherheit" i.S.d. polizeilichen Gefahrenabwehraufgabe (1) die **Unverletzlichkeit der objektiven Rechtsordnung**, (2) **die subjektiven Rechte und Rechtsgüter des Einzelnen** sowie (3) **die grundlegenden Einrichtungen und Veranstaltungen des Staates und sonstiger Träger der Hoheitsgewalt**.[95] Der Begriff der öffentl. Sicherheit setzt sich

34

---

[93] LT-Drucks. 9/1929, S. 40.
[94] S.a. VGH Bad.Württ., Urt. v. 28.3.2022 – 1 S 1265/21, Rn. 42 – juris.
[95] OVG d. Saarl., AS 29, 428, 433; VG d. Saarl., Urt. v. 13.8.2015 – 6 K 867/14, Rn. 32 – juris; s.a. BVerwG, NVwZ 2019, 1840, 1842 Rn. 29.

somit aus drei Teilschutzgütern zusammen, die sich auch überschneiden können. Will z.B. die Polizei einen körperlichen Angriff auf einen Passanten abwehren, wird sie nicht nur zum Schutz seiner körperlichen Unversehrtheit (subjektives Recht), sondern auch zum Schutz der Rechtsordnung (§§ 223 ff. StGB) tätig.[96]

35 Wegen der weitgehenden Verrechtlichung aller Lebensbereiche liegt das heutige Hauptaufgabenfeld der Polizei auf dem **Schutz der Unversehrtheit der Rechtsordnung**, d.h. in der Abwehr von Verletzungen der Gesamtheit der Normen des geschriebenen Rechts.[97] Zur auf diese Weise geschützten Rechtsordnung zählen neben der Verfassung (GG, SVerf) Parlamentsgesetze (wie die Normen des Straf- und Ordnungswidrigkeitenrechts), aber auch Rechtsverordnungen, etwa die Polizeiverordnung über den Schutz der Bevölkerung vor gefährlichen Hunden im Saarland[98] sowie kommunale Satzungen. Entschließt sich z.B. ein Ladenbesitzer, seine Verkaufsstelle für den Geschäftsverkehr generell samstags bis 22 Uhr zu öffnen, kann die Polizei zum Schutz des Personals sowie zur Verhinderung weiterer Ordnungswidrigkeiten wegen der Verletzung von § 3 S. 1 Nr. 1 LÖG[99] präventiv dagegen vorgehen.

36 Der Polizei obliegt der Schutz der **subjektiven Rechte und Rechtsgüter des Einzelnen**. Dazu zählen insb. die Unversehrtheit von **Leben, Gesundheit, Freiheit, Ehre und Vermögen** des Einzelnen.[100] Wird eine Person in der Öffentlichkeit, z.B. in einem Lesesaal einer Bibliothek, ohne ihre Einwilligung von einem anderen fotografiert, wird sie in ihrem über das KunsturheberG geschützten Recht am eigenen Bild beeinträchtigt.[101] Soll die Polizei zum Schutz ausschließlich privater Rechte tätig werden, ist jedoch die polizeiliche Subsidiaritätsklausel des § 1 III SPolG (s. unter → Rn. 29) zu beachten. Probleme bereitet, ob und inwieweit der Schutz von Individualrechtsgütern auch Grundlage für Gefahrenabwehrmaßnahmen sein kann, wenn die Gefährdung vom Grundrechtsträger selbst gewollt wird (Stichwort: **Selbstgefährdung** individueller Rechte und Rechtsgüter, z.B. bei Risikosportarten oder Selbsttötung). Soweit das von Art. 2 I GG geschützte Selbstbestimmungsrecht die Befugnis zur Selbstgefährdung einschließt, wird durch das fragliche Verhalten das Schutzgut der öffentl. Sicherheit nicht tangiert.[102] 2020 entschied das BVerfG, dass das allg. Persönlichkeitsrecht aus Art. 2 I i.V.m. Art. 1 I GG als Ausdruck persönlicher Autonomie auch das Recht zur Selbsttötung umfasst.[103] Allerdings findet, wie die Schrankenregelung des Art. 2 I GG verdeut-

---

96 Dazu, dass die Rechtsordnung auch die Rechte und Rechtsgüter des Einzelnen und Normen zum Schutz der Träger der Hoheitsgewalt umfasst und diese Aufteilung auf historischen Gründen beruht, *Pünder*, VwR BT, § 69 Rn. 87.
97 *Sodan/Ziekow* (→ Fn. 81), § 68 Rn. 6; VGH Bad.-Württ., Urt. v. 24.2.2022 – 1 S 2283/20, Rn. 28 – juris.
98 Amtsbl. 2002 S. 1246, zuletzt geändert durch Art. 59 des Gesetzes vom 8.12.2021, Amtsbl. I S. 2629.
99 Gesetz vom 13.11.2006, Amtsbl. S. 1974, zuletzt geändert durch das Gesetz vom 26.10.2010, Amtsbl. S. 1406.
100 BVerwG, NJW 2012, 2676, 2677.
101 VGH Bad.-Württ., VBlBW 2008, 375, 376 f.; OVG d. Saarl., AS 29, 428, 435; bezogen auf das Filmen von Polizeieinsätzen, s. *Sehl*, Strafbare Smartphone-Aufnahmen, Darf man Polizeieinsätze filmen?, abrufbar unter https://www.lto.de/persistent/a_id/46459/ <19.5.2022>.
102 *Reimer*, in: Hermes/ders., Landesrecht Hessen, 10. Aufl. 2022, § 5 Rn. 45; VG Stuttgart BWGZ 1993, 539; zur Unzulässigkeit einer medizinischen Zwangsbehandlung gegen den freien Willen eines Menschen BVerfGE 142, 313, 340 Rn. 75.
103 BVerfGE 153, 182, 260 ff. Rn. 205 ff.

licht, die allg. Handlungsfreiheit ihre Grenze in den „Rechten anderer"[104] und der Staat ist aufgrund von Art. 2 II 1 GG zum Schutz von Leib und Leben Dritter verpflichtet.[105] Der Einzelne kann sich daher **nicht** mehr auf sein Recht zur Selbstgefährdung berufen, wenn damit **zugleich eine Gefahr für andere Personen** einhergeht.[106] Überdies setzt eine nicht zu einem polizeilichen Einschreiten berechtigende Selbstgefährdung voraus, dass sich der Betroffene **freiwillig und in Kenntnis der Sachlage** der Gefahr aussetzt.[107] Bei nicht einsichtsfähigen Personen erlaubt und gebietet es die Schutzpflicht des Staates aus Art. 2 II 1 GG in engen Grenzen, dass dieser gegen den erkennbaren natürlichen Willen des Einzelnen Maßnahmen zu seinem Schutz ergreift.[108] Nach der BVerfG-Entscheidung zum Recht auf Selbsttötung kann bei einem Suizidwilligen nur dann von einem freien Willen ausgegangen werden, wenn sein Entschluss von einer gewissen „Dauerhaftigkeit" und „inneren Festigkeit" getragen wird.[109] Da die Polizei im Zeitpunkt notwendiger Rettungsmaßnahmen regelmäßig nicht überblicken kann, ob eine selbstmordgefährdete Person in freier Betätigung ihres Willens handelt, gebietet die Wertentscheidung des Art. 1 I GG i.V.m. Art. 2 II GG deshalb im Regelfall ein polizeiliches Tätigwerden.[110] Dementsprechend erlaubt § 13 I Nr. 1 SPolG die Ingewahrsamnahme einer Person, wenn sich diese erkennbar in einem die freie Willensbestimmung ausschließenden Zustand befindet oder sich töten will.

Die öffentl. Sicherheit umfasst darüber hinaus den Schutz der **Einrichtungen und Veranstaltungen des Staates** und der sonstigen Träger der Hoheitsgewalt. Unter den Einrichtungen des Staates versteht man den räumlich-gegenständlichen Bereich, z.B. der Gerichte, Behörden oder Körperschaften, wie der Universität. Demgegenüber steht bei den Veranstaltungen, wie einem Staatsbesuch, die menschliche Teilnahme im Vordergrund. Das Teilschutzgut der öffentl. Sicherheit hat auch die Sicherung der Funktionsfähigkeit staatlicher Einrichtungen zum Ziel. Deshalb hat das OVG d. Saarl. das polizeiliche Verhindern der Veröffentlichung von Fotos eines aus Zivilfahndern bestehenden Sondereinsatzkommandos mit der Sicherung der Funktionsfähigkeit der Polizei begründet, wenn die betroffenen Beamten nach ihrer Enttarnung auch nicht kurzfristig durch andere Beamte zur Bekämpfung der Schwerstkriminalität ersetzt werden können.[111] Nach dem VG Hamb. unterfällt auch der Twitteraccount der Polizei Hamburg als virtuelle öffentl. Einrichtung diesem Schutzgut. Jedoch betonte es, dass bloße Kritik an der Tätigkeit des Staates oder seiner Organe im Rahmen 37

---

104 *Pünder*, VwR BT, § 69 Rn. 91.
105 BVerfG, FamRZ 2021, 1566, 1567 Rn. 62.
106 VGH Bad.-Württ., VBlBW 2013, 178, 182. Dazu, dass die Verpflichtung zum Tragen eines Motorradhelms neben dem Schutz des Motorradfahrers auch dem Schutz der Allgemeinheit dient sowie der Vermeidung von Gefährdungen anderer Unfallbeteiligter oder Dritter BVerwGE 166, 125, 129 ff. Rn. 19 ff. Dazu, dass sich im Fall der Selbsttötung die Rechtfertigungsanforderungen für Grundrechtseingriffe wegen des spezifischen Bezugs zu Art. 1 I GG erhöhen, sich die Garantien aber mit zunehmendem Sozialbezug abschwächen BVerfGE 153, 182, 267 Rn. 221.
107 VGH Bad.-Württ., VBlBW 2013, 178, 182. Zum Recht auf Selbsttötung BVerfGE 153, 182, 273 ff. Rn. 241 ff.
108 Näher dazu, allerdings bezogen auf medizinische Zwangsbehandlungen BVerfGE 142, 313, 340 ff. Rn. 78 ff.
109 BVerfGE 153, 182, 273 Rn. 244.
110 BayVerfGH, NJW 1989, 1790, 1791; s.a. BVerfG, NJW 1998, 1774, 1775.
111 OVG d. Saarl., AS 29, 428, 433.

der Meinungsfreiheit der User noch keine Betroffenheit der öffentl. Sicherheit begründe.[112]

38 Umstritten ist, inwieweit die **Warnung vor Radarkontrollen zur Geschwindigkeitsmessung** unter den Schutzbereich dieses Teilschutzguts fällt. Die Erhaltung der aufgabenmäßigen Funktionsfähigkeit beinhaltet vor allem die Verhinderung und Abwehr äußerer Störungen. Das VG d. Saarl. hat bei allerdings nur summarischer Prüfung eine Gefahr für die öffentl. Sicherheit in dieser Konstellation bejaht. Wenn eine Person durch Schilder am Straßenrand die sich einer bestimmten Örtlichkeit nähernden Verkehrsteilnehmer vor einer Geschwindigkeitskontrolle warne, werde durch dieses Verhalten die ordnungsgemäße Durchführung präventiv-polizeilicher Aufgaben auf dem Gebiet der Verkehrsüberwachung gefährdet.[113] Dagegen wird eingewendet, dass durch den Hinweis weder die Kontrollstelle noch die Geschwindigkeitsmessung beeinträchtigt und dem Polizeieinsatz letztlich zum Erfolg verholfen werde, da die Warnung die gleiche Funktion wie die Geschwindigkeitskontrolle erfüllt, nämlich Straftaten und Ordnungswidrigkeiten an dieser Stelle durch erzieherische und abschreckende Wirkung auch für die Zukunft zu verhüten.[114] Dem wird wiederum entgegnet, dass diese Ansicht an der Wirklichkeit vorbeigehe, weil sich eine Vielzahl von Fahrzeuglenkern nur an der Kontrollstelle ordnungsgemäß verhalte und der Staat ein legitimes Interesse daran habe, Verkehrssünder zur Rechenschaft zu ziehen und so zukünftig zu einem verkehrsgerechten Verhalten zu bewegen,[115] also weiteren Gefahren für den Straßenverkehr entgegenzuwirken.[116] In denjenigen Fällen, in denen in einem Fahrzeug ein Radarwarn- oder Laserstörgerät mitgeführt wird, liegt ein Verstoß gegen § 23 Ic 2 StVO vor, gegen den die Polizei wegen Verletzung der Rechtsordnung vorgehen kann.

2. Öffentliche Ordnung

39 Der im Jahr 2000 wieder in das SPolG eingeführte Begriff der „öffentlichen Ordnung" wurde in den Gesetzesmaterialien wie folgt erläutert: „Unter dem Begriff der öffentlichen Ordnung wird die Summe ungeschriebener Normen zusammengefasst, deren Befolgung als unentbehrliche Voraussetzung eines geordneten menschlichen Zusammenlebens angesehen wird".[117] Nach der Rspr. und dem Schrifttum ist die öffentl. Ordnung der Inbegriff der ungeschriebenen Regeln, deren Befolgung nach den jew. herrschenden und mit dem Wertgehalt des GG zu vereinbarenden sozialen und ethischen Anschauungen für ein geordnetes Zusammenleben unerlässlich ist.[118] Im Unterschied zur öffentl. Sicherheit bezieht sich das Schutzgut der öffentl. Ordnung auf die *ungeschriebenen* Verhaltensregeln. Weil sich diese oft nur sehr schwer feststellen

---

[112] VG Hamb., Urt. v. 28.4.2021 – 3 K 5339/19, Rn. 71 ff. – juris; zur restriktiven Auslegung dieses Schutzguts auch *Pünder*, VwR BT, § 69 Rn. 93.
[113] VG d. Saarl., DAR 2004, 668, 669; s.a. OVG NRW, NJW 1997, 1596. Zur Tangierung der öffentl. Sicherheit, wenn Dritte eine polizeiliche Maßnahme stören oder behindern OVG Rh.-Pf., LKRZ 2014, 363, 364.
[114] *Kingreen/Poscher*, POR, § 8 Rn. 42; *Schenke*, POR, Rn. 65.
[115] *Schlanstein* NZV 2015, 105, 110; s.a. *Haus/Wohlfarth*, POR, Rn. 173.
[116] Dazu, dass der öffentl. Sicherheit auch die Einhaltung von Geschwindigkeitsbegrenzungen unterfällt, auch BGH, SVR 2021, 275, 277 f.
[117] LT-Drucks. 12/149, S. 3.
[118] BVerfGE 111, 147, 155 ff.; BVerwGE 115, 189, 195 f.

lassen, wird im Schrifttum eingewendet, dass der Begriff der öffentl. Ordnung nicht dem im Rechtsstaatsprinzip anzusiedelnden **Bestimmtheitsgrundsatz** genüge, zumal dem demokratisch legitimierten Gesetzgeber der Schutz und die Konkretisierung der maßgeblichen Wertvorstellungen obliege.[119]

Zu Recht geht die ü.M. angesichts der **jahrzehntelangen Präzisierung dieses Begriffs durch Rspr. und Lehre** von seiner Verfassungsmäßigkeit aus.[120] Auch in anderen Bereichen, z.b. bei §§ 138, 242 BGB, aber auch in Art. 13 VII, 35 II 1 GG, wird an gesellschaftliche Anschauungen angeknüpft, ohne dass dies unter dem Aspekt des Demokratieprinzips und der Gewaltenteilung beanstandet wurde.[121] Angesichts des hohen Normierungsstands bleibt für das Schutzgut der öffentl. Ordnung nur ein geringer Anwendungsbereich. Denn bei einem Normverstoß wird in aller Regel eine Beeinträchtigung der „öffentlichen Sicherheit" vorliegen.[122] Dem Schutzgut der öffentl. Ordnung kommt gegenüber der öffentl. Sicherheit eine Auffangfunktion zu. Sie ermöglicht es der Polizei, auf neue Entwicklungen zu reagieren, die der Gesetzgeber so nicht vorhersehen konnte.[123] 40

Der Begriff der „öffentlichen Ordnung" bezieht sich nur auf Sozialnormen, die das Verhalten des Einzelnen **in der Öffentlichkeit** betreffen. Weil es sich um für das Zusammenleben **unerlässliche** Sozialnormen handeln muss, ist dieses polizeiliche Schutzgut **restriktiv** handzuhaben. Die persönlichen Anschauungen des einzelnen Behördenvertreters oder Richters sind nicht ausschlaggebend, da es sich um **„anerkannte" Sozialvorstellungen** handeln muss.[124] Auch obliegt der Polizei nur der Schutz solcher Vorstellungen, die inhaltlich mit der Verfassungsordnung vereinbar sind. Nach der Rspr. kann die Polizei zum Schutz der öffentl. Ordnung nur bei einem sozial abträglichen Verhalten einschreiten, durch welches das menschliche Miteinander nicht unerheblich beeinträchtigt wird.[125] 41

Als Anwendungsfelder, in denen die öffentl. Ordnung Bedeutung erlangen kann, kommen v.a. unerwünschte soziale Randerscheinungen, die Verherrlichung oder Verharmlosung von Gewalt oder Verhaltensweisen mit einem Bezug zur Sozialmoral in Betracht. Dabei ist zu beachten, dass sich die anerkannten Sozialvorstellungen wandeln können. Das BVerwG hatte sich früher mehrmals, insb. im Zusammenhang mit § 33a GewO, dafür ausgesprochen, dass Peepshows wegen Verstoßes gegen die Menschenwürde mit den guten Sitten unvereinbar sind.[126] Jedenfalls nach Inkrafttreten des Prostitutions[schutz]G kann die Prostitution lediglich nach Maßgabe der besonderen Umstände des Einzelfalls als sittenwidrig angesehen werden.[127] Das Nacktjoggen, -radeln 42

---

119 Z.B. *Kugelmann*, POR, 5. Kap. Rn. 94; *Kingreen/Poscher*, POR, § 7 Rn. 44 ff.
120 BVerfGE 69, 315, 352 f.
121 *Grupp/Stelkens*, Saarheim, Fall „Boygroup".
122 Dazu, dass normative Regelungen nicht unter Rekurs über die öffentl. Ordnung erweitert werden dürfen OVG Nds., NordÖR 2010, 82, 83.
123 *Pünder*, VwR BT, § 69 Rn. 95; *Siegel*, ÖR Berl., § 3 Rn. 62.
124 S. dazu näher *Schoch* Jura 2003, 177, 180.
125 SächsOVG, Urt. v. 18.11.2011 – 3 C 15/09 – juris.
126 BVerwGE 64, 274, 276 ff.; 84, 314, 318 ff.
127 S. dazu *Guckelberger* Jura 2007, 598, 599; s.a. BVerwG, NVwZ 2003, 603, 604; GewArch 2009, 255, 256.

oder -wandern kann nach den konkreten Umständen des Einzelfalls gegen die öffentl. Ordnung verstoßen, wenn die betreffende Person an Orten, an denen nicht damit zu rechnen wäre, anderen den Anblick ihres nackten Körpers sozusagen aufdrängt, ohne dass diese frei darüber entscheiden können, ob sie mit diesem Anblick konfrontiert werden wollen. Da in diesem Beispiel innerhalb von § 118 OWiG der dort verwendete Begriff der öffentl. Ordnung zu prüfen ist, ist aber bei der Prüfung des polizeilichen Handelns richtigerweise auf die Verletzung der geschriebenen Rechtsordnung zu rekurrieren.[128] Das Betteln stellt in seiner „stillen", also nicht aggressiven Erscheinungsform keine Störung der öffentl. Ordnung dar. Die Anwesenheit auf dem Bürgersteig sitzender Menschen, die in Not geraten sind und an die Hilfsbereitschaft von Passanten appellieren, muss in Zonen des öffentl. Straßenverkehrs als eine Erscheinungsform des Zusammenlebens hingenommen werden.[129]

V. Gefahr als Voraussetzung für das polizeiliche Handeln
1. Allgemeine Aussagen zum Gefahrenbegriff

43 Bei der „Gefahr" handelt es sich um einen Schlüsselbegriff des Polizeirechts. Dieser ist nicht nur im Rahmen der Aufgabenumschreibung in § 1 II SPolG, sondern auch bei der Bestimmung des Anwendungsbereichs des SPolDVG in dessen § 1 erwähnt. Vielmehr findet sich in einer Vielzahl der Befugnisse des SPolG und SPolDVG das Merkmal der Gefahr, das allerdings in unterschiedlichen Varianten (s. dazu → Rn. 53 ff.) verwendet wird. Nach der Generalklausel in § 8 I SPolG kann die Polizei die notwendigen Maßnahmen treffen, um eine im einzelnen Fall bestehende Gefahr für die öffentl. Sicherheit oder Ordnung (Gefahr) abzuwehren. Polizeiliche Maßnahmen aufgrund der Generalklausel setzen somit stets eine konkrete Gefahr voraus. Wie nachher noch zu zeigen sein wird, setzen mehrere Standardbefugnisse im SPolG, die an das Vorliegen einer Gefahr anknüpfen, aufgrund der Heranziehung der Umschreibung des Gefahrenbegriffs im Klammerzusatz in § 8 I SPolG ebenfalls das Vorliegen einer konkreten Gefahr voraus. Bei der Befugnis zum Einsatz von Bodycams in § 32 III 1 SPolDVG wird explizit von einer „konkreten Gefahr" gesprochen, während die Befugnis aus § 36 II 1 SPolDVG die Abwehr einer „im Einzelfall bestehenden Gefahr" voraussetzt. Da das Vorliegen einer konkreten Gefahr die im Sicherheitsrecht übliche Eingriffsschwelle bildet,[130] soll diese zunächst näher erläutert werden. Unter einer **konkreten Gefahr** im Sinne all dieser Bestimmungen versteht man **eine konkrete Sachlage oder ein konkretes Verhalten, das bei ungehindertem Ablauf des objektiv zu erwartenden Geschehens mit hinreichender Wahrscheinlichkeit zu einer nicht ganz unerheblichen Beeinträchtigung eines polizeilichen Schutzguts im Einzelfall in absehbarer Zeit führen wird**.[131] Über das Erfordernis der Beeinträchtigung werden bloße Nachteile, unerhebliche Belästigungen, Unbequemlichkeiten oder Geschmacklosigkeiten aus dem

---

128 OVG NRW, NJW 1997, 1180; s.a. VG Karlsruhe NJW 2005, 3658 f. Allerdings ist der in § 118 OWiG verwendete Begriff der öffentl. Ordnung nicht vollkommen mit demjenigen des SPolG identisch.
129 VGH Bad.-Württ., NVwZ 1999, 560, 561; SächsOVG, Urt. v. 18.1.2011 – 3 C 15/09 – juris. Dazu, dass eine Sanktionierung stillen Bettelns mit Art. 8 1 EMRK unvereinbar ist EGMR Nr. 14065/15.
130 BVerfGE 150, 244, 286 Rn. 105; BVerfG, Urt. v. 26.4.2022 – 1 BvR 1619/17, Rn. 158 – juris.
131 BVerfG, Urt. v. 26.4.2022 – 1 BvR 1619/17, Rn. 158 – juris; BVerwG, NJW 2012, 2676, 2677; OVG d. Saarl., LKRZ 2009, 420, 421; Urt. v. 6.9.2013 – 3 A 13/13, Rn. 101 – juris.

Gefahrenbegriff ausgegrenzt.[132] Wann die jew. Gefahrenschwelle überschritten wird, ist einzelfallabhängig. Von einer bloßen Belästigung wurde etwa ausgegangen, wenn ein Bauer tagsüber drei Schafe, denen er kleine Glocken umgehängt hat, auf einer Wiese grasen lässt und der mit einem schwachen Nervenkostüm ausgestattete Nachbar wegen des Lärms ein polizeiliches Einschreiten fordert.[133] Dagegen ist Lärm zur Nachtzeit, der die Nachtruhe einzelner oder mehrerer Personen ständig auf empfindliche Weise beeinträchtigen kann, keine bloße Belästigung, sondern eine Gesundheitsgefahr.[134]

Ziel der Gefahrenabwehr ist die **Abwendung eines Schadens**. Ein Schaden ist zu erwarten, wenn die Gefahr zu einer Verletzung oder Minderung der polizeilichen Schutzgüter führen wird.[135] Von einer **Störung** spricht man, **wenn sich die Gefahr bereits verwirklicht hat**, d.h. der Schaden für das Schutzgut eingetreten ist, und in ihren Wirkungen noch andauert.[136] Auch wenn der Polizei im SPolG, anders als z.B. in Baden-Württemberg, die Beseitigung von Störungen nicht explizit aufgegeben wurde, kann daraus nicht entnommen werden, dass sie bei eingetretenen Störungen nicht handlungsbefugt ist. So heißt es in den Gesetzesmaterialien zu § 8 SPolG, dass zur Abwehr einer Gefahr i.S.d. Norm auch die Beseitigung einer Störung gehört, wenn von dieser weiterhin eine Gefahr ausgeht.[137] Am besten lässt sich dies an einem Beispiel illustrieren: F ist auf der Suche nach einem geeigneten Parkplatz. Weil er nicht so weit laufen möchte, entschließt er sich, sein Auto an einer als Feuerwehrzufahrt vorgesehenen Stelle zu parken und begibt sich in die Innenstadt. Solange er nur auf die von ihm anvisierte Stelle einfahren möchte, spricht man von einer Gefahr, weil es noch nicht zur Rechtsgutverletzung gekommen ist. In dem Moment, in dem er das Auto abstellt und aussteigt, ist eine Störung gegeben, weil § 12 I Nr. 5 StVO verletzt ist. Trotzdem kann die Polizei auch in dieser Situation grds. das Abschleppen des Autos anordnen, um der Perpetuierung der Beeinträchtigung der öffentl. Sicherheit entgegenzuwirken.[138] Solange das Auto die Feuerwehrzufahrt blockiert, verstößt es gegen die StVO und behindert die Gefahrenabwehr, so dass dagegen vorzugehen ist.[139]

44

Für ein polizeiliches Einschreiten reicht nicht bereits jede theoretische Möglichkeit eines Schadenseintritts aus, da diese praktisch immer gegeben wäre. Andererseits wird auch keine absolute Gewissheit hinsichtlich des Schadenseintritts verlangt.[140] Nach tradiertem, auf den Verhältnismäßigkeitsgrundsatz zurückgehenden Rechtsverständnis setzt die Annahme einer Gefahr vielmehr eine Sachlage voraus, die bei ungehindertem Ablauf mit **hinreichender Wahrscheinlichkeit** in absehbarer Zeit zu einem Schaden

45

---

132 BVerwG, DÖV 1969, 465; OVG d. Saarl., Beschl. v. 15.3.2003 – 9 W 6/02 – juris.
133 VGH Bad.-Württ., NVwZ-RR 1996, 577, 578. Nach VG Neustadt, Beschl. v. 19.12.2018 – 5 L 1573/18.NW, Rn. 18 – juris haben Anwohner gelegentliches Hundegebell einzelner Hunde hinzunehmen, soweit es die Geringfügigkeitsschwelle nicht überschreitet.
134 VGH Bad.-Württ., Beschl. v. 5.8.2021 – 1 S 1894/21, Rn. 133 – juris.
135 VGH Bad.-Württ., VBlBW 1999, 101, 104.
136 OVG Hamb., NordÖR 2009, 403, 404.
137 LT-Drucks. 9/1929, S. 12; s.a. VG d. Saarl., ZfS 2000, 275, 276.
138 Zu der Ausnahme hiervon, wenn der Fahrer die Störung zweifelsfrei umgehend beseitigen wird vgl. OVG Hamb., NordÖR 2012, 96 ff.
139 *Haus/Wohlfarth*, POR, Rn. 214.
140 VG d. Saarl., Urt. v. 17.6.2020 – 6 K 1147/18, Rn. 29 – juris.

führen wird.¹⁴¹ Mithin gilt ein relativer Wahrscheinlichkeitsmaßstab: Die Anforderungen an den Grad der Wahrscheinlichkeit richten sich nach dem jew. Einzelfall¹⁴² und hängen von der **Größe des Schadens** und der **Wertigkeit des zu schützenden Rechtsguts** ab. Je bedeutsamer und höherrangiger das bedrohte Rechtsgut ist, desto niedriger fallen die Anforderungen an die Wahrscheinlichkeit des Schadenseintritts aus (**Je-desto-Formel**).¹⁴³ Erhält die Polizei z.B. einen Anruf, dass vormittags in einer Schule in der nächsten Stunde eine Bombe explodieren wird, ist sie aufgrund der von dieser Bombendrohung ausgehenden Gefahr für das Leben vieler Personen zum Handeln berechtigt, auch wenn angesichts der Anonymität des Anrufs (Möglichkeit eines Schülerstreichs) nur schwer abzuschätzen ist, ob tatsächlich eine Bombe im Schulgebäude platziert wurde.

46 Die Wahrscheinlichkeit des Schadenseintritts beruht, sofern nicht bereits eine Störung eingetreten ist,¹⁴⁴ auf einer **Prognose**, d.h. einer Einschätzung über den zukünftigen Geschehensablauf. Dabei kommt den Amtswaltern kein Beurteilungsspielraum zu.¹⁴⁵ Die Prognose hat aus der **Sicht eines gewissenhaften, besonnenen und sachkundigen Beamten** zu erfolgen¹⁴⁶ und muss auf **tatsächlichen Anhaltspunkten** beruhen.¹⁴⁷ So kann aus dem in den Vorjahren an den Tag gelegten Verhalten der Teilnehmer am Straßenkarneval geschlossen werden, dass das massenhafte Mitführen von Glasflaschen zu ihrer illegalen Entsorgung sowie zu deren Zweckentfremdung als Wurfgeschoss führt.¹⁴⁸ Dem Wesen der Prognose entspricht es, dass es für die Beurteilung der Gefahr sowie ob und ggf. welche polizeilichen Maßnahmen indiziert sein können, auf die im Zeitpunkt der polizeilichen Entscheidung zur Verfügung stehenden Erkenntnismöglichkeiten ankommt (sog. **ex ante-Sicht**).¹⁴⁹ Hat im obigen Beispielsfall der Bombendrohung die Polizei im Zeitpunkt ihres Einschreitens zutreffend eine Gefahr angenommen, wird die von ihr getroffene Maßnahme nicht allein deshalb rechtswidrig, weil die tatsächliche Entwicklung nachträglich betrachtet anders verlaufen ist und sich nach der Räumung des Schulgebäudes herausstellt, dass in diesem gar keine Bombe platziert war. Stellt sich eine berechtigterweise als gefährlich eingeschätzte Situation **nachträglich als ungefährlich** dar, spricht man von einer **Anscheinsgefahr**. Diese wird gefahrenabwehrrechtlich einer tatsächlichen Gefahr gleichgestellt.¹⁵⁰ Die Wirksamkeit der Gefahrenabwehr würde bei der Beurteilung des Vorliegens einer Gefahr aus der ex post-Sicht erheblich beeinträchtigt. Denn würde man diesen Ansatz verfolgen, würden

---

141 BVerfGE 141, 220, 271 f. Rn. 111; BVerfG, Urt. v. 26.4.2022 – 1 BvR 1619/17, Rn. 158 – juris; BVerwGE 116, 347, 351; BVerwG, NJW 2012, 2676, 2628; OVG d. Saarl., LKRZ 2009, 420, 421; Urt. v. 6.9.2013 – 3 A 13/13, Rn. 101 – juris.
142 *Pünder*, VwR BT, § 69 Rn. 100; *Siegel*, ÖR Berl., § 3 Rn. 71.
143 BVerwGE 116, 347, 356; BVerwG, NJW 2012, 2676, 2677; OVG d. Saarl., LKRZ 2009, 420, 421; s. a. BVerfGE 115, 320, 360 f.; OVG NRW, NWVBl. 2010, 143 f.
144 Zur dann erforderlichen Diagnose *Pünder*, VwR BT, § 69 Rn. 99.
145 BVerfGE 140, 160, 197 Rn. 92.
146 VGH Bad.-Württ., VBlBW 2014, 56, 57; *Siegel*, ÖR Berl., § 3 Rn. 72.
147 OVG d. Saarl., LKRZ 2009, 420, 421; s.a. BVerfGE 155, 119, 186 ff. Rn. 146 ff.
148 OVG Münster NVwZ-RR 2012, 470; anders noch VG Köln, Urt. v. 16.9.2010 – 20 K 441/10 – juris. Vgl. hierzu auch *Heckel* NVwZ 2012, 88, 89 f.
149 OVG d. Saarl., AS 29, 428, 434; LKRZ 2009, 420, 421; BayVGH, Beschl. v. 28.6.2019 – 10 C 18.375, Rn. 7 – juris.
150 OVG d. Saarl., LKRZ 2009, 420, 421; BayVGH, Beschl. v. 28.6.2019 – 10 C 18.375, Rn. 7 – juris.

die Polizeibeamten bei etwaigen Unsicherheiten über das tatsächliche Vorliegen einer Gefahr nur noch sehr zögerlich handeln, was vom Gesetzgeber jedoch nicht gewollt ist.[151] Nach § 2 III SPolG ist eine polizeiliche Maßnahme zu beenden, wenn sich zeigt, dass ihr Zweck nicht erreicht werden kann. In Situationen, in denen die Polizei im Laufe ihres Vorgehens das Nichtvorliegen einer Gefahr erkennt, muss sie ihre Maßnahme abbrechen und ggf. rückgängig machen.[152]

Von der Anscheinsgefahr ist die sog. **Schein- oder Putativgefahr** zu unterscheiden. Es besteht Konsens, dass nicht jede subjektive Vorstellung eines Polizeibeamten für die Annahme einer Gefahr ausreichen kann. Der Gefahrenbegriff fordert eine objektivierende (ex ante) Betrachtungsweise im Hinblick auf die Frage, ob und ggf. welche polizeilichen Maßnahmen indiziert und gerechtfertigt sein können.[153] Von einer **Putativgefahr** spricht man, **wenn zwar der handelnde Polizeibeamte von einer Gefahr ausgeht, ein gewissenhafter, besonnener und sachkundiger Polizeibeamter in derselben Situation dagegen das Vorliegen einer Gefahr verneinen würde.** Während die Anscheinsgefahr auf einer sachgerechten und sorgfältigen Sachverhaltswürdigung beruht, nimmt der handelnde Beamte bei der Putativgefahr eine **unvertretbare Fehleinschätzung** vor.[154] Bspw. wäre eine Putativgefahr gegeben, wenn der Polizeibeamte P gewaltsam die Tür einer Wohnung öffnet, weil er Schüsse hört, aber jeder Durchschnittsbeamte bemerkt hätte, dass die Schüsse auf einen Spielfilm zurückgehen, den sich der Wohnungsinhaber gerade ansieht. Weil in dieser Situation nach der objektivierenden Betrachtung keine Gefahr bestand, ist das polizeiliche Handeln rechtswidrig.[155] Je nach Situation kann ein solches Handeln sogar zu Ansprüchen aus Amtspflichtverletzung führen.[156] Da für polizeiliche Maßnahmen aus der ex ante-Sicht eine Gefahr vorliegen muss, kann die Rechtmäßigkeit des polizeilichen Einschreitens nicht mit erst später bekannt gewordenen Tatsachen für eine Gefahr begründet werden.[157]

47

Gefahr i.S.d. § 8 I SPolG		
tatsächl. Gefahr	Anscheinsgefahr	Putativgefahr
berechtigte Schadensprognose sowohl *ex ante* als auch *ex post* = *rechtmäßiges* Handeln	berechtigte Schadensprognose *ex ante* wird im Nachhinein widerlegt = *rechtmäßiges* Handeln	Beamter bejaht Gefahr, Durchschnittsbeamter hätte diese aber *ex ante* verneint = *rechtswidriges* Handeln

48

Beim sog. **Gefahrenverdacht** sind die handelnden Polizeibeamten bei Ausschöpfung der sonstigen für sie erreichbaren Erkenntnismöglichkeiten über das Vorliegen einer Gefahrensituation im Ungewissen. Die Unsicherheit kann dabei die Diagnose des Sachverhalts und/oder des Kausalverlaufs betreffen. In diesem Fall besteht im Zeit-

49

---

151 OVG Bremen, NVwZ 2001, 221; OVG Rh.-Pf., DVBl. 1998, 101, 103.
152 OLG Karlsruhe, VBlBW 2000, 329.
153 OVG d. Saarl., AS 29, 428, 434.
154 OVG d. Saarl., LKRZ 2009, 420, 421.
155 VGH Bad.-Württ., NVwZ 1991, 493.
156 OVG d. Saarl., LKRZ 2009, 420, 421.
157 VG Lüneburg mit Anm. *Durner* JA 2009, 158 ff.

punkt der behördlichen Entscheidung also eine **unklare Sachlage,** die bei verständiger Würdigung ebenso gut gefährlich wie ungefährlich sein kann.[158] Mit anderen Worten bestehen zwar Anhaltspunkte für eine Gefahr, es fehlt aber noch an der für die Annahme einer Gefahr nötigen hinreichenden Wahrscheinlichkeit. Es ist umstritten, wie derartige Situationen rechtlich zu beurteilen sind. In der Literatur wird oftmals vertreten, dass auch der Gefahrenverdacht unter den polizeirechtlichen Gefahrenabwehrbegriff zu fassen ist, da der Übergang vom Gefahrenverdacht zur Gefahr fließend ist. Aus Gründen effektiven Rechtsgüterschutzes müsse auch ein sachlich fundierter Gefahrenverdacht für die Auslösung der Handlungsbefugnis der Polizei genügen.[159] Jedenfalls wenn hochrangige Rechtsgüter, wie im Falle einer Bombendrohung, auf dem Spiel stehen, sind die Anforderungen an die hinreichende Wahrscheinlichkeit des Schadenseintritts niedrig, so dass auch in dieser Situation oftmals eine Gefahr i.S.d. polizeilichen Eingriffsbefugnisse gegeben sein wird.[160] In den übrigen Konstellationen ist bei einem Gefahrenverdacht primär der Sachverhalt weiter aufzuklären (sog. Gefahrerforschungseingriff).[161]

50 Fehlt es dagegen an einer solchen hinreichenden Verdichtung, ist zumindest der polizeiliche Aufgabenbereich i.S.d. § 1 II SPolG eröffnet, solange die Gefahrenvorsorge nicht in subjektive Rechte eingreift (z.B. Streifenfahrt, bloße Beobachtung). Für diese Norm ist es ausreichend, wenn die polizeiliche Tätigkeit allg. der Gefahrenabwehr dient.[162] **Eingriffe in die Freiheitssphäre** zum Zweck der Gefahrenvorsorge müssen dagegen nach der Rspr. aus rechtsstaatlichen und demokratischen Gründen grds. **besonders gesetzlich geregelt** werden.[163] Dementsprechend können nach § 59a I SPolG Polizeiverordnungen auch Ge- und Verbote „zur Vorsorge" gegen die von Hunden ausgehenden Gefahren für Menschen und Tiere enthalten. Nach dem BVerfG ist der Gesetzgeber bei der Gestaltung von Eingriffsbefugnissen nicht zwingend an die mit dem überkommenen Gefahrenbegriff verbundenen polizeirechtlichen Eingriffsgrenzen gebunden. Er ist nicht gehindert, die traditionellen rechtsstaatlichen Bindungen im Bereich des Polizeirechts auf der Grundlage einer seiner Prärogative unterliegenden Feststellung neuartiger oder veränderter Gefährdungs- und Bedrohungssituationen fortzuentwickeln. Allerdings müssen seine Regelungen den verfassungsrechtlichen Anforderungen genügen und eine angemessene Balance zwischen Freiheit und Sicherheit herstellen. Ob ein Grundrechtseingriff zur Abwehr künftig drohender Rechtsgutbeeinträchtigungen auch im Vorfeld konkreter Gefahren verhältnismäßig ist, hängt nicht nur davon ab, dass hinreichende Aussicht darauf besteht, dass der Eingriff zum Erfolg

---

158 S.a. OVG d. Saarl., LKRZ 2008, 102, 104 sowie OVG Hamb., NordÖR 2010, 520. OVG d. Saarl., LKRZ 2009, 420, 421 spricht von vermuteter Gefahr oder Gefahrenverdacht bei der lediglich entfernten Möglichkeit eines schädigenden Ereignisses aufgrund bloßer Vermutungen. S.a. VGH Bad.-Württ., VBlBW 2014, 56, 57; zu Unklarheiten hinsichtlich der Ursachenzusammenhänge VGH Bad.-Württ., Urt. v. 7.10.2020 – 8 S 2959/18, Rn. 51 – juris. S.a. *Pünder*, VwR BT, § 69 Rn. 106.
159 *Heckmann*, ÖR Bay, 3. Teil Rn. 130; *Schenke* JuS 2018, 505, 508 ff.; s.a. BVerfGE 155, 119, 186 f. Rn. 146.
160 BayVGH, NVwZ-RR 2004, 490, 491 f.; BayVGH, BayVBl. 2019, 673, 674 Rn. 29.
161 S.a. VGH Bad.-Württ., VBlBW 2014, 56, 57.
162 § 1 II SPolG wurde an § 1 II des Musterentwurfs eines einheitlichen Polizeigesetzes angelehnt. S. dazu *Heise/Riegel* (→ Fn. 91), S. 26 ff.
163 BVerwGE 116, 347, 352 f.; s.a. BVerfGE 133, 277, 327; VGH Bad.-Württ., Urt. v. 7.10.2020 – 8 S 2959/18, Rn. 53 – juris.

führt, sondern auch davon, welche Anforderungen die Eingriffsnorm hinsichtlich der Nähe der betroffenen Personen zur fraglichen Rechtsgutbedrohung vorsieht.[164] 2016 entschied das BVerfG zu den Vorfeldbefugnissen im BKAG, dass diese eine hinreichend konkretisierte Gefahr in dem Sinne verlangen, „dass zumindest **tatsächliche Anhaltspunkte** für die Entstehung einer konkreten Gefahr für die Schutzgüter bestehen".[165] In Fortführung dieser Rechtsprechung hält das BVerfG die Schaffung von Eingriffsgrundlagen für möglich, wenn zwar der zum Schaden führende Kausalverlauf noch nicht mit hinreichender Wahrscheinlichkeit vorhersehbar ist, aber „bereits bestimmte Tatsachen auf eine im Einzelfall drohende Gefahr hinweisen. Die Tatsachen müssen dafür zum einen den Schluss auf ein wenigstens seiner Art nach konkretisiertes und zeitlich absehbares Geschehen zulassen, zum anderen darauf, dass bestimmte Personen beteiligt sein werden, über deren Identität zumindest so viel bekannt ist, dass die Überwachungsmaßnahme gezielt gegen sie eingesetzt werden und weitgehend auf sie beschränkt werden kann".[166] Aus Gründen der Verhältnismäßigkeit setzt eine solche Absenkung der Eingriffsschwellen aber zwangsläufig erhöhte Anforderungen an die zu schützenden Rechtsgüter voraus.[167]

Insb. bei der Gestattung von Grundrechtseingriffen, die durch eine Verdachtslosigkeit sowie eine große Streubreite gekennzeichnet sind, kann der Verhältnismäßigkeitsgrundsatz dazu führen, dass dermaßen intensive Grundrechtseingriffe erst ab bestimmten Verdachts- oder Gefahrenvorstufen vorgesehen werden dürfen.[168] Beispielhaft sei hier die Rasterfahndung genannt. Diese zeichnet sich dadurch aus, dass viele der betroffenen Personen einerseits gar keinen Anlass für die polizeiliche Maßnahme gesetzt haben, welche zudem mit einer hohen Persönlichkeitsrelevanz verbunden ist und deren Grundrechtsintensität durch die Heimlichkeit der Maßnahme nochmals erhöht wird. 51

Selbst bei höchstem Gewicht der drohenden Rechtsgutbeeinträchtigung lässt die Verfassung **keine grundrechtseingreifenden Ermittlungen der Polizei „ins Blaue"** hinein zu.[169] Sieht der Gesetzgeber bei der Ausgestaltung einer polizeilichen Maßnahme aus verfassungsrechtlichen Gründen bewusst davon ab, diese im Vorfeld einer Gefahr anzusiedeln, ist dies von den Polizeibehörden zu respektieren. Das BVerfG hat deshalb die Auslegung der niedersächsischen Rasterfahndungsvorschrift beanstandet, wonach bereits die bloße Möglichkeit terroristischer Anschläge als Gefahr i.S.d. Befugnisnorm angesehen werden könne.[170] Bei der Handhabung der Ermächtigungsnormen, aber auch dem Neuerlass von Polizeirechtsnormen ist daher das Verfassungsrecht immer im Blick zu behalten. 51a

---

164 BVerfGE 115, 320, 361 ff.; 141, 220, 271 ff. Rn. 109 ff.
165 BVerfGE 141, 220, 272 f. Rn. 112 f.; BVerfG, Urt. v. 26.4.2022 – 1 BvR 1619/17, Rn. 158 – juris.
166 BVerfGE 155, 119, 188 Rn. 148.
167 BVerfGE 155, 119, 188 Rn. 148.
168 Allerdings bezogen auf den Verfassungsschutz BVerfG, Urt. v. 26.4.2022 – 1 BvR 1619/17, Rn. 160 – juris.
169 BVerfGE 115, 320, 353 ff.; 120, 378, 428 f.; 150, 244, 281 Rn. 92; BVerfG, Urt. v. 26.4.2022 – 1 BvR 1619/17, Rn. 206 – juris.
170 BVerfGE 115, 320, 360 ff.

52 Bei Unklarheiten über das Vorliegen einer Gefahr darf die Polizei aus Gründen der Verhältnismäßigkeit regelmäßig nur **Gefahrerforschungsmaßnahmen** ergreifen, um dadurch **Aufschluss über eine bestehende Gefährdung und ihren Umfang** zu erlangen.[171] Bei derartigen Gefahrerforschungseingriffen handelt es sich um vorläufige Maßnahmen, die nicht unmittelbar der Gefahrbeseitigung, sondern der weiteren Erforschung des Sachverhalts und der Vorbereitung endgültiger Abwehrmaßnahmen dienen. Soweit nicht wie z.B. in § 9 II BBodSchG den Behörden in die Rechte der Betroffenen eingreifende Maßnahmen gestattet werden, ist streitig, ob die Behörde auf Grundlage des § 24 I 1 SVwVfG lediglich Gefahrerforschungsmaßnahmen ohne Eingriffe vornehmen oder aber Gefahrerforschungsmaßnahmen unter Heranziehung anderer doch auf § 8 I SPolG abstützen darf. Folgt man der zuletzt genannten Meinung, muss sie jedenfalls ihr Ermessen hinsichtlich dieser beiden Möglichkeiten pflichtgemäß ausüben.[172] Nach Meinung des OVG d. Saarl. ist die Durchsuchung nach § 17 SPolG zumindest in aller Regel dem Bereich der Gefahrerforschung zuzuordnen. Vor ihrer Durchführung steht zumindest in vielen Fällen nicht mit Gewissheit fest, ob die von der Durchsuchung betroffene Person tatsächlich sicherstellungsfähige Sachen mit sich führt.[173]

2. Gefahrenvarianten

53 Wenn § 8 I SPolG davon spricht, dass die Polizei die notwendigen Maßnahmen zur Abwehr einer „im einzelnen Fall bestehenden Gefahr" trifft, bedeutet dies, dass eine **konkrete Gefahr** vorliegen muss. Anknüpfungspunkt für diese ist ein bestimmter Sachverhalt oder ein bestimmtes Verhalten, das nach der Einschätzung der Polizei mit hinreichender Wahrscheinlichkeit zu einer Beeinträchtigung der polizeilichen Schutzgüter führen wird.[174] Soweit nicht spezielle Eingriffsgrundlagen einen anderen Maßstab vorgeben, ist unter einer Gefahr i.S.d. behördlichen Eingriffsbefugnisse stets eine konkrete Gefahr zu verstehen. Eine konkrete Gefahr ist z.B. zu bejahen, wenn eine stark angetrunkene Person aus dem Wohnungsfenster Flaschen und andere Gegenstände wirft, wodurch Passanten auf dem Gehweg gefährdet werden.

54 Gegenbegriff zur konkreten Gefahr ist die **abstrakte Gefahr**, die **vom Einzelfall losgelöst** und Voraussetzung für den Erlass von Polizeiverordnungen (§§ 59 ff. SPolG) ist. Die abstrakte Gefahr unterscheidet sich von der konkreten Gefahr nicht hinsichtlich der Wahrscheinlichkeit des Schadenseintritts, sondern durch den Bezugspunkt der Gefahrenprognose. Während bei ersterer die Gefahr mit Blick auf den konkreten Einzelfall festzustellen ist, wird bei der abstrakten Gefahr in **einer verallgemeinernden Weise** danach gefragt, ob ein Sachverhalt bzw. ein Verhalten **typischerweise** mit einer hinreichenden Wahrscheinlichkeit zu einer Beeinträchtigung der polizeilichen Schutzgüter

---

171 BVerwGE 39, 190, 195; OVG Magdeburg, Beschl. v. 2.2.2022 – 3 M 207/21, Rn. 12 – juris.
172 BayVGH, Beschl. v. 4.6.2020 – 10 CS 20.839, Rn. 20 – juris ließ offen, ob Gefahrerforschungseingriffe auf die polizeirechtliche Generalklausel abgestützt werden können, da es jedenfalls im Ermessen der Behörde steht, selbst den Sachverhalt aufzuklären. Einen Gefahrerforschungseingriff auf der Grundlage des § 8 I SPolG bei einem gefährlichen Hund für möglich erachtend OVG d. Saarl., Beschl. v. 28.6.2018 – 2 B 114/18, Rn. 17 f. – juris.
173 OVG d. Saarl., LKRZ 2008, 102, 104.
174 BVerfGE 115, 320, 363 f.; OVG d. Saarl., AS 29, 428, 433; BayVGH, NVwZ-RR 2011, 193.

führen wird.¹⁷⁵ In den Worten des BVerwG ist die abstrakte Gefahr nach einer generell-abstrakten Betrachtungsweise auf **typische Fallkonstellationen** bezogen, bei denen mit hinreichender Wahrscheinlichkeit ein Schaden im Einzelfall einzutreten pflegt und daher Anlass zur Begegnung dieser Gefahr mit generell-abstrakten Mitteln, also mit einem Rechtssatz besteht, so dass auf den Nachweis des Eintritts einer Gefahr im Einzelfall verzichtet werden kann.¹⁷⁶ Bspw. schreibt § 6 I der Polizeiverordnung über die Aufrechterhaltung der Sicherheit und Ordnung auf Straßen und in Anlagen der Landeshauptstadt Saarbrücken vor, dass Blumenkästen sowie sonstige Gegenstände auf Fensterbänken so zu sichern sind, dass sie nicht auf die öffentl. Verkehrsfläche herabfallen können. Um eine Polizeiverordnung erlassen zu können, wonach in ihrem örtlichen und zeitlichen Geltungsbereich der Konsum von Alkohol und das Mitführen von Alkohol in Konsumabsicht verboten ist, müssen hinreichende Anhaltspunkte dafür vorliegen, dass das verbotene Verhalten regelmäßig und typischerweise Gewaltdelikte zur Folge hat. Daran wird es zumeist fehlen, da es von den äußeren Umständen, den individuellen Gegebenheiten und Befindlichkeiten sowie den situativen Einflüssen abhängt, welche Wirkungen der Alkoholgenuss beim Einzelnen zeigt.¹⁷⁷

Eher selten wird in Polizeirechtsvorschriften an eine **Wiederholungsgefahr** angeknüpft. 55
Eine solche wird z.B. in § 10 I Nr. 2 lit. b SPolG vorausgesetzt. Nach § 23 IV 3 SPolDVG kann die Vollzugspolizei personenbezogene Daten über die in Satz 2 Nr. 1 genannte Frist hinaus speichern, wenn wegen der Art, der Ausführung oder Schwere der Tat oder der Persönlichkeit der betroffenen Person die Gefahr der Wiederholung besteht. Da hier auf künftige, sich noch nicht abzeichnende Ereignisse abgestellt werden muss, kann es sich dabei um keine konkrete Gefahr handeln. Andererseits darf allein aus dem einmaligen Begehen einer schweren Straftat nicht automatisch auf eine Wiederholungsgefahr geschlossen werden. Vielmehr setzt die Annahme einer solchen Wiederholungsgefahr das Bestehen objektiver Anhaltspunkte voraus, die nach der Lebenserfahrung auf die Wiederholung solcher Taten schließen lassen. In die Bewertung dürfen dabei zwar Erfahrungswerte einfließen. Diese müssen aber objektivierbar und nicht allein entfernt wahrscheinlich sein.¹⁷⁸ Wegen des unionsrechtlichen Hintergrunds der Verarbeitung personenbezogener Daten ist nicht auszuschließen, dass bei diesbzgl. Ermächtigungsnormen das Merkmal der Wiederholungsgefahr eine andere Auslegung als in Polizeirechtsnormen ohne einen solchen Hintergrund erfährt.

In mehreren Befugnissen wird für das polizeiliche Handeln eine **gegenwärtige Gefahr** 56
vorausgesetzt (z.B. § 17a S. 1, § 19 I 1 Nr. 3, § 21 Nr. 1 SPolG, § 35 I 1 Nr. 1, § 37 I 1, § 38 II 2 Nr. 3, § 39 I 1 Nrn. 1, 2 SPolDVG). Bei dieser Gefahrenvariante werden erhöhte Anforderungen an die zeitliche Nähe und den Grad der Wahrscheinlichkeit des

---

175 OVG d. Saarl., AS 31, 180, 189; s.a. BayVGH, NVwZ-RR 2011, 193 f.; SächsOVG, SächsVBl 2021, 327, 332 Rn. 40.
176 BVerwG, UPR 2021, 269, 273 Rn. 39.
177 VGH Bad.-Württ., NVwZ-RR 2010, 55, 57; s. zu einem Glasverbot VGH Bad.-Württ., BWGZ 2013, 77 ff. Dazu, dass es keinen Erfahrungssatz dahin gehend gibt, dass das Mitführen von Gegenständen mit beachtlicher Regelmäßigkeit in Gewalt- und „Rohheitsdelikte" führt, SächsOVG, SächsVBl 2021, 327, 333 Rn. 48 ff.; zu den Anforderungen an ein Glasverbot VG Freiburg, Beschl. v. 21.7.2021 – 4 K 2188/21, Rn. 21 ff.
178 OVG d. Saarl., Urt. v. 18.12.1996 – 9 R 26/95, Rn. 94 – juris.

Schadenseintritts gestellt.[179] Gegenwärtig ist eine Gefahr, wenn der Eintritt des schädigenden Ereignisses entweder **bereits begonnen hat** oder **unmittelbar** oder in **allernächster Zeit** und zwar mit an Sicherheit grenzender Wahrscheinlichkeit bevorsteht.[180] Teilweise wird vom Gesetzgeber auch eine gegenwärtige Gefahr für **Leib oder Leben** verlangt (§ 17a S. 1, § 19 I 1 Nr. 3 SPolG, § 35 I 1 Nr. 1, § 38 II 2 Nr. 3, § 39 I 1 Nr. 1 SPolDVG). In diesem Fall muss darüber hinaus eine Sachlage gegeben sein, bei der eine nicht nur leichte Körperverletzung oder der Tod einzutreten droht. Machen sich z.B. Fans während eines Fußballspiels daran, von ihnen mitgebrachte Leucht- oder Signalmunition anzuzünden und Brandsätze zu werfen, ist eine Gefahr für Leib und Leben der anderen Zuschauer und Fußballspieler gegeben, die zugleich gegenwärtig ist.[181] In einzelnen Polizeirechtsnormen (§ 19 III SPolG, § 32 III 2, § 34 I 1 SPolDVG) wird auch eine **dringende Gefahr** verlangt. Es ist streitig, ob damit eine akute Gefahr oder eine besondere Qualität des bedrohten Schutzguts oder fakultativ beide Komponenten angesprochen werden.[182] Bei der für eine Wohnungsdurchsuchung in § 19 III SPolG geforderten dringenden Gefahr wollte der Gesetzgeber an die dringende Gefahr in Art. 13 III a. F. GG (heute Abs. 4) anknüpfen. Nach der BVerfG-Rechtsprechung zu Art. 13 Abs. 4 GG ist das Kriterium der Dringlichkeit auf das Ausmaß und die Wahrscheinlichkeit des Schadens zu beziehen. Eine dringende Gefahr i.S.d. Art. 13 Abs. 4 GG bedarf einer Sachlage oder eines Verhaltens, die bzw. das bei ungehindertem Ablauf des objektiv zu erwartenden Geschehens mit hinreichender Wahrscheinlichkeit in allernächster Zukunft einen größeren Schaden hervorrufen wird.[183] Die abweichende Formulierung in den Materialien zu § 19 SPolG, wonach für eine dringende Gefahr kennzeichnend ist, dass eine Sachlage oder ein Verhalten bei ungehindertem Ablauf des Geschehens mit hinreichender Wahrscheinlichkeit ein wichtiges Rechtsgut schädigen wird,[184] dürfte sich damit erklären lassen, dass hier auf das Merkmal der dringenden Gefahr in Art. 13 VII GG Bezug genommen wird.[185]

57 In manchen Normen (§ 6 I Nr. 1 SPolG, § 32 I 2 Nr. 2, § 47 I 3 Nr. 3 SPolDGV) wird der Begriff der **erheblichen Gefahr** verwendet. Darunter versteht man eine **qualitativ gesteigerte** Gefahr, weil entweder bedeutsame Rechtsgüter gefährdet sind oder der Umfang des Schadens bzw. die Intensität der Störung besonders groß ist.[186] Eine erhebliche Gefahr ist gegeben, wenn sie sich insb. auf Leib, Leben oder Freiheit einer Person, den Bestand oder die Sicherheit des Bundes bezieht.[187] Auch eine **gemeine Gefahr** (s. § 36 IV SPolDVG), die eine **unbestimmte Vielzahl von Personen oder Sachen** betrifft,[188] kann eine erhebliche Gefahr sein.[189] Der Begriff der Gefahr im Verzug (z.B.

---

179 OVG Nds., Beschl. v. 15.4.2021 – 11 ME 48/21, Rn. 13 – juris.
180 BVerfGE 115, 320, 363 f.; OVG d. Saarl., AS 29, 428, 433.
181 OVG d. Saarl., LKRZ 2008, 102, 103.
182 S. dazu *Heckmann*, ÖR Bay., 3. Teil Rn. 125.
183 BVerfG, Urt. v. 26.4.2022 – 1 BvR 1619/17, Rn. 297 – juris.
184 LT-Drucks. 9/1929, S. 22; s.a. BVerfGE 122, 120.
185 S. zur Auslegung der dringenden Gefahr in Art. 13 VII GG OVG Koblenz, Urt. v. 16.2.2022 – 8 A 10980/21.OVG, Rn. 45 – juris.
186 *Ruder/Pöltl*, PolR BW, § 4 Rn. 31.
187 BVerfGE 141, 220, 335 f. Rn. 312.
188 S. dazu *Ziekow/Guckelberger*, in: Friauf/Höfling, BerlKomm. zum GG, 12. Erg.-Lfg. V/05, Art. 13 Rn. 118.
189 BVerfGE 122, 120, 141 ff.

V. Gefahr als Voraussetzung für das polizeiliche Handeln

§ 20 I 1, § 80 III 1 SPolG, § 31 III 4, § 34 II 5, III 2 Hs. 2, § 35 IV 4, § 36 V 5, § 38 III 3, § 41 II 4 SPolDVG) beschreibt eine Lage, bei welcher zur Verhinderung eines drohenden Schadens **sofort eingeschritten** werden muss, weil ein Abwarten bis zum Eingreifen der an sich zuständigen Stelle den Erfolg der notwendigen Maßnahmen erschweren oder vereiteln würde.[190]

Im Jahr 2021 wurde Art. 11a BayPAG mit der nunmehr dort enthaltenen Legaldefinition der **drohenden Gefahr** nachjustiert. Nach Absatz 1 wird damit eine Gefahr für ein bedeutendes Rechtsgut umschrieben, wenn im Einzelfall 1. das individuelle Verhalten einer Person die konkrete Wahrscheinlichkeit begründet oder 2. Vorbereitungshandlungen für sich oder zusammen mit weiteren bestimmten Tatsachen den Schluss auf ein seiner Art nach konkretisiertes Geschehen zulassen, wonach in absehbarer Zeit Angriffe von erheblicher Intensität oder Auswirkung zu erwarten sind.[191] Nach der jetzigen Legaldefinition darf erst nach Verneinung einer konkreten Gefahr auf die Gefahrenvariante der drohenden Gefahr rekurriert werden. Diese Neuausgestaltung dürfte Stimmen im Schrifttum geschuldet sein, die im Hinblick auf die Je-desto-Formel zur Bestimmung der hinreichenden Wahrscheinlichkeit einer konkreten Gefahr Zweifel an der genauen Abgrenzbarkeit dieser beiden Gefahrenkategorien geäußert haben.[192] Mit der bayerischen Legaldefinition wird die Rechtsprechung des BVerfG aufgegriffen, wonach der Gesetzgeber, allerdings nur unter erhöhten Anforderungen an die konkret geschützten Rechtsgüter, die Eingriffsschwelle für das polizeiliche Handeln absenken darf. Das BVerfG verwendet die Bezeichnung der drohenden Gefahr, „wenn sich der zum Schaden führende Kausalverlauf noch nicht mit hinreichender Wahrscheinlichkeit vorhersehen lässt, sofern bereits bestimmte Tatsachen auf eine im Einzelfall drohende Gefahr hinweisen".[193] Es verlangt dafür Tatsachen, die den Schluss auf ein wenigstens seiner Art nach konkretisiertes und zeitlich absehbares Geschehen zulassen und dass bestimmte Personen beteiligt sein werden, über deren Identität zumindest so viel bekannt ist, dass die Überwachungsmaßnahmen gegen sie gezielt eingesetzt und weitgehend auf sie beschränkt werden können.[194] Der saarl. Landesgesetzgeber hat davon abgesehen, die drohende Gefahr als neue Gefahrenkategorie einzuführen, jedoch die für diese typische Eingriffsschwelle vereinzelt bei neu eingeführten Eingriffsbefugnissen aufgegriffen, etwa in § 38 I 1 SPolDVG. Dieser ermöglicht die elektronische Aufenthaltsüberwachung einer Person, wenn 1. bestimmte Tatsachen die Annahme rechtfertigen, dass diese Person innerhalb eines übersehbaren Zeitraums auf eine zumindest ihrer Art nach konkretisierten Weise eine Straftat nach § 100a I Nr. 1 i.V.m. § 100a II StPO begehen wird oder 2. das individuelle Verhalten dieser Person die konkrete Wahrscheinlichkeit dafür begründet, dass sie innerhalb eines übersehbaren Zeitraums eine in § 129a I, II StGB bezeichnete Straftat begehen wird und die dazu bestimmt ist, a) die Bevölkerung auf erhebliche Weise einzuschüch-

58

---

190 *Pünder*, VwR BT, § 69 Rn. 193.
191 Zu den Schwierigkeiten der Auslegung der Merkmale der Legaldefinition *Trurnit* Jura 2019, 258 ff.; zu dieser neuen Gefahrenvariante *Wehr* Jura 2019, 940 ff., der auch auf die Abgrenzung zum Gefahrenverdacht und die abstrakte Gefahr eingeht.
192 *Welzel/Ellner* DÖV 2019, 211, 216 f.; *Leisner-Egensperger* DÖV 2018, 677, 684.
193 BVerfGE 155, 119, 188 Rn. 148.
194 BVerfGE 155, 119, 188 Rn. 148.

tern, b) eine Behörde oder eine internationale Organisation rechtswidrig mit Gewalt oder durch Drohung mit Gewalt zu nötigen oder c) die politischen, verfassungsrechtlichen, wirtschaftlichen oder sozialen Grundstrukturen eines Staates oder einer internationalen Organisation zu beseitigen oder erheblich zu beeinträchtigen. Ob diese Ausgestaltung verfassungskonform ist, da im Unterschied zum BVerfG bereits ausreichend ist, wenn Tatsachen die Annahme rechtfertigen und nicht zusätzlich den Schluss auf ein wenigstens seiner Art nach konkretisiertes Geschehen zulassen müssen, wird sich erst noch erweisen müssen.[195] Eine vergleichbare vorgelagerte Gefahrenabwehrbefugnis enthalten § 12 IV 2 SPolG sowie § 31 I 1 SPolDVG. In Prüfungsarbeiten bietet es sich an, den Sachverhalt unter die Tatbestandsvoraussetzungen dieser Vorschriften zu subsumieren, wovon die Frage ihrer Verfassungsmäßigkeit zu unterscheiden ist. Letzteres wird im Regelfall nur bei entsprechender Fragestellung zu diskutieren sein.

VI. Die polizeirechtliche Verantwortlichkeit

59 Die Polizeibehörden müssen Gefahren nicht ausschließlich mit eigenen Mitteln abwehren. Vielmehr können sie unter den Voraussetzungen der behördlichen Eingriffsbefugnisse **andere** durch den Erlass von Geboten, Verboten, Duldungen oder Unterlassungen zur Gefahrenabwehr in Anspruch nehmen. Im Anwendungsbereich des SPolG ist als Erstes zu prüfen, ob sich der Adressat der polizeilichen Maßnahme, wie z.B. bei der Wohnungsverweisung in § 12 II 1 SPolG, direkt aus dieser ergibt. Sollte dies – wie häufig – nicht der Fall sein, folgt aus §§ 4–6 SPolG, gegen wen die Polizei ihre Maßnahmen richten darf. Weil Gefahrenabwehrmaßnahmen regelmäßig mit Eingriffen in den Rechtskreis einer Person verbunden sind, sind sie **primär gegen die für die Gefahr verantwortlichen Personen** zu richten, die terminologisch exakt als Polizeiverantwortliche, vielfach aber auch als „Störer" bezeichnet werden. Im Anwendungsbereich des SPolDVG werden bei einzelnen Regelungen die §§ 4 ff. SPolG in Bezug genommen (s. § 17 I Nr. 1, § 28 I 1, § 34 I 3, § 35 I 1 Nr. 1 SPolDVG). So ergibt sich etwa aus § 35 I 1 Nr. 1 SPolDVG, dass sich Maßnahmen der TK-Überwachung sowohl auf Verantwortliche nach §§ 4 f. SPolG sowie Nichtstörer i.S.d. § 6 SPolG beziehen können. Sofern bestimmte Tatsachen die Annahme rechtfertigen, dass die in Nr. 3 genannten Voraussetzungen vorliegen, kann sich die Überwachung auch auf die dort genannten Personen beziehen. Finden sich keine solchen Sonderregelungen, ergeben sich die Kategorien betroffener Personen aus § 17 SPolDVG. Finden sich in anderen Bereichen des Gefahrenabwehrrechts, etwa im Bauordnungsrecht (→ § 5 Rn. 168), keine Sonderregelungen zu den Adressaten der Gefahrenabwehrmaßnahmen, können die §§ 4–6 SPolG über das SPolG hinaus im gesamten Bereich des Gefahrenabwehrrechts herangezogen werden.[196]

---

[195] Stellungnahme Unabhängiges Datenschutzzentrum Saarland, S. 2. Dabei wäre zu überlegen, ob sich die Vorschrift nicht verfassungskonform auslegen lässt.
[196] Dazu, dass Grundsätze des allg. Polizei- und Ordnungsrecht im bes. Polizeirecht nur insoweit (ergänzende) Anwendung finden können, wie dieses keine eigenständige und abschließende Regelung enthält BVerwGE 165, 251, 260 f. Rn. 26.

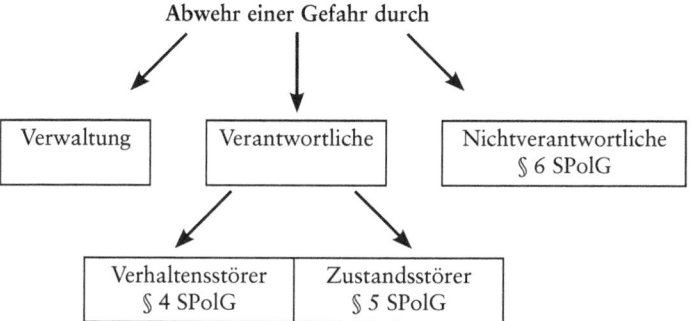

1. Verhaltensverantwortlichkeit

Die Verhaltensverantwortlichkeit wird in § 4 SPolG geregelt. Nach § 4 I SPolG ist Verhaltensstörer derjenige, der **durch sein menschliches Verhalten eine Gefahr verursacht**. Die Inanspruchnahmemöglichkeit des Verhaltensstörers basiert auf dem Gedanken, dass es bei ihm einen **besonderen Zurechnungsgrund** für seine Heranziehung gibt. Außerdem legt es der polizeiliche Effizienzgedanke nahe, sich unmittelbar an denjenigen zu halten, der die Gefahr ausgelöst hat. Im Interesse einer effektiven Gefahrenabwehr ist die Verhaltensverantwortlichkeit **unabhängig von der Verschuldens- oder Einsichtsfähigkeit** (vgl. insoweit auch § 4 II 1 SPolG „auch").[197] Daher können auch Kinder oder Betrunkene Adressaten von Gefahrenabwehrmaßnahmen sein. So kann die Polizei gegen eine stark angetrunkene Person vorgehen, wenn sie Gegenstände auf die Straße wirft und dadurch Passanten gefährdet. Wie man an diesem Beispiel sieht, wird das gefahrenverursachende Verhalten in der Praxis meistens auf einem **positiven Tun** beruhen. Aber auch ein **Unterlassen kann bei Existenz einer öffentlich-rechtlichen Handlungspflicht** die Verhaltensverantwortlichkeit auslösen. Unterlässt es z.B. eine Person, entgegen § 323c StGB in einem Unglücksfall Hilfe zu leisten, obwohl ihr dies möglich und zumutbar ist, kann der heraneilende Polizeibeamte sie zur Mitwirkung bei der Gefahrenbeseitigung anweisen, weil sie von Gesetzes wegen zu einem Handeln verpflichtet ist. Umstritten ist, ob eine solche öffentlich-rechtliche Handlungspflicht auch aus Art. 14 II GG hergeleitet werden kann, wenn sich das Eigentum einer Person nicht in einem ordnungsgemäßen Zustand befindet.[198] Kann etwa die Polizei den Eigentümer als Verhaltensstörer in Anspruch nehmen, weil der Mieter beim Auszug gewisse Gegenstände nicht entsorgt hat und der Eigentümer die Räumung des Lagers und Beseitigung bestimmter Abfälle bislang nicht vorgenommen hat? Der VGH Baden-Württemberg hat zu Recht eine Inanspruchnahme des Eigentümers als Verhaltensstörer abgelehnt, wenn der die öffentl. Sicherheit störende Zustand unmittelbar auf das Verhalten des Mieters zurückgeht. In einer solchen Situation kann das der Auflösung des Mietverhältnisses nachfolgende Unterlassen des Vermieters von Maßnahmen zur Gefahrenbeseitigung regelmäßig nicht dessen Verhaltenshaftung begründen. Andernfalls würde die in der bisherigen Dogmatik unternommene Abgrenzung

---

197 BayVGH, BayVBl. 2014, 279.
198 So OVG NRW, NVwZ-RR 1988, 20.

zur Zustandsverantwortlichkeit (§ 5 SPolG) weitgehend gegenstandslos. Gegen eine Gleichstellung spricht, dass das bloße Unterlassen der Beseitigung einer von einem Dritten herbeigeführten Störung mit dem Handeln desjenigen, der die Störung unmittelbar herbeigeführt hat, zu einem deutlichen Unterschied der Wertigkeit bei den Zurechnungsgesichtspunkten führt. Letztlich hat der Gesetzgeber die Sozialbindung des Eigentums zu konkretisieren.[199]

a) Verursachungsbegriff

62 Wenn § 4 I SPolG von der **Verursachung** einer Gefahr durch eine Person spricht, wird dabei zunächst an die **Äquivalenztheorie** angeknüpft. Nach dieser ist nur das Verhalten kausal bzw. ursächlich, das nicht hinweggedacht werden kann, ohne dass der Erfolg entfiele (beim Tun), bzw. das nicht hinzugedacht werden kann, ohne dass der Erfolg ausbliebe (beim Unterlassen). Diese Kausalitätsformel ist jedoch **für das Polizeirecht zu weit**, weil sie das Potenzial eines infiniten Regresses bei der Ursachenverfolgung in sich birgt.[200] Dies leuchtet ohne Weiteres ein, wenn man bedenkt, dass die Geburt des B, der unzählige Banküberfälle begeht und von dem weitere Straftaten auszugehen drohen, eine Ursache für die von ihm ausgehenden Gefahren darstellt und seine Mutter nach der Äquivalenztheorie Verhaltensstörerin wäre. Zunächst wurde überlegt, ob man nicht durch den Rekurs auf die **Adäquanztheorie** die gebotene Einschränkung bewirken kann. Danach wären nur solche Bedingungen ursächlich i.S.d. Polizeirechts, die nach der allg. Lebenserfahrung dazu geeignet sind, eine Gefahr oder Störung der eingetretenen Art herbeizuführen. Diese Theorie konnte sich jedoch nicht durchsetzen. Denn im Polizeirecht muss **auch atypischen, unvorhersehbaren Geschehensabläufen begegnet** werden.[201]

63 Heute ist im Polizeirecht die **Theorie der unmittelbaren Verursachung** vorherrschend. Danach ist nur diejenige Person Verhaltensstörerin, die durch ihr Verhalten die Gefahrengrenze überschreitet und die Gefahr insoweit unmittelbar verursacht. Wann diese „Unmittelbarkeit" gegeben ist, kann nicht generell, sondern nur anhand einer wertenden Betrachtung der Umstände des Einzelfalls bestimmt werden. Es ist danach zu fragen, **wer die eigentliche und wesentliche Ursache für den polizeiwidrigen Erfolg gesetzt hat**.[202] Oft, aber keinesfalls immer, wird die jew. letzte Ursache die Unmittelbarkeit begründen.[203] Parkt A zunächst sein Auto ordnungsgemäß und führt erst das spätere Parken von Bs Auto auf der gegenüberliegenden Seite dazu, dass die Straße nunmehr für LKWs nicht mehr passierbar ist, darf nur B als Verhaltensstörer in Anspruch genommen werden. Erst er hat durch sein Verhalten die wesentliche Ursache für die Gefahrentstehung gesetzt.[204]

---

199 VGH Bad.-Württ., ESVGH 53, 59 (nur Ls.); *Haus/Wohlfarth*, POR, Rn. 376f.; s.a. BVerwG, Beschl. v. 16.6.2005 – 3 B 129/04 – juris.
200 S.a. BayVGH, GewArch 2016, 163, 164; *Goldhammer* Jura 2021, 638, 640.
201 S.a. *Goldhammer* Jura 2021, 638, 640.
202 VGH Bad.-Württ., DVBl. 2013, 119, 120; s.a. VG d. Saarl., Urt. v. 4.11.2015 – 5 K 1945/14, Rn. 46 – juris.
203 BVerwG, NVwZ 2015, 153, 154; s. a. BayVGH, GewArch 2016, 163, 164.
204 VG Freiburg, VBlBW 1994, 212, 213.

Infolge der wertenden Betrachtung, die bei der Theorie der unmittelbaren Verursachung vorgenommen wird, kann auch ein sog. **Zweckveranlasser als Verhaltensstörer** in Anspruch genommen werden. Der Zweckveranlasser **verhält sich** bei einer isolierten Betrachtung **zwar rechtmäßig** und polizeirechtskonform. Er fordert aber durch sein Verhalten den Eintritt einer solchen Gefahr oder Störung heraus, **indem er eine Lage schafft, in welcher sich Dritte dazu entschließen, die öffentl. Sicherheit oder Ordnung zu beeinträchtigen.**[205] Entsprechendes gilt, wenn Dritten die tatsächliche Möglichkeit verschafft wird, einen hierauf vorgefassten Entschluss in die Tat umzusetzen.[206] Weil der Zweckveranlasser die unmittelbare Gefahrenverursachung durch einen anderen billigt bzw. in Kauf nimmt (so die *subjektive Theorie*)[207] oder das Entstehen einer Gefahr durch einen anderen typische Folge seines Verhaltens ist (so die *objektive Theorie*),[208] wird ihm das Verhalten des anderen zugerechnet. Klassisches Beispiel für die Figur des Zweckveranlassers ist der Geschäftsinhaber, der durch eine aufsehenerregende Schaufensterreklame Verkehrsbehinderungen durch einen Massenauflauf vor seinem Geschäft provoziert. Das VG d. Saarl. hat in einem Fall, in dem ein Heimbetreiber die nötigen Sicherungsvorkehrungen gegen das ständige Entweichen eines orientierungslosen Heimbewohners unterlassen hat, mit der Figur des Zweckveranlassers gearbeitet, weil bei der Entstehung einer Gefahr durch mehrere zeitlich gestaffelte Beiträge nicht notwendigerweise allein derjenige Verantwortlicher sein müsse, der die zeitlich letzte Bedingung für den Gefahreneintritt gesetzt habe.[209] Im Ergebnis bejahte es eine Inanspruchnahme des Heimbetreibers als „mittelbarer Verursacher", weil sein Verhalten und die durch das Verhalten des Dritten eintretende Gefahr oder Störung eine Einheit bilden, welche die Bejahung seiner Polizeipflichtigkeit gebietet.[210]

Für eine Inanspruchnahme nach der Theorie der unmittelbaren Verursachung und somit auch als Zweckveranlasser muss zwischen dem Verhalten und der Gefahr oder Störung durch einen Dritten **bei objektiver Betrachtungsweise ein enger Wirkungs- und Ursachenzusammenhang** bestehen.[211] Für die Zurechnung wird verlangt, dass aus Sicht eines unbeteiligten Dritten die erwartete Störung eine nahe liegende und nicht nur atypische Konsequenz der an das „Publikum" gerichteten Handlung ist.[212] Da sich bei der Abhaltung eines Auto- oder Trödelmarkts Straftaten der Besucher nie gänzlich ausschließen lassen, muss nach dem OVG Sachsen-Anhalt für die Annahme eines engen Wirkungs- und Verantwortungszusammenhangs gegenüber vergleichbaren

---

205 VG d. Saarl., NVwZ-RR 2009, 998, 999. In den Worten des OVG Berl-Bbg, ZInsO 2021, 1920, 1923 Rn. 30 ist Zweckveranlasser derjenige, der die für das ordnungsbehördliche Eingreifen maßgebliche Gefahr zwar nicht selbst verursacht, jedoch veranlasst, dass andere ihrerseits die maßgebliche Pflicht verletzen.
206 VGH Bad.-Württ., ESVGH 53, 59; OVG S-A, Beschl. v. 24.4.2006 – 2 M 174/06 – juris; dazu auch *Pünder*, VwR BT, § 69 Rn. 129.
207 VGH Bad.-Württ., ZUR 2002, 227, 229f.; OVG S-A, NZV 2013, 514, 515; VG d. Saarl., NVwZ-RR 2009, 998, 999; s.a. *Pünder*, VwR BT, § 69 Rn. 129.
208 VGH Bad.-Württ., ZUR 2002, 227, 229f.; OVG S-A, NZV 2013, 514, 515.
209 VG d. Saarl., NVwZ-RR 2009, 998.
210 VG d. Saarl., NVwZ-RR 2009, 998, 999; s.a. VG Gießen, Urt. v. 4.2.2015 – 4 K 409/14.Gl, Rn. 50f. – juris.
211 OVG NRW, Urt. v. 20.5.2015 – 16 A 1686/09, Rn. 96f. – juris (ohne Bezug zum Zweckveranlasser). S.a. BVerwG, Beschl. v. 22.2.2016 – 7 B 36/15, Rn. 6 – juris. Zur Figur des Zweckveranlassers und den notwendigen Wertungen auch *Goldhammer* Jura 2021, 638, 641f.
212 OVG NRW, NWVBl. 2003, 320, 321; OVG S-A, Beschl. v. 24.4.2006 – 2 M 174/06 – juris.

Märkten eine signifikante Erhöhung von Straftaten vorliegen, die den Schluss zulässt, dass Dritte den Markt zu einem beachtlichen Anteil für die Begehung von Straftaten nutzen werden.[213] Die Zweckveranlasserproblematik ist im Zusammenhang mit Versammlungen und Veranstaltungen relevant. Das BVerfG betonte, dass behördliche Maßnahmen bei drohenden Gewalttaten als Gegenreaktion auf Versammlungen primär gegen den Störer zu richten sind und „eine Heranziehung der Figur des Zweckveranlassers als Begründung für die Störereigenschaft eines Veranstalters wenn überhaupt, dann allenfalls bei Vorliegen besonderer, über die inhaltliche Ausrichtung der Veranstaltung hinausgehender provokativer Begleitumstände in Betracht kommen kann".[214] Nach inzwischen wohl ü.M. können private Veranstalter von Fußballspielen, bei welchen es zu Ausschreitungen kommt, in aller Regel nicht als Zweckveranlasser angesehen werden, weil sie zusammen mit der Polizei besondere Sicherheitskonzepte zur Verhinderung von Ausschreitungen entwickelt haben.[215]

b) Zusatzverantwortlichkeit für Minderjährige und Verrichtungsgehilfen

66 In § 4 II, III SPolG werden zwei Fälle einer **Zusatzverantwortlichkeit für fremdes Verhalten** geregelt, die zu der Verantwortlichkeit des eigentlichen Verhaltensstörers hinzutreten. Ist eine **Person noch nicht 14 Jahre** alt, so können die Maßnahmen **auch gegen die Person gerichtet werden, die zur Aufsicht über sie verpflichtet ist** (§ 4 II SPolG). Das betrifft vor allem die Eltern bzw. Erziehungsberechtigten, aber auch diejenigen, die durch Vertrag oder tatsächliche Gewährübernahme Aufsichtspflichten übernommen haben. Vergleichbares gilt für die Inanspruchnahme des Betreuers einer bestimmten Person i.S.v. § 1896 BGB. Der Einbeziehung dieser Personen in die Verantwortlichkeit liegt die Erwägung zugrunde, dass sie erhebliche Einwirkungsmöglichkeiten auf Kinder oder betreute Störer haben.[216] Hat ein **Verrichtungsgehilfe** „in Ausführung" und nicht bloß bei Gelegenheit der Verrichtung eine Gefahr verursacht, können sich die polizeilichen Maßnahmen auch gegen den „Auftraggeber" dieser Person richten (§ 4 III SPolG).

2. Zustandsverantwortlichkeit

67 Polizeiliche Maßnahmen können sich auch gegen die in **§ 5 SPolG** genannten Zustandsstörer richten. Die **Zustandsverantwortlichkeit** gründet auf einer **Gefahr, die von einer Sache oder einem Tier ausgeht**. Die Gefahr kann sich, wie bei einem leckgeschlagenen Öltank oder tollwütigen Hund, unmittelbar aus der Beschaffenheit der Sache bzw. des Tiers ergeben. Die Gefährlichkeit der Sache kann aber auch aus ihrer „Lage im Raum" herrühren, etwa wenn ein an und für sich ungefährlicher Gegenstand mitten auf der Fahrbahn liegt. In derartigen Situationen sind die polizeilichen Maßnahmen **gegen denjenigen zu richten, der für den Zustand der Sache** bzw. des Tie-

---

213 OVG S-A, Beschl. v. 24.4.2006 – 2 M 174/06 – juris.
214 BVerfGE 8, 195, 201.
215 Näher dazu *Siegel*, ÖR Berl., § 3 Rn. 92, auch dazu, dass Veranstalter einer Facebook-Party als Zweckveranlasser herangezogen werden können. Darstellung des Meinungsstands zur polizeirechtlichen Verantwortlichkeit von Veranstaltern von Fußballspielen, Abgrenzung zur gebührenrechtlichen Inanspruchnahmen, die ggf. einen gebührenrechtlichen Spezialtatbestand wie in Bremen voraussetzt BVerwGE 165, 138, 148 f. Rn. 35 ff. (teils Verhaltensstörer bejaht, teils wegen eigenverantwortlichen Handelns der Dritten verneint).
216 LT-Drucks. 9/1929, S. 9.

res verantwortlich ist. Dahinter steht der Grundgedanke, dass diese Personen auf die Sache einwirken und aus ihrer Nutzung Vorteile ziehen können.[217] Da die Gefahr von der Sache oder dem Tier „ausgehen" muss, scheidet nach ü.M. eine Inanspruchnahme als Zustandsstörer aus, wenn der Zurechnungszusammenhang zu locker ist.[218] Jedenfalls hielt der BayVGH eine Bejahung des Unmittelbarkeitserfordernisses bzw. des erforderlichen engen Wirkungszusammenhangs für das Überschreiten der Gefahrengrenze in Bezug auf den Eigentümer beim Befall eines Baumes durch den Eichenprozessionsspinner (einem Nachtschmetterling) für möglich.[219] Auch das VG d. Saarl. bejahte eine Inanspruchnahme des Zustandsstörers, da § 5 I SPolG unabhängig vom Verschulden an die tatsächliche Sachherrschaft anknüpft.[220]

a) Inhaber der tatsächlichen Gewalt

Gem. § 5 I SPolG ist Zustandsverantwortlicher in erster Linie der **Inhaber der tatsächlichen Gewalt**, also derjenige, der die tatsächliche Sachherrschaft ausübt. Denn die Polizei kann die Eigentumsverhältnisse oft nur schwer überblicken und der Inhaber der tatsächlichen Gewalt kann die von seiner Sache ausgehenden Gefahren am ehesten beherrschen. Für das Innehaben der tatsächlichen Gewalt ist aus Gründen der Effektivität der Gefahrenabwehr allein maßgeblich, dass eine **Einwirkungsmöglichkeit** auf und eine **Verfügungsmöglichkeit in tatsächlicher Hinsicht** über die Sache besteht. Unerheblich ist dagegen, ob die Person über ein Recht zum Besitz an der Sache verfügt.[221] Deshalb kann sich eine polizeiliche Maßnahme nicht nur gegen den Mieter oder Pächter einer Sache, sondern auch gegen einen Dieb als Inhaber der tatsächlichen Gewalt richten. 68

Noch nicht abschließend geklärt ist, ob für die tatsächliche Sachherrschaft ein **Herrschaftswille** bestehen muss. Kann etwa ein Pächter, auf dessen Grundstück ohne sein Wissen und Wollen gefährliche Gegenstände gelangen, als Zustandsstörer in Anspruch genommen werden? Nach einer in der **Literatur** verbreiteten Ansicht muss für eine Inanspruchnahme als Zustandsverantwortlicher die Gefahr **auf solchen Umständen basieren, die in seiner Risikosphäre liegen**. Hieran würde es aber bei Naturereignissen oder beim Fehlverhalten Dritter, etwa wenn ein Öltransporter auf einem fremden Grundstück verunglückt, fehlen.[222] Die **Rechtsprechung** argumentiert dagegen, dass es für die Zustandsverantwortlichkeit **allein auf die tatsächliche Sachherrschaft ankomme** und diese auch zu bejahen sei, wenn der Zustand durch Dritte oder höhere Gewalt herbeigeführt wurde.[223] Folgt man der zuletzt genannten Auffassung, ist weiterhin zu prüfen, ob sich nicht aus **verfassungsrechtlichen Gründen Grenzen** für die Verantwortlichkeit ergeben (→ Rn. 72). Sofern jedoch von Dritten z.B. Abfälle auf einem Grundstück abgelagert werden, das kraft naturschutz- oder waldrechtlicher Betretungsrechte 69

---

217 BVerfGE 102, 1, 17 ff.; s.a. BVerwG, Beschl. v. 7.8.2013 – 7 B 9/13, Rn. 9 – juris; s.a. BayVGH, NJW 2019, 3014, 3015 Rn. 8.
218 BayVGH, NJW 2019, 3014, 3015 Rn. 8.
219 BayVGH, NJW 2019, 3014, 3016 Rn. 12.
220 VG d. Saarl., Urt. v. 31.5.2022 – 6 U 343/20, Rn. 59 ff. – juris.
221 LT-Drucks. 9/1929, S. 10.
222 *Papier* DVBl. 1985, 873, 878; *Schink* DVBl. 1986, 161, 168.
223 VG Stade, Urt. v. 22.2.2007 – 1 A 338/05 – juris; s.a. BVerwG, NJW 1992, 1908; *Haus/Wohlfarth*, POR, Rn. 389.

für jeden frei zugänglich sein muss, finden sich auch Stimmen in der Rspr., wonach etwa der Pächter eines solchen Grundstücks nicht einmal ein „Mindestmaß an tatsächlicher Sachherrschaft" innehat.[224]

b) Eigentümer oder sonstige Berechtigte

70 Nach § 5 II SPolG können die polizeilichen Maßnahmen auch gegen den Eigentümer oder einen anderen Berechtigten gerichtet werden. Zu den „sonstigen Berechtigten" gehören in erster Linie die dinglich Berechtigten, z.b. Nießbraucher, Grunddienstbarkeitsberechtigte, aber auch obligatorisch Berechtigte, wie Mieter oder Pächter. Die Verantwortlichkeit dieser Personen lässt sich mit der zumindest durch normative Sachherrschaft vermittelten Einwirkungsmöglichkeit dieser Personen auf die Sache bzw. das Tier als Gefahrenquelle erklären.[225] Die Zustandshaftung eines Eigentümers i.S.d. Art. 14 I 1 GG konkretisiert die Sozialpflichtigkeit des Eigentums (Art. 14 I 2, II GG). Als Beispiel sei die Inanspruchnahme des Eigentümers eines Baumgrundstücks genannt, weil infolge eines Sturms ein Baum auf die Straße gestürzt ist. Durch die Formulierung „auch" wird zum Ausdruck gebracht, dass die Verantwortlichkeit dieser Personen neben der des Inhabers der tatsächlichen Gewalt besteht. Die gesetzliche Regelung ist jedoch keinesfalls so zu verstehen, dass diese Verantwortlichkeit nur kumulativ neben die des Inhabers der tatsächlichen Gewalt hinzutreten kann. Die Personen nach § 5 II 1 SPolG können vielmehr allein herangezogen werden. Nach § 5 II 2 SPolG scheidet eine Inanspruchnahme dieser Zustandsverantwortlichen aus, wenn der Inhaber der tatsächlichen Gewalt diese ohne den Willen des Eigentümers bzw. Berechtigten ausübt. Wird z.B. eine Sache dem Eigentümer gestohlen, ist er in dieser Situation gar nicht dazu in der Lage, ausreichend auf diese einzuwirken.[226] Wenn der unberechtigte Inhaber der tatsächlichen Gewalt die Sachherrschaft über den Gegenstand aufgibt, lebt die auf das Eigentum zurückgehende Verantwortlichkeit wieder auf. Deshalb kann nach der Rspr. des VG d. Saarl. bei einem Auto, das von einem Dieb in der Saar versenkt wurde, der Eigentümer nach § 5 II SPolG für die Kosten der Sicherstellung in Anspruch genommen werden.[227]

71 § 5 III SPolG sieht eine **Auffangverantwortlichkeit des (vormals) Berechtigten** vor. Bei der **Dereliktion** wird das Eigentum an einer Sache aufgegeben. Als Adressat polizeilicher Maßnahmen kommt dann nur der Inhaber der tatsächlichen Gewalt in Betracht. Wird die **Sache jedoch herrenlos**, können die polizeilichen Maßnahmen nach § 5 III SPolG gegen die Person gerichtet werden, die das Eigentum an der Sache aufgegeben hat. Der Eigentümer, welcher in der Vergangenheit den Nutzen aus seinem Eigentum gezogen hat, soll die mit dem Eigentum einhergehenden Belastungen nicht auf die Allgemeinheit verlagern können.[228] Nach seinem Wortlaut bezieht sich § 5 III SPolG nur auf die **Aufgabe des Eigentums** und nicht der tatsächlichen Sachherrschaft. Weil keine Verantwortlichkeit des früheren Inhabers der tatsächlichen Gewalt vorgesehen wird,

---

224 OVG LSA, KommJur 2020, 56; s.a. VGH Bad-Württ., DVBl. 2013, 119, 120.
225 VGH Bad.-Württ., Urt. v. 7.10.2020 – 5 S 2617/19, Rn. 51 – juris.
226 LT-Drucks. 9/1929, S. 10.
227 VG d. Saarl., ZfS 2000, 370, 372.
228 S.a. OVG Nds., Beschl. v. 3.5.2022 – 1 ME 31/22, Rn. 20 – juris; OVG NRW, UPR 2010, 539.

lässt sich der Gedanke des § 5 III SPolG nicht auf diese Konstellation übertragen. Dies dürfte darauf beruhen, dass die bloß zeitweilige Wahrnehmung des unmittelbaren Besitzes der Ausübung umfassender Eigentümerbefugnisse nicht annähernd vergleichbar ist.[229]

c) Grenzen der Zustandsverantwortlichkeit

Als Ausdruck der Sozialbindung des Eigentums wird die Zustandshaftung durch das Übermaßverbot begrenzt.[230] So kann die Anordnung gefahrenabwehrender Maßnahmen gegenüber dem Grundstückseigentümer **unzumutbar** sein, wenn die Kosten der Maßnahme den **Verkehrswert** des Grundstücks, der allerdings nur einen Indikator bildet, übersteigen und die von seinem Grundstück ausgehende **Gefahr auf Naturereignissen oder dem Verhalten Dritter** beruht. Befinden sich etwa auf einem Grundstück Kampfmittel aus der Kriegszeit, so handelt es sich dabei um einen der Allgemeinheit zurechenbaren Umstand, der zu einer Begrenzung der Zustandsverantwortlichkeit des Eigentümers in der Weise führen kann, dass er für die Kosten der Räumung der Kampfmittel nur bis zur Höhe des Verkehrswerts seines Grundstücks aufzukommen hat.[231] Eine Haftungsbeschränkung kann auch geboten sein, wenn das Grundstück den **wesentlichen Teil des Vermögens des Pflichtigen** bildet und die Grundlage seiner **Lebensführung** und seiner Familie darstellt. Sollte jedoch der Eigentümer einer Sache ein Gefahrenrisiko bewusst in Kauf genommen haben, darf seine Belastung über den Verkehrswert des Grundstücks hinausgehen.[232] Bei der Bestimmung der Grenze der Inanspruchnahme kann der Grad der Fahrlässigkeit ebenso von Bedeutung sein wie der Aspekt, ob der Eigentümer Vorteile aus dem eingegangenen Risiko, etwa einen geringeren Kaufpreis für das Grundstück, erzielt hat.[233]

3. Inanspruchnahme des Nichtstörers

Während das Infektionsschutzrecht angesichts der Besonderheit der abzuwehrenden Gefahren in weitem Umfang auch Maßnahmen gegenüber Nichtstörern erlaubt, kommt im Polizeirecht eine **Inanspruchnahme von Nichtstörern**, die mit dem aktuellen Gefahrenpotenzial eigentlich nichts zu tun haben, nur ausnahmsweise in Betracht, wenn ein polizeilicher Notstand vorliegt. Denn zwischen dem Bedürfnis nach einer effektiven Gefahrenabwehr einerseits und andererseits dem Interesse Dritter, nicht in ihren Grundrechten beeinträchtigt zu werden, ist ein verhältnismäßiger Ausgleich zu schaffen.[234] § 6 SPolG stellt keine eigene Ermächtigungsgrundlage für Eingriffe dar, diese folgt aus anderen Normen. Die Vorschrift regelt ausschließlich, wann unbeteiligte Personen Adressaten einer polizeilichen Maßnahme sein können. Nur wenn alle in § 6 I Nr. 1–4 SPolG genannten qualifizierten Voraussetzungen **kumulativ** erfüllt sind,

---

229 BVerwG, NVwZ 2004, 1505, 1507 allerdings zu § 4 III BBodSchG.
230 Dazu, dass diese Grenzen auf der Rechtsfolgenseite bei der Ausübung des Ermessens polizeilicher Maßnahmen bedeutsam werden *Pünder*, VwR BT, § 69 Rn. 121.
231 OVG NRW, UPR 2010, 239; BVerwG, Beschl. v. 7.8.2013 – 7 B 9/13, Rn. 10 – juris; zu den Kosten der Evakuierung im Zuge einer Kampfmittelbeseitigung OVG Nds., NJW 2020, 1313, 1316 Rn. 40. Dazu, dass eine Inanspruchnahme zur Beseitigung des Eichenprozessionsspinners verhältnismäßig ist, VG d. Saarl., Urt. v. 31.5.2022 – 6 U 344/20, Rn. 41 ff. – juris.
232 BVerfGE 102, 1, 21.
233 BVerwG, NVwZ 2004, 1505, 1507; OVG NRW, UPR 2010, 239.
234 *Pünder*, VwR BT, § 69 Rn. 145.

kann eine polizeiliche Maßnahme gegen eine nichtstörende Person gerichtet werden. In den Worten des SVerfGH entspricht es gängiger gesetzgeberischer Praxis, „bei Vorliegen einer [...] sowohl zeitlich als auch im Hinblick auf die geschützten Rechtsgüter qualifizierten Gefahrenlage Eingriffsmaßnahmen auch gegenüber ‚Nichtstörern' zu erlauben".[235]

74 Erste Voraussetzung des § 6 I SPolG ist, dass nicht nur eine **gegenwärtige**, sondern zugleich **erhebliche Gefahr** abzuwehren ist (Nr. 1, → Rn. 56 f.). Gefordert wird also eine besondere zeitliche Nähe und Wahrscheinlichkeit der Gefahr, die für bedeutsame Rechtsgüter bestehen muss (→ Rn. 56 f.). Des Weiteren dürfen **Maßnahmen gegen die nach §§ 4 und 5 SPolG verantwortlichen Personen nicht oder nicht rechtzeitig möglich sein oder keinen Erfolg versprechen** (Nr. 2). Eine Inanspruchnahme der Nichtstörer kommt insb. in Betracht, wenn – wie bei einer Naturkatastrophe – gar keine Verantwortlichen vorhanden sind oder diese nicht bzw. nicht schnell genug greifbar sind.[236] Der polizeiliche Notstand setzt ferner voraus, dass die Polizei die **Gefahr nicht oder nicht rechtzeitig selbst bzw. durch einen Beauftragten abwehren kann** (Nr. 3). Vor der Inanspruchnahme nichtstörender Dritter muss die Behörde zunächst einmal selbst alles in ihrer Macht Stehende zur Gefahrenbeseitigung tun.[237] Umstritten ist, ob bei diesem Merkmal fiskalische Erwägungen berücksichtigungsfähig sind, z.B. dass ein Nichtstörer die Gefahr viel kostengünstiger beseitigen könnte. Legt man allein den Gesetzeswortlaut zugrunde, spricht dieser eher dagegen.[238] Bevor die Behörde einen Obdachlosen oder Flüchtlinge bei privaten Dritten unterbringt, muss sie im Hinblick auf das grundrechtlich geschützte Eigentum der Dritten erst anderweitig zur Verfügung stehende Räumlichkeiten, auch in Beherbergungsbetrieben, anmieten, selbst wenn diese Lösung für sie kostenintensiv sein mag.[239] Schließlich ist die in Nr. 4 vorgesehene **Opfergrenze** zu respektieren: Danach darf auf einen Nichtstörer nur zurückgegriffen werden, wenn dieser ohne erhebliche eigene Gefährdung und ohne Verletzung höherwertiger Pflichten in Anspruch genommen werden kann. Es ist also zu prüfen, ob von der polizeilichen Maßnahme als solcher eine Gefährdung des Nichtstörers bzw. Verletzung seiner Pflichten ausgeht.[240] Lehrbuchbeispiel ist der Vater eines schwer kranken Kindes, der sich mit lebenswichtigen Medikamenten auf dem Rückweg befindet, und angehalten wird, einen Schwerstverletzten in die Klinik zu fahren. In dieser Situation treffen den Vater aus dem Familienband höherwertige Pflichten.[241] Aus Gründen der Verhältnismäßigkeit dürfen die Maßnahmen gem. § 6 II SPolG nur aufrechterhalten werden, solange die Gefahr nicht auf andere Weise abgewehrt werden kann.

---

235 SVerfGH, Beschl. v. 22.4.2022 – Lv 1/21, unter C I.
236 LT-Drucks. 9/1929, S. 11.
237 OVG d. Saarl., Beschl. v. 14.4.2014 – 1 B 213/14, Rn. 7 – juris.
238 S. dazu *Schoch* Jura 2007, 676, 680; für eine Berücksichtigung im Fall extrem hoher Kosten im Vergleich zur geringen Belastung *Pünder*, VwR BT, § 69 Rn. 150.
239 OVG d. Saarl., Beschl. v. 14.4.2014 – 1 B 213/14, Rn. 7 – juris.
240 OVG Rh.-Pf., NJW 2006, 1830 f.
241 *Haus/Wohlfarth*, POR, Rn. 418.

Ein klassischer Anwendungsfall des § 6 SPolG stellt die **Unterbringung von Personen** 75
bei unfreiwilliger Obdachlosigkeit dar.[242] Hat ein Vermieter einen Mieter aus seiner
Wohnung hinausgeklagt, kann die Behörde die betreffende Person unter den Voraussetzungen des § 6 SPolG wieder in die Wohnung einweisen, wenn ihr die Obdachlosigkeit droht und die Behörde keinen geeigneten Wohnraum zur Verfügung stellen kann.
In einer solchen Situation ist der **Vermieter, der ordnungsgemäß gekündigt hat, wegen**
seines korrekten Vorgehens nicht Verhaltensstörer und daher **als Nichtstörer in An-**
spruch zu nehmen. Aus § 6 II SPolG folgt, dass die polizeiliche Wohnungseinweisung
weder von der Polizeibehörde noch vom Obdachlosen als Dauerlösung angesehen
werden darf. Die Maßnahme ist zu beenden, sobald es andere Möglichkeiten zur Unterbringung der Person gibt (s.a. § 6 I Nr. 3 SPolG).[243] Zutreffend entschied das OVG
d. Saarl., dass mit einer über sieben Jahre andauernden Einweisung und der zugrunde
liegenden Beschlagnahme der Wohnung des Nichtstörers der zulässige Zeitraum einer
Obdachloseneinweisung als vorübergehende polizeiliche Maßnahme bei weitem überschritten ist.[244] Aus verfassungsrechtlichen Gründen (Art. 14 GG) darf die Dauer der
Obdachloseneinweisung grds. höchstens sechs Monate betragen.[245] Der in Anspruch
genommene Nichtstörer kann nach **§ 68 SPolG Schadensausgleich** (→ Rn. 214) beanspruchen.

4. Anscheinsstörer

Der sog. **Anscheinsstörer** unterscheidet sich von einem „echten" Störer dadurch, dass er 76
zwar bei einer ex post-Betrachtung keine Gefahr verursacht hat. Allerdings hat er **aus der**
ex ante-Sicht eines fähigen, besonnenen und sachkundigen Polizeibeamten den Eindruck
der Gefahrenverursachung hervorgerufen.[246] Parallel zur Anscheinsgefahr, bei der aus ex
ante-Sicht eines vernünftigen und besonnenen Beamten eine Gefahr vorliegt, sich aber
nachträglich herausstellt, dass tatsächlich keine Gefahr bestand, ist Anscheinsstörer zum
einen derjenige, der aufgrund seines Verhaltens aus Sicht eines sorgfältig agierenden
Polizeibeamten einen derartigen Verursacherschein gesetzt hat.[247] Aus Gründen effektiver Gefahrenabwehr muss eine solche Person wie ein Störer in rechtmäßiger Weise zur
Gefahrenabwehr herangezogen werden dürfen.[248] Zum anderen kommt eine Inanspruchnahme als Anscheinsstörer in Betracht, wenn real eine Gefahr besteht und
aufgrund der Umstände ex ante von einem vernünftig und besonnen agierenden
Amtswalter angenommen wird, dass diese von der betreffenden Person verursacht
wurde, sich dies aber bei einer ex post-Betrachtung als unrichtig erweist. In dieser
Konstellation wird es jedenfalls für die Inanspruchnahme dieser Person zur Gefahrenabwehr als ausreichend erachtet, wenn sie ein Verhalten an den Tag gelegt hat, das

---

242 Dazu, dass bei freiwilliger Obdachlosigkeit schon keine Gefahrenlage vorliegt, VGH Bad.-Württ., VBlBW 2020, 248, 249.
243 OVG d. Saarl., Beschl. v. 30.11.2020 – 2 A 105/20, Rn. 15 – juris; VG d. Saarl., Beschl. v. 5.4.2022 – 6 L 235/22, Rn. 5 – juris; s.a. VGH Bad.-Württ., VBlBW 2020, 248, 249.
244 OVG d. Saarl., Beschl. v. 3.6.1994 – 3 W 14/94 – juris.
245 OVG d. Saarl., Beschl. v. 14.4.2014 – 1 B 213/14, Rn. 13 – juris.
246 VGH Bad.-Württ., DVBl. 2011, 245, 246; s.a. OVG Nds., NordÖR 2020, 96, 100; OVG d. Saarl., BauR 2012, 1690.
247 VGH Bad.-Württ., DVBl. 2011, 245, 246; DVBl. 2011, 626.
248 VGH Bad.-Württ., DVBl. 2011, 626, 627; BayVGH, NVwZ-RR 1997, 617.

objektiv bei einem Dritten zur Hervorrufung des Eindrucks geeignet war, dass durch sie ein Schaden für ein polizeiliches Schutzgut droht (sog. Irreführungsrisiko).[249] Dieser Eingriff in den Rechtskreis des nur vermeintlichen Störers wird auf der Primärebene, d.h. allein bzgl. der tatsächlichen Gefahrenabwehr, als erforderlich und zumutbar betrachtet. Nach der wohl ü.M. wird indes die durch den Grundsatz der Verhältnismäßigkeit gezogene Grenze überschritten, wenn der Anscheinsstörer wie der wirkliche Störer stets für die Kosten der polizeilichen Maßnahme aufkommen muss. Denn dies führt zu einer aus Gründen effektiver Gefahrenabwehr nicht gebotenen Abwälzung der Kostentragungspflicht des tatsächlich Verantwortlichen oder des Kostenrisikos der Allgemeinheit auf denjenigen, der objektiv Nichtstörer ist.[250] Daher kann der Anscheinsstörer auf Sekundärebene grds. wie ein **Nichtstörer Entschädigung für seine Heranziehung** verlangen (→ Rn. 214). Etwas anderes gilt jedoch, wenn ihm der hervorgerufene Anschein zuzurechnen ist.[251]

5. Putativ- bzw. Scheinstörer

77 Im Unterschied zum Anscheinsstörer ist der sog. **Putativ- oder Scheinstörer kein Störer**. Hier nimmt die handelnde Polizei an, die Person habe die Gefahr verursacht, obwohl dies bei vernünftiger Würdigung der Lage aus ex ante-Sicht zu verneinen gewesen wäre.[252] Derartige Personen dürfen von der Polizei nur als Nichtstörer (§ 6 SPolG) in Anspruch genommen werden. Sonst ist die Maßnahme rechtswidrig.

6. Verantwortlichkeit von Hoheitsträgern

78 Da eine polizeiliche Gefahr auch durch die öffentl. Hand hervorgerufen werden kann, ist zu klären, ob die Polizeibehörden **Gefahrenabwehrmaßnahmen gegenüber anderen staatlichen Stellen** anordnen dürfen. Unumstritten ist, dass die Verwaltung gem. Art. 20 III GG an die Polizeirechtsnormen gebunden und deshalb **selbst materiell polizeipflichtig** ist. Uneinigkeit besteht, ob die Stellen der öffentl. Verwaltung auch formell polizeipflichtig in dem Sinne sind, dass die für die Gefahrenabwehr zuständige Behörde zum Einschreiten gegen die andere Behörde befugt ist. Zum Teil wird der Standpunkt vertreten, dass es bei Bejahung einer materiellen Polizeipflichtigkeit nur konsequent sei, auch eine formelle Polizeipflichtigkeit der anderen Behörde anzunehmen.[253] Aus Regelungen vergleichbar § 17 SVwVG, wonach der **Verwaltungszwang gegen Behörden** oder juristische Personen des öffentl. Rechts mangels anderweitiger Bestimmung unzulässig ist, sei im Umkehrschluss die Zulässigkeit zum Erlass von Verwaltungsakten gegenüber diesen zu entnehmen.[254]

79 Nach der wohl ü.M. soll den Polizeibehörden dagegen die **Heranziehung anderer Hoheitsträger** zu Gefahrenabwehrmaßnahmen versagt sein, wenn dadurch in deren ho-

---

249 VGH Bad.-Württ., DVBl. 2011, 626; Urt. v. 24.2.2022 – 1 S 2283/20, Rn. 62 – juris; s.a. VG Freiburg, Urt. v. 22.4.2021 – 10 K 2592/19, Rn. 33 – juris, wobei beim Verursachungsrisiko teilweise einschränkend verlangt wird, dass die Person den Anschein durch ihr Verhalten oder ihre Sache unmittelbar verursacht hat.
250 S.a. BVerwG, NVwZ-RR 2012, 787, 792; VGH Bad.-Württ., DVBl. 2011, 626, 628.
251 S.a. VG d. Saarl., Urt. v. 25.5.2018 – 6 K 166/18, Rn. 70 – juris; VGH Bad.-Württ., Urt. v. 24.2.2022 – 1 S 2283/20, Rn. 53 – juris; *Siegel*, ÖR Berl., § 3 Rn. 110.
252 *Siegel*, ÖR Berl., § 2 Rn. 111.
253 *Reimer* (Fn. 102), § 5 Rn. 117 ff.; s. eingehend *Schoch* Jura 2005, 324 ff.
254 *Pünder*, VwR BT, § 69 Rn. 143.

heitliche Tätigkeit eingegriffen wird. Denn nach der gesetzlichen Kompetenzordnung ist jeder Hoheitsträger für die Gefahrenabwehr in seinem Bereich selbst zuständig. Die Polizeibehörden können zwar die andere Behörde auf die Gefahr hinweisen und etwaige Abhilfemaßnahmen anregen. Unternimmt diese aber nichts, müssen ggf. die Aufsichtsbehörden einschreiten.[255] Eine **Ausnahme** wird zum einen im Bereich der **erwerbswirtschaftlichen Betätigung und der fiskalischen Hilfsgeschäfte** in Erwägung gezogen. Bspw. kann nach dem VG Mainz gegen Gefahren von einem ehemaligen Mobilmachungsstützpunkt der Bundeswehr polizeilich eingeschritten werden, wenn die Anlage nicht mehr für Zwecke der Landesverteidigung genutzt, sondern von der Bundesrepublik nur noch fiskalisch verwaltet wird.[256] Zum anderen können neben **Ausnahmesituationen** – etwa bei Gefahr im Verzug – **Sonderregelungen** den Erlass polizeilicher Anordnungen gegenüber anderen Hoheitsträgern gestatten. So wird einer Gesamtschau der immissionsschutzrechtlichen Vorschriften sowie der besonderen Sach- und Fachkunde der Immissionsschutzbehörden entnommen, dass diese Behörden gem. § 24 S. 1 BImSchG gegen alle, auch öffentlich-rechtliche Anlagenbetreiber, vorgehen können.[257] Allerdings können derartige Anordnungen nach **§ 17 SVwVG nicht vollstreckt werden**, soweit nicht etwas anderes bestimmt ist. Dabei macht es nach dem Wortlaut des § 17 SVwVG keinen Unterschied, ob die Behörden und juristischen Personen des öffentl. Rechts öffentlich-rechtlich oder zivilrechtlich tätig werden.[258]

7. Störerauswahl

Häufig sind mehrere Personen für ein und dieselbe Gefahr verantwortlich. Wurde z.B. im Zuge von Baggerarbeiten auf einem Grundstück die Zuleitung zu einem Tank beschädigt, ist der Baggerführer Verhaltens- und der Grundstückseigentümer Zustandsstörer. In diesen Konstellationen hat die Polizeibehörde nach ihrem pflichtgemäßen Ermessen (§ 3 I SPolG) den Adressaten ihrer Maßnahme zu bestimmen (**Auswahlermessen**). Dazu muss die Behörde die Frage der Verantwortlichkeit der ihr zur Kenntnis gelangten Personen prüfen und eine bewusste Entscheidung darüber treffen, ob sie alle, einige oder nur einen der Störer zur Gefahrenbeseitigung in Anspruch nehmen will.[259] Da sich die Polizei bei ihrer Ermessensausübung am Gesetzeszweck zu orientieren hat, ist beim Zusammentreffen mehrerer Zustandsverantwortlicher in erster Linie der Inhaber der tatsächlichen Gewalt in Anspruch zu nehmen, insb. wenn durch die Abklärung der Eigentumsverhältnisse eine effektive Gefahrenabwehr beeinträchtigt würde.

80

Umstritten ist, wie die Polizei bei einem Zusammentreffen von Zustands- und Verhaltensstörer vorzugehen hat. Richtigerweise gibt es keinen allg. Grundsatz, wonach der Verhaltensverantwortliche stets vor dem Zustandsstörer in Anspruch zu nehmen ist,

81

---

255 BVerwGE 29, 52, 59.
256 VG Mainz, Urt. v. 15.1.2008 – 3 K 313/07.MZ – juris; s.a. VG Neustadt a. d.W., Beschl. v. 22.6.2020 – 5 L 420/20.NW, Rn. 40 – juris.
257 BVerwGE 117, 1, 3 ff.
258 HessVGH, DÖV 2014, 715, 716.
259 VG d. Saarl., Urt. v. 4.11.2015 – 5 K 1945/14, Rn. 48 – juris; OVG S-A, NVwZ-RR 2008, 615; zur Bandbreite von Erwägungen innerhalb der Ermessensgrenzen *Goldhammer* Jura 2021, 638, 645.

weil es im Polizeirecht nicht um eine Verpflichtung aus schuldhaftem Handeln geht.[260] Vielmehr kann sich die Behörde auch hier bei der Auswahl unter mehreren Adressaten von der Erwägung leiten lassen, dass eine Gefahr durch die Inanspruchnahme einer bestimmten Person schneller oder effektiver abgewehrt werden kann (**Effektivität der Gefahrenabwehr**).[261] Ist z.B. der Verhaltensstörer nicht vor Ort oder bestreitet dieser seine Verantwortlichkeit, ist es nicht zu beanstanden, wenn der Zustandsstörer zur Gefahrenabwehr herangezogen wird.[262] Ähnliches gilt, wenn infolge der Vermögenslosigkeit des Störers nicht mit einer schnellen Beseitigung der Gefahr gerechnet werden kann.[263] Gelegentlich ist ein Beteiligter nur Verhaltens- oder Zustandsstörer, während den anderen sowohl die Verhaltens- als auch die Zustandshaftung trifft. Sofern beide Personen die Gefahr gleich effektiv beseitigen können, kann sich die Polizei an denjenigen halten, der „doppelt" verantwortlich ist. Können mehrere Störer eine Gefahrenlage gleich wirksam beheben, können von der Polizei auch unter dem Blickwinkel der Verhältnismäßigkeit der Maßnahme (§ 2 SPolG) weitere Faktoren, wie die Gefahrennähe oder das Maß der Verursachung, bei der Störerauswahl berücksichtigt werden.[264] Bei der sachgerechten Störerauswahl braucht die Polizei aufgrund der vorzunehmenden ex ante-Betrachtung auf der primären Ebene zivilrechtliche Aspekte des internen Ausgleichs zwischen mehreren Störern grds. nicht zu berücksichtigen.[265] Letztlich entscheidet sich die Störerauswahl stets anhand der Umstände des Einzelfalls.

82

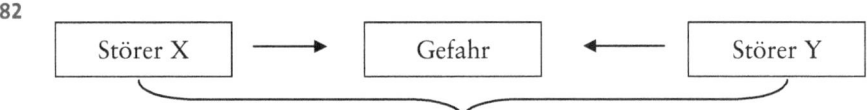

Ermessen hins. Störerauswahl
Primär: Effektivität der Gefahrenabwehr
Hilfskriterien: z.B. Leistungsfähigkeit, Doppelstörer

VII. Die Rechtsnachfolge in polizeiliche Pflichten

83 Auch im Öffentlichen Recht stellt sich die Frage, ob und inwieweit öffentlich-rechtliche Pflichten einer Person auf eine andere Person übergehen können. Wirkt die gegenüber E erlassene polizeiliche Anordnung auch gegenüber seinen Erben oder einer Person, die einen Gegenstand von ihm erworben hat, fort? Relativ unproblematisch ist die Lage, wenn die Rechtsnachfolge, wie in § 4 III 1 BBodSchG, gesetzlich geregelt

---

260 Zu Letzterem VG d. Saarl., Urt. v. 11.5.2011 – 5 K 781/10 – juris; s.a. VGH Bad.-Württ., NVwZ-RR 2012, 387, 388; in diese Richtung tendierend, weil der Verhaltens- vor dem Zustandsstörer geregelt wird, *Siegel*, ÖR Berl., § 3 Rn. 117.
261 VG d. Saarl., Urt. v. 4.11.2015 – 5 K 1945/14, Rn. 48 – juris; OVG NRW, NVwZ-RR 2013, 678, 679 f.; s.a. BVerwG, NVwZ 2020, 1768, 1771 Rn. 29 f.; a.A. BayVGH, BayVBl. 1993, 147, 148.
262 VG d. Saarl., Urt. v. 4.11.2015 – 5 K 1945/14, Rn. 49 – juris; s.a. BVerwG, NVwZ 2020, 1768, 1771f. Rn. 31.
263 VG d. Saarl., Urt. v. 4.11.2015 – 5 K 1945/14, Rn. 50 – juris.
264 S.a. BayVGH, NVwZ-RR 1997, 267, 269; VGH Bad.-Württ., NVwZ-RR 2012, 387, 388.
265 VGH Bad.-Württ., NVwZ-RR 2012, 387, 388.

wurde. Nach § 57 VI LBO wirken bauordnungsrechtliche Maßnahmen, man denke etwa an eine Abrissverfügung zur Beseitigung eines Schwarzbaus, auch gegen die Rechtsnachfolgenden. Im Übrigen ist zwischen Zustands- und Verhaltensverantwortlichkeit, der abstrakten Rechtsnachfolge, d.h. der Frage, ob gegen den neuen Berechtigten eine Gefahrenabwehrmaßnahme ergehen dürfte, und der konkreten Rechtsnachfolge in eine bereits erlassene Maßnahme zu differenzieren.

1. Bei der Zustandshaftung

Die geringsten Probleme wirft die Frage der Rechtsnachfolge in die Zustandsverantwortlichkeit auf, solange **noch keine Polizeiverfügung** ergangen ist. Zustandsverantwortlicher ist nach § 5 SPolG der Inhaber der tatsächlichen Gewalt, der Eigentümer oder ein sonstiger Berechtigter. Gibt eine Person ihre Sachherrschaft an einem Gegenstand zugunsten eines anderen auf, ist sie nicht mehr Zustandsstörer (beachte aber § 5 III SPolG). Die Polizei kann ihre Verfügung **gegenüber dem neuen Inhaber der tatsächlichen Gewalt bzw. dem neuen Eigentümer** erlassen. Einer Nachfolgekonstruktion der Verantwortlichkeit bedarf es hier nicht. 84

Schwieriger sind Situationen, in denen die Polizei bereits eine polizeiliche Maßnahme in Form eines **Verwaltungsakts gegenüber einem Zustandsstörer erlassen** hat, etwa wenn dem bisherigen Grundstückseigentümer die Beseitigung eines umsturzgefährdeten Baums aufgegeben wurde (**Rechtsnachfolge in die *konkretisierte* Zustandsverantwortlichkeit**). In dieser Konstellation besteht in der Praxis ein Bedürfnis nach Anerkennung einer Rechtsnachfolge. Insoweit haben die Behörden ein Interesse daran, dass sie nicht jedes Mal, wenn die Person des Grundstückseigentümers wechselt, gegenüber dem neuen Eigentümer erneut eine polizeiliche Verfügung erlassen müssen, die dieser wieder mit Rechtsbehelfen angreifen kann. Da bei Vorliegen eines Verwaltungsakts eine überleitungsfähige Polizeipflicht existiert, kommt es vor allem darauf an, wie man die Überleitung der Polizeipflicht auf den Rechtsnachfolger begründen kann. Bei einer **Gesamtrechtsnachfolge** wird oftmals argumentiert, die Erben des Zustandsverantwortlichen müssten die Verfügung **in Parallele zu §§ 1922, 1967 BGB** gegen sich gelten lassen. Die Annahme einer **Einzelrechtsnachfolge** in die Zustandsverantwortlichkeit wird insb. von der Rspr. unter Berufung auf die **Dinglichkeit des Verwaltungsakts** befürwortet. Dem liegt die Vorstellung zugrunde, dass wegen des engen Zusammenhangs zwischen dem polizeipflichtigen Gegenstand und dem Verwaltungsakt dieser zusammen mit der Übertragung der Sache auf den neuen Inhaber übergehe. Des Weiteren wird der Übergang der Pflichten, die durch den Verwaltungsakt konkretisiert wurden, mit der Verfahrensökonomie und Effektivität der Gefahrenabwehr begründet.[266] Diese eher pragmatische Sicht wird oftmals kritisiert, weil die Dinglichkeit einer Verfügung nicht über den aus Gründen des Gesetzesvorbehalts notwendigen gesetzlichen Überleitungstatbestand hinweghelfen könne.[267] 85

---

266 BVerwG, DÖV 1971, 640, 641; VGH Bad.-Württ., ZfWG 2019, 475, 477 f.; zu Anordnungen gegenüber Hundehaltern VG Hannover, Urt. v. 19.1.2015 – 10 A 13066/14, Rn. 22 – juris; für eine Bekanntgabe des bestandskräftig gewordenen VA OVG Nds., NdsRpfl. 2013, 212, 213. Bezogen auf die Rechtsnachfolge einer baurechtlichen Beseitigungsverfügung OVG d. Saarl., Beschl. v. 2.3.2021 – 2 B 29/21, Rn. 8 – juris.
267 *Dietlein/Hellermann*, ÖR NRW, § 3 Rn. 112; *Pünder*, VwR BT, § 69 Rn. 141.

2. Bei der Verhaltenshaftung

86 Einigkeit besteht, dass eine **Rechtsnachfolge in die Verhaltensverantwortlichkeit bei höchstpersönlichen Pflichten ausscheidet**. Als höchstpersönlich wird dabei eine Rechtsbeziehung angesehen, die sich nicht von der Person des Trägers lösen lässt und sich in diesem persönlichen Bezug erschöpft,[268] d.h. individuelle Merkmale oder Eigenschaften der jew. Person ausschlaggebend sind.[269] Verlangt die Polizei von X Informationen zur Gefahrenabwehr (vgl. § 11 I SPolG, → Rn. 105), die nur dieser und kein anderer wissen kann, scheidet ein Übergang dieser Pflicht aus, da sie nur von einer einzigen Person erfüllt werden kann. Gleiches gilt für die Pflicht zur Duldung einer körperlichen Untersuchung. Eine Zwangsmittelandrohung (→ Rn. 191) ist wegen ihres auf eine ganz bestimmte Person bezogenen Beugecharakters grds. nicht rechtsnachfolgefähig.[270]

87 Liegt keine Höchstpersönlichkeit vor, stellt sich die Frage, ob der Nachfolger einer Person, die **zwar durch ihr Verhalten eine Gefahr i.S.d. Polizeirechtsnormen verursacht hat, gegenüber der aber noch keine polizeiliche Anordnung ergangen ist**, in Anspruch genommen werden darf (**Rechtsnachfolge in die *abstrakte* Verhaltensverantwortlichkeit**). Nur wenn unter derartigen Gegebenheiten **bereits eine Polizeipflicht des Verhaltensstörers** vorliegt, kann diese auch auf den Rechtsnachfolger übergehen. Die Lit. hat gute Argumente dafür angeführt, dass nach den meisten Polizeirechtsnormen erst der Erlass einer entsprechenden Verfügung zum Entstehen einer solchen Polizeipflicht führt. Denn die polizeilichen Eingriffsbefugnisse wenden sich vor allem an die Polizeibehörden. Diesen wird in aller Regel ein Ermessen (§ 3 I SPolG) eingeräumt, ob sie die Gefahrensituation hinnehmen oder einschreiten wollen und gegen welchen Störer sie ihre Maßnahme richten wollen. Wie im Zivilrecht kann der Gesetzgeber auch im Öffentlichen Recht die Anspruchsentstehung mehrstufig ausgestalten und vom Erlass einer behördlichen Verfügung abhängig machen. Für das grds. Erfordernis einer konkretisierenden Verfügung, durch welche erst die Polizeipflicht ausgelöst wird, spricht überdies, dass Laien oft gar nicht beurteilen können, ob eine Gefahr für die sehr weit gefassten Schutzgüter der öffentl. Sicherheit und Ordnung vorliegt.[271]

88 Demgegenüber vertritt das BVerwG die Ansicht, dass in dem Augenblick, in dem eine Person eine Gefahr i.S.d. Polizeirechts herbeigeführt hat, eine „unfertige" Verpflichtung vorliege, die auch auf einen anderen übergehen könne. Im Sicherheitsrecht besteht (gefahrenunabhängig) zunächst auf einer **ersten Stufe die Unterworfenheit des Bürgers** unter den abstrakt-generellen Gefahrenabwehrtatbestand. Auf der **zweiten Stufe** folgt die mit dem Gefahreneintritt sich ergebende, abstrakte Polizeipflicht, die sodann auf der **dritten Stufe** durch den Erlass eines Bescheids konkretisiert werde. Die zweite Stufe unterscheidet sich von der ersten Stufe dadurch, dass der Störer bereits einen Gefahrentatbestand verwirklicht hat und deshalb ipso iure zur Gefahrenbeseiti-

---

[268] BVerwG, NVwZ 2006, 928, 931; VGH Bad.-Württ., ZfGW 2019, 475, 477.
[269] VGH Bad.-Württ., ZfWG 2019, 475, 478.
[270] OVG d. Saarl., Beschl. v. 2.3.2021 – 2 B 29/21, Rn. 8 – juris.
[271] *Papier* DVBl. 1996, 125, 127 f.; *Pünder*, VwR BT, § 69 Rn. 138; eingehend *Guckelberger*, Die Verjährung, 2004, S. 197 ff.

gung verpflichtet sei, die ggf. nur noch der Umsetzung durch einen Verwaltungsakt bedürfe. Da **bei der zweiten Stufe bereits ein wesentliches Merkmal**, nämlich die Pflicht zur Gefahrenabwehr oder Störungsbeseitigung, im Zeitpunkt der Rechtsnachfolge **angelegt und hinreichend bestimmt sei**, könne sie durchaus auf einen anderen übergehen.[272] Solange eine noch nicht durch einen Verwaltungsakt konkretisierte Polizeipflicht vorliege, gehe diese im Wege der Gesamtrechtsnachfolge über mit der Folge, dass sich erst in der **Person des Rechtsnachfolgers** die Frage nach dem Vorbehalt des Gesetzes für den Erlass belastender polizeilicher Anordnungen stelle. Dabei sei dieselbe polizeiliche Eingriffsbefugnis anzuwenden, die gegenüber dem Rechtsvorgänger maßgeblich gewesen wäre. Weil auch der Gesamtrechtsnachfolge im Öffentlichen Recht eine derivative Haftung zugrunde liege, würden die dem **Zivilrecht** zu entnehmenden gesetzlichen Regelungen der Rechtsnachfolge allein bezogen auf den **Übergang der Pflichtigkeit** auch einem im weiteren Sinne verstandenen Vorbehalt des Gesetzes genügen.[273]

Ist gegenüber dem früheren Verhaltensstörer bereits eine **polizeiliche Anordnung ergangen**, die ihm ein bestimmtes Verhalten aufgibt (z.B. die Anordnung, ein ehemaliges Deponiegelände zu rekultivieren[274]), liegt unstreitig eine **Polizeipflicht** vor, die – sofern sie kein höchstpersönliches Verhalten zum Gegenstand hat – auch auf einen anderen übergehen kann (**Rechtsnachfolge in die** *konkretisierte* **Verhaltensverantwortlichkeit**). Da der Übergang eine Belastung für den Rechtsnachfolger darstellt, ist hier der Frage nachzugehen, welche gesetzliche Grundlage dies legitimieren kann. Die Rspr. konnte insoweit offenlassen, ob die **§§ 1922, 1967 BGB** in unmittelbarer oder analoger **Anwendung** auf das Öffentliche Recht Anwendung finden, da beide Meinungen zu demselben Ergebnis führen.[275] Unklar ist, ob diese Rspr. auf die **Einzelrechtsnachfolge** in die konkretisierte Verhaltensverantwortlichkeit ausgedehnt werden wird. Mancherorts werden Bedenken geäußert, da sich sonst eine Person ihrer öffentlich-rechtlichen Pflichten dadurch entziehen könnte, dass sie diese auf einen anderen abwälzt bzw. überträgt.[276] Nach dem Vorbehalt des Gesetzes sei in derartigen Konstellationen gegen den Rechtsnachfolger eine neue Verfügung zu erlassen.[277]

VIII. Die polizeilichen Befugnisse

In der Regel greifen polizeiliche Maßnahmen in die Grundrechte einzelner Personen ein und entfalten eine starke Grundrechtsrelevanz. Aufgrund des Vorbehalts des Gesetzes bedarf die Polizei für **polizeiliche Maßnahmen, die mit Grundrechtseingriffen verbunden sind**, einer **gesetzlichen Rechtsgrundlage** (sog. **Befugnisnorm**). Dabei ist das **Zitiergebot des Art. 19 I 2 GG** zu beachten. Will der Gesetzgeber ein Grundrecht, das durch Gesetz oder aufgrund eines Gesetzes einschränkbar ist, beschränken, muss er

---

272 BVerwG, NVwZ 2006, 928, 930.
273 BVerwG, NVwZ 2006, 928, 931.
274 BVerwG, DVBl. 2012, 629.
275 BVerwG, NVwZ 2006, 928, 931 mit Nachweisen zu den verschiedenen Meinungen; s.a. BVerwG, NVwZ 2012, 888, 889. S.a. *Pünder*, VwR BT, § 69 Rn. 140, wonach der Betroffene in seiner Person liegende Gründe, die zu einer anderen Ermessensausübung führen, im Vollstreckungsverfahren vorbringen kann.
276 IErg VGH Bad.-Württ., NVwZ-RR 1996, 387, 389.
277 *Pünder*, VwR BT, § 69 Rn. 141.

dieses in dem entsprechenden Gesetz unter Angabe des Artikels benennen (Warn- und Besinnungsfunktion des Zitiergebots). Aus diesem Grund ordnet § 7 SPolG an, dass durch das SPolG die Grundrechte auf Leben und körperliche Unversehrtheit, die Freiheit der Person, die Freizügigkeit und Unverletzlichkeit der Wohnung eingeschränkt werden. Im SPolDVG selbst findet sich keine solche Regelung, jedoch in Art. 4 des Gesetzes Nr. 2007 zur Neuregelung der polizeilichen Datenverarbeitung,[278] das auch das SPolDVG beinhaltet. Danach werden durch dieses Gesetz das allg. Persönlichkeitsrecht, das Grundrecht auf informationelle Selbstbestimmung, das Grundrecht auf Gewährleistung der Vertraulichkeit und Integrität informationstechnischer Systeme, jew. abgeleitet aus Art. 2 I i.V.m. Art. 1 I GG, sowie die Freiheit der Person (Art. 2 II i.V.m. Art. 104 GG), das Fernmeldegeheimnis (Art. 10 GG), das Grundrecht auf Freizügigkeit (Art. 11 GG) und die Unverletzlichkeit der Wohnung (Art. 13 GG) eingeschränkt. Auch wenn es aus Sicht der Rechtsanwender und Betroffenen besser wäre, diese Regelung ins SPolDVG zu integrieren, wird dadurch noch den verfassungsrechtlichen Anforderungen genügt.[279] Das BVerfG legt das Zitiergebot eng aus und nimmt davon **grundrechtsrelevante Regelungen aus, die der Gesetzgeber in Ausführung der ihm obliegenden, im Grundrecht vorgesehenen Regelungsaufträge, Inhaltsbestimmungen und Schrankenziehungen trifft.**[280] Unter Zugrundelegung dieser Rspr. hätten die aus Art. 2 I i.V.m. Art. 1 I GG abgeleiteten Grundrechte gar nicht als eingeschränkte Grundrechte zitiert werden müssen. Geht man von einer engen Auslegung des Zitiergebots in Art. 19 I 2 GG aus, darf aufgrund der Befugnisse allerdings in weitere, jedoch nicht dem Zitiergebot unterliegende Grundrechte eingegriffen werden. Dies gilt etwa für Eingriffe in die unter dem Vorbehalt der verfassungsmäßigen Ordnung stehende allg. Handlungsfreiheit (Art. 2 I GG), ferner für das Grundrecht der Meinungsfreiheit (Art. 5 I, II GG), für Konkretisierungen der Berufsfreiheit (Art. 12 I GG) sowie für Inhalts- und Schrankenbestimmungen des Eigentums (Art. 14 I, II GG).[281] Soweit aber die polizeilichen Befugnisse die Versammlungsfreiheit von Deutschen bei einer Versammlung unter freiem Himmel durch oder aufgrund eines Gesetzes einschränken würden, ist die fehlende Zitierung des Art. 8 II GG als eingeschränktes Grundrecht zu beachten. Eine verfassungskonforme Anwendung der Befugnisnormen gebietet es daher, von derartigen Einschränkungen der Versammlungsfreiheit abzusehen.[282] De lege ferenda sollte der Gesetzgeber auch die Versammlungsfreiheit (Art. 8 Abs. 1 GG) in den Kreis der einschränkbaren Grundrechte einbeziehen.

91 Ein beliebtes Problem in polizeirechtlichen Prüfungsarbeiten ist die **Bestimmung der „richtigen" Befugnisnorm** der polizeilichen Anordnung. Dabei ist wie folgt vorzugehen: In einem ersten Schritt ist zu prüfen, ob nicht ein **Spezialgesetz** besondere Rechts-

---

[278] Amtsbl. 2020 S. 1133.
[279] Näher dazu *Guckelberger*, in: Stern/Sodan/Möstl, Bd. III, 2. Aufl. 2022, i.E., § 85 Rn. 68.
[280] BVerfGE 64, 72, 80 mwN.
[281] S. dazu *Sodan*, in: ders., GG, 4. Aufl. 2018, Art. 19 Rn. 6.
[282] Zu den Folgen von fehlenden Zitierungen *Guckelberger*, in: Stern/Sodan/Möstl, (Fn. 279) i.E., § 85 Rn. 36 f. Nach zutreffender Ansicht gilt das Zitiergebot auch bei mittelbaren Grundrechtseingriffen, s. dazu auch *Guckelberger*, in: Stern/Sodan/Möstl, (Fn. 279) i.E., § 85 Rn. 80 f. Zu Bemühungen, über die fehlende Zitierung hinwegzukommen, *Fischer-Uebler/Gölzer* JA 2020, 683, 684; Bay VerfGH, NVwZ 1991, 664, 666.

grundlagen für Eingriffsmaßnahmen bereithält, etwa das IfSG, VersG oder die LBO. Soweit diese **spezialgesetzlichen Normen** abschließend sind, werden die allg. polizeirechtlichen Vorschriften verdrängt. Wollte der Gesetzgeber **keine abschließende Regelung** treffen bzw. gibt es keine spezialgesetzliche Befugnis, ist zu prüfen, auf welche Rechtsgrundlage aus dem Polizeirecht die polizeiliche Maßnahme gestützt werden kann. Diesbzgl. Befugnisse finden sich zum einen in §§ 8 ff. SPolG. Zum anderen enthält das SPolDVG einerseits in seinem zweiten Teil in §§ 17 ff. SPolDVG (allg.) Rechtsgrundlagen zur Verarbeitung personenbezogener Daten und in seinem dritten Teil in §§ 28 ff. SPolDVG **besondere Befugnisse** zu deren Verarbeitung. Somit ist künftig durch den Blick in zwei auf die Polizei i.S.d. § 1 I SPolG bezogene Gesetze zu ermitteln, woraus sich für diese eine Befugnis zum Einschreiten ergibt.

Die **Aufspaltung der polizeilichen Befugnisse auf zwei Gesetze** verkompliziert die Rechtslage und ist aus Sicht der Studierenden, die früher nur mit einem Gesetz, dem SPolG, arbeiten mussten, bedauerlich. Wie lässt sich diese Aufspaltung erklären? Ausgehend von der Überschrift und Festlegung des Anwendungsbereichs in § 1 I SPolDVG enthält dieser Regelungen über die Verarbeitung personenbezogener Daten. Dies deutet darauf hin, dass im **SPolDVG** sog. **informationelle Befugnisse** enthalten sind, während der Schwerpunkt der Befugnisse im **SPolG** auf **aktionellen Befugnissen** liegt. Aktuell bedient man sich jedenfalls dieser Gegenbegriffe zur Erläuterung der Unterschiede. Entsprechend ihrer Bezeichnung sollen sich aktionelle Befugnisse auf Aktionen der Polizei unmittelbar zur Abwehr einer konkreten Gefahr beziehen.[283] Auch wenn die Verarbeitung personenbezogener Daten ebenfalls eine Aktion bildet, sollen informationelle Befugnisse demgegenüber nur mittelbar die Abwehr einer konkreten Gefahr fördern, da sie der Gefahrenprävention und -aufklärung dienen und die Abwehr einer konkreten Gefahr vorbereiten würden.[284] Überlegenswert wäre ebenso, immer dann von einer informationellen Befugnis auszugehen, wenn sie die Verarbeitung personenbezogener Daten zum Gegenstand hat. Da jedoch, wie § 1 II SPolDVG zeigt, im SPolG weiterhin Befugnisse zur Datenverarbeitung enthalten sind, wird hier von einer Darstellung der polizeilichen Befugnisse anknüpfend an die Unterscheidung zwischen diesen beiden Arten von Befugnissen abgesehen. Vielmehr liegt es nahe, sich in einem ersten Zugriff die traditionellen Befugnisse der Polizei im SPolG zu erschließen. Soweit diese Vorschriften die Materie der Verarbeitung personenbezogener Daten zum Gegenstand haben, sind dafür mangels abweichender Regelung die Vorschriften des SPolDVG maßgeblich (§ 25 SPolG). Anschließend werden ausgewählte Befugnisse aus dem SPolDVG behandelt. Dass die dortigen Befugnisse sehr detailliert geregelt sind, lässt sich auf die Rspr. des BVerfG zurückführen, wonach die Erhebung und Verarbeitung personenbezogener Daten hinreichend bestimmter gesetzlicher Regelungen bedürfen.[285] Wie bereits erwähnt, ist diese Materie zunehmend unionsrechtlich überformt. Ggf. müssen daher die entsprechenden Regelungen unionsrechtskonform aus-

---

283 *Kingreen/Poscher*, POR, § 11 Rn. 6.
284 *Kingreen/Poscher*, POR, § 11 Rn. 6.
285 BVerfGE 65, 1, 44; *Kingreen/Poscher*, POR, § 11 Rn. 7.

gelegt werden. Ein Blick in das SPolDVG verdeutlicht jedenfalls den Bedeutungszuwachs, den die informationellen Befugnisse erfahren haben.

93 Der Zweite Abschnitt des SPolG trägt die Überschrift „Befugnisse". Am Anfang steht § 8 I SPolG, wonach die Polizei die notwendigen Maßnahmen treffen darf, um eine im einzelnen Fall bestehende Gefahr für die öffentl. Sicherheit oder Ordnung abzuwehren. Diese **Generalklausel** ist jedoch nur einschlägig, soweit nicht §§ 9–25 SPolG, Vorgaben in einer Polizeiverordnung oder die §§ 17 ff. SPolDVG, sowie insb. die besonderen Befugnisse zur Verarbeitung personenbezogener Daten in den §§ 28 ff. SPolDVG, die Befugnisse der Polizei abschließend besonders regeln. Wegen der Subsidiarität der polizeilichen Generalklausel hat man sich deshalb immer erst zu vergewissern, ob die Maßnahme nicht unter eine der **besonderen Befugnisnormen** der §§ 9 ff. SPolG oder aus dem **SPolDVG** fällt. Es handelt sich dabei um besondere gesetzliche Ermächtigungen für häufig wiederkehrende, „typische" polizeiliche Maßnahmen, wie die Befugnisse zur Identitätsfeststellung, Befragung, Platz- und Wohnungsverweisung oder zur Durchsuchung und Sicherstellung. Diese sog. **Standardmaßnahmen** geben der Polizei einerseits das notwendige Eingriffsinstrumentarium an die Hand und beschreiben andererseits ihre Befugnisse so eindeutig, dass die Rechtspositionen der Bürger nicht unverhältnismäßig eingeschränkt werden. Ausweislich der Gesetzesmaterialien wurden im Interesse des Bürgers insb. diejenigen Maßnahmen, die Freiheitsbeschränkungen und Freiheitsentziehungen darstellen, an besonders enge Voraussetzungen geknüpft.[286] Mithin enthalten die besonderen Befugnisnormen oft die verfassungsrechtlich gebotene Konkretisierung bereichsspezifischer grundrechtlicher Gesetzesvorbehalte. Angesichts der einengenden verfassungsrechtlichen Anforderungen, bspw. an Einschränkungen des Grundrechts auf informationelle Selbstbestimmung, wurden in den vergangenen Jahren vermehrt Standardbefugnisse in das SPolG aufgenommen, von denen zwischenzeitlich jedoch viele in das SPolDVG ausgelagert wurden. Weil diese Normen abschließende Regelungen enthalten, scheidet ein Rückgriff auf die Generalklausel aus, wenn z.B. die Tatbestandsvoraussetzungen für eine Identitätsfeststellung durch eine DNA-Analyse nach § 10a SPolG nicht erfüllt sind. Diesen **Vorrang der Standardmaßnahmen** bringt der Wortlaut des § 8 I Hs. 2 SPolG bezogen auf die §§ 9–25 SPolG klar zum Ausdruck.

94
> **Polizeiliche Befugnisnormen**
> 1. Gibt es eine Befugnis im Spezialgesetz außerhalb des PolR, z.B. IfSG, VersG?
> 2. Wenn nein bzw. wenn die Regelung im Spezialgesetz nicht abschließend ist
> → Prüfung des PolR
> a) Unterfällt Sachverhalt den Standardbefugnissen in §§ 9 ff. SPolG oder den Befugnissen aus dem SPolDVG? Die im SPolG enthaltenen Vorschriften über die Verarbeitung personenbezogener Daten sind dabei gem. § 1 II SPolDVG spezieller, allerdings können aufgrund § 25 SPolG im SPolDVG enthaltene Vorschriften ergänzende Bedeutung erlangen.
> b) Sonst Generalklausel des § 8 I SPolG

---

286 LT-Drucks. 9/1929, S. 3.

VIII. Die polizeilichen Befugnisse

1. Zu einzelnen Standardbefugnissen des SPolG

Wegen des Vorrangs der Standardmaßnahmen vor der polizeilichen Generalklausel werden diese hier zuerst vorgestellt. Angesichts der Vielzahl von Befugnisnormen beschränkt sich die nachfolgende Darstellung auf besonders prüfungsrelevante Fälle. 95

a) Identitätsfeststellung und Prüfungen gem. §§ 9–10a SPolG

Die Identitätsfeststellung (§ 9 SPolG) ermöglicht es der Polizei, die Personalien einer unbekannten Person festzustellen oder sie von einer anderen Person zu unterscheiden.[287] Innerhalb des § 9 SPolG ist zwischen der Identitätsfeststellung zur allg. Gefahrenabwehr (Abs. 1 Nr. 1) und derjenigen an besonderen Orten zu unterscheiden (Abs. 1 Nrn. 2, 3). Die in § 9 I Nr. 1 SPolG geregelte Identitätsfeststellung zur Abwehr einer Gefahr setzt eine **konkrete Gefahr**[288] i.S.d. § 8 I SPolG voraus. Diese muss – wie man an der dortigen Umschreibung des Gefahrenbegriffs im Klammerzusatz sehen kann – *im einzelnen Fall* für die öffentl. Sicherheit oder Ordnung bestehen. Ausweislich der Gesetzesmaterialien fallen darunter auch Überprüfungen sog. Anscheinsstörer sowie Identitätsfeststellungen zur Sicherung zivilrechtlicher Ansprüche, soweit dies nach § 1 III SPolG Aufgabe der Polizei ist.[289] 96

Identitätsfeststellungen nach § 9 I Nrn. 2 und 3 SPolG setzen **unterhalb der Gefahrenschwelle**, also im Vorfeld der Gefahrenabwehr, ein und können daher bei Vorliegen der Voraussetzungen jedermann betreffen.[290] **§ 9 I Nr. 2 SPolG** lässt es genügen, wenn sich eine Person an einem **gefährlichen Ort** aufhält. Ein solcher Ort umfasst dabei nicht nur eine punktgenaue Stelle, sondern auch ein bestimmtes, abgrenzbares Gebiet.[291] Erfasst werden zum einen Orte, a) von denen aufgrund tatsächlicher Anhaltspunkte anzunehmen ist, dass dort aa) Personen Straftaten von erheblicher Bedeutung verabreden, vorbereiten oder verüben, oder bb) sich Straftäter/innen verbergen. Dadurch möchte man zur Sicherheit dieser Orte beitragen und verhindern, dass diese zum schutzbietenden Ausgangspunkt für die Verübung von Straftaten werden.[292] Auf diese Weise werden Identitätsfeststellungen z.B. an Drogenumschlagplätzen ermöglicht. Eine **Straftat von erheblicher Bedeutung** muss zumindest dem Bereich der **mittleren Kriminalität** angehören, im Einzelfall den Rechtsfrieden empfindlich stören und dazu geeignet sein, das Sicherheitsgefühl der Bevölkerung erheblich zu beeinträchtigen.[293] Die vorgeschriebenen **tatsächlichen Anhaltspunkte** sind gegeben, wenn sich an den fraglichen Orten nach den konkreten Erkenntnissen der Polizei, etwa aufgrund von Strafanzeigen oder polizeilicher Analysedaten, die genannten Vorgänge zu ereignen pflegen.[294] Zum anderen können Identitätskontrollen an Orten erfolgen, an de- 97

---

287 *Siegel*, ÖR Berl., § 3 Rn. 167; VGH Bad.-Württ., NVwZ-RR 2011, 231, 233.
288 → Rn. 43, 53; OVG Hamb., Urt. v. 31.1.2022 – 4 Bf 10/21, Rn. 39 ff. – juris lässt auch einen bloßen Gefahrenverdacht genügen.
289 LT-Drucks. 9/1929, S. 13.
290 S.a. VerfGH NRW, NWVBl 2020, 366, 367.
291 OVG Hamb., Urt. v. 31.1.2022 – 4 Bf 10/21, Rn. 95 – juris.
292 BVerfGE 150, 244, 290 Rn. 119; s.a. OVG Hamb., Urt. v. 31.1.2022 – 4 Bf 10/21, Rn. 93 und in Rn. 88 ff. – juris allg. zur Verfassungsmäßigkeit der hamburgischen Ermächtigungsnorm.
293 In diese Richtung BVerfGE 107, 299, 321 f. mwN. S.a. OVG Hamb., Urt. v. 31.1.2022 – 4 Bf 10/21, Rn. 94 – juris.
294 LT-Drucks. 9/1929, S. 13; s.a. OVG Hamb., NVwZ-RR 2003, 276, 277; OVG Hamb., Urt. v. 31.1.2022 – 4 Bf 10/21, Rn. 94 – juris; BVerfGE 150, 244, 290 f. Rn. 120.

nen Personen der Prostitution nachgehen (Nr. 2 lit. b). Damit möchte man der Kriminalität im Kontext der Prostitution entgegenwirken, was letztlich auch dem Schutz der Prostituierten dient.[295] Das BVerfG entschied, dass Kontrollen an solchen Orten an ein strukturell erhöhtes Gefahrenpotenzial anknüpfen und damit einem öffentl. Interesse von erheblichem Gewicht dienen,[296] sodass eine Vorverlagerung der Maßnahmen in das Gefahrenvorfeld grds. gerechtfertigt werden kann. Streitig ist, wie das Merkmal des Sichaufhaltens zu verstehen ist. Weil nach Meinung des OVG Hamb. an den Begriff des Auf-„haltens" höhere Anforderungen zu stellen sind als an ein bloßes Befinden, verlangt es dafür einen zögerlichen Bewegungsablauf, woran es jedoch beim zielgerichteten Passieren des betreffenden Orts ohne Anzeichen eines verzögerten Gangs fehlen würde.[297] Nach Meinung des Sächsischen OVG bedeutet Aufhalten dagegen die körperliche Anwesenheit, wobei auch ein schnelles Gehen oder gar Rennen Anlass für eine polizeiliche Überprüfung sein können, da dies ein Fluchtverhalten vermuten lässt.[298] § 9 I Nr. 3 SPolG erlaubt Identitätsfeststellungen an **besonders gefährdeten Objekten**, wofür exemplarisch Verkehrs- oder Versorgungsanlagen oder -einrichtungen, öffentl. Verkehrsmittel oder Amtsgebäude genannt werden (Flughäfen, Bahnhöfe, Parlamentsgebäude usw). Des Weiteren müssen sich die Personen **in dem besonders gefährdeten Objekt oder seiner unmittelbaren Nähe aufhalten** und Tatsachen – also nicht bloße Vermutungen – die Annahme rechtfertigen, dass an oder in diesem Objekt **Straftaten begangen werden sollen**, durch welche die in oder an diesem Objekt befindlichen Personen oder das Objekt selbst unmittelbar gefährdet sind.[299] Der bloße Aufenthalt an einer Straßenbahnhaltestelle ohne Anhaltspunkte für eine funktionsspezifische Gefährdung der genannten Objekte ist also für eine dermaßen abgestützte Identitätskontrolle unzureichend.[300]

98 Die Identitätsfeststellung steht im **Ermessen** („kann" – § 3 I SPolG, § 40 SVwVfG) der Polizei, bei dessen Ausübung der **Verhältnismäßigkeitsgrundsatz** (§ 2 SPolG) zu beachten ist. Die Identitätsfeststellung einer Person durch Befragen und Verlangen nach den Ausweispapieren greift in das Recht auf informationelle Selbstbestimmung (Art. 2 I i.V.m. Art. 1 I GG, Art. 2 S. 2 SVerf) ein. Obwohl es sich bei diesem Beispiel um einen verhältnismäßig geringen Grundrechtseingriff handelt, bedarf er der verfassungsrechtlichen Rechtfertigung.[301] Mithin ist bei der Anwendung und Auslegung dieser Norm dem Recht auf informationelle Selbstbestimmung hinreichend Rechnung zu tragen. Ist z.B. offensichtlich, dass eine Person mit den in § 9 I Nr. 2 SPolG erwähnten Straftaten in keinem Zusammenhang stehen kann, wird die Identitätsfeststellung unzulässig sein.[302] Auch bei der Identitätsfeststellung erlangt das Thema Racial Profiling Bedeutung. Hier ist aufgrund der Bindung an Art. 3 III GG darauf zu achten, dass derartige

---

295 So zum Kennzeichenabgleich BVerfGE 150, 244, 290 Rn. 119.
296 So zum Kennzeichenabgleich BVerfGE 150, 244, 290 Rn. 119.
297 OVG Hamb., NVwZ-RR 2003, 276, 277.
298 SächsOVG, Urt. v. 19.12.2019 – 3 A 851/18, Rn. 32 – juris.
299 Zur Zulässigkeit einer solchen Eingriffsschwelle BVerfGE 150, 244, 292 Rn. 124 f.
300 VG Freiburg, Urt. v. 4.4.2019 – 10 K 3092/18, Rn. 49 – juris.
301 BVerfG, NVwZ 2016, 53.
302 Wie hier auch OVG Hamb., Urt. v. 31.1.2022 – 4 Bf 10/21, Rn. 102 – juris und eine verfassungskonforme Einschränkung des Tatbestands der Norm ablehnend.

Maßnahmen nicht alleine („wegen") oder maßgeblich abgestützt aufgrund der Hautfarbe oder anderer dort genannter äußerer Merkmale ergriffen werden.[303] Ist die Identitätsfeststellung dagegen zulässig und entschließt sich die Polizei zu einem solchen Schritt, darf sie die **erforderlichen Maßnahmen** treffen. In § 9 II SPolG werden **beispielhaft** verschiedene **Mittel zur Identitätsfeststellung** aufgezählt: Sie darf Betroffene anhalten (Nr. 1), nach ihren Personalien befragen (Nr. 2), die Aushändigung mitgeführter Ausweispapiere verlangen (Nr. 3), die betroffene Person festhalten (Nr. 4), nach Gegenständen durchsuchen, die zur Identitätsfeststellung dienen (Nr. 5), und die betroffene Person zur Dienststelle bringen (Nr. 6, sog. Sistierung). Die aufgezählten Maßnahmen stehen in einem **Stufenverhältnis**. So geht das Festhalten zeitlich über das Anhalten hinaus. Maßnahmen nach den **Nrn. 4 bis 6** dürfen nur getroffen werden, wenn die Identität der Personen auf andere Weise nicht oder nur unter erheblichen Schwierigkeiten festgestellt werden kann.[304] Gem. **§ 9 III SPolG** kann die Polizei die **Aushändigung eines Berechtigungsscheins**, etwa eines Führer- oder Waffenscheins, zur Prüfung verlangen, wenn der Betroffene aufgrund gesetzlicher Rechtsvorschriften zu dessen Mitführung verpflichtet ist.

Für jede der infrage stehenden Maßnahmen ist die Rechtsnatur gesondert zu bestimmen. Das Verlangen anzuhalten und die Ausweispapiere auszuhändigen, stellt eine belastende Maßnahme in Form eines Verwaltungsakts (§ 35 S. 1 SVwVfG) dar.[305] Während bei einer Freiheitsbeschränkung jemand durch die öffentl. Gewalt daran gehindert wird, einen Ort aufzusuchen oder sich dort aufzuhalten, liegt eine Freiheitsentziehung vor, wenn die tatsächlich und rechtlich gegebene körperliche Bewegungsfreiheit nach allen Richtungen hin aufgehoben wird.[306] Da insb. das Verbringen einer Person mittels eines Polizeifahrzeugs zur Polizeidienststelle mit einer Freiheitsentziehung einhergeht, hat die Vollzugspolizei bei dieser Maßnahme i.S.d. **§ 9 II 2 Nr. 6 SPolG** sowie bei Maßnahmen nach **§ 9 II 2 Nr. 4 SPolG** bei einem nicht nur kurzfristigen Festhalten unverzüglich eine richterliche Entscheidung über die Zulässigkeit und Fortdauer der Freiheitsentziehung herbeizuführen (Art. 104 II 1 GG). Hiervon darf nur abgewichen werden, wenn anzunehmen ist, dass die Entscheidung des Richters nach Wegfall des Grundes der polizeilichen Maßnahme ergehen würde (§ 14 SPolG).

99

§ 9a I SPolG regelt die lagebildabhängigen Kontrollen. Mit dieser Norm wollte man auf die Zunahme der grenzüberschreitenden Kriminalität und den gleichzeitigen unionsrechtlich bedingten Wegfall der innereuropäischen Grenzkontrollen reagieren.[307] § 9a I SPolG gilt nur für die Vollzugspolizei. Diese kann aufgrund polizeilicher Lagebilder (s. dazu § 23 VI SPolDVG) zur vorbeugenden Bekämpfung der grenzüberschreitenden Kriminalität bis zu einer Tiefe von 30 km von den Außengrenzen zu Frankreich und Luxemburg Personen kurzfristig anhalten, befragen und verlangen, dass mitgeführte Ausweispapiere zur Prüfung ausgehändigt werden. Korrespondie-

100

---

303 Dies in einem Fall verneinend OVG d. Saarl., NVwZ-RR 2019, 725, 728 Rn. 24. S. zu dieser Thematik auch OVG NRW, NVwZ 2018, 1497 ff.; OVG Hamb., Urt. v. 31.1.2022 – 4 Bf 10/21, Rn. 80 ff. – juris.
304 Zu einem Fall des Verklebens der Fingerkuppen mit Sekundenkleber BGH, NStZ-RR 2021, 226, 228.
305 S.a. VGH Bad.-Württ., NVwZ-RR 2011, 231, 232.
306 BVerfG, NVwZ 2011, 743, 746.
307 LT-Drucks. 12/149, S. 6; s.a. BVerfGE 150, 244, 297 f. Rn. 144.

rend dazu wird ihr die Inaugenscheinnahme mitgeführter Sachen ermöglicht. Dazu gehört nicht nur das Umsehen im Innern eines Kraftfahrzeugs, sondern auch das Öffnen mitgeführter Behältnisse sowie der Kofferräume oder Ladeflächen von Fahrzeugen.[308] Weil § 9a I SPolG es ermöglicht, grenzverkehrsrelevante Örtlichkeiten mit einem Schleier engmaschiger Kontrollen zu überziehen, bezeichnet man diese Kontrollen auch als „Schleierfahndung".[309]

101 § 9a I SPolG erlaubt der Polizei allein aufgrund von Lageerkenntnissen **ohne konkrete Verdachtsmomente** die Überprüfung von Personen. Nach den Gesetzesmaterialien verfolgen die lagebildabhängigen Kontrollen insgesamt einen hochrangigen Zweck und schützen wichtige Rechtsgüter, während die Eingriffe in die allg. Handlungsfreiheit und das Recht auf informationelle Selbstbestimmung der betroffenen Personen von geringer Intensität sind.[310] Wegen ihrer geringen Anforderungen können die Maßnahmen **jeden**, also vielfach Nichtstörer und unverdächtige Personen, betreffen.[311] In der Lit. wurden **Zweifel an der Verfassungsmäßigkeit** dieser Bestimmung erhoben: Zum Teil wird die **Gesetzgebungskompetenz** des Landes infrage gestellt, da die Schleierfahndung vor allem repressiven Zwecken diene.[312] Demgegenüber betonen andere, dass die präventive, gefahrenabwehrende Tätigkeit – die vorbeugende Bekämpfung von Straftaten und der damit einhergehende Abschreckungszweck – im Vordergrund steht.[313] Auch wurden verschiedene Positionen dazu vertreten, ob die Vorschriften zur Schleierfahndung dem **Bestimmtheitsgebot** genügen.[314] Das BVerfG hatte keine grundsätzlichen Bedenken an der vergleichbar weit gehaltenen Regelung in Art. 13 I Nr. 5 BayPAG. Da es das Unionsrecht verbiete, dass verdachtsunabhängige Kontrollen in Grenznähe den Charakter von Grenzkontrollen annähmen, leuchte es geradezu ein, dass die Schleierfahndung nicht auf Grenzgänger beschränkt sei. Die Vorschrift bezwecke die vorbeugende Bekämpfung der grenzüberschreitenden Kriminalität, d.h. „die Bekämpfung von Gefahren, die durch die Grenzöffnung eine besondere Dringlichkeit erfahren" haben.[315] Dabei stufte es den Begriff der grenzüberschreitenden Kriminalität als auslegungsfähig und hinreichend bestimmt ein. Darunter falle „diejenige Kriminalität, die die tatsächlichen und rechtlichen Besonderheiten der Grenzsituation oder Grenznähe, insbesondere die Erschwerungen grenzüberschreitender Fahndung und Strafverfolgung, ausnutzt".[316] Die Durchführung solcher Maßnahmen in einem Grenzgebiet bis zu einer Tiefe von 30 km sei unbedenklich.[317] Hinsichtlich der Verhältnismäßigkeit hob es hervor, dass die Maßnahmen in Bayern nicht flächendeckend

---

308 LT-Drucks. 12/149, S. 6.
309 *Gusy* JA 2011, 641, 645.
310 LT-Drucks. 12/149, S. 6; dazu OVG Rh.-Pf., NJW 2016, 2820, 2823 Rn. 68 ff.
311 Für eine Verfassungswidrigkeit VerfG Meckl.-Vorp., DVBl. 2000, 262, 264 f.; *Korber* BayVBl. 2006, 339, 344 ff.; *Krane* JZ 2006, 623, 624 ff.
312 Zur (Un)Vereinbarkeit der Schleierfahndung mit dem Schengener Grenzkodex vgl. *Trennt* DÖV 2012, 201 ff.; Rachor/Graulich, in: Lisken/Denninger, Hdb. d. PolR, 6. Aufl. 2018, Kap. E Rn. 359.
313 BayVerfGH, NVwZ 2006, 1284.
314 Verneinend OVG Hamb., NordÖR 2015, 332, 334 Rn. 53 f.; a.A. OVG Rh.-Pf., NJW 2016, 2820, 2824 Rn. 75 ff.
315 BVerfGE 150, 244, 299 Rn. 148.
316 BVerfGE 150, 244, 299 Rn. 148.
317 BVerfGE 150, 244, 299 f. Rn. 149.

erfolgen dürfen.³¹⁸ Im Saarland wird über das Merkmal der **Lageerkenntnisse**, die auf eine grenzüberschreitende Kriminalität hinweisen, eine gewisse Eingrenzung bewirkt. Dazu bedarf es der **Dokumentation**, aufgrund welcher Anzeichen diese Einschätzung gewonnen wurde.³¹⁹ Schließlich betonte das BVerfG hinsichtlich der bayerischen Regelung die rechtstaatliche Abfederung der Schleierfahndung durch unionsrechtliche Maßgaben. Nach dem EuGH müsse gewährleistet sein, dass ihre praktische Anwendung keine gleiche Wirkung wie Grenzübertrittskontrollen haben darf. Wenn Indizien dafür bestünden, müsse durch Konkretisierungen und Einschränkungen eine solche praktische Ausübung der Schleierfahndung sichergestellt sein, so dass von dieser keine derartigen Effekte ausgehen können. Überdies müsse der Rechtsrahmen hinreichend genau und detailliert sein, damit die Notwendigkeit der Kontrollen und die gestatteten Kontrollmaßnahmen selbst kontrolliert werden können.³²⁰ Ausgehend von den Anforderungen der fachgerichtlichen Rechtsprechung würden jedoch die diesbzgl. Vorschriften nicht den unionsrechtlichen Anforderungen genügen „und dürfen ohne konkretisierende verbindliche und transparente Regelung zur Lenkung der Intensität, der Häufigkeit und der Selektivität der Kontrollen in dieser Form nicht angewendet werden; sie bedürfen insoweit der Nachbesserung".³²¹ Allerdings stellte sich zwischenzeitlich das BVerwG auf den Standpunkt, dass auch durch den Erlass zum Innenrecht gehörender Verwaltungsvorschriften im Falle ihrer amtlichen Veröffentlichungen den Anforderungen des EuGH an derartige einschränkende Kriterien Genüge getan werden soll.³²² Im Übrigen muss die Vollzugspolizei bei Gebrauch von dieser Befugnis den Grundrechten und dem Verhältnismäßigkeitsprinzip (§ 2 SPolG) bei der Ermessensausübung hinsichtlich des Ob und Wie der Kontrollen Rechnung tragen.³²³ Bei der Auswahl der Kriterien der zu kontrollierenden Personen darf nicht gegen Art. 3 III GG verstoßen werden.³²⁴ Die polizeilichen Maßnahmen müssen vom Ziel der Bekämpfung grenzüberschreitender Kriminalität geleitet sein und dürfen nicht willkürlich erfolgen.³²⁵

Während § 9a I SPolG nur allg. Kontrollmaßnahmen gestattet, erlaubt § 9a II SPolG der Vollzugspolizei **gezielte Kontrollen von Personen und Fahrzeugen, die nach dem Schengener Informationssystem ausgeschrieben** sind. Die Vollzugspolizei kann diese Personen, Fahrzeuge, Fahrzeuginsassen und mitgeführte Sachen **durchsuchen** (= besondere Kontrollmaßnahme).³²⁶ Dadurch soll die Möglichkeit geschaffen werden, wichtige Informationen wie schriftliche Unterlagen über Personenzusammenhänge und den Organisationsgrad extremistischer und terroristischer Gruppierungen, poten-

102

---

318 BVerfGE 150, 244, 289 ff. Rn. 115, 151.
319 VerfG Meckl.-Vorp., DVBl. 2000, 262, 266.
320 BVerfGE 150, 244, 301 Rn. 152.
321 BVerfGE 150, 244, 301 Rn. 152.
322 BVewG, NVwZ 2020, 382, 383; s.a. OVG d. Saarl., Urt. v. 22.2.2022 – 2 A 60/20, Rn. 26 – juris.
323 Für eine verfassungskonforme Anwendung hinsichtlich der Bestimmung der Gefahrengebiete, aber der Annahme, dass dort objektiv mit einer erheblichen Kriminalität zu rechnen sein muss, *Pünder*, VwR BT, § 69 Rn. 216.
324 OVG Rh.-Pf., NJW 2016, 2820, 2827 Rn. 103 ff. Siehe dazu auch OVG NRW, NVwZ 2018, 1497, 1499 Rn. 35 ff.; OVG Hamb., Urt. v. 31.1.2022 – 4 Bf 10/21, Rn. 80 ff. – juris.
325 BayVerfGH, NVwZ 2006, 1284, 1285.
326 Zur Unterscheidung allgemeine – besondere Kontrollmaßnahmen, wobei Letztere an einschränkende Voraussetzungen geknüpft sind, *Gusy* JA 2011, 641, 645.

zielle Anschlagsobjekte, Anschlagsvorbereitungen oder illegale Finanztransaktionen zu erheben sowie potenzielle Gefährder unter präventiven Gesichtspunkten zu verunsichern.[327] Bei **Durchsuchungen** wird im Wege eines ziel- und zweckgerichteten Suchens oder Ausforschens in die private Sphäre des Betroffenen eingedrungen.[328] Bei der Ermessensausübung muss auf jeden Fall die erhöhte Grundrechtsrelevanz der Maßnahme berücksichtigt werden. Ergeben sich im Zuge der Maßnahmen nach § 9a I und II SPolG keine Anhaltspunkte für das Vorliegen einer Gefahr oder einer Straftat, dürfen die erhobenen personenbezogenen Daten nicht gespeichert werden (§ 9a III Hs. 1 SPolG). Im Übrigen gelten §§ 21, 23 SPolG (§ 9a III Hs. 2 SPolG).

103 § 10 SPolG regelt die **erkennungsdienstlichen Maßnahmen**, zu denen gem. Absatz 3 „insbesondere" die Abnahme von Finger- und Handflächenabdrücken, die Aufnahme von Lichtbildern, die Feststellung äußerlicher körperlicher Merkmale sowie Messungen gehören. Wie man an dieser Aufzählung sieht, handelt es sich vorrangig um Maßnahmen, die nicht in die körperliche Unversehrtheit eingreifen.[329] Zuständig ist die Vollzugspolizei. Sie kann erkennungsdienstliche Maßnahmen zum einen vornehmen, wenn eine nach § 9 SPolG zulässige Identitätsfeststellung nicht oder nur unter erheblichen Schwierigkeiten möglich ist (Nr. 1). Zum anderen sind solche Maßnahmen zulässig, wenn sie **zur vorbeugenden Bekämpfung von Straftaten** erforderlich sind, weil der Betroffene verdächtig ist, eine mit Strafe bedrohte Tat begangen zu haben, *und* wegen Art, Ausführung und Schwere der Tat und der Persönlichkeit des Betroffenen die **Gefahr der Wiederholung** besteht *sowie* die erkennungsdienstlichen Unterlagen **zu führende Ermittlungen fördern** könnten (Nr. 2). Der Landesgesetzgeber durfte diese Regelung in Nr. 2 zur Vorsorge für die Verfolgung künftiger Straftaten treffen, da der Bund von seiner Gesetzgebungskompetenz nach Art. 74 I Nr. 1 GG keinen abschließenden Gebrauch gemacht hat.[330] Aus verfassungsrechtlichen Gründen beschränkt sich der Anwendungsbereich des § 10 I Nr. 2 SPolG auf solche Maßnahmen, die nicht nach § 81b Alt. 2 StPO als ebenfalls präventive Regelung zulässig oder ausgeschlossen sind.[331] Nach Meinung des BVerwG reicht es für die Maßgeblichkeit des § 81b Alt. 2 StPO bereits aus, wenn die Beschuldigteneigenschaft, welche weit auch i.S.d. Angeschuldigten und Angeklagten verstanden wird, im Zeitpunkt der erkennungsdienstlichen Maßnahme bestand. Es schadet daher nicht, wenn die Beschuldigteneigenschaft des Adressaten vor Erlass des Widerspruchsbescheids über eine auf § 81b Alt. 2 StPO gestützte Anordnung entfällt.[332] Die polizeirechtliche Norm wird somit vor allem dann relevant, wenn im Zeitpunkt der erkennungsdienstlichen Maßnahme gegen die jew. Person nicht (mehr) in strafprozessualer Hinsicht als Beschuldigter ermittelt wird.[333] Bei der Wiederholungsgefahr i.S.d. Nr. 2 ist eine Prognose vorzunehmen. Auch wenn ein Ermittlungsverfahren nach §§ 153 ff. oder § 170 II StPO eingestellt

---

327 LT-Drucks. 13/1313, S. 16; *Guckelberger/Hero* LKRZ 2008, 161, 162 f.
328 BayVerfGH, NVwZ 2006, 1284, 1285.
329 *Ruder/Pöltl*, PolR BW, § 11 Rn. 322.
330 OVG d. Saarl., Beschl. v. 7.8.2013 – 3 A 295/13, Rn. 14 ff. – juris.
331 OVG d. Saarl., Beschl. v. 7.8.2013 – 3 A 295/13, Rn. 32 – juris; s.a. BVerwGE 162, 275, 280 Rn. 19.
332 BVerwGE 162, 275, 277 ff. Rn. 14 ff.
333 OVG d. Saarl., Beschl. v. 7.8.2013 – 3 A 295/13, Rn. 25, 29 f. – juris; VG d. Saarl., Beschl. v. 5.11.2018 – 6 L 1139/18, Rn. 8 – juris.

oder eine Person freigesprochen wurde, kann eine Wiederholungsgefahr bei begründeten Anhaltspunkten dafür bejaht werden, dass die betreffende Person auch künftig Anlass für polizeiliche Ermittlungen geben könnte.[334] Wegen des Schutzes des allg. Persönlichkeitsrechts, des verfassungsrechtlichen Verhältnismäßigkeitsgrundsatzes und des präventiven Charakters der erkennungsdienstlichen Maßnahmen ist eine **Abwägung** zwischen dem öffentl. Interesse an einer effektiven Verhinderung und Aufklärung der künftigen Straftat sowie dem Interesse des Betroffenen vorzunehmen.[335] Im Falle strafunmündiger Personen (§ 19 StGB) sind ferner das jugendliche Alter und die möglichen negativen Wirkungen für die weitere Entwicklung des Jugendlichen oder Kindes zu berücksichtigen.[336] Bei der Anordnung der erkennungsdienstlichen Maßnahme handelt es sich um einen **Verwaltungsakt** (§ 35 S. 1 SVwVfG). Zur Durchführung erkennungsdienstlicher Maßnahmen **kann die Polizei eine Person vorladen und die Vorladung ggf. zwangsweise durchsetzen** (§ 11 II Nr. 2, IV Nr. 2 SPolG). Wurde die Identität festgestellt, sind die nach Nr. 1 angefallenen **Unterlagen zu vernichten**, es sei denn, ihre weitere Speicherung wäre nach Abs. 1 Nr. 2 oder anderen Rechtsvorschriften zulässig. Obwohl die Unterlagenvernichtung ein rein tatsächlicher Vorgang ist, wird angesichts der vorherigen behördlichen Entscheidung über das Vorliegen der Vernichtungsvoraussetzungen für die Geltendmachung dieses Anspruchs die Verpflichtungsklage (§ 42 I Alt. 2 VwGO) als statthafte Klageart betrachtet.[337]

In § 10a SPolG wird die **Identitätsfeststellung durch DNA-Analyse** geregelt.[338] Absatz 1 soll § 88 StPO ergänzen, der bei einem strafprozessualen Anfangsverdacht eine DNA-Untersuchung unbekannter Toter ermöglicht. Um auch bei Naturkatastrophen oder Unglücksfällen eine Identifizierung herbeizuführen, darf die **Vollzugspolizei DNA-Material von vermissten Personen und unbekannten Toten sicherstellen** und eine molekulargenetische Untersuchung anordnen, wenn die Identitätsfeststellung auf andere Weise nicht möglich ist. Nach § 10a II SPolG dürfen Personen, die sich in einem erkennbar die freie Willensbestimmung ausschließenden Zustand oder sonst in hilfloser Lage befinden, körperlich untersucht werden, um DNA-Material sicherzustellen und molekulargenetisch zu analysieren. Weil mit den **Untersuchungen** ein körperlicher Eingriff verbunden ist, ist dafür eine **richterliche Anordnung** notwendig. Wegen des intensiven Grundrechtseingriffs bedarf es dafür einer auf den Einzelfall bezogenen Gerichtsentscheidung.[339] Die Entnahme von Blutproben und andere körperliche Eingriffe müssen **von einem Arzt** vorgenommen werden und dürfen ohne Einwilligung des Betroffenen nur erfolgen, wenn kein Nachteil für seine Gesundheit zu befürchten

104

---

334 OVG d. Saarl., Beschl. v. 7.8.2013 – 3 A 295/13, Rn. 39 – juris; VG d. Saarl., Beschl. v. 5.11.2018 – 6 L 1139/18, Rn. 21 ff. – juris; zur Möglichkeit erkennungsdienstlicher Maßnahmen nach § 81b Alt. 2 StPO trotz Freispruchs BVerwG, Beschl. v. 25.3.2019 – 6 B 163/18, u.a. Rn. 8 ff. – juris.
335 Eingehend zu den Erwägungen bei § 81b Alt. 2 StPO BVerwG, Beschl. v. 25.3.2019 – 6 B 163/18, u.a. Rn. 10 f. – juris; VG d. Saarl., Beschl. v. 5.11.2018 – 6 L 1139/18, Rn. 27 – juris.
336 VG Aachen, StRR 2007, 282 (Ls.); dazu auch VG Mainz, LKRZ 2011, 15, 16.
337 BVerwGE 31, 301, 306 f.; HessVGH, DVBl. 1996, 570; a.A. *Schenke*, POR, Rn. 131, 723 ff.
338 Vgl. *Hero*, Der genetische und der daktylische Fingerabdruck – eine vergleichende Analyse im Lichte des Rechts auf informationelle Selbstbestimmung, 2012, S. 250 ff.; s.a. *Guckelberger/Hero* LKRZ 2008, 161, 163.
339 Zu § 81g StPO BVerfG, NJW 2016, 2799, 2799 Rn. 10.

ist. In Absatz 3 wird der Umgang mit dem DNA-Identifizierungsmuster geregelt. Genetische Daten gehören nach dem Unionsrecht zu den besonders sensiblen Daten.

b) Befragung und Vorladung (§ 11 SPolG)

105 Die in § 11 I SPolG geregelte Befragung greift nur bei einer **verbindlichen Aufforderung** an eine Person, sich dieser auszusetzen. Davon ist die bloße Bitte um eine Auskunft ohne befehlenden Charakter zu unterscheiden, die sich noch innerhalb der Aufgabenzuweisungsnorm des § 1 II SPolG hält. Die Befugnis aus § 11 I SPolG setzt lediglich **Tatsachen** voraus, welche die **Annahme** rechtfertigen, dass die betreffende Person **sachdienliche Angaben zur Erfüllung der polizeilichen Aufgaben** machen kann. Dadurch wird der Anwendungsbereich dieser Vorschrift eingeschränkt, wonach grds. jede Person auskunftspflichtig sein kann. Zudem kann innerhalb der Ermessensausübung berücksichtigt werden, ob ein „Störer" vorhanden ist. Gem. **§ 11 I 2 SPolG** besteht eine **Auskunftspflicht** des Befragten nur, soweit die **Angaben zur Abwehr einer konkreten Gefahr erforderlich** sind. Durch den **Verweis auf § 136a StPO** wird verdeutlicht, dass auch im Bereich der Gefahrenabwehr Vernehmungsmethoden unzulässig sind, die einen Verstoß gegen die Würde des Menschen darstellen. Art. 104 I 2 GG sowie Art. 3 EMRK verbieten es der Polizei selbst in Extremsituationen, eine Person durch die Androhung oder Anwendung von Folter zur Preisgabe lebensrettender Informationen zu bewegen.[340] Der Betroffene braucht Fragen nicht zu beantworten, wenn sich dadurch für ihn oder einen Angehörigen i.S.d. § 52 StPO ergeben würde, wegen einer Straftat bzw. Ordnungswidrigkeit verfolgt zu werden. Außerdem sind die in §§ 53, 53a StPO genannten Personen nach Maßgabe dieser Normen zur Auskunftsverweigerung berechtigt.

106 Eine Vorladung kann gem. § 11 II SPolG erfolgen, wenn die Angaben der Person **zur Abwehr einer konkreten Gefahr** nötig sind *oder* dies **zur Durchführung erkennungsdienstlicher Maßnahmen**, z.B. damit von einer Person ein Lichtbild angefertigt werden kann, oder **zur Durchführung einer elektronischen Aufenthaltsüberwachung** erforderlich ist. Bei der Vorladung handelt es sich um das an eine Person in Form eines **Verwaltungsakts** gerichtete Gebot, zu einer bestimmten Zeit an einem bestimmten Ort zu erscheinen und für die Dauer der Angelegenheit dort zu verbleiben.[341] Eine Sonderregelung zur Begründung enthält § 11 III 1 SPolG, wonach bei der Vorladung deren Grund angegeben werden „soll". Es handelt sich um eine Soll-Vorschrift, von der Abweichungen aus Gründen des öffentl. Interesses in atypischen Fällen möglich sind.[342] Außerdem „soll" bei der Festsetzung auf den Beruf und die sonstigen Lebensverhältnisse des Betroffenen Rücksicht genommen werden (§ 11 III 2 SPolG). Dabei handelt es sich um eine besondere Ausgestaltung des Verhältnismäßigkeitsgrundsatzes, dessen Nichtbeachtung zur Rechtswidrigkeit der Maßnahme führt.

107 Wird die Vorladung ohne hinreichenden Grund nicht befolgt, kann sie gem. § 11 IV SPolG zwangsweise durchgesetzt werden, wenn die Angaben zur Abwehr einer Gefahr

---

340 *Guckelberger* VBlBW 2004, 121 ff.; s.a. EGMR, EuGRZ 2008, 466, 471 f.
341 OVG NRW, DVBl. 1982, 658.
342 LT-Drucks. 9/1929, S. 15.

für Leib, Leben oder Freiheit einer Person (Nr. 1) erforderlich sind. Die Vorführungsgründe sind hier enger als bei der Vorladung in § 11 II Nr. 1 SPolG gefasst. Eine zwangsweise Durchsetzung ist ferner zur Durchführung erkennungsdienstlicher Maßnahmen oder einer elektronischen Aufenthaltsüberwachung möglich (Nr. 2). Die Zwangsmittel sind den §§ 45 ff. SPolG zu entnehmen (→ Rn. 185 ff.). Dabei ist zu beachten, dass nach § 49 I 2 SPolG die Anwendung unmittelbaren Zwangs zur Abgabe einer Erklärung ausgeschlossen ist. Die Beschränkung des § 49 I 2 SPolG gilt aber nicht für die erkennungsdienstlichen Maßnahmen bzw. elektronische Aufenthaltsüberwachung, so dass bei diesen eine Vorführung erfolgen kann. Wird die Person im Zuge der zwangsweisen Durchsetzung nicht nur kurzfristig angehalten, ist gem. § 14 I SPolG grds. eine richterliche Entscheidung über die Zulässigkeit und Fortdauer der Freiheitsentziehung herbeizuführen (vgl. Art. 104 II GG).

c) Platzverweisung, Wohnungsverweisung, Aufenthaltsverbot, Kontaktverbot, Aufenthaltsgebot (§ 12 SPolG)

Die in § 12 I SPolG geregelte Platzverweisung ist zeitlich („vorübergehend") und räumlich („Ort") einschränkt. Die Norm ermächtigt die Polizei zur **Anweisung** an eine bestimmte Person, **einen Ort vorübergehend zu verlassen oder diesen nicht zu betreten**. Sie kann ihr jedoch nicht das Aufsuchen eines bestimmten Ortes vorschreiben. Die Platzverweisung darf nur zur Abwendung einer **konkreten Gefahr** erfolgen. Die Platzverweisung ist auf **vorübergehende**, d.h. kurzzeitige Maßnahmen beschränkt. Dies erklärt sich damit, dass längerfristige Maßnahmen, wie das in Abs. 3 geregelte Aufenthaltsverbot, eine andere Grundrechtsrelevanz haben (v.a. Eingriff in die Freizügigkeit des Art. 11 GG, Art. 9 SVerf). Deshalb ist eine Platzverweisung für einen Zeitraum von 18 Tagen nicht möglich.[343] Während ein Aufenthaltsverbot nach Abs. 3 auch für ein „Gebiet" angeordnet werden kann, erlaubt § 12 I 1 SPolG nur die Verweisung von einem Ort. Nach Meinung anderer OVGs soll damit aber keine Beschränkung auf ein Gebäude, eine Straße oder einen Platz verbunden sein, sondern kann die jew. Maßnahme auch einen darüber hinausgehenden Bereich betreffen.[344] Aus systematischen Gründen (s. Abs. 3) kann ein Ort jedoch nicht das gesamte Gemeindegebiet oder ein bestimmtes Gebiet innerhalb der Gemeinde umfassen.[345] Eine Platzverweisung kann z.B. angeordnet werden, wenn sich Menschen in einem Gebäude aufhalten und dort aufgefundene Kampfmittel entschärft werden müssen. Angesichts des Gesetzeswortlauts („eine Person") ist **umstritten**, ob die Maßnahme ohne Rücksicht auf gewisse Pflichtigkeiten ausgesprochen werden kann oder ob die §§ 4–6 SPolG ergänzend heranzuziehen sind.[346] Gegen Letzteres spricht, dass auch in § 12 II, III SPolG die Adressaten der Maßnahme benannt werden. Streitig ist auch die Deutung des § 12 I 2 SPolG, wonach die Platzverweisung insb. gegen Personen angeordnet werden kann, die den Einsatz der Feuerwehr oder der Hilfs- und Rettungsdienste behindern. Während teilweise angenommen wird, es handele sich dabei um eine lex

108

---

[343] VG Potsdam, Beschl. v. 7.9.2004 – 3 L 865/04 – juris; s.a. *Trurnit* VBlBW 2009, 205, 206 f.
[344] OVG Nds., NdsVBl. 2020, 86 ff.; OVG NRW, DVBl. 2022, 538, 542.
[345] S.a. OVG NRW, DVBl. 2022, 538, 542 f.
[346] Für eine Heranziehung der Verantwortlichkeitsnormen *Mandelartz/Sauer/Strube*, SPolG, § 12 Rn. 9; SächsOVG, Urt. v. 19.5.2016 – 3 A 194/15, Rn. 27 – juris; dagegen *Kingreen/Poscher*, POR, § 15 Rn. 16.

specialis gegenüber § 12 I 1 SPolG, weshalb allein eine Behinderung der Feuerwehr oder Hilfs- und Rettungsdienste und nicht eine konkrete Gefahr geprüft werden müsse,[347] entnehmen andere dem Wort „insbesondere", dass es sich bei Satz 2 lediglich um ein Regelbeispiel mit den gleichen Voraussetzungen wie in Satz 1 handelt.[348] Ausgehend vom Gesetzeswortlaut enthält die Vorschrift vor allem eine besondere Adressatenregelung.[349]

109 Zur Verbesserung des polizeilichen Schutzes bei häuslicher Gewalt wurde in § 12 II SPolG eine spezielle Regelung zur **Wohnungsverweisung** aufgenommen. Zur Abwehr einer **Gefahr für Leib, Leben oder Freiheit eines Mitbewohners** kann die *Vollzugspolizei* die **Person, von der die Gefahr ausgeht,** aus der Wohnung und dem unmittelbar angrenzenden Bereich verweisen und ihr die Rückkehr untersagen. In besonders begründeten Fällen können diese Maßnahmen auf Wohn- und Nebenräume beschränkt werden. Dahinter steht die Erwägung, dass der in § 19 I 2 SPolG legaldefinierte Begriff der Wohnung weit gefasst ist und im Hinblick auf die Grundrechte der betroffenen Person, z.B. Art. 12 GG, eine Herausnahme der Betriebs- und Arbeitsräume geboten sein kann. Der Umfang der polizeilichen Maßnahmen ist im Einzelfall nach den Erfordernissen eines wirksamen Schutzes zu bestimmen und genau zu bezeichnen.[350]

110 Hinsichtlich der Dauer des Rückkehrverbots hat sich der Gesetzgeber für ein zweistufiges Verfahren entschieden. Wohnungsverweisung und Rückkehrverbot enden mit Ablauf des zehnten Tages nach ihrer Anordnung, sofern nicht im Einzelfall ein kürzerer Zeitraum festgesetzt wird. Wird ein Antrag auf zivilrechtlichen Schutz gestellt, kann die Maßnahme um zehn Tage verlängert werden, so dass das polizeiliche Rückkehrverbot **maximal zwanzig Tage** betragen kann. Die Wohnungsverweisung wurde nur als kurzfristige Überbrückungsmaßnahme konzipiert, um der Polizeibehörde in Fällen häuslicher Gewalt eine erste Krisenintervention zu ermöglichen und Opfern bereits vor bzw. bis zur Erreichbarkeit zivilrechtlichen Schutzes beizustehen.[351] Die Wohnungsverweisung stellt einen *Dauerverwaltungsakt* dar. Deshalb ist sie von der verfügenden Stelle während ihrer Wirkungsdauer unter Kontrolle zu halten und es ist neuen Gesichtspunkten Rechnung zu tragen.[352] Wie an der gesetzlichen Ausgestaltung deutlich wird, führt allein der Umstand, dass die zu schützende Person zivilgerichtlichen Schutz nach dem Gewaltschutzgesetz in Anspruch nehmen kann, nicht zur Unverhältnismäßigkeit der Maßnahme, weil sich das Opfer oft in einer Ausnahmesituation befindet und sich in Ruhe über sein weiteres Vorgehen klar werden soll.[353] Die Wohnungsverweisung und das Rückkehrverbot enden in jedem Fall mit dem Tag der gerichtlichen Entscheidung. § 12 II SPolG greift u.a. in das Grundrecht auf Freizügigkeit (Art. 11 GG) und die Unverletzlichkeit der Wohnung (Art. 13 GG) ein, was aber angesichts der Verhinderung künftiger Gewaltanwendung sowie des Schutzes von

---

347 S.a. *Waechter*, BeckOK PolR Nds, § 17 NPOG Rn. 33; Böhm/Mayer DÖV 2017, 325, 329.
348 *Ogorek*, in: BeckOK PolG NRW, § 34 Rn. 12.
349 *Dietlein/Hellermann*, ÖR NRW, § 3 Rn. 161; *Leggereit*, in: Fischer/ders./Sommer, POR Hessen, Kap. K Rn. 96.
350 LT-Drucks. 12/1070, S. 8.
351 VG Karlsruhe, FF 2008, 123.
352 *Guckelberger* JA 2011, 1, 3 m.w.N.; OVG NRW, NJW 2015, 1468, 1469.
353 VG d. Saarl., Beschl. v. 15.12.2004 – 6 F 125/04 – juris.

Leib, Leben und Freiheit gerechtfertigt ist.[354] Äußerst umstritten ist, ob die Polizei eine Person auch aus der Wohnung verweisen darf, wenn sich das gefährdete Opfer dagegen ausspricht. Die nordrhein-westfälischen Verwaltungsgerichte messen einem derartigen Einverständnis geringe Bedeutung zu, da sich die gefährdete Person nach dem Willen des Gesetzgebers in Ruhe über ihre Situation klar werden soll und der staatliche Schutzauftrag für Leib und Leben (Art. 2 II 1 GG) vorrangig sei.[355] Richtigerweise finden auch hier die Maßstäbe der Selbstgefährdung (→ Rn. 36) Anwendung.

§ 12 III SPolG gestattet es der Polizei, ein **Aufenthaltsverbot** auszusprechen. Bei dieser Maßnahme wird einer Person verboten, einen **bestimmten Ort**, ein **bestimmtes Gebiet innerhalb einer Gemeinde** oder ein **Gemeindegebiet** zu betreten oder sich dort aufzuhalten. Voraussetzung ist, dass **Tatsachen die Annahme rechtfertigen, dass diese Person** in dem erfassten Bereich („**dort**") Straftaten – Ordnungswidrigkeiten genügen also nicht – **begehen wird**. Die Maßnahme greift bereits im Vorfeld einer konkreten Gefahr. Bei Tatsachen handelt es sich um objektiv nachvollziehbare Gegebenheiten, die mit einer gewissen Wahrscheinlichkeit erwarten lassen, dass der Betroffene gerade im Bereich des Aufenthaltsverbots straffällig wird.[356] Daran fehlt es bei reinen Vermutungen.[357] Nach den Gesetzesmaterialien eignet sich eine solche Maßnahme besonders zur Bekämpfung offener Drogenszenen und zum Schutz von Veranstaltungen – etwa Volksfesten und Sportveranstaltungen – vor gewaltbereiten Personen.[358] Richtigerweise ergibt sich der Adressat des Aufenthaltsverbots direkt aus § 12 III SPolG.[359] Das Verbot ist **zeitlich und örtlich** auf den zur Verhütung der Straftat erforderlichen Umfang zu beschränken (§ 12 III 2 SPolG). Es ist anhand der **Umstände des Einzelfalls** zu entscheiden, wann der zur Verhütung der Straftat erforderliche **Zeitrahmen** erschöpft ist. Das Aufenthaltsverbot darf räumlich nicht den Zugang zur Wohnung der betroffenen Person umfassen (§ 12 III 3 SPolG). In begründeten Fällen können Ausnahmen vom Aufenthaltsverbot zugelassen werden (§ 12 III 4 SPolG), z.B. um den Hausarzt aufzusuchen oder an die Arbeitsstätte zu gelangen. Alle in § 12 I–III SPolG genannten Maßnahmen stehen im **Ermessen** der Polizeibehörde. Möglicherweise ergibt sich **aus den Grundrechten eine Ermessensreduzierung auf Null**, etwa wenn einer Gefahr für Leib und Leben zu begegnen ist (Art. 2 II 1 GG). Stets ist auf die **Verhältnismäßigkeit** der Anordnungen[360] zu achten.

Am 31.12.2020 trat § 12 IV SPolG zum **Kontaktverbot und Aufenthaltsgebot** in Kraft. Bei einem Kontaktverbot wird einer Person verboten, zu einer **bestimmten Person** oder zu **Angehörigen einer bestimmten Gruppe** den Kontakt zu suchen oder auf-

---

354 LT-Drucks. 12/1070, S. 8; VG Koblenz, LKRZ 2007, 115; VGH Bad.-Württ., NJW 2005, 88, 89.
355 VG Aachen, Streit 2010, 137, 138; VG Köln, Urt. v. 7.10.2010 – 20 K 8652/09 – juris; mit Nachw. zum Schrifttum *Guckelberger* JA 2011, 1, 6. Zur Frage, ob eine Wohnungsverweisung bei freiwilligem Verlassen der Wohnung durch das Opfer verfügt werden kann, *Guckelberger/Gard* NJW 2014, 2822 ff.
356 VG Koblenz, LKRZ 2007, 115.
357 VG Freiburg, Urt. v. 25.9.2015 – 4 K 35/15, Rn. 66 – juris.
358 LT-Drucks. 12/1070, S. 9.
359 *Kingreen/Poscher*, POR, § 15 Rn. 16.
360 → Rn. 160. Dazu, dass nicht stets ein Grundrechtseingriff in Art. 11 Abs. 1 GG gegeben ist, OVG NRW, Urt. v. 7.12.2021 – 5 A 2000/20, Rn. 54 ff. – juris.

zunehmen (§ 12 IV 1 Nr. 1 SPolG). Bei dem Aufenthaltsgebot wird einer Person verboten, ein **bestimmtes Gebiet** zu verlassen (§ 12 IV 1 Nr. 2 SPolG). Wegen des damit einhergehenden Grundrechtseingriffs in das allg. Persönlichkeitsrecht (Art. 2 I i.V.m. Art. 1 I GG) oder die Freizügigkeit (Art. 11 GG bei Deutschen, sonst Art. 2 I GG)[361] wird diese auf die Vollzugspolizei beschränkte Befugnis in Satz 1 vom Vorliegen einer konkreten Gefahr für Leib, Leben oder Freiheit einer Person abhängig gemacht. Satz 2 lässt eine solche Maßnahme sodann auch im Gefahrenvorfeld zu. Danach sind solche Maßnahmen auch zulässig, wenn Nr. 1 bestimmte Tatsachen die Annahme rechtfertigen, dass eine Person innerhalb eines übersehbaren Zeitraums auf eine zumindest ihrer Art nach konkretisierte Weise eine Straftat nach § 100a I Nr. 1 i.V.m. § 100a II StPO in der jew. geltenden Fassung begehen wird, oder Nr. 2 das individuelle Verhalten dieser Person die konkrete Wahrscheinlichkeit dafür begründet, dass sie innerhalb eines übersehbaren Zeitraums eine in § 129a I, II StGB in der jew. geltenden Fassung bezeichnete Straftat begehen wird. Mit dieser Ausgestaltung wird an die **BVerfG-Rspr. zur Vorverlagerung** von polizeilichen Befugnissen angeknüpft, die daher bei der **Auslegung zu berücksichtigen** ist (→ Rn. 97). Derartige dynamische Verweisungen des Landesgesetzgebers auf Bundesrecht sind insb. vor dem Hintergrund des Demokratieprinzips nicht unproblematisch.[362] Nach einer Entscheidung des SVerfGH betreffend § 35 SPolDVG ist an eine dynamische Verweisung insb. dann zu denken, wenn der Inhalt der Verweisungsnormen trotz denkbarer zukünftiger Änderungen im Wesentlichen feststeht, etwa weil er sich auf ein von Bund und Ländern im Wesentlichen gleich ausgestaltetes, fest umrissenes Rechtsinstitut bezieht, oder der Landesgesetzgeber die weitere Entwicklung des betreffenden Bundesrechts hinreichend abschätzen kann.[363] Ob durch den Bezug auf schwere bzw. terroristische Straftaten eine solche thematisch enge Begrenzung bewirkt wird, ist äußerst fraglich. Um auf der sicheren Seite zu stehen, sollte der Gesetzgeber de lege ferenda eine statische Verweisung vorsehen. Die Anordnung ist auf „höchstens drei Monate" zu befristen und kann auf Antrag bei Fortbestehen der Voraussetzungen bis zu drei Monate verlängert werden (§ 12 IV 4, 5 SPolG). Aus Gründen des Grundrechtsschutzes[364] bedürfen derartige Maßnahmen der **richterlichen Anordnung** und es gilt § 20 I 2, 3 SPolG entsprechend (§ 12 IV 3 SPolG). Bei Gefahr im Verzug kann die Anordnung auch durch die Behördenleitung oder einen beauftragen Amtswalter erfolgen, tritt aber ohne richterliche Bestätigung nach drei Tagen außer Kraft (§ 12 IV 7 SPolG). Da oft gleichzeitig eine Wohnungsverweisung und ein Kontaktverbot ausgesprochen werden, darf dieses sozusagen aus Gründen des Gleichklangs[365] auch durch Vollzugspolizeibeamte angeordnet werden. In diesem Fall gilt § 12 II 4–6 SPolG entsprechend (§ 12 IV 8 Hs. 2 SPolG). Wegen des Charakters der Wohnungsverweisung als vorläufige Maßnahme ist laut den Materialien ein Abweichen vom generellen Richtervorbehalt vertretbar.[366] Die Einhaltung des Aufent-

---

361 *Zenner* SRZ 2021, 81, 88.
362 S.a. *Zenner* SRZ 2021, 81, 88 f.
363 SVerfGH, Beschl. v. 22.4.2022 – Lv 1/21, unter C II 2. Wohl etwas großzügiger BVerfG, Urt. v. 26.4.2022 – 1 BvR 1619/17, Rn. 385 – juris.
364 LT-Drucks. 16/1180, S. 60.
365 LT-Drucks. 16/1180, S. 60.
366 LT-Drucks. 16/1180, S. 60.

haltsgebots bzw. Kontaktverbots kann nach Maßgabe des § 38 SPolDVG elektronisch überwacht werden.[367]

d) Gewahrsam (§ 13 SPolG)

Beim Gewahrsam stellt der Entzug der Freiheit selbst das eigentliche Mittel der Gefahrenabwehr dar. Unter Ingewahrsamnahme versteht man jedes Festhalten an einem eng umgrenzten Ort, durch welches die Fortbewegungsfreiheit einer Person nicht nur kurzfristig beschränkt wird.[368] Weil es sich bei der Freiheit der Person (Art. 2 II 2 GG, Art. 3 SVerf) um ein besonders hohes Rechtsgut handelt, darf in dieses Grundrecht nur aus einem besonders wichtigen Grund eingegriffen werden.[369] In § 13 I Nr. 1 SPolG wird der sog. Schutzgewahrsam geregelt. Danach darf die Vollzugspolizei eine Person in Gewahrsam nehmen, wenn dies zum Schutz der Person gegen eine konkrete Gefahr[370] für Leib oder Leben erforderlich ist, insb. weil sie sich erkennbar in einem die freie Willensbestimmung ausschließenden Zustand oder sonst in hilfloser Lage befindet oder sich töten will (zur Selbsttötung → Rn. 36). Man denke an einen Volltrunkenen, der von einer acht Meter hohen Brücke in die Saar springen will. Nach den Gesetzesmaterialien gilt diese Regelung nicht für den Schutzgewahrsam „auf eigenes Verlangen", weil es sich hierbei um keinen Eingriff i.S.d. Art. 104 II GG handelt.[371]

§ 13 I Nr. 2 SPolG lässt den Gewahrsam zu, wenn er unerlässlich ist, um a) die unmittelbar bevorstehende Begehung oder Fortsetzung einer Straftat oder einer Ordnungswidrigkeit von erheblicher Bedeutung für die Allgemeinheit zu verhindern (**Sicherungs- oder Präventivgewahrsam**). Das Merkmal der „erheblichen Bedeutung" wird dabei nur bei den Ordnungswidrigkeiten,[372] nicht aber bei den Straftaten relevant.[373] Eine Tat steht unmittelbar bevor, wenn die Einwirkung des schädigenden Ereignisses bereits begonnen hat oder in allernächster Zeit mit an Sicherheit grenzender Wahrscheinlichkeit zu erwarten ist.[374] Diese enge Auslegung ergibt sich aus der Grundrechtsintensität der Maßnahme.[375] Anhaltspunkte für die Begehung einer solchen Tat können sich z.B. aus dem Mitführen von Waffen, Werkzeugen oder sonstigen Gegenständen, die ersichtlich zur Tatbegehung bestimmt sind oder erfahrungsgemäß dabei verwendet werden oder aus früheren Ermittlungs- oder Strafverfahren ergeben.[376] Die „Unerlässlichkeit" ist nur gegeben, wenn der Vollzugspolizei keine milderen Mittel zur effektiven Gefahrenabwehr zur Verfügung stehen.[377] Weil Deutschland Vertragspartei der EMRK ist, die infolge des Zustimmungsgesetzes in Deutschland den Rang eines Bundesgesetzes hat, muss § 13 I Nr. 2 lit. a SPolG in **Einklang mit Art. 5 EMRK**

---

367 LT-Drucks. 16/1180, S. 60.
368 *Ruder/Pöltl*, PolR BW, § 11 Rn. 173 ff.; BayObLG, BayVBl. 2008, 219, 220.
369 BVerfG, EuGRZ 2016, 311, 313; s.a. OVG Nds., NordÖR 2020, 96, 98.
370 S. dazu OVG d. Saarl., LKRZ 2009, 420, 421.
371 LT-Drucks. 9/1929, S. 16.
372 S. dazu OVG d. Saarl., LKRZ 2009, 420, 422; *Mandelartz/Sauer/Strube*, SPolG, § 13 Rn. 17.
373 OVG d. Saarl., LKRZ 2009, 420, 422.
374 OLG Braunschweig, NVwZ-RR 2021, 573, 574 Rn. 47; zum Begriff auch OVG Nds., NordÖR 2020, 96, 98; nicht ganz sauber, da auf eine konkrete Gefahr i.S.d. § 8 Abs. 1 SPolG abstellend, VG d. Saarl., Urt. v. 17.6.2020 – 6 K 1147/18, Rn. 29 – juris.
375 OVG Nds., NordÖR 2020, 96, 98.
376 OVG Nds., NordÖR 2020, 96, 99.
377 VG d. Saarl., ZfS 1996, 117, 118.

ausgelegt werden. Die dort garantierte Freiheit der Person darf nur aus den in Art. 5 I 2 EMRK abschließend aufgezählten Gründen eingeschränkt werden.[378] Nach dem EGMR kommt zur Rechtfertigung eines präventiven Gewahrsams zur Verhinderung einer Straftat nicht Art. 5 I 2 lit. c EMRK in Betracht, sondern nur lit. b „zur Erzwingung der Erfüllung einer gesetzlichen Verpflichtung".[379] Um den Einzelnen vor willkürlichen Freiheitsentziehungen zu schützen, wird diese Anforderung eng ausgelegt: Die Straftat, um die es geht, muss bereits hinreichend bestimmt sein; des Weiteren muss sich der Betroffene unwillig gezeigt haben, diese zu unterlassen.[380] Ort und Zeit der bevorstehenden Tatbegehung sowie das potenzielle Opfer müssen hinreichend konkretisiert sein. Außerdem muss der Betroffene, nachdem er auf die zu unterlassende Handlung hingewiesen wurde, eindeutige und aktive Schritte unternehmen, aus welchen sich schließen lässt, dass er der konkretisierten Verpflichtung nicht nachkommen wird.[381] Daraus ergibt sich auch, dass beim Sicherungsgewahrsam die Begehung der Straftat bzw. Ordnungswidrigkeit von erheblicher Bedeutung gerade durch die Person drohen muss, die in Gewahrsam genommen werden soll. Drohen strafbare Handlungen aus einer Gruppe heraus, rechtfertigt dies nicht ohne Weiteres den Schluss, dass jedes Mitglied von ihnen derartige Handlungen begehen wird.[382] Präventive Eingriffe in die Freiheit der Person, die nicht dem Schuldausgleich dienen, sind nach der Rechtsprechung nur zum Schutz hochwertiger Rechtsgüter unter strikter Beachtung des Grundsatzes der Verhältnismäßigkeit zulässig.[383]

114a Der mit Wirkung zum 31.12.2020 eingefügte § 13 I Nr. 2 lit. b-d SPolG ermöglicht eine Ingewahrsamnahme zur Durchsetzung bestimmter Maßnahmen. Die Vollzugspolizei kann eine solche vornehmen, wenn sie unerlässlich für die Durchsetzung einer Platzverweisung nach § 12 I SPolG, einer Wohnungsverweisung nach § 12 II SPolG oder eines Aufenthaltsverbots nach § 12 III SPolG ist. Mit dieser Erweiterung der Gewahrsamsgründe wurde Forderungen aus der Praxis entsprochen, die dabei auf die Rechtslage in der Mehrzahl der anderen Bundesländer verwiesen.[384] Zuvor standen für die Durchsetzung von Maßnahmen nach § 12 I–III SPolG nur das Zwangsgeld und der unmittelbare Zwang zur Verfügung. In Konstellationen, in denen sich die Störer kurz danach wieder an den Ort des Geschehens begeben würden, war somit eine Durchsetzung der angeordneten Maßnahmen bislang nicht möglich.[385] Aus dem Erfordernis der „Unerlässlichkeit" ergibt sich, dass der Durchsetzungsgewahrsam ultima ratio und nur zulässig ist, „wenn weniger eingriffsintensive polizeiliche Maßnahmen die konkrete Gefahr nicht zu beseitigen vermögen".[386] Da nur von der Durchsetzung bestimmter polizeilicher Maßnahmen die Rede ist, deutet der Gesetzeswortlaut als solcher darauf hin, dass – wie allg. bei der Vollstreckung – die jew. polizeiliche Maß-

---

378 BVerfG, EuGRZ 2016, 311, 314; s.a. *Guckelberger* Jura 2015, 926, 932.
379 EGMR, EuGRZ 2013, 489, 497; dazu auch *Guckelberger* Jura 2015, 926, 932.
380 EGMR, EuGRZ 2013, 489, 498; dazu auch *Guckelberger* Jura 2015, 926, 932.
381 EGMR, EuGRZ 2013, 489, 498; s.a. *Guckelberger* Jura 2015, 926, 932.
382 OVG Bremen, NVwZ 2001, 221, 222; zur Notwendigkeit der einschränkenden Auslegung hins. Ort und Zeit der Straftat EGMR, NVwZ 2012, 1089 ff.; OVG Schl.-H., NordÖR 2020, 96, 99.
383 BVerfG, NVwZ 2016, 1079 Rn. 25.
384 LT-Drucks. 16/1459, S. 6.
385 LT-Drucks. 16/1459, S. 6.
386 LT-Drucks. 16/1459, S. 6.

nahme nur wirksam sein muss, also nicht nichtig sein darf. Stimmen im Schrifttum wollen jedoch aus der „rechtmäßigen gerichtlichen Anordnung" in Art. 5 I 2 lit. b EMRK ein solches Rechtmäßigkeitserfordernis herleiten.[387] Ein Streitentscheid erübrigt sich nur im Falle einer Bejahung der Rechtmäßigkeit der Verfügung.

Nach § 13 II SPolG kann die Vollzugspolizei **Minderjährige, die sich der Obhut ihrer Sorgeberechtigten entzogen haben**, in Gewahrsam nehmen. § 13 III SPolG bezieht sich auf Personen, die aus dem Vollzug von Untersuchungshaft (§§ 112 ff. StPO), Freiheitsstrafen oder freiheitsentziehenden Maßregeln entwichen sind oder sich sonst ohne Erlaubnis außerhalb der Justizvollzugsanstalt aufhalten. 114b

Aus verfassungsrechtlichen Gründen (Art. 104 II GG) hat die Vollzugspolizei bei Maßnahmen nach § 13 SPolG unverzüglich eine richterliche Entscheidung über die Zulässigkeit und Fortdauer der Freiheitsentziehung einzuholen (§ 14 I 1 SPolG) und zwar unabhängig davon, ob der Betroffene eine solche richterliche Entscheidung „wünscht".[388] Nach Art. 104 II 2 GG bedarf eine Freiheitsentziehung grds. der **vorherigen richterlichen Anordnung**.[389] Eine **nachträgliche Einholung** reicht nur aus, wenn ansonsten der mit der Freiheitsentziehung verfolgte zulässige Zweck nicht erreicht werden könnte.[390] „Unverzüglich" bedeutet, dass die richterliche Entscheidung ohne jede Verzögerung, die sich nicht aus sachlichen Gründen rechtfertigen lässt, nachgeholt werden muss.[391] Nicht vermeidbar sind z.B. Verzögerungen, die sich aus der Länge des Weges, aus Schwierigkeiten beim Transport oder einem renitenten Verhalten des Festgenommenen ergeben.[392] Wird gegen das Gebot der unverzüglichen Herbeiführung einer richterlichen Entscheidung verstoßen, führt dies zur Rechtswidrigkeit der Ingewahrsamnahme.[393] Von der Herbeiführung der richterlichen Entscheidung darf nur ausnahmsweise abgesehen werden, wenn anzunehmen ist, dass diese erst nach Wegfall des Grundes für die Maßnahme ergehen würde.[394] Dazu ist ein auf konkrete Tatsachen gestützter prognostischer Vergleich der zu erwartenden Dauer des Gewahrsams mit der voraussichtlichen Zeit für die Herbeiführung einer richterlichen Entscheidung durch die Polizei vorzunehmen.[395] In § 15 SPolG werden die Rechte bei Freiheitsentziehung geregelt und in § 16 SPolG wird die Dauer der Freiheitsentziehung begrenzt. Da es sich bei der Ingewahrsamnahme um eine der einschneidensten polizeilichen Maßnahmen handelt, die nicht nur mit einer Beschränkung der Freiheit, sondern einem Freiheitsentzug einhergeht, ist bei der Anwendung der Vorschrift, insb. auf der Rechtsfolgenseite, bei der Prüfung der Erforderlichkeit bzw. der Möglichkeit des 115

---

387 *Thiel*, POR, § 10 Rn. 139.
388 OLG Braunschweig, NVwZ-RR 2021, 573, 577 Rn. 74.
389 BVerfG, EuGRZ 2016, 311, 313.
390 BVerfG, EuGRZ 2016, 311, 313.
391 BVerfGE 105, 239, 249; BVerfG, EuGRZ 2016, 311, 313; EGMR, NVwZ 2006, 797, 799.
392 BVerfG, EuGRZ 2016, 311, 313.
393 VGH Bad.-Württ., DVBl. 2011, 626, 627.
394 Etwa, wenn der Einzelne zu einer Zeit seine Freiheit wiedererlangt, in der kein richterlicher Bereitschaftsdienst zur Nachtzeit besteht, s. VG d. Saarl., Urt. v. 17.6.2020 – 6 K 1147/18, Rn. 36 – juris.
395 VGH Bad.-Württ., Urt. v. 18.11.2021 – 1 S 803/19, Rn. 75 – juris.

Einsatzes geeigneter, milderer Mittel ein strenger Maßstab anzulegen.[396] Art. 1 I GG und Art. 3 EMRK begründen eine Schutzpflicht des Staates zur menschenwürdigen Behandlung einer in Gewahrsam genommenen Person, zu der unter Beachtung der internationalen Mindeststandards auch die Ermöglichung eines Toilettengangs gehört.[397]

116 Beim **Verbringungsgewahrsam** wird eine Person in einem Polizeifahrzeug an einen entlegenen Ort gebracht, von wo sie jedenfalls in absehbarer Zeit ohne erheblichen Aufwand nicht mehr an ihren Ausgangspunkt zurückkehren kann (die Maßnahme wird z.B. gegenüber Angehörigen der Drogenszene oder Randalierenden angewendet).[398] Zum Teil wird diese Verbringung als Minus gegenüber der gewöhnlichen Ingewahrsamnahme qualifiziert.[399] Dem steht jedoch entgegen, dass das Verbringen einer Person an einen anderen Ort, um sie dort sich selbst zu überlassen, gegenüber dem vom Gesetzgeber geregelten Gewahrsam einen anderen Charakter hat. Weil der polizeiliche Gewahrsam nach § 13 SPolG detailliert ausgestaltet und mit dem Verbringungsgewahrsam eine andere Belastungswirkung verbunden ist – man möchte letztendlich, dass sich die betroffene Person örtlich neu orientiert –, wird man richtigerweise eine Analogie zu dieser Norm verneinen müssen. Als Ermächtigungsgrundlage für derartige Verbringungen bleibt somit die Generalklausel (§ 8 I SPolG) übrig.[400] Der Rekurs auf diese Norm dürfte jedoch daran scheitern, dass der Gesetzgeber mit § 13 SPolG eine abschließende Regelung getroffen hat, wie man auch an den Absätzen 2 und 3 sieht, in welchen zugleich das Zurückbringen zu einer bestimmten Stelle geregelt wird.[401]

e) Durchsuchen und Untersuchen von Personen (§§ 17, 17a SPolG)

117 In § 17 SPolG wird die *Durch*suchung von Personen geregelt. Durch diese polizeiliche Maßnahme sollen Gegenstände aufgefunden werden, welche eine Person in ihrer am **Körper** getragenen Kleidung, am **Körper** selbst oder in ohne Weiteres zugänglichen **Körperöffnungen** (Mund, Nase, Ohren) mit sich führt. Dagegen wird von dieser Ermächtigungsnorm die Nachschau nach Gegenständen im Körperinneren sowie in nicht ohne Weiteres zugänglichen Körperöffnungen nicht erfasst (s. dazu § 17a SPolG).[402] Für die Vornahme einer Untersuchung im Falle von § 9 II 1 Nr. 5 SPolG (Identitätsfeststellung) ist erforderlich, dass eine solche rechtmäßig vorgenommen werden darf. Ist dies nicht der Fall, indiziert die Rechtswidrigkeit zugleich die Durchsuchungsbefugnis.[403] Als Beispiel für eine Durchsuchung sei das Abtasten eines Fußballfans auf Leucht- und Signalmunition genannt. Die Durchsuchung wird **regelmäßig**

---

396 BVerfG, EuGRZ 2016, 311, 313; VGH Bad.-Württ., DVBl. 2011, 626. Zur Bedeutung der Verhältnismäßigkeit bei der Dauer der Freiheitsentziehung und daher eine Verfassungswidrigkeit der diesbzgl. Regelung im PolG NRW verneinend, BGH, NStZ-RR 2021, 226, 228.
397 VGH Bad.-Württ., Urt. v. 20.1.2020 – 1 S 1724/20, Rn. 29 ff. – juris.
398 VG Karlsruhe, Urt. v. 10.12.2018 – 1 K 6428/16, Rn. 60 – juris.
399 *Kingreen/Poscher*, POR, § 16 Rn. 5.
400 BayObLG, NVwZ 1990, 194, 196.
401 Wie hier auch *Haus/Wohlfarth*, POR, Rn. 252; *Kugelmann*, POR, 6. Kap. Rn. 58 ff.; ablehnend ggü. dem Verbringungsgewahrsam BVerwG, NVwZ 1988, 250; s.a. *Trurnit* VBlBW 2009, 205, 209.
402 OVG d. Saarl., LKRZ 2008, 102; s.a. BayVGH, NVwZ-RR 1999, 310.
403 S.a. BVerwG, Beschl. v. 21.1.2019 – 6 B 120/18, Rn. 23 – juris.

einen Gefahrerforschungseingriff (→ Rn. 49) darstellen. Denn vor ihrer Durchführung wird in vielen Fällen nicht mit Gewissheit feststehen, dass die jew. Person tatsächlich sicherstellungsfähige Sachen mit sich führt. Für die Vornahme der Durchsuchung kann deshalb keine Gewissheit über das Vorliegen einer Gefahrenlage verlangt werden. Andererseits kann eine solche Maßnahme nicht allein aufgrund der Möglichkeit des Mitführens sicherstellungsfähiger Gegenstände ohne jegliche objektiv nachvollziehbare Einschätzungen vorgenommen werden. Es bedarf vielmehr einer **aus einer hinreichend objektivierbaren Tatsachenbasis abgeleiteten Wahrscheinlichkeit der befürchteten Rechtsgutbedrohung sowie einer Nähe** der von der Durchsuchung betroffenen Person zu dieser Bedrohung.[404] Des Weiteren ist eine Durchsuchung möglich, wenn sich eine Person in einem die freie Willensbestimmung ausschließenden Zustand oder sonst in erkennbar hilfloser Lage befindet. Schließlich gestattet § 17 II SPolG die Durchsuchung einer Person nach Waffen, anderen gefährlichen Werkzeugen und Explosivmitteln, wenn deren Identität aufgrund Gesetzes festgestellt werden soll oder sie aufgrund Gesetzes festgehalten werden darf. Voraussetzung ist, dass dies „nach den Umständen" zum Schutz des Polizeibeamten oder eines Dritten gegen eine Gefahr für Leib oder Leben erforderlich ist.

Sind die Voraussetzungen nach § 17 I, II SPolG gegeben, entscheidet die Polizei nach ihrem **Ermessen** über die Vornahme einer Durchsuchung. Dazu gehört zunächst das Entschließungsermessen hinsichtlich des „Ob-überhaupt". Hat sich die Polizei zu einer Durchsuchung entschlossen, muss sie darüber hinaus darauf achten, dass sie ihr Ermessen hinsichtlich der Art und Weise der Durchführung der Durchsuchung pflichtgemäß ausübt (§ 3 I SPolG, § 40 SVwVfG). Insb. ist auf die **Verhältnismäßigkeit** (→ Rn. 160) zu achten. Bevor eine Person entkleidet wird, ist deshalb zu prüfen, ob nicht die Nachschau in den Kleidungsstücken oder das Abtasten des bekleideten Körpers zur Gefahrenabwehr ausreicht. Diese Frage stellt sich insb., wenn die Durchsuchungsmaßnahme aller Voraussicht nach eine ganze Reihe von Personen trifft, bei denen sich letztlich ihre Eigenschaft als Nichtstörer herausstellt. In solchen Fällen kann angesichts des schwerwiegenden Eingriffs in ihr Persönlichkeitsrecht zur Wahrung der Verhältnismäßigkeit ein Entkleiden nur gefordert werden, wenn und soweit ein Abtasten kein eindeutiges Ergebnis erwarten lässt. Ein danach gerechtfertigtes Entkleiden darf i.d.R. allenfalls bis zur Unterwäsche erfolgen und ein Freilegen des Intimbereichs nur ausnahmsweise unter besonderen Umständen – etwa bei auffälligen Reaktionen der durchsuchten Person oder bei besonderer Beschaffenheit der Unterwäsche – unter größtmöglicher Schonung der Intimsphäre vorgenommen werden.[405] Im Hinblick auf die Menschenwürdegarantie (Art. 1 I GG, Art. 1 SVerf) dürfen Personen grds. nur von Personen gleichen Geschlechts oder Ärzten durchsucht werden. Etwas anderes gilt, wenn eine sofortige Durchsuchung zum Schutz gegen eine Gefahr für Leib oder Leben erforderlich ist (§ 17 III SPolG).

Nach § 17a SPolG darf die *Vollzugs*polizei zur Abwehr einer *gegenwärtigen* Gefahr für Leib oder Leben eine Person körperlich *unter*suchen. Um in einer Situation, in der

118

119

---

404 OVG d. Saarl., LKRZ 2008, 102, 104.
405 OVG d. Saarl., LKRZ 2008, 102, 105; s.a.VG Köln, Urt. v. 25.11.2015 – 20 K 2624/14, Rn. 118 ff. – juris.

z.B. ein Polizeibeamter von einem Täter gebissen oder von einem Rauschgiftsüchtigen mit einer Spritze verletzt wurde, bald Aufschluss über etwaige Gesundheitsgefährdungen des Verletzten, z.B. durch Hepatitis C oder HIV, zu erhalten und ggf. Gegenmaßnahmen einleiten zu können, wurden die Voraussetzungen für eine schnelle körperliche Untersuchung der Kontaktperson geschaffen.[406] Die Untersuchung deckt die **Entnahme von Blutproben und andere körperliche Eingriffe** ab, die von einem **Arzt** vorzunehmen sind. Verweigert der davon Betroffene seine Einwilligung, sind derartige Eingriffe nur zulässig, wenn **kein Nachteil für seine Gesundheit** zu befürchten ist. Die Untersuchung bedarf der **richterlichen Anordnung**. Bei **Gefahr im Verzug** darf sie auch durch die Behördenleitung oder einen von ihr beauftragten Beamten erfolgen. Dann ist jedoch unverzüglich eine richterliche Entscheidung nachzuholen. Wie man an den Tatbestandsmerkmalen sieht, darf eine Untersuchung nur bei einem tatsächlich begründeten Infektionsverdacht erfolgen.

f) Durchsuchen von Sachen und Wohnungen (§§ 18–20 SPolG)

120 § 18 I SPolG verleiht der Polizei die Befugnis zur **Durchsuchung von Sachen**. Da im nachfolgenden § 19 SPolG das Betreten und die Durchsuchung von Wohnungen geregelt werden, können Wohnungen nicht als Sache i.S.d. § 18 SPolG interpretiert werden. § 18 SPolG erfasst die Durchsuchung beweglicher Sachen, wie eines Kfz, von Behältnissen (z.B. Handtasche, Koffer, Schrank, Container) sowie von unbewohnten Gebäuden. Unter einer Durchsuchung versteht man das **ziel- und zweckgerichtete Suchen staatlicher Organe, um etwas aufzuspüren, was eine Person nicht von sich aus preisgeben will**.[407]

121 Die Durchsuchung einer Sache kommt zum einen in Betracht, wenn sie von einer Person mitgeführt wird, die ihrerseits nach § 17 SPolG durchsucht werden darf. Insoweit müssen inzident die Rechtmäßigkeitsanforderungen dieser Befugnis geprüft werden. Zum anderen dürfen Sachen durchsucht werden, wenn Tatsachen die Annahme rechtfertigen, dass sich in ihnen eine hilflose Person befindet oder eine andere Sache, die sichergestellt werden darf. Man denke etwa an eine Bombe in einem Koffer. Außerdem darf die Vollzugspolizei so vorgehen, wenn Tatsachen die Annahme rechtfertigen, dass sich in der zu durchsuchenden Sache eine Person befindet, die widerrechtlich festgehalten wird oder in Gewahrsam genommen werden darf. Im Interesse des Betroffenen sowie zum Schutz der Polizei vor ungerechtfertigten Vorwürfen steht dem Inhaber der tatsächlichen Gewalt das Recht zu, bei der Durchsuchung der Sache anwesend zu sein (§ 18 II 1 SPolG). Bei seiner Abwesenheit „soll" sein Vertreter oder ein anderer Zeuge hinzugezogen werden. Auf Verlangen des Inhabers der tatsächlichen Gewalt ist eine Bescheinigung über die Durchsuchung und ihren Grund zu erteilen. Zugleich ergibt sich daraus, dass die Inhaber der tatsächlichen Gewalt die primären Adressaten solcher Maßnahmen sind. Aus Gründen der Spezialität kann sich eine solche nach die-

---

406 LT-Drucks. 13/1313, S. 17; *Guckelberger/Hero* LKRZ 2008, 161, 163 ff.
407 BVerwG, NJW 2005, 454, 455.

ser Vorschrift aber auch gegen andere Personen richten, ohne dass die Voraussetzungen des § 6 SPolG vorliegen müssen.[408]

Wegen Art. 13 GG und Art. 16 SVerf gelten strenge Anforderungen für das Betreten und Durchsuchen von Wohnungen. Unter **Wohnung** versteht man jede zur Stätte privaten Lebens und Wirkens gemachte Räumlichkeit.[409] Gem. § 19 I 2 SPolG umfasst die Wohnung die Wohn- und Nebenräume (z.B. Keller und Böden), aber auch Arbeits-, Betriebs- und Geschäftsräume sowie anderes befriedetes Besitztum. Deshalb fällt auch die Grundstücksfläche zwischen einem Haus und dem Gehweg unter den Wohnungsbegriff, sofern sie z.B. durch einen Zaun mit Gartentür oder durch eine Hecke abgegrenzt ist. **Betreten** ist das körperliche Eindringen in die Wohnung. Bei der **Durchsuchung** werden in den Räumen Handlungen mit der Absicht vorgenommen, etwas nicht klar zutage Liegendes, vielleicht Verborgenes aufzudecken oder ein Geheimnis zu lüften. Die beim Betreten einer Wohnung unvermeidliche Kenntnisnahme von Personen, Sachen und Zuständen in der Wohnung ist keine Durchsuchung.[410] 122

Ohne Einwilligung des **Wohnungsinhabers** darf die Polizei die Wohnung betreten und durchsuchen, wenn Tatsachen die Annahme rechtfertigen, dass sich in ihr eine Person befindet, die nach § 11 IV SPolG vorgeführt oder nach § 13 SPolG in Gewahrsam genommen werden darf (Nr. 1). Des Weiteren wird das Betreten und Durchsuchen gestattet, wenn Tatsachen die Annahme rechtfertigen, dass sich in ihr eine nach § 21 Nr. 1 SPolG sicherstellungsfähige Sache befindet (Nr. 2), oder eine solche Maßnahme zur Abwehr einer gegenwärtigen (→ Rn. 56) Gefahr für Leib, Leben oder Freiheit einer Person oder für Sachen von bedeutendem Wert erforderlich ist (Nr. 3). Da nach § 5 I 2 SPolG die für Sachen geltenden Bestimmungen auf Tiere entsprechende Anwendung finden, kann es auch insoweit zu Durchsuchungen kommen.[411] Bei Nr. 3 ist es unerheblich, ob die Gefahr ihren Grund in der Beschaffenheit der Wohnung selbst oder anderweitige Ursprünge hat. So kann die Polizei eine Wohnung zur Positionierung eines Scharfschützen betreten, um auf eine Geiselnahme in einer gegenüberliegenden Bank reagieren zu können. Es reicht aus, wenn ein Durchsuchungsgrund vorliegt. In einem Fall, in dem eine Person ihren Revolver nachts geladen unter dem Bett verwahrt und zuvor andere Personen mit der Schusswaffe bedroht hatte, bejahte das VG d. Saarl. sowohl das Vorliegen des § 19 I 1 Nr. 2 als auch Nr. 3 SPolG.[412] 123

Im Falle des § 19 I 1 Nr. 3 SPolG ist es der Polizei gestattet, die Wohnung **auch zur Nachtzeit** (§ 104 III StPO) zu betreten und zu durchsuchen, § 19 II SPolG. Diese Vorschrift berücksichtigt, dass nächtliche Durchsuchungen von Verfassungs wegen wegen des Schutzes der Nachtruhe und der damit verbundenen besonderen Privatsphäre nur ausnahmsweise zulässig sind.[413] Ansonsten ist ein **jederzeitiges Betreten** zur Abwehr 124

---

408 *Kingreen/Poscher*, POR, § 17 Rn. 18; *Siegel*, ÖR Berl., § 3 Rn. 221; a.A. *Fischer*, in: ders./Leggereit/Sommer, POR Hessen, Kap. H Rn. 103 f.; Kap. J Rn. 38 (richtiger Adressat immer der Inhaber der tatsächlichen Gewalt über die Sache) zu § 37 HSOG.
409 S. dazu *Ziekow/Guckelberger* (→ Fn. 188), Art. 13 Rn. 36 ff.
410 BVerwG, NJW 2005, 454, 455.
411 OLG d. Saarl., Urt. v. 26.11.2015 – 4 U 19/15, Rn. 44 – juris.
412 VG d. Saarl., Urt. v. 6.8.2020 – 1 K 392/18, Rn. 87 ff. – juris.
413 BVerfGE 151, 67, 89 f. Rn. 61.

„dringender Gefahren" zulässig (§ 19 III SPolG). Eine dringende Gefahr liegt vor, wenn eine Sachlage oder ein Verhalten bei ungehindertem Ablauf des objektiven Geschehens mit hinreichender Wahrscheinlichkeit ein wichtiges Rechtsgut schädigen wird.[414] Weiterhin muss aufgrund tatsächlicher Anhaltspunkte anzunehmen sein, dass in der Wohnung Personen Straftaten verabreden, vorbereiten oder verüben oder sich in ihr Straftäter verbergen (Nr. 1) oder die Wohnungen der Prostitution dienen (Nr. 2). Im Unterschied zu § 19 II SPolG enthält Absatz 3 nur eine Ermächtigung zum Betreten der Wohnung.

125 Nach dem BVerfG stellen **Betretungs- und Besichtigungsrechte von Betriebs- und Geschäftsräumen** keinen Eingriff i.s.d. Art. 13 VII GG dar und werden deshalb an Art. 2 I GG und dem Verhältnismäßigkeitsgrundsatz gemessen.[415] Aus diesem Grund ordnet § 19 IV SPolG an, dass Arbeits-, Betriebs- und Geschäftsräume sowie andere Räume und Grundstücke, die der Öffentlichkeit zugänglich sind oder waren und den Anwesenden zum weiteren Aufenthalt zur Verfügung stehen, bspw. eine Teestube, angesichts ihres geringeren Schutzbedürfnisses zur Gefahrenabwehr während der Arbeits-, Geschäfts- oder Aufenthaltszeit betreten werden dürfen. Zu beachten ist, dass nur das Betreten geregelt wird und für diese Maßnahme keine konkrete Gefahr vorzuliegen braucht.[416] Aus Gründen der Verhältnismäßigkeit wird ein Betreten derartiger Räumlichkeiten davon abhängig gemacht, dass die mit dieser Polizeimaßnahme verfolgten Belange das Interesse des Inhabers des Hausrechts überwiegen.[417] Zum Teil wird in verfassungskonformer Auslegung der Betretungsregelungen verlangt, dass zum Kontrollzeitpunkt hinreichend präzise und aktuelle Lageerkenntnisse vorhanden sind, dass gerade die zu betretenden Räumlichkeiten ein Ort sind, an dem sich die abzuwehrenden Gefahren in nicht allzu ferner Zukunft ereignen können.[418]

126 Als **Adressat** einer Wohnungsdurchsuchung kommt der in § 19 I SPolG erwähnte Wohnungsinhaber in Betracht. Dieser Begriff ist im Lichte des Art. 13 I GG auszulegen. Die Grundrechtsträgerschaft hängt nicht von der Eigentumslage, sondern der Nutzung der Wohnung ab, wobei streitig ist, ob die Ausübung der tatsächlichen Gewalt i.S.d. Sachherrschaft über den Wohnraum auch berechtigt sein muss.[419] Weil nach Art. 13 II GG zur verstärkten Sicherung des Wohnungsgrundrechts Durchsuchungen grds. nur durch den Richter angeordnet werden dürfen, besteht für derartige Maßnahmen – also nicht das bloße Betreten – nach § 20 I SPolG ein **Richtervorbehalt**. Bei **Gefahr im Verzug** kann die Polizei selbst die Durchsuchung anordnen. Als Ausnahme ist dieses Merkmal eng auszulegen und nur dann anzunehmen, wenn bei Einholung der richterlichen Anordnung der Zweck der Maßnahme gefährdet würde.[420]

---

414 LT-Drucks. 9/1929, S. 22. Hins. des Merkmals der dringenden Gefahr in Art. 13 IV GG meint BVerfGE 156, 63 Rn. 229, dass diese nicht nur auf das Ausmaß, sondern auch die Wahrscheinlichkeit des Schadens Bezug nimmt.
415 BVerfG, NVwZ 2007, 1049, 1050; s.a. OVG NRW, JA 2009, 239 f. mit Anm. *Durner*; vgl. auch *Ziekow/ Guckelberger* (→ Fn. 188), Art. 13 Rn. 124 ff.
416 LT-Drucks. 9/1929, S. 22.
417 S.a. BVerwG, NJW 2005, 454, 456.
418 BVerwG, NJW 2005, 454, 456.
419 *Gornig*, in: v. Mangoldt/Klein/Starck GG, 7. Aufl. 2018, Art. 13 Rn. 27 ff.; *Kühne*, in: Sachs GG, 9. Aufl. 2021, Art. 13 Rn. 17 ff.; *Kunig/Berger*, in: v. Münch/Kunig GG, 7. Aufl. 2021, Art. 13 Rn. 20.
420 BVerfGE 151, 67, 87 f. Rn. 55; s.a. VG d. Saarl., Urt. v. 6.8.2020 – 1 K 392/18, Rn. 90 – juris.

In § 20 II–V SPolG wird die Position des Wohnungsinhabers durch verfahrensrechtliche Garantien (Anwesenheitsrecht, Informationsrecht, Niederschrift) abgesichert.

g) Sicherstellung von Sachen (§§ 21 ff. SPolG)

§ 21 SPolG über die Sicherstellung und § 22 SPolG über die Verwahrung bilden bei einer fallorientierten Betrachtung einen einheitlichen Vorgang. Denn für eine Sicherstellung ist charakteristisch, dass **gegen oder ohne den Willen des Eigentümers der polizeiliche Gewahrsam an einer Sache begründet** wird. Da das Wesen der Sicherstellung in der Gewahrsamsbegründung der sichergestellten Sache besteht, kann auf der Grundlage von § 21 SPolG keine Verfügung des Inhalts getroffen werden, dass der Betroffene ein bestimmtes Verfahren wie eine Veränderung der sichergestellten Sache, etwa die Entwicklung von Filmmaterial, durch die Polizei zu dulden hat.[421] Wie man an § 22 I SPolG sieht, setzt eine Sicherstellung nicht stets die Überführung der Sache in den polizeilichen Einwirkungsbereich voraus. Lässt die Beschaffenheit einer Sache eine Verwahrung nicht zu oder erscheint die Verwahrung bei der Polizei unzweckmäßig, ist sie auf andere geeignete Weise aufzubewahren oder zu sichern. Entscheidend ist allein der Ausschluss der rechtlichen Verfügungsmacht. Insb. bei der Sicherstellung von Kfz erlaubt es § 22 I 3 SPolG, die Verwahrung einem Dritten zu übertragen. **Umstritten** ist, ob das **Abschleppen eines verkehrswidrig geparkten Fahrzeugs als Sicherstellung** gedeutet werden kann. Zum Teil wird dies, wenn keine bloße Umsetzung vorliegt, wegen des Verwahrungsverhältnisses bejaht.[422] Da nach der wohl ü.M. der Wille der Polizei bei der Sicherstellung in erster Linie darauf gerichtet sein muss, die Sache in Verwahrung zu nehmen und andere von der Besitzmöglichkeit auszuschließen, spricht sie sich **gegen eine Sicherstellung** aus, wenn es der Polizei bei ihrer Maßnahme **nur auf das Entfernen des Fahrzeugs** von einer bestimmten Stelle ankommt.[423]

127

§ 21 SPolG regelt nur die **präventive Sicherstellung** von Sachen, also nicht die Beschlagnahme aus repressiven Gründen (Beschlagnahme ist nicht in § 74 StGB [Einziehung] geregelt, sondern in §§ 94, 98 StPO, § 21 III StVG).[424] Nach **Nr. 1** ist eine Sicherstellung möglich, **um eine gegenwärtige Gefahr** – also wenn die Einwirkung des schädigenden Ereignisses bereits begonnen hat oder unmittelbar oder in allernächster Zeit mit an Sicherheit grenzender Wahrscheinlichkeit bevorsteht – **abzuwehren**.[425] Die Gefahr kann sich dabei, wie bei aufgefundenen Kampfmitteln oder Flugblättern, die Beleidigungen enthalten,[426] aus der Sache selbst oder aus anderen Umständen ergeben, etwa wenn ein Megaphon für die Aufforderung zur Begehung von Straftaten verwendet werden soll.[427] Neben **beweglichen Sachen** können gem. § 5 I 2 SPolG auch Tiere sichergestellt werden.[428] **Bargeld** ist sicherstellungsfähig, wenn es zur Begehung

128

---

421 OVG d. Saarl., AS 29, 428, 434.
422 VG Münster, NWVBl. 2007, 242; *Pünder*, VwR BT, § 69 Rn. 280.
423 OVG Meckl.-Vorp., LKV 2006, 225, 226; OVG d. Saarl., NJW 1994, 878; *Haus/Wohlfarth*, POR, Rn. 627 f.
424 BayVGH, BayVBl. 2009, 432, 433.
425 OVG d. Saarl., AS 29, 428, 433; VG d. Saarl., Urt. v. 13.8.2015 – 6 K 867/14, Rn. 32 – juris; s.a. BayVGH, BayVBl. 2009, 432, 433.
426 VG d. Saarl., Urt. v. 13.8.2015 – 6 K 867/14, Rn. 34 – juris.
427 S.a. OVG Nds., NordÖR 2009, 403 f.; OVG Rh.-Pf., Beschl. v. 8.5.2015 – 7 B 10383/15, Rn. 10 ff. – juris.
428 S.a. OVG Rh.-Pf., Beschl. v. 8.5.2015 – 7 B 10383/15, Rn. 10 – juris.

von Straftaten verwendet werden soll, wobei ein hoher Grad der Schadensnähe und -gewissheit notwendig ist.[429] Die Sicherstellung von **Buchgeld**, also von **Geldforderungen**, wird kontrovers beurteilt. Das niedersächsische OVG bejahte eine Analogie aufgrund einer planwidrigen Regelungslücke.[430] Demgegenüber vertritt der BayVGH mit guten Argumenten, der bayerische Gesetzgeber habe die Sicherstellung bewusst auf körperliche Gegenstände beschränken wollen. Anders als in StPO, StGB und ZPO habe man im Polizeirecht aus Gründen einer effektiven Gefahrenabwehr der Polizei nicht schwierige Prüfungen aufbürden wollen.[431] Ferner wird argumentiert, dass bei Bankguthaben stets die Auszahlung des Geldes als Zwischenschritt notwendig sei, weshalb auch die Gegenwärtigkeit der Gefahr fehle.[432] Mangels Einschränkung des Gesetzeswortlauts wird eine Sicherstellung auch von **unbeweglichen Sachen** für möglich erachtet, etwa einer Gaststätte, um der gegenwärtigen Gefahr des dortigen Drogenhandels zu begegnen.[433] Allerdings wird für deren Verwertung aus verfassungsrechtlichen Gründen eine besondere Regelung für erforderlich erachtet; § 23 SPolG in seiner gegenwärtigen Ausgestaltung genügt dafür nicht.[434]

129 § 21 Nr. 2 SPolG enthält einen Anwendungsfall der Gefahrenabwehr **zum Schutz privater Rechte** i.S.d. § 1 III SPolG. Sie erlaubt die Sicherstellung einer Sache, um den Eigentümer oder Inhaber der tatsächlichen Gewalt vor ihrem Verlust oder ihrer Beschädigung zu bewahren. Da die Polizei den jew. Eigentümer im Augenblick der Sicherstellung nicht kennen muss, kann sie auf dieser Grundlage gestohlene Gegenstände sicherstellen. Allerdings muss angesichts der Eigentumsvermutung des § 1006 I 1 BGB eine hohe Wahrscheinlichkeit dafür bestehen, dass die sicherzustellende Sache – etwa Bargeld – nicht dem Besitzer gehört.[435] Da die Polizei bei der Sicherstellung einer Sache ausschließlich zum Schutz privaten Eigentums ähnlich wie bei der Geschäftsführung ohne Auftrag für den Berechtigten tätig wird, hält die Rspr. eine solche Sicherstellung zum Schutz privaten Eigentums nur dann für zulässig, wenn sie **dem Interesse und dem wirklichen oder – objektiv – mutmaßlichen Willen des Eigentümers entspricht**. Dies ist regelmäßig zu bejahen, wenn die Sicherstellung objektiv nützlich ist, also von einem besonnenen und vernünftigen Eigentümer als sachgerecht beurteilt worden wäre.[436] Beispielhaft sei nur die Sicherstellung eines Pkw mit offen stehendem Seitenfenster genannt, bei dem aufgrund seiner Platzierung eine erhöhte Diebstahlgefahr besteht. Anders ist die Lage bei einem Fahrzeug mit einem Totalschaden, bei dem bei lebensnaher Betrachtung kein Diebstahl zu befürchten ist.[437] Das VG d. Saarl. hat bei der Bergung eines Fahrzeugs aus der Saar ein Handeln im Interesse des Eigentümers bejaht, weil bei weiterem Verbleib der Pkw zunehmend beschädigt worden wäre oder

---

429 OVG Bremen, NJW 2016, 2901, 2903 Rn. 44; OVG NRW, Urt. v. 2.3.2021 – 5 A 942/19, Rn. 42 – juris.
430 OVG Nds., Urt. v. 21.11.2013 – 11 LA 135/13, Rn. 6 ff. – juris.
431 BayVGH, BayVBl. 2016, 808, 810, aber auf kompetenzrechtliche Erwägungen abstellend; s.a. *Pünder*, VwR BT, § 69 Rn. 277, der aber einen Rekurs auf die Generalklausel befürwortet.
432 VG Augsburg, Urt. v. 9.9.2014 – Au 1 K 13/1276, Rn. 26 ff. – juris.
433 VG Bremen, Beschl. v. 24.9.2020 – 2 V 1768/20, Rn. 15 ff. – juris.
434 OVG Rh.-Pf., NJW 2013, 184, 185.
435 OVG NRW, Beschl. v. 2.3.2021 – 5 A 942/19, Rn. 74 f. – juris.
436 BVerwG, BayVBl. 2000, 380, 381; SächsOVG, NJW 2016, 181, 182. Dazu, dass der Eigentümer der Polizei im Moment der Sicherstellung nicht bekannt sein muss, BayVGH, BayVBl. 2011, 312, 313.
437 VG Münster, VRR 2008, 3; dazu auch SächsOVG, NJW 2016, 181, 182.

gar sein gänzlicher Verlust drohte.[438] Soweit dies nicht eine effektive Gefahrenabwehr beeinträchtigt, ist bei § 21 Nr. 2 SPolG eine vorhergehende Benachrichtigung des Kfz-Halters oder jedenfalls deren Versuch erforderlich, damit dieser seine privaten Rechte selbst wahren kann.[439] Nr. 3 hat sowohl den **Schutz des Festgehaltenen** als auch die **Eigensicherung der Polizeibeamten** im Visier. Danach kann eine Sache, die von einer Person mitgeführt wird, die nach diesem oder einem anderen Gesetz festgehalten wird, sichergestellt werden, wenn die Sache dazu verwendet werden kann, um a) sich zu töten oder zu verletzen (etwa bei einer Nagelfeile oder einem Gürtel), b) Leben oder Gesundheit anderer zu schädigen, c) fremde Sachen zu beschädigen oder d) die Flucht zu ermöglichen oder zu erleichtern. Unter lit. d fallen auch Sachen wie Geld und Ausweispapiere.[440]

Die Sicherstellung steht im polizeilichen **Ermessen** und muss **verhältnismäßig** sein (§ 2 SPolG). Wird ein angetrunkener Fahrzeughalter vor einer Gastwirtschaft auf dem Weg zu seinem Pkw angetroffen, wird es i.d.R. zur Gefahrenabwehr genügen, wenn der Fahrzeugschlüssel, nicht aber der Pkw sichergestellt wird. Die **Rechtsnatur der Sicherstellung** ist **umstritten**. Teilweise wird in § 21 SPolG lediglich die Befugnis zur **Vornahme eines Realakts**, nämlich des tatsächlichen Ansichnehmens der Sache, erblickt.[441] Nach der wohl ü.M. enthält die Sicherstellung dagegen einen **Verwaltungsakt** i.S.d. § 35 S. 1 SVwVfG, durch welchen der Einzelne zur Herausgabe der Sache und zur Duldung der Begründung amtlichen Gewahrsams verpflichtet wird. Dafür spricht u.a., dass die Anordnung der Sicherstellung eine Ermessensentscheidung darstellt.[442] Fraglich ist, auf welchen Zeitpunkt die Gerichte bei der Beurteilung der Rechtmäßigkeit der Maßnahme abzustellen haben. Einigkeit herrscht, dass der für die Beurteilung **maßgebliche Zeitpunkt** der Sach- und Rechtslage dem materiellen Recht zu entnehmen ist.[443] Wegen der Eigenschaft der Sicherstellung als **Verwaltungsakt mit Dauerwirkung** wird teils vertreten, dass es auf die Sach- und Rechtslage im Zeitpunkt der gerichtlichen Entscheidung ankommen soll.[444] Sofern das Landesrecht jedoch so ausgestaltet ist, dass die Sache mit Wegfall der Sicherstellungsvoraussetzungen ohne Aufhebung der Sicherstellung herauszugeben ist, wird zunehmend vertreten, dass für die Beurteilung der Rechtmäßigkeit der Sicherstellung auf die Sach- und Rechtslage im Zeitpunkt ihres Erlasses abzustellen ist.[445] Eine solche Ausgestaltung findet sich auch in § 24 I 1 SPolG.

130

---

438 VG d. Saarl., ZfS 2000, 370, 371.
439 BayVGH, BayVBl. 2015, 238, 240; eher ablehnend gegenüber Ermittlungen des Eigentümers SächsOVG, Urt. v. 2.3.2017 – 3 A 531/16, Rn. 20, 23 – juris.
440 LT-Drucks. 9/1929, S. 23.
441 *Schmitt-Kammler* NWVBl. 1995, 166, 167.
442 BVerwG, NVwZ 2000, 63; OVG d. Saarl., AS 29, 428, 439; VG d. Saarl., Urt. v. 13.8.2015 – 6 K 867/14, Rn. 19 – juris.
443 BVerwG, Beschl. v. 16.12.2019 – 6 B 58/19, Rn. 6 – juris.
444 VGH Bad.-Württ., VBlBW 2019, 461, 462.
445 OVG Bremen, NordÖR 2019, 537, 540; s.a. OVG Rh.-Pf., NJW 2020, 860, 861 Rn. 26, wonach ausnahmsweise etwas anderes bei einem sofort vollziehbaren Verwaltungsakt bei Verwertung schon vor diesem Zeitpunkt gilt. S. zur hessischen Rechtslage im Unterschied zur baden-württembergischen auch die Ausführungen VGH Bad.-Württ., VBlBW 2019, 461, 462.

131 Eine sichergestellte Sache ist gem. § 22 SPolG grds. in Verwahrung zu nehmen, wobei dies auch einem Dritten übertragen werden kann. Dem Betroffenen ist eine **Bescheinigung** auszustellen, die den Grund der Sicherstellung erkennen lässt und die sichergestellten Sachen bezeichnet. Kann nach den Umständen des Falles eine Bescheinigung nicht ausgestellt werden, ist dies bei der Erstellung der Niederschrift über die Sicherstellung zu berücksichtigen. Bei Verwahrung einer sichergestellten Sache hat die Polizei „nach Möglichkeit" Wertminderungen vorzubeugen. Die verwahrten Sachen sind zu verzeichnen und so zu kennzeichnen, dass Verwechslungen vermieden werden. § 23 SPolG regelt, unter welchen Voraussetzungen eine sichergestellte Sache **verwertet**, d.h. wertmäßig in einen entsprechenden Geldbetrag umgesetzt, oder **unbrauchbar** gemacht bzw. **vernichtet** werden darf.[446] Zur Verwertung berechtigende unverhältnismäßig hohe Kosten der Verwahrung i.S.d. § 23 I Nr. 2 SPolG sind jedenfalls dann gegeben, wenn sie den Wert der Sache übersteigen.[447] Vor diesen einschneidenden Maßnahmen „sollen" Betroffene, Eigentümer sowie andere Personen, denen ein Recht an der Sache zusteht, gehört werden. Bei der Versteigerung von Tieren ist überdies das TierSchG im Auge zu behalten.[448]

132 Gem. § 24 I SPolG sind die sichergestellten Sachen, sobald die Voraussetzungen für die Sicherstellung weggefallen sind, an diejenige Person **herauszugeben**, bei der die Sicherstellung erfolgt ist.[449] Daraus ergibt sich indirekt, dass es sich bei der Sicherstellung um eine behördliche Maßnahme handelt, die während dieser Zeit einer ständigen Überprüfung durch die erlassende Behörde unterliegt und deshalb „unter Kontrolle" zu halten ist.[450] Inhaber des Anspruchs aus § 24 I 1 SPolG ist der letzte Gewahrsamsinhaber.[451] Für die ausnahmsweise zulässige Herausgabe an eine andere Person genügt nach § 24 I 2 SPolG die Glaubhaftmachung der Berechtigung. Aus dem hinter dieser Vorschrift stehenden Rechtsgedanken kann man auch für den in Satz 1 geregelten Herausgabeanspruch des von der Sicherstellung Betroffenen entnehmen, dass ihm ein Recht an der Sache zustehen muss, er den Besitz an der Sache mithin nicht durch eine Straftat erlangt haben darf.[452] Sind die Sachen verwertet worden, hat nach Absatz 2 eine Herausgabe des Erlöses, ggf. auch dessen Hinterlegung zu erfolgen. Nach § 24 III SPolG werden für die Sicherstellung, Verwahrung und Verwertung sowie Maßnahmen nach § 23 IV SPolG von den nach §§ 4, 5 SPolG Verantwortlichen **Kosten** erhoben (§ 90 SPolG). Die zivilrechtlichen Vorschriften zur Eintrittspflicht der Haftpflichtversicherung berühren nicht die öffentlich-rechtliche Kostenerstattungspflicht des Eigentümers als Zustandsstörer, sondern betreffen lediglich das Innenverhältnis zwischen die-

---

[446] Zu § 23 I Nr. 2 SPolG hinsichtlich der Unterbringung von Pferden OVG d. Saarl., LKRZ 2014, 427, 428.
[447] OVG Rh.-Pf., NJW 2020, 860, 861.
[448] OVG Rh.-Pf., Beschl. v. 4.2.2021 – 7 B 1157/20, Rn. 33 – juris.
[449] Dazu, dass es sich mangels vorgeschriebener Aufhebung des SicherstellungsVA beim Herausgabeanspruch um keinen Annex zur Anfechtungsklage i.S.d. § 113 I 2 VwGO handelt, OVG Bremen, NordÖR 2019, 537, 541.
[450] VGH Bad.-Württ., VBlBW 2001, 100, 101.
[451] OVG Bremen, NordÖR 2019, 537, 541.
[452] BayVGH, BayVBl. 2011, 312, 313. Zur Frage, ob ein Kfz nicht an den Gewahrsamsinhaber, sondern den Eigentümer herauszugeben ist, OVG d. Saarl., NJW 2016, 344 f. Allerdings ist das Erfordernis der Berechtigung streitig, dazu OVG Bremen, NordÖR 2019, 537, 541. S. zur Lage in Sachsen SächsOVG, Beschl. v. 6.12.2021 – 6 A 125/20, Rn. 12 – juris.

sem und der Haftpflichtversicherung.[453] Mehrere Verantwortliche haften als Gesamtschuldner (§ 421 BGB). Gem. § 24 III 3 SPolG kann die Herausgabe der Sache von der Zahlung der Kosten abhängig gemacht werden. Nach dem Gesetzeswortlaut des § 24 I 1 SPolG („weggefallen sind") hat der Herausgabeanspruch vor allem die Situationen im Blick, in denen die Sicherstellung der Gegenstände zunächst korrekt war. Unklar ist die Verortung des Herausgabeanspruchs, wenn die Sicherstellung des Gegenstands von vornherein nicht erfolgen durfte. Wegen der vergleichbaren Situation sprechen gute Argumente für eine analoge Anwendung des § 24 I SPolG. Aus rechtlichen Gründen darf in dieser Situation die Herausgabe nicht unter Verweis auf die entstandenen Verwahrungskosten abgelehnt werden. Beharrt man strikt auf dem Gesetzeswortlaut, ist der Herausgabeanspruch auf den öffentlich-rechtlichen Folgenbeseitigungsanspruch zu stützen.[454]

2. Befugnisse aus dem SPolDVG

Wie bereits erwähnt wurde (→ Rn. 91 f.), werden die Befugnisse der Polizei zur Verarbeitung personenbezogener Daten nunmehr schwerpunktmäßig im SPolDVG geregelt. Wegen der **Grundrechtsrelevanz** der Verarbeitung personenbezogener Daten (Art. 10, 13 GG, Recht auf informationelle Selbstbestimmung und auf Vertraulichkeit und Integrität informationstechnischer Systeme, Art. 2 I i.V.m. Art. 1 I GG und vergleichbarer Landesgrundrechte) sowie zur Umsetzung der **Richtlinie 2016/680/EU** wird die **Verarbeitung personenbezogener Daten** durch die Polizei i.S.d. § 1 I SPolG zum Zweck der Verhütung von Straftaten und Ordnungswidrigkeiten, einschließlich des Schutzes vor und der Abwehr von Gefahren für die öffentl. Sicherheit oder Ordnung nunmehr im **SPolDVG** geregelt. Zwar sind, wie § 1 II SPolDVG verdeutlicht, gewisse Befugnisse der Polizei, welche mit einer Verarbeitung personenbezogener Daten verbunden sind, weiterhin im SPolG verblieben, gem. § 25 SPolG müssen dann aber – mangels abweichender Regelung – zusätzlich die SPolDVG-Vorgaben beachtet werden. Wie die Ausgestaltung des § 1 I SPolDVG zeigt („zum Zweck der Verhütung", „zum Schutz vor ... Gefahren") enthält dieses Gesetz auch Vorschriften, die bereits im Vorfeld einer Gefahr einsetzen. Da der Landesgesetzgeber das SPolDVG allein in Wahrnehmung seiner Gesetzgebungskompetenz vornehmlich für das Polizeirecht erlassen wollte, ist das Merkmal „zur vorbeugenden Bekämpfung von Straftaten" etwa in § 35 I 1 Nr. 2 SPolDVG i.S.d. Gefahren-, nicht aber der Strafverfolgungsvorsorge zu verstehen.[455] Wichtige, im SPolDVG häufig verwendete Begriffe werden in § 2 legaldefiniert (z.B. § 2 I SPolDVG personenbezogene Daten, § 2 II SPolDVG Verarbeitung, § 2 V SPolDVG Pseudonymisierung und § 2 VI SPolDVG Anonymisierung). Die Grunddaten einer Person, die nach § 23 II 2 SPolDVG unter weniger strengen Voraussetzungen zur Identifizierung verarbeitet werden können, werden in § 2 XIX SPolDVG umschrieben. § 3 SPolDVG regelt allg. Grundsätze für die Verarbeitung personenbezogener Daten. Personenbezogene Daten sind nach § 3 III 1 SPolDVG grds. bei der betroffenen Person zu erheben.

---

453 VG d. Saarl., ZfS 2000, 370, 372.
454 So *Grupp/Stelkens*, Saarheim, Fall „Fahrrad weg!".
455 SVerfGH, Beschl. v. 22.4.2022 – 1 Lv 1/21 unter C II 1.

Dadurch erfährt diese von der Datenverarbeitung.[456] Derartige Daten sind *offen*, d.h. mit Wissen des Betroffenen zu erheben (§ 3 IV 1 SPolDVG). Ausnahmen sind nur zulässig, wenn die Erfüllung polizeilicher Aufgaben erheblich gefährdet würde, wenn anzunehmen ist, dass dies überwiegenden Interessen der betroffenen Person entspricht, oder auf Grundlage eines Gesetzes (Satz 2).

133a Es folgen Vorschriften zur Datenschutzkontrolle (§§ 4 ff. SPolDVG) sowie zu den Rechten der Betroffenen, etwa auf Benachrichtigung der betroffenen Person (§ 10 SPolDVG), auf Berichtigung und Löschung sowie Einschränkung der Datenverarbeitung (§ 12 SPolDVG) oder auf Schadensersatz (§ 16 SPolDVG). Der zweite Teil, also die §§ 17 ff. SPolDVG, enthält die Rechtsgrundlagen zur Datenverarbeitung. Aus § 17 SPolDVG ergibt sich, wessen Daten (unter welchen Voraussetzungen) verarbeitet werden dürfen. Der Kreis der erfassten Personen geht dabei über die in §§ 4 ff. SPolG genannten Personen hinaus, was im Anhörungsverfahren zum SPolDVG aus verfassungsrechtlichen Gründen kritisiert wurde.[457] Nach § 18 I SPolDVG darf die Polizei personenbezogene Daten über die in § 17 I Nr. 1–4 genannten Personen erheben, soweit das zur Abwehr einer Gefahr erforderlich ist, allerdings nur, sofern die §§ 28–42 SPolDVG die Erhebungsbefugnisse nicht besonders regeln. Gleiches gilt allerdings beschränkt auf die Vollzugspolizei gem. Absatz 2, soweit dies erfahrungsgemäß zur vorbeugenden Bekämpfung von Straftaten erforderlich ist und die Erhebungsbefugnisse in diesem Gesetz nicht besonders geregelt werden. Daran kann man den Stellenwert der besonderen Befugnisse erkennen. Letztere sind im Hinblick auf das Verfassungs- und Unionsrecht sehr detailliert geregelt. In der Fallbearbeitung sollte man sich die Besonderheiten im Vergleich zum gefahrenabwehrrechtlichen Grundmodell sowie die verfassungsrechtlichen Grundlagen samt den allg. Grundsätzen der Datenerhebung und -verarbeitung vergegenwärtigen.[458] § 18 III 1 SPolDVG ermächtigt die Polizei i.S.d. § 1 I SPolG zur Datenerhebung über die in § 17 I Nr. 5–8 genannten Personen, soweit das zur Vorbereitung auf die Hilfeleistung in Gefahrenabwehrfällen erforderlich ist. Schließlich sei noch auf § 19 SPolDVG zur Einwilligung hingewiesen.[459] Neben ganz neu eingeführten Befugnissen sind die Befugnisse aus den §§ 27 ff. SPolG a.F. teils mehr und teils weniger verändert ins SPolDVG überführt worden. So wurde die einst in § 37 SPolG geregelte Rasterfahndung nahezu unverändert in § 29 SPolDVG übernommen.[460] Die Befugnisse aus §§ 28 ff. SPolDVG sind gegenüber der datenverarbeitungsbezogenen Generalklausel in § 18 SPolDVG vorrangig.

a) Besondere Formen der Erhebung personenbezogener Daten (§ 31 ff. SPolDVG)

134 § 31 SPolDVG regelt besondere Formen der Erhebung personenbezogener Daten. Zu diesen besonderen Mitteln gehören nach Absatz 2 der verdeckte Einsatz technischer Mittel (Nr. 2), z.B. von Fotoapparaten und Videokameras sowie Geräten zum Abhören oder Aufzeichnen des gesprochenen Worts, der Einsatz von Vertrauenspersonen

---

456 LT-Drucks. 9/1929, S. 26.
457 *Zöller* (→ Fn. 40), S. 9 ff.
458 *Pünder*, VwR BT, § 69 Rn. 203.
459 Dazu *Zenner* SRZ 2021, 81, 91 f.
460 Zu den verfassungsrechtlichen Anforderungen an die Rasterfahndung BVerfGE 115, 320 ff.

(Nr. 3) oder verdeckten Ermittlern. Während **verdeckte Ermittler** unter einer **Legende agierende Polizeivollzugsbeamte** sind (Nr. 4), handelt es sich bei den **Vertrauenspersonen um Privatpersonen**, die dazu beauftragt werden, Informationen zu einem bestimmten Sachverhalt oder einer Person zu beschaffen.[461] Unter einer **Observation** (Nr. 1) versteht man die planmäßig angelegte offene oder verdeckte Beobachtung einer Person. Während die Polizei bei der verdeckten Beobachtung aus dem Verhalten der sich unbeobachtet fühlenden Person Informationen erhalten will, soll die offene Beobachtung v.a. der Sachverhaltserforschung im Vorfeld einer konkreten Gefahr für die in § 31 I SPolDVG genannten Güter dienen.[462] Die offene Beobachtung kann eine aus der Sicherungsverwahrung entlassene Person von der Begehung von Straftaten abhalten. Die in Anlehnung an § 28 SPolG a.F. entwickelte Regelung enthält in Nr. 5 eine Neuregelung zu sonstigen besonderen, für Observationszwecke bestimmten, technischen Mitteln zur Erforschung des Sachverhalts oder zur Bestimmung des Aufenthaltsortes von in § 17 II Nr. 1, 2 SPolDVG genannten Personen.[463] Wegen der **besonderen Eingriffsintensität längerfristiger Observationen**, die länger als 24 Stunden dauern oder an mehr als zwei Tagen stattfinden sollen, dürfen diese – soweit keine Gefahr im Verzug vorliegt – nur aufgrund **richterlicher Anordnung** vorgenommen werden (§ 31 III 1 Nr. 1 SPolDVG).[464] Die Anordnung ist ebenso wie der Einsatz technischer Mittel zur Standortfeststellung auf höchstens **sechs Monate zu befristen** (§ 31 III 2 Hs. 1 SPolDVG) und kann auf Antrag bei Fortbestehen der Voraussetzungen um bis zu jew. sechs Monate verlängert werden (§ 31 III 3 Hs. 1 SPolDVG).[465] Dabei ist die Menschenwürdegarantie aus Art. 1 I GG zu beachten. Staatliche Überwachungsmaßnahmen sind unzulässig, wenn sie sich über einen längeren Zeitraum erstrecken und dermaßen umfassend sind, dass nahezu lückenlos alle Bewegungen und Lebensäußerungen des Betroffenen registriert werden und zur Grundlage von Persönlichkeitsprofilen werden können.[466] In diesem Kontext ist auch das Verbot der Erhebung personenbezogener Daten in § 41 I 2 SPolDVG zu sehen, wenn tatsächliche Anhaltspunkte für die Annahme vorliegen, dass durch Maßnahmen nach § 31 II Nrn. 1, 2, 4 SPolDVG ausschließlich Erkenntnisse aus dem **Kernbereich privater Lebensgestaltung** erlangt würden (s. ferner § 41 II 6 Nr. 1 SPolDVG). Fraglich ist, ob die sechsmonatige Befristung der richterlichen Anordnung noch Sinn und Zweck des Richtervorbehalts erfüllen kann. In der Stellungnahme von *Brodowski* zur Vorläufernorm betonte dieser, dass eine richterliche Prognoseentscheidung verantwortungsvoll nur für einen überschaubaren Zeitraum vorgenommen werden kann und daher jedenfalls verfassungsrechtlich angreifbar ist.[467] Aus verfassungsrechtlichen Gründen wurde der verdeckte Einsatz technischer Mittel, bei dem durchgehend länger als 24 Stunden oder an mehr als zwei Tagen Bildaufzeichnungen bestimmter Personen angefertigt werden sollen,

---

461 Zu diesen Unterschieden aber bezogen auf den Verfassungsschutz BVerfG, Urt. v. 26.4.2022 – 1 BvR 1619/17, Rn. 337 ff. – juris.
462 LT-Drucks. 15/899, S. 25.
463 LT-Drucks. 16/1180, S. 73.
464 S. bezogen auf den Verfassungsschutz BVerfG, Urt. v. 26.4.2022 – 1 BvR 1619/17, Rn. 356 ff. – juris.
465 Dazu auch *Guckelberger/Kollmann* LKRZ 2015, 315, 317.
466 BVerfGE 156, 63, 123 Rn. 210.
467 Anhörung zu LT Drucks. 15/2093, IS 15/124, S. 5.

oder der Einsatz technischer Mittel zum Abhören und Aufzeichnen des gesprochenen Wortes (§ 31 III 1 Nr. 2 SPolDVG) sowie der Einsatz von Vertrauenspersonen und Informanten sowie verdeckten Ermittlern, bei denen sich der Einsatz gegen eine bestimmte Person richtet oder eine nicht allg. zugängliche Wohnung betreten wird (§ 31 III 1 Nr. 3 SPolDVG), ebenfalls dem grundsätzlichen Richtervorbehalt unterstellt.[468] Die Befristungsdauer dieser Maßnahmen beträgt höchstens drei Monate und kann bei Fortbestehen der Voraussetzungen jew. entsprechend verlängert werden (§ 31 III 2 Hs. 2, 3 Hs. 2 SPolDVG).

135 In **Absatz 1** werden die **Voraussetzungen** geregelt, unter denen eine Datenerhebung mit solchen Mitteln erfolgen darf. Die Maßnahmen dürfen sich lediglich auf die in § 17 II Nr. 1 und Nr. 2 SPolDVG genannten Personen beziehen. Die Datenerhebung darf nur erfolgen, soweit dies „zur vorbeugenden Bekämpfung" von **Verbrechen** erforderlich ist, wenn bestimmte Tatsachen die Annahme rechtfertigen, dass innerhalb eines übersehbaren Zeitraums auf eine zumindest ihrer Art nach konkretisierten Weise eine solche Straftat begangen werden soll (Satz 1 Nr. 1). Entsprechendes gilt für **andere Straftaten**, wenn die jew. Straftat gewerbsmäßig, gewohnheitsmäßig, von Banden oder Organisationen begangen werden soll (Satz 1 Nr. 2). Der Gesetzeswortlaut lässt Tatsachen genügen, die die Annahme eines bestimmten Geschehens rechtfertigen, während nach der BVerfG-Rspr. diese den Schluss auf ein solches zulassen müssen.[469] Obwohl das OVG d. Saarl. es 2013 als fernliegend angesehen hat, dass längerfristige Observationen angesichts ihrer Grundrechtsintensität bei jedem Verbrechen und den anderen in § 28 I SPolG a.F. genannten Straftaten erfolgen können, hat der Landesgesetzgeber den Straftatenkatalog unverändert gelassen.[470] Das BVerfG judizierte jedoch zu einer ähnlichen Regelung in § 20g BKAG a.F., dass das Eingriffsgewicht bei diesen besonderen Mitteln der Datenerhebung sehr unterschiedlich sein könne, manche tief in die Privatsphäre eindringen und so ein besonders schweres Eingriffsgewicht erlangen können. Deshalb sei die Begrenzung der Überwachungsmaßnahmen auf den Schutz hinreichend gewichtiger Rechtsgüter erforderlich.[471] Es ist daher überaus fraglich, ob diese Befugnis einer verfassungsgerichtlichen Prüfung noch standhalten wird,[472] zumal der Gesetzgeber nur in Satz 2 eine entsprechende Begrenzung vorge-

---

468 LT-Drucks. 16/1180, S. 74. Zur Notwendigkeit einer Vorabkontrolle bei V-Leuten und Vertrauensleuten beim Verfassungsschutz BVerfG, Urt. v. 26.4.2022 – 1 BvR 1619/17, Rn. 348, 361 – juris.
469 BVerfGE 155, 119, 187 f. Rn. 148; s. die Stellungnahme des Unabhängigen Datenschutzzentrums Saarland, S. 2.
470 OVG d. Saarl., Urt. v. 6.9.2013 – 3 A 13/13, Rn. 75 ff. – juris; s.a. *Guckelberger/Kollmann* LKRZ 2015, 315, 317. Dafür, dass der Gesetzgeber allerdings für Observationen durch den Verfassungsschutz je nach konkretem Eingriffsgewicht unterschiedlich strenge Eingriffsvoraussetzungen regeln kann und andernfalls die Regelung den Rechtfertigungsanforderungen für die schwerstmögliche Eingriff genügen muss, BVerfG, Urt. v. 26.4.2022 – 1 BvR 1619/17, Rn. 360 – juris.
471 BVerfGE 141, 220, 287 f. Rn. 151 ff. und Rn. 108, dass ein uneingeschränkter Sachschutz nicht für die drohende Gefahr genügt. Für eine Eingrenzung auf Straftaten von erheblicher Bedeutung *Pünder*, VwR BT, § 69 Rn. 236.
472 *Zenner* SRZ 2021, 81, 95. S. zur Vorlage einer etwas anders ausgestalteten nordrhein-westfälischen Regelung an das BVerwG: BVerwG, Beschl. v. 31.5.2022 – 6 C 2.20, in dem Rn. 34 meinte, dass schon die Bezugnahme auf sämtliche Verbrechen keine Rückschlüsse auf die Art der geschützten Rechtsgüter zulasse. Auch sei nicht zu erkennen, dass die zur Eingrenzung geforderte besondere Art und Weise der Begehung dieser Straftaten – die Gewerbs- oder Bandenmäßigkeit – Einfluss auf das Gewicht der geschützten Rechtsgüter habe.

nommen hat. Danach darf die Vollzugspolizei personenbezogene Daten über die in § 17 Abs. 2 Nr. 1 und Nr. 2 SPolDVG genannten Personen erheben, wenn das individuelle Verhalten einer solchen Person die konkrete Wahrscheinlichkeit dafür begründet, dass sie innerhalb eines übersehbaren Zeitraums eine in § 129a I, II StGB bezeichnete Straftat begehen wird, die dazu bestimmt ist, die Bevölkerung auf erhebliche Weise einzuschüchtern (Nr. 1), eine Behörde oder eine internationale Organisation rechtswidrig mit Gewalt oder durch Drohung mit Gewalt zu nötigen (Nr. 2) oder die politischen, verfassungsrechtlichen, wirtschaftlichen oder sozialen Grundstrukturen eines Staates oder einer internationalen Organisation zu beseitigen oder erheblich zu beeinträchtigen (Nr. 3). Die Erforschung des Sachverhalts muss nach § 31 I 3 SPolDVG ohne Gefährdung der Aufgabenerfüllung auf andere Weise aussichtslos sein. Außerdem darf die Maßnahme nicht außer Verhältnis zur Bedeutung des aufzuklärenden Sachverhalts stehen (§ 31 I 3 SPolDVG). Auf jeden Fall ist in besonderem Maße auf eine verfassungskonforme Anwendung der Vorschrift im Einzelfall zu achten.[473] Da der Gesetzgeber alle in § 31 II SPolDVG genannten Maßnahmen denselben materiellen Anforderungen in Abs. 1 unterstellt hat, können diese auch gebündelt zum Einsatz gelangen. Dann ist aber bei der Beurteilung der Verhältnismäßigkeit in besonderem Maße auf die mit der Bündelung einhergehende erhöhte Eingriffstiefe zu achten.[474] Die Unterrichtung der betroffenen Person aus Rechtsschutzgründen wird in § 10 SPolDVG abschließend geregelt.[475]

b) Offene Bild- und Tonaufzeichnungen (§ 32 SPolDVG)

§ 32 I 1 SPolDVG ermächtigt die Vollzugspolizei zu Maßnahmen im Vorfeld einer konkreten Gefahr. Diese Norm gestattet der *Vollzugs*polizei „bei oder im Zusammenhang" mit öffentl. Veranstaltungen oder Ansammlungen, z.B. einem Volksfest, einem Fußballspiel oder einem Popkonzert, durch die **Anfertigung von Bild- und Tonaufzeichnungen** offen personenbezogene Daten (§ 2 I SPolDVG) zu erheben.[476] Darunter fällt z.B. das Fotografieren und Filmen der Personen, nicht aber ihre bloße Beobachtung mit dem Auge oder einem Fernglas.[477] Laut einer Antwort auf eine Abgeordnetenanfrage stellt diese Vorschrift auch die Rechtsgrundlage für den Einsatz von Drohnen bei Fußballspielen im Saarland dar.[478] Voraussetzung ist, dass die Veranstaltungen und Ansammlungen ein **besonderes Gefährdungsrisiko** aufweisen. Dies ist nach Satz 2 anzunehmen, wenn aufgrund einer aktuellen Gefährdungsanalyse anzunehmen ist, dass Veranstaltungen und Ansammlungen vergleichbarer Art und Größe von terroristischen Anschlägen bedroht sind (Nr. 1). Laut den Materialien „muss sich ein signifikant erhöhtes Gefährdungsrisiko ergeben, das sich auf Tatsachen oder zumindest belastbare Informationen bzw. Erkenntnisse stützt".[479] § 32 I 2 Nr. 1 SPolDVG ist nach seinem Wortlaut sehr weit gehalten, da es reicht, wenn sich die Gefährdungsanalyse

136

---

473 *Guckelberger/Kollmann* LKRZ 2015, 315, 317.
474 BVerwG, Beschl. v. 31.5.2022 – 6 C 2.20, Rn. 20, 40 – juris.
475 LT-Drucks. 16/1180, S. 74.
476 Im Anwendungsbereich des VersG bestehen die Spezialvorschriften der §§ 12a, 19a VersG.
477 *Mandelartz/Sauer/Strube*, SPolG, § 27 Rn. 2.
478 LT-Drucks. 16/1938.
479 LT-Drucks. 16/1180, S. 74.

nicht auf die konkrete Veranstaltung und Ansammlung bezieht, sondern auf solche „vergleichbarer Art und Größe" und stieß daher während des Gesetzgebungsverfahrens auf verfassungsrechtliche Kritik.[480] Nach Nr. 2 besteht ein solches Risiko auch bei Veranstaltungen und Ansammlungen, bei denen aufgrund ihrer Art und Größe erfahrungsgemäß (!) erhebliche Gefahren für die öffentl. Sicherheit oder Ordnung entstehen können. Auch hier muss sich das Gefährdungsrisiko ausweislich der Materialien „aus konkreten, durch Tatsachen gestützten Erfahrungswerten ergeben".[481] Nr. 3 erlaubt derartige Aufzeichnungen ungeachtet von Art und Größe der Veranstaltungen und Ansammlungen bei tatsächlichen Anhaltspunkten dafür, dass Ordnungswidrigkeiten von erheblicher Bedeutung oder Straftaten begangen werden. Die notwendigen tatsächlichen Anhaltspunkte müssen dabei bei den Personen vorliegen, von denen die Aufzeichnungen gemacht werden sollen. Allein das abstrakte Wissen, dass bei gewissen Veranstaltungen Straftaten begangen werden, reicht für § 32 I 1 Nr. 3 SPolDVG nicht aus.[482] Die Aufzeichnungen müssen sich grds. auf diejenigen Personen beziehen, gegen die sich der Verdacht derartiger Taten richtet. Allerdings dürfen solche Maßnahmen auch durchgeführt werden, wenn von ihnen Dritte unvermeidbar betroffen werden (§ 32 I 3 SPolDVG). §§ 12a, 19a VersG bleiben unberührt.

137 § 32 II SPolDVG erlaubt **offene**[483] Bildaufzeichnungen an bestimmten Orten, worauf gem. § 32 V 1 SPolDVG durch **Schilder oder in sonstiger geeigneter Form** hinzuweisen ist. Die *Vollzugs*polizei kann offene Aufzeichnungen zum einen zur vorbeugenden Bekämpfung von Straftaten[484] an **öffentl. zugänglichen Orten** vornehmen, soweit an diesen Orten **wiederholt Straftaten der Straßenkriminalität** begangen worden sind und **Tatsachen die Annahme rechtfertigen**, dass dort auch künftig mit der Begehung derartiger Straftaten zu rechnen ist (Stichwort: Prognose), *oder* zur **Abwehr einer konkreten Gefahr für die öffentl. Sicherheit** (Nr. 1). Im Unterschied zur bisherigen Regelung in § 27 II SPolG a.F. wird nunmehr in Alt. 1 auch die Überwachung sog. Kriminalitätsschwerpunkte ohne konkreten Anlass ermöglicht. Durch die offene Bildaufzeichnung sollen potenzielle Straftäter von vornherein von der Begehung solcher Straftaten abgeschreckt werden, zumal die Aufzeichnungen, wie durch Absatz 6 sichtbar wird, später zur Straftatenverfolgung verwendet werden können. Außerdem kann die Beobachtung dazu führen, sich anbahnende Gefahrenlagen rechtzeitig zu erkennen und somit Personal gezielt vor Ort einzusetzen. Das OVG Hamb. entschied zu einer ähnlichen Landesregelung, dass aus verfassungsrechtlichen Gründen (Art. 13 I GG) unter „öffentlich zugänglichen Orten" nur öffentl. zugängliche Straßen, Wege und Plätze, nicht aber Gebäude(-teile) zu verstehen sind.[485] Straftaten der Straßenkriminalität sind solche, die in ihrer Tatphase ausschließlich oder überwiegend auf öffentl. Straßen, Plätzen

---

480 Zöller (→ Fn. 40), S. 18 f.
481 LT-Drucks. 16/1180, S. 74.
482 S.a. VG Sigmaringen, Beschl. v. 2.7.2004 – 3 K 1344/04 – juris.
483 Die Veröffentlichung der Kamerastandorte auf einer Internetseite genügt nicht, vgl. VG Hannover, DVP 2012, 128, 130.
484 Kritisch gegenüber diesem Merkmal Zöller (→ Fn. 40), S. 19, ob der Landesgesetzgeber im Hinblick auf die Regelung in § 100h StPO überhaupt regelungsbefugt ist, weshalb die Formulierung „zur Verhütung von Straftaten" vorzuziehen sei. Nach SVerfGH, Beschl. v. 22.4.2022 – Lv 1/21 unter C II 1, allerdings bezogen auf § 35 SPolDVG, ist dieses Merkmal i.S.d. Gefahrenvorsorge zu verstehen.
485 OVG Hamb., NordÖR 2010, 498, 502.

oder Wegen in einer visuell wahrnehmbaren Weise begangen werden.[486] Nach Nr. 2 können solche Aufzeichnungen in den in § 9 I Nr. 3 SPolG genannten Objekten oder deren unmittelbarer Nähe getätigt werden, soweit tatsächliche Anhaltspunkte die Annahme rechtfertigen, dass dort oder an oder in Objekten dieser Art Straftaten begangen werden sollen, durch die Personen oder diese Objekte gefährdet werden. Wie anhand des Merkmals der tatsächlichen Anhaltspunkte deutlich wird, muss einerseits keine Gewissheit hinsichtlich der Straftaten bestehen, andererseits genügen bloße Vermutungen, Spekulationen oder Hypothesen nicht. Es müssen vielmehr konkrete und hinreichend verdichtete Umstände für derartige Taten bestehen.[487] Die Anforderungen in § 32 II SPolDVG stellen sich als Einengung der Befugnis in örtlicher, sachlicher und zeitlicher Hinsicht dar und verhindern so eine flächendeckende Überwachung.

Die Verfassungsmäßigkeit der polizeilichen Regelungen zur Videoüberwachung wird in mehrfacher Hinsicht bezweifelt. Teilweise wird die **Kompetenz des Landesgesetzgebers** infrage gestellt. Die Norm dient einerseits der Gefahrenabwehr, denn von der Videoüberwachung geht sowohl ein Abschreckungseffekt als auch eine Stärkung des Sicherheitsgefühls der Bevölkerung (Art. 70 GG) aus. Andererseits dient sie auch der Strafverfolgungsvorsorge, weil die so erlangten Informationen später zur Aufklärung von Straftaten eingesetzt werden können. Die überwiegende Ansicht folgert aus dem zuletzt genannten Umstand, dass die Vorschriften insoweit kompetenzmäßig dem „gerichtlichen Verfahren" i.S.d. Art. 74 I Nr. 1 GG zuzuordnen sind und somit dem Bund die konkurrierende Gesetzgebung zusteht.[488] Zwar hat der Bund mit § 81b Alt. 2 und § 484 StPO Regelungen zur Videoüberwachung erlassen. Weil der Bund jedoch bislang die Videoüberwachung zur Strafverfolgungsvorsorge nicht abschließend geregelt hat (s. § 484 IV StPO), hindert dies die Länder nicht am Erlass entsprechender Befugnisse zum Zweck der Strafverfolgungsvorsorge.[489] Eine wie § 31 II SPolDVG ausgestaltete landesrechtliche Norm weist im Vergleich zu diesen Bestimmungen mit der dauerhaften Überwachung erhebliche tatbestandliche Besonderheiten und eine „substantiell abweichende polizeitaktische Zweckbestimmung" auf.[490] Darüber hinaus ist die Videoüberwachung problematisch, weil sie in das **Recht auf informationelle Selbstbestimmung (Art. 2 I i.V.m. Art. 1 I GG; Art. 2 S. 1 i.V.m. Art. 1 SVerf)** der Betroffenen **eingreift**. Denn durch die Aufzeichnung des gewonnenen Bildmaterials werden die beobachteten Lebensvorgänge technisch fixiert und können in der Folge abgerufen, aufbereitet, ausgewertet sowie mit anderen Daten verknüpft werden. Dieser **Eingriff entfällt nicht, weil Verhaltensweisen im öffentl. Raum erhoben** werden. Das allg. Persönlichkeitsrecht trägt auch dem Schutzinteresse desjenigen Rechnung, der sich in die Öffentlichkeit begibt. Selbst wenn die Betroffenen aufgrund einer entsprechenden Beschilderung wissen, dass sie aufgezeichnet werden, kann mit Blick auf die faktische Notwendigkeit, bestimmte Orte aufsuchen zu müssen, nicht von einem frei-

138

---

486 VG Köln, Beschl. v. 8.2.2021 – 20 L 2344/20, Rn. 35 – juris.
487 Bezogen auf den Verfassungsschutz BVerfG, Urt. v. 26.4.2022 – 1 BvR 1619/17, Rn. 189 – juris.
488 BVerfGE 113, 348, 370; 103, 21, 30; BVerwGE 141, 329, 336 f.; BVerwG, NJW 2006, 1225, 1226; *Schenke*, POR, Rn. 30; a.A. *Gärditz* (Fn. 20), S. 328, 331, 359, 429, der die konkurrierende Gesetzgebungskompetenz vom Vorliegen eines Anfangsverdachts abhängig macht.
489 BVerwGE 141, 329, 335 f.
490 BVerwGE 141, 329, 340.

willigen, einen Grundrechtseingriff ausschließenden Einverständnis ausgegangen werden (s. zu den Anforderungen an eine wirksame Einwilligung i.Ü. § 19 SPolDVG).[491] Nach st. Rspr. sind Einschränkungen des Rechts auf informationelle Selbstbestimmung im überwiegenden Allgemeininteresse möglich. Derartige Beschränkungen bedürfen einer verfassungsmäßigen gesetzlichen Grundlage, die einerseits dem **verfassungsrechtlichen Gebot der Normenklarheit** und andererseits dem **Grundsatz der Verhältnismäßigkeit** entsprechen muss.[492] Im Hinblick auf den Einschätzungsspielraum des Gesetzgebers hat die Rspr. keine Bedenken an der Geeignetheit derartiger polizeilicher Maßnahmen. Ebenso verhält es sich in Bezug auf die Erforderlichkeit. Angesichts der angespannten Haushaltslage und Personalsituation ist fraglich, ob sich ein Mehr an Polizeipräsenz überhaupt realisieren lässt und diese angesichts der technischen Möglichkeiten des Zoomens und Aufzeichnens gleichermaßen wirksam wäre.[493] Die einen tiefgreifenden Eingriff beinhaltende Überwachung des öffentl. Straßenraums ist nur angemessen, wenn sich die Überwachung auf sog. Kriminalitätsschwerpunkte beschränkt.[494] Zu beachten ist auch, dass die Eingriffsschwere durch die zusätzliche Möglichkeit der Speicherung der Daten verstärkt wird und nur dann dem Verhältnismäßigkeitsgrundsatz genügt, wenn die Aufbewahrungsfrist der Bearbeitungs- bzw. Auswertungszeit des Datenvolumens entspricht.[495] Demzufolge hält es das BVerfG nicht für ausgeschlossen, „dass eine Videoüberwachung öffentl. Einrichtungen mit Aufzeichnung des gewonnenen Bildmaterials auf der Grundlage einer hinreichend bestimmten und normenklaren Ermächtigungsgrundlage materiell verfassungsgemäß sein kann, wenn für sie ein hinreichender Anlass besteht und Überwachung sowie Aufzeichnung insb. in räumlicher und zeitlicher Hinsicht und im Hinblick auf die Möglichkeit der Auswertung der Daten das Übermaßverbot wahren".[496] Eine flächendeckende Videoüberwachung lässt sich keinesfalls verfassungsrechtlich rechtfertigen.[497]

139 Will der Einzelne vor dem VG gegen eine Videoüberwachung vorgehen, stellt sich vor allem die Frage nach dem statthaften Rechtsbehelf. Es ist zu klären, ob die Überwachung die Kriterien des § 35 S. 1 (S)VwVfG[498] für die Annahme eines Verwaltungsakts erfüllt. Dafür müsste sie eine „Regelung" enthalten, d.h. auf die Setzung einer verbindlichen Rechtsfolge gegenüber dem Betroffenen gerichtet sein. Die **Beobachtung mittels einer Videokamera** entfaltet jedoch keine Regelungswirkung, sondern ist ein **rein tatsächlicher Vorgang**. Die Annahme eines mit ihr verbundenen Duldungsgebots wirkt in diesem Zusammenhang lebensfremd und ist aus Rechtsschutzgesichtspunkten auch nicht erforderlich, weil gegen jegliches Verwaltungshandeln Rechtsschutz eröff-

---

491 BVerfG, NVwZ 2007, 688, 690; BVerwGE 141, 329, 344; VGH Bad.-Württ., NVwZ 2004, 498, 500.
492 BVerwGE 141, 329, 341.
493 OVG Nds., NordÖR 2021, 200, 206; *Pünder*, VwR BT, § 69 Rn. 232.
494 BVerwGE 141, 329, 344.
495 BVerwGE 141, 329, 344 ff.
496 BVerfG, NVwZ 2007, 688, 690; VGH Bad.-Württ., NVwZ 2004, 498, 501 ff. Für eine Angemessenheit der Verkehrsüberwachung OVG Hamb., NordÖR 2010, 498, 505; zur Verkehrsüberwachung BVerfG, DuD 2010, 788 ff.; NJW 2010, 2717 ff.
497 *Siegel*, ÖR Berl., § 3 Rn. 247.
498 Zur Frage, ob der Verwaltungsaktsbegriff in § 42 I VwGO nach § 35 VwVfG des Bundes oder nach § 35 SVwVfG auszulegen ist → § 2 Rn. 150.

net ist. Richtigerweise sind deshalb die nicht für Verwaltungsakte vorgesehenen Rechtsbehelfe einschlägig.[499] Soweit keine Erledigung eingetreten ist, ist daher die allg. Leistungsklage auf Unterlassung der beanstandeten Handlung statthaft.[500]

In Reaktion auf die zunehmende Gewaltbereitschaft gegenüber Polizeivollzugsbeamten hat der Gesetzgeber 2016 erstmals Regelungen in § 27 III SPolG a.F. getroffen, damit diese durch den Einsatz von Video- und Tontechnik, insb. durch sog. Körperkameras, sog. Bodycams, besser geschützt werden.[501] Nach § 32 III 1 SPolDVG kann die **Vollzugspolizei** in öffentl. zugänglichen Räumen **personenbezogene Daten kurzzeitig speichern (Vorabaufnahme)** *und* durch die **offene Anfertigung von Bild- und Tonaufzeichnungen erheben, soweit dies zum Schutz der Beamten oder Dritter zur Abwehr einer konkreten Gefahr erforderlich ist**. Die sog. Vorabaufnahmen unterscheiden sich von der „klassischen" Bild- und Tonaufzeichnung dadurch, dass die Kamera zur besseren Dokumentation des Entstehens einer Gefahrensituation mit einem kurzen zeitlichen Vorlauf bereits aufzeichnet. Ausweislich der Materialien verfügen die marktgängigen Systeme über eine Zwischenspeicherfunktion, durch welche die Bildaufzeichnung für einen definierten Zeitraum bereits vor der manuellen Aufzeichnungsauslösung im Arbeitsspeicher verfügbar ist. Während die endgültige Aufzeichnung nur aufgrund einer manuellen Auslösung erfolgt, werden die Daten in allen anderen Fällen fortlaufend überschrieben.[502] Die Verfassungsmäßigkeit des **§ 32 III 1 SPolDVG** ist am Maßstab des **Grundrechts auf informationelle Selbstbestimmung** (Art. 2 I i.V.m. Art. 1 I GG, Art. 2 S. 2 SVerf i.V.m. Art 1 SVerf) zu messen (Betroffene, Dritte, miterfasste Polizeibeamte). Die Videobeobachtung, aber auch das kurzfristige Prerecording greifen in die informationelle Selbstbestimmung des bzw. der Betroffenen ein, da bei einer manuellen Betätigung der dauerhaften Aufzeichnung der kameraführende Beamte über die Löschung der Daten entscheidet.[503] Wegen der Grundrechtsrelevanz des § 32 III SPolDVG muss diese Befugnisnorm den verfassungsrechtlichen Anforderungen an Einschränkungen dieses Grundrechts, vor allem dem **Bestimmtheitsgebot**[504] und dem **Verhältnismäßigkeitsgrundsatz** genügen. Indem die Vorabaufnahmen und Datenerhebungen nur **in öffentl. zugänglichen Räumen** erfolgen dürfen, wird die Reichweite der Befugnisnorm eingeschränkt. Diese Einschränkung erfolgt mittels eines unbestimmten Rechtsbegriffs, dessen Bedeutungsgehalt sich mit den herkömmlichen juristischen Methoden konkretisieren lässt und von den Gerichten voll überprüfbar ist (Art. 19 IV 1 GG). Ausweislich der Materialien werden mit den öffentl. zugänglichen Räumen alle Bereiche gemeint, „die von einem unbestimmten oder nur nach allgemeinen Merkmalen bestimmten Personenkreis betreten und genutzt werden können und ihrem Zweck nach auch dazu bestimmt sind".[505] Da es allein auf die durch den Berechtigten eröffnete Nutzungsmöglichkeit durch die Allgemeinheit ankommt, können nach den Materialien und dem Sinn und Zweck auch Räume oder Grundstücke im Privatbesitz öf-

140

---

499 *Ruder/Pöltl*, PolR BW, § 10 Rn. 302; s.a. VG Hannover, DVP 2012, 128.
500 BVerwGE 141, 329, 330 f.; OVG Nds., NordÖR 2021, 200, 201.
501 LT-Drucks. 15/1734, S. 5.
502 LT-Drucks. 15/1734, S. 6; kritisch gegenüber der Landesregelung *Parma* DÖV 2016, 809, 813.
503 Zusammenfassend *Schmidt*, Bodycam, S. 468 f.; s.a. *Schenke*, POR, Rn. 208.
504 Ohne Zweifel an der Bestimmtheit des § 27 III SPolG a.F. *Schmidt*, Bodycam, S. 470.
505 LT-Drucks. 15/1734, S. 6.

fentl. zugänglich sein.⁵⁰⁶ Dafür streitet auch die Systematik, denn die in § 32 III 2 SPolDVG enthaltene Sonderregelung für den Einsatz von Bodycams in Wohnungen gilt in Abweichung von der sonst im Polizeirecht üblichen Legaldefinition der Wohnung (s.a. den auf § 19 I 2 SPolG verweisenden § 34 I 1 SPolDVG) nach Satz 3 gerade nicht für Arbeits-, Betriebs- und Geschäftsräume.⁵⁰⁷ Unerheblich ist, ob der Bereich umschlossen oder überdacht ist.⁵⁰⁸ Ein Raum ist auch öffentl. zugänglich, wenn die Bedingungen für sein Betreten im Voraus bestimmt sind und von einem unbestimmten Personenkreis erfüllt werden können.⁵⁰⁹ Daher kann auch bei Erhebung eines Nutzungsentgelts oder der Festlegung von Altersgrenzen ein öffentl. zugänglicher Raum gegeben sein.⁵¹⁰ Beispiele für derartige öffentl. zugängliche Räume sind neben den für den öffentl. Verkehr gewidmeten Flächen etwa Verkaufsbereiche von Geschäften, Kaufhäusern und Tankstellen, Flughäfen, Bahnhofshallen und Bahnsteige, aber auch öffentl. Gärten, Parks, Fußgängerzonen sowie Spielplätze.⁵¹¹

141 Sinn und Zweck der Befugnisnorm ist der **Schutz der Polizeivollzugsbeamten und Dritter**. Außerdem ist die Maßnahme nur zur Abwehr einer konkreten Gefahr zulässig. Da die von der Erhebung betroffenen Personen regelmäßig die Auslösung der Befugnis veranlasst haben und auf die polizeiliche Maßnahme offen, nämlich durch Schilder oder in sonstiger geeigneter Weise hinzuweisen ist, bestehen an der Verhältnismäßigkeit keine Bedenken,⁵¹² zumal der Gesetzgeber insoweit über eine Einschätzungsprärogative verfügt. Laut den Materialien soll durch die offene Formulierung auch der Technikeinsatz in oder aus Fahrzeugen möglich sein.⁵¹³

142 Durch die Neuregelung hat der Landesgesetzgeber den Einsatzbereich der Körperkameras ausgedehnt. Nach § 32 III 2 SPolDVG darf eine Maßnahme – allerdings nur zur **Abwehr einer dringenden Gefahr für Leib oder Leben einer Person** – auch in **Wohnungen** erfolgen. Der Begriff der dringenden Gefahr ist – so die Materialien – in Anlehnung an Art 13 IV GG dahin gehend auszulegen, dass hier i.S.d. qualifizierten Rechtsgüterschutzes sowohl auf das Ausmaß als auch auf die Wahrscheinlichkeit des Schadenseintritts Bezug genommen wird.⁵¹⁴ Die Anforderungen an eine dringende Gefahr gehen über die an eine konkrete Gefahr hinaus und sind nach dem BVerfG streng, insb. hinsichtlich der Wahrscheinlichkeit des Schadenseintritts.⁵¹⁵ Deshalb ist äußerst zweifelhaft, ob die in den Materialien herangezogene Aussage einer GG-Kommentierung, wobei die besonders ausgeprägte Verwirklichung einer der Komponenten dazu führen kann, dass an die jew. andere weniger hohe Anforderungen zu stellen sind,⁵¹⁶ und der daraus entnommenen Schlussfolgerung, die Gefahr müsse weder bereits ein-

---

506 LT-Drucks. 15/1734, S. 6.
507 Eine davon zu unterscheidende Frage ist, ob eine solche Ausgestaltung den Anforderungen an die Rechtfertigung von Grundrechtseingriffen in Art. 13 I GG genügt.
508 LT-Drucks. 15/1734, S. 6.
509 LT-Drucks. 15/1734, S. 6.
510 LT-Drucks. 15/1734, S. 6.
511 LT-Drucks. 15/1734, S. 6.
512 *Schmidt*, Bodycam, S. 470 f.
513 LT-Drucks. 15/1734, S. 5.
514 BVerfG, Urt. v. 26.4.2022 – 1 BvR 1619/17, Rn. 169, 297 – juris.
515 BVerfG, Urt. v. 26.4.2022 – 1 BvR 1619/17, Rn. 177 – juris.
516 LT-Drucks. 16/1180, S. 75.

getreten sein noch unmittelbar bevorstehen,[517] einer gerichtlichen Prüfung Stand halten wird. Legt man die BVerfG-Rspr. zu Art. 13 IV GG zugrunde, muss bei ungehindertem Ablauf des objektiv zu erwartenden Geschehens mit hinreichender Wahrscheinlichkeit „in allernächster Zukunft" ein größerer Schaden zu erwarten sein.[518] Zu beachten ist, dass diese Einschränkung (anders als bei § 19 I 2 SPolG) nicht für Arbeits-, Betriebs- oder Geschäftsräume gilt (§ 32 III 3 SPolDVG). Nach § 32 III 4 SPolDVG dürfen derartige Maßnahmen auch durchgeführt werden, wenn Dritte unvermeidbar betroffen werden. Im Hinblick auf die reine Eigensicherung wurde nach den Materialien die Anordnungsbefugnis gem. § 32 III 2 Hs. 2 SPolDVG der Einsatzleitung vor Ort zugewiesen.[519] Allerdings ist die ursprünglich vorgesehene Beschränkung „[z]um Schutz der eingesetzten Polizeivollzugsbeamtinnen oder Polizeivollzugsbeamten" im Gesetzestext nicht mehr enthalten. Die weitere Verarbeitung einer Aufzeichnung nach Satz 2 bedarf aber der richterlichen Anordnung, auch bleibt der Kernbereichsschutz des § 41 SPolDVG unberührt (§ 32 III 5, 6 SPolDVG).

Die Verfassungsmäßigkeit des § 32 III 2 SPolDVG ist am Maßstab des Wohnungsgrundrechts (Art. 13 GG, Art. 16 SVerf) zu messen. Bei einer solchen Konzeption der Überwachung eignet sich Art. 13 IV GG eigentlich nicht als Beurteilungsmaßstab, da insoweit kein Richtervorbehalt normiert wurde.[520] Im Übrigen lässt sich die Einholung einer richterlichen Anordnung nicht mit dem Sinn und Zweck der Norm vereinbaren und würde bei dieser Maßnahme die als Ausnahme gedachte Gefahr im Verzug zur Regel werden.[521] Stattdessen ist vor allem an die in den Materialien erwähnte Schranke des Art. 13 V GG zu denken, der unter den dort genannten Voraussetzungen den Einsatz technischer Mittel „ausschließlich zum Schutze der bei einem Einsatz in Wohnungen tätigen Personen" regelt. Problematisch an der Landesregelung ist jedoch, dass sie zwar an eine Gefahr für Leib oder Leben anknüpft, aber nach ihrem Wortlaut nicht ausschließlich auf die in der Wohnung eingesetzten Personen bezogen wird.[522] Sofern man in Art. 13 V GG eine abschließende Regelung erblickt, scheidet eine Rechtfertigung der Maßnahme am Maßstab des Art. 13 VII GG zur Verhütung dringender Gefahren für die öffentl. Sicherheit und Ordnung aufgrund eines Gesetzes aus.[523] Im Übrigen ist beim Einsatz der Maßnahme auf die verfassungsmäßige Rechtsanwendung zu achten. So ist zu prüfen, ob der Einsatz einer Bodycam bei einem psychisch kranken Menschen oder einer stark betrunkenen Person überhaupt die damit angestrebte deeskalierende Wirkung erreichen kann.[524]

§ 32 IV SPolDVG eröffnet der **Vollzugspolizei** die Möglichkeit, **zum Schutz der festgehaltenen Person**, etwa bei Suizidgefahr, oder auch **zum Schutz der Polizeibeamten**, welche die Gewahrsamszelle betreten, eine Videoüberwachung dieser Räume durchzu-

---

517 LT-Drucks. 16/1180, S. 75.
518 BVerfG, Urt. v. 26.4.2022 – 1 BvR 1619/17, Rn. 297 – juris.
519 LT-Drucks. 16/1180, S. 75.
520 *Zöller* (→ Fn. 40), S. 23.
521 *Schmidt*, Bodycam, S. 475.
522 S. dazu *Schmidt*, Bodycam, S. 475.
523 So *Schmidt*, Bodycam, S. 476; *Zöller* (→ Fn. 40), S. 23 f.; für einen Rekurs auf Art. 13 VII GG *Schenke*, POR, Rn. 209.
524 AG Reutlingen, Beschl. v. 8.8.2021 – 5 UR II 7/21 L, Rn. 25 – juris.

führen. Auch hier ist bei der **Ermessensausübung** in besonderem Maße auf das tangierte Recht auf informationelle Selbstbestimmung Rücksicht zu nehmen. Das BVerfG hat, allerdings zur Unterbringung eines Strafgefangenen in einem besonders gesicherten Haftraum mit permanenter Videoüberwachung bei vollständiger Entkleidung entschieden, dass dies wegen der fehlenden Gefahr der Selbstverletzung mit Art. 2 I i.V.m. Art. 1 I GG sowie Art. 3 EMRK unvereinbar ist.[525]

c) Maßnahmen nach §§ 33, 34 SPolDVG

145 In § 33 SPolDVG wird die Erhebung und Speicherung von Anrufen und des Sprechfunks geregelt. § 34 SPolDVG betrifft die Erhebung personenbezogener Daten in und aus Wohnungen. Die dort enthaltenen Vorschriften sind am Maßstab des Grundrechts der Unverletzlichkeit der Wohnung (Art. 13 GG, Art. 16 SVerf) zu messen. Angesichts des besonderen Eingriffsgewichts gelten erhöhte Anforderungen für die Weiterverwendung von Daten aus solchen Maßnahmen.[526]

d) Befugnisse betreffend Telekommunikation (§ 35 ff. SPolDVG)

146 Gegenstand des § 35 SPolDVG ist die Überwachung und Aufzeichnung der Telekommunikation. § 35 I 1 SPolDVG verleiht die Befugnis zur Überwachung und Aufzeichnung der Telekommunikation durch die Erhebung personenbezogener Daten unter der Voraussetzung, dass die Erforschung des Sachverhalts ohne Gefährdung der Aufgabenerfüllung auf andere Weise aussichtlich oder wesentlich erschwert wäre. Eine solche Maßnahme kommt (Nr. 1) zur **Abwehr einer gegenwärtigen Gefahr für Leib, Leben oder Freiheit einer Person** i.S.d. §§ 4 f. SPolG sowie nach Maßgabe des § 6 SPolG über Nichtstörer in Betracht. Angesichts der engen Voraussetzungen für eine Inanspruchnahme eines Nichtstörers, insb. die in § 6 I Nr. 2 SPolG vorgesehene Subsidiarität gegenüber Maßnahmen gegen Verantwortliche nach §§ 4 f. SPolG, hatte der SVerfGH an dieser Ausgestaltung der Befugnis bei verfassungskonformer Auslegung keine verfassungsrechtlichen Bedenken.[527] In den Worten des SVerfGH besteht die Eingriffsbefugnis unter den Voraussetzungen des § 6 SPolG nur, „wenn die betroffene Person in einer spezifischen individuellen Nähe zu der aufzuklärenden Gefahr steht, Anhaltspunkte vorliegen, dass ein bestehender Kontakt einen Bezug zum Ermittlungsziel aufweist und daher eine nicht unerhebliche Wahrscheinlichkeit besteht, dass die Überwachungsmaßnahme der Aufklärung der Gefahr dienlich sein wird".[528] Ferner können solche Maßnahmen unter den Voraussetzungen der Nr. 2 zur vorbeugenden Bekämpfung von Straftaten nach § 100b StPO erfolgen. Aus kompetenzrechtlichen Gründen ist dabei das Merkmal „zur vorbeugenden Bekämpfung von Straftaten" im Lichte der Gefahrenvorsorge und aus verfassungsrechtlichen Gründen die Verweisung auf § 100b StPO als statische Verweisung zu verstehen.[529] Schließlich können nach § 35 I 1 Nr. 3 SPolDVG personenbezogene Daten durch Überwachung und Aufzeichnung der Telekommunikation über solche Personen erhoben werden, wenn bestimmte

---

[525] BVerfG, NJW 2015, 2100, 2102.
[526] *Ruder/Pöltl*, PolR BW, § 10 Rn. 271.
[527] SVerfGH, Beschl. v. 22.4.2022 – 1 Lv 1/21 unter C I 2, 3.
[528] SVerfGH, Beschl. v. 22.4.2022 – 1 Lv 1/21 Entscheidungsausspruch.
[529] SVerfGH, Beschl. v. 22.4.2022 – 1 Lv 1/21 unter C II.

Tatsachen die Annahme rechtfertigen, dass sie für eine der in Nr. 1 oder Nr. 2 genannten Personen bestimmte oder von ihnen herrührende Mitteilungen entgegennehmen oder weitergeben (lit. a) oder dass ihr TK-Anschluss von einer der in Nr. 1 oder Nr. 2 genannten Personen genutzt wird. Bei der Prüfung der Vereinbarkeit dieser Ausgestaltung am Maßstab des in Art. 17 S. 1 SVerf gewährleisteten Fernsprechgeheimnisses hatte der SVerfGH ebenfalls keine Bedenken an der Einbeziehung insb. sog. Nachrichtenmittler (lit. a) in die Norm. Solche Maßnahmen sind nach § 35 I 2 SPolDVG nur bei TK-Anschlüssen zulässig, die von den in Nrn. 1, 2 genannten Personen mit hoher Wahrscheinlichkeit genutzt werden.[530] Gem. § 35 I 3 SPolDVG dürfen die Maßnahmen auch durchgeführt werden, wenn Dritte unvermeidbar betroffen sind. Auch wenn der SVerfGH in einer Zusammenschau der Regelungen keine Bedenken an der Bestimmtheit von § 35 I SPolDVG hatte, sollte der Gesetzgeber nichtsdestotrotz zur Vermeidung von Fehlvorstellungen und fehlerhafter Rechtsanwendungen diese Vorschrift sprachlich nachjustieren.

Neu eingeführt wurde die in Absatz 2 geregelte sog. **Quellen-TKÜ**,[531] bei der in informationstechnische Systeme eingegriffen wird. Dies geschieht durch Infiltration eines Geräts oder Ausnutzen von Sicherheitslücken, um Informationen noch vor der Verschlüsselung abzugreifen.[532] Die Quellen-TKÜ ist nach Satz 1 nur zulässig, wenn durch **technische Maßnahmen** sichergestellt ist, dass a) ausschließlich laufende TK überwacht oder aufgezeichnet wird oder b) die erhobenen Daten nur Inhalte und Umstände der Kommunikation enthalten, die auch während des laufenden Überwachungsvorgangs im öffentl. TK-Netz in verschlüsselter Form hätten überwacht und aufgezeichnet werden können (Nr. 1). Daraus folgt zugleich, dass die Vollzugspolizei auch bereits abgeschlossene und gespeicherte Kommunikation erfassen darf.[533] Außerdem muss der Eingriff zur Überwachung und Aufzeichnung der TK insb. auch in unverschlüsselter Form notwendig sein (Nr. 2). Gem. Satz 2 ist sicherzustellen, dass an den Systemen nur für die Aufgabenerfüllung erforderliche Veränderungen vorgenommen werden (Nr. 1) und die vorgenommenen Veränderungen bei Beendigung der Maßnahme soweit technisch möglich automatisiert rückgängig gemacht werden (Nr. 2). Satz 3 gibt den Schutz der eingesetzten technischen Mittel nach dem Stand der Technik gegen unbefugte Verwendung vor. Die Verfassungsmäßigkeit der Quellen-TKÜ ist umstritten. Soweit sich diese ausschließlich auf laufende Telekommunikationsvorgänge bezieht, ist sie am Maßstab des Art. 10 I GG bzw. des Art. 17 SVerf zu beurteilen.[534] Soweit jedoch ein Zugriff auf abgeschlossene Kommunikationsvorgänge erfolgt, kann nicht mehr auf das Telekommunikationsgeheimnis rekurriert werden. Das BVerfG zog in seiner Entscheidung vom 26.4.2022 zur Beurteilung einer Befugnis, die nicht auf die laufende Kommunikation begrenzt war, das Grundrecht auf Gewährleistung der Vertraulichkeit und Integrität informationstechnischer Systeme heran, sofern die Befugnisnorm den Zugriff auf das informationstechnische System „in

147

---

530 SVerfGH, Beschl. v. 22.4.2022 – 1 Lv 1/21 unter C III.
531 LT-Drucks. 16/1180, S. 77.
532 *Zenner* SRZ 2021, 81, 98.
533 LT-Drucks. 16/1180, S. 77.
534 Zu Art. 17 SVerf SVerfGH, Beschl. v. 22.4.2022 – Lv 1/21 C IV 1 a.

der ganzen Breite zulässt".[535] Angesichts dessen, dass § 35 I 2 SPolDVG nur eingeschränkt einen Zugriff auf solche Vorgänge erlaubt, nämlich in Bezug auf kommunikationsbezogene Daten und auch nur solche, die auch während eines laufenden Übertragungsvorgangs in verschlüsselter Form hätten überwacht und aufgezeichnet werden dürfen, sich mithin die Vollzugspolizei „nicht unbegrenzt im informationstechnischen System ‚umsehen'" darf, liegt es in den Worten des SVerfGH „nahe, davon auszugehen, dass schon der Schutzbereich des Grundrechts auf Gewährleistung der Vertraulichkeit informationstechnischer Systeme jedenfalls nach der Konzeption des Bundesverfassungsgerichts nicht eröffnet ist", sondern lediglich das weniger weitgehenden Anforderungen an eine Einschränkung unterliegende Grundrecht auf Datenschutz aus Art. 2 S. 2 i.V.m. Art 1 S. 1, 2 SVerf (Stichwort: **informationelle Selbstbestimmung**) heranzuziehen ist. Der SVerfGH bejahte die Verfassungsmäßigkeit der Ausgestaltung durch den saarl. Landesgesetzgeber, die zu einer in der Praxis besser und rechtssicher handhabbaren Rechtslage beitragen, da sich eine trennscharfe Abgrenzung zwischen laufenden und gespeicherten Informationen praktisch kaum bewältigen lasse. Hins. des Ausnutzens der IT-Sicherheitslücken habe der Gesetzgeber alles Notwendige unternommen, um den Eingriff mit Auswirkungen auf die grundrechtliche Schutzsphäre so gering wie möglich auszugestalten (s. § 35 II 2, 3 SPolDVG).[536] Selbst wenn man das Computergrundrecht als Maßstab heranziehen würde, darf die in Absatz 2 normierte Quellen-TKÜ nur unter den Voraussetzungen des § 35 I 1 Nrn. 1, 2 SPolDVG erfolgen, die auch den Anforderungen des BVerfG an eine Normierung hoher Eingriffsschwellen bzw. ein hinreichendes Eingriffsgewicht gerecht werden (§ 35 I 1 Nr. 1 SPolDVG gegenwärtige Gefahr für Leib, Leben oder Freiheit einer Person, Nr. 2 tatsachenbasierte Annahme für konkrete Vorbereitungshandlungen hins. besonders schwerer Straftaten). Den Anforderungen an den verfassungsrechtlichen Schutz des Kernbereichs privater Lebensgestaltung trage die detaillierte Regelung in § 41 SPolG Rechnung. Schließlich sei auch die verfahrensrechtliche Ausgestaltung in § 35 IV SPolDVG (Richtervorbehalt, Befristung auf einen Monat, Verlängerung um jew. einen Monat, bei Gefahr im Verzug, Anordnung durch die Behördenleitung oder einen beauftragten Beamten mit Zugehörigkeit zum höheren Polizeivollzugsdienst und unverzügliche Nachholung der richterlichen Entscheidung) grundrechtskonform.[537]

148 Nach **§ 35 III 1 SPolDVG** darf die Vollzugspolizei zur Vorbereitung einer Maßnahme nach Absatz 1 oder 2 durch den Einsatz technischer Mittel die Geräte- und Kartennummer eines mobilen TK-Endgeräts der betroffenen Person ermitteln, wenn sonst die Durchführung der Maßnahme nicht möglich oder wesentlich erschwert wäre. Satz 2 erlaubt unter diesen Voraussetzungen auch die Feststellung des Standorts eines mobilen TK-Endgeräts. Da beim Einsatz des sog. **IMSI-Catchers**[538] auch Mobilfunkanschlüsse Dritter bekannt werden, die sich zufällig in räumlicher Nähe zum über-

---

535 BVerfG, Urt. v. 26.4.2022 – 1 BvR 1619/17, Rn. 308 – juris.
536 S. zu fehlenden vefassungsechtlichen Bedenken in Bezug auf Art. 10 BayVSG BVerfG, Urt. v. 26.4.2022 – 1 BvR 1619/17, Rn. 316 – juris.
537 SVerfGH, Beschl. v. 22.4.2022 – Lv 1/21 C IV.
538 Dazu BVerfG, Urt. v. 26.4.2022 – 1 Bv11, Rn. 322 ff. – juris, das als weitere Möglichkeit zur Standortbestimmung in Rn. 324 sog. stille SMS erwähnt.

wachten Anschluss befinden, muss die Vollzugspolizei diese Maßnahme unverzüglich beenden, sobald die gesuchten Nummern ermittelt sind (§ 35 III 5 SPolDVG). Die in § 35 I–III SPolDVG genannten Maßnahmen bedürfen **grds. der richterlichen Anordnung und dürfen nur für einen begrenzten Zeitraum** erfolgen (§ 35 IV SPolDG). Soweit eine Maßnahme nach Absatz 3 „ausschließlich" dazu dient, den Aufenthaltsort einer vermissten, suizidgefährdeten oder sonstigen hilflosen oder an Leib und Leben gefährdeten Person zu ermitteln, darf sie auch ohne Gefahr im Verzug durch die Behördenleitung angeordnet werden und kann die Anordnungsbefugnis auf bestimmte Beauftragte übertragen werden (§ 35 IV 7, § 8 SPolDVG). Im Hinblick auf die Grundrechtsintensität auch derartiger Maßnahmen wurden in einer schriftlichen Stellungnahme verfassungsrechtliche Bedenken an dieser Weiterübertragung geäußert.[539]

e) Erhebung von Telekommunikationsdaten und Nutzungsdaten von Telemedien bei Dienstanbietern, Unterbrechung von Telekommunikationsverbindungen (§§ 36, 37 SPolDVG)

Die Erhebung von Telekommunikationsdaten und Nutzungsdaten von Telemedien bei Dienstanbietern wird in § 36 SPolDVG eigenständig geregelt. Denn nach dem BVerfG beinhaltet der Datenaustausch in Form der Abfrage und Übermittlung der Daten zwei jew. eigenständig zu regelnde Eingriffe: „Der Gesetzgeber muss, bildlich gesprochen, nicht nur die Tür zur Übermittlung von Daten öffnen, sondern auch die Tür zu deren Abfrage".[540] Neu hinzugekommen ist in § 37 **SPolDVG** eine Regelung zur **Unterbrechung von Telekommunikationsverbindungen**. Dadurch soll die Koordination von Straftaten erschwert oder ausgeschlossen werden.[541] In den Gesetzesmaterialien wird als Beispiel für eine solche Maßnahme der begründete Verdacht der Zündung eines Sprengsatzes durch Mobilfunk genannt.[542] Absatz 1 regelt das Verlangen gegenüber dem TK-Anbieter, die Verbindungen zu unterbrechen oder zu verhindern, Absatz 2 den Einsatz von sog. Jammer durch die Polizei.[543] Da kein Kommunikationsvorgang zustandekommt, wird dadurch bei den Betroffenen nur in die allg. Handlungsfreiheit, möglicherweise auch in das vorrangige allg. Persönlichkeitsrecht oder die Meinungsäußerungsfreiheit und bei den TK-Anbietern in deren Berufsfreiheit eingegriffen.[544]

149

f) Elektronische Aufenthaltsüberwachung (§ 38 SPolDVG)

Neu hinzugekommen ist auch § 38 SPolDVG zur präventiven **elektronischen Aufenthaltsüberwachung** (EAÜ). Nach dieser Vorschrift kann die Vollzugspolizei dazu verpflichten, ein technisches Mittel zur Überwachung des Aufenthaltsortes dieser Person ständig in betriebsbereitem Zustand am Körper mit sich zu führen und dessen Funktionsfähigkeit nicht zu beeinträchtigen. In der Umgangssprache werden diese technischen Mittel oft als „elektronische Fußfessel" bezeichnet.[545] Man erhofft sich davon, die betroffene Person durch die Überwachung und Verarbeitung ihrer personenbezo-

150

---

539 *Zöller* (→ Fn. 40), S. 27.
540 BVerfGE 130, 151, 184; 155, 119, 167 Rn. 93.
541 So *Pünder*, VwR BT, § 69 Rn. 245.
542 LT-Drucks. 16/1180, S. 78.
543 LT-Drucks. 16/1180, S. 78.
544 *Pünder*, VwR BT, § 69 Rn. 245 f.; s.a. LVerfG LSA DVBl. 2015, 38, 41 Rn. 2.5.1.
545 *Guckelberger* DVBl. 2017, 1121.

genen Daten von der Begehung einer Straftat abzuhalten. Die Maßnahme ist nur zulässig, wenn bestimmte Tatsachen die Annahme rechtfertigen, dass die Person innerhalb eines bestimmten Zeitraums auf eine zumindest ihrer Art nach konkretisierte Weise eine Straftat nach § 100a I Nr. 1 i.V.m. II StPO begehen wird (Abs. 1 S. 1 Nr. 1) oder das individuelle Verhalten dieser Person die konkrete Wahrscheinlichkeit dafür begründet, dass sie innerhalb eines übersehbaren Zeitraums eine in § 129a I, II StGB bezeichnete Straftat begehen wird[546] und diese dazu bestimmt ist, a) die Bevölkerung auf erhebliche Weise einzuschüchtern, b) eine Behörde oder eine internationale Organisation rechtswidrig mit Gewalt oder durch Drohung mit Gewalt zu nötigen oder c) die politischen, verfassungsrechtlichen, wirtschaftlichen oder sozialen Grundstrukturen eines Staates oder einer internationalen Organisation zu beseitigen oder erheblich zu beeinträchtigen (Abs. 1 S. 1 Nr. 2). Unter Zugrundelegung der vom SVerfGH an die Zulässigkeit von Verweisungen entwickelten Maßstäbe ist auch bei dieser Vorschrift vom Vorliegen statischer Verweisungen auszugehen.[547] Nach Absatz 1 Satz 2 ist die Anordnung auch gegenüber Personen möglich, gegen die ein Aufenthaltsverbot nach § 12 III SPolG verhängt wurde, soweit bestimmte Tatsachen die Annahme rechtfertigen, dass die Person dort Straftaten nach Satz 1 begehen wird. Soweit es technisch möglich ist, ist nach § 38 II 3 SPolDVG sicherzustellen, dass innerhalb der Wohnung der betroffenen Person keine über den Umstand ihrer Anwesenheit hinausgehenden personenbezogenen Daten erhoben werden. Nach § 38 III SPolDVG unterliegt die Maßnahme einem Richtervorbehalt und ist auf höchstens drei Monate zu befristen. Bei Fortbestehen der Voraussetzungen kann die Maßnahme um jew. nicht mehr als drei Monate verlängert werden. Es handelt sich dabei um eine äußerst grundrechtssensible Maßnahme. Das BVerfG stufte die EAÜ als Maßnahme der Führungsaufsicht hingegen nicht als verfassungswidrige Rundumüberwachung ein, weil die Daten nur automatisiert erhoben werden und sich nur auf den Aufenthaltsort beziehen.[548] Tief in die Privatsphäre eingreifende Ermittlungs- und Überwachungsbefugnisse dürfen jedoch nur zum Schutz oder zur Bewahrung hinreichend gewichtiger Rechtsgüter erfolgen. Der intensive Grundrechtseingriff darf nicht außer Verhältnis zum Gewicht der durch die EAÜ geschützten Rechtsgüter stehen. Durch das Gerät, das auch unter der Kleidung verborgen werden könne, werde der Betroffene nicht stigmatisiert.[549] Ausreichend gewichtige Gründe würden den Eingriff in das Recht auf informationelle Selbstbestimmung rechtfertigen. Ein Eingriff in das Recht aus Art. 2 II 1 GG wurde ebenso wie in Art. 12 I GG (mangels berufsregelnder Tendenz), das Grundrecht aus Art. 11 I GG und Art. 13 I GG verneint.[550] Würde man einen Eingriff in das Wohnungsgrundrecht annehmen, könne dieser jedenfalls nach Art. 13 IV GG gerechtfertigt werden.[551] Da das BVerfG in seiner Entscheidung zum BKAG das Merkmal der dringenden Gefahr eng im Sinne konkreter Vorbereitungshandlungen für die Annahme der

---

546 Zur Auslgung dieser Anforderung BGH, Beschl. v. 22.2.2022 – 3 ZB 3/21, Rn. 33 ff. – juris.
547 SVerfGH, Beschl. v. 22.4.2022 – Lv 1/21 unter C II 2 f.
548 BVerfGE 156, 63, 136 Rn. 250. Davon ausgehend die Verfassungsmäßigkeit der präventiven EAÜ im HSOG bejahend BGH, Beschl. v. 22.2.2022 – 3 ZB 3/21, Rn. 28 – juris.
549 Zu Art. 1 I GG BVerfGE 156, 63, 135 ff. Rn. 246 f.
550 BVerfGE 156, 63, 96 ff. Rn. 116 ff.; s. bezogen auf präventive EAÜ *Guckelberger* DVBl. 2017, 1121 ff.
551 BVerfGE 156, 63, 162 Rn. 333.

VIII. Die polizeilichen Befugnisse

Begehung terroristischer Straftaten auslegte,[552] stellt sich vor allem in dieser Hinsicht die Frage nach der Verfassungsmäßigkeit der präventiven EAÜ.

g) Anlassbezogene automatische Kennzeichenfahndung (§ 39 SPolDVG)

Nachdem der saarl. Landesgesetzgeber seine frühere Vorschrift zum Kennzeichenabgleich mangels Bedarf und verfügbaren Geräten aufgehoben hatte, wird inzwischen die **anlassbezogene automatische Kennzeichenfahndung** wieder in § 39 SPolDVG geregelt. Dabei werden die Kennzeichen von Fahrzeugen ohne Wissen der Person durch den Einsatz technischer Mittel automatisiert erhoben (§ 39 I 1 SPolDVG), mit gespeicherten polizeilichen Daten automatisch abgeglichen (§ 39 II 1 SPolDVG) und bei Datenübereinstimmung polizeilich verarbeitet und ggf. an die ausschreibende Stelle übermittelt (§ 39 II 3 SPolDVG). Während das BVerfG früher angenommen hat, dass durch derartige Maßnahmen nur im Falle eines positiven Treffers in das Recht auf informationelle Selbstbestimmung eingegriffen wird, bejahte es im Jahr 2018 auch bei Nichttreffern mit sofortiger Löschung einen Grundrechtseingriff. Es begründete die Abkehr von seiner bisherigen Haltung damit, dass auch die Daten dieser Personen notwendiger und gewollter Bestandteil der Kontrolle sind und die Behörde ein spezifisches verdichtetes Interesse an der Erfassung aller vorbeifahrenden oder sonst in die Kontrolle einbezogenen Fahrzeuge habe. Denn zur Freiheitlichkeit eines Gemeinwesens gehöre es, dass sich alle „grundsätzlich fortbewegen können, ohne dabei beliebig staatlich registriert zu werden, hinsichtlich ihrer Rechtschaffenheit Rechenschaft ablegen zu müssen und dem Gefühl eines ständigen Überwachtwerdens ausgesetzt zu sein".[553] In dem Abgleich der Daten und in der nachfolgenden Verwendung der gefilterten Daten liegen weitere Grundrechtseingriffe.[554] Wie das BVerfG klargestellt hat, führt allein der Umstand, dass eine Regelung zur Gefahrenabwehr tatsächlich auch die Strafverfolgung befördert, nicht zur Kompetenzwidrigkeit der Landesnorm, sofern sie nach ihrer Ausgestaltung strikt von der Zwecksetzung her bestimmt wird, für welche das Land gesetzgebungsbefugt ist.[555] Derartige in das Recht auf informationelle Selbstbestimmung eingreifende Normen müssen sowohl den Grundsätzen der Normenklarheit und -bestimmtheit genügen als auch einem legitimen Zweck dienen, geeignet, erforderlich und angemessen sein.[556] Für letzteres müssen die Kontrollen grds. durch einen hinreichend konkreten, objektiven Zweck veranlasst sein und „dem Schutz von Rechtsgütern von zumindest erheblichem Gewicht oder einem vergleichbar gewichtigen öffentlichen Interesse dienen".[557] Das allg. Interesse an der Auffindung ausgeschriebener Personen oder Sachen reicht nicht aus, da jedermann von den Kontrollen betroffen werden kann.[558] Die ausreichende Gewichtigkeit ist dagegen beim Schutz von Rechtsgütern wie dem Schutz von Leib, Leben und Freiheit der Person, des Bestands von Bund und Ländern, aber auch dem Schutz nicht unerheblicher

151

---

552 BVerfGE 141, 220, 296 Rn. 184.
553 BVerfGE 150, 244, 268 Rn. 51.
554 BVerfGE 150, 244, 266 Rn. 44.
555 BVerfGE 150, 244, 275 f. Rn. 73 f.
556 BVerfGE 150, 244, 278 f. Rn. 82.
557 BVerfGE 150, 244, 280 f. Rn. 90.
558 BVerfGE 150, 244, 281 Rn. 92.

Sachwerte zu bejahen.[559] Anlasslos erfolgende Kontrollen können bei Anknüpfung an ein gefährliches bzw. risikobehaftetes Tun bzw. an die Beherrschung besonderer Gefahrenquellen verhältnismäßig sein.[560] Letztlich hängt die verfassungsrechtliche Beurteilung von der Ausgestaltung der Ermächtigung insgesamt ab.[561] Flächendeckende Kontrollen sind verfassungswidrig. Die Anforderungen an die räumliche Konkretisierung des Kontrollanlasses sinken mit zunehmender Schwere und Dringlichkeit der abzuwehrenden Gefahr im Einzelfall.[562] Selbstverständlich ist auf die Verhältnismäßigkeit der Maßnahmen beim Normvollzug zu achten.[563]

152 In Anlehnung an diese Rechtsprechung kann die Vollzugspolizei die Kennzeichen von Fahrzeugen ohne Wissen der Person durch den Einsatz technischer Mittel nach § 39 I 1 SPolDVG automatisiert erheben, wenn dies zur **Abwehr einer gegenwärtigen Gefahr für Leib oder Leben einer Person** erforderlich ist (Nr. 1), zur **Abwehr einer gegenwärtigen Gefahr** erforderlich ist und die **Voraussetzungen** für eine Identitätsfeststellung nach § 9 I Nr. 2, 3 SPolG vorliegen (Nr. 2) oder eine **Person oder ein Fahrzeug** nach § 40 I ausgeschrieben wurde und **Tatsachen** die Annahme des unmittelbaren Bevorstehens der für die Ausschreibung relevanten Begehung von Straftaten rechtfertigen (Nr. 3). Flächendeckende Kontrollen sind gem. § 39 I 2 SPolDVG verboten. Aus § 39 II 1 SPolDVG ergibt sich die Zulässigkeit des automatischen Abgleichs mit zur Abwehr einer Gefahr nach Absatz 1 gespeicherten Daten. Aus Satz 2 ergibt sich die Verpflichtung zur unverzüglichen Überprüfung der Datenübereinstimmung im Trefferfall. Absatz 3 regelt die Dokumentation des Einsatzes solcher Systeme, um den verfassungsrechtlichen Anforderungen Rechnung zu tragen.[564]

3. Polizeiliche Generalklausel (§ 8 I SPolG)

153 Soweit die §§ 9–25 SPolG die Befugnisse der Polizei nicht abschließend regeln und auch nicht die Befugnisse aus dem SPolDVG, kann die Polizei auf der Grundlage des § 8 I SPolG die notwendigen Maßnahmen treffen, um eine im einzelnen Fall bestehende Gefahr für die öffentl. Sicherheit und Ordnung abzuwehren. Auch wenn dies nicht im Wortlaut des § 8 I 1 SPolG zum Ausdruck kommt, gehen dieser Generalklausel die Befugnisse aus dem SPolDVG einschließlich der dortigen datenverarbeitungsbezogenen Generalklausel in § 18 SPolDVG als Spezialfall zu der allg. Gefahrenabwehrklausel vor. Die **Generalklausel** in § 8 I SPolG hat v.a. eine „lückenausfüllende Funktion".[565] Sie soll der Polizei insb. eine Reaktion auf eher atypische Gefahrenlagen ermöglichen, die sich nur schwer normieren lassen. Weil der Gesetzgeber nicht sämtliche künftigen Gefahren und die damit zusammenhängenden Maßnahmen voraussehen und detailliert regeln kann, kommt dieser Ermächtigungsgrundlage eine nicht zu unterschätzende Reservefunktion zu. **Vor einer solchen Abstützung der Maßnahme ist**

---

559 BVerfGE 150, 244, 284 Rn. 99.
560 BVerfGE 150, 244, 282 Rn. 94.
561 BVerfGE 150, 244, 284 Rn. 99.
562 BVerfGE 150, 244, 284 f. Rn. 100.
563 BVerfGE 150, 244, 284 f. Rn. 100.
564 LT-Drucks. 16/1180, S. 80.
565 *Pünder,* VwR BT, § 69 Rn. 23.

aber immer zu prüfen, ob **nicht aus verfassungsrechtlichen Gründen,** insb. wegen besonders intensiver Grundrechtseingriffe, **eine spezielle Befugnis** notwendig ist.

Das BVerwG hatte keine Bedenken gegenüber einer aufgrund der Generalklausel verhängten **Meldeauflage** hinsichtlich Personen, die sich während einer bevorstehenden Versammlung im Ausland gewalttätig verhalten werden, um sie an der Ausreise aus dem Bundesgebiet und an der Begehung von Straftaten zu hindern. Zwar greife eine Meldeauflage nicht unerheblich in die Handlungsfreiheit einer Person ein, wenn sie sich unter Umständen über mehrere Tage hinweg bei einer bestimmten Polizeistelle melden muss. Diese Grundrechtseingriffe würden aber nicht über das Maß hinausgehen, das in der Generalermächtigung für die Fälle einer drohenden Begehung einer Straftat des Adressaten der Polizeiverfügung allg. angelegt ist. Die Intensität der Maßnahme könne keinesfalls mit einem Freiheitsentzug i.S.d. Art. 104 GG verglichen werden. Der zuständige Senat sprach sich dezidiert gegen die Auffassung aus, dass grundrechtsrelevantes polizeiliches Eingriffshandeln, das den atypischen Bereich verlassen habe und in bestimmten Gefahrenlagen häufig praktiziert werde, stets einer Spezialermächtigung bedarf.[566] Während viele Bundesländer inzwischen die Meldeauflage als polizeiliche Standardbefugnis ausgestaltet haben,[567] hat der saarl. Landesgesetzgeber dies bislang nicht getan. Wegen der systematischen und inhaltlichen Nähe der Meldeauflage zu den Standardmaßnahmen des Aufenthaltsverbots und zur Vorladung sowie des im Vergleich dazu höheren Eingriffspotenzials der Meldeauflage wird teilweise vertreten, dass ein solcher Rückgriff auf die Generalklausel nicht mehr möglich sei.[568]

154

Was die Tatbestandsmerkmale der polizeilichen Generalklausel des § 8 I SPolG anbetrifft – das Vorliegen einer **konkreten Gefahr** (→ Rn. 53) für die Schutzgüter der **öffentl. Sicherheit** (→ Rn. 34 ff.) oder **öffentl. Ordnung** (→ Rn. 39 ff.) –, kann auf die vorhergehenden Erläuterungen verwiesen werden. Als Beispiele für Polizeiverfügungen, die auf der Grundlage der polizeilichen Generalklausel erlassen wurden, seien genannt: Die Einweisung eines Obdachlosen zur Unterkunft bei einem Privaten ebenso wie die nach Ablauf der Frist erfolgende Umsetzung des Obdachlosen in eine andere zumutbare Unterkunft,[569] die polizeiliche Anordnung eines Leinenzwangs für einen bissigen Hund, die Anweisung an einen Fahrzeugführer, sein verkehrswidrig abgestelltes Auto zu entfernen,[570] oder die Anordnung gegenüber einer Person, die am Straßenrand mit einem Schild vor Radarkontrollen warnt, jegliche Handlungen zu unterlassen, durch welche die Geschwindigkeitsmessungen an einem bestimmten Ort gestört werden. Zivil- und strafrechtliche Vorschriften über Notwehr und Notstand (§§ 227 ff. BGB, §§ 32 ff. StGB) können keine polizeilichen Befugnisse begründen (§ 8 III SPolG).

155

---

566   BVerwGE 129, 142, 149 ff.; zur Meldeauflage auch *Schucht* NVwZ 2011, 709 ff.
567   Z.B. § 29a ASOG Berlin, § 15a BbgPolG, § 30a HSOG, § 12a PolG NRW, § 12a PolG RP. Einen aktuellen Überblick, in welchen Bundesländern bislang eine solche Standardbefugnis fehlt, bietet *Bretthauer* DVBl. 2022, 89, 93.
568   *Bretthauer* DVBl. 2022, 89, 94, der auf S. 93 f. argumentiert, dass die Rspr. des BVerwG aus dem Jahr 2007 überholt sei; dazu auch schon *Kirchhoff* NVwZ 2020, 1617, 1619 ff.
569   VG d. Saarl., Beschl. v. 30.9.2015 – 6 L 1040/15, Rn. 11 – juris; Beschl. v. 22.10.2020 – 6 L 1252/20, Rn. 5 – juris.
570   Zum Abschleppen eines Fahrzeugs VG d. Saarl., Gerichtsbesch. v. 20.1.2014 – 6 K 1768/12, Rn. 26 f. – juris.

156 Einzelne Bundesländer haben eine Standardbefugnis zur sog. **Gefährderansprache** bzw. dem **Gefährderanschreiben** erlassen. § 29 Abs. 1 PolG BW lautet etwa: Rechtfertigen Tatsachen die Annahme, dass eine Person in einem überschaubaren Zeitraum die öffentl. Sicherheit stören wird, kann die Polizei diese über die geltende Rechtslage informieren und ihr mitteilen, welche Maßnahmen die Polizei im Fall einer bevorstehenden Gefahr oder erfolgten Störung ergreifen wird. Zu diesem Zweck kann die Polizei die Person ansprechen (Gefährderansprache) oder anschreiben (Gefährderanschreiben).[571] Wie man anhand dieser Regelungen erkennen kann, wendet sich die Polizei beim Gefährderanschreiben bzw. der mündlichen Gefährderansprache an eine Person und legt ihr nahe, z.B. nicht an einer bestimmten Veranstaltung teilzunehmen, weil sie in der Vergangenheit bei ähnlichen Ereignissen bereits polizeilich in Erscheinung getreten ist. Dadurch möchte man vermeiden, dass sie erneut polizeilichen Gefahrenabwehrmaßnahmen unterworfen wird. Da das Gefährderanschreiben überwiegend Tatsachenmitteilungen, teilweise auch mit wertendem Charakter enthält, aber die Polizei mit ihrem Schreiben gegenüber dem Betroffenen **keine verbindliche Rechtsfolge** setzt, stellt dieses schlicht-hoheitliches Handeln in Form eines **Realakts** dar.[572] Da im saarl. Landesrecht zu dieser seit langem praktizierten Maßnahme eine besondere Regelung fehlt, ist zu diskutieren, ob eine solche informative Maßnahme von der Aufgabenzuweisungsnorm des § 1 II SPolG abgedeckt wird oder dafür eine gesetzliche Grundlage erforderlich ist. Auf den ersten Blick scheint die Verneinung eines **Grundrechtseingriffs** nahezuliegen. Die Äußerung der Polizei enthält einen Ratschlag und der Betroffene entscheidet selbst darüber, ob er diesen befolgen will. Andererseits ist es heute allgemein anerkannt, dass nicht nur die klassischen Ge- und Verbote, sondern auch informative Handlungen in die Grundrechte eingreifen können. Ob eine Gefährderansprache in die Grundrechte eingreift, hängt letztlich von ihrem konkreten Inhalt ab.[573] Nach Meinung des niedersächsischen OVG bleibt für den Betroffenen ausreichend Handlungsspielraum für eine freie Willensentschließung unter Abwägung aller maßgeblichen Gesichtspunkte, wenn die Polizei nur allg. auf mögliche Gefahren und Folgen einer Ausübung grundgesetzlich geschützter Rechte hinweist, ohne dass konkrete Maßnahmen angesprochen oder angedroht werden. Wird der Betroffene „hingegen unter Bezugnahme auf ihm in der Vergangenheit zur Last gelegte Verfehlungen und auf die polizeiliche Erheblichkeit eines Verhaltens aus Anlass einer konkret bevorstehenden Demonstration polizeilich angeschrieben, um dadurch seine Teilnahme zu verhindern, so kann der Spielraum für die Willensentschließung, etwa aus Furcht vor polizeilichen Maßnahmen und Nachteilen, so stark beeinflusst sein, dass der Betroffene keine Entschließungsfreiheit mehr für die Ausübung seiner Versammlungs- und Meinungsfreiheit für sich sieht".[574] Angesichts der mit solchen Mitteilungen bezweckten Steuerungsfunktion des Verhaltens des Betroffenen werden sie regelmäßig zumindest in Art. 2 I GG eingreifen.[575] Unter derartigen Bedingungen kommt mangels spezialge-

---

571 § 18b ASOG Berlin, § 12a NdsPOG, die teils etwas anders ausgestaltet wurden.
572 VG d. Saarl., Beschl. v. 6.3.2014 – 6 K 1102/13, Rn. 2 – juris; s.a. VGH Bad.-Württ., VBlBW 2018, 316, 316 f.
573 OVG NRW, Beschl. v. 22.8.2016 – 5 A 2532/14, Rn. 25 – juris.
574 OVG Nds., NJW 2006, 391, 392.
575 *Heintzen/Siegel* LKV 2021, 289, 292; s.a. VGH Bad.-Württ., VBlBW 2018, 316, 317.

IX. Ermessen und Verhältnismäßigkeit

setzlicher Befugnisse nur die Generalklausel als Befugnisnorm in Betracht. Dafür muss die Polizei darlegen, dass eine konkrete Gefahr besteht, um ein solches Vorgehen zu legitimieren. Es müssen – so das VG d. Saarl. – konkrete Hinweise aus Erkenntnissen vorliegen, dass mit hinreichender Wahrscheinlichkeit von dem Adressaten der Ansprache eine Gefahr für die öffentl. Sicherheit ausgeht.[576]

IX. Ermessen und Verhältnismäßigkeit

Bei Vorliegen einer Gefahr für die öffentl. Sicherheit oder Ordnung bzw. der Tatbestandsvoraussetzungen ist die Polizei nicht generell zu einem Handeln verpflichtet. Vielmehr muss sie nach ihrem **pflichtgemäßen Ermessen** entscheiden, **ob** sie eine Maßnahme ergreift (**Entschließungsermessen**) und – bejahendenfalls – **wie** diese Maßnahme näher ausgestaltet werden soll (**Auswahlermessen**). Insb. wenn mehrere Verantwortliche für eine Gefahr vorhanden sind, hat die Polizei nach ihrem Ermessen eine Entscheidung über die Störerauswahl zu treffen (→ Rn. 80 ff.). Dieses **Opportunitätsprinzip** wird zum einen in § 3 I SPolG und zum anderen in den einzelnen Befugnisnormen durch die Verwendung des Worts „kann" zum Ausdruck gebracht. 157

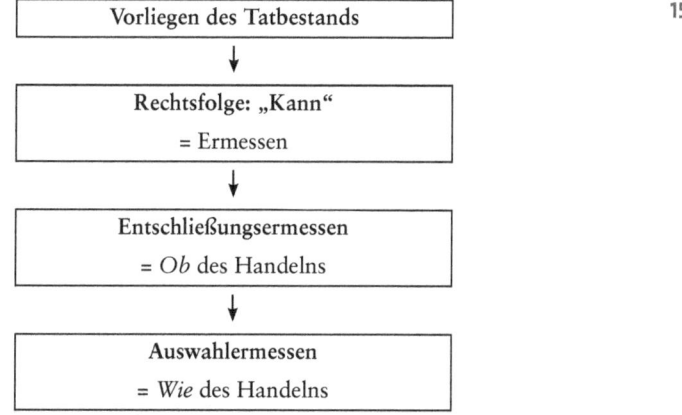

158

Nach § 3 I SPolG trifft die Polizei ihre Maßnahmen **nach pflichtgemäßem** Ermessen. Gem. § 40 SVwVfG muss sie ihr Ermessen entsprechend dem **Zweck der gesetzlichen Befugnisnorm** ausüben und die gesetzlichen **Grenzen des Ermessens** einhalten. Innerhalb des so gezogenen Rahmens hat sie diejenige Entscheidung zu treffen, die sie unter Berücksichtigung der Umstände des Einzelfalls für zweckmäßig hält. Aus Gewaltenteilungsgründen dürfen sich die **Gerichte**, wenn sie nachträglich eine polizeiliche Entscheidung überprüfen, nicht mit ihrer Zweckmäßigkeit befassen. Sie prüfen gem. § 114 S. 1 VwGO lediglich, ob der Verwaltung einer der folgenden **Ermessensfehler** unterlaufen ist: Von einem **Ermessensausfall** oder -**nichtgebrauch** spricht man, wenn die Polizei bei ihrer Entscheidung überhaupt keine Ermessenserwägungen anstellt, etwa weil sie den ihr eingeräumten Ermessensspielraum verkennt und sich zum Ein- 159

---

[576] VG d. Saarl., Beschl. v. 6.3.2014 – 6 K 1102/13, Rn. 6 – juris.

schreiten verpflichtet hält. Bei der **Ermessensüberschreitung** wählt die Polizei eine Rechtsfolge, die nicht mehr von der Befugnisnorm gedeckt ist. Ein **Ermessensfehlgebrauch** liegt vor, wenn sich die Polizei bei ihrer Entscheidung nicht ausschließlich vom Zweck der Ermessensvorschrift leiten lässt, z.B. bei der Störerauswahl eine bestimmte Person heranzieht, weil sie Ausländer ist, sich mithin nicht vom Aspekt effektiver Gefahrenabwehr leiten lässt.

160 Weil das Handeln der Polizei- und Ordnungsbehörden oftmals mit Grundrechtseingriffen verbunden ist, muss es verhältnismäßig sein. Einfachgesetzlich wird diese verfassungsrechtliche Anforderung in § 2 SPolG konkretisiert. Nach dem **Verhältnismäßigkeitsprinzip** darf die Polizei eine belastende Maßnahme nur ergreifen, wenn sie zur Abwehr der Gefahr **geeignet** ist. Von **mehreren möglichen und gleich geeigneten** Maßnahmen hat sie diejenige zu treffen, die den Betroffenen und die Allgemeinheit **am wenigsten beeinträchtigt** (§ 2 I SPolG) und somit **erforderlich** ist. Außerdem muss die Maßnahme **verhältnismäßig i.e.S.** sein. Sie darf nicht zu einem Nachteil führen, der zum erstrebten Erfolg *erkennbar*[577] außer Verhältnis steht (§ **2 II SPolG**). Nach § 2 III SPolG ist eine polizeiliche Maßnahme **nur solange** zulässig, **bis ihr Zweck erreicht** ist oder sich **herausstellt, dass dieser Zweck nicht erreicht** werden kann. Ordnet die Polizei gegenüber einer Person, bei der die konkrete Gefahr besteht, dass sie sich während einer bevorstehenden Veranstaltung im Ausland gewalttätig verhalten wird, z.B. an, dass sie sich täglich auf der Polizeidienststelle zu melden hat, ist diese Maßnahme dazu geeignet, sie an der Begehung von Straftaten zu hindern. Die Maßnahme ist auch erforderlich. Denn eine solche Kontrolle ist weitaus effektiver als Grenzkontrollmaßnahmen im Zusammenhang mit einer Personalausweisbeschränkung. Schließlich ist die Meldeauflage angemessen, wenn durch sie hochrangige Rechtsgüter, wie die Bewahrung der körperlichen Unversehrtheit der Veranstaltungsteilnehmer, der dort beteiligten Polizeibeamten sowie sonstiger Dritter, geschützt werden sollen.[578]

161 Dass zwischen dem Ermessen und der Verhältnismäßigkeit ein spezifischer Zusammenhang besteht, zeigt sich an § 3 II SPolG, welcher der Sache nach eine Verhältnismäßigkeitserwägung enthält.[579] Weil der Verhältnismäßigkeitsgrundsatz eine Grenze des Ermessens bildet, liegt es nahe, diese beiden Vorgaben in Prüfungsarbeiten zusammen zu erörtern.[580] Dabei empfiehlt sich ein Anschluss der Verhältnismäßigkeit an das Ermessen mit dem Zusatz „insbesondere".[581] Für die Ermessensausübung und Verhältnismäßigkeitsprüfung bilden die Grundrechte einen zentralen Maßstab. Da die polizeiliche Maßnahme ihren Adressaten belastet, sind bei der Entscheidung **auf der einen Seite seine grundrechtlichen Belange** und **auf der anderen Seite die durch die Maßnahme geschützten Rechtsgüter**, etwa Leib und Leben anderer Personen, einzustellen. Insb. wenn besonders hochwertige Rechtsgüter, wie Leben und Gesundheit, auf dem Spiel stehen, können die Grundrechte eine **Ermessensreduzierung auf Null** auslösen, indem jede andere Entscheidung als diejenige zum Einschreiten rechtswidrig

---

577 *Schwerdtfeger*, Öffentliches Recht in der Fallbearbeitung, 15. Aufl. 2018, Rn. 124.
578 BVerwGE 129, 142, 152 f.
579 Zu Berlin *Siegel*, ÖR Berl., § 3 Rn. 128.
580 *Siegel*, ÖR Berl., § 3 Rn. 128.
581 *Siegel*, ÖR Berl., § 3 Rn. 128.

wäre. Deshalb wird die Polizei bei einer Geiselnahme aufgrund der Schutzpflicht für die körperliche Unversehrtheit (Art. 2 II 1 GG) kaum ein Einschreiten ablehnen können. Falls **zur Gefahrenabwehr mehrere Mittel** in Betracht kommen, ist es nach § 3 II SPolG genügend, wenn von der Polizei **eines davon bestimmt** wird. Angesichts des Bestimmtheitsgebots des § 37 I SVwVfG ist bei einem ordnungsrechtlichen Gebot grds. die Angabe des einzusetzenden Mittels erforderlich, mit dem das erwünschte Ziel zu erreichen ist.[582] Auf **Antrag** des Betroffenen kann ihm jedoch die Anwendung eines anderen, ebenso wirksamen Mittels gestattet werden (§ 3 II 2 SPolG). Unter dem Gesichtspunkt der Verhältnismäßigkeit ist ein derartiges **Austauschmittel** aber dadurch begrenzt, dass es nicht zu einer stärkeren Beeinträchtigung der Allgemeinheit führen darf. Nach st. Rspr. unterliegen polizeiliche Eingriffsbefugnisse zur Abwehr von Gefahren für die öffentl. Sicherheit und Ordnung **keiner Verwirkung**, weil diesen im öffentl. Interesse ein überragendes Gewicht zukommt.[583]

Die auf den Schutz der öffentl. Sicherheit oder Ordnung abzielenden Polizeirechtsnormen dienen vornehmlich dem Allgemeininteresse. Da der Begriff der öffentl. Sicherheit aber auch die Individualrechtsgüter und individuellen Rechte erfasst, kommt den polizeilichen Rechtsvorschriften insoweit auch individualschützender Charakter zu. Der Einzelne kann deshalb aus den polizeirechtlichen Befugnisnormen für sich unter der Voraussetzung, dass **eine zumindest auch seine Interessen schützende Rechtsnorm** bedroht wird, ein **subjektives öffentl. Recht** herleiten. I.d.R. gewähren die Polizeirechtsvorschriften aber nur einen **Anspruch auf ermessensfehlerfreie Entscheidung**. Bei einer Ermessensreduzierung auf Null verdichtet sich dieses subjektive öffentl. Recht zu einem Anspruch auf ein polizeiliches Einschreiten. Geht es um den Schutz privater Rechte (§ 1 III SPolG), steht dem Einzelnen nach der Rspr. des VG d. Saarl. ein subjektiver Anspruch auf ein Tätigwerden nur bei schwerwiegenden Gefahren für wichtige, grundrechtlich geschützte Rechtsgüter wie Leben und Gesundheit zu, wenn zusätzlich eine große Wahrscheinlichkeit für den Schadenseintritt gegeben ist und sich der Betroffene nicht selbst helfen oder die notwendige Hilfe nicht mit privatrechtlichen Mitteln unter zumutbarem Aufwand beschaffen kann.[584]

X. Rechtsschutz im Zusammenhang mit polizeilichen Einzelmaßnahmen

Als Erstes ist zu klären, ob der Verwaltungsrechtsweg nach § 40 I 1 VwGO eröffnet ist (zur Abgrenzung präventives und repressives polizeiliches Handeln sowie den doppelfunktionalen Maßnahmen → Rn. 25 f.). Im Übrigen ergibt sich eine zentrale Weichenstellung für den Rechtsschutz aus der Rechtsnatur der polizeilichen Maßnahmen. Erfüllt diese – wie häufig – die Merkmale eines Verwaltungsakts i.S.d. § 35 S. 1 SVwVfG, ist die Anfechtungsklage nach § 42 I Alt. 1 VwGO für das Begehren ihrer Aufhebung statthaft. Fehlt es dagegen insb. an der Regelungswirkung, wie etwa bei der Gefährderansprache (→ Rn. 156) oder der Videoüberwachung (→ Rn. 139), kommen als statthafte Klagearten die allg. Leistungsklage (je nach Begehren in Form der

---

582 OVG NRW, NWVBl. 2009, 229, 230.
583 VGH Bad.-Württ., NVwZ-RR 2008, 696, 699 mwN.; OVG d. Saarl., Beschl. v. 24.9.2019 – 2 D 256/19, Rn. 10 – juris.
584 VG d. Saarl., Urt. v. 14.3.2007 – 5 K 96/06 – juris.

Unterlassungsklage) oder die Feststellungsklage nach § 43 VwGO in Betracht. Bei Letzterer ist zugleich auf das Subsidiaritätserfordernis des § 43 II VwGO einzugehen. Hat sich die polizeiliche Maßnahme aufgrund ihrer oftmals nur kurzen Dauer erledigt (man denke etwa an eine Platzverweisung), so ist bei Verwaltungsakten die Fortsetzungsfeststellungsklage nach § 113 I 4 VwGO und bei Erledigung vor der Klageerhebung analog § 113 I 4 VwGO statthaft. Bei erledigten Realakten ist die Feststellungsklage nach § 43 I Alt. 1 VwGO einschlägig. Im Übrigen sei auf die Lehrbücher zum Verwaltungsprozessrecht verwiesen.

164 Auch im Polizeirecht entfalten Widerspruch und Anfechtungsklage gem. § 80 I VwGO grds. aufschiebende Wirkung. Widerspruchsbehörde für Verwaltungsakte gegen das saarl. Landespolizeipräsidium ist das Ministerium für Inneres, Bauen und Sport (→ § 4 Rn. 17; → § 2 Rn. 27, 159). Allerdings ist zu beachten, dass bei unaufschiebbaren Anordnungen von Polizei*vollzugs*beamten die aufschiebende Wirkung kraft Gesetzes entfällt, § 80 II 1 Nr. 2 VwGO. Dann ist ein Antrag nach § 80 V 1 Alt. 1 VwGO auf Anordnung der aufschiebenden Wirkung zu stellen. Wurde dagegen die sofortige Vollziehung der polizeilichen Maßnahme nach § 80 II 1 Nr. 4, III VwGO angeordnet, ist der Antrag auf Wiederherstellung der aufschiebenden Wirkung nach § 80 V 1 Alt. 2 VwGO der statthafte Rechtsbehelf.

165 Prüfungsschema zur Rechtmäßigkeit einer Polizeiverfügung

I. Rechtsgrundlage
1. Standardmaßnahmen §§ 9–40 SPolG bzw. spezielle Vorschriften aus dem SPolDVG einschl. dortige Generalklausel 2. Generalklausel § 8 I SPolG
II. Formelle Rechtmäßigkeit
1. Zuständigkeit – sachlich: Bezieht sich Norm auf bestimmte Beh. wie Vollzugspolizei? Ansonsten sind gem. § 80 I SPolG grds. die Polizeiverwaltungsbeh. zuständig, d.h. die Ortspolizeibeh. (§ 80 II, § 76 III SPolG). S. zur Zuständigkeit der Vollzugspolizei § 85 II SPolG! – örtlich: § 81 SPolG bei Polizeiverwaltungsbeh., § 86 SPolG bei Vollzugspolizei
2. Verfahren vor allem: Anhörung (§ 28 I SVwVfG, ggf. Ausnahmen, insb. II Nr. 1)
3. Form i.d.R. keine Anforderungen, § 37 II SVwVfG
4. Begründung (§ 39 SVwVfG), wenn schriftl. od. elektron.

III. Materielle Rechtmäßigkeit
1. Tatbestandsvoraussetzungen[585] der Befugnisnorm
2. Tauglicher Adressat – Verhaltensstörer (§ 4 SPolG) bzw. Zweckveranlasser – Zustandsstörer (§ 5 SPolG) – Nichtstörer (§ 6 SPolG)
3. Rechtsfolge: Ermessen (§ 3 I SPolG) – Entschließungsermessen – Auswahlermessen – Störerauswahl (richtiger Adressat unter mehreren) Achtung: Gerichte prüfen nur bestimmte Ermessensfehler (§ 114 S. 1 VwGO)
4. Verhältnismäßigkeit (§ 2 SPolG)

XI. Polizeiverordnungen (§§ 59 ff. SPolG)

Standardmaßnahmen und Maßnahmen aufgrund der Generalklausel ergehen zur Abwehr von Gefahren im konkreten Einzelfall. Demgegenüber enthalten **Polizeiverordnungen abstrakt-generelle Ge- und Verbote**. § 59 I SPolG ermächtigt die Polizeibehörden zum Erlass von Polizeiverordnungen. Sie tragen zur Entlastung des Gesetzgebers bei und ermöglichen eine der jew. Lage und den verschiedenartigen örtlichen Bedürfnissen angepasste Gestaltung des Polizeirechts.[586]

166

Nach der **Legaldefinition** in § 59 II SPolG sind Polizeiverordnungen Ge- und Verbote zur Gefahrenabwehr, die für eine **unbestimmte Zahl von Fällen** an eine **unbestimmte Zahl von Personen** gerichtet sind. Bspw. bestimmt die Polizeiverordnung über die Aufrechterhaltung der Sicherheit und Ordnung auf Straßen und in Anlagen der Landeshauptstadt Saarbrücken,[587] dass Blumenkästen sowie sonstige Gegenstände auf Fensterbänken und Balkonen so zu sichern sind, dass sie nicht auf die öffentl. Verkehrsfläche herabfallen können (§ 6 I), und dass das Füttern von wildlebenden Tauben verboten ist (§ 11 S. 1). Da in einer Polizeiverordnung ein bestimmtes Verhalten aus Gründen der Gefahrenabwehr untersagt oder gefordert werden darf, können in ihr keine Nutzungszeiten für eine öffentl. Einrichtung festgelegt werden.[588] Weil derartige gefahrenabwehrende Regelungen ggü. vielen Personen in einer unbestimmten Zahl von Fällen gelten, aber nicht vom Parlamentsgesetzgeber stammen, sind sie **Gesetze im materiellen Sinne**. Sie sind insb. von den **Allgemeinverfügungen abzugrenzen**. Allgemeinverfügungen enthalten, auch wenn sie sich an einen nach allg. Merkmalen bestimmten oder bestimmbaren Personenkreis richten, **Einzelfallregelungen** und sind

167

---

585 Nach dem hier vorgeschlagenen Aufbau ist die Aufgabennorm in der Befugnisnorm enthalten. Anders der Bayerische Prüfungsaufbau, bei welchem zuerst die Aufgabe (§ 1 II SPolG) anzusprechen und danach auf die Befugnisnorm einzugehen ist, s. dazu *Heckmann,* ÖR Bay., 3. Teil Rn. 83.
586 LT-Drucks. 9/1929, S. 51.
587 VO v. 11.4.2007 i. d.F. v. 25.5.2015, gem. ihrem § 18 verkündet im Saarbrücker Wochenspiegel (vgl. § 65 S. 2 SPolG).
588 VGH Bad.-Württ., NVwZ-RR 2012, 939, 940.

deshalb gem. § 35 S. 2 (S)VwVfG Verwaltungsakte.[589] Wenn polizeilich angeordnet wird, dass sich Personen, die der sog. Punk-Szene angehören, innerhalb eines Zeitraums von vier Wochen auf einem bestimmten Platz nicht aufhalten dürfen, handelt es sich dabei angesichts der zeitlichen und räumlichen Begrenztheit der Maßnahme um die Regelung eines Einzelfalls.[590]

168 Nach Art. 104 I SVerf kann die Ermächtigung zum Erlass von Verordnungen nur durch Gesetz erteilt werden, das Inhalt, Zweck und Ausmaß der erteilten Ermächtigung bestimmen muss (→ § 1 Rn. 138). § 59 I SPolG, wonach die Polizeiverwaltungsbehörden zur Gefahrenabwehr (§ 1 II SPolG) Polizeiverordnungen erlassen können, statuiert eine **Generalermächtigung**. Sie genügt dem verfassungsrechtlichen Bestimmtheitsgebot. Denn die unbestimmten Rechtsbegriffe der Abwehr einer Gefahr für die öffentl. Sicherheit oder Ordnung wurden in jahrzehntelanger Entwicklung durch Rspr. und Lehre hinreichend präzisiert, in ihrer Bedeutung geklärt und im juristischen Sprachgebrauch verfestigt.[591] Gem. § 60 S. 2 SPolG dürfen Polizeiverordnungen nicht lediglich den Zweck haben, der Polizei die Aufsicht zu erleichtern.

169 Eine Polizeiverordnung darf nur auf die Generalermächtigung in § 59 I SPolG abgestützt werden, wenn keine **Spezialermächtigungen** einschlägig sind. Insb. im Zusammenhang mit **Taubenfütterungsverboten in Polizeiverordnungen** hat sich die Frage gestellt, ob ihnen nicht die Ermächtigung in § 17 IV Infektionsschutzgesetz (IfSG) entgegensteht, wonach die Landesregierungen unter den nach § 16, § 17 I IfSG maßgebenden Voraussetzungen durch Rechtsverordnung entsprechende Ge- und Verbote zur Verhütung übertragbarer Krankheiten erlassen können. Die Rspr. hat eine Sperrwirkung dieser Vorschriften abgelehnt, da die polizeilichen Taubenfütterungsverbote auch Gesundheitsgefahren begegnen wollen, die nicht von übertragbaren Krankheiten ausgehen, und zudem Bauwerke vor Beschädigungen durch Taubenkot schützen wollen.[592] § 59a SPolG enthält eine Ermächtigung zum Erlass von Polizeiverordnungen „zur Vorsorge" gegen die von Hunden ausgehenden Gefahren für Menschen und Tiere.[593] Gem. Art. 297 EGStGB kann die Landesregierung zum Schutz der Jugend oder des öffentl. Anstandes unter den dort genannten Voraussetzungen durch Rechtsverordnung die Prostitution verbieten. Obwohl auch diese Rechtsverordnungen der Gefahrenabwehr dienen, hat das Land bei Gebrauch seiner in Art. 297 II EGStGB bestehenden Delegationsbefugnis die Befugnis zum Erlass derartiger Rechtsverordnungen nicht den Polizeibehörden, sondern gem. § 3 ProstVerbV Gemeinden mit über 30 000 Einwohnern übertragen.[594]

---

589 Dazu OVG Bremen, NordÖR 2012, 38.
590 Dazu, dass Allgemeinverfügungen aufgrund einer konkret-generellen Gefahr ergehen, VG Trier, Beschl. v. 26.2.2014 – 1 L 376/14.TR, Rn. 7 – juris.
591 BVerwGE 129, 142, 148.
592 VGH Bad.-Württ., NVwZ-RR 2006, 398, 399; HessVGH, NVwZ-RR 2008, 782 f. Zur Frage, ob das BImSchG dem Erlass einer Polizeiverordnung über ein nächtliches Musik- und Spielverbot entgegensteht, VGH Bad.-Württ., Beschl. v. 5.8.2021 – 1 S 1894/21, Rn. 103 ff. – juris.
593 Dazu, dass Ermächtigungen zur Gefahrenvorsorge nicht die allg. Regelung verdrängen, wenn eine abstrakte Gefahr vorliegt, VGH Bad.-Württ., Beschl. v. 5.8.2021 – 1 S 1894/21, Rn. 169 – juris.
594 Mit der Folge, dass § 65 SPolG keine Anwendung findet, s. OVG d. Saarl., Urt. v. 30.6.2020 – 2 C 360/19, Rn. 36 – juris.

XI. Polizeiverordnungen (§§ 59 ff. SPolG)

1. Formelle Anforderungen

Für den Erlass einer Polizeiverordnung sind die **Polizei*verwaltungs*behörden** zuständig (§ 59 I SPolG). Nach § 60 S. 1 SPolG werden die Polizeiverordnungen **im Einvernehmen mit dem Ministerium für Inneres [, Bauen] und Sport**, also mit seiner Zustimmung, von **den zuständigen Ministerien innerhalb ihres Geschäftsbereichs** oder den übrigen allg. Polizeiverwaltungsbehörden für ihr Gebiet oder Teile ihres Gebiets erlassen. Die örtliche Zuständigkeit richtet sich danach, für welchen Bereich die Verordnung gelten soll. Die Ministerien können eine Polizeiverordnung erlassen, wenn mehr als ein Kreis, die Kreispolizeibehörden, wenn mehr als eine Gemeinde betroffen sein soll.[595] Gem. § 60 S. 1 Alt. 2, § 75 II Nr. 3, § 76 III SPolG kann demnach der jew. Bürgermeister Polizeiverordnungen für „sein Gebiet" erlassen. Im Saarland wirkt der Gemeinderat am Erlass derartiger Polizeiverordnungen nicht mit. Der inhaltliche Geltungsbereich einer Polizeiverordnung deckt sich mit dem Polizeibereich der erlassenden Behörde. Er kann allerdings von dieser auf einzelne Teile ihres Bezirks beschränkt werden, wenn nur insoweit eine Regelungsnotwendigkeit besteht.[596]

170

Nach § 64 SPolG sind **Polizeiverordnungen der Kreis- und Ortspolizeibehörden** *vor* ihrem Erlass dem **zuständigen Ministerium vorzulegen**. Dadurch soll dem Erlass ungültiger Verordnungen vorgebeugt werden. Der Vorlagepflicht der nachgeordneten Behörden entspricht eine Prüfpflicht des Ministeriums, die auch die Zweckmäßigkeit der Verordnung umfasst. Auf diese Weise kann das zuständige Ministerium prüfen, ob nicht ein Bedürfnis zum Erlass einer landesweiten Polizeiverordnung besteht. Die Vorlage ist **Voraussetzung für die Rechtmäßigkeit der Polizeiverordnungen** der Kreis- und Ortspolizeibehörden.[597] Derartige Polizeiverordnungen dürfen nicht vor Ablauf eines Monats nach der Vorlage erlassen werden. Abweichendes gilt, wenn das Ministerium vorher zu erkennen gegeben hat, dass gegen den Entwurf keine Bedenken bestehen.

171

§ 62 SPolG legt in Absatz 1 **zwingende Formerfordernisse** und in Absatz 2 **Soll-Erfordernisse** fest. Nach § 62 I SPolG *müssen* Polizeiverordnungen eine ihren Inhalt kennzeichnende Überschrift tragen, in der Überschrift als Polizeiverordnung bezeichnet sein, das Datum enthalten, unter dem sie erlassen sind, die Rechtsgrundlage angeben, die zu ihrem Erlass ermächtigt, die erlassende Behörde bezeichnen und den örtlichen Geltungsbereich festlegen. Ausweislich der Gesetzesmaterialien hat eine **Verletzung der in Absatz 1 genannten Formanforderungen die Ungültigkeit** der gesamten Polizeiverordnung zur Folge. Jedoch berühren bloße Schreib- und Druckfehler und andere offenbare Unrichtigkeiten nicht die Gültigkeit der Polizeiverordnung, sondern sind von der zuständigen Behörde zu berichten. Dabei ist die Berichtigung in der gleichen Form wie die Polizeiverordnung selbst zu verkünden.[598] Das in **Nr. 4** einfachgesetzlich aufgegriffene **Zitiergebot** des Art. 104 I 3 SVerf dient sowohl der Selbst- als auch der externen Richtigkeitskontrolle. Bei mehreren, den Verordnungsinhalt abdeckenden Ermächtigungsgrundlagen sind nach dem BVerfG sämtliche Einzelermächtigungen zu zi-

172

---

595 LT-Drucks. 9/1929, S. 52.
596 LT-Drucks. 9/1929, S. 52.
597 LT-Drucks. 9/1929, S. 54.
598 LT-Drucks. 9/1929, S. 53.

tieren. Es muss aber nicht bei jeder einzelnen Norm ausgewiesen werden, auf welcher Ermächtigung sie beruht.[599] Das OVG d. Saarl. hielt es für unschädlich, wenn in einer Präambel zum Erlass einer Polizeiverordnung neben den richtigen Ermächtigungsnormen der §§ 59, 60 SPolG auf § 8 SPolG verwiesen wird.[600] Dies lässt sich mit dem Wortlaut des § 62 I Nr. 4 SPolG vereinbaren. Sofern jedoch sozusagen wahllos mehrere unrichtige Normen innerhalb des Zitiergebots der Verordnung genannt werden, wird man wohl sagen müssen, dass sich dies mit dem Sinn und Zweck des Zitiergebots nicht mehr vereinbaren lässt. Mangels einer § 28a V IfSG entsprechenden Bestimmung müssen Polizeiverordnungen im Unterschied zu Corona-Verordnungen nicht begründet werden.[601] Nach § 62 II SPolG *sollen* Polizeiverordnungen den **Tag** bestimmen, an dem sie **in Kraft treten**. Fehlt eine solche Angabe, treten sie mit dem auf die Verkündung folgenden Tag in Kraft.

173 Polizeiverordnungen müssen als Rechtsverordnungen nach Art. 104 II 1 SVerf **ausgefertigt** werden. Mit der Ausfertigung wird eine Originalurkunde geschaffen, durch die der Wille des Normgebers nach außen wahrnehmbar gemacht und bezeugt wird, dass der zu veröffentlichende Text den gewollten Inhalt der Verordnung wiedergibt und die für die Rechtswirksamkeit maßgeblichen Umstände beachtet wurden.[602] Dazu muss der volle Text vom Behördenleiter mit Amtsbezeichnung und Datum unterschrieben werden.[603] Erst mit der **Verkündung** wird die Verordnung existent. Gem. § 65 SPolG sind Polizeiverordnungen im Amtsblatt des Saarlandes zu verkünden. Polizeiverordnungen der *Ortspolizeibehörden* sind in der für die öffentl. Bekanntmachung gemeindlicher Satzungen bestimmten Weise zu verkünden (§ 222 I Nr. 1 KSVG i.V.m. BekVO). Wesentliche Fehler bei der Ausfertigung sowie Verkündungsfehler führen zur Nichtigkeit der Verordnung.[604]

2. Materielle Anforderungen

174 Eine auf § 59 I SPolG gestützte Polizeiverordnung muss der **Abwehr einer Gefahr** i.S.d. § 1 II SPolG, d.h. für die öffentl. Sicherheit oder Ordnung, dienen. Da im Unterschied zu § 8 I SPolG gerade keine „im einzelnen Fall" bestehende Gefahr verlangt wird, muss für Polizeiverordnungen eine **abstrakte Gefahr** vorliegen. Im Unterschied zur konkreten Gefahr ist beim Erlass einer Polizeiverordnung eine abstrakt-generelle Betrachtung vorzunehmen, ohne dass die Anforderungen an die Wahrscheinlichkeit des Schadenseintritts abgesenkt werden. Auch die Feststellung einer solchen Gefahr bedarf einer in tatsächlicher Hinsicht hinreichend abgesicherten Prognose.[605] Eine abstrakte Gefahr ist gegeben, wenn ein bestimmtes Verhalten oder ein Zustand nach

---

599 BVerfGE 136, 69, 113 m. w.N.
600 OVG d. Saarl., AS 30, 439, 441; dazu, dass die Generalklausel allein eine unzureichende Ermächtigungsgrundlage ist, VGH BW, NVwZ-RR 2012, 939, 940.
601 Dazu, dass dies aus Gründen des Grundrechtsschutzes durch Verfahren und der demokratischen Legitimation wünschenswert wäre, *Pünder*, VwR BT, § 69 Rn. 302.
602 OVG d. Saarl., Urt. v. 1.12.1993 – 3 N 3/93 – juris; s.a. *Grupp/Stelkens*, Saarheim, Fall „Ordnungsliebe".
603 VGH Bad.Württ., VBlBW 2014, 292, 293.
604 VGH Bad.Württ., VBlBW 2014, 292, 294; für eine Unschädlichkeit des Fehlens des Ausfertigungsdatums, wenn deren Vornahme vor der Bekanntmachung sichergestellt ist, SächsOVG, SächsVBl. 2021, 327, 331 Rn. 35.
605 VGH Bad.-Württ., Urt. v. 5.8.2021 – 1 S 1894/21, Rn. 130 – juris.

allg. Lebenserfahrung oder nach fachlichen Erkenntnissen typischerweise mit hinreichender Wahrscheinlichkeit zu einem Schaden für ein polizeiliches Schutzgut führen wird.[606] Beim Erlass einer Polizeiverordnung muss also nicht der Nachweis der Gefahr eines Schadenseintritts im Einzelfall geführt werden. Da mit dem Füttern von Tauben und der daraus resultierenden Vermehrung der Tiere mit hinreichender Wahrscheinlichkeit eine Verletzung polizeilicher Schutzgüter einhergeht – man denke nur an die Schädigung privater Gebäude, die Beeinträchtigung der Verkehrssicherheit auf Gehwegen oder der Gesundheit insb. bei immundefizienten Personengruppen oder die Hervorrufung allergischer Reaktionen –, ist das Vorliegen einer abstrakten Gefahr zu bejahen.[607] Der VGH Baden-Württemberg hat eine Polizeiverordnung, in deren zeitlichem und örtlichem Geltungsbereich das Konsumieren von Alkohol verboten wurde, mangels Vorliegens einer abstrakten Gefahr als unwirksam angesehen. Dass Alkoholgenuss generell zu Aggressivität führe, widerspreche der Lebenserfahrung. Es hänge vielmehr von den äußeren Umständen, den individuellen Gegebenheiten und Befindlichkeiten sowie den situativen Einflüssen ab, welche Wirkungen der Alkoholgenuss beim Einzelnen zeige. Vorsorgemaßnahmen zur Abwehr möglicher Beeinträchtigungen im Gefahrenvorfeld würden durch die allg. Ermächtigung zum Erlass einer Polizeiverordnung nicht gedeckt.[608] Ferner gibt es nach dem Sächsischen OVG keinen Erfahrungssatz dahin gehend, dass das Mitführen von Messern mit beachtlicher Regelmäßigkeit in Gewalt- und Rohheitsdelikte mündet.[609]

Der Erlass einer Polizeiverordnung steht im **normativen Ermessen** der Behörden („können"). Sie müssen sich also darüber klar werden, ob und wie sie von dieser Möglichkeit Gebrauch machen wollen. Was die Adressaten der Ge- bzw. Verbote in der Polizeiverordnung anbetrifft, sind die Wertungen in den §§ 4 ff. SPolG zu beachten.[610] Polizeiverordnungen müssen gem. § 61 I SPolG in ihrem **Inhalt bestimmt** sein. Die Regelungen sind so klar und bestimmt zu fassen, dass die Normadressaten die verordnungsrechtlichen Ge- oder Verbote erkennen und ihr Verhalten daran ausrichten können. Das Bestimmtheitsgebot steht einer Verwendung unbestimmter Rechtsbegriffe nicht entgegen. Allerdings müssen sich die Begriffe durch Auslegung nach den Regeln der juristischen Methodik (Wortlaut, Sinn und Zweck, systematische Stellung) hinreichend konkretisieren lassen. Verbleibende Ungewissheiten dürfen keinesfalls so weit gehen, dass die Vorhersehbarkeit und Justiziabilität des staatlichen Handelns gefährdet sind.[611] Als zu unbestimmt angesehen wurde z.B. die Formulierung, sich „nach Art eines Land- oder Stadtstreichers" in öffentl. Anlagen „herumzutreiben".[612] Der VGH Baden-Württemberg hat die Bestimmtheit des Lagerns oder Verweilens außerhalb von Freischankflächen oder Einrichtungen wie Grillstellen ausschließlich oder überwiegend zum Zwecke des Alkoholge-

---

606 OVG d. Saarl., AS 31, 180, 189 – juris; s.a. OVG Bremen, NordÖR 2012, 38, 39; SächsOVG, SächsVBl. 2021, 327, 332 Rn. 40, 42.
607 VGH Bad.-Württ., NVwZ-RR 2006, 398, 399; HessVGH, NVwZ-RR 2008, 782 f.
608 VGH Bad.-Württ., NVwZ-RR 2010, 55, 56 ff.
609 SächsOVG, SächsVBl. 2021, 327, 333 Rn. 45 ff.
610 *Siegel*, ÖR Berl., § 3 Rn. 281, weil die Vorschriften den Einzelfall im Blick haben.
611 BVerfGE 118, 168, 188; s.a. OVG d. Saarl., AS 28, 243, 245; VGH Bad.-Württ., Beschl. v. 5.8.2021 – 1 S 1894/21, Rn. 140 – juris.
612 VGH Bad.-Württ., VBlBW 1983, 302, 303.

nusses, „wenn dessen Auswirkungen geeignet sind, Dritte erheblich zu belästigen", als nicht mehr bestimmt genug beanstandet. Denn die Normadressaten könnten nicht sicher Grenzen ausmachen, ab wann bzw. unter welchen Voraussetzungen das Verweilen zum Alkoholgenuss geeignet ist, sich belästigend auf Dritte auszuwirken.[613] Verweisungen auf Normen außerhalb der Polizeiverordnung sind nur zulässig, wenn sie in anderen Rechtsvorschriften enthalten sind, § 61 II SPolG. Soweit die jew. Polizeiverordnung für einen bestimmten Tatbestand, z.b. den Verstoß gegen das Fütterungsverbot, auf die Bußgeldvorschrift des § 63 SPolG verweist, können vorsätzliche oder fahrlässige Zuwiderhandlungen mit einer Geldbuße geahndet werden.

176 Da der parlamentarische Gesetzgeber im Rahmen der Ermächtigung zum Erlass von Rechtsverordnungen eigene Gestaltungsfreiräume an den untergesetzlichen Normgeber delegiert und ihm damit vorbehaltlich gesetzlicher Beschränkungen die Bewertungsspielräume eröffnet, die ihm sonst selbst zustehen, **beschränkt sich die verwaltungsgerichtliche Kontrolle** (→ Rn. 178) der *normativen* **Ermessensausübung** darauf, ob die **äußersten Grenzen der Rechtssetzungsbefugnis überschritten** wurden und die getroffene Entscheidung in Anbetracht des Zwecks der Ermächtigung **schlechterdings unvertretbar oder unverhältnismäßig ist**.[614] Insb. müssen die in der Verordnung getroffenen Regelungen **mit dem höherrangigen Recht in Einklang** stehen. Zum höherrangigen Recht gehören das Bundesrecht (etwa das Grundgesetz und formelle Gesetze) sowie auf Landesebene die Verfassung und formelle Landesgesetze.

177 Weil ein Taubenfütterungsverbot in die allg. Handlungsfreiheit gem. Art. 2 I GG, Art. 2 S. 1 SVerf eingreift, muss diese Regelung mit dem **Übermaßverbot** (Verhältnismäßigkeitsgrundsatz) vereinbar sein und einen **legitimen Zweck mit geeigneten, erforderlichen und angemessenen Mitteln** verfolgen. Beim Taubenfütterungsverbot wird die Geeignetheit bejaht, weil die Beschränkung des Nahrungsmittelangebots ein wirksames Mittel ist, um eine starke Vermehrung der Tiere einzuschränken und so die von ihnen ausgehenden Gefahren für die Gesundheit und Gebäude zu bekämpfen. Ein Fütterungsverbot ist auch erforderlich, weil die Beschränkung auf ein spezielles Taubenfutter nicht ebenso Erfolg versprechend ist. Auch steht ein solches Verbot nach der Rspr. im Einklang mit der Staatszielbestimmung der Art. 20a GG und Art. 59a III SVerf, durch welche Tieren kein absoluter Schutz vermittelt wird.[615] Bei der Angemessenheit ist der Frage nachzugehen, ob nicht aus verfassungsrechtlichen Gründen Ausnahmen von einer strikten Regelung vorzusehen sind.[616] Außerdem muss die erlassende Stelle den allg. Gleichheitssatz (Art. 3 I GG, Art. 12 I SVerf) beachten. Aus der Perspektive des allg. Gleichheitssatzes ist es nicht zu beanstanden, wenn der Normgeber unterschiedliche Pflichten für die Halter von Hunden daran knüpft, weil sich bei bestimmten Hunderassen Beißvorfälle häufiger als bei anderen ereignen. Aus verfas-

---

613 VGH Bad.-Württ., VBlBW 2010, 33, 34.
614 BVerwG, NVwZ 2007, 958 f.; s.a. BayVerfGH, NuR 2011, 883, 884 aber nicht zu einer Polizeiverordnung.
615 VGH Bad.-Württ., NVwZ-RR 2006, 398, 399; HessVGH, NVwZ-RR 2008, 782, 783; a.A. Han, Die Verbandsklage im Tierschutzrecht, S. 108 f.
616 Beim Taubenfütterungsverbot wurde bei der Angemessenheit argumentiert, dass den betroffenen Personen andere Möglichkeiten zur Verfügung stehen, indem sie z.B. bei der Betreuung von Tauben in Taubenhäusern mitwirken könnten.

sungsrechtlichen Gründen muss der Normgeber seine Regelung angesichts möglicher neuer Erkenntnisse jedoch daraufhin beobachten, ob eine solche Unterscheidung auch später noch trägt.[617] Nach § 66 SPolG „sollen" Polizeiverordnungen eine Beschränkung hinsichtlich ihrer **Geltungsdauer** enthalten. Polizeiverordnungen ohne eine solche Beschränkung treten 20 Jahre nach ihrem Inkrafttreten außer Kraft.

Prüfungsschema zu Polizeiverordnungen   178

I. Verordnungsermächtigung Art. 104 SVerf
▪ Spezialermächtigung, z.B. § 59a SPolG ▪ Generalermächtigung § 59 I SPolG
II. Formelle Rechtmäßigkeit
1. Zuständigkeit – *Verbands*kompetenz § 60 SPolG – *Organ*kompetenz: wenn Ortspolizeibeh. (§ 75 II Nr. 3, § 76 III SPolG) handelt, keine Selbstverwaltungsangelegenheit, daher nicht Gemeinderat!
2. Form – *zwingende* Erfordernisse § 62 I SPolG – *Soll*-Erfordernisse § 62 II SPolG
3. Ausfertigung
4. Verkündung § 65 SPolG
III. Materielle Rechtmäßigkeit
1. Voraussetzungen des § 59 I SPolG = *abstrakte* Gefahr für öffentl. Sicherheit oder Ordnung
2. Ge- und Verbote für unbestimmte Zahl von Fällen an unbestimmt viele Personen, § 59 II SPolG
3. Verantwortlichkeit der Verpflichteten, Wertungen der §§ 4 ff. SPolG
4. Bestimmtheitsgebot, § 61 I SPolG
5. Fehlerfreie Ausübung des normativen Ermessens
6. Verbot der Aufsichtserleichterung, § 60 S. 2 SPolG
7. Kein Verstoß gegen höherrangiges Recht z.B. Gleichheitsgrundsatz, Verhältnismäßigkeit

3. Durchsetzung von Polizeiverordnungen sowie Rechtsschutz

Die Ge- und Verbote in Polizeiverordnungen sind von den Normadressaten unmittelbar, d.h. ohne weiteren Vollzugsakt, zu befolgen. Verstößt eine Person gegen ein verordnungsrechtliches Verbot, liegt eine konkrete Gefahr für die öffentl. Sicherheit vor. Deshalb kann die Polizei gegenüber ihr nach § 8 I SPolG die erforderlichen Maßnahmen zur Einhaltung dieser Rechtsvorschrift ergreifen und ggf. den auf Grundlage der   179

---

617 BVerwG, LKV 2013, 464, 465.

Generalklausel erlassenen Verwaltungsakt vollstrecken. Hält die betroffene Person die der polizeilichen Einzelmaßnahme zugrunde liegende Polizeiverordnung aus formellen und/oder materiellen Gründen für nichtig, kann sie **gegen den Verwaltungsakt Anfechtungswiderspruch und -klage** (§§ 68 ff., § 42 I Alt. 1 VwGO) erheben. In Prüfungsarbeiten ist dann die Wirksamkeit der Polizeiverordnung **inzident** zu prüfen. Darüber hinaus kann die Gültigkeit einer Polizeiverordnung Gegenstand eines verwaltungsgerichtlichen **Normenkontrollverfahrens** nach § 47 I Nr. 2 VwGO i.V.m. § 18 AGVwGO sein. Ein auf die Verordnung gestützter Verwaltungsakt ist zur Eröffnung dieser Prüfung nicht erforderlich. Zuständig ist das OVG d. Saarl. (§ 47 I VwGO). Nach der Rspr. sind allerdings **Bußgeldnormen** in einer Polizeiverordnung **nicht normenkontrollfähig**, weil für die sich daraus ergebenden Einzelrechtsstreitigkeiten die ordentlichen Gerichte (§§ 1, 68 I OWiG) zuständig sind.[618] Vor dem OVG müssen sich die Beteiligten durch Prozessbevollmächtigte vertreten lassen (§ 67 IV VwGO). Gem. § 55d S. 1 VwGO müssen Rechtsanwälte, Behörden und juristische Personen des öffentl. Rechts ihre Dokumente seit dem 1.1.2022 elektronisch übermitteln. Der Antrag ist nach § 47 II 2 VwGO gegen den Rechtsträger der Polizeiverwaltungsbehörde (→ Rn. 13) zu richten. Wird die Polizeiverordnung von einem Ministerium oder einer Kreispolizeibehörde erlassen, ist der Rechtsträger das Saarland. Dies ist nach hier vertretener Auffassung auch der Fall, wenn eine Ortspolizeibehörde handelt (→ Rn. 14).

XII. Der Verwaltungszwang (§§ 44 ff. SPolG)

180 §§ 44 ff. SPolG regeln, **wie eine polizeiliche Maßnahme auch gegen oder ohne den Willen des Pflichtigen durchgesetzt** werden kann. Grds. erfolgt die Vollstreckung von Verwaltungsakten durch Behörden des Landes, der Gemeinden und Gemeindeverbände und sonstige juristische Personen des öffentl. Rechts nach dem Saarl. Verwaltungsvollstreckungsgesetz (SVwVG, → § 2 Rn. 63, 68). Allerdings bleiben nach § 1 III SVwVG die Vorschriften des SPolG zur Durchsetzung von polizeilichen Verfügungen unberührt, soweit es sich nicht um Verwaltungsakte handelt, mit denen eine Geldleistung gefordert wird. **Polizeiliche Verfügungen, die nicht auf eine Geldleistung zielen**, werden also nach den §§ 44 ff. SPolG und nicht nach dem SVwVG vollstreckt (→ § 2 Rn. 68). Unerheblich ist dabei, ob sich die Ermächtigungsgrundlage für die Verfügung aus dem SPolG oder SPolDVG ergibt. Von einem **gestreckten Verfahren** spricht man, wenn ein vollstreckungsfähiger Verwaltungsakt vorliegt, dessen Vollstreckung sodann in einzelnen Stufen erfolgt. Davon ist der **Sofortvollzug** zu unterscheiden, bei dem der Verwaltungszwang **ohne vorausgehenden Verwaltungsakt** angewendet wird (§ 44 II SPolG).

---

[618] BVerwG, NVwZ 2005, 695, 696; s.a. BVerfG, NVwZ 2007, 1172, 1174; VGH Bad.-Württ., Beschl. v. 5.8.2021 – 1 S 1894/21, Rn. 88 – juris.

XII. Der Verwaltungszwang (§§ 44 ff. SPolG)

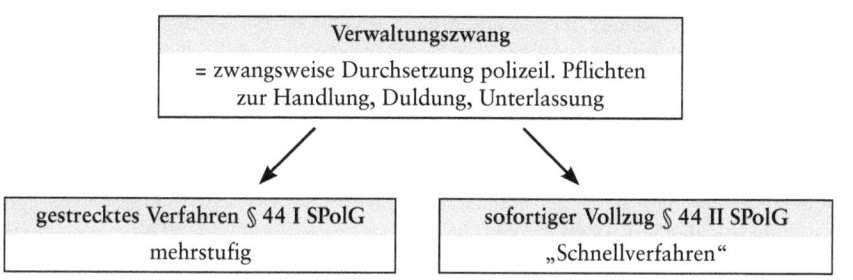

1. Gestrecktes Vollstreckungsverfahren

Für den Verwaltungszwang ist die Behörde zuständig, die den Verwaltungsakt erlassen hat (§ 44 III SPolG). Im Unterschied zu Privatpersonen kann die Verwaltung Ge- bzw. Verbote in einem Verwaltungsakt ohne gerichtliche Hilfe selbst durchsetzen (Selbstvollstreckung).[619]

a) Vollstreckungsfähiger Grundverwaltungsakt (§ 44 I SPolG)

Gem. § 44 I SPolG setzt der Polizeizwang einen Verwaltungsakt voraus, der auf die Vornahme einer Handlung oder auf Duldung oder Unterlassung gerichtet ist. Nach den Gesetzesmaterialien zählt zur „Vornahme einer Handlung" auch die Herausgabe einer Sache.[620] Außerdem wird der Polizeizwang davon abhängig gemacht, dass der jew. Verwaltungsakt unanfechtbar ist *oder* ein Rechtsbehelf keine aufschiebende Wirkung entfaltet. Unanfechtbar ist ein Verwaltungsakt, wenn er nicht mehr mit Widerspruch und Anfechtungsklage angegriffen werden kann, wenn also die Widerspruchsfrist (§ 70 I VwGO) bzw. Klagefrist (§ 74 I VwGO) abgelaufen ist, ohne dass ein Rechtsbehelf ordnungsgemäß eingelegt wurde. Die gleiche Wirkung wird mit einem rechtskräftigen, klageabweisenden Urteil erzielt. Außerdem endet nach § 80b I VwGO die aufschiebende Wirkung bei einer abgewiesenen Anfechtungsklage grds. drei Monate nach Ablauf der gesetzl. Begründungsfrist des gegen die abweisende Gerichtsentscheidung gegebenen Rechtsmittels.

Aus § 80 II VwGO ergibt sich, **wann Widerspruch und Anfechtungsklage keine aufschiebende Wirkung entfalten**. Als polizeirechtlicher Hauptanwendungsfall des Entfallens des Suspensiveffekts sind die *unaufschiebbaren* Anordnungen und Maßnahmen von Polizei*vollzugs*beamten (§ 80 II 1 Nr. 2 VwGO) zu nennen, etwa wenn ein uniformierter Polizeibeamter einen Fahrzeugführer auffordert, seinen eine Durchgangsstraße blockierenden Pkw sofort zu entfernen. Wegen der vergleichbaren Interessenlage wird § 80 II 1 Nr. 2 VwGO *bei Verkehrszeichen und Parkuhren analog* angewendet.[621] Des Weiteren entfällt die aufschiebende Wirkung, wenn von einer Polizeibehörde die *sofortige Vollziehung des Verwaltungsakts* im öffentl. Interesse oder im überwiegenden Interesse eines Beteiligten besonders angeordnet wird (§ 80 II 1 Nr. 4, III VwGO). Als Beispiel dafür sei genannt, dass die Polizeiverwaltungsbehörde die Beseitigung eines

---

619 BVerwGE 125, 110, 115 f.
620 LT-Drucks. 9/1929, S. 42.
621 BVerwG, NVwZ 1988, 623.

nicht mehr standsicheren Baums und wegen bevorstehender Herbststürme zugleich die sofortige Vollziehung anordnet. Nach ü.M. kommt es für die Vollstreckung eines Verwaltungsakts nicht auf seine Rechtmäßigkeit an.[622] § 44 I SPolG setzt lediglich die Existenz eines **wirksamen** gebietenden Verwaltungsakts für den Polizeizwang voraus. Mit anderen Worten hindert die **Rechtswidrigkeit eines Verwaltungsakts nicht seine Vollstreckung.** Er darf nur **nicht nichtig** sein.[623] Werden für eine Vollstreckungsmaßnahme Kosten erhoben, ist darauf zu achten, dass im Rahmen der Rechtmäßigkeit des Kostenbescheids die Rechtmäßigkeit der Vollstreckungsmaßnahme geprüft wird, vgl. § 77 I SVwVG. In *Ausnahmefällen* kann aus Rechtsschutzgründen auch die Prüfung der *Rechtmäßigkeit* des vollstreckten Verwaltungsakts notwendig werden (→ Rn. 221).[624]

b) Zwangsmittel

185 Bei der in § 46 SPolG geregelten **Ersatzvornahme** wird die **Verpflichtung, eine vertretbare Handlung vorzunehmen, nicht erfüllt.** Vertretbar ist eine Handlung, wenn sie durch eine andere Person als den Pflichtigen erfüllt werden kann.[625] Man denke etwa an die Anordnung, einen Baum zu fällen oder ein Fahrzeug wegzufahren.[626] In einer solchen Konstellation kann die Polizei die Handlung entweder selbst ausführen (**Selbstvornahme**) oder einen anderen (**Fremdvornahme**) mit der Ausführung beauftragen. Duldungs- und Unterlassungspflichten sind dagegen höchstpersönlicher Natur und daher nicht vertretbar.[627] Für die Ausführung der Ersatzvornahme werden gegenüber den Pflichtigen **Kosten erhoben** (§ 46 I 2 i.V.m. § 90 SPolG). Auch wenn bei der Ersatzvornahme ein privater Dritter eingeschaltet wird, werden die Kosten durch Verwaltungsakt erhoben (→ Rn. 221).[628] Obwohl der Gesetzeswortlaut („werden") auf eine zwingende Geltendmachung der Kosten hindeutet, gehen die saarl. Gerichte von einem **Spielraum der Behörden bei der Kostenheranziehung** aus und prüfen das Vorliegen einer unverhältnismäßigen Härte bzw. das Vorliegen eines atypischen Einzelfalls.[629] Begründet wird dies einerseits mit § 90 II 3 SPolG i.V.m. § 20 S. 1 des Saarl. Gebührengesetzes (SaarlGebG, → Rn. 221) i.V.m. § 59 I 1 Nr. 3 der Landeshaushaltsordnung (LHO), wonach Ansprüche erlassen werden können, wenn die Einziehung nach Lage des Falles für den Betroffenen eine besondere Härte bedeuten würde. Andererseits soll § 46 I 2 SPolG im Lichte des Verhältnismäßigkeitsgrundsatzes zu interpre-

---

[622] St. Rspr., vgl. BVerfG, NVwZ 1999, 290, 292 m.w.N.; BVerwG, VBlBW 2009, 55, 55; VGH Bad.-Württ., VBlBW 2022, 16, 17; *Graulich*, in: Lisken/Denninger, Hdb. d. PolR, Kap. E Rn. 908 f.
[623] BVerwG, Beschl. v. 22.2.2016 – 7 B 34/15, Rn. 5 – juris; s.a. OVG d. Saarl., LKRZ 2014, 151, 152; VGH Bad.-Württ., Urt. v. 3.5.2021 – 1 S 512/19, Rn. 36 f. – juris.
[624] BVerfG, NVwZ 2010, 1482, 1483 f.; vgl. hierzu *Durner* JA 2011, 157 f.; *Muckel* JA 2011, 239 f.; BayVGH, Urt. v. 17.4.2008 – 10 B 07.219 – juris; a.A. VGH Bad.-Württ., VBlBW 2022, 16, 19 ff.; *Schenke*, POR, Rn. 762.
[625] Zu § 21 SVwVG OVG d. Saarl., Urt. v. 23.5.2016 – 2 A 240/15, Rn. 43 – juris.
[626] Zur Anordnung der Beseitigung des Eichenprozessionsspinners aus einem Baum VG d. Saarl., Urt. v. 31.5.2022 – 6 K 344/20, Rn. 34 – juris.
[627] *Haus/Wohlfarth*, POR, Rn. 513.
[628] OVG d. Saarl., Beschl. v. 5.12.2013 – 2 A 375/13, Rn. 15 – juris.
[629] OVG d. Saarl, Beschl. v. 20.11.2018 – 2 A 830/17, Rn. 9 – juris. Dazu, dass die Kosten zur Beseitigung eines Eichenprozessionsspinners grds. Überwalzbar sind, VG d. Saarl., Urt. v. 31.5.2022 – 6 K 344/20, Rn. 41 ff. – juris.

tieren sein, weshalb eine Abwendung unbeabsichtigter Härten möglich sein müsse.[630] Auch ist in § 90 I SPolG nur von „kann" die Rede.

Zur Entlastung der öffentl. Haushalte kann bestimmt werden, dass die voraussichtlichen Kosten der Ersatzvornahme **im Voraus** zu zahlen sind. Wenn die entstandenen Kosten nicht den veranschlagten entsprechen, kann die Differenz nachgefordert werden oder muss im Falle der Überzahlung erstattet werden.[631] Weil das Gesetz über den Brandschutz, die Technische Hilfe und den Katastrophenschutz im Saarland (SBKG) eine eigenständige Regelung zu den Kosten von Feuerwehreinsätzen enthält, können die Kosten, die im Zusammenhang mit einem Löscheinsatz der Freiwilligen Feuerwehr an eine Firma für die Anforderung von technischem Gerät und Personal gezahlt wurden, nicht als Kosten der Ersatzvornahme in Rechnung gestellt werden.[632] Auch § 23 II BestattG enthält eine den Rückgriff auf die §§ 46, 90 SPolG ausschließende Sonderregelung.[633]

186

§ 47 SPolG macht keine Angaben dazu, wann ein **Zwangsgeld** verhängt werden kann. Nach den Gesetzesmaterialien kommt dieses Zwangsmittel **sowohl bei nicht vertretbaren als auch bei vertretbaren Handlungen sowie der Erzwingung von Duldungen oder Unterlassungen** in Betracht.[634] Bspw. kann die Polizei gegenüber einem Drogendealer bei Nichteinhaltung eines Aufenthaltsverbots ein Zwangsgeld in Höhe von 1.000 € verhängen. Da dieses Zwangsgeld die Erzwingung eines Verhaltens des Pflichtigen bezweckt, im Beispiel der Befolgung des verhängten Aufenthaltsverbots, dient es nicht der repressiven Bestrafung, sondern ist ein **Beugemittel**.[635] Dementsprechend kann das Zwangsgeld auch neben einer Strafe oder Geldbuße angewandt und solange wiederholt und gewechselt werden, bis der infrage stehende Verwaltungsakt befolgt wurde oder sich auf andere Weise erledigt hat (§ 45 III SPolG). Ein Zwangsgeld ist rechtswidrig, wenn es nach dem eindeutigen Willen der Polizei auf die Sanktionierung einer Zuwiderhandlung gerichtet ist und von dieser als „verkapptes Bußgeld" eingesetzt wird.[636] Das Zwangsgeld ist **schriftlich festzusetzen**. Seine Höhe liegt bei mindestens 5 und höchstens 5.000 €. Mit der Festsetzung ist dem Betroffenen eine angemessene Frist zur Zahlung einzuräumen (§ 47 II SPolG). Für die Zwangsgeldfestsetzung werden vom Betroffenen **Kosten** erhoben. Es handelt sich mithin um einen **kostenpflichtigen Verwaltungsakt**.

187

Die **Ersatzzwangshaft** kommt gem. § 48 I SPolG zur Anwendung, wenn das **Zwangsgeld uneinbringlich** ist.[637] Die Zwangshaft fungiert nicht als Strafe, sondern ist ein **Beugemittel**.[638] Wegen Art. 104 II GG obliegt ihre **Anordnung dem VG**. Die Haft kann auf Antrag der Polizei verhängt werden, wenn darauf bei Androhung des

188

---

630 OVG d. Saarl., AS 30, 439, 446.
631 LT-Drucks. 9/1929, S. 43.
632 VG d. Saarl., LKRZ 2008, 339, 340.
633 OVG d. Saarl., Urt. v. 11.6.2010 – 1 A 8/10 – juris zu § 26 II BestattG a.F.
634 LT-Drucks. 9/1929, S. 44.
635 LT-Drucks. 9/1929, S. 43.
636 OVG d. Saarl., Beschl. v. 1.3.2000 – 9 W 2/99 – juris.
637 Vgl. zur notwendigen Erfolglosigkeit des Zwangsgelds bei § 28 I Nr. 1 SVwVG VG d. Saarl., Beschl. v. 29.8.2019 – 1 N 1057/19, Rn. 25 – juris.
638 LT-Drucks. 9/1929, S. 44.

Zwangsgeldes hingewiesen wurde. Die Ersatzzwangshaft beträgt mindestens einen Tag und höchstens zwei Wochen.

189 **Unmittelbarer Zwang** darf von der Polizei **nur als ultima ratio** angewendet werden, wenn andere Zwangsmittel nicht in Betracht kommen, keinen Erfolg versprechen oder unzweckmäßig sind (§ 49 I 1 SPolG). Wird eine Person zur Öffnung einer Haustür aufgefordert und bricht die Polizei im Weigerungsfall die Tür selbst auf, könnte man zunächst an eine Ersatzvornahme denken. Richtigerweise ist dies zu verneinen, da der Betroffene nur zur Öffnung der Türe, nicht aber zu ihrer Zerstörung verpflichtet ist.[639] Vielmehr handelt es sich um eine Maßnahme des unmittelbaren Zwangs. Unter unmittelbarem Zwang versteht man die Einwirkung auf Personen oder Sachen durch **körperliche Gewalt, ihre Hilfsmittel und durch Waffen** (§ 49 II SPolG). „Körperliche Gewalt" ist jede unmittelbare körperliche Einwirkung auf Personen oder Sachen, etwa wenn eine Person von der Fahrbahn weggetragen wird. „Hilfsmittel der körperlichen Gewalt" sind nach § 49 IV SPolG „insbesondere" Fesseln, Wasserwerfer, technische Sperren, Diensthunde, Dienstfahrzeuge sowie Sprengmittel. In § 49 V SPolG werden die Waffen, mit denen die saarl. Polizei ausgerüstet werden darf, aufgezählt. Nach § 49 VI SPolG ist der Gebrauch von Hilfsmitteln der körperlichen Gewalt und von Waffen den Polizeivollzugsbeamten vorbehalten. Hilfspolizisten dürfen zur Eigensicherung Fesseln und Reizstoffe mit sich führen. Abweichend von § 49 VI SPolG können die Bürgermeister den Gebrauch von Diensthunden gestatten. Bei der Auswahl des Zwangsmittels, aber auch seiner Anwendung ist der Grundsatz der Verhältnismäßigkeit (§ 2 SPolG) zu beachten. Gem. § 49 VII SPolG werden von demjenigen, der die „Anwendung" des unmittelbaren Zwangs verursacht hat, **Kosten** erhoben.

c) Vollstreckungsverfahren

190 Das Vollstreckungsverfahren untergliedert sich in einzelne Verfahrensabschnitte. Zunächst muss sich die Polizei darüber klar werden, ob überhaupt Zwang angewendet werden soll. § 44 I SPolG normiert in dieser Hinsicht eine **Kann-Vorschrift** und stellt die Durchsetzung eines Verwaltungsakts mit Zwangsmitteln in das polizeiliche **Entschließungsermessen**. Wird dieses Ermessen positiv ausgeübt, muss sich die Polizei anschließend darüber klar werden, **welches Zwangsmittel** zur Anwendung kommen und wie es ausgestaltet werden soll. Neben den tatbestandlichen Voraussetzungen muss bei der Auswahl des Zwangsmittels der Grundsatz der **Verhältnismäßigkeit** gewahrt werden (§ 2 SPolG). Weder aus dem Wortlaut der §§ 46, 47 SPolG noch dem Verhältnismäßigkeitsgrundsatz lässt sich eine generelle „Nachrangigkeit" des Zwangsgeldes gegenüber der Ersatzvornahme entnehmen.[640] Entscheidend sind vielmehr die Umstände des Einzelfalls. Bei der Bestimmung der Höhe des Zwangsgeldes, für welches das Gesetz nur einen Rahmen vorgibt, sind u.a. die Wichtigkeit der Angelegenheit, die Schwere des Verstoßes, die Intensität des geleisteten Widerstands sowie die wirtschaftliche Leistungsfähigkeit des Pflichtigen zu berücksichtigen.[641]

---

[639] Zur Abgrenzung BayVGH, JA 2009, 911 f.
[640] So für §§ 20, 21 SVwVG OVG d. Saarl., Urt. v. 23.5.2016 – 2 A 240/15, Rn. 43 – juris.
[641] BVerwG, NVwZ-RR 2021, 705, 707 f.; *Pünder*, VwR BT, § 69 Rn. 320.

Das gestufte Verfahren beginnt regelmäßig mit der **Androhung des Zwangsmittels**. 191
Die Androhung beinhaltet eine ernsthafte Warnung an den Verantwortlichen zur Erfüllung seiner Verpflichtung, mithin die Ankündigung, dass die zuständige Behörde bei Nichtbefolgung des Grundverwaltungsakts zu einer bestimmten Vollstreckungsmaßnahme greifen wird.[642] Nach § 50 I SPolG ist das ausgewählte Zwangsmittel „möglichst schriftlich" anzudrohen. Dadurch soll der Betroffene doch noch zu seiner freiwilligen Befolgung angehalten werden.[643] Dementsprechend ist ihm in der Androhung eine angemessene Frist zur Erfüllung seiner Pflicht zu setzen. Die Frist muss so bemessen sein, dass sie dem Betroffenen deren Erfüllung bis zum Fristablauf ermöglicht, wobei das VG d. Saarl. angesichts der Besonderheiten der Corona-Pandemie und der gebotenen Reduktion der Sozialkontakte keine Bedenken daran hatte, wenn dem Betreiber eines zu schließenden Fitnessstudios eine knapp bemessene Frist von einer Stunde für die Schließung unter Androhung von Zwangsgeld gesetzt wurde.[644] Wenn eine Duldung oder Unterlassung erzwungen werden soll, braucht keine derartige Frist gesetzt zu werden. Von einer Androhung kann abgesehen werden, wenn die Umstände sie nicht zulassen. Nach § 50 II SPolG kann die Androhung gesondert ergehen oder mit dem Verwaltungsakt verbunden werden, durch den die Handlung, Duldung oder Unterlassung aufgegeben wird. Eine derartige Verbindung „soll" erfolgen, wenn ein Rechtsbehelf gegen den Verwaltungsakt keine aufschiebende Wirkung hat.

Gem. § 50 III 1 SPolG muss sich die Androhung auf ein **bestimmtes Zwangsmittel** beziehen. Werden „mehrere" Zwangsmittel angedroht, ist die Reihenfolge anzugeben, in der sie angewendet werden. Damit enthält § 50 III 2 SPolG ein sog. Kumulationsverbot. Die Verwaltung darf nicht gleichzeitig mehrere Zwangsmittel androhen und sich die Wahl zwischen den Zwangsmitteln vorbehalten.[645] Bei der Androhung der Ersatzvornahme „sollen" die voraussichtlichen Kosten angegeben werden (§ 50 IV SPolG). Damit ist eine Warn-, aber keine Garantiefunktion in dem Sinne verbunden, dass nachher nicht doch deutlich höhere Kosten anfallen können.[646] Zwangsgeld muss in bestimmter Höhe angedroht werden (§ 50 V SPolG). Daran fehlt es bei der Angabe eines Höchstbetrags (bis zu ... Euro).[647] Enthält ein Verwaltungsakt mehrere Verpflichtungen, muss bei der Androhung des Zwangsgelds beachtet werden, dass der Adressat entnehmen können muss, wie hoch das Zwangsgeld für welchen Verstoß gegen welche Pflicht ist. Mithin bedarf es einer Zwangsgeldandrohung in Bezug auf jede einzelne Maßnahme und es darf kein einheitliches Zwangsgeld ausgewiesen werden.[648] Die Androhung muss zwingend **nach dem SVwZG zugestellt** werden (§ 50 VI SPolG). Nach § 50 VII SPolG werden für die Androhung, sofern nicht nach Abs. 2 S. 1 verfahren wird, **Kosten** erhoben. 192

---

642 OVG d. Saarl., Beschl. v. 22.4.2016 – 2 B 73/16, Rn. 2 – juris.
643 LT-Drucks. 9/1929, S. 46.
644 VG d. Saarl., Beschl. v. 11.2.2021 – 6 L 102/21, Rn. 36 – juris. Zur Kürze der Frist für die Beseitigung eines Eichenprozessionsspinners VG d. Saarl., Urt. v. 31.5.2022 – 6 K 344/20, Rn. 36 – juris.
645 BVerwGE 117, 332, 340.
646 SächsOVG LKV 2021, 35, 37 f., wobei die Behörde im Falle der Voraussehbarkeit der wesentlichen Kostenüberschreitung als Nebenpflicht den Betroffenen darüber unterrichten muss.
647 *Haus/Wohlfarth*, POR, Rn. 535.
648 BVerwG, Beschl. v. 22.2.2022 – 4 A 8/21 Rn. 6 – juris.

193 Bei der Androhung handelt es sich um einen **Verwaltungsakt**. Der Regelungscharakter dieser Maßnahme ergibt sich u.a. aus der in ihr enthaltenen Auswahl unter den möglichen Zwangsmitteln sowie der Fristbestimmung.[649] Da die Androhung Teil des Vollstreckungsverfahrens ist, kann eine **vorherige Anhörung** des Betroffenen nach § 28 II Nr. 5 SVwVfG unterbleiben. **Widerspruch und Anfechtungsklage** gegen die Androhung entfalten **keine aufschiebende Wirkung** (§ 20 AGVwGO). Auch die Norm des § 20 AGVwGO spricht für die Charakterisierung der Androhung als Verwaltungsakt, da sich Fragen der aufschiebenden Wirkung nur bei Rechtsbehelfen gegen Verwaltungsakte stellen. Die Zwangsgeldandrohung kann nur insoweit angefochten werden, als der Kläger gerade eine Rechtsverletzung durch diese selbst behauptet (Ausnahme: Berufen auf die Nichtigkeit bzw. Unbestimmtheit des Grundverwaltungsakts).[650] § 54 SPolG enthält eine spezielle Regelung zur **Androhung unmittelbaren Zwangs**, wobei insb. für den Schusswaffengebrauch gegenüber einer Menschenmenge verschärfte Anforderungen normiert werden.

194 Dass zwischen der Androhung und der Ausübung eines Zwangsmittels noch eine **Festsetzung** des Zwangsmittels erfolgen muss, wird in § 47 SPolG nur eindeutig für das **Zwangsgeld** zum Ausdruck gebracht. Daraus ist im Umkehrschluss zu folgern, dass die **anderen Zwangsmittel nicht zwingend festgesetzt** werden müssen. Als Minus gegenüber einer Anwendung des Zwangsmittels kann die Polizei aber nach ihrem Ermessen auch die anderen Zwangsmittel festsetzen.[651] Durch die Festsetzung wird zum Ausdruck gebracht, dass die Voraussetzungen des Zwangsmittels vorliegen und dieses alsbald angewendet wird.[652] Daher liegt auch in ihr ein eigenständiger **Verwaltungsakt**,[653] bei welchem ebenfalls im Einzelfall von einer **Anhörung** abgesehen werden kann und ein Rechtsbehelf kein **Suspensiveffekt** entfaltet. Die Rspr. hält eine Festsetzung für **entbehrlich**, wenn der Pflichtige den Verwaltungsakt mit Sicherheit nicht befolgen wird.[654] Die Festsetzung eines Zwangsmittels ist nur rechtmäßig, wenn ihr die erforderliche Androhung mit der gebotenen Fristsetzung zur freiwilligen Befolgung vorausgegangen ist.[655] Ebenso wie im Verhältnis der Androhung zum Grundverwaltungsakt genügt für die Festsetzung die Wirksamkeit der Androhung in Abgrenzung zu ihrer Rechtmäßigkeit.[656]

195 Das Vollstreckungsverfahren endet mit der **Anwendung des jew. Zwangsmittels**. Dabei ist der **Verhältnismäßigkeitsgrundsatz** (§ 2 SPolG) zu beachten. Die Rechtsnatur dieser Maßnahme ist umstritten. Teile in der **Rspr.** neigen zur Annahme eines **Verwaltungsakts**, weil der Einzelne zur Duldung des konkret zur Anwendung gelangenden Zwangsmittels verpflichtet werde.[657] Zunehmend wird richtigerweise in der Anwen-

---

649 BVerwG, NVwZ 1998, 393; NVwZ-RR 2021, 705, 707; *Haus/Wohlfarth*, POR, Rn. 533; s.a. → § 2 Rn. 80.
650 OVG d. Saarl., Beschl. v. 30.1.2014 – 2 B 469/13, Rn. 18 – juris.
651 BVerwG, DÖV 1996, 1046, 1047; *Haus/Wohlfarth*, POR, Rn. 538.
652 BVerwG, NVwZ 1997, 381, 382; *Siegel*, ÖR Berl., § 3 Rn. 310.
653 BVerwG, NVwZ 1997, 381, 382.
654 BVerwG, NVwZ 1997, 381, 382; kritisch *Dünchheim* NVwZ 1997, 350.
655 S. dazu *Haus/Wohlfarth*, POR, Rn. 531.
656 BVerwG, NJW 1984, 2591, 2592; *Siegel*, ÖR Berl., § 3 Rn. 312.
657 BVerwGE 26, 161, 164.

dung des Zwangsmittels, etwa eines Wasserwerfereinsatzes, eine **tatsächliche Handlung** ohne Regelungswirkung gesehen, die mit der Leistungs- oder Feststellungsklage anzugreifen ist.[658]

Vollstreckungsmaßnahme im gestreckten Verfahren 196

I. Formelle Rechtmäßigkeit	
▪ Zuständigkeit:	Beh., die Grund-VA erlassen hat, § 44 III SPolG
▪ Verfahren:	Anhörung entbehrlich, § 28 II Nr. 5 SVwVfG
▪ Form:	je nach Maßnahme evtl. schriftl., s. § 50 I 1 SPolG
II. Materielle Rechtmäßigkeit	
1. Vollstreckbarer Grund-VA i.S.d. § 44 I SPolG	
▪ auf Handeln, Dulden, Unterlassen ▪ VA muss *wirksam* sein, auch wenn rechtswidrig; nicht wenn nichtig ▪ *unanfechtbar* od. Rechtsbehelf gem. § 80 II VwGO *ohne aufschiebende Wirkung*	
2. Art und Weise der Vollstreckung	

▪ richtiges Zwangsmittel
  – Ersatzvornahme, § 46 SPolG
  – Zwangsgeld, § 47 SPolG
  – unmittelbarer Zwang, § 49 SPolG
▪ Androhung, §§ 50, 54 SPolG
▪ Festsetzung nur bei Zwangsgeld obligatorisch, § 47 SPolG
▪ Anwendung des Zwangsmittels	

2. Der Sofortvollzug (§ 44 II SPolG)

§ 44 II SPolG lässt im Interesse einer effektiven Gefahrenabwehr ausnahmsweise die Ausübung von Zwangsmaßnahmen **ohne vorausgehenden Verwaltungsakt** zu.[659] Als Beispiel sei ein leckgeschlagener Tank eines abgestellten Fahrzeugs genannt, aus dem Treibstoff in das Erdreich tropft. Wenn die Polizeibeamten vor Ort den Tank abdichten, weil der Störer nicht erreichbar ist, nehmen sie eine Ersatzvornahme im sofortigen Vollzug vor. Der Sofortvollzug ermöglicht ein schnelleres zwangsweises Handeln als beim gestreckten Verfahren, weshalb auch das Zwangsmittel nicht anzudrohen ist (§ 50 I 3 SPolG). 197

Gem. § 44 II SPolG kann der Verwaltungszwang ohne vorausgehenden Verwaltungsakt angewendet werden, wenn das zur **Abwehr einer *gegenwärtigen* Gefahr** für die öffentl. Sicherheit oder Ordnung **notwendig** ist, insb. weil Maßnahmen gegen nach §§ 4–6 SPolG polizeipflichtige Personen nicht oder nicht rechtzeitig möglich sind oder 198

---

658 *Erichsen/Rauschenberg* Jura 1998, 31, 40; *Pünder*, VwR BT, § 69 Rn. 314 (Betroffene wissen aufgrund GrundVA Bescheid, sind i.Ü. oft gar nicht anwesend); VG Stuttgart, Urt. v. 18.10.2015 – 5 K 1265/14, Rn. 21 – juris; s.a. → § 2 Rn. 96.
659 Erst recht findet diese Vorschrift Anwendung, wenn zwar ein Grundverwaltungsakt vorhanden ist, aber das gestreckte Verfahren zu lange dauern würde, s. OVG d. Saarl., NVwZ-RR 2018, 595, 597.

keinen Erfolg versprechen. Zentrale Voraussetzung für den sofortigen Vollzug ist, dass die Polizei hierbei **innerhalb ihrer Befugnisse** handelt. Aufgrund dieses Merkmals ist zu prüfen, ob ein angenommener, aufgrund des sofortigen Vollzugs nur fiktiver Verwaltungsakt rechtmäßig ergangen, insb. die handelnde Behörde hierfür zuständig wäre.[660] Dieser bedeutende Unterschied zum gestreckten Verfahren, bei welchem – wie erwähnt – die Rechtmäßigkeit des Grundverwaltungsakts nicht zu prüfen ist, erklärt sich mit der fehlenden Rechtsschutzmöglichkeit für den Betroffenen.[661] Bei der Beurteilung der Rechtmäßigkeit des sofortigen Vollzugs ist daher im Rahmen des Tatbestandsmerkmals „innerhalb ihrer Befugnisse" **inzident die Rechtmäßigkeit eines fiktiven Grundverwaltungsakts** zu prüfen. Im obigen Beispiel müsste also erörtert werden, ob die Polizei unter Heranziehung ihrer Befugnisnormen den Halter des Fahrzeugs zum Abdichten des Tanks hätte verpflichten können. „Notwendig" ist der sofortige Vollzug, wenn mit der Anordnung und Durchführung von Gefahrenbeseitigungsmaßnahmen im gestreckten Verfahren, ggf. aufgrund einer sofort vollziehbaren Ordnungsverfügung, nicht zugewartet werden kann, weil keine der polizeipflichtigen Personen vorhanden, erreichbar oder zur Gefahrenabwehr in der Lage ist.[662] Eine solche Situation ist insb. dann gegeben, wenn die mit einem Einschreiten nach § 44 I SPolG verbundenen Verzögerungen die Wirksamkeit erforderlicher gefahrenabwehrender Maßnahmen aufheben oder wesentlich beeinträchtigen würden, d.h. allein der sofortige Vollzug zu einer wirkungsvollen Abwendung der Gefahr geeignet ist.[663] Es muss die überwiegende Wahrscheinlichkeit bestehen, dass der Zweck der polizeilichen Maßnahme nicht durch den Erlass eines sofort vollstreckbaren Verwaltungsakts (s. § 80 II 1 insb. Nrn. 2, 4 VwGO) erreicht werden kann.[664] Auf die Variante der keinen Erfolg versprechenden Maßnahmen gegen die Polizeipflichtigen kann aufgrund der strengen Anforderungen nur rekurriert werden, wenn konkrete Tatsachen die Aussichtslosigkeit des Vorgehens gegen diese belegen.[665] Außerdem muss die Polizei das ihr eingeräumte Ermessen („kann") pflichtgemäß ausüben (§ 3 I, § 2 SPolG). Nach zutreffender, aber nicht unumstrittener Ansicht stellen Maßnahmen im Sofortvollzug keine Verwaltungsakte dar.[666]

---

660 LT-Drucks. 9/1929, S. 42; VG d. Saarl., LKRZ 2013, 425, 425 f.
661 *Siegel*, ÖR Berl., § 3 Rn. 325.
662 OVG Rh.-Pf., NVwZ-RR 2009, 746, 747.
663 OVG NRW, NVwZ-RR 2008, 437, 438.
664 VG d. Saarl., LKRZ 2013, 425, 426.
665 VG d. Saarl., Urt. v. 19.4.2017 – 6 K 939/16, Rn. 34 – juris.
666 S. eingehend → § 2 Rn. 96. Bei entsprechender Begründung sind beide Ansichten in der Klausur vertretbar.

Sofortvollzug § 44 II SPolG

I. Formelle Rechtmäßigkeit ▪ Zuständigkeit § 44 II SPolG ▪ Androhung gem. § 50 I 3 SPolG entbehrl.

II. Materielle Rechtmäßigkeit
▪ gegenwärtige Gefahr
▪ Handeln „innerhalb ihrer Befugnisse" = *inzidente* Prüfung der Rechtmäßigkeit eines *fiktiven* Grund-VA
  – EGL fikt. VA
  – formelle Rechtmäßigkeit fikt. VA
  – materielle Rechtmäßigkeit fikt. VA
  – Notwendigkeit
  – Ermessen

3. Zur Ausübung des unmittelbaren Zwangs einschließl. Schusswaffengebrauch

Die §§ 51 ff. SPolG enthalten Regelungen zur Anwendung unmittelbaren Zwangs durch die Polizei „auf Grund eines Gesetzes". Diese Normen kommen also auch in anderen Fällen zur Anwendung, etwa wenn die Polizei strafverfolgend tätig wird und die StPO in dieser Hinsicht keine Sonderregelungen enthält.[667] Nach § 52 I SPolG müssen Polizeivollzugsbeamte grds. unmittelbaren Zwang auf Anordnung eines Weisungsberechtigten anwenden (Achtung: nicht bei Verletzung der Menschenwürde!).

Nach § 55 SPolG darf eine Person, die aufgrund dieses Gesetzes oder anderer Rechtsvorschriften festgehalten wird, **gefesselt** werden, wenn das aufgrund von Anhaltspunkten zum Schutz eines Polizisten oder eines Dritten gegen eine Gefahr für Leib und Leben erforderlich ist. Des Weiteren kommt eine Fesselung in Betracht, wenn Tatsachen die Annahme rechtfertigen, dass die Person Nr. 1 Widerstand leisten oder Sachen von erheblichem Wert beschädigen wird, Nr. 2 sich töten oder verletzen wird oder Nr. 3 fliehen wird oder befreit werden soll. Das VG d. Saarl. bejahte in einem Fall die Rechtmäßigkeit einer Fesselung mit Blick auf die aufgezeigten Drohgebärden, die erhebliche Alkoholisierung und das renitente Verhalten der betroffenen Person.[668] **Schusswaffen** dürfen nach **§ 56 I SPolG** nur als **ultima ratio** gebraucht werden, wenn andere Maßnahmen des unmittelbaren Zwangs erfolglos angewendet wurden oder offensichtlich keinen Erfolg versprechen. Es ist also immer zu prüfen, ob sich der polizeiliche Zweck nicht bereits durch die Anwendung einfacher körperlicher Gewalt erreichen lässt.[669] Der Schusswaffengebrauch ist **unzulässig**, wenn **Unbeteiligte** mit hoher Wahrscheinlichkeit gefährdet werden. Sofern der Schusswaffengebrauch jedoch das einzige Mittel zur Abwehr einer *gegenwärtigen Lebens*gefahr ist, darf die Gefährdung Unbeteiligter ausnahmsweise als das geringere Risiko in Kauf genommen werden.

---

[667] LT-Drucks. 9/1929, S. 47.
[668] VG d. Saarl., Urt. v. 17.6.2020 – 6 K 1147/18, Rn. 42 – juris.
[669] LT-Drucks. 9/1929, S. 49.

202 § 57 II SPolG zählt abschließend („nur") diejenigen Situationen auf, bei denen **Schusswaffen gegen Personen** eingesetzt werden dürfen, z.B. um eine gegenwärtige Gefahr für Leib oder Leben abzuwehren (Nr. 1) oder die unmittelbar bevorstehende Begehung oder Fortsetzung eines Verbrechens unter Anwendung oder Mitführung von Schusswaffen oder Explosivmitteln zu verhindern (Nr. 2). Schusswaffen **gegen Personen** dürfen **nur eingesetzt** werden, wenn der Zweck der Maßnahme nicht durch Schusswaffengebrauch gegen Sachen erreicht werden kann, vgl. § 57 I 1 SPolG. Bevor auf einen Bankräuber, der mit einer Geisel in einem Fahrzeug auf der Flucht ist, geschossen wird, ist deshalb zu prüfen, ob sein Vorhaben nicht bereits durch Schüsse in die Reifen unterbunden werden kann. Kommt ein Schusswaffengebrauch gegen Personen in Betracht, wird mit Rücksicht auf den Verhältnismäßigkeitsgrundsatz in § 57 I 1 SPolG angeordnet, dass die Schusswaffen dazu eingesetzt werden sollen, die betreffende Person **angriffs- oder fluchtunfähig** zu machen, indem z.B. auf ihre Arme oder Beine gezielt wird. Diese engen und strikten Voraussetzungen sind auch wegen Art. 2 I EMRK erforderlich. Dieser verpflichtet die Konventionsstaaten zur Schaffung eines verwaltungsmäßigen Rahmens, in dem die Voraussetzungen für einen Schusswaffengebrauch klar festgelegt werden.[670]

203 In § 57 I 2 SPolG wird der sog. **finale Rettungsschuss** geregelt, der **mit an Sicherheit grenzender Wahrscheinlichkeit tödlich wirken wird.** Aus Gründen des europa- und verfassungsrechtlich gebotenen Schutzes des menschlichen Lebens und der körperlichen Unversehrtheit (Art. 2 I EMRK, Art. 2 II GG) ist eine solche Maßnahme **nur unter engsten Voraussetzungen** zulässig, wenn der Todesschuss das „einzige" Mittel[671] zur Abwendung einer gegenwärtigen Lebensgefahr oder der gegenwärtigen Gefahr einer schwerwiegenden Verletzung der körperlichen Unversehrtheit ist. Von dem vom BVerfG mit Art. 1 I GG für unvereinbar erklärten Flugzeugabschuss unterscheidet sich der finale Rettungsschuss dadurch, dass durch ihn **das Leben bzw. die körperliche Unversehrtheit** anderer, z.B. der bedrohten Geisel, gerettet werden soll und der Störer, gegen den sich die Maßnahme richtet, das Geschehen bis zum Schluss in der Hand hat. Überwiegend wird von der Verfassungsmäßigkeit des finalen Rettungsschusses ausgegangen, da in das Grundrecht auf Leben nach Art. 2 II 3 GG aufgrund eines Gesetzes eingegriffen werden darf, sofern die Verhältnismäßigkeit gewahrt wird.[672]

4. Abschleppen von Fahrzeugen

204 Das Abschleppen von Fahrzeugen gehört zur täglichen Praxis und ist besonders prüfungsrelevant, da gegen Abschleppkosten oft gerichtlich vorgegangen wird. Obwohl Abschleppfälle von den Studierenden vielfach als kompliziert empfunden werden, lassen sich bei einer genaueren Auseinandersetzung mit dem Thema klare Strukturen ausmachen. Bevor das Abschleppen oder Versetzen eines Fahrzeugs angeordnet wird, muss festgestellt werden, ob der **Pkw** „falsch geparkt" wurde. Dafür muss es einen Hoheitsakt geben, welcher das Abstellen des Autos an der fraglichen Stelle verbietet.

---

670 EGMR, NVwZ 2011, 1441, 1444 (Giuliani u. Gaggio gegen Italien).
671 Art. 2 II EMRK spricht davon, dass die Gewaltanwendung „unbedingt erforderlich" sein muss. Vgl. hierzu EGMR, NVwZ 2011, 1441, 1442 (Giuliani u. Gaggio gegen Italien).
672 Eingehend zum Verfassungsrecht: *Pünder*, VwR BT, § 69 Rn. 326; *Wolff* NVwZ 2021, 695 ff.

Als solche Hoheitsakte kommen zum einen **Verkehrszeichen** (§§ 39 ff. StVO) als **Allgemeinverfügungen** i.S.d. § 35 S. 2 SVwVfG in Betracht. So ist das Parkverbot problemlos zu erkennen, wenn sich der Abstellplatz eines Pkw im Geltungsbereich eines Halteoder Parkverbotsschildes befindet. Die **Bekanntgabe** des **Verkehrsschildes** erfolgt durch seine **Aufstellung** (vgl. insb. § 39 I und § 45 IV StVO). Es handelt sich dabei um eine **besondere Form** der öffentl. Bekanntgabe eines Verwaltungsakts nach den bundesrechtlichen (Spezial-)Vorschriften der StVO.[673] Nach st. Rspr. entfalten Verkehrszeichen gegenüber jedem Verkehrsteilnehmer ihre Rechtswirkungen, wenn sie ein durchschnittlicher Kraftfahrer **bei Einhaltung der nach § 1 StVO erforderlichen Sorgfalt mit einem raschen und beiläufigen Blick erfassen kann**. Deshalb wirkt ein Verkehrsschild auch gegenüber demjenigen, der es aus Unachtsamkeit nicht bemerkt hat.[674] Dabei gelten für die Sichtbarkeit von Verkehrszeichen, die den ruhenden Verkehr betreffen, weniger strenge Anforderungen als für diejenigen des fließenden Verkehrs.[675] **Parkscheinautomaten** sind **Verkehrseinrichtungen** i.s.d. § 43 I 3 StVO. Sie enthalten eine Allgemeinverfügung in Gestalt eines Halteverbots verbunden mit dem Gebot, bei verbotswidrigem Halten oder nach Ablauf der Zeit, während derer das Halten gestattet ist, alsbald wegzufahren. Zum anderen kann sich ein **Parkverbot aus gesetzlichen Regelungen** ergeben. Nach § 12 I StVO ist das Halten u.a. unzulässig an engen und unübersichtlichen Straßenstellen, im Bereich von scharfen Kurven, auf Fußgängerüberwegen sowie vor und in amtlich gekennzeichneten Feuerwehrzufahrten.

205

Wurde ein Fahrzeug **entgegen den Vorgaben eines Verkehrsschildes** falsch abgestellt, gibt es verschiedene Wege, wie das Abschleppen dieses Fahrzeugs veranlasst werden kann. Nach § 44 I 1 StVO obliegt der Vollzug der StVO primär den Straßenverkehrsbehörden,[676] die deshalb auch das Abschleppen verkehrswidrig abgestellter Fahrzeuge veranlassen können. Da es sich bei dem Verkehrsschild um **keine polizeiliche Verfügung**, sondern eine Verfügung der Straßenverkehrsbehörde handelt (s. § 1 I SVwVG), richten sich ihre Abschleppmaßnahmen nach dem SVwVG (→ § 2 Rn. 69 ff.). Weil das Verkehrszeichen ein gebietender Verwaltungsakt ist, bei dem Widerspruch und Anfechtungsklage analog § 80 II 1 Nr. 2 VwGO keine aufschiebende Wirkung haben, ist die **Ersatzvornahme** nach § 21 SVwVG das richtige Zwangsmittel (Entfernen des Autos als vertretbare Handlung). § 19 I 1 SVwVG verpflichtet die Vollstreckungsbehörde dazu, das eingesetzte Zwangsmittel schriftlich anzudrohen. Etwas anderes gilt jedoch, wenn das Zwangsmittel gem. § 18 II SVwVG sofort angewendet werden kann. Weil es in dieser Norm heißt, dass der Verwaltungszwang „ohne vorausgehenden Verwaltungsakt" angewendet werden kann, sollte man die Frage ihrer Anwendbarkeit aufwerfen, wenn – wie hier – ein Verwaltungsakt in Form eines Verkehrsschildes vorhanden ist. Richtigerweise ist dies zu bejahen: Nach dem Sinn und Zweck muss auf den sofortigen Vollzug auch dann rekurriert werden können, wenn ein Verwaltungsakt

206

---

673 BVerwG, DAR 2011, 39, 40; BVerwGE 154, 365, 370.
674 BVerwGE 102, 316, 317 ff.; 162, 146, 149 Rn. 15. S.a. BVerwG, DAR 2011, 39, wonach die Anfechtungsfrist aber erst dann ausgelöst wird, wenn sich der betreffende Verkehrsteilnehmer erstmals der Regelung des Verkehrszeichens gegenübersieht.
675 BVerwGE 162, 146, 149 Rn. 15.
676 BVerwGE 153, 140, 143 ff.

vorhanden ist, aber aus den dort genannten Gründen die gestreckte Verfahrensweise zu lang ist,[677] d.h. ein Handeln zur Abwendung einer unmittelbar drohenden Gefahr notwendig ist. Eine solche Gefahrensituation liegt aber regelmäßig vor, wenn ein Fahrzeug falsch abgestellt und dadurch eine Ordnungswidrigkeit begangen wurde.[678] Daher kann gem. § 21 SVwVG Kostenersatz für die Ersatzvornahme ohne vorherige Androhung des Zwangsmittels verlangt werden.

207 Daneben können die **Polizeibehörden** das Abschleppen veranlassen (s.a. § 44 II StVO). Wurde ein Fahrzeug **entgegen den Vorschriften der StVO** abgestellt, liegt ein **Verstoß gegen die öffentl. Sicherheit** vor. Fraglich ist, wie mit Konstellationen umzugehen ist, in denen ein Fahrzeug entgegen einem Verkehrsschild abgestellt wurde. Hier könnte man überlegen, ob nicht aus vollstreckungsrechtlicher Sicht vom Vorliegen einer polizeilichen Verfügung auszugehen ist, weil das Verkehrsschild materiell der Gefahrenabwehr dient (= materieller Polizeibegriff). Auch wenn sich hier bereits aus dem Schild als Allgemeinverfügung ergibt, dass der Einzelne sein Auto von der betreffenden Stelle zu entfernen hat, kann man zumindest darüber nachdenken, ob die Polizeibehörde nicht noch einmal aus polizeilicher Sicht wegen Vorliegens einer Gefahr für die öffentl. Sicherheit das Entfernen des Fahrzeugs im konkreten Einzelfall anordnen könnte.[679] Geht es der Polizei darum, die festgestellte Störung zu beseitigen, würde dieser Aspekt ihr Handeln bestimmen.[680] Weil der primäre Wille der Polizeibehörden in solchen Fällen nicht darauf gerichtet ist, das Fahrzeug in Gewahrsam zu nehmen, sondern den Verkehrsverstoß durch Entfernen des Fahrzeugs zu beseitigen, wird die zuständige Behörde regelmäßig **keine polizeiliche Sicherstellung** vornehmen (→ Rn. 127 ff.), sondern auf der Grundlage der **Generalklausel (§ 8 I SPolG)** die notwendigen Anordnungen treffen.[681] Insoweit finden die allg. Zuständigkeitsvorschriften Anwendung.[682] Gem. § 80 I, II i.V.m. § 76 III SPolG sind grds. die Ortspolizeibehörden und nach Maßgabe des § 85 II SPolG die Polizeivollzugsbehörden handlungsbefugt. Diese polizeiliche Verfügung kann sodann nach §§ 44 ff. SPolG vollstreckt werden. Weil das Entfernen des Autos eine vertretbare Handlung darstellt, ist die Ersatzvornahme nach § 46 SPolG einschlägig. Wenn gegenüber der verantwortlichen Person kein Grundverwaltungsakt ausgesprochen werden kann, weil sie nicht vor Ort ist, wird im Wege des Sofortvollzugs nach § 44 II SPolG agiert.[683] Das Abschleppen muss also zur „Abwehr einer gegenwärtigen Gefahr" notwendig und die zu fingieren-

---

677 *Sodan/Ziekow* (→ Fn. 81), § 80 Rn. 11; s.a. OVG NRW, Urt. v. 20.8.2020 – 5 A 2289/18, Rn. 27 – juris.
678 Näher *Schmitz*, SKZ 1991, 74, 78.
679 Zum Vorliegen einer Gefahr für die öffentl. Sicherheit VG d. Saarl., Gerichtsbesch. v. 20.1.2014 – 6 K 1768/12, Rn. 26 – juris. Allerdings ist problematisch, ob Verkehrszeichen zum Teilschutzgut der Unversehrtheit der Rechtsordnung gehören, denn nach ü.M. werden darunter nur Rechtsnormen des geschriebenen Rechts verstanden.
680 S.a. *Leggereit*, in: *Fischer/Leggereit/Sommer*, POR Hessen, 6. Aufl. 2021, Kap. K Rn. 212 f.; a.A. *Grupp/Stelkens*, Saarheim, Fall „Abgeschleppt und abgezockt?", wonach das Verkehrszeichen von der Vollzugspolizei nach dem SVwVG vollstreckt wird.
681 VG d. Saarl., Gerichtsbesch. v. 20.1.2014 – 6 K 1768/12, Rn. 26 – juris; *Haus/Wohlfarth*, POR, Rn. 628; *Schmitz*, SKZ 1991, 74, 76.
682 Nach den Gesetzesmaterialien LT-Drucks. 12/982, S. 12 kommt der Änderung des § 85 I 2 SPolG nur „klarstellender" Charakter zu. Eine Zuständigkeitsänderung war nicht beabsichtigt. S. zur bisherigen Rechtslage *Haus/Wohlfarth*, POR, Rn. 625 ff.
683 VG d. Saarl., Gerichtsbesch. v. 20.1.2014 – 6 K 1768/12, Rn. 42 – juris.

de polizeiliche Verfügung formell und materiell rechtmäßig sein. Die Androhung des Zwangsmittels ist unter solchen Umständen nach § 50 I 3 SPolG entbehrlich.[684]

Wird ein Fahrzeug gesetzwidrig abgestellt und ist der Tatbestand der polizeilichen Generalklausel verwirklicht, hat die Behörde nach ihrem **Ermessen** darüber zu entscheiden, wie zu reagieren ist. Dabei ist auf die **Verhältnismäßigkeit** der Maßnahme zu achten. Nicht jeder Verstoß gegen die StVO rechtfertigt ohne Weiteres das Abschleppen eines Fahrzeugs.[685] Es unterliegt aber keinem Zweifel, dass regelmäßig das Abschleppen eines verbotswidrig abgestellten Fahrzeugs jedenfalls bei einer **Behinderung anderer Verkehrsteilnehmer** geboten ist (z.B. Verstellen des gesamten Bürgersteigs, Hineinragen des Fahrzeugs in die Fahrbahn oder nicht nur unwesentliches Hineinragen in einen Radweg).[686] Keine Bedenken bestehen ferner an der Veranlassung des Abschleppens beim **Zuparken einer Feuerwehranfahrtzone**,[687] bei Funktionsbeeinträchtigungen einer **Fußgängerzone**,[688] bei einem funktionswidrigen Abstellen eines Kfz an einem **Taxenstand**[689] oder wenn ein Fahrzeug auf einem **Behindertenparkplatz** abgestellt wird.[690] Nach dem BVerwG ist die Verhältnismäßigkeit des Abschleppens auch dann zu bejahen, wenn zum Zeitpunkt der Maßnahme noch weitere Schwerbehindertenplätze frei waren. Anderenfalls würde man anderen Verkehrsteilnehmern eine Einschätzungsbefugnis zugestehen, ob voraussichtlich in der überschaubaren Zeit sämtliche Schwerbehindertenplätze belegt sein werden oder nicht, oder den Verkehrsordnungsbehörden eine Pflicht auferlegen, den Bedarf an freizuhaltenden Plätzen fortlaufend zu überprüfen und hiervon ein Einschreiten abhängig zu machen.[691] Die Funktionsbeeinträchtigung des Behindertenparkplatzes rechtfertigt nach dem VG d. Saarl. ein sofortiges Einschreiten, ohne dass es auf die Dauer des Parkverstoßes ankäme.[692] Wenn die **Parkzeit an einer Parkuhr** in einer verkehrsreichen Innenstadt mehrere Stunden überschritten wird, ist eine Abschleppanordnung regelmäßig als verhältnismäßig anzusehen. Durch die Missachtung der vom Parkscheinautomaten ausgehenden Anordnung wird anderen Fahrern die Parkplatzsuche erschwert und es lassen sich möglicherweise andere Kraftfahrer zum gleichen verbotswidrigen Verhalten verleiten. Nach einer gewissen Zeit lässt sich zudem nicht mehr absehen, ob und wann das Fahrzeug weggefahren und der verbotswidrige Zustand beendet wird.[693]

Des Weiteren beschäftigte die Gerichte immer wieder der Einwand, das Abschleppen des Fahrzeugs sei unverhältnismäßig, weil an der Windschutzscheibe ein **Zettel** entweder mit der Handynummer des Fahrers oder mit Hinweisen zu seinem Aufenthaltsort angebracht wurde. Es entspricht der st. Rspr., dass nur dann bei einer bezogen auf den Zeitpunkt der Entdeckung des Verstoßes zeitnahen Abschleppmaßnahme eine

---

684 VG d. Saarl., Gerichtsbesch. v. 20.1.2014 – 6 K 1768/12, Rn. 42 – juris.
685 SächsOVG, Beschl. v. 17.3.2020 – 6 B 242/19, Rn. 2, 5 – juris.
686 BVerwGE 149, 254, 256; SächsOVG, Beschl. v. 12.7.2021 – 6 D 18/21, Rn. 5 – juris; VG d. Saarl., Urt. v. 9.3.2005 – 6 K 42/04 – juris.
687 VG d. Saarl., Urt. v. 6.7.2000 – 6 K 75/98 – juris; BVerwG, NJW 2002, 2122; BVerwGE 149, 254, 256.
688 BVerwGE 149, 254, 256.
689 BVerwGE 149, 254, 256.
690 VG d. Saarl., Urt. v. 6.7.2000 – 6 K 294/98 – juris; BVerwG, NJW 2002, 2122; BVerwGE 149, 254, 256 f.
691 BVerwG, Beschl. v. 11.8.2003 – 3 B 74/03 – juris; OVG d. Saarl., Urt. v. 13.5.2009 – 6 K 732/08 – juris.
692 VG d. Saarl., Urt. v. 13.5.2009 – 6 K 732/08 – juris.
693 HessVGH, NVwZ-RR 1999, 23, 26.

Verletzung des Verhältnismäßigkeitsgrundsatzes in Erwägung zu ziehen ist, wenn der Führer des Fahrzeugs ohne Schwierigkeiten und ohne Verzögerung festgestellt und zur Beseitigung des Parkverstoßes veranlasst werden kann.[694] Eine solche Situation kann etwa bei einem offensichtlichen Entladungsvorgang eines Lieferwagens direkt vor einem geöffneten Geschäft bzw. Restaurant vorliegen oder wenn Passanten eindeutige Hinweise geben, der Fahrer habe soeben das Fahrzeug abgestellt und sich in ein benachbartes Haus begeben.[695] Wird in einem Fahrzeug ein Hinweiszettel mit einer Telefonnummer und/oder einer Anschrift des Fahrers ausgelegt, um den einschreitenden Polizeibeamten vor der Anordnung des Abschleppens zu einer Kontaktaufnahme mit dem Fahrer zu veranlassen, damit er sein Fahrzeug wegfahren kann, stehen der Verpflichtung zu einem Nachforschungsversuch im Regelfall die ungewissen Erfolgsaussichten und nicht absehbare weitere Verzögerungen entgegen. Anders gestaltet sich die Rechtslage, wenn sich ausnahmsweise aus dem jew. Hinweis ergibt, dass der Fahrer sich nach dem Abstellen des Fahrzeugs an einem in unmittelbarer Nähe gelegenen Ort befindet und der Hinweis mit einem erkennbaren Bezug zu der von dem Polizeibeamten vorgefundenen Situation eingesetzt wurde.[696] Ob trotzdem im Einzelfall aus generalpräventiven Zwecken abgeschleppt werden darf, wird uneinheitlich beurteilt.[697]

210 Probleme bereiten in der Praxis oft Situationen, in denen ein Fahrzeug zunächst ordnungsgemäß abgestellt, kurz danach aber ein **mobiles Halteverbotsschild** aufgestellt wurde. Nach der Verkehrszeichen-Rspr. des BVerwG äußern derartige Verkehrszeichen, die im Zeitpunkt des Abschleppens ordnungsgemäß aufgestellt sind, ihre Rechtswirkungen gegenüber jedem von der Regelung betroffenen Verkehrsteilnehmer, gleichgültig, ob er das Verkehrszeichen tatsächlich wahrgenommen hat oder nicht. Eine Ersatzvornahme ist unabhängig davon möglich, ob der Pflichtige, an den sich das Wegfahrgebot richtet, das Halteverbot schuldhaft oder ohne Verschulden verletzt hat.[698] Jeder, der sein Fahrzeug im öffentl. Straßenraum abstelle, müsse sich darüber vergewissern, ob sich nicht kurzfristig die straßenverkehrsrechtliche Lage geändert habe, bzw. erforderlichenfalls einen Dritten mit der Nachschau beauftragen.[699] Wie das BVerwG 2018 klargestellt hat, muss der Verantwortliche eines ursprünglich erlaubt geparkten Fahrzeugs, das aus einer nachträglich eingerichteten Halteverbotszone ab-

---

694 BVerwG, ZfS 2003, 98, 99; NJW 2014, 2888, 2889; VG d. Saarl., Beschl. v. 19.9.2016 – 6 L 1336/16 – juris. S.a. OVG Bremen, Beschl. v. 24.6.2020 – 1 LA 90/20, Rn. 15 f. – juris, wonach es keinen Grundsatz gibt, dass nur bei auswärtigen Kfz-Kennzeichen auf eine Halteranfrage verzichtet werden kann.
695 S.a. OVG Hamb., NordÖR 2012, 96, 97.
696 OVG Hamb., NJW 2005, 2247, 2249; SächsOVG, Beschl. v. 10.3.2016 – 3 D 12/16, Rn. 3 – juris; kritisch *Schwabe* NJW 2002, 652 ff.
697 Ablehnend OVG Hamb., NordÖR 2012, 96, 98; *Ostermeier* NJW 2006, 3173, 3176; a.A. BVerwG, NJW 2002, 2122, 2123.
698 Zur Vier-Tage-Frist BVerwGE 102, 316, 320; 162, 146, Rn. 23 ff. nach SächsOVG, NJW 2009, 2551, 2552 f. kommt eine kürzere Vorlaufzeit in Betracht, um eine auf unvorhersehbare Ereignisse zu reagieren, oder wenn eine baldige Änderung der Verkehrsregelung für jedermann erkennbar war.
699 S. zu den unterschiedlichen Ansichten zu der Frist zwischen dem Aufstellen des mobilen Schildes und seiner Wirksamkeit VG d. Saarl., Urt. v. 28.5.2008 – 6 K 936/07 – juris; mit Nachweisen zum teilweise kritischen Schrifttum *Klein* JA 2004, 544, 546.

geschleppt wurde, die Kosten dafür nur bei Aufstellung des Verkehrszeichens mit einer Vorlaufzeit von mindestens drei vollen Tagen tragen.[700]

Im Zuge ihres Ermessens muss die Polizei auch Überlegungen dazu anstellen, durch wen das Abschleppen zu erfolgen hat. Nach einer Entscheidung des VGH Baden-Württemberg v. 24.2.2022 hat die Polizei „mit Blick auf die Kostenfolgen für den Verantwortlichen zu berücksichtigen, ob ihr im Zeitpunkt der Beauftragung eines Dritten erkennbar ist, dass hiermit erheblich höhere Kosten [...] verbunden sind".[701] Entscheidend sind letztlich die Umstände des Einzelfalls. Fehlt der Polizei die Zeit zum eigenen Abschleppen, weil andere Aufgaben wahrzunehmen sind, oder sie etwa mangels Ausrüstung nicht dazu in der Lage ist, ist die Einschaltung eines Abschleppunternehmers nicht zu beanstanden.[702] Welche Rechtsgrundlage für die Heranziehung zu den **Abschleppkosten** einschlägig ist, richtet sich danach, ob das Abschleppen auf der Grundlage des SPolG (dann § **24 III bzw. § 46 II, § 90 I SPolG i.V.m. § 3 S. 2 PolKV,** → Rn. 221) oder des SVwVG (dann §§ **21, 77, 78 SVwVG i.V.m. §§ 1, 10 I Nr. 9 VwVGKostO,** → § 2 Rn. 109 ff.) vorgenommen wurde. Wird ein Auto im Wege des Sofortvollzugs ohne vorherigen Verwaltungsakt abgeschleppt, ist der Betroffene nur dann zum Kostenersatz verpflichtet, wenn die Polizei formell und materiell innerhalb ihrer Befugnisse gehandelt hat, d.h. der zu fingierende Grundverwaltungsakt rechtmäßig wäre. Außerdem muss der Sofortvollzug nach § 44 II SPolG zulässig gewesen sein.[703] Auch wenn § 46 I 2 SPolG so formuliert ist, dass für die Ausführung der Ersatzvornahme Kosten erhoben „werden" und regelmäßig in typischen Sachverhalten die Kosten vom Störer zu erheben sind, kann die Behörde im Hinblick auf die Verhältnismäßigkeit ausnahmsweise von einer Erhebung der Kosten absehen (s.a. → Rn. 185).[704] 2018 entschied das OVG d. Saarl., dass die Auferlegung der Kosten für das Abschleppen eines Fahrzeugs von einem Behindertenparkplatz keine unzumutbare Härte ist, weil der Fahrer die durch ihn geschaffene Gefahr nach Inobhutnahme seiner hochschwangeren Ehefrau durch das Klinikpersonal hätte beseitigen können.[705] Ist im konkreten Einzelfall sicher, dass der Fahrer eines verkehrswidrig abgestellten Pkw die Störung in Kürze selbst beseitigen wird, ist die Abschleppanordnung i.d.R. unverhältnismäßig.[706] Der Halter eines rechtswidrig geparkten Motorrads hat die Kosten für die Bestellung eines Abschleppwagens grds. auch dann zu begleichen, wenn der Abschleppvorgang nicht durchgeführt wurde, weil er zeitgleich mit dem Abschleppwagen vor Ort eingetroffen ist und deshalb ein Abschleppen nicht notwendig war (sog. Leerfahrt).[707]

---

[700] BVerwGE 162, 146, 152 Rn. 28.
[701] VGH Bad.-Württ., Urt. v. 24.2.2022 – 1 S 2283/20, Rn. 46 – juris.
[702] VGH Bad.-Württ., Urt. v. 24.2.2022 – 1 S 2283/20, Rn. 46 ff. – juris.
[703] OVG NRW, NVwZ-RR 2008, 437 f.
[704] VG d. Saarl., ZfS 1993, 215.
[705] OVG d. Saarl., Beschl. v. 20.11.2018 – 2 A 830/17, Rn. 9 – juris; s.a. VG d. Saarl., ZfS 2000, 88.
[706] OVG Hamb., NordÖR 2012, 96, 97.
[707] VG Köln, Urt. v. 28.6.2007 – 20 K 7162/05 – juris; s.a. OVG Hamb., DVBl. 2008, 999; VG d. Saarl., Urt. v. 13.5.2009 – 6 K 732/08 – juris.

212 Abschleppen von Fahrzeugen

veranlasst durch *Straßenverkehrs*beh.	veranlasst durch *Polizei*beh.
nach SVwVG, Verkehrsschild ist keine polizeil. Vfg.	nach SPolG, wenn polizeil. Vfg. vollstreckt wird: Verkehrsverstoß = Verletzung der Rechtsordnung → polizeil. Grund-VA gem. § 8 I SPolG
Zuständigkeit: § 14 SVwVG	Zuständigkeit: § 80 I, II i.V.m. § 76 III SPolG Ortspolizeibeh., gem. § 85 II SPolG Polizeivollzugsbeh.
Ersatzvornahme gem. § 21 SVwVG, vorherige Androhung gem. § 19 I 1 i.V.m. § 18 II SVwVG entbehrlich	Ersatzvornahme gem. § 46 SPolG ggf. im Sofortvollzug (§ 44 II SPolG), Androhung gem. § 50 I 3 SPolG entbehrlich

XIII. Schadensausgleich und Kostenersatz

213 Von großer Praxisrelevanz ist die Frage, unter welchen Voraussetzungen Personen, die von einer polizeilichen Maßnahme tangiert wurden, Entschädigung verlangen können. Umgekehrt stellt sich für die Polizeibehörden die Frage, wann sie gegenüber einer Person Ansprüche auf Kostenersatz für eine polizeiliche Maßnahme geltend machen können.

1. Schadensausgleichs-, Erstattungs- und Ersatzansprüche

214 Aus § 68 SPolG ergeben sich mehrere Tatbestände, wegen derer eine **Person gegenüber der Polizei Schadensausgleichsansprüche** geltend machen kann. Zugleich folgt aus dieser Norm indirekt, dass einem rechtmäßig in Anspruch genommenen Störer kein Entschädigungsanspruch zusteht. Denn er wird durch die polizeiliche Maßnahme nur in die Schranken der Rechtsordnung zurückgewiesen.[708] Erleidet allerdings eine als **Nichtstörer** (§ 6 SPolG) *rechtmäßig* in Anspruch genommene Person einen Schaden, ist ihr dafür ein **angemessener Ausgleich** zu gewähren. Dahinter steht der Gedanke, dass eine rechtmäßig zur Gefahrenabwehr herangezogene, nicht verantwortliche Person ein Sonderopfer erbringt und deshalb zu entschädigen ist (Bsp. Einweisung eines Obdachlosen in eine Privatwohnung). Äußerst problematisch sind Situationen, in denen eine Person von der Polizei als **Anscheinsstörer** (→ Rn. 76) für eine polizeiliche Maßnahme rechtmäßig in Anspruch genommen wird, sich **nachträglich** aber herausstellt, dass sie **gar nicht Störer** gewesen ist. Die Rspr. neigt aus Gerechtigkeitsgründen dazu, den Anscheinsstörer **auf der Kostenebene einem Nichtstörer gleichzusetzen**, wenn er die den Gefahrenverdacht oder Anschein begründenden Umstände **nicht selbst zu verantworten hat**.[709]

---

708 *Ruder/Pöltl*, PolR BW, § 14 Rn. 2.
709 VGH Bad.-Württ., Urt. V. 24.2.2022 – 1 S 2283/20, Rn. 53 – juris; BGHZ 117, 303, 308; s.a. *Haus/Wohlfarth*, POR, Rn. 563; *Sydow* Jura 2007, 7, 9. Andere Stimmen sprechen sich dagegen entweder für gar keinen Entschädigungsanspruch, die unmittelbare Anwendbarkeit des § 68 I 1 SPolG oder einen Rückgriff auf die ungeschriebenen Entschädigungsansprüche aus.

Nach § 68 I 2 SPolG sind auch Personen anspruchsberechtigt, die durch eine **rechts-** **widrige** Maßnahme der Polizei einen **Schaden** erleiden. Da Satz 2 anders als im vorhergehenden Satz nicht zwischen verantwortlichen und nicht verantwortlichen Personen unterscheidet, gilt diese Vorschrift für beide Personengruppen. Ein **zu Unrecht in Anspruch genommener Nichtstörer** kann deshalb nach § 68 I 2 SPolG Schadensausgleich beanspruchen.[710] Da nach den Gesetzesmaterialien auch der Ausgleich für unbeteiligte Dritte geregelt werden soll, die einen Schaden erlitten haben,[711] steht auch solchen **Personen, die zufällig aufgrund einer polizeilichen Maßnahme einen Schaden erleiden**, z.B. wenn bei einem Schusswaffeneinsatz versehentlich ein Passant getroffen wird, (analog) dieser Rechtsvorschrift ein Ausgleichsanspruch zu.[712] Wie man am Wortlaut des § 68 I 2 SPolG sieht, ist dieser Anspruch – anders als der Amtshaftungsanspruch nach Art. 34 GG i.V.m. § 839 BGB – verschuldensunabhängig (Gefährdungshaftung).[713] Da der Anspruch aus § 68 I 2 SPolG an eine „Maßnahme" anknüpft, können bloße Unterlassungen den Anspruch nicht auslösen. Im Übrigen fallen unter den Maßnahmebegriff nicht nur die klassischen Verwaltungsakte, sondern auch Realakte.

215

§ 68 II SPolG regelt die **Entschädigung des freiwilligen Nothelfers**. Danach ist der Ausgleich auch Personen zu gewähren, die mit Zustimmung der Polizei bei der Erfüllung polizeilicher Aufgaben *freiwillig* mitgewirkt oder Sachen zur Verfügung gestellt und dadurch einen Schaden erlitten haben. Man denke etwa an einen Passanten, der sich freiwillig bereit erklärt, einen Verletzten ins Krankenhaus zu bringen. Der Schadensausgleichstatbestand des § 68 SPolG knüpft an den *formellen Polizeibegriff* (→ Rn. 2) an. Weil die unteren Bauaufsichtsbehörden oder das Landesverwaltungsamt von den allg. Polizeibehörden getrennte eigenständige Verwaltungsbehörden sind, können im Saarland Entschädigungsansprüche im Zusammenhang mit einer gefahrenabwehrenden Tätigkeit dieser Behörden nicht aus § 68 SPolG hergeleitet werden.[714] Durch § 68 III SPolG wird klargestellt, dass **weitergehende** Ersatzansprüche, z.B. aus Amtshaftung (Art. 34 GG i.V.m. § 839 BGB), **unberührt** bleiben.

216

In § 69 SPolG werden **Inhalt, Art und Umfang des Schadensausgleichs** detailliert geregelt. Bereits durch die Formulierung „angemessener Ausgleich" in § 68 SPolG wird zum Ausdruck gebracht, dass einerseits nicht voller Schadensersatz und andererseits nicht nur eine billige Entschädigung in Geld zu gewähren ist.[715] Der Ersatz wird nicht nur bei einer Verletzung absoluter Rechtsgüter, sondern auch bei sonstigen Vermögensschäden, etwa dem Verlust schuldrechtlicher Forderungen, gewährt.[716] Grds. werden lediglich **Vermögensschäden**, z.B. der Wert einer zerstörten Sache oder Aufwen-

217

---

710 *Mandelartz/Sauer/Strube* SPolG, § 68 Rn. 5.
711 LT-Drucks. 9/1929, S. 5.
712 Eine Analogie ist anzunehmen, wenn die Maßnahme als solche rechtmäßig ist; hält man die Maßnahme aufgrund der Nebenfolgen für rechtswidrig, ist § 68 I 2 SPolG direkt anwendbar, *Mandelartz/Sauer/Strube*, SPolG, § 68 Rn. 7.
713 LT-Drucks. 9/1929, S. 56; OVG d. Saarl., Urt. v. 26.11.2013 – 3 A 106/12, Rn. 150 – juris.
714 OLGR Saarbrücken 2006, 944 (nur Ls.); s.a. OVG d. Saarl., Urt. v. 26.11.2013 – 3 A 106/12, Rn. 149 ff. – juris.
715 LT-Drucks. 9/1929, S. 56.
716 LT-Drucks. 9/1929, S. 57.

dungen für Arztkosten, ausgeglichen, vgl. § 69 I 1 SPolG. Für **entgangenen Gewinn**, der über den Ausfall des gewöhnlichen Verdienstes oder Nutzungsentgelts hinausgeht, und für **Nachteile**, die nicht in unmittelbarem Zusammenhang mit der polizeilichen Maßnahme stehen, ist ein Ausgleich nur vorgesehen, wenn und soweit das zur Abwendung unbilliger Härten geboten erscheint (§ 69 I 2 SPolG). **Schmerzensgeld** für bestimmte immaterielle Schäden (bei Verletzung des Körpers, der Gesundheit oder bei einer Freiheitsentziehung) wird unter den Voraussetzungen des Abs. 2 gewährt. Gem. § 69 III 1 SPolG wird der **Ausgleich in Form von Geld** geleistet. Soweit dem Geschädigten gegen Dritte Ansprüche zustehen, die nach Inhalt und Umfang dem Ausgleichsanspruch entsprechen, ist der Ausgleich nur gegen **Abtretung dieser Ansprüche** zu gewähren (§ 69 IV SPolG). Nach § 69 V SPolG ist bei der Bemessung des Ausgleichs eine **umfassende Interessenabwägung** vorzunehmen. Insb. ist neben der Art und Vorhersehbarkeit des Schadens zu berücksichtigen, ob der Geschädigte durch die Maßnahme der Polizei in seinem Vermögen geschützt worden ist. Haben Umstände, die der Geschädigte zu vertreten hat, auf die Entstehung oder Verschlimmerung des Schadens eingewirkt (Stichwort: Mitverschulden), hängt die Verpflichtung zum Ausgleich sowie der Umfang des Ausgleichs insb. davon ab, inwieweit der Schaden vorwiegend vom Geschädigten oder durch die Polizei verursacht wurde.

218 § 70 SPolG regelt die Ansprüche **mittelbar Geschädigter**. Im Falle der Tötung sind die Bestattungskosten derjenigen Person auszugleichen, welche diese Kosten aufbringen muss. Des Weiteren können Dritte, für die eine gesetzliche Unterhaltsverpflichtung des Getöteten bestand – man denke an die Ehefrau des Verstorbenen oder seine Kinder –, im Rahmen des § 69 V SPolG insoweit einen angemessenen Ausgleich verlangen, als der Getötete während der mutmaßlichen Dauer seines Lebens zur Unterhaltsgewährung verpflichtet gewesen wäre.

219 Nach § 71 SPolG verjährt der Ausgleichsanspruch in **drei Jahren** von dem Zeitpunkt an, in welchem der Geschädigte bzw. der nach § 70 SPolG Anspruchsberechtigte vom Schaden *und* dem Ausgleichsverpflichteten positive Kenntnis erlangt. Ohne Rücksicht auf diese Kenntnis verjährt der Anspruch **dreißig Jahre** nach dem schädigenden Ereignis. Nach § 72 I SPolG trifft die Ausgleichspflicht die **Anstellungskörperschaft**, d.h. die Stelle, in deren Dienst der Beamte steht, welcher die Maßnahme getroffen hat. Wurde die Maßnahme **auf Weisung einer anderen Behörde oder für die Behörde einer anderen Körperschaft** getroffen, ist diese ausgleichspflichtig. Wird von einer Körperschaft an einen anderen, z.B. Nichtstörer, Schadensausgleich geleistet, kann die nach § 72 SPolG verantwortliche Körperschaft beim Störer (§§ 4, 5 SPolG) wegen ihrer notwendigen Aufwendungen **Rückgriff** nehmen, § 73 SPolG. Durch den Verweis auf § 68 I 1, II SPolG wird klargestellt, dass ein Regress wegen rechtswidriger Maßnahmen ausscheidet.[717] Mehrere nebeneinander verantwortliche Personen haften als Gesamtschuldner (§ 73 II SPolG). Nach § 74 SPolG ist für Ansprüche auf Schadensausgleich der **Rechtsweg** zu den ordentlichen Gerichten eröffnet. Demgegenüber ist für

---

717 LT-Drucks. 9/1929, S. 59.

die Ansprüche auf Erstattung und Ersatz von Aufwendungen nach § 72 III SPolG oder § 73 SPolG der Verwaltungsrechtsweg eröffnet.

2. Kosten der Gefahrenabwehr

Umgekehrt kommen aber auch Erstattungsansprüche für die Kosten polizeilicher Maßnahmen in Betracht. Weil die Aufrechterhaltung der öffentl. Sicherheit Aufgabe des Staates ist und der Polizeiapparat über Steuern finanziert wird, ist eine Heranziehung des Bürgers zu den Polizeikosten nur möglich, wenn und soweit das Gesetz das im Einzelnen besonders vorschreibt.[718] Gem. § 90 I SPolG kann für die Kosten polizeilicher Maßnahmen nur Ersatz verlangt werden, wenn das **durch Rechtsvorschriften vorgesehen** ist. Als Beispiele für eine Kostentragungspflicht begründende Rechtsvorschriften sind vor allem § 24 III SPolG (Kosten der Sicherstellung, Verwahrung und Verwertung), § 46 SPolG (Kosten der Ersatzvornahme) und § 49 VII SPolG (Kosten des unmittelbaren Zwangs) zu nennen.

220

§ 90 II SPolG sieht vor, dass die nach dem Polizeigesetz zu erhebenden Gebühren in einer Polizeikostenverordnung zu bestimmen sind. Nach dieser **Polizeikostenverordnung (PolKV)**[719] werden z.B. für eine Sicherstellung oder die Ausführung der Ersatzvornahme Gebühren zwischen 15 und 1.023 € erhoben. Nach § 3 S. 3 PolKV werden neben der Gebühr für die polizeiliche Maßnahme auch besondere Auslagen geltend gemacht. Dabei handelt es sich um Beträge, die anderen Behörden oder anderen Personen, etwa einem Abschleppunternehmer[720] oder einem Arzt für eine Gewahrsamsfähigkeitsuntersuchung,[721] für ihre Tätigkeit zu zahlen sind. Im Übrigen gilt das **Gesetz über die Erhebung von Verwaltungs- und Benutzungsgebühren im Saarland (SaarlGebG,** → § 2 Rn. 99 ff.). Abgestützt auf § 5 II SaarlGebG enthält § 2 PolKV weitere Gebührentatbestände, etwa für die Beförderung von Personen und den Transport mit Polizeifahrzeugen (Nr. 1) oder bei ungerechtfertigter Alarmierung der Polizei (Nr. 4).[722] Nach § 90 III SPolG können die Kosten im Verwaltungsvollstreckungsverfahren, das näher im SVwVG ausgestaltet ist, beigetrieben werden. Daraus ergibt sich indirekt die Befugnis, über die Kosten in Form eines Verwaltungsakts zu entscheiden. Nach ganz ü.M. dürfen Kosten nur für rechtmäßige bzw. bestandskräftige polizeiliche Maßnahmen erhoben werden.[723] Soweit also von einer Person Kosten für eine Ersatzvornahme im gestreckten Verfahren verlangt werden, ist inzident die *Wirksamkeit*, grds. nicht die *Rechtmäßigkeit* des vollstreckten Verwaltungsakts zu prüfen. Sollte der zu vollstreckende Grundverwaltungsakt noch anfechtbar, aber sofort vollziehbar gewesen sein, ist nach zutreffender, aber nicht unumstrittener Ansicht aus Rechtsschutz-

221

---

718 LT-Drucks. 9/1929, S. 71.
719 Amtsbl. 2006 S. 1809 (Abk. nicht amtlich), zuletzt geändert durch Amtsbl. 2019 S. 808; abgedr. in der Textslg. Landesrecht Saarland unter Nr. 40b.
720 VG d. Saarl., Urt. v. 10.11.2020 – 6 K 290/19, Rn. 17 – juris.
721 VG d. Saarl., Urt. v. 17.6.2020 – 6 K 1147/18, Rn. 24 – juris.
722 Dazu VG d. Saarl., Urt. v. 14.2.2020 – 6 K 365/19 – juris.
723 OVG Rh.-Pf., NVwZ-RR 2006, 252; *Haus/Wohlfarth*, POR, Rn. 579. Zur Prüfung der Rechtmäßigkeit einer Ingewahrsamnahme bei den Kosten des unmittelbaren Zwangs VG d. Saarl., Urt. v. 17.6.2020 – 6 K 1147/18, Rn. 25 – juris.

gesichtspunkten heraus ausnahmsweise auch die Rechtmäßigkeit des Grundverwaltungsakts zu prüfen.[724]

221a Zudem muss die herangezogene Person auch Kostenschuldner i.S.d. § 90 II 3 SPolG i.V.m. § 12 SaarlGebG sein (z.B. Nr. 1 i.V.m. § 4 I SPolG, weil Verhaltensstörer). Da bei der Ermessensausübung auf der Kostenebene eine ex post-Betrachtung vorgenommen wird, sind bei einer Störer*mehrheit* die auf der Sekundärebene anzustellenden Ermessenserwägungen am Gebot der gerechten Lastenverteilung auszurichten.[725] Hat der Halter eines Kfz dieses unstr. nicht selbst falsch geparkt, kann er dennoch für die Kosten einer Abschleppmaßnahme als Zustandsverantwortlicher jedenfalls dann herangezogen werden, wenn er dem Auskunftersuchen nach Benennung des Fahrers nicht nachkommt.[726] Selbst wenn der Gesetzeswortlaut, z.B. des § 46 I 1 SPolG, eigentlich auf eine gebundene Entscheidung hindeutet, gehen die saarl. Gerichte davon aus, dass die Behörden aus Gründen des Verhältnismäßigkeitsgrundsatzes nach ihrem pflichtgemäßen Ermessen über die Heranziehung zum Kostenersatz entscheiden.[727] Dogmatisch lässt sich dies entweder zusammen mit der Regelung in § 90 I SPolG („kann") oder der Heranziehung von § 21 S. 1 SaarlGebG über § 90 II 3 SPolG erklären. Im Übrigen sei darauf hingewiesen, dass die saarl. Verwaltungsgerichte keine Bedenken an einer reformatio in peius während des Widerspruchsverfahrens haben, wenn die Widerspruchsbehörde gem. § 83 SPolG die Fachaufsicht über die Behörde ausübt, die den für den Widerspruchsführer günstigeren Ausgangsbescheid erlassen hat.[728]

221b Bislang gibt es keine Rechtsgrundlage im saarl. Landesrecht für den Einsatz von Polizeikräften bei kostenintensiven Großveranstaltungen.[729] Das BVerwG stellte sich auf den Standpunkt, dass eine landesrechtliche Regelung, die dem Veranstalter einer gewinnorientierten Großveranstaltung, die wegen erfahrungsgemäß zu erwartender Gewalthandlung den Einsatz zusätzlicher Polizeikräfte im räumlichen und zeitlichen Zusammenhang mit der Veranstaltung erforderlich macht, zur Deckung des Mehraufwands eine Gebühr auferlegt, mit dem GG grds. in Einklang steht. Eine solche Gebühr, die den Veranstalter ausschließlich als Nutznießer in Anspruch nimmt, stehe nicht im Widerspruch zum Polizeirecht. Allerdings seien unzulässige Doppelabrechnungen gegenüber dem Veranstalter und dem Störer zu vermeiden.[730]

---

724 BVerfG, NVwZ 2010, 1482, 1483 f.; vgl. hierzu *Durner* JA 2011, 157 f.; BayVGH, Urt. v. 17.4.2008 – 10 B 07.219 – juris; einschränkend *Muckel* JA 2011, 239 f.; a.A. *Geis*, Fälle zum Polizei- und Ordnungsrecht, 4. Auflage 2022, Rn. 383 ff.; s. zum Streitstand, iE aber keine Rechtmäßigkeit fordernd, *Schenke*, POR, Rn. 599; VGH Mannheim, Urt. v. 3.5.2021 – 1 S 512/19 – juris.
725 VGH, Bad.-Württ., NVwZ-RR 2012, 387, 388 f.
726 VG d. Saarl., Urt. v. 10.11.2020 – 6 K 290/19, Rn. 22 ff. – juris.
727 OVG d. Saarl., AS 30, 439, 446.
728 VG d. Saarl., Urt. v. 17.6.2020 – 6 K 1147/18, Rn. 43 ff. – juris.
729 Dazu *Siegel* DÖV 2014, 867 ff., wonach zudem der Verhältnismäßigkeitsgrundsatz der Kostenhöhe Grenzen setzt.
730 BVerwGE 165, 138, 148 f. Rn. 35 ff.

Prüfungsschema zur Rechtmäßigkeit eines Kostenbescheids für eine Vollstreckungs- 222
maßnahme im gestreckten Verfahren (am Beispiel der Ersatzvornahme, zum allg.
Schema zur Prüfung der Rechtmäßigkeit eines Kostenbescheids → § 2 Rn. 106)

I.	Rechtsgrundlage
	§ 90 I i.V.m. § 46 I 2 SPolG i.V.m. § 1 Nr. 5 PolKV
II.	Formelle Rechtmäßigkeit
1.	Zuständigkeit
	– sachlich: § 10 SaarlGebG i.V.m. § 44 III und § 80 I (Polizeibehörde) bzw. § 85 II SPolG (bei Vollzugspolizei) – örtlich: § 81 SPolG (Polizeiverwaltungsbehörde) bzw. § 86 SPolG (bei Vollzugspolizei)
2.	Verfahren
	Vor allem: Anhörung (§ 28 I SVwVfG)
3.	Form
	Insb. § 13 IV SaarlGebG
4.	Begründung § 39 SVwVfG
III.	Materielle Rechtmäßigkeit
1.	Tatbestandsvoraussetzungen der Befugnisnorm
	Rechtmäßigkeit der Maßnahme, für die Kosten erhoben wird (Rechtsgedanke des § 77 I SVwVG) a. EGL für Ersatzvornahme: § 44 I i.V.m. § 46 I 1 SPolG b. Formelle Rechtmäßigkeit der Ersatzvornahme c. Materielle Rechtmäßigkeit der Ersatzvornahme Insb.: *Wirksamkeit* eines vollstreckbaren Grund-VA, nur ausnahmsweise: *Rechtmäßigkeit* des Grund-VA[731]
2.	Kostenschuldner § 90 II 3 SPolG i.V.m. § 12 SaarlGebG
3.	Rechtsfolge: Ermessen § 3 I SPolG + Verhältnismäßigkeit § 2 SPolG
	Wortlaut des § 46 I 2 SPolG: Gebundene Entscheidung Rspr.: Wegen Verhältnismäßigkeitsgrundsatz Ermessen
4.	Kostenhöhe

XIV. Verhältnis zum Versammlungsrecht

Auf der Grundlage des Art. 74 I Nr. 3 GG aF hat der Bund das Gesetz über Versamm- 223
lungen und Aufzüge (Versammlungsgesetz – VersG, Sartorius I Nr. 435)[732] verabschiedet. Da durch die 2006 in Kraft getretene **Föderalismusreform I**[733] das Versammlungs-

---

[731] Siehe hierzu BVerfG, NVwZ 2010, 1482, 1483 f.; vgl. hierzu *Durner* JA 2011, 157 f.; BayVGH, Urt. v. 17.4.2008 – 10 B 07.219 – juris.
[732] Gesetz i.d.F. der Bek. v. 15.11.1978 (BGBl. I S. 1798) mit spät. Änd. – Abk. „VersG" nicht amtlich.
[733] Gesetz z. Änd. des GG v. 28.8.2006 (BGBl. I S. 2034).

recht aus diesem Kompetenztitel herausgenommen wurde, haben nunmehr die Länder die Gesetzgebungskompetenz für das Versammlungsrecht (Art. 70 I GG). Weil das Saarland bislang noch kein eigenes VersG erlassen hat, gilt gem. Art. 125a I GG das VersG des Bundes solange als Bundesrecht fort, bis es durch Landesrecht abgelöst wird. Insoweit sei auf die Erläuterungen zum Bundesrecht verwiesen.[734] Der saarl. Landesgesetzgeber hat die Gedenkstätte „Ehemaliges Gestapo-Lager Neue Bremm" als Ort i.S.d. § 15 II 4 VersG bestimmt.[735] Welche Behörde für die Durchführung des VersG zuständig ist, ist aus der diesbzgl. Verordnung über Zuständigkeiten nach dem Versammlungsgesetz (**ZustVersGVO**)[736] zu entnehmen. Nach § 1 ZustVersGVO sind die Landkreise, der Regionalverband Saarbrücken, die Landeshauptstadt Saarbrücken und die kreisfreien Städte für die Durchführung des Gesetzes zuständig. In unaufschiebbaren Fällen kann die Vollzugspolizei die notwendigen Maßnahmen treffen.

224 Das VersG enthält **spezielle Befugnisnormen** zum Schutz der öffentl. Sicherheit, um dadurch dem Grundrecht der Versammlungsfreiheit (Art. 8 I GG) besonders Rechnung zu tragen. Insoweit verdrängt es als lex specialis die allg. polizeirechtlichen Bestimmungen. Allerdings greift dieser **Vorrang** nur, wenn der **Anwendungsbereich des VersG eröffnet** und seine **Regelung abschließend** konzipiert ist.[737] Diese sog. **Polizeifestigkeit des Versammlungsrechts** darf aber nicht dahin gehend missverstanden werden, dass Eingriffe in die Versammlungsfreiheit nur auf der Grundlage des VersG möglich sind.[738] In denjenigen Bereichen, die nicht abschließend geregelt wurden, sind sehr wohl auf das allg. Gefahrenabwehrrecht gestützte Maßnahmen möglich. Zwar erlauben §§ 5, 15 VersG Teilverbote und Auflagen im Vorfeld von Veranstaltungen. Da sich diese Maßnahmen aber auf den Veranstalter beschränken, hat das BVerwG Maßnahmen aufgrund der polizeilichen Befugnisnormen während der Vorbereitung von Versammlungen gegenüber anreisenden Versammlungsteilnehmern gebilligt.[739] Weil § 7 SPolG und auch das SPolDVG aber die Versammlungsfreiheit aus Art. 8 I GG nicht bei den durch diese Gesetze einschränkungsfähigen Rechten nennt, sind jedoch in verfassungskonformer Auslegung keine polizeilichen Maßnahmen bei Versammlungen unter freiem Himmel gestattet.[740] Nach einer **Versammlungsauflösung** können polizeiliche Maßnahmen uneingeschränkt auf das allg. **Polizeirecht** gestützt werden.[741] Infolgedessen dürfen polizeiliche Platzverweisungen gegenüber den Teilnehmern einer

---

734 *Enders* Jura 2020, 569 ff.; *Göpl* Jura 2002, 18 ff.; s.a. *Kniesel/Poscher*, in: Lisken/Denninger, Hdb. d. PolR, unter J.
735 Gesetz v. 18.1.2006, Amtsbl. S. 278; zu den Gedenkstätten i.S.d. § 15 II 1 VersG auch *Guckelberger* NVwZ-Extra Aufsätze-Online 4/2016, S. 1 ff.
736 S. dazu die VO zur Übertragung und Änderung von Zuständigkeiten v. 17.9.1991, Amtsbl. S. 1066 (Abk. nicht amtl.), zuletzt geändert durch Art. 5 des G v. 21.11.2007, Amtsbl. S. 2393.
737 BVerfG, NVwZ 2011, 422, 424; BVerwGE 129, 142, 147; *Messmann* JuS 2007, 524, 525; s.a. *Bünnigmann* JuS 2016, 695 ff. Dazu, dass mangels einer Versammlung bei einer Verhinderungsplanung direkt auf das Polizeirecht rekurriert werden können soll, VGH Bad.-Württ., VBlBW 2022, 297, 299 ff.
738 Zur Polizeifestigkeit der Versammlungs- und auch Pressefreiheit *Brenneisen* DVBl. 2021, 931, 933.
739 BVerwGE 129, 142, 147; s.a. OVG LSA, Beschl. v. 22.7.2021 – 2 M 78/21, Rn. 41 – juris; OVG NRW, DVBl. 2020, 576, 579; eingehend zum Streit über die Reichweite der Polizeirechtsfestigkeit *Fischer/Uebler/Gölzer* JA 2020, 684 ff.
740 Für die Anwendbarkeit des Art. 19 I 2 GG bei Art. 8 II GG *Jarass*, in: ders./Pieroth, GG, 16. Aufl. 2020, Art. 19 Rn. 4 f. Zu Versuchen, über die fehlende Zitierung hinwegzukommen, *Fischer-Uebler/Gölzer* JA 2020, 683, 684; Bay VerfGH, NVwZ 1991, 664, 666.
741 BVerfG, NVwZ 2011, 422, 424.

Versammlung oder deren Ingewahrsamnahme erst nach Auflösung der jew. Versammlung (§ 15 III VersG) erfolgen.[742] Auch kann **nicht versammlungsspezifischen Gefahren mit polizeilichen Maßnahmen begegnet werden.**[743]

---

742 VG Stuttgart, Urt. v. 18.11.2015 – 5 K 1265/14, Rn. 36 – juris.
743 OVG NRW, DVBl. 2020, 576, 579.

§ 5 Öffentliches Baurecht

von *Annette Guckelberger*

Literatur:

Allgemeine Literatur: *Battis/Krautzberger/Löhr*, Baugesetzbuch (BauGB), 15. Aufl. 2022; *Brenner*, Öffentliches Baurecht, 5. Aufl. 2020; *Erbguth/Schubert*, Öffentliches Baurecht, 6. Aufl. 2015; *Muckel/Ogorek*, Öffentliches Baurecht, 4. Aufl. 2020; *Stollmann/Beaucamp*, Öffentliches Baurecht, 12. Aufl. 2020; *Siegel*, in: ders./Waldhoff, Öffentliches Recht in Berlin (ÖR Berl.), 3. Aufl. 2020; *Will*, Öffentliches Baurecht, 2. Aufl. 2022.

Landesrechtliche Literatur: *Bitz/Schwarz/Seiler-Dürr/Dürr*, Baurecht Saarland (BauR Saarl.), 2. Aufl. 2005; *Bitz/Schwarz*, Neuigkeiten vom „zwangsbefreiten" Bauherrn, SKZ 2007, 86 ff.; *Bitz*, Die Nutzungsuntersagung nach § 82 Abs. 2 LBO 2004 in der bauaufsichtsbehördlichen Praxis, SKZ 2009, 206 ff.; *ders.*, Die Diskussion um die alternativlose Genehmigungsfreistellung von Bauvorhaben nach § 63 LBO 2004 im Rahmen der Novellierung der Bauordnung für das Saarland 2007/2008 aus „Jamaika-Perspektive", SKZ 2010, 2 ff.; *ders.*, Die Problematik leer stehender, verfallender Gebäude in Ortslagen, SKZ 2010, 129 ff.; *ders.*, Die zwingende Genehmigungsfreistellung von Bauvorhaben nach der aktuellen Bauordnung für das Saarland, SKZ 2010, 173 ff.; *ders.*, Die Regelung über die Genehmigungsfiktion im § 64 Abs. 3 Satz 4 LBO 2004 für das vereinfachte Baugenehmigungsverfahren, SKZ 2010, 310 ff.; *ders.*, Die Ersetzung des gemeindlichen Einvernehmens im Baugenehmigungsverfahren und die Rechtsschutzmöglichkeiten der Kommunen, SKZ 2011, 147 ff.; *ders.*, Zur Änderung der Landesbauordnung im Saarland, SKZ 2015, 162 ff.; *Grupp/Stelkens*, Stadtrundgang zum Baurecht (Saarheim), abrufbar über http://www.saarheim.de; *Guckelberger*, Abbruch verfallender baulicher Anlagen, NVwZ 2010, 743 ff.; *dies.*, Der Umgang im Baurecht mit Werbeanlagen, dargestellt am Bsp. der Videowalls, ZfBR 2013, 425 ff.; *dies./Zott*, K.O. für die Kois, Übungsklausur, LKRZ 2013, 84 ff.

Aktuelle Literatur: *Brinktrine*, Fehlerfolge bei Verwaltungsakten und Satzungen – am Bsp. von Maßnahmen der Bauaufsicht und des Bebauungsplans, Jura 2021, 1036 ff.; *Glöckler/Hölscher/Zinger*, Öffentlich-rechtliche Klausurbearbeitung: Grundlagenwissen rund um den Bebauungsplan, Jura 2020, 1309 ff.; *Herbolsheimer/Krüper*, § 35 BauGB verstehen und anwenden, Jura 2020, 20 ff.; *Muckel/Ogorek*, Neues im Öffentlichen Baurecht: das Baulandmobilisierungsgesetz – ein Überblick, JA 2021, 881 ff.

I. Zusammensetzung des Öffentlichen Baurechts

1 Das öffentliche Baurecht dient dem **Interessenausgleich** insb. zwischen der Baufreiheit des Grundstückseigentümers sowie den häufig anders gelagerten Interessen der Allgemeinheit an einer möglichst sinnvollen Nutzung des Baugeländes. Es setzt sich aus dem Bau**planungs**recht und dem Bau**ordnungs**recht zusammen. Diese Zweiteilung beruht auf kompetenzrechtlichen Gründen.

2 Nach Art. 74 I Nr. 18 GG steht dem **Bund** die konkurrierende Gesetzgebungskompetenz für das **Bodenrecht** zu. Damit sind solche Vorschriften gemeint, die den Grund und Boden „unmittelbar zum Gegenstand rechtl. Ordnung haben, also die rechtlichen Beziehungen des Menschen zum Boden regeln".[1] Das *Bauplanungsrecht* enthält Normen mit flächenbezogenem Regelungsinhalt zur Steuerung der Grund- und Bodennutzung.[2] Da sich aus der städtebaulichen Planung ergibt, ob ein Grundstück überhaupt

---

1 BVerfGE 3, 407, 424; BVerwGE 144, 341, 347 f. Rn. 17; s. auch *Tillmanns* AöR 132 (2007), 582 ff.
2 BVerwGE 144, 341, 348 Rn. 17.

bebaut werden darf und, wenn ja, in welcher Weise, bestimmt sie die rechtliche Qualität des Bodens und gehört zum Bodenrecht.[3] Das vor allem im Baugesetzbuch (BauGB) konkretisierte Bauplanungsrecht enthält daher u.a. Vorschriften für die Erstellung von Bebauungsplänen, in denen typischerweise grundstücksübergreifend Art und Maß der zulässigen Bebauung im Gemeindegebiet festgelegt und z.B. bestimmte Flächen zum Wohnen und andere für gewerbliche Zwecke ausgewiesen werden. Hat eine Gemeinde keinen Bebauungsplan erlassen, ergibt sich die zulässige Grundstücksnutzung unmittelbar aus den Normen des BauGB. Bspw. wird für die Bebauung eines im Innenbereich gelegenen Grundstücks zur Voraussetzung gemacht, dass sich das jew. Bauvorhaben in die Eigenart der näheren Umgebung einfügt (§ 34 I BauGB).

Vom Bauplanungsrecht ist das *Bauordnungsrecht* abzugrenzen. Für dieses steht den Ländern das Recht der Gesetzgebung zu (Art. 70 I GG). Wie an der Bezeichnung Bauordnungsrecht deutlich wird, enthält dieses Vorschriften zur Abwehr von Gefahren im Zusammenhang mit baulichen Anlagen. Außerdem fallen den Ländern bauliche Rechtsetzungsbefugnisse zu, bei denen ästhetische oder der allg. Wohlfahrt dienende Absichten verfolgt werden.[4] Auf einen kurzen Nenner gebracht enthält das **materielle Bauordnungsrecht** inhaltliche Anforderungen an bauliche Anlagen zur **Abwehr von Gefahren** für die öffentl. Sicherheit und Ordnung (Stichwort: Baupolizeirecht) sowie zu deren **äußerlichen Gestaltung**.[5] Deshalb sind die Anforderungen an die Standsicherheit baulicher Anlagen oder das Verunstaltungsverbot in der Landesbauordnung zu finden (§§ 4, 13 LBO). Zum anderen enthält die LBO formelle und damit verfahrensbezogene Instrumente zur Durchsetzung des materiellen Baurechts, etwa zur Einrichtung und Zuständigkeit der Bauaufsichtsbehörden (§§ 57 ff. LBO) und zum bauaufsichtlichen Verfahren, z.B. auf Erteilung einer Baugenehmigung (§§ 64 ff. LBO) (**formelles Bauordnungsrecht**).

3

---

3   BVerfGE 3, 407, 424; zum Bodenrecht als Instrument zur Ausgleichung von bodenrechtlichen Spannungslagen, BVerfG, Beschl. v. 23.3.2022 – 1 BvR 1187/17, Rn. 71 – juris.
4   BVerfGE 3, 407, 432; VG Neustadt, Urt. v. 30.7.2019 – 5 K 1585/18.NW, Rn. 35 – juris.
5   BVerfGE 40, 261, 266.

4

```
        ┌──────────────────────┐
        │ Öffentliches Baurecht │
        └──────────────────────┘
           ↙              ↘
```

Bauplanungsrecht	Bauordnungsrecht
▪ **Bundeskompetenz** gem. Art. 74 I Nr. 18 GG = regelt die rechtliche Qualität des Bodens und seine Nutzbarkeit unter dem Gesichtspunkt städtebaulicher Harmonie = flächenbezogen – Bauleitpläne – §§ 29 ff. BauGB	▪ **Landeskompetenz** ▪ **Materielles Bauordnungsrecht** – sicherheitsrechtliche Anforderungen – Anforderungen an die äußere Gestaltung – = anlagenbezogen ▪ **Formelles Bauordnungsrecht** – Bauaufsichtsbehörden – Überwachungsrechtliche Instrumentarien, z.B. Baugenehmigung

II. Rahmenbedingungen

5 Obwohl die **Europäische Union** über keine allg. Kompetenz für das öffentl. Baurecht verfügt, wird dieses zunehmend durch unionsrechtliche Vorgaben, etwa aus umweltschutzrechtlichen Richtlinien, vorgeprägt. Zu nennen ist insb. die Richtlinie über die strategische Prüfung der Umweltauswirkungen bestimmter Pläne und Programme (**SUP-Richtlinie 2001/42/EG**), zu deren Umsetzung u.a. § 2 IV und § 2a BauGB erlassen wurden. Nachdem der EuGH entschieden hat, dass Vorschriften in einem Bauleitplan einer Gemeinde, welche die Tätigkeit des Einzelhandels mit Waren ohne großen Platzbedarf in Gebieten außerhalb des Stadtzentrums verbieten, die Anforderungen von Art. 15 III **Dienstleistungsrichtlinie 2006/123/EG** erfüllen müssen,[6] wird es als eine offene Frage bezeichnet, ob derartige Bauleitpläne einer Notifizierungspflicht unterliegen.[7] Von zentraler Bedeutung im öffentl. Baurecht sind die **Strukturentscheidungen des Grundgesetzes und der Landesverfassung**, vor allem die **Eigentumsgarantie** in Art. 14 GG bzw. Art. 18 I SVerf. Als normgeprägtes Grundrecht ist das Eigentum einfachgesetzl. auszugestalten. Dabei haben die verantwortlichen Stellen die Interessen des Eigentümers mit den Belangen des Allgemeinwohls (s. Art. 14 II 2 GG) in einen **verhältnismäßigen Ausgleich** zu bringen, wobei das Eigentum stets **auch privatnützig ausgestaltet** sein muss.[8] Eine staatliche Befugnis zur abrupten Beendigung von Grundstücksnutzungen, für die umfangreiche Investitionen erforderlich waren, wäre ohne Übergangsregelung grundrechtswidrig.[9] Des Weiteren erlangen im Baurecht **die Staatszielbestimmung des Art. 20a GG** bzw. **Art. 59a SVerf** und die **Selbstverwaltungsgaran-**

---

[6] EuGH, NVwZ 2018, 307, 313.
[7] *Thiel* UPR 2020, 50, 51.
[8] BayVerfGH, NVwZ 2016, 999, 1004; s. auch BVerfGE 123, 186, 258; *Guckelberger* NVwZ 2016, 17, 20.
[9] BVerfG, ZfBR 2016, 582, 585; dazu, dass ein solcher Vertrauensschutz eine eigentumsfähige Position voraussetzt und eine Genehmigung keine solche begründet, BVerfGE 155, 378, 411 Rn. 74 ff.

tie des Art. 28 II 1 GG bzw. Art. 117 III SVerf Relevanz. Die gemeindliche Planungshoheit ist anerkanntermaßen Bestandteil des verfassungsrechtlich gewährleisteten Selbstverwaltungsrechts.[10] Bei den Baurechtsnormen muss darauf geachtet werden, dass sie im Einklang mit dem Grundgesetz ausgelegt und angewendet werden.

III. Bauplanungsrecht

Zentrale Rechtsquelle des Bauplanungsrechts ist das vom Bund erlassene **Baugesetzbuch (BauGB)**. Dieses wurde mehrfach geändert, zuletzt vor allem zur Mobilisierung von Bauland.[11] Im Ersten Kapitel des BauGB über das **allg. Städtebaurecht** werden u.a. die den Gemeinden obliegende Bauleitplanung einschließl. der Sicherung dieser Planung sowie die bauplanungsrechtliche Zulässigkeit von Vorhaben ausgestaltet. Demgegenüber stellt das **besondere Städtebaurecht** (§§ 136 ff. BauGB) z.B. Instrumente für besondere Problemlagen bereit, etwa zur Sanierung veralteter Bausubstanz oder zur Aufwertung von durch soziale Missstände benachteiligten Orten. Zum prüfungsrelevanten Stoff gehört darüber hinaus die auf der Grundlage von § 9a BauGB erlassene Verordnung über die bauliche Nutzung der Grundstücke, kurz: **Baunutzungsverordnung (BauNVO)**. Diese regelt vor allem Einzelheiten zu Art und Maß der baulichen Nutzung in bestimmten Bereichen.[12]

1. Bauleitplanung

Im Mittelpunkt des Bauplanungsrechts stehen die sog. **Bauleitpläne**, welche die bauliche und sonstige Nutzung der Grundstücke in der Gemeinde vorbereiten und leiten sollen. Nach dem in § 1 I BauGB sichtbar werdenden **Grundsatz der Planmäßigkeit**[13] soll die Nutzung der Grundstücke nicht dem „Spiel der freien Kräfte" überlassen bleiben. Vielmehr sollen die städtebaulichen Vorstellungen durch Pläne realisiert werden, bei denen die verschiedenen privaten und öffentl. Interessen zueinander in einen angemessenen Ausgleich zu bringen sind. Mit der Aufstellung von Bauleitplänen nehmen die Gemeinden auf gesetzl. Grundlage die grundsätzlich dem Gesetzgeber in **Art. 14 I 2 GG** zugewiesene Aufgabe zur **Bestimmung von Inhalt und Schranken des Grundeigentums** und zur Ausgestaltung der Eigentumsordnung wahr. Unabhängig von der Intensität der dadurch auf die Rechtsinhaber zukommenden Belastungen sind diese deshalb nicht an Art. 14 III GG zu messen.[14]

Das Recht der örtlichen (Bauleit-)Planung fällt in den Anwendungsbereich des in Art. 28 II 1 GG gewährleisteten **kommunalen Selbstverwaltungsrechts** (s. zur Landesebene Art. 117 III SVerf). An diese Garantie knüpft § 2 I 1 BauGB an, wenn Bauleitpläne von den Gemeinden in eigener Verantwortung aufzustellen sind.[15] So wird über die bauliche Nutzung der Grundstücke ortsnah unter Einbeziehung der Betroffenen entschieden. Bei der Bauleitplanung handelt es sich für die Gemeinden um eine Pflichtaufgabe i.S.d. § 5 III

---

10 OVG Magdeburg, Beschl. v. 17.2.2021 – 2 K 55/19, Rn. 22 – juris.
11 BauGB i.d.F. der Bekanntmachung v. 3.11.2017 (BGBl. I S. 3634), geänd. durch G. v. 14.6.2021 (BGBl. I S. 1802).
12 *Siegel*, ÖR Berl., § 4 Rn. 10.
13 BVerwGE 119, 25, 30.
14 BVerwG, BRS 74 Nr. 20.
15 Dazu BVerwG, NVwZ 2013, 662, 663.

1 KSVG, da sie nach § 1 III 1 BauGB Bauleitpläne aufzustellen „haben", sobald und soweit es für die städtebauliche Entwicklung und Ordnung erforderlich ist. Wegen der Zugehörigkeit der Bauleitplanung zu den Selbstverwaltungsangelegenheiten beschränkt sich die Kommunalaufsicht auf die Kontrolle der Rechtmäßigkeit des Gemeindehandelns (s. Art. 122 S. 2 SVerf, § 5 IV, § 127 I 1 KSVG, → § 3 Rn. 218).

9 § 204 BauGB ermöglicht „benachbarten Gemeinden" die „gemeinsame" Aufstellung eines Flächennutzungsplans (zu diesem → Rn. 11 ff.). Nach § 205 I BauGB können sich die Gemeinden und sonstigen öffentl. Planungsträger zu einem **Planungsverband** zusammenschließen, um durch eine gemeinsame zusammengefasste Bauleitplanung den Ausgleich der verschiedenen Belange zu erreichen. In diesem Fall **geht die Planungshoheit auf den jew. Verband über**. § 205 VI BauGB stellt klar, dass durch diese Vorschriften ein Zusammenschluss nach dem Zweckverbandsrecht oder durch besondere Landesgesetze nicht ausgeschlossen wird. Dementsprechend sieht § 197 III 2 KSVG vor, dass der **Regionalverband Saarbrücken,** der ein aus der Landeshauptstadt Saarbrücken sowie aus den benachbarten Städten und Gemeinden bestehender Gemeindeverband ist, die Befugnisse eines Planungsverbands nach § 205 VI BauGB wahrnimmt (Verbandskompetenz).[16] Gem. § 211a I 1 Nr. 1 KSVG entscheidet über die Aufstellung, Änderung, Ergänzung und Aufhebung von Flächennutzungsplänen der Kooperationsrat als Organ des Regionalverbands Saarbrücken in alleiniger Zuständigkeit (Organkompetenz).[17]

a) Zweistufiges System der Bauleitplanung

10 Zu den Bauleitplänen gehören gem. § 1 II BauGB der **Flächennutzungsplan** als *vorbereitender* und der **Bebauungsplan** als *verbindlicher* Bauleitplan. Sieht man von den Ausnahmen in § 8 II 2, III, IV BauGB sowie in § 13a II Nr. 2 BauGB (ggf. i.V.m. § 13b BauGB) ab, vollzieht sich die örtliche Bauleitplanung in zwei Stufen.

11 aa) **Flächennutzungsplan:** Zunächst soll die Gemeinde einen **Flächennutzungsplan** aufstellen. Gem. § 5 I 1 BauGB ist in diesem für das **ganze Gemeindegebiet** die sich aus der beabsichtigten städtebaulichen Entwicklung ergebende Art der Bodennutzung in den **Grundzügen** darzustellen. Der Flächennutzungsplan weist ebenenspezifisch ein grobmaschiges Raster auf und ist auf Verfeinerung durch den nachfolgenden Bebauungsplan angelegt.[18] Im Flächennutzungsplan werden, bezogen auf die voraussehbaren Bedürfnisse in der Gemeinde, regelmäßig einzelne Bauflächen, z.B. für den Wohnbau oder für die gewerbliche Nutzung oder die von Bebauung freizuhaltenden Gebiete, einander zugeordnet.

12 In § 5 II BauGB werden beispielhaft mögliche **Darstellungen** aufgezählt, die in einem Flächennutzungsplan enthalten sein können. Wie man an der Nr. 6 dieser Vorschrift sieht (Flächen für Nutzungsbeschränkungen oder für Vorkehrungen zum Schutz gegen schädliche Umwelteinwirkungen), können in den Plan *punktuelle* Vollregelungen aufgenommen werden, soweit die übrigen Darstellungen für eine Verfeinerung durch den erst

---

[16] S. BVerfGE 77, 298 ff.; *Groß*, Die Reform des Stadtverbandes Saarbrücken, 2008, S. 35 ff., 195 ff.
[17] S. auch *Groß* (→ Fn. 16), S. 191.
[18] BVerwGE 124, 132, 140.

noch zu entwickelnden Bebauungsplan noch ausreichend Spielraum belassen.[19] Im Flächennutzungsplan sollen darüber hinaus bestimmte Flächen gekennzeichnet werden, z.b. solche, unter denen der Bergbau umgeht (§ 5 III Nr. 2 BauGB). Kennzeichnungen bestimmen nicht wie Darstellungen die Nutzbarkeit der Grundstücksoberfläche, sondern geben Hinweise auf Einwirkungen, die aus dem Untergrund oder der Nachbarschaft des Grundstücks herrühren können.[20] Gem. § 5 IVa 1 BauGB sollen u.a. festgesetzte Überschwemmungsgebiete nachrichtlich in den Plan übernommen werden.

Der Flächennutzungsplan bedarf der **Genehmigung der höheren Verwaltungsbehörde** 13 (§ 6 I BauGB). Dies ist das Ministerium für Inneres, Bauen und Sport (§ 58 I 1 LBO). Gem. § 6 II BauGB wird von diesem nur die Rechtmäßigkeit des Flächennutzungsplans, d.h. sein Zustandekommen und seine Gesetzmäßigkeit kontrolliert.[21] Über die Genehmigung ist grds. binnen drei Monaten zu entscheiden. Unter den Voraussetzungen des § 6 IV 4 BauGB wird ihre Erteilung fingiert („gilt" als erteilt). Mit der ortsüblichen Bekanntmachung der Erteilung der Genehmigung wird der Flächennutzungsplan wirksam (§ 6 V 1, 2 BauGB). Aus dem in § 214 I 1 Nr. 4 BauGB erwähnten Hinweiszweck entnahm das BVerwG das Erfordernis, dass die Bekanntmachung den Adressaten den räumlichen Geltungsbereich der Darstellungen des Flächennutzungsplans hinreichend deutlich machen muss.[22] Gem. § 6a I BauGB ist dem Flächennutzungsplan eine zusammenfassende Erklärung beizufügen, wie die Umweltbelange und die Ergebnisse der Öffentlichkeits- und Behördenbeteiligung berücksichtigt wurden samt der Gründe, aus denen der Plan nach Abwägung mit den geprüften, in Betracht kommen anderweitigen Planungsmöglichkeiten gewählt wurde. Aus Absatz 2 folgt, dass der Flächennutzungsplan mit Begründung und zusammenfassender Erklärung ergänzend, also zusätzlich, auch in das Internet eingestellt und über ein zentrales Internetportal des Landes zugänglich gemacht werden „soll".

Der Flächennutzungsplan bindet die Gemeinde bei der Aufstellung des Bebauungs- 14 plans (§ 8 II 1 BauGB). Außerdem müssen die öffentl. Planungsträger, die am Aufstellungsverfahren beteiligt wurden und dem Flächennutzungsplan nicht widersprochen haben, ihre Planungen an diesen anpassen (§ 7 BauGB). Ebenso wie die Gemeinde ist der öffentl. Planungsträger nur an die im Flächennutzungsplan ausgedrückte Grundkonzeption der Planung gebunden, mithin darf er seine Planung insoweit „fortentwickeln", wie es die Grundkonzeption erlaubt.[23] Infolge § 7 S. 1 BauGB wird dem Flächennutzungsplan eine ihm sonst als **Plan eigener Art** nicht zukommende rechtliche Verbindlichkeit zugesprochen.[24] Als nur **vorbereitendem** Bauleitplan kommt ihm jedoch **gegenüber den Bürgern keine rechtsnormmäßige Verbindlichkeit** zu.[25] Rechtliche Außenwirkung erlangt er diesen gegenüber erst über die „Vermittlung" durch andere

---

19 BVerwGE 124, 132, 138; *Guckelberger* DÖV 2006, 973, 979.
20 *Battis/Krautzberger/Löhr*, BauGB, § 5 Rn. 36.
21 Dazu, dass die Genehmigungsprüfung sich nicht auf die Zweckmäßigkeit des Flächennutzungsplans erstreckt, OVG NRW, Beschl. v. 16.6.2015 – 7 A 1709/13, Rn. 23 – juris.
22 BVerwGE 170, 26, 30 Rn. 16.
23 BVerwGE 138, 226, 231 f. Rn. 36; OVG Nds., NuR 2021, 403, 409.
24 BVerwGE 138, 226, 232 Rn. 37; OVG Nds., Urt. v. 27.8.2019 – 7 KS 24/17, Rn. 511 – juris.
25 VGH Bad.-Württ., NuR 2014, 221, 222.

Normen. Bspw. bilden die Darstellungen des Flächennutzungsplans einen öffentl. Belang, an dem ein Außenbereichsvorhaben scheitern kann (§ 35 III 1 Nr. 1 BauGB).

15 Aufgrund von § 5 IIb, § 35 III 3 BauGB können die Gemeinden in ihrem Flächennutzungsplan **Konzentrationsflächen**, z.b. für Windenergieanlagen, ausweisen. Dadurch können sie bewirken, dass Windkraftvorhaben von Antragstellern außerhalb dieser Flächen *regelmäßig* unzulässig sind. Auf diese Weise möchte der Gesetzgeber den Gemeinden ein Mittel an die Hand geben, um einer zunehmenden „Verspargelung" der Landschaft entgegenzuwirken. Allerdings ist ein Ausschluss derartiger Anlagen auf Teilen des Plangebiets nur gerechtfertigt, wenn sich die betroffenen Vorhaben nach dem Flächennutzungsplan an anderer Stelle des Gemeindegebiets gegenüber konkurrierenden Vorhaben positiv durchsetzen. Die Gemeinden dürfen den Flächennutzungsplan somit nicht als Mittel zur generellen Verhinderung von Windenergieanlagen auf ihrem Gebiet benutzen. Der Ausweisung der Konzentrationsflächen muss ein schlüssiges, den Anforderungen des Abwägungsgebots gerecht werdendes Planungskonzept zugrunde liegen[26] (s. auch unter → Rn. 99). Aus der gemeindlichen Entscheidung muss sich mithin ergeben, welche Erwägungen die positive Standortzuweisung tragen und aus welchen Gründen der übrige Planungsraum von solchen Vorhaben freigehalten werden soll. Aus § 5 V BauGB ergibt sich, dass die Gemeinde ihre diesbzgl. Erwägungen in einer dem Flächennutzungsplan beizufügenden Begründung darzulegen hat.[27]

16 Im Jahr 1991 hat das BVerwG die **Normenkontrollfähigkeit** des Flächennutzungsplans verneint. Da er im Unterschied zum Bebauungsplan (§ 10 I BauGB) nicht als Satzung verabschiedet wird, ist § 47 I Nr. 1 VwGO nicht einschlägig. Angesichts der bundeseinheitlichen Regelung des Rechtsschutzes gegen Satzungen nach dem BauGB könne nicht angenommen werden, dass man den Ländern bei Flächennutzungsplänen die Einführung der Normenkontrolle über § 47 I Nr. 2 VwGO gestatten wollte. Im Übrigen sei der Flächennutzungsplan keine Rechtsvorschrift, weil er als grobmaschige vorbereitende Regelung keine abstrakt-generellen Aussagen mit Anspruch auf Verbindlichkeit gegenüber Externen enthalte, sondern eine **hoheitliche Maßnahme sui generis**.[28] Nach der heute maßgeblichen Rechtsprechung sind Flächennutzungspläne ausnahmsweise **analog § 47 I Nr. 1 VwGO normenkontrollfähig**, soweit sie **Konzentrationsflächen** enthalten und die Gemeinde darin ihren Willen zur Auslösung der **Wirkungen des § 35 III 3 BauGB** an Standorten außerhalb dieser Flächen zum Ausdruck bringt.[29] Aufgrund der zuletzt genannten Einschränkung können die Darstellungen der Positivflächen selbst kein Normenkontrollgegenstand sein.[30] Flächennutzungspläne mit den Wirkungen des § 35 III 3 BauGB haben durch den Gesetzgeber eine Aufwertung erfahren. Von ihnen kann nur noch in atypischen Konstellationen abgewichen werden. Da die Gemeinde nunmehr mit der Konzentrationsflächenplanung über ein Instrument zur Steuerung der baulichen Entwicklung im Außenbereich

---

26 BVerwGE 146, 40, 45 Rn. 16; BVerwG, NVwZ 2008, 559, 560; *Guckelberger* DÖV 2006, 973, 976.
27 BVerwG, ZfBR 2018, 598, 600.
28 BVerwG, NVwZ 1991, 262 f.
29 BVerwGE 146, 40, 45 ff. Rn. 17 ff.; BVerwG, NVwZ 2015, 1452, 1453; VGH Bad.-Württ., NuR 2014, 221, 222.
30 BVerwGE 164, 74, 82 ff. Rn. 29 ff.

verfügt, erreichen die diesbzgl. Darstellungen einen Verbindlichkeitsgrad, der Festsetzungen in einem Bebauungsplan gleichkommt.[31] Aus Gründen der Umsetzung von Art. 9 III Aarhus-Konvention bestimmt nunmehr § 7 II 1 UmwRG, dass über SUP-pflichtige Flächennutzungspläne (→ Rn. 5) im ersten Rechtszug das OVG entscheidet, auch wenn kein Fall des § 47 I Nr. 1 oder Nr. 2 VwGO vorliegt.[32] Die Rechtsbehelfsbefugnis und Begründetheitsprüfung ist in diesem Fall auf die Verletzung umweltbezogener Vorschriften beschränkt (§ 2 I 2, IV 1 Nr. 2 UmwRG).[33]

bb) Der Bebauungsplan: Der Bebauungsplan ergeht in Form einer **Satzung** (§ 10 I BauGB, § 12 KSVG). Er enthält verbindliche und parzellenscharfe **Festsetzungen** zur Nutzung der einzelnen Grundstücke im Gemeindegebiet. § 9 I BauGB sieht eine Palette von **Festsetzungsmöglichkeiten** vor. Die Festsetzungen zu Art und Maß der baulichen Nutzung, der Bauweise und der (nicht) überbaubaren Grundstücksflächen (§ 9 I Nrn. 1, 2 BauGB) erfolgen nach der BauNVO. Gem. § 1 III 2 BauNVO werden durch die Festsetzung der in Abs. 2 bezeichneten Baugebiete (z.B. reines, allgemeines, besonderes Wohngebiet) die §§ 2–14 BauNVO Bestandteil des Bebauungsplanes, *soweit* nicht aufgrund des § 1 IV–X BauNVO etwas anderes bestimmt wird. Weil § 9 BauGB die zulässigen Festsetzungen in einem Bebauungsplan **abschließend** benennt, steht den Gemeinden – abgesehen von der Ausnahme in § 12 III 2 BauGB – kein darüber hinausgehendes Festsetzungsfindungsrecht zu.[34] Außer Festsetzungen in textlicher Form können auch Planzeichen und Farben verwendet werden (s. die PlanZV). 17

Gem. § 9 IV BauGB können die Länder bestimmen, dass **auf Landesrecht beruhende Regelungen** als Festsetzungen in den Bebauungsplan **aufgenommen** werden können. Davon hat der Landesgesetzgeber in § 85 IV LBO Gebrauch gemacht. Während die Gemeinden bei der Bauleitplanung Selbstverwaltungsangelegenheiten wahrnehmen, gehört der Erlass von örtlichen Bauvorschriften, auch wenn sie in einem Bebauungsplan enthalten sind, zur Wahrnehmung staatlicher Aufgaben im übertragenen Wirkungskreis.[35] Nach dem BVerwG lässt ihre Aufnahme in den Bebauungsplan den landesrechtlichen Charakter derartiger Festsetzungen, z.B. zu Dachmaterialien, unberührt.[36] Auch im Bebauungsplan sollen bestimmte Flächen **gekennzeichnet** (§ 9 V BauGB) sowie anderweitig getroffene Festsetzungen **nachrichtlich übernommen** werden (§ 9 VI, VIa BauGB). Gem. § 9 VII BauGB sind in dem Bebauungsplan die **Grenzen** seines räumlichen Geltungsbereichs zu bestimmen. Außerdem ist dem Bebauungsplan eine **Begründung** beizufügen (§ 9 VIII BauGB). 18

Ein **qualifizierter Bebauungsplan** liegt vor, wenn er mindestens Festsetzungen über die Art und das Maß der baulichen Nutzung (§ 9 I Nr. 1 BauGB, §§ 1–15, §§ 16–21a BauNVO), die überbaubaren Grundstücksflächen (§ 9 I Nr. 2 BauGB, § 23 BauNVO) sowie die örtlichen Verkehrsflächen (§ 9 I Nr. 11 BauGB) enthält. Wird nach der 19

---

31 BVerwGE 170, 26, 30 Rn. 18; 128, 382, 387 Rn. 16; s. auch *Guckelberger* DÖV 2006, 973, 980 f.
32 Zur Unanwendbarkeit des § 6 S. 1 UmwRG BVerwG, ZfBR 2021, 661 f.
33 BayVGH, NVwZ-RR 2021, 742 f.
34 BVerwGE 92, 56, 62; BayVGH, Urt. v. 14.3.2022 – 9 N 19.1989, Rn. 19 – juris.
35 *Bitz/Schwarz/Seiler-Dürr/Dürr* BauR Saarl., S. 471 Rn. 2. Die Zuordnung zu den übertragenen staatlichen Aufgaben ist vor allem im Bereich der Aufsicht von Bedeutung, s. § 127 II KSVG.
36 BVerwG, BauR 2005, 1752, 1753.

Zulässigkeit eines Bauvorhabens gefragt, ist bei einem qualifizierten Bebauungsplan allein zu prüfen, ob es dessen Festsetzungen entspricht und seine Erschließung gesichert ist (§ 30 I BauGB). Erfüllt ein Bebauungsplan nicht die Voraussetzungen des § 30 I BauGB, weil er nicht alle dort genannten Festsetzungen enthält, handelt es sich gem. § 30 III BauGB um einen **einfachen Bebauungsplan**. Bei diesem richtet sich die Vorhabenszulässigkeit zunächst nach seinen Festsetzungen und nur (!) „im Übrigen", also soweit bestimmte Aspekte nicht geregelt sind, nach § 34 oder § 35 BauGB. **Bebauungspläne der Innenentwicklung** dienen der Wiedernutzbarmachung von Flächen, der Nachverdichtung oder anderen Maßnahmen der Innenentwicklung (§ 13a I 1 BauGB). Sie stellen keine eigenständige Plankategorie dar, können aber in einem beschleunigten Planaufstellungsverfahren erlassen werden. Da der Gesetzgeber mit derartigen, auf die Innenentwicklung bezogenen Erleichterungen einen Anreiz dafür setzen möchte, dass die Gemeinden von einer Überplanung und Zersiedelung des Außenbereichs absehen, bezieht sich dieses Instrument nur auf Flächen, die von einem Siedlungsbereich mit dem Gewicht eines im Zusammenhang bebauten Ortsteils umschlossen werden, und gestattet nicht die Erweiterung der äußeren Grenzen des Siedlungsbereichs.[37] Der in § 30 II BauGB erwähnte **vorhabenbezogene Bebauungsplan** ist eine Sonderform des Bebauungsplans. Er wird in § 12 BauGB näher ausgestaltet und bezweckt die Realisierung eines bestimmten Vorhabens. Zunächst erstellt ein Vorhabenträger (Investor) extern einen Vorhaben- und Erschließungsplan, weil er ein präzise umrissenes Projekt verwirklichen möchte. Auf seinen Antrag entscheidet die Gemeinde sodann nach ihrem pflichtgemäßen Ermessen über die Einleitung des Bebauungsplanverfahrens. Ggf. wird der ausgearbeitete Vorhaben- und Erschließungsplan Bestandteil des beschlossenen Bebauungsplans.

20

Bauleitpläne	
Flächennutzungsplan	Bebauungsplan
vorbereitender Bauleitplan	verbindlicher Bauleitplan
„grobmaschig"	„parzellenscharf"
für gesamtes Gemeindegebiet	i.d.R. für Ausschnitt des Gemeindegebiets
Darstellungen § 5 I 1, II–IIb BauGB	Festsetzungen § 9 I–IV BauGB
hoheitliche Maßnahme sui generis	Satzung § 10 I BauGB
genehmigungsbedürftig § 6 I BauGB	nur ausnahmsweise genehmigungsbedürftig § 10 II BauGB
Konzentrationsflächen normenkontrollfähig analog § 47 I Nr. 1 VwGO	Normenkontrolle § 47 I Nr. 1 VwGO
Umweltschutzvereinigungen, § 7 II UmwRG	

---

37 Eingehend BVerwGE 169, 29, 34 ff. Rn. 25 ff.

b) Das Verfahren der Bauleitplanung

Bauleitpläne müssen wie andere Hoheitsakte auch bestimmten formellen Anforderungen genügen. Diese ergeben sich teils aus dem Bundesrecht und teils aus dem Landesrecht. Gem. § 2 I 1 BauGB liegt die **Verbandskompetenz** für die Aufstellung der Bauleitpläne bei den Gemeinden. Die **Organkompetenz**, d.h. die Zuständigkeitsverteilung zwischen den Gemeindeorganen, ist dem Landesrecht,[38] mithin dem Kommunalselbstverwaltungsgesetz zu entnehmen. Gem. § 35 S. 1 Nr. 12 KSVG ist vom **Gemeinderat** zwingend selbst über den Erlass, die Änderung und Aufhebung von Satzungen zu entscheiden. Da der Bebauungsplan als Satzung ergeht (§ 10 I BauGB), kann der Gemeinderat diese Entscheidung nicht übertragen. Problematisch ist die Rechtslage beim Flächennutzungsplan, der keine Satzung ist. Weil der Bebauungsplan aus dem Flächennutzungsplan zu entwickeln ist und Letzterer das gesamte Gemeindegebiet umfasst, ergibt sich die Organkompetenz des Gemeinderats für diesen aus § 34 S. 1 KSVG. Wegen der Bedeutung des Flächennutzungsplans für spätere Bebauungspläne spricht einiges dafür, ihn ebenfalls zu den nicht übertragbaren Angelegenheiten zu zählen.

21

Das Bauleitplanverfahren beginnt damit, dass der **Beschluss, einen Bauleitplan aufzustellen**, vom Bürgermeister (§ 59 II 2 KSVG) ortsüblich bekannt gemacht wird (§ 2 I 2 BauGB).[39] Der Aufstellungsbeschluss muss zwar den Planbereich eindeutig bestimmbar umschreiben, aber noch keine Aussagen zum Inhalt der beabsichtigten Planung machen.[40] Unterlaufen der Gemeinde bei dem Aufstellungsbeschluss und seiner Veröffentlichung Fehler, hat dies keine Folgen für die Wirksamkeit des Bauleitplans. Nach dem BVerwG ist der Aufstellungsbeschluss kein zwingendes Erfordernis und deshalb keine Wirksamkeitsvoraussetzung für den Bauleitplan.[41] Die saarl. Verwaltungsgerichtsbarkeit kommt in einem Umkehrschluss zu § 214 I 1 Nr. 2 BauGB zu demselben Ergebnis.[42] Da ein Bebauungsplan erhebliche Konsequenzen für zahlreiche diverse Interessen zeitigen kann, ist erstes Ziel des so begonnenen Planungsprozesses die Erarbeitung eines **Planentwurfs**. Zu diesen Zwecken werden Informationen über die möglicherweise für die Abwägung bedeutsamen Belange **ermittelt und bewertet** (§ 2 III BauGB). Für die Belange des Umweltschutzes ist nach Maßgabe des § 2 IV BauGB eine **Umweltprüfung** vorzunehmen. Ziel der Umweltprüfung ist die sorgfältige Ermittlung der Umweltbelange, damit ihnen später bei der Abwägung das richtige Gewicht beigemessen wird.[43]

22

Die nachfolgende Öffentlichkeits- und Behördenbeteiligung dient insb. der vollständigen Ermittlung und zutreffenden Bewertung der von der Planung berührten Belange (§ 4a I BauGB). Des Weiteren können die Planbetroffenen bei der Bürgerbeteiligung ihre Interessen in den Entscheidungsprozess einbringen und die Bürger aktiv teilneh-

23

---

38 BVerwGE 138, 226, 236 Rn. 49.
39 S. zur ortsüblichen Bekanntmachung § 222 I Nr. 1 KSVG i.V.m. der VO über die öffentl. Bekanntmachung der Gemeinden und Gemeindeverbände (BekVO), Amtsbl. 1981 S. 828 zuletzt geändert durch G v. 15.11.2017, Amtsbl. S. 1007.
40 BVerwGE 51, 121, 127; s. auch OVG Berlin-Bbg., Urt. v. 2.7.2015 – 2 A 6/15, Rn. 27 – juris.
41 BVerwG, NVwZ-RR 2003, 172 f.
42 OVG d. Saarl., BauR 2016, 465 f. unter Betonung, dass der Aufstellungsbeschluss nur dort Bedeutung erlangt, wo er, wie in § 14 I BauGB, ausdrücklich erwähnt wird.
43 *Göckler/Hölscher/Zinger* Jura 2020, 1309, 1310 f.

mend in die Vorbereitung politischer Planungsentscheidungen einbezogen werden.[44] Die in § 3 I BauGB geregelte **frühe Öffentlichkeitsbeteiligung** erfolgt in einem frühen Planungsstadium, in dem sich die planerischen Absichten noch nicht verfestigt haben.[45] Sofern kein Ausnahmetatbestand einschlägig ist (§ 3 I 3, § 13 II 1 Nr. 1 BauGB), soll die Öffentlichkeit über die allg. Ziele und Zwecke der Planung, die in Betracht kommenden Lösungen für die Neugestaltung der Gebietsentwicklung sowie die Auswirkungen der Planung informiert werden. Ihr ist Gelegenheit zur Äußerung und zur Erörterung zu geben, indem z.b. eine Bürgerversammlung oder Diskussionsveranstaltung anberaumt wird (§ 3 I 1 BauGB).[46] Außerdem findet gem. § 4 I BauGB eine frühzeitige Beteiligung der Behörden und sonstiger Träger öffentl. Belange statt, deren Aufgabenbereich durch die Planung berührt werden kann.[47] Da keiner der hier angesprochenen Verfahrensschritte bei den in § 214 I BauGB aufgezählten beachtlichen Verfahrensfehlern genannt wird, ergibt sich im Umkehrschluss, dass etwaige Verstöße unbeachtlich sind.[48]

24 Sobald ein Planentwurf mit Begründung vorliegt, wird die **förmliche Behördenbeteiligung** durchgeführt (§ 4 II BauGB). Die Gemeinde hat die Stellungnahmen der Behörden und sonstiger Träger öffentl. Belange, deren Aufgabenbereich durch die Planung berührt werden kann, einzuholen. Die Stellungnahmen sind innerhalb einer Frist von einem Monat abzugeben, die bei Vorliegen eines wichtigen Grundes angemessen verlängert werden soll. Die **förmliche Öffentlichkeitsbeteiligung**, die gem. § 4a II BauGB auch gleichzeitig mit der Behördenbeteiligung durchgeführt werden kann, ist in § 3 II BauGB geregelt. § 3 II (ggf. i.V.m. § 4a III) BauGB ermöglicht es den Bürgern, zu dem Bebauungsplanentwurf vor der Beschlussfassung durch den Gemeinderat Stellung zu nehmen.[49] Dazu sind die Entwürfe der Bauleitpläne mit der Begründung und den nach Einschätzung der Gemeinde wesentlichen, bereits vorliegenden umweltbezogenen Stellungnahmen für die **Dauer** eines Monats, mindestens jedoch für die Dauer von 30 Tagen, oder bei Vorliegen eines wichtigen Grundes für die Dauer einer angemessenen längeren Frist öffentl. **auszulegen**.[50] Um die Interessierten zu einer Beteiligung zu ermuntern, sind **Ort und Dauer der Auslegung mindestens eine Woche vorher ortsüblich bekannt zu machen**.[51] Zur Erfüllung ihrer *Anstoßwirkung*[52] muss die Bekanntmachung so formuliert sein, dass sie interessierten Bürgern die Bedeutung von Information und Beteiligung an der Bauleitplanung durch Abgabe von Stellungnahmen verdeutlicht.[53] Dies ist bei einer schlagwortartigen geographischen Bezeichnung des Plange-

---

44 BVerwGE 133, 98, 114 Rn. 34.
45 *Siegel*, ÖR Berl., § 4 Rn. 55; s. auch BVerwGE 143, 24, 25 f. Rn. 8 (zum Umfang der Angaben).
46 *Guckelberger*, in: Seok/Ziekow, Die Einbeziehung Privater in der Erfüllung öffentl. Aufgaben, 2008, S. 111, 147 ff.
47 *Guckelberger*, in: Seok/Ziekow (→ Fn. 46), S. 111, 146 f.
48 Zu § 2 I 2 BauGB BVerwGE 79, 200, 204 f.; zu § 3 I BauGB BVerwG, BauR 2003, 216, 217.
49 BVerwG, BauR 2016, 1269 f.
50 Dazu, dass es keines förmlichen Beschlusses über die Auslegung der Entwürfe bedarf, OVG d. Saarl., BauR 2016, 465, 466.
51 BVerwGE 133, 98, 114 Rn. 34; 147, 206, 208 Rn. 14.
52 Dazu BVerwGE 147, 206, 210 ff. Rn. 19 ff. sowie BVerwG, NVwZ 2021, 732 ff. auch mit eingehenden Ausführungen zu den Anforderungen an die Bekanntmachung der Arten verfügbarer Umweltinformationen.
53 So OVG Bremen, Urt. v. 20.7.2021 – 1 D 392/20, Rn. 63 – juris.

biets, nicht aber der bloßen Angabe einer Ordnungsnummer des Plans der Fall.[54] Die Bekanntmachung der Planauslegung ist fehlerhaft, wenn ihr nicht entnommen werden kann, dass auf einem vom restlichen Plangebiet weit entfernt liegenden Grundstück eine Ausgleichsfläche festgesetzt werden soll.[55] Überdies darf die öffentl. Bekanntmachung keine Zusätze oder Einschränkungen enthalten, welche an der Bauleitplanung interessierte Bürger von der Erhebung von Stellungnahmen abhalten können.[56] Da die ortsübliche Bekanntmachung den Interessierten aber nicht jedwede Anstrengung ersparen soll, braucht in dieser regelmäßig nicht der Dienstraum des Verwaltungsgebäudes bezeichnet zu werden, in welchem die Planunterlagen zur Einsichtnahme bereit liegen.[57] In jüngerer Zeit mehren sich Gerichtsentscheidungen zu den Anforderungen an die ebenfalls von § 3 II 2 Hs. 1 BauGB vorgeschriebene ortsübliche Bekanntmachung der **Angaben** dazu, welche **Arten umweltbezogener Informationen** verfügbar sind. Das Gesetz verlangt nicht die Bekanntmachung der Informationen selbst, sondern nur Angaben zu den Arten der Informationen.[58] Da eine inhaltlich vollständige Information verlangt wird, ist es den Gemeinden untersagt, zwischen den aus ihrer Perspektive wesentlichen und unwesentlichen Informationen zu selektieren.[59] Weil nur Angaben zu den Arten der Informationen vorgeschrieben sind, muss die Gemeinde die in den vorhandenen Stellungnahmen und Unterlagen behandelten Umweltthemen nach Gattungen oder Typen zusammenfassen und in der ortsüblichen Bekanntmachung „schlagwortartig charakterisieren".[60] Bei der Bildung dieser Schlagwörter darf die Gemeinde grds. sinntragende Begriffe aus dem Titel der jew. Informationen aufgreifen. Fehlt es daran, muss sie selbst nach einer passenden Bezeichnung suchen und sich dabei von der mit der Information bezweckten Anstoßwirkung leiten lassen. Dem Gesetzeswortlaut lässt sich weder die Notwendigkeit eines Hinweises auf die Beschaffenheit der Informationen als Gutachten, Stellungnahme oder dergl. noch zum Autor oder Urheber der Information entnehmen.[61]

Von großer Klausurrelevanz sind die auch in der Praxis relevanten Fehler der Gemeinde bei der Auslegung der Unterlagen. Da das Bundesrecht keine Vorgaben zum Ort der Auslegung macht, steht dieser im Ermessen des Planungsträgers, darf aber nicht so gewählt sein, dass dessen Aufsuchung für den Betroffenen unzumutbar ist.[62] Es ist einem zur Beteiligung aufgerufenen, mündigen Bürger aber durchaus zumutbar, sich in dem Dienstgebäude durch Nachfragen nach dem Raum zu erkundigen, in welchem die Unterlagen ausgelegt werden.[63] Da die Gemeinden zur Auslegung der Unterlagen verpflichtet sind, genügt ein bloßes Bereithalten der Unterlagen zur Einsicht nicht.[64] Insgesamt muss die Auslegung so ausgestaltet sein, dass den um Einsichtnahme nach-

---

54 BVerwG, NVwZ 2001, 203, 204; OVG Nds., BauR 2021, 1413, 1414.
55 VGH Bad.-Württ., Urt. v. 24.2.2021 – 5 S 2159/18, Rn. 25 – juris.
56 BVerwG, BauR 2021, 50, 51.
57 BVerwGE 133, 98, 114 f. Rn. 34 f.; s. auch OVG d. Saarl., Urt. v. 19.3.2015 – 2 C 382/13, Rn. 62 – juris.
58 BVerwG, NVwZ 2021, 732, 733.
59 BVerwG, NVwZ 2021, 732, 733.
60 BVerwGE 165, 387, 389 Rn. 12.
61 BVerwGE 165, 387, 393 f. Rn. 20, 22.
62 BVerwG, ZfBR 2013, 580, 581.
63 BVerwG, ZfBR 2017, 796, 797.
64 VGH Bad.-Württ., Urt. v. 18.4.2018 – 5 S 2105/15, Rn. 57 – juris.

suchenden Personen keine unangemessenen zeitlichen Hindernisse (etwa nur wenige Dienststunden zur Einsichtnahme), örtliche oder auch nur psychologische Hemmnisse in den Weg gelegt werden, die geeignet sind, sie von der Einsichtnahme in die Unterlagen abzuhalten oder abzubringen.[65] Die öffentl. Planauslegung ist noch als korrekt anzusehen, wenn ein Interessierter die teilweise tief hängenden Unterlagen jedenfalls in gebückter Haltung oder von einem bereit stehenden Stuhl aus zur Kenntnis nehmen kann.[66] Innerhalb der Frist kann *jeder* zu dem ausgelegten Plan Stellung nehmen. Sofern, wie von § 3 II 2 BauGB vorgeschrieben, bei der Bekanntmachung darauf hingewiesen wurde, dass nicht fristgerecht abgegebene Stellungnahmen bei der Beschlussfassung über den Bauleitplan unberücksichtigt bleiben können, brauchen („können") diese unter den Voraussetzungen des § 4a VI BauGB bei der nachfolgenden Beschlussfassung über den Bauleitplan nicht berücksichtigt zu werden. Dabei handelt sich lediglich um eine formelle Präklusion, d.h. die Betroffenen können verspätete Einwendungen zwar nicht mehr im laufenden Bauleitplanungsverfahren, aber durchaus im Gerichtsverfahren geltend machen. Anders verhält es sich einzig im Hinblick auf Flächennutzungspläne und Umweltschutzvereinigungen, für die nach § 3 III BauGB, § 7 III 1 UmwRG eine materielle Präklusion vorgesehen ist. Bei dieser Form der Präklusion werden nicht rechtzeitig geltend gemachte Einwendungen auch im gerichtlichen Verfahren ausgeschlossen. Fehler bei der förmlichen Öffentlichkeits- und Bürgerbeteiligung sind grds. beachtlich, es sei denn, es liegt einer der in § 214 I 1 Nr. 2 BauGB aufgeführten „kleineren" Fehler vor. Beachtliche Fehler können gem. § 215 I 1 Nr. 1 BauGB im Laufe der Zeit irrelevant werden.

26 Der Gemeinderat muss die fristgemäß abgegebenen Stellungnahmen prüfen (§ 3 II 4 BauGB). Entschließt er sich dazu, den Entwurf des Bauleitplans nach Durchführung der förmlichen Beteiligung zu ändern und zu ergänzen, ist dieser gem. § 4a III 1 BauGB erneut auszulegen und es sind erneut Stellungnahmen einzuholen. Gem. § 4a III 2 BauGB kann dabei bestimmt werden, dass die Stellungnahmen nur zu den geänderten oder ergänzten Teilen abgegeben werden können. Nach der Rspr. lösen auch solche inhaltlichen Änderungen des ursprünglichen Bebauungsplans, die auf der Grundlage bereits ausgelegter, dem Planentwurf lediglich beigefügter Unterlagen vorgenommen werden, die Pflicht zur erneuten Beteiligung aus.[67] Da jedoch das Beteiligungsverfahren nicht um seiner selbst willen durchzuführen ist, kann von der erneuten Beteiligung abgesehen werden, wenn sie für den mit dem Beteiligungsverfahren verfolgten Zweck keinen Mehrwert hätte und eine bloße Förmelei wäre. Dies wäre z.B. der Fall, wenn eine unzulässige textliche Darstellung gestrichen wird, diese aber die Grundzüge der Planung nicht berührt und auch auf die verbleibenden Darstellungen keine Auswirkungen haben kann.[68] Von einer erneuten Einholung von Stellungnahmen kann auch abgesehen werden, wenn die Ergänzung einer Festsetzung nur klarstellende Bedeutung hat oder die betroffenen Bürger und Behörden zu einer Ände-

---

65 VGH Bad.-Württ., BWGZ 2007, 509; vgl. auch VGH Bad.-Württ., Urt. v. 18.4.2018 – 5 S 2105/15, Rn. 58 ff. – juris.; s. auch *Göckler/Hölscher/Zinger* Jura 2020, 1309, 1312.
66 VGH Bad.-Württ., NuR 2005, 253.
67 BVerwG, NVwZ 2010, 777, 778.
68 BVerwG, NVwZ 2010, 1026, 1033.

rung schon während des förmlichen Beteiligungsverfahrens Stellung beziehen konnten, die Änderung von den Betroffenen vorgeschlagen wurde und Dritte dadurch nicht abwägungsrelevant berührt werden.[69]

Bevor der Gemeinderat den jew. Bauleitplan beschließt, ist zu beachten, dass nach § 73 II 2 Nr. 2 KSVG der **Ortsrat zum Flächennutzungs- und Bebauungsplan zu hören** ist. Voraussetzung ist, dass sich der jew. Plan **auf den Gemeindebezirk bezieht**, d.h. die planbetroffenen Grundstücke in dem Ortsteil liegen.[70] Entsprechend dem Wortlaut des § 73 II 1 KSVG handelt es sich dabei um keinen Zustimmungsvorbehalt; im Falle von Fehlern ist § 12 VI, VII KSVG maßgeblich.[71] Das BVerwG hält es für rechtlich unbedenklich, wenn die Gemeindeverwaltung oder ein beauftragtes Planungsbüro die im Zuge der Beteiligung abgegebenen Äußerungen aufbereitet, mit einer Stellungnahme versieht und zum Gegenstand einer Beschlussvorlage für den Gemeinderat macht.[72] Beim **Beschluss** des Flächennutzungsplans handelt es sich um einen gewöhnlichen Gemeinderatsbeschluss. Beim **Bebauungsplan** ergeht der Beschluss in Form einer **Satzung** (§ 10 I BauGB, § 12 KSVG). Dem Bebauungsplan ist gem. § 9 VIII BauGB, dem Flächennutzungsplan gem. § 5 V BauGB eine **Begründung** beizufügen. Eine fehlende Begründung stellt nach § 214 I 1 Nr. 3 BauGB einen beachtlichen, eine bloß unvollständige Begründung dagegen einen unbeachtlichen Fehler dar. 27

Beim Beschluss des Bauleitplans sind sämtliche kommunalrechtl. Anforderungen an die Beschlussfassung einzuhalten. Prüfungsrelevant ist vor allem das **Mitwirkungsverbot** des § 27 KSVG (→ § 3 Rn. 57 f.), das über die Verweisung in § 30 I 4 KSVG auch für Mitglieder des Gemeinderats gilt. Danach darf ein Gemeinderatsmitglied weder beratend noch entscheidend in einer Angelegenheit mitwirken, wenn die Entscheidung ihm persönlich oder den dort genannten weiteren Personen einen *unmittelbaren* Vor- oder Nachteil bringen kann, der rechtlicher, wirtschaftlicher oder immaterieller Natur ist. Für die „Unmittelbarkeit" des Vor- oder Nachteils ist ausschlaggebend, ob das jew. Gemeinderatsmitglied ein *individuelles Sonderinteresse* an der zu treffenden Entscheidung hat.[73] Ein derartiges Sonderinteresse kann beim Grundeigentum im Geltungsbereich des Bebauungsplans vorhanden sein.[74] Da der Flächennutzungsplan für das gesamte Gemeindegebiet gilt, muss das Mitwirkungsverbot bei diesem Plan so gehandhabt werden, dass es in der Praxis nicht zur Beschlussunfähigkeit des Gemeinderats führt.[75] Das Mitwirkungsverbot wird bereits durch den *bösen Schein* der Parteilichkeit ausgelöst.[76] Es gilt nicht, wenn der Vor- oder Nachteil nur darauf beruht, dass das Gemeinderatsmitglied einer Berufs- oder Bevölkerungsgruppe angehört, deren gemeinsame Interessen durch die Angelegenheit berührt werden (§ 27 III Nr. 1 KSVG). Wurde ein Gemeinderatsbeschluss unter Verletzung des § 27 I, II KSVG gefasst oder 28

---

69 BVerwG, ZfBR 2016, 589, 590; ZfBR 2020, 676, 677.
70 OVG d. Saarl., Urt. v. 19.3.2015 – 2 C 382/13, Rn. 68 – juris.
71 OVG d. Saarl., Urt. v. 19.3.2015 – 2 C 382/13, Rn. 68 – juris.
72 BVerwG, BRS 81 Nr. 17.
73 OVG d. Saarl., BRS 79 Nr. 56; s. auch im Kommunalrecht → § 3 Rn. 57 f.
74 S. dazu OVG d. Saarl., BRS 79 Nr. 56. zum Mitwirkungsverbot von Mietern und Pächtern, OVG Rh.-Pf., DVBl. 2011, 696 ff.; *Waldhoff* JuS 2011, 1143 ff.; vgl. auch BVerwGE 110, 36, 39.
75 VGH Bad.-Württ., NVwZ-RR 1993, 98; OVG d. Saarl., BRS 79 Nr. 56.
76 BVerwGE 78, 347 Ls. 3; OVG d. Saarl., SKZ 2012, 113, 117; BRS 79 Nr. 56.

war ein Mitglied des Gemeinderats zu Unrecht von der Beratung oder Abstimmung ausgeschlossen, ist dieser Beschluss unwirksam (§ 27 VI 1 KSVG). Nach dem saarl. Landesrecht kommt es nicht darauf an, ob die Mitwirkung des befangenen Gemeinderats für das Beschlussergebnis nach den Abstimmungsverhältnissen kausal war.[77] Da § 214 I BauGB nach seinem Wortlaut nur die Verletzung von Verfahrens- und Formvorschriften „dieses Gesetzbuchs" betrifft, werden von dieser Vorschrift u.a. KSVG-Verstöße nicht erfasst. Bei Mitwirkung eines befangenen Gemeinderats oder ungerechtfertigtem Ausschluss eines Gemeinderatsmitglieds richtet sich die Heilung eigentlich nach § 27 VI 2, 3 KSVG. Allerdings gehen bei der Beschlussfassung über den Flächennutzungsplan und Satzungen die Heilungsnormen des § 12 VI, VII KSVG vor.[78]

29   Flächennutzungspläne bedürfen stets der **Genehmigung der höheren Verwaltungsbehörde** (§ 6 BauGB, → Rn. 13). Bebauungspläne bedürfen nur in den in § 10 II BauGB genannten Ausnahmefällen (§ 8 II 2, III 2, IV BauGB) der Genehmigung durch die höhere Behörde. Wegen der gemeindlichen Planungshoheit darf die Genehmigungsbehörde *nur die Rechtmäßigkeit*, nicht aber die Zweckmäßigkeit des Plans prüfen.[79] Die Rechtmäßigkeitskontrolle der Behörde ist *umfassend*. Im Unterschied zu den Verwaltungsgerichten kontrolliert sie auch die Einhaltung der in §§ 214, 215 BauGB als unbeachtlich eingestuften Verfahrensanforderungen (§ 216 BauGB).

30   Aus dem Rechtsstaatsprinzip ergibt sich die Notwendigkeit der **Ausfertigung** des Bebauungsplans.[80] Nach dem BVerwG fordert das Bundes(verfassungs)recht bzgl. der Ausfertigung von Landesrecht, dass die anzuwendende Norm mit dem Inhalt des vom Normgeber Beschlossenen identisch ist (sog. „Identitätsfunktion", „Beurkundungs- und Gewährleistungsfunktion"), wobei das Landrecht über diese Anforderung hinausgehen kann.[81] Nach dem OVG d. Saarl. werden durch die Ausfertigung der ordnungsgemäße Ablauf des Verfahrens (sog. Verfahrensnachweis) und die Übereinstimmung der zur Veröffentlichung vorgesehenen Rechtsnorm mit dem im Satzungsbeschluss zum Ausdruck gebrachten Willen des Gemeinderats festgestellt.[82] Zuständig für die Ausfertigung ist der Bürgermeister der Gemeinde (§ 59 II 2 KSVG). Zu diesem Zweck hat er die Originalurkunde der Satzung handschriftlich mit ausgeschriebenem Familiennamen zu unterzeichnen und dadurch zu bestätigen, dass sich die Satzung inhaltlich mit dem Ratsbeschluss deckt.[83] Da die Ausfertigung zugleich den Ablauf des Verfahrens bestätigt, muss sie nach dem Satzungsbeschluss, aber *vor* der Bekanntmachung des Bebauungsplans erfolgen.[84] Ausfertigungsfehler ziehen die Unwirksamkeit des Plans nach sich. Wegen der Wichtigkeit dieses Verfahrensschritts sind derartige Mängel von der Heilungsvorschrift des § 12 VI KSVG ausgenommen.[85] Jedoch kann eine

---

77   OVG d. Saarl., BRS 79 Nr. 56; *Bitz/Schwarz/Seiler-Dürr/Dürr* BauR Saarl., Rn. 66.
78   *Lehné/Weirich*, Saarl. KommunalR, 24. Erg.-Lfg., Stand: Oktober 2020 § 12 Rn. 6.1; *Wohlfarth*, KommunalR, 2003, Rn. 128; dessen Anwendbarkeit wurde von OVG d. Saarl., BRS 79 Nr. 56 offengelassen.
79   BVerwGE 34, 301, 304.
80   BVerwG, NVwZ 1990, 258.
81   BVerwG, Beschl. v. 4.3.2021 – 4 B 40/20, Rn. 3 – juris.
82   OVG d. Saarl., NuR 2012, 74.
83   OVG d. Saarl., NuR 2012, 74.
84   OVG d. Saarl., BRS 71 Nr. 37; s. auch OVG d. Saarl., AS 31, 154 ff.; Hess. VGH, ZfBR 2021, 674.
85   OVG d. Saarl., NuR 2012, 74 ff.

unterbliebene oder fehlerhafte Ausfertigung durch eine nochmalige Neuausfertigung und anschließende Neubekanntmachung des Plans geheilt werden.[86]

Das Verfahren endet mit der **Bekanntmachung**. Der *Flächennutzungsplan* wird gem. § 6 V 1, 2 BauGB mit der ortsüblichen Bekanntmachung der Erteilung der Genehmigung wirksam. Für den *Bebauungsplan* sieht § 10 III 1 BauGB vor, dass bei genehmigungsbedürftigen Bebauungsplänen die Erteilung der Genehmigung und bei genehmigungsfreien Bebauungsplänen der Beschluss des Bebauungsplans durch die Gemeinde ortsüblich bekannt zu machen ist. Der Bundesgesetzgeber hat von einer Anordnung der Verkündung des gesamten Bebauungsplans abgesehen, weil die Veröffentlichung der gesamten Plandokumente sehr aufwendig und kostspielig wäre. Aus rechtsstaatlichen Gründen schreibt § 10 III 2, 3 BauGB vor, dass der Plan mit Begründung und zusammenfassender Erklärung zu jedermanns Einsicht bereitzuhalten *und* in der Bekanntmachung darauf hinzuweisen ist, wo der Plan eingesehen werden kann („zweistufiges Verkündungsverfahren"). Die Bekanntmachung muss einen Hinweis zur Identifikation des Bebauungsplans enthalten. Dieser muss geeignet sein, dem Normadressaten das Inkrafttreten des neuen Bebauungsrechts bewusst zu machen und alle diejenigen, die sich informieren wollen, zu dem richtigen Bebauungsplan führen.[87] Sollte eine Gemeinde in einer Festsetzung eines Bebauungsplans auf eine private DIN-Vorschrift verweisen, ist „sicherzustellen", dass die Planbetroffenen auch deren Inhalt verlässlich und in zumutbarer Weise zur Kenntnis nehmen können.[88] Vorstellbar ist, dass die DIN-Norm auch bei der Stelle, die den Bebauungsplan zur Einsicht bereithält, eingesehen werden kann und darauf bei der Bekanntmachung oder in der Bebauungsplanurkunde hingewiesen wird.[89] Wer die Bekanntmachung vorzunehmen hat, bestimmt sich nach dem Landesrecht.[90] Wo die Genehmigung bekannt zu machen ist, ist der Bekanntmachungssatzung zu entnehmen (§ 222 I Nr. 1 KSVG i.V.m. BekVO).[91] Bekanntmachungsfehler, z.B. betreffend den Ort der Einsichtnahme, sind nach § 214 I 1 Nr. 4 BauGB beachtlich[92] und können nicht nach § 215 BauGB infolge Zeitablaufs unbeachtlich werden. Aus § 10 III 4 BauGB ergibt sich als Spezialregelung gegenüber § 12 V KSVG, dass der Bebauungsplan mit der Bekanntmachung in Kraft tritt. Nach dem BVerwG wird ein Bebauungsplan als Rechtsnorm nicht dadurch ungültig, dass die Möglichkeit der Einsicht in das Originaldokument nachträglich für kürzere oder längere Zeit erschwert ist.[93] Nach § 10a BauGB ist dem in Kraft getretenen Bebauungsplan nicht nur eine zusammenfassende Erklärung beizufügen (Abs. 1), sondern soll dieser zusammen mit der Begründung und der zusammenfassenden Erklärung ergänzend in das Internet eingestellt und über ein zentrales Internetportal des Landes zugänglich gemacht werden (Abs. 2).

---

86 OVG d. Saarl., SKZ 2009, 141, 142; NVwZ-RR 2014, 91.
87 BVerwG, ZfBR 2010, 581, 582; s. zur Inbezugnahme einer DIN-Vorschrift in den textlichen Festsetzungen eines Bebauungsplans BVerwG, NVwZ 2010, 1567 f.
88 BVerwG, BRS 81 Nr. 56; ZfBR 2016, 791.
89 OVG Berlin-Bbg., Urt. v. 29.4.2021 – OVG 2 A 21.18, Rn. 31 – juris; s. auch BVerwGE 169, 29, 38 f. Rn. 38.
90 BVerwGE 117, 58, 62 f.
91 *Bitz/Schwarz/Seiler-Dürr/Dürr* BauR Saarl., Rn. 56.
92 BVerwG, ZfBR 2010, 581, 582.
93 BVerwG, ZfBR 2010, 581, 582.

32 Gem. § 1 VIII BauGB gelten die Vorschriften über die Aufstellung von Bauleitplänen auch für ihre Änderung, Ergänzung und Aufhebung. Verfahrenserleichterungen bestehen, wenn die Voraussetzungen für ein *vereinfachtes Verfahren* nach § 13 BauGB gegeben sind. Bebauungspläne der Innenentwicklung können in einem beschleunigten Verfahren aufgestellt werden (§ 13a II Nr. 1 i.V.m. § 13 II, III 1 BauGB). § 13b BauGB regelt die Einbeziehung von Außenbereichsflächen in das beschleunigte Verfahren.

33

Verfahrensschritte bei Aufstellung eines Bebauungsplans	
I.	Aufstellungsbeschluss § 2 I 2 BauGB
→ durch Gemeinderat § 2 I BauGB → Bekanntmachung durch Bürgermeister § 59 II 2 KSVG → Beschluss = keine Wirksamkeitsvoraussetzung	
II.	Ermittlung und Bewertung des Abwägungsmaterials § 2 III BauGB
→ hins. Fehler § 214 I 1 Nr. 1 BauGB	
III.	Erstellung einer Begründung zum Planentwurf und Anfertigung eines Umweltberichts § 2a BauGB
IV.	Frühzeitige Beteiligung
a) Öffentlichkeit § 3 I BauGB b) Behörden § 4 I BauGB	
→ Fehler sind unbeachtlich	
V.	Förmliche Beteiligung
a) Öffentlichkeit § 3 II BauGB b) Behörden § 4 II BauGB	
→ Fehler sind gem. § 214 I 1 Nr. 2 BauGB grds. beachtlich → beachte § 215 BauGB!	
VI.	Prüfung der Stellungnahmen von Öffentlichkeit und Behörden
VII.	Satzungsbeschluss § 10 I BauGB
→ beachte kommunalrechtl. Normen über Satzung und Ratsbeschlüsse → Fehler beurteilen sich nach § 214 I 1 Nr. 4 BauGB bzw. kommunalrechtl. Fehlerfolgenregime	
VIII.	Ggf. Genehmigung der höheren Behörde § 10 II BauGB
→ § 214 I 1 Nr. 4 BauGB, keine Unbeachtlichkeit gem. § 215 BauGB	
IX.	Ausfertigung durch Bürgermeister/-in
X.	Bekanntmachung Beschluss/Genehmigung + Bereithaltung zur Einsicht § 10 III BauGB
→ § 214 I 1 Nr. 4 BauGB, keine Unbeachtlichkeit gem. § 215 BauGB	

c) Materielle Anforderungen an Bauleitpläne, insb. Bebauungspläne

34 aa) Erforderlichkeit der Bauleitplanung: Gem. § 1 III 1 Hs. 1 BauGB haben die Gemeinden Bauleitpläne aufzustellen, sobald und soweit es für die städtebauliche Entwicklung und Ordnung **erforderlich** ist. Nach der BVerwG-Rspr. bezieht sich das Merkmal der Erforderlichkeit nicht nur auf den Anlass, sondern auch den Inhalt des Bebauungsplans, genauer auf jede seiner Festsetzungen.[94] Auf diese Weise sollen die mit der gemeindlichen Bauleitplanung verbundenen Rechtseinwirkungen mit den gesetzl. Planungszielen in Einklang gebracht und grundsätzlich gerechtfertigt werden.[95] Für die Gemeinden besteht eine Rechtspflicht zur Planung, sobald die Erforderlichkeit vorliegt.[96] Bei der „Erforderlichkeit" handelt es sich um einen unbestimmten Rechtsbegriff, der gerichtlich voll nachprüfbar ist.[97] In der baulichen Praxis wird dies aber dadurch relativiert, dass sich die Erforderlichkeit nach der Planungskonzeption der einzelnen Gemeinde bestimmt, in die zahlreiche Prognosen einfließen, z.B. zum Bedarf an Wohnungen, Gewerbeflächen oder öffentl. Einrichtungen.[98] Durch den 2021 eingefügten § 1 III 1 Hs. 2 BauGB, wonach die Aufstellung von Bauleitplänen insb. bei der Ausweisung von Flächen für den Wohnungsbau in Betracht kommen kann, soll den Gemeinden verdeutlicht werden, dass sie „zur Aufstellung von Bebauungsplänen für die Schaffung von Wohnraum aufgerufen sind, wenn in der jew. Gemeinde ein Bedarf an Flächen für den Wohnungsbau besteht".[99] Das gemeindliche Planungsermessen verdichtet sich zu einer strikten Planungspflicht, wenn städtebauliche Gründe von besonderem Gewicht vorliegen, etwa weil die bislang an § 34 I, II BauGB ausgerichtete Genehmigungspraxis städtebauliche Konflikte auslöst, bei denen es nicht sein Bewenden haben kann. Kommt die Gemeinde ihrer Pflicht nicht nach, kann dagegen mit kommunalaufsichtlichen Mitteln (→ § 3 Rn. 218 f.) vorgegangen werden.[100] Die Bürger können zwar ein Tätigwerden der Kommunalaufsicht anregen. Sie können aber mangels eines ihnen zustehenden subjektiven Rechts nicht den Erlass eines Bauleitplans einklagen. Denn nach § 1 III 2 BauGB besteht auf die Aufstellung von Bauleitplänen kein Anspruch.[101] Ein solcher kann auch nicht vertraglich begründet werden. Die Gemeinde darf sich auch nicht gegenüber anderen Gebietskörperschaften zur Aufstellung bzw. spiegelbildlich zur Nichtaufstellung eines Bebauungsplans verpflichten.[102] Nach § 21a IV Nr. 6 KSVG kann die Aufstellung, Änderung, Ergänzung und Aufhebung von Bauleitplänen zudem nicht Gegenstand eines Bürgerbegehrens sein.[103]

Die Aufstellung eines Bauleitplans ist erforderlich, wenn die Ordnung der baulichen Entwicklung im Wege vorheriger baulicher Planung objektiv **vernünftigerweise geboten** ist.[104] Nicht erforderliche Bauleitpläne sind von den Gemeinden zu unterlassen. Die Erforderlichkeit fehlt bei Plänen, die einer positiven Planungskonzeption entbehren und nur Ziele verfolgen, für welche diese Planungsinstrumente nicht vorgesehen sind (Stichwort: reine Verhinderungsplanung ohne jegliche städtebauliche Vorstell- 35

---

94 BVerwG, Beschl. v. 28.10.2020 – 4 BN 55/20, Rn. 4 – juris.
95 BVerwGE 153, 16, 18 f. Rn. 11.
96 BVerwGE 119, 25, 28 ff.; BVerwG, UPR 2012, 349, 350.
97 BVerwGE 34, 301, 308.
98 S. BVerwGE 153, 16, 18 f. Rn. 11; BVerwG, Beschl. v. 7.5.2020 – 4 BN 13/20, Rn. 6 – juris.
99 BT-Drucks. 19/24838, S. 24.
100 BVerwGE 119, 25, 36, 43.
101 Eine Ausnahme besteht hinsichtlich des vorhabenbezogenen Bebauungsplans angesichts § 12 II 1 BauGB.
102 BVerwG, NVwZ 2006, 458.
103 VG d. Saarl., Urt. v. 21.10.2011 – 3 K 2342/10.
104 OVG d. Saarl., SKZ 2009, 141, 143; Urt. v. 20.8.2020 – 2 C 264/19, Rn. 21 – juris.

ungen).[105] Dagegen handelt es sich um keine Negativplanung, wenn die Gemeinde mit den Mitteln des Bauplanungsrechts städtebauliche, mehr auf Bewahrung denn auf Veränderung der vorhandenen Situation gerichtete Ziele verfolgt, um sich Freiräume mit den Mitteln der Bauleitplanung zu erhalten.[106] Nach der Rspr. ist ein Bebauungsplan nicht erforderlich, wenn seiner Verwirklichung auf unabsehbare Zeit rechtliche Hindernisse, z.b. artenschutzrechtliche Zugriffs- oder Störungsverbote, oder tatsächliche Hinderungsgründe, wie das Fehlen der benötigten Finanzmittel, entgegenstehen.[107] An der städtebaulichen Erforderlichkeit fehlt es bei der sog. Gefälligkeitsplanung, bei der die Gemeinde ausschließlich privaten Interessen einer Einzelperson entspricht und sich nicht von der städtebaulichen Entwicklung leiten lässt. Nicht zu beanstanden ist es dagegen, wenn sie einen privaten Bauwunsch zum Anlass nimmt, um im städtebaulichen Interesse einen Bebauungsplan aufzustellen, der für einen größeren Bereich Wohnbebauung zulässt.[108] Alles in allem normiert § 1 III 1 BauGB für die Bauleitplanung eine erste strikt bindende Schranke zum Ausschluss grober und einigermaßen offensichtlicher Missgriffe; die Norm trifft nur eine Aussage zur generellen Erforderlichkeit der Planung, nicht zu den Einzelheiten einer konkreten planerischen Lösung.[109]

36   bb) **Anpassung an die Ziele der Raumordnung:** Während sich die Bauleitpläne auf das Gemeindegebiet beziehen, erfolgt die **überfachliche (zusammenfassende)** und **übergeordnete (überörtliche) raumbezogene Gesamtplanung** des Landesgebiets in einem landesweiten Raumordnungsplan, dem Landesentwicklungsplan.[110] Da die Raumordnung aufgrund ihrer übergeordneten Natur die rechtlichen Beziehungen des Menschen zum Grund und Boden nicht selbst unmittelbar mit Außenwirkung regelt, bedarf sie der Konkretisierung durch nachfolgende staatliche Planung.[111] Zur Gewährleistung der Konkordanz zwischen der gemeindlichen Bauleitplanung mit dieser höherstufigen Planung[112] sind nach § 1 IV BauGB die Bauleitpläne den Zielen der Raumordnung im Landesentwicklungsplan **anzupassen**. Bei den **Zielen der Raumordnung** handelt es sich nach § 3 I Nr. 2 ROG um verbindliche Vorgaben in Form von räumlich und sachlich bestimmten oder bestimmbaren, vom Träger der Raumordnung *abschließend abgewogenen* textlichen oder zeichnerischen Festlegungen in Raumordnungsplänen zur Entwicklung, Ordnung oder Sicherung des Raumes. Je nach Aussageschärfe der Ziele dürfen die Gemeinden diese zwar konkretisieren und ausgestalten, sind aber strikt an sie gebunden. Es ist ihnen untersagt, sich über diese im Wege der Abwägung hinwegzusetzen.[113] Werden neue Ziele der Raumordnung erlassen oder bestehende Ziele geändert, kann sich im Hinblick auf deren Inhalt die Notwendigkeit eines aktiven Tätig-

---

105 BVerwGE 146, 137, 139 Rn. 9.
106 BVerwG, Beschl. v. 7.5.2020 – 4 BN 13/20, Rn. 6 – juris.
107 BVerwGE 146, 137, 139 Rn. 9; s. auch BVerwG, ZfBR 2021, 443, 444 Rn. 8.
108 BVerwG, ZfBR 2021, 443, 444 Rn. 6; BauR 2010, 569, 570.
109 BVerwGE 146, 137, 139 f. Rn. 9.
110 S. dazu das Saarl. Landesplanungsgesetz, Amtsbl. 2010 S. 2599 zuletzt geändert durch G v. 13.2.2019, Amtsbl. S. 324.
111 Zum Begriff der Raumordnung BVerfG, Beschl. v. 23.3.2022 – 1 BvR 1187/17, Rn. 69 – juris.
112 BVerwG, BauR 2007, 1712, 1713; OVG d. Saarl., LKRZ 2008, 316; s. zum Mehrebenensystem der räumlichen Planung BVerwGE 137, 38 ff.
113 BVerwG, Beschl. v. 15.10.2020 – 4 BN 8/20, Rn. 5 – juris.

werdens der Gemeinde aus § 1 IV BauGB ergeben.[114] Von den Zielen der Raumordnung sind die Grundsätze der Raumordnung zu unterscheiden, die in § 3 I Nr. 3 ROG als Vorgaben für nachfolgende Abwägungs- oder Ermessensentscheidungen umschrieben sind. Da die Grundsätze der Raumordnung bei der Bauleitplanung nur im Rahmen der Abwägung zu berücksichtigen sind und daher auch im Einzelfall zurücktreten können, lösen sie anders als die Ziele der Raumordnung keine Anpassungspflicht des Bauleitplans aus.[115] Ob ein **Ziel der Raumordnung** vorliegt, bestimmt sich nach dem materiellen Gehalt der jew. Vorgabe. Aus ihrer Formulierung muss sich ergeben, dass es sich um eine **Handlungsanweisung mit Letztentscheidungscharakter** und um keine bloße Anregung oder Abwägungsdirektive handelt, die im Wege späterer Abwägung überwunden werden kann.[116]

„Anpassen" i.S.d. § 1 IV BauGB meint, dass die den Zielen der Raumordnung zugrunde liegenden Intentionen in das bauleitplanerische Konzept der Gemeinde einfließen müssen.[117] Widersprechen die Festsetzungen eines in Kraft getretenen Bebauungsplans nachträglich einem geltenden Ziel der Raumordnung, ist der Bebauungsplan zu ändern bzw. aufzuheben.[118]

cc) **Entwicklungsgebot beim Bebauungsplan:** Nach § 8 II 1 BauGB ist der Bebauungsplan aus dem Flächennutzungsplan zu entwickeln (Zweistufigkeit der Planung). Ausweislich des Gesetzestexts ist der Bebauungsplan nicht „in Übereinstimmung mit" oder „gemäß" dem Flächennutzungsplan zu erlassen. Vielmehr statuiert § 8 II 1 BauGB ein Entwicklungsgebot. Der Rechtsbegriff des „Entwickelns" lässt es nicht nur zu, das grobe Raster des Flächennutzungsplans mit genaueren Festsetzungen auszufüllen und auf diese Weise zu präzisieren. Das Gebot gewährleistet die gestalterische Freiheit, über ein Ausfüllen des Vorgeplanten hinaus in dessen Rahmen eigenständig zu planen.[119] Deshalb sind Abweichungen des Bebauungsplans vom Flächennutzungsplan noch als „Entwicklung" anzusehen, wenn sie sich aus dem im Verhältnis zwischen Flächennutzungs- und Bebauungsplan ergebenden Übergang in eine stärker verdeutlichende Planungsstufe rechtfertigen, solange sie der Grundkonzeption des Flächennutzungsplans nicht widersprechen.[120] Wann eine Abweichung vom Flächennutzungsplan den Grad eines dermaßen unzulässigen Widerspruchs erreicht, kann nur anhand des Einzelfalls beurteilt werden.[121] Gegen das Entwicklungsgebot würde bspw. verstoßen, wenn eine große Fläche, die im Flächennutzungsplan als Grünfläche ausgewiesen ist, nach dem Bebauungsplan als Gewerbegebiet festgesetzt wird.

Ein vorheriger Flächennutzungsplan ist entbehrlich, wenn ein Bebauungsplan zur Ordnung der städtebaulichen Entwicklung ausreicht, sog. **selbstständiger Bebauungsplan** (§ 8 II 2 BauGB). § 8 III BauGB ermöglicht es, in einem **Parallelverfahren** gleich-

---

114 BVerwG, NVwZ 2020, 326.
115 BVerwG, Beschl. v. 14.10.2020 – 4 EimnBN 42/20, Rn. 3 – juris.
116 BVerwG, BRS 82 Nr. 1.
117 BVerwGE 117, 351, 361.
118 BVerwG, BRS 70 Nr. 3.
119 BVerwGE 48, 70, 74.
120 BVerwG, BRS 66 Nr. 44; s. auch BayVGH, BayVBl 2021, 520, 521 Rn. 25; OVG d. Saarl., Urt. v. 27.1.2022 – 2 C 289/20, Rn. 38 – juris.
121 BVerwG, BRS 67 Nr. 55.

zeitig mit der Aufstellung, Änderung, Ergänzung oder Aufhebung eines Bebauungsplans einen Flächennutzungsplan aufzustellen, zu ändern oder zu ergänzen. Der Begriff „gleichzeitig" meint nicht, dass alle Verfahrensschritte in zeitlichem Gleichlauf stattfinden müssen. Primär hat der Gesetzgeber damit die inhaltliche Abgestimmtheit der in einem zeitlichen Zusammenhang stehenden Planungen im Blick.[122] Dementsprechend kann der Bebauungsplan vor dem Flächennutzungsplan bekannt gemacht werden, wenn nach dem Stand der Planungsarbeiten anzunehmen ist, dass er aus den künftigen Darstellungen des Flächennutzungsplans entwickelt sein wird. Nach § 8 IV 1 BauGB kann ein **vorzeitiger Bebauungsplan** vor Aufstellung des Flächennutzungsplans erlassen werden, wenn dringende Gründe es erfordern. § 8 IV BauGB kommt nur zur Anwendung, wenn es in der Gemeinde keinen (wirksamen) Flächennutzungsplan gibt. „Dringende Gründe" sind gegeben, wenn die Gründe für eine sofortige Aufstellung des Bebauungsplans ausnahmsweise die Motive der Zweistufigkeit der Bauleitplanung überwiegen, z.B. weil man zur Beseitigung von Wohnungsnot auf die zügige Ausweisung eines weiteren Wohngebiets angewiesen ist. Dabei ist unerheblich, ob die Gemeinde diese Gründe zu vertreten hat.[123] Hinzukommen muss, dass der Bebauungsplan der beabsichtigten städtebaulichen Entwicklung des Gemeindegebiets nicht entgegensteht. § 214 II BauGB ist zu entnehmen, ob und inwieweit einzelne **Verstöße gegen das Entwicklungsgebot** unbeachtlich sind. Bebauungspläne nach § 8 II 2, III 2, IV BauGB bedürfen der **Genehmigung** der höheren Verwaltungsbehörde (§ 10 II BauGB).[124]

40 Schließlich kann nach § 13a II Nr. 2 BauGB ein **Bebauungsplan der Innenentwicklung**[125] auch vor der Ergänzung oder Änderung des Flächennutzungsplans aufgestellt werden, wenn dadurch die geordnete städtebauliche Entwicklung nicht beeinträchtigt wird. Für derartige Bebauungspläne der Innenentwicklung enthält § 214 IIa BauGB eine spezielle Regelung zu den Folgen von Fehlern.

41 **dd) Festsetzungen beim Bebauungsplan:** In § 9 BauGB werden **abschließend** die möglichen **Festsetzungen** aufgezählt, die in einen Bebauungsplan aufgenommen werden können (numerus clausus).[126] Eine Kombination oder Überlagerung verschiedener in § 9 I BauGB enthaltener Festsetzungen ist möglich, soweit Letztere nicht miteinander unvereinbar sind. Wegen der in der Bepflanzungsvorgabe des § 9 I Nr. 25 BauGB enthaltenen Ausnahmeregelung für Waldflächen nach § 9 I Nr. 18 lit. b BauGB sah das BVerwG keine Möglichkeit für die Festsetzung einer Fläche als „Laubmischwald".[127] Festsetzungen im Bebauungsplan müssen aus rechtsstaatlichen Gründen klar und unmissverständlich sein.[128] Zu unbestimmt wäre die Festsetzung einer Fläche für den Gemeindebedarf (§ 9 I Nr. 5 BauGB), bei welcher die konkrete Zweckbestimmung, z.B. für eine Schule oder für ein Krankenhaus, offen bleibt.[129]

---

122 BVerwGE 70, 171, 179; OVG Magdeburg NVwZ-RR 2022, 166, 169 Rn. 53.
123 BVerwG, NVwZ 1985, 745, 746 f.
124 Zur Genehmigung OVG d. Saarl., Urt. v. 19.3.2015 – 2 C 382/13, Rn. 73 – juris.
125 Zum Begriff der Innenentwicklung BVerwGE 153, 174, 178 f. Rn. 22.
126 Eine Ausnahme besteht beim vorhabenbezogenen Bebauungsplan (§ 12 III 2 BauGB).
127 BVerwGE 150, 101, 103 Rn. 9.
128 BVerwGE 119, 45, 51; OVG d. Saarl., Urt. v. 19.3.2015 – C 382/13, Rn. 88 – juris.
129 BVerwG, NVwZ 1995, 692, 693 m.w.N.

In den meisten Bebauungsplänen wird die **Art der baulichen Nutzung** festgelegt (§ 9 I **42**
Nr. 1 BauGB). Dies geschieht, indem die Gemeinde ein oder mehrere Baugebiete i.S.d.
§ 1 II BauNVO ausweist, z.B. ein allg. Wohngebiet. Dadurch werden die Vorschriften
der BauNVO Bestandteil des Bebauungsplans (§ 1 III 2 BauNVO). Soweit die Gemeinde keine abweichenden Bestimmungen nach § 1 IV–X BauNVO trifft, ergibt sich sodann aus § 4 BauNVO, welche Vorhaben im allg. Wohngebiet generell (§ 4 II
BauNVO, z.B. Wohngebäude, der Versorgung des Gebiets dienende Läden) und welche nach Abs. 3 ausnahmsweise zugelassen werden können (z.B. Betriebe des Beherbergungsgewerbes, Anlagen für Verwaltungen). § 12 BauNVO regelt die Zulässigkeit
von Stellplätzen und Garagen, § 13 BauNVO die von Räumlichkeiten für freie Berufe
in den einzelnen Baugebieten. Mobilfunkanlagen können einerseits einen „nicht störenden Gewerbebetrieb" darstellen[130] oder andererseits unter die Vorschrift des § 14
BauNVO über die Nebenanlagen fallen. Da Mobilfunkanlagen regelmäßig nicht darauf beschränkt sind, dem Nutzungszweck der im Baugebiet gelegenen Grundstücke
zu dienen (§ 14 I 1 BauNVO), sondern Teil eines flächendeckenden Funknetzes sind,
wird nunmehr in § 14 Ia BauNVO bestimmt, dass diese in den Baugebieten nach
§§ 2–11 BauNVO zulässig sind, sofern deren Zulässigkeit im Bebauungsplan nicht
eingeschränkt oder ausgeschlossen wird. Soweit § 14 I, Ia BauNVO keine Anwendung
findet, ist § 14 II 2 BauNVO über die fernmeldetechnischen Nebenanlagen maßgeblich.[131] Überdies statuiert § 15 I BauNVO Grenzen für nach den vorhergehenden Vorschriften an und für sich zulässige bauliche Nutzungen. Die BauNVO-Vorschriften
über die Art der baulichen Nutzung sind besonders prüfungsrelevant.

Für die Festsetzungen zum **Maß der baulichen Nutzung** ist § 9 I Nr. 1 BauGB i.V.m. **43**
§§ 16 ff. BauNVO maßgeblich. Festgesetzt werden kann etwa die Grundflächenzahl,
die Geschossflächenzahl, die Zahl der Vollgeschosse oder die Höhe der baulichen Anlagen. Im Bebauungsplan kann die **Bauweise** als offene oder als geschlossene festgelegt
werden. Bei der geschlossenen Bauweise sind die Gebäude ohne seitlichen Grenzabstand zu errichten (§ 9 I Nr. 2 BauGB i.V.m. § 22 III BauNVO). Die überbaubaren
Grundstücksflächen können durch Baulinien, Baugrenzen oder Bebauungstiefen bestimmt werden. Bei Festsetzung einer Baulinie muss auf dieser Linie gebaut werden
(§ 23 II 1 BauNVO). Demgegenüber dürfen bei einer Baugrenze die Gebäude und Gebäudeteile diese Grenze nicht überschreiten (§ 23 III 1 BauNVO).

ee) **Abwägungsgebot**: Soweit keine zwingenden gesetzl. Vorgaben entgegenstehen, **44**
darf die Gemeinde den Inhalt des Bauleitplanes selbst festlegen. Ihr kommt insoweit
eine durch rechtliche Vorgaben begrenzte **planerische Gestaltungsfreiheit** zu. Dabei
muss sie sich von den Vorgaben des § 1 V BauGB leiten lassen. So sollen nach § 1 V 1
BauGB die Bauleitpläne eine nachhaltige städtebauliche Entwicklung, welche die sozialen, wirtschaftlichen und umweltschützenden Anforderungen auch in Verantwortung gegenüber künftigen Generationen miteinander in Einklang bringt, und eine dem

---

130 OVG d. Saarl., LKRZ 2007, 69, 70 f.
131 BVerwG, ZfBR 2012, 257; BayVGH, NVwZ 2011, 851, 852; s. auch BVerwG, NVwZ 2000, 680 f.; *Tysper*
BauR 2008, 614 ff.; dazu, dass der Staat bei Mobilfunkanlagen nicht gegen seine Vorsorgepflicht hins. Gesundheitsgefahren verstoßen hat, BVerwG, BauR 2011, 1150, 1151 f.

Wohl der Allgemeinheit dienende sozialgerechte Bodennutzung gewährleisten. Nach § 1 VII BauGB sind bei der Aufstellung des Bauleitplans die öffentl. und privaten Belange gegeneinander und untereinander gerecht abzuwägen. Das **Abwägungsgebot** erlaubt der Gemeinde einen besonders flexiblen und dem Einzelfall gerecht werdenden Interessenausgleich unter maßgeblicher Berücksichtigung des Grundsatzes der Verhältnismäßigkeit[132] und der örtlichen Gegebenheiten. Die Gemeinde muss also selbst entscheiden, welche Belange im Einzelfall so gewichtig sind, dass andere Belange zurücktreten, ob z.b. das Interesse an ungestörtem Wohnen gewerbliche Interessen überwiegt oder umgekehrt.

45 Damit die Gemeinde eine ordnungsgemäße Abwägungsentscheidung trifft, wird sie – wie bereits gesehen – verfahrensrechtlich dazu verpflichtet, diejenigen Belange, die für ihre Abwägung bedeutsam sind, zu ermitteln und zu bewerten (§ 2 III BauGB). § 1 VI, § 1a BauGB zählen beispielhaft eine **Reihe von Belangen auf**, welche regelmäßig bei der gemeindlichen Abwägung von Bedeutung sind. Zu den nach § 1 VI BauGB „insbesondere" zu berücksichtigenden Belangen gehören etwa die allg. Anforderungen an gesunde Wohn- und Arbeitsverhältnisse (Nr. 1), die Wohnbedürfnisse der Bevölkerung (Nr. 2), die sozialen und kulturellen Bedürfnisse, die Belange von Sport, Freizeit und Erholung (Nr. 3), des Denkmal- und Umweltschutzes (Nrn. 5, 7), die Belange der Wirtschaft (Nr. 8) sowie neuerdings auch der ausreichenden Versorgung mit Grün- und Freiflächen (Nr. 14). Hinsichtlich der Auslegung dieser oftmals **unbestimmten Rechtsbegriffe** nehmen die Gerichte eine uneingeschränkte Kontrolle vor. Den Gemeinden steht somit bei der Frage, was unter den Bedürfnissen der Baukultur oder der Wirtschaft zu verstehen ist, kein Beurteilungsspielraum zu.[133] Da sich die Abwägung nach dem Gesetzestext auf **Belange** erstreckt, fließen in diese **nicht nur subjektive Rechte**, sondern alle für die städtebauliche Ordnung und Entwicklung bedeutsamen Interessen ein.[134]

46 Des Weiteren sind für die Abwägung die **privaten Belange** bedeutsam, wie das Grundeigentum und die aus seiner Nutzung resultierenden Interessen.[135] Zu diesen gehören aber nur im Falle von Festsetzungen in einem Bebauungsplan auch die Interessen der Nachbarn an deren Beibehaltung, wenn die Änderung des Bebauungsplanes zu einer anderen Nutzung der Nachbargrundstücke als bisher führt.[136] Allerdings dürfen keine überzogenen Anforderungen an die gemeindliche Ermittlungspflicht privater Belange gestellt werden.[137] Privaten Belangen **fehlt die Abwägungsbeachtlichkeit**, wenn sie geringwertig oder mit einem Makel behaftet sind.[138] Das bloße Interesse, lieber ins Grüne als auf Häuser zu schauen, ist noch kein abwägungserheblicher Belang.[139]

---

132 BVerfGE 79, 174, 198 f.; s. auch BVerwG, BRS 74 Nr. 20.
133 BVerwGE 34, 301, 308.
134 *Siegel*, ÖR Berl., § 4 Rn. 79.
135 VGH Bad.-Württ., NVwZ-RR 2009, 146, 147.
136 BVerwG, Beschl. v. 28.10.2020 – 4 BN 44/20, Rn. 11 – juris unter Verweis auf den Vertrauensschutz. Aber die Erwartung, dass es hinsichtlich einzelner Flächen, die zuvor unter § 34 oder § 35 BauGB fielen, bei dieser planungsrechtlichen Situation bleibt, ist kein abwägungsbeachtlicher Belang.
137 *Siegel*, ÖR Berl., § 4 Rn. 80.
138 BVerwG, ZfBR 2016, 263; Beschl. v. 28.10.2020 – 4 BN 44/20, Rn. 7 – juris.
139 BVerwG, Beschl. v. 28.10.2020 – 4 BN 44/20, Rn. 16 – juris.

Nur ganz ausnahmsweise ist die freie Aussicht abwägungsbeachtlich und keine bloße Chance, wenn sie wegen außergewöhnlicher örtlicher Gegebenheiten von sich aus schutzwürdig ist.[140] Des Weiteren entfällt die Abwägungsbeachtlichkeit, wenn der Einzelne auf den Fortbestand eines Interesses nicht schutzwürdig vertrauen kann, oder ein Belang für die Gemeinde bei der Entscheidung über den Plan nicht erkennbar ist.[141]

Abwägungsrelevant sind sämtliche abwägungsbeachtliche private Belange, die **in der konkreten Planungssituation** einen städtebaulich relevanten Bezug aufweisen. Nach dem BVerwG stellt das geltend gemachte Interesse, ein Gewerbe frei von Konkurrenz auszuüben, mangels städtebaulichen Bezugs in aller Regel keinen abwägungsbeachtlichen Belang dar, weil sich das Bauplanungsrecht gegenüber Wettbewerbsinteressen neutral verhält.[142] Auswirkungen, die nicht auf das Vorhaben selbst, sondern das Fehlverhalten von Bewohnern einer Einrichtung zurückgehen, sind nur dann bodenrechtlich relevant, wenn das Fehlverhalten dem Vorhaben zuzurechnen ist, etwa weil sich die Bewohner einer Einrichtung üblicherweise in dieser Weise verhalten. Das BVerwG bejahte dies bei einem Zusammentreffen psychisch kranker und geistig behinderter Menschen und daraus resultierender Konflikte in einem kleinen, dörflichen Ortsteil.[143]

47

Anschließend sind die einzelnen Belange zu **bewerten** (§ 2 III BauGB). § 1 VII BauGB geht von einer abstrakten Gleichwertigkeit der Belange aus. Daran hat die Staatszielbestimmung für den Umweltschutz (Art. 20a GG, vgl. auch Art. 59a SVerf) nichts geändert.[144] Den in § 1 VI BauGB nicht abschließend aufgezählten Belangen lässt sich weder in ihrer Zusammenstellung noch gegenüber privaten Belangen ein abstrakter Vorrang entnehmen.[145] Vielmehr richtet sich das **Gewicht** der zu berücksichtigenden Belange nach den Besonderheiten der konkreten Planungssituation.[146] So ist z.B. die Wertigkeit denkmalschutzrechtlicher Interessen unterschiedlich hoch einzustufen, je nachdem, ob das jew. erfasste Ortsbild mehr oder minder intakt ist. Was die Bewertung von Lärm und sonstigen Einwirkungen auf ein Grundstück angeht, haben besondere Empfindlichkeiten, gesundheitliche Indispositionen oder persönliche Empfindlichkeiten außer Betracht zu bleiben. Entscheidend ist das Empfinden eines durchschnittlichen Betrachters.[147]

48

Vereinzelt finden sich aber in Spezialgesetzen besondere Gewichtungsvorgaben. So bestimmt der seit 29.7.2022 geltende § 2 S. 1 EEG 2023, dass die Errichtung und der Betrieb von Anlagen erneuerbarer Energien im überragenden öffentlichen Interesse liegen und der öffentlichen Sicherheit dienen. Nach § 2 S. 2 EEG 2023 sollen die erneuerbaren Energien, bis die Stromerzeugung im Bundesgebiet nahezu treibhausgansneu-

49

---

140 OVG Nds., NordÖR 2008, 344, 345; OVG d. Saarl., SKZ 2012, 170.
141 BVerwG, ZfBR 2016, 263; Beschl. v. 28.10.2020 – 4 BN 44/20, Rn. 7 – juris.
142 BVerwG, BauR 2020, 1767, 1768.
143 BVerwG, ZfBR 2012, 258, 259.
144 BVerwG, NVwZ-RR 2003, 171.
145 BVerwG, ZfBR 2016, 157, 158.
146 BVerwG, ZfBR 2016, 157, 158.
147 BVerwG, BRS 69 Nr. 14.

tral ist, **als vorrangiger Belang** in die jeweils durchzuführenden Schutzgüterabwägungen eingebracht werden. Dies bedeutet nach den Materialien, dass die erneuerbaren Energien z.b. gegenüber Erwägungen betreffend den Landschafts- oder Denkmalschutz nur noch in Ausnahmefällen überwunden werden können und gerade im planungsrechtlichen Außenbereich diesem Vorrang Rechnung zu tragen ist.[148] „Öffentliche Interessen können in diesem Fall den erneuerbaren Energien als wesentlicher Teil des Klimaschutzgebots nur dann entgegenstehen, wenn sie mit einem dem Artikel 20a GG vergleichbaren verfassungsrechtlichen Rang verankert bzw. gesetzlich geschützt sind oder einen gleichwertigen Rang besitzen."[149] In seltenen Fällen bedient sich der Gesetzgeber sog. **Optimierungsgebote**. Bei diesen trifft er eine relative Vorrangregel dahin gehend, dass nach seiner Vorstellung der betreffende Belang in der Abwägung **möglichst weitgehend** zu berücksichtigen ist. Er entzieht ihn aber nicht vollkommen der Abwägung. Beispiel für ein solches Optimierungsgebot ist § 50 S. 1 BImSchG. Danach sind bei raumbedeutsamen Planungen und Maßnahmen die für eine bestimmte Nutzung vorgesehenen Flächen einander so zuzuordnen, dass schädliche Umwelteinwirkungen auf ausschließlich oder überwiegend dem Wohnen dienende Gebiete so weit wie möglich vermieden werden. Durch die Formulierung „so weit wie möglich" bringt der Gesetzgeber zum Ausdruck, dass ihm der Schutz der Wohnbevölkerung vor schädlichen Umwelteinwirkungen besonders wichtig ist. Er sieht aber selbst, dass die Durchsetzung des Trennungsgrundsatzes auf Grenzen stößt. In Ausnahmefällen können deshalb die Gemeinden von ihm abweichen, wenn es im Rahmen der planerischen Abwägung andere Belange von höherem Gewicht gibt.[150] Regelmäßig muss dies **entsprechend begründet** werden. Bspw. kann sich herausstellen, dass es in einem dicht besiedelten Gebiet nicht möglich ist, allein durch die Wahrung von Abständen schädliche Umwelteinwirkungen auf Wohngebiete zu vermeiden. Auch ist anerkannt, dass das Trennungsgebot für die Überplanung bestehender Gemengelagen keine strikte Geltung beansprucht.[151] Jedenfalls dem Gesetzeswortlaut nach statuiert § 13 I 1 KSG in der Fassung vom 18.8.2021, wonach die Träger öffentl. Belange bei ihren Planungen und somit auch bei der Bauleitplanung den Zweck des Klimaschutzgesetzes und die zu seiner Erfüllung festgelegten Ziele zu „berücksichtigen" haben, kein Optimierungsgebot.[152] Satz 2 lässt jedoch die Kompetenzen u.a. der Gemeinden zur Ausgestaltung dieses Berücksichtigungsgebots innerhalb ihres Zuständigkeitsbereichs unberührt. Auch wenn nach dem Klimabeschluss des BVerfG dem in Art. 20a GG zu verortenden Klimaschutzgebot kein unbedingter Vorrang gegenüber anderen Belangen zukommt, geht es jedoch davon aus, dass dessen relatives Gewicht mit fortschreitendem Klimawandel zunimmt.[153]

50 In einem letzten Schritt folgt die **eigentliche Abwägung**. Die Gemeinde muss die von ihr bewerteten öffentl. und privaten Belange gegeneinander und untereinander gerecht

---

148 BT-Drs. 20/1630, S. 159.
149 BT-Drs. 20/1630, S. 159.
150 BVerwGE 143, 24, 37 Rn. 29.
151 BVerwGE 166, 378, 384 Rn. 25.
152 *Fellenberg*, in: ders./Guckelberger, Klimaschutzrecht, 2022, § 13 KSG Rn. 26; BVerwG, Beschl. v. 4.5.2022 – 9 A 7.21, Rn. 85 – juris.
153 BVerfGE 157, 30, 139 Rn. 198.

abwägen. Bei einer Kollision gegenläufiger Interessen muss sie sich für eine Bevorzugung bestimmter Belange unter gleichzeitiger Zurückstellung anderer Belange entscheiden. Eine gerechte Abwägung zeichnet sich dadurch aus, dass den gewichtigeren Interessen der Vorzug gegeben wird. Die Rspr. sieht es als fehlerhaft an, wenn ein privates Grundstück in einem Bebauungsplan als Gemeinbedarfsfläche festgesetzt wird, wenn dafür im Rahmen der planerischen Konzeption gleich geeignete Grundstücke der öffentl. Hand zur Verfügung stehen.[154] Will die Gemeinde nachträglich bestehende Nutzungsmöglichkeiten eines Grundstücks einschränken, ist bei der Abwägung in besonderer Weise auf die Eigentümerinteressen (Art. 14 GG) als wichtiger Belang zu achten und in die Abwägung auch der mögliche Umfang von Entschädigungsleistungen nach §§ 39 ff. BauGB einzubeziehen.[155]

Nach dem **Gebot der Konfliktbewältigung** muss grds. jeder Bebauungsplan die von ihm geschaffenen oder ihm zurechenbaren Konflikte lösen.[156] Allerdings darf die Gemeinde von einer abschließenden Problembewältigung im Bebauungsplan Abstand nehmen, wenn bei vorausschauender Betrachtung die Durchführung der als notwendig erkannten Konfliktlösungsmaßnahmen außerhalb des Planungsverfahrens auf der Stufe der Verwirklichung der Planung sichergestellt ist (**planerische Zurückhaltung**).[157] Da die sich aus der Verwirklichung eines Bebauungsplans durch Bauarbeiten ergebenden Probleme zeitlich begrenzt sind, brauchen diese regelmäßig nicht im Plan selbst gelöst zu werden.[158] Ist bei Aufstellung eines Bebauungsplans für einen Hotelkomplex absehbar, dass sich sämtliche Lärmbeeinträchtigungen für die Nachbarn durch die Anordnung von Lärmschutzmaßnahmen im späteren Baugenehmigungsverfahren ausräumen lassen, kann der Bebauungsplan die Auflösung dieses Konflikts offen lassen. Die Grenzen zulässiger Konfliktverlagerung werden überschritten, wenn im Planungsstadium absehbar ist, dass sich eventuelle Hindernisse für die Planung auf der nachfolgenden Ebene nicht mehr ausräumen bzw. sachgerecht lösen lassen.[159]

§ 2 II 1 BauGB, wonach die **Bauleitpläne benachbarter Gemeinden** aufeinander **abzustimmen** sind, enthält eine besondere Ausprägung des Abwägungsgebots, weshalb auch von einem „qualifiziertem Abwägungsgebot" die Rede ist.[160] Befinden sich nachbarliche Gemeinden objektiv in einer Konkurrenzsituation, soll keine von ihnen rücksichtslos von ihrer Planungshoheit zum Nachteil der anderen Gebrauch machen. § 2 II BauGB verleiht insoweit den Interessen der Gemeinden, die zueinander im Verhältnis der Gleichordnung stehen, ein **besonderes Gewicht**. § 2 II BauGB verlangt einen Interessenausgleich zwischen den Gemeinden, wozu es einer formellen und materiellen Koordination der gemeindlichen Belange bedarf.[161] Das **interkommunale Abstimmungsgebot** dient dem Schutz der aus dem Selbstverwaltungsrecht (Art. 28 II GG)

---

154 BVerwG, BRS 71 Nr. 3.
155 BVerwG, ZfBR 2016, 157, 158.
156 BVerwGE 147, 379, 384 Rn. 17.
157 BVerwGE 147, 379, 384 Rn. 17.
158 BVerwG, ZfBR 1999, 225, 225 f.
159 BVerwGE 147, 379, 384 Rn. 17.
160 BVerwG, BauR 2022, 643.
161 BVerwG, NVwZ 2010, 1026, 1030.

fließenden Planungshoheit der Gemeinden.[162] Im Sinne dieser Norm sind nicht nur solche Gemeinden benachbart, deren Gebiete unmittelbar aneinander grenzen, sondern alle diejenigen, die von den Auswirkungen der jew. Planung betroffen werden.[163] Das interkommunale Abstimmungsgebot kommt nur zum Tragen, wenn von dem Bauleitplan einer Gemeinde **unmittelbare Auswirkungen gewichtiger Art** auf die Nachbargemeinde ausgehen.[164] Dies ist insb. bei Vorhaben, welche die in § 11 III 1 BauNVO genannten Merkmale aufweisen, der Fall,[165] oder wenn durch die fragliche Bauleitplanung der Einzelhandel in der Nachbargemeinde so geschädigt würde, dass dort die verbrauchernahe Versorgung der Bevölkerung infrage gestellt bzw. die Zentrenstruktur der Nachbargemeinde nachhaltig verändert wird.[166] Auch bei § 2 II BauGB gilt, dass gewichtige Belange im Rahmen der Abwägung überwindbar sind, wenn ihnen noch gewichtigere im Rang vorgehen.[167] Für ein solches „Wegwägen" der gewichtigen Belange der Nachbargemeinde bedarf es eines erhöhten Rechtfertigungsbedarfs, d.h. müssen die für die Planung sprechenden Gründe ein besonderes Gewicht haben.[168] Wie das BVerwG klar entschieden hat, dürfen gewichtige Auswirkungen auf Planungen einer Nachbargemeinde nicht allein deshalb in der Abwägung zurückgestellt werden, weil die Abwägungsentscheidung der Nachbargemeinde über ihre Planung noch aussteht. Jedoch können die Konkretisierung dieser Planung und ihre Realisierungschancen beim Gewicht der nachbargemeindlichen Belange Bedeutung erlangen.[169] Nach § 2 II 2 BauGB können sich die Gemeinden auch auf die ihnen durch Ziele der Raumordnung zugewiesenen Funktionen sowie auf Auswirkungen auf ihre zentralen Versorgungsbereiche berufen. Belange der Nachbargemeinden **ohne Auswirkungen** gewichtiger Art sind dagegen im Rahmen des „einfachen" Abwägungsgebots nach § 1 VII BauGB einzustellen, soweit sie mehr als nur geringfügig betroffen sind.[170] Darunter fallen etwa solche Belange der Gemeinde, auf die sie sich in gleicher Weise wie ein privater Betroffener, etwa aufgrund des Eigentums eines ihr gehörenden Grundstücks, berufen kann.[171] Im Übrigen können die Gemeinden nicht gleichsam als Sachwalter der Bürger deren private Interessen geltend machen. Da diese nicht von der gemeindlichen Selbstverwaltungsgarantie umfasst sind, handelt es sich dabei um keinen für die Gemeinde abwägungsbeachtlichen Belang, den sie unter Berufung auf § 2 II BauGB oder § 1 VII BauGB geltend machen kann.[172]

---

162 VG d. Saarl., LKRZ 2014, 81, 82.
163 BVerwG, ZfBR 2010, 272, 274; NVwZ 1995, 694, 695; BVerwGE 84, 209, 217 f.
164 VGH Bad.-Württ., NVwZ-RR 2008, 369, 370.
165 BVerwGE 117, 25, 35.
166 OVG NRW, NVwZ-RR 2006, 450 f.
167 BVerwG, NVwZ 2010, 1026, 1030.
168 VGH Bad.-Württ., Urt. v. 20.10.2020 – 3 S 559/19, Rn. 51 – juris; s. auch BayVGH, EnWZ 2020, 422, 423.
169 BVerwG, NVwZ 2010, 1026, 1030.
170 BVerwGE 117, 25, 32; VGH Bad.-Württ., Urt. v. 20.10.2020 – 3 S 559/19, Rn. 53 – juris.
171 BVerwG, BauR 2022, 643.
172 BayVGH, EnWZ 2020, 422, 428.

Materielle Rechtmäßigkeit des Bebauungsplans	
I.	Erforderlichkeit § 1 III BauGB
II.	Anpassungspflicht § 1 IV BauGB
III.	Entwicklungsgebot § 8 II–IV BauGB
IV.	Festsetzungen § 9 BauGB
V.	Abwägungsgebot § 1 VII BauGB
VI.	Bei materiellen Mängeln: Beachtlichkeit/Heilung gem. § 214 II, III, § 215 BauGB?

d) Gerichtliche Kontrolle der gemeindlichen Abwägung

§ 1 VII BauGB kommt in Bezug auf abwägungserhebliche private Belange Schutznormcharakter zu und verleiht Privaten „ein subjektives Recht darauf, dass ihre Belange in der Abwägung entsprechend ihrem Gewicht abgearbeitet werden".[173] Aufgrund der gemeindlichen Gestaltungsfreiheit bei der Aufstellung der Bauleitpläne prüfen die Gerichte die vorgenommene Abwägung nur **auf bestimmte Fehler**. Sie dürfen nicht ihre eigenen städtebaulichen Vorstellungen an die Stelle der von der Gemeinde getroffenen Entscheidungen setzen oder deren Abwägung nur deshalb beanstanden, weil sie eine andere Lösung für besser oder sachdienlicher halten.[174] Nach st. Rspr.[175] ist das Gebot gerechter Abwägung verletzt, wenn

- eine Abwägung überhaupt nicht stattgefunden hat, d.h. ein **Abwägungsausfall** vorliegt;
- in die Abwägung nicht die Belange eingestellt wurden, die nach Lage der Dinge berücksichtigt werden mussten. Ein **Abwägungsdefizit** würde z.B. vorliegen, wenn ein allg. Wohngebiet in unmittelbarer Nähe zu einer Leimfabrik ausgewiesen wird, ohne dass man sich über die von ihr ausgehenden Emissionen kundig macht. Von einer **Abwägungsfehleinstellung** spricht man, wenn in die Planungsentscheidung ein sachfremder, nicht abwägungsbeachtlicher Belang einfließt;
- die Bedeutung eines betroffenen Belangs verkannt und ihm somit ein falsches Gewicht beigemessen wurde (sog. **Abwägungsfehleinschätzung**), z.B. wenn Gesundheitsgefahren bei der Überplanung von Altlastenflächen „verharmlost" werden;
- der Ausgleich zwischen den Belangen in einer Weise vorgenommen wurde, die zur objektiven Gewichtigkeit einzelner Belange außer Verhältnis steht und somit unvertretbar erscheint (**Abwägungsdisproportionalität**).

e) Der fehlerhafte Bebauungsplan

Verstößt die planende Stelle beim Erlass des Bauleitplans gegen die zuvor besprochenen formellen oder materiellen Anforderungen, führt dies zu seiner Rechtswidrigkeit.[176] Weil die Planung aber einen komplexen und fehleranfälligen Prozess darstellt, soll nach der Wertung des Gesetzgebers nicht jeder Fehler zur Nichtigkeit und damit

---

173 BVerwG, NVwZ 2020, 1533.
174 OVG d. Saarl., Urt. v. 11.12.2014 – 2 C 390/13, Rn. 38 – juris; s. allg. BVerfG, NVwZ 2018, 1555, 1557.
175 BVerwGE 48, 56, 63 f.; BayVGH, Urt. v. 4.8.2021 – 15 N 20.1305, Rn. 19 – juris.
176 *Siegel*, ÖR Berl., § 4 Rn. 91.

Unwirksamkeit des Bauleitplans führen. Aus Gründen der Planerhaltung halten die §§ 214 ff. BauGB vielmehr ein differenziertes Fehlerfolgenregime bereit.

56 aa) (Un-)Beachtliche Fehler nach § 214 I–III BauGB: § 214 I BauGB enthält eine abschließende Aufzählung beachtlicher Verfahrens- und Formvorschriften bei Verstößen gegen das BauGB.[177] Eine Verletzung dort nicht genannter Verfahrensanforderungen führt also nicht zur Unwirksamkeit der Bauleitpläne. Beachtlich ist z.b. nach § 214 I 1 Nr. 2 BauGB eine Verletzung der Vorschriften über die förmliche Öffentlichkeits- und Behördenbeteiligung, sofern nicht eine der dortigen „Rückausnahmen" einschlägig ist. Weil die frühzeitige Öffentlichkeits- und Behördenbeteiligung (§ 3 I, § 4 I BauGB) nicht erwähnt wird, sind derartige Verstöße irrelevant. Während § 214 I BauGB eine „Beachtlichkeitsklausel" enthält und nur die dort aufgezählten Verfahrens- und Formfehler für beachtlich erklärt, folgt § 214 II BauGB hinsichtl. der zum materiellen Recht gehörenden Entwicklungsfehler dem umgekehrten Modell und stellt eine Unbeachtlichkeitsklausel auf. **Nur die dort aufgezählten Verstöße gegen das Entwicklungsgebot** des Bebauungsplans aus dem Flächennutzungsplan (§ 8 II–IV BauGB) sind unerheblich, alle anderen dagegen relevant.

57 Seit dem EAG Bau[178] werden **Mängel bei der Ermittlung und Bewertung der Belange nach § 2 III BauGB** als Verfahrensfehler angesehen, deren Beachtlichkeit § 214 I 1 Nr. 1 BauGB regelt. Danach ist es ein beachtlicher Fehler, wenn die Gemeinde entgegen § 2 III BauGB die von der Planung berührten Belange, die ihr bekannt waren oder hätten bekannt sein müssen, in wesentlichen Punkten nicht zutreffend ermittelt oder bewertet hat und dieser Mangel offensichtlich und auf das Ergebnis des Verfahrens von Einfluss gewesen ist. Erste Voraussetzung für eine relevante Verletzung des § 2 III BauGB ist, dass es um solche von der Planung berührten Belange geht, die der Gemeinde **bekannt waren oder hätten bekannt sein müssen**. Was die planende Stelle dagegen nicht „sieht" und nach den gegebenen Umständen auch nicht zu „sehen" braucht, führt nicht zur Unwirksamkeit des Plans.[179]

Des Weiteren muss die Gemeinde diese Belange **in wesentlichen Punkten unzulänglich ermittelt oder bewertet** haben. Es kann ihr daher nicht zum Vorwurf gereichen, wenn sie einem privaten Belang mangels Abwägungsbeachtlichkeit nicht nachgegangen ist, etwa weil er keinen städtebaulich relevanten Bezug hat, geringwertig oder mit einem Makel behaftet ist. Die Wesentlichkeit ist zu bejahen, wenn die Gemeinde einen von der Planung berührten Belang „in einem Punkt, der in der konkreten Situation für die Abwägung von Bedeutung war", nicht zutreffend ermittelt oder bewertet hat.[180] Sodann ist in einem weiteren Schritt zu prüfen, ob der Mangel **offensichtlich** gewesen ist. Letzteres ist zu bejahen, wenn dieser auf objektiv feststellbaren Umständen beruht, er sich z.B. anhand der Planunterlagen leicht erkennen lässt. Da für die Offensichtlichkeit die äußere Seite des Abwägungsvorgangs ausschlaggebend ist, sind „innere"

---

[177] BVerwGE 153, 174, 181 Rn. 28.
[178] EuroparechtsanpassungsG Bau v. 24.6.2004 (BGBl. I S. 1359).
[179] BVerwGE 131, 100, 106 f. Rn. 21.
[180] BVerwGE 131, 100, 107 Rn. 22.

Motive und Vorstellungen der Ratsmitglieder ohne Bedeutung.[181] Letzte Voraussetzung für die Beachtlichkeit des Fehlers ist, dass er **auf das Abwägungsergebnis von Einfluss gewesen ist**. Hierfür genügt es, wenn die *konkrete Möglichkeit* besteht, dass die Planung ohne den Mangel im Abwägungsvorgang anders ausgefallen wäre.[182]

Nach § 214 III 2 Hs. 1 BauGB dürfen § 214 I Nr. 1 BauGB unterfallende Fehler nicht mehr zusätzlich als Mängel der Abwägung i.S.d. § 214 III 2 BauGB geltend gemacht werden. Deshalb beurteilen sich die Folgen eines Abwägungsausfalls nach § 214 I Nr. 1 und nicht nach § 214 III BauGB.[183] Nur für Abwägungsfehler, die nicht § 2 III BauGB unterfallen, aber den **Abwägungs*vorgang*** betreffen, bestimmt § 214 III 2 Hs. 2 BauGB, dass sie ebenfalls erheblich sind, wenn sie **offensichtlich und auf das Abwägungsergebnis von Einfluss gewesen sind**. Zu denken wäre etwa daran, dass die Gemeinde einen Belang zutreffend ermittelt und bewertet hat, aber der Ausgleich zwischen den Belangen in einer Weise vorgenommen wurde, die zur objektiven Gewichtigkeit einzelner Belange außer Verhältnis steht. Weil sich § 214 I Nr. 1, III 2 BauGB auf Mängel im Abwägungsvorgang bezieht, d.h. **Mängel im Abwägungs*ergebnis*** stets beachtlich sind,[184] die Abwägungsdisproportionalität aber zugleich zu einem „ungerechten" Abwägungsergebnis führt, dürfte für die „Angstklausel"[185] des § 214 III 2 Hs. 2 BauGB kaum noch ein Anwendungsbereich verbleiben.[186] **Fehler im Abwägungsergebnis** betreffen unmittelbar den Norminhalt des Bauleitplans, also das Produkt der Abwägung.[187] Derartige **Mängel im Abwägungsergebnis sind immer beachtlich** mit der Folge der (Teil-)Unwirksamkeit des jew. Bauleitplans.[188]

58

---

181 BVerwGE 131, 100, 107 f. Rn. 22; VGH Bad.-Württ., VBlBW 2021, 371, 375.
182 BVerwGE 131, 100, 107 f. Rn. 22; IBR 2016, 239; VGH Bad.-Württ., VBlBW 2021, 371, 375.
183 BVerwGE 138, 12, 19 f. Rn. 21; *Siegel*, ÖR Berl., § 4 Rn. 98.
184 BVerwGE 138, 12, 19 f. Rn. 21.
185 Zum Begriff *Erbguth* JZ 2006, 484, 490.
186 *Remmert*, in: Ennuschat/Ibler/dies., Öffentl. Recht in Baden-Württemberg, 3. Aufl. 2020, § 3 Rn. 170.
187 OVG Schl.-H., Urt. v. 1.10.2020 – 1 KN 13/15, Rn. 86 – juris.
188 BVerwGE 138, 12, 19 f. Rn. 21.

59

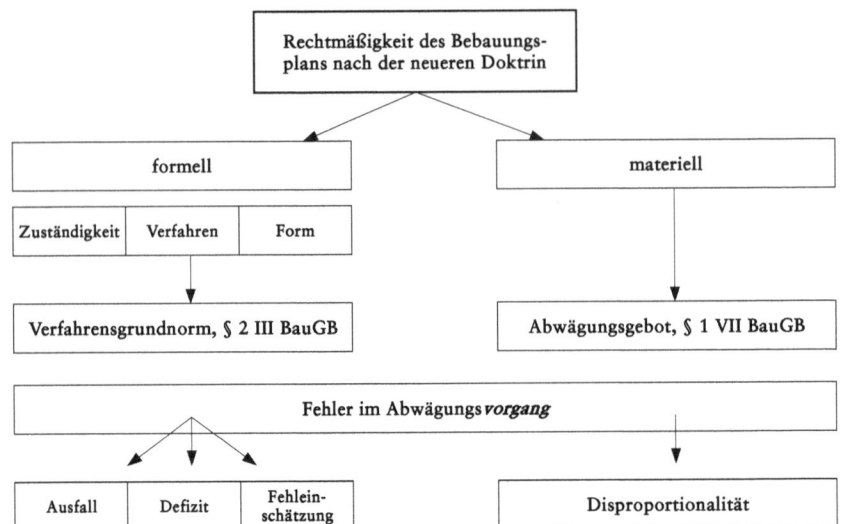

60 bb) **Unbeachtlichwerden von Fehlern:** Bestimmte, nach § 214 BauGB beachtliche Fehler können gem. § 215 BauGB nachträglich unbeachtlich werden. Die Norm bezieht sich nur auf die dort explizit genannten Mängel. Da § 215 I BauGB in S. 1 Nr. 1 z.B. nur auf die nach § 214 I 1 Nrn. 1–3 und nicht nach Nr. 4 BauGB beachtlichen Fehler Bezug nimmt, kann zwar ein Verstoß gegen die förmliche Öffentlichkeitsbeteiligung, nicht aber die unterbliebene Bekanntmachung des Bauleitplans infolge Zeitablaufs unbeachtlich werden. Die Unbeachtlichkeit tritt ein, wenn der jew. Fehler nicht innerhalb **eines Jahres** seit **Bekanntmachung** des Flächennutzungsplans oder der Satzung **schriftlich** gegenüber der Gemeinde unter Darlegung des die Verletzung begründenden Sachverhalts geltend gemacht wird. **Bis zum Erreichen der Jahresfrist** sind demzufolge alle Fehler auch unabhängig von ihrer schriftlichen Geltendmachung gegenüber der Gemeinde **beachtlich**.[189] Für das Unbeachtlichwerden der Fehler infolge Zeitablaufs muss gem. § 215 II BauGB bei Inkraftsetzung des Bauleitplans auf die Voraussetzungen für die Geltendmachung der Verletzung der Vorschriften und die beschriebenen Rechtsfolgen hingewiesen worden sein. Die vorgeschriebene **Belehrung** darf keinen irreführenden Zusatz enthalten und insbesondere die Betroffenen nicht von der rechtzeitigen Rüge der Mängel abhalten.[190] Nur wenn **innerhalb der Jahresfrist keine Person** den jew. Fehler geltend gemacht hat, wird dieser mit Ablauf der Frist unerheblich. Die Mängelrüge des § 215 I BauGB kann von **jedem** erhoben werden, auch wenn er durch den Plan nicht in seinen Rechten verletzt wird. Eine einmal erhobene Rüge wirkt **absolut**, d.h. für jeden („inter omnes") und zeitlich unbefristet.[191] Die Rüge bedarf der Substantiierung und Konkretisierung. So kann die Gemeinde zum einen prü-

---

[189] BVerwGE 143, 192, 196 Rn. 16.
[190] BVerwGE 143, 192, 196 Rn. 16.
[191] BVerwG, NVwZ 2020, 967, 968; BauR 2001, 1888 f.

fen, ob Anlass zur Fehlerbehebung besteht, und es lässt sich zum anderen der Kreis präkludierter Rügen bestimmen.[192] Infolgedessen sind z.b. Ermittlungs- und Bewertungsmängel konkret vorzutragen, so dass ein pauschaler Verweis auf die im Bebauungsplanverfahren erhobenen Einwendungen nicht genügt.[193] In der Rspr. ist geklärt, dass eine solche **Rüge gegenüber der Gemeinde** auch im Rahmen eines Rechtsbehelfsverfahrens geltend gemacht werden kann. Entscheidend für die Wahrung der Jahresfrist ist jedoch, dass das Vorbringen bis dahin bei der Gemeinde eingegangen ist. Der bloße Eingang bei Gericht genügt nicht.[194]

cc) Ergänzendes Verfahren: Im Interesse der Planerhaltung ermöglicht es § 214 IV BauGB den Gemeinden, Flächennutzungspläne oder Satzungen, die an einem behebbaren beachtlichen Fehler leiden, in einem **ergänzenden Verfahren** zur Behebung des Fehlers auch rückwirkend in Kraft zu setzen. Nach der Ausgestaltung der Norm darf die Gemeinde ein ergänzendes Verfahren nicht nur bei vorheriger gerichtlicher Feststellung der Unwirksamkeit des Plans, sondern auch von sich aus betreiben.[195] Der Vorteil des ergänzenden Verfahrens besteht darin, dass das Verfahren **nicht noch einmal komplett neu begonnen** werden muss. Es setzt vielmehr das ursprünglich eingeleitete, nur scheinbar abgeschlossene Verfahren an der Stelle fort, an welcher der Fehler begangen wurde. Mit anderen Worten sind nicht die dem Fehler vorangegangenen korrekten Verfahrensschritte, sondern nur die nachfolgenden Schritte zu wiederholen.[196] Voraussetzung für ein ergänzendes Verfahren ist, dass der geltend gemachte Mangel **nicht so schwer** wiegt, dass das **Grundgerüst der Abwägung** berührt wird.[197] Wird von der Fehlerbehebung Gebrauch gemacht, werden die *Rechtsfolgen* des erst später abgeschlossenen Planaufstellungsverfahrens zurückverlegt.[198] Infolge der Rückwirkung erlangt der Bebauungsplan also für den Zeitpunkt Maßgeblichkeit, zu dem er ursprünglich hätte in Kraft treten sollen.[199] § 214 IV BauGB findet auch Anwendung, wenn der Mangel des Bauleitplans auf Vorschriften des Landesrechts beruht, z.B. indem ein Gemeinderat nachträglich ohne ein befangenes Gemeinderatsmitglied den Plan beschließt.[200]

---

192 BVerwG, Beschl. v. 7.5.2020 – 4 BN 13/20, Rn. 9 – juris.
193 BVerwG, NVwZ 2019, 1862.
194 BVerwG, BauR 2018, 1982, 1983.
195 BVerwG, NVwZ 2010, 777, 778; Beschl. v. 28.6.2021 – 4 BN 67/20, Rn. 19 – juris.
196 BVerwG, NVwZ 2010, 777, 778; Beschl. v. 4.3.2021 – 4 B 40/20, Rn. 4 – juris, wonach mit einem neuen Satzungsbeschluss ein neuer und nicht geänderter Plan entsteht, der Gegenstand eines Normenkontrollverfahrens sein kann.
197 BVerwG, NVwZ 1999, 420 f.; DVBl. 1999, 243, 244; Beschl. v. 28.6.2021 – 4 BN 67/20, Rn. 21 – juris.
198 BVerwG, BauR 2009, 780.
199 BVerwG, ZfBR 2010, 789, 790.
200 OVG d. Saarl., Urt. v. 19.3.2015 – 2 C 382/13, Rn. 52 – juris.

62

Prüfungsschema zu §§ 214 f. BauGB
1. Unterfällt der Fehler § 214 BauGB?
2. Ist der Fehler bereits nach dieser Norm unbeachtlich?
3. Ist ein nach § 214 BauGB beachtlicher Fehler gem. § 215 BauGB unbeachtlich geworden?
4. Kann der beachtliche Fehler im ergänzenden Verfahren behoben werden (§ 214 IV BauGB)?

f) Die Sicherung der Bauleitplanung

63 Weil die Aufstellung von Bauleitplänen Zeit benötigt, kann die Gemeinde durch den Beschluss einer **Veränderungssperre** einer faktischen Vereitelung ihrer Planungsabsichten entgegenwirken.[201] Die Voraussetzungen dafür ergeben sich aus § 14 BauGB. Die Gemeinde muss zunächst einen **wirksamen Beschluss über die Aufstellung eines Bebauungsplans** nach § 2 I BauGB gefasst haben (→ Rn. 21). Der Gesetzeswortlaut des § 14 I BauGB schließt es nicht aus, dass die Aufstellung eines Bebauungsplans und die Veränderungssperre in dieser Reihenfolge in einer Sitzung des Gemeinderats beschlossen und beide Beschlüsse am selben Tag amtlich bekannt gemacht werden.[202] Weil die Veränderungssperre „zur Sicherung der Planung" ergeht, d.h. nicht allg. die Planungsmöglichkeit der Gemeinde oder den Planungsprozess sichern soll,[203] muss die jew. Planung einen Stand erreicht haben, der ein **Mindestmaß** dessen erkennen lässt, was Inhalt des zu erwartenden Bebauungsplans sein soll.[204] Dafür muss hinreichende Klarheit darüber bestehen, welche positiven städtebaulichen Vorstellungen bzw. welche Ziele und Zwecke mit der Planung konkret verfolgt werden.[205] Letzteres kann sich dabei aus Niederschriften über die Gemeinderatssitzungen ebenso wie aus anderen Unterlagen oder Umständen ergeben.[206] Die planerischen Vorstellungen müssen zugleich geeignet sein, die Entscheidung der Genehmigungsbehörde über etwaige Ausnahmen von der Veränderungssperre nach § 14 II 1 BauGB zu steuern.[207] Im Zeitpunkt der Beschlussfassung über die Veränderungssperre muss die Rechtmäßigkeit des künftigen Bebauungsplans nicht feststehen. Eine Veränderungssperre ist aber unwirksam, wenn bei ihrem Erlass offenkundig ist, dass sich die Planungsvorstellungen keinesfalls im Wege einer rechtmäßigen Bauleitplanung realisieren lassen.[208] Letzteres wäre etwa anzunehmen, wenn die Erforderlichkeit des Bebauungsplans nach § 1 III BauGB zu verneinen ist, weil die Planungen der Gemeinde mangels eines positiv feststellbaren oder wegen eines nur „vorgeschobenen" planerischen Konzepts allein die Verhinderung eines bestimmten Bauvorhabens bezwecken. Eine solche reine Negativ-

---

201 OVG d. Saarl., BauR 2020, 608, 609; Urt. v. 27.1.2022 – 2 C 113/21, Rn. 29 – juris.
202 OVG d. Saarl., BauR 2020, 772, 775; Urt. v. 27.1.2022 – 2 C 113/21, Rn. 27 – juris.
203 OVG NRW, Beschl. v. 30.8.2021 – 2 B 877/21, Rn. 10 – juris; OVG d. Saarl., Urt. v. 27.1.2022 – 2 C 113/21, Rn. 30 – juris.
204 BVerwG, NVwZ 2010, 42, 43.
205 OVG d. Saarl., BauR 2020, 608, 610; zur Notwendigkeit bestehender gemeindlicher Vorstellungen zumind. über die Art der baulichen Nutzung, SächsOVG, Beschl. v. 25.8.2021 – 1 B 281/21, Rn. 8 – juris; s. auch OVG NRW, Beschl. v. 16.6.2021 – 2 B 438/21.NE, Rn. 24 – juris.
206 OVG d. Saarl., BauR 2020, 608, 610.
207 BVerwG, Beschl. v. 19.5.2020 – 4 BN 45/19, Rn. 5 – juris; dazu, dass keine „treffsichere" Beurteilung notwendig ist, OVG d. Saarl., BauR 2020, 608, 610.
208 OVG d. Saarl., BauR 2020, 608, 610; s. auch OVG Nds., NuR 2020, 348, 350.

planung ließe sich mit der Eigentumsgarantie des Art. 14 I 2 GG nicht vereinbaren und ist daher auch nicht vorübergehend sicherungsfähig.[209] Da die Veränderungssperre kein Bauleitplan ist, ist keine Abwägung nach § 1 VII BauGB vorzunehmen.[210] Die Sperre wird von der Gemeinde als **Satzung** beschlossen (§ 16 I BauGB), weshalb wiederum auf die ordnungsgemäße Beschlussfassung nach dem KSVG zu achten ist (→ § 3 Rn. 65 ff.). Mit Inkrafttreten der Veränderungssperre sind die in § 14 I Nrn. 1 und 2 BauGB bezeichneten Vorhaben und Veränderungen **unzulässig** und dürfen, sofern keine Ausnahme nach Absatz 2 in Betracht kommt, nicht mehr genehmigt werden. Vorhaben, die nicht baugenehmigungsbedürftig sind, dürfen nicht im Widerspruch zur Veränderungssperre realisiert werden.[211] Setzt sich der Bauherr über den Inhalt einer Veränderungssperre hinweg, sind die Vorhaben oder Veränderungen materiell baurechtswidrig, weshalb gegen sie bauaufsichtlich eingeschritten werden kann (→ Rn. 159 ff.).

Die **Zurückstellung von Baugesuchen nach § 15 BauGB** ist ein Institut des formellen Baurechts. Die Zurückstellung ermöglicht es, ein Baugenehmigungsverfahren für einen Zeitraum von bis zu zwölf Monaten auszusetzen und damit vorübergehend offen zu halten.[212] Im Unterschied zu einer in Kraft befindlichen Veränderungssperre berechtigt § 15 BauGB die Bauaufsichtsbehörde nicht zur Ablehnung eines Bauantrags, sondern nur zur **Nichtbearbeitung des Baugesuchs** während der Geltungsdauer der Zurückstellung.[213] Sie kommt nur in Betracht, wenn die **Voraussetzungen für eine Veränderungssperre** vorliegen, eine solche aber nicht beschlossen bzw. zwar beschlossen wurde, aber noch nicht in Kraft ist. Die Zurückstellung muss von der **Gemeinde** beantragt werden. Außerdem muss zu **befürchten** sein, dass die **Durchführung der Planung durch das Vorhaben unmöglich gemacht oder wesentlich erschwert** wird. Liegen alle Voraussetzungen des § 15 I 1 BauGB vor, muss („hat") die Bauaufsichtsbehörde eine Zurückstellung vornehmen. Wird nach Landesrecht kein Baugenehmigungsverfahren durchgeführt, wird gem. § 15 I 2 BauGB auf Antrag der Gemeinde eine vorläufige Untersagung innerhalb einer durch Landesrecht festgesetzten Frist ausgesprochen. An diese Vorschrift knüpft § 61 II LBO an. Danach sind die dort aufgezählten Vorhaben, z.B. Gewächshäuser für einen landwirtschaftlichen Betrieb mit bis zu 5 m Firsthöhe, nur verfahrensfrei, wenn der Bauherr der Gemeinde das beabsichtigte Vorhaben durch Einreichen der erforderlichen Unterlagen zur Kenntnis gegeben und diese nicht innerhalb von zwei Wochen eine vorläufige Untersagung beantragt hat. Des Weiteren sind die in § 63 I LBO genannten Vorhaben, wie Gebäude der Klassen 1 bis 3, nicht baugenehmigungsfrei gestellt, wenn die Gemeinde innerhalb der Frist des Abs. 3 S. 4 eine vorläufige Untersagung beantragt (§ 63 II Nr. 4 LBO).

64

---

209 BVerwG, Beschl. v. 19.5.2020 – 4 BN 45/19, Rn. 5 – juris; s. auch OVG d. Saarl., BauR 2020, 608, 610; dazu, dass die Gemeinde aber ein konkretes Bauvorhaben zum Anlass nehmen darf, eine eigene planerische Konzeption zu entwickeln, OVG d. Saarl., BauR 2020, 608, 610.
210 OVG d. Saarl., BauR 2020, 608, 610.
211 S. auch BVerwGE 144, 82, 91 Rn. 29.
212 BVerwG, NVwZ-RR 2015, 685, 686.
213 BVerwG, KommJur 2011, 392, 393.

2. Bauplanungsrechtliche Zulässigkeit von Einzelvorhaben

65 Nach § 73 I 1 LBO ist eine Baugenehmigung zu erteilen, wenn dem Bauvorhaben keine öffentl.-rechtl. Vorschriften entgegenstehen, die im bauaufsichtlichen Verfahren zu prüfen sind (→ Rn. 127). Ist für das jew. Bauvorhaben eine Baugenehmigung notwendig (s. dazu unter → Rn. 126 ff.), ist daher seine Übereinstimmung mit dem Bauplanungsrecht zu überprüfen. Aber auch wenn für das Vorhaben keine Genehmigung erforderlich ist, entbindet dies nicht von der Verpflichtung zur Einhaltung der Anforderungen, die durch öffentl.-rechtl. Vorschriften an Anlagen gestellt werden (§ 60 II 1 LBO). Gem. § 29 I BauGB gelten die §§ 30–37 BauGB für Vorhaben, welche die Errichtung, Änderung oder Nutzungsänderung von *baulichen Anlagen* zum Gegenstand haben. Es ist deshalb als Erstes zu prüfen, ob das „**Eingangstor**" zu den verschiedenen Zulässigkeitstatbeständen der §§ 30–37 BauGB eröffnet ist.

66 Schon aus kompetenzrechtlichen Gründen, aber auch wegen der unterschiedlichen Zielsetzungen des Bauplanungs- und des Bauordnungsrechts (→ Rn. 2 ff.) muss der **Anlagenbegriff des § 29 I BauGB** bundesweit einheitlich sein. Zu seiner Konkretisierung darf daher nicht die Legaldefinition in § 2 I 1 LBO herangezogen werden, selbst wenn beide Anlagenbegriffe in der Praxis oft übereinstimmen.[214] Nach dem Wortlaut des § 29 I BauGB setzt sich der Begriff der baulichen Anlage aus zwei Komponenten zusammen. Unter dem verhältnismäßig weiten Merkmal des **Bauens** versteht man das Schaffen von Anlagen, die in einer auf Dauer gedachten Weise künstlich mit dem Erdboden verbunden sind.[215] Darüber hinaus muss das Vorhaben von **bodenrechtlicher Relevanz** sein. Letzteres ist der Fall, wenn die Anlage auch und gerade in ihrer unterstellten Häufung die in § 1 V, VI BauGB genannten Belange in einer Weise berührt oder berühren kann, die das Bedürfnis nach einer ihre Zulässigkeit regelnden verbindlichen Bauleitplanung hervorruft.[216] Eine solche ist z.B. bei der Errichtung einer 2,5 m hohen Mobilfunkanlage auf einem Bahnhofsgebäude im Hinblick auf ihre Wirkungen für den städtebaulichen Belang des Ortsbildes (§ 1 VI Nr. 5 BauGB), die Anforderungen an gesunde Wohn- und Arbeitsverhältnisse (§ 1 VI Nr. 1 BauGB) sowie den Belang des § 1 VI Nr. 8 lit. d BauGB zu bejahen.[217] Ob Werbeanlagen eine bauliche Anlage i.S.d. § 29 I BauGB sind, hängt entscheidend davon ab, ob sie im Hinblick auf ihre Größe auf die Umgebung einwirken und dadurch planungsrechtliche Relevanz haben.[218] Der Anlagencharakter des § 29 BauGB fehlt z.B. bei Beschriftungen und Bemalungen einer Hauswand.[219]

67 § 29 I BauGB gilt für die Errichtung, Änderung und Nutzungsänderung baulicher Anlagen. Bei der **Errichtung** einer baulichen Anlage handelt es sich um deren erstmalige Herstellung.[220] Eine **Änderung** i.S.d. § 29 I BauGB erfordert, dass eine bauliche Anlage in städtebaulich relevanter Weise umgestaltet wird. Davon ist insb. dann auszugehen, wenn die Baumaßnahme mit einer Erhöhung des Nutzungsmaßes verbunden ist

---

214 BVerwGE 44, 59, 61.
215 BVerwGE 44, 59, 61 f.
216 BVerwGE 144, 82, 90 Rn. 26.
217 BVerwGE 144, 82, 90 f. Rn. 26.
218 BVerwGE 91, 234, 237 ff.
219 BVerwG, NVwZ 2007, 221, 222.
220 *Remmert*, in: Ennuschat/Ibler/dies., Öffentl. Recht in Baden-Württemberg, 3. Aufl. 2020, § 3 Rn. 237.

oder das Bauwerk durch Eingriffe in die vorhandene Bausubstanz seiner ursprünglichen Identität beraubt wird.[221] In der Praxis kann die Abgrenzung zwischen einer Änderung und einer Nutzungsänderung Probleme bereiten. Nach st. Rspr. liegt eine **Nutzungsänderung** vor, wenn durch die Verwirklichung eines Vorhabens die einer genehmigten Nutzung eigene Variationsbreite verlassen wird und durch die Aufnahme der veränderten Nutzung bodenrechtliche Belange neu berührt werden können, so dass sich die Genehmigungsfrage neu stellt. Als Bsp. dafür sei die Umwandlung eines Abstellraums in einer Kirche in eine Krypta oder einer Garage in eine Werkstatt genannt.[222]

a) Vorhaben im Bereich eines qualifizierten Bebauungsplans

Befindet sich das Bauvorhaben im Geltungsbereich eines qualifizierten Bebauungsplans, der *mindestens* Festsetzungen über die **Art und das Maß der baulichen Nutzung, die überbaubaren Grundstücksflächen und die örtlichen Verkehrsflächen** enthält, ist für die Zulässigkeit des Vorhabens gem. **§ 30 I BauGB** entscheidend, ob es den **Festsetzungen des Bebauungsplans** entspricht und seine **Erschließung** gesichert ist. Bei einem qualifizierten Bebauungsplan liegt der Prüfungsschwerpunkt bei Klausuren meistens auf der Frage, ob das Vorhaben mit den Festsetzungen des Bebauungsplans zu Art und Maß der baulichen Nutzung übereinstimmt. 68

Dabei muss man wissen, dass durch die Festsetzung bestimmter Baugebiete die **§§ 2–14 BauNVO** Bestandteil des Bebauungsplans werden, soweit die Gemeinde nicht ausnahmsweise etwas anderes bestimmt hat (§ 1 III 2 BauNVO). Aus diesem Grund ist zunächst festzustellen, ob das Bauvorhaben in einem Wohngebiet (§§ 3–4a BauNVO), Dorfgebiet, dörflichen Wohngebiet, einem Misch- oder urbanen Gebiet (§§ 5, 5a, 6, 6a BauNVO), Kern-, Gewerbe- oder Industriegebiet (§§ 7–9 BauNVO) oder in einem Sondergebiet (§§ 10, 11 BauNVO) liegt. Sodann ist anhand der einschlägigen Bestimmung der BauNVO zu prüfen, ob das Vorhaben dort seiner Art nach zulässig ist oder zugelassen werden kann. Die **Baugebietsvorschriften der BauNVO** sind dabei folgendermaßen aufgebaut: Im jew. ersten Absatz wird zunächst das jew. Gebiet **allg. umschrieben**. Bspw. dienen allg. Wohngebiete vorwiegend dem Wohnen (§ 4 I BauNVO). Sodann werden im jew. zweiten Absatz der Norm die in dem Gebiet **generell zulässigen Vorhaben** und im jew. dritten Absatz diejenigen Vorhaben genannt, die dort **ausnahmsweise zugelassen** werden können. In einem allg. Wohngebiet sind Wohngebäude, die der Versorgung des Gebiets dienenden Läden, Schank- und Speisewirtschaften sowie nicht störende Handwerksbetriebe einschließl. Anlagen für kirchliche, kulturelle, soziale, gesundheitliche und sportliche Zwecke generell zulässig (§ 4 II BauNVO). Nach § 4 III BauNVO können dort Betriebe des Beherbergungsgewerbes, sonstige nicht störende Gewerbebetriebe, Anlagen für Verwaltungen, Gartenbaubetriebe und Tankstellen ausnahmsweise zugelassen werden. Da Vergnügungsstätten bei den ausnahmsweise zulässigen Anlagen in einem besonderen Wohngebiet (§ 4a III Nr. 2 BauNVO), nicht aber beim 69

---

221 S. dazu näher BVerwG, BauR 2006, 481.
222 BVerwGE 138, 166, 168 Rn. 11.

allg. Wohngebiet aufgeführt werden, kann ein derartiges Vorhaben dort nicht gestattet werden.

70 Nach der Rspr. ist sowohl für die in den Baugebieten nach §§ 2–9 BauNVO regelhaft zugewiesenen als auch die dort ausnahmsweise zulässigen Bauvorhaben stets das Erfordernis der Gebietsverträglichkeit zu prüfen. Die Gebietsverträglichkeit ist rechtssystematisch und teleologisch untrennbar mit der spezifischen Zweckbestimmung des Baugebietstypus verbunden, der vom Verordnungsgeber dem Katalog der allg. und ausnahmsweise zulässigen Nutzungen in den Baugebietsvorschriften vorangestellt wurde. Wenn also in § 4 II Nr. 2, III Nr. 2 BauNVO speziell die nicht störenden Handwerks- und Gewerbebetriebe genannt werden, kann daraus nicht im Umkehrschluss entnommen werden, damit habe man störende Anlagen z.B. für soziale oder kulturelle Zwecke in einem allg. Wohngebiet zulassen wollen. Vor Gestattung eines Bauvorhabens ist deshalb eine *typisierende Betrachtung* vorzunehmen und zu fragen, ob ein Vorhaben dieser Art generell zu der Umschreibung des jew. Gebiets in Absatz 1 „passt". Gegenstand der Betrachtung sind dabei die Auswirkungen, die typischerweise von einem Vorhaben der beabsichtigten Art ausgehen, insb. nach seinem räumlichen Umfang und der Größe seines betrieblichen Einzugsbereichs, der Art und Weise der Betriebsvorgänge, dem vorhabenbedingten An- und Abfahrtsverkehr sowie der zeitlichen Dauer dieser Auswirkungen und ihrer Verteilung auf die Tages- und Nachtzeiten. Da der Verordnungsgeber bei den Baugebietsvorschriften typisierend verfährt, kommt es für die Beurteilung der Gebietsverträglichkeit eines Vorhabens nicht auf die konkrete Bebauung in seiner Nachbarschaft an.[223] Ein rund um die Uhr an allen Tagen betriebenes Dialysezentrum mit 33 Plätzen dient zwar gesundheitlichen Zwecken, widerspricht aber der Umschreibung eines allg. Wohngebiets, das vorwiegend dem Wohnen dient.[224] Da bei Schank- und Speisewirtschaften im allg. Wohngebiet bereits durch das Erfordernis der Gebietsversorgung verhindert wird, dass zu starke Unruhe in das Gebiet hineingetragen wird, dadurch aber auch die Befriedigung der Grundbedürfnisse der dortigen Wohnbevölkerung bezweckt wird, kann einem solchen Vorhaben nicht entgegengehalten werden, dass es wegen der von dem Betrieb ausgehenden Störungen gebietsunverträglich ist.[225]

71 Wurde die Gebietsverträglichkeit bejaht, ist zusätzlich festzustellen, ob das Vorhaben im konkreten Einzelfall § 15 I BauNVO als einer besonderen Ausprägung des **Rücksichtnahmegebots** entspricht. Die Vorschrift gewährleistet, dass Nutzungen, die Spannungen und Störungen hervorrufen können, einander so zugeordnet werden, dass Konflikte möglichst vermieden werden.[226] Gem. § 15 I 1 BauNVO sind zunächst solche Anlagen unzulässig, die zwar nach Art, Größe und störenden Auswirkungen typisierend mit dem Gebietscharakter vereinbar sind, aber im konkreten Fall nach **Anzahl, Lage, Umfang oder Zweckbestimmung der Eigenart des Baugebiets widersprechen**. Bspw. darf in einem

---

[223] BVerwG, NVwZ 2008, 786, 787; NVwZ 2020, 404, 406.
[224] BVerwG, NVwZ 2008, 786 ff.
[225] BVerwG, NVwZ 2020, 404, 405 f.
[226] BVerwGE 145, 145, 147 f. Rn. 16; dazu, dass eine Konfliktbewältigung nur möglich ist, soweit der jew. Bebauungsplan für sie noch offen ist, BVerwGE 147, 379, 386 Rn. 20. S. auch BayVGH, Beschl. v. 18.3.2021 – 9 CS 20.3163, Rn. 14 – juris.

Mischgebiet, das sich durch ein gleichberechtigtes Nebeneinander von Wohnen und nicht störenden Gewerbebetrieben auszeichnet, kein weiterer Gewerbebetrieb mehr zugelassen werden, wenn dort bereits so viele Betriebe vorhanden sind, dass das quantitative Mischverhältnis von Wohnen und Gewerbe gestört würde.[227]

Nach § 15 I 2 BauNVO sind Vorhaben unzulässig, wenn **von ihnen Belästigungen oder Störungen ausgehen**, die nach der Eigenart des Baugebiets im Baugebiet selbst oder in dessen Umgebung **unzumutbar** sind. Gleiches gilt, wenn die Vorhaben selbst **solchen Belästigungen oder Störungen ausgesetzt** werden. Ausschlaggebend ist insoweit, was den Betroffenen nach Lage der Dinge zumutbar ist.[228] Für die Frage, wann eine unzumutbare Belästigung oder Störung vorliegt, kann zum Teil auf normative Konkretisierungen zurückgegriffen werden. So regelt § 22 Ia 1 BImSchG, dass Geräuscheinwirkungen von Kindertageseinrichtungen, Kinderspielplätzen und ähnlichen Einrichtungen „im Regelfall" zumutbar sind. Als normkonkretisierende Verwaltungsvorschrift bindet die Technische Anleitung (TA) zum Schutz gegen Lärm, die den unbestimmten Rechtsbegriff der schädlichen Umwelteinwirkungen in Bezug auf Geräusche konturiert, grundsätzlich auch die Gerichte.[229] Im Übrigen hängt die Zumutbarkeit von den besonderen Umständen des Einzelfalls ab. In einer Gesamtschau der Beeinträchtigungen rund um das Vorhaben sind die Schutzwürdigkeit des Betroffenen, die Intensität der Beeinträchtigung, die Interessen des Bauherrn und das abzuwägen, was beiden Seiten billigerweise zumutbar oder unzumutbar ist.[230]

Aus dem Zweck der Bauleitplanung folgt, dass bei der Beurteilung der Vorhabenzulässigkeit nur Gesichtspunkte mit städtebaulicher (bodenrechtlicher) Erheblichkeit zu berücksichtigen sind. Bei den unzumutbaren Belästigungen oder Störungen, vor denen § 15 I 2 BauNVO schützen will, muss es sich mithin um Auswirkungen handeln, die einen Bezug zur Bodenordnung i.S.d. städtebaulichen Entwicklung und Ordnung des Gemeindegebiets aufweisen. Nach der Rspr. des BVerwG gehören auch Gefahren terroristischer Anschläge, die mit der Nutzung eines Grundstücks als diplomatische Vertretung eines Landes verbunden sein können, zu den städtebaulich zu steuernden Gesichtspunkten, zumal § 1 VI Nr. 1 BauGB explizit die Sicherheit der Wohn- und Arbeitsbevölkerung nennt.[231]

Festsetzungen über die **Art der baulichen Nutzung** sind **drittschützend**. Eigentümer in einem durch Bebauungsplan festgesetzten Baugebiet können sich daher gegen eine im Gebiet unzulässige Nutzung gerichtlich zur Wehr setzen, ohne dass es dafür einer konkreten tatsächlichen Beeinträchtigung ihrer Grundstücksnutzung bedarf. Ihnen steht ein sog. **Gebietserhaltungsanspruch** im Hinblick darauf zu, dass bei Zulassung eines mit der Gebietsart unvereinbaren Vorhabens das nachbarliche Austauschverhältnis gestört und eine Verfremdung des Gebiets ausgelöst wird.[232] Im Unterschied dazu hängt

72

73

73a

---

227 BVerwGE 79, 309, 312 f.
228 BVerwGE 145, 145, 148 Rn. 16.
229 BVerwGE 145, 145, 148 Rn. 18; s. auch VGH Bad.-Württ., Beschl. v. 20.10.2020 – 5 S 1819/20, Rn. 30 – juris.
230 BVerwGE 145, 145, 148 f. Rn. 18.
231 BVerwGE 128, 118, 122 f. Rn. 14 f.
232 OVG Bremen, Beschl. v. 17.8.2021 – 1 B 93/21, Rn. 18 – juris m.w.N.

es vom **Willen der Gemeinde als Plangeber** ab, ob Festsetzungen über das **Maß der baulichen Nutzung** (§§ 16 ff. BauNVO) und über die **überbaubaren Grundstücksflächen** dem Schutz der Nachbarn dienen sollen.[233] Neben dem Gebietserhaltungsanspruch hat auch das gebietsübergreifende Rücksichtnahmegebot gem. § 15 I 2 BauNVO drittschützenden Charakter.[234]

b) Vorhaben im Bereich eines einfachen Bebauungsplans

74 Enthält der Bebauungsplan nicht mindestens die in § 30 I BauGB genannten Festsetzungen, liegt ein **einfacher Bebauungsplan** vor. In diesem Fall ist gem. § 30 III BauGB zu prüfen, ob das Vorhaben dessen **Festsetzungen** entspricht. Da ein einfacher Bebauungsplan gegenüber einem qualifizierten Bebauungsplan die Bebauung in reduzierter Art und Weise steuert, ordnet § 30 III BauGB an, dass hinsichtlich der ungeregelt gebliebenen Aspekte für die Zulässigkeit des Vorhabens **im Übrigen** § 34 BauGB gilt, wenn es im Innenbereich liegt, bzw. § 35 BauGB, wenn es dem Außenbereich angehört. Bei einem einfachen Bebauungsplan ist also in Prüfungsarbeiten eine **zweigleisige Prüfung** vorzunehmen, indem zunächst die Vereinbarkeit des Vorhabens mit dessen Festsetzungen zu prüfen ist, aber nur (!) hinsichtlich der „ausgesparten" Regelungen § 34 oder § 35 BauGB zur Anwendung kommt.[235]

c) Ausnahmen und Befreiungen (§ 31 BauGB)

75 Entspricht ein Vorhaben nicht den Festsetzungen des Bebauungsplans, kann möglicherweise eine Abweichung davon gestattet werden. § 31 BauGB bezweckt insoweit die Einzelfallgerechtigkeit und Wahrung des Übermaßverbots. Für die in § 31 I BauGB geregelten **Ausnahmen** ist charakteristisch, dass diese von der Gemeinde **selbst geplant** werden. Denn danach können von der Bauaufsichtsbehörde Ausnahmen von den Festsetzungen zugelassen werden, welche in dem Bebauungsplan nach Art und Umfang vorgesehen sind. Dies ist der Fall, wenn die Ausnahme in dem Bebauungsplan nach Art und Umfang ausdrücklich geregelt oder einer der im jew. **Absatz 3 der §§ 2– 9 BauNVO** geregelten Ausnahmetatbestände gegeben ist. Das **Ausnahme***ermessen* ist fehlerfrei auszuüben.[236] Je nach Situation kann es auf Null reduziert sein.

76 **Befreiungen** nach § 31 II BauGB schaffen ein Mindestmaß an Flexibilität für Vorhaben, die den Festsetzungen eines Bebauungsplans zwar widersprechen, sich aber mit den planerischen Vorstellungen gleichwohl in Einklang bringen lassen.[237] Allg. Voraussetzung ist, dass die **Grundzüge der Planung nicht berührt** werden. Die Erteilung einer Befreiung scheidet aus, wenn das Vorhaben in seine Umgebung **nur durch Planung** zu bewältigende Spannungen hineinträgt oder erhöht.[238] Je tiefer durch die Befreiung in das Interessengeflecht der Planung eingegriffen wird, desto eher liegt der

---

233 BVerwGE 162, 363 ff.; BVerwG, Beschl. v. 11.6.2019 – 4 B 5/19, Rn. 4 – juris.
234 VG Minden, Urt. vom 14.2.2012 – 9 K 2615/10, Rn. 29 – juris.
235 *Siegel*, ÖR Berl., § 4 Rn. 141.
236 S. auch VGH Bad.-Württ., NVwZ 2015, 1781, 1783 (keine Ablehnung aus anderen als städtebaulichen Gründen). Zum Abstellen auf städtebauliche Erwägungen auch OVG Koblenz, Urt. v. 16.3.2022 – 8 A 11173/21, Rn. 73 – juris.
237 BVerwG, ZfBR 2012, 368, 370.
238 BVerwG, ZfBR 2012, 368, 370.

Schluss auf eine Änderung in der Planungskonzeption nahe, die nur im Wege der Umplanung möglich ist.[239]

Weiterhin muss einer der drei genannten **Befreiungsgründe** vorliegen. Eine Befreiung ist möglich, wenn **Gründe des Allgemeinwohls**, einschließlich der Wohnbedürfnisse der Bevölkerung und des Bedarfs zur Unterbringung von Flüchtlingen oder Asylbegehrenden, sie erfordern. Zu den Gründen des Allgemeinwohls zählen alle öffentl. Interessen, wie sie beispielhaft in § 1 V, VI BauGB aufgeführt sind,[240] z.b. das Interesse an einer flächendeckenden Versorgung mit Mobilfunkdienstleistungen, selbst wenn der Mobilfunkbetreiber privat organisiert ist,[241] oder die Nachmittagsbetreuung von Schülern. Für das „Erfordern" genügt es, wenn die Befreiung zur Wahrnehmung des jew. Interesses vernünftigerweise geboten ist.[242] Als weiterer Befreiungsgrund wird die **städtebauliche Vertretbarkeit der Abweichung** genannt (Nr. 2). Diese ist zu bejahen, wenn die Abweichung im Rahmen der Grundzüge der vorhandenen Planung auch Gegenstand einer mit § 1 BauGB in Einklang stehenden Festsetzung des Bebauungsplans sein könnte.[243] Außerdem kommt eine Befreiung in Betracht, wenn die Durchführung des Bebauungsplans zu einer **offenbar nicht beabsichtigten Härte** führen würde (Nr. 3). Dieser Befreiungsgrund wird *eng* ausgelegt. Unter ihn werden nur *grundstücksbezogene Härten* subsumiert, die sich gerade daraus ergeben, dass das Grundstück aufgrund boden- oder planungsrechtlicher Besonderheiten nicht bebaubar ist. Solche offenbar nicht beabsichtigten Härten können etwa bei Eckgrundstücken oder besonders schmal geschnittenen Grundstücken vorliegen.[244] An der „unbeabsichtigten" Härte fehlt es, wenn sich der Plangeber im Planaufstellungsverfahren bewusst gegen eine bestimmte Nutzungsart entschieden hat.[245]

77

Schließlich muss die Befreiung auch **unter Würdigung nachbarlicher Interessen mit den öffentl. Belangen vereinbar** sein. Befreiungen verletzen den Nachbarn in seinen Rechten, sofern er handgreiflich betroffen ist und seinen Interessen von den Behörden nicht die gebotene Beachtung geschenkt wird. Ob sich ein Vorhaben als rücksichtslos und somit unzumutbar auswirkt, ist unter Berücksichtigung aller maßgeblichen Umstände des Einzelfalls, namentlich der rechtlichen und tatsächlichen Vorbelastung der Grundstücke und des Gebiets, der tatsächlichen und rechtlichen Schutzwürdigkeit und -bedürftigkeit des Bauherrn und des Nachbarn sowie der Art und Intensität aller in Betracht kommenden städtebaulich relevanten Nachteile zu beurteilen.[246] Das BVerwG geht aufgrund des Gesetzeswortlauts des § 31 II BauGB („kann") von einer **Ermessensentscheidung** über die Befreiung aus (vgl. § 40 SVwVfG), auf deren pflichtgemäße Ausübung der Bauherr einen Anspruch hat.[247] Sind die Tatbestandsvorausset-

78

---

239 BVerwGE 138, 166, 179 Rn. 37.
240 BVerwGE 56, 71, 76; 138, 166, 174 Rn. 25.
241 BVerwG, BauR 2004, 1124, 1125.
242 BVerwGE 138, 166, 174 Rn. 26.
243 BVerwG, NVwZ 1990, 556, 557; VGH Bad.-Württ., VBlBW 2007, 265, 266.
244 BVerwG, NVwZ 1991, 264, 265.
245 OVG NRW, BauR 2004, 1125.
246 VGH Bad.-Württ., VBlBW 2007, 265, 268; s. zum Einfließen des Rücksichtnahmegebots OVG d. Saarl., AS 35, 170.
247 BVerwG, BRS 73 Nr. 69. Nach BVerwG, ZfBR 2016, 156, 157 ergibt sich aus § 31 II BauGB nicht, dass die nachbarlichen Interessen nur bei einer Benachrichtigung oder Beteiligung gewahrt werden können.

zungen für eine Befreiung erfüllt, wird der Bauaufsichtsbehörde schon wegen des Umfangs der bereits im Rahmen des Tatbestands zu prüfenden Belange nur wenig Raum für zusätzliche Ermessenserwägungen bleiben.[248] Das BVerfG betonte die Notwendigkeit, einen verbleibenden Konflikt zwischen der Glaubens- und Bekenntnisfreiheit auf Seiten des Bauherrn und der Eigentumsgarantie (Art. 14 I GG) sowie der Berufsfreiheit (Art. 12 I GG) angrenzender Betriebsinhaber unter Abwägung aller Umstände nach dem Grundsatz praktischer Konkordanz zu lösen, indem alle widerstreitenden Rechtspositionen einen möglichst schonenden Ausgleich erfahren. Nur wenn ein solcher Ausgleich nicht erreichbar ist, darf unter Berücksichtigung der falltypischen Situation einem der Interessen Vorrang eingeräumt werden.[249]

79 Am 23.6.2021 ist die **Befreiungsregelung in § 31 III BauGB** in Kraft getreten. Durch sie soll eine behutsame Lockerung von dem in Absatz 2 vorgesehenen Tatbestandsmerkmal der „Grundzüge der Planung" erfolgen, um ausnahmsweise etwa ein Abweichen vom Maß der Nutzung bei Aufstockungen zu ermöglichen.[250] Die Vorschrift bezieht sich nur auf ein Gebiet mit einer angespannten Wohnungsmarktlage, das nach § 201a BauGB bestimmt ist. In einem solchen Fall kann mit Zustimmung der Gemeinde im Einzelfall von den Festsetzungen des Bebauungsplans zugunsten des Wohnungsbaus befreit werden, wenn die Befreiung auch unter Würdigung nachbarlicher Interessen mit den öffentl. Belangen vereinbar ist. Hinsichtlich der Zustimmung der Gemeinde gilt nach Satz 4 § 36 II 2 BauGB entsprechend. Nach dem OVG Hamb. stellt der Befreiungstatbestand des § 31 III BauGB gegenüber § 31 II BauGB die sachlich speziellere Regelung dar und erfordert keine Betrachtung, ob die Grundzüge der Planung berührt werden. Da § 31 III BauGB im Vergleich zu § 31 II BauGB die materiellen Anforderungen an eine Befreiung lockert, hat dies auf Rechtsfolgenseite einen größeren Ermessensspielraum der Bauaufsichtsbehörde bei der Inanspruchnahme dieser Ermächtigungsgrundlage, einen weiteren Kreis ermessensrelevanter städtebaulicher Erwägungen und damit höhere Anforderungen an die Ausübung pflichtgemäßen Ermessens zur Folge.[251]

80 Gem. § 68 II 1 Hs. 1 Nr. 2 LBO müssen Ausnahmen und Befreiungen von den Festsetzungen eines Bebauungsplans oder einer sonstigen städtebaulichen Satzung nach § 31 BauGB **gesondert in Textform** beantragt werden. Der Antrag ist zu **begründen**. Dies gilt auch, wenn es sich um eine bauliche Anlage i.S.d. § 29 I BauGB handelt, die nach Landesrecht keiner Baugenehmigung bedarf.

d) Vorhaben im nicht (qualifiziert) beplanten Innenbereich (§ 34 BauGB)

81 Solange kein (qualifizierter) Bebauungsplan vorliegt, übernimmt § 34 BauGB sozusagen die Funktion eines Ersatzplans und regelt die bauplanungsrechtliche Zulässigkeit von Bauvorhaben im Innenbereich. § 34 BauGB betrifft nur bauliche Anlagen **innerhalb der im Zusammenhang bebauten Ortsteile**. Unter einem **Ortsteil** versteht man jeden Bebauungskomplex, der nach der Zahl der vorhandenen Bauten ein gewisses Gewicht

---

[248] VG München, Urt. v. 18.9.2008 – M 11 K 07.4846 – juris.
[249] BVerfG, ZfBR 2016, 582, 585.
[250] BT-Drucks. 19/24838, S. 28.
[251] OVG Hamb., NVwZ 2021, 1472, 1476; a.A. hins. des Ermessens *Scheidler* WiVerw. 2021, 45, 47.

besitzt und Ausdruck einer organischen Siedlungsstruktur ist.[252] Für die Beantwortung der Frage, ob ein Bebauungskomplex als Ortsteil oder als bloße Splittersiedlung anzusehen ist, kommt es auf die Siedlungsstruktur der jew. Gemeinde an.[253] So hat das BVerwG bei vier Gebäuden im dünn besiedelten Bereich oder dreißig wahllos in die Landschaft gestreuten Gebäuden das Bestehen eines Ortsteils verneint.[254] Für das Vorliegen des **Bebauungszusammenhangs** ist maßgeblich, ob und inwieweit eine tatsächlich aufeinander folgende Bebauung trotz vorhandener Baulücken den Eindruck der Geschlossenheit und Zusammengehörigkeit vermittelt und die zur Bebauung vorgesehene Fläche (noch) diesem Zusammenhang angehört.[255] Ausschlaggebend ist allein die tatsächlich vorhandene Bebauung. Die Rspr. zählt nicht alle baulichen Anlagen i.S.d. § 29 I BauGB zur Bebauung i.S.d. § 34 I BauGB. Wenn eine Bebauung vorhanden ist, deren einzelne Bestandteile optisch wahrnehmbar sind und ein gewisses Gewicht haben, so dass sie geeignet sind, das Gebiet als einen Ortsteil mit einem bestimmten Charakter zu prägen, ist dies ein Bebauungszusammenhang.[256] Auch ungenehmigte bauliche Anlagen, mit deren Vorhandensein sich die Behörden abgefunden haben, und als Fremdkörper erscheinende Anlagen können unter diesen Voraussetzungen zum Bebauungszusammenhang gehören.[257] Bei der Beurteilung des Bebauungszusammenhangs werden grds. nur solche **Gebäude** berücksichtigt, die dem **ständigen Aufenthalt von Menschen** dienen. Lediglich vorübergehend genutzte Baulichkeiten oder „Nebenanlagen" im weiteren Sinne zu landwirtschaftlichen, kleingärtnerischen oder sonstigen Hauptnutzungen, wie etwa Gewächshäuser, eine Scheune oder ein Stall, werden regelmäßig als keine für die Annahme eines Bebauungszusammenhangs relevante Bebauung angesehen.[258]

Von hoher Klausurrelevanz ist die Frage, ob bei einer **Baulücke** der Bebauungszusammenhang noch vorhanden und deshalb das Vorhaben dem Innenbereich zuzuordnen ist. Nach st. Rspr. liegt eine ringsum von Bebauung umgebene Freifläche, „die so groß ist, dass sich ihre Bebauung nicht mehr als zwanglose Fortsetzung der vorhandenen Bebauung aufdrängt", nicht mehr innerhalb eines Bebauungszusammenhangs, sondern im Außenbereich. Wie eng dabei die Aufeinanderfolge von Baulichkeiten sein muss, damit sie noch eine zusammenhängende Bebauung darstellen, ist nicht nach geographisch-mathematischen Maßstäben, sondern aufgrund einer umfassenden Bewertung des Einzelfalls zu entscheiden.[259] Mit zunehmender Größe der Lücke steigt die Wahrscheinlichkeit, dass durch sie der Bebauungszusammenhang aufgehoben wird. Der VGH Baden-Württemberg hat z.B. Baulücken mit 280, 240 und 210m dem Außenbereich zugeordnet, bei 50, 60 und 90m dagegen den Bebauungszusam-

82

---

252 BVerwGE 152, 275, 277 Rn. 11.
253 BVerwG, NVwZ 1999, 527, 528;, BRS 83 Nr. 77.
254 BVerwG, BauR 1976, 185, 186 f.; 1994, 494; BVerwG, Urt. v. 26.2.2003 – 9 A 1/02, Rn. 20 – juris.
255 BVerwGE 152, 275, 277 Rn. 11.
256 BVerwG, NVwZ 2018, 1651, 1652.
257 BVerwG, NVwZ 2019, 1456, 1457 und NVwZ 2018, 1651, 1652, wonach der Bebauungszusammenhang durch bauliche Anlagen mit dem Charakter als Fremdkörper nicht unterbrochen wird, derartige Anlagen nur nicht für die Bestimmung der näheren Umgebung maßstabbildend sind.
258 BVerwGE 152, 275, 281 Rn. 20.
259 BVerwG, NVwZ 2011, 436; s. auch BVerwG, BauR 2019, 1887, 1888.

menhang bejaht.²⁶⁰ Zum Teil wird auch mit der Faustformel gearbeitet, dass eine Baulücke bei einer Ausdehnung von zwei bis drei Bauplätzen noch dem Innenbereich angehört.²⁶¹ Bei derartigen Faustformeln handelt es sich nach dem BVerwG nur um einen gedanklichen Ausgangspunkt für den Tatrichter, der ihn jedoch nicht von der Würdigung der tatsächlichen Verhältnisse im Einzelfall entbindet.²⁶² Während eine größere Freifläche zwischen großzügig bemessenen, mit Einfamilienhäusern bebauten Grundstücken noch zum Bebauungszusammenhang gehören mag, kann bei einer eng aneinander gereihten Bebauung schon eine kleinere Freifläche den Bebauungszusammenhang durchbrechen.²⁶³ Grds. endet der Bebauungszusammenhang am letzten Baukörper. Örtliche Besonderheiten können jedoch dazu führen, ihm noch bis zu einem Geländehindernis, einer Erhebung oder einem Einschnitt, z.B. einem Damm, Fluss oder Waldrand, ein oder mehrere Grundstücke zuzuordnen, die unbebaut sind oder trotz vorhandener Baulichkeiten nicht zur Prägung der Siedlungsstruktur beitragen.²⁶⁴

83 Schließlich besteht die Möglichkeit, dass die Gemeinde sog. **Innenbereichssatzungen** nach Maßgabe des § 34 IV–VI BauGB erlässt. Gem. § **34 IV 1 Nr. 1 BauGB** können durch Satzung die Grenzen für im Zusammenhang bebaute Ortsteile festgelegt werden. Nach der Rspr. hat eine solche **Klarstellungssatzung**, weil sie nur die Gemeinde, nicht aber die Gerichte bindet, nur „deklaratorische Wirkung". Denn bei der Festlegung zwischen Innen- und Außenbereich ist die Gemeinde an die Grenzen des vorhandenen Innenbereichs gebunden und verfügt insoweit über keinen Gestaltungsspielraum.²⁶⁵ Durch sie soll nur Klarheit über die behördeninterne Beurteilung des Verlaufs der tatsächlichen Grenze zwischen Innen- und Außenbereich geschaffen werden, was sich auch darin widerspiegelt, dass die Anforderungen der Absätze 5 und 6 gerade nicht für diesen Satzungstyp gelten.²⁶⁶ Aus diesem Grund sieht das BauGB für ihren Erlass weder eine Öffentlichkeits- und Behördenbeteiligung noch eine Abwägung der berührten Belange vor.²⁶⁷ Des Weiteren besteht die Möglichkeit, bebaute Flächen im Außenbereich als im Zusammenhang bebaute Ortsteile festzulegen, wenn die Bereiche im Flächennutzungsplan als Bauflächen ausgewiesen sind (**Nr. 2 Entwicklungssatzung**), oder einzelne Außenbereichsflächen in die im Zusammenhang bebauten Ortsteile einzubeziehen, wenn die einbezogenen Flächen durch die bauliche Nutzung des angrenzenden Bereichs entsprechend geprägt sind (**Nr. 3 Ergänzungssatzung**). Da eine solche Einbeziehung von Außenbereichsgrundstücken in einen im Zusammenhang bebauten Ortsteil ein Vorgang bodenrechtlicher Planung ist, bedarf es hierfür einer Abwägung der berührten öffentl. und privaten Belange.²⁶⁸ Auch gelten

---

260 VGH Bad.-Württ., VBlBW 2007, 305, 306; NVwZ-RR 2011, 393, 394.
261 VGH Bad.-Württ., VBlBW 2007, 305, 306; NVwZ-RR 2011, 393, 394.
262 BVerwG, BauR 2019, 1887, 1888.
263 VGH Bad.-Württ., VBlBW 2007, 305, 306.
264 BVerwG, NVwZ 2011, 436; ZfBR 2016, 67, 68.
265 BVerwGE 138, 12, 15 Rn. 14; dazu, dass die Satzung zwar die öffentl. Planungsträger und sonstigen öffentl. Stellen, nicht jedoch die Gerichte bindet, BVerwGE 150, 316, 326 Rn. 27.
266 OVG d. Saarl., Urt. v. 3.6.2008 – 2 C 438/07 – juris.
267 BVerwGE 138, 12, 17 Rn. 16.
268 BVerwGE 138, 12, 15 f. Rn. 15.

für die Satzungen nach § 34 IV 1 Nrn. 2, 3 BauGB besondere verfahrensrechtliche Anforderungen, so dass auf sie die §§ 214, 215 BauGB Anwendung finden.[269]

Von hoher Klausurrelevanz ist die Frage, ob sich das jew. Vorhaben in die Eigenart der näheren Umgebung einfügt. Da § 34 II BauGB lex specialis zu § 34 I BauGB ist, ist mit der Prüfung dieser Vorschrift zu beginnen, wobei der dort verwendete Begriff der „näheren Umgebung" genauso wie in § 34 I BauGB (→ Rn. 85) zu verstehen ist. Als Erstes ist zu untersuchen, ob deren Eigenart **faktisch einem der in der BauNVO bezeichneten Baugebiete** entspricht. Nach dem BVerwG sind nur solche Baugebiete i.S.d. BauNVO „bezeichnet", bei denen die BauNVO selbst die zulässige Art der baulichen Nutzung regelt. Daran fehlt es jedoch bei den Sondergebieten i.S.d. § 11 BauNVO, weil sich nicht unmittelbar aus dieser Norm selbst ergibt, welche Anlagen dort allg. zulässig, unzulässig oder ausnahmsweise zulassungsfähig sind.[270] Infolgedessen kommt § 34 II BauGB vor allem bei Gebieten in Betracht, die faktisch einem der Baugebietstypen der §§ 3–9 BauNVO entsprechen. Allerdings ist zu beachten, dass die Nutzungskategorien des „urbanen Gebiets" nach § 6a BauNVO aufgrund von § 245c III BauGB und diejenige des „dörflichen Wohngebiets" nach § 5a BauNVO aufgrund von § 245d I BauGB nicht als faktisches Baugebiet i.S.d. § 34 II BauGB in Betracht zu ziehen sind. Da der Gesetzestext zwischen dem Vorhaben und der näheren Umgebung unterscheidet, kommt dem jew. Vorhaben als Prüfungsgegenstand keine Bedeutung bei der Bestimmung des faktischen Baugebietscharakters zu.[271] Bei derartigen Gebieten richtet sich die Zulässigkeit des Vorhabens **nach seiner Art** allein danach, ob es nach der BauNVO in diesem Baugebiet allg. zulässig wäre. Auf die dort ausnahmsweise zulässigen Vorhaben ist § 31 I BauGB, im Übrigen § 31 II BauGB entsprechend anzuwenden. Will Eigentümer E in einem nur mit Wohngebäuden bebauten Gebiet im Erdgeschoss seines Hauses einen kleinen Betrieb zur Reparatur von Fernseh- und Radiogeräten einrichten, richtet sich die Zulässigkeit des Vorhabens nach seiner Art nach § 34 II BauGB i.V.m § 3 BauNVO, weil das Gebiet faktisch ein reines Wohngebiet darstellt. Dort sind nur Wohngebäude allg. zulässig. Nach § 34 II BauGB i.V.m. § 31 I BauGB, § 3 III Nr. 1 BauNVO können dort ausnahmsweise nicht störende Handwerksbetriebe zugelassen werden, wenn sie der Deckung des täglichen Bedarfs für die Bewohner des Gebiets dienen. Da § 34 II BauGB **nur eine Sonderregelung für die Art der baulichen Nutzung** enthält, ist bei faktischen Baugebieten für das Maß der baulichen Nutzung § 34 I BauGB maßgeblich.

Im Übrigen gilt § 34 I BauGB. Danach ist das Vorhaben zulässig, wenn es sich nach Art und Maß der baulichen Nutzung, der Bauweise und der zu überbauenden Grundstücksfläche in die Eigenart der näheren Umgebung einfügt. Die **nähere Umgebung** ist für jedes der in § 34 I 1 BauGB bezeichneten Kriterien gesondert anhand von zwei Faktoren zu bestimmen, nämlich wie weit die Umgebung den bodenrechtlichen Charakter des jew. Grundstücks prägt, und wie sich die Ausführung des Vorhabens auf

---

269 BVerwGE 138, 12, 15 f. Rn. 15.
270 BVerwG, NVwZ 2011, 436, 437.
271 BVerwG, NVwZ 2019, 1456, 1457.

die nähere Umgebung auswirkt.[272] Die Grenzen der näheren Umgebung lassen sich nicht schematisch bestimmen, sondern richten sich nach der städtebaulichen Situation, in welche das jew. Grundstück eingebettet ist.[273] Bei einem immissionsträchtigen Gewerbebetrieb reicht deshalb die nähere Umgebung weiter als bei einem kleineren reinen Wohngebäude. Bei der Ermittlung der Eigenart der näheren Umgebung sind singuläre bauliche Anlagen, die in einem auffälligen Kontrast zu der sie umgebenden, im Wesentlichen homogenen Bebauung stehen, regelmäßig als *Fremdkörper außer Betracht* zu lassen, soweit sie nicht ausnahmsweise ihre Umgebung beherrschen oder mit ihr eine Einheit bilden.[274] Eine nicht genehmigte Bebauung darf bei der Bestimmung der näheren Umgebung nur berücksichtigt werden, wenn kein Zweifel daran besteht, dass sich die zuständige Behörde mit ihrem Vorhandensein abgefunden hat.[275]

86 Von einem „**Einfügen**" kann man sprechen, wenn das Bauvorhaben den aus der näheren Umgebung ableitbaren Rahmen nicht überschreitet, d.h. sich innerhalb des aus seiner Umgebung hervorgehenden Rahmens hält,[276] und keine bodenrechtlich beachtlichen Spannungen begründet oder erhöht. Zeichnet sich z.B. die vorhandene Umgebung eines Vorhabens durch zwei- und dreigeschossige Wohngebäude aus, würde sich dort ohne Weiteres ein zwei- bzw. dreigeschossiges Wohngebäude einfügen. Unzulässig ist dagegen ein Vorhaben, das die vorhandene Situation in bauplanungsrechtlich relevanter Weise verschlechtert, stört oder belastet,[277] etwa wenn in einer derartigen Umgebung ein zehnstöckiges Haus errichtet werden soll. Auch ein viergeschossiges Gebäude kann sich in die nähere Umgebung einfügen, wenn es in einer Bodensenke errichtet und deshalb die städtebauliche Harmonie nicht beeinträchtigt wird.[278] Ausnahmsweise darf ein Vorhaben auch den vorhandenen Rahmen überschreiten, wenn es weder selbst noch infolge einer etwaigen Vorbildwirkung bodenrechtliche Spannungen erzeugt.[279]

87 Innerhalb des Begriffs des „Einfügens" wird das **Gebot der Rücksichtnahme** geprüft. Wie das BVerwG klargestellt hat, dient das Gebot der Rücksichtnahme dem Schutz der sonstigen, d.h. vor allem der in der unmittelbaren Nähe des Vorhabens vorhandenen Bebauung vor nicht hinnehmbaren Beeinträchtigungen.[280] Das Gebot der Rücksichtnahme „hebt auf die gegenseitige Verflechtung der baulichen Situation benachbarter Grundstücke ab und will einen angemessenen Ausgleich schaffen, der dem einen das ermöglicht, was für ihn unabweisbar ist, und den anderen vor unzumutbaren Belästigungen oder Benachteiligungen schützt".[281] Deshalb ist das Sich-Einfügen eines Vorhabens zu verneinen, welches die gebotene Rücksichtnahme auf die Bebauung in der Nachbarschaft vermissen lässt. Entscheidend ist, was den Betroffenen nach

---

272 BVerwGE 55, 369, 380; BVerwG, NVwZ 2020, 322, 323.
273 BVerwG, NVwZ 2020, 322, 323.
274 BVerwGE 84, 322 Ls. 1; vgl. NVwZ 2018, 1651, 1652.
275 BVerwG, NVwZ 2019, 1456, 1457.
276 S. zu Letzterem BVerwG, NVwZ 2015, 1769, 1770.
277 BVerwG, BauR 2000, 245; NVwZ 2011, 436, 438.
278 S. dazu BVerwGE 67, 23, 30 f.
279 BVerwG, NVwZ-RR 1996, 375.
280 BVerwG, NVwZ 2011, 436, 438; NVwZ 2015, 1769, 1770.
281 BVerwG, NVwZ 2011, 436, 438. Vgl. auch VG d. Saarl., Beschl. v. 8.3.2012 – 5 L 121/12 – juris.

Lage der Dinge zumutbar ist.[282] Dabei können die Wertungen in der BauNVO als Auslegungshilfe herangezogen werden.[283] Innerhalb des Gebots der Rücksichtnahme als wertungsoffenem Korrektiv kann den unionsrechtlichen Anforderungen der Richtlinie zur Beherrschung der Gefahren schwerer Unfälle mit gefährlichen Stoffen Rechnung getragen werden.[284] § 34 I BauGB ist drittschützend, soweit in qualifizierter und individualisierter Weise auf schutzwürdige Interessen eines sich von der Allgemeinheit unterscheidenden, erkennbar abgegrenzten Kreises Dritter, Rücksicht zu nehmen ist.[285] Das VG des Saarl. hielt ein mit Palmöl betriebenes Blockheizkraftwerk in einer durch Wohnbebauung geprägten Umgebung im Einzelfall für unzumutbar, wenn die Lüfteranlage an sämtlichen Tagen des Jahres ein unangenehmes Lärmgeräusch verursacht und die Nachbarn ganzjährig rund um die Uhr einem Geruch ausgesetzt sind, der an heißes Speisefett erinnert.[286]

§ 34 IIIa BauGB lässt vom Erfordernis des Einfügens in die Eigenart der näheren Umgebung Abweichungen zu. Nach der genannten Vorschrift ist im Einzelfall eine Abweichung möglich, wenn die Erweiterung, Änderung, Nutzungsänderung oder Erneuerung eines zulässigerweise errichteten Gewerbe- oder Handwerksbetriebs, einschließlich der Nutzungsänderung zu Wohnzwecken, oder der Erweiterung, Änderung oder Erneuerung einer zulässigerweise errichteten baulichen Anlage zu Wohnzwecken dient. Des Weiteren muss die Abweichung städtebaulich vertretbar und auch unter Würdigung nachbarlicher Interessen mit den öffentl. Belangen vereinbar sein. Nach dem am 23.6.2021 in Kraft getretenen § 34 IIIa 3 BauGB kann in den Fällen des § 34 IIIa 1 Nr. 1 lit. b, c BauGB darüber hinaus von dem Erfordernis des Einfügens im Einzelfall in mehreren vergleichbaren Fällen abgewichen werden, wenn die übrigen Voraussetzungen des Satzes 1 vorliegen und die Aufstellung eines Bebauungsplans nicht erforderlich ist. Diese Neuerung ermöglicht also ein Abweichen vom Erfordernis des Einfügens in die Art der näheren Umgebung nicht nur im Einzelfall.[287]

88

Schließlich ist noch festzustellen, ob die **Erschließung gesichert** ist. Außerdem verlangt § 34 I 2 BauGB, dass die **Anforderungen an gesunde Wohn- und Arbeitsverhältnisse** gewahrt bleiben und das Ortsbild nicht beeinträchtigt werden darf. Das **Ortsbild** stellt auf einen größeren maßstabbildenden Bereich ab, als dies beim Einfügen in die nähere Umgebung der Fall ist.[288] Innerhalb des § 34 I 2 BauGB sind nur solche Beeinträchtigungen beachtlich, die städtebauliche Qualität haben. Entscheidend ist, ob sich die bauliche Anlage in die weite Umgebung einpasst. Weil bei § 34 I 2 BauGB die Gestaltung des Bauwerks selbst nicht wichtig ist, kann auch durch ein an und für sich „schönes" Bauwerk das Ortsbild beeinträchtigt werden.[289] Auch muss das Ortsbild, um schützenswert zu sein, eine gewisse Wertigkeit für die Allgemeinheit und somit

89

---

282 BVerwGE 145, 290, 301 Rn. 32.
283 BVerwG, NVwZ 2015, 1769, 1770.
284 BVerwGE 145, 290, 301 f. Rn. 33.
285 BVerwGE 148, 290, 295 Rn. 21.
286 VG d. Saarl., LKRZ 2008, 229, 230 f.
287 BT-Drucks. 19/24838, S. 19.
288 BayVGH, Urt. v. 7.6.2021 – 9 B 18.1655, Rn. 28 – juris; dazu, dass diese Vorschrift regelmäßig nicht drittschützend ist, OVG NRW, Beschl. v. 29.11.2019 – 7 B 1463/19, Rn. 7 – juris.
289 BVerwG, NVwZ 2000, 1169, 1170.

einen besonderen Charakter, eine gewisse Eigenheit haben, die dem Ort oder Ortsteil eine aus dem Üblichen herausragende Prägung verleiht.[290]

e) Zulässigkeit von Vorhaben im Außenbereich (§ 35 BauGB)

90 Beim Außenbereich handelt es sich um denjenigen Teil des Gemeindegebiets, der nicht qualifiziert oder vorhabenbezogen (§ 30 I, II BauGB) beplant ist und auch keinen im Zusammenhang bebauten Ortsteil (§ 34 BauGB) bildet.[291] Ob ein Bauvorhaben im Außenbereich verwirklicht werden kann, richtet sich nach **§ 35 BauGB**. Dabei zielt der gesetzgeberische Wille grds. darauf ab, den Außenbereich aus Gründen des Umwelt- und Landschaftsschutzes tendenziell von einer Bebauung freizuhalten und ihn zu schonen. Besonders deutlich wird dies an § 35 II BauGB. Ein sonstiges Bauvorhaben i.S.d. Vorschrift ist deshalb grds. unerwünscht und scheitert, wenn es öffentl. Belange „beeinträchtigt". Daneben gibt es andere, „privilegierte" Vorhaben. Diese hat der Gesetzgeber in planähnlicher Weise in § 35 I BauGB dem Außenbereich zugewiesen. Sie sind dort generell zulässig, sofern nicht öffentl. Belange „entgegenstehen".[292] In der Praxis läuft diese Differenzierung darauf hinaus, dass sich die privilegierten Außenbereichsvorhaben meistens durchsetzen, nichtprivilegierte Außenbereichsvorhaben dagegen unzulässig sind.

91

Zulässigkeit von Außenbereichsvorhaben

Privilegierte Vorhaben § 35 I BauGB	Sonstige Vorhaben § 35 II BauGB
= grundsätzlich dem Außenbereich zugewiesen	= unterliegen grds. einem Bauverbot
↓	↓
zulässig, wenn *keine öffentl.* Belange entgegenstehen	im Einzelfall zulässig, sofern *keine öffentl.* Belange **beeinträchtigt** werden

Achtung: Die *öffentl.* Belange werden in § 35 III BauGB beispielhaft aufgezählt.

Einige **Vorhaben** sind **teilprivilegiert**, da ihnen bestimmte Belange nicht entgegengehalten werden können (§ 35 IV BauGB).

92 **aa) Privilegierte Außenbereichsvorhaben:** § 35 I BauGB enthält einen **abschließenden Katalog** privilegierter Außenbereichsvorhaben. Zu den privilegierten Vorhaben gehört u.a. eine bauliche Anlage, die einem land- oder forstwirtschaftlichen Betrieb dient,

---
290 BVerwG, NVwZ 2000, 1169, 1170; instruktiv auch BayVGH, GewArch 2011, 261, 262.
291 VG d. Saarl., Urt. v. 17.6.2015 – 5 K 652/14 – juris.
292 S. auch BVerwGE 129, 209, 210.

wenn sie nur einen untergeordneten Teil der Betriebsfläche einnimmt (§ 35 I Nr. 1 BauGB). Bereits aus dem Gesetzeswortlaut ergibt sich, dass allein der Umstand, dass der Bauherr im Haupt- oder Nebenberuf Landwirt ist, für die Inanspruchnahme dieser Privilegierung nicht ausreicht.[293] Nach st. Rspr. charakterisiert einen **landwirtschaftlichen Betrieb** eine spezifisch betriebliche Organisation, die eine Nachhaltigkeit der Bewirtschaftung sowie ein auf Dauer gedachtes und lebensfähiges Unternehmen erfordert.[294] Der Begriff der Landwirtschaft wird in **§ 201 BauGB** legaldefiniert. Wie man an den Definitionsmerkmalen der Wiesen- und Weide-„Wirtschaft", des „Erwerbs"-Obstbaus, der „berufsmäßigen" Imkerei und Binnenfischerei sieht, gehört das Merkmal der Gewinnerzielungs*absicht* nicht nur bei den Vollerwerbs-, sondern auch bei den Nebenerwerbsbetrieben zu den prägenden Elementen der Landwirtschaft. Als gewichtiges Indiz für die Sicherung der Ernsthaftigkeit und Beständigkeit ist sie bei Nebenerwerbsstellen besonders sorgfältig zu prüfen. Denn Bauanträge für Nebenerwerbsstellen sind in besonderem Maße dafür anfällig, dass Acker-, Wiesen- oder Weidewirtschaft vorgeschoben werden, um unter diesem Deckmantel ein Wohnhaus im Außenbereich errichten zu können.[295] Die landwirtschaftliche Betätigung nur aus Liebhaberei oder zum reinen Eigenverbrauch löst keine Privilegierung aus.[296] „Dienende" Funktion hat das jew. Bauvorhaben nur, wenn es dem landwirtschaftlichen Betrieb unmittelbar zu- und untergeordnet ist und dadurch auch äußerlich geprägt wird. Ausschlaggebend ist, ob ein vernünftiger Landwirt unter Berücksichtigung des Gebots größtmöglicher Schonung des Außenbereichs das Bauvorhaben mit etwa gleichem Verwendungszweck und etwa gleicher Gestaltung sowie Ausstattung für den entsprechenden Betrieb errichten würde.[297] Daran fehlt es z.B. bei der Einfriedung einer Pferdeweide mittels einer Betonmauer.[298] Der Zweck des Erfordernisses des Dienens liegt darin, Missbrauchsversuchen zu begegnen.[299]

Nach § 35 I Nr. 3 BauGB sind Vorhaben privilegiert, die der **öffentl. Versorgung** mit Elektrizität, Gas, Telekommunikationsdienstleistungen, Wärme und Wasser, der Abwasserwirtschaft oder einem ortsgebundenen gewerblichen Betrieb dienen. Nach der Rspr. muss es sich bei allen in Nr. 3 genannten Vorhaben um einen **ortsgebundenen Betrieb** handeln.[300] Dies ist der Fall, wenn der Betrieb aus geographischen oder geologischen Gründen genau an einem bestimmten Standort und nicht irgendwo im Außenbereich errichtet werden muss.[301] Daher sind Anlagen zur Gewinnung von Bodenschätzen, etwa für den Kiesabbau, häufig ortsgebundene Betriebe. Bei Letzteren ist vor allem problematisch, inwieweit auch Verarbeitungsanlagen der Privilegierung un-

93

---

293 BayVGH, Beschl. v. 23.3.2021 – 9 ZB 20.2909, Rn. 7 – juris.
294 BVerwG, NVwZ 2013, 155, 156; zu den Gefahren von Pensionspferdehaltung BayVGH, Beschl. v. 28.3.2022 – 1 ZB 21.2964, Rn. 5 – juris.
295 BVerwGE 122, 308, 312; s. auch BVerwG, NVwZ 2013, 155, 156 f.
296 BVerwG, NVwZ-RR 1996, 373; NVwZ 2013, 155, 156.
297 BVerwGE 41, 138, 141; BVerwG, Beschl. v. 3.12.2012 – 4 B 56/12, Rn. 4 – juris; BayVGH, Beschl. v. 22.4.2020 – 1 ZB 19.190, Rn. 4 – juris.
298 OVG Rh.-Pf., NVwZ-RR 2007, 581.
299 BVerwG, Beschl. v. 3.12.2012 – 4 B 56/12, Rn. 4 – juris; BayVGH, Beschl. v. 23.3.2021 – 9 ZB 20.2909, Rn. 7 – juris.
300 BVerwG, DVBl. 1994, 1141, 1142; kritisch *Manssen*, ÖR Bay. 4. Teil Rn. 134.
301 BVerwGE 147, 37, 39 f. Rn. 11.

terfallen. Nach st. Rspr. reicht die wirtschaftliche Zweckmäßigkeit allein nicht aus, um ihre Ortsgebundenheit zu bejahen. Vielmehr muss die Errichtung der baulichen Anlage aufgrund technischer Erfordernisse dem typischen Erscheinungsbild eines Betriebs dieser Art entsprechen und der im engsten Sinne des Wortes ortsgebundene Betriebszweig für den gesamten Betrieb prägend sein.[302] Probleme bereiten Mobilfunkanlagen. Als Teil eines übergreifenden, aus vielen Waben bestehenden Mobilfunknetzes können sie einerseits nicht an beliebiger Stelle errichtet werden, sind andererseits aber i.d.R. auch nicht auf einen konkreten Standort angewiesen. Bei den in § 35 I Nr. 3 BauGB erwähnten Anlagen für die öffentl. Versorgung mit Telekommunikationsdienstleistungen legt die Rspr. das Merkmal der Ortsgebundenheit im Hinblick auf ihre technischen Besonderheiten aus: Es genügt eine vom Vorhabenträger durch eine Standortanalyse nachzuweisende Raum- bzw. Gebietsgebundenheit der Anlage. Diese wird mit einer Verhältnismäßigkeitsprüfung angereichert. Nur wenn dem Bauherrn ein Ausweichen auf einen ebenfalls geeigneten Standort im Innenbereich aus rechtlichen oder tatsächlichen Gründen nicht zumutbar ist, wird ein Vorhaben i.S.d. § 35 I Nr. 3 BauGB bejaht.[303]

94 § 35 I Nr. 4 BauGB enthält einen **Auffangtatbestand** für solche Vorhaben, die von den übrigen Nummern des § 35 I BauGB nicht erfasst werden und nach den Grundsätzen städtebaulicher Ordnung sinnvoll nur im Außenbereich errichtet werden können, weil sie zur Erreichung des mit ihnen verfolgten Zwecks auf einen Standort außerhalb des Innenbereichs angewiesen sind.[304] Danach ist ein Vorhaben privilegiert, wenn es wegen seiner besonderen Anforderungen an die Umgebung, wegen seiner nachteiligen Wirkungen auf die Umgebung oder wegen seiner besonderen Zweckbestimmung nur im Außenbereich ausgeführt werden soll. Mithin muss das jew. Vorhaben über eine sog. Außenbereichsaffinität verfügen.[305] Zu denken wäre etwa an Aussichtstürme, Freibäder mit solehaltigem Wasser, Sternwarten, stark emittierende bzw. gefährliche Anlagen oder Jagd- und Fischereihütten.[306] § 35 I Nr. 4 BauGB unterscheidet sich von den anderen Privilegierungstatbeständen. Es wird ohne Umschreibung des Gegenstands oder der Funktion des Vorhabens oder der durch dieses geförderten Betätigung allein darauf abgestellt, ob seine Verwirklichung nach der Lage der Dinge **im Außenbereich geboten** ist.[307] Angesichts der Weite der Vorhaben ist die einschränkende Anforderung der Außenbereichsnotwendigkeit restriktiv zu handhaben.[308] Einerseits ist erforderlich, dass das Vorhaben nach den spezifischen Verhältnissen im Innenbereich der jew. Gemeinde sinngerecht nur im Außenbereich untergebracht werden kann.[309] Andererseits folgt aus dem Merkmal des „Sollens" das Erfordernis einer zusätzlichen **Bewertung**.[310] Es ist zu klären, ob das Vorhaben in einer Weise billigenswert ist, die

---

302 BVerwG, NuR 2005, 729; BayVGH, Beschl. v. 15.11.2019 – 8 ZB 18.1565, Rn. 8 – juris.
303 BVerwGE 147, 37, 43 f. Rn. 14.
304 BVerwG, ZfBR 2011, 481.
305 *Herbolsheimer/Krüper* Jura 2020, 22, 27 f.
306 OVG NRW, BauR 2021, 941, 944.
307 BVerwG, ZfBR 2011, 481.
308 *Herbolsheimer/Krüper* Jura 2020, 22, 28 f.
309 BVerwG, NVwZ 1991, 878 f.; BRS 82 Nr. 105; VGH Bad.-Württ., Urt. v. 22.2.2022 – 6 S 1251/20, Rn. 38 – juris.
310 BayVGH, BauR 2007, 2036, 2037; OVG NRW, BauR 2021, 941, 944.

seine bevorzugte Zulassung im Außenbereich rechtfertigt.[311] Nach der Rspr. fehlt das Sollens-Merkmal immer dann, wenn gegenüber dem allg. Bedürfnis nach Erholung in der freien Natur, dem der Außenbereich dient, individuelle Freizeitwünsche bevorzugt werden sollen.[312] Bei der Haltung zweier Pferde aus Liebhaberei handelt es sich deshalb um kein nach § 35 I Nr. 4 BauGB privilegiertes Vorhaben.[313]

Freilich schließt die Verfolgung individueller Interessen die Annahme einer Privilegierung nach § 35 I Nr. 4 BauGB nicht aus, wenn die Realisierung des Vorhabens zugleich im überwiegenden allg. Interesse liegt.[314] Deshalb können Schießplätze und Schießstände im Einzelfall privilegiert sein. Im Wege einer Bewertung des Gesamtvorhabens ist zu entscheiden, ob an der Ermöglichung von Schießübungen ein überwiegendes allg. Interesse besteht, weil die Anlage überwiegend für Schießübungen von Jägern sowie anderen zum Führen von Schusswaffen berechtigten Personen bestimmt ist.[315] Ferner ist von Bedeutung, ob das Vorhaben eher singulären Charakter hat oder Vorbildwirkung für gleichartige Bauwünsche haben kann, für deren Steuerung § 35 I Nr. 4 BauGB kein geeignetes Instrument darstellt.[316] U.a. auch aus diesem Grund lehnte es das OVG NRW ab, eine Kindertagesstätte für Kinder bis zu drei Jahren als dermaßen privilegiertes Vorhaben einzustufen.[317] Praxisrelevant ist auch der Privilegierungstatbestand des § 35 I Nr. 5 BauGB, der Vorhaben zur **Erforschung, Entwicklung oder Nutzung der Wind- oder Wasserenergie** dem Außenbereich zuweist. Dies schließt es aber nicht aus, dass eine Windenergieanlage auch als „untergeordnete Anlage" eines landwirtschaftlichen Betriebs nach Nr. 1 privilegiert zulässig sein kann.[318]

95

Die privilegierten Vorhaben dürfen nur zugelassen werden, wenn ihnen **keine öffentl. Belange entgegenstehen**. In § 35 III 1 BauGB werden **beispielhaft** öffentl. Belange aufgezählt, die durch das Bauen im Außenbereich beeinträchtigt werden können. Dies ist etwa der Fall, wenn das Vorhaben im Außenbereich **Darstellungen des Flächennutzungsplans** widerspricht (Nr. 1). Da bei im Außenbereich privilegiert zulässigen Vorhaben die Frage des konkreten Standorts nicht entschieden wurde, können i.d.R. nur *sachlich konkrete, standortbezogene Planaussagen* der Zulässigkeit entgegenstehen. An einer solchen qualifizierten Standortzuweisung fehlt es regelmäßig, wenn dem Außenbereich bei Darstellungen für die Land- und Forstwirtschaft nur seine ihm ohnehin zukommende Funktion zugewiesen wird.[319] Der in § 35 III 1 Nr. 3 BauGB genannte öffentl. Belang, dass das Vorhaben **schädliche Umwelteinwirkungen** hervorrufen kann oder ihnen ausgesetzt wird, nimmt auf § 3 I BImSchG Bezug. Unter *schädlichen Um-*

96

---

311 Nach BVerwG, ZfBR 2011, 481 muss eine Bevorzugung unter dem Blickwinkel des Gleichheitssatzes gerechtfertigt sein.
312 BVerwG, BRS 79 Nr. 115; OVG NRW, BauR 2021, 941, 944 f.
313 BVerwG, BauR 2005, 1136, 1137.
314 BVerwG, ZfBR 2011, 481, 482; VGH Bad.-Württ., Urt. v. 22.2.2022 – 6 S 1251/20, Rn. 39 – juris.
315 BVerwG, BRS 74 Nr. 108; BRS 79 Nr. 115.
316 OVG Rh.-Pf., BauR 2007, 72, 73; VGH Bad.-Württ., Urt. v. 22.2.2022 – 6 S 1251/20, Rn. 40 – juris. Eine Ausnahme wird jedoch im Hinblick auf Hs. 2 bei gewerblichen Tierhaltungsanlagen gemacht, bei denen es sich um Massenphänomene handeln dürfte, BVerwG, BRS 40 Nr. 74; vgl. auch BVerwGE 117, 287, 293; OVG NRW, BauR 2009, 1565, 1568.
317 OVG NRW, BauR 2021, 941 f.
318 BVerwG, BauR 2009, 473.
319 BVerwG, NVwZ 1991, 161; ZfBR 2015, 785, 786; s. a. VGH Bad.-Württ., Urt. v. 22.2.2022 – 6 S 1251/20, Rn. 60 – juris.

welteinwirkungen versteht man Immissionen, die nach Art, Ausmaß oder Dauer geeignet sind, Gefahren, erhebliche Nachteile oder erhebliche Belästigungen für die Allgemeinheit oder die Nachbarschaft hervorzurufen. Soweit die Erheblichkeitsschwelle nicht durch Gesetz, Rechtsverordnung oder normkonkretisierende Verwaltungsvorschriften (z.B. TA Lärm, TA Luft) bestimmt wurde, kommt es darauf an, ob durch die Immissionen des jew. Außenbereichsvorhabens, z.B. eines Mastschweinestalls, das nach der gegebenen Situation zumutbare Maß überschritten wird.[320] Nur wenn solche Konkretisierungen fehlen, ist die Zumutbarkeitsgrenze unter umfassender Würdigung aller Umstände des Einzelfalls zu bestimmen.[321] Weitere bedeutsame öffentl. Belange stellen die **Verunstaltung des Orts- und Landschaftsbildes** oder die **Belange des Naturschutzes und der Landschaftspflege** (Nr. 5) dar. Deshalb hat die Behörde bei der Zulassung eines Außenbereichsvorhabens zugleich dessen naturschutzrechtliche Zulässigkeit zu prüfen.[322] Gem. § 35 III 1 Nr. 7 BauGB liegt eine Beeinträchtigung öffentl. Belange bei der Befürchtung der Entstehung, Verfestigung oder Erweiterung einer **Splittersiedlung** vor.[323] Zu bejahen ist dies nur bei unerwünschten Splittersiedlungen, wenn das Bauvorhaben eine negative Vorbildwirkung entfaltet und mit ihm der Vorgang der Zersiedelung eingeleitet oder gar vollzogen wird.[324]

97 Da § 35 III 1 BauGB die im Außenbereich zu beachtenden öffentl. Belange nicht abschließend aufzählt, sind auch sonstige öffentl. Belange rechtserheblich, sofern sie ähnlich gewichtig wie die benannten Belange und vom Leitgedanken einer geordneten städtebaulichen Entwicklung unter Berücksichtigung der konkreten örtlichen Verhältnisse mitumfasst sind. Bejaht wurde dies etwa bei der Funktionsfähigkeit einer Erdbeben-Messstation.[325] Weil das **Gebot der Rücksichtnahme** ebenfalls zu den (**unbenannten**) öffentl. **Belangen** gehört, findet es auf diese Weise in die Prüfung der Zulässigkeit von Außenbereichsvorhaben Eingang.[326] Windenergieanlagen können gegen das Rücksichtnahmegebot verstoßen, wenn von den Drehbewegungen ihrer Rotoren eine „optisch bedrängende" Wirkung auf bewohnte Nachbargrundstücke im Außenbereich ausgeht.[327]

98 Ob die in der jew. Situation einschlägigen öffentl. Belange dem konkreten Außenbereichsvorhaben **entgegenstehen**, ist durch eine Gegenüberstellung von Nutzen und Zweck des Vorhabens auf der einen Seite sowie den berührten Belangen auf der anderen Seite zu ermitteln. Dabei ist zu berücksichtigen, dass den in § 35 I BauGB genannten privilegierten Vorhaben im Spannungsverhältnis zu den in § 35 III 1 BauGB *beispielhaft* aufgezählten öffentl. Belangen eine besondere Vorzugsstellung zukommt.[328] Weil bei der **Abwägung** zwischen dem Bauvorhaben und den davon betroffenen öf-

---

320 BVerwG, ZfBR 2005, 806, 807; s. auch BVerwG, DVBl. 2007, 1564 ff.; BRS 82 Nr. 106.
321 BVerwG, BRS 86 Nr. 158.
322 BVerwGE 147, 118 f.
323 S. zur „Verfestigung" einer Splittersiedlung BVerwG, ZfBR 2011, 163 f.
324 BVerwG, BRS 82 Nr. 110.
325 BVerwG, NVwZ 2021, 1075.
326 S. zum Schutz benachbarter Windenergieanlagen vor Abschattung BVerwG, NVwZ 2019, 1520.
327 BVerwG, NVwZ 2007, 336.
328 BVerwGE 117, 287, 292; zum geringeren Gewicht von Belangen, die nur vorübergehend beeinträchtigt werden, BVerwG, ZfBR 2016, 158, 159.

fentl. Belangen die gesetzl. Privilegierung besonders berücksichtigt werden muss, ist ein privilegiertes Vorhaben nur unzulässig, wenn ihm höherwertige Belange der Allgemeinheit entgegenstehen. Die an dieser Stelle vorzunehmende Abwägung unterscheidet sich grds. von der planerischen Abwägung nach § 1 VII BauGB, bei der sich die Verwaltung zwischen einer Vielzahl möglicher Gestaltungsvarianten entscheiden muss. Bei § 35 I BauGB ist lediglich eine **nachvollziehende**, die allg. gesetzl. Wertung für den Einzelfall konkretisierende **Abwägung** zwischen dem jew. berührten öffentl. Belang und dem Interesse des Antragstellers an der Verwirklichung seines Vorhabens vorzunehmen,[329] die zu einem Ja/Nein-Ergebnis führt.[330] Deshalb ist sie von den Verwaltungsgerichten voll überprüfbar.[331]

Für **raumbedeutsame Vorhaben** bestimmt § 35 III 2 Hs. 2 BauGB, dass ihnen solche öffentl. Belange nicht entgegenstehen, die bei der Darstellung der Vorhaben bereits als **Ziele der Raumordnung** (→ Rn. 36) abgewogen wurden.[332] Des Weiteren ist zu beachten, dass Außenbereichsvorhaben i.S.d. § 35 I Nrn. 2–6 BauGB gem. § 35 III 3 BauGB öffentl. Belange i.d.R. entgegenstehen, soweit hierfür durch Darstellungen im Flächennutzungsplan oder als Ziele der Raumordnung eine Ausweisung an anderer Stelle erfolgt ist.[333] Die Ausschlusswirkung tritt nur ein, wenn die diesbzgl. Entscheidung im Flächennutzungsplan der Gemeinde hinreichend zum Ausdruck kommt[334] und die **Konzentrationsflächenplanung** wirksam ist.[335] Ihr muss ein schlüssiges Planungskonzept zugrunde liegen, das sich auf den gesamten Außenbereich erstreckt. Im Rahmen der vorzunehmenden Abwägung sind zunächst „harte Tabuzonen" auszusondern, bei denen die Errichtung und der Betrieb von Windenergieanlagen aus rechtlichen und/oder tatsächlichen Gründen schlechthin ausscheiden. Als Nächstes sind die „weichen Tabuzonen" auszusondern, die nach den städtebaulichen Vorstellungen der Gemeinde nicht für eine Windkraftnutzung in Betracht kommen. Anschließend muss die Gemeinde im Wege der Abwägung den Bereich, in dem die Windenergieanlagen konzentriert werden sollen, und den von diesen freizuhaltenden Bereich bestimmen. Als Ergebnis der Abwägung ist der Windenergie „in substanzieller Weise" Raum zu schaffen. Die Gemeinde darf sich nicht mit einer bloßen „Feigenblatt"-Planung begnügen, die auf eine verkappte Verhinderungsplanung hinausläuft.[336] Im Übrigen sei auf die **Sonderregelungen zur Windenergie in § 249 BauGB** hingewiesen.

Kommt die Bauaufsichtsbehörde zu dem Ergebnis, dass dem privilegierten Außenbereichsvorhaben keine öffentl. Belange entgegenstehen, muss seine **Erschließung** ausrei-

---

329 BVerwG, DÖV 1979, 905, 907; NVwZ 2006, 87, 90; BRS 82 Nr. 109.
330 BVerwGE 122, 364, 366 spricht davon, dass eine zweiseitige Interessenbewertung erfolgt.
331 BVerwG, BRS 82 Nr. 109.
332 Dazu, dass raumbedeutsame Vorhaben nicht den Zielen der Raumordnung widersprechen dürfen, und sich § 35 III 2 BauGB zu einer echten Raumordnungsklausel entwickelt hat, die einer nachvollziehenden Abwägung keinen Raum lässt, BVerwGE 152, 49, 52 f.
333 Zum Ausschluss von Abgrabungen in Teilen des Gebiets eines Regionalplans BVerwG, NVwZ 2011, 812 ff.
334 BVerwGE 170, 26, 31 Rn. 19.
335 BVerwGE 137, 74, 78 Rn. 13.
336 BVerwG, NVwZ 2013, 1017, 1019; NVwZ 2016, 396, 397; ZfBR 2016, 587, 588; ZfBR 2020, 373 ff.; BVerwG, Beschl. v. 12.11.2020 – 4 BN 15/20, Rn. 5 – juris. Ist eine Ausweisung einer Konzentrationszone nicht möglich, muss die Gemeinde die Windenergieanlagen über § 35 III 1 BauGB steuern, s. dazu BVerwGE 137, 74 ff.

chend gesichert sein. Da sich die diesbzgl. Mindestanforderungen in Art und Umfang nach dem konkreten Vorhaben richten, wird nicht stets die Erreichbarkeit des Baugrundstücks mit Großfahrzeugen vorausgesetzt. Bei einem landwirtschaftlichen Anwesen genügt es, wenn die Zufahrt zu diesem mit PKW, kleineren Kraftfahrzeugen der Polizei, der Feuerwehr, des Rettungswesens und der Ver- und Entsorgung sowie kleineren landwirtschaftlichen Fahrzeugen tatsächlich möglich ist.[337] Liegen alle in § 35 I BauGB genannten Voraussetzungen vor, ist das Vorhaben zulässig. Soweit es sich um **privilegierte Vorhaben** i.S.d. **§ 35 I Nrn. 2–6 BauGB** handelt, darf die Baugenehmigung nur erteilt werden, wenn ihr **Nebenbestimmungen** beigefügt werden, welche die **Pflicht zum Rückbau** des Vorhabens nach seiner dauerhaften Nutzungsaufgabe sicherstellen. Dabei ergibt sich die Rechtsgrundlage für diese Nebenbestimmung aus § 35 V 2, 3 BauGB und nicht aus dem Landesrecht.[338]

101 bb) **Nichtprivilegierte Außenbereichsvorhaben:** Nach § 35 II BauGB können **sonstige Vorhaben**, die nicht unter den Anwendungsbereich des Abs. 1 fallen, im Einzelfall zugelassen werden, wenn ihre Ausführung **öffentl. Belange nicht beeinträchtigt**. Insoweit wird auf die Darstellung zu § 35 III 1, 2 BauGB verwiesen (→ Rn. 96).[339] Bestimmte sonstige Vorhaben sind gem. § 35 IV BauGB teilprivilegiert, da bei ihnen der Katalog der öffentl. Belange reduziert wurde, die ihnen entgegengehalten werden können (→ Rn. 102). Auch bei § 35 II BauGB ist eine Abwägung zwischen den von dem Vorhaben berührten öffentl. Belangen und dem Interesse des Bauherrn an der Verwirklichung seines Vorhabens vorzunehmen. Letzteres ist aber gering zu gewichten.[340] Ist eine Beeinträchtigung öffentl. Belange zu verneinen und die Erschließung gesichert, können auch nichtprivilegierte Vorhaben zugelassen werden. Während § 35 II BauGB nach seinem Wortlaut („können") auf eine Ermessensentscheidung hindeutet,[341] wird angesichts der über Art. 14 GG geschützten Baufreiheit zumeist eine Ermessensreduzierung auf Null mit der Folge eines **Rechtsanspruchs** auf Zulassung des Vorhabens angenommen.[342]

102 cc) **Teilprivilegierte Vorhaben:** Für die in § 35 IV BauGB aufgezählten Vorhaben ist kennzeichnend, dass eine Bebauung im Außenbereich schon vorhanden ist oder war.[343] Bei diesen teilprivilegierten Vorhaben sind die in Satz 1 **aufgezählten öffentl. Belange** – also dass sie Darstellungen des Flächennutzungsplans oder eines Landschaftsplans widersprechen, die natürliche Eigenart der Landschaft beeinträchtigen oder die Entstehung, Verfestigung oder Erweiterung einer Splittersiedlung befürchten lassen – **unabhängig von ihrem Gewicht schlechthin unbeachtlich**.[344] Mit dieser Vorschrift wurden die von der Rspr. für den Außenbereich entwickelten **Grundsätze des Bestandsschutzes** einfachgesetzl. ausgestaltet, so dass in anderen, dort nicht erfassten

---

337 BVerwG, BRS 76 Nr. 95.
338 Dazu BVerwGE 144, 341, 352.
339 Dazu, dass bei nichtprivilegierten Vorhaben die Darstellungen des Flächennutzungsplans grds. ohne Einschränkungen zu berücksichtigen sind, VGH Bad.-Württ., Urt. v. 22.2.2022 – 6 S 1251/20, Rn. 60 – juris.
340 S. die Nachweise zur nachvollziehenden Abwägung bei § 35 I BauGB.
341 *Ortloff* NVwZ 1988, 320 f.; s. aber auch BVerwGE 18, 247, 250 f.
342 BVerwGE 18, 247, 250 f.; s. eingehend *Rieger*, in: Schrödter BauGB, 9. Aufl. 2019, § 35 Rn. 102.
343 BVerwGE 139, 21, 23 Rn. 11.
344 BVerwGE 139, 21, 22 Rn. 8, 10.

Konstellationen nicht mehr auf Art. 14 I 1 GG als Grundlage für einen Zulassungsanspruch rekurriert werden kann.[345] Welche Bauvorhaben im Außenbereich teilprivilegiert sind, ist durch sorgfältige Lektüre des in dieser Hinsicht detaillierten Gesetzestexts zu entnehmen. Ein Wohngebäude i.S.d. § 35 IV 1 Nr. 5 lit. a BauGB wurde auch dann „zulässigerweise errichtet", wenn es bei materieller Illegalität baurechtlich genehmigt worden ist.[346] § 35 IV 1 Nr. 3 BauGB ermöglicht die „alsbaldige" Wiedererrichtung eines Gebäudes, das im Zeitpunkt der Zerstörung bauaufsichtlich genehmigt oder zwar ohne Genehmigung errichtet worden war, aber wegen seiner materiellen Legalität Bestandsschutz genoss.[347] Nach dem von der Rspr. entwickelten Zeitmodell rechnet die Verkehrsauffassung im ersten Jahr nach der Zerstörung stets mit dem Wiederaufbau, im zweiten Jahr besteht dafür eine Regelvermutung, danach muss der Bauherr besondere Gründe darlegen, warum die Zerstörung zu keinem endgültig erscheinenden Zustand geführt hat.[348]

dd) **Außenbereichssatzung:** Mit einer Satzung nach § 35 VI BauGB kann eine Gemeinde für **bebaute Bereiche im Außenbereich**, die **nicht überwiegend landwirtschaftlich geprägt** sind und in denen eine **Wohnbebauung von einigem Gewicht** vorhanden ist, ausschließen, dass **Wohnzwecken dienenden Vorhaben sowie kleineren Handwerks- und Gewerbebetrieben** bestimmte öffentl. Belange des § 35 III BauGB entgegengehalten werden können, etwa die Entstehung oder Verfestigung einer Splittersiedlung. § 35 VI BauGB will die Zulassung bestimmter Vorhaben nach § 35 II BauGB erleichtern, aber nichts an der planungsrechtlichen Zuordnung des Satzungsgebiets zum Außenbereich ändern. Die Vorschrift ermöglicht es den Gemeinden nicht, Privilegierungen nach § 35 I BauGB durch Satzung auszuschließen.[349] Nach der Rspr. ist ein „bebauter Bereich" nur anzunehmen, wenn und soweit eine bereits vorhandene Bebauung dazu führt, dass der Außenbereich seine Funktion als Freiraum oder als Fläche für privilegiert zulässige Vorhaben nur noch mit wesentlichen Einschränkungen erfüllen kann. Die vorhandene Bebauung muss auf eine weitere Bebauung im Wege der baulichen Verdichtung hinweisen und insoweit eine gewisse Zusammengehörigkeit oder Geschlossenheit erkennen lassen. Weiterhin muss die vorhandene Wohnnutzung bereits ein städtebauliches Gewicht besitzen und darf einer anderen Zwecken dienenden Bebauung nicht untergeordnet sein.[350] Neben den in § 35 VI 4 BauGB genannten materiellen Voraussetzungen finden in formeller Hinsicht die Vorschriften über die Öffentlichkeits- und Behördenbeteiligung entsprechend § 13 II 1 Nrn. 2, 3 sowie S. 2 BauGB Anwendung.

103

---

345 BVerwG, ZfBR 2007, 582, 583; OVG d. Saarl., Beschl. v. 6.1.2012 – 2 B 400/11 – juris; s. zum Hintergrund dieser Regelung auch BVerwGE 139, 21 ff.
346 BVerwG, ZfBR 2014, 375 f. Demgegenüber sind Vorhaben ohne bauaufsichtliche Kontrolle bei materieller Illegalität nicht zulässig errichtet.
347 BVerwG, BauR 2007, 1697.
348 BVerwG, Beschl. v. 23.3.2021 – 4 BN 35/20, Rn. 7 – juris.
349 BVerwG, BauR 2004, 1131.
350 BVerwGE 126, 233, 236 Rn. 14; BVerwG, Beschl. v. 15.12.2020 – 4 BN 65/20, Rn. 7 – juris.

f) Gemeindliches Einvernehmen

104 Zum Schutz der gemeindlichen Planungshoheit bestimmt § 36 I BauGB, dass die Bauaufsichtsbehörde über die Zulässigkeit von **Vorhaben nach den §§ 31, 33–35 BauGB im Einvernehmen mit der Gemeinde** entscheidet. Die Vorschrift ermöglicht ihr, gerade auch in Reaktion auf einen Bauantrag, durch politische Entscheidung die planungsrechtlichen Beurteilungsgrundlagen für ein Vorhaben noch zu ändern. Beim gemeindlichen Einvernehmen handelt es sich um ein „Sicherungsinstrument", mit dem die Gemeinde als sachnahe und fachkundige Behörde an der Beurteilung der bebauungsrechtlichen Zulässigkeitsvoraussetzungen mitentscheidend beteiligt werden soll.[351] Ausgehend vom Wortlaut und der damit angestrebten Sicherung der gemeindlichen Planungshoheit setzt die Anwendbarkeit des § 36 BauGB **zwei verschiedene Willensträger** voraus. Aus diesem Grund hält die Rspr. das Einvernehmen jedenfalls für entbehrlich, wenn die Gemeinde ausnahmsweise mit der Bauaufsichtsbehörde identisch ist. Dies gilt selbst dann, wenn innerhalb der Gemeinde zwei verschiedene Organe (Bürgermeister und Gemeinderat) für die Erteilung der Baugenehmigung und die Erklärung des Einvernehmens zuständig sind. In diesem Fall ist es Sache der Gemeinde oder des Landesrechts, für einen hinreichenden Schutz der Planungshoheit zu sorgen.[352] Da § 36 I 1 BauGB auf das Verhältnis zwischen Gemeinde und Baugenehmigungsbehörde zugeschnitten ist, findet diese Norm im Verhältnis zwischen Ausgangs- und Widerspruchsbehörde keine Anwendung, weil andernfalls das Erfordernis des Einvernehmens auch bei Identität zwischen Baugenehmigungsbehörde und Gemeinde über die Hintertür wieder eingeführt würde.[353]

105 Einvernehmen bedeutet, dass die Gemeinde ihre **Zustimmung** zu dem Bauvorhaben erteilen muss. Allerdings darf sie diese nicht nach Belieben, sondern nur **aus den in §§ 31, 33–35 BauGB genannten Gründen** versagen.[354] Für das gemeindliche Einvernehmen ist innerorganisatorisch entweder der Bürgermeister oder der Gemeinderat zuständig (§ 59 III, § 34 KSVG). Beurteilungsmaßstab sind die Bedeutung und Größe des Vorhabens. Da das Einvernehmen den Schutz der gemeindlichen Planungshoheit bezweckt und Anlass für die Änderung der bestehenden Bauleitplanung oder den Erlass einer Veränderungssperre sein kann, dürfte zumeist der **Gemeinderat** zuständig sein.[355] Dieser wird die Letztentscheidung oftmals an einen Fachausschuss delegieren. Die Herstellung des Einvernehmens durch die Gemeinde kann im Einzelfall, d.h. vorhabenbezogen, eine wichtige Angelegenheit i.S.d. § 73 II 1 KSVG sein, bei welcher der Ortsrat vor der Beschlussfassung des Gemeinderats oder seiner Ausschüsse anzuhören ist.[356]

106 Um zu verhindern, dass die Gemeinden das Genehmigungsverfahren durch ihre Untätigkeit verschleppen, **gilt** nach § 36 II 2 BauGB das **Einvernehmen als erteilt**, wenn es

---

351 BVerwG, NVwZ-RR 2015, 685, 686.
352 BVerwG, Beschl. v. 17.1.2013 – 8 B 50/12, Rn. 6 – juris.
353 BVerwGE 121, 339, 343 f.; BVerwG, BauR 2008, 1844, 1845.
354 OVG d. Saarl., BauR 2011, 983, 986.
355 Generell für die Zuständigkeit des Gemeinderats *Bitz/Schwarz/Seiler/Seiler-Dürr* BauR Saarl., Rn. 144., s. auch *Scheidler* VR 2020, 37, 39.
356 VG d. Saarl., LKRZ 2008, 183.

nicht **binnen zwei Monaten** nach Eingang des Ersuchens der Genehmigungsbehörde versagt wird.[357] Die Genehmigungsfiktion tritt nicht ein, wenn die Einvernehmensverweigerung rechtzeitig vor Fristablauf bei der Genehmigungsbehörde eingegangen ist.[358] Voraussetzung für die Auslösung der Einvernehmensfrist ist, dass die Gemeinde aufgrund des Ersuchens der Genehmigungsbehörde eine *hinreichende und abschließende planungsrechtliche Beurteilung* des Vorhabens vornehmen kann. Fehlen Unterlagen, muss die Gemeinde innerhalb der Zwei-Monats-Frist auf ihre Vervollständigung hinwirken. Erst mit Eingang dieser Unterlagen beginnt sodann die zweimonatige Frist. Fordert die Gemeinde innerhalb der zwei Monate keine Vervollständigung der Unterlagen ein, geht dies zu ihren Lasten und ihr Einvernehmen gilt als erteilt.[359] Eine Fristverlängerung des § 36 II 2 BauGB ist nicht möglich. Da innerhalb von zwei Monaten aus Beschleunigungsgründen und im Interesse des Antragstellers klare Verhältnisse hinsichtlich des Einvernehmens geschaffen werden sollen, kann ein einmal erteiltes Einvernehmen später nicht widerrufen oder zurückgenommen werden.[360] Weil die Gemeinde ihr Beteiligungsrecht nur nach Maßgabe der zum Beteiligungszeitpunkt bestehenden Sach- und Rechtslage ausüben kann, darf sie sich jedoch auf erst nach dem Fiktionseintritt eingetretene Änderungen der Sach- bzw. Rechtslage gegenüber der Genehmigungsbehörde oder im späteren Gerichtsverfahren berufen.[361]

Erteilt die Bauaufsichtsbehörde die Baugenehmigung **ohne** das nach § 36 I 1 BauGB erforderliche Einvernehmen, führt allein die Missachtung dieser Regelung zur Aufhebung der Baugenehmigung durch das VG aufgrund einer von der Gemeinde erhobenen Anfechtungsklage (§ 42 I Alt. 1 VwGO).[362] Gleiches gilt, wenn die Bauaufsichtsbehörde die Baugenehmigung trotz der **Versagung des gemeindlichen Einvernehmens** erteilt, allerdings nur, sofern das gemeindliche Einvernehmen nicht gem. § 36 II 2 BauGB als erteilt gilt oder dieses nicht wegen rechtswidriger Verweigerung ersetzt wurde.[363] Zum Schutz des Bauherrn bzw. der Bauherrin hat der Bundesgesetzgeber in § 36 II 3 BauGB die Befugnis zur Ersetzung eines rechtswidrig versagten Einvernehmens durch die nach Landesrecht zuständige Behörde normiert.[364] Das Saarland hat in Ergänzung dazu **§ 72 I LBO** erlassen,[365] der in weiteren Fällen (bspw. § 14 II 2 BauGB) zur Anwendung kommt. Danach kann ein rechtswidrig versagtes Einvernehmen im bauaufsichtlichen oder Widerspruchsverfahren ersetzt werden. Gem. § 72 III LBO erfolgt die Ersetzung **nach vorheriger Anhörung der Gemeinde** „durch die Genehmigung" selbst, die insoweit mit einer **besonderen Begründung** zu versehen ist.[366] Es ist umstritten, wie die „Kann"-Formulierung in den jew. Normen zu verstehen ist.

107

---

357 BGH, Urt. v. 21.10.2021 – III ZR 166/20, NVwZ 2022, 179, 182 Rn. 26.
358 BVerwGE 169, 207, 212 f. Rn. 19.
359 BVerwGE 122, 13, 18; 169, 207, 211 Rn. 16.
360 BVerwGE 120, 138, 145; 169, 207, 214 f. Rn. 24; BGH, NVwZ 2022, 179, 182 Rn. 26.
361 BVerwGE 169, 207, 216 Rn. 28 f.
362 BVerwG, BRS 82 Nr. 163; OVG d. Saarl., NVwZ-RR 2011, 888, 889; *Bitz* SKZ 2011, 147, 149. Dazu, dass eine Gemeinde Dritte i.S.d. § 80a VwGO i.V.m. einem Antrag nach § 80 V 1 Alt. 1 VwGO sein kann, da Widerspruch und Anfechtungsklage eines Dritten gem. § 212a I BauGB keine aufschiebende Wirkung haben, OVG Berlin-Bbg., Beschl. v. 16.2.2021 – OVG 10 S 4/21, Rn. 3 – juris.
363 BVerwG, BRS 82 Nr. 163.
364 BGH, NVwZ 2022, 179, 181 Rn. 17.
365 OVG d. Saarl., BauR 2011, 983, 985; dazu auch *Kollmann* JA 2016, 753, 754 f.
366 OVG d. Saarl., BauR 2011, 983, 985; *Kollmann* JA 2016, 753, 755.

Während manche darin eine Ermessenseinräumung hinsichtlich der Einvernehmensersetzung erblicken,[367] gibt es gute Argumente dafür, dass ein rechtswidrig verweigertes Einvernehmen aufgrund der grundrechtlich geschützten Baufreiheit ersetzt werden muss.[368] Nach dem klarstellenden § 72 IV LBO entfalten Widerspruch und Anfechtungsklage gegen die nach § 80 II 1 Nr. 3 VwGO i.V.m. § 212a I BauGB sofort vollziehbare Baugenehmigung auch hinsichtlich der Ersetzung des gemeindlichen Einvernehmens keine aufschiebende Wirkung. Statthafter Rechtsbehelf im vorläufigen Rechtsschutz ist daher gem. § 80a III i.V.m. § 80 V 1 Alt. 1 VwGO der Antrag auf Anordnung der aufschiebenden Wirkung des Rechtsbehelfs.[369] Hat die Gemeinde dagegen ihr Einvernehmen erteilt, ist die Bauaufsichtsbehörde nicht an einer Ablehnung der Baugenehmigung gehindert, weil sie die Voraussetzungen der §§ 31, 33–35 BauGB für nicht gegeben hält.[370]

108 Da sich die Erklärung bzw. Versagung des Einvernehmens durch die Gemeinde **nur an die Bauaufsichtsbehörde** richtet, fehlt ihr gegenüber dem Bürger die für die Annahme eines Verwaltungsakts erforderliche **unmittelbare Außenwirkung**.[371] Die Entscheidung über das gemeindliche Einvernehmen ist also ein Verwaltungsinternum.[372] Für den Bauherrn bedeutet dies, dass er im Bedarfsfall **Verpflichtungswiderspruch und -klage auf Erteilung der Baugenehmigung** erheben muss, nicht aber auf Erteilung des gemeindlichen Einvernehmens (s. § 44a VwGO).[373] In diesem gegen die Bauaufsichtsbehörde gerichteten Gerichtsverfahren ist die jew. Gemeinde gem. § 65 II VwGO notwendig **beizuladen**, falls diese nicht mit der Bauaufsichtsbehörde identisch ist.[374] Nach der BGH-Rechtsprechung steht dem Einzelnen in Fällen, in denen die Gemeinde ihr Einvernehmen rechtswidrig und schuldhaft versagt hat, die Bauaufsichtsbehörde dieses aber landesrechtlich ersetzen darf, grds. **kein Amtshaftungsanspruch (§ 839 BGB i.V.m. Art. 34 GG) gegen die Gemeinde** zu. Da die Bauaufsichtsbehörde nicht mehr dazu gezwungen ist, den Genehmigungsantrag eines an sich genehmigungsfähigen Bauvorhabens sehenden Auges allein wegen des rechtswidrig verweigerten Einvernehmens abzulehnen, ist der maßgebliche Grund für die Annahme einer drittgerichteten Amtspflicht seitens der Gemeinde entfallen.[375] Bei schleppender Ersetzung des Einvernehmens kann ein Amtshaftungsanspruch gegen den Rechtsträger der für die Ersetzung des Einvernehmens zuständigen Behörde gegeben sein.[376] In seiner Entscheidung vom 21.10.2021 meinte der BGH jedoch, dass sich in Bezug auf die Gemeinde, die mit der rechtswidrigen Versagung ihres Einvernehmens das Genehmigungsverfahren stets um den Zeitraum verzögert, der bei zügigstem Vorgehen für die Ersetzung notwendig ist, sich die Frage ihrer Haftung allenfalls dann stellen kann,

---

367 HessVGH, KommJur 2011, 250, 251; a.A. OVG Rh.-Pf., NVwZ-RR 2000, 85, 86.
368 BGHZ 187, 51, 55 f.; zu den verschiedenen Lesarten auch BGH, NVwZ 2022, 179, 182 Rn. 23.
369 Näher dazu OVG d. Saarl., Beschl. v. 9.1.2019 – 2 B 289/18, Rn. 11 ff. – juris.
370 BVerwG, BRS 82 Nr. 163.
371 BVerwG, NVwZ-RR 1992, 529; BGH, NVwZ 2022, 179, 181 Rn. 18; vgl. auch *Bitz* SKZ 2011, 147, 148.
372 BVerwGE 169, 207, 212 Rn. 19; BGH, NVwZ 2022, 179, 181 Rn. 18.
373 *Michl* Jura 2016, 722, 728.
374 VG d. Saarl., Beschl. v. 8.12.1997 – 2 Y 7/97 – juris.
375 BGH, NVwZ 2011, 249, 250.
376 BGH, NVwZ 2022, 179, 182 Rn. 27.

„wenn die[se] Verzögerung von in der Regel wenigen Wochen tatsächlich zurechenbar einen Schaden verursacht hat."[377]

IV. Bauordnungsrecht

Das Bauordnungsrecht enthält vor allem anlagenbezogene materielle Anforderungen zur Gewährleistung der öffentl. Sicherheit und Ordnung auf dem Gebiet des Bauwesens. Daneben beinhaltet es **bauorganisationsrechtliche** und **bauverfahrensrechtliche** Vorschriften, die z.B. die Zuständigkeit der Bauaufsichtsbehörden oder den Ablauf des Baugenehmigungsverfahrens regeln. 109

1. Allgemeine Vorschriften

a) Anwendungsbereich der LBO und Begriffsbestimmungen

In § 1 LBO wird der Anwendungsbereich für die formell- und materiellrechtlichen Bestimmungen der Landesbauordnung (LBO) festgelegt. Diese gilt gem. § 1 I LBO für **bauliche Anlagen** und **Bauprodukte**. Die LBO beansprucht ebenfalls Geltung für Grundstücke sowie für andere Anlagen und Einrichtungen unter der Voraussetzung, dass an sie in diesem Gesetz oder in Vorschriften aufgrund dieses Gesetzes besondere Anforderungen gestellt werden. Bestimmte Anlagen und Einrichtungen, etwa des öffentl. Verkehrs, werden in Abs. 2 ausdrücklich vom Anwendungsbereich der LBO ausgenommen. Für sie gelten Spezialvorschriften. 110

In § 2 LBO werden einige wichtige **Begriffe erläutert**, auf die immer wieder Bezug genommen wird. Anknüpfungspunkt und Kernbegriff der LBO ist die **bauliche Anlage**, die in § 2 I 1 LBO als mit dem Erdboden verbundene, aus Bauprodukten (s. § 2 XIII LBO) hergestellte Anlage definiert wird. Für die Verbindung mit dem Erdboden genügt es, wenn die Anlage durch eigene Schwere auf dem Boden ruht oder nach ihrem Verwendungszweck dazu bestimmt ist, überwiegend ortsfest benutzt zu werden. § 2 I 3 Nrn. 1–9 LBO benennt eine Reihe von „fingierten" baulichen Anlagen, wie Aufschüttungen und Abgrabungen, Sport- und Spielflächen oder Kfz-Stellplätze. Unter **Gebäuden** versteht man selbstständig benutzbare, überdeckte bauliche Anlagen, die von Menschen betreten werden können und geeignet oder bestimmt sind, dem Schutz von Menschen, Tieren oder Sachen zu dienen (§ 2 II LBO). Ein Wohnwagen ist unabhängig davon, ob er mit dem Erdboden fest verbunden oder „auf Rädern" dauerhaft abgestellt ist, ein Gebäude im bauordnungsrechtlichen Sinne (§ 2 II i.V.m. § 1 I 2 LBO).[378] Auch eine auf einem Stahlrohrturm errichtete Windkraftanlage, in deren Innern sich Aufstiegsleitern mit Steigschutz, Ruhe- und Arbeitsplattformen befinden, kann ein Gebäude sein.[379] 111

In § 2 III LBO werden sodann fünf **Gebäudeklassen** festgelegt, die nach der Höhe der Gebäude sowie nach der Zahl und Größe von Nutzungseinheiten differieren.[380] Bspw. unterfallen der Gebäudeklasse 3 sonstige, d.h. nicht bereits von den Nrn. 1 und 2 er- 112

---

[377] BGH, NVwZ 2022, 179, 183 Rn. 28.
[378] OVG d. Saarl., Beschl. v. 29.12.2021 – 2 B 276/21 Rn. 10 – juris.
[379] VG d. Saarl., LKRZ 2009, 38; Urt. v. 28.4.2010 – 5 K 1579/09, Rn. 16 – juris.
[380] LT-Drucks. 12/866, S. 151.

fasste Gebäude mit einer Höhe bis zu 7 m. § 2 IV LBO enthält eine Definition der **Sonderbauten**. Darunter versteht man Anlagen und Räume besonderer Art oder Nutzung, die einen der nachfolgenden, abschließend aufgezählten Tatbestände erfüllen, z.B. Hochhäuser (Nr. 1), bauliche Anlagen mit einer Höhe von mehr als 30 m (Nr. 2), Verkaufsstätten, deren Verkaufsräume und Ladenstraßen eine Grundfläche von insgesamt mehr als 800 m^2 haben (Nr. 4), Schank- und Speisegaststätten mit mehr als 40 Gastplätzen in Gebäuden (Nr. 8). Auch wenn in den eingereichten Plänen für eine Gaststätte nur 40 Sitzplätze eingezeichnet sind, sich in dieser aber tatsächlich deutlich mehr Gastplätze befinden, ist für die behördliche Einschätzung von einem Sonderbau auszugehen.[381] Nr. 20 enthält einen Auffangtatbestand für neuartige Vorhaben, die der Gesetzgeber bei Kenntnis in den Katalog der Sonderbauten aufgenommen hätte und deren Art oder Nutzung mit vergleichbaren Gefahren wie bei den Anlagen der Nrn. 1–19 verbunden sind. Der Begriff der Sonderbauten hat vor allem eine verfahrenssteuernde Wirkung. Sonderbauten unterfallen weder der Genehmigungsfreistellung noch dem vereinfachten Baugenehmigungsverfahren (§ 63 I 2 Nr. 2 bzw. § 64 I 2 i. V. m. § 63 I Nr. 2 LBO) und sind immer nach dem „normalen" Baugenehmigungsverfahren nach § 65 LBO zu behandeln.

b) Baupolizeiliche Generalklausel und Verunstaltungsverbot

113 § 3 LBO statuiert als Basisnorm materielle Anforderungen an die Sicherheit und Ordnung von Bauvorhaben. Nach Abs. 1 sind Anlagen so zu errichten, zu ändern und instand zu halten, dass sie u.a. keine vermeidbaren oder unzumutbaren Belästigungen hervorrufen (Nr. 2),[382] die besonderen Belange der Familien und Personen mit Kindern, der Menschen mit Behinderungen und alten Menschen berücksichtigen (Nr. 4) und die öffentl. Sicherheit und Ordnung, insb. Leben und Gesundheit und die natürlichen Lebensgrundlagen, nicht gefährden (Nr. 1). Eine solche Beeinträchtigung ist z.B. bei einem nicht mehr standsicheren Grenzbauwerk denkbar.[383] Da es sich bei dieser Vorgabe letztlich um eine besondere Ausgestaltung des Polizeirechts handelt, greift die Praxis in diesem Zusammenhang auf die polizeilichen Begriffsdefinitionen zurück. Obwohl § 3 LBO als „baupolizeiliche Generalklausel" bezeichnet wird, enthält die Norm nur materiellrechtliche Mindeststandards, welche die Normadressaten von sich aus einhalten müssen.[384] Vor einem Rückgriff auf diese Norm ist stets zu prüfen, ob es **Spezialvorschriften** zu einzelnen Anforderungen an die Anlagen gibt.[385] Da bei Verstößen gegen § 3 I LBO diese Norm selbst **keine Ermächtigungsgrundlage** für ein behördliches Einschreiten bildet, müssen die Behörden insoweit auf andere Vorschriften, z.B. § 57 II 2 LBO, rekurrieren.[386]

114 Die **gestalterischen Anforderungen** an bauliche Anlagen sind **§ 4 LBO** zu entnehmen. Die Anlagen müssen nach Form, Maßstab, Verhältnis der Baumassen und Bauteile zu-

---

381 VG d. Saarl., BauR 2011, 1861.
382 S. zu einem grenzständigen Schüttgutlager VG d. Saarl., Urt. v. 17.2.2010 – 5 K 1903/08 – juris.
383 OVG d. Saarl., LKRZ 2010, 144 unter Betonung, dass für die Sicherung der Standsicherheit von Gebäuden zunächst der Eigentümer verantwortlich ist.
384 VG d. Saarl., LKRZ 2013, 425, 426.
385 S. zu § 13 I LBO als lex specialis zu § 3 I LBO VG d. Saarl., Urt. v. 19.5.2020 – 5 K 14/18, Rn. 34 – juris.
386 S. zu § 3 LBO VG d. Saarl., Urt. v. 14.3.2007 – 5 K 96/06 – juris.

einander, Werkstoff und Farbe so gestaltet sein, dass sie nicht verunstaltet wirken (*anlagenbezogenes* Verunstaltungsverbot). Außerdem sind sie mit ihrer Umgebung so in Einklang zu bringen, dass sie das vorhandene Straßen-, Orts- oder Landschaftsbild nicht verunstalten (*umgebungsbezogenes* Verunstaltungsverbot). Das Vorliegen einer umgebungsbezogenen Verunstaltung hängt von den konkreten örtlichen Gegebenheiten ab; je wertvoller bzw. empfindlicher die Umgebung ist, desto sorgfältiger ist eine bauliche Anlage zu gestalten.[387] Aus verfassungsrechtlichen Gründen wird der gerichtlich voll nachprüfbare unbestimmte Rechtsbegriff des „Verunstaltens" eng ausgelegt und genügt dafür nicht jede Störung der architektonischen Harmonie. Vielmehr bedarf es einer „qualifizierten" Verunstaltung i.S.e. hässlichen, das ästhetische Empfinden des Beschauers (fiktiver Maßstab: „gebildeter Durchschnittsbetrachter") nicht nur beeinträchtigenden, sondern verletzenden Zustands.[388] Wegen der grundrechtlich geschützten Baufreiheit kommen Verstöße gegen das anlagenbezogene Verunstaltungsverbot nur in krassen Fällen in Betracht. Da § 4 S. 1 LBO allenfalls die „Pflege eines Mindestmaßes an Baukultur" ermöglichen will, bietet die Norm keine Handhabe für die Behörden zur Bekämpfung „geschmackloser" Architektur.[389]

Nur der Vollständigkeit halber sei darauf hingewiesen, dass die Gemeinden nach § 85 LBO durch Satzung örtliche Bauvorschriften erlassen können, z.B. über besondere Anforderungen an die äußere Gestaltung baulicher Anlagen, über das Verbot von Werbeanlagen und Warenautomaten aus ortsgestalterischen Gründen[390] oder nach Abs. 1 Nr. 3 über die Begrünung unbebauter Flächen, so dass sog. Schottergärten unzulässig sein könnten[391]. Da es sich dabei um eine Ausgestaltung von Inhalt und Schranken des Eigentums i.S.d. Art. 14 I 2 GG handelt, hat der Normgeber unter Beachtung des Grundsatzes der Verhältnismäßigkeit die schutzwürdigen Interessen des Eigentümers und die Belange des Gemeinwohls in einen gerechten Ausgleich und ein ausgewogenes Verhältnis zu bringen.[392] Wegen der unterschiedlichen Schutzwürdigkeit kann dies bei einer Werbeanlagensatzung zur Notwendigkeit einer Differenzierung nach Baugebieten, Bauquartieren und möglicherweise sogar nach Straßenzügen führen.[393] Überdies müssen die Regelungen den sich aus dem Rechtsstaatsprinzip ergebenden Bestimmtheitsanforderungen genügen.[394] Lässt eine Gemeinde nach Maßgabe des § 85 I Nr. 1 LBO nur großflächige Werbeanlagen in einem Sondergebiet „Großflächiger Einzelhandel" zu, folgt bereits daraus, dass die Gemeinde nicht „Werbeanlagen per se eine verunstaltende anti-soziale Wirkung zugesprochen" hat.[395] Außerdem betonte das OVG d. Saarl., dass Gemeinden auch außerhalb der Regelungsbereiche des § 12 IV LBO aus Gründen der positiven Gestaltungspflege auf Grundlage von

115

---

387 OVG d. Saarl., SKZ 2016, 146, 148.
388 BVerwGE 2, 172, 173; BVerwG, NJW 1995, 2648, 2649; OVG d. Saarl., Beschl. v. 25.10.2019 – 2 A 325/18, Rn. 11 – juris.
389 OVG d. Saarl., SKZ 2016, 146, 149.
390 Zu § 85 I Nr. 7 LBO und den erforderlichen *gebietsspezifischen* Absichten VG d. Saarl., Urt. v. 25.3.2015 – 5 K 1092/13, Rn. 35 – juris.
391 So bspw. die Freiflächengestaltungssatzung der Kreisstadt Saarlouis vom 14.10.2021.
392 OVG Rh.Pf., Urt. v. 6.10.2011 – 1 C 11322/10 – juris.
393 BayVGH, NVwZ-RR 2015, 471, 473.
394 OVG Rh.-Pf., Urt. v. 6.10.2011 – 1 C 11322/10 – juris.
395 OVG d. Saarl., Beschl. v. 4.12.2020 – 2 A 269/20, Rn. 15 – juris.

§ 85 I Nrn. 1, 2 LBO auf konkrete Örtlichkeiten bezogene Fremdwerbeverbote erlassen dürfen. Weder der Wortlaut noch der Sinn und Zweck, etwa mit Blick auf zahlreiche diffus geprägte und daher nicht eindeutig einer bestimmten Gebietskategorie zuordenbare Gebiete, rechtfertigten die Annahme, dass Gemeinden keine derartige positive Gestaltungspflege betreiben dürften, da sonst § 85 I Nrn. 1, 2 LBO leerlaufen würden. Sind Werbeanlagen bereits nach § 12 IV LBO unzulässig, bedürfe es keines Erlasses gestalterischer Vorgaben durch die Gemeinde. Nach dem Gesetz stünden § 12 und § 85 LBO gleichberechtigt nebeneinander.[396] Bei den örtlichen Bauvorschriften handelt es sich vom Ansatz her um eine der Schönheit des Ortsbildes dienende, über die allg. Anforderungen des § 4 LBO hinausgehende Befugnis zur „positiven Gestaltungspflege",[397] die deshalb in aller Regel keinen Bezug zur Individualrechtssphäre betroffener Nachbarn aufweisen. Ihnen kommt nur ausnahmsweise nachbarschützende Wirkung zu, wenn die Gemeinde einer solchen Festsetzung eine drittschützende Wirkung verleihen wollte.[398]

2. Ausgewählte bauordnungsrechtliche Anforderungen

116 § 5 LBO zur Bebauung der Grundstücke verlangt u.a. für die Errichtung von Gebäuden, dass das Grundstück für die Zufahrt und den Einsatz von Feuerlösch- und Rettungsgeräten in ausreichender Breite an eine befahrbare öffentl. Verkehrsfläche angrenzt bzw. eine befahrbare, öffentl.-rechtl. gesicherte Zufahrt in ausreichender Breite zu einer befahrbaren öffentlichen Verkehrsfläche hat. Der unbestimmte Rechtsbegriff der Befahrbarkeit ist anhand des Zwecks der Vorschrift, der Sicherstellung der Erreichbarkeit des jew. Grundstücks insb. für Rettungseinsätze auszulegen. Die Anforderungen an den Zustand und die Breite der Verkehrsfläche sind anhand des Einzelfalls nach Art, Zahl und Zweckbestimmung der erschlossenen Gebäude und der sonstigen Verkehrsbelastung der Straße zu bestimmen.[399] Nach § 5 II LBO darf ein Gebäude „auf mehreren Grundstücken" nur errichtet werden, wenn keine Verhältnisse eintreten können, die den Vorschriften dieses Gesetzes oder den aufgrund dieses Gesetzes erlassenen Vorschriften zuwiderlaufen und dies öffentl.-rechtl. gesichert ist.[400] Des Weiteren ist auf die natürliche Umgebung Rücksicht zu nehmen. Mit umweltgefährdenden Stoffen belastete Grundstücke dürfen nur bebaut werden, wenn von ihnen für die vorgesehene Nutzung keine Gefahren für die Umwelt, insb. die Gesundheit, ausgehen. § 6 LBO regelt die Zugänge und Zufahrten auf den Grundstücken.

117 Von großer Praxisrelevanz sind die Regelungen zu den **Abstandsflächen und Abständen** in §§ 7, 8 LBO, die hier nicht im Detail erläutert werden können.[401] Gem. § 7 I 1 LBO sind vor den Außenwänden von Gebäuden oder vor den Abschnitten von Au-

---

396 OVG d. Saarl., Beschl. v. 14.7.2020 – 2 A 272/19, Rn. 18 – juris.
397 OVG d. Saarl., SKZ 2016, 146, 151.
398 OVG d. Saarl., Urt. v. 21.2.2014 – 2 B 12/14, Rn. 15 – juris.
399 OVG d. Saarl., Beschl. v. 19.8.2021 – 2 A 186/20, Rn. 16 – juris. Nach OVG Saarl, Beschl. v. 23.6.2021 – 2 A 351/20, Rn. 17 – juris verlangt § 5 I LBO nicht, dass ein Stellplatz im rückwärtigen Teil eines vorderseitig an eine öffentl. Verkehrsfläche angrenzenden Grundstücks selbst unmittelbar an diese angrenzt oder zumind. eine öffentl.-rechtl. gesicherte Zufahrt zu dieser haben muss.
400 OVG d. Saarl., Beschl. v. 22.8.2016 – 2 A 176/16, Rn. 16 – juris ließ offen, ob es sich hier um eine nur objektiv-rechtliche oder drittschützende Norm handelt.
401 Vgl. hierzu *Bitz*, SKZ 2009, 158 ff.

ßenwänden von Gebäuden liegende Abstandsflächen **von oberirdischen Gebäuden sowie von Anlagen nach Abs. 7 freizuhalten**. § 7 I 2–4 LBO statuieren **Ausnahmen** von der prinzipiellen Pflicht zur Freihaltung der Abstandsflächen, indem sie den Vorrang des Bauplanungsrechts zum Ausdruck bringen und ferner Situationen regeln, in denen von dessen Vorgaben abgewichen wurde.[402] Die Tiefe der Abstandsflächen ist § 7 V LBO zu entnehmen. Nach S. 2 genügt vor den Außenwänden von Wohngebäuden der Gebäudeklasse 1 und 2 mit nicht mehr als drei oberirdischen Geschossen als Tiefe der Abstandsfläche 3 m. Nach Satz 5 muss in allen Fällen der Sätze 1, 3, 4 die Tiefe der Abstandsfläche **mindestens 3 m** betragen. Zweck der Abstandsflächenbestimmungen ist es, die **ausreichende Belichtung, Belüftung und Besonnung, den Brandschutz und Wohnfrieden** zu gewährleisten.[403] § 7 I 1 LBO ist somit **nachbarschützend**.[404] Grds. müssen die Abstandsflächen auf dem Grundstück selbst liegen (§ 7 II 1 LBO). Nach S. 2 dürfen sie sich auch auf öffentl. Verkehrsflächen, öffentl. Grünflächen und öffentl. Wasserflächen befinden, allerdings nur bis zu deren Mitte. Damit soll dem gegenüberliegenden Nachbarn die Möglichkeit eines eigenen Abstandsflächennachweises bis zur Mitte gesichert werden.[405] In aller Regel bedarf es für eine Übernahme von Abstandsflächen auf einer öffentl. Verkehrsfläche deren Widmung zu Verkehrszwecken nach § 6 SaarlStrG.[406] Hat sich der gegenüberliegende Nachbar jedoch selbst nicht an das System dieses nachbarlichen Austauschverhältnisses gehalten, kann er von dem anderen die Einhaltung dieser Vorgaben vorbehaltlich der Grenzen aus dem planungsrechtlichen Rücksichtnahmegebot nicht verlangen.[407] Gem. § 7 VII LBO gelten die Abstandsregeln entsprechend für Anlagen, die keine Gebäude sind, soweit sie **höher als 2 m** über der Geländeoberfläche sind und von ihnen **gebäudegleiche Wirkungen** ausgehen (Nr. 1), etwa bei einer Euronorm-Werbetafel die bereits ohne Aufständerung eine Höhe von deutlich über 2 m hat.[408] Des Weiteren gelten die Abstandsvorgaben nach Nr. 2 für Anlagen, die **höher als 1 m** über der Geländeoberfläche und, wie Freisitze oder Aufschüttungen von Gartenflächen,[409] **zum Betreten von Menschen geeignet sind**. § 7 VIII LBO enthält eine besondere Abstandsflächenregelung für **Windenergieanlagen**.[410] Zur Förderung des Mobilfunkausbaus wird in § 7 IX LBO für **Antennen einschließlich Masten**, allerdings nur wenn sie **im Außenbereich** (s. § 35 BauGB) liegen, als Tiefe der Abstandsfläche 0,2 H festgelegt.[411]

§ 8 LBO sieht Erleichterungen von den Anforderungen des § 7 LBO vor.[412] Insb. benennt Abs. 2 eine Zahl von Anlagen, die in den Abstandsflächen sowie ohne eigene Abstandsfläche oder mit einer geringeren Tiefe der Abstandsfläche zulässig sind. So dürfen z.B. innerhalb dieser Flächen Behindertenrampen (Nr. 1), Rollmarkisen zur

---

402 OVG d. Saarl., BRS 76 Nr. 197; s. auch *Bitz*, SKZ 2015, 162, 165 ff.
403 VG d. Saarl., Urt. v. 16.5.2007 – 5 K 46/06 – juris.
404 OVG d. Saarl., KommJur 2013, 111, 112.
405 OVG d. Saarl., KommJur 2013, 111, 113.
406 OVG d. Saarl., Beschl. v. 22.1.2020 – 2 A 273/19, Rn. 18 – juris.
407 OVG d. Saarl., KommJur 2013, 111, 113; Beschl. v. 4.9.2020 – 2 A 291/19, Rn. 20 f. – juris.
408 OVG d. Saarl., Beschl. v. 22.1.2020 – 2 A 273/19, Rn. 18 – juris.
409 LT-Drucks. 15/1214, S. 48 wegen der verbesserten Einsichtnahme auf das Nachbargrundstück.
410 OVG d. Saarl., BRS 76 Nr. 197.
411 LT-Drucks. 16/1860, S. 23.
412 LT-Drucks. 15/1214, S. 48; *Bitz*, SKZ 2015, 162, 168.

zeitweisen Beschattung (Nr. 3) oder Garagen unter den in Nr. 4 genannten Voraussetzungen (bis zu 12 m Gesamtlänge je Grundstücksgrenze; Achtung: das Maß von 30 m³ bezieht sich nur auf Nebengebäude, Nebenanlagen und Gewächshäuser)[413] gebaut werden. Nr. 6 betrifft Solaranlagen, Parabolantennen und sonstige Antennenanlagen, Nr. 7 Einfriedungen, Sichtschutzwände und Stützmauern „in Gewerbe- und Industriegebieten", Nr. 8 zur Grundstücksgrenze geneigte Aufschüttungen. Wird etwa eine gebäudeunabhängige Solaranlage nach S. 1 Nr. 6 nicht unmittelbar an der Grundstücksgrenze errichtet, folgt aus § 8 II 2 LBO, dass sie eine Abstandsfläche von mind. 1 m Tiefe einhalten muss.[414] Nur der Vollständigkeit halber sei bereits an dieser Stelle erwähnt, dass es nach der Rspr. der saarl. Gerichte für die Annahme eines Verstoßes gegen die Grenzabstandsbestimmungen und den daraus resultierenden nachbarlichen Abwehranspruch nicht darauf ankommt, ob und inwieweit der Nachbar durch die Unterschreitung der Abstandsflächen zu seinem Grundstück in dessen Benutzung real beeinträchtigt wird. Eine äußerste Grenze ergibt sich nur aus dem Schikaneverbot, z.B. wenn die Abstandsverpflichtung um wenige Zentimeter überschritten wird.[415]

119 Im Hinblick auf den Klimawandel sowie das vermehrte Insektensterben wird § 10 LBO bedeutsamer. § 10 I LBO sieht vor, dass nicht überbaute Flächen der bebauten Grundstücke wasseraufnahmefähig zu belassen oder herzustellen (Nr. 1) sowie zu begrünen oder mit einheimischen, standortgerechten Bäumen oder Gehölzen zu bepflanzen (Nr. 2) sind, soweit sie nicht für eine andere zulässige Verwendung benötigt werden. In dieser Vorschrift kann ein Verbot von Schottergärten erblickt werden.[416] § 10 I 1 LBO findet jedoch keine Anwendung, soweit städtebauliche Satzungen (→ Rn. 115) Festsetzungen zu den nicht überbauten Flächen treffen, § 10 I 3 LBO.

120 § 12 LBO bezieht sich auf **Anlagen der Außenwerbung und Warenautomaten**. In Abs. 1 werden zunächst **Werbeanlagen** als *ortsfeste* Einrichtungen umschrieben, die der Ankündigung oder Anpreisung oder als Hinweis auf Gewerbe oder Beruf dienen *und* vom öffentl. Verkehrs- oder Grünraum aus sichtbar sind (z.B. Schilder, Lichtwerbungen, Säulen, Schaukästen). Gem. § 12 II LBO gelten für diese Anlagen die an bauliche Anlagen zu stellenden Anforderungen, wofür beispielhaft auf das Verunstaltungsverbot des § 4 LBO (→ Rn. 114) verwiesen sei. § 12 II 2 LBO, wonach eine störende Häufung von Werbeanlagen unzulässig ist, beinhaltet einen Unterfall der umgebungsbezogenen Verunstaltungsabwehr und ist aus verfassungsrechtlichen Gründen restriktiv auszulegen. Von einer „Häufung" kann man regelmäßig sprechen, wenn mindestens drei Werbeanlagen im Wahrnehmungsbereich des Betrachters vorhanden sind. Die Schwelle zur Störung wird überschritten, wenn der mit einem Blick zu erfassende Bereich mit Werbeanlagen derart überfrachtet ist, dass das Auge keinen Ruhepunkt mehr findet und sich ein starkes Bedürfnis nach werbungsfreier Fläche ergibt, weil die Werbeanlagen allein aufgrund ihrer unangebrachten Häufung als „lästig"

---

413 S. auch OVG d. Saarl., NVwZ-RR 2007, 741, 743.
414 VG d. Saarl., Urt. v. 31.7.2019 – 5 K 2421/17, Rn. 38 – juris.
415 VG d. Saarl., Urt. v. 7.9.2011 – 5 K 83/11 – juris.
416 Dazu und zu weiteren Steuerungsmöglichkeiten zur Verhinderung von Schottergärten s. Weiß/Roth DVBl 2022, 395 ff.

empfunden werden.[417] Dies hängt wiederum vom vorhandenen Umfeld ab.[418] Zumindest unter dem Aspekt des störenden Charakters geht es bei § 12 II 2 LBO nicht allein darum, ob der Betrachter gleichzeitig mehrere Werbeanlagen sehen kann oder nicht.[419] Auch enthält diese Norm eine zeitliche Komponente und führt nur zur Unzulässigkeit der letzten Anlage(n), durch deren Hinzutreten die Erträglichkeitsgrenze überschritten wird.[420] Nach Abs. 3 sind Werbeanlagen im Außenbereich grds. unzulässig, sofern keine der dort genannten Ausnahmen greift (z.B. Werbeanlagen an der Stätte der Leistung, Sammelhinweisschilder vor Ortsdurchfahrten). In Kleinsiedlungs- und Dorfgebieten, in reinen, allgemeinen und besonderen Wohngebieten sind Werbeanlagen nur an der „Stätte der Leistung" zulässig. Darunter versteht man den Ort, an welchem die Leistung erbracht wird, für die geworben wird. Derjenige, der ausnahmsweise in einem allgemeinen Wohngebiet gewerblich tätig ist, soll dort, wo die gewerbliche Tätigkeit stattfindet, werben können, nicht aber auf einem allg. Wohnzwecken dienenden Grundstück für eine anderswo ausgeübte gewerbliche Betätigung.[421] Schließlich darf in reinen Wohngebieten an der Stätte der Leistung nur mit Hinweisschildern geworben werden (§ 12 IV 2 LBO). Ob sich eine nicht an der Stätte der Leistung angebrachte Werbeanlage bei Fehlen bauleitplanerischer Vorgaben der Gemeinde in einem reinen oder allgemeinen Wohngebiet befindet, ist anhand der Kategorisierung der § 3 f. BauNVO zu bestimmen, indem die das Grundstück prägende Bebauung in der näheren Umgebung entsprechend dem Verständnis des § 34 I BauGB bewertet wird.[422]

Die LBO enthält viele weitere gefahrenabwehrende Vorschriften, z.B. zum Brandschutz (§§ 15, 27 ff. LBO) oder zu den Rettungswegen (§§ 33 ff. LBO). Angesichts der im Raum stehenden erheblichen Gefährdungen von Leben und Gesundheit gehört die Kontrolle der in § 13 LBO geregelten Standsicherheit von Gebäuden seit jeher zu den „vornehmsten Aufgaben" der Bauaufsichtsbehörden,[423] denn die Standsicherheit bildet ein Grundprinzip des Bauordnungsrechts. Die Standsicherheit einer baulichen Anlage ist gegeben, „wenn keine Störungen des Gleichgewichts der inneren und äußeren Kräfte im Ganzen oder in Teilbereichen auftreten können", also das Gebäude und seine Teile dem Verwendungszweck entsprechenden und nach menschlichem Ermessen üblicherweise aufkommenden Belastungen standhält.[424] § 17 I LBO, wonach neben baulichen Anlagen „die dem Verkehr dienenden Flächen von bebauten Grundstücken" verkehrssicher sein müssen, bezieht sich nur auf zum Betreten und/oder Befahren bestimmte Flächen.[425] Nach **§ 17 II LBO** darf durch bauliche Anlagen oder ihre Nutzung die **Sicherheit und Leichtigkeit des öffentl. Verkehrs** nicht gefährdet werden. Da der Bundesgesetzgeber die Zulässigkeit von Werbung im Hinblick auf die Ver-

121

---

417 OVG d. Saarl., SKZ 2016, 152, 156; Beschl. v. 22.1.2020 – 2 A 210/19, Rn. 20 – juris.
418 VG Ansbach, Urt. v. 15.4.2008 – AN 3 K 06.03032 – juris; VG Hamb., Urt. v. 5.3.2008 – 6 K 1893/07 – juris.
419 OVG d. Saarl., Beschl. v. 22.1.2020 – 2 A 210/19, Rn. 20 – juris.
420 OVG d. Saarl., SKZ 2016, 152, 156.
421 OVG Meckl.-Vorp., LKV 2008, 422, 424.
422 OVG d. Saarl., Beschl. v. 14.7.2020 – 2 A 272/19, Rn. 13 – juris.
423 OVG d. Saarl., Beschl. v. 5.12.2013 – 2 A 375/13, Rn. 17 – juris.
424 VG d. Saarl., Urt. v. 19.5.2020 – 5 K 14/18, Rn. 34 – juris.
425 OVG d. Saarl., Beschl. v. 22.2.2016 – 2 B 8/16, Rn. 9 – juris.

kehrssicherheit in § 33 I Nr. 3 StVO abschließend geregelt hat, soll diese Landesnorm entgegen ihrem uneingeschränkten Wortlaut nur noch auf die Auswirkungen von Bauvorhaben innerhalb geschlossener Ortschaften Anwendung finden.[426] Ob eine Verkehrsgefährdung durch bauliche oder Werbeanlagen vorliegt, ist anhand der jew. Verhältnisse des Einzelfalls zu bestimmen. Da Werbeanlagen aller Formate und Größen inzwischen im innerstädtischen Bereich zur Normalität gehören und verantwortungsbewusste, die StVO beachtende Verkehrsteilnehmer damit vertraut sind, entfalten Werbeanlagen nur ausnahmsweise eine zu einer Verkehrsgefährdung führende Ablenkungswirkung, z.b. wenn die Anlage nach ihrer konkreten Gestaltung oder nach ihrem Anbringungsort besonders auffällig ist und stark vom Üblichen abweicht.[427]

122 Von großer Praxisrelevanz ist § 47 LBO zu den **Stellplätzen und Garagen**. Bei der Errichtung baulicher und anderer Anlagen, bei denen ein Zu- und Abgangsverkehr zu erwarten ist, müssen Stellplätze oder Garagen in ausreichender Zahl, Größe und Beschaffenheit hergestellt werden. Ausschlaggebend dafür sind Art und Zahl der vorhandenen und unter Berücksichtigung der örtlichen Verkehrsverhältnisse und des öffentl. Personennahverkehrs zu erwartenden Kraftfahrzeuge der ständigen Benutzer sowie Besucher der Anlage.[428] Bei **Änderungen** von Anlagen bzw. Nutzungsänderungen ist nur der dadurch verursachte Mehrbedarf an Stellplätzen und Garagen zu decken. Nach § 47 I 4 LBO **entfällt** die Stellplatzpflicht bei Wohngebäuden mit bis zu zwei Wohnungen. In Abs. 3 wird die Möglichkeit zur Stellplatzablösung näher ausgestaltet.[429] Gem. § 47 V 1 LBO müssen die Stellplätze bzw. Garagen so angeordnet und ausgeführt werden, dass ihre Benutzung die Gesundheit nicht schädigt sowie das Arbeiten und Wohnen, die Ruhe und Erholung in der Umgebung durch Lärm, Abgase und Gerüche nicht über das zumutbare Maß hinaus stört. Nach den saarl. Gerichten gehören Garagen- oder Stellplatzemissionen heute selbst in Wohnbereichen gewissermaßen zu den Alltagsgeräuschen und sind dort grds. hinzunehmen, soweit sie durch die in dem Gebiet zur Deckung des Stellplatzbedarfs notwendigen Anlagen vermittelt werden.[430] Im Unterschied zu Satz 1 gewährt die Anforderung des S. 2, dass Garagen und Stellplätze unter Berücksichtigung eines angemessenen Stauraums auf möglichst kurzem Weg von den öffentl. Verkehrsflächen aus verkehrssicher zu erreichen sein müssen, keinen unmittelbaren Nachbarschutz.[431] Anstelle von Stellplätzen kann die Herstellung von Garagen verlangt werden.

3. Abweichungen

123 Ebenso wie § 31 BauGB Abweichungen von den planungsrechtlichen Anforderungen zulässt (→ Rn. 74 ff.), erlaubt **§ 68 I LBO Abweichungen** von bauaufsichtlichen An-

---

426 BayVGH, NVwZ 1997, 202, 203; *Dietlein* BauR 2000, 1682, 1684; *Hildebrandt* VBlBW 1999, 250, 251.
427 OVG d. Saarl., SKZ 2016, 152, 156; s. auch OVG d. Saarl., Beschl. v. 22.1.2020 – 2 A 210/19, Rn. 21 – juris.
428 Zu der Stellplatzbemessung bei Spielhallen VG d. Saarl., Urt. v. 25.3.2015 – 5 K 1092/13, Rn. 38 ff. – juris.
429 S. dazu BVerfG, UPR 2009, 229 ff.
430 VG d. Saarl., Beschl. v. 6.10.2006 – 5 F 24/06 – juris; OVG d. Saarl., Beschl. v. 8.12.2010 – 2 B 308/10 – juris. Siehe dazu auch VGH Bad.-Württ., NVwZ-RR 2022, 451, 452 f.
431 VG d. Saarl., Beschl. v. 6.10.2006 – 5 F 24/06 – juris; OVG d. Saarl., Beschl. v. 12.11.2018 – 2 A 556/17, Rn. 22 – juris.

forderungen dieses Gesetzes, d.h. der LBO, und aufgrund dieses Gesetzes erlassener Vorschriften. „Ziel der Abweichungsregelung ist, die Erreichung des jew. Schutzziels der Norm in den Vordergrund zu rücken und – insb. ohne die Bindung an das Erfordernis des atypischen Einzelfalls – auf diese Weise das materielle Bauordnungsrecht vollzugstauglich zu flexibilisieren."[432] Demzufolge sind nach § 68 I 1 LBO Abweichungen von den bauordnungsrechtlichen Anforderungen zulässig, wenn sie unter Berücksichtigung des **Zwecks der jew. Anforderung** und unter **Würdigung der öffentl.-rechtl. geschützten nachbarlichen Belange** mit den öffentl. Belangen, insb. den Anforderungen des § 3 I LBO vereinbar sind. Ausweislich der Gesetzesmaterialien werden damit zugleich die in die Abwägung bei der Ermessensbetätigung einzustellenden Gesichtspunkte bezeichnet und die Mindestanforderungen des § 3 I LBO als absolute Grenze für die Zulassung von Abweichungen markiert.[433] Auch wenn die Voraussetzungen für eine Abweichung vorliegen, trifft die zuständige Behörde eine **Ermessensentscheidung** („kann"). Eine Abweichung von nachbarschützenden Abstandsflächennormen ist gegen den Willen des Nachbarn allenfalls in extremen Sonderfällen denkbar.[434]

§ 68 II LBO regelt das **Abweichungsverfahren**. Die Zulassung von Abweichungen ist gesondert in **Textform zu beantragen**. Mit Wirkung zum 18.3.2022 wurde das bis dahin bestehende Schriftformerfordernis zugunsten der im Sinne des § 126b BGB zu verstehenden Textform ersetzt, die auch durch eine gewöhnliche Email erfüllt werden kann.[435] Die **Begründungspflicht** soll der Bauaufsichtsbehörde die Ermittlung der für eine Abweichung sprechenden Gesichtspunkte, z.B. die Tangierung nachbarlicher Interessen, erleichtern.[436] Durch Satz 2 wird klargestellt, dass es einer **isolierten Abweichung** auch bedarf, wenn es sich um ein genehmigungsfreies oder aber um ein genehmigungsbedürftiges Vorhaben handelt, bei dem die bauordnungsrechtlichen Anforderungen im jew. Baugenehmigungsverfahren nicht geprüft werden. 124

4. Organisation der Bauaufsicht

Die Bauaufsicht ist Aufgabe des Staates (§ 57 I, II 1 LBO) und obliegt den Bauaufsichtsbehörden. **Oberste Bauaufsichtsbehörde** ist im Saarland das Ministerium für Inneres, Bauen und Sport (§ 58 I 1 LBO),[437] das die Fachaufsicht über die unteren Bauaufsichtsbehörden nach § 58 I 2, II LBO führt (§ 58 I 3 LBO). Bauaufsichtsbehörden der mittleren Verwaltungsebene bestehen im Saarland nicht. Die Aufgaben der **unteren Bauaufsichtsbehörden** sind – wie auch in den anderen Bundesländern – „kommunalisiert" und werden von den Landkreisen und dem Regionalverband Saarbrücken als Auftragsangelegenheit (s. § 6 KSVG, → § 3 Rn. 36) wahrgenommen, soweit nichts anderes bestimmt ist (§ 58 I 2 LBO). Nach § 58 II LBO kann die oberste Bauaufsichtsbehörde einer Gemeinde, die mehr als 30 000 Einwohner hat und ihre Leistungsfähig- 125

---

432 LT-Drucks. 12/866, S. 201.
433 LT-Drucks. 12/866, S. 202.
434 VG d. Saarl., Urt. v. 7.9.2011 – 5 K 83/11 – juris. s. auch OVG d. Saarl., BRS 76 Nr. 196.
435 LT-Drucks. 16/1860, S. 2, 25. Zugleich führt die Textform zur Unzulässigkeit mündlicher Anträge.
436 LT-Drucks. 12/866, S. 202.
437 Vgl. die Bekanntmachung der Geschäftsbereiche der obersten Landesbehörden, Amtsbl. 2012 S. 147.

keit nachweist, auf Antrag durch Rechtsverordnung ganz oder teilweise die Aufgaben der unteren Bauaufsichtsbehörde übertragen. Nach § 1 Zuständigkeitsverordnung zur Landesbauordnung (ZustV-LBO)[438] werden die Aufgaben der unteren Bauaufsichtsbehörden der Landeshauptstadt Saarbrücken und den Städten Homburg, Neunkirchen, Saarlouis, St. Ingbert und Völklingen übertragen. Bei der Übertragung dieser Aufgaben handelt es sich um eine Aufgabenübertragung i.S.d. Art. 120 S. 2 SVerf.[439] Gem. § 59 I LBO sind grds. die unteren Bauaufsichtsbehörden *sachlich* zuständig.[440] Weil es für die **örtliche** Zuständigkeit keine spezielle Regelung gibt, richtet sich diese nach § 3 SVwVfG, also der Belegenheit des Grundstücks (Abs. 1 Nr. 1).

5. Baugenehmigung und Baugenehmigungsverfahren

126 Traditionell ist das Baugenehmigungsverfahren die wichtigste präventive Kontrolle im öffentl. Baurecht. Bei ihm wird behördlich geprüft, ob das zu errichtende bzw. zu ändernde Vorhaben mit den materiellen Vorgaben des Baurechts übereinstimmt. Dementsprechend bedürfen nach § 60 I LBO die Errichtung, Änderung und Nutzungsänderung von Anlagen einer Baugenehmigung. Es ist Sache des Bauherrn, vor der Verwirklichung eines genehmigungsbedürftigen Bauvorhabens die dafür notwendige Baugenehmigung einzuholen.[441] Allerdings gilt der **Grundsatz des Erfordernisses einer Baugenehmigung** nur, soweit in den **§§ 61–63 und 77 LBO** nichts anderes bestimmt ist. In den vergangenen Jahren sind auf Landesebene in erheblichem Maße behördliche Verfahren abgeschafft bzw. reduziert worden, um die Durchführung von Baumaßnahmen zu beschleunigen. Dadurch möchte man eine Entlastung der Bauaufsichtsbehörden bewirken und die Verantwortung der am Bau Beteiligten stärken.[442] Dementsprechend hat ein erheblicher Rückzug des Bauordnungsrechts aus dem öffentl.-rechtl. Genehmigungsverfahren stattgefunden, indem Bauvorhaben in deutlich größerem Umfang als bisher entweder gar keiner Baugenehmigung mehr bedürfen oder wegen ihrer geringen Bedeutung nur noch dem vereinfachten Baugenehmigungsverfahren nach § 64 LBO unterliegen, in dem lediglich eine eingeschränkte Überprüfung der materiellen Anforderungen an das Vorhaben stattfindet.

127 Wird danach gefragt, ob für ein Vorhaben eine Baugenehmigung nach § 73 I LBO erteilt werden kann, ist als Erstes zu prüfen, ob das Vorhaben überhaupt genehmigungsbedürftig ist. Bleibt es bei dem Grundsatz des § 60 I LBO oder ist eine der vielen Ausnahmen von der **Genehmigungsbedürftigkeit** (§§ 61–63 LBO) einschlägig? Wurde die Frage der Genehmigungsbedürftigkeit bejaht, ist in einem zweiten Prüfschritt der Frage nachzugehen, ob die Errichtung oder sonst beabsichtigte Tätigkeit **genehmigungsfähig** ist. Gem. § 73 I 1 LBO ist die Baugenehmigung zu erteilen, wenn dem Vorhaben keine öffentl.-rechtl. Vorschriften entgegenstehen, die *im bauaufsichtlichen Genehmigungsverfahren zu prüfen* sind. Handelt es sich um ein Vorhaben, für das eine „nor-

---

438 ZustV-LBO vom 23.6.2008 (Amtsbl. S. 1149), abgedr. z.B. in der Textslg. Landesrecht Saarland unter Nr. 50a.
439 SVerfGH, LKRZ 2013, 527.
440 S. zu den Fällen des § 59 II LBO, in denen für Sonderbauten die Zustimmung der obersten Bauaufsichtsbehörde erforderlich ist, Amtsbl. 2004 S. 1333.
441 OVG d. Saarl., Beschl. v. 23.11.2020 – 2 B 266/20, Rn. 10 – juris.
442 LT-Drucks. 12/866, S. 147.

male" Baugenehmigung i.S.d. § 65 LBO benötigt wird, wird eine umfassende Prüfung der baurechtlichen und sonstigen öffentl.-rechtl. Vorschriften vorgenommen (§ 65 S. 1 Nr. 1 LBO). Ist dagegen nur ein **vereinfachtes Baugenehmigungsverfahren** durchzuführen, wird gem. § 64 II 1 LBO zwar die Übereinstimmung des Vorhabens mit den Anforderungen des BauGB, aber nur wenigen LBO-Vorgaben geprüft. In denjenigen Fällen, in denen gar keine Baugenehmigung einzuholen ist oder nur eine beschränkte Prüfung von Seiten der Bauaufsichtsbehörden vorgenommen wird, bedeutet dies nicht, dass sich die Personen über die baurechtlichen Vorschriften hinwegsetzen könnten. Vielmehr wird in § 60 II 1 LBO klargestellt, dass die Genehmigungsfreiheit und Beschränkung der bauaufsichtlichen Prüfung nicht von der **Verpflichtung zur Einhaltung der jew. einschlägigen materiellrechtlichen Anforderungen** entbinden.[443] Der Bauherr muss infolgedessen selbst darauf achten, dass sein Vorhaben mit den Baurechtsnormen übereinstimmt. Tut er dies nicht, kann nachträglich gegen das Vorhaben, z.B. durch Erlass einer Beseitigungsanordnung, eingeschritten werden (→ Rn. 164 ff.). Darüber hinaus stellt § 60 II 2 LBO nunmehr klar, dass der Bauherr trotz der Genehmigungsfreiheit nach § 60 I, §§ 61–63 und § 77 LBO **verfahrensrechtl. Erfordernisse aus anderen öffentl.-rechtl. Vorschriften** einhalten und deshalb z.B. nach dem Saarl. Denkmalschutzgesetz[444] erforderliche Genehmigungen einholen muss.

Nicht jedem Bauherrn ist daran gelegen, sein Bauvorhaben mangels Baugenehmigung oder aufgrund einer nur eingeschränkten Prüfung im vereinfachten Baugenehmigungsverfahren zwar schnell realisieren zu können, aber das Risiko zu tragen, dass die Behörden später wegen eines Verstoßes gegen die von ihm einzuhaltenden, aber nicht geprüften Rechtsvorschriften einschreiten werden. Um dem „Bedürfnis des Bauherrn nach Rechtssicherheit"[445] Rechnung zu tragen, eröffnet ihm daher § 60 III LBO eine **Wahlmöglichkeit**: Auf **sein Verlangen** wird für verfahrensfreie und genehmigungsfreigestellte Bauvorhaben (§§ 61, 63 LBO) ein vereinfachtes Baugenehmigungsverfahren nach § 64 LBO und für Bauvorhaben nach § 64 LBO ein reguläres Bauvorhaben nach § 65 LBO durchgeführt. Wie man an der Formulierung „auf Verlangen" sieht, sind die Bauherren nicht verpflichtet, von dieser Option Gebrauch zu machen.[446] § 60 III LBO wird nur durch die Stellung eines entsprechenden Bauantrags ausgelöst. Dabei ist zu beachten, dass die Behörden für verfahrensfreie und genehmigungsfreie Bauvorhaben nach dem Gesetzestext nur eine einfache und keine normale Baugenehmigung mit einer Vollprüfung i.S.d. § 65 LBO erteilen können. Eine solche behördliche Prüfung auf Verlangen kann indirekt auch Dritten zugutekommen, indem so von vornherein Baurechtsverstöße verhindert werden.

128

a) Genehmigungsbedürftigkeit des Bauvorhabens

Eine Baugenehmigung ist nur erforderlich und rechtmäßig und ein Anspruch auf Erteilung einer Baugenehmigung besteht nur, sofern das jew. Vorhaben genehmigungsbedürftig ist. Im Grundsatz sieht § 60 I LBO vor, dass die **Errichtung, Änderung oder**

129

---

443 OVG d. Saarl., Beschl. v. 16.11.2020 – 2 A 254/20, Rn. 15 – juris.
444 Saarl. DenkmalschutzG, Amtsbl. 2018 S. 358.
445 LT-Drucks. 15/1214, S. 59; dazu auch *Bitz*, SKZ 2015, 162, 174 f.
446 *Bitz*, SKZ 2015, 162, 175.

Nutzungsänderung einer **Anlage** (→ Rn. 111) einer Baugenehmigung bedürfen. Da in dieser Norm die Beseitigung von Anlagen nicht erwähnt wird, ist im Saarland dafür keine Baugenehmigung erforderlich.[447] Anschließend ist anhand einer **Durchsicht der bauordnungsrechtlichen Kataloge** festzustellen, ob es sich nicht um ein Vorhaben handelt, das nach §§ 61–63, 77 LBO von der Genehmigungsbedürftigkeit **ausgenommen** wurde. Ist Letzteres zu bejahen, kann der Bauherr aber durch sein Verlangen das Vorhaben in ein vereinfachtes Baugenehmigungsverfahren überführen (§ 60 III LBO).

130
Genehmigungsbedürftigkeit von Bauvorhaben
Grundsatz § 60 I LBO
→ Wenn LBO nach §§ 1, 2 LBO anwendbar
Ausnahme von der Genehmigungspflicht?
▪ § 61 LBO Verfahrensfreie Vorhaben → beachte § 60 III LBO ▪ § 62 LBO Vorhaben des Bundes und der Länder ▪ § 63 LBO Genehmigungsfreistellung → beachte § 60 III, § 63 II Nr. 4 Var. 1 LBO ▪ § 77 LBO Fliegende Bauten

131 Die in **§ 61 LBO aufgezählten Vorhaben** sind wegen ihrer geringfügigen städtebaulichen und bauordnungsrechtlichen Relevanz **verfahrensfrei**. Im Falle eines verfahrensfreien Vorhabens ist die Erteilung einer Baugenehmigung dafür ausgeschlossen,[448] falls nicht der Bauherr von der Option des § 60 III LBO Gebrauch macht und eine vereinfachte Baugenehmigung beantragt. Zu den verfahrensfreien Vorhaben gehören unter Beachtung der vorgesehenen Eingrenzungen z.B. eingeschossige Gebäude bis zu 10 m² Brutto-Grundfläche und die näher umschriebenen Garagen, sofern sie nicht im Außenbereich liegen, Gartenlauben, Fahrgastunterstände für den ÖPNV, Kioske und Verkaufswagen (Nr. 1), die in Nr. 5 umschriebenen Masten, Antennen und ähnliche Anlagen,[449] die in Nr. 7 genannten Einfriedungen, Sichtschutzwände und Stützmauern, die in Nr. 9 aufgezählten Werbeanlagen und ähnliche Anlagen jew. bis zu 10 m Anlagenhöhe. Die Interpretation des Merkmals in § 61 I Nr. 1 lit. c LBO, wonach Gebäude, die einem „land- und forstwirtschaftlichen Betrieb dienen", verfahrensfrei sind, erfolgt in Anlehnung an § 35 I Nr. 1 oder IV 1 Nr. 1 lit. e BauGB sowie § 201 BauGB.[450] In § 61 I Nr. 14 LBO findet sich ein Auffangtatbestand für andere vergleichbare unbedeutende Anlagen, die in den vorstehenden Nummern nicht erfasst sind, wie Hauseingangsüberdachungen, Markisen, Fensterläden etc. **§ 61 II LBO** stellt über die in Abs. 1 genannten Vorhaben hinaus z.B. einem land- und forstwirtschaftlichen Betrieb dienende Baulichkeiten verfahrensfrei, sofern der Bauherr der Gemeinde sein Vorhaben durch Einreichen der erforderlichen Unterlagen zur Kenntnis gegeben hat und diese nicht innerhalb von zwei Wochen eine vorläufige Untersagung nach § 15 I 2 BauGB

---

447 LT-Drucks. 12/866, S. 185.
448 VG d. Saarl., BauR 2010, 1635, 1636.
449 Zum schnelleren Ausbau des Mobilfunknetzes sind diese nun bis zu einer Höhe von 15 m verfahrensfrei, bedürfen aber bei einer Höhe von mehr als 10 m eines Standsicherheitsnachweises, LT-Drucks. 16/1860, S. 22 f.
450 VG d. Saarl., Beschl. v. 20.11.2007 – 5 L 1923/07 – juris.

beantragt (sog. **verfahrensfreie Vorhaben unter Vorbehalt der Beteiligung der Gemeinde**). Nimmt die Gemeinde diese Anzeige zum Anlass, dem Bauherrn die Verfahrensfreistellung zu bestätigen und zu erklären, dass der Ausführung „baurechtlich nichts entgegenstehe", kann der Bauherr für sich daraus keine günstigen Folgen hinsichtlich der von ihm nach § 60 II 1 LBO einzuhaltenden materiellrechtlichen Vorschriften entnehmen.[451]

Nach **§ 61 III LBO** ist die **Nutzungsänderung** von Anlagen u.a. verfahrensfrei, wenn für die neue Nutzung keine anderen öffentl.-rechtl. „Anforderungen", die in einem Baugenehmigungsverfahren nach § 65 LBO zu prüfen sind, als für die bisherige Nutzung in Betracht kommen. Der Gesetzestext bringt nunmehr klar zum Ausdruck, dass eine Verfahrensfreistellung nicht nur dann ausscheidet, wenn die bisherige und die geänderte Nutzung in verschiedenen Rechtsvorschriften geregelt sind, sondern auch dann, wenn sich aus derselben Norm abweichende Zulässigkeitsanforderungen ergeben[452] (Bsp.: ein als Ladenlokal genehmigtes Einzelhandelsgeschäft soll künftig als Wettbüro genutzt werden[453]). **§ 61 IV LBO** regelt in Satz 1 die Verfahrensfreiheit der **Beseitigung von Anlagen** und führt für diejenigen Fälle, in denen die Beseitigung der Anlage nicht verfahrensfrei ist, anstelle der bisherigen Genehmigungsbedürftigkeit ein Anzeigeverfahren ein. In diesem Zusammenhang ist § 12 der saarl. Bauvorlagenverordnung (BauVorlVO)[454] zu den Bauvorlagen bei beabsichtigter Beseitigung von Anlagen zu beachten. Schließlich sind nach **§ 61 V LBO Instandhaltungsarbeiten** verfahrensfrei. Unter Letztere fallen nur bauliche Maßnahmen, die der Substanzerhaltung und der Beseitigung von Mängeln infolge von Witterungseinflüssen, Abnutzung oder Alterung dienen, ohne dass dadurch die Identität der Anlage einschließlich ihres Nutzungszwecks geändert wird.[455] Obwohl der Einzelne bei den verfahrensfreien Vorhaben auf eigenes Risiko handelt (s. § 60 II LBO), hielt das VG d. Saarl. eine gegen die untere Bauaufsichtsbehörde gerichtete Feststellungsklage über die baurechtliche Zulässigkeit einer geplanten, verfahrensfreien Werbeanlage für möglich. Es bejahte ein qualifiziertes Feststellungsinteresse. Denn es sei dem Kläger nicht zumutbar, erst die bauliche Anlage zu errichten und dann gegen die wegen ihrer Baurechtswidrigkeit erlassene behördliche Beseitigungsanordnung gerichtlichen Rechtsschutz in Anspruch zu nehmen.[456]

Bei der **Genehmigungsfreistellung nach § 63 LBO** handelt es sich um kein bauaufsichtliches Verfahren, da die Bauaufsichtsbehörden **keine Prüfung** vornehmen. Diese Vorschrift kommt nur zur Anwendung, wenn der Bauherr keine vereinfachte Baugenehmigung aufgrund seines Optionsrechts in § 60 III LBO beantragt hat. Nach § 63 I 1 LBO bedürfen keiner Baugenehmigung **Gebäude der Gebäudeklasse 1 – 3** (Nr. 1), **sonstige Anlagen, die keine Gebäude sind** (Nr. 2) sowie **Nebengebäude und -anlagen zu Vorhaben nach den Nrn. 1, 2** (Nr. 3). Angesichts der weiten Formulierung gilt diese

132

133

---

451 OVG d. Saarl., BauR 2017, 1352, 1353.
452 LT-Drucks. 15/1214, S. 62; OVG d. Saarl., Urt. v. 27.1.2022 – 2 C 113/21, Rn. 22 – juris.
453 OVG d. Saarl., BauR 2010, 449, 450; vgl. auch *Bitz*, SKZ 2009, 206, 208.
454 BauVorlVO v. 15.6.2011 (Amtsbl. S. 254).
455 VG d. Saarl., Urt. v. 18.1.2012 – 5 K 794/11, Rn. 40 – juris.
456 VG d. Saarl., LKRZ 2013, 26, 27.

Vorschrift für die Errichtung, Änderung und Nutzungsänderung derartiger Anlagen. Allerdings nimmt Satz 2 u.a. **Werbeanlagen (Nr. 1) und Sonderbauten (Nr. 2) von der Genehmigungsfreistellung aus.** Des Weiteren hängt die Genehmigungsfreistellung davon ab, dass das Vorhaben im Geltungsbereich eines **qualifizierten oder vorhabenbezogenen Bebauungsplans** i.S.d. § 30 I, II BauGB liegt und dessen Festsetzungen nicht widerspricht, also plankonform ist.[457] Eigentlicher Grund für die Genehmigungsfreistellung ist nämlich, dass die Vereinbarkeit eines Vorhabens mit einem derartigen Bebauungsplan einfach überprüft werden kann.[458] An der Voraussetzung eines solchen Bebauungsplans i.S.d. § 63 II Nr. 1 LBO fehlt es, wenn dieser von Anfang an unwirksam oder zwischenzeitlich infolge Funktionslosigkeit außer Kraft getreten ist.[459] Ferner muss die Erschließung i.S.d. BauGB gesichert (§ 63 II Nr. 2 LBO) und es dürfen keine Abweichungen nach § 68 LBO von Vorschriften dieses Gesetzes oder aufgrund dieses Gesetzes erforderlich sein, § 63 II Nr. 3 LBO.

134 Nach § 63 II Nr. 4 Var. 1 LBO scheidet die Genehmigungsfreistellung zum einen aus, wenn die **Gemeinde innerhalb der Frist des § 63 III 2 LBO erklärt, dass das vereinfachte Baugenehmigungsverfahren** durchgeführt werden soll. Aus Rücksichtnahme auf ihre Planungshoheit verfügen die Gemeinden über die Möglichkeit, Bauvorhaben in das vereinfachte Genehmigungsverfahren „umzusteuern".[460] Gem. § 63 IV 1 LBO kann die Gemeinde eine solche Erklärung „insbesondere" deshalb abgeben, weil sie eine Überprüfung der Voraussetzungen des § 63 II Nrn. 1–3 LBO oder des Bauvorhabens aus anderen Gründen für erforderlich hält. Wie man an dieser Formulierung erkennen kann, kommt der Gemeinde in dieser Hinsicht ein weiter Spielraum zu.[461] So kann eine Gemeinde, weil sie in einem Bebauungsplan nicht alle städtebaulichen Konflikte bewältigt hat, die Durchführung eines vereinfachten Genehmigungsverfahrens verlangen.[462] Nach den Materialien wurde bewusst von einer konkreten und abschließenden Aufzählung derartiger Gründe abgesehen, „um den Eindruck zu vermeiden, der Gemeinde würden durch die Einräumung der Erklärungsmöglichkeit bestimmte Prüfpflichten auferlegt, die ihr ggf. auch gegenüber dem Bauherrn mit entsprechenden Konsequenzen (Feststellungswirkung, Amtshaftung) obliegen könnten".[463] § 63 IV 2 LBO stellt nochmals den mangelnden drittschützenden Charakter dieser Erklärung heraus[464] und bestimmt, dass es **keinen Rechtsanspruch auf das Unterlassen dieser Erklärungsmöglichkeit** gibt. Laut den Materialien führt die Erklärung der Gemeinde nach § 64 II Nr. 4 Var. 1 LBO stets zur Genehmigungsbedürftigkeit des Vorhabens.[465] In diesem Fall sind dem Bauherrn die vorgelegten Unterlagen zurückzugeben (§ 63 IV 3 LBO), außer er hat bereits bei Einreichung der Unterlagen deren Behandlung als Bauantrag bestimmt. Dann leitet die Gemeinde gem. § 63 IV 4 LBO die Unterlagen

---

457 LT-Drucks. 15/1214, S. 64.
458 *Siegel*, ÖR Berl., § 4 Rn. 189.
459 VG d. Saarl., Urt. v. 28.11.2018 – 5 K 1500/16, Rn. 44 – juris.
460 LT-Drucks. 15/1214, S. 65.
461 LT-Drucks. 15/1214, S. 65.
462 LT-Drucks. 15/1214, S. 65.
463 LT-Drucks. 15/1214, S. 65.
464 LT-Drucks. 15/1214, S. 65; gegen die Annahme eines VA bei einer solchen Erklärung mangels Regelungswirkung *Bitz*, SKZ 2015, 162, 178.
465 LT-Drucks. 15/1214, S. 65.

samt ihrer Erklärung an die Bauaufsichtsbehörde weiter. Zum anderen greift die Genehmigungsfreistellung nicht, wenn die Gemeinde innerhalb der Frist des Abs. 3 S. 2 – einen Monat nach Eingang der „erforderlichen", d.h. vollständigen[466] Unterlagen bei ihr – eine vorläufige Untersagung nach § 15 I 2 BauGB beantragt. Stellt die Gemeinde rechtzeitig einen solchen Antrag, sind dem Bauherrn die eingereichten Unterlagen zurückzugeben (§ 63 III 4 LBO).

Nach alldem ist die Genehmigungsfreistellung also nur möglich, wenn sich die jew. Gemeinde innerhalb der nicht verlängerbaren Ein-Monats-Frist weder für ein vereinfachtes Genehmigungsverfahren noch für eine vorläufige Untersagung des Vorhabens nach § 15 BauGB ausspricht. Außerdem muss die Gemeinde die Unterlagen unverzüglich an die Bauaufsichtsbehörde weiterleiten (§ 63 III 1 Hs. 2 LBO),[467] damit diese die Bauüberwachung und Bauzustandsbesichtigung wahrnehmen kann. Auch für Letztere wird dadurch keine Prüfpflicht der Zulässigkeit des Vorhabens ausgelöst.[468] Beantragt die Gemeinde nicht innerhalb eines Monats die Durchführung eines vereinfachten Baugenehmigungsverfahrens oder die vorläufige Untersagung bzw. teilt sie dem Bauherrn bereits vor Ablauf der Frist mit, dass sie von derartigen Erklärungen absieht, darf dieser einen Monat nach Eingang der Bauvorlagen, u.U. nach vorangegangener Mitteilung auch früher, mit seinem Vorhaben beginnen. 135

Da die Genehmigungsfreistellung an einen qualifizierten bzw. vorhabenbezogenen Bebauungsplan anknüpft (§ 63 II Nr. 1 LBO), der aber aus rechtlichen Gründen möglicherweise gar nicht wirksam ist, tun sich in diesem Zusammenhang eine Reihe von Fragen auf, die hier nur angerissen werden können. Was ist z.B., wenn das OVG nachträglich in einem Normenkontrollverfahren die Unwirksamkeit des Bebauungsplans feststellt? Da der Bebauungsplan unwirksam ist, steht damit zugleich fest, dass die Voraussetzungen des unter Annahme einer Genehmigungsfreistellung verwirklichten Vorhabens nicht vorgelegen haben. Für dieses wäre regelmäßig eine vereinfachte Baugenehmigung einzuholen gewesen. Da dies der Bauherr aber nicht getan hat, weil nach seiner Meinung die Voraussetzungen des § 63 II LBO vorgelegen haben, wird bzw. wurde die bauliche Anlage von ihm *formell illegal* errichtet. Ob allein die formelle Illegalität für ein repressives Einschreiten der Behörden nach §§ 81, 82 LBO ausreicht, richtet sich nach den Voraussetzungen der jew. einschlägigen Befugnisnorm (→ Rn. 159 ff.). Da das Einschreiten regelmäßig im Ermessen der Behörde steht, kann der „Rechtsschein" eines wirksamen Bebauungsplans einen auf der Rechtsfolgenseite beachtlichen Ermessensfaktor darstellen.[469] Angesichts dessen, dass die Behörden bei genehmigungsfreigestellten Vorhaben gar nicht das Vorliegen der Voraussetzungen dieser Verfahrensart zu prüfen haben, brauchen sie nicht von sich aus der Frage nachzugehen, ob für das jeweils zur Debatte stehende Vorhaben überhaupt ein wirksamer Bebauungsplan vorliegt. Hat der Bauherr selbst Bedenken an der Wirksamkeit des Bebauungsplans, verfügt er über die Möglichkeit, statt der Genehmigungsfreistellung 136

---

466 LT-Drucks. 12/866, S. 196; s. zu den vollständigen Bauvorlagen § 1 I BauVorlVO 2011.
467 Zur Ermöglichung elektronischer Weiterleitung LT-Drucks. 16/1860, S. 24.
468 LT-Drucks. 12/866, S. 196.
469 S. dazu *Bitz/Schwarz*, SKZ 2007, 86, 104.

eine vereinfachte Baugenehmigung zu beantragen und steht damit auf jeden Fall auf der sicheren Seite. Auch die Gemeinde kann nunmehr die Durchführung eines solchen Genehmigungsverfahrens verlangen (§ 63 II Nr. 4 Var. 1 LBO).

137 Wenn ein Vorhaben, das verfahrensfrei oder genehmigungsfrei gestellt ist, ohne Baugenehmigung realisiert werden darf, hat dies folgende **Konsequenzen für den Rechtsschutz**: Mangels Erteilung einer Baugenehmigung kann sich der Nachbar nicht mit Widerspruch und Anfechtungsklage gegen das jew. Bauvorhaben wehren. Er muss vielmehr bei der Bauaufsichtsbehörde ein Einschreiten beantragen, das im Maximalfall auf eine Beseitigungsverfügung gerichtet sein kann. Für den einstweiligen Rechtsschutz ist somit § 123 VwGO und in der Hauptsache eine Verpflichtungsklage (§ 42 I Alt. 2 VwGO) einschlägig. Regelmäßig stehen die behördlichen repressiven Reaktionsmöglichkeiten im Ermessen der Bauaufsichtsbehörde (§ 40 SVwVfG), so dass die Verwaltungsgerichte die Entscheidung nur auf bestimmte Ermessensfehler hin prüfen können (§ 114 S. 1 VwGO). Die Rspr. tendiert jedoch bei den freigestellten Vorhaben bei Verletzung nachbarschützender Normen zu einer Ermessensreduzierung auf Null, soweit kein individueller Rechtsverlust im Einzelfall, etwa aufgrund eines Verzichts, eingetreten ist.[470] Allein aus dem Nichtvorliegen der Voraussetzungen der Genehmigungsfreistellung lässt sich keine Nachbarrechtsverletzung herleiten. Eine solche kann sich nicht aus verfahrensrechtlichen Bestimmungen, sondern nur aus einer Verletzung auf das Bauvorhaben anwendbarer und im konkreten Fall nicht eingehaltener nachbarschützender Normen des materiellen (Bau-)Rechts ergeben.[471]

b) Die beiden Typen des Baugenehmigungsverfahrens

138 Ist für ein Bauvorhaben eine Baugenehmigung erforderlich, ist zu prüfen, ob die Baugenehmigung in einem **vereinfachten Verfahren** nach § 64 LBO oder in einem **normalen Verfahren** nach § 65 LBO zu erteilen ist. Bei Letzterem prüft die Baugenehmigungsbehörde die Zulässigkeit des Bauvorhabens **nach dem BauGB**, **nach der LBO** allerdings ohne die Anforderungen an den Wärme-, Schall- und Erschütterungsschutz und – die Energieeinsparverordnung ausgenommen – **nach den sonstigen öffentl.-rechtl. Vorschriften**. Im normalen Baugenehmigungsverfahren verfügt die Bauaufsichtsbehörde also über eine grds. **umfassende Sachentscheidungskompetenz**, weshalb man es auch als ein „Vollgenehmigungsverfahren" bezeichnen kann.[472] Allerdings sollte man sich merken, dass die Befugnis der Bauaufsichtsbehörde zu einer verbindlichen Entscheidung über die Vereinbarkeit des Vorhabens mit den öffentl.-rechtl. Vorschriften nur besteht, soweit für bestimmte öffentl.-rechtl. Vorschriften keine speziellen Genehmigungsvorbehalte anderer Behörden in anderen Fachgesetzen normiert sind.[473] Über Eingriffe in Natur und Landschaft entscheidet dagegen in Fällen, in denen der Eingriff – wie bei der Baugenehmigung – nach anderen Rechtsvorschriften einer Zulassung bedarf, die Bauaufsichtsbehörde im Einvernehmen mit der Natur-

---

470 OVG d. Saarl., Urt. v. 3.9.2020 – 2 A 17/20, Rn. 26 – juris; s. auch VG d. Saarl., Urt. v. 31.7.2019 – 5 K 2421/17, Rn. 32 – juris.
471 OVG d. Saarl., BRS 70 Nr. 179; VG d. Saarl., Urt. v. 31.7.2019 – 5 K 2421/17, Rn. 33 – juris.
472 So *Bitz*, SKZ 2015, 162, 180.
473 BVerwG, DVBl. 1989, 1055, 1058; VGH Bad.-Württ., BauR 2003, 492, 494.

schutzbehörde über die zur Durchführung des § 28 des Saarl. Naturschutzgesetzes (SNG)[474] erforderlichen Maßnahmen (§ 29 I 1 SNG). Ähnliches ergibt sich aus § 10 V 1 des Saarl. Denkmalschutzgesetzes (SDSchG), wonach bei Veränderung von Baudenkmälern, für die eine Baugenehmigung erforderlich ist, die Baugenehmigung die Genehmigung nach § 6 I–III SDSchG einschließt. Dem normalen Baugenehmigungsverfahren unterfallen insb. Sonderbauten. Aufgrund der **Wahlmöglichkeit in § 60 III LBO** kann der Bauherr anstelle einer Baugenehmigung im vereinfachten Verfahren eine normale Baugenehmigung nach § 65 LBO beantragen. Im Saarland hat die Baugenehmigung einen **Schlusspunktcharakter**, weshalb das Fehlen einer nach anderen öffentl.-rechtl. Vorschriften erforderlichen Genehmigung ihrer Erteilung entgegensteht.[475]

---

[474] SNG v. 5.4.2006 (Amtsbl. S. 726) zuletzt geändert durch G v. 16.12.2021, Amtsbl. S. 2662.
[475] VG d. Saarl., Beschl. v. 26.8.2014 – 5 L 996/14, Rn. 35 – juris.

139

Baugenehmigungsverfahren	
vereinfachtes, § 64 LBO	**normales, § 65 LBO**
– Gebäude der Gebäudekl. 1–3 (s. § 2 III LBO) – keine Sonderbaute, § 64 I 2 i.V.m. § 63 I 2 Nr. 2 LBO – keine Pflicht zur Durchführung UVP oder einer Vorprüfung, § 64 I 2 i.V.m. § 63 I 2 Nr. 3 LBO – Werbeanlagen, Umkehrschluss zu § 64 I 2 LBO	gilt für BG-bedürftige Anlagen, die nicht unter § 64 LBO fallen; insb. für Sonderbauten (s. § 2 IV LBO)
– Achtung: § 60 III LBO Wahlmöglichkeit des *Bauherrn*: anstelle § 61 *oder* § 63: vereinfachtes Verfahren nach § 64 LBO – § 63 II Nr. 4 Var. 1, IV LBO: Möglichkeit der *Gemeinde*, ein genehmigungsfrei gestelltes Vorhaben in das vereinfachte BG-Verfahren „umzusteuern"	– Achtung: § 60 III LBO Wahlmöglichkeit des *Bauherrn*: anstelle vereinfachtem Verfahren nach § 64: normales Verfahren nach § 65 LBO
eingeschränktes Prüfprogramm, § 64 II LBO: – Zul. nach BauGB (insb. §§ 29 ff.) – aus der LBO *nur* §§ 7, 8, 50, 85 LBO – bei *Werbeanlagen* (§ 12 LBO): aus der LBO *nur* §§ 4, 7, 8, 12, 14, 17 II und § 85 LBO – sonstige öR Vorschriften – beantr. Abweichungen (§ 68 LBO) Beachte: § 73 I 1 Hs. 2 LBO: Bauaufsichtsbeh. „*darf*" Antrag auch ablehnen, wenn Verstoß gegen nicht zu prüfende öR Vorschriften	**umfassendes Prüfprogramm, § 65 S. 1 LBO** („*Vollgenehmigungsverfahren*"): – Zul. nach BauGB (insb. §§ 29 ff.) – Zul. nach *gesamter LBO* (mit Ausnahme Wärme-, Schall-, Erschütterungsschutz) – sonstige öR Vorschriften – beantr. Abweichungen (§ 68 LBO)
§ 64 III LBO: grds. dreimonatige Entscheidungsfrist, ggf. **Genehmigungsfiktion** § 60 II LBO: Bauherr muss (auch nicht zu prüfende Vorschriften) von sich aus einhalten, sonst bauaufsichtliche Maßnahmen (§ 57 II 2, §§ 81 f. LBO) möglich	**keine Genehmigungsfiktion** keine bauaufsichtlichen Maßnahmen, soweit BG besteht (ggf. zunächst Aufhebung)
– soweit Verletzung drittschützender Norm zum Prüfprogramm zählt: Anfechtungsklage des Nachbarn – soweit Verletzung drittschützender Norm nicht zum Prüfprogramm zählt: Verpflichtungsklage des Nachbarn gerichtet auf bauaufsichtliche Maßnahmen	statthafte Klageart des Nachbarn bei Geltendmachung von Verletzung drittschützender Normen: Anfechtungsklage

Gem. § 64 I LBO wird das vereinfachte Baugenehmigungsverfahren für Vorhaben nach § 63 I 1 LBO, bei denen die **Voraussetzungen** nach § 63 II LBO nicht vorliegen, durchgeführt. Es handelt sich dabei um die Errichtung, Nutzungsänderung und Änderung von **Gebäuden bis zur Klasse 3**, sonstigen Anlagen, die keine Gebäude sind sowie Nebengebäuden und Nebenanlagen zu derartigen Vorhaben, bei denen es sich um **keine Sonderbauten** (§ 63 I 2 Nr. 2 LBO) handelt und für die auch **keine Pflicht zur Durchführung einer Umweltverträglichkeitsprüfung oder einer Vorprüfung** besteht (§ 63 I 2 Nr. 2 LBO). Wie sich aus einem Umkehrschluss zu den in § 64 I 2 LBO genannten Nrn. 2 und 3 ergibt, ist die Werbeanlage in Nr. 1 des § 63 I 2 LBO von dieser Ausnahme gerade nicht umfasst und unterliegt daher dem vereinfachten Verfahren. Außerdem kann nach § 60 III LBO auf **Verlangen des Bauherrn** für verfahrensfreie und für genehmigungsfrei gestellte Vorhaben eine vereinfachte Baugenehmigung beantragt werden. Darüber hinaus kann die Gemeinde innerhalb der Frist des § 63 III 2 LBO ein genehmigungsfrei gestelltes Vorhaben in ein vereinfachtes Baugenehmigungsverfahren umsteuern (§ 63 II Nr. 4 Var. 1, IV LBO).

140

Im Unterschied zum Baugenehmigungsverfahren nach § 65 LBO ist bei dem vereinfachten Verfahren das **materielle Prüfprogramm der Bauaufsichtsbehörde** eingeschränkt. In diesem Verfahren wird zwar die Zulässigkeit des Bauvorhabens nach dem BauGB und den sonstigen öffentl.-rechtl. Vorschriften geprüft (§ 64 II 1 Nr. 1 LBO). Allerdings werden nicht alle LBO-Vorgaben, sondern **nur ein Teil der bauordnungsrechtlichen Vorgaben** geprüft. Für **Anlagen, die keine Werbeanlagen** sind, wird in Nr. 2 festgelegt, dass bei ihnen die Übereinstimmung mit den Vorschriften über die **Abstandsflächen** (§§ 7, 8 LBO), das **barrierefreie Bauen** (§ 50 LBO) sowie den **Örtlichen Bauvorschriften** nach § 85 LBO geprüft wird. Bei **Werbeanlagen** werden die §§ 4, 7, 8, 12, 14, 17 II LBO sowie die **Örtlichen Bauvorschriften** (§ 85 LBO) geprüft. Außerdem sind **beantragte Abweichungen** zu kontrollieren (§ 64 II 1 Nr. 4 BauGB). In § 73 I 1 Hs. 2 LBO wird nunmehr explizit klargestellt, dass die Behörde einen Bauantrag auch aus im baurechtlichen Genehmigungsverfahren nicht zu prüfenden Vorschriften ablehnen darf. Auch wenn die Anforderungen an Zugänge und Zufahrten auf den Grundstücken i.S.d. § 6 LBO gem. § 64 II 1 Nr. 2 LBO nicht zum Entscheidungsprogramm der Baugenehmigungsbehörde im vereinfachten Genehmigungsverfahren gehören, kann sie die §§ 5, 6 LBO über § 73 I 1 Alt. 2 LBO zum Gegenstand ihrer Entscheidung über den Bauantrag machen.[476] Entsprechend den Gesetzesmaterialien lässt sich aus dieser Regelung aber keine Pflicht zu einer umfassenden Prüfung der LBO und auch nicht zu einer Ermessensausübung entnehmen, „denn es wird nicht das Wort ‚kann', sondern das Wort ‚darf' verwendet".[477] Anstelle einer Verpflichtung zur Ablehnung wird nur eine Möglichkeit dazu geschaffen.[478] Wegen des mit der vereinfachten Baugenehmigung beabsichtigten Beschleunigungseffekts sollte davon nicht allzu großzügig, sondern vor allem bei offensichtlichen Gesetzesverstößen Gebrauch gemacht werden.[479] Erteilt die Bauaufsichtsbehörde trotz eines Verstoßes gegen ande-

141

---

476 OVG d. Saarl., Beschl. v. 23.6.2021 – 2 A 351/20, Rn. 16 – juris.
477 LT-Drucks. 15/1214, S. 70.
478 *Siegel* BauR 2017, 42, 51 iErg., zu Berlin.
479 *Siegel* BauR 2017, 42, 51 iErg., zu Berlin.

re LBO-Normen eine einfache Baugenehmigung, „immunisiert" diese das genehmigte Bauvorhaben nicht derart, dass die Bauaufsichtsbehörde generell an einem repressiven Tätigwerden auf der Grundlage der §§ 81, 82 LBO auch bei Verstößen des Bauherrn gegen die von ihm eigenverantwortlich zu beachtenden Vorschriften gehindert wäre.[480]

142 Über die vereinfachte Baugenehmigung ist innerhalb von **drei Monaten** nach Eingang **des vollständigen Antrags** zu entscheiden. Bei einem wichtigen Grund kann die Frist um bis zu einen Monat **verlängert** werden. Ein „wichtiger" Grund liegt nach § 64 III 2 LBO insb. vor, wenn eine Ausnahme, Befreiung oder Abweichung beantragt ist oder die Erteilung der Baugenehmigung der Entscheidung einer anderen Behörde oder Stelle bedarf. Wenn zur Beurteilung des Vorhabens durch eine beteiligte Behörde oder Stelle noch zusätzliche Unterlagen oder Angaben benötigt werden, wird die Frist bis zu deren Eingang **unterbrochen**. Gleiches gilt bei einem nachgereichten Antrag auf Erteilung einer Ausnahme, Befreiung oder Abweichung. Legt man den Gesetzeswortlaut zugrunde, ist eine bloße Anhörung des Bauherrn weder zur Verlängerung, Unterbrechung noch zum Ausschluss der Dreimonatsfrist geeignet.[481] Wird über den Bauantrag **nicht innerhalb der gesetzl. Frist** entschieden, wird die vereinfachte Baugenehmigung fingiert, d.h. sie gilt als erteilt. Die Frist für die Genehmigungsfiktion läuft erst ab Vorliegen eines vollständigen Bauantrags. Ob dies der Fall ist, beurteilt sich nach den einschlägigen Bestimmungen der BauVorlVO.[482] Unterlässt die Behörde entgegen § 70 I 1, 4 LBO einen Hinweis auf die Unvollständigkeit des Antrags, bewirkt dies nicht, dass der Antrag als vollständig anzusehen ist.[483] Nimmt der Bauherr inhaltliche Veränderungen seines Bauvorhabens in den Planunterlagen vor, die über bloße Hinweise oder Erläuterungen hinausgehen, hat dies den Neubeginn der Entscheidungsfrist des § 64 III 1 LBO ab Einreichung der geänderten Pläne zur Folge.[484] Nach § 64 III 7 LBO gelten die Sätze 1–6 nicht, wenn die Frist für die Entscheidung einer anderen Stelle oder Behörde nach Bundesrecht mehr als zwei Monate beträgt oder über zwei Monate hinaus verlängert werden darf. Als Bsp. hierfür sei § 12 II 2, 3 LuftVG genannt.[485]

143 Auf Verlangen des Bauherrn hat die Bauaufsichtsbehörde die fingierte Genehmigung zu bestätigen (§ 64 III 6 LBO). Überwiegend wird zwischenzeitlich die Regelungswirkung dieser Bescheinigung verneint, weil sie nur einen Hinweis auf die bereits eingetretene Fiktionswirkung enthält.[486] Die für einen Verwaltungsakt erforderliche Regelungswirkung ist dagegen zu bejahen, wenn die Behörde die Bestätigung deshalb ablehnt, weil die Voraussetzungen der Fiktion nicht vorliegen.[487] Je nach Variante ist

---

480 OVG d. Saarl., Beschl. v. 8.12.2010 – 2 B 308/10 – juris.
481 VG d. Saarl., Urt. v. 21.10.2020 – 5 K 1886/19, Rn. 34 – juris.
482 VG d. Saarl., ZfWG 2016, 73.
483 VG d. Saarl., Urt. v. 19.11.2014 – 5 K 2185/13, Rn. 40 – juris.
484 OVG d. Saarl., Beschl. v. 12.5.2021 – 2 A 107/20, Rn. 16 – juris.
485 LT-Drucks. 15/1214, S. 66.
486 BR-Drucks. 171/12, S. 38; *Siegel* BauR 2017, 42, 50.
487 *Siegel* BauR 2017, 52, 50 f.

deshalb die Erteilung der Bestätigung mit der allg. Leistungsklage oder im Wege der Verpflichtungsklage (§ 42 I Alt. 2 VwGO) geltend zu machen.[488]

Die „fiktive" Baugenehmigung des § 64 III 5 LBO tritt nach dem Willen des Gesetzgebers unabhängig davon ein, ob die Voraussetzungen für die Erteilung einer Baugenehmigung gegeben sind oder nicht. Auch wenn das für die Baugenehmigung benötigte gemeindliche Einvernehmen nach § 36 BauGB fehlt, wird mit Ablauf der Entscheidungsfrist die Genehmigung fingiert. Die betroffene Gemeinde kann jedoch unter derartigen Gegebenheiten die fiktive Baugenehmigung mit einer Anfechtungsklage wegen Verletzung ihrer Planungshoheit aufheben lassen.[489] Die fiktive Baugenehmigung wird in dieser Hinsicht nicht anders als eine gewöhnliche Baugenehmigung behandelt. Dies gilt etwa für die limitierte Geltungsdauer der Baugenehmigung (§ 74 LBO) oder die ggf. heranzuziehenden Regeln des allg. Verwaltungsrechts, weshalb eine rechtswidrige fiktive Baugenehmigung nach § 48 SVwVfG zurückgenommen werden kann.[490]

144

Ist der Nachbar der Ansicht, dass ein Bauvorhaben, für das eine vereinfachte (ggf. fingierte) Baugenehmigung erteilt wurde, rechtswidrig ist, ist unter **Rechtsschutzgesichtspunkten** Folgendes zu beachten: Er kann gegen die vereinfachte Baugenehmigung mit der **Anfechtungsklage** (§ 42 I Alt. 1 VwGO) vorgehen. Allein aus dem Umstand, dass ein Vorhaben zu Unrecht im vereinfachten Baugenehmigungsverfahren genehmigt wurde, lässt sich keine für die Klagebefugnis nötige mögliche Verletzung eines subjektiven Rechts herleiten.[491] Eine **Rechtsverletzung** kann sich nur aus der Verletzung nachbarschützender öffentl.-rechtl. Vorschriften ergeben, die zum Regelungsinhalt der Baugenehmigung gehören.[492] Verletzt das Bauvorhaben öffentl.-rechtl. Vorschriften, die **außerhalb des Prüfprogramms** des § 64 II LBO liegen (drittschützende Vorschriften der LBO), und hat die Baugenehmigungsbehörde ihr Entscheidungsprogramm nicht gem. § 73 I Hs. 2 LBO auf weitere nachbarschützende Vorschriften erweitert, kommt mangels Prüfung durch die Baugenehmigungsbehörde eine Verletzung derartiger Nachbarrechte auf Grundlage der erteilten Genehmigung nicht in Betracht.[493] Insoweit bleibt dem Nachbarn nur die Möglichkeit, die Bauaufsichtsbehörde zu einem **repressiven Einschreiten** aufzufordern. Entspricht die Behörde seinem Begehren nicht, kann er – ggf. ergänzend – **Verpflichtungswiderspruch und -klage** (§ 42 I Alt. 2 VwGO) erheben. Einstweiliger Rechtsschutz wird dann über § 123 VwGO gewährt.[494] Ob diese dem Betroffenen gemeinhin schwer vermittelbare Aufspaltung des Rechtsschutzes sinnvoll und bürgerfreundlich ist, kann nach dem OVG d. Saarl. dahinstehen.[495]

145

---

488 Für eine Verpflichtungsklage VG d. Saarl., Beschl. v. 21.10.2020 – 5 K 1886/19, Rn. 18 – juris.
489 OVG d. Saarl., NVwZ-RR 2006, 678, 679; VG d. Saarl., LKRZ 2008, 379, 380.
490 OVG d. Saarl., NVwZ-RR 2006, 678, 679; VG d. Saarl., Beschl. v. 20.3.2013 – 5 L 1781/12 – juris; s. auch § 42a I 2 SVwVfG.
491 OVG d. Saarl., SKZ 2012, 172.
492 VG d. Saarl., Beschl. v. 25.6.2019 – 5 L 799/19, Rn. 22 – juris.
493 VG d. Saarl., Beschl. v. 25.6.2019 – 5 L 799/19, Rn. 21 f., 25 – juris.
494 OVG d. Saarl., NVwZ-RR 2008, 378; BRS 76 Nr. 146.
495 OVG d. Saarl., BRS 76 Nr. 146.

c) Ablauf des Genehmigungsverfahrens im Überblick

146 Da die Baugenehmigung ein **mitwirkungsbedürftiger Verwaltungsakt** ist, beginnt das Baugenehmigungsverfahren abweichend von der Offizialmaxime des § 22 S. 1 SVwVfG mit der Einreichung des **Bauantrags** bei der **unteren Bauaufsichtsbehörde** (§ 69 I LBO).[496] Nach § 69 II LBO sind dem Bauantrag alle für die Beurteilung des Bauvorhabens und die Bearbeitung des Bauantrags erforderlichen Unterlagen beizufügen (s. dazu die **BauVorlVO**). Ausweislich des Gesetzestexts besteht die Vorlagepflicht auch, „soweit Anforderungen in den Verfahren nach §§ 64 und 65 nicht geprüft werden". Dadurch wollte man den Bauaufsichtsbehörden die Beurteilung des Bauvorhabens im Rahmen der insoweit nicht mehr eingeschränkten Bauüberwachung erleichtern.[497]

147 Die Bauaufsichtsbehörde prüft sodann den Bauantrag binnen sechs Arbeitstagen nach Eingang auf seine Vollständigkeit (sog. **Vorprüfung**, § 70 I 1 LBO) und teilt gem. § 70 I 5 LBO dem Bauherrn unverzüglich die Bearbeitungsfähigkeit des Antrags mit. Sind die Bauvorlagen so unvollständig oder fehlerhaft, dass sie nicht bearbeitet werden können, ist die Behörde zur Zurückweisung des Antrags verpflichtet (§ 70 I 2 LBO). Zur Beseitigung geringfügiger Mängel soll eine Frist gesetzt werden. Werden die Mängel nicht fristgemäß behoben, gilt der Antrag als zurückgenommen (§ 70 I 4 LBO). In § 70 II LBO wird die **Beteiligung anderer Behörden und Stellen** geregelt. Mehrere benötigte Entscheidungen und Stellungnahmen „sollen" gleichzeitig, sozusagen sternförmig, eingeholt werden. Sofern dies der beschleunigten Abwicklung dient, soll eine gemeinsame Besprechung der zu beteiligenden Stellen einberufen werden (Antragskonferenz). Ist nach landesrechtlichen Vorschriften eine Entscheidung einer anderen Behörde erforderlich, „gilt" diese als erteilt, wenn sie nicht innerhalb von zwei Monaten versagt wird. Da eine Begründung der Versagung verlangt wird, sind vorsorgliche Versagungen zur Fristwahrung unbeachtlich (s. näher § 70 III LBO).[498]

148 **§ 71 LBO** wurde durch das Gesetz Nr. 1947 v. 13.6.2018 neu strukturiert. Abs. 1, 2 regeln die **Beteiligung der Nachbarschaft**, welche sich – wie aus dem Klammerzusatz zu entnehmen ist – aus den **Eigentümern und Erbbauberechtigten** benachbarter **Grundstücke** zusammensetzt, deren **nachbarliche Belange** möglicherweise **tangiert** werden. Auch Personen weiter entfernter Grundstücke können zur Nachbarschaft gehören. Vor der Zulassung von Abweichungen nach § 68 LBO sowie von Befreiungen nach § 31 II BauGB, die öffentl.-rechtl. geschützte nachbarliche Belange berühren können, „sollen" die betroffenen Nachbarn benachrichtigt werden. Die Benachrichtigung entfällt jedoch gem. § 71 II 1 LBO, wenn die Nachbarschaft der Abweichung oder Befreiung nach § 68 II 1 LBO (!) und den für die Entscheidung über den Antrag erforderlichen Bauvorlagen zugestimmt hat. Entsprechend § 71 I 2 LBO sollen Personen benachrichtigt werden, wenn nicht auszuschließen ist, dass durch die Baugenehmigung öffentl.-rechtl. geschützte nachbarliche Belange beeinträchtigt werden. Nach

---

[496] Das Schriftformerfordernis für den Bauantrag wurde im Hinblick auf das digitale Baugenehmigungsverfahren 2022 ersatzlos gestrichen, s. LT-Drucks. 16/1860, S. 26.
[497] LT-Drucks. 12/866, S. 203.
[498] LT-Drucks. 12/866, S. 204.

§ 71 I 4 LBO sind Einwendungen **innerhalb eines Monats** nach Zugang der Benachrichtigung in Textform (§ 126b BGB) oder zur Niederschrift vorzubringen, worauf in der Benachrichtigung hinzuweisen ist. Die **benachrichtigte Nachbarschaft** wird mit allen öffentl.-rechtl. Einwendungen ausgeschlossen, die nicht fristgemäß geltend gemacht wurden, sofern bei der Benachrichtigung auf diese Rechtsfolge hingewiesen wurde (§ 71 I 5, 6 LBO). Aus Gründen der Beschleunigung und des Schutzes der Bestandskraft hat sich der Gesetzgeber für die Einführung einer **materiellen Präklusionsnorm** entschieden. Die materielle Präklusion hat zur Folge, dass während der Einwendungsfrist nicht formgerecht geltend gemachte Einwendungen nicht nur im Baugenehmigungsverfahren, sondern auch im nachfolgenden Gerichtsverfahren nicht mehr erfolgreich geltend gemacht werden können.[499] Wegen des rein verfahrensrechtlichen Charakters des § 71 LBO hat eine zu Unrecht unterbliebene Beteiligung eines Nachbarn nicht zur Folge, dass er allein aus diesem Grund Abwehransprüche gegen das Bauvorhaben herleiten kann.[500]

Insb. zur Umsetzung der Seveso-III-Richtlinie wurden in § 71 III–VI LBO Vorschriften über die **Öffentlichkeitsbeteiligung** eingeführt. Wie bislang in Abs. 5 S. 1 Hs. 1 LBO vorgesehen, ermöglicht § 71 III 1 LBO anstelle einer Einzelbeteiligung der Nachbarschaft bei baulichen Anlagen, die aufgrund ihrer Beschaffenheit oder ihres Betriebs geeignet sind, die Allgemeinheit oder die Nachbarschaft zu gefährden, zu benachteiligen oder zu belästigen, auf Antrag des Bauherrn das Bauvorhaben nach den für sie geltenden Bekanntmachungsvorschriften und außerdem entweder im Internet oder in örtlichen Tageszeitungen bekannt zu machen. Im Hinblick auf die Vorgaben der Seveso-Richtlinie bestimmt Satz 2 Hs. 1, dass unter den dort genannten Voraussetzungen eine Bekanntmachung zu erfolgen hat, wovon wiederum Abweichungen gestattet werden. § 71 IV LBO regelt die Inhalte der Bekanntmachung zur Öffentlichkeitsbeteiligung, wobei Satz 1 bei allen Öffentlichkeitsbeteiligungen zu beachtende Anforderungen, Satz 2 hingegen Zusatzanforderungen bei der Bekanntmachung von Bauanträgen für Schutzobjekte zum Gegenstand hat.[501] Demgegenüber betrifft § 71 V LBO die Durchführung der Öffentlichkeitsbeteiligung.[502] Nach der Bekanntmachung sind der Antrag und die Bauvorlagen sowie die entscheidungserheblichen Berichte und Empfehlungen einen Monat auszulegen. Bis zwei Wochen nach Ablauf der Auslegungsfrist kann die Öffentlichkeit, die wesentlich weiter gefasst ist, als der Begriff der Nachbarschaft und insbesondere keinen dinglichen Bezug zur Anlage voraussetzt,[503] Einwendungen in Textform gegenüber der zuständigen Behörde erheben. Nach Ablauf der Frist sind alle öffentl.-rechtl. Einwendungen materiell präkludiert, im Hinblick auf die Aarhus-Konvention wird jedoch für umweltbezogene Einwendungen nur eine auf das formelle Genehmigungs- und somit nicht das Gerichtsverfahren betreffende materielle Präklusion angeordnet. § 71 VI LBO regelt sodann die Bekanntmachung der Baugenehmigung

---

499 LT-Drucks. 12/866, S. 204 f.; s. auch *Siegel*, ÖR Berl., § 4 Rn. 207.
500 OVG d. Saarl., Beschl. v. 21.2.2014 – 2 B 12/14, Rn. 13 – juris.
501 LT-Drucks. 16/390, S. 31.
502 LT-Drucks. 16/390, S. 28, 32.
503 *Siegel*, ÖR Berl., § 4 Rn. 208.

d) Die Baugenehmigung

150 Nach § 73 I 1 Hs. 1 LBO „ist" die Baugenehmigung zu erteilen, wenn dem Vorhaben keine öffentl.-rechtl. Vorschriften entgegenstehen. Durch die Beschränkungen „die im bauaufsichtlichen Genehmigungsverfahren zu prüfen sind" wird die Regelung gegenüber der z.B. in § 64 II LBO enthaltenen Prüfungsbeschränkung geöffnet. Allerdings darf die Behörde nach Hs. 2 den Bauantrag auch wegen Verstoßes gegen im Genehmigungsverfahren nicht zu prüfende Vorschriften ablehnen (→ Rn. 141; Möglichkeit, aber keine Pflicht für die Behörde). Bei der Entscheidung über die Erteilung der Baugenehmigung handelt es sich um eine **gebundene Entscheidung**, auf deren Erlass der Bauwerber grds. einen Rechtsanspruch hat. Gem. § 73 IV LBO wird die Baugenehmigung **unbeschadet privater Rechte Dritter** erteilt. Die Bauaufsichtsbehörde lässt also bei ihrer Entscheidung privatrechtliche Rechtsverhältnisse außer Betracht. Soweit jedoch **offensichtlich** ist, dass das beantragte Vorhaben wegen privatrechtlicher Hinderungsgründe nicht realisierbar ist, kann sie den Bauantrag für das Vorhaben **mangels Sachbescheidungsinteresse** ablehnen, ohne die materiellen öffentl.-rechtl. Anforderungen an das Vorhaben prüfen zu müssen.[505]

151 Nur wenn das Vorhaben genehmigungsfähig ist, muss die Behörde die Baugenehmigung erteilen. Es handelt sich dabei um eine gebundene Entscheidung, soweit nicht im Falle von Ausnahmen und Befreiungen eine Ermessensentscheidung zu treffen ist.[506] Es ist allein Sache des Bauherrn, mit der Einleitung des Genehmigungsverfahrens den Umfang und die Modalitäten seines Vorhabens festzulegen. Es ist den Gerichten verwehrt, das Vorhaben inhaltlich zu modifizieren, um es am Maßstab der einschlägigen Vorschriften genehmigungsfähig zu machen.[507] In der Praxis wird aber regelmäßig die Bauaufsichtsbehörde dem Bauherrn Gelegenheit zur Modifikation seines Bauantrags geben, um Genehmigungshindernisse auszuräumen.[508] Die Baugenehmigung ist **schriftlich** zu erteilen (§ 73 II 1 LBO). Zur Durchführung eines medienbruchfreien elektronischen Genehmigungsverfahrens kann diese Schriftform nach Maßgabe des § 3a I, II SVwVfG durch die elektronische Form ersetzt werden.[509] Nach § 37 I SVwVfG muss die Baugenehmigung inhaltlich hinreichend bestimmt sein. Bei der Ermittlung des Inhalts der Genehmigung kann gerade mit Blick auf das Schriftformerfordernis etwaigen, vom Bauherrn behaupteten mündlichen Äußerungen oder mündlichen Zusagen von Behördenmitarbeitern bei ihrer Inhaltsbestimmung kaum entscheidende Bedeutung beigemessen werden.[510] Einer Baugenehmigung, der nicht entnommen werden kann, welchem Nutzungstyp i.S.d. BauNVO das Vorhaben zuzu-

---

[504] LT-Drucks. 16/390, S. 28, 32 f.
[505] BVerwGE 42, 115, 116 f.; 50, 282, 285 f.
[506] *Siegel*, ÖR Berl., § 4 Rn. 211.
[507] OVG d. Saarl., BauR 2020, 616, 617.
[508] OVG d. Saarl., Beschl. v. 12.5.2021 – 2 A 107/20, Rn. 17 – juris.
[509] LT-Drucks. 16/1860, 27.
[510] OVG d. Saarl., AS 33, 35, 40; HessVGH, BauR 2009, 636 f.

ordnen ist, fehlt die inhaltliche Bestimmtheit.[511] Zur Sicherstellung der Genehmigungsvoraussetzungen kann die Genehmigung mit **Nebenbestimmungen** versehen werden (§ 36 I SVwVfG). Nach § 69 II 3 LBO kann die Baugenehmigung auf Antrag unter der Bedingung der Nachreichung bautechnischer Nachweise erteilt werden. Bei baulichen Anlagen, die nur auf beschränkte Zeit errichtet werden können oder sollen, kann die Baugenehmigung **widerruflich oder befristet** ausgestaltet werden (s. näher § 73 III LBO). Die Baugenehmigung und ihre Nebenbestimmungen sind nur insoweit zu **begründen**, als nach § 71 I oder V LBO fristgerecht erhobenen Einwendungen nicht entsprochen wird, § 73 II 2 LBO. Da § 39 II Nr. 2 SVwVfG unberührt bleibt, kann auch in diesem Fall von einer Begründung abgesehen werden, wenn die Auffassung der Bauaufsichtsbehörde bereits bekannt ist. Nach § 73 II 3 LBO sind der Baugenehmigung die mit einem Genehmigungsvermerk versehenen Bauvorlagen beizufügen.

Die Baugenehmigung ist ein **Verwaltungsakt** (§ 35 S. 1 SVwVfG) mit **feststellender** und **verfügender** Wirkung. Einerseits enthält sie die Feststellung der Übereinstimmung des beantragten Vorhabens mit den zu prüfenden einschlägigen öffentl.-rechtl. Vorschriften. Andererseits entfaltet sie gestaltende Wirkung, indem durch die Baugenehmigung das bis dahin bestehende Bauverbot aufgehoben wird. Bei der Baugenehmigung handelt es sich um einen **dinglichen Verwaltungsakt**, der nach § 57 VI LBO auch für und gegen die Rechtsnachfolger gilt. Die Geltungsdauer der Baugenehmigung ist § 74 LBO zu entnehmen. Sie erlischt, wenn nicht binnen drei Jahren nach ihrer Bekanntgabe mit der Ausführung des Vorhabens begonnen oder die begonnene Bauausführung ein Jahr unterbrochen wird. Bezieht sich die Bauausführung auf eine Nutzungsänderung, für die keine Bauarbeiten erforderlich sind, ist zu prüfen, ob der Berechtigte zum Erhalt der Rechte aus der Baugenehmigung den Nutzungszweck aufgenommen hat.[512] Auf Antrag in Textform kann die Frist jew. bis zu einem Jahr verlängert werden. Sofern der Antrag nur vor Fristablauf bei der Bauaufsichtsbehörde eingegangen ist, kann die Genehmigung auch „rückwirkend" verlängert werden. 152

Lehnt die Verwaltung die beantragte Baugenehmigung zu Unrecht ab, kann der Bauherr seinen Anspruch auf Erteilung der Baugenehmigung mit dem **Verpflichtungswiderspruch** (§ 68 II VwGO) und der **Verpflichtungsklage** (§ 42 I Alt. 2 VwGO) geltend machen. Wird die zuständige Behörde durch das Gericht zur Erteilung der Baugenehmigung verpflichtet, hält der Kläger mit dem Verpflichtungsurteil noch keine Bauerlaubnis in seinen Händen. Erst die tatsächlich vorliegende Genehmigung vermittelt – wie man auch an § 14 III BauGB sieht – eine sich gegenüber späteren Rechtsänderungen durchsetzende Rechtsposition.[513] 153

---

511 OVG Hamb., NordÖR 2011, 556.
512 VG d. Saarl., Urt. v. 30.1.2013 – 5 K 252/12, Rn. 35 – juris.
513 BVerwGE 130, 113, 118 Rn. 14.

154 Anspruch auf Erteilung einer Baugenehmigung

I. Anspruchsgrundlage: § 73 I 1 Hs. 1 LBO
II. Formelle Erteilungsvoraussetzungen
– Antrag, § 69 I LBO   – zuständige Behörde: sachlich: § 59 I, § 58 I 2 LBO i.V.m. § 178 III KSVG = Landrat als UBA; örtlich: § 3 I Nr. 1 SVwVfG
III. Materielle Erteilungsvoraussetzungen
1. Genehmigungsbedürftigkeit, § 60 I LBO
– bauliche Anlage, § 2 I LBO   – Errichtung, Änderung, Nutzungsänderung   – keine Ausnahme gem. §§ 61–63, 77 LBO   *Beachte:* Wahlmöglichkeit des *Bauherrn*, trotz Verfahrensfreiheit (§ 61 LBO) oder trotz Genehmigungsfreistellung (§ 63 LBO) vereinfachtes BG-Verfahren nach § 64 LBO durchzuführen, § 60 III Var. 1 LBO   *Beachte:* „Umsteuerungsmöglichkeit" der *Gemeinde*, trotz Genehmigungsfreistellung vereinfachtes BG-Verfahren nach § 64 LBO durchzuführen, § 63 II Nr. 4 Var. 1, IV LBO
2. Genehmigungsfähigkeit
§ 73 I 1 Hs. 1 LBO: „**ist** zu erteilen, wenn dem Vorhaben keine öffentl.-rechtl. Vorschriften entgegenstehen, *die im bauaufsichtlichen Genehmigungsverfahren zu prüfen sind*"

vereinfachtes BG-Verfahren, § 64 LBO	**normales BG-Verfahren, § 65 LBO**
→ **Anwendungsbereich, § 64 I LBO**	→ gilt für BG-bedürftige Anlagen, die **nicht unter § 64 LBO fallen**
→ beachte „**Umsteuerungsmöglichkeit**" des *Bauherrn*, Vorhaben im normalen BG-Verfahren prüfen zu lassen (§ 60 III Var. 2 LBO)	*nach Wahl* auch anwendbar, wenn Vorhaben eigentlich unter § 64 LBO fällt (ggf. sinnvoll wegen dort eingeschränktem Prüfprogramm)
→ *eingeschränktes* **Prüfprogramm, § 64 II LBO:** → Zul. nach BauGB (insb. §§ 29 ff.) → aus der LBO *nur* §§ 7, 8, 50, 85 LBO → bei *Werbeanlagen* (§ 12 LBO): aus der LBO *nur* §§ 4, 7, 8, 12, 14, 17 II, § 85 LBO → sonstige öR Vorschriften	→ *umfassendes* **Prüfprogramm, § 65 S. 1 LBO:** → Zul. nach BauGB (insb. §§ 29 ff.) → Zul. nach *gesamter LBO* (mit Ausnahme Wärme-, Schall-, Erschütterungsschutz) → sonstige öR Vorschriften
Beachte: § 73 I 1 Hs. 2 LBO: Bauaufsichtsbeh. „*darf*" Antrag auch ablehnen, wenn Verstoß gegen nicht zu prüfende öR Vorschriften	

IV. Bauordnungsrecht

e) Bauvorbescheid und Teilbaugenehmigung

Der in § 76 LBO geregelte **Vorbescheid** eröffnet dem Bauherrn die Gelegenheit, möglichst kostengünstig, d.h. vor Erstellung zum Teil kostspieliger Unterlagen, eine auf die Dauer von drei Jahren befristete verbindliche Entscheidung der Baugenehmigungsbehörde zu einzelnen Fragen der grundsätzlichen Realisierbarkeit seines Vorhabens einzuholen.[514] Nach S. 1 muss („ist" = Anspruch) die Bauaufsichtsbehörde **auf in Textform gestelltem Antrag des Bauherrn zu einzelnen Fragen** des Bauvorhabens einen Vorbescheid erteilen. Mit der Bauvoranfrage wird das Vorhaben noch nicht in allen Einzelheiten zur Entscheidung gestellt. Da sich der Antrag jedoch auf ein „Vorhaben" bezieht, kann die abstrakte, von einem konkreten Vorhaben losgelöste Frage, ob ein Grundstück zum Innen- oder Außenbereich gehört, nicht durch Vorbescheid entschiedenwerden.[515] Weil der Bauvorbescheid verbindlich feststellt, dass dem Vorhaben hinsichtlich der zur Entscheidung gestellten Frage, soweit sie selbstständiger Beurteilung fähig ist, keine öffentl.-rechtl. Hindernisse entgegenstehen, ist die jew. Frage vonseiten des Antragstellers so eindeutig zu formulieren, dass klar ist, was Gegenstand des Verfahrens und der Beurteilung sein soll, und hieran die behördliche Entscheidung mit ihrer Bindungswirkung anknüpfen kann.[516] Das ungeschriebene Erfordernis, dass die zur Bescheidung gestellte Frage selbstständig beurteilungsfähig sein muss, bedeutet, dass aus der Fragestellung keine solchen Teile ausgeklammert werden dürfen, deren Kenntnis für die Beurteilung der gestellten Frage unerlässlich ist.[517] Indem der früher in § 76 S. 1 LBO enthaltene Passus „vor Einreichung des Bauantrags" gestrichen wurde, soll der Bauherr im Hinblick auf das Optionsrecht in § 60 III LBO einen Vorbescheid beantragen können, ohne sich dabei bereits auf das Genehmigungsverfahren festlegen zu müssen.[518]

Infolge der Verweisung in § 76 S. 4 Hs. 1 LBO können in **einem Vorbescheidantrag für verfahrensfreie und genehmigungsfrei gestellte Vorhaben** nach den §§ 61, 63 LBO nur Fragen zu den in § 64 II LBO enthaltenen Anforderungen gestellt werden.[519] Da § 76 S. 4 LBO nur auf § 64 II, aber nicht auf § 64 III 5 LBO verweist, lehnte das OVG d. Saarl. die Möglichkeit eines fiktiven Bauvorbescheids bei länger andauernder behördlicher Untätigkeit ab.[520] Demgegenüber gilt für Fragen zu Vorhaben nach §§ 64, 65 LBO der § 65 LBO entsprechend. Außerdem finden die §§ 67–72 und § 74 II 2 LBO entsprechende Anwendung.

Der Vorbescheid trifft eine vorgezogene Entscheidung über einen Ausschnitt der späteren Baugenehmigung. Er enthält angesichts des Antragserfordernisses einen **mitwirkungsbedürftigen**[521] und im Hinblick auf seinen Inhalt einen **feststellenden Verwaltungsakt**, aber im Unterschied zur Baugenehmigung **noch nicht die Zulassung** des Vor-

---

514 OVG d. Saarl., LKRZ 2008, 308, 310; OVG d. Saarl., Urt. v. 2.7.2021 – 2 A 110/20, Rn. 21 – juris.
515 OVG d. Saarl., BauR 2017, 1319, 1319.
516 OVG d. Saarl., Urt. v. 2.7.2021 – 2 A 110/20, Rn. 21 – juris, wobei der jew. Antrag analog § 133 BGB ausgelegt werden kann. S. a. OVG d. Saarl., Beschl. v. 17.1.2022 – 2 A 281/21 Rn. 15.
517 OVG d. Saarl., Urt. v. 2.7.2021 – 2 A 110/20, Rn. 21 – juris.
518 LT-Drucks. 15/1214, S. 70.
519 S. auch *Bitz*, SKZ 2016, 162, 184.
520 OVG d. Saarl., BRS 66 Nr. 120; s. auch *Saurer* DVBl. 2006, 605, 609.
521 OVG d. Saarl., Urt. v. 2.7.2021 – 2 A 110/20, Rn. 21 – juris.

habens.[522] Mangels Vorliegens einer bauaufsichtlichen Zulassung eines Vorhabens durch den Bauvorbescheid verneinte das OVG d. Saarl. das Vorliegen der Voraussetzungen des § 212a I BauGB, so dass dem Widerspruch eines Dritten nach der Grundregel des § 80 I VwGO aufschiebende Wirkung zukommt.[523] Der Antragsteller kann eine Verpflichtungsklage nach § 42 I Alt. 2 VwGO auf Erteilung eines Bauvorbescheids erheben, wobei das OVG d. Saarl. offen ließ, ob das Rechtsschutzbedürfnis für eine solche Klage stets fehlt, wenn das jew. Vorhaben bereits verwirklicht ist.[524] Wegen der **Bindungswirkung des Bauvorbescheids** darf über den von ihm entschiedenen Teilaspekt bei der späteren Entscheidung über die Baugenehmigung nicht erneut oder anders entschieden werden.[525] Wird innerhalb der **dreijährigen Bindungswirkung des § 76 S. 2 LBO** die Erteilung der darauf aufbauenden Baugenehmigung beantragt, bleibt diese erhalten, auch wenn die Dreijahresfrist während des laufenden Verwaltungs- oder Gerichtsverfahrens abläuft.[526] Da die Bindungswirkung während dieses Zeitraums nach dem Wortlaut des Satz 2 unabhängig von nachträglichen Änderungen ist, beinhaltet der Bauvorbescheid nicht nur eine unter dem Vorbehalt gleichbleibender materieller Rechtslage stehende Zusage der späteren Erteilung einer Baugenehmigung. Diese Bindungswirkung besteht auch gegenüber einer Standortgemeinde, die im Rahmen ihrer Beteiligung das Einvernehmen zu dem Vorhaben hergestellt hat. Deshalb besteht in einem anschließenden Baugenehmigungsverfahren in diesen Fällen kein Bedarf mehr für ihre neuerliche Beteiligung.[527] Nach Satz 3 kann die Frist auf in Textform gestellten Antrag jew. bis zu einem Jahr verlängert werden.

158 Die **Teilbaugenehmigung** (§ 75 LBO) unterscheidet sich von dem Bauvorbescheid dadurch, dass vorab über die Baugrube und für einzelne Bauteile oder Bauabschnitte entschieden und damit die **Realisierung des genehmigten Teils** gestattet wird. Für die Teilbaugenehmigung gelten die §§ 66–74 LBO entsprechend. Neben der Genehmigung, die in ihr genannten Bauarbeiten durchzuführen (gestattender Teil), enthält sie zugleich ein vorläufiges positives Gesamturteil hinsichtlich des Gesamtvorhabens.[528] Dies darf jedoch nicht dahin (miss-)verstanden werden, dass die Baubehörde schon bei der Erteilung der Teilbaugenehmigung stets auch die Zulässigkeit des gesamten Vorhabens in allen Einzelheiten zu prüfen hätte.[529] Im Nachbarrechtsbehelfsverfahren wird von den Gerichten dieses Gesamturteil ausschließlich in nachbarrechtlicher Hinsicht geprüft, weil das verwaltungsgerichtliche Rechtsschutzverfahren dem Individualrechtsschutz dient (Art. 19 IV 1 GG, § 42 II Hs. 2 VwGO).[530]

---

522 Zu letzterem OVG d. Saarl., BauR 2019, 655, 658.
523 OVG d. Saarl., BauR 2019, 655, 656.
524 OVG d. Saarl., Beschl. v. 30.3.2020 – 2 A 78/20, Rn. 14 – juris.
525 BVerwGE 69, 1, 1 f.; s. zur Amtshaftung BGH, NVwZ-RR 2017, 579 ff.
526 VG d. Saarl., Urt. v. 25.3.2015 – 5 K 1092/13, Rn. 28 – juris.
527 OVG d. Saarl., NVwZ-RR 2011, 888, 889.
528 S. a. OVG d. Saarl., Beschl. v. 24.1.2022 – 2 B 264/21 Rn. 14.
529 OVG NRW, Beschl. v. 27.10.2008 – 7 B 1368/08 – juris.
530 OVG d. Saarl, Beschl. v. 24.1.2022 – 2 B 264/21, Rn. 14 juris.

6. Bauordnungsrechtliche Maßnahmen

Ähnlich wie im Polizeirecht gibt es im Bauordnungsrecht neben besonderen Eingriffsbefugnissen eine **Generalklausel**. Gem. § 57 II LBO haben die Bauaufsichtsbehörden bei der Errichtung, Änderung, Nutzungsänderung und der Beseitigung sowie der Instandhaltung baulicher Anlagen darüber zu wachen, dass die öffentl.-rechtl. Vorschriften und die aufgrund dieser Vorschriften erlassenen Anordnungen eingehalten werden. Wie man an der Aufgabenbeschreibung sehen kann, erstreckt sich die Verpflichtung der Bauaufsichtsbehörden auf die Einhaltung der für das Vorhaben geltenden baurechtlichen Anforderungen „insgesamt" und nicht nur auf die nachbarrechtliche Unbedenklichkeit.[531] In zeitlicher Hinsicht hat die Bauaufsichtsbehörde auch bereits bei der Ausführung der Vorhaben nicht nur die Einhaltung der verfahrens-, sondern auch der materiellrechtlichen Anforderungen an dieses (s. § 60 II LBO) zu überwachen.[532] Die Behörden haben in Wahrnehmung dieser Aufgaben die **nach pflichtgemäßem Ermessen erforderlichen Maßnahmen** zu treffen. So kann etwa auf dieser Grundlage die Instandsetzung der Unterseite eines Gebäudeteils[533] oder, falls es keine spezielle Vorschrift geben sollte, die Vorlage bautechnischer Nachweise verlangt werden.[534] Um ein Vollstreckungshindernis für die Durchsetzung einer Beseitigungsanordnung auszuräumen, stellt § 57 II 2 LBO die Befugnisnorm für den Erlass einer Duldungsanordnung gegenüber einem Dritten dar.[535] Bei der **Ermessensausübung** nach § 57 II 2 LBO ist u.a. der **Gleichbehandlungsgrundsatz** zu beachten. Nach der Rspr. müssen soziale Gesichtspunkte und persönliche Besonderheiten bei der Ermessensentscheidung über ein Vorgehen gegen baurechtswidrige Anlagen nicht gewürdigt werden.[536] Für den betroffenen Nachbarn ergibt sich aus § 57 II LBO nur bei der **Nichtbeachtung nachbarschützender Bestimmungen** des öffentl. Baurechts **ein subjektiver Anspruch** auf ermessensfehlerfreies bauaufsichtliches Einschreiten.[537] Dieser reduziert sich auf Null, wenn der Nachbar z.B. nicht aufgrund Verzichts oder Verwirkung an deren Geltendmachung gehindert ist.[538] Bei **bestandsgeschützten baulichen Anlagen** können gem. § 57 III LBO Anforderungen gestellt werden, wenn dies zur Abwehr von erheblichen Gefahren für Leben und Gesundheit oder von unzumutbaren Belästigungen erforderlich ist. Sollen **rechtmäßig bestehende bauliche Anlagen wesentlich geändert** werden, kann verlangt werden, dass auch die von der Änderung nicht unmittelbar berührten Teile mit diesem Gesetz oder den aufgrund dieses Gesetzes erlassenen Vorschriften in Einklang gebracht werden, wenn damit keine unzumutbaren Mehrkosten verbunden sind (§ 57 IV LBO). § 57 V LBO enthält eine Befugnisnorm für die Behörden, bei bestandsgeschützten Sonderbauten nachträglich die Ausstattung mit bestimmten Kommunikationseinrichtungen für die Gefahrenabwehr zu verlangen. Bauaufsichtliche Maßnahmen in Gestalt von Verwaltungsakten müssen auch im Hinblick auf ihre Voll-

159

---

531 OVG d. Saarl., SKZ 2012, 172, 173.
532 OVG d. Saarl., Beschl. v. 28.5.2020 – 2 B 176/20, Rn. 13 – juris.
533 OVG d. Saarl., Urt. v. 23.5.2016 – 2 A 240/15, Rn. 34 – juris.
534 OVG d. Saarl., BauR 2014, 312.
535 OVG d. Saarl., Beschl. v. 22.8.2016 – 2 A 176/16, Rn. 20 – juris.
536 VG d. Saarl., Urt. v. 6.7.2005 – 5 K 187/04 – juris.
537 VG d. Saarl., Beschl. v. 18.11.2008 – 5 L 1750/08 – juris.
538 VG d. Saarl., Urt. v. 25.3.2015 – 5 K 617/14, Rn. 18 – juris.

streckung gem. § 37 I SVwVfG hinreichend bestimmt sein. Dies ist der Fall, wenn der Inhalt der getroffenen Regelung aus dem Entscheidungstenor im Zusammenhang mit den Gründen oder sonstigen bekannten oder ohne Weiteres erkennbaren Umständen für den Adressaten so vollständig, klar und unzweideutig ist, dass er daran sein Verhalten ausrichten kann. An der hinreichenden Bestimmtheit fehlt es dagegen, wenn sich der Inhalt des Verwaltungsakts auch durch Auslegung unter dem Aspekt des Empfängerhorizonts nicht zweifelsfrei ermitteln lässt. Nach dem OVG d. Saarl. ist es nicht zu beanstanden, wenn die Behörde dem Pflichtigen bei der konkreten Ausführung des provisorischen Rettungsweges die Wahl zwischen mehreren zur Zweckerreichung tauglichen Mitteln lässt.[539]

160 In der LBO werden die **Adressaten der Ordnungsverfügungen** nicht geregelt. Deshalb ist ergänzend das allg. Polizeirecht heranzuziehen.[540] Die Maßnahmen haben sich gegen die für den baurechtswidrigen Zustand **verantwortliche Person** zu richten, also den Handlungs- und/oder Zustandsstörer (→ § 4 Rn. 59 ff.). Gem. § 57 VI LBO muss auch der **Rechtsnachfolger** ergangene bauaufsichtliche Maßnahmen gegen sich gelten lassen. Unabhängig davon, ob eine Gesamt- oder Einzelrechtsnachfolge vorliegt, erwirbt der Rechtsnachfolger eine vom Vorgänger abgeleitete und daher z.B. mit einer Beseitigungsanordnung belastete Rechtsposition.[541] Keine Voraussetzung für den Übergang ist, dass die bauaufsichtliche Maßnahme in diesem Zeitpunkt bereits bestandskräftig ist.[542] Da der Rechtsnachfolger auch in verfahrensrechtlicher Hinsicht in die Verfügung eintritt, muss er eine bestandskräftige Verfügung hinnehmen und beschränken sich seine Einwendungsmöglichkeiten darauf, dass keine Rechtsnachfolge eingetreten ist oder in seiner Person im Vollstreckungsverfahren zu berücksichtigende Gründe vorliegen.[543] Im Unterschied zu der dinglichen bauaufsichtlichen Maßnahme ist die vollstreckungsrechtliche Zwangsmittelandrohung aufgrund ihres Beugecharakters höchstpersönlicher Natur und infolgedessen nicht übergangsfähig.[544] Schließlich gestattet **§ 57 VII LBO** den mit dem Vollzug dieses Gesetzes betrauten Personen das **Betreten** von Grundstücken und baulichen Anlagen einschließlich von Wohnungen. Insoweit wird das Grundrecht der Unverletzlichkeit der Wohnung eingeschränkt. Das bauaufsichtliche Betreten und Besichtigen einer Wohnung stellt keine Durchsuchung i.S.d. Art. 13 II GG dar. Denn damit wird nicht der Zweck verfolgt, in der Wohnung verborgene Dinge oder Sachverhalte „aufzuspüren". Einschlägig ist vielmehr Art. 13 VII Var. 2 GG, wonach Eingriffe und Beschränkungen in dieses Grundrecht aufgrund eines Gesetzes auch zur Verhütung dringender Gefahren für die öffentl. Sicherheit und Ordnung vorgenommen werden dürfen. Dafür ist nicht das Vorliegen einer konkreten Gefahr notwendig.[545] Nach dem OVG Rheinland-Pfalz stellt die baurechtliche Genehmigungsbedürftigkeit selbst ein solches hochrangiges Rechtsgut dar, dessen zu befürchtende Verletzung eine Wohnungsbetretung grds. rechtfertigt. Einer übermäßigen

---

539 OVG d. Saarl., Beschl. v. 27.7.2020 – 2 B 113/20, Rn. 15 – juris.
540 OVG d. Saarl., Urt. v. 23.5.2016 – 2 A 240/15, Rn. 39 – juris.
541 OVG d. Saarl., Beschl. v. 2.3.2021 – 2 B 29/21, Rn. 8 – juris.
542 OVG d. Saarl., Beschl. v. 2.3.2021 – 2 B 29/21, Rn. 9 – juris.
543 OVG d. Saarl., Beschl. v. 2.3.2021 – 2 B 29/21, Rn. 9 – juris.
544 OVG d. Saarl., Beschl. v. 2.3.2021 – 2 B 29/21, Rn. 8 – juris.
545 BVerwG, NJW 2006, 2504 f.; s. auch VG d. Saarl., Beschl. v. 30.11.2009 – 5 L 2012/09.

Inanspruchnahme der Betroffenen sei durch die Beachtung des Verhältnismäßigkeitsgrundsatzes Rechnung zu tragen.[546]

a) Einstellung von (Bau-)Arbeiten (§ 81 LBO)

Die in § 81 LBO geregelte Baueinstellung ist ein reines Sicherungsmittel zur Verhinderung des Eintritts endgültiger Zustände.[547] Sie ermöglicht eine frühzeitige Untersagung der (weiteren) Ausführung eines illegalen Vorhabens **bis zum Zeitpunkt seiner Fertigstellung**. Werden Anlagen im Widerspruch zu öffentl.-rechtl. Vorschriften errichtet, geändert oder beseitigt, kann die Bauaufsichtsbehörde die Einstellung der Arbeiten anordnen. Der Gesetzgeber hat bewusst nicht von Einstellung der „Bauarbeiten" gesprochen, um so auch eine Einstellung bei solchen Anlagen zu ermöglichen, die, wie Aufschüttungen, nur kraft gesetzl. Fiktion als bauliche Anlagen gelten.[548] In § 81 I 2 LBO werden **beispielhaft** die wichtigsten Fälle einer Baueinstellung genannt. Sie kommt u.a. in Betracht, wenn ein genehmigungsbedürftiges Bauvorhaben ohne Baugenehmigung oder abweichend von der erteilten Genehmigung ausgeführt wird. Deshalb vermag **allein** die sog. **formelle Illegalität**, d.h. die Nichterfüllung der vor Bauausführung zu beachtenden verfahrensrechtlichen Anforderungen, den Erlass einer solchen Maßnahme zu rechtfertigen.[549] Weil der Landesgesetzgeber mit der Maßnahme der Baueinstellung gerade auch die Sicherstellung des bauordnungsrechtlichen Zulassungserfordernisses bezweckte, reicht es auf Tatbestandsseite aus, wenn im Einzelfall die für das Bauvorhaben notwendige Baugenehmigung nicht vorliegt, etwa weil das Vorhaben anders als vom Bauherrn angenommen nicht nach § 61 LBO verfahrensfrei ist.[550] An eine Einstellungsverfügung ist aber auch bei lediglich **materieller Illegalität** zu denken, z.B. wenn ein Bauherr mit der Errichtung einer verfahrensfreien baulichen Anlage beginnt, ohne die materiellen Anforderungen der LBO einzuhalten. Es liegt auch in seinem Interesse, wenn bei einem verfahrensfreien oder nur einer eingeschränkten behördlichen Prüfung unterliegenden Bauvorhaben bereits bei greifbaren Anhaltspunkten für einen alsbaldigen Baubeginn eingeschritten wird, um so einer Verletzung des formellen bzw. materiellen Baurechts zuvorzukommen und den Schaden für den Betroffenen möglichst gering zu halten.[551]

161

Die Anordnung der Einstellung der Arbeiten steht im **Ermessen** der Behörde, wobei die saarl. Verwaltungsgerichte zur Annahme eines intendierten Ermessens neigen. Das behördliche Ermessen reduziert sich auf Null hin zu einer Verpflichtung zum Erlass einer Einstellungsverfügung, wenn zugleich materiellrechtliche nachbarschützende Vorschriften verletzt werden.[552] Dient die Einstellung der Sicherung des *formellen* Baurechts, sind die Anforderungen an die Begründung der Entscheidung gering. Wird die Bauaufsichtsbehörde jedoch wegen der drohenden Nichtbeachtung von Vorschriften des *materiellen* Bauplanungs- oder Bauordnungsrechts tätig, muss die nach § 39 I 3 SVwVfG nötige Begründung zumindest erkennen lassen, welche konkreten Rechtsverstöße gemeint

162

---

546 OVG Rh.-Pf., AS 33, 111, 115 ff.
547 VG d. Saarl., LKRZ 2010, 62.
548 LT-Drucks. 12/866, S. 210.
549 OVG d. Saarl., BRS 71 Nr. 185; SKZ 2012, 168; BRS 81 Nr. 188, S. 993, 996.
550 OVG d. Saarl., Beschl. v. 2.7.2020 – 2 B 194/20, Rn. 10 – juris.
551 S. auch *Bitz/Schwarz/Seiler-Dürr/Dürr* BauR Saarl., S. 449 bei Rn. 21.
552 OVG d. Saarl., BRS 81 Nr. 188, S. 993, 996.

sind.⁵⁵³ Da die Baueinstellung nur die Nichtfortsetzung der Bauarbeiten bewirkt, dürfte regelmäßig die **Verhältnismäßigkeit** gewahrt sein. Sofern die Genehmigungsfähigkeit des Vorhabens jedoch ohne jeden Zweifel „offensichtlich", d.h. ohne nähere Prüfung der einzelnen Genehmigungsanforderungen feststehen sollte, zieht die saarl. Verwaltungsgerichtsbarkeit ausnahmsweise eine Unverhältnismäßigkeit in Erwägung.⁵⁵⁴ Entscheidend für die Bestimmung des **Adressaten** der Anordnung ist, durch wen die Arbeiten am effektivsten eingestellt werden können. Angesichts des Verantwortungsgrundsatzes des § 52 LBO tendiert das VG d. Saarl. primär zur Heranziehung des Bauherrn als **Handlungsstörer**. Insb. wenn dieser nicht angetroffen wird oder seine Verantwortlichkeit bestreitet, kann auf den Grundstückseigentümer als **Zustandsstörer** zurückgegriffen werden.⁵⁵⁵ Im Hinblick auf die besondere Dringlichkeit der Durchsetzung der Einstellungsanordnung wird es oft naheliegen, sie mit einer Anordnung der sofortigen Vollziehbarkeit (§ 80 II 1 Nr. 4 VwGO) zu verbinden.⁵⁵⁶ Die Rspr. stellt dabei geringe Anforderungen an die Begründung des Sofortvollzugs, weil die Baueinstellung sinnvollerweise nur auf eine kurzfristige, von Suspensiveffekten nicht gehinderte Unterbindung der Bauarbeiten zielen kann.⁵⁵⁷ Werden unzulässige Arbeiten trotz einer verfügten Einstellung fortgesetzt, kann die Bauaufsichtsbehörde nach § 81 II 1 LBO die Baustelle, die Anlage oder einzelne Teile derselben **versiegeln** oder die an der Baustelle vorhandenen Bauprodukte, Geräte, Maschinen und Bauhilfsmittel in **amtlichen Gewahrsam** bringen.

163

Baurechtswidrigkeit (Illegalität)

formelle	materielle
Verstoß gegen baurechtliche Verfahrensvorschriften	bei Widerspruch zu materiellen öffentl.-rechtl. Vorschriften, insb. des Bauplanungs- oder Bauordnungsrechts
z.B. Verwirklichung eines Bauvorhabens ohne erforderliche Baugenehmigung	z.B. bei Errichtung eines Ferienhauses im Außenbereich

b) Beseitigungsanordnung (§ 82 I LBO)

164 Die Beseitigungsanordnung weist die größte Eingriffsintensität der bauaufsichtlichen „Standardmaßnahmen" auf.⁵⁵⁸ Nach § 82 I LBO kann die Bauaufsichtsbehörde ganz oder teilweise die **Beseitigung** von Anlagen anordnen, wenn sie **im Widerspruch zu öffentl.-rechtl. Vorschriften** errichtet oder geändert werden und **nicht auf andere Weise rechtmäßige Zustände hergestellt** werden können. Von einer Errichtung oder Änderung

---

553 OVG d. Saarl., NVwZ-RR 2010, 427.
554 OVG d. Saarl., Beschl. v. 28.5.2020 – 2 B 176/20, Rn. 18 – juris; kritisch *Siegel*, ÖR Berl., § 4 Rn. 239, da andernfalls die Durchsetzung der Einholung der Genehmigung nicht möglich wäre; s. aber im Saarland § 82 III LBO.
555 VG d. Saarl., Beschl. v. 20.11.2007 – 5 L 1923/07; dazu, dass als Adressat der Anordnung nicht nur der Bauherr in Betracht kommt, OVG d. Saarl., AS 33, 54, 41.
556 S. dazu *Bitz/Schwarz/Seiler-Dürr/Dürr* BauR Saarl., S. 448 Rn. 17.
557 OVG d. Saarl., Beschl. v. 28.5.2020 – 2 B 176/20, Rn. 9 – juris.
558 *Siegel*, ÖR Berl., § 4 Rn. 245.

der Anlage „im Widerspruch zu öffentl.-rechtl. Vorschriften" kann man bereits dann reden, wenn eine Anlage ohne die vorgeschriebene Baugenehmigung errichtet wurde (s. § 73 VI Nr. 1 LBO). Wird ein genehmigungsbedürftiges Vorhaben ohne oder abweichend von der erteilten Baugenehmigung ausgeführt, spricht man insoweit von **formeller Illegalität**. Man kann darüber streiten, ob bereits wegen der hohen Eingriffsintensität der Beseitigungsverfügung der von § 82 I LBO geforderte Widerspruch zu den öffentl.-rechtl. Vorschriften aufgrund der Eigentumsgarantie in Art. 14 GG auch die materielle Illegalität des Vorhabens voraussetzt[559] oder diese innerhalb der Prüfung relevant wird, dass eine Herstellung rechtmäßiger Zustände auf andere Weise ausgeschlossen sein muss.[560] Wenn eine genehmigungsbedürftige Anlage zwar nicht genehmigt wurde, sie aber materiell genehmigungsfähig ist, weil sie inhaltlich mit den Anforderungen des Baurechts übereinstimmt, kann durch die Stellung eines „nachträglichen" Bauantrags (§ 82 III LBO) und dessen anschließende Genehmigung auf andere Weise ein rechtmäßiger Zustand herbeigeführt werden. Es wäre unverhältnismäßig, wenn eine Person zum Abbruch eines Gebäudes angehalten würde, dessen (Wieder-)Errichtung sogleich genehmigt werden müsste. Deshalb ist bei einem formell illegalen Vorhaben stets zu prüfen, ob es auch materiell baurechtswidrig ist. Eine **materielle Baurechtswidrigkeit** ist gegeben, wenn das fragliche Vorhaben inhaltlich nicht im Einklang mit öffentl.-rechtl. Vorschriften, insb. denen des Bauordnungs- und/oder Bauplanungsrechts, steht. Aus der Eigentumsgarantie und dem Merkmal „wenn nicht auf andere Weise rechtmäßige Zustände hergestellt werden können", entnimmt das VG d. Saarl., dass im Falle einer Anfechtungsklage ausnahmsweise nicht auf die Sach- und Rechtslage im Zeitpunkt der letzten behördlichen Entscheidung, sondern denjenigen der letzten mündlichen Verhandlung abzustellen ist, wenn infolge einer nachträglichen Änderung der Sach- und/oder Rechtslage die zunächst rechtmäßige Beseitigungsanordnung rechtswidrig wird.[561] Widerspricht eine bauliche Anlage zwar den heute geltenden Baurechtsnormen, hat sie aber früher einmal dem materiellen Recht entsprochen, darf nach der Rspr. gegen sie nicht vorgegangen werden. Denn einem ursprünglich im Einklang mit dem materiellen Baurecht errichteten Gebäude kommt aufgrund von Art. 14 I 1 GG Bestandsschutz gegenüber späteren nachteiligen Änderungen der Rechtslage zu.[562] Der Begriff des „Bestandes" impliziert, dass die Identität der Anlage erhalten bleibt und die zugelassene Nutzung nicht endgültig aufgegeben wurde.[563] Dementsprechend lässt sich der Bestandsschutz nicht auf nachfolgende Anlagen übertragen.[564]

Der Erlass einer Beseitigungsanordnung setzt **somit grds. stets die materielle Illegalität des Vorhabens** voraus. Bei Vorhaben, die verfahrensfrei oder nach zutreffender Ansicht von der Genehmigungspflicht freigestellt sind, kann es notwendig nur eine mate- 165

---

559 In diese Richtung OVG d. Saarl., BauR 2017, 1352, 1353.
560 S. auch VG d. Saarl., Urt. v. 19.5.2020 – 5 K 14/18, Rn. 35 – juris.
561 VG d. Saarl., Urt. v. 19.5.2020 – 5 K 14/18, Rn. 35 – juris; so auch OVG Schl.-H., Urt. v. 26.5.2021 – 1 LB 11/17, Rn. 53 – juris; a. A. OVG Berlin-Bbg., LKV 2014, 177, 178, das hinsichtlich späterer Änderungen auf § 51 I Nr. 1 VwVfG verweist.
562 BVerwG, NVwZ 2001, 557, 558; OVG d. Saarl., Beschl. v. 28.12.2015 – 2 A 165/15, Rn. 10 – juris; kritisch *Hermes*, in: ders./Reimer, Landesrecht Hessen, 10. Aufl. 2022, § 6 Rn. 143.
563 BVerwG, NVwZ-RR 1998, 357, 358.
564 OVG d. Saarl., Beschl. v. 28.12.2015 – 2 A 165/15, Rn. 10 – juris.

rielle Illegalität geben. Wurde eine Anlage genehmigt, aber bei der Genehmigungserteilung gegen Baurechtsvorschriften verstoßen, darf keine Abrissverfügung erlassen werden, weil die behördliche Erlaubnis zum Bauen berechtigt (Stichwort: Legalisierungswirkung der Baugenehmigung). Erst muss die Baugenehmigung zurückgenommen werden (§ 48 SVwVfG), bevor an den Erlass einer Beseitigungsanordnung zu denken ist. Liegen die Tatbestandsvoraussetzungen des § 82 I LBO vor, kann die Behörde die vollständige oder teilweise Beseitigung der Anlage anordnen. Nach st. Rspr. der saarl. Verwaltungsgerichte reduziert sich das behördliche Entschließungsermessen regelmäßig „auf Null" zugunsten eines **Nachbaranspruchs** auf Einschreiten, wenn die in Rede stehende Anlage oder Nutzung gegen drittschützende Vorschriften des öffentl. Rechts verstößt und der hiervon betroffene Nachbar nicht z.B. aufgrund Verzichts, Verwirkung oder der Bindungswirkung einer bestandskräftigen Baugenehmigung gehindert ist, eine hieraus resultierende Verletzung seiner Rechte geltend zu machen.[565]

166 Der **Verhältnismäßigkeitsgrundsatz** verlangt, dass die behördliche Anordnung zur Erreichung des verfolgten Zwecks *geeignet* und *erforderlich* ist. Zwar gestattet § 82 III LBO der Bauaufsichtsbehörde, die Stellung eines Bauantrags zu verlangen. Allerdings handelt es sich dabei um eine Kann-Vorschrift; eine solche Kosten verursachende Anordnung bildet dann kein milderes Mittel, wenn dem Vorhaben die materielle Genehmigungsfähigkeit fehlt.[566] Außerdem muss die Belastung mit der Beseitigung in einem *angemessenen* Verhältnis zu den mit der Regelung verfolgten Interessen stehen.[567] Jedenfalls wenn nur geringfügige bauliche Veränderungen vorgenommen wurden, die leicht rückgängig zu machen sind, kann dieses Interesse nur die Beseitigung der nachträglich vorgenommenen Veränderungen, nicht jedoch den Abbruch des gesamten Gebäudes tragen.[568] Bei der Ermessensausübung ist auf das **Willkürverbot** (Art. 3 I GG) zu achten. Ermessensfehlerhaft wäre es, wenn die Behörde ohne sachlichen Grund nur gegen ein einzelnes baurechtswidriges Vorhaben einschreitet, in vergleichbaren anderen Fällen dagegen nichts unternimmt. Ein sachlicher Grund wäre gegeben, wenn die Bauaufsichtsbehörde zunächst nur gegen einen wegen seiner negativen Vorbildwirkung besonders prekären Schwarzbau vorgeht oder einen Schwarzbau als Musterfall herausgreift, um nach seiner Klärung in gleich gelagerten Fällen einzuschreiten.[569] Nach der Rspr. führt allein der mit einer langen Bestandszeit einer illegalen oder mängelbelasteten baulichen Anlage verbundene Zeitablauf und das Untätigbleiben der Behörden für sich genommen nicht zur Bindung der Behörden oder zu einer dauerhaften Duldungspflicht bei ihrer Ermessensausübung. Denn die behördlichen Einschreitensbefugnisse sind etwas anderes als die Abwehrrechte der Nachbarn. Sie unterliegen im Interesse der Herstellung gesetzmäßiger Zustände **keiner Verwirkung**.[570]

---

565 OVG d. Saarl., BRS 76 Nr. 196; VG d. Saarl., Urt. v. 31.7.2019 – 5 K 2421/17, Rn. 32 – juris; BGH zur zivilrechtl. Duldung einer Baugenehmigung nach Bestandskraft, s. BGH, Urt. v. 21.1.2022 – V ZR 76/20 – juris.
566 OVG d. Saarl., Beschl. v. 29.12.2021 – 2 B 276/21, Rn. 12 – juris.
567 Vgl. zur Unverhältnismäßigkeit einer Abrissverfügung VG München NVwZ-RR 2011, 672 ff.
568 BVerfG, NVwZ 2005, 203, 204.
569 Grundlegend BVerwG, BauR 2014, 1923; s. auch VG d. Saarl., Urt. v. 19.6.2019 – 5 K 2001/18, Rn. 30 ff. – juris unter Betonung der Beschränkung auf eine Willkürkontrolle.
570 OVG d. Saarl., BRS 69 Nr. 194.

IV. Bauordnungsrecht

Obwohl es sich nach dem Gesetzeswortlaut des § 82 I LBO um eine Ermessensnorm handelt, lassen die Gerichte für die **Begründung** der Abrissverfügung nach § 39 SVwVfG im Normalfall den bloßen Hinweis auf die Illegalität der betreffenden Anlage genügen. Denn bei der Entscheidung, ob gegen den baurechtswidrigen Zustand vorgegangen werden soll, stünden sich nicht in dem Sinne ein „Für und Wider" gegenüber, dass die zuständige Behörde ohne gesetzl. Vorgaben zwischen dem Einschreiten und dem Nichteinschreiten wählen kann. Vielmehr gehe es lediglich darum, die Bauaufsicht dazu in die Lage zu versetzen, „von dem an sich aus der Natur der Sache gerechtfertigten, ja gebotenen Einschreiten (ausnahmsweise) absehen zu dürfen, wenn sie dies nach den konkreten Umständen für opportun hält".[571] Dogmatisch wird somit von der Einräumung eines **intendierten Ermessens** ausgegangen.[572] Deshalb braucht die Behörde im Regelfall bei einem Einschreiten keine weiteren Ermessenserwägungen anzustellen oder zu verlautbaren. Etwas anderes gilt nur bei Vorliegen besonderer Umstände des jew. konkreten Sachverhalts, die ganz ausnahmsweise einen Verzicht auf ein Vorgehen rechtfertigen können.[573] 167

Da die LBO keine spezielle Regelung zum **Adressaten** der Beseitigungsanordnung enthält, ist auf die allg. polizeirechtlichen Normen (§§ 4 ff. SPolG) zurückzugreifen (→ § 4 Rn. 61 ff.). Zu denken ist vor allem an eine Inanspruchnahme des **Handlungsstörers** oder des Grundstückseigentümers als **Zustandsstörer**. Bei mehreren Verantwortlichen muss die Bauaufsichtsbehörde entscheiden, ob alle oder nur einzelne herangezogen werden.[574] Da der Handlungsstörer meistens mehr zur Herbeiführung der Störung der Rechtsordnung beigetragen hat, ist seine Inanspruchnahme oft sachgerechter. Wegen der Verschuldensunabhängigkeit des Gefahrenabwehrrechts ist der „richtige" Adressat der Beseitigungsanordnung nach dem Grundsatz der möglichst effizienten Gefahrenabwehr zu bestimmen. Deshalb kann die Beseitigung dem Zustandsstörer aufgegeben werden, wenn die Heranziehung des Verhaltensstörers eine wirksame und schnelle Beseitigung verzögern würde oder die Handlungsstörereigenschaft streitig und schwer aufzuklären ist.[575] Wird eine Beseitigungsanordnung nur gegen einen von mehreren Eigentümern oder den Bauherrn, der nicht zugleich Grundstückseigentümer ist, gerichtet, muss gegenüber den anderen Personen eine **Duldungsverfügung** auf der Grundlage des § 57 II 2 LBO ergehen. So werden die zivilrechtlichen Hindernisse ausgeräumt, die dem Pflichtigen anderenfalls bei Befolgung seiner Beseitigungspflicht entgegengehalten werden könnten.[576] In aller Regel kann bei einer Beseitigungsverfügung nicht von einem überwiegenden Interesse an der Anordnung der sofortigen Vollziehung i.S.d. § 80 II 1 Nr. 4 VwGO ausgegangen werden, wenn ihre Befolgung zum **irreparablen Verlust** der Bausubstanz führt.[577] 168

---

571 VG d. Saarl., Urt. v. 19.6.2019 – 5 K 2001/18, Rn. 27 – juris; s. auch OVG d. Saarl., Beschl. v. 16.11.2020 – 2 A 254/20, Rn. 14 – juris.
572 Dazu Guckelberger, Allg. Verwaltungsrecht, § 14 Rn. 40.
573 VG d. Saarl., Urt. v. 4.11.2015 – 5 K 1945/14, Rn. 41 – juris.
574 VG d. Saarl., Urt. v. 4.11.2015 – 5 K 1945/14, Rn. 48 – juris.
575 VG d. Saarl., Urt. v. 4.11.2015 – 5 K 1945/14, Rn. 49 – juris.
576 OVG d. Saarl., Beschl. v. 22.8.2016 – 2 A 176/16, Rn. 20 – juris.
577 VG d. Saarl., Beschl. v. 19.2.2020 – 5 L 169/20, Rn. 40 ff. – juris auch unter Erörterung der Ausnahmekonstellationen; OVG d. Saarl., BRS 81 Nr. 152, S. 828, 830; BRS 81 Nr. 202, S. 1050, 1052.

c) Nutzungsuntersagung (§ 82 II LBO)

169 Eine Nutzungsuntersagung nach § 82 II LBO kommt in Betracht, wenn zwar nicht die Errichtung bzw. Änderung der baulichen Anlage als solche, wohl aber ihre **Nutzung im Widerspruch zu öffentl.-rechtl. Vorschriften** erfolgt. Letzteres ist immer zu bejahen, wenn die Nutzung materiell baurechtswidrig ist.[578] Als Anschauungsbeispiel für eine Nutzungsänderung sei die „Umwandlung" eines früheren Orthopädiegeschäfts in ein Wettbüro genannt. Äußerst umstritten ist, ob **allein die formelle Illegalität** eines Vorhabens für die Bejahung der Tatbestandsmäßigkeit einer Nutzungsuntersagung ausreicht. Nach der Rspr. der saarl. Verwaltungsgerichte wird für den Erlass einer Nutzungsuntersagung grds. nur die formelle Baurechtswidrigkeit der zu untersagenden Nutzung vorausgesetzt, weil der Landesgesetzgeber im Wesentlichen die Sicherstellung des bauordnungsrechtlichen Genehmigungserfordernisses im Blick hatte.[579] Ob der aktuelle Eigentümer oder Nutzer der Anlage um das Fehlen notwendiger Baugenehmigungen weiß oder nicht, ist für das Vorliegen der Tatbestandsvoraussetzungen des § 82 II LBO unerheblich.[580] Im Unterschied zu einer Beseitigungsanordnung lässt sich eine Nutzungsuntersagung revidieren. Außerdem würden sonst Personen, die sich über das formelle Recht hinwegsetzen, gegenüber dem rechtstreuen Bürger privilegiert, der mit der Nutzungsaufnahme bis zur Genehmigungserteilung abwartet.[581] Unterlässt die Bauaufsichtsbehörde jedoch die Entscheidung über einen einige Zeit zuvor gestellten Genehmigungsantrag, hält das OVG d. Saarl. den Erlass einer Nutzungsuntersagung allein aufgrund formeller Illegalität für zweifelhaft.[582]

170 Auch der Erlass der Nutzungsuntersagung steht im **intendierten Ermessen** der Bauaufsichtsbehörde,[583] so dass für deren Begründung in der Regel der Hinweis auf die Illegalität genügt. Die jahrelange Untätigkeit der Bauaufsichtsbehörde führt nach der Rspr. zu keinem weitergehenden Begründungserfordernis i.S.d. § 39 I 3 SVwVfG. Zu beachten ist auf der Rechtsfolgenseite insb. der **Gleichbehandlungsgrundsatz** (Art. 3 I GG) sowie das **Verhältnismäßigkeitsprinzip**. Da nach der Konzeption des Bauverfahrensrechts der §§ 60 ff. LBO die Einholung der Baugenehmigung vor der Nutzungsaufnahme Sache des Bauherrn ist, hält das OVG d. Saarl. die Bauaufsichtsbehörde nicht für verpflichtet, bei einer illegalen Nutzung eine Anordnung auf der Grundlage des § 82 III LBO auf Stellung eines Bauantrags zu erlassen (s. Kann-Vorschrift).[584] An der Verhältnismäßigkeit der Nutzungsuntersagung dürfte es in aller Regel fehlen, wenn die betreffende Nutzung „offensichtlich" genehmigungsfähig ist.[585] Das VG d. Saarl. arbeitet insoweit mit dem Grundsatz, „dass eine ohne Baugenehmigung aufge-

---

578 Zur Möglichkeit einer Nutzungsuntersagung bei Errichtung einer verfahrensfreien baulichen Anlage ohne Einhaltung der materiellen Anforderungen, OVG d. Saarl., Beschl. v. 6.1.2012 – 2 B 400/11. Vgl. auch *Bitz*, SKZ 2009, 206, 208.
579 OVG d. Saarl., Beschl. v. 23.11.2020 – 2 B 266/20, Rn. 9 – juris; *Bitz*, SKZ 2009, 206; s. auch OVG d. Saarl., BRS 74 Nr. 201.
580 OVG d. Saarl., SKZ 2012, 168.
581 *Sodan/Ziekow*, Grundkurs Öff. Recht, 9. Aufl. 2020, § 75 Rn. 6.
582 OVG d. Saarl., Beschl. v. 10.11.2015 – 2 B 169/15, Rn. 9 – juris.
583 Vgl. OVG d. Saarl., Beschl. v. 6.1.2012 – 2 B 398/11 – juris; *Bitz*, SKZ 2009, 206.
584 OVG d. Saarl., Beschl. v. 23.11.2020 – 2 B 266/20, Rn. 10 – juris.
585 OVG d. Saarl., SKZ 2012, 168; VG d. Saarl., Beschl. v. 11.8.2015 – 5 L 791/15, Rn. 30 – juris; vgl. auch *Bitz*, SKZ 2009, 206.

nommene bauliche Nutzung, deren Zulässigkeit nicht ohne Weiteres, sondern nur aufgrund weiterer Ermittlungen beurteilt werden kann, wegen formeller Baurechtswidrigkeit vorläufig bis zur endgültigen Klärung der Zulässigkeit im Baugenehmigungsverfahren untersagt werden kann".[586] Regelmäßig misst das Gericht den mit der Anordnung verbundenen wirtschaftlichen Einbußen bei der ordnungsbehördlichen Ermessensentscheidung keine Bedeutung bei. Anderenfalls würde es zu einer ungerechtfertigten Bevorzugung derjenigen Personen kommen, die sich möglichst „intensiv" über das vorgeschriebene Genehmigungserfordernis hinwegsetzen.[587] Auch wird eine Verwirkung dieser Einschreitensbefugnis kraft Zeitablaufs abgelehnt.[588] Nur bei Vorliegen besonderer Umstände mag eine Ausnahme hiervon in Betracht kommen, etwa wenn eine beanstandete Nutzung eines bordellähnlichen Betriebs über Jahrzehnte beanstandungsfrei unter den Augen verschiedener Ordnungsbehörden betrieben werden durfte und Gewerbesteuerzahlungen verlangt wurden.[589] Die Nutzungsuntersagung ist unter Heranziehung der §§ 4 ff. SPolG gegenüber dem **Handlungs- und/oder Zustandsstörer** zu erlassen. Bei mehreren möglichen Adressaten ist das Ermessen hinsichtlich der Störerauswahl pflichtgemäß auszuüben (→ Rn. 168).

Rechtmäßigkeit einer Bauordnungsverfügung 171

I.	Ermächtigungsgrundlage
→ Spezialermächtigungen? – § 81 LBO Einstellung von Arbeiten – § 82 I LBO Beseitigung von Anlagen – § 82 II LBO Nutzungsuntersagung → Generalermächtigung § 57 II 2 LBO	
II.	Formelle Rechtmäßigkeit
▪ Zuständigkeit: sachlich § 59 I LBO i.V.m. § 58 LBO, örtlich § 3 I Nr. 1 SVwVfG ▪ Verfahren (§ 28 I SVwVfG) ▪ grds. keine besondere Form, Begründung (§ 39 SVwVfG)	
III.	Materielle Rechtmäßigkeit
1. Tatbestand: Verstoß gegen öffentl.-rechtl. Vorschriften	
→ § 81 I LBO: formelle *oder* materielle Illegalität → § 82 I LBO: formelle *und* materielle Illegalität, bei nicht genehmigungsbedürftigen Vorhaben nur materielle Illegalität → § 82 II LBO: formelle *oder* materielle Illegalität, str. → § 57 II 2 LBO: fallabhängig	
2. Adressat der Maßnahme: §§ 4 ff. SPolG „Sonderpolizeirecht"	

---

586 VG d. Saarl., Beschl. v. 24.7.2008 – 5 L 644/08, Rn. 20 – juris.
587 OVG d. Saarl., Beschl. v. 6.1.2012 – 2 B 400/11 – juris. Vgl. auch *Bitz*, SKZ 2009, 206 f. Dazu, dass wirtschaftliche oder soziale Aspekte bei der Ermessensausübung keine Rolle spielen, auch OVG d. Saarl., Beschl. v. 23.11.2020 – 2 B 266/20, Rn. 14 – juris.
588 OVG d. Saarl., Beschl. v. 6.1.2012 – 2 B 400/11, Rn. 19 – juris; VG d. Saarl., Beschl. v. 28.5.2008 – 5 L 345/08 Rn. 14 – juris.
589 OVG d. Saarl., Beschl. v. 10.11.2015 – 2 B 169/15, Rn. 14 – juris.

3. Rechtsfolge: Ermessen (intendiert)
→ pflichtgemäße Ausübung → Verhältnismäßigkeit → Grundrechte, z.B. Selbstbindung der Verwaltung gem. Art. 3 I GG → Rspr.: keine Verwirkung von Eingriffsbefugnissen

d) Rechtsschutz im Zusammenhang mit repressiven behördlichen Maßnahmen

172 Repressive Maßnahmen gegenüber dem Bauherrn bzw. Grundstückseigentümer stellen regelmäßig belastende Verwaltungsakte i.S.d. § 35 S. 1 SVwVfG dar, gegen die sich dieser mit dem Anfechtungswiderspruch (§ 68 I VwGO) sowie der **Anfechtungsklage** (§ 42 I Alt. 1 VwGO) wehren kann. Die Klagebefugnis ergibt sich aus der Adressatentheorie. Will der **Nachbar** ein behördliches **Einschreiten gegen ein Bauvorhaben** eines anderen erreichen, kommen als Rechtsbehelfe der Verpflichtungswiderspruch (§ 68 II VwGO) und die **Verpflichtungsklage** (§ 42 I Alt. 2 VwGO) – ggf. in der Variante einer Verbescheidungsklage (s. § 113 V 2 VwGO) – in Betracht. Für seine **Klagebefugnis** ist nach § 42 II Hs. 2 VwGO erforderlich, dass die infrage stehende Anlage möglicherweise gegen **nachbarschützende Bestimmungen** verstößt. Welchen Vorschriften, insb. des Baurechts, nachbarschützende Funktion zukommt, ist jew. nach Inhalt, Zweck und Wirkung der einzelnen Vorschrift zu bestimmen. Die saarl. Gerichte gehen davon aus, dass das Entschließungsermessen bei der Entscheidung über ein Vorgehen gegen rechtswidrige Anlagen oder Nutzungen regelmäßig „auf Null" zugunsten eines Nachbaranspruchs auf Einschreiten reduziert ist, wenn das in Rede stehende Vorhaben gegen drittschützende Vorschriften des öffentl. Rechts verstößt und der hiervon betroffene Nachbar nicht, z.B. aufgrund Verzichts oder Verwirkung, an einer Geltendmachung seiner Rechtsverletzung gehindert ist.[590]

173 Ersucht der Nachbar um vorläufigen Rechtsschutz, ist sein Einschreitensanspruch im Anordnungsverfahren nach § 123 I VwGO geltend zu machen. Im Übrigen ist die Behörde, wenn sie von ihrer Einschreitensbefugnis Gebrauch gemacht hat und diese vom Betroffenen nicht befolgt wird, dem Nachbarn gegenüber zusätzlich gehalten, diese mit den Zwangsmitteln des § 13 SVwVG durchzusetzen.[591] Eine Vollstreckung setzt nach § 18 I SVwVG voraus, dass der jew. Verwaltungsakt unanfechtbar ist oder ein Rechtsbehelf keine aufschiebende Wirkung hat (s. § 80 II VwGO).[592] Soweit es nicht um die Versiegelung im Zusammenhang mit einer Baueinstellung geht (§ 81 II LBO), kann eine solche auf der Rechtsgrundlage des § 22 I i.V.m. § 22a I, III SVwVG vorgenommen werden.[593]

V. Hinweise zum Rechtsschutz im Baurecht

174 Da **Bebauungspläne** Satzungen sind (§ 10 I BauGB), können sie nach § 47 I Nr. 1 VwGO einer Normenkontrolle zugeführt werden. **Flächennutzungspläne** können hin-

---

[590] OVG d. Saarl., Urt. v. 3.9.2020 – 2 A 17/20, Rn. 26 – juris.
[591] OVG d. Saarl., NVwZ-RR 1995, 493, 494.
[592] → § 2 Rn. 63 ff. Vgl. zur Unzulässigkeit der Festsetzung eines einheitlichen Zwangsgeldes für mehrere selbstständige Handlungsanordnungen VG d. Saarl., Beschl. v. 12.10.2011 – 5 L 920/11, Rn. 38 – juris.
[593] VG d. Saarl., Beschl. v. 20.10.2011 – 5 L 510/11, Rn. 27 – juris.

sichtlich der Konzentrationsflächen mit Ausschlusswirkung i.S.d. § 35 III 3 BauGB ebenfalls Gegenstand einer Normenkontrolle analog § 47 I Nr. 1 VwGO sein (→ Rn. 15 f.). SUP-pflichtige Flächennutzungspläne sind nunmehr für Umweltschutzvereinigungen gem. § 7 II 2 UmwRG umweltrechtsbehelfsfähig. Soweit der Bauleitplan im Einzelfall vollzogen wird, können gegen diese Vollzugsakte, etwa eine Baugenehmigung, die nach allg. Grundsätzen statthaften Rechtsbehelfe erhoben werden und wird der Bauleitplan inzident geprüft.

Wird der Antrag eines Bauherrn auf Erteilung einer Baugenehmigung abgelehnt, ist nach Durchführung eines erfolglosen Vorverfahrens nach §§ 68 ff. VwGO die Verpflichtungsklage nach § 42 I Alt. 2 VwGO statthaft. Bei der Klagebefugnis ist die jew. in Betracht kommende Rechtsgrundlage zu thematisieren, also § 73 I 1 Hs. 1 LBO bei der Baugenehmigung oder § 76 S. 1 LBO beim Vorbescheid. Im Rahmen der Begründetheitsprüfung steht gem. § 113 V 1 VwGO die Frage im Mittelpunkt, ob die Voraussetzungen für die Erteilung einer Baugenehmigung erfüllt sind. Soweit Ausnahmen oder Befreiungen nach § 31 BauGB oder § 68 LBO beantragt wurden, kann aufgrund des in diesen Normen eröffneten Ermessens grundsätzlich nur ein Bescheidungsurteil ergehen, außer das Ermessen ist auf Null reduziert. Beim vereinfachten Genehmigungsverfahren ist die Verpflichtungsklage bereits dann begründet, wenn die Anforderungen des reduzierten Prüfprogramms (s. § 64 II LBO) erfüllt sind. Gegen repressive Aufsichtsmaßnahmen, die wie die Baueinstellung, Beseitigungsanordnung oder Nutzungsuntersagung Verwaltungsakte i.S.d. § 35 S. 1 SVwVfG sind, ist nach Durchführung eines Vorverfahrens nach §§ 68 ff. VwGO eine Anfechtungsklage nach § 42 I Alt. 1 VwGO zu erheben. Die nach § 42 II Hs. 2 VwGO erforderliche Klagebefugnis ergibt sich hier typischerweise aus der möglichen Verletzung der Eigentumsgarantie (Art. 14 I GG).[594] **175**

Aus Sicht des **Nachbarn** enthält die den Bauherrn begünstigende Baugenehmigung einen belastenden Verwaltungsakt. Gegen diesen kann er mit der Anfechtungsklage nach § 42 I Alt. 1 VwGO vorgehen. Bei der **Drittanfechtungsklage** ist sowohl bei der Klagebefugnis nach § 42 II Hs. 2 VwGO als auch bei der Begründetheit (§ 113 I 1 VwGO) genau auf die **(mögliche) Verletzung drittschützender Vorschriften und deren Reichweite** zu achten. Im Anwendungsbereich des vereinfachten Baugenehmigungsverfahrens kann sich eine (mögliche) Rechtsverletzung des Nachbarn durch die Genehmigungsentscheidung nur aus einer Nichtbeachtung der zum Prüf- und Entscheidungsprogramm der Genehmigungsbehörde ergebenden materiellen öffentl.-rechtl. Bestimmungen ergeben, sofern diese Bestimmungen drittschützend sind.[595] Weil das Baurecht grundstücksbezogen ist, sind nur die Eigentümer als Repräsentanten des Grundstücks, nicht aber Mieter, klagebefugt (s. auch den Nachbarbegriff in § 71 I 1 LBO).[596] Nach der Rechtsprechung sind solche Rechtsvorschriften drittschützend, bei denen in qualifizierter und zugleich individualisierter Weise auf schutzwürdige Interessen eines abgegrenzten Kreises Dritter Rücksicht zu nehmen ist. In Bezug auf den In- **176**

---

594 *Siegel*, ÖR Berl., § 4 Rn. 264.
595 OVG d. Saarl., Beschl. v. 30.8.2016 – 2 B 224/16, Rn. 8 – juris.
596 BVerwGE 82, 61, 74 f.

halt, Zweck und die Wirkung der einzelnen baurechtlichen Vorschrift ist jew. zu untersuchen, ob sie zumindest auch dem Schutz des Nachbarn dient.[597] Festsetzungen zur Art der baulichen Nutzung in einem Bebauungsplan sind drittschützend, da die Grundstückseigentümer innerhalb eines einheitlichen Baugebiets eine bau- und bodenrechtliche Schicksalsgemeinschaft bilden.[598] Entsprechendes gilt bei einem faktischen Baugebiet i.S.d. § 34 II BauGB.[599] Demgegenüber sind Festsetzungen zum Maß der Bodennutzung oder über die überbaubaren Grundstücksflächen nur drittschützend, wenn der Wille der Gemeinde darauf bezogen ist.[600] Des Weiteren ist das sog. Rücksichtnahmegebot nachbarschützend. Es ist nicht nur in § 15 BauNVO verankert und gilt gem. § 34 II BauGB in faktischen Baugebieten entsprechend. Darüber hinaus erlangt es als Bestandteil des „Sich-Einfügens" nach § 34 I 1 BauGB sowie als unbenannter öffentl. Belang i.S.d. § 35 III 1 BauGB Relevanz.[601] Demgegenüber liegt § 34 I 2 Hs. 2 BauGB zum Schutz des Ortsbildes ausschließlich im öffentl. Interesse und ist nicht drittschützend.[602] § 31 II BauGB vermittelt nicht generell Drittschutz, sondern nur, soweit von einer nachbarschützenden (!) Festsetzung oder Bestimmung befreit wird.[603] Im Bauordnungsrecht sind §§ 7, 8 LBO sowie § 47 V 1 LBO, nicht jedoch dessen Satz 2, drittschützend. § 4 LBO sowie örtliche Bauvorschriften dienen nur dem Allgemeininteresse und sind nicht drittschützend. Ebenso verhält es sich mit § 17 LBO. Die Verfahrensnormen der §§ 60, 61, 63 LBO dienen allein öffentl. Interessen und verleihen deshalb Nachbarn keine Abwehrrechte gegenüber Vorhaben oder Nutzungen auf benachbarten Grundstücken. Vielmehr können sich Nachbarn mit Erfolg nur auf eine (mögliche) Verletzung materiellrechtlicher Bestimmungen berufen.[604] Soweit nachbarschützende Vorschriften nicht zum Prüf- und Entscheidungsprogramm der Bauaufsichtsbehörde gehören, muss sich der Nachbar an die Bauaufsichtsbehörde wenden und eine repressive Bauaufsichtsmaßnahme beantragen. Lehnt die Bauaufsichtsbehörde dies ab, kann nach durchgeführtem Vorverfahren (§§ 68 ff. VwGO) eine Verpflichtungsklage auf ein bauaufsichtliches Einschreiten erhoben werden.[605] Je nachdem, ob das behördliche Einschreitermessen auf Null reduziert ist oder nicht, ergeht ein Vornahme - oder lediglich ein Bescheidungsurteil nach § 113 V 2 VwGO. Nachbarn können nach den Grundsätzen von Treu und Glauben ihre **materiellen Abwehrrechte** verwirken. Im Hinblick auf das nachbarliche Gemeinschaftsverhältnis müssen sie durch zumutbares aktives Verhalten wirtschaftlichen Schaden vom Bauherrn abwenden oder gering halten. Einwendungen gegen Baumaßnahmen müssen sie daher „ungesäumt" geltend machen. Die Verwirkung eines Rechts setzt neben der Untätigkeit über einen längeren Zeitraum hinweg voraus, dass der Bauherr darauf vertrauen durfte, das Abwehrrecht werde nicht mehr geltend gemacht werden (Vertrau-

---

597 VG d. Saarl., Beschl. v. 7.5.2015 – 5 L 214/14, Rn. 37 – juris.
598 Grundlegend BVerwGE 94, 151, 155 ff.; s. auch VG d. Saarl., Beschl. v. 7.5.2014 – 5 L 214/14, Rn. 32 – juris.
599 VG d. Saarl., Urt. v. 29.7.2015 – 5 K 677/14, Rn. 74 – juris.
600 VG d. Saarl., Beschl. v. 7.5.2014 – 5 L 214/14, Rn. 39 – juris.
601 BVerwGE 148, 290, 295; *Siegel*, ÖR Berl., § 4 Rn. 269.
602 SächsOVG, Beschl. v. 12.2.2015 – 1 B 297/14, Rn. 16 – juris.
603 OVG Berlin-Bbg., NVwZ-RR 2013, 299 f.; VG d. Saarl., Beschl. v. 7.5.2014 – 5 L 214/14, Rn. 38 – juris.
604 VG d. Saarl., Urt. v. 8.10.2014 – 5 K 808/13, Rn. 41 – juris.
605 *Siegel*, ÖR Berl., § 4 Rn. 278.

ensgrundlage) und er sich infolge seines tatsächlichen Vertrauens (Vertrauenstatbestand) in seinen Vorkehrungen und Maßnahmen so eingerichtet hat, dass ihm durch eine verspätete Durchsetzung ein unzumutbarer Nachteil entstehen würde (Vertrauensbetätigung). Derartige materiellrechtliche Abwehrrechte können auch in Bezug auf ungenehmigte Bauvorhaben verwirkt werden.[606]

Der vorläufige Rechtsschutz richtet sich nach §§ 80, 80a VwGO oder § 123 VwGO. Insoweit sei auf die Lektüre der Lehrbücher zum Verwaltungsprozessrecht verwiesen. Ist in der Hauptsache eine Anfechtungsklage gegen die Baugenehmigung zu erheben, scheidet eine einstweilige Anordnung aus und gelten gem. § 123 V VwGO die §§ 80, 80a VwGO. Die aufschiebende Wirkung von Widerspruch und Anfechtungsklage (§ 80 I VwGO) entfallen unter den Voraussetzungen des § 80 II VwGO. Nach § 212a I BauGB entfalten Widerspruch und Anfechtungsklage eines Dritten gegen die bauaufsichtliche Zulassung eines Vorhabens keine aufschiebende Wirkung. Dann muss der Nachbar auf der Grundlage des § 80a III VwGO einen Antrag auf Anordnung der aufschiebenden Wirkung von Rechtsbehelfen gegen die Baugenehmigung stellen. 177

Darüber hinaus erlangt in baurechtlichen Streitigkeiten die in § 65 VwGO geregelte **Beiladung** eine besondere Relevanz, die aber weder zur Zulässigkeit noch zur Begründetheit gehört und daher in der Klausur am besten im Rahmen eines Einschubs zwischen diesen beiden Prüfungspunkten erörtert wird.[607] Während die einfache Beiladung im Ermessen des Gerichts steht (§ 65 I VwGO „kann"), hat das Gericht nach § 65 II VwGO einen Dritten zwingend beizuladen (notwendige Beiladung), wenn die Entscheidung auch ihm gegenüber nur einheitlich ergehen kann. Klagt der Nachbar auf Aufhebung einer Baugenehmigung, ist der durch diese begünstigte Bauherr zwingend, also notwendig gem. § 65 II VwGO, beizuladen.[608] Gleiches gilt bei einer Verpflichtungsklage auf behördliches Einschreiten gegen diesen.[609] Erhebt der Bauherr eine Verpflichtungsklage auf Erteilung einer Baugenehmigung, für die das gemeindliche Einvernehmen nach § 36 BauGB benötigt wird, ist die Gemeinde zu diesem Rechtsstreit notwendig beizuladen.[610] 178

---

[606] OVG d. Saarl., Urt. v. 3.9.2020 – 2 A 17/20, Rn. 24 – juris.
[607] Näher dazu *Guckelberger* JuS 2007, 436, 441.
[608] *Guckelberger* JuS 2007, 436, 439.
[609] *Guckelberger* JuS 2007, 436, 439.
[610] *Guckelberger* JuS 2007, 436, 439.

Stichwortverzeichnis

Die Angaben verweisen auf die Paragrafen des Buches (**fette Zahlen**) sowie die Randnummern innerhalb der einzelnen Paragrafen (magere Zahlen).

Abführungspflicht von Aufsichtsratsvergütungen **3** 205
Abgaben **2** 85, **3** 131
Abgabenbescheid **3** 238
Abgabenerhebung durch die Gemeinde **3** 131
Abschleppen von Fahrzeugen **2** 69, 71, **4** 127, 204 ff.
Abstandsflächen **5** 117 f., 141, 176
– Erleichterungen **5** 118
– Schikaneverbot **5** 118
Abstimmungen im Gemeinderat **3** 70
Abstrakte Normenkontrolle **1** 112, 115
Abteilung **2** 21, **3** 78
Abwägung, nachvollziehende **5** 98
Abwägungsfehler **5** 54, 58
Abwägungsgebot **5** 44 ff., 52, 98
Abwasserbeseitigung **3** 35
Abwehrrechte gegen wirtschaftliche Betätigung der Gemeinden **3** 194
Abweichungen **5** 123 f., 133, 140 f., 148
Adenauer **1** 10
Akteneinsichtsrecht **2** 120
Aktiengesellschaft (AG) **3** 202
Alkoholverbote durch die Gemeinde **3** 39
Allgemeine Handlungsfreiheit **1** 180 f., 190
Allgemeines Persönlichkeitsrecht **1** 182
Allgemeinverfügung **3** 39, **4** 167, 205
Alliierter Kontrollrat **1** 8
Altschuldenfonds **3** 118
Amtsblatt des Saarlandes **1** 99, 130
Amtshaftung der Gemeinde **3** 217, **5** 108
Androhung **2** 72, 80 ff., 88, 93, 96, **4** 191 ff., 206 f.
Angespannte Wohnungsmarktlage **5** 79
Anhörungsmöglichkeiten im Gemeinderat **3** 73
Anhörungsrechte des Ortsrates **3** 99

Anscheinsgefahr **4** 46, 76
Anscheinsstörer **4** 76, 96, 214
Anstalten **2** 23 f., 50
Anstoßwirkung **5** 24
Anwendungsvorrang **1** 47
Arbeitskammer des Saarlandes **1** 175, 190
ArbStättVO **3** 169
Aufenthaltsgebot **4** 112
Aufenthaltsüberwachung
– elektronische **4** 107, 112, 150
Aufenthaltsverbot **4** 111, 114, 187
Aufgaben der Polizei **4** 23 ff.
Aufgaben des Bürgermeisters **3** 77
Aufgaben des Ortsrates **3** 97
Aufgaben des Ortsvorstehers **3** 110
Aufgabenübertragung nach dem KGG **3** 210
Aufgabenzuweisungen an die Kommunen durch Bundesrecht **3** 114a
Aufsicht (Polizei)
– Dienstaufsicht **4** 17
– Fachaufsicht **4** 17
– Selbsteintrittsrecht **4** 17
Aufsichtsklage **2** 166, 175
Aufsichtsrat in Kommunalunternehmen **3** 205
Auftragsangelegenheit **2** 30, 37, 41, **4** 14, **5** 125
– der Gemeinden **3** 36
– der Landkreise **3** 222
Auftragsschwellenwerte nach dem GWB **3** 160
Ausfertigung **1** 99, 130, **3** 41, **4** 173, **5** 30
– von Satzungen **3** 40
Ausführung der Landesgesetze **2** 14 f.
Ausführung von Ratsbeschlüssen **3** 76
Ausgleichs- und Ergänzungsfunktion der Landkreise **3** 221
Auskünfte an Medien **3** 78
Auskunftsrechte des Gemeinderates **3** 72

Stichwortverzeichnis

Auslagen 2 85, 101 ff.
Ausländer, ausländische juristische Personen (als Grundrechtsberechtigte) 1 169, 171 f.
Ausnahmen (Baurecht) 5 75, 123 f.
– Antrag 5 80
Ausschuss der Regionen 1 50, 3 16 f.
Ausschüsse
– im Gemeinderat 3 64 f.
– im Landtag 1 86 ff.
Außenbereich (§ 35 BauGB) 5 90 ff.
– gesollte Vorhaben 5 94 f.
– nichtprivilegierte Vorhaben 5 101
– öffentliche Belange 5 96 ff.
– privilegierte Vorhaben 5 92 ff.
– teilprivilegierte Vorhaben 5 102
Außenbereichssatzung 5 103
Außerplanmäßige Ausgaben 3 148
Aussetzung der Vollziehung 2 85
Aussicht, freie 5 46
Austauschmittel 4 161
Austritt aus der Bundesrepublik 1 28
Auswanderungsfreiheit 1 181
Auswärtige Angelegenheiten 1 34
Automatisierter Verwaltungsakt 2 58g

Barrierefreiheit 3 74
Bauantrag 5 146 f.
Bauaufsicht 5 125
Bauaufsichtliche Eingriffsbefugnisse 5 159 ff.
– Rechtsschutz 5 172 f., 175
– Vollstreckung 5 173
Baueinstellung 5 161 f.
Baugenehmigung 5 126 ff., 150 ff.
– Anfechtungsklage des Nachbarn 5 145
– Anspruch 5 150, 154
– Bestimmtheit 5 151
– Fiktion 5 142 f.
– Form 5 151
– Geltungsdauer 5 152
– Genehmigungsbedürftigkeit 5 129 ff.
– Genehmigungsverfahren (Ablauf) 5 146 ff.
– Nachbarschaftsbeteiligung 5 148
– Nebenbestimmung 5 151
– normales Verfahren 5 127 f.
– Öffentlichkeitsbeteiligung 5 149

– Prüfumfang 5 138
– Prüfungsschema 5 154
– Rechtsnachfolge 5 152
– Rechtsschutz des Bauherrn 5 175
– Rechtsschutz des Nachbarn 5 176
– Schlusspunktcharakter 5 138
– vereinfachtes Verfahren 5 127 f., 140
– Verpflichtungsklage 5 145, 153
– Wahlmöglichkeit Bauherr 5 128, 133, 138
Bauherr 5 162
Bauleitplanung 3 31, 5 7 ff.
– materielle Anforderungen 5 34 ff.
– Sicherung 5 63 f.
– Verfahren 5 21 ff.
Bauliche Anlage (Bauordnungsrecht) 5 110 f.
Bauliche Anlage (Bauplanungsrecht) 5 65 f.
– Änderung 5 67
– Errichtung 5 67
– Nutzungsänderung 5 67
Baulücke 5 82
Baunutzungsverordnung 5 6, 42, 69, 84, 120
Bauordnungsrecht 5 1, 109 ff.
– Anforderungen 5 116 ff.
Bauplanungsrecht 5 1 f., 6 ff.
– Zulässigkeit von Vorhaben 5 65 ff.
Bauplatzverkauf 3 152
Baurechtswidrigkeit 5 161, 163
Bauvorbescheid 5 155 ff.
Bayern 1 5, 7
Beamte 1 105, 2 41, 46, 53, 139 ff.
Beamtenstatusgesetz 2 146
Beanstandung der Kommunalaufsicht 3 219
Bebauungsplan 3 31 f., 5 10, 17 ff.
– Abwägung 5 44 ff.
– Aufstellungsverfahren 5 21 ff.
– einfacher 5 19, 73a, 74
– Fehler 5 55 ff.
– Festsetzungen 5 41 ff.
– Innenentwicklung 5 19, 40
– materielle Anforderungen 5 34 ff.
– Qualifizierter 5 19, 68 ff., 133
– Rechtsschutz 5 174
– vorhabenbezogener 5 19
Bebauungszusammenhang 5 81 f.

Stichwortverzeichnis

Befangenheit 3 57 f., 5 27
Befragung, polizeiliche 4 105
Befreiung (Baurecht) 5 76 ff., 148, 176
- Antrag 5 80
- Befreiungsgrund 5 77
- Befreiungsregelung 5 79
Befriedungsquote (Rechtsausschüsse) 2 157
Beherrschungsvertrag 3 203
Behindertengleichstellungsgesetz 3 84
Behörde
- Begriff 2 21
- Beteiligung 5 23 f.
- kommunale 2 24
- Struktur 2 17
Behördenprinzip 2 172 ff.
Beigeordnete 3 85 ff.
Beihilfen 3 187, 203
Beiladung (Baurecht) 5 178
Beiräte in Gemeinden 3 75
Beitreibung 2 68, 83, 88, 90 f., 96
Beitritt zur Bundesrepublik 1 11, 14
Bekanntmachung 4 173, 5 31, 149
Belange
- nicht abwägungsbeachtliche 5 46
- öffentliche 5 45
- private 5 46
Belästigung 4 43, 5 72
Benutzung gemeindlicher Einrichtungen 3 183
Benutzungsgebühren 2 100 ff.
Bergverwaltung 2 43 ff., 54
Berufsbeamtentum 2 142 f.
Berufsfreiheit 1 181, 190
Beschlussfähigkeit des Landtags 1 66, 129
Beschlussfähigkeit des Rates 3 66
Beschwerdeberechtigung juristischer Personen 1 199
Beseitigungsanordnung 5 164 ff.
- Begründung 5 167
Bestandsgarantie (Bundesländer) 1 29
Bestandsschutz 5 102, 164
Bestandteilsnorm 1 110a
Bestenauslese 2 143, 3 28
Beteiligung 5 25

Beteiligung des Personalrates im Gemeinderat 3 73
Beteiligungsbericht der Gemeinde 3 207
Betretungsrechte 4 120, 122 ff., 5 160
Betrieb gewerblicher Art 3 191
Betteln 4 42
Bettensteuer 3 122
Bezirksbürgermeister 3 112
Bezirksräte der Landeshauptstadt Saarbrücken 3 112
Bezirksverwaltung Dudweiler 3 112
Bild- und Tonaufzeichnungen
- offene 4 136 ff.
Bildaufzeichnungen 4 136 f.
Bildung des Ortsrates 3 96
Blieskastel 3 5
Bodycams 4 140 ff.
- in Wohnungen 4 142 f.
- Verfassungsmäßigkeit 4 143
Brandschutzsatzung 3 39
Bundesagentur für Arbeit 3 221
Bundesauftragsverwaltung 2 5 ff., 12 f.
Bundesbeamtengesetz 2 146
Bundesdatenschutzgesetz 2 133a ff.
Bundesergänzungszuweisungen 1 54a
Bundesfinanzausgleich 1 54a
Bundeskriminalamt 4 5
Bundesstaat, Legitimationssubjekt 1 28
Bundestreue 1 36
Bündnis für Investition und Dienstleistung 3 39
Bürger 3 46
Bürgerbegehren und Bürgerentscheid 3 51, 5 34
Bürgerhaushalt 3 136
Bürgerinitiative-VO 3 51
Bürgermeister
- Abwahl 3 76
- als gesetzlicher Vertreter der Gemeinde 3 77
- als Ortspolizeibehörde 3 49
- Aufgaben 3 77
- Eilentscheidungsrecht 3 79
- Leitungsbefugnis 3 78
- Ordnungsruf 3 68
- Rechtsstellung 3 76
- Wahl des Bürgermeisters 3 76

Bürgschaften der Gemeinde 3 152
Bußgeldverfahren 2 34
Charta der Grundrechte der Europäischen Union 1 163a
Corona-VO 3 36
D-115 Verbund 3 178
Daseinsvorsorge 3 32, 34, 179, 187
Datengeheimnis 2 135a
Datenschutz 1 182, 2 122, 132 ff.
– Gesetzgebungsbefugnisse 2 134 f.
Datenschutzbeauftragter in der Gemeinde 3 84
Datenschutz-Grundverordnung 2 133 ff.
Datenverarbeitung, Grundsätze 2 135a
DDR 3 3
Deliktsfähigkeit der Gemeinde 3 214
De-minimis-VO 3 187
Demokratieprinzip 1 42
Dereliktion 4 71
Deutsches Volk 1 28
Deutsch-Französischer Krieg 1 5
Devolutiveffekt (Widerspruch) 2 160
Dezernat 2 21, 24
Dienstaufsicht 2 39 ff., 46, 48, 51
Dienstleistungen von allgemeinem wirtschaftlichen Interesse 3 187
Dienstleistungskonzession 3 156
Dienstsiegel 3 20
Digitalisierung 2 58a, 3 175
Digitalisierungsgesetz 2 58c
Dinglicher Verwaltungsakt 4 85, 5 152
Diskriminierungsverbote 1 183
Divergenzvorlage 1 160
DNA-Analyse 4 104
Doppelfunktion (Polizei) 4 26
Doppik 3 140
Drittschützende Vorschriften im Baurecht 5 73a, 108, 117, 134, 137, 145, 162, 165, 173, 176
Drittwirkung (Grundrechte) 1 179
Dudweiler 3 112
Duldungsverfügung 5 168
Durchgriffsnorm 1 110a

Durchsuchungen
– von Personen 4 117 f.
– von Sachen 4 120 f.
– von Wohnungen 4 122 ff.
Dynamische Verweisung 2 59, 4 112
e/DAS-VO 3 173
EAÜ 4 150 f.
E-Government (elektronischer Verwaltungsverkehr) 2 58d ff., 3 175
Ehe 1 191
Ehrenamt 1 195, 3 47
Eigenbetrieb 3 197
Eigengesellschaft der Gemeinde 3 201
Eigentumsgarantie 1 171, 5 5, 50, 63, 78, 101 f., 115, 168
Eilentscheidungsrecht des Bürgermeisters 3 79
Einberufung des Rates 3 65
Einfügen (Baurecht) 5 85 ff.
– Abweichung 5 88
Einheitliche Behördenrufnummer D 115 3 178
Einheitlicher Ansprechpartner 3 176
Einheitssystem bei Polizeibehörden 4 2 f.
Einkaufsgemeinschaften 3 162, 196
Einkommensteueranteil der Gemeinden 3 114
Einstellung von (Bau-)Arbeiten 5 161 f.
Einvernehmen, gemeindliches 5 104 ff., 144, 178
– Amtshaftungsanspruch 5 108
– Ersetzung 5 107
– Fiktion 5 106
– Rechtsschutz 5 108
Einwendungen 5 25, 148
Einwohner 3 45
Einwohnerantrag 3 48
Einwohnerbefragung 3 50
Einwohnerfragestunde 3 49
Einwohnerversammlung 3 48
E-Justice (elektronischer Rechtsverkehr) 2 58 f.
Elektronische Akteneinsicht 2 58e
Elektronische Aktenführung 2 58e
Elektronische Aufenthaltsüberwachung 4 107, 112, 150

Stichwortverzeichnis

Elektronische Ausschreibung 3 175
Elektronische Dokumente und Formulare 2 58e
Elektronische Einberufung des Gemeinderates 3 175
Elektronische Form 2 58a f.
Elektronische Fußfessel 4 107, 112, 150
Elektronische Gerichts- und Verwaltungspostfächer (EGVP) 2 58 f.
Elektronische Kommunikation mit der Verwaltung 2 58c
Elektronische Unterschrift 3 173
Elektronische Verwaltungsabläufe 3 168
Elektronischer Rechtsverkehr 2 58a
Elektronischer Rechtsverkehr (Gerichte, Staatsanwaltschaften) 2 58 f.
Elektronischer Verwaltungsakt 2 58g
Elektronisches Dokument 3 173
EMRK 4 114 f., 144, 202 f.
Enquêtekommission 1 88
Enteignung 1 189
Entschädigung 4 213 ff.
Entscheidungen der Kommunalaufsicht 3 220
Entscheidungsrechte des Ortsrates 3 101
Entschuldungsfonds der Gemeinden 3 116
Entsorgungsverband Saar (EVS) 3 212
Entwicklungsgebot 5 38 ff., 56
Entwicklungszusammenarbeit 3 214
ePrivacy-Verordnung 2 133
Ergänzendes Verfahren 5 61
Ergänzungszuweisungen (des Bundes an die Länder) 1 54a
Ergebnishaushalt 3 141
Erkennungsdienstliche Maßnahmen 4 103 ff.
Ermessen 2 49, 4 80 f., 98, 118, 130, 157 ff., 175 f., 5 162, 165, 170
– Auswahlermessen 4 80, 157 f.
– Entschließungsermessen 4 157 f., 190
– Ermessensfehler 4 159
– fehlerfreie Entscheidung 4 162
– normatives 4 175 f.
– Reduzierung auf Null 4 161, 5 165
Erneuerbare Energien 5 49

Ersatzvornahme 2 50, 71 f., 75 ff., 4 185 f., 206 f.
Ersatzzwangshaft 4 188
Erschließung 5 89, 100 f., 132
Erziehung 1 192, 195
Erzwingungshaft 2 80
EU (grenzüberschreitende Zusammenarbeit) 1 51
Europa 1 46 ff.
– Ausschuss der Regionen 1 50
– Recht der EU und Landesrecht 1 47
– Übertragung von Hoheitsrechten 1 48
Europäische Dienstleistungsrichtlinie 3 176
Europäische Menschenrechtskonvention 1 163a
Ewigkeitsklausel 1 29
Exekutive 1 62
Fachaufsicht 2 12 f., 30, 41, 46, 49, 4 17, 5 125
Fachaufsichtliche Weisungen 3 232
Faktisches Baugebiet 5 84
Fälligkeit 2 87
Farben (Land, Kommune) 1 14, 3 20
Fehlerhafter Bebauungsplan 5 55 ff.
– Unbeachtlichwerden von Fehlern 5 60
Fernwärmeversorgung 3 39
Fesselung 4 201
Festsetzung
– eines Zwangsmittels 2 72, 81 f., 95, 4 194
– im Bebauungsplan 5 17, 41 ff.
Feuerschutzsteuer 3 227
Finanzämter 2 44, 64
Finanzausgleich
– bundesstaatlicher 1 54 f.
– kommunaler 3 116 ff.
Finanzausgleichsgesetz 1 52, 54a
Finanzausstattung der Gemeinden 3 113 ff.
Finanzbedarf (Bundesfinanzausgleich) 1 54a
Finanzhaushalt 3 141
Finanzhoheit 3 30
Finanzierung der Verwaltungsausgaben 2 9 ff., 42

537

Finanzkontrolle, Kommunen 3 163 ff.
Finanzkraft, Finanzkraftausgleich 1 54a
Finanztabu 1 134c
Finanzverfassung 1 52
Finanzverwaltung 2 43 f., 54
Finanzwirksame Gesetzesentwürfe 1 134c
Fiskalpakt 1 58b
Fläche
– nicht überbaute 5 119
Flächennutzungsplan 3 31, 5 10 ff., 27, 96, 102
– Konzentrationsflächen 5 15, 99
– Normenkontrollfähigkeit 5 16
– Rechtsschutz 5 174
Flüchtlinge 5 6, 45, 65, 77, 78, 102
Föderalismusreform I 1 123, 186, 2 11, 144, 4 8, 223
Föderalismusreform II 1 58
Forderungsbeitreibung in der Gemeinde 3 154
Formelle Verfassungsmäßigkeit 1 203
Fraktionen
– Gemeinderat 3 61
– Landtag 1 83 ff.
Fraktionsdisziplin 3 56, 61
Fraktionslose Abgeordnete 1 85
Franc 1 9
Frankreich 1 1 ff., 13 f.
– französische Besatzungsmacht 1 8
– französische Saarpolitik 1 12
Frauenbeauftragte in der Gemeinde 3 80
Freies Mandat 1 78 f.
Freiheitlichkeit 1 43
Freiheitsentziehung 4 99, 107, 115
Freiwillige Selbstverwaltungsangelegenheiten 3 34
Friede von Rijswijk 1 3
Friedhofsträger 3 35
Friedrichsthal 3 228
Funktionsauftrag (öffentlich-rechtlicher Rundfunk) 1 184

Garagen 5 42, 118, 122, 131
Gebäude 5 111
Gebäudeklassen 5 112
Gebietserhaltungsanspruch 5 73a

Gebietshoheit 3 26
Gebietsverträglichkeit 5 70
Gebühren
– Benutzungsgebühren 2 100 ff.
– Polizeirecht 4 221 ff.
– Verwaltungsgebühren 2 102
Gebührenbescheid 2 107
Gebührendifferenzierung 3 125
Gefahr 4 43 ff.
– abstrakte 4 54, 174
– Anscheinsgefahr 4 46
– Begriff 4 43 ff.
– dringende 4 56
– drohende 4 58
– erhebliche 4 57
– Gefahrenverdacht 4 49 ff.
– gegenwärtige 4 56
– gemeine 4 57
– im Verzug 4 57
– konkrete 4 53
– Putativgefahr 4 47
– Scheingefahr 4 47
– Wiederholung 4 55
Gefährderanschreiben 4 156
Gefahrenverdacht 4 49 ff.
Gefahrerforschungsmaßnahme 4 52, 117
Geldforderungen 2 63 f., 67 f., 83 ff., 90 ff.
Gemeindefinanzreformgesetz 1 52
Gemeindekasse 3 154
Gemeinderat 3 52 ff., 5 21, 26, 105
– Abstimmungen 3 70
– Anhörungsmöglichkeiten 3 73
– Ausführung von Beschlüssen 3 76
– Auskunftsrechte 3 72
– Ausschüsse 3 64
– Beschlussfähigkeit 3 66
– Beteiligung des Personalrates 3 73
– elektronische Einberufung 3 175
– Fraktionen 3 61
– Geschäftsordnung 3 69
– Kostenerstattungsansprüche der Mitglieder 3 59
– Mitgliedschaftsrechte der Mitglieder 3 60
– Nichtöffentlichkeit von Sitzungen 3 67
– Niederschrift über Gemeinderatssitzungen 3 71
– Redezeitbegrenzung 3 69

Stichwortverzeichnis

- Vorsitz 3 68
Gemeindevermögen 3 152
Gemeindevertreter in Wirtschaftsunternehmen 3 205
Gemeindliche Einrichtungen 3 179, 239
Gemeindliche Organisationsformen 3 17
Gemeindliches Einvernehmen 3 220
Gemeinsame Wahlvorschläge 3 64
Gender Mainstreaming 3 83
Genehmigung (Baurecht) 5 126 ff.
Genehmigungsfreistellung 5 133 ff.
- Rechtsschutz 5 137
- Umsteuerungsmöglichkeit Gemeinde 5 134, 140
Generalklausel
- Bauordnungsrecht 5 113, 159
- Polizeirecht 4 91, 153 ff.
Geräuschimmissionen 3 186
Gerichtsbarkeit 1 144 f., 156
Geschäfte laufender Verwaltung 3 78
Geschäftsordnung
- des Gemeinderates 3 69
- des Landtages 1 76
Geschäftsordnungsautonomie 1 76
Geschäftsverteilung 2 17 f.
Geschlechtergerechtigkeit 3 83
Gesellschaft mit beschränkter Haftung (GmbH) 3 202
Gesetz über den Landtag des Saarlandes 1 76
Gesetze des Saarlandes zum Kommunalrecht 3 13
Gesetzesakzessorische Verwaltung 2 3, 16
Gesetzesinitiative 1 125
Gesetzesvollzug 2 3, 12, 16
- Bundesauftragsverwaltung 2 5 ff.
- Landeseigenverwaltung 2 5 ff.
Gesetzesvorlage (Gesetzesinitiative) 1 125
Gesetzgebung (Landesgesetze) 1 122 ff.
- Ausfertigung 1 130
- Befristung 1 130a
- Initiativrecht 1 105
- Lesungen 1 126 ff.
- Verfahren 1 131
- Verkündung 1 130

Gesetzgebungskompetenz 1 122 ff.
- Bauordnungsrecht 5 3
- Bauplanungsrecht 5 2
- Polizeirecht 4 4 ff., 101, 138, 223, 224
Gesetzmäßigkeit der Verwaltung 2 165
Gestrecktes Verfahren (Vollstreckung) 2 72 ff., 4 182 ff.
Gewahrsam 4 113 ff.
- Durchsetzungsgewahrsam 4 116
- Präventivgewahrsam 4 114 ff.
- Schutzgewahrsam 4 113
- Sicherungsgewahrsam 4 114 ff.
- Verbringungsgewahrsam 4 116
Gewalt, tatsächliche 4 68 f.
Gewaltenteilung 2 5
Gewerberechtliche Festsetzung 3 186, 239
Gewerbesteuer 3 119
Gleichbehandlungsgebot (Finanzausgleich) 1 54a
Gleichheitsgrundrechte 1 183, 200
Gleichwertige Lebensverhältnisse 3 118
Gräbergestaltung 3 39
Grenzüberschreitende Zusammenarbeit 1 51
Großrosseln 3 228
Großveranstaltungen der Gemeinde 3 216
Grundpflichten 1 195
Grundrechte 1 21 ff.
- Abgrenzung zu Staatszielen 1 164 f.
- Durchgriffswirkung der Grundrechte 1 22, 149
- Geltung 1 149 ff.
- Grundrechtsbindung 1 173
- Verhältnis zu Bundesgrundrechten 1 150
Grundrechtsberechtigung 1 169 ff.
Grundsatz der Formenfreiheit (Gemeinde) 3 182
Grundsteuer 3 119
Grundverwaltungsakt 2 72 f., 80 f., 92, 111, 4 183 ff., 198, 221
Haftung der Gemeinde 3 216
Haftung kommunaler Aufsichtsratsmitglieder 3 206
Handlungsformen (Polizei) 4 25 ff.

539

Handlungsstörer 4 61 ff., 5 160, 162, 168
Hausabfallentsorgung 3 35
Haushaltsausgleich 1 58, 3 136
- bundestaatl. Haushaltsautonomie 1 56
- Haushaltsnotlage des Saarlandes 1 57
- komm. Haushaltsausgleich 3 136
- komm. Haushaltssanierungsplan 3 136
- komm. Haushaltssatzung 3 138
- staatl. Haushaltsplan 1 56, 65
Haushaltsnotlage 1 57
Haushaltsstabilisierungsgesetz 1 58a
Häusliche Telearbeit 3 169
Hausnummerzuteilung 3 105
Heusweiler 3 228
Hilfspolizeibeamte 4 19
HOAI 3 158
Hochbaubehörde 2 34b
Höchstzahlverfahren (Wahlen) 1 71
Hochzonung (von Aufgaben) 2 30, 34a, 3 221
Holdinggesellschaft 3 203
Homburg (Saar) 1 2, 3 5, 17
Homogenitätsgebot 1 36
Homogenitätsklausel 1 14, 20, 40
Hundesteuer 3 121

Identitätsfeststellung 4 96 ff.
Identsystem 3 125
Illegalität (formelle und materielle) 5 161, 163 ff., 169
IMSI-Catcher 4 148
Infektionsschutzgesetz 3 36
Informationelle Selbstbestimmung 2 114, 132
Informationsanspruch 2 112 ff., 118
Informationsausschluss 2 121
Informationserhebung
- aus Wohnungen 4 145 f.
Informationsfreiheit 1 185, 2 116, 137 f.
Informationsfreiheitsgesetz 2 116
Ingewahrsamnahme (Polizei) 4 113 ff.
Inhalts- und Schrankenbestimmungen 5 7, 115

Innenbereich (§ 34 BauGB)
- Abgrenzung Außenbereich 5 81 ff.
Innenbereichssatzung 5 83
Innenbereichsvorhaben 5 81 ff.
Instandhaltungsarbeiten 5 132
Integrationsbeirat 3 92
Interessenwiderstreit 3 57
Interkommunales Abstimmungsgebot 5 52
Internet
- Behördeninformationen 2 58e
Internet-Nutzung in den Gemeinden 3 169
IT-Dienstleistungszentrum 2 29

Jagd- und Schankerlaubnissteuer 3 121, 227
Jagdsteuer 3 120
Job-Center 3 221
Judikative 1 62, 120
Jugendräte in der Gemeinde 3 74

Kabinettsbildungsrecht 1 94
Karlsruher Übereinkommen 3 213
Kassenkredite der Gemeinden 3 116
Kennzahlen im kommunalen Haushalt 3 144
Kennzeichenfahndung 4 151 f.
Kinderbeteiligung im Gemeinderat 3 74
Kinderbetreuungskosten 3 59
Kinderlärm (Baurecht) 5 72
Kinderrechte 1 191
Kirchen 1 164, 194
Kleinblittersdorf 3 228
Kleine Wiedervereinigung (1957/59) 1 11
Klimaschutz 5 49, 119
Kollision
- Kollisionsregel des Art. 31 GG 1 40
- von Bundes- und Landesrecht 1 39 f., 151 f., 181
Kommunalabgaben 3 119
Kommunalaufsicht 2 31, 3 218 ff., 234 f., 5 8, 34
Kommunalbeitrag 3 127
Kommunalbetriebe des öffentlichen Rechts 3 197 f.

Stichwortverzeichnis

Kommunalbetriebe des Privatrechts 3 199 ff.
Kommunale Aufsichtsratsmitglieder 3 206
Kommunale Energieversorgung 3 204
Kommunale Gemeinschaftsarbeit 3 209
Kommunale Gemeinschaftsstelle (KGSt) 3 167
Kommunale Selbstverwaltung 2 18, 161, 3 21
Kommunale Spitzenverbände 3 23
Kommunale Steuer 3 119
Kommunale Wahlbeamte 3 76, 87, 112, 226
Kommunales Haushaltsrecht 3 134
Kommunalfinanzausgleich 3 117
Kommunalgebühr 3 123
Kommunalverfassungsbeschwerde 1 112, 121, 3 22
Kommunalverfassungsstreitverfahren 3 89, 236
Kommunalverfassungstypen 3 4
Kompetenz
– Begriff 1 18
– Kompetenzverteilung 1 30 ff.
– Organkompetenz des Ministerpräsidenten 1 97 f.
– Organkompetenz in Bund und Ländern 1 48
– Organkompetenz kommunaler Organe 3 36, 38, 43, 62, 77, 95
– Verbandskompetenz der Kommunen 3 24 f., 43, 105, 188, 209, 230
– Verbandskompetenz des Bundes 1 48
Kompetenzkontrolle 1 34a
Konjunkturkredite 1 58
Konkrete Normenkontrolle 1 112, 117, 204
Konkurrentenstreit 3 87
Konnexitätsprinzip 3 115
– bundesfinanzverfassungsrechtliches 1 55, 2 9
– kommunalfinanzrechtliches 1 15, 2 11, 3 116
– striktes 2 11
– verwaltungsvollstreckungsrechtliches 2 73
Konnexitätsprinzip (Kostenrecht) 2 105

Kontaktverbot 4 112
Konzentrationsflächen 5 15, 99, 174
Kooperationshoheit 3 27
Kooperationsrat (Regionalverband) 3 228
Körperliche Unversehrtheit 1 173, 4 90, 103, 161, 203
Körperschaften 2 23, 50
Kosten 2 9, 76 ff., 85
– der Gefahrenabwehr 4 132, 185, 187, 189, 211, 220 ff.
Kosten- und Leistungsrechnung 3 145
Kostenbescheid 2 105 ff., 4 184, 222
Kostenersatzanspruch 2 77
Kostenerstattungsansprüche der Ratsmitglieder 3 59
Kostentragung 2 8 ff., 111
Kreditähnliche Geschäfte 3 153
Kreditaufnahme für Investitionen 3 137
Kredit-Investitions-Junktim 1 57
Kreisausschuss 3 226
Kreispolizeibehörde 2 38, 158
Kreisrechtsausschuss 2 155 f., 158, 3 42, 63, 223
Kreistag 3 225
Kreisumlage 3 227
Kriminalpräventive Räte in den Gemeinden 3 75
Kulturförderabgabe 3 122
Künstliche Intelligenz 3 175
Landesamt 2 28 ff., 54
– für IT-Dienstleistungen 2 29
– für Soziales 2 29
– für Umwelt- und Arbeitsschutz 2 29
– für Verbraucherschutz 2 29
– für Vermessung, Geoinformation und Landentwicklung 2 29
– für Zentrale Dienste 2 29
Landesbeauftragter für Datenschutz und Informationsfreiheit 2 124, 137 ff., 3 222, 4 17 f.
Landesbehörden 1 22, 25, 62, 64, 105, 2 26 f., 35 ff.
Landesbetrieb für Straßenbau 2 29
Landesdenkmalamt 2 29
Landeseigenverwaltung 2 5 ff., 12 f.

541

Stichwortverzeichnis

Landesfarben 1 14, 60
Landesgleichstellungsgesetz 3 82
Landeshauptkasse (im LZD) 2 29
Landesminister 1 94
Landesorganisationsgesetz 2 19
Landespolizeipräsidium 4 18
Landesregierung 1 92 ff., 2 17 f., 26 f., 54
- Geschäftsordnung 1 96
- Konstituierung 1 93 ff.
- Minister 1 94
- Ministerrat 1 96, 104 f.
- Misstrauensvotum 1 106 f.
- Ressortprinzip 1 103
- Staatssekretäre 1 95
- Vertrauensfrage 1 106 f.
Landesverwaltung im Bundesauftrag 2 7
Landesverwaltungsamt 2 29, 3 76, 79, 139, 165 f., 218, 220, 234
Landeswappen 1 60
Landkreis
- Auftragsangelegenheiten 3 222 ff., 5 125
- Ausgleichs- und Ergänzungsfunktion 3 221
- Organe 3 224 ff.
- Selbstverwaltungsangelegenheiten 3 221
Landrat 3 226
- als Kreispolizeibehörde 3 222
- als untere staatliche Verwaltungsbehörde 3 221
Landtag 1 63 ff., 2 40, 46
- Abgeordnete 1 78 ff.
- Auflösung 1 91
- Ausschüsse 1 86 ff.
- Binnenrecht 1 76 f.
- d'Hondtsches Höchstzahlverfahren 1 71
- Enquêtekommission 1 88
- Fraktionen 1 83 ff.
- Fraktionslose Abgeordnete 1 85
- Funktionen 1 64 f.
- Geschäftsordnung 1 76 f.
- Gesetzgebungsfunktion 1 64
- Kontrollfunktion 1 64
- Legislaturperiode 1 67
- Mandatsverteilung 1 72 f.
- Präsident 1 82
- Präsidium 1 82
- Sitzverteilung 1 74

- Wahlkreise 1 72
- Wahlprüfung 1 74
- Wahlrechtsgrundsätze 1 68
Landtag des Saarlandes, Gesetz über den 1 76
Landtagsabgeordnete
- Abgeordnetenanklage 1 80
- Entschädigung 1 81
- Immunität 1 79
- Indemnität 1 79
- organschaftliche Rechte 1 78
- Status 1 78 ff.
- Zeugnisverweigerungsrecht 1 79
Landwirtschaftlicher Betrieb 5 92, 131
Lebenslagen-Konzept der KGSt 3 170
Legitimationskette 2 46
Leichte Sprache 3 74
Leistungsbescheid 2 84 ff.
Leitungsbefugnis des Bürgermeisters 3 78
Liquiditätskredite 1 58
Lothringen 1 2, 7, 51, 60
Ludwig XIV. 1 3
Luxemburger Vertrag 1 11

Maastricht-Kriterien 1 58b
Maßgabegenehmigung 3 40
Maßstäbegesetz 1 52, 54a
Medienöffentlichkeit 3 67
Mehrheitsbeteiligung der Gemeinde 3 200
Meinungsfreiheit 1 173
Meldeauflage 4 154, 160
Menschenwürde 1 173, 4 118, 134, 200
Merzig 1 2, 2 54, 158, 3 5, 17
Merzig-Wadern (Landkreis) 3 17
Minderheitsbeteiligung der Gemeinde 3 201
Minderjährige Person 4 66
Minister 1 103
Ministeranklage 1 108
Ministerien 2 26, 54
Ministerpräsident 1 93, 97, 2 26, 54
- Kompetenzen 1 97 ff.
- Prüfungsrecht 1 100 f.
- Richtlinienkompetenz 1 97, 103, 116
- Staatsoberhauptsfunktion 1 98

Stichwortverzeichnis

Ministerrat **1** 96, 104
Mischgebiet **5** 71
Mischverwaltung **2** 4
Misstrauensvotum **1** 106 f.
Mitgliedschaftsrechte der Ratsmitglieder **3** 60
Mittelbare Landesverwaltung **2** 23 f., 51
Mittelstädte **3** 17
Mitverschulden **4** 217
Mitwirkungsverbot **3** 58, **5** 27, 28
Mobilfunkanlage **5** 42, 66, 77, 93, 117
Mund-Nase-Bedeckung **3** 68

Nachbargemeinde **5** 52
Nachbarschaftsbeteiligung **5** 148
Nachrichtendienst, Verfassungsschutz **4** 6
Nachtragshaushalt **3** 149
Nähere Umgebung **5** 85
Namensrecht der Gemeinde **3** 19
Napoleon **1** 5
Nassau(-Saarbrücken) **1** 2, 60
Naturkatastrophen und außergewöhnliche Notsituationen **1** 58
Nebenbestimmungen **5** 151
Neues Kommunales Rechnungswesen **3** 167
Neues Steuerungsmodell **3** 167
Neugliederung (Bundesgebiet) **1** 29
Neugliederungsgesetz (saarl. Kommunen) **3** 7
Neunkirchen **2** 54, 158, **3** 17
Nichtöffentlichkeit von Ratssitzungen **3** 67
Nichtstörer, Inanspruchnahme **4** 73 ff., 214 f.
Nichtwirtschaftliche Gemeindeunternehmen **3** 188
Niederschrift über Gemeinderatssitzungen **3** 71
Nivellierungsverbot (Finanzausgleich) **1** 54a
Normativbestimmung **1** 36
Normenkontrollverfahren **3** 42, 237
Normenprüfung in der Gemeinde **3** 177
Normverwerfungskompetenz **3** 42

Nothilfe **1** 173, 195
Notlagenkredite **1** 58
Nutzungsänderung **5** 67, 122, 132 f., 140, 152, 169
Nutzungsgrenzen gemeindlicher Einrichtungen **3** 185
Nutzungsuntersagung im Baurecht **5** 169 ff.

Obdachlos **4** 75, 155
Oberste Landesbehörden **2** 26 f., **5** 125
Observation **4** 134 f.
Öffentlich Private Partnerschaften **3** 208
Öffentliche Belange (Baurecht) **5** 96 ff.
Öffentliche Einrichtungen
– Benutzung gemeindlicher Einrichtungen **3** 183
– gemeindliche Einrichtungen **3** 179, 239
– Nutzungsgrenzen gemeindlicher Einrichtungen **3** 185
– Zulassung zu gemeindlichen Einrichtungen **3** 184
Öffentliche Ordnung **4** 39 ff., **5** 109
Öffentliche Sicherheit **4** 34 ff., 207, **5** 109
Öffentliche Zustellung **2** 61
Öffentlicher Dienst **2** 140 ff.
Öffentlicher Personennahverkehr **3** 204
Öffentlichkeit von Ratssitzungen **3** 67
Öffentlichkeitsarbeit der Ratsfraktionen **3** 61
Öffentlichkeitsbeteiligung **5** 23 f.
Optimierungsgebot **5** 49
Ordnungsruf des Bürgermeisters **3** 68
Ordnungswidrigkeitenverfahren **2** 63
Organe
– Begriff **2** 21
– der Gemeinde **3** 52
– des Landkreises **3** 224
– kommunale **2** 24
Organisationshoheit **2** 8 ff., **3** 27
Organisatorischer Gesetzesvorbehalt **2** 16 ff.
Organleihe **2** 36 ff., 54, **3** 37, **4** 14
Organschaftliche Rechtsposition **1** 78, 113, 202, **3** 60, 79, 89 f., 211, 236
Organstreitverfahren (Land) **1** 113

543

Stichwortverzeichnis

Organzuständigkeit 3 230
Örtliche Bauvorschriften 5 17, 18, 115, 141, 176
Ortsbild 5 89, 176
Ortspolizeibehörde 2 39, 3 37, 4 14 ff.
Ortsrat 5 27, 105
Ortsteil 5 81
Ortsvorsteher 3 109
Ortsvorsteherkonferenz 3 110
Ottweiler 3 5, 17

Papiersammlung 3 35
Parkgebührenordnungen 3 15
Parkuhr 4 184, 208
Parlamentsautonomie 1 76
Patronatserklärung 3 152
Personalhoheit 3 28
Pfalz-Zweibrücken 1 2, 60
Pflichtaufgabe 5 8
Pflichtige Selbstverwaltungsangelegenheiten 3 35
Planungshoheit 3 31
Planungsverband 3 228, 5 59
Platzverweisung 4 108, 114
Polizei 2 64
Polizei- und Sicherheitsbehörden 4 7
Polizeibegriff
– formeller 4 2
– institutioneller 4 2
– materieller 4 2
Polizeilicher Ordnungsdienst 4 19
Polizeipflicht von Hoheitsträgern 4 78 f.
Polizeirecht 4 221 ff.
Polizeiverordnung 1 139, 3 15, 39, 4 15, 50, 54, 166 ff.
– formelle Anforderungen 4 170 ff.
– materielle Anforderungen 4 174 ff.
Polizeiverwaltungsbehörden 4 13
– Erlass von Polizeiverfügungen 4 170
– instanzielle Zuständigkeit 4 14
– örtliche Zuständigkeit 4 15, 22
– Primärzuständigkeit 4 21
– sachliche Zuständigkeit 4 14, 22
Polizeivollzugsbehörden 4 18 ff.
– örtliche Zuständigkeit 4 22
– sachliche Zuständigkeit 4 20, 22
Polizeizwang 2 64, 110, 4 176 ff.

Postzustellungsurkunde 2 61
Präklusion 5 25, 148 f.
Preußen 1 5, 7
Privatinvestortest 3 187
Privatisierung von Gemeindeaufgaben 3 208
Privatschulen 1 192
Prozeduraler Schutz 3 23
Prozessstandschaft 2 171 ff.
Prüfungsmaßstab (SVerfGH) 1 77, 155 ff.
Prüfungsrecht des Ministerpräsidenten 1 100 f.
Prüfungsschema für Satzungen 3 43
Putativgefahr 4 47
Putativstörer 4 77
Püttlingen 3 228

Qualifizierte elektronische Signatur 2 58b
Quellen-TKÜ 4 146 ff.
– Verfassungsmäßigkeit 4 147
Querverbund (kommunale Betriebe) 3 203
Quierschied 3 228
Quoren 1 134a

Radarkontrolle 4 38, 155
Radarpanzer (Radarfallen) 2 34a
Rasterfahndung 4 51
Rat
– Ratsausschüsse 3 63
– Ratsfraktionen 3 61
– Ratssitzung als Entscheidungsverfahren 3 65
Rathauszeitung 3 34
Raumordnung 5 52, 99
Raumordnung (Ziele) 5 36
Rechnungshof 1 59
Rechnungslegung 1 59
Rechnungsprüfungsamt 3 163
Rechnungsprüfungsausschuss 3 164
Recht auf Arbeit 1 167, 173
Rechtmäßigkeitskontrolle 2 49
– Kommunalaufsicht 3 218
Rechtsaufsicht 2 12 f., 50, 5 29
Rechtsausschüsse 2 155 ff.

Stichwortverzeichnis

Rechtsbehelfe 2 92 f.
Rechtsbehelfsbelehrung 2 58, 153
Rechtsbeistandsgarantie 1 173, 188
Rechtsnachfolge
- Bauordnungsrecht 5 152
- Ordnungsverfügung 5 160
- Polizeirecht 4 83 ff.

Rechtspflege 1 143 ff.
Rechtsprechung 1 143 f.
Rechtssatzverfassungsbeschwerde 1 199
Rechtsschutz
- gegen Abgabenbescheide der Gemeinde 3 132
- im Baurecht 5 108, 136, 142, 145, 153, 157 f., 164, 174 ff.
- im Polizeirecht 4 163 f., 179
- Informationsanspruch 2 123
- Kostenbescheid 2 107 f.
- Verwaltungsvollstreckung 2 92 ff.

Rechtsschutz gegen bauordnungsrechtliche Maßnahmen 5 172 f., 175
Rechtsschutz gegen polizeiliche Maßnahmen 4 163 f.
Rechtsstaatsprinzip 1 44
Rechtsstellung des Bürgermeisters 3 76
Rechtsträgerprinzip 2 170, 173
Rechtsverordnungen 1 138 ff., 4 15, 50, 54, 166 ff.
- der Landesregierung 3 14

Rechtsvorschriften für den Ortsrat 3 105
Redezeitbegrenzung im Gemeinderat 3 69
Referat 2 21, 24
Referendarausbildung 1 143
Reformatio in peius 2 162 ff.
Regierungssystem 1 37
Regionalverband Saarbrücken 2 11, 23, 31, 36 ff., 155 f., 3 8, 13, 17, 118, 204, 228 f., 5 9, 59, 125
Regionalverbandsausschuss 3 229
Regionalverbandsdirektor 3 229
Regionalversammlung 3 229
Religionsfreiheit 1 193
Religionsunterricht 1 192
Republikanisches Prinzip 1 43
Ressortprinzip 1 103
Reunionspolitik 1 3

Richtlinienkompetenz 1 97
Riegelsberg 3 228
Rotationsprinzip 3 54
Rücksichtnahmegebot 5 71 ff., 78, 87, 97, 176
Rückwirkung einer Abgabensatzung 3 133
Saalöffentlichkeit 3 67
Saarbrücken
- Bezirksräte 3 112
- Landeshauptstadt 2 38, 40 f., 54, 69, 71, 155, 3 5, 17, 94, 112, 213
- Regionalverband Saarbrücken 3 228 ff., 5 9
Saardepartement 1 4
Saargebiet 1 1, 6 f.
Saarländisches Datenschutzgesetz 2 135 ff.
Saarlandpakt 1 58, 3 136
Saarlouis 3 17
Saar-Pfalz-Kreis 3 17
Saarprovinz 1 3
Saarstatut 1 10 f.
Sachbescheidungsinteresse 5 150
Sachkompetenz 2 12 f.
Sanierungshilfengesetz 1 52
Satzung 1 141, 3 15, 29, 38 ff., 237, 5 17, 27, 63, 83, 103, 115, 119, 174
Satzungsfehler 3 41
Satzungshoheit 3 29
Schaden 4 44 ff.
Schadensausgleich 4 213 ff.
Schankerlaubnissteuer 3 120
Scheingefahr 4 47
Scheinstörer 4 77
Schleierfahndung 4 100 f.
Schottergärten 5 119
Schuldenbremse 1 58 f., 110a, 3 116
Schulträgerschaft 3 35
Schusswaffengebrauch 4 200 ff.
Schutz vor Geräuschimmissionen 3 186
Schwächungsverbot (Finanzausgleich) 1 54a
Selbsteintrittsrecht 4 18
Selbstgefährdung 4 36, 110

545

Stichwortverzeichnis

Selbstkontrolle der Verwaltung 2 161
Selbstverwaltung 2 50
Selbstverwaltungsangelegenheiten 1 141, 3 33
- Selbstverwaltungsaufgaben der Landkreise 3 221
Selbstverwaltungsgarantie 5 5, 8 ff.
Sicherheit, öffentliche 4 34 ff., 207, 5 109
Sicherstellung 4 127 ff., 207
Signaturgesetz 3 173
SKS-Vertrag 1 58b
Sofortvollzug 2 72 ff., 96, 4 197 ff., 207
Sonderbauten 5 112, 133, 138, 140, 159
Sonderpolizeibehörden 4 13, 16
Sondervermögen 1 58
Sozialisierung 1 173, 189
Sozialstaatsprinzip 1 45
Sparkassen 3 211
Sparsamkeit der Haushaltswirtschaft 3 135
Sperrklausel (Wahlen) 1 71
Sponsoring 3 137, 160
St. Ingbert 2 30, 3 17
St. Wendel 1 2, 3 5, 17
Staatliche Auftragsangelegenheiten der Landkreise 3 222
Staatsangehörigkeit 1 9
Staatsfundamentalnormen 1 41
Staatsfunktionen 1 19, 122 ff.
Staatskanzlei 1 102
Staatsorgane 1 18, 22, 25, 61 ff.
Staatsorganisationsrecht 1 16, 18 ff.
Staatssekretäre 1 95
Staatsverschuldung 1 57 f.
Staatszielbestimmungen 1 165 ff., 5 5, 48 f.
Staatsziele 1 168
Stabilitätsratsgesetz 1 52
Städtebauliche Relevanz 5 46
Städtepartnerschaften 3 213
Standardmaßnahmen, polizeiliche 4 90 ff.
Standsicherheit 5 121
Statistisches Amt (LZD) 2 29

Statusrechte 2 146 f.
Stein, Carl Frh. vom und zum 3 2
Stellenplan in der Gemeinde 3 150
Stellplätze 5 42, 122
Steuerfindungsrecht (Gemeinden) 3 122
Steuern 1 52 f., 57
Stichwahl 3 76
Stiftungen 2 23
Störer
- Anscheinsstörer 4 76, 108
- bauordnungsrechtliche Maßnahmen 5 160, 162, 168, 170
- Nichtstörer 4 73 ff., 214 f.
- Putativ- bzw. Scheinstörer 4 77
- Schuldunfähige 4 57
- Verhaltensstörer 4 61 ff.
- Zustandsstörer 4 67 ff.
- Zweckveranlasser 4 64 ff.
Störerauswahl 4 80 ff.
Störung 4 44
Strafverfolgung (Polizei) 4 8, 25 f.
Straßenbenennung 3 105
Streitkräfte 4 9
Subsidiarität 4 29
- gemeindlicher wirtschaftlicher Betätigung 3 190
Subsidiaritätsprinzip 3 16
Sulzbach 3 228

TA Lärm 5 72
Tagesordnungsgestaltungsrechte 3 65
Tariftreue 3 156
Tariftreuegesetz 3 156
Tarifverträge 2 140 f.
Taubenfütterungsverbot 4 169, 175 ff.
Teilbaugenehmigung 5 158
Telearbeit 3 169
Telekommunikationsüberwachung 4 146 ff.
Telekommunikationsverbindungsunterbrechung 4 149
Todesschuss 4 203
Ton- und Bildmitschnitte in Ratssitzungen 3 67
Tourismusabgabe 3 130
Trier 1 2, 4 f., 60
Trinkergruppen 3 39

Stichwortverzeichnis

Überörtliche Prüfung durch das Landesverwaltungsamt 3 165
Überplanmäßige Ausgaben 3 148
Überwachung
- Telekommunikation 4 146 f.
Umsatzsteuerpflicht 3 208
Umweltinformationen 2 127 ff.
Umwelt-RechtshelfsG 5 25, 174
- Rechtsschutz 5 16
Umweltzustandsbericht 2 130
Unionsbürger 3 46
Unionsgrundrechte 4 10
Unionsrecht 4 10, 5 5 ff.
Unlauterer Wettbewerb durch kommunale Wirtschaftsunternehmen 3 197
Unmittelbare Landesverwaltung 2 20 ff.
Unmittelbarer Zwang 2 75, 78, 4 30 f., 107, 189, 193, 200 ff.
Unschuldsvermutung 1 173, 188
Untere Landesbehörden 2 35 ff.
Untere staatliche Verwaltungsbehörden 2 36
Unterstützungsunterschriften 3 54
Untersuchung (von Personen) 4 119
Untersuchungsausschuss (Landtag) 1 89 f., 3 220
Urteilsverfassungsbeschwerde 1 199

Veränderungssperre 5 63
Veranlassungsprinzip (Kostenrecht) 2 99, 104 f.
Verantwortlichkeit 4 59 ff., 5 162
- von Hoheitsträgern 4 78 f.
Verbandskompetenz 3 24, 230
Verbraucherinformationen 2 125
Verbrauchs- und Aufwandsteuer 3 120
Verdingungsordnungen 3 156
Vereinfachtes Genehmigungsverfahren 5 127 f., 140 ff.
- Fiktion Baugenehmigung 5 142 f.
- Prüfprogramm 5 141
- Rechtsschutz 5 145, 175 f.
- Wahlmöglichkeit 5 128, 140
Vereinigungsfreiheit 1 173, 187
Verfahrensfreie Vorhaben 5 131 f.
- Rechtsschutz 5 137

Verfassung des Saarlandes 3 12
- Entwicklung 1 12 ff.
- Grundrechte 1 21 ff., 147 ff.
- Protektoratsverfassung 1 9
- Verfassung von 1947 1 9, 12
- Verfassungsänderungen 1 137
- Verfassungsautonomie 1 35, 40, 109
- Verfassungsreform 1 15
Verfassungsänderung 1 134a
Verfassungsbeschwerde 1 119 ff., 199
Verfassungsgebender Landtag 1 12
Verfassungsgerichtshof des Saarlandes 1 109 ff.
- Gesetz über den Verfassungsgerichtshof 1 109
- Prüfungskompetenz 1 157, 162
- Prüfungsmaßstab 1 110a, 155 ff.
- Verfahrensarten 1 111 ff.
- Zuständigkeiten 1 111 ff.
Verfassungsprinzipien 1 41 ff.
Vergabeerlass 3 158
Vergabegrundsätze 3 157
Vergabekammern des Saarlandes 3 161
Vergaberechtsquellen 3 155
Vergaberechtsschutz im kommunalen Haushaltsrecht 3 159
Vergnügungsteuer 3 120
Verhaltensverantwortlichkeit 4 61 ff., 5 160, 162, 170
Verhältnismäßigkeit 4 160 f., 177, 5 162, 166, 170
Verkauf von Kennzeichen durch gemeindliche Zulassungsstellen 3 191
Verkehrssicherheit 5 121
Verkehrssicherungspflicht 3 216
Verkehrsüberwachung 4 16, 38
Verkehrszeichen 4 184, 205 f., 210
Verkündung
- Bebauungsplan 5 31
- Gesetze 1 130
- Polizeiverordnungen 4 173
Verlust der Wählbarkeit 3 54
Verordnung über Privatsphäre und elektronische Kommunikation 2 133
Verordnungen 1 138 ff.
- Polizeiverordnungen 1 139, 4 15, 50, 54, 166 ff.
- Subdelegation 1 139 f.

547

Verpackungsgesetz 3 35
Verpackungsteuer 3 122
Verpackungsverordnung 3 35
Verpflichtungsermächtigung 3 138
Versailles 1 1
Versammlungsfreiheit 1 186
Versammlungsrecht 4 223 f.
Verschuldung des Saarlandes 1 57
Versiegelung 5 162
Vertrags- und Gewerbefreiheit 1 167, 171, 181, 190
Vertrauensdienstegesetz 3 173
Vertrauensfrage 1 106 ff.
Verunstaltungsverbot 5 114, 120
Verursachung 4 62 ff.
– adäquate 4 62
– unmittelbare 4 63
Verwaltung 1 142 ff.
Verwaltungsakt
– Abgabenbescheid 3 134
– ablehnende Behördenentscheidung 2 124
– Anfechtung 2 150 ff.
– Ausgangsverwaltungsakt 2 164 f.
– Bekanntgabe 2 59 f.
– der Vergabekammer 3 161
– des Landesverwaltungsamts 2 32
– Einwohnerantrag 3 48
– Grundverwaltungsakt 2 72 f., 80 f., 92, 111, 4 183 ff., 198, 221
– Kommunalaufsicht 3 40, 220, 233
– Kostenfestsetzung 2 107
– Kreisumlage 3 227
– Ordnungsmaßnahmen 3 68
– Polizeirecht 4 2, 82, 85, 96, 103, 126, 134, 161, 175 ff., 189 ff., 201 ff.
– Straßen(um)benennung 3 105
– Vollstreckung 2 63 ff.
– Weisungen in Auftragsangelegenheiten 3 36
– Widmung einer öffentlichen Einrichtungen 3 179
– Zulassung (Gewerberecht) 3 186
– Zulassung zu einer öffentlichen Einrichtung 3 182
Verwaltungsausgaben 2 9
Verwaltungsaußenstelle in der Gemeinde 3 111

Verwaltungsdienstleistung aus einer Hand 3 171
Verwaltungsgebühren 2 102
Verwaltungsgerichtsbarkeit 2 149
Verwaltungskosten 2 100 ff.
Verwaltungsmodernisierung 3 167
Verwaltungsorganisation 2 16 ff., 20
Verwaltungsprodukt 3 144
Verwaltungsprozessrecht 2 148 ff.
Verwaltungsrecht 2 2
Verwaltungsverfahren 2 8, 34, 55 ff.
Verwaltungsvollstreckung 2 62 ff.
Verwaltungsvorschriften 2 12 f., 17
Verwaltungszustellung 2 59 ff.
Verwaltungszwang 2 67, 69 ff., 4 180 ff.
– Androhung 2 81, 4 191 ff., 206 f.
– Anwendung 2 82
– Festsetzung 2 82
Verwarnungsgelder 2 34a
Verwerfungskompetenz des Kreisrechtsausschusses 3 223
Verwirkung 4 161, 5 166, 170, 176
Videokonferenz 3 67
Videoüberwachung 4 136 ff.
– Rechtsschutz 4 139
– Verfassungsmäßigkeit 4 138 ff.
Virtuelle Poststelle 3 174
Volk 1 28
Völkerbund 1 1
Völklingen 3 17, 228
Volksabstimmungen 1 6 f.
– v. 23.10.1955 1 10, 14
Volksabstimmungsgesetz 1 133
Volksbegehren 1 15, 132 ff.
Volksentscheid 1 132 ff.
Volksgesetzgebung 1 112, 132 ff.
– Zulässigkeit 1 105, 135
Volksinitiative 1 134d
Vollstreckbarkeit 2 84 ff.
Vollstreckung
– bauaufsichtliches Einschreiten 5 173
Vollstreckungsbehörde 2 82, 89
Vollstreckungsfähigkeit 2 65 f., 83
Vollstreckungsverfahren (Polizeirecht) 4 180 ff.
– abgekürztes 4 181, 197 ff.

Stichwortverzeichnis

- gestrecktes **4** 181, 182 ff.
- Verfahrensschritte **4** 190 ff.

Vollziehbarkeit **2** 85
Vollziehungsanordnung **2** 85
Vollzugshilfe **4** 30 f.
Vollzugspolizei **4** 18 ff.
Vorhabenbezogener Bebauungsplan **5** 19
Vorladung **4** 103, 106 f.
Vorläufige Haushaltsführung **3** 147
Vorläufiger Rechtsschutz (Baurecht) **5** 177
Vorrang von Bundesrecht **1** 39 ff.
Vorsitz im Gemeinderat **3** 68
Vorzeitiger Bebauungsplan **5** 39

Wadern **1** 2, 72, **3** 17, 221
Wahl des Bürgermeisters **3** 76
Wahl des Gemeinderates **3** 53
Wahlanfechtung **3** 55
Wahlbeamte (kommunale) **3** 76, 87, 112, 226
Wahlfreiheit der gemeindlichen Organisation **3** 182
Wahlkampfspenden **3** 76
Wahlmöglichkeit (Baurecht) **5** 128, 138
Wahlrechtsausschluss **3** 54
Wahlrechtsgrundsätze **1** 194a
Wahrnehmungskompetenz **2** 12
Wahrung von Umweltbelangen **3** 32
Wappen
- Gemeinden **3** 20
- Land **1** 60

Weimarer Reichsverfassung **1** 147, **3** 3
Weisung **2** 12, 49
Weisungsgebundenheit des Aufsichtsrates **3** 206
Werbeanlage **5** 33, 66, 115, 117, 120, 121, 131, 133, 141
Werkleitung **3** 197
Werksausschuss **3** 197
Westintegration **1** 10 ff.
Wettbewerbsregistergesetz **3** 156
Widersprüchlichkeit der Rechtsordnung **1** 33

Widerspruchsbefugnis des Bürgermeisters **3** 79, 235
- Widerspruchsbehörde **2** 32, 159
- Widerspruchsbescheid **2** 155
- Widerspruchsfrist **2** 153 f.

Widerspruchsgebühr **2** 108a
Widerspruchsverfahren **2** 98, 108a, 151 ff.
Willkürverbot **5** 166
Windenergieanlagen **5** 15, 95, 97, 99, 111, 117
Winterdienst der Gemeinden **3** 217
Wirtschaftliche Betätigung der Gemeinden **3** 187
- außerhalb ihres Gebietes **3** 192

Wirtschaftliche Gemeindeunternehmen **3** 189
Wohnungsdurchsuchung **4** 122 ff.
Wohnungsverweisung **4** 109 f., 114

Zentrale Ausländerbehörde (im LaVA) **2** 29
Zentrale Besoldungs- und Versorgungsstelle (im LZD) **2** 29
Zentrale Bußgeldbehörde (Landesverwaltungsamt) **2** 34a f.
Zentrale Datenverarbeitungsstelle (im LZD) **2** 29
Zentraler Versorgungsbereich **5** 52
Ziele der Raumordnung **5** 36, 52, 99
Zitiergebot (Polizeirecht) **4** 90, 172
Zulassung
- zu gemeindlichen Einrichtungen **3** 184
- zu gewerblichen Märkten **3** 186

Zurückstellung (Baugesuch) **5** 64
Zusammensetzung des Gemeinderates **3** 53
Zusatzverantwortlichkeit **4** 66
Zuständigkeit (Baurecht) **5** 125
Zuständigkeit des Gemeinderates **3** 62
Zustandsverantwortlichkeit **4** 67 ff., **5** 160, 162, 168, 170
- Grenzen **4** 72

Zustellung
- förmliche **2** 59 ff.
- Verwaltungszustellung **2** 60

Zwang 4 180 ff.
- unmittelbarer 2 75, 78, 4 30 f., 107, 189, 200 ff.
Zwangsgeld 2 77, 4 187
Zwangshaft 4 188
Zwangsmittel 2 75 ff.
- Androhung 2 72 ff., 80 ff., 93, 4 191 ff.
- Ersatzvornahme 2 50, 72, 74, 76 ff., 4 181 f., 185, 188, 202 f., 207
- Erzwingungshaft 2 79
- Festsetzung 2 72, 4 187, 194
- unmittelbarer Zwang 2 75, 78, 4 30 f., 107, 189, 200 ff.
- Zwangsgeld 2 76, 4 183, 187, 189
Zwangsvollstreckung gegen die Gemeinde 3 220
Zweckausgaben 2 9, 42
Zweckmäßigkeit 2 12, 49, 160
Zweckmäßigkeitskontrolle 2 49, 3 218
Zweckveranlasser 4 64 f.
Zweckverband 3 211
Zweibrücken 1 2, 60
Zweistufentheorie 3 239
Zweitwohnungsteuer 3 122